PRÉCIS

DE

DROIT CRIMINEL

CONTENANT

L'EXPLICATION ÉLÉMENTAIRE DE LA PARTIE GÉNÉRALE DU CODE PÉNAL

DU CODE D'INSTRUCTION CRIMINELLE

ET DES LOIS QUI ONT MODIFIÉ CES DEUX CODES

PAR

R. GARRAUD

AVOCAT A LA COUR D'APPEL

PROFESSEUR DE DROIT CRIMINEL A L'UNIVERSITÉ DE LYON

DIXIÈME ÉDITION

revue et corrigée

DEUXIÈME FASCICULE

LIBRAIRIE

DE LA SOCIÉTÉ DU RECUEIL J.-B. SIREY & DU JOURNAL DU PALAIS

Ancienne Maison L. LAROSE & FORCEL

22, *rue Soufflot, PARIS,* 5e *Arrond.*

L. LAROSE & L. TENIN, Directeurs

—

1909

AVIS POUR LE RELIEUR :

Placer les cahiers *A* et *B* en tête du volume. — Intercaler le titre, qui se trouve en tête du premier fascicule, entre les deux pages blanches du cahier *A* et la page 1 de la Table analytique des matières.

A

PRÉCIS

DE

DROIT CRIMINEL

IMPRIMERIE
CONTANT-LAGUERRE
BAR-LE-DUC

PRÉCIS

DE

DROIT CRIMINEL

CONTENANT

L'EXPLICATION ÉLÉMENTAIRE DE LA PARTIE GÉNÉRALE DU CODE PÉNAL

ET DU CODE D'INSTRUCTION CRIMINELLE

ET DES LOIS QUI ONT MODIFIÉ CES DEUX CODES

PAR

R. GARRAUD

AVOCAT A LA COUR D'APPEL

PROFESSEUR DE DROIT CRIMINEL A L'UNIVERSITÉ DE LYON

DIXIÈME ÉDITION

revue et corrigée

LIBRAIRIE

DE LA SOCIÉTÉ DU RECUEIL J.-B. SIREY & DU JOURNAL DU PALAIS

Ancienne Maison L. LAROSE & FORCEL

22, *rue Soufflot, PARIS,* 5e *Arrond.*

L. LAROSE & L. TENIN, Directeurs

1909

TABLE ANALYTIQUE DES MATIÈRES

INTRODUCTION

DROIT PÉNAL

LE DÉLIT, LE DÉLINQUANT, LA PEINE

LIVRE PREMIER

DE L'INFRACTION

TITRE Ier.

NOTIONS GÉNÉRALES SUR L'INFRACTION.

TITRE II

DES ÉLÉMENTS ESSENTIELS COMMUNS A TOUTE INFRACTION.

CHAPITRE Ier. De l'élément légal de l'incrimination.

CHAPITRE II. De l'élément matériel de l'incrimination.

CHAPITRE III. De l'élément moral de l'incrimination.

CHAPITRE IV. De l'élément injuste de l'incrimination.

LIVRE SECOND

DE LA PEINE

TITRE Ier.

DU SYSTÈME PÉNAL.

TITRE II

DE L'APPLICATION DES PEINES.

TITRE III

DE L'EXTINCTION DES PEINES.

LIVRE TROISIÈME

DE LA PLURALITÉ DE DÉLITS OU DE DÉLINQUANTS

TITRE Ier.

DE LA PLURALITÉ DE DÉLINQUANTS.

TITRE II

DE LA PLURALITÉ D'INFRACTIONS.

CHAPITRE Ier. Du concours d'infractions et du non-cumul des peines.

CHAPITRE II. Des récidivistes et des condamnés primaires.

PROCÉDURE PÉNALE

ORGANISATION, COMPÉTENCE, PROCÉDURE

INTRODUCTION

LIVRE PREMIER

DES ACTIONS QUI NAISSENT DE L'INFRACTION

TITRE PREMIER

DES DROITS D'ACTIONS PUBLIQUE ET CIVILE.

CHAPITRE Ier. De l'action publique.

CHAPITRE II. De l'action civile.

TITRE II

DE L'EXERCICE DES ACTIONS PUBLIQUE ET CIVILE.

CHAPITRE Ier. De l'exercice de l'action publique.

CHAPITRE II. De l'exercice de l'action civile.

TITRE III

DE L'EXTINCTION DES ACTIONS PUBLIQUE ET CIVILE.

CHAPITRE Ier. De l'extinction de l'action publique.

CHAPITRE II. De l'extinction de l'action civile.

LIVRE SECOND

DE L'INSTRUCTION

TITRE PREMIER

DE LA COMPÉTENCE.

TITRE IV

DE LA POURSUITE ET DE L'INSTRUCTION.

LIVRE TROISIÈME

DU JUGEMENT

TITRE PREMIER

DES JURIDICTIONS DE JUGEMENT.

CHAPITRE Ier. De la cour d'assises.

CHAPITRE II. Des tribunaux correctionnels.

CHAPITRE III. Des tribunaux de police.

CHAPITRE IV. Des frais de justice.

TITRE II

DES VOIES DE RECOURS CONTRE LES DÉCISIONS PÉNALES.

CHAPITRE Ier. Des voies de recours ordinaires.

CHAPITRE II. Des voies de recours extraordinaires.

TITRE III

DE LA SENTENCE ET DE SON EXÉCUTION.

CHAPITRE Ier. De l'autorité de la chose jugée en matière pénale.

CHAPITRE II. De l'exécution de la sentence.

FIN DE LA TABLE ANALYTIQUE DES MATIÈRES.

INTRODUCTION

§ 1er. — DU DROIT CRIMINEL.

1. Le droit criminel. — 2. Place du droit criminel dans l'ensemble de la législation. — 3. La sanction pénale est distincte des autres sanctions de droit. — 4. Questions qui se posent.

1. Le droit criminel. — Le droit *criminel* ou droit *pénal* positif comprend l'ensemble des lois qui réglementent, dans chaque pays, l'exercice de la répression par l'État.

Trois groupes de dispositions le constituent : 1° la détermination des *peines* applicables à « quiconque » commet *telle action* ou *telle inaction;* 2° l'organisation des *juridictions* et des *autorités* répressives ; 3° la *procédure*, c'est-à-dire la marche à suivre pour constater les faits délictueux, poursuivre et punir les délinquants.

2. Place du droit criminel dans l'ensemble du droit. — Le droit est l'ensemble des règles qui gouvernent les rapports des hommes entre eux, ou plutôt l'ensemble des droits et des obligations qui naissent de ces rapports. Les classifications du droit varient d'après les points de vue auxquels on se place ; mais la classification la plus simple prend pour base la *nature* des rapports réglementés et sépare le droit *privé* du droit *public*.

I. Le droit *privé* gouverne les relations des *individus* considérés *ut singuli*. Le droit criminel n'en fait pas partie. En effet, quand une infraction est commise, même par un individu au préjudice d'un autre individu, le droit de punir n'appartient pas à l'offensé, mais à la société. L'offensé a bien le droit de se défendre, au moment où il est attaqué, pour *prévenir* le mal dont il est menacé ; mais l'infraction accomplie, ce n'est pas à lui qu'il appartient de punir. S'il tentait de rendre le mal pour le mal, il n'infligerait pas une *peine*, il exercerait une *vengeance*. Ce qui est de droit privé, c'est la faculté qui lui est reconnue de demander, en justice, la *réparation* du dommage dont il a souffert. Toutefois, ce droit à une indemnité, à raison de sa communauté d'origine avec le délit, rentre, à bien des points de vue, dans le domaine du droit criminel.

II. Le *droit public* se divise, en droit public *externe* et droit public *interne*.

a) Les nations ont nécessairement des rapports entre elles : elles se rencontrent dans la paix et dans la guerre ; d'où naissent des situations que règle le *droit public externe* ou *international*. Mais ce droit n'est pas un droit complet; il manque de sanction, de tribunaux, de procédure. Le droit criminel n'en fait pas partie. Il est vrai que, des devoirs existant, dans les rapports des nations, comme dans les rapports des individus, on concevrait, rationnellement, que la violation de certains de ces devoirs, les plus graves, puisse ou doive être punie. Mais, dans les cas mêmes où, soit par suite de l'accord général et tacite des peuples, soit par suite de traités conclus entre les nations, ces devoirs sont devenus l'objet d'une sorte de droit international, la violation n'en est pas punissable, puisqu'il n'existe pas de droit criminel *positif* entre les nations. C'est qu'il est de l'essence du droit de punir, d'être le fait d'un pouvoir supérieur : et, dans la sphère du droit international, un tel pouvoir n'existe pas encore. La sanction des devoirs internationaux est dans la guerre entre les peuples, c'est-à-dire dans la défense ou la vengeance. Et, tandis que, entre particuliers, nul ne doit se faire justice; entre nations, le principe est renversé, faute d'un pouvoir supérieur à l'oppresseur et à l'opprimé pour garantir, *par la force*, les conditions de l'ordre international.

b) Le *droit public interne* ou *national* s'occupe de l'organisation des pouvoirs publics, et des rapports des individus avec ces pouvoirs. Or, toute infraction supposant un rapport de droit entre le coupable, qui est poursuivi, jugé et puni, et le pouvoir social, au nom de qui la poursuite est intentée, le jugement prononcé et la peine infligée, le droit criminel n'est qu'une branche du *droit public* d'un peuple, qui se subdivise ainsi, en *droit constitutionnel*, *droit administratif* et *droit criminel*.

3. Sanction pénale. Sanction civile. — L'objet propre du droit criminel est de sanctionner l'observation des préceptes du droit, en menaçant d'une *peine* ceux qui les enfreignent (c'est le côté *préventif*), et en organisant des moyens propres à réaliser cette menace (c'est le côté *répressif*). On a dit quelquefois, en raison même de ce caractère, que le droit criminel n'était qu'une face de tous les autres droits, qui trouvaient en lui leur sanction. Mais cette formule est trop absolue; car si l'on rencontre, dans toutes les branches du droit, un certain nombre de règles qui sont sanctionnées par les moyens de *contrainte pénale* et rentrent ainsi, du moins par ce côté, dans le domaine du droit criminel, il est vrai de dire que le droit civil, le droit commercial, le droit administratif ont, pour la plupart de leurs prescriptions, des *sanctions*, qui leur sont propres et qui leur suffisent, telles que les nullités d'actes, les réparations pécuniaires, les diverses saisies, etc. Le droit criminel est donc distinct des autres espèces de droits.

4. Problèmes que fait naitre l'origine et la légitimité de la sanction pénale. — Ce moyen suprême de sanction, qui consiste à priver le coupable des biens et des droits mêmes qu'on entend protéger chez la victime, a été pratiqué de tout temps et partout. L'existence des peines est contemporaine de l'existence des sociétés. A ce point de vue, la répression est, par excellence, le *fait social primitif*.

Mais ce fait est-il légitime? et, s'il est légitime, quel en est le fondement?

Comment ce fait s'est-il produit dans les sociétés, et avec quel caractère?

§ II. — ORIGINE DU DROIT CRIMINEL.

5. L'existence de la loi morale et la liberté pour l'homme d'y conformer sa conduite, tels sont actuellement les deux fondements de la responsabilité juridique. — 6. L'homme est un être essentiellement sociable. Le pouvoir. Sa nécessité. Sa mission. — 7. Distinction entre la morale et le droit. Distinction entre la justice indemnisante et la justice punissante. Questions qui se posent.

5. La loi et l'homme. — Les sciences sociales ont pour sujet l'homme; la société est le milieu où elles le placent; et ce qu'elles étudient, ce sont les relations sociales, considérées sous les aspects divers et complexes qu'elles embrassent. Toute science, qui a pour objet et pour sujet l'homme, doit prendre, comme point de départ de ses recherches, l'observation de l'homme. Or, un fait frappe tout d'abord quand on observe l'homme. Tandis que tous les êtres de la nature sont soumis à des lois fatales, n'ont pas de volonté propre, et agissent par instinct, l'homme, au contraire, paraît doué d'une volonté intelligente et libre, qui le rend responsable de ses actes. Ce n'est pas qu'il ne soit soumis à aucune loi. Tout être a sa loi, l'homme comme les autres êtres, c'est-à-dire que tout être a un but à atteindre, une fin à accomplir : parti d'un point, il doit arriver à un autre, et la loi n'est que le principe de direction qui préside à ce mouvement.

Mais tandis que la loi est *imposée* aux autres êtres, elle est *proposée* à l'homme : car l'homme est libre de lui obéir; il peut suivre la règle qui lui est tracée, ou s'en écarter.

Dans son acception la plus générale, la loi est donc le principe de direction, qui est tantôt *imposé*, tantôt *proposé* aux êtres, dans leur développement.

Pour l'homme, cette loi a un caractère spécial : maître matériellement de faire ou de ne pas faire, l'homme est asservi rationnellement : à côté de la liberté de fait dont il est doué, il existe, pour lui, des nécessités rationnelles d'action ou d'inaction. Ces nécessités d'action ou d'inaction sont ce que l'on nomme les lois de la conduite de l'homme, ou *lois morales*, et cette faculté, qui apprécie les motifs des actes libres, qui met en rapport l'acte qu'il s'agit d'accomplir avec ces lois rationnelles, cette faculté s'appelle le *sens moral* ou la *conscience*.

On est d'accord pour reconnaître l'existence *actuelle*, chez l'homme, d'un *sens moral*, mais on diffère profondément sur l'origine de cette faculté, qui serait innée et primitive d'après les uns, qui serait acquise d'après d'autres. Sans prendre parti sur des questions métaphysiques qu'il faut laisser, au seuil du droit positif, on doit constater au moins comme un fait, que la conception même du droit, chez les peuples modernes, repose sur deux postulats : l'existence d'une *loi morale* qui s'impose à l'homme comme règle de conduite, et la *liberté* pour l'homme d'y conformer ses actes. Du rapprochement de ces deux concepts, naissent, en effet, la *responsabilité*, c'est-à-dire le *devoir*, et l'*inviolabilité*, c'est-à-dire le *droit* : l'homme n'est responsable que parce qu'il est libre, et il n'est inviolable que parce qu'il est responsable ; de sorte que, dans le sens subjectif du mot, le droit serait précisément la faculté inviolable pour l'homme de réaliser son devoir,

6. Le pouvoir social. — Si l'homme vivait isolé, la question de savoir quels sont ses droits ne se poserait pas. Il faut admettre, pour qu'elle se pose, que l'homme, voulant conformer sa conduite à la loi de son être, rencontre un obstacle, dans un autre individu, qui l'empêche de faire son devoir : alors, en face de cet obstacle, il est tenté de se dire : *C'est mon droit*, et de passer outre. Or, l'homme n'est pas fait pour vivre seul ; *non est enim singulare nec solivagum genus hoc*. Il fut cependant une époque où prévalut l'opinion que, pendant un temps indéterminé, les hommes avaient mené, sur la terre, une vie solitaire. Les philosophes du XVIIIe siècle avaient accepté cette opinion, dont ils firent le point de départ de leurs systèmes. De cet état primitif, appelé *l'état de nature*, les hommes étaient passés à *l'état de société* où nous les voyons vivre aujourd'hui. Comment s'expliquait cette évolution? Tantôt, en supposant que, parmi les hommes, les plus forts avaient soumis leurs semblables, plus faibles; tantôt, qu'une convention de société était librement intervenue entre eux. Cette opinion reposait sur une hypothèse historique, contredite par les traditions de tous les peuples : il n'est pas vrai qu'il y ait eu passage d'un état d'isolement absolu, qui serait l'état naturel de l'homme, à un état de société, qui serait un état factice. Sans doute, à l'origine de toutes les races, avant la constitution de lois permanentes et de pouvoirs chargés de les appliquer, c'est-à-dire avant l'organisation de la *société politique* et des *fédérations contractuelles* de tribus ou de groupes, qui en sont souvent l'origine, on rencontre une période *d'association patriarcale*, la famille, la horde, la tribu, mais on ne rencontre jamais une période d'isolement absolu. L'homme est né dans la société et pour la société; c'est là son véritable état de nature, car il ne l'a pas choisi, et il ne dépend pas de lui de s'y soustraire. La société est l'instrument nécessaire au développement de l'homme. Celui-ci, réduit à ses seules ressources, serait dans l'impossibilité de pourvoir à ses divers besoins, physiques, matériels, intellectuels et moraux.

Mais alors, que va devenir son inviolabilité, c'est-à-dire son droit vis-à-vis des autres hommes? Quand des individus vivent côte à côte, leurs intérêts se croisent, s'entremêlent ; des *collisions* se produisent. Ne seront-elles tranchées que par la force? Pour assurer le triomphe du droit, on trouve, dans toute société politique, un *pouvoir*, c'est-à-dire un gouvernement constitué et organisé.

La mission essentielle du pouvoir est de protéger et de limiter l'exercice de l'activité de chacun, de manière qu'elle ne nuise pas à celle d'autrui. Quand un individu agit dans les limites de son droit, il peut se trouver en face d'autres individus qui veulent entraver l'usage légitime de son activité. Sans le pouvoir, la lutte s'établirait *entre les individus* et le triomphe resterait au plus fort. Le pouvoir intervient, il prend pour lui cette lutte, et, en écartant toute résistance coupable, il assure le triomphe du droit. On peut donc définir le pouvoir : la force *collective* et *organisée* mise au service de l'individu. Et le droit, dans sa forme objective, est la *garantie des conditions de la vie sociale assurée par la force coercitive de l'État.*

7. Limites de l'intervention du pouvoir social et de l'emploi de la contrainte pénale. — Mais alors deux questions se posent : Pour quel objet, et dans quelles limites s'exerce l'intervention du pouvoir? Par quels moyens le pouvoir protège-t-il les droits qu'il a pour mission de sanctionner?

I. La première conduit à distinger la *morale* et le *droit*. La *morale*, qui est l'ensemble des lois qui règlent l'exercice de l'activité humaine, en déterminant ce qui est permis, commandé ou défendu, comprend, sans doute, le droit ; mais sa sphère d'action est plus étendue. En effet, l'analyse des divers rapports que régit la morale, les fait partager en deux classes distinctes. Les uns déterminent les devoirs des hommes entre eux et avec la société dont ils sont membres. Les autres, les devoirs de l'individu envers lui-même. Les premiers forment le domaine du *droit* ou *morale sociale ;* les seconds demeurent l'objet exclusif de la *morale pure* ou *morale individuelle*, ainsi nommée par opposition à la *morale religieuse*, qui s'occupe des rapports de l'homme avec Dieu. Le droit seul peut être sanctionné par les lois sociales. Dans ce cas, il prend le nom de droit *positif*, et on l'oppose alors à cette partie du droit, dont les préceptes n'ont pas reçu de sanction effective et que l'on désigne sous le nom de droit *naturel* ou *rationnel*. Les législations anciennes ont confondu le droit et la morale, la morale individuelle et la morale religieuse, et, par suite, exagéré la mission du pouvoir social. Ce n'est qu'à une époque de civilisation plus avancée qu'on a distingué ces choses. Le droit n'est appelé à régir que les relations des hommes entre eux. *Limiter le cercle d'activité* de chacun, en l'empêchant d'empiéter sur le droit d'autrui, tel est le but que se propose la volonté générale comprimant la volonté individuelle : elle y parvient, dans l'ordre juridique, en déterminant ce qui est permis ou défendu, et en sanctionnant ses défenses ou ses ordres.

II. Mais, dans le cercle des rapports sociaux, quels *moyens* le pouvoir peut-il prendre pour *sanctionner* le droit ? La morale ne demande qu'un assentiment volontaire ; elle ne s'adresse qu'à la conscience. La loi positive force l'obéissance. Le droit n'est pas seulement l'organisation pacifique des rapports sociaux, mais le rétablissement, *par la force*, de ces rapports, lorsqu'ils sont troublés. La *contrainte*, c'est-à-dire la *force*, est donc inséparable de l'idée de droit. Mais le *mode de contrainte* prend l'une de ces deux formes. 1° Tantôt, le pouvoir impose effectivement l'observation des prescriptions ou prohibitions légales : c'est *l'exécution forcée directe*. Tantôt, il détruit ou tient pour non avenu ce qui a été fait au mépris de la règle établie : c'est *l'exécution forcée indirecte*. 2° Tantôt enfin, en plus de son intervention indemnisante, il inflige une *peine* au sens propre du mot, c'est-à-dire une souffrance, à celui qui méconnaît la règle, souffrance qui l'atteint dans sa personne ou dans ses biens.

a) Dans quels cas l'emploi des procédés *d'exécution forcée*, directe ou indirecte, est-il suffisant ? Dans quels cas le pouvoir recourt-il à la pénalité, comme sanction suprême de ses commandements ? C'est se demander quelles limites séparent le droit *civil* du droit *pénal* ; quelle est la raison d'être de la distinction, faite, partout aujourd'hui, entre la violation de droit, dont le redressement ne peut être poursuivi que par les procédés de la loi civile, et la violation de droit qui est une infraction, et dont la répression est, en outre, assurée par l'application d'une peine. Pour le comprendre, il faut partir de cette idée que la *contrainte pénale*, marquant l'extrême limite du pouvoir de l'État, ne peut être employée que si le dommage, dont l'action ou l'omission incriminée menace un bien protégé par la loi, est un *dommage social*, c'est-à-dire tel qu'on n'ait pas d'autre moyen que de punir pour pourvoir à la défense de l'ordre public. Si le dommage est *restreint* à *l'individu* et *réparable* par un *moyen direct*, le législateur excéderait ses pouvoirs en déclarant *délit pénal* l'acte qui en a été la cause.

b) Il est certain que l'emploi des deux premiers procédés pour sanctionner le droit, la mise en œuvre de la *justice indemnisante*, est légitime de la part du pouvoir social. Personne n'a pu songer à contester la régularité de son intervention, quand il fait exécuter une obligation, ou qu'il accorde des dommages-intérêts à la victime d'un fait préjudiciable. Mais l'emploi du troisième procédé, l'application d'une peine à l'auteur d'une lésion de droit, est-il également légitime? La *justice punissante* est-elle une création artificielle des sociétés civilisées? Ce fait, répété depuis tant de siècles, fait d'après lequel la loi prive un individu de ses droits les plus sacrés, de sa liberté, de ses biens, de sa vie même, est-il un abus de la *force sociale*, ou l'exercice d'un *droit social*? Et, s'il est *légitime*, quel en est le fondement?

Ces deux questions ne peuvent être examinées qu'après avoir déterminé l'*objet* et la *méthode* des *sciences pénales*.

§ III. — LES SCIENCES PÉNALES, LEUR OBJET ET LEUR MÉTHODE.

8. Des sciences pénales. De leur objet. De leur méthode. — 9. Les sciences pénales au point de vue scientifique. Les causes du crime et de la peine. — 10. La criminologie, science des causes du crime. Facteurs physiques, individuels, sociaux. École biologique. École sociologique. — 11. La poenologie. — 12. La politique criminelle. — 13. Le droit pénal.

8. DES SCIENCES PÉNALES. DE LEUR OBJET. DE LEUR MÉTHODE. — Les *Sciences pénales* ont un objet commun : *l'étude du crime et de la peine;* comme elles ont un but commun : *la recherche et l'exposé systématique des moyens de lutte contre la criminalité.*

Mais, pour étudier cet objet et pour réaliser ce but, elles se placent à des points de vue distincts et procèdent par des méthodes différentes.

Cette diversité de *points de vue* et de *méthodes* est suffisante pour constituer, à chacune des branches des *Sciences pénales*, une autonomie, sans le respect de laquelle il n'y a qu'obscurité et confusion. Ce qu'il faut affirmer et maintenir, c'est la variété des points de vue et des méthodes, dans l'unité d'objet et de but qui les caractérise.

En effet, le crime et la peine doivent être envisagés, soit au point de vue *scientifique*, soit au point de vue *politique*, soit au point de vue *juridique*.

9. Les sciences pénales au point de vue scientifique des causes du crime et de la peine. — Rechercher et expliquer les causes du crime et de la peine, c'est étudier *scientifiquement* ces deux phénomènes. Ce qu'il y a de nouveau dans les tendances contemporaines, c'est l'emploi de la *méthode d'observation* pour explorer les causes du crime et de la peine.

La nécessité, pour les sciences sociales, de ne pas se séparer des sciences biologiques et naturelles, l'emploi, dans leur étude, de la méthode expérimentale, ce sont là deux courants d'idées qui ont donné une direction scientifique nouvelle à toutes les *sciences sociales*, et, particulièrement, aux *sciences pénales*. D'un côté, on a étudié le crime, non comme une entité juridique, mais en examinant directement l'*homme criminel*, et en comparant les résultats qu'on obtient ainsi à ceux que fournit l'examen soit de l'homme normal, soit de l'aliéné. On s'est livré, dans cette direction, à des observations minutieuses; on a noté les caractères physiques, intellectuels et moraux du délinquant; on a étudié ses habitudes, ses mœurs, sa langue; on les a décrites dans de véritables monographies criminelles, et, en groupant les résultats qu'on obtenait, on a dégagé les traits généraux d'une sorte d'*anthropologie* ou de *biologie criminelle*. D'un autre côté, la *statistique* est venue fournir à ces études des documents précieux. En effet, le nombre des crimes, les lieux et circonstances dans lesquels ils sont commis, le sexe, l'âge, le degré d'instruction, l'origine du criminel peuvent, presque toujours, être exactement relevés. Ce sont là des indications dont le groupement méthodique est de nature à éclairer les causes qui produisent la criminalité, l'entretiennent, la font augmenter ou diminuer. Telles sont les deux sortes de matériaux qu'on a mis en œuvre.

10. La criminologie. — Or, le point de départ comme le point d'arrivée de ces travaux, c'est que le crime n'apparaît pas comme un acte spontané, comme une sorte de *fiat* de la volonté libre, comme un acte détaché de l'individu et de son milieu.

Le crime est le produit de l'individualité de l'agent au moment de l'action et des circonstances qui l'entourent à ce moment-là.

Cette constatation générale a donné lieu à la célèbre classification des facteurs du crime en trois groupes[1] : les *facteurs physiques* ou *naturels*[2], tels que le climat ou la nature du terrain ; le *facteur individuel*, tel que le caractère inné ou plutôt acquis du criminel ; les *facteurs sociaux*, tels que les conditions économiques, morales, etc.

Au point de vue historique, il faut noter les deux thèses extrêmes sur l'origine de la criminalité qui se sont dressées longtemps l'une en face de l'autre, la thèse *anthropologique* ou *biologique* et la thèse *sociale* ou *sociologique*.

I. Pour l'école *anthropologique*[3], le délit ne peut être étudié sans le délinquant, pas plus que la maladie sans le malade, ou les conditions du travail sans le travailleur. Il s'agit donc, avant tout, de rechercher les caractères du « type criminel » et de les expliquer. L'école anthropologique, dont trois Italiens, Lombroso, Ferri, Garofalo, sont les initiateurs, admet cinq catégories de délinquants : les *délinquants nés ou instinctifs ;* les *délinquants par habitude acquise ;* les *délinquants par passion ;* les *délinquants d'occasion ;* les *délinquants aliénés.*

1° Les premiers constituent le groupe le plus caractérisé de l'école anthropologique. Au point de vue physique, les *criminels-nés* présenteraient les indices du type sauvage ou primitif : front fuyant, face prognathe, mandibules exagérées, oreilles en anse, asymétrie crâ-

[1] Cette classification a été proposée par Ferri.

[2] Sur les facteurs physiques : Ferri, *Sociologie criminelle*, 2e éd. franç. (Trad. Terrier), p. 174 ; *Rapport* au *Congrès d'anthr. crim. de Paris*, p. 42 et suiv. ; *Variations thermométriques et criminalité* (*Arch. d'anthr. crim.*, 1897) ; Lacassagne, *Rev. scient.*, 28 mai 1888 ; Colajanni, *Oscillations thermométriques et délits contre les personnes* (*Arch. d'anthr. crim.*, 1897) ; Tarde, *Philosophie pénale*, p. 301 et suiv. ; Joly, *La France criminelle*, *passim*.

[3] Cette école, née en Italie, a eu pour fondateur Lombroso, professeur de médecine légale à Turin ; Ferri, professeur de droit pénal ; Garofalo, magistrat. L'exposé des principes de l'école est surtout contenu dans trois ouvrages : *L'homme criminel*, de Lombroso, paru en 1876 et arrivé à sa 5e éd. ; la *Sociologie criminelle* par Ferri, parvenue, en 1900, à sa 4e éd., italienne, et publiée d'abord sous le titre *I nuovi orizzonti...* (2e éd. franç.); la criminologie de Garofalo publiée en 1885 et traduite en français sur la 4e éd., en 1895 et la 5e éd., en 1905. A ces ouvrages fondamentaux il faut ajouter une série de monographies. Les idées de l'école italienne ont été répandues par les revues et les congrès d'anthropologie criminelle (Rome, 1885 ; Paris, 1889 ; Bruxelles, 1892 ; Genève, 1896 ; Amsterdam, 1901 ; Turin, 1906). L'école criminelle purement anthropologique est en déclin. Mais il faut bien reconnaître que si, aujourd'hui, « la criminalité apparaît comme un problème social et anthropologique avant de se poser comme un problème juridique, c'est à l'école italienne que nous le devons », ainsi que le constate Cuche (*Rev. pénit.*, 1902, p. 838). Les Italiens ont été, à ce point de vue, des précurseurs.

rienne ou faciale, moindre capacité du crâne, ambidextrie, etc. Au point de vue moral, leurs actes révéleraient l'absence de tout sens moral, l'insensibilité et l'imprévoyance. D'après une explication qui fit fortune au début de l'école, l'apparition de ces indices de criminalité serait un fait d'atavisme : la résurrection accidentelle de types habituels à nos plus lointains ancêtres. De même que l'anatomiste retrouve, dans le corps humain, des traces d'organes inutiles ou nuisibles, de même les anthropologistes retrouvaient, dans le corps social, l'instinct primitif, perpétué en quelques représentants de la sauvagerie passée. Autrefois, dans la barbarie primitive, il y avait équation entre les besoins et les penchants de ces hommes; ils n'étaient en rapport qu'avec des êtres semblables à eux. Mais, aujourd'hui, tristes épaves d'un passé disparu, ils rappelleraient, au milieu de l'ordre et de la légalité modernes, les passions et les violences des âges lointains.

2° Le second groupe, celui des *délinquants d'habitude*, comprend la plupart de ceux qui commettent des attentats contre la propriété. Le délinquant-né subit l'influence de l'hérédité ; le délinquant d'habitude subit l'influence du milieu. Sa faiblesse morale, les ambiances extérieures en ont fait un voleur et un vagabond. Il ne travaille pas, parce qu'il ne veut pas travailler. C'est un inadaptable social, qui n'a d'autre profession que le crime.

3° Tandis que l'instinct du mal est héréditaire chez le criminel-né, et acquis chez le criminel d'habitude, le *délinquant d'occasion* est simplement prédisposé au crime, par l'absence de résistance aux influences externes, et par l'imprévoyance au sujet des conséquences de ses actes.

4° Le *délinquant par passion* est une variété du délinquant d'occasion; c'est un impulsif; il agit sous l'empire de mobiles en disproportion avec le crime et qui ne peuvent raisonnablement l'expliquer. Ce type se rencontre surtout parmi les meurtriers. Ces délinquants ont le tempérament sanguin ou nerveux, et, bien loin de montrer de l'insensibilité, ils montrent souvent une sensibilité très grande. Après le crime, vient le remords, et la vie normale reprend son cours.

5° Ce dernier groupe comprend toute une catégorie de malades, depuis les *fous* par hérédité, par dégénérescence, par alcoolisme ou accident, les épileptiques, etc., jusqu'à ces *anormaux* qui ne sont pas fous, mais déséquilibrés. C'est surtout de cette zone intermédiaire entre les individus sains d'esprit et les aliénés, que s'est occupée, avec une tendance à en exagérer les limites, l'école psychique ou de médecine mentale, qui est une variété spéciale de l'école anthropologique. Elle a profondément étudié ces défectuosités psychiques, en les attribuant, tantôt à un état de neurasthénie physique (faiblesse congénitale ou épuisement prématuré du système nerveux), tantôt à un état de neurasthénie morale (impuissance de résister aux tentations mauvaises). Ce serait la *dégénérescence* qui expliquerait cette forme de criminalité.

II. Pour *l'école sociologique*, si le délit se rattache au délinquant, le délinquant se rattache à son milieu. Or, s'il y a des milieux sociaux favorables à la santé morale, il y a des milieux sociaux malsains, où la prédisposition au crime, particulièrement chez certains organismes dégénérés ou affaiblis, se développe avec une extrême facilité. La criminalité serait donc un phénomène en connexion étroite avec l'organisation sociale. « Le milieu, a-t-on dit, est comme un bouillon de culture de la criminalité : le microbe, c'est le criminel, un élément qui n'a d'importance que le jour où il trouve le bouillon qui le fait fermenter ».

III. Ainsi l'école anthropologique substitue, à la notion du *délit*, apprécié dans sa gravité objective, l'examen du *délinquant*, apprécié dans son caractère, son tempérament, ses idées, ses tendances. C'est sa *nocivité* ou sa *nocuité* sociale, c'est-à-dire le danger que le délinquant présente pour la sécurité publique, sa *temibilita*, suivant l'expression italienne, qui sert à fixer la nature des moyens à employer à son égard. Cette *témibilité* dépend d'un double élément : la *catégorie anthropologique* à laquelle paraît appartenir le délinquant, et la *qualité plus ou moins antisociale des motifs* qui l'ont déterminé. La criminalité du délinquant doit être mise en rapport avec ce double critère.

L'école sociologique répudie la classification anthropologique et l'affirmation du type criminel : elle déclare que la criminalité dépend des conditions dans lesquelles germe et se développe la volonté criminelle et que, abstraction faite du milieu, l'individualité de l'agent est sans grande importance.

IV. Les conclusions trop absolues des deux écoles étaient nées de vues partielles et d'observations insuffisantes. On est à peu près d'accord aujourd'hui pour admettre que les divers groupes de facteurs de la criminalité sont également indispensables à sa production, qu'aucun ne peut être négligé : la divergence ne porte que sur leur *valeur relative*. Et, sans qu'on doive nier l'importance de l'individualité du criminel, il semble bien que les facteurs sociaux aient une influence prépondérante sur la production du crime.

La *criminologie*, suivant l'expression aujourd'hui reçue pour désigner « la science des causes du crime », est donc une branche de la *sociologie*, plutôt qu'une branche de l'*anthropologie* ou de la *biologie*.

S'il en est ainsi, tout changement dans les conditions sociales doit avoir sa répercussion sur la criminalité, et il est vrai de dire que les sociétés peuvent, en se réformant elles-mêmes, agir sur les causes qui produisent le crime, l'entretiennent, le font augmenter ou diminuer [1].

Ce sont bien là de « nouveaux horizons » ouverts aux sciences pénales : — *horizons historiques*, puisque l'histoire de la criminalité devient une des faces de l'histoire des sociétés humaines; — *horizons politiques*, puisque les sociétés ont le pouvoir de tarir quelques-unes des sources de la criminalité.

11. La poenologie. — Aussi haut que l'on puisse remonter dans l'histoire, la pénalité apparaît, adaptée, dans son organisation et ses formes, à l'organisation et aux formes des sociétés elles-mêmes. Mais partout et toujours elle se manifeste comme une *réaction sociale contre des actes antisociaux*. Cette réaction, on la constate dans chaque phénomène de la nature. Elle apparaît, énergique et violente, dans les rapports des hommes entre eux. C'est une loi de l'existence même. Quand les premiers hommes, réunis en société, ont poursuivi et mis à mort un assassin, ainsi qu'ils avaient coutume de le faire pour un fauve dangereux, ils ont obéi à cette loi; ils ont lutté pour la *vie sociale*, comme ils luttaient chaque jour pour leur propre existence. Tout d'abord, cette réaction est aveugle, sans mesure et, sous quelque forme qu'elle se manifeste, inconsciente de son but. Mais lorsque l'État prend la direction de cette force, *l'action d'instinct* se transforme en *action de volonté*. L'État adapte la répression au but qu'il poursuit, et le progrès consiste, non à supprimer la *souffrance* qui est de l'essence de la peine, mais à *l'utiliser* dans l'intérêt commun du

[1] Ces thèses sont défendues par l'*Union internationale de droit pénal*, fondée en 1889 par van Hamel, professeur à l'Université d'Amsterdam, von Liszt, actuellement professeur à l'Université de Berlin, et Prins, professeur à l'Université de Bruxelles. Cette société, qui compte des membres très nombreux dans tous les pays du monde et dont le comité central est composé de MM. von Liszt (Allemagne), van Hamel (Hollande), Prins (Belgique), Foïnitski (Russie), Garraud (France), reconnaît la nécessité d'adopter la méthode expérimentale pour rechercher les causes diverses de la criminalité et les moyens également divers de la combattre. Les autres tendances de l'Union ont été affirmées et discutées dans des Congrès périodiques, tenus successivement : en 1889, à Bruxelles; en 1890, à Berne; en 1891, à Christiania; en 1893, à Paris; en 1894, à Anvers; en 1896, à Lisbonne; en 1899, à Budapest; en 1902, à Saint-Pétersbourg; en 1905, à Hambourg. Les travaux des membres de l'Union et le compte rendu des Congrès sont publiés dans un *Bulletin* périodique, écrit en français et en allemand. L'un des ouvrages qui rendent le mieux compte de la tendance de l'Union, est celui de Prins, *Science pénale et droit positif* (Bruxelles, 1895). Voy. Cuche, *L'éclectisme en droit pénal* (*Rev. pénit.*, 1907, p. 944 à 961).

délinquant et de la société, à la considérer comme un *moyen* et non comme un *but*. Les fonctions de la peine et les moyens de l'utiliser, font l'objet de la *poenologie*, ou « science de la peine »[1].

12. Les sciences pénales au point de vue politique des institutions préventives et répressives. — L'étude scientifique du crime et de la peine conduit à considérer ces phénomènes sous un autre point de vue, celui de la *politique criminelle*, qui n'est autre chose que l'art d'adapter les institutions sociales au but que l'on veut atteindre, la diminution de la criminalité[2]. C'est aux sciences pénales, considérées sous cet angle, qu'il appartient de donner la direction dans laquelle doit être aiguillée la législation de l'avenir.

Mais cette direction est désormais imposée par l'exploration préalable des causes du crime et de la peine. La politique criminelle est en étroite connexion avec la *criminologie* et la *poenologie*. Pour l'établir, il suffit de mettre en lumière les deux thèses fondamentales qui se dégagent des recherches de l'école scientifique.

D'abord, la constatation du *rôle modeste de la peine* parmi les moyens employés par l'État pour lutter contre la criminalité. Les causes de la criminalité étant, avant tout, sociales, c'est sur ses causes qu'il faut agir si l'on veut faire œuvre utile. Combien plus efficaces que les peines sont, en effet, toutes les mesures organisées en vue de paralyser l'activité criminelle, mesures qui rendent la répression inutile, parce qu'elles tarissent la source des crimes! La recherche de ce que Ferri a nommé, d'une expression intraduisible dans notre langue, les *sostitutivi penali*, élargit l'horizon des sciences pénales qui deviennent ainsi des sciences sociales.

Puis, la coordination des moyens de répression avec le but de la peine, dont la destination sociale n'est pas de faire *expier* au coupable le mal dont il est l'auteur, mais d'être un simple *instrument de défense sociale*.

13. Les sciences pénales au point de vue juridique des droits et des obligations du criminel et de la société. — Mais quelle place faut-il réserver au droit pénal dans cet ensemble de disciplines?

Le crime et la peine ont toujours été et devront toujours être envisagés comme des *phénomènes juridiques*, c'est-à-dire sous cet angle particulier des droits et des obligations qui en découlent dans les rapports du criminel et de la société.

[1] Voy. Paul Cuche, *Traité de science et de législation pénitentiaire* (Paris, 1905).

[2] Maillard, *Étude historique sur la politique criminelle* (Th. doct. Paris, 1899).

C'est en se plaçant à ce point de vue qu'il faut maintenir, comme un axiome fondamental, comme une vérité définitivement conquise, la nécessité de limiter par la loi les droits de l'État et les obligations du délinquant. De cette nécessité résulte la conception moderne de la *légalité des délits et des peines.*

Les Codes pénaux ont été souvent comparés à l'arsenal dans lequel l'État puise ses armes pour lutter contre la criminalité. Mais ce n'est pas seulement la société que protègent les Codes, c'est aussi, c'est même bien plutôt l'*individu.* Les Codes garantissent à l'individu qu'il ne sera puni que dans les formes et dans les limites légales. Ils constituent ainsi une infranchissable barrière à l'arbitraire du juge, c'est-à-dire à l'arbitraire de l'homme.

Cette observation nous indique par quelle méthode et dans quelle direction il faut étudier le droit criminel.

I. Le droit criminel est d'abord une *science juridique.* — Donc les criminalistes doivent être formés par la méthode pédagogique à la connaissance et à l'application des lois pénales. A ce point de vue, la tâche est double. 1° Elle comprend l'enseignement et l'étude systématique des *textes* qui prévoient et définissent les infractions, déterminent le genre et la mesure de la peine, organisent les juridictions et tracent la procédure. 2° Elle comprend aussi la connaissance des faits auxquels on applique les règles légales. Il faut savoir comment on recherche ces faits et comment on les fixe, ce qui implique, pour le futur criminaliste, une instruction professionnelle, technique et pratique[1].

II. Le droit criminel fait partie du *droit public.* — Il met en présence l'*individu* et l'*État* et règle leurs rapports respectifs. L'État a un droit de punir indéniable. Il est le gardien de l'ordre public. L'impunité assurée au coupable, c'est l'État manquant à son premier devoir. Mais l'individu a également des droits que l'État doit respecter. Or, précisément, l'œuvre de la répression implique une mainmise complète sur le domaine des droits individuels, soit après, soit même avant la condamnation. La conciliation des droits de l'État et de ceux de l'individu, tel est le problème que le droit criminel se propose de résoudre. Dans nos sociétés modernes, l'État a un double rôle au point de vue répressif. Comme *puissance publique*, il fait exécuter la condamnation. Mais tant que l'individu n'est pas condamné, l'État est *partie* au procès : c'est un plaideur au regard de l'accusé. Et les formes du procès sont précisément organisées en vue de garantir le

[1] C'est la *criminalistique.* Voy. Hanns Gross, *Manuel pratique d'instruction judiciaire* (trad. en français, 2 vol., Paris, Marchal et Billard, 1899).

droit individuel dans des circonstances où le résultat du procès peut être le sacrifice du droit individuel au droit social[1].

§ IV. — LE DROIT DE PUNIR.

14. Questions qui se posent. La société a incontestablement le droit de punir. — 15. Diverses théories sur le fondement de ce droit. — 16. Des trois espèces de responsabilité. Du but des peines. De leur caractère. Conclusion.

14. La société a le droit de punir. — Mais la société a-t-elle le droit de punir? et, si elle a ce droit, quel en est le fondement?

La première question n'a pas la même importance que la seconde. Chaque groupe d'hommes, en tout temps et en tout lieu, conçoit un minimum de moralité sociale dont le respect paraît être la condition même du maintien de l'ordre public : c'est ce minimum d'exigence qui est garanti et sanctionné par la contrainte pénale. Pour la majorité qui a formulé les Codes, la pénalité apparaît comme une *fonction nécessaire de défense sociale*, sans laquelle l'ordre public, tel qu'on le comprend à un moment donné de la vie du groupe social, ne saurait être maintenu. La répression trouve à la fois son *origine* et son *explication*, et dans les divers sentiments provoqués par le délit, et dans la nécessité de donner à ces sentiments une satisfaction suffisante pour rétablir la tranquillité publique. Ces sentiments sont : la peur de voir renouveler le délit, soit par le délinquant lui-même, soit par d'autres; la répulsion qu'inspire le criminel; le désir de vengeance. Mais ces sentiments, dont l'expression serait excessive si elle était abandonnée aux instincts brutaux, sont tempérés par d'autres sentiments qui leur font équilibre, tels que les sentiments d'humanité et de justice. C'est à la coordination de ces diverses réactions d'ordre moral ou d'ordre utilitaire que s'emploie le législateur pénal.

15. Fondement du droit social de punir. Systèmes divers. — Tout en reconnaissant le droit de la société, on n'a jamais été d'accord pour en déterminer le fondement. La question est cependant essentielle à résoudre pour permettre d'orienter le législateur dans la constitution du droit pénal et le juge dans son application.

I. Au point de vue historique, les diverses théories qui ont été proposées se ramènent à quatre groupes principaux : 1° Celui qui

[1] Voy. mon *Traité théor. et prat. d'instr. crim et de proc. pén.* (Paris, 1907), t. 1, n° 1.

ne voit dans le droit de punir qu'une simple fonction défensive de la société (groupe des théories *utilitaires* ou *objectives*); 2° Celui qui y voit la rétribution juridique de la faute par le châtiment (groupe des théories *morales* ou *subjectives*); 3° Celui qui y voit la sanction du contrat tacite sur lequel seraient basés les droits et les obligations résultant de rapports sociaux (groupe des théories *contractuelles* ou *juridiques*); 4° Celui qui fait entrer dans la solution du problème les deux éléments : l'élément-justice, qui légitime la répression vis-à-vis du criminel, en la basant sur sa responsabilité morale, et l'élément-utilité qui en légitime l'exercice, au point de vue social, par la nécessité où se trouve toute société, de maintenir le bon ordre, en employant la contrainte pénale (groupe des théories *mixtes* ou *éclectiques*).

Les théories *utilitaires* ont surtout inspiré le Code pénal français de 1810; les théories *morales*, le droit antérieur à la Révolution; les théories *juridiques*, le droit de la Révolution; les théories *éclectiques*, le mouvement réformateur de la première moitié du XIXe siècle.

II. L'idée d'un *contrat social*, en vertu duquel les hommes se seraient mis d'accord, en entrant en société, pour sacrifier une partie de leurs droits dans l'intérêt commun, ne trouve aucun appui dans la réalité. Non seulement le contrat social est en dehors de la tradition historique, mais il n'est pas un idéal vers lequel doivent tendre les hommes vivant en société. Cette fiction d'une *pénalité contractuelle* ne donne au droit pénal d'autre raison d'être que le *consentement* et légitime tous les excès d'une majorité tyrannique.

Sur le fondement rationnel des institutions pénales, il n'existe et ne saurait exister que deux doctrines logiques : celle d'après laquelle la peine est instituée par des raisons d'utilité générale ; celle d'après laquelle la peine a sa fin en elle-même et, au lieu d'être organisée et appliquée en vue des résultats qu'on en attend, apparaît comme la contre-partie nécessaire du délit. Pour employer des formules passées en usage, on punit, au premier point de vue, *quia peccatum est*, et, au second, *ne peccetur*.

Le principe métaphysique de la *justice*, le principe politique de *l'utilité*, qui fait de l'un la règle, de l'autre la limite de la répression, ont été combinés dans la doctrine éclectique dont la formule est qu'on punit en vue de la justice absolue, mais dans la mesure de l'utilité sociale.

16. DES TROIS CONCEPTS DE LA RESPONSABILITÉ. RESPONSABILITÉ MORALE. RESPONSABILITÉ PHYSIOLOGIQUE. RESPONSABILITÉ SOCIALE. — La répression est un *acte de défense sociale ;* mais elle ne peut être *juste* que si elle atteint un individu *responsable*. Or, la question de responsabilité peut être envisagée à trois points de vue. 1° Il y a la *responsabilité morale* ou *métaphysique* : c'est à propos de cette responsabilité qu'on se demande si la volonté est libre ou déterminée. Il est évident que l'homme ne peut être moralement responsable que de ses actes libres. 2° Il y a la *responsabilité physiologique* : elle dépend du bon état et du bon fonctionnement des centres nerveux qui président plus spécialement aux fonctions psychiques. 3° Il y a la *responsabilité sociale* : et la question de cette responsabilité ne peut se poser que si celle de la responsabilité physiologique est déjà affirmativement résolue. La responsabilité sociale dépend du danger que présente un individu pour la société (*culpabilité* ou *témibilité*). Ce danger est révélé, et par la nature de l'acte commis, et par le caractère des motifs qui l'ont inspiré.

Il est évident que la responsabilité morale et la responsabilité physiologique sont à la base de la répression. La première est supposée chez l'homme normal, placé dans des conditions normales. Elle est, au point de vue de l'idée de justice, la justification de la répression. Mais, en réalité, la société n'a ni à la rechercher ni à la mesurer. Ce qu'elle recherche et mesure, c'est la responsabilité physiologique d'abord, d'où dépend l'aptitude du criminel à agir normalement, et la responsabilité sociale, d'où dépendent le choix et la mesure de la répression.

En effet, pour le *législateur* qui détermine la nature de la peine et qui en fixe les limites, pour le *juge* qui l'applique, il s'agit moins de proportionner la répression à la responsabilité morale que de la mesurer au danger que le criminel fait courir à la société, à sa *témibilité*. Un minimum de responsabilité morale peut correspondre à un maximum de danger, comme il arrive pour certains récidivistes, et un minimum de danger correspondre à un maximum de responsabilité, comme il arrive pour certains délinquants primaires. Vouloir distribuer la pénalité, en mesurant la responsabilité morale du criminel, est une œuvre qui dépasse la compétence de la justice humaine et qui lui fait perdre de vue le but social et utilitaire qu'elle doit atteindre.

Quel est, en effet, le but de la peine? Dans toute société, le crime, qui est un acte antisocial, provoque des réactions de deux ordres.

Des réactions *d'ordre moral*. — Le crime suscite un besoin de *vengeance*, un désir *d'expiation*. Mais ces sentiments et ces instincts, dont je n'ai pas à examiner la légitimité, sont satisfaits par le mal de la peine, par la souffrance, qui constitue l'essence de la répression. Et pour organiser le système pénitentiaire et appliquer la peine, il n'est pas besoin, à ce point de vue, de remonter à la source du droit pénal, et de chercher la justification rationnelle de la répression.

Des réactions *d'ordre utilitaire.* — On veut, par la menace de la peine, en dehors de toute autre considération, empêcher que le délinquant ne recommence et que d'autres ne soient tentés de l'imiter. C'est ce double effet préventif : effet préventif envers le délinquant (*Spezialprävention*), effet préventif envers les autres membres de la société (*Generalprävention*), que tout système pénal tend à organiser. Dans l'intérêt du criminel comme dans l'intérêt de la société, la peine est un *moyen* et non pas un *but;* elle n'a pas sa fin en elle-même : elle est un instrument destiné à produire certains effets, et ce sont seulement ces effets de la peine que toute société doit avoir en vue dans l'organisation de la répression.

Mais, à cet égard, intervient la distinction, devenue classique, des délinquants : — en *délinquants d'occasion*, que l'on détournera du crime, soit par la crainte d'une répression plus active (*intimidation*), soit par l'influence moralisatrice de la peine (*amendement*) ; — en *délinquants de profession et d'habitude*, que la peine devra mettre dans l'impossibilité de recommencer (*élimination* plus ou moins complète).

Ces conceptions, acceptées par tous ceux qui écartent du droit positif les questions métaphysiques, conduisent à formuler un certain nombre de propositions.

I. Le législateur a le devoir d'organiser des moyens divers de défense sociale, en tenant exclusivement compte, pour la classification des délits et la détermination des peines, de la catégorie à laquelle appartient le malfaiteur et du degré de danger que l'infraction et l'infracteur font courir à l'ordre public.

II. Le juge, pour appliquer la loi pénale, doit tenir compte également de ce double critère, sans se préoccuper de la responsabilité, autrement que pour déterminer si l'agent rentre ou non dans la sphère de la répression, s'il est responsable ou irresponsable au point de vue physiologique.

III. Enfin, il faut tenir compte, moins du fait commis que du délinquant qui l'a commis, moins de la gravité objective de l'acte criminel que du danger, pour l'avenir, manifesté par les antécédents du délinquant. En réalité, il faut traiter le délinquant pour ce qu'il est, à propos de ce qu'il a fait.

§ V. — NOTIONS GÉNÉRALES SUR L'HISTOIRE DU DROIT CRIMINEL[1].

17. Antiquité du droit pénal. — 18. Son histoire sociale. — 19. Ses évolutions dans la période moderne. — 20. Histoire sociale de la procédure criminelle. Ses évolutions. Systèmes accusatoire, inquisitoire, mixte.

17. L'ANCIENNETÉ DU DROIT CRIMINEL. — Plus on remonte dans l'histoire des législations, plus le droit criminel paraît tenir de place : les premières lois sont surtout des Codes de pénalités[2]. Mais il ne faudrait pas croire que la notion complète d'une répression, infligée au nom du pouvoir, en vue de la défense sociale, se soit immédiatement dégagée.

18. HISTOIRE SOCIALE DE LA PEINE. — On paraît croire que l'évolution des institutions pénales a présenté partout et toujours des phases analogues. C'est dans la *vengeance privée* qu'il faudrait placer le point de départ de la répression. Ce sentiment ou cet instinct aurait reçu d'abord satisfaction par des violences réciproques. Puis, l'idée se fait jour d'un équivalent pécuniaire, au moyen de la *composition*, laquelle, facultative d'abord, devient obligatoire, dès que le pouvoir social se sent en mesure de l'imposer. A la vengeance privée, succède la vengeance publique, qui, dans la phase théocratique, prend un caractère religieux et donne naissance à l'idée d'expiation. A cette phase de l'expiation religieuse ou morale, succède celle de l'intimidation, à laquelle s'ajoute, plus tard, l'idée de l'amendement du coupable.

Ce tableau en raccourci de l'histoire sociale de la peine est trop simple pour être exact.

[1] BIBLIOGRAPHIE : Duboys, *Histoire du droit criminel des peuples anciens* (1845), *des peuples modernes* (1855-1860, 3 vol.); Thonissen, *Étude sur l'histoire du droit criminel des peuples anciens* (1869, 2 vol.); Puglia, *Evoluzione storica e scientifica del diritto e della procedura penale* (Messine, 1882).

[2] « Toutes les collections connues d'anciennes lois se caractérisent par un trait qui les distingue nettement des systèmes de droit perfectionnés : la proportion des lois criminelles et des lois civiles y est tout à fait différente.... Je crois qu'on peut affirmer que plus un Code est ancien, plus les dispositions pénales y sont étendues et minutieuses ». Sumner-Maine, *L'ancien droit*, trad. Courcelle-Seneuil, p. 347 et 348. Deux faits contribuent, dans les civilisations anciennes, à renverser la proportion, aujourd'hui existante, entre les lois civiles et les lois pénales : d'un côté, les rapports civils sont alors moins nombreux, moins compliqués qu'ils ne le deviendront plus tard ; d'un autre côté, on ne distingue pas suffisamment à cette époque la violation du droit punissable de celle qui ne l'est pas ; la séparation du droit civil et du droit pénal n'est pas nettement tracée.

On ne peut concevoir une société, même barbare, sans une répression sociale. Et c'est une erreur de croire que la première et la seule manifestation d'une réaction sociale contre des actes antisociaux, ait été la vengeance privée et sa conséquence, la composition.

En réalité, l'idée de faute morale, de délit à expier, de peine proprement dite, est aussi ancienne que le monde. Seulement, les deux concepts opposés ont apparu simultanément, dans des applications distinctes.

Le système de la vengeance privée, et des compositions qui en est la suite, a été et est encore pratiqué par tous les peuples primitifs, quelle que soit leur race. C'est un fait général dans l'histoire de l'humanité. Mais à quel stade de la civilisation ou plutôt de l'évolution sociale correspond-il? On le retrouve toujours dans la période où les individus sont groupés en petits agrégats, indépendants les uns des autres (familles, clans, tribus), et alors que la conception de l'État n'est pas encore née. La vengeance est dirigée contre les ennemis du dehors : elle est la forme de réaction, dans les rapports des groupes sociaux. Mais l'idée d'expiation s'applique à l'intérieur du groupe. Là, nous trouvons toutes les formes de constitution, depuis la plus despotique, celle du chef de famille, jusqu'à la conception républicaine du chef élu, ou celle du pouvoir parlementaire avec contrôle. Ces agrégations sont absolument maîtresses et souveraines : elles ont le droit de commander, de faire la loi, de punir, et la répression s'exerce vis-à-vis des membres du groupe qui causent un tort à la tribu ou à un de ses membres, par des peines corporelles, ou par l'exil. Mais le système des compositions s'est formé, non pour régler les rapports des individus appartenant au même groupe, mais pour régler ceux des individus de deux familles ou de deux clans différents. Voici deux tribus établies à côté l'une de l'autre. Elles sont libres et indépendantes, chacune sur son territoire. Mais leurs membres se querellent, des razzias, des meurtres se commettent. La guerre est allumée entre elles, et, si elles l'éteignent par des pactes de paix, des compositions, le dédommagement sera réclamé, comme il sera payé, par la tribu. La responsabilité est donc collective, activement et passivement. Ce système a-t-il disparu? Nullement. Pour le retrouver, il suffit d'observer ce qui se passe aujourd'hui encore, dans les relations d'État à État. Deux tribus n'ont au-dessus d'elles, comme actuellement deux nations, aucun pouvoir qui leur soit supérieur. A défaut d'une justice répressive, s'imposant dans leurs rapports, elles font appel, lorsqu'elles se plaignent d'un tort, au droit de vengeance qui s'exerce par la guerre. Et le système des « compositions » n'est qu'une transaction faite pour amener la paix, avant ou après les hostilités. Dans cette conception, la composition n'a pas la répression pour objectif, mais seulement l'indemnité.

La dualité du concept de justice a disparu le jour où l'État est né. Je dis l' « État » et non la « Société », car il y a là deux notions différentes. La Société est aussi ancienne que l'humanité. Mais l'État est apparu à un moment donné de l'évolution sociale. L'État s'est formé par la réunion des familles, des groupes, des clans. Ce fut, tantôt la fédération qui lui donna naissance, tantôt la conquête. Du jour où l'État s'est formé, apparaissent des conceptions nouvelles. D'abord, dans l'intérêt de l'ordre extérieur, le chef qui le représente, punira les traîtres, les lâches. Puis, dans l'intérêt de l'ordre intérieur, il tentera de mettre fin aux guerres privées régnant entre les divers groupes, fédérés cependant ou réunis contre l'ennemi commun. Son rôle sera celui d'un pacificateur : il encouragera d'abord les compositions, il les imposera ensuite. Et alors leur tarif sera fixé par la coutume. Bientôt un stade nouveau est parcouru. Le pouvoir fédéral ou central grandit; il se fortifie; des tribunaux sont constitués; une force armée est organisée. A l'origine, le chef n'est qu'un simple chef de guerre, dont le pouvoir disparaît après l'expédition. Plus tard, la fédération, subsistant après l'expédition qui lui a servi d'occasion, le chef devient le représentant des intérêts généraux. Pendant longtemps peut-être, il y aura conflit et lutte entre le pouvoir fédéral et le pouvoir familial ou féodal. Mais, l'individu comprend que, pour être protégé, il doit s'adresser au pouvoir supérieur qui lui assure plus de sécurité et plus de justice. Le clan finit par disparaître, et il reste l'individu en face de l'État. Les peines seront, par suite, individualisées, et la notion d'une responsabilité collective sera remplacée par celle d'une responsabilité individuelle. Mais par une dégénérescence du système des compositions, la peine sera proportionnée au délit, et l'idée du talion sera la première manifestation grossière de l'idée de justice.

Ainsi, la vengeance, l'expiation, l'intimidation ont été des éléments contemporains dans l'histoire de la répression.

Les évolutions de l'histoire font reparaître, au milieu des pays civilisés, le système de la composition qui avait disparu de leurs coutumes. Les tribus germaines, qui le pratiquent dans leurs rapports, le conservent après l'invasion, au milieu de l'anarchie qui suit la conquête. Mais bientôt, l'idée de la peine reparaît et se développe, et, malgré l'invasion violente d'un droit propre aux anciens hommes, le droit propre aux hommes civilisés reprend le dessus.

19. Les évolutions du droit répressif dans les temps moder-

NES. — Les conditions d'exercice de la répression sociale ont passé, dans le monde moderne, par trois périodes : celle *d'intimidation* et *d'expiation*, qui comprend le moyen âge et la renaissance; la *période humanitaire*, qui comprend la fin du XVIIIe siècle et une partie du XIXe; la *période scientifique* contemporaine.

Dans la première période, la peine corporelle remplace la peine pécuniaire. Le droit pénal repose sur l'*expiation* et l'*intimidation*, et la pénalité a pour but de faire souffrir et d'effrayer par la souffrance. Jusqu'à la Révolution, on ne recherche pas autre chose. La philosophie du XVIIIe siècle donne l'essor au grand mouvement humanitaire moderne. Les réformes qui se produisent alors reposent sur une double base : la notion métaphysique de la liberté humaine; la notion philanthropique de l'amendement substitué à la souffrance. Ces idées ont pour conséquence, l'organisation d'un régime pénitentiaire conçu en vue de relever le coupable et de le corriger. Mais l'école humanitaire ne réalise pas les espérances qu'on avait conçues, et la criminalité, loin de céder, s'accroît. On pense, dès lors, qu'on a fait fausse route, en procédant par voie d'abstraction et de généralisation, et qu'il faut, pour combattre la criminalité, en rechercher les causes et saisir les rapports de ce phénomène avec l'ensemble des autres phénomènes sociaux. La science pénale contemporaine, qui est d'abord aiguillée dans cette voie, bifurque bientôt, et deux courants s'établissent. Pour l'*école anthropologique*, c'est le délinquant, et non le délit *in abstracto*, qu'il faut considérer. A chaque type criminel (délinquants nés ou instinctifs, délinquants par habitude acquise, délinquants par passion, délinquants d'occasion, délinquants aliénés), doit correspondre un régime différent. Pour l'*école sociologique*, si le délit n'est qu'une manière d'être du délinquant, le déliquant n'est que le produit du milieu. A côté du facteur individuel, de l'âge, du caractère, du tempérament, des dispositions personnelles, il y a donc à tenir compte du facteur collectif. La criminalité ayant surtout des causes sociales, on doit la combattre par des moyens sociaux et, à cet égard, les mesures préventives ont une autre efficacité que les mesures répressives.

Les sciences pénales contemporaines tiennent compte de ces conclusions [1].

20. Évolution historique de la procédure criminelle. — Si le droit pénal reflète les idées qui donnent à un état social sa physiono-

[1] Garraud, *Les tendances nouvelles du droit pénal.* Discours prononcé à l'ouverture du IXe Congrès de l'Union internationale de Saint-Pétersbourg, 1902.

mie et son caractère, s'il évolue d'après une courbe parallèle à cet état social, l'organisation des juridictions pénales et les règles de la procédure à suivre devant elles se constituent et se développent avec l'organisation du pouvoir et suivant le degré de liberté des peuples.

L'histoire du droit criminel présente trois formes principales de procédure.

I. La première, dite *accusatoire*, répond à la notion même du procès pénal, qui suppose une lutte entre deux adversaires, à laquelle le juge met fin en donnant tort à l'un ou à l'autre. Par suite de ce caractère, elle apparaît tout d'abord dans l'histoire du droit criminel. On en retrouve l'origine dans les législations orientales ; on la voit prendre une forme précise dans les législations grecque et romaine, puis décliner dans les temps du despotisme impérial. Après la chute de l'empire romain, nous la retrouvons, avec des formes grossières et rudes, organisée par les coutumes germaniques et féodales ; et tandis que, à l'époque moderne, elle disparaît sur le continent européen, elle se conserve et se développe dans les institutions judiciaires de l'Angleterre.

Voici quels sont les principes qui forment le fond de ce système de procédure : 1° l'accusation est librement exercée par tout citoyen ; mais il n'y a pas de procès pénal sans un accusateur, de sorte que si personne ne prend l'initiative de la poursuite, le crime reste nécessairement impuni ; 2° le juge est un arbitre de combat, qui doit être choisi ou, du moins, accepté par les deux parties : aussi retrouve-t-on, chez presque tous les peuples qui admettent ce système, soit le principe du jugement par les pairs de l'accusé, soit l'absence d'une procédure par défaut ; 3° le juge ne peut procéder de lui-même et d'office ni pour se saisir ni pour s'éclairer : son rôle consiste à répondre aux questions qui lui sont posées, à examiner les preuves produites devant lui, et à se décider sur ces preuves ; 4° l'instruction, dans ce système, a trois caractères essentiels : elle est contradictoire, orale et publique. Les adversaires sont mis en présence dans un débat qui a lieu au grand jour. Chacun d'eux produit librement ses moyens de preuve, et le procès devient un duel à armes égales et loyales.

II. La seconde forme de procédure, dite *inquisitoire*, a ses premiers germes dans les dernières institutions du droit romain impérial, germes développés, au moyen âge, devant les juridictions ecclésiastiques, par le principe, introduit au temps d'Innocent III, de l'*inquisitio ex officio*. Emprunté au droit canonique, ce système de procédure devient, a partir du XVIe siècle, le système dominant dans tous les pays de l'Europe, à l'exception de l'Angleterre.

Voici les principes qu'il met en œuvre : 1° le pouvoir social, au nom de l'intérêt public, procède d'office à la recherche, à la constatation et à la punition du délit ; 2° le juge, délégué par le pouvoir, et non plus choisi par les parties, remplit une fonction publique et permanente ; 3° son examen n'est pas limité aux preuves produites devant lui ; il procède, d'office et suivant certaines règles, à l'instruction (*inquisitio*), c'est-à-dire à toute recherche de preuves admises par la loi ; 4° cette instruction, écrite et secrète, n'est pas contradictoire ; 5° mais deux institutions viennent limiter, dans ce système, les pouvoirs du juge, et réduire les chances d'erreur : l'organisation d'un système de preuves légales qui enchaîne la conviction des juges, et l'institution de l'appel à des juges supérieurs des décisions des juges inférieurs.

III. Chacun des deux systèmes, accusatoire et inquisitoire, a ses qualités et ses défauts ; aucun ne contient, en lui-même, les garanties nécessaires à la bonne administration de la justice pénale. Dans la procédure purement accusatoire, la poursuite et la recherche des délits sont complètement abandonnées à l'initiative privée, qui peut sommeiller par inertie, par crainte ou par corruption. L'impunité, qui est ainsi la conséquence de ce système, est encore accrue, soit par la publicité qui existe à toutes les phases de la procédure, soit par la nécessité où se trouve le juge de limiter son examen aux seules preuves qui lui sont fournies par l'accusation. Mais, d'un autre côté, la procédure inquisitoire a des vices bien graves ; c'est la poursuite et la recherche des délits exclusivement confiées au pouvoir ; c'est le secret qui environne toute la procédure ; c'est le défaut de contradiction sérieuse, organisée entre l'accusation et la défense.

Aussi, le progrès de la civilisation juridique a consisté à emprunter à chacun de ces systèmes quelques-uns de leurs éléments, et à organiser un système mixte de procédure pénale, dont une première partie emprunte ses caractères à la procédure inquisitoire, mais dont la seconde reprend toutes les garanties de la procédure accusatoire. Il se caractérise par les principes suivants : 1° le juge ne peut se saisir d'office ; il faut donc qu'il y ait une accusation ; mais cette accusation est confiée à des fonctionnaires spéciaux qui exercent ainsi un *ministère public*, et dont les parties privées ne doivent être, en principe, que les auxiliaires ; 2° au jugement, concourent des magistrats permanents et expérimentés et des juges populaires ; 3° la procédure se dédouble en deux phases : l'instruction préparatoire, écrite et secrète ; l'instruction définitive, orale et publique ; 4° les seuls moyens de s'éclairer, que la conscience et la raison peuvent admettre, servent à la conviction du juge, qui n'est pas enchaîné par un système de preuves légales ; 5° enfin, le procès pénal, dans ses deux phases, est dominé par le principe de la contradiction et de la libre défense, sans lequel il ne saurait y avoir de bonne justice.

§ VI. — L'ANCIEN DROIT CRIMINEL FRANÇAIS.

21. Caractère éclectique du droit français. Les périodes du droit criminel français. — 22. Anciennes juridictions pénales. — 23. Ancienne procédure. — 24. Ancien droit pénal. Principaux caractères de cette législation.

21. CARACTÈRE ÉCLECTIQUE DU DROIT CRIMINEL FRANÇAIS. — Au ve siècle de l'ère chrétienne, se sont rencontrés, sur le sol de la Gaule, deux droits complètement différents et pourtant issus de la même origine, puisque la race germanique, les races romaine et gauloise paraissent être des branches détachées de la grande souche aryenne : le droit *germanique*, encore dans son enfance, et le droit *gallo-romain*, dans son complet développement. C'est par le christianisme et sous son influence, que s'opéra, durant l'espace de quatorze siècles, la fusion de ces éléments. Les grandes périodes de ce travail incessant de législation se personnifient, dans les noms : de Charlemagne, qui crée une première unité, par ses capitulaires, au milieu des institutions confuses des temps barbares, et qui organise un pouvoir fort, capable de protéger l'individu; de Louis IX et de Louis XI, qui luttent contre l'organisation de la féodalité. Puis, au xvie siècle, la jurisprudence s'empare de tous les documents épars de notre droit. Aidés par le droit romain, dont les recueils remis en lumière, sont enseignés et commentés partout, les légistes travaillent à mettre de l'*unité* dans toutes ces lois diverses, et à élever l'édifice de la législation française. Louis XIV pourra, après ce travail préparatoire, créer ces ordonnances générales, parmi lesquelles marque l'ordonnance criminelle de 1670, qui sont les fragments épars d'un Code général des lois françaises, et Pothier n'aura qu'à codifier notre législation et à l'expliquer dans ses immortels traités. La Révolution achèvera l'unité nationale. Notre droit est donc né d'une lutte de quatorze siècles : son caractère propre n'est pas d'avoir éliminé, mais d'avoir combiné les éléments divers qui le composent, de s'être approprié ces matériaux par un travail puissant d'assimilation, de leur avoir donné un caractère impersonnel, qui a permis à la plupart des nations de l'Europe de l'adopter.

L'histoire de notre droit criminel, comme l'histoire de notre droit privé, a donc trois périodes principales.

La période *de formation*, pendant laquelle les trois sources de notre droit, les sources romaine, germanique et canonique, se combinent : cette période dure jusqu'au XVIe siècle.

La période *d'unification*, pendant laquelle, l'œuvre d'unité étant accomplie sur le territoire de chaque coutume, la royauté et les légistes travaillent à la réaliser dans le royaume : cette période dure jusqu'à la fin du XVIIIe siècle.

La période *d'unité*, dans laquelle nous sommes entrés depuis 1789, et qui se caractérise par la codification de notre législation nationale.

Je présenterai un tableau rapide de notre ancien droit criminel aux divers points de vue des *juridictions*, de la *procédure* et de la *pénalité*.

22. Juridictions. — L'organisation des juridictions pénales a passé par trois phases distinctes. Mais, dans toutes, un trait commun se remarque : c'est l'*unité* de la justice criminelle et de la justice civile, administrées l'une et l'autre par les mêmes tribunaux.

I. Sous l'ère barbare, la justice est rendue par le chef (*rex, princeps, dux, comes, grafio*, etc.), avec le concours des hommes libres de la tribu (*boni homines, rachimburgi, pagenses*, etc.), dans des réunions temporaires et périodiques. Le chef convoque les assises (*mallum*), préside l'assemblée des hommes jugeurs, recueille, sans y prendre part, la sentence, et la fait exécuter.

II. Sous l'ère féodale et durant le cours du moyen âge, la justice est en quelque sorte diluée ; elle est partout : dans la famille, à l'école, au palais du roi ; dans les municipalités, auprès du chef féodal. Les principales juridictions sont : les juridictions royales, seigneuriales, municipales, ecclésiastiques. La grande division qui domine cette organisation est celle des juridictions laïques et des juridictions ecclésiastiques.

a) Parmi les juridictions laïques, il y en a principalement de trois sortes : les *justices seigneuriales*, les *justices royales*, les *justices municipales*.

La justice était devenue patrimoniale en France ; c'est là un des traits caractéristiques du régime féodal. Le seigneur avait donc juridiction sur les fiefs et censives de son domaine, à titre de propriétaire éminent de la terre. Les nombreuses justices seigneuriales se divisaient d'abord en *justices hautes* et *basses ;* plus tard, apparurent les *moyennes justices*. Cette division, qui appartient à la seconde partie du moyen âge, avait surtout de l'importance au point de vue criminel, en ce sens que les cas et les peines graves étaient réservés à la haute justice. Exercé d'abord par le seigneur lui-même, assisté, lorsqu'il s'agissait d'un vassal, des pairs de celui-ci, le droit de rendre la justice fut, plus tard, délégué à des officiers qui prirent, suivant les lieux, les noms de *baillis* ou de *prévôts*.

Au début de la féodalité, le roi n'avait juridiction que sur son domaine ; et là, il rendait la justice, au même titre et dans les mêmes conditions qu'un seigneur justicier. Lui aussi se fit bientôt remplacer dans cette fonction par des officiers qu'il investissait d'une délégation permanente. Au début, ce furent les *prévôts;* plus tard, probablement par suite d'un besoin de centralisation et de surveillance, des officiers supérieurs furent créés : ils prirent le nom de *baillis* dans le nord et le centre, de *sénéchaux* dans le midi de la France. Ces fonctionnaires eurent pour mission de tenir des assises solennelles dans les villes de leur ressort. Ils recevaient toutes plaintes contre les officiers royaux, réformaient leurs jugements ; plus tard même, les crimes les plus graves, ceux qu'on appelait les *cas royaux*, leur furent réservés. Enfin, au dernier étage des juridictions royales, était le *parlement*, qui sortait de deux institutions, distinctes de droit, mais non de fait : la *cour du roi* et la *cour des pairs*. Le parlement, tenu d'abord à des époques déterminées, devint un corps sédentaire. La royauté, pendant longtemps, n'eut qu'un parlement, celui de Paris; les parlements de province, tous de création postérieure à celui de Paris, apparaissent du XIVe au XVIIIe siècle.

Les bourgeois des villes de commune ou des villes d'échevinage, poursuivis en matière criminelle, devaient être jugés par leurs justices municipales, c'est-à-dire par leurs pairs. L'organisation de ces justices variait, du reste, pour ainsi dire, de commune à commune. Elle nous est assez peu connue. Le vice radical de ces juridictions, dans la plupart des villes où elles fonctionnent, c'était la réunion, dans les mêmes mains, du pouvoir administratif et du pouvoir judiciaire.

b) Les juridictions ecclésiastiques, les *cours de chrétienté*, comme on disait alors, avaient une double compétence : *personnelle* et *réelle*. Le privilège de clergie, qui embrassait tous les degrés du clergé régulier et tous ceux du clergé séculier jusqu'aux chantres, donnait, à ceux qui pouvaient l'invoquer, le droit d'être jugés par ces tribunaux. Ces juridictions connaissaient également de certains crimes commis par toutes personnes, par exemple, des crimes d'hérésie et d'apostasie, de sorcellerie, d'adultère et d'usure. Cependant, si ces juridictions avaient toujours le droit de juger, elles n'avaient pas toujours celui de condamner : suivant la gravité des cas, elles livraient le coupable au bras séculier, qui prononçait la peine et la faisait exécuter.

Le juge était l'évêque, l'*ordinaire*. Comme les seigneurs, et avant eux probablement, il délégua son droit de juridiction, d'abord à l'archidiacre, puis, à partir du XIIIe siècle, à un dignitaire particulier qu'on appela l'*official*. La hiérarchie savante des autorités ecclésiastiques permit d'organiser une série d'appels, de l'official à l'archevêque, de celui-ci au primat, puis, enfin, au pape, chef et juge suprême de la chrétienté.

III. Toutes ces juridictions ont existé jusqu'aux dernières années du XVIIIe siècle. Mais, tandis que les juridictions ecclésiastiques, seigneuriales et municipales, perdent peu à peu leur importance, les juridictions royales grandissent, se développent et finissent presque par les absorber. Comment cette transformation s'accomplit-elle? Quel est l'état des juridictions aux XVIIe et XVIIIe siècles?

a) Les juridictions royales se développèrent, comme la royauté elle-même, par une suite d'entreprises persévérantes, dont les légistes furent les instruments les plus actifs. Partant de cette idée que le roi représente l'intérêt général, qu'il doit à tous la sécurité et la justice, les légistes inventèrent divers procédés pour diminuer peu à peu la compétence des justices laïques et des justices ecclésiastiques, au profit des justices royales. Le premier fut la théorie des *cas royaux*. Dès le XIIIe siècle, on voit naître cette idée que certains faits, très graves, parmi lesquels figurent les crimes de lèse-majesté, de port d'armes, de fausse monnaie, doivent être exclusivement réservés aux baillis royaux. La liste des cas royaux s'allonge toujours et n'est jamais close. Le droit romain fournit aux légistes leurs meilleures armes dans cette lutte, car cette puissance, qu'ils construisent au profit de la royauté, a pour type le droit romain impérial. Vint ensuite l'organisation de l'*appel*. La féodalité n'avait jamais eu l'idée de soumettre, de nouveau, à un juge supérieur, le litige déjà tranché par un premier juge; elle ne connaissait point de juges inférieurs et de juges supérieurs; toutes les cours féodales, dans les limites de leur compétence, étaient des cours souveraines. Il n'existait, dans la procédure féodale, que deux voies de recours : l'*appel pour défaut de droit*, dans lequel le plaideur se plaignait d'un déni de justice; et l'*appel de faux jugement*, sorte de cassation barbare, de prise à partie brutale du plaideur contre les pairs qui le jugeaient. L'appel, dans le sens que nous donnons à ce mot, fut admis de bonne heure, des justices seigneuriales aux justices royales, et le nombre des degrés de juridiction ne fut jamais limité. Enfin, les officialités virent diminuer leur compétence, par la revendication que faisaient les justices royales, comme crime de lèse-majesté, de certains crimes qui relevaient d'elles à raison de leur nature, et par l'institution, au profit des juges royaux, des *cas* dits *privilégiés*.

b) En étendant ainsi leur compétence, les juridictions royales durent modifier leur organisation. D'un côté, on vit les anciens tribunaux se développer; de l'autre, des tribunaux d'exception apparaître.

Les prévôts constituaient les juges ordinaires du premier degré ; les baillis et sénéchaux, ambulants à l'origine, devenus sédentaires par la suite, formaient toujours le second degré des juridictions royales. Les baillis, grands-officiers de la couronne, déléguaient leurs pouvoirs à des officiers inférieurs qu'on appelait lieutenants du bailliage. Au lieutenant criminel échut le jugement des causes criminelles; il devint le juge en matière répressive pour toutes les affaires soustraites, à raison de leur gravité, à la juridiction du prévôt. D'abord, il jugea seul ; plus tard, il fut assisté par des assesseurs qui prirent le titre de conseillers. Sous Henri II, il fut créé des sièges d'une importance particulière, les présidiaux. Le parlement de Paris eut une chambre spéciale pour juger les procès criminels, la *Tournelle*. Les parlements de province naissent les uns après les autres, avec le développement du pouvoir politique de la royauté. Outre les fonctions ordinaires, le parlement de Paris et certains parlements de province, ceux de Toulouse, Rouen et Bordeaux, participaient à l'administration de la justice par les Grands-Jours, sorte d'assises solennelles et temporaires, tenues dans une province, par des commissaires choisis par le roi.

Il y avait deux sortes de tribunaux d'exception : 1° les uns ne connaissaient des causes criminelles qu'incidemment aux matières qui faisaient l'objet particulier de leur établissement : tels étaient le prévôt de l'hôtel des Monnaies et de la cour des Monnaies, les juges de l'Amirauté; 2° les autres avaient une compétence criminelle principale : tels étaient les prévôts des maréchaux et les juges militaires.

23. Procédure. — La procédure criminelle a passé dans notre pays, comme dans les autres pays de l'Europe continentale, par deux phases principales : la phase *accusatoire* et la phase *inquisitoire*.

I. A l'époque barbare, la *procédure criminelle* ne se distingue pas de la *procédure civile :* l'une et l'autre sont fondées sur le même principe. Au civil, comme au criminel, deux parties se trouvent en présence : l'une, qui réclame contre un dommage causé par le délit, et en poursuit la réparation pécuniaire ; l'autre, qui se défend contre cette réclamation. L'accusation est donc exclusivement exercée par la partie lésée. L'*instruction* se fait *oralement* et *publiquement*, et elle a pour moyen principal les dépositions des témoins. On compte plutôt qu'on ne pèse ces témoignages : de là, l'usage des jureurs qui viennent, devant le tribunal, en nombre fixé par la loi, accompagner l'accusé, non pour déposer sur le fait, mais pour lui donner un certificat de moralité sous la foi du serment. Quand le juge ne peut former sa conviction sur les témoignages, que l'accusé nie le délit, et que le serment purgatoire est rejeté, intervient le jugement de Dieu. Ce sont les épreuves judiciaires (*ordalies*), par le combat, l'eau bouillante, le fer rougi, etc., qui décident entre l'accusateur et l'accusé.

Malgré la substitution, à l'époque féodale, d'un système de *pénalité* à un système de *composition*, la procédure criminelle conserve d'abord le double caractère qu'elle avait à l'époque barbare : droit d'accusation exclusivement réservé aux parties lésées par le délit; identité des formes des procédures criminelle et civile. Les deux modes de preuves usités à l'époque Barbare, le serment purgatoire et les ordalies, disparurent d'assez bonne heure. Mais le duel judiciaire, l'appel au jugement de Dieu, soutenu par le serment des deux adversaires, et décidé par la bataille, prit une extension considérable. Ce fut, en matière criminelle au moins, le mode de preuve ordinaire. Mais, peu à peu, et de plus en plus, sans doute, l'accusateur, au lieu de procéder par l'appel direct au jugement de Dieu, offrit de faire la preuve de son dire par témoins, sauf le droit réservé à l'accusé de fausser ces témoins. De sorte que l'enquête, orale et publique, administrée suivant certaines règles rigoureuses et formalistes, finit par constituer, avec l'aveu, le mode de preuve le plus usité.

De bonne heure, la nécessité se fit sentir de donner au magistrat une initiative, qui ne lui appartenait pas tout d'abord, de le charger de poursuivre le crime que personne ne poursuivait. La justice féodale y était d'autant plus intéressée que le produit des amendes et confiscations appartenait au fisc du seigneur. On admit donc que les juges pourraient prendre l'initiative des poursuites, et même on créa, auprès des juridictions importantes, un représentant du seigneur, chargé de veiller à ses intérêts pécuniaires, qu'on appela, pour ce motif, *procureur fiscal*. Ce n'est que par degrés que le caractère de l'action pénale se transforme. Dans le principe, le magistrat ne put agir que quand il n'y avait pas d'héritiers de la victime. On admit également qu'en cas de flagrant délit, il n'était pas nécessaire qu'il y eût un accusateur. La procédure féodale avait même organisé une méthode formaliste et naïve pour conserver au fait son caractère de flagrant délit : c'était la poursuite avec la *clameur de haro*. Enfin, on fit un pas de plus, en donnant, dans tous les cas, au magistrat, le droit d'exercer lui-même la poursuite. A partir du jour où ce progrès fut accompli, ne cessa pas, pour les intéressés, la victime du délit ou ses parents, le droit de se porter accusateurs ; mais l'accusation se présenta sous deux formes : l'*accusation directe*, dans laquelle la partie lésée menait le procès elle-même, et la *dénonciation*, par laquelle elle faisait appel à l'initiative du magistrat. La dénonciation était une façon de procéder dans la poursuite, dont l'Église avait fourni le modèle; elle avait deux avantages sur l'accusation directe : elle n'exposait pas son auteur, si elle était mal fondée, aux peines sévères du talion, usitées encore vers la fin du XIIIe siècle; de plus, en laissant au juge le soin d'apprécier, au préalable, la valeur de la plainte, le dénonciateur se mettait à l'abri du ressentiment et de la vengeance. L'emploi de la dénonciation fut admis par le tribunal de l'Inquisition, dès son institution dans le midi de la France, pour la poursuite des crimes d'hérésie et de magie, et, de la procédure ecclésiastique, il passa dans la procédure laïque.

Au XIIIe siècle, Baumanoir constate déjà que, au lieu de se porter accusateur, on peut se borner à dénoncer le fait incriminé au magistrat, qui agit alors comme il aurait fait, s'il y avait eu flagrant délit.

Ce fut d'abord le délégué même du seigneur ou du roi pour juger qui prit la direction de la poursuite. Mais lorsque le pouvoir royal se développa, il eut besoin, auprès de chaque juridiction, pour toutes les affaires qui intéressaient la royauté, de *procureurs*, qui tenaient la plume, et d'*avocats*, qui portaient la parole. Ces procureurs ou ces avocats n'étaient, à l'origine, que les agents particuliers du roi, poursuivant ou défendant en son nom, dans toutes les affaires où il était intéressé. L'ordonnance du 25 mars 1303, qui fait, pour la première fois dans un document législatif, mention de ces officiers, enjoint aux procureurs du roi de prêter le serment *de calumnia* comme les autres plaideurs, et leur défend de se mêler des causes des particuliers. Chaque bailliage, chaque siège de prévôté, chaque juridiction ecclésiastique eut ses « gens du roi », dont la délégation, d'abord temporaire, finit par devenir permanente, et dont le caractère se transforma, comme le caractère même de la royauté. Les gens du roi poursuivaient les usurpateurs du domaine ou autres droits régaliens; ils intentaient le procès dans les *cas royaux*; ils intervenaient dans l'instruction de tous les procès criminels, pour sauvegarder les intérêts du fisc royal qui s'enrichissait des amendes et des consfiscations. On les vit même bientôt prendre l'initiative des poursuites. Les entreprises des gens du roi, en se multipliant, furent acceptées comme un usage, et cet usage s'imposa bientôt comme un droit. Aucune loi précise ne détermine ce progrès. Le *ministère public*, — ce fut le nom donné à ce corps de magistrats, — se révèle d'abord par son action, et, quand les premières ordonnances s'en occupent, il est déjà en exercice. Ces ordonnances ne le créent pas, elles l'adoptent.

A partir de l'époque où le ministère public fut définitivement organisé, c'est-à-dire vers le commencement du XVIe siècle, le juge et le ministère public concoururent à la poursuite criminelle, et c'est cette double intervention qui constitua, plus particulièrement, ce qu'on entendait, dans notre ancien droit, par la *procédure extraordinaire*. Quand la réparation d'une infraction n'était poursuivie que par la partie lésée, la procédure était dite, au contraire, *procédure ordinaire*.

C'est qu'en effet le système inquisitoire, destiné à remplacer complètement plus tard, le système accusatoire, qui ne répondait plus aux besoins ni aux mœurs, fut d'abord considéré comme un remède *extraordinaire*, et la procédure inquisitoriale garda cette qualification, qui marque son origine, même à l'époque où elle était devenue la procédure ordinaire.

II. Cette transformation du caractère de la poursuite eut une influence considérable sur l'organisation et le caractère de la procédure. Devant les juridictions germaniques et les premières juridictions féodales, l'instruction se faisait oralement devant tous; elle avait pour base principale les dépositions des témoins et pour moyen subsidiaire les ordalies et le combat judiciaire. Mais, placées en face de l'Église, leur puissance rivale, les juridictions séculières finirent par reproduire les traits principaux d'une procédure en usage devant les tribunaux ecclésiastiques, et qui les séduisit par la simplicité et la régularité de sa marche. C'est dans les dernières années du XIIe siècle qu'Innocent III, en inaugurant le principe de la poursuite d'office devant les juridictions ecclésiastiques, avait organisé cette procédure, qui consistait essentiellement dans une *enquête*, faite par le juge, contradictoirement avec le prévenu, secrètement et par écrit, enquête à la suite de laquelle le juge rendait sa sentence. Cette procédure portait le nom d'*inquisitio*.

Elle ne s'introduisit que peu à peu dans les juridictions laïques, par l'effet des mœurs, bien plus que par celui des lois, et on suit ce mouvement dans trois ordonnances successives, sources de notre ancienne procédure pénale : l'ordonnance de Louis XII, du mois de mars 1498; celle de Villers-Cotterets, du chancelier Poyet, rendue en août 1539, sous François Ier, sur le fait de la justice et abréviation des procès; enfin, l'ordonnance de Louis XIV, du mois d'août 1670, codification complète de la procédure criminelle, et qu'on désigne, par ce motif, sous le nom de l'*Ordonnance criminelle*. Les deux premières ne s'occupent de la procédure criminelle qu'incidemment; la troisième est exclusivement consacrée à en tracer les règles.

Cette consécration législative de la procédure inquisitoire fut acceptée sans résistance par la nation. Mais elle ne passa pas sans de vives protestations de la part des juristes, notamment de Pierre Ayrault et de Dumoulin.

III. J'expose la suite entière d'un procès sous ce régime. La procédure se divise en trois phases : 1° l'information ; 2° le récolement et la confrontation ; 3° le jugement.

a) Désormais, sauf le cas de flagrant délit, où on saisit le coupable qu'on interroge sur-le-champ, toute procédure commence par une *information*, entreprise, soit sur la plainte de la partie lésée, soit sur la plainte du procureur du roi, soit par un acte d'initiative du juge qui peut toujours se saisir d'office.

L'information a pour but de recueillir les preuves et les premiers éléments du procès. Elle est d'abord l'œuvre des officiers de justice subalternes, tels que greffiers, sergents et huissiers, gens capables de la « faire grasse ou maigre », suivant la générosité des accusés. On s'aperçoit bientôt des inconvénients de confier une mission si grave à des hommes dont la moralité est, à bon droit, suspecte ; et, pour contrôler leurs rapports et procès-verbaux, le *récolement* des témoins, fait séparément par le juge même, devient obligatoire. Dans le but de faire venir les témoins, lorsque le crime est d'une certaine gravité, on a recours aux *monitoires*, qui consistent dans un avertissement donné en chaire par le curé, à la messe paroissale, à tous les assistants, de venir lui communiquer ce qu'ils savent du crime commis.

b) Sur le vu des pièces de cette première information, le juge peut rendre un *règlement à l'extraordinaire* ou un *règlement à l'ordinaire*, selon que le fait lui paraît de nature ou non à entraîner une peine afflictive ou infamante, à être par conséquent, du ressort, de la juridiction criminelle ou de la juridiction civile. Après quoi ont lieu : l'interrogatoire de l'accusé, auquel le juge impose l'obligation de prêter serment, l'assimilant ainsi, en sa propre cause, aux témoins tenus de jurer toutes les fois qu'ils étaient entendus ; le récolement des témoins ; leur confrontation, soit entre eux, soit avec l'accusé ; et, quand il y a plusieurs accusés, ce qu'on appelle leur affrontation. Mais cette instruction, suivant l'expression d'Ayrault, se fait « entre murailles muettes et sourdes » ; elle se formule par écrit, dans les procès-verbaux de l'information. Si, après les différentes phases de l'instruction, au lieu de preuves certaines et péremptoires, il ne se dégage contre l'accusé que des indices, si l'on n'a pu « rien gagner sur lui », suivant l'expression de l'ordonnance de 1539, on recourt, pour obtenir un aveu, objet constant, à cette époque, des préoccupations de la justice, à la *torture*, cette forme d'interrogation qui paraissait si naturelle, qu'on la désignait simplement, dans le langage usuel, sous le nom de *question judiciaire*. Si l'usage de la torture était général, les procédés employés pour l'administrer variaient de pays à pays, de parlement à parlement. Tandis que, dans le ressort du parlement de Paris, la question à l'eau et aux brodequins passait en jurisprudence; dans le ressort du parlement de Bretagne, on pratiquait la question par le feu. On distinguait, dans la pratique, deux genres de question, la question *ordinaire* et la question *extraordinaire :* mais la législation ne précisa guère le cas où les juges devaient s'arrêter à la question ordinaire, les cas où ils pouvaient passer à l'emploi de l'extraordinaire, laquelle consistait, moins dans un mode de tourments nouveaux, que dans la réitération de celui auquel on avait eu recours. L'ordonnance de 1670, codifiant la pratique déjà en vigueur, voulait que le prévenu fût interrogé trois fois, avant, pendant et après la torture. A côté de la question ordinaire ou extraordinaire, dite *préparatoire*, il en existait une autre, dite *préalable* ou *définitive*, qu'on ne prononçait que contre les condamnés à mort, pour obtenir des aveux ou le nom de leurs complices.

c) Le jugement avait lieu sur les *pièces* de l'information, sans que le tribunal, pour apprécier la culpabilité, pût entendre les témoins, et les confronter soit entre eux soit avec l'accusé. Réduit ainsi à la lecture d'un dossier, privé de ces impressions d'audience qui déterminent la conviction, le juge, dans notre ancien droit, mesurait la force probante de telle ou telle preuve d'après des règles formulées à l'avance et non d'après son rapport avec les faits du procès. Avec ce système dit des *preuves légales*, le résultat du procès pénal dépendait de la question de savoir si la preuve tarifée d'avance était ou non rapportée. L'accusation une fois établie suivant le procédé légal, il n'était plus permis à l'inculpé de combattre la preuve fournie par de simples dénégations. Il devait, à son tour, apporter la preuve de faits positifs de nature à détruire les faits établis ou à supprimer leur criminalité. C'était là ce qu'on appelait des faits justificatifs.

La décision aboutissait à une *condamnation*, une *absolution*, ou un *plus ample informé.* Pour la condamnation, le partage des voix profitait à l'accusé. Il y avait deux sortes de sentences d'absolution : la *mise hors cour* et le *congé* ou *décharge de l'accusation.* La différence essentielle, c'est que, dans le premier cas, la formule employée faisait obstacle à toute action en dommages-intérêts de l'accusé contre la partie civile, tandis que le congé, attestant la complète innocence de l'accusé, était ordinairement accompagné d'une condamnation contre la partie civile. Entre une condamnation et une absolution immédiate, se plaçait une solution intermédiaire : c'était le *plus ample informé.* Cet interlocutoire, rendu dans le cas où il n'y avait pas de preuve suffisante pour la condamnation de l'accusé, et où la nature du crime ou de la peine ne permettait pas de recourir à la question préparatoire, était susceptible de se transformer en absolution, s'il ne survenait pas de nouvelles charges pendant le délai fixé par le juge. Dans les crimes énormes, le plus ample informé pouvait même être indéfini et rendre la poursuite imprescriptible. Aucune de ces décisions n'était motivée.

24. Droit pénal. — I. Après la conquête de la Gaule par les Romains, la conception d'une pénalité sociale domine le droit gallo-romain. Mais les Barbares, qui envahirent la Gaule au ve et au vi[e] siècles, n'étaient pas encore parvenus à ce point de civilisation. A l'intérieur de la tribu, le chef ou l'assemblée populaire punissait bien un certain nombre de délits, particulièrement les délits militaires. Mais, de tribu à tribu, existait le système des compositions. Les deux conceptions se rencontrèrent donc après l'invasion, celle de la *pénalité sociale*, celle de la *composition*.

Elles imprégnèrent l'une et l'autre le droit pénal, avec une prédominance certaine de la conception germanique.

Ce serait une erreur de croire cependant que la pénalité sociale disparut. Elle se retrouve dans beaucoup de lois barbares, particulièrement dans les lois Burgondes, dans les capitulaires de Charlemagne, dans les coutumes des villes du midi. Lorsque le pouvoir social, qu'avait réussi à restaurer Charlemagne, s'effondre et fait place à l'organisation féodale, la conception de la peine sociale s'efface et alors se produit une régression, qui donne naissance à un état de choses analogue à l'état de choses primitif, avec cette différence que la tribu ou le clan est remplacé par un agrégat nouveau, l'agrégat féodal.

Mais le pouvoir social se reconstitue, par et au moyen de la royauté. Le droit de rendre la justice, de prononcer des peines au nom de l'intérêt social, et non plus au nom du chef féodal, est de nouveau reconquis. Et un jour vient où la royauté est assez puissante pour déclarer que toute guerre privée sera désormais interdite.

II. Le système des incriminations et celui des peines se créent et se développent sous l'influence successive des coutumes, du droit romain et des ordonnances royales [1].

[1] Ce développement scientifique est dû aux jurisconsultes des xvie, xviie et xviiie siècles, qui s'inspirent particulièrement du droit pénal romain de l'Empire. Les principaux de ces criminalistes sont : en Italie, au xvie siècle, Julius Clarus, Farinacius, Menochius ; en France, Ayrault, au xvie siècle ; Rousseau de Lacombe, Muyart de Vouglans, Jousse, au xviiie siècle ; en Allemagne, Schwarzemberg, l'inspirateur d'un Code pénal qui a joué un grand rôle et a eu une énorme influence, l'ordonnance pénale de l'empereur Charles-Quint de 1532, dite la Caroline ; Carpzovius, au xviie siècle ; dans les Pays-Bas, au xvie siècle, Josse Damhouder, dont le *Praxis rerum criminalium* a exercé une si grande influence en Allemagne ; en Italie, au xviie siècle, Renazzi et Cremani.

L'ancien droit pénal de la France n'a jamais été codifié; il se composait de lois et de coutumes si nombreuses, que l'on avait fini par reconnaître aux tribunaux, principalement aux parlements, la plus grande latitude dans la qualification des crimes, dans le choix et l'application des peines.

a) En matière d'*incrimination*, on distinguait, dans la doctrine et la jurisprudence, trois sortes d'infractions : 1° les crimes de lèse-majesté divine, c'est-à-dire les infractions à la loi religieuse, telles que le blasphème, le sacrilège, la magie, l'hérésie, l'apostasie, l'athéisme; 2° les crimes de lèse-majesté humaine, c'est-à-dire les attentats contre la personne du roi, contre les membres de sa famille ou contre la sûreté de l'État : ils étaient au premier ou au second chef, suivant leur gravité; 3° enfin, les crimes contre les particuliers. Dans les crimes de lèse-majesté humaine au premier chef, et dans les autres crimes énormes, on observait « certaines singularités ». Ainsi, les peines cessaient d'être personnelles : les descendants, les ascendants et le conjoint du coupable étaient ordinairement frappés du bannissement et de la confiscation. Ainsi encore, on ne recherchait pas si l'auteur du crime en avait eu conscience ou non : la démence et le jeune âge, succédant à peine à l'enfance, ne constituaient ni des causes de justification ni même des motifs d'excuse. Enfin, l'on faisait le procès au cadavre.

b) En ce qui touche la *pénalité*, on distinguait les peines, en peines *capitales*, peines *afflictives* et *infamantes*, peines *infamantes* et peines *non infamantes*.

Les peines capitales étaient : la mort, les galères à perpétuité, le bannissement perpétuel, le supplice de la claie pour le cadavre. Elles emportaient la mort civile et la confiscation générale des biens. La peine de mort ne consistait pas dans la simple privation de la vie; elle s'exécutait par divers genres de supplices, qui la rendaient inégale suivant la qualité des coupables ou la nature de leurs crimes : la potence était réservée aux roturiers; la décollation, aux nobles; la roue était prononcée pour les crimes atroces, tels que l'assassinat; le feu, pour les crimes de lèse-majesté divine; l'écartèlement, pour les crimes de lèse-majesté humaine au premier chef.

Les peines afflictives et infamantes étaient au nombre de neuf : les galères à temps, la réclusion, le fouet public, la mutilation de la langue ou de la lèvre, la pendaison sous les aisselles, le carcan, l'amende honorable, le bannissement à temps, la prison. Aucune préoccupation de l'amendement des condamnés : les prisons, qui étaient dans un état matériel déplorable, ne servaient que très exceptionnellement à l'exécution des peines.

Le blâme, l'amende, la privation d'office étaient les principales peines simplement infamantes.

Parmi les peines non infamantes, on peut citer : l'admonition en chambre du conseil; l'aumône.

III. Les principaux caractères de cette législation étaient la *cruauté*, l'*arbitraire* et l'*inégalité*.

a) Dès que le pouvoir royal s'est senti assez fort, il a cherché à éliminer du système répressif l'ancienne notion de la réparation et de l'amende et à faire triompher la notion de la peine publique et corporelle. A la fin du moyen âge, l'évolution est achevée : la peine est alors cruelle; elle répond aux concepts d'expiation et d'intimidation; elle a pour but de faire souffrir et d'intimider par la souffrance. Les lois et les coutumes admettent une terrible variété de mutilations, de supplices, de tortures qui sont prononcés pour des crimes tels que le vol domestique et le vol simple en cas de récidive. On tend à assurer, par les moyens les plus divers et les plus répugnants, carcan, pilori, fourche patibulaire, la publicité des exécutions capitales en vue de l'exemple.

b) L'arbitraire prenait deux formes : l'arbitraire du *juge*, celui du *roi*.

En théorie, sans doute, en France, comme dans les autres parties de l'Europe, on distinguait deux espèces de peines : les unes, appelées *ordinaires* ou *légales*, étaient déterminées par les ordonnances ou par les coutumes locales; les autres, appelées *extraordinaires* ou *arbitraires*, comprenaient celles dont l'application était laissée, par la loi ou par la coutume, au pouvoir arbitraire des juges. Mais cette distinction s'effaça peu à peu dans la pratique, en France plus que partout ailleurs, et le principe dit de l'*arbitraire des peines* devint la règle consacrée par l'usage. Il permettait aux juges, particulièrement aux parlements : 1° de punir des faits non prévus, et de choisir, entre les peines en usage dans le royaume, celles qui leur paraissaient convenir; 2° de modifier les peines légales, soit en les atténuant, soit en les aggravant de toute manière, par exemple par un cumul, dont les arrêts nous offrent de nombreux et cruels exemples. La répression était ainsi abandonnée au pouvoir discrétionnaire des tribunaux, et l'on peut dire, en vérité, qu'il n'y a pas eu, en France, sous l'ancien régime, de Code pénal proprement dit. Ni les délits, ni les peines n'ont été rigoureusement déterminés par la loi elle-même. Ce système permit aux tribunaux de suivre les progrès des mœurs publiques et d'adoucir, dans l'application, un système pénal qui nous paraît aujourd'hui bien rigoureux, mais qui était surtout bien arbitraire.

Enfin, au-dessus de toutes les autorités, était le roi, qui, en vertu de la théorie de la *justice retenue*, pouvait réformer toutes les sentences, dessaisir d'un procès les juridictions compétentes, pour le faire juger par des *commissaires* spécialement désignés à cet effet, arrêter même le cours de la justice par les *lettres d'abolition générale* ou *spéciale*, qu'il avait toujours le droit d'accorder.

c) Le salutaire principe de l'*égalité* devant la loi demeure également étranger à notre ancien droit criminel.

D'abord, le même crime n'amenait pas toujours ceux qu'on en accusait devant le même juge. Les tribunaux variaient suivant la condition des prévenus et des plaignants, bien plus que d'après la nature et la gravité des infractions. Il y avait le tribunal de droit commun et le tribunal d'exception ou de privilège.

Pareille inégalité reparaissait dans les pénalités : « Pour les crimes qui méritent la mort, disait Loysel, le vilain sera pendu et le noble décapité, toutefois, où le noble serait convaincu d'un vilain cas, il serait pendu comme le vilain ».

La peine, variant suivant la qualité du coupable, devait aussi varier suivant le rang de la victime ou de l'offensé. Le principe de subordination, si strictement établi sous l'ancienne monarchie, voulait que le crime prît d'autant plus de gravité que l'offensé était entouré de plus de considération. Cette idée remontait au temps germanique, époque pendant laquelle le tarif des compositions variait d'après la qualité de la victime. Elle a conduit nos anciens criminalistes à cette classification des infractions, en crimes de lèse-majesté divine, de lèse-majesté humaine, et crimes contre les particuliers.

§ VII. — LE DROIT CRIMINEL DE LA RÉVOLUTION FRANÇAISE.

25. Mouvement réformateur qui précède la Révolution. — 26. Sources du droit criminel pendant la période de la législation intermédiaire. — 27. Dans le domaine du droit pénal, l'œuvre de l'Assemblée constituante de 1789 est, tout à la fois, théorique et législative. Œuvre théorique. Œuvre législative. Défectuosités du système pénal. — 28. L'Assemblée constituante emprunta son système de procédure à l'Angleterre. Tribunaux répressifs. Phases de la procédure en matière criminelle. Procédure en matière correctionnelle et de police. — 29. Organisation et rôle du ministère public pendant la période intermédiaire. — 30. Code des délits et des peines et lois qui modifient la législation de l'Assemblée constituante.

25. La Révolution et les réformes. — Au xviie siècle, l'esprit public ne paraît pas hostile à la législation criminelle du temps. La cruauté du système pénal, son inégalité et son arbitraire, la procédure inquisitoire et secrète, ce sont là, pour les meilleurs esprits, des rigueurs nécessaires. Au XVIIIe siècle, le point de vue change, et la Révolution, en modifiant le système du droit pénal et celui de la procédure, ne fait qu'accomplir des réformes réclamées par l'opinion. C'est au mouvement philosophique qui signala la seconde moitié du XVIIIe siècle, qu'est dû, en grande partie, ce changement de l'esprit public. La législation de l'ancien régime s'en ressent elle-même. C'est ainsi qu'une déclaration royale du 24 août 1780, fait disparaître la question préparatoire. A la veille de la Révolution, le 8 mai 1788, un édit est rendu, annonçant une réforme générale de la procédure criminelle, et, en attendant, supprimant « plusieurs abus », auxquels il devenait urgent de remédier : 1° l'usage de la sellette est condamné ; 2° il est défendu de rendre des sentences non motivées ; 3° l'abolition de la question préparatoire est confirmée ; la question préalable est abolie ; 4° les sentences, portant condamnation à mort, ne peuvent, en principe, être exécutées qu'un mois après l'époque où elles sont devenues définitives ; 5° les accusés absous ont droit à une réparation d'honneur. Cet édit n'a pas été appliqué, mais il indique que les réformes sont mûres. Ce sera à la nation à les accomplir. Sur aucune des questions qui agitèrent l'opinion publique à cette époque, on ne rencontre pareille unanimité.

Dans les cahiers des États, nous trouvons réclamées, les réformes mêmes que l'Assemblée constituante va accomplir et qui reproduisent la pensée des philosophes du XVIIIe siècle : 1° égalité, personnalité et adoucissement du système pénal ; 2° suppression de l'arbitraire du juge, au double point de vue de la détermination des faits délictueux et de la détermination des peines ; 3° abolition des délits contre la religion et les mœurs ; 4° publicité des procédures ; 5° assistance du conseil à la cause ; 6° abolition du serment imposé à l'accusé ; 7° obligation de motiver les sentences et de les rendre publiquement ; 8° institution du jury. Nous avons ainsi indiqué, dans leurs grandes lignes, les idées qui serviront de cadre au droit criminel nouveau[1].

26. Sources du droit criminel de la période intermédiaire. — L'Assemblée constituante vota, sur le droit criminel, quatre lois d'une importance capitale : 1° la loi des 8-9 octobre 1789 qui opère, dans la procédure criminelle, la réforme immédiate de abus les plus graves, mais n'établit qu'un état de choses provisoire ; 2° la loi des 16-29 septembre 1791 qui, sous le titre de *Décret concernant la police de sûreté, la justice criminelle et l'établissement des jurés*,

[1] Comp. A. Desjardins, *Les cahiers des États généraux en 1789 et la législation criminelle* (Paris, 1883).

adapte la procédure, en ce qui concerne les délits les plus graves, à l'institution nouvelle du jury; 3° la loi des 25 septembre-6 octobre 1791, qui sous le titre trop général de *Code pénal*, établit un système d'incrimination et de pénalité en ce qui concerne les délits de l'ordre le plus grave; 4° la loi des 19 et 22 juillet 1791 qui, sous le nom de *Décret relatif à l'organisation d'une police municipale et d'une police correctionnelle*, règle la pénalité, en même temps que la juridiction et la procédure, quant aux délits d'un ordre inférieur.

Le système pénal de l'Assemblée constituante fut respecté, dans ses lignes principales, jusqu'en 1810; c'est encore ce système qui régissait la France au moment de la promulgation de nos Codes. Il n'en a pas été de même de son système de procédure qui fut complètement remanié par le Code du 3 brumaire an IV. Sous le titre inexact de *Code des délits et des peines*, cette loi est presque entièrement consacrée à la procédure. Elle fut, elle-même, profondément modifiée par la constitution du 22 frimaire an VIII et par les lois des 7 et 18 pluviôse an IX.

Cet ensemble de dispositions légales constitue les sources du droit criminel pendant l'époque intermédiaire.

27. Droit pénal de la Révolution. — Dans le domaine du droit pénal, l'œuvre de l'Assemblée constituante est double : c'est, en premier lieu, une sorte d'exposé des principes; puis l'établissement des lois nouvelles.

I. Les principes sont conteuus dans la Déclaration des droits de l'homme du 26 août 1789 et dans quelques autres textes, parmi lesquels nous citerons les décrets du 21 janvier 1790 et des 16-24 août 1790.

Aux termes de l'art. 2 de la Déclaration des droits, le but de toute association politique est *la conservation des droits naturels et imprescriptibles de l'homme*. Il suit de ce principe, emprunté aux théories du *Contrat social*, que le pouvoir ne doit et ne peut se préoccuper que du *bon ordre* dans les rapports des hommes entre eux. D'où : 1° En ce qui touche les incriminations : *La loi n'a le droit de défendre que les actions nuisibles à la société*. Ainsi, nul ne doit être inquiété pour ses opinions, même religieuses, pourvu que leur manifestation ne trouble point l'ordre public. C'est le principe sacré de la liberté de conscience; et avec lui, disparaissent toutes les incriminations que nos anciens appelaient *crimes de lèse-majesté divine*, telles que le blasphème, l'hérésie, la sorcellerie, etc. 2° En ce qui touche la pénalité : *La loi ne peut établir que des peines strictement et évidemment nécessaires.*

Pour mettre le système pénal d'accord avec ces principes, l'Assemblée constituante s'attache à faire disparaître tous les vices de notre ancienne législation criminelle. Les peines étaient *arbitraires :* elle proclame, dans l'art. 8 de la Déclaration, que *nul ne peut être puni qu'en vertu d'une loi établie et promulguée antérieurement au délit et légalement appliquée.* Les peines étaient *inégales :* elle décrète, dans l'art. 1er de la loi du 21 janvier 1790, *que les délits du même genre seront punis par le même genre de peines, quels que soient le rang et l'état du coupable*, et le titre Ier de la Constitution du 3 septembre 1790 donne à ce principe le caractère d'une règle constitutionnelle. Les peines n'étaient pas toujours *personnelles :* la loi du 21 janvier 1790 déclare que *le supplice d'un coupable et les condamnations infamantes quelconques n'impriment aucune flétrissure à sa famille*, que *l'honneur de ceux qui lui appartiennent n'est nullement entaché.* Le même article ajoute que les parents du criminel *continueront à être admissibles à toutes sortes de professions, d'emplois et de dignité.* La confiscation générale des biens est supprimée. La peine ne survit pas à la mort du coupable : non seulement on ne fera plus de procès au cadavre, mais le corps du *supplicié* devra être rendu à sa famille si elle le réclame. L'acte de décès ne mentionnera aucunement le genre de mort.

II. Après avoir proclamé les principes du droit pénal, il s'agissait de les appliquer. Dans l'œuvre législative dont nous avons cité les principaux monuments, on voit s'établir une division tripartite entre les polices municipales, correctionnelles ou de sûreté, auxquelles correspondent trois ordres d'infractions, les *délits de police municipale, de police correctionnelle* et les *délits de sûreté.*

Pour marquer *matériellement* cette séparation, l'Assemblée constituante édicte deux Codes distincts, l'un pour les *crimes*, l'autre pour les *délits :* le Code pénal du 6 octobre 1791 pour les crimes; la loi du 22 juillet 1791 pour les délits. Ce système a des inconvénients, sur lesquels nous reviendrons.

Les peines correctionnelles et de police municipale sont : l'emprisonnement, l'amende et la confiscation du corps du délit. Le Code, qui les organise, laisse une certaine latitude au juge dans l'application de la pénalité, car ce Code établit, pour l'emprisonnement et l'amende, un *maximum* et un *minimum*, entre lesquels le juge peut se mouvoir.

Les peines afflictives ou infamantes, du moins les peines principales, sont au nombre de huit : 1° la *mort;* 2° les *fers;* 3° la *réclusion* dans une maison de force; 4° la *gêne*, qui consiste à enfermer le coupable seul, dans un lieu éclairé, sans fers ni liens ; 5° la *détention;* 6° la *déportation ;* 7° la *dégradation civique;* 8° le *carcan.*

III. En résumé, le droit nouveau limite l'action de la loi pénale aux seuls actes nuisibles à la société et la rigueur de la pénalité, aux seules peines nécessaires. Il proclame le principe de la *légalité des délits et des peines*. C'est la partie, irréductible désormais, du droit pénal moderne. Mais, par réaction contre l'ancien état de choses, il établit, en matière criminelle, des peines fixes, dont la durée et la quotité sont déterminées d'avance par la loi, sans que le juge puisse les faire varier, sans qu'il puisse les adapter aux circonstances du fait, aux situations diverses des coupables. Et pour donner à ce système toute sa pureté, il abolit le droit de grâce et supprime les peines perpétuelles. C'est l'omnipotence de la loi, substituée à celle du juge et de l'administrateur. Dans cette conception, « le délinquant n'est pas un être vivant et agissant, mais un type abstrait, conçu par la raison pure en dehors de la vie réelle ; le délit n'est pas une portion de la vie réelle, mais une formule juridique inscrite dans un Code ; la peine n'est pas une défense appropriée à l'attaque, mais un système théorique conçu par des savants qui ne tiennent pas compte de la nature du délinquant, et toute la science pénale est ainsi contenue dans les textes et dans les livres[1] ». Le progrès consistera à se préoccuper du délinquant plus que du délit, de l'agent plus que de l'acte.

28. Procédure pénale de la Révolution. — L'Assemblée constituante, en remontant aux origines nationales, se trouvait en présence de deux systèmes opposés d'organisation judiciaire et de procédure pénale. L'un, qui avait régi la France depuis les invasions germaniques jusque vers le XVe siècle, donnait, à la victime du délit ou à ses parents, le droit de se porter accusateurs, organisait le jugement par jurés, la preuve orale, la publicité des audiences, admettait le droit de défense à toutes les phases de la procédure. L'autre, qui, depuis trois siècles seulement, avait pris la place du premier, successivement organisé par les ordonnances de 1498, de 1539 et de 1670, donnait à des fonctionnaires spéciaux le droit d'accuser, ne réservant aux parties que le droit de dénoncer, établissait une procédure par enquêtes, une instruction écrite et secrète, des preuves légales, supprimait ou restreignait le droit de défense, et donnait aux juges le caractère de fonctionnaires publics, investis de la mission permanente et exclusive de juger.

Dans ses réformes, l'Assemblée constituante n'essaya pas de conserver l'ancienne procédure, en la débarrassant et de ses vices et de ses duretés ; elle sacrifia les institutions française à la *procédure anglaise*

[1] Prins, *Causerie sur les doctrines nouvelles du droit pénal*, p. 6 ; *Science pénale et droit positif*, n° 27, p. 13.

dont elle s'est manifestement inspirée; elle ne sut pas donner à l'intérêt social de la répression des garanties suffisantes, surtout dans l'organisation de la poursuite et de l'instruction préparatoire. C'est le principal reproche qu'on peut lui faire. Une chose frappe tout d'abord dans son œuvre : c'est la *séparation complète de la justice criminelle et de la justice civile* : chacune de ces justices a son organisation distincte, son personnel différent. L'Assemblée constituante voulut ainsi réagir contre l'organisation judiciaire ancienne, qui n'avait, à aucune époque, connu cette séparation, et qui concentrait, en dernier lieu, dans les parlements, l'administration des deux justices.

I. Trois ordres de tribunaux répressifs, correspondant aux trois catégories d'infractions, furent organisés : des *tribunaux de police municipale*, et des *tribunaux de police correctionnelle*, destinés à remplacer les *basses* et *moyennes justices* et *les prévôtés;* des *tribunaux criminels*, destinés à remplacer les *hautes justices*, les *bailliages*, les *sénéchaussées*, les *présidiaux* et les *parlements*.

II. En *matière criminelle*, la procédure parcourait trois phases successives : 1° une instruction sommaire avait lieu, au canton, devant l'officier de police ; 2° elle se continuait, au district, devant le jury d'accusation ; 3° enfin, les débats définitifs et le jugement étaient suivis, au chef-lieu du département, devant le tribunal criminel.

a) C'était le *juge de paix*, qui, dans ce système, faisait fonction d'officier de police judiciaire. Il appelait l'inculpé devant lui par mandat d'amener, l'interrogeait, entendait les témoins, procédait aux premiers actes d'instruction et dressait les procès-verbaux. Puis, s'il estimait qu'il y eût lieu à poursuite, il faisait incarcérer l'inculpé, en vertu d'un mandat d'arrêt. Le juge de paix agissait d'office en cas de flagrant délit, ou sous l'impulsion des particuliers. Ceux-ci le mettaient en mouvement au moyen d'une plainte ou d'une dénonciation. La plainte émanait des parties lésées : elle avait pour effet de saisir le juge de paix qui devait procéder aux actes de sa fonction. Si le juge de paix refusait de poursuivre, la partie lésée avait le droit de soumettre directement sa plainte au jury d'accusation. La dénonciation émanait d'une personne non intéressée ; elle était un devoir pour tout citoyen et portait le nom de dénonciation civique. Signée et affirmée par le dénonciateur, elle avait le même effet que la plainte. Les officiers de gendarmerie exerçaient les fonctions de police judiciaire en concours avec le juge de paix, sauf dans les villes où il y avait plusieurs juges de paix.

Ce système était vicieux en ce que : 1° il confiait à des magistrats, qui n'étaient ni assez nombreux, ni assez haut placés dans la hiérarchie judiciaire, les fonctions délicates de l'instruction ; 2° il confondait, dans les mêmes mains, le droit de poursuivre et le droit d'instruire ; 3° sans ressusciter le système de l'accusation privée, il déférait, en partie, le droit de poursuite aux simples particuliers; 4° il ne faisait pas intervenir le ministère public dans cette phase de la procédure.

b) Du canton, l'affaire était portée au district : là, siégeait le *jury d'accusation;* là, était en permanence un magistrat, appelé *directeur du jury*, pris, à tour de rôle, tous les six mois, parmi les juges du tribunal de district. C'était lui qui recevait l'affaire des mains du juge de paix et continuait l'instruction. S'il pensait qu'il n'y avait pas lieu à accusation, il soumettait l'affaire au tribunal de district, qui prononçait, le commissaire du roi entendu; s'il jugeait qu'il avait lieu à accusation, ou si, contrairement à son avis, le tribunal l'avait ainsi décidé, il rédigeait l'acte d'accusation qui saisissait le jury. Ces règles étaient modifiées, quand il y avait, au procès, un plaignant ou un dénonciateur en cause. Celui-ci devenant associé à la poursuite, l'acte d'accusation devait être rédigé d'accord, ou, en cas de désaccord, chacun dressait le sien, et le jury choisissait.

Le jury d'accusation, composé de huit jurés, tirés au sort sur une liste de trente citoyens, « pris parmi tous les citoyens du district qui avaient les qualités requises pour être électeurs », était convoqué et présidé, à huis clos, par le directeur du jury, qui exposait l'objet de la poursuite, remettait les pièces de la procédure, à l'exception des déclarations des témoins, qui devaient être entendus oralement. Puis, les jurés, laissés seuls par le directeur du jury, délibéraient sous la présidence du plus ancien d'âge; leur décision, prise à la majorité, était inscrite au bas de l'acte d'accusation sous cette forme : « Oui, il y a lieu » ou « Non, il n'y a pas lieu ». Suivant que le jury admettait ou n'admettait pas l'accusation, le directeur du jury rendait contre l'accusé une ordonnance de prise de corps, ou le mettait purement et simplement en liberté.

c) L'affaire était alors portée au *tribunal criminel du département*, composé de deux éléments distincts : trois juges et un président, qui devaient statuer sur la peine; douze jurés, qui devaient prononcer sur le fait. Le président était nommé pour six ans par les électeurs du département; et les trois juges, qui l'assistaient, étaient pris, à tour de rôle, parmi les juges du tribunal du district. Pour la formation du jury de jugement, on suivait le système suivant. Tout citoyen, qui avait la qualité d'électeur, était tenu de se faire inscrire, au district, sur un registre spécial. Ces inscriptions, envoyées au procureur général syndic du département, formaient une *liste générale*, sur laquelle ce magistrat choisissait deux cents noms, qui, après approbation du directoire de département, formaient les listes de session. Le premier jour de chaque mois, le président du tribunal criminel faisait former le tableau des jurés de jugement pour la session qui devait s'ouvrir le quinze. Un droit de récusations successives et hors présence était accordé, dans des conditions de complications bizarres, à l'accusateur et à l'accusé.

La procédure devant le tribunal criminel avait trois caractères, qui ont persisté, depuis, à travers toutes les phases de la législation : elle était essentiellement *orale*, *publique*, *contradictoire*. Après la clôture des débats, le président résumait l'affaire et posait, par écrit, au jury, des questions qu'il devait résoudre par « oui » ou par « non ». La décision du jury, qui ne pouvait être prise contre l'accusé qu'à la majorité des deux tiers, était sans appel.

III. Pour les deux autres catégories d'infractions, il existait deux espèces de tribunaux.

Les *tribunaux de police municipale* étaient composés de trois juges, que les officiers de la commune choisissaient dans leur sein. Ils connaissaient de toutes les infractions en matière de police.

Les *tribunaux de police correctionnelle* étaient composés d'un juge de paix, président, et de deux autres juges de paix, s'il en existait dans la ville, ou, à défaut, d'assesseurs pris parmi les citoyens.

La procédure, devant les tribunaux de police municipale et correctionnelle, se faisait tout entière à l'audience ; il n'y avait pas d'instruction préparatoire aux débats.

29. Du ministère public sous la législation révolutionnaire. — L'institution du *ministère public*, à raison de son origine et des services qu'elle avait rendus à la royauté, parut suspecte. Un moment il fut question de la supprimer ; puis, frappée surtout des avantages qu'elle présente, soit au point de vue de l'administration de la justice, soit au point de vue de la sûreté de la répression, l'Assemblée constituante conserva, auprès des tribunaux, les officiers du ministère public, appelés *commissaires du roi* et nommés par le roi. Mais, par une double contradiction, qu'expliquent seules ses préventions, d'une part, elle les rendit *inamovibles* et par conséquent indépendants du pouvoir dont ils étaient les organes, et, d'autre part, elle leur attribua seulement le droit d'être entendus sur l'accusation en matière criminelle et de *requérir* dans l'intérêt de la loi.

L'initiative des poursuites criminelles fut réservée aux *fonctionnaires de la police judiciaire*, c'est-à-dire aux juges de paix et aux officiers de gendarmerie ; et la charge de soutenir l'accusation fut donnée à un officier spécial, élu par le peuple, *l'accusateur public*. Dans ce système, le ministère public n'intervenait en personne que quand l'accusation était prononcée ; le commissaire du roi et l'accusateur public n'apparaissaient que comme des avocats que l'on choisit quand le procès est engagé.

En matière correctionnelle, il n'y avait pas d'accusateur public, et le commissaire du roi avait, tout à la fois, l'initiative de la poursuite et l'exercice de l'action publique contre les délinquants.

L'Assemblée nationale fit cesser, en matière criminelle, la dualité des fonctions du ministère public, mais ce fut pour enlever, au commissaire du roi, toute part à l'exercice de l'action publique et pour transporter ses pouvoirs à l'accusateur public (D. 10-22 oct. 1792, art. 1er). La Constitution du 24 juin 1793 passa entièrement sous silence le ministère public. Celle du 5 fructidor an III lui restitua les attributions que les lois de la Constituante lui avaient données, mais en le rendant amovible (art. 216 et 268). Il était enfin réservé à la Constitution du 22 frimaire an VIII de donner au ministère public l'organisation qu'il devait conserver à travers tous nos régimes politiques ; pour le faire, elle n'eut qu'à supprimer l'accusateur public et à transporter ses pouvoirs au commissaire du gouvernement.

30. Des lois qui ont modifié la législation de l'Assemblée constituante. — Le Code des délits et des peines du 3 brumaire an IV, perfectionna, en la reprenant, l'œuvre de la Constituante : 1° Il distingua, plus nettement que ne le faisait la loi de 1791, l'action à fins pénales, qui n'appartient qu'au peuple et qui est exercée par les fonctionnaires qu'il choisit, et l'action à fins civiles qui appartient à la partie privée, et a simplement pour but l'allocation de dommages-intérêts ; 2° Il conserva les officiers de police judiciaire, institués en 1791, les juges de paix et les officiers de gendarmerie ; mais il en augmenta le nombre, en leur adjoignant les commissaires de police et les gardes champêtres et forestiers ; 3° Il précisa, plus minutieusement que ne l'avait fait la loi de 1791, les règles de la procédure du jugement ; 4° Il modifia l'organisation du tribunal de police municipale, qui fut désormais composé du juge de paix et de deux assesseurs ; et du tribunal de police correctionnelle, qui fut composé du directeur du jury, qui le présidait, et de deux juges de paix ; 5° Enfin, il décida que l'appel des décisions rendues en matière de police correctionnelle serait désormais porté devant le tribunal criminel. Cette voie de recours ne fut pas organisée en matière de police municipale.

La recrudescence de la criminalité, qui signala les dernières années du XVIIIe siècle, amena de profondes modifications dans l'organisation judiciaire et la procédure. La loi du 7 pluviôse an IX, qui marque un retour très net vers le passé, reconstitua la procédure d'instruction, que les lois de 1791 et de l'an IV avaient laissé tomber : 1° par la création d'un ministère public et d'un juge d'instruction ; 2° par l'introduction du mandat de dépôt, à côté du mandat d'arrêt ; 3° par l'audition des témoins hors la présence des prévenus ; 4° par la substitution des preuves écrites aux débats oraux devant le jury d'accusation. Enfin, la loi du 18 pluviôse an IX, inspirée par défiance du jury, établit des tribunaux criminels spéciaux pour juger certains crimes, tribunaux qui devaient être conservés par le Code d'instruction criminelle en 1808, se transformer en cours prévôtales en 1815, et dont l'art. 54 de la charte de 1830 devait rendre la création impossible dans l'avenir.

§ VIII. — DES SOURCES DU DROIT CRIMINEL FRANÇAIS ACTUELLEMENT EN VIGUEUR.

31. Des sources du droit criminel en vigueur. Droit commun. Droit spécial. — 32. Code d'instruction criminelle de 1808. Code pénal de 1810. Appréciation de ces deux Codes. — 33. Modifications apportées à ces Codes. Idées auxquelles se rattachent les principales réformes dont la législation criminelle française a été l'objet dans ce siècle. — 34. Lois spéciales. — 35. Combinaison entre le droit commun et le droit spécial.

31. DROIT CRIMINEL COMMUN. DROIT CRIMINEL SPÉCIAL. — Le droit criminel, actuellement en vigueur en France, se divise en *droit commun* et en *droit spécial*. Les dispositions du Code pénal de 1810, celles du Code d'instruction criminelle de 1808, et les lois qui s'y rattachent, pour les modifier ou les compléter, constituent le *droit commun* en matière criminelle. Le *droit spécial* comprend les lois qui répriment les infractions non prévues par le droit commun ou qui dérogent aux règles ordinaires de la procédure.

32. DROIT CRIMINEL COMMUN. — Les dispositions du droit commun criminel sont aujourd'hui réunies dans deux Codes : le *Code pénal* et le *Code d'instruction criminelle* qui remplacent les Codes de l'époque intermédiaire.

Une commission, nommée, sous le consulat, par arrêté du 27 germinal an IX, et composée de MM. Vieillard, Target, Oudard, Treilhard et Blondel, fut chargée de rédiger, *en un seul Code*, un projet embrassant, tout à la fois, les lois de fond et les lois de forme. En tête du projet, déposé par cette commission, et composé de 1177 articles, étaient placées des observations générales, rédigées, par

M. Target, pour le droit pénal, et par M. Oudard, pour la procédure. Ces travaux furent immédiatement imprimés et adressés au Tribunal de cassation, aux tribunaux criminels et aux tribunaux d'appel, pour qu'ils eussent à présenter leurs observations. Ces observations, en général défavorables à la législation de l'époque révolutionnaire, manifestèrent une tendance marquée vers un retour à l'ancien droit criminel. Le 2 prairial an XII, l'Empereur ordonna la rédaction d'une série de questions fondamentales, sur lesquelles la discussion devait s'établir au Conseil d'État. Ces questions, au nombre de quatorze, furent soumises à ses délibérations, dans la séance du 16 prairial an XII. La discussion, établie sur ces bases, fut ajournée pour se mettre d'accord sur l'organisation du nouvel ordre judiciaire. Cette difficulté, jointe à d'autres, tint en suspens pendant trois ans, les projets de codification. Lorsqu'on reprit la discussion, en janvier 1808, on sépara les lois de forme et les lois de fond; les unes furent présentées au Corps législatif dans un projet de Code d'instruction criminelle, les autres, dans un projet de Code pénal. Le premier fut décrété à la fin de 1808; le second, au commencement de 1810. On attendit, pour mettre en activité les deux Codes, que la magistrature, réorganisée par la loi du 20 avril 1810, fût régulièrement instituée. Ces deux Codes eurent donc force obligatoire à partir du 1er janvier 1811.

I. Le Code d'instruction criminelle est une œuvre éclectique, où l'on trouve, à dose à peu près égale, plutôt superposés que fondus, les deux éléments historiques déjà signalés. Il organise, en effet, une procédure *mixte*, qui emprunte : à l'ordonnance de 1670, son information secrète et écrite; aux Codes de l'Assemblée constituante et de la Convention, l'instruction orale, avec publicité des débats qui précèdent le jugement. Le jury d'accusation est supprimé, le jury de jugement maintenu. Mais, d'une part, la composition des listes du jury est placée dans les mains des préfets, et de l'autre, l'institution de tribunaux criminels spéciaux vient restreindre les attributions des cours d'assises. La division, dans l'instruction préparatoire, entre le *juge* et le *procureur* est admise, avec ce tempérament essentiel que, en cas de flagrant délit, les attributions, distinctes dans les cas ordinaires, appartiennent à celui du procureur de la République ou du juge d'instruction, qui est le premier averti.

II. Le Code pénal de 1810 a pour caractère d'organiser la *défense sociale* au moyen de l'*intimidation*. Il adopte la division tripartite précédente des infractions, des peines et des juridictions. Au point de vue des *incriminations*, c'est surtout par l'excès de la sévérité qu'il se distingue Dans son système de *pénalité*, il se préoccupe exclusivement de frapper le coupable : l'idée de l'amender lui est étrangère. Ce Code prodigue la peine de mort, rétablit la perpétuité de certaines peines, conserve la mort civile et la confiscation générale, inflige la mutilation du poing au parricide, organise la marque avec un fer brûlant, et le carcan. Cependant, il laisse une certaine latitude aux juges pour l'application des peines, en établissant un minimum et un maximum et en admettant le système des circonstances atténuantes en matière correctionnelle, lorsque le préjudice ne dépasse pas vingt-cinq francs.

33. ÉVOLUTION DU DROIT CRIMINEL COMMUN DEPUIS 1810. — Un grand nombre de lois, promulguées depuis 1810, ont complété ou modifié ces deux Codes. Dans toutes ces lois, se retrouve l'empreinte des régimes divers qui se sont succédés dans notre pays. En effet, toute révolution politique a une influence nécessaire sur le droit criminel, qui n'est qu'une branche du droit public d'un peuple.

Ces lois sont, du reste, de deux sortes : 1° Les unes ont été incorporées dans les textes mêmes des Codes. Ainsi, une révision d'ensemble du Code pénal et du Code d'instruction criminelle a été faite par la loi du 28 avril 1832; et, à cette époque, une nouvelle édition en a été officiellement donnée. Depuis lors, plusieurs lois très importantes, notamment la loi du 13 mai 1863, celle du 26 juin 1866, du 23 janvier 1894, du 15 novembre 1892, du 5 juin 1895, du 8 décembre 1897, du 27 avril 1898, du 19 avril 1900, du 3 avril 1903, du 12 avril 1906, ont encore modifié un certain nombre de leurs dispositions; 2° Les autres sont restées en dehors de l'œuvre de codification : telles sont, par exemple, la loi du 8 juin 1850 sur la déportation, celle du 5 août 1850 sur l'éducation et le patronage des jeunes détenus, celle du 30 mai 1854 sur l'exécution de la peine des travaux forcés, celle du 27 mai 1885 sur la relégation et l'interdiction de séjour, celle du 5 août 1899 et du 11 juillet 1900 sur le casier judiciaire, et, pour partie, soit celle du 14 août 1885 sur les moyens de prévenir la récidive, soit la loi du 26 mars 1891 sur l'atténuation et l'aggravation des peines.

I. Les principales réformes, dont notre droit pénal général a été l'objet depuis 1810, se rattachent principalement à cinq ordres d'idées : *adoucissement du système pénal; développement de l'institution des circonstances atténuantes; amendement du condamné par la peine; organisation de la défense sociale sur la base de la distinction entre condamnés primaires et récidivistes; substitution des mesures d'éducation aux mesures de répression, pour l'enfance coupable.*

1° Nous citerons, au premier point de vue : l'abolition de la confiscation générale par l'art. 66 de la charte de 1814 ; la suppression de la marque, de l'amputation du poing pour le parricide avant son exécution, par la loi du 28 avril 1832 ; la division, par la même loi, des peines criminelles en deux catégories, suivant deux échelles distinctes, l'une pour les crimes politiques, l'autre pour les crimes de droit commun ; l'abolition de la peine de mort en matière politique, par la constitution du 4 novembre 1848, et son remplacement par la peine de la déportation dans une enceinte fortifiée, par la loi du 8 juin 1850 ; la suppression absolue de l'exposition publique par un décret du 12 avril 1848, et de la mort civile par la loi du 31 mai 1854 ; la réorganisation de la surveillance de la haute police par la loi du 23 janvier 1874, son abolition et son remplacement par l'interdiction de séjour aux termes de la loi du 27 mai 1885.

2° Au second point de vue, l'extension des circonstances atténuantes, réalisée timidement d'abord par la loi du 25 juin 1824, complètement ensuite par la loi du 28 avril 1832, a changé toute l'économie du Code pénal. Cette réforme profonde investit les juges de la culpabilité du droit de déterminer, avec une certaine latitude, la moralité juridique des actes dont ils reconnaissent l'accusé ou le prévenu coupable, et leur procure le moyen d'arriver à une proportion plus exacte entre la peine et la gravité du fait pour lequel elle est appliquée.

3° On tend à reconnaître que la peine doit satisfaire, dans la mesure où ce résultat est possible, à une condition restée étrangère au système du Code pénal, qu'elle doit être exécutée de manière à amender le condamné ou, tout au moins, à ne pas le pervertir davantage. C'est à cette idée que se rattachent : la suppression des bagnes, que remplace la transportation dans les colonies, en vertu des décrets des 20 décembre 1851, 10 janvier 1852, et de la loi du 30 mai 1854 ; la réorganisation de la déportation, par les lois du 8 juin 1850, du 23 mars 1872 et du 25 mars 1873 ; la substitution, dans les prisons départementales, de l'emprisonnement cellulaire à l'emprisonnement en commun, par la loi du 5 juin 1875 et celle du 4 février 1893 ; l'institution de la libération conditionnelle, par la loi du 4 août 1885 ; le sursis à exécution, organisé par la loi du 26 mars 1891.

4° Le nombre croissant des récidives attestant, malgré ces efforts, l'insuffisance du régime pénal, on s'est avisé que le problème de la criminalité ne pouvait être résolu que par la séparation entre délinquants primaires et récidivistes. Essayer, tout en punissant les premiers, de leur éviter la prison, retirer les seconds hors du milieu social où ils ne peuvent vivre sans reprendre leurs habitudes d'activité malfaisante, tel paraît avoir été le programme que la loi du 26 mars

1891, créatrice de sursis à exécution, et la loi du 27 mai 1885, sur la relégation des récidivistes, ont tenté de réaliser.

5° On se rend de plus en plus compte que, jusqu'à un certain âge, le jeune délinquant doit être avant tout soumis à des mesures éducatrices. Une série de lois ont complété ou modifié l'œuvre du Code pénal sur ce point. Je cite particulièrement : la loi du 5 août 1850 qui formule et organise le principe que l'éducation est le but principal du traitement répressif imposé à des mineurs ; la loi du 24 juillet 1889 sur la déchéance et la cession de la puissance paternelle et la tutelle des enfants moralement abandonnés ; la loi du 19 avril 1898, principalement dans ses articles 4 et 5, sur les enfants auteurs ou victimes de crimes ou de délits ; la loi du 28 juin 1904, relative à l'éducation des pupilles de l'Assistance publique, difficiles ou vicieux ; la loi du 14 avril 1906, reculant la minorité pénale de 16 à 18 ans.

Malheureusement, la plupart de ces progrès législatifs n'ont été accompagnés d'aucune organisation sérieuse des voies et moyens indispensables aux fonctions nouvelles conférées aux juges et aux administrateurs[1].

II. Des deux parties qui composent le Code d'instruction criminelle, les règles sur la procédure du jugement ont conservé un caractère plus stable ; celles qui régissent l'instruction ont été plus complètement modifiées.

1° Sur le premier point, on peut noter : la suppression des cours prévôtales par les art. 53 et 54 de la charte de 1830 ; les modifications apportées à la position des questions devant le jury et au vote, par les lois du 7 septembre 1835 et du 13 mai 1836 ; le droit donné au jury, en 1832, de reconnaître des circonstances atténuantes au profit de l'accusé ; les modifications fréquentes aux lois sur le jury, contre-coups des courants politiques et des révolutions ; le retour, par la loi du 4 mars 1831, à la règle que la décision du jury ne se forme

[1] Une commission, chargée de préparer une réforme d'ensemble de toute notre législation pénale, a été instituée, en 1887, au ministère de la Justice. Le *Journal officiel* du 27 mars 1887 publie le rapport adressé, à ce sujet, par M. le garde des sceaux, au président de la République. A la suite de ce rapport, est intervenu un décret en date du 26 mars 1887, instituant cette commission et en désignant les membres. Le travail de la commission se poursuit lentement. Cependant, elle a établi un projet, en 112 articles, intitulé : *Livre Ier, Des infractions en général et des peines.* On en trouvera le texte et l'analyse : *Bulletin de la société générale des prisons*, 1893, p. 157. Pour la critique : Alfred Gautier, *La réforme pénale en France et en Suisse* (*Rév. pén. suisse*, 1894, p. 46 à 117). Comp. Champcommunal, *Examen critique et comparé du projet du Code pénal*, 1896. La commission de réforme a été reconstituée le 30 juin 1892 et divisée en quatre sections. Depuis lors, nous n'avons plus entendu parler de ses travaux.

contre l'accusé qu'à la majorité de sept voix ; la suppression du résumé du président d'assises par la loi du 19 juin 1881 ; l'extension du pourvoi en revision et le principe d'une indemnité au profit de victimes d'une erreur judiciaire par la loi du 4 juin 1895.

2° L'instruction préparatoire était la partie la plus archaïque du Code d'instruction criminelle; aussi d'importantes réformes ont été réalisées sur ce point. Trois lois, se rattachant à la même inspiration, émanées du même régime politique, la loi du 17 juillet 1856, la loi du 14 juillet 1865, celle du 20 mai 1863, ont modifié : la première, l'organisation des juridictions d'instruction ; la seconde, les règles de la détention préventive et de la liberté provisoire ; la troisième, l'instruction et le jugement en matière de flagrants délits. La loi du 15 novembre 1892 impute la détention préventive sur la peine. Mais toutes ces réformes ne portent que sur des points spéciaux de l'instruction préparatoire. Un projet de loi, présenté au Sénat le 17 novembre 1879, et qui a subi, depuis lors, une série d'épreuves parlementaires, tendait à une réforme complète de l'instruction préparatoire en la rendant *contradictoire*[1]. Les mesures que l'on proposait dans ce but se groupaient autour de trois idées fondamentales : placer, à côté du prévenu, dès le début de l'instruction, un défenseur qui recevrait communication de tous les actes de la procédure; donner à ce défenseur un rôle actif, en lui permettant de provoquer, de la part du juge, ou de faire opérer directement, les actes qui lui paraissaient utiles à la découverte de la vérité ; ouvrir à la défense une série de voies de recours contre les principales décisions du juge d'instruction. Cette réforme complète du système de l'instruction préparatoire n'ayant pas abouti, M. Constant a saisi le Sénat, le 10 avril 1895, d'une proposition de loi qui est devenue la loi du 8 décembre 1897 sur la modification de *certaines règles* de l'instruction préalable en matière de crimes et de délits. Une double réforme caractérise cette loi : c'est l'organisation de la procédure *contradictoire* devant le juge d'instruction, et la présence facultative d'un *défenseur* aux interrogatoires et aux confrontations.

Ainsi les deux types de procédure, celui de la procédure inquisitoire et celui de la procédure accusatoire, qui ont divisé les législations anciennes, ont une tendance à se combiner dans un système harmonieux qui, sans sacrifier les droits de la société, paraît donner au

[1] Sur ce projet, comp. Boullaire, *Bull. soc. législ. comp.*, 1883, p. 136 ; Esmein, *op. cit.*, p. 580 à 589 ; F. Dreyfus, *Le Droit*, 23 et 24 février 1883 ; *La loi*, *Nouveau projet de loi sur l'instruction criminelle*, nos des 12, 13, 14, 15 et 16 avril 1887 ; A. Guillot, *Le Nouveau Code d'instruction criminelle* (Paris, 1886).

prévenu toutes les garanties propres à assurer cette vérité judiciaire qui est le but suprême de toute loi de procédure.

34. DROIT CRIMINEL SPÉCIAL. — Les lois spéciales sont de deux sortes. *a*) Les unes ont pour but de réglementer certaines matières; ce n'est qu'accessoirement qu'elles sanctionnent leurs dispositions par des mesures pénales. Nous citerons notamment, comme appartenant à cette catégorie : 1° la loi des 28 sept.-6 oct. 1791, dite Code rural; 2° la loi du 3 mars 1822 sur la police sanitaire; 3° la loi du 21 mai 1827, dite Code forestier; 4° la loi du 15 mai 1829 sur la pêche fluviale; 5° la loi du 3 mai 1844 sur la police de la chasse; 6° la loi du 15 juillet 1845 sur la police des chemins de fer. *b*) D'autres lois sont exclusivement pénales : Telles sont : 1° les deux Codes de justice militaire : l'un pour l'armée de terre, des 9 juin-4 août 1857 ; l'autre, pour l'armée de mer, des 4-13 juin 1858; 2° les nombreuses lois sur les délits de presse, qui ont été toutes abrogées par la loi du 29 juillet 1881, qui forme le Code général de la presse en France.

35. COMBINAISON DU DROIT COMMUN ET DU DROIT SPÉCIAL. — Les principes généraux du droit commun, renfermés dans les deux Codes, doivent recevoir leur application, non seulement pour les infractions réprimées par ces deux Codes, mais encore pour celles qui sont prévues par des lois et règlements particuliers.

Cette règle admet, du reste, deux catégories d'exceptions : 1° Les premières résultent des dispositions mêmes des lois et règlements spéciaux qui dérogent expressément aux règles générales de fond et de forme qui constituent le droit commun; 2° Les secondes, des dispositions mêmes du droit commun qui, parfois, comme en matière de circonstances atténuantes (C. p., art. 463), excluent de leur application les infractions prévues par des lois spéciales.

DROIT PÉNAL

LE DÉLIT, LE DÉLINQUANT, LA PEINE

LIVRE PREMIER

DE L'INFRACTION

TITRE PREMIER

NOTIONS GÉNÉRALES SUR L'INFRACTION

§ I. — DÉFINITION DE L'INFRACTION.

36. Définition juridique de l'infraction. — 37. Divers sens du mot « délit ».

36. Définition de l'infraction. — L'infraction peut être envisagée, soit comme *phénomène social*, soit comme *phénomène juridique*.

I. Comme *phénomène social*, la notion de l'infraction obéit à la loi de l'évolution et se transforme sous l'influence de la civilisation. A chaque époque et dans chaque pays, la majorité, ou l'État qui la représente, a une conception particulière des conditions fondamentales de la vie sociale : elle considère un certain nombre de règles de conduite comme nécessaires à l'existence de la société et elle détermine, dans la législation pénale, les actions ou les omissions qu'elle impose aux citoyens, sous la menace d'une peine. Il s'agit donc toujours de faits qui portent atteinte à l'ordre social, tel qu'il est compris dans un état donné de civilisation. Mais si ces faits appartiennent à deux catégories, déjà distinguées par Ulpien (*Quædam natura turpia sunt, quædam civiliter et quasi more civitatis*)[1], s'il est possible, à telle époque et dans telle législation, de caractériser les faits qui constituent des *délits naturels*, par opposition aux *délits légaux*, il est difficile de définir le *délit naturel idéal*, dont la notion serait indépendante des temps et des lieux, puisqu'il faut toujours tenir compte,

[1] D. *fr.* 42, liv. 50, tit. 16.

pour l'établissement des incriminations, de l'état des mœurs publiques et des principes de droit politique, variables dans chaque pays et à chaque époque. Le critère du délit naturel est encore à trouver[1].

II. A titre de *phénomène juridique*, ce qui caractérise l'infraction, c'est la *sanction pénale*.

Mais, à l'exemple de la plupart des Codes étrangers[2], le Code pénal français ne contient pas de *définition juridique* de l'infraction, du méfait (*maleficium*) : il se contente de diviser les violations de la loi pénale en trois catégories, sous les noms de *crimes*, *délits*, *contraventions*, et d'indiquer le critère légal de cette distinction. D'après l'art. 1er du Code de brumaire an IV : *Faire ce que défendent, ne pas faire ce qu'ordonnent les lois qui ont pour objet le maintien de l'ordre social et de la tranquillité publique est un délit.*

1° L'infraction implique toujours un *acte externe* : les pensées, les résolutions, même avouées, ne peuvent tomber sous le coup de la loi pénale : celle-ci ne doit gouverner que les rapports des hommes entre eux, en tant qu'ils se manifestent par des *actes*. Ces actes, dont l'ensemble forme le *corps du délit*, c'est-à-dire le délit lui-même envisagé dans ses éléments *externes* ou *physiques*, abstraction faite de ses éléments *internes* ou *moraux* (le délinquant), peuvent consister, soit en des *actions* (faire), soit en des *inactions* (ne pas faire). Les délits d'action ne comprennent pas seulement des *actes* proprement dits, tels qu'un homicide, un vol; ils peuvent se commettre aussi par des *paroles* ou des *écrits*, même par des *images* ou des *emblèmes*. Ils sont

[1] Avant les recherches de l'école expérimentale, on ne se préoccupait, pour déterminer les actions punissables, que de la théorie, généralement admise pour justifier le droit de punir. Dans la théorie de la défense sociale, pour définition : Bentham, *Législ. pén.*, ch. 1; Beccaria, *Des délits et des peines*, § 6. Dans celle de l'expiation : Oudot, *Conscience et science du devoir*, n°s 182, 502 et suiv. Dans la théorie éclectique : Rossi, *Traité de droit pénal*, liv. II, ch. 1 ; Ortolan, *Éléments de droit pénal*, t. I, n°s 559 et s. Depuis les recherches de l'école expérimentale, la question a été reprise à des points de vue nouveaux. Voy. Garofalo (*Criminologie*, 1re part., chap. I; *Rev. phil.*, 1887, p. 1), qui, pour déterminer les éléments du délit naturel, les caractérise par : « l'outrage fait, en tout temps et en tout pays, à un certain sentiment moyen de pitié et de probité », comme s'il n'y avait pas d'autres sentiments aussi enracinés, tels que celui du patriotisme, dont la violation aurait été partout punissable (Cfr. Alimena, *I limiti e i modificatori dell'imputabilita*, t. I, p. 255). Même critère tiré des sentiments généralement admis, dans Durkeim, *De la division du travail social*, p. 77 et suiv. Pour Ferri (*Sociol. crim.*, 4e éd., p. 127), Berenini (*Offese e defese*, 1, 39), Colajanni (*Sociologia criminale*, 1, 64), la notion du délit naturel serait avant tout *subjective* et devrait être cherchée dans l'antisocialité du délinquant.

[2] Quelques Codes débutent par une définition de l'infraction. Voy. notamment, Code espagnol de 1870, art. 1er; Code de Neuchâtel, de 1891, art. 1er.

de beaucoup plus nombreux que les délits d'inaction. Ceux-ci n'ont même, dans toute législation pénale, qu'un caractère exceptionnel. On conçoit, en effet, que le *devoir de s'abstenir* d'actes coupables, qui compromettent la vie, l'honneur, la liberté, la fortune d'autrui, soit plus fréquemment imposé par la loi que le *devoir d'agir* pour protéger ces mêmes intérêts. La loi pénale est surtout *prohibitive;* rarement *impérative*. Même *prohibitive*, la loi peut être violée, non seulement par une action, mais encore par une omission, lorsque celle-ci a été la cause de l'acte défendu. C'est la forme du délit de *commission* par *omission* ou *par inaction* (Voy. art. 312 modifié par la loi du 19 avr. 1898)[1].

2° L'infraction est une action ou une inaction accomplie en violation des lois, *qui ont pour objet le maintien de l'ordre social et de la tranquillité publique*. Cette formule indique exactement le but qui doit être assigné à la loi pénale. En effet, un caractère essentiel de l'infraction est de causer un *trouble social*, et, c'est dans l'intérêt exclusif de la *défense sociale*, qu'intervient la répression. Aussi, d'après les législations pénales modernes, l'infraction donne naissance à une action, intentée, *au nom de la société*, soit par des particuliers sans caractère officiel, soit par des fonctionnaires spéciaux, et qu'on appelle, pour ce motif, *action publique*. L'infraction peut également produire un *dommage individuel*, et donner naissance à une *action privée*. Mais, tandis que l'action publique est la conséquence *nécessaire* de toute infraction, l'action privée est seulement la conséquence de l'infraction dommageable, et toutes les infractions n'ont pas ce caractère.

3° La définition du Code de brumaire est incomplète, en ce qu'elle omet l'élément principal de l'infraction : car le manquement à une défense ou à un ordre n'est une infraction que si la *menace d'une peine* y a été formellement attachée. Cette condition a même une telle importance qu'elle devrait suffire à une définition sommaire : on pourrait dire, et on a dit souvent : *l'infraction est une action ou une inaction punie par la loi*. Du reste, si cette condition est oubliée par le Code de brumaire, elle est relevée par l'art. 1er du Code pénal de 1810, qui classe les infractions, d'après les *peines* qui leur sont applicables, en *crimes*, *délits*, *contraventions*.

4° Toutefois, un fait peut être prohibé par la loi sous menace de châtiment et devenir licite parce que, telle circonstance étant donnée, l'auteur de ce fait avait le droit ou même le devoir de l'accomplir.

[1] Voy. Maurice Gand, *Du délit de commission par omission* (Th. doct., Paris, 1900); Lerebours-Pigeonnière, *Rev. pénit.*, 1901, p. 718. Comp. Poitiers, 20 nov. 1901 (S. 1902. 2. 305) et la note de M. Hémard.

Ainsi, l'homicide de l'agresseur, par celui qui est en état de légitime défense, est un droit, l'homicide du condamné est un devoir professionnel pour l'exécuteur des hautes œuvres. Ces circonstances font donc disparaître le caractère *délictueux* du fait prévu par la loi.

En résumé, si l'on veut embrasser, dans une définition exclusivement juridique, les éléments communs à toute infraction, on dira : *c'est un fait, ordonné ou prohibé par la loi à l'avance, sous la sanction d'une peine proprement dite, et qui ne se justifie pas par l'exercice d'un droit.*

37. Divers sens du mot « délit ». — Le mot « délit » est employé avec diverses significations.

a) Les infractions à la loi pénale prennent souvent la qualification générale de *délits*. Ainsi entendu de tout acte punissable le *délit* (de *delictum*, *delinquere,* abandonner la ligne droite), est synonyme *d'infraction*. C'est la signification générale que donnait à ce mot l'intitulé du « Code des *délits* et des *peines* » du 3 brumaire an IV. C'est avec cette signification que ce mot est souvent employé dans le langage courant et qu'il figure dans plusieurs dispositions, soit de nos Codes criminels, soit de nos autres lois répressives, notamment en ces expressions consacrées : *flagrant délit* (C. instr. cr., art. 41, 59); *délits connexes* (C. instr. cr., art. 226 et 227); *corps du délit* (C. p., art. 11). Mais cette expression « délit » a trois autres significations, ou plus restreintes, ou plus étendues que la précédente.

b) Ainsi, dans le Code civil, on appelle *délit* tout fait illicite portant préjudice à autrui. Si le fait a été commis précisément à dessein de nuire (*dolo*), il garde le nom de *délit;* s'il est simplement le résultat d'une négligence ou d'une imprudence (*culpa*), il prend le nom de *quasi-délit*. Le délit ou quasi-délit de droit civil est tout différent du délit de droit pénal. Il n'a d'existence que par le *dommage* qui est le *résultat* de l'activité humaine (C. civ., art. 1382). Les pires intentions qui n'ont pas abouti, fussent-elles réalisées autant qu'elles ont pu l'être, restent étrangères à la loi civile. Mais le dommage causé, même sans intention, appelle son intervention efficace. En un mot, dans le domaine de la *justice indemnisante*, on prétend ignorer ce que l'agent a voulu, pour rechercher seulement ce qu'il a fait. Sans doute, il se mêle encore à cette appréciation matérielle et objective un élément interne et subjectif, celui de la *faute*, puisque l'obligation de réparer le dommage n'existe, en principe, que si le dommage a sa cause dans une défaillance de volonté, une négligence ou une imprudence de l'agent. Mais le droit civil tend de plus en plus à se dégager de cette appréciation subjective, pour substituer l'idée de *risque* à l'idée de faute, et faire, de l'obligation de réparer le dommage, la rançon même de l'activité humaine. Le droit pénal se place à un point de vue opposé : ce n'est pas le résultat, le dommage, qui constitue le délit pénal, c'est la *volonté*, ce sont les *mobiles* qui ont fait agir le malfaiteur dans l'œuvre qu'il a entreprise. Le délit pénal existe par cela seul que le fait prévu par la loi a été commis ou tenté, sans qu'il soit nécessaire de prouver qu'il a eu des résultats dommageables; l'existence du préjudice est un élément à considérer, surtout au point de vue des conséquences du fait imputé, puisque le délit pénal *préjudiciable* donne naissance à une *action civile*, tendant à l'obtention de dommages-intérêts, distincte de l'*action publique*, tendant à l'application d'une peine. C'est qu'en effet, le délinquant est *redoutable*, au regard de la société, non pas précisément par ce qu'il a fait, mais par ce qu'il a *voulu* faire et par ce qu'il est *capable* de faire. L'*intention* a donc un rôle décisif dans la constitution du délit pénal. Elle en est, d'ordinaire, un élément.

De cette notion différente du délit pénal et du délit civil, se dégagent trois corollaires : 1° Le même fait peut constituer à la fois un *délit de droit pénal* et un *délit de droit civil*. Ce double caractère appartient à la plupart des infractions commises contre les particuliers, lorsqu'elles sont consommées, par exemple, au vol, à l'incendie, etc. Mais il est un grand nombre de faits, qui sont des délits de droit pénal, sans être des délits de droit civil. Il en est ainsi de la tentative de délit punissable, du port d'armes prohibées, et de ces infractions, telles que le complot, le vagabondage, la mendicité, etc., qui sont contraires à l'ordre social, sans avoir, du moins par elles-mêmes, des suites dommageables; 2° A l'inverse, la loi pénale n'incrimine pas tous les actes qui portent atteinte aux droits d'autrui, même lorsqu'ils sont commis avec intention de nuire. Par exemple, les faits de dol, tels que le stellionat (C. civ., art. 2057), le recel d'effets dépendant d'une succession ou d'une communauté (C. civ., art. 792 et 801), qui ne rentrent dans les termes ni de l'escroquerie, ni du vol, sont des *délits de droit civil*, sans être des *délits de droit pénal*[1]; 3° Enfin, il est des faits préjudiciables et illicites, qui sont des *délits en droit pénal* et des *quasi-délits en droit civil*. Il en est ainsi de l'homicide et des blessures causés par imprudence ou par négligence (C. p., art. 319 et 320).

c) En droit pénal même, le mot *délit* peut être pris, *stricto sensu*, dans deux acceptions différentes : 1° Quand on oppose le *délit* à la

[1] Sur la distinction entre le *dol civil* et le *dol pénal*, voy. mon *Traité*, 2e éd., t. V, p. 126 à 278. *Adde*, Planiol, *Rev. crit.*, 1893, p. 545, 649.

contravention, le mot *délit* est employé pour désigner le fait qui implique l'intention d'enfreindre la loi et qui n'est puni qu'en raison de cette intention; le mot *contravention*, pour désigner le fait qui est puni, même lorsqu'il est commis sans mauvaise volonté, par imprudence, par négligence; 2° Dans un sens plus restreint encore, déterminé par l'art. 1er du Code pénal, l'expression *délit* s'applique à toute infraction qui est réprimée par des peines correctionnelles : on oppose, dans ce sens, le *délit de police correctionnelle*, soit au *crime*, c'est-à-dire à l'infraction punie de peines afflictives ou simplement infamantes, soit à la *contravention*, c'est-à-dire à l'infraction punie de peines de police.

§ II. — DU SUJET ET DE L'OBJET PASSIF DE L'INFRACTION.

38. Le délit a deux termes : son auteur et sa victime. — Agent du délit. — Victime du délit.

38. Agent et victime du délit. — Toute infraction, tout délit (*lato sensu*), peut être examiné à deux points de vue : 1° dans sa *matérialité* (objectivement), c'est-à-dire dans l'action ou l'inaction coupable qui est incriminée; 2° dans sa *moralité* (subjectivement), c'est-à-dire dans la personne du délinquant.

Mais, avant d'aborder cette double étude, il importe de déterminer qui peut commettre le délit et qui peut en être victime (le *sujet* et l'*objet* de l'infraction).

I. Dans les idées modernes, les rapports de droit ne peuvent s'établir qu'entre des *personnes*; les *animaux* et les *choses* sont des *objets*, jamais des *sujets* de droit[1].

Les personnes sont *physiques* ou *morales*. Les premières, par cela seul qu'elles existent, s'imposent à la loi, qui n'a, en ce qui les concerne, d'autre mission que de les reconnaître et de les protéger dans le cercle de leur légitime activité. Les personnes morales, telles que l'État, les communes, les sociétés commerciales, etc., sont, au contraire, créées par la loi, qui a pour but de donner satisfaction à des intérêts collectifs et permanents, en leur constituant un patrimoine. Il est facile de déterminer, par le but même que poursuit la loi en reconnaissant une personnalité à ces intérêts collectifs ou permanents, leur situation au point de vue juridique. Les personnes morales, qui

[1] Voir pour les procès faits autrefois aux animaux et la criminalité chez les animaux, mon *Traité*, 2e éd., t. I, p. 414; *Adde*, Alimena, *I limiti*, etc., t. I, p. 85; Adossio, *Bestie delinquente* (Naples, 1892).

ne sauraient être reconnues *pénalement* responsables, peuvent l'être au contraire, *civilement*, même par les tribunaux de répression, à raison des infractions commises par leurs agents. Ceci comprend deux propositions. Avant de les développer, une double observation doit être faite. 1° Une abstraction, telle que l'État, une commune, une société, n'agit pas ; pour qu'elle manifeste sa vie juridique, le concours d'une ou plusieurs personnes physiques lui est nécessaire. Aussi, les personnes morales ont toutes des représentants ; c'est le maire, par exemple, qui agit au nom de la commune ; ce sont les gérants ou administrateurs qui agissent au nom d'une société. On comprend que ces représentants puissent, *à ce titre*, commettre une infraction : engagent-ils la responsabilité de l'être moral ? Ainsi, l'administrateur d'une société de banque détourne les titres qui ont fait l'objet d'un dépôt : la société, être abstrait, sera-t-elle responsable ? 2° Il faut remarquer, d'autre part, qu'il existe deux catégories de personnes morales. Les unes, formées par une réunion d'individus, et dont l'existence ne se conçoit pas sans cette réunion : ce sont les corporations (*universitates personarum*) ; les autres, comprenant les établissements (*universitates bonorum*), ne reposent plus sur la réunion de personnes physiques, mais sur une simple idée, un besoin qu'il faut satisfaire ; elles personnifient un intérêt général d'une nature permanente. Or, si l'on peut concevoir, en ce qui concerne les premières, deux situations : un délit commis par le représentant de *corporation*, un délit commis par ses membres ; on ne peut concevoir, en ce qui concerne les *établissements*, que la première situation. Ceci compris, nous avons à examiner distinctement la responsabilité pénale et la responsabilité civile des personnes morales.

a) Il est évident qu'on ne peut songer à déclarer les *universitates bonorum* pénalement responsables. La question se comprend, au contraire, pour les *corporations*, à raison des infractions commises par les individus qui en font partie. Pendant longtemps, on a admis, comme un axiome, la *responsabilité pénale collective des corporations*. Cette idée est repoussée par le droit positif moderne. Les personnes morales sont bien moins des personnes que des moyens ou instruments dont se servent les personnes véritables. La loi peut briser ces instruments, en refusant la personnalité aux corporations ou en autorisant leur dissolution. Mais la responsabilité pénale et collective de l'être moral est une fiction ; ce qui est vrai, c'est la responsabilité individuelle de chacun de ses membres. Or, le droit criminel n'admet pas de fiction, car, sous les fictions, vivent et agissent des individus et c'est sur eux seuls que tombe, en dernière analyse, l'*incidence* de la peine. De deux choses l'une, en effet : ou tous les membres de la corporation ont commis le délit et tous doivent être frappés d'une peine distincte et proportionnée à la culpabilité de chacun ; ou quelques-uns d'entre eux seulement s'y sont associés, et, s'il est juste de punir ceux-là, il serait injuste de punir les autres membres de la corporation qui y sont restés étrangers. L'*individualité de la répression* a deux conséquences, à ce point de vue : 1° quant à la *procédure de l'action publique :* cette action ne doit pas être dirigée contre une corporation ; elle doit l'être individuellement contre chacun des membres qui la composent ; et la citation est nulle si elle est donnée à la société ; 2° quant à la *pénalité* : une peine d'amende ou de confiscation ne peut être prononcée contre une collectivité, mais individuellement contre chacun de ceux qui ont participé au délit [1].

Ce système, qui *individualise* la *responsabilité* comme la *pénalité*, donne lieu à trois observations.

1° Il est l'antithèse de la conception germanique, d'après laquelle ce n'est pas l'individu mais la collectivité (famille, clan, gilde, communauté) qui, formant un groupe organique, indivisible, indissoluble, est obligé de maintenir l'ordre et de répondre du trouble causé. La responsabilité solidaire est la conséquence de cette manière de voir. Elle se manifeste dans une série d'institutions dont il reste seulement aujourd'hui quelques vestiges. Mais la reconstitution, dans la législation contemporaine, de groupements organiques, tels que les syndicats professionnels, amènera probablement la reprise de l'idée de responsabilité collective et son application aux membres ou représentants de ces groupements (Voy. L. 21 mars 1884, art. 9; L. 1er juill. 1901, art. 7 et 8 ; L. 9-12 déc. 1905, art. 23).

2° Le système individualiste, en matière de responsabilité, va à l'encontre d'un fait, aujourd'hui reconnu, l'influence du milieu sur la production et le développement de la criminalité. Il y a donc une responsabilité sociale, dont il faut tenir compte, à côté de la responsabilité individuelle : elle est surtout directe lorsqu'il s'agit du crime de l'enfant, victime de son entourage. C'est en vertu de cette idée que le droit contemporain voit, dans la protection de l'enfance matérielle-

[1] Cf. Cass., 10 mars 1877 et 8 mars 1883 (D. 84. 1. 429) ; Paris, 16 déc. 1885 (D. 86. 2. 40) ; Orléans, 8 nov. 1887 (D. 88. 2. 98) et ma note ; Cass., 6 avr. 1894 (S. 94. 1. 376). Voy. *Code pénal* annoté par Garçon, art. 5, nos 93 à 119. Pour la confiscation, note Roux sous Cass., 4 nov. 1898 (S. 1901. 1. 57), et note sous Cass., 22 mars 1907 (S. 1907. 1. 473). Dans les divers arrêts, réserve est toujours exprimée des cas où la loi elle-même ferait exception à la règle. Cf. Mestre, *Les personnes morales et le problème de leur responsabilité pénale*, appendice I, §§ 1 et 2 (Thèse doct., Paris, 1899). Voy. mon *Traité théor. et prat. de procédure pénale*, t. I, p. 226.

ment ou moralement abandonnée, un devoir social, et tend à faire sortir l'enfant du droit pénal, en le considérant, non comme un *coupable* qu'il faut *punir*, mais comme un *mineur* qu'il faut *élever*.

3° Les études récentes sur la *foule criminelle* ont démontré que la foule est un être différent des individus qui la composent et que, dans cet agrégat, l'ensemble est inférieur à l'individu, parce que la contagion du mauvais exemple est toute puissante. Cette notion a modifié ou développé certaines idées sur les dangers de l'association criminelle en elle-même, sur ceux de la provocation comme telle quand elle n'est pas suivie d'effet, enfin sur la nécessité, en cas de crime collectif, de frapper sérieusement les meneurs et d'être indulgent pour les comparses.

b) Les personnes morales, au point de vue du patrimoine, ont un rôle analogue à celui des personnes physiques : elles peuvent être propriétaires, débitrices, créancières. Rien ne s'oppose donc, en fait, à ce qu'elles soient tenues de réparer *civilement* le dommage causé par le délit. L'action en responsabilité civile, à raison des infractions, commises par leurs représentants ou préposés, est de la même nature et s'exerce dans les mêmes conditions que s'il s'agissait d'une personne physique (notamment devant les tribunaux de répression). La collectivité est obligée de réparer le dommage causé, soit par ses administrateurs, soit par ses employés, lorsque, dans l'exercice de leurs fonctions ou pour les objets de leur ressort, ces administrateurs ou ces employés ont porté préjudice à autrui, ou bien en faisant ce qu'ils n'avaient pas le droit de faire, ou bien en s'abstenant de faire ce qu'ils avaient le devoir d'accomplir. Cette responsabilité est fondée sur cette idée que toute personne juridique est obligée de répondre des actes accomplis par ses représentants ou ses employés dans les termes du droit commun. C'est une *responsabilité légale*, étrangère à la conception de la faute.

II. Celui qui a des droits, fût-il incapable lui-même de commettre une infraction, peut en être la victime.

a) Ainsi d'abord, *l'homme*, parce qu'il constitue nécessairement une personne, c'est-à-dire un sujet de droits, et cela, fût-il fou, fût-il mort civilement, lorsque la mort civile existait encore, fût-il Français ou étranger, peu importe : le seul fait de son existence lui assurant la protection sociale. L'homme est même protégé avant sa naissance et depuis sa conception : *infans conceptus pro nato habetur quoties de commodis ejus agitur*. Mais la loi pénale, le protège-t-elle après sa mort? De son vivant, l'homme peut être lésé dans son honneur, dans son corps ou dans ses droits; lui mort, ses restes sont certainement protégés, car l'art. 360, C. p. punit la violation des tombeaux, n'y eût-il aucun parent, aucun ami du mort, lésé par cette violation; mais sa mémoire l'est-elle également contre une diffamation dont elle serait l'objet? C'est une question célèbre, que nous retrouverons plus loin, et qui a été tranchée par l'art. 34 de la loi sur la presse du 29 juillet 1881.

b) A côté de l'homme, il y a d'autres êtres de pure création juridique, auxquels la loi donne une sorte d'existence, distincte de l'existence des intérêts individuels dont ils se composent. Ces êtres ont des droits, dans lesquels ils pourront se trouver lésés, non quant à leur corps, mais quant à leurs intérêts matériels ou leurs intérêts moraux, leur état, leur existence légale, leur fortune. Que ces intérêts puissent être l'objet d'une infraction, on n'en saurait douter; et il n'est même pas nécessaire que ces êtres, corporations, communautés, soient reconnus comme personnes morales : il suffit qu'ils soient reconnus par la loi comme *corps constitués* ou *administrations publiques* (L. 29 juill. 1881, art. 30).

c) Les êtres, tant animés qu'inanimés en dehors de l'homme, ne peuvent être qu'*objets*, jamais *sujets* de droits. L'homme a la faculté de faire sur eux acte d'appropriation et n'a envers eux aucune obligation à remplir. Cependant, une loi du 2 juillet 1850 réprime les mauvais traitements exercés sur les animaux. Mais le but de cette loi n'a pas été de conférer des droits aux animaux, de les considérer comme pouvant être *sujets* d'un délit; le législateur a seulement voulu punir des actes de cruauté qui, à raison de leur *gravité* et de leur *publicité*, peuvent exercer une influence fâcheuse sur les mœurs [1]. Aussi, les traitements abusifs ne sont-ils punissables qu'exercés en *public*.

§ III. — DU CLASSEMENT DES INFRACTIONS.

39. Division. — 40. Classement des infractions au point de vue de leur gravité. Crimes. Délits. Contraventions. Difficultés que soulève la classification tripartite. Intérêts de la classification. Critère de la classification. Difficulté sur le caractère de cette classification. — 41. Classement des infractions au point de vue de leur moralité. Infractions intentionnelles. Infractions non intentionnelles. — 42. Infractions instantanées. Infractions continues. Infractions simples. Infractions qualifiées. Infractions d'habitude. Infractions collectives par l'unité de résolution. Infractions flagrantes et non flagrantes. — 43. Classement des infractions au point de vue de leur objet. Infractions contre la chose publique. Infractions contre les particuliers. Infractions politiques. Infrac-

[1] Pour l'application de cette loi aux courses de taureaux : Cass., 16 févr. 1895 (S. 95. 1. 369).

tions de droit commun. Intérêt de cette classification. A quel signe on reconnaît un crime ou un délit politique. Motifs de cette classification. — 44. Classement des infractions au point de vue de leur étendue.

39. Bases différentes de classement des infractions. — On peut classer les infractions : — soit au point de vue de leur *gravité*, en crimes, délits, contraventions ; — soit au point de vue de leur *moralité*, en infractions intentionnelles et non intentionnelles; — soit au point de vue de leur *matérialité* : en infractions simples et infractions collectives ou d'habitude; en infractions instantanées et infractions continues ou successives; en infractions flagrantes et infractions non flagrantes; — soit au point de vue de leur *objet* : en infractions contre la chose publique et infractions contre les particuliers; en infractions politiques et infractions non politiques; — soit enfin, au point de vue de leur *étendue*, en infractions ordinaires et infractions spéciales.

40. Classement des infractions au point de vue de leur gravité. — Les infractions sont divisées, par le Code pénal (art. 1er), en trois catégories, d'après leur gravité objective : contraventions, délits et crimes. « *L'infraction que les lois punissent de peines de police est une contravention. — L'infraction que les lois punissent de peines correctionnelles est un délit. — L'infraction que les lois punissent d'une peine afflictive ou infamante est un crime* ».

En matière de classification générale des infractions, deux systèmes sont actuellement en présence et en conflit : le *système tripartite*, qui classe les infractions d'après la *gravité* de la peine, et qui a pour type le Code pénal français; le *système bipartite*, qui classe les infractions d'après la *nature* des faits, et qui a pour type le Code pénal italien. Le premier a été amèrement censuré, au point de vue métaphysique, par des jurisconsultes français [1], et vivement attaqué, même au point de vue pratique, par des jurisconsultes étrangers.

L'école germano-italienne fait, à la division française, un double reproche [2].

a) En premier lieu, cette classification se montre impuissante à donner du *crime* et du *délit*, en tant que concepts distincts, une définition intrinsèque et adéquate. Quelle est la nature du *crime?* en

[1] Rossi, *Traité de droit pénal*, t. I, p. 56 ; Boitard, *Leçons de droit criminel*, sous l'art. 1er du Code pénal; Lerminier, *Introd. gén. à l'histoire du droit*, ch. XX.

[2] Voy. sur cette division tripartite ou bipartite des infractions, le compte rendu du Congrès pénitentiaire de Paris en 1895 (1re sect., 5e question), où la question a été étudiée et discutée en onze rapports préparatoires, sur le rapport général de M. Vidal (*Rev. pénit.*, 1895, p. 1004 et suiv.).

quoi est-elle différente de celle du *délit?* Et cependant un critère paraît indispensable, puisqu'il s'agit de séparer des faits qui ont des conséquences répressives bien distinctes. Le *crime* apparaît uniquement comme l'infraction la plus grave qui puisse être commise; le *délit*, comme une infraction d'une gravité moindre. Ce qui les différencie, c'est donc moins leur *nature* que leur *gravité relative*. Le même fait, un vol par exemple, est tantôt un crime, tantôt un délit. Et puisqu'il s'agit d'infractions qui ne sont séparées que par une simple proportion de plus ou de moins de gravité, proportion étrangère à toute modification d'être et d'essence, pourquoi s'obstiner à en faire deux catégories d'infractions distinctes? L'arbitraire, l'incohérence et la contradiction de cette classification se manifestent, soit par les difficultés que soulève la détermination de la nature exacte des crimes punis de peines correctionnelles, soit par la pratique du procédé de correctionnalisation.

b) En second lieu, la classification générale en *crimes*, *délits* et *contraventions* est purement empirique, puisque si les *crimes* et les *délits* sont des faits de même nature et ne doivent pas être séparés, les *contraventions* sont des faits essentiellement distincts des crimes et des délits et ne doivent pas figurer simplement comme se rattachant, sous le même titre que les crimes et les délits, au concept général de l'infraction à la loi pénale. En d'autres termes, on ne peut rapprocher, dans une classification, que des espèces d'un même type, et les *contraventions* ne sont pas de même nature que les *crimes* ou les *délits*.

Le système bipartite, au contraire, n'encourt aucun de ces reproches : il n'a rien d'arbitraire, puisqu'il respecte la nature juridique des infractions et qu'il classe les actions punissables en deux groupes, naturellement distincts, les *délits* et les *contraventions*.

I. Ainsi formulée, cette double critique contre la division tripartite ne paraît pas fondée, et je ne suis nullement convaincu de la nécessité de substituer un type de classification à un autre type : l'utilité même de la réforme est encore indécise.

1° Il faut, en effet, tout d'abord, comprendre le sens et la portée de la division tripartite. Les peines attachées aux différentes infractions sont mesurées par le législateur d'après la gravité sociale des faits. La loi, en fixant la peine, entend se faire juge de la *gravité objective* que présente l'infraction. De sorte que quand le législateur écrit : « L'infraction que les lois punissent de peines de police est une *contravention* », il veut dire, en s'attachant simplement aux conséquences d'un raisonnement qu'il suppose : « L'infraction que la loi considère comme la moins grave est une contravention ; elle sera punie de peines de simple police, et c'est à ce signe qu'on la distinguera ».

2° Est-il dès lors bien exact d'affirmer que la classification des faits punissables, en *délits* et *contraventions*, soit plus rationnelle, plus scientifique et plus conforme à la nature même des choses? Y a-t-il une différence *qualitative* entre les deux catégories d'infractions, ou n'y a-t-il qu'une simple différence *quantitative*, les délits visant le plus haut degré de la délinquence et les contraventions le plus bas? Cette question domine le problème de la meilleure classification des infractions, et elle n'est pas sans difficultés. Jusqu'ici, en effet, on est loin d'être d'accord sur le critère de la distinction entre *délits* et *contraventions*.

Quelle est, en effet, la *nature juridique* des contraventions? La plupart des Codes en vigueur procèdent, avec quelque confusion, à l'établissement de ce groupe de faits punissables. D'un côté, ils font rentrer, sous la qualification de contraventions : 1° d'abord, des infractions de nature pénale, mais d'une gravité tout à fait secondaire, par exemple, le maraudage (C. p., art. 471, n° 9), le dommage volontaire, causé aux propriétés mobilières d'autrui (C. p., art. 479, n° 8), certaines injures ou diffamations (C. p., art. 471, n. 11); 2° ensuite, des infractions ou manquements de police. D'un autre côté, ils considèrent comme des délits : 1° des infractions qui ne constituent, en réalité, que des contraventions à des règlements de police, par exemple, le fait prévu par l'art. 199, C. p.; 2° des délits d'imprudence, c'est-à-dire des infractions punissables malgré la bonne foi de l'agent, telles que l'homicide involontaire (C. p., art. 319). De sorte qu'il est impossible, en étudiant la nomenclature de la plupart des Codes en vigueur, de se faire une idée précise, soit de la nature des contraventions, soit de la nature des délits [1], et de rattacher, à un critère scientifique unique, la division bipartite entre délits et contraventions [2].

II. Les juridictions pénales, leur compétence, les formes de procédure à suivre devant elles ont été mises en rapport, par nos lois criminelles, avec la gravité des infractions, gravité qui se révèle à un signe *matériel*, toujours facile à déterminer : la *peine légale*. Les *cours d'assises* sont organiseés pour juger les *crimes*; les *tribunaux correctionnels*, pour juger les *délits*; les *tribunaux de police*, pour

[1] Voy. C. Déprez, *Nature juridique des contraventions* (Th. Paris, 1898). Cette thèse qui rattache la distinction à un critère sociologique, dont la législation positive aurait quelque peine à s'inspirer, démontre, par l'étude consciencieuse de la question, combien le problème est ardu et complexe. Comp. Henry Sauvard, *Le délit d'imprudence*, p. 71. La question a été posée au Congrès de l'Union internationale du droit pénal de Lisbonne (*Bull. de l'Union*, 1897, p. 263, 272, 299, 354, 431; 1899, p. 77). Voy. la discussion au Congrès (*Bull.*, 1897, p. 493, et *Rev. pénit.*, 1897, p. 1293).

[2] Voy. mon *Traité*, 2° édit., t. VI, n°s 2762 et suiv.

juger les *contraventions*. Cette classification des infractions donne donc, — et c'est là sa principale utilité, — *une règle sûre de compétence*. On ne trouve pas, en effet, malgré la multiplicité des juridictions répressives, au début d'un procès criminel, ces difficultés de compétence *ratione materiæ*, si fréquentes au début d'un procès civil, difficultés qui naissent principalement de la séparation des contentieux administratif et judiciaire, et de la division du contentieux judiciaire en contentieux civil et commercial. Si l'on veut savoir quel ordre de tribunaux répressifs est compétent pour juger telle infraction, on recherche sa gravité, et, pour déterminer sa gravité, on se demande quelle peine lui est applicable.

Plus on pénètre dans l'étude de notre législation, plus on se rend compte que cette classification fait corps avec notre droit criminel. Partout où il est nécessaire, au point de vue des règles de *fond*, comme à celui des règles de *forme*, de prendre en considération la gravité de l'infraction, l'art. 1er, C. p., doit servir de critère : par exemple, en matière de *tentative*. Plus tard, on verra quel en est l'intérêt aux divers points de vue de la *prescription*, du *cumul* des infractions, de la *récidive*, de la *complicité*, des *circonstances atténuantes*. Dans la procédure, cette distinction a une grande importance en ce qui concerne *l'instruction préparatoire*, la *détention préventive*. Enfin, elle a longtemps dominé l'application de la loi francaise, soit quant à l'*extradition*, soit quant aux *faits délictueux commis à l'étranger*; et, malgré les dispositions de la loi du 27 juin 1866, et le développement, tous les jours plus grand, de l'extradition, cette distinction tient encore, dans ces matières, une place considérable.

III. Les infractions prennent-elles le *caractère* de crimes, délits ou contraventions dans la qualification qui leur est donnée, en conformité de la loi, par la *poursuite* ou le *jugement* dont elles sont l'objet, ou dans la *peine* qui leur est appliquée? Il arrive souvent par suite de déclaration de circonstances atténuantes, d'admission d'excuse, de rejet de circonstances aggravantes, que certains faits, punis par la loi de peines criminelles ou correctionnelles, ne sont plus, réellement et dans l'application de la loi par les juges, punis que de peines correctionnelles ou de peines de police. Un accusé est poursuivi pour « homicide volontaire », c'est-à-dire pour un fait qualifié *crime* : il prétend, devant la cour d'assises, qu'il a été provoqué par sa victime; en effet, le jury, tout en le déclarant coupable de meurtre, c'est-à-dire d'un *crime*, admet, en sa faveur, l'excuse légale de la provocation, et la cour d'assises le condamne à deux ans d'emprisonnement, c'est-à-dire à une *peine correctionnelle*. Un individu est accusé de vol commis avec violence, fait qui est un *crime*, puisqu'il est puni de la peine des travaux forcés à temps; en le déclarant coupable sur le fait principal et sur la circonstance aggravante, le jury lui accorde des circonstances atténuantes, et la cour, par application de l'art. 463, C. p., ne le condamne qu'à deux ans d'emprisonnement, c'est-à-dire à une *peine correctionnelle.* — Les faits commis par l'accusé, dans ces deux hypothèses, sont-ils des *crimes* ou des *délits?* La question a une grande importance au point de vue de l'application des règles du droit criminel, et, par exemple, — je ne cite que cet intérêt, — au point de vue de la durée de la prescription. L'accusé est poursuivi le 15 janvier 1908, et l'infraction a été commise le 2 février 1903 : si l'infraction est un délit, et qu'il n'ait été fait aucun acte interruptif de prescription, l'accusé doit être absous. Pour résoudre cette question, j'appliquerai à la lettre l'art. 1er, C. p., et je dirai : dans le premier cas, l'accusé, n'étant punissable *légalement* que d'un emprisonnement correctionnel, puisque la loi a prévu l'excuse tirée de la provocation et déterminé son influence sur la culpabilité abstraite, n'a commis qu'un *délit;* il a commis un *crime* dans le second, car s'il n'est puni que d'une peine correctionnelle, ce n'est pas en vertu d'une appréciation *légale*, mais d'une appréciation *judiciaire* [1].

41. CLASSEMENT DES INFRACTIONS AU POINT DE VUE DE LEUR MORALITÉ. — L'infraction, considérée dans sa moralité, suppose toujours la mise en œuvre du *discernement* et de la *volonté* : il faut que l'agent ait pu comprendre ce qu'il faisait et qu'il ait voulu le faire. La réunion de ces deux conditions est la base essentielle et générale de la *culpabilité.* Mais, en étudiant les dispositions d'un Code pénal, et les actions punissables qu'il prévoit, on remarque que, parmi les infractions, les unes prennent leur criminalité morale dans l'*intention* de l'agent : les autres se constituent, malgré la bonne foi de celui-ci, par la *simple contravention* aux prohibitions ou aux prescriptions légales. Les premières rentrent dans l'exercice du *pouvoir pénal* de l'État; les secondes, dans l'exercice de son *pouvoir de police;* et le caractère qui sépare l'exercice de ces pouvoirs, c'est que le pouvoir pénal ne peut frapper que des faits immoraux et socialement nuisibles, parce que son fondement est le droit de défense adaptée à l'idée de justice, tandis que le pouvoir de police peut frapper des faits, même innocents, parce que son seul fondement est l'utilité sociale.

Le droit public moderne tend à substituer cette division bipartite, naturelle et nécessaire, aux divisions plus ou moins contingentes, et à

[1] Sur la question : *Code pénal annoté* de Garçon, art. 1, nos 36 à 45.

classer les infractions en deux catégories, les *délits* et les *contraventions*. Le Code pénal français n'exprime pas cette divison, mais il la suppose implicitement. Dans la catégorie des infractions intentionnelles (*délits*), rentrent, en effet, les *crimes* et la plupart des *délits correctionnels ;* dans la catégorie des infractions non intentionnelles (*contraventions*), les *contraventions de police* et quelques *délits correctionnels*, tels que les délits fiscaux (contrebande de douane, délits en matière de contributions indirectes, etc.), les délits de chasse, de pêche, etc.

a) Il résulte déjà de cette constatation, soit au point de vue pratique, soit au point de vue théorique, que la distinction des *crimes* et *délits*, d'une part, des *contraventions*, de l'autre, est fondamentale ; aussi a-t-elle servi de base au législateur dans le dénombrement des infractions que contient la partie spéciale du Code pénal. Le livre IV est particulier aux *contraventions;* le livre III comprend à la fois les *crimes* et *délits*. Ce plan est l'inverse de celui qui avait été suivi sous la législation intermédiaire; à cette époque, deux Codes étaient consacrés, l'un aux crimes, l'autre aux délits de police correctionnelle et de police municipale[1].

b) Mais il en résulte aussi que la classification bipartite n'est pas absolument parallèle à la classification tripartite des infractions : il arrive souvent que la loi frappe d'une peine correctionnelle, quelquefois même d'une peine criminelle, des fautes de négligence ou d'imprudence. Ces infractions qui, par leur *nature*, sont des *contraventions* et, par la *peine légale*, des *crimes* ou des *délits*, ressortissent certainement de la juridiction soit des cours d'assises, soit des tribunaux correctionnels ; mais faut-il leur appliquer certaines règles édictées pour les *contraventions*, particulièrement au point de vue de la *complicité*, du *concours d'infractions*, de la *prescription*, etc. ? La question, longtemps discutée, paraît aujourd'hui bien éteinte. C'est la peine légale seule qui qualifie l'infraction, c'est-à-dire qui détermine, au point de vue des règles de fond et de forme, à quelle catégorie elle appartient. Cette solution est commandée par l'art. 1er, C. p., qui déclare *crime* ou *délit* toute infraction punie soit d'une peine

[1] La division matérielle des crimes et des délits en deux Codes distincts « séduit et paraît utile, », disait Berlier, en présentant au Corps législatif le Code pénal actuel, « parce qu'elle s'applique à des faits qui n'ont pas la même gravité et à des peines qui ne sont pas du même ordre. Cependant les avantages de cette division ne sont qu'éphémères, et les inconvénients en sont réels : car tel délit peut, avec une circonstance de plus, s'élever à la qualité de crime, et tel crime peut, avec une circonstance de moins, n'être qu'un délit. Un fait, parfaitement identique, s'il est considéré sans exception de personnes, peut changer de classe, suivant qu'il a été commis par un fonctionnaire public ou par un simple particulier ». Locré, t. XXIX, p. 423.

criminelle, soit d'une peine correctionnelle. L'expression *crime* ou *délit contraventionnel* ne correspond donc pas à une catégorie spéciale d'infractions, mais indique que le crime ou le délit, ainsi qualifié, est punissable, malgré la bonne foi de l'agent[1].

42. Classement des infractions au point de vue de leur matérialité. — L'infraction, considérée dans sa *matérialité*, suppose un acte extérieur. De nombreuses différences distinguent les infractions, en ce qui concerne cet élément matériel, nécessaire à leur existence. Ainsi, certaines infractions, les plus nombreuses, se réalisent par un fait d'*action*, d'autres, par un fait d'*inaction*. Certaines, telles que le meurtre et le vol consommés, les délits commis par la voie de la presse, etc., laissent, après qu'elles sont accomplies, des traces matérielles, désignées parfois, en prenant ce mot dans le sens restreint, sous le nom de *corps du délit;* d'autres, telles que les injures et diffamations verbales, etc., ne laissent, dès qu'elles sont accomplies, aucune trace matérielle. Ainsi encore, suivant que l'acte extérieur qui les constitue est commencé ou achevé, on distingue les infractions, en infractions *tentées*, *manquées* ou *consommées*. Suivant la nature de ce même acte, on sépare les infractions *continues* des infractions *instantanées*, les infractions d'*habitude* des infractions *simples*. Enfin d'après la situation dans laquelle l'infraction est constatée, on distingue les infractions *flagrantes* et les infractions *non flagrantes*. Nous allons insister ici sur ces dernières classifications.

Infractions simples. Infractions collectives. — Le nombre des actes, qui constituent l'infraction, donne lieu à diverses combinaisons : *a*) ou bien il n'y a qu'un seul délit, soit qu'il n'y ait qu'un acte accompli, soit qu'il y en ait plusieurs ; *b*) ou bien il y a pluralité d'actes et de délits; *c*) ou bien il n'y a qu'un seul acte donnant naissance à plusieurs délits.

I. La première hypothèse est celle où il n'y a qu'*un seul délit*, soit qu'il n'y ait qu'un acte, soit qu'il y ait pluralité d'actes.

a) La situation normale, c'est l'action unique, constituant un seul délit. Mais, à ce point de vue, les délits sont *instantanés* ou *continus*, suivant qu'ils consistent, soit dans l'accomplissement ou l'inaccomplissement d'un acte à un moment donné, soit dans un état d'action ou d'inaction. Dans le premier cas, le délit s'entend d'un *acte* que l'on exécute, lorsqu'on devrait s'en abstenir, ou que l'on n'exécute

[1] C'est dans ce sens que se prononce la jurisprudence la plus récente de la Cour suprême : Cass., 14 avr. 1883 (S. 85. 1. 401); 22 avr. 1887 (S. 88. 1. 338); 21 mars 1890 (S. 91. 1. 185). Voy. *Code pénal annoté* de Garçon, art. 1, n°s 30 à 35).

pas, lorsqu'on devrait l'accomplir; dans le second, de l'*état même d'activité* ou d'*inertie* où se trouve l'agent, et qui peut se prolonger un certain temps[1]. Le délit instantané prend fin par cela même et par cela seul que l'action ou l'omission incriminée s'est produite, quelque temps qu'ait duré sa préparation ou son exécution, et quelles qu'en aient été les suites[2]. C'est le caractère de la plupart des infractions : ainsi, l'homicide, les coups et blessures, l'escroquerie, l'incendie, etc., consistant dans l'acte de tuer, de porter des coups, de faire des blessures, d'obtenir certaines valeurs par des manœuvres frauduleuses, de mettre le feu, sont des délits d'action instantanés. Le fait de ne pas se présenter en justice pour y fournir son témoignage constitue un délit d'inaction instantané (C. instr., art. 80). Au contraire, la séquestration illégale, le port illégal de décorations ou d'armes prohibées, résultant d'un état délictueux, ont le caractère de *délits continus*.

Pour déterminer si une infraction rentre dans la catégorie des infractions instantanées ou dans celle des infractions continues, il faut, avant tout, analyser sa *définition légale*. Il n'y a pas d'autre critère. Ainsi, le *vol*, qui consiste dans le fait de la *soustraction*, et non dans celui de la *rétention* de la chose d'autrui (C. p., art. 379), est une infraction instantanée ; il en est de même de la *bigamie*, qui résulte du fait d'avoir contracté un second mariage avant la dissolution du premier et non du fait de vivre avec le conjoint qu'on s'est donné contrairement à la loi (art. 340). L'adultère du mari, qui consiste dans le fait d'entretenir une concubine dans la maison conjugale, est un délit continu, tandis que l'adultère de la femme, résultant de la consommation d'un rapport sexuel, est un délit instantané (C. p., art. 336 et 337). Cette distinction s'étend, du reste, aux délits d'inaction, comme

[1] Cette notion plus précise des délits instantanés ou continus est due à Thiry, *Cours de droit criminel*, 2e éd., 1896, no 185. Voy. *Code pénal annoté* de Garçon, art. 1er, nos 46 à 58. Mais, sur une sous-distinction des infractions continues, en infractions permanentes et successives : *Rev. pénit.*, 1905, p. 102 et note 2. En réalité, la jurisprudence paraît distinguer, au point de vue de l'amnistie, de la chose jugée, de la prescription, deux sortes de délits continus : les *délits permanents*, dans lesquels l'état délictueux persiste sans que l'activité de l'agent y soit pour rien ; les *délits successifs* qui nécessitent une série d'actes de sa part.

[2] Nypels (*Code pénal interprété*, art. 371, no 4) prétend que cette distinction repose sur une confusion entre les suites du délit et le *délit même*. Mais cette opinion isolée est facilement refutée par les explications données au texte. Cfr. du reste : Ortolan, *op. cit.*, t. I, nos 740-764 ; *Rev. crit.*, 1854, p. 323 ; Haus, t. I, no 366 et la note. Sur les infractions continues : *J. du droit crim.*, art. 9450. Conserver le bénéfice du délit accompli, si, de sa nature, le délit est instantané, ce n'est pas évidemment se rendre coupable d'un délit continu. Cette observation s'applique particulièrement au vol, qui consiste dans la *soustraction* et non dans la *rétention* de la chose d'autrui.

aux délits d'action. Si le manquement au devoir de se présenter en justice tel jour, à telle heure, pour déposer comme témoin ou remplir les fonctions de juré, constitue, par exemple, un délit *d'inaction instantané*, le manquement au devoir imposé aux officiers de la police administrative et judiciaire de faire cesser une détention illégale ou de la dénoncer à l'autorité compétente, dès qu'ils en ont connaissance, est un délit *d'inaction continu*.

L'intérêt de cette division des infractions se rencontre, en ce qui concerne soit la pénalité, soit la procédure, soit la prescription. 1° La durée plus ou moins longue du fait matériel qui constitue l'infraction continue est tantôt une circonstance aggravante légale, comme dans le délit de séquestration arbitraire (C. p., art. 341 à 343), tantôt une circonstance aggravante judiciaire, comme dans le délit de port illégal de décorations. 2° Si le délit, en se continuant, a été commis en plusieurs lieux, cette circonstance peut susciter des difficultés en ce qui concerne l'application de la loi pénale française, ou des conflits de compétence entre les diverses autorités chargées de le poursuivre, de l'instruire ou de le juger. 3° Enfin, la prescription de l'action publique ne commence à courir, pour les délits continus, que du jour où a cessé l'état permanent de criminalité qui les constitue et non du jour où le premier fait a eu lieu.

b) A côté de ces hypothèses, où l'unité d'action est corrélative à l'unité de délit, il est des cas où le délit unique se compose de faits ou d'actes répétés et réunis en un ensemble par l'identité du but et de la conception. Dans tous ces cas, l'infraction n'est plus simple ; elle est en quelque sorte *complexe*. Mais il y a lieu de distinguer les délits dont l'existence est subordonnée à la pluralité d'actes, des délits dans lesquels la pluralité d'actes n'est qu'un accident.

1° La première situation se présente dans l'infraction d'*habitude*, qui résulte d'actes, dont chacun, pris isolément, est impuni, mais qui deviennent punissables, dès qu'ils sont réitérés, et dénotent ainsi une *habitude* chez l'auteur. Presque toujours, la loi pénale se contente d'un seul fait pour l'existence du délit. Parfois, cependant, elle exige la réunion d'un certain nombre de faits, dont l'ensemble seul constitue l'infraction. On peut citer, à titre d'exemples : 1° le délit d'habitude d'usure prévu et puni par la loi du 3 septembre 1807 (art. 4) et la loi du 15 décembre 1850 (art. 2) ; 2° l'attentat aux mœurs en excitant, favorisant ou facilitant *habituellement* la débauche ou la corruption de la jeunesse de l'un et de l'autre sexe au-dessous de vingt et un ans (C. p., art. 334) ; 3° le fait de procurer, habituellement, logement, lieu de retraite ou de réunion à certains malfaiteurs, avec connaissance de leur conduite criminelle (C. p., art. 61) ; 4° aux termes de l'art. 35 de la loi de ventôse, un fait isolé d'exercice de la médecine était punissable, tandis que l'art. 16 de la loi du 30 novembre 1892 ne punit que « ceux qui prennent part, *habituellement ou par une direction suivie*, au traitement des maladies ou des affections chirurgicales, à la pratique de l'art dentaire ou des accouchements, sauf le cas d'urgence avoué ».

C'est encore en ce qui concerne la *pénalité*, la *compétence* et la *prescription*, que cette division des infractions présente de l'intérêt.

Le législateur n'ayant pas déterminé, dans les cas qu'il prévoit, le nombre de faits nécessaire pour constituer l'habitude, c'est au juge qu'il appartient d'apprécier, dans chaque affaire, en tenant compte des circonstances, si le prévenu a commis *habituellement* le fait dont il est inculpé. Malgré les doutes élevés sur ce point, j'estime que l'habitude peut exister alors même que les faits, qui, par leur réunion, constituent le délit, auraient été commis à l'égard de la même personne, pourvu du moins que ces faits soient distincts les uns des autres. Ainsi, la pluralité de victimes n'est pas une condition essentielle de l'habitude ; il suffit de faits réitérés pour la constituer.

En raison des divers lieux où les délits d'habitude peuvent se commettre, il existe des difficultés qui tiennent, soit à la compétence, soit à l'application de la loi pénale française, et que nous retrouverons au cours de cet ouvrage. Enfin, en raison des divers temps où les faits qui constituent les délits se commettent, il est difficile, comme nous le verrons plus loin, de fixer le point de départ de la prescription.

2° La seconde situation, où il n'y a qu'un délit unique, bien qu'il y ait plusieurs actes, se présente en cas de délit collectif. Il arrive souvent, en effet, que l'agent accomplit l'infraction par une série de faits, dont chacun est délictueux, ce qui n'est pas l'hypothèse du *délit d'habitude*, et qui sont distincts et séparés, ce qui n'est pas non plus l'hypothèse du *délit continu*, mais qui forment, en se rattachant tous à une même résolution criminelle dont ils ne sont que l'exécution successive, une *seule et même infraction*. Tel est le cas de celui qui, voulant dévaliser un appartement, voler le vin qui se trouve dans une cave, opère, en divers voyages, la soustraction de tous les meubles de l'appartement, de tout le vin de la cave; de celui qui, dans une rixe, porte successivement plusieurs coups à la même personne; de l'individu qui, au moyen d'une pièce fausse, tente d'escroquer tout ou partie de la fortune d'autrui; de l'employé des postes qui, pour voler ce que contient un pli recommandé, ouvre ce pli et viole le secret de la correspondance, etc. Dans ces cas, l'unité de *résolution* et de *but* entraîne l'unité de délit.

3° Il y a enfin unité de délit et pluralité d'actes dans le *délit quali-*

fié, c'est-à-dire quand le fait, tel qu'il est incriminé par la loi pénale, par exemple le vol, est accompagné d'autres faits qui en augmentent la gravité, par exemple, l'escalade, l'effraction, l'emploi d'armes, les violences, les menaces, etc. La peine est plus forte, mais le délit reste unique.

II. Dans la seconde situation, la pluralité des actes correspond à la pluralité des délits.

Le législateur s'en occupe, soit au point de vue de la procédure, soit au point de vue de la répression.

a) Au point de vue de la procédure, dans le cas de délits *connexes*. L'art. 227, C. instr. cr. indique les différents cas de connexité des délits, et l'art. 226 ordonne, en cas de connexité, la jonction des procédures et l'unité de juridiction. Les délits connexes sont ceux qui se trouvent unis par un lien qui rattache l'existence des uns à celle des autres. A titre d'exemple de cette situation, ce sera le cas d'un voleur qui, surpris au moment où il se sauvait, a tué un témoin gênant.

b) Au point de vue de la répression, quand les délits sont *concurrents* ou commis en *état de récidive*. Les infractions sont concurrentes quand le coupable doit répondre devant la justice de plusieurs infractions qui n'ont pas encore été jugées (C. instr. cr., art. 365). Il y a récidive, quand le délinquant est traduit devant le tribunal pour une nouvelle infraction, après avoir été déjà condamné pour des infractions antérieures (C. p., art. 56 et suiv.).

III. La troisième situation suppose qu'une seule action, résultat d'une intention unique, produit plusieurs infractions. C'est un cas de *concours idéal* qu'il ne faut pas confondre avec le cas où le même acte. suivant qu'on l'envisage sous tel ou tel aspect, peut être qualifié de telle ou telle manière.

Infractions flagrantes. Infractions non flagrantes. — On divise souvent les infractions en infractions flagrantes et non flagrantes : au fond, cette division n'en est pas une. En effet, l'infraction est flagrante au moment où elle se commet; après quoi, elle cesse de l'être : ce sont là deux états successifs par lesquels passent toutes les infractions. Mais il est important de constater, surtout au point de vue des règles de la procédure, à quel moment l'infraction est saisie, et si l'agent a été ou non trouvé en état de flagrant délit. C'est pourquoi le Code d'instruction criminelle donne, dans l'art. 41, la définition suivante du flagrant délit : *Le délit qui se commet actuellement ou qui vient de se commettre, est un flagrant délit. — Seront aussi réputés flagrant délit, le cas où le prévenu est poursuivi par la clameur publique, et celui où le prévenu est trouvé saisi d'effets, armes, instruments, ou papiers faisant présumer qu'il est auteur ou complice, pourvu que ce soit dans un temps voisin du délit*. Cette définition n'a été formulée par le législateur qu'en vue de modifier les règles ordinaires qui déterminent les attributions respectives du procureur de la République et du juge d'instruction dans la procédure d'instruction préalable. Elle doit, en principe, être restreinte à cette application spéciale, et à celle de la loi du 20 mai 1863, qui a modifié ces règles pour les délits de police correctionnelle. Dans tous les autres cas, — et ils sont nombreux, — où la flagrance du délit est à prendre en considération, le juge, à défaut d'un texte suffisamment explicite, a la faculté d'apprécier s'il doit ou non suivre l'assimilation que fait l'art. 41 de situations plus ou moins voisines avec le véritable état de flagrant délit. En effet, dans le sens naturel du mot, un délit n'est *flagrant* qu'au moment où il se commet : alors seulement le prévenu est dans la *chaleur de l'action*. Si, au lieu de se commettre actuellement, le délit vient à peine de se commettre, on ne peut pas dire, sans doute, qu'il soit flagrant, mais il l'est presque, puisqu'il en reste des traces encore chaudes ; l'on comprend que cette situation puisse être à presque tous égards assimilée à la première, mais les cas de *quasi flagrance*, qui résultent de cette double circonstance : *a*) que le prévenu est poursuivi par la clameur publique, ou est trouvé saisi d'effets, armes ou papiers faisant présumer qu'il est l'auteur du délit ; *b*) et cela dans un temps voisin du délit — ces cas, dis-je, sont distincts de la *flagrance* proprement dite, et ne doivent, en principe, y être compris que pour l'application des règles de procédure qui gouvernent l'instruction criminelle ou correctionnelle.

43. Classement des infractions au point de vue de leur objet. — D'après leur objet, les infractions se divisent : 1° en infractions contre la chose publique et infractions contre les particuliers; 2° en infractions de droit commun et infractions politiques.

Infractions contre la chose publique. Infractions contre les particuliers. — Toute infraction, quel qu'en soit le sujet passif, est nuisible, à la conservation et au bien-être de la société, qui est toujours *partie lésée* dans l'infraction. Aussi, toute infraction donne naissance à une action, exercée, au nom de la *chose publique*, par le ministère public. La distinction entre les infractions contre la chose publique et les infractions contre les particuliers est cependant logique. Il est, en effet, des infractions, dans lesquelles le mal social est prédominant : ainsi celles qui attaquent directement l'État, en mettant en péril son existence, ses institutions, son indépendance, son crédit, la paix publique. Ce sont ces infractions que l'on qualifie d'infractions contre la *chose publique*. Les infractions, dont l'effet saillant et direct est de causer, quand elles sont consommées, un préjudice aux personnes, aux propriétés, à l'honneur des citoyens, sont comprises, au contraire, dans la classe des infractions contre les *particuliers*. Ainsi en est-il de l'homicide et du vol.

Cette division n'a plus l'importance qu'elle présentait à ces époques primitives où les délits contre la chose publique étaient seuls punis de peines proprement dites, où les délits contre les particuliers ne donnaient lieu qu'à des poursuites privées. Aujourd'hui, les seconds, comme les premiers, donnent naissance à l'action publique, sont jugés de la même manière et méritent des peines proprement dites. Mais, comme les délits contre la chose publique, à la différence de ceux qui portent préjudice aux particuliers, attaquent la société d'une manière directe, cette différence peut motiver une classification, qui est de tradition dans les législations pénales[1].

En effet, dans beaucoup de Codes criminels modernes, les infractions, du moins celles qui sont de véritables délits, et non de simples transgressions, sont classées, d'après ce point de vue, à l'imitation de notre Code pénal, qui traite des *crimes et délits contre la chose publique*, dans le titre 1er du livre III (C. p., art. 75 à 294), et des *crimes et délits contre les particuliers*, dans le titre II (C. p., art. 295 à 462).

Quant aux contraventions, qui font l'objet du livre IV et qui échappent par leur nature même à cette division, elles sont classées d'après le taux des amendes : pour la première classe, l'amende est de 1 à 5 fr. ; pour la seconde, elle est de 6 à 10 fr. ; pour la troisième, de 11 à 15 fr. C'est là une classification d'ordre, pas autre chose.

Infractions de droit commun. Infractions politiques. — Il ne faut pas confondre la classification des infractions, en infractions politiques et de droit commun, avec la classification précédente, car s'il est vrai qu'il faut chercher les infractions politiques parmi les infractions contre la chose publique, dont elles forment une variété, il n'est pas exact de prétendre que toutes les infractions contre la chose publique soient des infractions politiques. Ainsi, les crimes des fonctionnaires dans l'exercice de leurs fonctions, qui sont compris, avec raison,

[1] Voy. Prins, *Science pénale et droit positif*, nos 141 à 152. Ce criminaliste fait remarquer : 1° que l'on trouve, dans le droit positif moderne, de rares survivances de la tendance qui consiste, en présence d'infractions touchant au droit privé, à laisser agir la partie lésée et à réduire l'action publique au profit de l'action privée; 2° mais que l'école positive a rappelé l'attention sur le côté économique du problème pénal et demandé que la réparation du tort causé soit aussi garantie que la répression. Ainsi la distinction en délits privés et délits publics reprendrait, s'il était fait droit à ces réformes, une valeur pratique qu'elle avait perdue.

parmi les infractions contre la chose publique, n'ont, par eux-mêmes, aucun caractère politique[1].

Les *contraventions*, par leur nature, échappent à cette classification, qui forme ainsi une simple subdivision des *crimes* et des *délits*.

I. La loi n'a pas déterminé à quel signe on reconnaissait un *crime* ou un *délit politique*. Cette recherche présente, cependant, trois intérêts principaux, soit au point de vue de la pénalité, soit au point de vue de la compétence des juridictions pénales, soit au point de vue de l'action de la loi pénale française.

a) Les peines destinées à réprimer les *crimes* politiques ne sont pas de même nature que les peines destinées à réprimer les crimes de droit commun[2]. Il existe, surtout depuis la loi de révision de 1832, une échelle de peines, spéciale aux crimes politiques, qui se compose par ordre de gravité descendante, de la *déportation dans une enceinte fortifiée*, de la *déportation simple*, de la *détention* et du *bannissement*. Dans une certaine mesure, par conséquent, si le Code pénal ne définit pas les *crimes politiques*, il les désigne au moins par les peines qu'il y attache. Mais cette indication ne dispense pas de toute recherche; car la peine de mort a été remplacée, aux termes de l'art. 1er de la loi du 8 juin 1850, pour les crimes politiques, par la peine de la déportation dans une enceinte fortifiée. Dans quels cas, par conséquent, les juges, saisis de l'examen d'un crime puni, par la disposition spéciale qui le prévoit, de la peine de mort, devront-ils prononcer la peine de la déportation dans une enceinte fortifiée? C'est poser une question qui ne peut se résoudre qu'en recherchant le caractère politique ou non politique de l'infraction.

Quant aux *délits* de police correctionnelle, il est inutile de se demander, au point de vue de la peine principale et légale qui les frappe, s'ils ont ou non un caractère politique : le Code pénal n'organise pas deux ordres de peines correctionnelles, et l'amende et l'emprisonnement sont applicables à tous les délits. Seulement, aux

[1] BIBLIOGRAPHIE : Molinier, *Abolition de la peine de mort en matière politique* (*Revue de droit français et étranger*, 1848, t. XV, p. 273 et suiv.); L. Renault, *Des crimes politiques en matière d'extradition* (*Journal de droit intern. privé* (1880, t. VII, p. 55); Teichman, *Les délits politiques, le régicide et l'extradition* (*Revue de droit intern.*, t. XI, p. 512); Albin Curet, *Des délits politiques* (*La France judic.*, 1882, p. 466); Tarde, *Le délit politique* (*Études pénales*, p. 87 à 114). Voy. pour plus de détails mon *Traité*, 2e éd., t. I, nos 103 à 108. Cette théorie des délits politiques n'est pas achevée : elle est encore en voie de formation.

[2] La distinction des crimes et délits politiques se trouve en germe dans le Code pénal de 1810 qui édictait deux peines : la *déportation* et le *bannissement*, lesquelles étaient prononcées le plus souvent pour des crimes politiques de leur nature. C'est à partir de 1830 que cette distinction pénètre dans la législation française.

termes de l'art. 49, C. p., les délits qui intéressent la sûreté intérieure ou extérieure de l'État, entraînent toujours, à titre de peine complémentaire, la surveillance de la haute police et, par conséquent, l'interdiction administrative de séjour qui l'a remplacée. De plus, les condamnés politiques à l'emprisonnement jouissent d'un régime spécial par faveur administrative (Arrêté Min. int., 4 janv. 1890).

La loi du 27 mai 1885 (art. 3) dispose, d'une manière expresse, que « aucun *crime* ou *délit politique* ne devra, *en aucun cas*, être compté au point de vue de la relégation ». Le texte ajoute qu'une semblable immunité devra s'attacher aux crimes ou délits « connexes, aux crimes ou délits politiques ». Une disposition analogue se trouve dans l'art. 1er, § 1, de la loi du 26 mars 1891. Un individu qui a subi une condamnation antérieure à la prison ou à une peine plus grave, mais seulement « pour crime ou délit de droit commun », ne peut obtenir qu'il sera sursis à l'exécution de la peine d'emprisonnement ou d'amende qu'il encourrait pour une nouvelle infraction. Une condamnation antérieure pour crime ou délit politique ne fait pas obstacle au sursis.

b) Sous l'empire de la charte de 1830 et de la constitution de 1848, les *délits de police correctionnelle politiques* devraient être jugés par les cours d'assises. Cette compétence exceptionnelle leur fut retirée par le décret du 15 février 1852. Mais une loi du 15 septembre 1871, modifiée, du reste, dans un sens moins libéral, par la loi du 27 décembre 1875, leur a restitué la connaissance des *délits de presse* qui sont, en temps ordinaire, les plus fréquents parmi les délits politiques et la loi du 29 juillet 1881 a fait disparaître la plupart des exceptions à la compétence générale de la cour d'assises, en matière de presse, que les lois antérieures avaient admises. De plus l'art. 7 de la loi du 20 mai 1863, qui modifie la procédure correctionnelle en matière de flagrant délit, déclare que les dispositions de cette loi sont inapplicables aux délits politiques.

c) Enfin, les délits, comme les crimes politiques, ne peuvent donner lieu à l'*extradition*. Une circulaire du garde des sceaux du 6 avril 1841 constate que la France « a toujours refusé, depuis 1830, de pareilles extraditions », qu' « elle n'en demandera jamais ».

En résumé, la recherche du point de savoir si un crime ou un délit a un caractère politique présente trois intérêts principaux : 1° au point de vue de l'extradition, qui ne doit être ni demandée par le gouvernement français, ni accordée par lui pour infraction politique; 2° au point de vue de l'application de la peine de mort, qui ne peut être prononcée par une cour d'assises ou un conseil de guerre pour crime politique ; 3° au point de vue de l'application de la relégation, qui ne peut être la conséquence d'une condamnation politique, et du sursis, qui ne peut être refusé sous prétexte d'une condamnation précédente de nature politique.

Dans le système de la loi, c'est au *juge*, ou, en matière d'extradition, au *gouvernement*, qu'il appartient de déterminer le caractère du fait incriminé. La doctrine, cependant, peut donner quelques indications, et nous allons rechercher, en l'absence d'une définition légale, ce qu'on doit entendre par un crime ou délit politique.

II. L'*infraction purement politique* est celle qui n'a pas seulement pour caractère prédominant, mais pour conséquence exclusive et unique, de détruire, modifier ou troubler l'ordre politique dans un ou plusieurs de ses éléments. Cet ordre comprend : à l'*extérieur*, l'indépendance de la nation, l'intégrité de son territoire et les rapports de l'État avec les autres États ; à l'*intérieur*, il comprend la forme du gouvernement, l'organisation des pouvoirs publics, leurs rapports mutuels, enfin, les droits politiques des citoyens. On reconnaîtra, sans contestation, des *délits purement politiques*, dans le fait d'entretenir des intelligences avec l'ennemi, de porter les armes contre son pays ; dans les conspirations et les attentats pour changer la forme du gouvernement ; dans l'affiliation à des sociétés illicites ; dans les délits de presse (sauf les attaques contre les particuliers) ; dans les infractions aux règles relatives aux élections, aux réunions publiques, etc. : car tous ces délits ne lèsent que le droit et l'intérêt politiques [1].

Jusqu'ici, tout le monde est d'accord. La difficulté commence lors-

[1] Une loi du 8 octobre 1830, en attribuant aux cours d'assises (art. 6) la connaissance des délits politiques, ne voulut pas laisser une règle de compétence incertaine : elle réputa, dans son art. 7, délits politiques, les délits prévus : 1° par les chapitres Ier et II du titre 1er, du livre III, C. p. (il s'agit des délits contre la sûreté intérieure ou extérieure de l'État et contre la charte constitutionnelle) ; 2° par les paragraphes 2 et 4 de la section III, et par la section VII du chapitre III des mêmes titres et livres ; 3° par l'art. 9 de la loi du 25 mars 1822. Le conseil de révision de Paris a jugé que les crimes politiques, auxquels s'applique l'art. 5 de la constitution de 1848, portant abolition de la peine de mort en matière politique, sont ceux, et pas d'autres, qu'énumère l'art. 7 de la loi de 1830 (14 août 1871, S. 72. 2. 10). Mais nous ne pensons pas qu'il soit possible de considérer cette disposition comme ayant eu pour objet d'énumérer *limitativement* les infractions politiques, et comme étant restée en vigueur à ce titre. Tout au plus peut-elle fournir des indications. La loi de 1830 était une loi de compétence, ayant uniquement pour but d'indiquer, parmi les délits de police correctionnelle, ceux qui seraient jugés par le jury. J'ajoute que l'énumération de la loi de 1830 englobait des délits qui, par eux-mêmes, n'avaient aucun caractère politique, comme l'association de plus de vingt personnes, sans l'autorisation du gouvernement (C. p., art. 291), et laissait de côté des faits qui peuvent être des délits politiques, comme l'immixtion, sans titre, dans des fonctions publiques (C. p., art. 258).

qu'il s'agit d'une infraction qui, sans doute, prise en elle-même, lèse un individu ou l'État considéré comme personne privée, mais qui, dans l'*intention* de son auteur, a la politique pour mobile, pour but ou pour occasion. Les délits de cette catégorie portent, dans le langage technique, soit le nom de *délits complexes*, soit celui de *délits connexes*. Le délit est *complexe* ou *mixte*, lorsque le même fait délictueux lèse, à la fois, l'ordre politique et le droit commun, lorsqu'il s'agit d'un délit de droit commun commis dans une intention politique. Tel est l'assassinat d'un chef d'État, dans le but de renverser le gouvernement. Le *délit* est dit *connexe* à un fait politique, lorsqu'un délit de droit commun a été commis au cours d'événements politiques et a, avec ces événements, une certaine relation (C. instr. cr., art. 227). Tel serait le pillage de la boutique d'un armurier par des insurgés politiques.

Deux théories principales sont en présence : l'une *subjective*, l'autre *objective*. Dans la première, le mobile de l'agent, son intention, le but qu'il se proposait d'atteindre caractériseraient la criminalité. Pourraient donc être politiques, selon le mobile de l'agent, le meurtre, l'assassinat, les coups et blessures, le vol. Dans la seconde, le caractère politique ou non politique d'un acte, qui est légalement criminel, ne serait pas déterminé par l'existence de motifs politiques, il dépendrait de la nature de l'acte considéré en lui-même. Ces théories sont exagérées. La question ne peut se résoudre qu'en distinguant deux situations.

a) La première est celle d'une infraction de droit commun isolée, ne se rattachant ni à une insurrection, ni à une guerre civile, mais inspirée par des *mobiles* politiques ou ayant un *but* politique : tel est le cas de l'assassinat d'un souverain, commis dans le but, non de satisfaire une vengeance ou de faciliter un vol ou tout autre délit, mais de renverser le gouvernement dont ce souverain est le représentant; telle est la destruction d'un édifice par un anarchiste au moyen d'une substance explosive. Ces crimes sont-ils politiques? A notre avis, le caractère politique ou non politique d'un acte, qui est légalement criminel, n'est pas déterminé par l'existence ou l'inexistence de motifs politiques, mais dépend de la nature de l'acte considéré en lui-même. En d'autres termes, au point de vue juridique, il n'y a pas davantage à distinguer l'assassinat, le vol, l'incendie, l'explosion politique, qu'il n'y a à distinguer suivant que l'assassinat, le vol, l'incendie, l'explosion ont été commis par vengeance, par cupidité, par luxure. Le juge, dans l'examen de la *culpabilité individuelle*, peut et doit tenir compte des mobiles plus ou moins antisociaux, plus ou moins odieux de l'acte incriminé, mais cet acte reste, quel que soit le mobile qui l'a inspiré, ce qu'il est en lui-même, un assassinat, un incendie, un vol, une destruction d'édifices, c'est-à-dire un crime de droit commun[1].

b) Mais si l'infraction a lieu au cours d'événements politiques, tels qu'une insurrection, une guerre civile : ne doit-on pas tenir compte de cette circonstance pour qualifier de *politiques* toutes les infractions de droit commun qui s'y rattachent, soit comme infractions complexes, soit comme infractions connexes? La question se résoudra par une distinction : 1° Tous les crimes de droit commun, tels que pillages, meurtres, incendies, qui seraient *légitimés* s'ils se produisaient dans un *état de guerre régulier*, seront absorbés, en quelque sorte, par le crime politique dont ils sont des nécessités ou des accidents. Ce crime devra les couvrir, soit au point de vue de l'extradition, soit au point de vue de l'application de la peine de mort; 2° Mais si, au cours de l'insurrection, il se commet des attentats contre les personnes ou les propriétés, qui seraient *réprouvés par le droit des gens, même dans un état de guerre régulier*, ces faits seront des crimes de droit commun. S'il est juste, en effet, d'admettre que tout acte qui en est une conséquence directe, doive revêtir le caractère politique de cette insurrection, il serait immoral de considérer comme des inculpés politiques des malfaiteurs qui profitent du désordre pour satisfaire leur vengeance ou leur cupidité[2].

III. Il est facile de se rendre compte, par la définition des infractions politiques, que le péril social, que font courir ces infractions, est en général plus grand que celui qui résulte des infractions ordinaires, que les effets en sont plus désastreux. Une législation, qui s'inspirerait exclusivement des idées de vengeance ou d'utilité, les punirait davantage et les poursuivrait avec plus d'acharnement. L'histoire, en effet, nous montre les législations anciennes réservant toute leur rigueur pour les infractions politiques, et l'extradition s'appliquant particulièrement aux « crimes d'État ».

[1] Le traité d'extradition conclu entre la France et la Belgique, le 12 septembre 1856, a décidé que l'attentat contre la personne du chef d'un gouvernement étranger ou contre celle des membres de sa famille ne sera pas réputé délit politique ni fait connexe à un semblable délit, lorsque cet attentat constituera le fait soit de meurtre, soit d'assassinat, soit d'empoisonnement. Cette clause a été insérée dans presque tous les traités conclus par le gouvernement impérial français. Elle ne figure pas dans les traités conclus avec la Suisse, l'Italie, la Grande-Bretagne. S'ensuit-il que ces puissances considèrent comme politiques les attentats dont je viens de parler? Nullement; elles ont seulement voulu réserver leur liberté d'appréciation.

[2] Comp. Cass., 9 mars 1849 (S. 49. 1. 207). La juriprudence française admet dans ces lignes générales la doctrine objective. Voy. *Code pénal* annoté de Garçon, art. 1, n°s 146 à 196.

Les motifs de l'interversion dans le sentiment du délit politique sont tirés, soit de la nature même des délits politiques, soit de considérations internationales. *a*) Les délits politiques sont moins dirigés contre les bases mêmes de la vie sociale que contre l'ordre établi : ils n'ont donc pas la même *nature* que les délits de droit commun. Les mobiles qui poussent à agir dans les délits politiques sont le plus souvent désintéressés, quelquefois même louables ; les délits politiques n'ont donc pas la même *immoralité* que les délits de droit commun. Une législation rationnelle réprimera ces deux classes de délits par des peines différentes parce que la criminalité politique est d'une toute autre nature que la criminalité ordinaire[1]. *b*) D'autre part, la faculté, pour un gouvernement, d'accorder ou de refuser l'extradition en matière politique, aurait fatalement pour conséquence d'appeler chaque État à s'immiscer dans les affaires intérieures d'un autre État, à se faire juge du caractère plus ou moins excusable d'une attaque contre les pouvoirs établis : la prudence internationale ne permet pas de laisser poser de pareilles questions.

44. Classement des infractions au point de vue de leur étendue. — Des infractions peuvent être *spéciales* à deux points de vue distincts.

1° Elles peuvent être spéciales, parce qu'elles résultent de la violation non des devoirs communs à tous les membres de la société, mais des devoirs particuliers qui s'imposent à certaines personnes, à raison de leur état. Parmi les infractions qui ont ce caractère, les plus importantes sont les infractions *militaires*. L'art. 5, C. p., nous dit expressément que : *Les dispositions du présent Code ne s'appliquent pas aux contraventions, délits et crimes militaires*. En effet, ces infractions ont été l'objet de deux Codes particuliers, l'un des 9 juin-4 août 1857, qui est le Code de justice militaire pour l'armée de terre; l'autre des 4-13 juin 1858, qui est le Code de justice militaire pour l'armée de mer. Ces délits sont soustraits à la juridiction commune, et soumis à des tribunaux militaires, dont les Codes de 1857 et de 1858 présentent l'organisation, à côté de la détermination des infractions

[1] La criminalité politique a été étudiée, dans ces dernières années, au point de vue biologique et social. On a essayé, soit de caractériser le délit et le délinquant politiques, soit de rechercher quels étaient les facteurs du délit politique, non pas seulement les facteurs psychologiques qui sont l'esprit de sédition et de révolte, mais les causes naturelles et sociales. Sur cette étude de sociologie criminelle : Lombroso et Laschi, *Le crime politique et les révolutions*, 2 vol., Paris, 1893 ; Tarde, *Études pénales et sociales*, p. 87 à 114 ; Proal, *La criminalité politique*, Paris, 1895 ; E. Régis, *Les régicides dans l'histoire et dans le présent*, Lyon, 1894.

et des peines. Ils sont le plus souvent commis par des militaires; mais ils peuvent l'être quelquefois par des personnes étrangères à l'armée. D'un autre côté, ils ne sont pas les seuls que les militaires puissent commettre, car les militaires, assujettis à des devoirs spéciaux, demeurent, en outre, soumis aux devoirs communs; et, par conséquent, deux sortes de délits peuvent leur être imputés. Mais, ce qu'il importe de remarquer, c'est que, pour l'une et pour l'autre, les tribunaux militaires sont compétents. Ces tribunaux ont, en effet, une double compétence : l'une *réelle*, concernant les infractions militaires quels qu'en soient les auteurs ; l'autre *personnelle*, s'appliquant aux militaires, quelles que soient les infractions par eux commises.

2° Les infractions sont encore *spéciales*, en ce sens qu'au lieu d'être prévues et punies par le Code pénal, qui constitue la loi commune, elles le sont par des lois particulières, distinctes du Code pénal. C'est en ce sens qu'on appelle les *délits de presse*, les *délits de chasse* et *de pêche* des délits spéciaux.

La distinction des délits ordinaires et des délits spéciaux offre de l'intérêt, soit au point de vue des *circonstances atténuantes*, qui ne peuvent être admises en matière de délits spéciaux, que si un texte exprès autorise le juge à les prononcer, soit au point de vue de la *compétence*, en ce sens que les délits spéciaux, tels que les délits de presse et les délits militaires, peuvent être soustraits, en raison de leur nature, à la juridiction commune, soit au point de vue de l'*application de la loi pénale française* à l'étranger. Nous verrons à l'inverse, qu'elle n'offre aucun intérêt au point de vue du sursis à exécution de la peine.

TITRE II

DES ÉLÉMENTS ESSENTIELS COMMUNS A TOUTE INFRACTION

§ I. — NOTIONS GÉNÉRALES.

45. ÉLÉMENTS CONSTITUTIFS DE L'INFRACTION. — Toute infraction se *constitue* de deux espèces d'éléments bien distincts : les uns lui sont *communs* avec toutes les autres infractions : ce sont les éléments *généraux*, *constitutifs* de tout délit ; les autres lui servent d'éléments *propres*, lui assignent une place à part, lui donnent un caractère particulier : ce sont les éléments *spéciaux*, *constitutifs* de tel délit. De sorte que toute infraction, comme tout individu, a deux noms : un nom de famille : on l'appelle une *infraction ;* un nom propre : on l'appelle un *vol*, un *faux*, un *meurtre*.

Deux choses étant nécessaires à l'existence de l'infraction : la *perpétration du fait* d'action ou d'inaction prévu et puni par la loi, la *culpabilité* de l'agent auquel ce fait est imputable, on comprend que les éléments essentiels de l'infraction soient puisés, et dans le fait punissable, et dans l'agent qui l'a commis. On peut ramener ces éléments à quatre. En effet, lorsqu'une juridiction pénale déclare un individu *coupable* d'une infraction, cette déclaration implique qu'elle a constaté : 1° que tel individu avait participé à la perpétration de tel fait (*élément matériel*) ; 2° qu'il y avait participé avec discernement et volonté (*élément moral*) ; 3° que ce fait était prévu et puni par la loi à laquelle cet individu devait obéissance (*élément légal*) ; 4° que cet acte ne se justifiait pas par l'exercice d'un droit (*élément injuste*). Si l'un de ces éléments fait défaut, le juge ne peut *condamner* l'inculpé ; il doit, suivant les cas, soit l'*absoudre*, soit l'*acquitter*. On voit par là que l'étude *générale* de l'infraction ou de l'incrimination, qui rentre seule dans le programme de cet ouvrage, comprend l'examen de ces quatre éléments, l'étude des éléments constitutifs spéciaux à chaque infraction appartenant à l'examen des incriminations et pénalités particulières.

46. Éléments accidentels de l'infraction. — Autour des éléments constitutifs de l'infraction, se groupent, du reste, des circonstances *accidentelles*, qui augmentent ou diminuent la culpabilité, et dont la constatation a surtout de l'importance au point de vue de l'*application de la peine*. C'est après avoir étudié la peine que j'examinerai ces circonstances.

CHAPITRE PREMIER

DE L'ÉLÉMENT LÉGAL DE L'INCRIMINATION.

§ II. — L'INCRIMINATION ET LA PÉNALITÉ ONT LEUR BASE DANS UNE LOI POSITIVE.

47. Nul délit, nulle peine sans une loi antérieurement promulguée.

47. De la légalité des délits et des peines. — Pour qu'un fait constitue une infraction, il faut qu'il ait été défendu ou ordonné par une loi pénale. En effet, il appartient au législateur, de déclarer, au nom de la société dont il est l'organe, quels actes sont illicites, parce qu'ils troublent l'ordre social. Aussi l'art. 4, C. p., décide que : *Nulle contravention, nul délit, nul crime, ne peuvent être punis de peines qui n'étaient pas prononcées par la loi avant qu'ils fussent commis.*

Cette disposition est la consécration de deux idées qui dominent l'une et l'autre l'interprétation et l'application des lois criminelles :

1° C'est, en effet, déclarer que nul acte ne saurait être incriminé et puni par le *juge*, aussi longtemps qu'il n'est pas incriminé et puni par le *législateur*.

2° C'est, en même temps, déclarer que le législateur n'incrimine et ne punit que pour l'*avenir*.

Ces deux règles, sont les conséquences du principe fondamental de la *légalité des délits et des peines* qui était ignoré de notre ancienne jurisprudence criminelle. Les juges pouvaient, en général, incriminer eux-mêmes des faits que la loi n'avait pas prévus, et y appliquer, à leur choix, les peines qui leur paraissaient convenir, parmi celles établies par les usages ou les ordonnances. C'est en ce sens que nos anciens criminalistes disaient : *Les peines sont abitraires en ce royaume.* Aujourd'hui, elles sont *légales* : tout *délit* doit être prévu par une loi promulguée avant qu'il ait été accompli, comme toute *peine* doit être attachée par la loi aux injonctions ou aux prohibitions qu'elle contient. Ainsi donc, la première recherche que devra faire le juge, dans tout procès pénal, consistera à déterminer si le fait reproché à l'inculpé, en le supposant établi, était punissable.

Toute loi pénale renferme ainsi deux éléments essentiels : 1° l'*incrimination*, dans laquelle le législateur formule les conditions d'existence des actes illicites ; 2° la *sanction*, dans laquelle il édicte la peine infligée à celui qui agit ou s'abstient d'agir dans les conditions déterminées par la loi.

Ce principe de la légalité des délits et des peines date de la Révolution et il constitue la garantie fondamentale de la liberté civile qui ne consiste pas à faire tout ce que l'on veut, mais à faire ce que la loi permet. C'est donc à la loi et à la loi seule qu'il appartient de fixer les limites qui séparent la liberté de la licence. Telle est la condition de la sécurité et de la liberté de l'individu. Or il n'y aurait ni sécurité ni liberté dans un pays où la loi atteindrait, pour les punir, des faits licites au moment où ils ont été commis et où le juge punirait des faits défendus, mais que le législateur n'aurait pas punis. Cette double garantie, contre l'arbitraire du législateur et contre l'arbitraire du juge, fut proclamée, pour la première fois, dans la Déclaration des droits (art. 8), et elle a passé, sous une autre forme, dans l'art. 4 du Code pénal de 1810.

a) La règle de la légalité des délits et des peines, s'impose d'abord au *législateur*. Celui-ci doit incriminer les faits punissables, en fixant, avec précision, les éléments constitutifs du délit. Il doit, de plus, établir la peine applicable et en fixer les limites.

Une tendance, à notre avis regrettable, consiste à délaisser quelque peu ce principe, en encourageant le législateur à abdiquer une partie de son pouvoir, entre les mains du juge, dans l'application de la répression, par une détermination moins précise des incriminations et une fixation du seul maximum des peines.

b) La règle de la légalité des délits et des peines s'impose également au *juge*. Celui-ci ne peut condamner que s'il trouve, dans une loi régulière, le titre du délit et de la peine. Un acte du pouvoir exécutif, décret, ordonnance, arrêté, serait, en principe, insuffisant.

Nous consacrons un paragraphe distinct aux trois conséquences principales du principe de la légalité des délits et des peines : 1° les sources du droit pénal positif, qui se trouvent toujours dans une loi ou un acte réglementaire procédant par délégation de la loi ; 2° l'interprétation de la loi pénale, par laquelle on ne peut créer des délits ou des peines ; 3° l'application de la loi quant au temps qu'elle régit, application qui est limitée à l'avenir, lorsqu'elle serait plus sévère que la loi ancienne.

§ III. — DES ACTES DE L'AUTORITÉ PUBLIQUE QUI ONT FORCE DE LOI EN MATIÈRE CRIMINELLE.

48. Lois. Ordonnances ou décrets. Arrêtés.

48. Des lois. Des ordonnances. Des arrêtés. — Le droit criminel français se compose d'un ensemble de dispositions, contenues dans des actes d'une nature bien différente, et qui sont : 1° les *lois* proprement dites; 2° les *ordonnances* ou *décrets* du chef de l'État, les *arrêtés* des ministres, les *arrêtés* ou *ordonnances* du préfet de police, les *arrêtés* des préfets, les *arrêtés* des maires. Les lois procèdent directement du pouvoir législatif; les décrets, ordonnances ou arrêtés, du pouvoir exécutif, par délégation du pouvoir législatif.

Pour comprendre cette distinction, quant aux sources du droit criminel, il faut partir d'une observation essentielle. On sait qu'il existe, dans toute société civilisée, deux pouvoirs nécessaires au fonctionnement régulier du gouvernement, le *pouvoir législatif* et le *pouvoir exécutif*. Le premier fait les lois, le second les applique. La séparation de ces pouvoirs est un principe fondamental du droit public moderne et le caractère le plus saillant qui distingue les gouvernements libres des gouvernements despotiques. Or, il est de principe que le droit criminel positif, qui est l'expression de la souveraineté, ne peut avoir sa source que dans les *lois* votées et promulguées suivant les formes constitutionnelles de chaque époque. Mais ce principe reçoit un double tempérament. *a*) Le pouvoir exécutif, devant faire des règlements pour assurer l'exécution des lois, ne peut remplir cette mission que si l'exécution des règlements eux-mêmes est assurée, comme l'exécution des lois, par des sanctions pénales. *b*) De plus, en dehors des rapports sociaux qui ont un caractère permanent et uniforme, et que le législateur du pays peut régler, il existe une multitude de rapports, dont le caractère est d'être particuliers à certaines localités et de varier avec le temps et les circonstances; ces rapports, le législateur doit les laisser régler et sanctionner par l'*autorité administrative*, dont l'action est, tout à la fois, plus locale et plus opportune. C'est pourquoi le droit criminel n'a pas seulement sa source dans les actes émanés directement et uniquement du pouvoir législatif, c'est-à-dire dans les lois votées par les deux Chambres; il a encore sa source dans les actes du pouvoir exécutif, qui ont pour objet, tantôt d'assurer l'exécution des lois, tantôt d'établir des règles locales et temporaires. Mais, dans l'un et dans l'autre cas, l'autorité gouvernementale ou administrative n'exerce le *pouvoir réglementaire* que par *délégation* du pouvoir législatif; aussi, l'acte réglementaire ne peut prononcer une sanction pénale obligatoire, pour les injonctions ou les prohibitions qu'il contient, que si un texte général ou spécial de loi l'y autorise. Cette sanction est très souvent prononcée par la loi même qui, en déléguant à tel agent du pouvoir exécutif le soin de faire un règlement, édicte, en même temps, la peine applicable à la violation de ce règlement. Mais, à défaut de pénalité édictée par la loi spéciale, tout règlement, *légalement* pris par l'autorité administrative, vient se placer sous la disposition générale de l'art. 471, n° 15, ajoutée au Code pénal de 1810 par la loi de revision de 1832, et qui punit de un franc à cinq francs d'amende : « ceux qui auront contrevenu aux règlements *légalement faits par l'autorité administrative*, et ceux qui ne se seront pas conformés aux règlements ou arrêtés *publiés* par l'autorité municipale, en vertu des art. 3 et 4, titre XI, de la loi du 16-24 août 1790 et de l'art. 46, titre Ier de la loi du 19-23 juillet 1791 ».

Cette disposition donne le droit, et même fait un devoir aux juges, compétents pour connaître d'une contravention à un règlement, de ne prononcer la peine qu'après avoir examiné la légalité du règlement. C'est la conséquence même de la règle qui réserve à l'autoriré judiciaire l'exercice de la justice pénale. Les tribunaux administratifs ne sont pas constitués pour juger les délinquants : l'application des peines, quelle qu'en soit l'occasion, est œuvre exclusive de tribunaux spéciaux qui font partie de l'ordre judiciaire. Or, il n'était pas possible d'obliger ces tribunaux à prononcer des peines, comme sanction de la désobéissance à un acte de l'autorité, sans leur donner, en même temps, le droit d'apprécier la légalité de cet acte (C. p., art. 4).

L'examen de la question de légalité du règlement invoqué s'analyse dans les quatre points suivants : Émane-t-il d'une autorité ayant le pouvoir réglementaire? A-t-il été pris par cette autorité dans les limites de sa compétence? A-t-il été fait dans les formes exigées par la loi? A-t-il été rendu exécutoire par publication, affiches ou signification administrative? Mais il n'appartiendrait pas à l'autorité judiciaire de se préoccuper de l'opportunité, de la justice ou de l'efficacité des mesures ordonnées par l'autorité administrative, dans les limites de ses attributions.

Le principe de la séparation des pouvoirs a subi, à diverses époques, et par l'effet de nos révolutions, certaines éclipses, et, pour être complet, il faudrait signaler, — ce qui dépasserait les limites de cet ouvrage, — les actes *irrégulièrement* rendus par des *pouvoirs réguliers*, ou les actes rendus par des *pouvoirs irréguliers*, qui sont considérés comme ayant force de loi, et qui s'ajoutent ainsi aux sources du droit criminel.

§ IV. — DE L'INTERPRÉTATION DES LOIS CRIMINELLES.

49. Interprétation privée et publique. Interprétation législative et judiciaire.

49. DES PRINCIPES DE L'INTERPRÉTATION DES LOIS PÉNALES. — En dehors de l'interprétation *privée* des lois pénales, qui est du domaine des juristes et qu'on appelle, pour ce motif, interprétation *doctrinale*, on distingue deux espèces d'interprétation *publique* ou *officielle*, dont les caractères sont différents : l'interprétation *législative* et l'interprétation *judiciaire*.

a) Le droit d'interpréter la loi par voie de disposition générale, *obligatoire* pour les *tribunaux*, ne peut appartenir qu'au pouvoir législatif : *Ejus est interpretari legem, cujus est condere.* Ce principe a été admis et appliqué dans nos constitutions, depuis 1789 jusqu'en l'an VIII. Mais, après la promulgation de la constitution du 22 frimaire, le droit d'interpréter les lois fut confié, par le règlement du 3 nivôse au VIII et par la loi du 16 septembre 1807, au chef du gouvernement, en Conseil d'État. De 1880 à 1814, le Conseil d'État, agent du pouvoir exécutif, a donc rendu des avis ayant force de loi. La charte de 1814 a modifié cet état de choses, en restituant virtuellement, le droit de développer le sens des lois au pouvoir législatif, qui l'a conservé depuis lors. C'est donc aux deux Chambres qu'il appartient, aujourd'hui, d'interpréter les lois. Cette interprétation est obligatoire pour les tribunaux, comme la loi elle-même. On peut seulement se demander si les lois interprétatives, en matière pénale, ont un effet rétroactif.

b) L'interprétation judiciaire est la recherche du sens de la loi faite par un *tribunal*, dans le *procès*, et seulement pour le procès qui lui est soumis. Cette interprétation est-elle interdite à un tribunal de répression ? Nullement. Dans le cas où le texte de la loi est obscur, ce tribunal doit, au même titre qu'un tribunal civil, se demander quelle a été l'intention du législateur et s'aider, pour faire cette recherche de tous les procédés d'interprétation : *éteindre* aussi bien que *restreindre* la portée des textes. Mais, lorsque le sens de la loi pénale est clair, ou qu'il a été fixé par l'interprétation, le juge doit appliquer le texte à tous les cas qui sont compris dans ses termes, mais seulement à ces cas : il ne lui est permis de créer, par analogie, par interprétation ou par induction, ni *délit* ni *peine* (C. p., art. 4). Cette règle est absolue, et elle constitue un contraste intéressant à relever entre la mission des tribunaux civils, dans l'application des lois civiles, et la mission des tribunaux répressifs, dans l'application des lois pénales. Le tribunal civil saisi d'un procès doit le trancher en faveur du demandeur ou du défendeur ; il ne peut s'abstenir de *dire droit* aux parties, sous prétexte du silence, de l'obscurité ou de l'insuffisance de la loi. S'il le faisait, il se rendrait coupable d'un *déni de justice* (C. civ., art. 5 ; C. p., art. 185). Aussi, dans le silence de la loi positive, les tribunaux civils peuvent et doivent recourir, pour juger les espèces qui leur sont soumises, soit à l'argument *d'analogie,* soit à l'argument *d'équité.* Telle n'est pas la mission d'un tribunal de répression. Sans doute, il ne peut s'abstenir de vider, par un jugement, le débat dont il est saisi ; mais il ne doit retenir l'inculpé et le condamner que s'il constate : 1° que les faits relevés à sa charge constituent *tel* délit prévu par *telle* loi ; 2° que cette loi attache *telle* peine à la violation des injonctions ou des prohibitions qu'elle contient. Si ces deux conditions ne se rencontrent pas dans le procès qui lui est soumis, le juge doit nécessairement renvoyer l'inculpé de la poursuite (C. instr. cr., art. 159, 181, 364).

§ V. — DE L'APPLICATION DE LA LOI CRIMINELLE PAR RAPPORT AU TEMPS QU'ELLE RÉGIT.

50. De la promulgation et de l'abrogation des lois criminelles. Les lois pénales n'ont pas d'effet rétroactif. Caractère et portée de ce principe. Conflit des lois. — 51. Du conflit des lois anciennes et des lois nouvelles en ce qui concerne l'incrimination et la pénalité. Difficultés d'application. Effets d'une loi nouvelle sur la situation des condamnés. — Changement dans le mode d'exécution des peines. — 52. Du conflit des lois anciennes et des lois nouvelles en ce qui concerne l'organisation judiciaire, la compétence et la procédure. Changement dans la compétence des juridictions pénales. — 53. Du conflit des lois anciennes et des lois nouvelles en ce qui concerne la prescription pénale.

50. DE LA PROMULGATION ET DE L'ABROGATION DES LOIS CRIMINELLES. — L'action des lois criminelles, comme celle des autres lois, embrasse une durée limitée par la date de leur *promulgation* et par celle de leur *abrogation.* Pour que le tribunal de répression puisse prononcer une condamnation, il faut donc que le fait incriminé se soit produit dans l'intervalle qui sépare deux dates : 1° le temps où la loi qui le punit est devenue obligatoire par sa promulgation et sa publication ; 2° le temps où elle a cessé de l'être par son abrogation.

a) Les lois pénales, comme toutes les autres lois, ne s'imposent que lorsque le chef de l'État les a promulguées, c'est-à-dire rendues exécutoires, et que, d'autre part, cette promulgation a été portée à la connaissance de tous par l'un des deux modes de publication établis par un décret du 5 novembre 1870 : l'insertion au *Bulletin des lois* ou l'insertion au *Journal officiel*.

b) Les lois pénales cessent d'être obligatoires, soit par leur *abrogation* soit par l'*expiration du temps* pour lequel elles sont établies, mais jamais par désuétude. L'abrogation par usage contraire ou par inexécution n'est pas plus admise, en France, que n'est admise la formation du droit pénal par l'usage ou la coutume.

C'est donc, dans la loi positive, régulièrement promulguée, et non abrogée, que le juge doit rechercher le caractère délictueux du fait qui est imputé au prévenu : il faut que ce fait se trouve qualifié et puni par la loi *avant qu'il ait été commis*. Ce principe a été proclamé par l'Assemblée constituante, dans la Déclaration des droits de l'homme du 26 août 1789 (art. 8). Il est répété par l'art. 4, C. pén.

Quelle est sa signification ? Deux manières de le comprendre et de l'appliquer ont été proposées. On y a vu, soit une simple conséquence du principe supérieur : « Nulle peine sans loi », soit une simple application, aux lois pénales, de la non-rétroactivité des lois, proclamée par l'art. 2, C. civ. L'influence de l'un ou l'autre de ces deux points de vue ne se fait sentir qu'en ce qui concerne le caractère et la portée de la règle. Il est plus conforme au texte de l'art. 4, comme à ses origines, de le rattacher à l'idée maîtresse de la légalité des délits et des peines. La non-rétroactivité des lois pénales n'est proclamée par aucun texte du Code pénal, et l'art. 4, dans lequel on prétend trouver son expression, a une toute autre portée. Si la non-rétroactivé en dérive, c'est comme une conséquence qui se justifie par l'idée même qui l'a fait admettre : il n'y aurait aucune sécurité et aucune liberté dans une société qui atteindrait, pour les punir, des actes licites au moment où ils ont été accomplis.

Deux conséquences résultent de ce point de vue :

1° La non-rétroactivé des lois pénales n'a pas le même caractère que la non-rétroactivité des lois civiles. En matière civile, le principe de la non-rétroactivité des lois est plutôt un principe *d'interprétation judiciaire* qu'un principe *constitutionnel*, c'est-à-dire qu'il doit être considéré, non comme une limite aux pouvoirs du *législateur*, qui, lui, peut faire des lois rétroactives, mais comme une règle tracée au *juge* dans l'application des lois, auxquelles le législateur n'a pas formellement attaché d'effet rétroactif. En est-il de même en matière pénale ? Le principe de la non-rétroactivité n'est-il pas plutôt un principe constitutionnel, qui s'imposerait au pouvoir législatif ? Certaines constitutions lui ont donné ce caractère. Ainsi, la règle que « nul ne peut être puni qu'en vertu d'une loi établie et promulguée antérieurement au délit et légalement appliquée », était écrite dans la Déclaration des droits de l'homme et du citoyen, qui servait de préambule à la Constitution du 3 septembre 1791. L'art. 14 de la Déclaration des droits et devoirs, qui précédait la Constitution du 5 fructidor an III, allait même plus loin, en proclamant, comme un principe constitutionnel, qu'aucune loi, ni *criminelle* ni *civile*, ne pourrait avoir d'effet rétroactif. Mais ce principe ne se trouve répété, ni par la Constitution du 14 janvier 1852, ni par les lois constitutionnelles de 1875 ; il n'est inscrit que dans le Code civil, c'est-à-dire dans une loi, obligatoire pour les tribunaux tant qu'elle n'est pas abrogée, mais qui cesse de l'être quand le législateur estime qu'il y a lieu d'y déroger. On en conclut, à bon droit, que l'art. 2, C. civ. est écrit pour le *juge* et non pour le *législateur* ; il signifie que les tribunaux ne doivent pas appliquer les *lois civiles* de manière à leur faire produire un effet rétroactif, à moins que le législateur n'ait manifesté une volonté contraire. Lorsque l'intérêt social réclame cette rétroactivité, le législateur, en effet, est autorisé à la prononcer, précisément parce qu'il se conforme alors à la fois aux intérêts de la société et aux exigences de la justice. Les civilistes ont prétendu que ce système s'appliquait aux lois pénales comme aux lois civiles. Mais, pour les lois pénales, il y a un texte spécial qui est l'expression d'un principe supérieur, celui de la légalité des peines. Ce principe s'impose au respect du législateur qui, en le violant, dépasserait certainement la limite de ses droits.

2° Ce n'est donc pas en se référant aux solutions données par les civilistes qu'on réglera l'application des lois pénales quant au temps qu'elles régissent. Le juge ne peut appliquer, à des faits qui ont eu lieu sous l'empire d'une loi qui les tolérait, une loi nouvelle qui les punit : c'est la conséquence même de l'art. 4, c'est-à-dire de la légalité des délits et des peines. Mais comme il n'est pas question, dans le Code pénal, de la non-rétroactivité de la loi, le juge appliquera la loi nouvelle, même aux faits antérieurs, *si elle est plus douce*, c'est-à-dire si elle efface des délits ou modère des peines. Cette solution, que tout le monde admet, n'est pas précisément, comme on le dit d'ordinaire, une exception au prétendu principe de la non-rétroactivité des lois pénales, mais une conséquence du silence même de l'art. 4 sur cette situation.

51. Du conflit des lois anciennes et des lois nouvelles en ce qui concerne l'incrimination et la pénalité. — La question de l'application, quant au temps qu'elles régissent, des *lois pénales* proprement dites, doit être décidée à l'aide d'une distinction. La loi nouvelle ne dispose que pour l'avenir, lorsqu'elle déclare punissable un fait qui n'était pas puni jusque-là, ou qu'elle aggrave la peine portée par la loi antérieure. La loi nouvelle a un effet rétroactif, si elle enlève à un fait le caractère délictueux que lui donnait la loi précédente, ou si elle réduit la peine établie par celle-ci.

I. Si la loi nouvelle imprime un caractère délictueux à des faits jusque-là impunis, ou frappe de peines plus graves des faits déjà punissables, la loi nouvelle n'est pas applicable aux faits accomplis avant l'époque où elle est devenue exécutoire. C'est la conséquence même du principe posé par l'art. 4 du C. pén. Ainsi l'art. 16 de la loi du 1er juillet 1901 qui punit d'une amende de 16 à 200 francs « ceux qui auront fait partie d'une congrégation déclarée illicite », atteint seulement les individus qui continuent à vivre en état de délit. Car, ce serait exagérer les conséquences de la non-rétroactivité de la loi pénale que de prétendre maintenir, sous l'empire d'une loi nouvelle qui le défend, un état de fait qui était licite sous l'empire de la loi ancienne qui le tolérait. La non-rétroactivité de la loi nouvelle s'oppose seulement à ce que les faits antérieurs à sa promulgation soient l'objet d'une poursuite [1].

II. Une loi, récemment promulguée, peut être moins sévère que la loi qu'elle remplace : elle peut supprimer une incrimination, adoucir une peine, admettre une excuse péremptoire, déclarer l'action publique irrecevable. Appliquera-t-on la loi ancienne aux actes commis avant la promulgation de la loi nouvelle et qui ne sont pas encore jugés ? Nullement, car si le législateur a supprimé ou adouci la peine attachée à telle action ou à telle inaction, c'est qu'il jugeait cette peine injuste ou inutile; or, le droit de punir est un acte de défense sociale adapté aux principes de la justice : une peine injuste ou inutile ne saurait être prononcée. Il suit de là que les lois criminelles doivent rétroagir toutes les fois que leur application à des faits antérieurs est favorable aux inculpés. Cette rétroactivité, qui est la conséquence nécessaire du fondement du droit de punir, doit être admise *non pietatis sed justitiæ causa*. Elle ne constitue pas, en effet, une exception [2] à la règle de l'art. 4, C. pén. dont l'objet unique est

[1] Voy. *Code pénal* annoté de Garçon, art. 4, nos 44 à 52. *Adde*, Cass., 12 août 1903 (D. 1904. 1. 595).

[2] Ainsi l'adoucissement de la loi pénale doit profiter aux délinquants antérieurs. Cette solution est considérée d'ordinaire, comme une exception à la rétroactivité des lois pénales. Pour nous, c'est une conséquence des limites mêmes du droit de punir. L'école positiviste italienne n'est pas convaincue qu'il y ait là un progrès.

d'exprimer le principe de la légalité des délits et des peines. Reconnue, à diverses reprises et dans diverses circonstances par le législateur[1], elle est acceptée par la jurisprudence, dont la formule constante est que, de deux lois, l'une antérieure, l'autre postérieure à l'infraction, c'est la plus douce qui doit être appliquée[2].

Mais cette règle soulève une double difficulté d'application.

a) De deux lois, successivement promulguées dans l'intervalle qui s'est écoulé entre l'infraction et le jugement, laquelle considérer comme étant la plus douce? La question peut se poser dans un certain nombre d'hypothèses : 1° ainsi la loi nouvelle fait disparaître une infraction ou la déclare non punissable, à raison soit de la qualité de l'agent, soit du lieu où elle a été commise ; elle admet une excuse péremptoire; 2° elle substitue une peine correctionnelle à une peine criminelle; 3° elle substitue une peine criminelle à une autre peine criminelle, appartenant à la même échelle de peines, et occupant, sur cette échelle, un rang inférieur à la peine qui était encourue; 4° elle substitue la peine de l'amende à la peine de l'emprisonnement. Dans ces divers cas, le Code nous indique, par son organisation pénale, que la loi nouvelle est plus douce et qu'elle doit s'appliquer même aux faits antérieurement commis; 5° mais supposons que les deux lois infligent des peines de même *nature*, les travaux forcés, par exemple, qui ne diffèrent l'une de l'autre que par le *minimum* et le *maximum*; ainsi, un crime était punissable, au moment où il a été commis, des travaux forcés à temps, dont le *minimum* est de cinq ans, le *maximum* de vingt; une loi, promulguée avant qu'il y ait eu jugement, fixe le *maximum* à vingt-quatre ans et le *minimum* à quatre ans. Il n'est pas possible de combiner les deux lois, car le juge ferait une loi mixte; il faut nécessairement choisir entre l'application de l'une ou l'application de l'autre. A notre avis, la loi ancienne étant plus douce (puisque la peine prononcée d'après ses dispositions ne pouvait, en aucun cas, dépasser vingt ans) sera seule applicable. Pour déterminer quelle est la loi la plus douce, on doit donc s'attacher au *maximum* qui est prononcé par les deux lois, sans s'occuper du *minimum*; 6° supposons que les deux lois modifient, en même temps que la

[1] Ainsi, le Code pénal du 25 septembre 1791 la consacrait dans son art. 4, titre II. Un avis du Conseil d'État du 28 prairial an VIII, inséré au *Bulletin des lois*, disait, en la proclamant : *Il est de principe qu'il faut toujours adopter l'opinion la plus favorable à l'humanité comme à l'innocence*. L'art. 6 du décret du 23 juillet 1810, *sur la mise en application du Code pénal*, les Codes de justice militaire de 1857 (art. 276) et de 1858 (art. 376) l'ont écrite textuellement dans leurs dispositions.

[2] Voy. application dans Cass. crim., 4 mai 1907 (S. 1908. 1. 49) avec note de G. Le Poittevin.

peine, la *qualification des faits*, en punissant, par exemple, d'une peine politique, un crime puni jusque-là d'une peine de droit commun, ou réciproquement : quelle loi appliquera-t-on? Celle qui prononcera la peine la moins élevée dans l'échelle générale des peines criminelles. Les art. 6 et 7, C. p. énumèrent, en effet, *toutes les peines criminelles, dans leur ordre de gravité*, sans distinguer entre les peines politiques et les peines de droit commun. Il y a, dans cetté fixation, une présomption légale qui s'impose aux juges et qui les dispense de tout autre examen.

b) Une autre difficulté peut se présenter, dans l'hypothèse où les deux lois, successivement promulguées, ont des dispositions diverses, et distinctes, les unes favorables, les autres défavorables au prévenu. Ainsi, la loi, applicable au jour de l'infraction, prononçait une simple amende contre le délit : mais elle autorisait le cumul de cette peine pour chaque infraction, et ne permettait pas au juge de faire bénéficier le prévenu d'une déclaration de circonstances atténuantes. Une loi nouvelle est promulguée : elle punit le délit d'un emprisonnement, mais lui applique la règle du non-cumul; de plus, elle autorise, au profit du prévenu, une déclaration de circonstances atténuantes. Que décider dans ce cas? Le juge devra appliquer la pénalité ancienne, puisqu'elle est plus douce que la pénalité nouvelle; mais il devra, en même temps, faire bénéficier le prévenu des dispositions relatives aux circonstances atténuantes et au non-cumul; des peines. Il ne s'agit pas, en effet, pour le juge, de combiner deux lois pour former une pénalité qui ne serait ni celle de la loi ancienne, ni celle de la loi nouvelle, mais d'appliquer les deux lois dans chacune de leurs dispositions plus favorables à l'accusé[1].

III. Il est certain que la loi, qui réduit ou supprime une peine existante, exerce son influence sur les faits non jugés, et même sur les condamnations prononcées sous l'empire de la loi antérieure, mais encore *susceptibles d'être réformées*. Si donc la condamnation est frappée d'*appel*, le tribunal d'appel doit renvoyer le prévenu de la poursuite, quand la peine est supprimée par la loi nouvelle, ou adoucir la condamnation, quand la peine est simplement réduite. Lorsque la loi nouvelle, qui modifie la peine dans un sens favorable au condamné, intervient après un *pourvoi* en cassation, la Cour de cassation doit annuler l'arrêt, sans prononcer de renvoi, si le fait a cessé d'être punis-

[1] Sur la question, on lira une note de M. Villey, sous Cass., 14 avr. 1881 (S. 85. 1. 401). C'est ainsi que, parmi les dispositions de la loi du 26 mars 1891, les unes rétroagissaient (les institutions de sursis, les conditions de délai et de spécialité exigées pour la récidive), les autres ne rétroagissaient pas (l'institution de la petite récidive).

sable, ou bien, en rejetant le pourvoi, renvoyer devant un tribunal répressif pour appliquer au condamné la peine édictée par la loi nouvelle, si la peine est simplement réduite [1].

Mais la loi nouvelle, qui supprime ou réduit une peine, profite-t-elle à ceux qui ont été *définitivement condamnés* sous l'empire de la loi ancienne? Si le ministère public doit faire exécuter les jugements passés en force de chose jugée, si aucun texte ne lui permet de paralyser l'effet des condamnations pénales, il faut reconnaître que, lorsqu'une loi nouvelle supprime ou réduit une peine, il est juste et équitable de faire profiter de cet adoucissement les personnes qui ont été irrévocablement condamnées sous l'empire de la loi ancienne : une peine que le pouvoir social juge inutile ou exagérée ne doit plus recevoir d'application. Il faut donc décider que si la loi nouvelle ne profite pas, *de plein droit*, aux condamnés, il est du devoir du législateur de leur appliquer, par une disposition transitoire, le bénéfice de ses prescriptions. Nous trouvons, dans l'histoire de nos Codes, plusieurs exemples de dispositions législatives prises dans ce but. Je n'en cite qu'un, parce qu'il est saillant. Le Code pénal de 1791 avait supprimé les peines perpétuelles : cette suppression transforma-t-elle, de plein droit, les peines perpétuelles, prononcées sous l'empire de la législation antérieure, en peines temporaires? Le législateur ne le pensa pas, car, pour faire jouir les individus condamnés du bénéfice de la loi nouvelle, l'art. 5 du décret du 5 septembre 1792 ordonna qu'à l'avenir (c'est-à-dire du jour de la promulgation du décret, et non du jour de la promulgation du Code pénal de 1791), la perpétuité des galères et des prisons cesserait pour tous ceux qui auraient pu y être condamnés avant le Code pénal de 1791 [2]. Si le législateur a oublié de prendre une de ces mesures transitoires, il est du devoir du chef de l'État, par l'exercice du *droit de grâce*, de faire profiter, des suppressions ou des réductions de peines prononcées par la loi nouvelle, les individus condamnés avant sa promulgation. De sorte que le principe de justice, qui proscrit une peine excessive, recevra applica-

[1] Dans ce sens : Cass., 14 janv. 1876 (S. 76. 1. 433) ; 19 juin 1885 (D. 85. 1. 743) ; 9 nov. 1888 (S. 89. 1. 351). Comp. Douai, 11 avr. 1900 et Riom, 2 août 1899 (S. 1901. 1. 173), et Cass. crim., 4 mai 1907 (S. 1908. 1. 49 et 51).

[2] L'art. 6 de la loi du 31 mai 1854, qui supprime la mort civile, nous fournit un autre exemple, en disposant que : *Les effets de la mort civile cessent pour l'avenir à l'égard des condamnés actuellement mort civilement...* La loi du 27 mai 1885, qui a remplacé la surveillance de la haute police par l'interdiction de séjour, fait bénéficier de la mesure les individus renvoyés sous la surveillance par l'effet d'une décision irrévocable (art. 19). Voy., sur la question, ma note sous Lyon, 8 déc. 1885 (D. 86. 2. 97). Comp. *Code pénal* annoté de Garçon, art. 4, nos 76 à 88.

tion, soit en vertu d'une disposition transitoire de la loi nouvelle, soit en vertu d'un décret de grâce du chef de l'État [1]. Mais si l'intervention du pouvoir législatif ou celle du pouvoir exécutif ne s'est pas produite, les magistrats du ministère public devront, malgré la promulgation de la loi nouvelle, assurer l'exécution de la condamnation devenue irrévocable.

IV. Une question voisine de celle que je viens d'examiner est celle de savoir, si une loi nouvelle, changeant le *mode d'exécution* d'une peine, s'applique aux infractions commises avant sa promulgation ? Deux situations sont à prévoir : 1° l'infraction n'est pas encore jugée au moment où la loi nouvelle est promulguée; 2° ou bien la loi nouvelle intervient après que la condamnation à une peine, dont elle change l'exécution, a été irrévocablement prononcée. La solution, dans les deux cas, s'inspire de la même idée. Si la loi nouvelle change la *nature* de la peine, en changeant son mode d'exécution, elle ne peut s'appliquer aux faits antérieurement commis, que dans la mesure où elle est plus favorable aux prévenus ou aux condamnés. Si elle ne change que le *mode d'exécution* de la peine, sans changer sa nature, elle doit s'appliquer aux prévenus comme aux condamnés. Ces solutions ont été consacrées : et par l'art. 8 de la loi du 8 juin 1850 *sur la déportation*, qui n'applique la loi nouvelle qu'aux faits postérieurs à sa promulgation, parce qu'elle change la nature de la peine qui s'exécutait jusque-là par une *détention* et non par une *déportation ;* et par l'art. 7 qui décide, au contraire, que « dans les cas où les lieux établis pour la déportation viendraient à être changés par la loi, les déportés seraient transférés des anciens lieux de déportation dans les nouveaux », parce que cette mesure modifie l'exécution de la peine de la déportation sans en modifier la nature [2].

52. Du conflit des lois anciennes et des lois nouvelles en ce qui concerne l'organisation judiciaire, la compétence et la pro-

[1] Un certain nombre de Codes étrangers contiennent une disposition générale et expresse pour faire profiter de l'adoucissement de peine résultant de la loi nouvelle les individus définitivement condamnés sous la loi ancienne. Voy., par exemple : Code pénal italien de 1889, art. 2.

[2] Voy. Cour d'ass. de la Seine, 27 déc. 1880 (S. 81. 2. 73). D'après l'art. 2, la loi du 15 nov. 1893 sur l'imputation de la détention préventive n'a pas d'effet rétroactif. Or, c'est une loi qui modifie l'exécution de la peine, puisqu'elle change la manière de compter la durée de l'emprisonnement, et reconnaît que le temps passé en prison préventive doit profiter au condamné : si donc il n'eût pas été fait exception à des principes généraux, elle se serait appliquée rétroactivement. Voy. Capitant, *Des moyens de remédier aux inconvénients de la détention préventive*, p. 37.

CÉDURE. — Une infraction a été commise : avant qu'elle soit définitivement jugée, une loi modifie l'*organisation* ou la *compétence* des juridictions, qui devaient en connaître, ou la *procédure* à suivre dans l'instruction, la poursuite ou le jugement : appliquera-t-on, au règlement de la poursuite, la loi nouvelle ou la loi ancienne? Le but de la procédure pénale est d'assurer la complète manifestation de la vérité judiciaire, en protégeant, par les formalités dont elle entoure la poursuite, l'instruction et le jugement, l'intérêt de l'accusation et l'intérêt de la défense; il ne faut pas qu'un coupable évite le châtiment, mais il ne faut pas non plus qu'un innocent soit condamné : tel est l'objet des lois de forme, en matière pénale. Si un changement se produit dans l'organisation des juridictions pénales, leur compétence et leur procédure, ce changement est présumé devoir amener une application plus *exacte* et plus *équitable* des lois pénales. Or, que peut légitimement demander l'accusé? que la loi lui donne les moyens de faire reconnaître son innocence. Qui détermine ces moyens et organise les meilleurs procédés pour arriver à ce résultat? le pouvoir social, par l'organe du législateur. Les lois de procédure doivent donc, d'après leur nature, s'appliquer, du jour de leur promulgation, à toutes les infractions.

Peut-on argumenter, pour écarter cette solution, du silence de la loi sur ce point? La rétroactivité des lois de forme n'est pas expressément écrite dans nos Codes, mais elle résulte des principes, et aucune disposition de nos lois ne lui fait obstacle. A diverses reprises même, des lois spéciales ont reconnu cette rétroactivité et l'ont appliquée aux infractions antérieurement commises [1].

Peut-on prétendre que l'accusé ait un droit acquis à invoquer les garanties qui résultent pour lui des formes établies dans son intérêt, par la législation contemporaine du temps de l'infraction? Mais l'accusé a seulement le droit de manifester son innocence, et c'est à la loi qu'il appartient de déterminer les juridictions devant lesquelles il fera valoir ses moyens de défense et la marche à suivre dans ce but. De sorte qu'en contestant au pouvoir social la faculté de modifier l'organisation des juridictions et les formes de procédure, par des lois, obligatoires du jour de leur promulgation, on entraverait, « dans sa sphère, l'exercice de la souveraineté [2] ».

La rétroactivité des lois de forme paraît donc incontestable, et il faut l'étendre, soit aux lois qui modifient la *procédure*, soit à celles qui changent *l'organisation judiciaire* ou la *compétence* des autorités

[1] D. 8 oct. 1789; L. 17 pluv. an X, art. 3; D. 25-28 févr. 1852, art. 2.
[2] Arrêt de la Haute-Cour du 8 mars 1849 (S. 49. 2. 225).

qui concourent à la répression. Cependant, si le changement porte sur la compétence, l'ancienne juridiction étant d'ailleurs conservée, des difficultés spéciales se produisent. Parmi les nombreuses opinions auxquelles a donné lieu la solution de la question de savoir quel tribunal il faudrait saisir dans ce cas, il en est deux d'absolues. La première soutient que les lois modificatives de la compétence rétroagissent toujours, et que les procès criminels doivent être commencés ou continués dans les formes et devant les tribunaux nouvellement établis, parce que les changements de juridictions touchent à l'ordre public et que, en cette matière, il ne saurait y avoir de droits acquis. La seconde au contraire, considérant que les juges naturels du prévenu sont ceux qui fonctionnent au moment de la perpétration du délit, applique le principe de la non-rétroactivité aux lois modificatives de la compétence. A côté de ces systèmes absolus, viennent se placer deux systèmes intermédiaires. D'après le premier, lorsqu'une juridiction a été complètement *saisie* et qu'une loi survient qui change la compétence, le procès doit suivre son cours là où il a été commencé, et la loi nouvelle est inapplicable. D'après le second, au contraire, les lois de compétence régissent, dès leur promulgation, les procès nés comme les procès à naître, et doivent être appliquées aux délits antérieurement poursuivis quel que soit l'état de la procédure, à moins, que ne soit intervenu, *sur le fond, un jugement en premier ressort*. Ce tempérament, auquel je me rallie, est nécessaire, si on ne veut pas que la rétroactivité des lois de compétence lèse des droits véritablement acquis. En effet, imposer, au prévenu *acquitté* par un jugement frappé d'appel, l'obligation de subir un nouveau jugement devant une juridiction toute différente, qui pourra rendre une décision contraire ; ou bien priver le prévenu, *condamné* en première instance, et qui a interjeté appel, du droit de se justifier devant la juridiction compétente au moment de l'appel, ce serait revenir sur le passé pour le changer au préjudice des parties. La rétroactivité des lois de compétence doit nécessairement fléchir quand elle rencontre un jugement, rendu sur le fond même de la poursuite[1].

[1] Conformément à cette distinction, la loi du 26 mai 1819 (art. 30) et celle du 8 octobre 1830 (art. 8), n'avaient attribué aux cours d'assises que les délits de presse *qui ne seraient pas encore jugés*. Bien que ces dispositions légales aient depuis longtemps être abrogées, leur autorité doctrinale a survécu et les règles qu'elles avaient sanctionnées, n'ont jamais cessé d'être appliquées. Ce tempérament à la rétroactivité des lois de compétence a été admis par la Cour de cassation dans l'espèce suivante : un délit de presse avait été jugé par le tribunal correctionnel de Bergerac et l'appel formé devant la chambre correctionnelle de la cour de Bordeaux lorsque la loi du 15 avril 1871 vint donner compétence à la cour d'assises pour connaître de ce délit. La cour de Bordeaux, se basant sur ce fait, décida que la juri-

Mais, en dehors de cette situation spéciale, il faut considérer une juridiction qui a perdu sa compétence, comme n'existant plus quant aux délits dont on lui a enlevé la connaissance. Les tribunaux n'exercent, en effet, le droit de juger qu'en vertu d'une *délégation du pouvoir social*. Dès que cette délégation cesse, ils sont sans droit pour le faire.

53. Du conflit des lois anciennes et des lois nouvelles en ce qui concerne la prescription pénale. — Une loi nouvelle change la durée ou les conditions de la prescription de l'action ou de la peine : s'applique-t-elle aux infractions antérieurement commises, ou aux condamnations déjà prononcées, et dont la prescription n'est pas acquise? La distinction entre les lois de *forme*, qui sont rétroactives, et les lois de *fond*, qui ne le sont pas, ne peut servir de critère certain. Sans doute, les lois de prescription règlent un point de procédure, en statuant sur une des conditions de la poursuite d'une infraction ou de l'exécution d'une condamnation? N'est-ce-pas, du reste, dans le Code d'instruction criminelle (art. 635 à 643), que le législateur s'occupe de la prescription? Il n'est cependant pas juridique de considérer comme des lois de pure forme celles qui déterminent une des conditions essentielles de l'infraction ou de la peine. Par ses résultats, la prescription équivaut, soit à une *amnistie*, soit à une *grâce*. Elle procure l'impunité au coupable, parce que le temps qui s'est écoulé depuis le délit ou la condamnation rend inutile la poursuite ou l'exécution. Par ce côté, les lois sur la prescription appartiennent aux *lois de fond* et doivent s'appliquer, dès leur promulgation, aux infractions non jugées comme aux condamnations non exécutées, si elles sont plus favorables. Telle nous paraît être, après bien des hésitations, la solution la plus rationnelle. En dehors de ce système, qui est actuelle-

diction correctionnelle avait cessé d'être compétente du jour où la loi du 15 avril 1871 était devenue exécutoire ; elle refusa de statuer sur l'appel. En suite du pourvoi formé par le procureur général de Bordeaux, la Cour de cassation jugea que la rétroactivité des lois de compétence devait recevoir exception toutes les fois que, l'affaire avait subi, avant la loi nouvelle, l'épreuve d'une décision sur le fond : 7 juillet 1871 (S. 71. 1. 83). Voy. le rapport de M. Saint-Luc Courborieu, qui précède cet arrêt. A propos de cet arrêt, M. Bazot a exposé et développé, avec beaucoup de vigueur, l'opinion d'après laquelle les lois de compétence ne peuvent dessaisir les anciennes juridictions des procès régulièrement commencès devant ces juridictions : *De la rétroactivité des lois de compétence* (*Rev. crit.*, 1872-1873, p. 513 à 547). Mais la Cour de cassation a maintenu sa jurisprudence, dans un arrêt du 18 février 1882, rendu contrairement aux conclusions du procureur général Bertauld (S. 82. 1. 185), et la note. Voy. sur la question une note de M. Naquet dans S. 86. 2. 569, et une note de M. Glasson dans D. 87. 2. 97.

ment suivi par la jurisprudence, on en compte trois autres qui ont été ou sont encore soutenus[1].

§ VI. — DE L'APPLICATION DES LOIS CRIMINELLES PAR RAPPORT AUX LIEUX ET AUX PERSONNES QU'ELLES RÉGISSENT.

54. Position de la question. — 55. De l'autorité territoriale de la loi pénale française. Étendue du territoire. Mer territoriale. Navires. Lieux occupés hors des frontières. Pays hors chrétienté. Des infractions commises en France. Conséquence de la territorialité de la loi pénale. — 56. Des personnes irresponsables. Exceptions dérivant du droit interne. Exceptions dérivant du droit international. Agents diplomatiques. — 57. Des infractions commises hors du territoire. Des évolutions de la législation française sur ce point. Crimes commis à l'étranger. Délits commis à l'étranger. Contraventions commises à l'étranger. Des règles communes aux infractions commises à l'étranger.

54. DES SYSTÈMES DIVERS IMAGINÉS OU APPLIQUÉS SUR L'AUTORITÉ TERRITORIALE OU PERSONNELLE DE LA LOI PÉNALE. — En supposant un Code pénal déterminé, sur quelles *personnes* ou sur quel *territoire* a-t-il autorité? On conçoit, *a priori*, quatre réponses différentes. 1° La loi pénale serait *territoriale*; elle s'appliquerait à *toute personne* habitant le territoire, quelle que fût sa nationalité, mais ne s'appliquerait à personne hors du territoire; 2° La loi pénale serait *personnelle;* elle s'imposerait à tous les nationaux, en quelque lieu que l'infraction eût été commise, mais ne s'imposerait qu'aux nationaux, même sur le territoire ; 3° La loi pénale aurait un caractère mixte : *territoriale*, elle s'appliquerait à toute personne sur le territoire; *personnelle*, elle s'appliquerait à certains individus commettant un délit, même en pays étranger; 4° Enfin, à *l'ubiquité du délit* correspondrait *l'ubiquité de la répression*, et le coupable trouverait, en tout lieu, le juge et la peine, sans distinction de nationalité et de territoire.

De ces quatre systèmes, il en est deux, le second et le quatrième, qui ne sont consacrés par aucune législation. On admet, dans tous les pays, comme une conséquence de la *souveraineté,* que les délits, *commis sur le territoire*, sont soumis à l'empire absolu de la loi pénale, qui est appliquée indistinctement, aussi bien dans le cas où l'auteur du délit est un national, que dans celui où il est un étranger[2]. La diver-

[1] Voy. mon *Traité*, 2e éd., t. I, n° 141.

[2] Le système de la personnalité des lois pénales n'a qu'un intérêt historique. C'est le système qui était en vigueur à l'époque barbare. Celui de l'ubiquité de la loi pénale est présenté, par certains publicistes, comme étant le système de l'avenir. La répression ne peut être efficace, dit-on, qu'à la condition d'être internationale, car les progrès de la civilisation ont internationalisé le crime. Voy. la communication

gence commence seulement à apparaître, lorsqu'il s'agit de choisir entre le premier ou le troisième système. Doit-on admettre que tout fait délictueux quelconque, commis hors des frontières, échappe par cela même à l'action de la loi pénale? ou bien que la loi pénale est applicable aux individus qui sont venus résider sur le territoire, après avoir commis un délit en pays étranger?

Il ne serait pas suffisamment pourvu à la sûreté publique et à la défense sociale par une législation qui ne réprimerait pas certains actes délictueux commis à l'étranger, car un État n'est pas un organisme isolé, sans rapports avec les autres États. Aussi la plupart des législations se gardent de restreindre, d'une façon absolue, l'empire de la loi pénale aux limites de l'État. Mais lorsqu'il s'agit de déterminer les cas dans lesquels on peut donner une autorité extraterritoriale à la loi pénale et les conditions d'application de la loi nationale aux délits commis à l'étranger, alors l'accord cesse d'exister et chaque législation se laisse plus ou moins dominer par les deux idées opposées de la *personnalité* ou de la *territorialité* de la loi, idées qui ne peuvent servir de critère juridique, car la question de savoir si la loi pénale d'un État peut s'appliquer aux infractions commises sur le territoire d'un autre État doit être résolue d'après les principes qui justifient la pénalité, c'est-à-dire par l'utilité qu'il peut y avoir, à poursuivre et punir des infractions commises en pays étranger.

Les législations positives paraissent aujourd'hui d'accord sur la conception d'une *solidarité internationale en vue de la répression*, qui se manifeste : 1° par l'extension de la poursuite à des délits commis hors des frontières ; 2° par le développement de l'extradition.

On a pu caractériser les tendances du droit pénal international, telles qu'elles résultent des législations les plus récentes, en affirmant que la répression « s'individualise, s'internationalise, s'universalise[1] ».

55. SUR LE TERRITOIRE, LA LOI PÉNALE S'APPLIQUE A TOUS LES FAITS. — La loi pénale, étant l'expression de la souveraineté, s'appli-

de M. Feuilloley au Congrès national de droit pénal, le 8 juin 1905, sur les *Moyens pratiques d'assurer la répression des crimes et délits internationaux* (*Journ. de droit int. privé*, 1905, p. 785 à 796). Deux groupes de délits sont particulièrement organisés internationalement : les vols ou escroqueries par bandes cosmopolites ; la traite des blanches. Une répression internationale a été rendue possible, pour ce dernier fait, par la loi du 3 avril 1903 qui a modifié notamment l'art. 334, C. p., et ajouté, à ce texte, un dernier alinéa, ainsi conçu : « Ces peines seront prononcées alors même que les divers actes qui sont les éléments constitutifs des infractions auraient été accomplis dans des pays différents ».

[1] Donnedieu de Vabres, *Les crimes et délits commis à l'étranger d'après quelques Codes récents* (*Journ. des Parq.*, 1906, 1, p. 217).

que, dans toute l'étendue du territoire, où s'exerce cette souveraineté, aux *Français*, comme aux *étrangers* : « Les lois de police et de sûreté *obligent tous ceux qui habitent le territoire* », ou plutôt tous ceux qui se trouvent sur le territoire (C. civ., art. 3). Ce n'est pas en effet par une sorte d'acceptation de la souveraineté que l'étranger est soumis à la loi française : cette application de l'idée du « contrat seul » à la question doit être écartée. La souveraineté nationale s'impose à tous ceux qui se trouvent en France, de même qu'elle les protège. L'empire territorial de la loi pénale est donc une condition de la sauvegarde de l'ordre public dans un pays.

Ainsi, la loi pénale s'applique à tout le territoire français. Elle saisit *tous les actes qui s'y commettent*, sans qu'il y ait à tenir compte de la nationalité des délinquants. Mais quelle est l'étendue du territoire au point de vue qui nous occupe ? Dans quels cas une infraction sera-t-elle considérée comme commise sur le territoire ? Quelles seront les conséquences de ce fait ?

Les difficultés qui peuvent surgir, au sujet de l'autorité territoriale de la loi pénale, se ramènent à l'examen de ces trois questions.

A. *Quelle est l'étendue du territoire ?* — La notion juridique du territoire ne comprend pas seulement l'espace contenu dans les limites de l'État, mais aussi les autres lieux, où la *souveraineté* exerce son autorité, sa juridiction, c'est-à-dire : 1° la mer territoriale ; 2° les navires ; 3° les lieux occupés, en dehors des frontières, soit en temps de paix, soit en temps de guerre, par nos armées ; 4° les pays hors chrétienté, où les consuls ont juridiction en matière pénale.

I. On sait, que, malgré les prétentions contraires de certaines nations maritimes, s'il est un principe reconnu par le droit international, c'est celui de la *communauté* et, par conséquent, de la *liberté* de la mer. La mer est libre et commune à tous les peuples : 1° parce qu'il est impossible à aucun peuple de faire constamment acte de souveraineté sur elle ; 2° et que, par sa destination même, la mer est la grande route de communication entre les nations, route qui doit être toujours libre pour être toujours ouverte. Ce double motif nous explique les restrictions que reçoit le principe de la liberté des mers. Il est, en effet, une portion de la mer qui, suivant les usages internationaux, est soumise à la *souveraineté* et à la *juridiction* du pays riverain, dans la mesure jugée nécessaire pour l'exercice du droit de défense et du droit de punir. Cette portion de la mer, comprise entre la ligne des côtes et une ligne fictive tracée à une certaine distance parallèlement aux côtes, porte le nom de *mer territoriale*. Elle s'étend aussi loin que la mer peut être dominée par des moyens d'actions établis du rivage. La limite qui la sépare de la haute mer est donc déterminée par la portée extrême des armes à feu qui servent à la défense des côtes.

II. Mais la juridiction pénale de l'État riverain peut-elle s'exercer, à bord des navires étrangers, mouillés dans les ports ou dans les eaux de la mer territoriale? On sait que les navires sont traités comme une dépendance du territoire de la nation à laquelle ils appartiennent, ce qui a pour conséquence de placer les passagers et les matelots sous la juridiction pénale de cette nation. Ce principe, qui est réciproque dans les rapports internationaux, ne s'applique qu'avec une distinction essentielle.

1° Le navire est-il en pleine mer? rien ne s'oppose, puisqu'il vogue sur la mer commune à tous, à ce qu'il soit réputé, par une sorte de fiction, faire partie intégrante du territoire de la nation dont il porte le pavillon[1]. C'est donc d'après la loi pénale de cette nation que les délits commis à bord seront réprimés, quelle que soit la nationalité des coupables.

2° Le navire est-il mouillé dans un port étranger ou dans les eaux de la mer territoriale? alors un conflit peut s'élever entre la souveraineté de la nation à laquelle appartient le navire, et la souveraineté de la nation sur le territoire de laquelle il se trouve. C'est le droit international qui règle ce conflit, par une distinction essentielle entre les *navires de guerre* et les *navires de commerce*. Les navires de guerre, « portant, dans leur sein, une partie de la puissance publique de l'État auquel ils appartiennent », ne peuvent être soumis à la souveraineté étrangère que s'ils font acte d'hostilité[2] : entre les nations, qui sont des égales, comme entre les individus, c'est le *droit de défense* et non le *droit de punir* qui existe[3]. Les navires de commerce, représentant, sans doute, une propriété privée, mais couverts par leur pavillon national, restent soumis à leur loi, quant à leur régime intérieur, mais relèvent du pays, dans les eaux duquel ils se trouvent,

[1] Principe constant : Cass., 23 févr. 1859 (S. 59. 1. 182); 29 févr. 1868 (S. 68. 1. 341); 11 févr. 1881 (S. 81. 1. 433).

[2] Si le capitaine du navire de guerre abuse de ses prérogatives, par exemple, pour protéger des révoltés, il fait acte d'hostilité. Affaire du *Carlo Alberto:* Cass., 7 sept. 1832 (S. 3. 12. 596).

[3] Comp., cependant, le réquisitoire du procureur général près la Cour de cassation rapporté avec l'arrêt du 28 févr. 1869 (S. 69. 1. 451). Cet arrêt décide, — ce qui n'est pas contestable, — que les tribunaux français sont compétents pour connaître des délits commis *à terre*, envers des Français, par les marins d'un bâtiment de guerre étranger se trouvant dans un port français. Mais cet arrêt paraît aller plus loin dans ces motifs; en quoi, il pourrait bien être dans l'erreur.

dans une mesure qui varie suivant les coutumes ou les lois de chaque pays. Tandis que l'Angleterre applique aujourd'hui, dans toute sa rigueur, le principe que la mer territoriale est une partie du territoire et que toute infraction qui y est commise relève de la juridiction anglaise[1], la France conserve seulement son droit de juridiction : 1° quand l'infraction a été commise, à bord, par une personne ou contre une personne ne faisant pas partie de l'équipage; 2° quand l'infraction, ayant été commise à bord, par une personne ou contre une personne faisant partie de l'équipage, la tranquillité du port en a été compromise; 3° quand le secours de l'autorité locale est réclamé[2]. En accordant, dans ces sages limites, l'*exterritorialité* aux navires étrangers, la France réclame des autres puissances la réciprocité en faveur des navires français.

III. Une armée expéditionnaire, dans un pays étranger, se trouve sur ce territoire pour affirmer sa nationalité et les volontés de l'État. Dans ces conditions, elle n'a pas à recourir à une justice étrangère pour juger les infractions qui s'y commettent. D'où il suit que le territoire, occupé, en dehors des frontières, soit en temps de paix, soit en temps de guerre, par l'armée française, est réputé, au point de vue de l'application de la loi pénale, territoire français. Une distinction doit, du reste, être faite entre deux hypothèses : 1° Lorsque l'armée française traverse ou occupe un pays neutre ou allié, du consentement du gouvernement de ce pays, la compétence des juridictions militaires françaises est restreinte aux militaires et aux personnes attachées à l'armée; 2° Mais, si l'occupation a lieu sur le pied de guerre, leur compétence s'étend, non seulement aux militaires et employés de l'armée, mais encore à tous les habitants, et les infractions qui se commettent sont jugées par application des lois pénales françaises[3].

[1] C'est une loi du 16 août 1878 qui règle, aujourd'hui, en Angleterre, « le jugement des délits commis en mer à une certaine distance des côtes des possessions de Sa Majesté ». Il est décidé, dans l'art. 2, que « une infraction (*offense*) commise par un individu, sujet ou non de Sa Majesté, tombe sous la juridiction de l'amiral, quand même elle aurait été commise à bord d'un navire étranger ou au moyen d'un navire étranger ». C'est un fait particulier, l'affaire du navire allemand *Franconia*, qui a été l'origine de cette loi (V. pour le texte : *Annuaire de législation étrangère*, 1879, p. 69, 73).

[2] Un avis du Conseil d'État, en date du 20 novembre 1807, a tracé les règles que nous venons de résumer. Elles ont passé dans l'ordonnance du 20 octobre 1833 *sur la marine marchande*. Comp., pour l'application de ces règles : Bordeaux, 31 janv. 1838 (S. 39. 2. 37); Cass., 25 févr. 1859 (S. 59. 1. 182), et le rapport de M. V. Foucher qui précède cet arrêt; Alger, 19 août 1873 (S. 74. 2. 282).

[3] Ces distinctions sont faites, soit par l'art. 13 d'une loi du 13 brumaire an V, soit par l'art. 63, C. just. milit, pour l'armée de terre, soit par un décret du 21 février 1808. Applications intéressantes dans les décisions suivantes : Cass., 19 janv.

IV. C'est un principe de droit public moderne que, sur le territoire d'un État, les autorités, relevant du gouvernement de cet État, ont seules le droit de commander et de juger. Cette sorte d'*exterritorialité*, si fréquente au moyen âge, en vertu de laquelle les consuls étrangers agissaient, au nom du gouvernement qu'ils représentaient, comme s'ils étaient sur le territoire de ce dernier, est donc repoussée par les lois modernes. Cependant le droit de *police* et le droit de *juridiction* sur les nationaux, qui étaient autrefois les attributs naturels des consuls à l'étranger, leur ont été maintenus dans certains pays, que l'on désigne sous le nom général de *pays hors chrétienté*. Ce sont les États ottomans, dans lesquels les étrangers en général, les Français en particulier, ont une situation exceptionnelle, réglée par de vieilles conventions, connues sous le nom de *capitulations ;* ce sont les pays de l'Extrême-Orient, récemment entrés en relations avec les peuples occidentaux, la Chine, le Siam, qui, par des dispositions formelles des traités de commerce, ont laissé les étrangers soumis à l'autorité et à la juridiction de leurs consuls nationaux [1]. Des différences profondes de mœurs, de religion, d'institutions commandaient cette exception au principe d'après lequel le Français à l'étranger est soumis à la loi territoriale, en même temps qu'il peut l'être, du reste, à sa loi personnelle.

Mais cette situation même soulève un double problème. Dans quelle mesure le droit de police et le droit de juridiction appartiennent-ils aux consuls français dans les pays hors chrétienté ? Comment les consuls exercent-ils ces droits ?

Pour résoudre la première question, il faut étudier les *actes internationaux* qui ont établi cette situation, déterminer l'étendue des concessions faites par le souverain territorial, les modifications que parfois y apporte l'usage.

Pour résoudre la seconde, il suffit d'étudier la législation nationale. En effet, par cela même qu'un souverain renonce au droit de juger les Français qui se trouvent sur son territoire, il laisse au législateur français la faculté de déterminer la *juridiction*, la *pénalité* et la *procédure* qui seront applicables aux infractions commises par ces Français. Le

1865 (S. 65. 1. 63) ; 23 juin 1865 (S. 65. 1. 428) ; 24 août 1865 (S. 65. 1. 466) ; et les notes sous ces divers arrêts. Nous ne pouvons nous occuper, du reste, dans un ouvrage élémentaire, de l'application de la loi pénale française, soit dans nos colonies, soit dans les pays de protectorat.

[1] Une limitation a été apportée à cette protection spéciale des Français par la création des tribunaux mixtes d'Égypte. L'adhésion du gouvernement français à cette réforme, d'abord accordée par une loi des 17 à 25 décembre 1875, a été successivement renouvelée par des lois du 20 décembre 1882, 24 février 1889, 31 janvier 1894, 28 décembre 1905.

texte fondamental en cette matière est une loi du 28 mai 1836, *relative à la poursuite et au jugement des contraventions, délits et crimes commis par les Français dans les Échelles du Levant et de Barbarie*, loi successivement étendue aux autres pays où nos consuls ont le droit de juridiction[1]. D'après cette loi, les Français sont soumis à la loi pénale française et jugés par des juridictions françaises. Il semble même qu'ils doivent être considérés, par une sorte de fiction d'exterritorialité, comme ayant commis le fait qui leur est reproché sur le territoire français[2]. C'est au tribunal consulaire, composé d'ordinaire du consul et de deux assesseurs, choisis parmi les nationaux, qu'appartient la connaissance des délits et des contraventions. La Cour d'Aix est juge d'appel pour les tribunaux consulaires siégeant dans le Levant. En outre, pour les affaires criminelles proprement dites, il n'est procédé, par les consuls, en Orient, qu'à des mesures d'instruction. La chambre des mises en accusation de la Cour d'Aix statue, comme dans les cas ordinaires. S'il y a mise en accusation, la chambre des appels de police correctionnelle et la première chambre réunies de la Cour statuent, sans assistance du jury (art. 64). Enfin, la Cour de Saïgon a les mêmes fonctions que la Cour d'Aix, en ce qui concerne les juridictions consulaires de la Chine et du Siam.

B. *Quand une infraction est-elle commise sur le territoire?* — L'application de la loi pénale territoriale est *objective;* elle saisit les actes délictueux sans se préoccuper de la nationalité du délinquant. Mais il n'est pas nécessaire, pour faire réputer l'infraction commise sur le territoire français, qu'elle y ait été commencée et entièrement terminée. Sans doute, des actes préparatoires, accomplis en France, ne seraient pas suffisants pour justifier la juridiction territoriale de l'État, mais tout fait, constituant un *acte d'exécution*, soit qu'il *commence*, soit qu'il *consomme*, soit même qu'il *continue* cette exécution, fait réputer l'infraction commise en France. En effet, pour déterminer le *lieu* où un délit a été commis, il faut considérer les faits qui le *constituent*, sans se préoccuper des actes simplement préparatoires et des conséquences qui, sans doute, peuvent former les délits spéciaux, mais n'entrent pas dans la composition même de l'infraction[3].

1 En Chine et dans les États de l'Iman de Mascate (L. 8 juillet 1852, art. 1, 2 et 3); en Perse et dans le Siam (L. 18 mai 1848, art. 1 et 2). Le Siam a perdu, du reste, son autonomie.

2 *Sic*, Cass., 5 janv. 1885 (S. 85. 1. 517). Voy. également au point de vue de l'extradition, Cass., 1er déc. 1887 (S. 88. 1. 189).

3 Comp. : Cass., 1871 (S. 72. 1. 255); 11 mars 1880 (S. 81. 1. 329); 2 août 1883 (S. 85. 1. 509). Voy. l'art. 334 du Code pénal, dernier alinéa ajouté par la loi du 3 avril 1903.

La détermination du lieu du délit peut présenter des difficultés, surtout dans deux ordres d'hypothèses : 1° Pour les délits *continus*, dans lesquels la violation du droit ne s'épuise pas en un instant, délits qui peuvent être commencés sur le territoire étranger et continués sur le territoire français : l'infraction sera considérée comme exécutée sur le territoire, seulement pour la série des actes qui s'y sont passés en réalité ; 2° Pour les délits d'*habitude*, qui exigent la répétition des mêmes actes pour être punissables : lorsque les faits constitutifs de ces délits sont accomplis, partie sur notre territoire, partie à l'étranger, les tribunaux français ne peuvent, en principe, tenir compte que des derniers.

C. *Quelles sont les conséquences de la territorialité de la loi pénale ?* — Le principe, en vertu duquel les lois pénales *obligent tous ceux qui habitent le territoire*, donne naissance à plusieurs corollaires : *a*) Il ne doit y avoir, sur le territoire, aucun lieu où la force de la loi pénale ne puisse se faire sentir, et il faut regarder comme une erreur des législations passées ce privilège d'immunité locale, appelé le *droit d'asile*, qu'il s'agisse de l'asile religieux, ou de l'asile international. *b*) Quiconque a enfreint la loi pénale, *sur le territoire français*, est punissable en France. La loi française saisit donc tous les auteurs, tous les complices [1] d'une infraction *exécutée en France*, quelle que

[1] Quand une infraction a été commise, avec le concours de plusieurs personnes, le juge du territoire où le fait principal, l'acte constitutif du crime ou du délit a été exécuté, est-il compétent pour connaître de tous les actes de participation, même de ceux qui ont été commis à l'étranger ? Ainsi, un Anglais, habitant Londres, donne à un Français des instructions pour commettre un empoisonnement ou un faux ; l'empoisonnement ou le faux est commis en France : cet Anglais peut-il être poursuivi, en France, comme complice ? Les divers actes de participation, formant un *tout indivisible*, un *seul et unique délit*, *commis sur le territoire*, tous ceux qui y ont participé peuvent être poursuivis devant les tribunaux français, même pour les actes qui ont lieu à l'étranger, pourvu qu'ils soient trouvés en France. *Sic*, Cass., 19 avr. 1888 (D. 88. 1. 284) ; 13 mars 1891 (D. 92. 1. 76) ; 17 févr. 1893 (D. 94. 1. 32). Mais l'étranger, coauteur ou complice d'un crime, *commis, hors du territoire de la France, par un Français*, ne peut pas être poursuivi en France. La loi française, en effet, ne s'applique, en principe, aux étrangers que si le crime est commis en France. Je reconnais, du reste, ce que cette solution a de fâcheux et de contradictoire. Le *complice français* sera poursuivi en France et l'*auteur étranger* ne pourra l'être ! C'est la conséquence de la théorie de la complicité délit-unique. Aussi la loi belge du 17 avril 1878, contenant le titre préliminaire du Code de procédure pénale (*Annuaire de législation étrangère*, 1879, p. 543 et suiv.), décide-t-elle expressément, dans l'art. 11, que l'étranger, *coauteur ou complice d'un crime commis hors du territoire du royaume, pourra être poursuivi en Belgique, conjointement avec le Belge inculpé ou après une condamnation de celui-ci*. Comp. Haus, t. Ier, n° 241 ; Goddyn et Mahiels, *op. cit.*, p. 39. *Nec obstat* l'art. 7, C. instr. crim. Mais en l'absence d'une disposition semblable, la loi française me paraît désarmée.

soit leur nationalité ou leur résidence[1], et quel que soit la nationalité de la victime ou le lieu de sa résidence. Les infractions commises en France, contre des étrangers qui habitent, ou se trouvent de passage en France, relèvent de la juridiction pénale française, comme en relèvent les infractions commises, sur notre territoire, soit par des Français, soit par des étrangers, contre des étrangers habitant à l'étranger. *c*) L'infraction, commise sur notre territoire, soit par un Français, soit par un étranger, doit être poursuivie, jugée et punie conformément à la loi pénale française, qui ne distingue pas, du reste, quant aux formes de la poursuite et quant à l'application des peines, entre Français et étrangers[2]. La prescription à appliquer aux délits, commis sur notre territoire par un étranger, sera réglée par la loi française; la peine à prononcer sera la peine portée par la loi française, quand même la loi étrangère punirait moins sévèrement le fait, ou même ne le punirait pas du tout. L'étranger, qui aura commis en France une infraction, pourra, comme un Français, être poursuivi et jugé par défaut ou par contumace. *d*) On admettait, même généralement, avant la loi du 3 avril 1903, la compétence exclusive des tribunaux français pour juger, et on décidait que, si l'étranger avait été poursuivi et jugé, même contradictoirement, en pays étranger, pour un crime ou délit commis en France, il pouvait néanmoins être poursuivi et jugé en France à raison du même fait. Le droit de juridiction de l'État français, dérivant, dans ce cas, de sa souveraineté, était, disait-on, exclusif et indivisible. Mais cette solution a été condamnée par la loi du 3 avril 1903 qui, dans un dernier alinéa, ajouté à l'art. 7, C. instr. crim., décide que : « Aucune poursuite ne peut être dirigée contre un étranger pour crime ou délit commis en France, si l'inculpé justifie qu'il a été jugé définitivement à l'étranger, et, en cas de condamnation, qu'il a subi ou prescrit sa peine ou obtenu sa grâce ».

56. SUR LE TERRITOIRE, LA LOI PÉNALE PEUT ATTEINDRE TOUTES

[1] Peut-on poursuivre et punir en France une infraction commise en France par un résident en pays étranger, au préjudice d'un autre individu qui se trouve en pays étranger? par exemple, l'usage fait sciemment en France d'une pièce fausse (C. pén., art. 148 et 151) par un étranger absent, dans un procès qu'il soutient contre un autre étranger absent? L'ordre public français ayant été troublé, *puisque le délit a été commis sur le territoire*, l'auteur de ce trouble peut être poursuivi en France et condamné, même par contumace.

[2] En Angleterre, l'étranger pouvait réclamer un jury composé mi-partie d'Anglais, mi-partie d'étrangers jusqu'à l'act du 12 mai 1870, dont l'art. 5 dit que l'étranger sera jugé dans les mêmes formes que le citoyen britannique (*Annuaire*, 70, p. 7).

PERSONNES. — Quiconque a enfreint, sur notre territoire, la loi pénale française, doit subir les peines portées par cette loi et peut être poursuivi et jugé suivant les formes et par les juridictions qu'elle organise. Ce principe de l'*égalité de tous devant la loi,* qui résulte du caractère *général* et *commun* du précepte pénal, reçoit des exceptions, qui dérivent, soit du *droit intérieur*, soit du *droit international* : quelques personnes ne sont pas pénalement responsables des infractions ou de certaines infractions qu'elles pourraient commettre; d'autres, quoique responsables des délits commis sur notre territoire, échappent à la juridiction de nos tribunaux répressifs.

I. L'*irresponsabilité pénale* appartient, dans les pays monarchiques, au roi, duquel émane la justice. Cette irresponsabilité était écrite dans la Constitution de 1791 (art. 2), dans la Charte de 1814 (art. 13), et dans celle de 1830 (art. 12). Il en est autrement dans les pays républicains. Le chef de l'État n'est plus irresponsable ; mais sa responsabilité restreinte ne peut être mise en œuvre qu'à certaines conditions. En effet, l'indépendance du pouvoir exécutif, dans ses rapports avec l'autorité judiciaire, serait détruite, l'action du gouvernement se trouverait suspendue, si le chef de l'État devait être poursuivi et jugé, pour les délits politiques et communs qu'on lui reprocherait, comme tout autre citoyen. Aussi, le Président de la République, responsable seulement en cas de *haute trahison*, ne peut être *mis en accusation* que par la Chambre des députés et *jugé* que par le Sénat (L. 16 juill. 1875, art. 12).

Les *représentants*, dans les pays où le régime représentatif est organisé, ne peuvent être ni poursuivis ni recherchés à l'occasion des opinions et votes émis par eux dans l'exercice de leurs fonctions. Cette *immunité parlementaire* assure aux mandataires du peuple toute la sécurité et toute la liberté dont ils ont besoin pour l'accomplissement de leur mission; elle donne, du reste, une indépendance complète au pouvoir législatif dans ses rapports avec l'autorité judiciaire et l'autorité administrative, ces deux branches du pouvoir exécutif. Cette immunité, reconnue par l'Assemblée constituante, sur la motion de Mirabeau, dans la séance du 23 juin 1789, a passé dans les différentes constitutions; elle est aujourd'hui consacrée par l'art. 13 de la loi constitutionnelle du 16 juillet 1875. Il en résulte que les opinions et votes des députés, non seulement ne peuvent donner lieu à une action publique, mais ne peuvent motiver une action en dommages-intérêts, quand même ils seraient étrangers à l'objet des délibérations de la Chambre dont l'orateur fait partie, et quand même ils auraient été émis en séance de commission et non en séance publique. Les écarts, qui se produisent dans les discussions, ne doivent être réprimés que par des mesures disciplinaires, autorisées par les règlements intérieurs des Assemblées législatives.

Une *immunité judiciaire* du même genre couvre les délits de la parole, diffamation, injure, outrage, commis par les plaideurs ou leurs hommes d'affaires, dans les écrits produits ou les discours prononcés devant les tribunaux (L. 29 juill. 1881, art. 41).

II. D'après le droit international, les envoyés de puissances étrangères, compris sous la qualification d'*agents diplomatiques*, doivent être soustraits à la juridiction, soit civile, soit pénale, du pays dans lequel ils exercent leurs fonctions : toute réclamation élevée contre eux doit être portée devant les tribunaux de leur pays. Le projet de titre préliminaire du Code civil s'en expliquait formellement, en ces termes : « Les étrangers revêtus d'un caractère représentatif de leur nation, en qualité d'ambassadeurs, de ministres, d'envoyés, ou quelque autre dénomination que ce soit, ne seront point traduits ni en matière civile, ni en matière criminelle, devant les tribunaux de France. Il en sera de même des étrangers qui composent leur famille ou qui sont de leur suite ». Cette disposition a été supprimée, non pour en méconnaître le principe qui n'est pas contesté, mais parce qu'elle appartenait au droit des gens plutôt qu'au droit civil. En matière pénale, l'immunité de juridiction aboutit à une inviolabilité complète au regard de la loi territoriale : elle se justifie par une double considération : 1° L'agent diplomatique représente, tant qu'il n'est pas désavoué, vis-à-vis du gouvernement auprès duquel il est accrédité, la nation qui l'envoie; or, de nation à nation, existe le droit de défense et non le droit de punir; 2° l'indépendance de l'agent diplomatique est nécessaire pour lui assurer la liberté de ses fonctions; si cet agent était justiciable des tribunaux français, l'autorité pourrait, sous prétexte d'un délit, soit le poursuivre ou l'arrêter, soit ordonner des visites domiciliaires dans son hôtel; et la possibilité seule de pareilles recherches mettrait obstacle à toute mission diplomatique.

Les motifs qui justifient l'immunité de juridiction en déterminent l'étendue.

a) Elle est *absolue*, quelle que soit l'infraction, sans distinction entre les *délits de droit commun* et les *délits contre l'État*. Une opinion assez accréditée, qui a été développée dans un mémoire célèbre du duc d'Aiguillon, ministre des Affaires étrangères sous Louis XV, tend à soutenir que la juridiction territoriale est compétente pour connaître des attentats dirigés par l'agent diplomatique contre la sûreté de l'État dans lequel il exerce ses fonctions. Mais cette opinion est fausse dans son point de départ, et dangereuse dans ses conséquences.

b) L'immunité est accordée à toutes les personnes revêtues d'un caractère *représentatif*, à tous les agents, quelle que soit leur dénomination : ambassadeurs, envoyés extraordinaires, nonces, chargés d'affaires, secrétaires d'ambassades, ministres plénipotentiaires, attachés à la mission diplomatique avec un *caractère officiel.*

c) L'immunité ne s'étend pas aux individus de la suite de l'agent diplomatique, quelle que soit leur nationalité, s'ils n'ont aucune mission du gouvernement que celui-ci représente et sont attachés à sa personne par sa propre volonté. Toutefois, les *usages internationaux* font participer au privilège de l'agent diplomatique les *personnes de sa famille*; ils ne permettent pas non plus de poursuivre les *gens de sa maison* sans son assentiment préalable.

d) L'immunité de l'agent diplomatique, vis-à-vis de la justice française, a pour corollaire nécessaire l'*inviolabilité de son hôtel et de ses bagages*. Les autorités françaises ne doivent pénétrer dans l'hôtel qu'il habite qu'avec son agrément, même dans le cas où la loi permet de pénétrer dans le domicile des citoyens contre leur volonté. Est-ce à dire que l'hôtel de l'ambassadeur soit considéré, par suite d'une fiction d'*exterritorialité*, comme faisant partie du territoire du pays que celui-ci représente? Cette fiction, que semblent admettre quelques jurisconsultes, présente l'inconvénient de donner à l'inviolabilité à laquelle l'hôtel de l'ambassadeur participe, ainsi que sa personne ellemême, des conséquences qui n'en découlent pas. Si cette fiction était exacte, il faudrait, en effet, décider : 1° que l'hôtel de l'ambassadeur étant terre étrangère, les infractions commises dans cet hôtel, quelle que fût la nationalité du coupable, seraient réputées commises en pays étranger; 2° que les auteurs ou les complices de ces infractions ne pourraient être poursuivis en France que dans les mêmes cas et dans les mêmes conditions que les auteurs des infractions commises en pays étranger; 3° que les prévenus ou condamnés qui s'y réfugieraient n'en pourraient être enlevés que par une demande d'extradition régulière. Ces trois conséquences sont inadmissibles : aucune d'elles n'est imposée par le respect dû à l'inviolabilité de l'ambassadeur ou des choses nécessaires à ses fonctions.

Dans les usages internationaux, on accorde l'immunité de juridiction aux chefs d'État étrangers, pendant leur séjour en France, quel que soit le but dans lequel ils s'y trouvent. Toutefois ce privilège est subordonné à une double condition : 1° il faut qu'il s'agisse d'un chef d'État régnant ou gouvernant; 2° et que ce chef d'État ait avisé de son séjour le gouvernement français.

57. A QUELLES CONDITIONS UNE INFRACTION COMMISE A L'ÉTRANGER

EST PUNISSABLE EN FRANCE. — La loi pénale française peut-elle atteindre des infractions commises en pays étranger? Il ne faut pas confondre l'*autorité de la loi* avec son *droit* d'*exécution*. Or, s'il ne peut être question, pour l'État français, de faire, *à l'étranger*, acte de souveraineté, de punir, *à l'étranger*, en vertu de ses lois, un acte commis, soit par un Français, soit par un étranger, on conçoit qu'un fait, qualifié infraction par la loi française, étant commis à l'étranger, il puisse être question de le poursuivre, *en France*, lorsque son auteur se trouve, d'une manière ou d'une autre, sur le territoire français. De ce que la loi d'un peuple est renfermée, au point de vue de son action coercitive, dans les limites d'un territoire, il n'en résulte nullement, en effet, qu'elle ne puisse atteindre, *sur ce même territoire*, les infractions commises partout ailleurs. Or, si la territorialité des lois pénales est fondée sur le principe de la *souveraineté*, ce même principe conduit à cette conséquence que toutes les fois que l'État aura *intérêt* à punir, sur son territoire, pour sauvegarder l'ordre social, une infraction commise en pays étranger, il pourra le faire, soit pour protéger sa propre existence, soit pour protéger ses nationaux. Cet intérêt paraît se rencontrer : 1° quand il s'agit d'une infraction offensant *directement* la sécurité de la nation ou son crédit ; 2° et quand il s'agit d'une infraction grave commise *contre* un national ou *par* un national. A raison soit de la *nature du fait*, soit de la *nationalité de l'agent*, soit de la *nationalité de la victime*, l'État français devrait pouvoir punir les infractions commises en pays étranger, parce que le châtiment serait certainement *utile* pour la conservation de l'ordre public français.

La question, dans notre ancien droit, avait peu d'intérêt, à raison des difficultés de communications. Il semble cependant qu'on ait donné à la loi pénale le caractère d'une *loi personnelle* qui suivait le Français partout où il lui plaisait de résider, de même que la loi qui règle son état et sa capacité. Mais les législateurs de la Révolution, pénétrés des idées du « contrat social », convaincus que, sont seuls punissables, en vertu des lois françaises, ceux-là seuls qui les ont acceptées, admettent que le Français, établi à l'étranger, a rompu le contrat et tendent à considérer la loi pénale comme purement territoriale. Le Code pénal de 1791 semble décider, par son silence sur la question, que la loi française ne s'applique pas aux infractions commises hors du territoire. Un décret du 3 septembre 1793 ordonne même la mise en liberté de tous les étrangers détenus, sur les galères de France, à raison de crimes commis à l'étranger. Mais déjà le Code des délits et des peines fait une brèche à ce système. Il déclare formellement (art. 11), que : « Tout Français qui s'est rendu coupable, hors du territoire de la République, d'un délit auquel les lois françaises infligent une peine afflictive ou infamante, est jugé et puni en France, lorsqu'il y est arrêté ». L'art. 12 décide, en outre, que les étrangers ne seront jugés et punis en France que pour certains crimes attentatoires à la sûreté et au crédit de l'État français. Mais pour les crimes d'une toute autre nature, l'art. 13 ajoute que « les étrangers qui sont prévenus de les avoir commis hors du territoire de la République, ne peuvent être jugés ni punis en France ». La question de savoir quelle législation on adopterait à cet égard fut nécessairement posée lors de la discussion du Code d'instruction criminelle de 1808, qui précéda celle du Code pénal. Ses rédacteurs, dans les art. 5, 6 et 7, acceptèrent le concept de la *territorialité* de la loi pénale, auquel ils n'apportèrent qu'un nombre restreint et exceptionnel de dérogations. Seules les infractions qualifiées *crimes*, commises en pays étranger, purent être poursuivies en France. Ces crimes étaient-ils attentatoires à la sûreté de l'État? ils pouvaient être poursuivis sans condition, qu'ils eussent pour auteur un Français ou un étranger. Étaient-ils attentatoires à la sûreté ou à la propriété des particuliers? pour que la poursuite fût possible en France, la loi exigeait la réunion de cinq conditions : il fallait : 1° que le crime eût pour auteur un Francais; 2° qu'il fût commis contre un Français; 3° que la partie lésée ou ses héritiers eussent porté plainte; 4° que le coupable fût de retour en France; 5° qu'il n'eût pas été poursuivi et jugé à l'étranger.

Cette législation ne faisait pas une part assez large aux moyens répressifs pour les infractions commises en pays étranger, et ses inconvénients se manifestaient surtout dans les départements frontières, où il est si facile, pour les étrangers ou les Français, de passer d'un pays dans l'autre. Du reste, elle n'était pas en rapport avec les autres législations européennes qui, presque toutes, punissaient les infractions graves commises par leurs nationaux en pays étranger[1]. Après des tentatives réitérées de réforme, dont la première date de 1842, et qui n'aboutirent pas, la loi actuelle du 27 juin 1866 a réglé la question[2].

Cette loi se compose de deux articles : l'art. 1er, modifiant les art. 5, 6 et 7 du C. d'instr. crim., a été substitué à ces textes; l'art. 2 reste en dehors de la codification.

Nous verrons qu'on a tenu compte, pour déterminer le cercle d'application de la loi pénale française, d'un double élément : 1° l'*objet* du délit; 2° la *nationalité* du délinquant.

[1] Sur ces points : Ortolan, t. Ier, n. 916.

[2] Sur le projet de 1842, on peut consulter, par exemple, le rapport présenté par M. Ortolan, au nom de la Faculté de droit de Paris (*Revue de législation*, 1884, t. XXVIII, p. 200 et suiv.). Sur le projet de 1850, consultez : Valette, *Mélanges*, t. II, pp. 294-302.

A. *Des crimes commis en pays étranger.* — Une infraction, qualifiée *crime* par la loi *française*, c'est-à-dire punie par cette loi d'une peine afflictive ou infamante, est commise à l'étranger : l'auteur peut-il être poursuivi en France et à quelles conditions? Pour répondre à cette question, il faut distinguer, avec les art. 5 et 7, deux catégories de crimes.

I. Les crimes *attentatoires à la sûreté de l'État, ou de contrefaçon du sceau de l'État, de monnaies nationales ayant cours, de papiers nationaux, de billets de banque autorisés par la loi*, commis hors du territoire de la France, peuvent être poursuivis et jugés en France, d'après les dispositions des lois françaises, quelle que soit la *nationalité* des auteurs et des complices. D'une part, en effet, l'État français est directement intéressé à réprimer les infractions de cette espèce, car c'est contre lui que l'attentat est dirigé; et, d'autre part, il est contraint de punir lui-même de pareils faits, car ils sont indifférents à l'ordre public des autres nations. Mais il est nécessaire, à un double point de vue, de distinguer suivant que les auteurs ou complices de ces infractions sont de nationalité française ou étrangère : 1° Les étrangers, à la différence des Français, peuvent être poursuivis, en France, pour crimes attentatoires à la sûreté de l'État français, dans le cas seulement où ces crimes constitueraient des infractions aux règles du droit des gens. Ainsi, le fait d'avoir, hors du territoire, « pratiqué des machinations ou entretenu des intelligences avec les puissances étrangères ou leurs agents, pour les engager à commettre des hostilités ou à entreprendre la guerre contre la France », qui, aux termes de l'art. 76, C. pén., serait un crime de la part d'un Français, ne le serait pas toujours venant d'un étranger; 2° Si les faits, dont il s'agit dans l'art. 7, sont commis par un Français, celui-ci, avant son retour en France, peut être poursuivi et jugé par contumace (C. instr. cr., art. 5 *in fine*); tandis que, s'ils sont commis par un étranger, l'art. 7 exige, comme condition préalable de la poursuite, que cet étranger soit arrêté en France ou que le gouvernement français ait obtenu son extradition. Cette distinction nous semble peu justifiée. Puisque c'est la *nature* du fait qui motive la répression, la loi ne devrait pas tenir compte, quant aux conditions de la poursuite, de la *nationalité* du coupable.

II. Les autres crimes, punis par la loi française, ne peuvent être poursuivis et jugés en France, lorsqu'ils sont perpétrés hors du territoire de la France, que s'ils sont commis par un *Français*. La loi de 1866 a supprimé deux des conditions, auxquelles la législation précédente subordonnait la poursuite[1] : elle ne distingue plus, comme

[1] Sur cette loi, comp. Thézard (*Revue crit.*, 1886, t. XXVIII, p. 364); Bertauld (*Revue crit.*, t. XXXIX, p. 24).

le faisait le Code d'instruction criminelle, par une sorte d'égoïsme national mal compris, suivant que la victime du crime est ou non de nationalité française; elle ne subordonne plus l'action du ministère public à une plainte préalable de la partie lésée ou de ses héritiers, estimant, avec raison, qu'il serait au moins singulier qu'un pacte fait avec la victime ou ses héritiers pût désarmer la justice française et assurer l'impunité du crime. A ces deux points de vue, la loi de 1866 réalise un progrès sur la législation antérieure. Mais ne faudrait-il pas étendre l'action de la loi pénale française au cas où l'individu, coupable d'un crime commis en pays étranger, serait lui-même un étranger? L'intérêt que nous avons à punir des crimes, commis en pays étranger par des étrangers, est incontestable, lorsqu'ils l'ont été contre la personne ou les biens d'un *Français* : car la protection des lois françaises doit s'étendre sur nos nationaux partout où ils se trouvent. La loi de 1866 n'est cependant pas allée jusque-là. L'étranger, qui commet un crime, contre un de nos nationaux, à l'étranger, ne s'expose nullement à être poursuivi s'il rentre en France. Le gouvernement français a simplement le droit de l'*extrader*, si l'extradition est demandée, et, dans tous les cas, de l'*expulser* par simple mesure administrative. Nul doute cependant que le châtiment infligé ne dût produire une impression plus profonde que ne le ferait la simple expulsion ou la seule extradition du coupable. Du reste, l'étranger peut être poursuivi devant les tribunaux français pour réparation du préjudice qu'il a causé à un Français par un crime ou un délit commis en pays étranger. Mais l'action a le caractère d'une action en dommages-intérêts ordinaire, intentée et poursuivie devant la juridiction civile.

B. *Des délits commis en pays étranger.* — Les délits commis en pays étranger ne sont jamais punissables en France, quand l'auteur est un *étranger;* ils peuvent l'être quand l'auteur est un *Français* : car, aux termes de l'art. 5, § 2 : *Tout Français, qui, hors du territoire de la France, s'est rendu coupable d'un fait qualifié délit par la loi française, peut être poursuivi et jugé en France, si le fait est puni par la législation du pays où il a été commis.*

Cette disposition est *nouvelle* : car la législation antérieure à 1866 n'avait pas édicté de responsabilité pénale pour les délits commis en pays étranger ; elle est *générale* : en effet, il importe peu que la peine édictée par la loi française soit celle de l'emprisonnement ou celle de l'amende; que le délit soit dirigé contre un Français ou contre un étranger; qu'il ait ou non un caractère politique : le texte ne fait aucune distinction entre les délits, d'après leur gravité ou leur nature. Mais on exige, pour qu'un délit commis en pays étranger soit punissable en France, qu'il soit également puni par la législation du pays où il a été commis. Cette restriction est motivée par les considérations suivantes : 1° Ce fait qu'un délit prévu et puni par la loi française, est prévu et puni par la loi étrangère, prouve qu'il s'agit d'un de ces actes réprouvé par la morale universelle. Cette communauté de réprobation, qui est un signe de la gravité de l'infraction, motive la poursuite en France; 2° La justice veut que le Français, qui a échappé à une peine en pays étranger, pour une infraction qu'il a commise dans ce pays, n'échappe pas à la répression en rentrant en France; mais elle ne veut pas qu'il soit puni, parce qu'il rentre en France, alors que, s'il était resté en pays étranger, il aurait évité la répression; 3° Cette restriction doit amener une réduction notable dans la poursuite des délits spéciaux, politiques et de presse, des délits fiscaux et de police, etc. L'intérêt français se trouvant seul engagé à la répression de la plupart de ces délits, ils ne seront pas punissables en pays étranger; et ils ne le seront pas non plus en France, lorsqu'ils auront été commis hors de notre territoire.

C'est au ministère public, qui poursuit, en France, un délit commis en pays étranger, à faire la preuve que ce délit est puni par la loi étrangère : *onus probandi incumbit ei qui agit*. Il doit démontrer qu'il y a, entre la législation pénale française et la législation du pays où le fait a été commis, *identité quant à l'incrimination;* il n'est pas nécessaire qu'il y ait identité *quant à la peine*. — Il faut, en effet, que les deux législations prévoient et punissent le même *fait*, un fait identique et non similaire. C'est ce qui résulte du texte de l'art. 5, § 2, et de la discussion à laquelle il a donné lieu[1]. — Mais il n'est pas nécessaire qu'il y ait, entre les deux législations, *identité* ni même *analogie* dans la peine dont elles le frappent : il suffit, en effet, que l'infraction, punie en France d'une peine correctionnelle, soit *punie* par la législation étrangère. Mais il importe peu que le fait soit puni d'une peine criminelle, correctionnelle ou de police : la condition est remplie, quand le *même fait est puni par la loi étrangère*[2].

[1] Ainsi, en matière de presse, il est nécessaire, que la loi étrangère prévoie et punisse, non pas généralement les délits de presse qui s'attaquent au gouvernement, mais les délits de presse dirigés contre les gouvernements étrangers. Ce point fut affirmé dans la discussion (Discours de M. Mège, membre de la commission, séance du Corps législatif du 21 mai 1866).

[2] Peu importe, du reste, que le fait ne puisse plus être puni à l'étranger, par suite d'une *amnistie*, promulguée, avant tout jugement, par la souveraineté étrangère ; ou d'une *prescription*, qui serait acquise aux termes de la loi étrangère ; l'art. 5 n'exige qu'une chose : que le fait soit puni *par la loi étrangère*, et non qu'il *puisse être encore puni à l'étranger*.

L'art. 5, § 4, apporte aux règles de l'action publique, en ce qui concerne les délits commis en pays étranger *contre un particulier*, français ou étranger, deux exceptions : 1° En règle générale, la victime d'un *délit* peut citer directement l'auteur de ce délit devant le tribunal correctionnel qui se trouve ainsi saisi de l'action en répression et de l'action en réparation : il en est autrement en cas de délit commis en pays étranger. *La poursuite ne peut être intentée qu'à la requête du ministère public* ; 2° Le droit même du ministère public est subordonné à une *plainte préalable de la partie lésée ou à une dénonciation officielle du pays où le délit a été commis*, tandis que, s'il s'agit d'un délit commis en France, le ministère public a le droit d'intenter l'action de son propre mouvement, sans avoir besoin d'être provoqué. La loi, en exigeant le *concours*, dans la poursuite des délits commis en pays étranger contre les particuliers, du *ministère public* et de la *partie lésée*, a voulu laisser au magistrat la mission d'apprécier la gravité du délit et les difficultés de la procédure, tout en lui enlevant le droit de poursuivre quand l'ordre public français paraît désintéressé en raison même du silence de la victime[1].

C. *Des contraventions et délits spéciaux commis à l'étranger.* — L'art. 2 de la loi de 1866 autorise enfin la poursuite en France des « délits et contraventions » en matière forestière, rurale, de pêche, de douane et de contributions indirectes, commis par un Français sur le territoire étranger.

Cette disposition n'a qu'un but : permettre à la loi française de protéger les intérêts de police et les intérêts fiscaux d'un pays voisin, à la charge, par ce pays, de protéger les nôtres[2]. Le caractère anormal de cette disposition nous indique qu'il faut la restreindre dans les termes mêmes où le législateur l'édicte. *a*) Ce sont les seules contraventions énumérées dans le texte, dont le caractère est essentiellement limitatif, qui peuvent donner lieu à une poursuite en France. *b*) Les infractions dont il s'agit doivent avoir été commises dans un pays *limitrophe* de la France : la Suisse, l'Italie, l'Allemagne, l'Espagne. Il est même évident que les mots « États limitrophes » dépassent la

[1] Le concours du ministère public et de la partie civile étant nécessaire, la poursuite ne peut avoir lieu par citation directe de la partie civile. C'est une dérogation à l'art. 162 du C. d'instr. cr. Voy. Cass., 15 juin 1893 (S. 93. 1. 396; D. 95. 1. 406).

[2] Le Code pénal allemand pose une règle plus générale. Aux termes de l'art. 6 : « Les contraventions commises en pays étranger ne peuvent être punies que dans les cas où il existerait à cet égard des lois spéciales ou des traités ». Disposition analogue, dans le projet de Code pénal autrichien (art. 5). Comp. également : Code pénal luxembourgeois (art. 3); Loi belge du 7 avril 1878 (art. 9).

pensée de la loi qui n'a entendu punir, en France, les infractions énumérées dans le texte, que lorsqu'elles sont commises dans le *rayon frontière* des États limitrophes. Il ne viendrait par exemple, à l'esprit de personne de permettre la poursuite en France d'un délit forestier commis dans les Apennins. *c*) La loi française exige enfin que l'État limitrophe punisse les mêmes infractions lorsqu'elles sont commises en France, et la réciprocité, entre les deux nations, doit être *légalement* et *publiquement* constatée.

D. *Des règles communes à la poursuite des infractions commises en pays étranger.* — Les règles communes aux infractions commises en pays étranger sont au nombre de quatre.

I. Les crimes, délits ou contraventions, commis en pays étranger, sont poursuivis et jugés en France d'après les dispositions des lois françaises et non d'après celles des lois étrangères, quelle que soit la nationalité du coupable. Dans quelques législations, au contraire, les tribunaux doivent prononcer la peine la plus douce, édictée par les deux lois, et régler le conflit entre la loi nationale et la loi étrangère comme on règle le conflit entre une loi ancienne et une loi nouvelle. Tel n'est pas notre système de législation. De sorte que les tribunaux français n'ont jamais à appliquer, en France, les lois pénales étrangères, quelle que soit la *nationalité* du coupable, et quelle que soit le *lieu* du délit.

II. Le Français ou l'étranger ne peut être poursuivi, en France, à raison d'une infraction commise en pays étranger, *s'il a été jugé définitivement à l'étranger.* — Cette règle avait été édictée par la loi de 1866, dans l'art. 5, § 3, qui s'occupe des conditions de la poursuite, en France, d'un *Français*, qui a commis un crime ou un délit en pays étranger. Elle a été généralisée et complétée par une loi du 3 avril 1903 : *généralisée*, en ce sens qu'elle a été rendue applicable à l'étranger qui commet un crime ou un délit en France, par un alinéa ajouté à l'art. 7; *complétée*, en ce sens que, non seulement, il faut, pour que la poursuite ne puisse avoir lieu en France, que le délinquant ait été jugé définitivement à l'étranger, mais, s'il a été condamné, qu'il ait subi ou prescrit sa peine, ou obtenu sa grâce (C. instr. cr., art. 5, § 3; art. 7, § 2).

a) Lorsque l'État français punit, en France, une infraction commise en pays étranger, ce fait même prouve que l'auteur de cette infraction a été soumis à l'empire de deux souverainetés, la souveraineté française et la souveraineté étrangère : en restant à l'étranger, il était justiciable des tribunaux étrangers; en rentrant en France, il devenait justiciable des tribunaux français. Mais quelle est la juridiction la plus naturellement compétente? Celle du pays où l'infraction a été commise, puisque c'est là que l'infraction a produit le trouble social qui en légitime la répression. C'est donc, avant tout, pour respecter le principe de la *souveraineté territoriale* de l'État étranger, que la loi française ne permet pas à nos tribunaux de revenir sur ce qui a été définitivement jugé par les tribunaux étrangers. C'est également mais à un degré moindre, pour respecter le principe de justice *non bis idem*. La loi exige que l'auteur de l'infraction ait été *définitivement* jugé en pays étranger; il faut en conclure que les jugements, rendus à l'étranger, *par défaut* ou *par contumace*[1], ne sont considérés que comme de simples actes de poursuite, à la différence des jugements ou arrêts *contradictoires*, qui ont un caractère définitif.

b) Ainsi, les jugements rendus en pays étranger ont l'autorité de la chose jugée en ce qui concerne l'action publique intentée en France à raison du même fait, en ce sens qu'ils *épuisent* le droit de poursuite. Mais il ne faudrait pas aller plus loin, et conclure, soit de l'art. 5, soit de l'art. 7, que ces jugements sont *exécutoires* ou de nature à produire quelque autre effet, *direct* ou *indirect*, en France. Pas plus qu'aucune autre nation, la France n'admet l'exécution ou l'effet, sur son territoire, des jugements étrangers rendus en matière répressive et n'organise, pour ces jugements, une procédure d'*exequatur*[2].

Cette règle a de l'importance, si nous supposons que le jugement étranger prononce une *condamnation*. 1° Il en résultait d'abord que le Français, condamné en pays étranger, qui parvenait à se soustraire à l'exécution de la peine par sa fuite en France, jouissait, avec l'ancien texte de l'art. 5, d'une complète impunité : en effet, les autorités françaises n'ont aucune compétence pour faire exécuter les sentences pénales d'un tribunal étranger; elles ne peuvent pas non plus livrer le condamné à l'autorité étrangère, puisque l'extradition ne s'applique pas aux nationaux ; elles n'ont même pas, à raison de sa nationalité, la faculté de l'expulser par voie administrative. Le projet primitif de 1866, pour prévenir cette situation, exigeait, non seulement que le prévenu prouvât qu'il avait été définitivement jugé en pays étranger, mais, en cas de condamnation, qu'il avait *subi* ou *prescrit* sa peine. Nous regrettions, dans nos éditions précédentes, que cette restriction nécessaire eût disparu dans l'élaboration définitive de la loi de 1866. Une loi du 3 avril 1903, exige, en cas de condamnation à l'étranger, pour que l'action publique soit épuisée en France, que le

[1] Alors même que la loi étrangère admettrait que les jugements par défaut et par contumace peuvent devenir irrévocables, et que ces jugements le seraient effectivement devenus. Comp. Cass., 19 févr. 1904 (S. 1906. 1. 252; D. 1907. 1. 52).

[2] Comp. sur tous ces points, mon *Traité*, 2e éd., t. 1er, nos 171 à 177.

condamné ait subi ou prescrit sa peine, ou obtenu sa grâce. C'est l'ancien projet, plus complet, qui se trouve réalisé[1]. 2° Il résulte encore du principe d'après lequel les jugements étrangers, rendus en matière répressive, ne sont pas exécutoires en France, que les incapacités, dont les étrangers sont frappés, par suite de ces jugements, ne peuvent produire aucun effet civil en France. Vainement, dirait-on, que ces incapacités modifient l'état et la condition de l'étranger, et que l'étranger, qui se trouve en France, est régi par les lois de son pays, quant à son état et à sa condition (C. civ., art. 3), car ces incapacités ne sont que l'accessoire de la peine principale ou du jugement qui la prononce, et elles ne peuvent, pas plus que la peine ou le jugement même, produire d'effets hors du territoire de la souveraineté dont elles émanent. 3° Il faut également en conclure qu'une condamnation, prononcée par un tribunal étranger, ne pourrait servir de base à l'application, en France, des règles de la récidive. 4° Enfin, ce principe permet de résoudre la difficile question de savoir quelle est l'influence du jugement rendu en pays étranger sur les droits du Français, victime d'un délit. Cette question se pose dans deux ordres d'hypothèses, puisque l'action civile peut être intentée, au choix de la partie lésée, soit devant les tribunaux étrangers, soit devant les tribunaux français. Dans le premier cas, les jugements étrangers qui prononcent des condamnations civiles, au profit de la victime du crime ou du délit, doivent, aux termes des art. 2133, C. civ. et 546, C. proc., être déclarés *exécutoires*, par un tribunal français, pour produire leur effet en France. Dans le second cas, c'est-à-dire dans celui où la victime de l'infraction saisit d'une demande en dommages-intérêts la juridiction française, le jugement étranger sur l'action publique, acquittant ou condamnant le prévenu, ne peut avoir, dans la cause civile, d'autre valeur que celle d'un renseignement. A défaut d'un texte spécial, il résulte, en effet, du principe général, qui refuse tout effet, en France, à un jugement étranger, que ce jugement, qui a force de chose jugée, en France, au point de vue de l'action publique, ne peut exercer, sur l'action civile, née du même fait, l'influence nécessaire et forcée qu'exercerait un jugement rendu par un tribunal français.

III. Le Français, sauf quand il a commis un des crimes attentatoires à la sûreté de l'État français ou à son crédit (C. instr. cr., art. 5, § 5), ne peut être poursuivi, pour crime ou délit perpétré à l'étranger,

[1] Cette disposition, aggravant la situation du délinquant, n'a pas d'effet rétroactif : Cass., 9 nov. 1905 (*Gaz. Pal.*, n° 5 janv. 1906). Elle ne règle pas une question de compétence, mais une condition de la poursuite.

avant son retour en France[1]. En effet, c'est la présence du criminel dans le lieu où il s'est refugié, qui, par l'inquiétude et l'alarme qu'elle cause, justifie la poursuite en France. Le retour de l'inculpé devient donc une condition essentielle de l'application de la loi pénale française aux *crimes* et *délits* comme aux *contraventions*, commis à l'étranger. D'où il suit qu'une poursuite, *commencée par contumace* ou *par défaut*, serait irrégulière. Mais il ne pourrait dépendre du prévenu d'enrayer la poursuite, régulièrement commencée, en quittant le pays, soit que, en raison de la nature du délit, il n'ait pas été arrêté préventivement, soit qu'après son arrestation, il soit parvenu à s'évader. Au jour du jugement, la justice prononcera, même en l'absence du prévenu, et la sentence, rendue par contumace ou par défaut, sera tout aussi régulière que si le débat avait été contradictoire[2].

Les expressions, dont se sert la loi, semblent indiquer que la *seule présence* du malfaiteur sur le territoire français ne suffirait pas à autoriser des poursuites contre lui, si cette présence n'était pas *volontaire*, en un mot, si l'inculpé n'était pas de « retour » en France. Ainsi interprété, le texte conduit à une double conséquence : 1° l'extradition ne pourrait être demandée, par le gouvernement français, du chef d'un de ses nationaux, qui aurait commis à l'étranger un crime ou un délit punissable en France, et qui se serait réfugié sur le territoire d'une puissance tierce ; 2° la poursuite ne devrait pas être intentée, si le malfaiteur se trouvait sur le territoire français par cas de force majeure, indépendant de sa volonté, par exemple, à la suite d'un naufrage. Mais ces deux conséquences sont l'une et l'autre contestées[3].

IV. Lorsqu'un *crime* ou un *délit* est commis en France, trois juridictions peuvent se trouver compétentes, *ratione loci*, pour le juger : celle du lieu où habite l'inculpé, celle du lieu où il est arrêté, celle du lieu où l'infraction a été commise. Les juridictions, *régulièrement* compétentes, en cas d'infractions commises en pays étranger, sont nécessairement réduites à deux ; mais comme le tribunal du lieu où l'inculpé a été arrêté et celui du lieu où il réside peuvent être éloignés

[1] La condition du retour dans la patrie n'est exigée ni par le Code pénal hongrois ni par le Code pénal allemand, ni par le Code pénal hollandais, ni par le projet de Code pénal autrichien. Mais, au contraire, la loi belge du 17 avril 1878 (art. 12), ne permet de poursuivre le Belge que s'il se trouve en Belgique.

[2] Comp. dans ce sens : Paris, 18 juin 1870 (S. 71. 2. 66) ; Goddyn et Mahiels, *op. cit.*, p. 43.

[3] Comp. : Cass., 6 févr. 1857 (S. 57. 1. 220) ; Aix, 28 avr. 1868 (S. 68. 2. 302) ; Faustin Hélie, t. II, n° 679. Arrêté des consuls du 18 frimaire an VIII, en faveur des naufragés de Calais (S. *Lois annotées*, t. Ier, p. 516).

de la frontière du pays où le délit a été commis, et que cet éloignement est de nature à compliquer la procédure et à rendre difficile l'administration des preuves, la Cour de cassation peut, aux termes de l'art. 6, sur la demande du ministère public ou des parties, renvoyer la connaissance de l'affaire devant une cour ou un tribunal plus voisin du lieu du crime ou du délit.

§ VII. — DE L'EXTRADITION[1].

58. Des commissions rogatoires et de l'extradition. — 59. Notions générales sur l'extradition. Son caractère international. Loi intérieure sur l'extradition. — 60. Fondement de l'extradition. — 61. Rôle du gouvernement auquel l'extradition est demandée. — 62. Conditions de l'extradition, relatives aux faits et aux personnes qui en sont passibles. — 63. De la procédure d'extradition. — 64. Des effets de l'extradition.

58. Procédés pour étendre l'action répressive. Commissions rogatoires. Extradition. — La souveraineté expire à la frontière : mais il est deux institutions, destinées à étendre, dans les rapports internationaux, l'action de la justice pénale; elles dérivent de l'assistance réciproque que se doivent les nations dans la répression des faits punissables : ce sont les *commissions rogatoires* et l'*extradition*[2].

[1] Bibliographie : Billot, *Traité de l'extradition*, 1874; Paul Bernard, *Traité théorique et pratique de l'extradition* (2e édit., revue par Weiss et L. Lucas, 1890); Bomboy et Gilbrin, *Traité pratique de l'extradition*, 1886; Ducrocq, *Examen doctrinal de la jurisprudence en matière d'extradition* (*Revue crit.*, t. XXIX, p. 481 et t. XXX, p. 1); Villefort, *Des traités d'extradition de la France avec les pays étrangers*, Paris, 1851; Bonafos, *De l'extradition*, Lyon, 1866; Ludovic Beauchet, *Traité de l'extradition*, Paris, 1899; Blondel, *Monographie de l'extradition*, Paris, 1866; Brouchoud, *De l'extradition entre la France et l'Angleterre*, Lyon, 1866; de Vazelhes, *Etude sur l'extradition*, suivie du texte des traités franco-belge de 1874 et franco-anglais de 1843 et 1876, Paris, 1878; Renault, *Etude sur l'extradition, en Angleterre*, 1876. Aj., dans le *Bulletin de la Soc. de législ. comp.* : Étude par M. Desjardins, *sur les principes de l'extradition, en Angleterre*, t. VI, p. 126; Étude par M. L. Renault, *sur les travaux de la commission anglaise chargée d'examiner les questions relatives à l'extradition*, t. VIII, p. 175, p. 247. On trouvera, du reste, une bibliographie très complète des divers articles publiés dans les journaux et revues, en France et à l'étranger, sur cette question, dans la thèse de doctorat de M. Weiss, *Etudes sur les conditions de l'extradition*, Paris, 1880. *Adde*, L. Hot, *De quelques règles suivies par l'administration française en matière d'extradition* (*Clunet*, 1908, p. 71 à 85).

[2] Suivant les traités d'extradition conclus avec divers pays, les magistrats étrangers peuvent être saisis de commissions rogatoires émanées des autorités pénales françaises (juge d'instruction particulièrement). Ces commissions, envoyées au ministre de la justice, sont transmises, dûment légalisées, par l'intermédiaire du ministre des affaires étrangères et par voie diplomatique.

Nous ne nous occuperons pas des commissions rogatoires, dont l'étude ne rentre pas dans le programme de cet ouvrage, mais seulement de l'extradition.

L'extradition est l'acte par lequel l'État, sur le territoire duquel s'est réfugié un *condamné* ou un *accusé* d'un autre pays, le livre à l'État qui a compétence pour le juger ou le punir. On appelle *État requérant* celui qui demande l'extradition de son justiciable, et *pays de refuge* ou *État requis* celui à qui la demande d'extradition est adressée.

L'extradition rentre dans le droit international, puisqu'elle met en rapport deux États, à l'occasion d'une infraction, commise ordinairement sur le territoire de l'un, par un individu qui s'est refugié sur le territoire de l'autre. Aussi les règles qui la gouvernent n'ont rien d'absolu ni d'invariable. Elles résultent, soit des coutumes, soit des traités internationaux. Jusqu'ici, elles n'ont pas été codifiées en France. Cependant, il a été présenté au Sénat, au nom du gouvernement, à deux dates successives, le 2 mai 1878 [1], et le 7 décembre 1900 [2], des projets de loi sur l'extradition.

Ce serait une chose nouvelle, dans notre pays, qu'une loi sur l'extradition. L'Assemblée constituante, dans un décret du 19 février 1791, avait bien décidé « que le comité de constitution se réunirait incessamment au comité diplomatique pour proposer une loi sur l'extradition réciproque des prévenus de certains crimes entre la France et les autres nations de l'Europe ». Mais cette résolution était demeurée sans effet, et, jusqu'en 1878, aucun gouvernement n'avait fait honneur à cette lettre de change et essayé de régler *législativement* la matière de l'extradition. On pensait que l'extradition, étant toujours le résultat d'une *convention* entre puissances, rentrait dans les attributions du pouvoir exécutif; qu'elle intéressait, avant tout, les relations internationales sur lesquelles ce pouvoir est chargé de veiller, et on y voyait matière, bien plus à conventions diplomatiques, qu'à prescriptions législatives. Depuis 1871, il est vrai, de même que sous la République de 1848, nos assemblées législatives ne sont pas restées étrangères aux questions d'extradition; aujourd'hui, comme à cette époque, les traités *généraux* d'extradition, conclus par le gouvernement, ont été soumis aux Chambres, et des lois *spéciales* ont été rendues pour en autoriser la mise en exécution. Mais, sans examiner si la loi constitutionnelle du 16 juillet 1875 impose au gouvernement

[1] V. le *Journal officiel* du 16 mai 1878 (*Exposé des motifs*); des 16 et 17 janvier 1879 (*Rapport* de M. Bertauld); des 19, 23 et 28 mars 1879 (1re délibération du Sénat); des 4 et 5 avril 1879 (2e délibération).

[2] V. le *Journ. off.* du 27 janv. 1901 (Sénat, Annexe, n° 355). Étude sur ce projet dans *Journ. de droit int. privé*, 1901, p. 69.

l'obligation de soumettre aux Chambres les traités d'extradition, la décision du Parlement, rendue sous forme de ratification de traités, ne peut avoir d'effet que sur les traités et à l'égard des puissances qu'ils engagent. Une *loi intérieure* et *générale* sur l'extradition aurait une plus grande portée : 1° Elle inscrirait, dans notre législation, un ensemble de principes et de garanties, qui serviraient de base à tous les traités d'extradition qui pourraient être conclus avec les gouvernements étrangers; 2° Elle préciserait les pouvoirs du gouvernement dans le cas d'extraditions demandées par des puissances qui n'auraient pas de traités avec la France; 3° Enfin, elle déterminerait les formes générales de l'extradition, c'est-à-dire sa procédure[1].

Je dois examiner successivement : 1° le fondement de l'extradition 2° ses conditions; 3° sa procédure; 4° ses effets.

59. Du fondement de l'extradition. — Un Belge commet un meurtre en France : de quels tribunaux est-il justiciable? Des tribunaux français et des tribunaux belges. La France et la Belgique sont donc pour lui des *pays dangereux*; il se réfugie en Italie, dont la juridiction pénale ne l'inquiétera pas, car la loi italienne, à l'exemple de la nôtre, ne punit pas, en principe, les crimes commis hors du territoire italien par des étrangers. Si nous en restions là, tous les pays deviendraient lieux d'asile vis-à-vis les uns des autres. Avec la facilité des communications internationales, quels ne seraient pas les inconvénients d'un pareil régime? A condition de prendre le train assez vite et de passer la frontière, on jouirait de la plus complète impunité. Aussi l'*asile*, l'inviolabilité de l'hôte qui met le pied sur le sol national, la sainteté des suppliants et des passants, toutes ces idées ne sont plus de notre temps : l'*intérêt réciproque des nations* les amène à livrer les malfaiteurs à leurs juges naturels, c'est-à-dire avant tout, aux juges du pays où le crime a été commis : *prudentia politica*, dit

[1] Les projets de loi dont nous parlons ont été, du reste, inspirés par l'exemple de plusieurs États, qui ont pratiqué la réglementation de l'extradition par voie législative. L'Angleterre, la Belgique, la Hollande, les États-Unis ont fait des lois qui contiennent les règles générales sur les cas d'extradition et sur les mesures d'instruction administrative et judiciaire qui doivent la précéder. La loi anglaise est de 1870; elle a été modifiée et complétée par un acte du 5 août 1873 (*Annuaire de législ. étrangère*, 1872, p. 11, et 1874, p. 75). Les Pays-Bas ont une loi du 16 avril 1875, sur l'extradition (*id.*, 1876, p. 650). Il en est de même de la Belgique : la loi de 1874 établit les principes dont le gouvernement ne peut s'écarter dans la conclusion de traités (*id.*, 1875, p. 404); Comp. : Haus, t. II, n°s 951 à 979; Rolland, *France judiciaire*, t. III, p. 515. En 1892, la Suisse s'est donné une loi fédérale sur l'extradition. Mais il n'existe de loi sur l'extradition ni en Allemagne ni en Autriche. Le Code pénal italien, sans réglementer complètement l'extradition, pose quelques principes généraux dans les art. 9 et 10.

un ancien auteur, *suadet deditionem universam*. L'extradition des malfaiteurs est donc dominée par le principe de la *réciprocité*, et les traités qui la régissent, et qui ne sont qu'une sorte d'*assurance mutuelle* entre nations, se sont développés, depuis quelques années, avec la même rapidité que les contrats d'assurance entre particuliers. Le principe de l'extradition *n'a donc pas* besoin d'être démontré; il n'est plus contesté, et « les discussions sur l'origine et la nature du droit ont fait place », ainsi que le remarque l'exposé des motifs du projet de loi de 1878, « à un débat plus circonscrit sur les *conditions* dans lesquelles il doit s'exercer ».

Du reste, on peut comprendre de deux manières bien différentes le rôle de l'État à qui un gouvernement étranger demande une extradition. Suivant quelques publicistes, l'extradition serait un devoir international, qui s'imposerait (*utilitatis causa*) au pays refuge. Il est plus prudent de partir du principe contraire. L'extradition n'est obligatoire que lorsque le gouvernement du pays refuge s'est engagé par sa signature[1]. Mais l'extradition, *obligatoire*, en cas de traité, reste-t-elle *facultative* pour le gouvernement à qui elle est demandée en dehors soit de tout traité, soit des termes du traité? Certains gouvernements considèrent les traités comme essentiellement *limitatifs* et n'admettent pas qu'un crime ou un délit puisse motiver une extradition, qui n'aurait pas pour fondement un *lien contractuel*, antérieur à la demande d'extradition. Cette manière de voir conduit à donner à un prévenu, qui ne peut être partie dans une convention diplomatique, la faculté de l'invoquer, d'interpréter son silence, d'imposer à un État l'obligation de le protéger. La France n'a jamais admis ce système, et, si le projet dont nous avons parlé était adopté, la question de savoir quels sont les pouvoirs du gouvernement en matière d'extradition ne soulèverait plus de difficultés. Le gouvernement aurait la faculté d'accorder des extraditions, en dehors des traités, à la condition de se maintenir dans les limites de la loi. Mais il est évident qu'il ne saurait appartenir à l'autorité judiciaire *d'annuler* ou *d'apprécier* les actes d'extradition, qui sont des

[1] La France a conclu des traités avec presque tous les pays de l'Europe et avec les États-Unis. La Russie, avec laquelle nous n'avons pas de traité, accorde l'extradition des individus prévenus de crimes graves. Par convention de *réciprocité*, nous accordons des extraditions à la Russie, dans les mêmes conditions. Ces *conventions de réciprocité* qui portent sur un grand nombre de délits n'ont aucun caractère inconstitutionnel. Leur pratique commode est peut-être la cause de l'échec des projets de la loi sur l'extradition. Sur ces conventions de réciprocité : Clunet, *Table générale*, t. III, v° *Extradition*, p. 853, n° 43, *Déclaration de réciprocité*, p. 855, n° 51.

actes libres de gouvernement à gouvernement, dont les formes et les conditions sont réglées, non au profit des accusés, mais au point de vue des nécessités internationales ou des convenances réciproques des gouvernements. Le principe fondamental de la séparation des pouvoirs s'oppose donc à ce que le prévenu puisse réclamer, devant les tribunaux français, contre la *légalité* de son extradition[1]. Mais il aurait le droit de demander un *sursis* pour faire statuer sur ce point par le gouvernement[2].

60. Des conditions de l'extradition. — L'extradition supposant, d'une part, une *infraction* commise, d'autre part, une *personne* convaincue ou soupçonnée d'en être l'auteur, il suit de là que les conditions d'où elle dépend sont relatives, soit aux *faits* à raison desquels elle est demandée, soit aux *personnes* auxquelles elle s'applique.

I. En principe, tous les individus, inculpés ou condamnés, qui se réfugient sur le territoire d'un pays, doivent ou peuvent être extradés. Mais trois restrictions sont admises par les coutumes ou les traités internationaux.

a) La première est relative aux *esclaves fugitifs*, qui ne peuvent être extradés, soit qu'ils aient pris la fuite pour recouvrer la liberté, soit qu'ils aient voulu se soustraire aux conséquences pénales d'un crime ou d'un délit commis par eux dans le pays de leur maître. Cette restriction trouve sa justification dans une idée d'humanité et de protection.

b) La seconde est relative aux *nationaux* du pays refuge. Trois hypothèses sont possibles à ce point de vue. L'individu, dont l'extradition est réclamée, peut appartenir à la nationalité du pays requérant; il peut être le sujet d'une tierce puissance; il peut être un national de l'État requis. Ni la première hypothèse ni la seconde ne présentent de difficultés sérieuses. Un Anglais, poursuivi par la justice anglaise, à raison d'une infraction qu'il a commise en Angleterre, s'est réfugié à l'étranger, en France par exemple. L'Angleterre réclame son extradition. L'identité du réfugié est-elle nettement établie? Les faits qui lui sont imputés sont-ils passibles de l'extradition? Les

[1] Cass., 11 janv. 1884 (D. 84. 1. 379); 27 janv. 1887 (S. 87. 1. 188).

[2] Cass., 2 juill. 1898 (S. 1900. 1. 159). La Cour tire du principe d'après lequel la légalité de l'extradition échappe au contrôle de l'autorité judiciaire, une conséquence excessive : d'après l'arrêt, les actes qui sont relatifs à l'extradition ne sont pas compris dans la procédure qui doit être mise à la disposition du prévenu aux termes de l'art. 10 de la loi du 8 déc. 1897. Même solution : Cass., 1er juill. 1899 (S. 1902. 1. 55).

autorités du pays requérant ont-elles compétence pour le juger ou pour lui faire subir sa peine? Le gouvernement requis devra, sans aucune hésitation, le livrer à la justice de son pays. Un Belge commet, en Allemagne, une infraction passible d'extradition; puis, il se réfugie sur le territoire français : devra-t-il être livré au gouvernement allemand si celui-ci en fait la demande? Sans aucun doute. Le gouvernement de l'État requérant, pas plus que celui de l'État requis, ne peut se préoccuper de la nationalité du fugitif, puisque l'extradition, reposant sur la nécessité d'assurer la répression du crime, en quelque lieu qu'il ait été commis, est, en principe, indépendante de la nationalité du délinquant. Mais que décider, si le malfaiteur, dont on demande l'extradition, est un sujet du pays refuge? Un Français a commis une infraction sur le territoire belge; puis, il vient se réfugier en France. La Belgique réclame son extradition. Devra-t-elle lui être accordée? Si nul texte général[1] de notre législation positive, n'interdit au gouvernement français d'accorder l'extradition de ses nationaux, dès 1830, nous voyons la règle qui laisse les nationaux en dehors de l'extradition prendre place dans nos traités, et la circulaire ministérielle du 5 avril 1841, sur l'extradition, poser, comme un principe de droit public coutumier, que les puissances ne doivent pas se livrer leurs nationaux[2].

Cette exception, en faveur des nationaux, est admise, aujourd'hui,

[1] L'ancien art. 6, C. instr. cr. (art. 7 actuel), en prévoyant l'extradition à la France d'un étranger coupable envers elle d'un attentat contre la sûreté ou le crédit de l'État français, paraît bien admettre, par réciprocité, la possibilité, pour le gouvernement français, d'accorder à une autre puissance l'extradition de ses nationaux : et c'est bien là, en effet, l'interprétation qu'est venu consacrer le décret du 23 octobre 1811. Quelques auteurs, il est vrai, ont soutenu que ce décret, qui permet l'extradition des Français et détermine la procédure à suivre, a été abrogé par les art. 4 et 62 de la charte de 1814, qui garantissent la liberté individuelle des citoyens et leur reconnaissent le droit d'être jugés par leurs juges naturels. Mais ces textes n'ont pas la portée qu'on a voulu leur attribuer. L'art. 4 met les citoyens français à l'abri d'une arrestation arbitraire, voilà tout; et quant à l'art. 62, il ne s'oppose pas à l'extradition d'un Français, puisque les juges naturels de celui-ci sont, avant tout, ceux du lieu où l'infraction a été commise. Ce qui prouve, au surplus, que ce décret de 1811 n'a pas été considéré comme abrogé par la charte de 1814, c'est que, en fait, plus d'un Français a été extradé, soit sous la Restauration, soit sous le gouvernement de Juillet. Je crois donc que le principe, qui interdit de livrer des Français à la justice étrangère, est consacré par la coutume ou par les traités, mais non par une loi générale. Comp. Delisle, *Principes de l'interprétation des lois*, 1852, t. Ier, p. 377.

[2] L'exposé des motifs de la loi du 27 juin 1866 s'exprime ainsi à ce sujet : « Depuis la charte de 1830, l'interdiction de livrer des Français à la justice étrangère est devenue un principe de notre droit public ». Dall., 1866. 4. 75. Le projet de loi, voté en 1879 par le Sénat, consacrait formellement ce principe (art. 3). D'après l'art. 9 du C. p. italien : « N'est pas admise l'extradition d'un Italien ».

par presque toutes les législations. Est-elle opportune? Je ne le crois pas. En matière criminelle, le juge naturel du prévenu est, avant tout autre, le juge du lieu de l'infraction. C'est là que s'est produit le trouble social qui en nécessite la répression. Là que les éléments de l'instruction seront le plus facilement réunis et qu'on aura le plus de moyens d'arriver à la découverte de la vérité [1]. Pourquoi donc refuser à l'État, sur le territoire duquel la loi pénale a été enfreinte, l'extradition du malfaiteur? C'est que nous nous défions de la justice étrangère. Mais de deux choses l'une : ou bien nous sommes ou bien nous ne sommes pas liés par un traité avec l'État qui requiert l'extradition. Dans le premier cas, en concluant un traité d'extradition avec cette puissance, nous rendons hommage à son organisation administrative et judiciaire et c'est parce que cette organisation nous offre des garanties de justice et d'impartialité, que nous livrons les malfaiteurs, même étrangers, qui viennent chercher un refuge sur notre territoire. Dans le second cas, nous pouvons examiner, puisque l'extradition demandée est facultative, si cette mesure est de nature à compromettre la condition de nos nationaux ; nous la refuserons, si le fonctionnement de la justice étrangère nous paraît irrégulier [1]. Ainsi nos nationaux auront toujours les garanties d'un examen de l'autorité française ; et, en bonne justice, ils ne devraient pas pouvoir demander davantage.

Le système de la non-extradition des nationaux fait naître, dans toutes les circonstances qui peuvent amener un changement dans l'état civil du criminel, en lui donnant une nationalité nouvelle, des difficultés. Deux moyens de les résoudre ont été proposés et appliqués : ou bien donner à ce changement un effet rétroactif, qui permettra aux tribunaux du pays refuge de juger le coupable, système qui a été adopté par le Code pénal allemand (art. 4) et par la loi belge du 15 mars 1874 (art. 10), ou bien accorder l'extradition du réfugié, sans tenir compte d'une nationalité acquise depuis la perpétration du fait pour lequel l'extradition est réclamée, système adopté par un certain nombre de traités, et particulièrement, par la convention anglo-française du 14 août 1876 (art. 2). C'est à ce dernier système, qu'il convient, en l'absence de toute autre disposition légale, de se rallier : c'est, en effet, le cas d'appliquer, à la naturalisation acquise dans le but d'échapper à l'extradition, l'adage : *Fraus omnia corrumpit.*

[1] Le principe de la personnalité des lois pénales françaises en ce qui concerne les nationaux, permettra bien, la plupart du temps, de punir, en France, les Français ayant commis une infraction en pays étranger. Et, dans l'hypothèse d'un Français jugé à l'étranger mais qui s'évade et se réfugie en France, la non-extradition des nationaux n'assurera plus aux malfaiteurs, depuis la loi du 3 avril 1903, une scandaleuse impunité.

c) Enfin, il est généralement admis qu'un État ne livre pas *ses justiciables.* L'extradition ne se justifie que parce qu'elle a pour but d'empêcher l'impunité ; si donc l'État, auquel on demande l'extradition, peut lui-même punir, il ne doit pas livrer, C'est par application de cette règle que la France refuse l'extradition : 1° de tout individu, sans distinction de nationalité, qui a commis une infraction en France (C. civ., art. 3) ; 2° d'un Français qui a commis à l'étranger une infraction punissable en France (C. instr. cr., art. 3) ; 3° d'un étranger qui a commis hors du territoire un crime attentatoire à la sûreté ou au crédit de la France (C. instr. cr., art. 7),

II. C'est en s'attachant tout à la fois à la gravité de l'infraction commise et à la criminalité de l'agent, que les divers traités déterminent les faits passibles d'extradition. Les nomenclatures varient de traités à traités. Il s'en dégage ces idées générales que l'extradition peut être accordée pour *crimes* ou *délits* d'une certaine gravité, mais non pour *délits spéciaux* ou pour *contraventions*. Si large, du reste, que soit la liste des faits possibles d'extradition, les traités laissent toujours en dehors deux grandes catégories d'infractions : les infractions *politiques* et certaines infractions *militaires*, telles que l'insoumission et la désertion.

61. DE LA PROCÉDURE D'EXTRADITION. — La procédure d'extradition doit être examinée au double point de vue, soit du gouvernement qui la réclame, soit de celui auquel elle est réclamée.

I. Toute demande d'extradition, formée par le gouvernement français, a son point de départ, dans un *arrondissement* du territoire. Un délit est-il commis ? une condamnation prononcée ? Le procureur de la République, dès qu'il apprend le lieu de résidence du prévenu ou du condamné en pays étranger, donne l'éveil en adressant un rapport au procureur général. Celui-ci transmet la demande au garde des Sceaux, avec toutes les pièces à l'appui, particulièrement avec le mandat du juge d'instruction ou l'arrêt de condamnation. Le ministre de la Justice, qui n'est pas le représentant de la France à l'étranger, adresse ce dossier au ministre des Affaires étrangères, qui procède alors, par voie diplomatique, à la demande d'extradition.

II. En ce qui concerne la procédure d'extradition dans le pays requis, trois systèmes principaux se partagent les législations européennes. 1° Ce qui caractérise le premier, suivi en Angleterre, c'est l'intervention préalable de l'autorité judiciaire dans l'examen de la question d'extradition, au point de vue de sa régularité et de son bien-fondé. Après quoi, l'extradition est réalisée, s'il y a lieu, par un acte administratif. L'Angleterre a un tribunal spécial qui juge les extraditions. 2° En France, au contraire, c'est l'autorité administrative qui statue seule et sans contrôle sur la demande d'extradition. Cette demande est reçue par le ministre des Affaires étrangères et transmise, s'il y a lieu, au ministre de la Justice. Autrefois, le ministre de la Justice, s'il jugeait la demande conforme aux aux traités ou coutumes, préparait immédiatement le projet de décret. Le gouvernement statuait ainsi sur la demande d'extradition, sans que l'individu arrêté pût fournir ses explications et même avant toute vérification d'identité. Depuis une circulaire du 12 octobre 1875, aucun décret, autorisant l'extradition, n'est proposé avant l'arrestation de l'étranger, qui est conduit devant le procureur de la République du lieu où l'arrestation est opérée, et admis à faire valoir ses fins de non recevoir contre la mesure dont il est l'objet. Ce magistrat doit dresser un procès-verbal de cet interrogatoire, lequel, avec son avis motivé, et les observations du procureur général, est transmis au ministre de la Justice, et ce n'est qu'après l'examen de ces pièces, que le garde des Sceaux propose, s'il y a lieu, un décret d'extradition à la signature du président de la République. 3° La Belgique a organisé (L. du 15 mars 1874) un système intermédiaire. Lorsque le gouvernement belge est saisi d'une demande d'extradition, après un examen sommaire, il la transmet au pouvoir judiciaire, qui rend exécutoire, contre le prévenu, le mandat d'arrêt ou le jugement décerné à l'étranger. Le réfugié est arrêté en vertu de cet acte, et il comparaît, en audience publique, assisté d'un conseil, devant la chambre des mises en accusation de la cour d'appel du ressort. A la suite des débats, et sur les conclusions du procureur général, la cour formule un avis motivé sur la régularité de l'extradition. A la différence du tribunal anglais, elle ne prend pas de décision : c'est au gouvernement qu'appartient ce droit, et, s'il est obligé de consulter la cour, il n'est pas lié par son avis, et décide la question souverainement[1]. C'est de ce système intermédiaire que s'inspirait le projet de loi sur l'extradition, voté par le Sénat français.

Le gouvernement, auquel une demande d'extradition est adressée, peut lui opposer certaines exceptions et refuser l'extradition : par exemple, si, depuis les faits imputés, la poursuite ou la condamnation, la prescription est acquise d'après les lois du pays où le prévenu s'est réfugié.

[1] Le système établi en Italie admet une garantie de plus (C. pén. ital., art. 9). Le gouvernement italien ne peut livrer le réfugié quand le tribunal est d'avis qu'il n'y a pas lieu à extradition. Au fond, il est préférable, pour la sûreté des rapports internationaux, et pour éviter des froissements, de donner un pouvoir de décision aux tribunaux qui statuent sur l'extradition.

62. Des effets de l'extradition. — L'individu extradé ne peut être *poursuivi* ou *puni* dans le pays qui a requis l'extradition qu'à raison des chefs d'accusation ou de condamnation pour lesquels l'extradition a été demandée ou accordée, à moins que les clauses du traité conclu entre les deux gouvernements n'autorisent la poursuite ou la punition d'autres faits. La *spécialité restrictive* des termes de la concession d'extradition est universellement admise et scrupuleusement observée. L'extradition ayant été demandée et accordée à raison d'un *fait* déterminé, le gouvernement qui l'a obtenue s'est tacitement engagé à ne poursuivre ou ne punir que pour ce fait la personne qui lui a été livrée. Si donc cette personne est poursuivie pour une infraction antérieure à l'extradition, elle peut opposer une exception dilatoire; et les juges sont tenus, même d'office, de déclarer l'action publique ou l'exécution non recevable quand à présent. Toutefois, si la *qualification* du *fait* pour lequel l'extradition a été demandée et accordée se trouve modifiée par suite des débats, il n'en résulte pas moins que la poursuite a été bien engagée, car elle trouve son titre légal dans la prévention et non dans la condamnation. En un mot, l'extradé peut être jugé selon le *fait* et non selon l'*infraction* qui motive l'extradition.

Cette sorte de fiction en vertu de laquelle l'extradé est réputé se trouver hors du territoire en ce qui concerne toute autre infraction qu'il aurait commise avant l'extradition, cesse de couvrir celui-ci lorsqu'il y a renoncé, en consentant à être poursuivi et jugé contradictoirement à raison d'une de ces infractions, pourvu que son consentement soit libre.

CHAPITRE II

DE L'ÉLÉMENT MATÉRIEL DE L'INCRIMINATION.

---

§ VIII. — NOTIONS GÉNÉRALES.

63. Phases que parcourt l'agent d'une infraction pour l'exécuter. — L'infraction implique toujours une entreprise criminelle, ou accomplie, ou parvenue à un certain degré de développement, c'est-à-dire, en prenant ce mot dans sa signification la plus large, un *corps* *de délit.* Mais entre la première pensée d'une infraction et son entière consommation, on peut, surtout dans les délits qui ne sont pas exécutés aussitôt que conçus, marquer les étapes de l'*iter criminis*, étapes par lesquelles passe l'agent qui veut parvenir à son but. C'est d'abord l'*idée criminelle*, la première conception du crime à laquelle s'arrête volontairement la pensée. Puis, c'est la *résolution d'agir*, la volonté criminelle (*voluntas sceleris*). L'agent, qui prétend la réaliser, *prépare* alors ses moyens d'action : s'il veut empoisonner, il achète du poison ; s'il veut commettre un vol nécessitant une escalade, il se procure une échelle ou tout autre engin approprié à son but. Dans cette phase, l'agent sort du domaine psychologique pour entrer dans celui des faits matériels. Mais ce n'est pas encore l'*exécution*. Elle commence par des faits qui sont en rapport immédiat et direct avec le but criminel à réaliser. Si l'agent va jusqu'au bout, le *délit est consommé*; s'il s'arrête ou est arrêté, le *délit* est *tenté* ou *manqué*. Enfin si le but qu'il veut atteindre se trouve en dehors de son pouvoir, ou si les moyens qu'il emploie ne sont pas adéquats au but poursuivi, la *consommation du délit est impossible*.

64. Problèmes que font naître les diverses phases de l'infraction. — Ces situations font naître, dans toute législation pénale, un certain nombre de problèmes généraux : 1° Il s'agit d'abord de déterminer à quel moment précis de réalisation du projet criminel peut intervenir la loi répressive ; 2° En admettant que le commencement d'exécution du projet marque le point où commence la criminalité, il s'agit de savoir si l'exécution irréalisable peut être assimilée à l'exécution tentée ou manquée ; 3° Enfin, tout en distinguant les divers degrés de la matérialité du délit pour fixer la première étape de la répression, convient-il d'établir une échelle de pénalité correspondante, de sorte que le délit consommé encourra seul la peine complète, le délit tenté ou manqué, des peines moins graves?

Un premier point est désormais acquis dans l'évolution des législations pénales. Les phénomènes psychiques, pensée, projet, résolution, en les supposant constatés, échappent à l'action de la loi pénale : la morale peut les incriminer, mais, de ce qu'ils se passent dans le domaine de la conscience, on en conclut, avec raison, qu'ils sont et doivent rester en dehors du domaine de la loi sociale. Ce sont les *délits* et non les *péchés* que cette dernière réprime. Ce principe que les jurisconsultes romains avaient formulé, que les textes du moyen âge reproduisent, a été longtemps méconnu ; mais les protestations des jurisconsultes l'ont fait entrer dans la loi positive moderne comme une sorte d'axiome : *Cogitationis pœnam nemo patitur*.

Mais, pour résoudre les autres questions, deux points de vue différents peuvent être adoptés : le point de vue *subjectif*, suivant lequel l'acte n'est incriminé que parce qu'il manifeste une volonté sérieuse de commettre le délit et permet de mesurer la *témibilité* du délinquant; le point de vue *objectif*, suivant lequel on ne tient compte de la *voluntas sceleris*, quelque certaine qu'elle soit, que si elle se réalise par un acte en lui-même criminel.

La vérité me paraît être dans une combinaison moyenne. Sans doute, je repousse la doctrine *purement objective*, parce qu'elle fait *a priori* bénéficier le coupable d'une circonstance étrangère à sa volonté et qu'elle lui assure l'impunité lorsque, à son insu, il a employé des moyens qui rendaient son entreprise irréalisable. Mais si j'affirme, avec la doctrine *purement subjective* que la vraie mesure de la pénalité c'est l'intensité du danger social, effectif, la nature de la volonté coupable, bien plus que le délit réalisé, j'affirme aussi qu'il ne saurait y avoir de sécurité dans un système qui ne déterminerait pas à l'avance les limites de la réalisation du délit. Au delà de ces limites, les juges ne peuvent aller rechercher l'intention criminelle pour punir celui qui a voulu faire le mal, mais qui n'a pas encore pénétré dans la sphère de protection du droit d'autrui [1].

Si le droit romain ne contient aucune théorie générale sur la tentative, les glossateurs crurent en trouver une qui concordait plus ou moins avec les solutions romaines. En rapprochant et conciliant les textes ils arrivèrent à formuler certaines règles générales assez simples et assez rationnelles. On distingua, en matière de tentative, les *crimes ordinaires* et les *crimes atroces*. Les premiers n'étaient, en général, punis que lorsqu'ils avaient reçu leur exécution. Quelquefois, cependant, on punissait la tentative, mais d'une peine moindre que le délit consommé. Dans les *crimina atrociora*, on considéra moins l'événement que la volonté, qui était punie comme le crime même, dès qu'elle était manifestée par quelque acte prochain, c'est-à-dire

[1] Le point de vue subjectif est mis en relief par Garofalo, *La criminologie*, 4e édit., p. 338; Tarde, *Philosophie pénale*, p. 463; Prins, *Science pénale et droit positif*, n° 211; Ferri, *Sociologie crim.* (4e édit.), n° 69. L'exposé de cette doctrine a particulièrement été fait au Congrès de l'Union internationale du droit pénal de Lisbonne, par Thiry, dont le rapport est au *Bulletin*, 1897, p. 305. Le point de vue objectif et classique est exposé par Carrara, *Grado nella forza fisica del delitto* (*Opuscoli*, I, p. 339). Voy. également, dans un sens spécial : Roux, *Bulletin de l'Union intern.*, 1897, p. 340. Comp. discussion qui a eu lieu à la Société des prisons sur mon rapport (*Rev. pénit.*, 1901, p. 801 à 844). Pour l'ensemble de la question; Saleilles, *Essai sur la tentative*, *Rev. pénit.*, 1897, p. 53 et suiv.; Henri Gallet, *La notion de la tentative punissable* (Th. doct., Paris, 1899).

par un acte d'exécution se rapprochant du crime. L'*attentat*, c'est-à-dire la *tentative* fut donc assimilé au crime consommé; et l'expression est restée dans notre langage courant pour désigner un grand crime. Par suite de ce précédent, le Code pénal de 1791 punit la tentative d'empoisonnement ou d'assassinat à l'égal du crime[1]. Il s'écarta de notre ancienne jurisprudence en laissant impunies toutes les autres tentatives. La loi du 22 prairial an IV vint établir les bases d'une théorie générale de la tentative, que le droit moderne devait adopter. « Toute tentative de crime, manifestée par des actes extérieurs et suivie d'un commencement d'exécution, sera punie comme le crime « même, si elle n'a été suspendue que par des circonstances fortuites, « indépendantes de la volonté du prévenu[2] ». Cette loi ne parle que de la tentative des *crimes* proprement dits ; il en résultait que la tentative des *délits correctionnels* n'était point punissable. Une loi du 25 frimaire an VIII, en correctionnalisant certains crimes, étendit le principe de la loi du 22 prairial an IV à ces nouveaux délits correctionnels et à quelques autres délits limitativement énumérés. Ce fut là le dernier état de la législation antérieure à nos Codes. Il fut recueilli par les art. 2 et 3 du Code pénal de 1810. L'art. 2 a été modifié, dans sa rédaction seulement, mais non dans sa réglementation, par la loi du 28 avril 1832[3].

[1] A propos de l'assassinat, le Code de 1791 donne de la tentative une définition forcément spécialisée puisqu'elle ne vise qu'un crime particulier. Ce sera l'*attaque à dessein de tuer* (2e part., sect. 1, tit. II, art. 3). On retiendra cette expression d'attaque. Elle montre bien qu'il faut un acte d'agression contre le droit, dont la violation constitue le crime.

[2] On remarquera la définition spécifique et abstraite, susceptible de s'appliquer à tous les crimes, que donne la loi de l'an IV. Cette définition se compose de deux éléments qui vont devenir les pierres angulaires de la théorie moderne de la tentative. Ce qui caractérise la tentative, c'est le fait de la volonté se *manifestant par des actes extérieurs*. Si l'on s'était arrêté à ce point, la loi aurait consacré le triomphe exclusif de la théorie *subjective*, de l'intention sortie de la sphère de la pensée pour se traduire en acte. Mais on ajoute, pour caractériser l'acte qui révèle la volonté criminelle, qu'il ne suffit pas d'un acte extérieur quelconque, il faut que la manifestation active du *dessin criminel*, soit *suivie* d'un commencement d'exécution. C'est par là que l'élément matériel de l'attaque au droit dont la violation constitue le délit se précise et se complète. Cette notion de la tentative se trouvait déjà dans le § CLXXVIII de la Caroline.

[3] L'art. 2 du C. p. de 1810 était ainsi conçu : « Toute tentative de crime qui aura été manifestée par des actes extérieurs et suivie d'un commencement d'exécution, si elle n'a été suspendue ou n'a manqué son effet que par des circonstances fortuites ou indépendantes de la volonté de l'auteur, est considérée comme le crime même ». La loi du 28 avril 1832 a supprimé quelques-uns des termes employés par l'art. 2, aujourd'hui ainsi conçu : « Toute tentative de crime qui aura été manifestée par un commencement d'exécution, si elle n'a été suspendue... ».

La législation française reste encore isolée dans son système de répression de la tentative, au milieu des législations étrangères qui établissent une distinction, les unes entre la tentative seulement et le délit consommé, les autres entre le méfait manqué, moins puni que celui qui est consommé, et le méfait tenté, moins puni que celui qui est manqué. Mais son système d'assimilation de la tentative au délit consommé a été réhabilité par la science contemporaine. On félicite la loi française d'avoir adopté, au point de vue de la répression, la théorie subjective, en laissant au juge le pouvoir de se préoccuper, par l'effet d'une déclaration de circonstances atténuantes, des différences de culpabilité entre l'auteur d'une tentative et l'auteur du crime consommé, et d'avoir permis, par la souplesse de ses textes, d'individualiser la répression en tenant compte, moins de la réalisation de l'entreprise criminelle, que de la témibilité ou de la culpabilité du délinquant.

§ IX. — DU DEGRÉ DE RÉALISATION DE L'ACTE DÉLICTUEUX.

65. De la résolution criminelle. Elle n'est pas punissable. — 66. Actes préparatoires. Actes d'exécution. — 67. De la tentative. — 68. Les conditions de la tentative punissable doivent être recherchées et exprimées. — 69. Des degrés de la tentative. Délit tenté. Délit manqué. De la consommation des infractions. — 70. Des infactions impossibles.

65. De la phase psychologique. Pensée et résolution criminelles. — La *pensée* criminelle est un mouvement psychologique dont on n'est pas maître. C'est la tentation. Elle échappe à toute responsabilité. La *résolution*, c'est, avec la conception du délit, la volonté bien arrêtée de le commettre (*voluntas sceleris*). Tant que cette conception ou cette résolution reste renfermée dans la conscience, il ne saurait être question de la punir, puisque la *volonté criminelle* est encore inconnue du pouvoir social. Mais alors même qu'elle serait constatée par suite d'aveux, ou parce qu'elle aurait été communiquée à d'autres, verbalement ou par écrit, elle ne serait pas punissable. En effet, la loi sociale ne règle que les rapports des hommes entre eux, et ces rapports ne peuvent être troublés que par des *actes*. Sans doute, la connaissance d'une résolution criminelle sérieuse est une cause d'inquiétude sociale; mais c'est à la *police* qu'il appartient d'agir pour *prévenir* sa réalisation, et non à la *justice* pour *réprimer* sa conception. Du reste, la résolution criminelle n'est irrévocable que par son exécution.

Le principe que la résolution de commettre un acte délictueux, même lorsqu'elle est constatée, échappe à toute répression, résulte, dans notre droit positif, de l'art. 2, C. p., qui punit la tentative, alors seulement qu'elle est « *manifestée par un commencement d'exécution* ». Ce principe est absolu et n'admet aucune exception. *a*) C'est en vain qu'on a pensé en trouver une dans les art. 305 et suiv., C. p., qui punissent les *menaces*. En effet, si la loi punit les menaces, ce n'est pas « qu'elle ait cru avoir une preuve matérielle et suffisante donnée par le coupable d'une résolution criminelle sérieuse[1] », mais parce que la menace est plus et moins qu'une résolution, c'est un *fait extérieur*, de nature à causer, par lui-même, un trouble social. Que résulte-t-il de cette observation? C'est que vainement l'inculpé de menaces ferait valoir, prouverait même, pour sa justification, qu'il n'avait pas le projet de mettre ses menaces à exécution : l'intention de réaliser la menace n'est pas constitutive du délit et le défaut d'intention ne saurait amener un renvoi d'instance. *b*) Il faut en dire autant du *complot*, que l'art. 89, § 5, punit de la détention, sans qu'il ait été suivi d'aucun « acte commis ou commencé pour en préparer l'exécution ». Le complot n'est pas, en effet, une simple résolution, mais une résolution d'agir, *concertée et arrêtée entre plusieurs personnes*, fait externe, que le pouvoir social peut et doit punir. C'est par suite de la même considération que l'art. 89, *in fine*, punit la *simple proposition*, même non agréée, de former un complot. Cette *invitation* à prendre part à un complot est un *acte de propagande* qui crée un danger social, indépendant de la résolution qu'il fait connaître. *c*) De même, les lois sur la presse n'incriminent pas la pensée, mais elles répriment certaines manifestations publiques, extérieures et dangereuses, telles que l'apologie du vol, du meurtre, du pillage ou de l'incendie et des autres crimes prévus par l'art. 435, C. p. (L. 13 déc. 1893). *d*) C'est enfin en qualité d'acte extérieur, alarmant pour l'ordre public, que la loi punit l'*association* ou l'*entente* formée dans le but de préparer ou de commettre des crimes contre les personnes ou les propriétés (C. p., art. 265 et 266, modifiés par la loi du 18 déc. 1893).

C'est si peu la volonté, la résolution de commettre *telle infraction* que la loi veut atteindre, qu'elle érige les *menaces*, les *complots*, les *associations et ententes de malfaiteurs* en délits spéciaux. Ces faits sont donc punis en eux-mêmes et nullement en raison de leur rapport avec la résolution criminelle qu'ils révèlent.

66. DE LA PHASE MATÉRIELLE. ACTES PRÉPARATOIRES. ACTES D'EXÉCUTION. — Lorsque l'infraction est projetée, l'agent, s'il ne s'arrête, manifeste sa résolution par des *actes extérieurs* tendant à la

[1] Locré, t. XXX, p. 473, 507.

réaliser. Mais ces actes ne constituent pas nécessairement l'*élément matériel* nécessaire à la constitution d'une tentative punissable. La première forme que prend la réalisation de la résolution coupable, c'est l'*acte préparatoire*, par lequel l'agent dispose ses moyens d'action. La seconde forme consiste dans les *actes d'exécution*. Les uns et les autres sont des *actes matériels* : mais les seconds seuls sont incriminés comme *tentative*.

I. Les *actes* ou *faits préparatoires* sont ceux qui ne constituent pas l'exécution du délit projeté, mais qui se rattachent à ce délit dans l'intention de l'agent et qui tendent ainsi à son exécution : c'est, par exemple, le fait de se procurer du poison, par rapport à l'empoisonnement; la fabrication d'un explosif, par rapport au crime d'explosion; l'acquisition d'un instrument propre à commettre une effraction, dans le but de dévaliser un appartement. Par ces actes, l'agent se met dans les conditions matérielles voulues pour que l'exécution de l'infraction devienne possible : il réunit les moyens de la commettre, mais il ne la commence pas encore.

En ce qui concerne ces faits, trois règles doivent être posées.

1° Les faits préparatoires ne sont pas punissables comme actes de *tentative* du délit que l'agent a en vue : ce délit n'est encore que *subjectif*, il n'existe que dans l'*intention* et par rapport à l'*intention* de l'agent. Mais, pris en eux-mêmes, sans relation avec l'entreprise coupable qu'ils ont probablement pour but de faciliter, les actes préparatoires sont souvent incriminés par la loi pénale. Il s'en trouve, en effet, qui, par leur *nature* ou par la *condition* de ceux qui les commettent, sont généralement considérés comme des faits tendant à préparer, à faciliter ou à occasionner certains délits, et dont le caractère, *éventuellement dangereux*, est suffisamment caractérisé pour être l'objet d'une prévision spéciale. La loi incrimine alors ces faits, non comme des *tentatives* de délits, mais comme des délits *sui generis*. On peut citer, à titre d'exemples, le port d'armes prohibées (C. p., art. 314); la contrefaçon ou l'altération de clefs (C. p., art. 339); les actes de violence, punis comme tels, bris de clôture (C. p., art. 437 et 456), violation de domicile (C. p., art. 134 et 184), etc. Ces divers faits peuvent donc avoir un double caractère : par eux-mêmes, et à raison de leur gravité propre, ce sont des *infractions spéciales*; par rapport aux délits qu'ils ont pour but de faciliter, ce sont des *actes préparatoires*. S'ils sont punis au premier point de vue, ils échappent à la répression au second, en tant qu'ils sont isolés de l'exécution du délit.

2° Les actes préparatoires sont incriminés par relation avec le délit même qu'ils ont en vue, lorsqu'ils sont l'*œuvre d'un complice* : ils empruntent alors la criminalité et la qualification du fait principal : ils sont punis parce que ce fait principal est puni, et ils sont punis de la même peine que ce fait principal (C. p., art. 60, § 2). C'est l'application du concept de la complicité délit unique.

3° Enfin, les actes préparatoires peuvent être punis par rapport à l'infraction, comme *circonstances aggravantes* du délit tenté ou consommé. C'est ainsi que l'escalade et l'effraction sont des circonstances aggravantes du vol.

II. Les faits d'exécution sont ceux dont la série et l'ensemble constituent le *corps du délit*. Or, le corps du délit n'est autre chose que le délit lui-même. La tentative prend naissance avec le premier acte d'exécution, et c'est à ce moment précis que commence la répression de la volonté criminelle manifestée par un acte extérieur.

III. La distinction, ainsi expliquée et limitée, il importe de rechercher quelle est la raison d'être de cette conception de la tentative, universellement admise par le droit pénal moderne, et pourquoi toutes les législations exigent, pour l'existence de cette forme de criminalité, un commencement d'exécution du délit que l'agent avait en vue. 1° Les actes préparatoires ont tout d'abord un caractère *équivoque;* ils ne se rattachent pas à une infraction déterminée. Ce sont des actes à double sens, à double portée. Sans doute, l'achat, soit d'une arme, soit d'une substance vénéneuse, peut constituer la préparation d'un assassinat ou d'un empoisonnement; mais cet acte peut être également indifférent, si l'acheteur n'a eu en vue qu'un usage licite de l'objet dont il s'est procuré la possession. La volonté de commettre le délit n'est, dans ce cas, aucunement manifestée par le *fait* considéré en lui-même, et cette incertitude sur la relation entre l'infraction et les actes qui ont servi à la préparer est, certes, un des motifs qui ont porté la loi à laisser les actes préparatoires impunis comme tels. 2° Mais ce motif n'est pas le seul; car l'impunité existerait encore, même si la preuve était rapportée, par suite d'aveux ou par tout autre moyen, que tel acte n'a été accompli que pour préparer telle infraction. Cet acte obtiendra néanmoins l'impunité, parce qu'il n'a produit jusqu'ici aucun mal déterminé; parce qu'il n'en produira que par suite d'une persistance de volonté chez l'agent dont la loi n'est certaine que par l'exécution même de l'infraction; parce que, jusqu'à cette exécution, il est plus utile à la société de pardonner, pour arrêter l'agent, que de le frapper pour le pousser à consommer l'infraction.

Ces motifs nous expliquent que le législateur ait puni, par exception, un acte préparatoire, dans l'art. 89, § 1. Aux termes de ce texte, le *complot*, formé en vue de détruire ou de renverser le gouvernement, qui est puni, par le simple fait de son existence, de la peine de la détention, est punissable d'une peine plus grave, la déportation, s'il est suivi d'un acte « commis ou commencé pour en préparer l'exécution ». Cette disposition s'explique, tout d'abord, par l'idée même qui a fait ériger en délit le complot, par le trouble immédiat qu'il entraîne. Elle s'explique aussi par le caractère exceptionnel des délits qui ont pour objet de renverser le gouvernement établi. On ne saurait attendre, en effet, que le complot soit suivi d'un commencement d'exécution pour le punir, car une tentative heureuse rendrait toute répression impossible.

67. Des conditions de la tentative punissable. — La tentative légale est constituée de deux éléments et d'une circonstance contingente : un élément matériel, le *commencement d'exécution;* un élément intentionnel, la *volonté déterminée* de commettre tel crime; une circonstance contingente, l'*absence de désistement* de l'agent. La réunion de ces trois faits permet seule, aux termes de l'art. 2, C. p., d'incriminer une entreprise criminelle qui n'a pas été achevée, comme tentative de la commettre.

A. *Du commencement d'exécution en matière de tentative.* — En quoi consiste le commencement d'exécution qui rend la tentative punissable? On est d'accord pour reconnaître qu'en sériant les actes extérieurs qui s'acheminent vers le délit, on peut en distinguer de trois sortes : les *actes préparatoires*, les *actes qui tendent à l'exécution du crime*, les *actes d'exécution du fait matériel qui est incriminé.* Assurément, il n'est pas indispensable, pour que la tentative existe, que le fait précis, constituant l'infraction, se trouve commencé, par exemple que le voleur ait mis la main sur l'objet qu'il se propose de soustraire, que le meurtrier ait porté le premier coup. Celui qui est surpris en train de forcer le meuble dans lequel se trouve la somme ou l'objet qu'il veut soustraire se rend coupable, sans contestation possible, d'une tentative de vol, comme celui qui est arrêté, au moment où il se précipite un poignard à la main sur sa victime, se rend coupable d'une tentative de meurtre. En effet, la tentative ne consiste pas seulement dans le *commencement d'exécution de l'acte même qui constitue le crime*, tel qu'il est défini par la loi, de la *soustraction* dans le *vol*, de l'*homicide* dans le *meurtre*, mais dans le *commencement d'exécution du crime* par des actes distincts qui en sont plus que la préparation.

Il résulte de cette observation que s'il est facile de distinguer un acte préparatoire proprement dit d'un acte constituant le commencement du crime, il y a des faits indéterminés et équivoques qu'on peut être tenté de ranger, soit dans la catégorie des actes préparatoires, soit dans celle des actes d'exécution. Le diagnostic de la distinction n'a pas été fait par la loi, car il est impossible, en présence de l'activité humaine et de ses formes si variées et si ondoyantes, soit de définir les actes d'exécution, soit de les énumérer. Faut-il en conclure qu'il n'existe pas, en cette matière, de règle juridique que les juges soient tenus de respecter à peine de nullité de leur décision? La question ainsi posée se dédouble : 1° il s'agit de savoir, en effet, si la distinction des actes préparatoires et des actes d'exécution constitue une question de droit; 2° et, en cas de réponse affirmative, quel est le critère juridique de cette distinction.

I. Au premier point de vue, la jurisprudence a varié. Tout d'abord, la Cour de cassation évite de se prononcer; puis elle décide que le point de savoir si tel acte est le commencement d'exécution de telle infraction ou n'en est que la préparation, constitue une question de droit. Elle abandonne ensuite ce système, pour ne voir, dans la distinction de l'acte préparatoire et de l'acte d'exécution, qu'une question de fait. Depuis, elle est revenue à sa première solution [1], et cette jurisprudence est approuvée par presque toute la doctrine [2]. Il appartient sans doute, souverainement, aux juridictions d'instruction ou de jugement, de constater que l'agent a accompli *tel* acte, dans l'intention de commettre *tel* délit; mais si les faits sont *faussement qualifiés d'actes d'exécution* ou *d'actes préparatoires*, cette qualification doit être rectifiée par la Cour de cassation, qui a toujours le droit de contrôler les conséquences légales que les juges tirent des faits qu'ils ont d'ailleurs souverainement constatés. La loi sans doute, n'a pas défini les actes d'exécution constitutifs de la tentative, mais elle exige des actes d'exécution, et c'est la violer que de refuser ou d'attribuer à tort ce caractère aux actes relevés dans le jugement. En un mot, des deux éléments de la tentative, l'élément *intentionnel* et l'élément *matériel*, le premier seul est souverainement apprécié par les juges du fait.

II. Si la distinction des actes préparatoires et des actes d'exécution constitue une question de droit, il faut se demander à quel signe reconnaître les uns des autres. Ce problème capital est différemment résolu par les partisans des deux opinions, *objective* et *subjective*, sur la nature de la tentative.

[1] Voy. notamment : Cass., 14 oct. 1854 (S. 54. 1. 125); 20 juill. 1861 (S. 61. 1. 1020); 1er mai 1879 (S. 80. 1. 233); 12 avr. 1877 (S. 77. 1. 329); 2 juill. 1886 (S. 87. 1. 489). Ce dernier arrêt offre quelque incertitude et on y trouve des motifs contradictoires rappelant à la fois les deux phases opposées de la jurisprudence antérieure. Comp. Garçon, *Code pénal annoté*, art. 3, nos 138 à 153.

[2] Conf. Blanche, *op. cit.*, t. 1er, no 12. Mais en sens contraire : Chauveau et Hélie, *op. cit.*, t. 1er, no 255.

a) Dans le système objectif, un acte ne peut être considéré comme formant l'élément matériel de la tentative, que s'il réunit les deux conditions suivantes : il faut : 1° que cet acte présente un rapport direct et immédiat avec l'infraction que l'agent a en vue; 2° que ce rapport résulte de l'acte lui-même. En effet, dit-on, la différence essentielle entre les actes d'exécution et les actes préparatoires consiste en ce que ces derniers n'ont pas de signification précise, qu'ils ne révèlent pas l'intention déterminée de l'agent, tandis que les premiers sont si intimement liés avec le délit que, à leur seule inspection, on doit, en principe, se rendre compte de l'infraction que l'agent avait entreprise.

b) Mais on ne peut songer à s'arrêter uniquement à la *nature* de l'acte considéré en lui-même, sans rapprocher *extrinsecus* cet acte des circonstances et du but que poursuivait l'agent. Il y a, en effet, deux catégories d'actes d'exécution : ceux qui consistent dans le fait même du délit, et ceux qui consistent dans des faits voisins du délit qui en sont le commencement d'exécution. Les premiers seuls ne laissent aucun doute sur l'intention de l'agent; les seconds ont un caractère moins déterminé et doivent être rapprochés de cette intention, dont la recherche préalable s'impose au juge. Dans la répression de la tentative, c'est, avant tout, la volonté criminelle, manifestée par des actes extérieurs,que la loi pénale veut atteindre. Tel était le point de vue de notre ancien droit; rien ne prouve qu'il ait été abandonné par le droit moderne. Sans doute, même en matière de tentative, l'intention n'est pas réputée pour le fait; mais ces deux éléments, l'intention et le fait, s'éclairent et se précisent l'un l'autre dans cette forme d'incrimination. Un exemple va faire comprendre l'impossibilité de les séparer.

En cas de *vol*, il est certain que toutes les fois que l'inculpé a mis la main sur les objets qu'il veut soustraire, il y a tentative, parce que la soustraction même, c'est-à-dire le fait matériel, constitutif du vol, est commencée. Pas de doute, dans ce cas, sur l'intention de l'agent. Mais le commencement d'exécution du vol peut exister, alors même qu'il n'y a pas eu encore soustraction. L'effraction d'un meuble. d'un coffre-fort (*effraction intérieure*) est évidemment un acte d'exécution, bien qu'il ne soit pas encore le commencement du fait matériel constitutif du délit. On est d'accord sur ce point. Mais en est-il de même de l'*effraction extérieure?* de l'*escalade?* de l'usage effectif de *fausses clefs?* Ainsi, un individu est surpris, au moment où il s'efforce de pénétrer, par escalade, dans un appartement, de fracturer une porte d'entrée, soit d'appartement, soit de maison. Quel but poursuivait-il? Au premier abord, il est impossible de le dire.,

Peut-être avait-il formé le dessein de voler? peut-être celui de tuer? peut-être, si une femme était couchée dans la maison, voulait-il la violer? On peut, suivant les circonstances, se trouver en présence d'un voleur, d'un assassin, d'un violateur. Pour résoudre la question de savoir quelle est la signification précise des actes reprochés à l'inculpé, il faudra donc, avant tout, rechercher quelle était son intention. Mais, cette intention constatée, et sous la réserve de circonstances qu'il est difficile de prévoir à l'avance, je crois qu'une distinction est à faire suivant que le délit auquel auront tendu ces actes sera un vol ou tout autre crime. On peut dire, en effet, que l'escalade, l'effraction ou l'usage de fausses clefs, sont des actes d'exécution du vol (C. p., art. 391 à 398), et que l'agent, dès qu'il a fait effort pour vaincre les obstacles sérieux qui s'opposaient à son dessein, est en pleine exécution du délit. Le reste, la soustraction, n'est qu'un jeu pour lui : le *processus ad actum*, qui caractérisait, d'après nos anciens auteurs, la tentative, est presque achevé. Mais s'il s'agit d'un autre crime, par exemple d'un meurtre, la solution ne saurait être la même. Ce n'est plus commencer l'exécution du crime que de pénétrer, même par escalade et effraction, dans une maison, avec le dessein de tuer. Ces actes sont trop éloignés de l'homicide pour en être, dans le sens de l'art. 2, le commencement. Mais que l'on suppose l'agent, un poignard à la main, pénétrant dans une maison, en renversant d'un coup d'épaule la porte d'entrée, pour y trouver sa victime. Nous n'hésiterions pas à voir, dans cet ensemble des circonstances, le commencement d'exécution du meurtre. C'est qu'en effet les solutions absolues ne peuvent être données que sous réserve de l'examen des faits rapprochés de l'intention de l'agent.

En résumé, pour déterminer, avec exactitude, le point initial de la tentative, le juge recherchera : 1° quelle infraction l'agent avait l'*intention* de commettre, ce qui sera une *question de pur fait*, à examiner et à résoudre d'après les circonstances de la cause et appréciée souverainement par les juges du fait; 2° si l'acte accompli est un *commencement d'exécution de l'infraction* voulue par l'agent, ce qui sera une *question de droit*. Mais, à ce dernier point de vue, la loi n'exige pas qu'il y ait un rapport de causalité, résultant de l'acte lui-même, avec l'infraction que l'agent veut réaliser : ce qui est nécessaire mais suffisant, c'est que l'acte tende directement et immédiatement à l'accomplissement du crime, et qu'on puisse dire de l'agent qu'il est dans la période d'exécution de son dessein, en *action criminelle*. L'idée que les Italiens expriment par l'expression intraduisible de l'*univocita* des actes d'exécution est un concept tout relatif, car, suivant les circonstances et suivant les crimes, tels actes, l'escalade et l'effraction, par exemple, seront tantôt des actes d'exécution tantôt des actes préparatoires[1].

B. *De l'intention en matière de tentative.* — La tentative, comme l'origine étymologique du mot l'indique, suppose que l'acte incriminé tend à consommer tel délit. Ainsi, Pierre frappe Paul d'un coup de poignard qui le blesse grièvement : il ne peut être question de déclarer Pierre coupable d'une tentative de meurtre, que si l'on démontre d'abord que Pierre a eu l'*intention* de donner la mort à Paul. En matière de tentative, il faut répéter, avec le jurisconsulte Callistrate : *voluntas spectatur non exitus*. L'examen de l'existence et du degré de la volonté criminelle, essentiel pour tout délit, le devient plus encore pour la tentative. Le *dol déterminé* est toujours une condition constitutive de cette forme d'incrimination.

C. *Du désistement volontaire de l'agent.* — L'agent qui a commencé à perpétrer le délit, peut s'arrêter, avant que l'exécution soit complète, soit spontanément et par sa libre volonté, soit malgré lui et parce qu'il a été empêché de continuer par une circonstance indépendante de sa volonté.

I. Lorsque l'agent est arrêté, malgré lui, en cours d'exécution du délit, on dit qu'il y a *tentative simple;* quand il a fait tout ce qu'il pouvait et a exécuté complètement les actes nécessaires pour arriver à ses fins, mais que le résultat n'a pas été atteint, on dit qu'il y a *tentative achevée* ou *délit manqué*. Ces deux formes de tentative sont prévues et punies d'une manière collective par l'art. 2, C. p.

II. Mais, quel que soit le degré d'exécution, tant que l'infraction n'est pas consommée, le *désistement de l'agent* lui vaut impunité. C'est une raison de *politique sociale*, dictée par des considérations utilitaires, qui a fait admettre cette règle dans tous les pays, sauf en Angleterre. Le Code pénal français, dont la formule est reproduite par divers autres Codes, ne punit la tentative que « *si elle n'a été suspendue ou n'a manqué son effet que par des circonstances indépendantes de la volonté de son auteur* ». La société a certainement plus d'intérêt à fermer les yeux sur les actes qui n'ont pas consommé le délit, pour prévenir le mal à faire, qu'à punir le mal déjà fait : or, il ne suffit pas, pour l'exercice du droit social de punir, que le châtiment soit juste en lui-même, il faut encore qu'il soit utile dans ses effets, condition qui ne se rencontre pas dans la punition de la tentative dont l'agent s'est désisté. La société, en déclarant punissable, dans tous les cas, le commencement d'exécution, pousserait elle-même

[1] Comp. Garçon, *Code pénal annoté*, art. 3, nos 44 à 88. Voy. Cass., 25 mars 1898 (D. 99. 1. 206); 29 mai 1902 (D. 1904. 1. 31); 4 juill. 1903 (D. 1903. 1. 425; S. 1904. 1. 105).

le malfaiteur à l'exécution complète du délit. Cette *amnistie*, accordée à l'avance pour toute tentative volontairement interrompue, rentre dans la mission protectrice de la loi pénale. C'est de la bonne politique criminelle.

III. Le désistement de l'agent peut résulter du repentir; mais il peut aussi provenir d'une autre cause, de la crainte par exemple. Pour amnistier l'agent qui s'arrête, avant la consommation du délit, faut-il rechercher les *motifs* de sa conduite? Il existe, en législation, deux systèmes opposés, et ils se retrouvent dans l'interprétation du Code pénal français. L'un ne tient compte que du désistement inspiré par le repentir; l'autre en admet la validité, alors même que le désistement serait inspiré par la contrainte morale exercée sur l'agent par un fait extérieur. Ces deux solutions sont trop absolues l'une et l'autre. La loi ne se préoccupe certainement pas des *motifs* qui ont déterminé la volonté de l'agent; elle n'exige même pas que le désistement soit *spontané*. Ce qu'elle demande, c'est que le désistement ait un caractère *volontaire*. Il faut donc rechercher si l'agent avait la liberté morale de s'arrêter, si, pouvant achever son œuvre criminelle, il n'a pas voulu le faire. Dans ces conditions seulement, le désistement est une cause d'impunité.

IV. Mais un acte d'exécution, suspendu volontairement, qui, dans l'intention de l'agent, était une tentative pour accomplir tel délit, peut constituer la consommation d'un autre délit, si bien que l'agent, qui ne doit pas être poursuivi pour le délit qu'il a tenté, puisqu'il s'est désisté, peut l'être pour le délit qu'il a consommé. Ainsi l'individu qui, voulant tuer, s'est arrêté, après avoir porté un premier coup, alors qu'il pouvait achever sa victime, n'est pas coupable de tentative de meurtre, mais l'est certainement de coups et blessures (C. p., art. 307).

68. Les conditions de la tentative punissable doivent être exprimées dans tout jugement. — Telles sont les conditions essentielles de la tentative punissable. L'existence de ces conditions doit être exprimée dans toutes les décisions des juridictions d'instruction, qui mettent en prévention ou en accusation pour crime ou délit tenté, comme dans toutes les décisions des juridictions de jugement qui condamnent pour les mêmes causes[1].

Ainsi, pour les tentatives de *crime*, l'arrêt de la chambre des mises en accusation renverra, devant la cour d'assises, pour tentative, *ma-*

[1] Comp. Cass., 4 avr. 1872 (S. 73. 1. 46); 22 déc. 1882 (*B. cr.*, n° 287); Chauveau et Hélie, t. Ier, n° 169; Blanche, t. Ier, n° 14 : Le Sellyer, *Traité de la criminalité*, t. Ier, n° 31.

nifestée par un commencement d'exécution et n'ayant été suspendue ou n'ayant manqué son effet que par des circonstances indépendantes de la volonté de son auteur. En cour d'assises, la question posée aux jurés devra comprendre, à peine de nullité, ces éléments légaux de la tentative, qui seront réunis dans une question unique. Le président ne devra donc pas se borner à demander : *L'accusé est-il coupable d'une tentative de meurtre?* mais : *L'accusé est-il coupable d'avoir* (ici, la date), *commis une tentative de* (spécifier, ici, le crime, avec ses circonstances constitutives), *laquelle tentative, manifestée par un commencement d'exécution, n'a été suspendue,* — ou *n'a manqué son effet que par des circonstances indépendantes de la volonté de son auteur?*

De même encore, pour les tentatives de *délit*, dans l'opinion qui impose, pour la légalité de ces tentatives, les conditions prescrites pour la légalité des tentatives de crime, le tribunal correctionnel devra exprimer, dans sa décision, qu'il condamne pour tentative de tel délit, *manifestée par un commencement d'exécution*, etc.

69. Distinction entre les délits tentés, manqués et consommés. — La définition de l'art. 2, C. p., distingue deux degrés dans la tentative. Il y est question, en effet, d'actes d'exécution qui ont été *suspendus* et d'actes d'exécution qui ont *manqué* leur effet. Le délit *tenté* et le délit *manqué* sont des délits *imparfaits :* tel est leur caractère commun. On les oppose l'un et l'autre au délit *consommé*. Mais leur imperfection ne tient pas à la même cause, et c'est en quoi ils diffèrent. En effet, un délit peut être imparfait, parce que la série des actes qu'il suppose a été interrompue ou insuffisamment exécutée, mais il peut l'être aussi, quand l'action étant parfaite pour produire le mal du délit, l'agent n'a cependant pas obtenu le résultat qu'il en attendait : on dit, dans le premier cas, que la tentative a été *suspendue;* qu'elle a été *manquée*, dans le second. Ainsi, un individu verse une substance vénéneuse dans le verre de la personne qu'il veut empoisonner; au moment où celle-ci porte le verre à ses lèvres, le pharmacien, qui a vendu cette substance, intervient et empêche la consommation du délit : l'empoisonnement a été *tenté*. Le poison a été bu par la personne à laquelle on le destinait, mais un antidote, pris à temps, a neutralisé ses effets : l'empoisonnement a été *manqué*. Dans ce cas, il y a même plus qu'un commencement d'exécution de l'empoisonnement, car, si nous consultons la définition de l'art. 301, C. p., le crime même a été *consommé*. En effet, pour la loi française, qu'est-ce qu'un empoisonnement? « Tout *attentat à la vie* « d'une personne par l'effet de substances qui peuvent donner la « mort plus ou moins promptement, de quelque manière que ces

« substances aient été employées ou administrées, et *quelles qu'en* « *aient été les suites* ». Cette définition prouve que, dans le sens légal du mot, l'empoisonnement est un crime *consommé*, même lorsque son effet est *manqué*, c'est-à-dire lorsqu'il n'y a eu qu'*attentat*. Quelle est donc la portée de l'art. 2, C. p., qui assimile les *délits tentés* aux *délits manqués* sous le nom générique de *tentatives*, en les distinguant des *délits consommés?* Pour en comprendre l'intérêt, il faut nous fixer sur le point extrême de la tentative et nous demander à quel moment elle cesse, le délit étant consommé.

I. Dans le sens légal du mot, un délit est *consommé*, lorsque le fait imputé au prévenu réunit toutes les conditions que la loi exige pour l'existence de ce délit. Ainsi, pour savoir si le crime dont il s'agit est consommé ou s'il n'y a qu'une tentative, il faut examiner, non pas si l'auteur a atteint son but, mais uniquement si le fait, qui est l'objet des poursuites, réunit tous les éléments constitutifs du crime, tel qu'il est défini par la loi pénale.

Or, en examinant la définition légale des diverses infractions, on remarque qu'une notable différence les sépare, relativement au moment où elles doivent être considérées comme accomplies.

a) Souvent, la loi punit un *fait* déterminé, un fait dont l'*exécution seule* constitue le délit. Ce fait peut avoir des résultats préjudiciables, que le coupable a eus certainement en vue lorsqu'il l'accomplissait; mais le délit est *consommé*, encore que ces résultats n'aient pas été produits. Ainsi, le crime de fausse monnaie, prévu par l'art. 132, est accompli dès que les monnaies ont été contrefaites ou altérées, alors même qu'elles n'auraient pas été émises; le faux, prévu par les art. 145 et suiv., est consommé, alors même que le faussaire n'aurait pas obtenu, par la production du titre, les avantages qu'il attendait de l'acte falsifié; l'empoisonnement est accompli dès que les substances propres à donner la mort ont été absorbées, alors même que la mort ne s'en serait pas suivie. On ne peut donc considérer l'altération de monnaies, le faux, l'empoisonnement, dans le cas où ces faits n'ont eu aucun résultat, comme des *tentatives qui auraient manqué leur effet :* ce sont bien des *crimes consommés*.

b) Mais la loi ne se borne pas toujours à incriminer des actes, abstraction faite de leurs conséquences; elle exige, comme condition même de la consommation d'un grand nombre d'infractions, que l'exécution de l'acte délictueux ait produit son effet et que l'agent ait obtenu le résultat immédiat qu'il en attendait. Les infractions de cette nature ne sont donc *consommées* qu'au moment où le mal du délit a été accompli. Il en est ainsi du meurtre, qui n'est consommé que par la mort volontairement donnée à la victime (C. p., art. 295); de l'avortement qui n'est consommé que par la réussite des manœuvres abortives (C. p., art. 317). Toutes les fois que l'infraction, telle qu'elle est définie par la loi pénale, consiste dans un effet déterminé, tel que, un homicide, un avortement, etc., l'action, exécutée dans l'intention de réaliser cet effet, ne forme qu'une tentative, quand cet effet n'a pas été produit, et doit être traitée, au point de vue légal, comme une *tentative* de crime et non comme un crime *consommé.*

Par suite de cette distinction entre les *délits formels* et les *délits matériels*, l'étendue de la tentative se trouve plus ou moins restreinte suivant le caractère juridique de l'infraction.

La loi pénale tient-elle compte des conséquences de l'acte commis? La tentative peut alors se présenter sous deux formes différentes : elle peut être *achevée* ou *inachevée*. Elle est *inachevée*, lorsque l'agent n'a pu mener à leur fin les actes qu'il a entrepris : voulant tuer, il est empêché de tirer sur sa victime, parce que son arme est relevée par un tiers. La tentative est *achevée,* quand l'exécution étant complète, le résultat voulu n'a cependant pas été atteint : ainsi le meurtrier a tiré, mais son coup a dévié. Dans le premier cas, le délit est *tenté :* il est *manqué* dans le second, de sorte qu'il y a tentative simple ou délit tenté, quand l'infraction est imparfaite au point de vue de son exécution; il y a tentative complète, ou délit manqué, quand elle est imparfaite au point de vue de son résultat.

La loi pénale réprime-t-elle l'acte commis, indépendamment de ses conséquences? La première forme de la tentative est seule possible, et le délit manqué est juridiquement consommé.

II. Or, il importe de fixer, avec précision, le moment où l'exécution du fait délictueux cesse d'être une tentative et prend le caractère d'une infraction consommée : cela importe, non par rapport à la peine légale, puisque l'infraction tentée est punie de la même peine que l'infraction consommée, mais au point de vue du *désistement volontaire de l'agent.* Tant que l'infraction n'est pas consommée, la tentative pour la commettre reste impunie, si elle n'a manqué son effet que par la volonté même de l'auteur. Or, pour que l'agent puisse invoquer cette disposition, il faut que le fait, à raison duquel il est poursuivi, ne constitue qu'une tentative. La possibilité d'un *désistement volontaire* est de l'essence de cette forme d'incrimination. Mais dès que le délit est consommé, les actes par lesquels le délinquant essaierait de réparer le préjudice causé, anéantiraient même, autant qu'il dépendrait de lui, les conséquences du fait délictueux, n'empêcheraient pas l'infraction d'avoir été consommée et la peine d'être encourue. La réparation du préjudice pourrait être une circonstance atténuante de la culpabilité, mais non un fait justificatif[1]. Ainsi, la décision qui prendrait pour fait interruptif d'une tentative de *vol*, la restitution volontaire de l'objet volé, serait rendue en violation de l'art. 379, puisque le vol est consommé par la soustraction frauduleuse de la chose, c'est-à-dire dès que le voleur s'en est emparé dans l'intention de se l'approprier. De même pour le joueur qui jette les cartes dès qu'il s'aperçoit que sa tricherie est découverte. Ainsi encore, ce serait en vain que l'individu, qui a fait prendre une substance vénéneuse, en aurait paralysé les effets en administrant lui-même un antidote : car, aux termes de l'art. 301, l'empoisonnement est un crime consommé, alors même que son effet est manqué[2].

70. Du délit impossible. — Il peut se faire que l'action s'accomplisse dans des conditions telles que l'agent soit condamné, malgré sa volonté, à un échec certain. Ce cas ressemble à la tentative achevée ou délit manqué, en ce sens que le but n'a pas été atteint, bien que tout ait été mis en œuvre pour cela ; il se rapproche de la tentative inachevée ou suspendue, si l'on suppose des actes interrompus en cours d'exécution. Mais le délit impossible se sépare du délit tenté ou manqué en ce point essentiel que *le résultat voulu par l'agent ne pouvait être atteint* par manque d'objet ou insuffisance de moyens. Or, jusqu'ici nous avons supposé un crime, *réalisable* dans l'hypothèse où il a été entrepris, mais qui échoue par l'effet d'une circonstance acci-

[1] Certaines législations admettent, — et cette règle me paraît fort raisonnable, dans son application aux délits contre la propriété, — que, même après la consommation de l'infraction, la réparation volontaire et complète du préjudice peut être un fait justificatif. C'est la théorie du repentir actif qui avait été entrevue par quelques anciens criminalistes et qui a été oubliée dans la plupart des lois modernes. La théorie du repentir actif n'est pas étrangère à notre législation. Dans certains cas, l'agent qui répare le préjudice causé bénéficie d'une excuse absolutoire : C. p., art. 247 et 357. Mais le projet de revision du Code pénal ne s'est pas inspiré de cette idée pour la généraliser, il passe complètement sous silence le repentir actif. Quelques Codes, entre autres celui de l'Allemagne, consacrent cette théorie utilitaire dans des termes à peu près identiques : « La tentative n'est pas punissable, est-il dit dans le § 46, si, à une époque où elle n'était pas encore découverte, l'agent a, par un fait contraire, détourné les conséquences de son action criminelle ». Voy. mon *Traité*, 2e éd., t. II, no 593.

[2] Cette proposition, dont l'énoncé seul implique une sorte de contradiction, montre le vice de la définition légale de l'empoisonnement donnée par l'art. 301. Plus exactement, le Code pénal de 1791 qualifiait empoisonnement : *l'homicide commis volontairement au moyen de substances vénéneuses* (2e partie, tit. 2, sect. 1, art. 12), indiquant, par là, que la *consommation* de ce crime ne pouvait avoir lieu que par la *mort* de la victime. Le Code pénal belge, de 1867 a repris la définition du Code pénal de 1791. Cfr. Haus, *op. cit.*, t. Ier, no 429 ; Blanche, *op. cit.*, t. IV, no 514 ; et mon *Traité*, 2e éd., t. IV, no 1629.

dentelle, tandis que le crime impossible est un crime irréalisable, un *crime* en quelque sorte *putatif*. Cette situation soulève, en législation, un double problème : 1° il s'agit de savoir, en effet, si elle doit être assimilée, au point de vue de la répression, à la tentative suspendue ou manquée par des circonstances indépendantes de la volonté de l'auteur, de telle sorte que l'impossibilité tenant au but ou résultant des moyens ne serait qu'un accident analogue à tous ceux qui empêchent la consommation du délit; 2° et, au cas, où le délit impossible ne serait pas réprimé comme tentative, s'il conviendrait de le punir en lui-même et comme délit *sui generis*.

I. La solution de la première question dépend évidemment du parti que l'on prendra sur la nature *objective* ou *subjective* de la tentative. *a*) Pour ceux qui prétendent que la tentative ne peut être punissable que lorsque l'intention a été réalisée en partie, il est bien évident que toute tentative criminelle irréalisable doit échapper à la répression. Si la tentative n'est qu'un *fragment du délit* qu'il s'agissait de commettre, si la tentative résulte seulement d'une action capable de produire la conséquence désirée, il faut nécessairement que l'élément matériel de la tentative soit un acte en rapport d'efficacité avec le but poursuivi, un acte *idoine*. Ainsi, une femme qui se croit enceinte et qui ne l'est pas, pratique des manœuvres abortives; un individu, qui veut employer du poison, par erreur, achète une substance inoffensive et la fait prendre; un individu qui se croit marié, se remarie, alors que sa première femme est morte; il n'y aura pas, dans ces cas, avortement, empoisonnement ou bigamie manqués. *b*) Mais pour ceux qui ne donnent d'importance au fait que comme expression de la volonté de l'agent, qui ne voient, dans les actes extérieurs, qu'une manifestation saisissable de la perversité criminelle, qui punissent l'agent et non l'acte, la question du délit impossible ne se pose pas. Dans la tentative, en effet, on ne punit pas le fait accompli par la criminalité de l'agent, mais la criminalité de l'agent révélée par le fait accompli. Qu'importe donc la cause de l'échec qui laisse la volonté inefficace, puisque la tentative suppose toujours une impossibilité spécifique ou relative de commettre le délit?

Le Code pénal est muet sur la question des délits impossibles. Mais la doctrine, presque tout entière, se rattache à la *théorie objective* [1]. Elle s'appuie particulièrement sur deux motifs.

[1] C'est l'opinion de : Chauveau et Hélie, *op. cit.*, t. Ier, n° 251; Blanche, *op. cit.*, t. Ier, n° 8; Berthauld, *Cours de Code pénal*, 10e leç., p. 202; Lainé, *op. cit.*, nos 167-174. Dans les éditions précédentes de cet ouvrage, j'avais suivi la théorie généralement admise. Mais une étude plus attentive de la question, et surtout la répugnance qu'éprouve la conscience populaire à suivre les juristes dans cette voie,

Le premier est un raisonnement en forme de syllogisme[1], basé sur les expressions de l'art. 2 du Code pénal. L'*exécution*, dit-on, suppose la réalisation, et ce qui est vrai de l'exécution consommée est tout aussi vrai de l'exécution commencée. Or, dans la situation prévue, la fin du délit étant en dehors des pouvoirs de l'agent, les actes destinés à l'accomplir ne sauraient être considérés comme en étant l'exécution.

On fait de plus intervenir, dans la discussion, l'art. 301 du Code pénal, qui définit l'empoisonnement tout attentat à la vie par l'effet de substances qui peuvent donner la mort. Il semble bien que le texte ait visé des substances toxiques, réellement efficaces à produire cet effet. Il faut donc, pour qu'il y ait empoisonnement, qu'on ait employé de véritable poison; on en conclut que la tentative d'empoisonnement requiert également l'emploi du poison véritable. Il y aurait donc là l'application pure et simple d'une théorie générale, en vertu de laquelle la tentative, par des moyens insuffisants, serait écartée par la loi en tant que tentative punissable.

Mais dans quelles hypothèses l'infraction pourrait-elle être considérée comme impossible à réaliser? Il y a des cas où l'impossibilité est tellement accidentelle et fortuite que la victime a échappé à un réel danger et qu'on pourrait être conduit, par la logique rigoureuse du système, à réduire et même à supprimer, dans l'application, la répression de la tentative et du délit manqué, si l'on persistait jusqu'au bout dans une opinion intransigeante. Aussi essaie-t-on de rechercher et de classer les cas d'impossibilité.

En soumettant à l'analyse les diverses hypothèses qui sont de nature à se présenter, l'impossibilité, réelle ou apparente, de commettre une infraction, peut provenir, soit de l'*objet* de cette infraction, soit des *moyens* employés, et, dans un cas comme dans l'autre, elle peut être soit *absolue* et *radicale*, soit *relative* et *individuelle*.

a) *L'impossibilité* qui tient à l'*objet* est *absolue* quand cet objet n'existe pas ou quand il manque d'une qualité essentielle à son existence. Vouloir tuer une personne déjà morte, pratiquer des manœuvres abortives sur une femme qui n'est pas enceinte, c'est tenter un homicide ou un avortement qu'il est absolument impossible d'accomplir. *L'impossibilité* est *relative*, lorsque l'objet existe réellement, mais

m'a fait modifier une opinion qui avait pour conséquence une impunité vraiment scandaleuse. Comp. Cass., 4 janv. 1895, D. 96. 1. 2 et ma note.

[1] C'est Rossi, *op. cit.*, t. II, p. 42, qui est le premier auteur responsable de ce raisonnement. Il a été suivi particulièrement par Haus, *op. cit.*, t. Ier, p. 459 et suiv., p. 346 et suiv.; Lainé, *op. cit.*, n° 167. Je l'avais reproduit dans les premières éditions de cet ouvrage.

n'existe pas ou n'existe plus là où l'agent croyait le trouver. Deux espèces qui se sont présentées parfois devant les tribunaux en fournissent des exemples saisissants. Un malfaiteur décharge son arme dans une chambre où se trouvait habituellement la personne qu'il visait : par un heureux hasard, cette personne, à ce moment-là, était absente [1]. Un voleur essaie de s'emparer de l'argent qu'il suppose se trouver dans le tronc d'une église [2]; contrairement à toutes ses prévisions, le tronc était vide. Un pickpocket plonge sa main dans la poche d'un vêtement qui ne contenait aucun objet [3].

b) L'*impossibilité* qui résulte des *moyens* est *absolue*, lorsque, par eux-mêmes, ils ne permettent pas d'atteindre le but projeté. Ainsi, l'agent veut tuer, mais le révolver, dont il se sert à cette fin, a été déchargé à son insu [4]. L'*impossibilité* est *relative*, quand les moyens suffisent s'ils sont mis en œuvre avec habileté. Un anarchiste lance une bombe explosive dans un théâtre, mais il ne sait pas se servir du détonateur, et la bombe n'éclate pas.

Voilà les principales causes d'impossibilité : quelles seraient celles qui s'opposeraient à l'application des règles de la tentative? On attribue à la jurisprudence de la Cour de cassation une distinction entre l'impossibilité absolue et l'impossibilité relative : l'*impossibilité absolue* ne serait pas compatible avec la notion juridique de la tentative, mais l'*impossibilité relative* n'y ferait pas obstacle, aussi bien lorsqu'elle porterait sur l'objet même de l'infraction, que lorsqu'elle résulterait simplement des moyens [5]. D'après les arrêts, le meurtrier qui tire

[1] La Cour de Montpellier, 29 févr. 1852 (S. 52. 2. 464) a refusé de voir dans ce fait une tentative de meurtre, parce que, a-t-elle dit, l'agent et la victime supposée se trouvaient placés dans des conditions telles que la consommation du crime était actuellement impossible. La Cour de Chambéry s'est prononcée dans le même sens : 20 janv. 1877 (D. 78. 1. 35). Mais la Cour de cassation a admis un système contraire : 12 avr. 1877 (D. 78. 1. 35, S. 77. 4. 329). Dans ce dernier recueil, on trouvera une note importante de M. Villey.

[2] La Cour de cassation, dans un arrêt du 4 nov. 1876 (S. 77. 1. 48), admet, dans ce cas, la répression de la tentative. Il est dit, dans cet arrêt, que la circonstance dont il s'agit était étrangère à la volonté de l'agent, et qu'il n'y avait pas impossibilité absolue d'atteindre le but que celui-ci s'était proposé à son entrée dans l'église, but qui, d'après ses aveux, était le vol.

[3] La Cour de Paris avait décidé qu'il n'y avait pas tentative (Paris, 10 oct. 1896). Son arrêt a été cassé par la Cour suprême (Cass., 4 janv. 1895, S. 95. 1. 508; D. 96. 1. 21, et ma note dans ce dernier recueil) et cette doctrine a été acceptée par la Cour d'Orléans sur renvoi (Orléans, 19 févr. 1895, S. 95. 2. 85).

[4] La Cour d'Agen a décidé que l'art. 2, C. p., était inapplicable dans ce cas : 8 déc. 1849 (S. 52. 2. 66).

[5] Cette distinction entre l'impossibilité absolue et relative paraît avoir été formulée en doctrine, par Ortolan, *op. cit.*, t. Ier, nos 1002 et suiv., et no 1027, et Haus, *op. cit.*, t. Ier, nos 459 et suiv. Elle avait été déjà présentée, en Allemagne, par

dans une chambre où il croyait trouver sa victime, le malfaiteur qui force le tronc vide d'une église ou fouille un habit sans y rien trouver, commettent des tentatives punissables,

Si la jurisprudence est telle qu'on nous la présente, elle mérite les plus sérieuses critiques. Quelle que soit la cause de l'impossibilité, il est toujours vrai de dire : l'infraction ne peut être exécutée ; on ne peut pas plus commencer qu'achever ce qui est impossible. En un mot, l'impossibilité existe ou n'existe pas ; et, si elle existe, elle ne saurait être tantôt relative, tantôt absolue. Mais nous croyons qu'on n'a pas donné aux décisions de la Cour suprême leur véritable portée et qu'on s'est trop attaché à une phrase des motifs de l'arrêt du 1er avril 1877 (que, dès lors, *il n'y avait pas une impossibilité absolue* à ce que le crime pût être consommé). Au fond, pour la Cour suprême, la question des délits impossibles n'existe pas. A cet égard, un arrêt du 6 janvier 1895 est caractéristique ; il affirme, par voie de prétérition, il est vrai, qu'il est, à la fois, juridique et pratique de s'en tenir, purement et simplement, au texte de l'art. 2, C. p., et qu'en conséquence, il y a lieu seulement de rechercher si les éléments de la tentative, tels qu'ils sont caractérisés par l'art. 2, se trouvent réunis.

C'est qu'en effet, toute tentative, manifestée par un acte ayant le caractère d'un commencement d'exécution, doit être punissable, sans qu'il y ait à examiner si elle est ou non réalisable, et, au cas où elle ne le serait pas, d'où vient et comment se traduit l'impossibilité qui l'affecte. Deux motifs nous paraissent décisifs en faveur de cette interprétation de l'art. 2, C. p. Le premier est tiré de la nature même de la tentative, dans laquelle la loi considère moins l'acte que l'agent, puisqu'elle n'exige, pour la punir comme le délit consommé, qu'un commencement d'exécution, suspendu ou manqué, sans se préoccuper du résultat. Le second est tiré de l'assimilation faite par la loi entre le délit tenté et le délit manqué : dans les deux cas, il y a tentative punissable. Et cependant le délit manqué, c'est presque toujours un délit impossible. En effet, si l'on recherche la cause de l'échec éprouvé par l'agent, on se trouvera, le plus souvent, en face d'une erreur, ou d'une inexpérience qui a rendu le délit irréalisable. C'est ainsi que l'auteur d'un meurtre manqué aura tiré sur

Mittermaier. Mais elle ne peut pas rendre compte de la difficulté. Si l'on se place, dans les conditions mêmes où les faits ont eu lieu, l'impossibilité est absolue, ou elle n'existe pas. N'est-il pas aussi absolument impossible de tuer un homme en tirant un coup de feu dans une chambre où il n'est pas, qu'en tirant sur un objet pris pour lui dans l'obscurité? Voy. Lainé, *op. cit.*, p. 132 et 133, qui a réfuté, d'une manière décisive, cette opinion intermédiaire.

l'agent, mais en visant mal, ou en ne calculant pas la distance, c'est-à-dire dans des conditions où il lui était aussi difficile de tuer que s'il avait tiré avec une arme déchargée à l'avance, ou dans une direction où il croyait, par erreur, que se trouvait sa victime.

Il est vrai que, pour éviter la contradiction qu'on aurait pu leur imputer, les partisans de la doctrine classique déclarent qu'en pareil cas il n'y a pas délit impossible, mais délit manqué. N'est-ce pas jouer sur les mots? car le délit n'en est pas moins manqué par suite d'une impossibilité tenant au défaut de relation entre le moyen et le but (*idonéité des moyens*); et, à ce titre, il y avait bien, au moment où se plaçait le commencement d'exécution, impossibilité radicale de réaliser le délit.

L'argument tiré de l'art. 301, C. p., doit être écarté du débat, car cette disposition n'a pour but ni de confirmer ni d'infirmer notre solution. A tort ou à raison, le législateur a vu l'élément constitutif du crime d'empoisonnement, non dans l'homicide produit par le poison, mais dans l'emploi du poison pour produire l'homicide. Partant de cette conception critiquable, il est logique de conclure qu'en dehors de l'usage d'une substance toxique, il ne saurait y avoir ni empoisonnement ni tentative d'empoisonnement. Car les éléments qui constituent le crime réalisé doivent se trouver, *au moins en puissance*, dans la tentative elle-même.

C'est qu'en effet, à côté de l'*impossibilité de fait*, dont il n'y a pas à tenir compte, parce qu'elle résulte d'une circonstance indépendante de la volonté de l'agent, il y a une *impossibilité de droit*, qui implique l'inexistence de la tentative, parce qu'elle implique l'inexistence de l'infraction, telle que la loi l'a prévue et définie. La jurisprudence n'a jamais pu méconnaître que l'effort de l'agent, dans toute tentative punissable, devait avoir pour objet un *résultat en lui-même criminel*, et que là où ce résultat était irréalisable, là où la *matière criminelle* faisait défaut, il ne restait qu'une activité impuissante et inefficace au point de vue légal. En effet, chaque infraction comprend un certain nombre d'éléments essentiels et, à leur défaut elle disparaît. Il n'y a pas vol, si la soustraction a pour objet une chose qui appartenait déjà à l'inculpé; il n'y a pas avortement, si les manœuvres abortives ont été pratiquées sur une femme qui n'est pas enceinte[1];

[1] *Sic :* Cass., 6 janv. 1850 (S. 59. 1. 362) : « Attendu que d'après l'esprit et les termes de l'art. 317, la grossesse de la femme sur laquelle le crime est commis, est une condition constitutive de ce crime... Qu'il peut se faire que des pratiques coupables, semblables à celles que prévoit l'art. 317, soient opérées sur une femme ayant l apparence d'une femme enceinte, alors qu'en réalité il n'existe pas de grossesse, et que, par suite, il n'y a pas d'avortement possible : que là où se rencontre

il n'y a pas empoisonnement, si les substances administrées n'étaient pas toxiques[1]; il n'y a pas homicide, si la personne qu'on voulait tuer était déjà morte. Dans ces diverses hypothèses, il est bien certain que l'effort tenté pour commettre le délit ne saurait, en aucun cas, aboutir, et qu'il reste une intention criminelle, *juridiquement* irréalisable : le délit est *légalement impossible* parce qu'un de ses éléments constitutifs n'existe pas et ne peut exister, même sous forme de tentative. Le reconnaître, c'est simplement appliquer le principe fondamental de la *légalité des délits et des peines*[2]. Mais dès que la volonté du malfaiteur se manifeste dans des conditions normales, pouvant amener légalement la réalisation du méfait, il serait contraire à la justice et à la raison de le faire profiter d'une circonstance *matérielle* qui lui est étrangère, bien qu'elle rende sa volonté inefficace.

II. Les législations étrangères sont en désaccord sur la solution du problème des délits impossibles. Un grand nombre s'abstiennent de le résoudre, laissant à la jurisprudence le soin d'examiner si les éléments de la tentative se rencontrent dans cette situation. Plusieurs législations, au contraire, ont pensé qu'il était nécessaire de prévoir et de régler la difficulté. C'est ainsi qu'en Norwège, le Code pénal déclare la tentative punissable, pourvu que l'objet de l'infraction existe, sans tenir compte de l'obstacle qui s'oppose à l'exécution. Le projet du nouveau Code pénal espagnol est rédigé dans le même sens. Le Code pénal russe assimile également l'innocuité des moyens au cas fortuit, mais il prend soin d'exempter du châtiment celui qui, « à raison de son entière inintelligence ou superstition, n'a employé que des moyens manifestement inoffensifs tels que les sortilèges et les incantations ». Enfin, dans d'autres pays, l'impossibilité, de quelque cause qu'elle dérive, empêche la répression. Le Code pénal italien de 1889 appartient à ce groupe de législations, ainsi que le projet du Code pénal autrichien.

une impossibilité matérielle à la perpétration du crime même, se rencontre, une impossibilité de même nature pour l'existence, en fait, et la qualification, en droit, de la tentative ».

[1] Voy. les espèces citées par Blanche, *op. cit.*, t. Ier, n° 8, et Molinier, *Traité*, p. 79 à 81. Cf. mon *Traité*, 2e éd., t. IV, n° 1685.

[2] E. Bonnefoy, *De la tentative des infractions impossibles* (*Journ. des Parq.*, 1902, p. 197). On a reproché à notre doctrine « de reconstituer toute la théorie du crime impossible ». Ce n'est pas exact. Si l'art. 2 punit la tentative, il ne peut y avoir de tentative légale là où les éléments spécifiés par la loi pour constituer l'infraction font défaut. Ce que la loi punit dans la tentative, c'est la résolution manifestée par des actes d'exécution de commettre l'action qu'elle prévoit et qu'elle punit. En dehors de cette condition, il n'y a pas de délit même sous forme de tentative.

Dans les pays qui écartent expressément toute assimilation du délit impossible au délit manqué, une question subsidiaire se pose. Il s'agit de savoir si la loi pénale ne peut pas et même ne doit pas incriminer les cas d'impossibilité, par une disposition spéciale, en les considérant comme des délits *sui generis?* Cette solution moyenne est préconisée, même par les auteurs qui se rattachent le plus nettement à la doctrine *objective.*

§ X. — DANS QUELS CAS LA TENTATIVE EST PUNIE ET DE QUELLE PEINE.

71. PROBLÈMES QUI SE POSENT A PROPOS DE LA RÉPRESSION DE LA TENTATIVE. — Trois problèmes se posent, à ce point de vue, dans toute législation : 1° L'incrimination de la tentative est-elle toujours juridiquement possible? 2° Quand elle est possible, dans quels cas la tentative est-elle punie? 3° Et, lorsque la tentative est incriminée, est-elle punie de la même peine que le crime consommé?

72. DES CAS OÙ L'INCRIMINATION DE LA TENTATIVE EST JURIDIQUEMENT IMPOSSIBLE. — La nature même de l'infraction peut d'abord exclure le concept de la tentative.

I. De ce que cette forme d'incrimination représente un effort (*conatus*) de l'agent vers un but déterminé, il en résulte qu'elle ne saurait exister dans les cas où la loi prononce une peine sans tenir compte de la volonté de l'agent, et sur la simple constatation d'une action ou d'une omission due à une imprudence ou à une négligence. C'est dire que la tentative d'une infraction non intentionnelle constitue une impossibilité juridique. Comment concevoir, par exemple, qu'un individu tente d'allumer un incendie, ou essaie de commettre un homicide, par négligence ou imprudence? L'énoncé seul de cette proposition en démontre l'absurdité. La tentative suppose donc toujours l'intention criminelle.

II. Parfois, la définition même de l'infraction implique l'impossibilité d'incriminer la tentative. Il en est ainsi en matière de faux témoignage. Une peine n'est encourue qu'au moment où la déposition devient irrévocable. Or, de deux choses l'une : ou les débats sont encore ouverts, et alors la déposition peut être complétée ou rétractée ; ou les débats sont clos, et alors il n'y a plus simple tentative, mais crime ou délit consommé. En sens inverse, il ne peut être question de tentative en cas d'attentat à la pudeur, car la tentative, dans cette forme d'incrimination, se confond avec la consommation du délit.

73. DES CAS OÙ L'INCRIMINATION DE LA TENTATIVE ÉTANT POSSIBLE, LA TENTATIVE EST PUNISSABLE. — Lorsque la tentative est juridiquement possible, est-elle toujours incriminée? Il existe, à cet égard, trois systèmes différents dans les législations positives.

Le premier se caractérise par l'absence d'une disposition générale, faisant tomber la tentative sous le coup de la répression. On trouve seulement des dispositions spéciales punissant la tentative de tel ou tel crime déterminé. C'était, en réalité, le système du droit romain et celui de notre ancien droit. Il n'est plus représenté, dans le droit positif moderne, que par quelques législations secondaires.

La lutte sérieuse s'engage entre les deux autres systèmes, celui de la division *tripartite* et celui de la division *bipartite* des infractions.

En ce qui concerne l'incrimination de la tentative, le Code pénal français n'a pas une règle unique : il distingue, suivant que la tentative a été commise en matière de *crime*, auquel cas la tentative est punissable, sauf exception ; en matière de *délit*, auquel cas elle reste impunie, sauf exception ; en matière de *contravention*, auquel cas elle est toujours impunie (art. 2 et 3).

Cette distinction est encore aujourd'hui la plus répandue : on la retrouve en vigueur, non seulement dans les pays qui ont conservé les principes fondamentaux du droit pénal français, mais encore dans ceux qui subissent l'influence du droit pénal allemand [1].

D'autres législations [2], et leur nombre paraît s'accroître, repoussent la division tripartite des infractions, pour y substituer la division bipartite en *délits* et en *contraventions*. Elles soumettent les *délits* à un traitement analogue et déclarent, par conséquent, que leur tentative est punissable, à moins d'une exception formelle, tandis que la tentative des *contraventions* reste impunie.

De cette comparaison entre les divers systèmes d'incrimination de la tentative, il résulte que les uns et les autres s'inspirent d'une idée commune : la loi ne doit déclarer punissables que les tentatives qui ont

[1] Code pénal belge, art. 53; Code pénal allemand, § 44; Code pénal hongrois § 65; Code pénal portugais, art. 12.

[2] Code pénal espagnol, art. 3 et projet de revision, art. 20 et 21 ; Code pénal hollandais, art. 45 et 78 ; Code pénal italien, art. 61 et 62.

pour objet des infractions d'une certaine gravité. En effet, l'intérêt social, en ce qui concerne les infractions légères consommées, est déjà si faible, qu'il devient nul quand il ne s'agit plus que de simples tentatives. Lorsqu'un fait n'a causé encore aucun dommage, lorsqu'il n'est pas de nature à troubler la paix publique, la loi aurait tort de le réprimer.

Aussi, dans tous les pays, la tentative de *contravention* échappe aux poursuites. Et, de cela, il existe une double raison : la première, c'est que la loi ne s'occupe pas de l'intention criminelle pour punir de semblables faits ; la seconde, c'est que les contraventions présentent si peu de gravité que ce serait dépasser toute limite raisonnable, de les punir avant leur consommation effective. Mais quels motifs y a-t-il de distinguer entre les *crimes* et les *délits* ? Lors de la confection du Code pénal, deux motifs furent donnés à l'Empereur, qui interrogeait les conseillers d'État. La tentative de crime serait d'abord plus facile à constater que celle de délit. Ce motif est peu satisfaisant : les crimes et les délits ne sont pas séparés les uns des autres par une cloison étanche, puisque le même fait, le *vol*, par exemple, avec une circonstance de plus ou de moins, peut être soit un délit, soit un crime. Le véritable motif de la différence, c'est que les délits étant moins graves que les crimes, le législateur peut plus facilement en négliger la tentative. Ce qui prouve que telle est bien la portée de la règle, c'est que toutes les fois que la tentative d'un délit est de nature à troubler l'ordre social, elle est, par exception, punissable.

74. Lorsque la tentative est punie, elle l'est de la peine du crime consommé. — Les règles de punibilité de la tentative sont ainsi mises en rapport avec la gravité relative des infractions. Mais il existe une conception commune à tous les cas et qui caractérise la législation française, c'est l'assimilation, au point de vue de la peine, de la *tentative* à l'*infraction consommée*. « Toute tentative de crime... est *considérée comme le crime même* ».

Cette règle s'explique dans la théorie subjective, dont elle est l'extrême corollaire. Que l'on se place au point de vue ancien et traditionnel de l'expiation, encourue par toute résolution criminelle devenue irrévocable et se réalisant en acte, que l'on se place au point de vue moderne de la défense sociale, pour laquelle il faut atteindre, non pas l'acte lui-même, mais l'agent dont l'acte a révélé les instincts pervers, on est naturellement conduit à ne pas se préoccuper de l'imperfection du délit, alors que l'agent a fait tous ses efforts pour le consommer. Celui-ci est aussi *coupable*, il est aussi *dangereux*, qu'il ait réalisé son dessein criminel ou qu'il ait été arrêté en cours d'exécution, par une circonstance indépendante de sa volonté. C'est ainsi que l'école positiviste et l'école spiritualiste, bien que partant de points de vue opposés, se rencontrent pour approuver le Code pénal français. Et cependant, le sentiment populaire et instinctif proteste, à sa manière, contre cette assimilation de la tentative au délit consommé : son opposition se manifeste notamment par les nombreux verdicts du jury qui obtiennent, au moyen des circonstances atténuantes, que l'auteur de la tentative soit puni d'une peine moindre que l'auteur du crime consommé. L'un et l'autre cependant ont *voulu* le même crime; mais, par un de ces hasards heureux, qui se mêlent à toutes les choses humaines, l'un a manqué son but et l'autre l'a atteint. Du reste, le système du Code pénal est assez précis et assez souple pour se prêter à la conciliation des intérêts divers engagés dans la question. L'assimilation de la tentative au délit consommé n'est plus aujourd'hui qu'un *principe légal* que les juges peuvent modifier en appliquant à la tentative une peine atténuée, par une déclaration de circonstances atténuantes (C. p., art. 463). En consacrant la doctrine subjective, le Code pénal offre donc aux juges, pour la répression de la tentative, le moyen de prononcer la peine applicable au crime accompli, toutes les fois que la culpabilité est aussi grave et le danger social aussi pressant[1].

75. De la tentative soit de crime, soit de délit, soit de contravention. — Nous devons distinguer, avec les art. 2 et 3, la tentative, soit de crime, soit de délit, soit de contravention.

[1] Le système de notre Code pénal qui assimile le méfait tenté ou manqué et le méfait consommé, est actuellement isolé. L'art. 52 du Code pénal belge punit la tentative de crime qui n'a été suspendue ou n'a manqué son effet que par des circonstances indépendantes de la volonté de l'auteur « de la peine immédiatement inférieure à celle du crime même ». Même disposition dans le Code pénal génevois (art. 5). Code pénal des Pays-Bas, art. 45 : « Le maximum des peines principales, fixées pour un délit, est diminué d'un tiers pour la tentative. Quand il s'agit d'un délit emportant l'emprisonnement à perpétuité, la peine d'emprisonnement est prononcée pour quinze ans au plus ». Le § 44 du Code pénal allemand distingue également, au point de vue de la pénalité, le crime ou le délit tenté du crime ou du délit consommé; son système se résume ainsi : la peine ne doit jamais atteindre le *maximum* de celle qui est prononcée contre l'infraction, et elle peut descendre au quart du *minimum* de cette même peine. Les trois peines fixes qu'organise la législation allemande, c'est-à-dire la mort, la maison de force et la forteresse à vie, sont transformées en un emprisonnement de trois à quinze ans. Le Code pénal allemand confond, du reste, dans la même disposition, le délit *tenté* et le délit *manqué*. Dans le groupe des législations qui distinguent entre les divers degrés de la tentative, rentrent : le Code pénal espagnol (art. 66 et 67), le Code pénal russe (art. 11 et 115), le Code pénal portugais (art. 104 et 105), le Code pénal italien (art. 61 et 62), etc. Cfr. sur la législation étrangère en matière de tentative : Berge, *op. cit.*, p. 303; Champcommunal, *op. cit.*, p. 112 et suiv., Molinier, *Traité*, p. 55.

De la tentative en matière de crime. — La tentative de crime est punie comme le crime même. De cette règle générale, applicable, en principe, à tous les crimes[1], il faut conclure : 1° que si la tentative a été accompagnée d'une circonstance aggravante, elle doit donner lieu à la même peine que si cette circonstance se trouvait jointe au crime consommé. Mais il faut, dans tous les cas, qu'il y ait eu complète exécution du fait dans lequel la loi voit une circonstance aggravante; 2° que l'individu, mis en jugement comme coupable d'un crime consommé, peut être jugé et condamné comme coupable de la tentative de ce crime, s'il résulte des débats qu'il n'y a pas eu consommation, mais tentative; 3° que les complices d'une tentative doivent être punis comme les complices du crime consommé. Cette dernière conséquence résulte de la combinaison de l'art. 2, qui assimile la tentative au crime même, avec l'art. 59, qui frappe les complices des mêmes peines que les auteurs mêmes du crime.

La règle que la tentative de crime est punie comme le crime même, bien que générale, n'est pas absolue. Nous signalerons quelques exceptions, notamment en matière d'*avortement* (C. p., art. 317).

De la tentative en matière de délit. — Aux termes de l'art. 3, la tentative de délits n'est punissable « *que dans les cas déterminés par une disposition spéciale de la loi* ». Ces cas sont assez nombreux. Ainsi pour le vol (C. p., art. 388 à 401), pour le détournement d'objets saisis (C. p., art. 406, § 2), pour l'escroquerie (C. p., art. 405), pour l'évasion de détenus (C. p., art. 231 à 245), la tentative est punie de la même peine que le délit consommé. Mais il faut poser, comme un principe absolu, qu'en dehors d'un texte formel, la tentative d'un délit de police correctionnelle reste impunie. Ce point n'a jamais fait de difficulté en jurisprudence. Aussi lorsque le législateur fait descendre une infraction du rang des crimes au rang des délits, doit-il prendre soin d'édicter une disposition spéciale. Tel a été le procédé de la loi du 13 mai 1863, qui a correctionnalisé un certain nombre de crimes. Sans cette précaution, l'impunité existerait, même dans le cas où le fait illicite aurait été commis avant le changement de législation, tout adoucissement de peine profitant au coupable.

Lorsque la tentative de *délit* est punissable, doit-elle réunir les conditions prévues par l'art. 2, C. p., pour la tentative de crime, c'est-à-dire : 1° être manifestée par un commencement d'exécution;

[1] Le principe de l'art. 2 est général; il s'applique non seulement aux tentatives de crimes prévus par le Code pénal, mais à celles des crimes prévus par les lois spéciales. Comp. : Code du 9 juin 1857, art. 205; Code du 4 juin 1858, art. 210. Ces textes ont mis fin à la question de savoir si les tentatives de crimes militaires étaient punissables. Comp. : Cass., 13 nov. 1852 (D. 52. 1. 332).

2° n'avoir été suspendue ou n'avoir manqué son effet que par une circonstance indépendante de la volonté de son auteur? La jurisprudence, à propos de cette question, paraît avoir passé par trois phases successives : 1° On invoque d'abord le silence de la loi sur la définition de la tentative de délit pour reconnaître aux tribunaux correctionnels la faculté d'incriminer, sous cette qualification, même des actes préparatoires ou un commencement d'exécution volontairement suspendu : 2° Puis, on semble admettre que les tribunaux correctionnels doivent caractériser la tentative de délit comme la tentative de crime; mais on dénie tout contrôle à la Cour de cassation, en cette matière, sur la qualification même des faits. Il suffirait que les tribunaux reconnaissent un prévenu coupable de tentative de délit : cette déclaration proclamerait implicitement l'existence des circonstances constitutives de cette tentative[1]; 3° Enfin, on donne à la Cour suprême le droit de rechercher, en admettant l'exactitude des faits relevés par l'arrêt, si ces faits constituent ou non une tentative punissable[2].

C'est l'opinion qui nous paraît la plus exacte. La tentative de délit, pour être punissable, doit, en effet, présenter les conditions établies par l'art. 2 en vue de la tentative de crime. Le doute sur cette solution n'a pu venir que du silence gardé par l'art. 3, soit sur la définition de la tentative de délit, soit sur les circonstances qui la rendent punissable. Mais il faut combler, au moyen de l'art. 2, les lacunes de l'art. 3. Cette référence est conforme aux précédents : l'art. 17 de la loi du 25 frimaire an VIII définissait la tentative de délits comme celle de crimes. Rien dans les travaux préparatoires du Code pénal ne dénote un changement de principe. Quant au silence de l'art. 3 sur la définition et les conditions de la tentative en matière de délits, il s'explique naturellement par cette raison que cet article a uniquement pour but d'indiquer que cette tentative n'est pas punissable en règle générale, qu'elle l'est seulement dans les cas où la loi l'incrimine expressément. La tentative de délit étant *définie* comme la tentative de crime, la Cour suprême a le droit et le devoir de contrôler la qualification donnée aux faits, c'est-à-dire de rapprocher ces faits de la définition de la loi et de dire s'ils constituent ou non le commencement d'exécution incriminé. Si la matérialité des actes dépend, en effet, de

[1] Cass., 1er juill. 1888 (S. 89. 1. 237) : « Attendu que le demandeur a été condamné pour tentative de vol et pour rupture de ban; que si l'arrêt n'énonce pas que les tentatives dont le demandeur a été déclaré coupable, n'ont manqué leur effet que par des circonstances indépendantes de la volonté de leur auteur, cette énonciation n'est pas exigée impérativement par l'art. 3, C. p. en matière de délit... ».

[2] Cass., 5 janv. 1895, précité. Voy. les arrêts cités dans le *Code pénal* annoté de Garçon, art. 3, nos 94 à 108.

l'appréciation souveraine des juges du fait, il en est autrement des conséquences qu'ils comportent.

De la tentative en matière de contravention. — Les art. 2 et 3, C. p., ne font pas mention de cette tentative; de ce silence, on peut conclure, à bon droit, que la tentative de *contravention* n'est pas punissable. D'une part, les contraventions sont des fautes trop légères pour que la tentative en soit dangereuse pour l'ordre social; d'autre part, les contraventions constituant, en général, des infractions que la loi punit, sans rechercher si elles ont été commises avec ou sans intention, il est naturel d'en négliger la tentative, et de n'incriminer que des faits accomplis.

CHAPITRE III

DE L'ÉLÉMENT MORAL DE L'INCRIMINATION.

---

§ XI. — NOTIONS GÉNÉRALES SUR LA MORALITÉ DE L'INFRACTION.

76. Imputabilité. Responsabilité. Culpabilité. — 77. Le caractère volontaire du fait de la part d'un homme normal implique la responsabilité. Responsabilité morale. Responsabilité sociale. Responsabilité physiologique. — 78. Du double degré que peut avoir la volonté : l'intention et l'imprudence. — 79. Division du sujet.

76. Concepts de l'imputabilité, de la responsabilité, de la culpabilité. — L'homme n'est *responsable*, au point de vue pénal, comme au point de vue civil, du fait illicite qu'il a matériellement commis, que lorsque ce fait lui est *imputable*, c'est-à-dire quand on peut le mettre à son compte. Mais pour que la justice sociale ait le droit de mettre une action sur le compte de l'agent, dans le but de régler ce compte avec lui, il faut que l'agent ait commis une faute (*culpa*), qu'il soit coupable. De là trois idées, qui se lient et se complètent : les idées d'*imputabilité*, de *responsabilité*, de *culpabilité*. Imputer un fait à quelqu'un, c'est, en effet, le mettre à son compte pour lui en faire subir les conséquences; c'est dire qu'il en est coupable et, par conséquent, responsable. La *culpabilité* et la *responsabilité* sont des conséquences si directes, si immédiates de l'*imputabilité*, que les trois idées sont souvent considérées comme équivalentes et les trois expressions comme synonymes. Cependant, l'imputabilité n'est pas susceptible de plus ou de moins : elle s'affirme ou se nie. La culpabilité et la responsabilité se mesurent, elles ont des degrés : l'agent est plus ou moins coupable, plus ou moins responsable.

Rechercher si l'auteur du délit est en *faute*, relativement au fait qui lui est reproché, c'est étudier la *moralité* du délit. De là est venu l'usage de désigner, sous le nom d'*élément moral* du délit, l'ensemble des conditions de la culpabilité.

La culpabilité ne peut être affirmée que si le fait est imputable à l'agent et s'il a été commis sans droit. Il faut, en effet, distinguer, dans la culpabilité, deux chefs, comme il faut distinguer, dans les circonstances qui l'excluent, les *causes de non-culpabilité* et les *faits justificatifs*. Les premières se rapportent à l'élément moral ; elles sont *subjectives* et font disparaître la *culpabilité;* les secondes, à l'élément illicite de l'incrimination ; elles sont *objectives* et font disparaître le *délit*. Nous en traiterons distinctement.

77. Du fondement et des conditions de la responsabilité pénale. — D'après le droit pénal positif, il n'existe de responsabilité pénale que pour les conséquences d'un *acte volontaire*, en ce sens que l'agent ne peut être pénalement tenu de ces conséquences que s'il est capable de volonté. *Le caractère volontaire du fait* imputé, telle est donc la base irréductible de la responsabilité[1]. Mais deux problèmes peuvent être posés : 1° Le premier est un problème métaphysique : il s'agit de savoir si la volonté humaine est libre ou déterminée ; 2° le second est un problème juridique : il s'agit de rechercher les conditions dans lesquelles doit se trouver l'agent pour répondre de ses actes.

I. De la solution du premier problème ne dépend pas le droit social de punir, mais seulement le caractère et le fondement de ce droit. Car si l'homme est fatalement déterminé à commettre le crime, la société est également déterminée à défendre les conditions de son existence contre ceux qui la menacent. Donc, même en faisant abstraction de la question du libre arbitre, le droit pénal reste une fonction nécessaire de l'organisme social : seulement, il est réduit à n'être qu'une pure *fonction défensive* ou *préservatrice* de la société, à laquelle l'idée de justice reste étrangère. Ce que la société punira, si elle se place à ce point de vue, ce ne sera pas une *action immorale*, mais une *action nuisible ;* elle frappera, non un *coupable*, mais un *anti-social*. La question de *responsabilité morale* ne saurait être posée dans ce cas : seule,

[1] Voy. l'art. 45 du C. p. italien : « Nul ne peut être puni à raison d'un délit, s'il n'a pas voulu le fait qui le constitue, à moins que la loi ne le mette, à un autre titre, à sa charge, comme conséquence de son action ou de son omission... » Lucchini, *Le droit pénal et les nouvelles théories*, p. 400, notes 13 et 14.

la *responsabilité sociale* importerait. Le concept de *nocuité* ou de *témibilité* devrait être substitué à celui de *culpabilité*, et il resterait seulement à se demander si la société, qui a incontestablement le droit de se défendre contre les criminels, doit se défendre contre tous par les mêmes moyens, si la recherche de la *responsabilité physiologique* ne devrait pas être le préliminaire de l'exercice de la fonction sociale de punir [1].

Mais le droit pénal est un acte de défense, adapté aux idées de justice, c'est-à-dire à la conception du bien et du mal et à celle qui en découle forcément, la *responsabilité morale* de l'individu.

Sur le fondement de la *responsabilité morale*, distincte de la *responsabilité sociale*, il a toujours existé deux grandes écoles.

D'après la première, la responsabilité morale implique la liberté, si bien que le libre arbitre devient, tout à la fois, la base, la limite et la mesure de la responsabilité.

D'après la seconde, la responsabilité morale n'a pas besoin de s'appuyer sur la liberté : la notion de personnalité suffit pour l'expliquer [2] et la justifier.

Entre ces deux conceptions métaphysiques, le droit positif n'a pas à prendre parti. La liberté absolue d'élection, pas plus que le déterminisme fatal, ne peuvent être démontrés. Ce sont des *thèses*. L'*hypothèse*, c'est que tout acte de l'homme paraît dépendre d'un élément de liberté et d'un élément de nécessité et que, dans les conditions qui lui sont faites par les lois générales, l'homme normal conserve une dose de spontanéité et une puissance de réaction qui suffisent à fonder la responsabilité morale individuelle [3], sans qu'il y ait lieu cependant de mesurer la peine sur cette responsabilité, dont l'existence

[1] Cette idée est acceptée par Ferri et présentée par lui comme le dernier mot du progrès : *Sociol. crim.* (trad. Tissier, 1905), p. 580 et suiv.

[2] Dans un ouvrage élémentaire, il est absolument impossible d'indiquer toutes les variétés des systèmes qui dégagent l'idée de responsabilité de l'idée de liberté. Voy. Liszt, *Die Deterministischen Gegner der Zweckstrafe* (*Zeitschrift für die gesammte Strafrechtwissenschaft*, t. XIII, p. 325); Garraud, *De la notion de la responsabilité morale et pénale* (*Bull. de l'Union intern. de droit pénal*, t. VI, 1897, p. 330), et les discussions qui ont eu lieu sur la question, p. 468 et suiv.; Tarde, *Philosophie pénale*, ch. III, p. 83 et suiv.; *Actes du deuxième congrès int. d'anthropologie crim.*, p. 92 à 105; *L'idée de culpabilité*, Paris, 1891; Lévy-Bruhl, *L'idée de responsabilité* (Paris, 1884); Fouillée, *La liberté et le déterminisme* (Paris, 1884); G. Morache, *De la responsabilité* (Paris, Alcan, 1906); Fonsegrive, *Essai sur le libre arbitre* (Paris, 1887); Cfr. mon *Traité*, 2e édit., t. I, nos 229 et 236. Voy. Ferri, *Sociologie crim.* (trad. Tissier, 1905), p. 317 à 467; et J. Grasset, *La responsabilité des criminels* (Paris, 1908).

[3] C'est la théorie de la liberté relative : Prins, *Science pénale et droit positif*, nos 868 et suiv.

seule importe pour justifier et colorer la moralité de la répression.

II. Le Code pénal ne se sert du terme « responsabilité » que dans la rubrique du *Livre deuxième :* « Des personnes punissables, excusables ou *responsables* pour crimes ou délits ». Et, usant d'une prudente réserve, il ne tente même pas de déterminer les éléments et les conditions de la responsabilité légale. C'est qu'en effet, d'une part, le mot responsabilité n'a de sens qu'autant qu'on le précise par une épithète (*responsabilité* soit *morale*, soit *sociale*, soit *physiologique*). D'autre part, la loi ne peut prendre, sans inconvénient, parti sur les problèmes de tout genre que soulèvent les questions de responsabilité. Le Code pénal s'est donc borné à indiquer les situations de fait dans lesquelles il n'y a « ni crime ni délit ». Ces situations sont au nombre de trois : et l'*irresponsabilité* résulte, soit d'une cause naturelle, le *jeune âge* (C. p., art. 66), soit d'une cause pathologique, la *démence*; soit d'une cause psychologique, la *contrainte* (C. p., art. 64). Le Code pénal affirme ainsi, par un *a contrario* décisif, que les conséquences d'un acte volontaire ne sont imputables à l'agent qu'à la condition de pouvoir les rattacher à un homme normal, agissant dans des conditions normales, capable de se conduire normalement, ou encore de se laisser influencer par des motifs normaux.

Le Code pénal, en effet, prend pour point de départ ce fait d'observation qu'à dater d'un certain âge, l'individu a acquis une somme de facultés, physiologiques et psychiques, suffisante pour reconnaître, dans un cas donné, l'importance légale d'un acte (*discernement* ou *intelligence*) et pour se décider à le commettre ou non (*volonté*). La *responsabilité légale* est donc l'attribution d'un acte de l'individu (*imputabilité*) à une personnalité présumée consciente d'elle-même et de la moralité de ses actes. La peine a un double effet : elle prévient d'abord les actions mauvaises, en créant des motifs de bonne conduite et comme un contre-poids aux tendances antisociales; elle consolide ensuite, aussi bien chez ceux qu'elle atteint, que chez les honnêtes gens mêmes, les idées de justice et de moralité. Elle doit d'ailleurs rester une *sanction* et donner satisfaction au sentiment instinctif qui voit, dans la peine, la rétribution par la souffrance du mal qui a été causé par le délit.

78. De l'action et de l'inaction imputée et de ses conséquences. — En examinant les rapports que peut avoir la *conséquence* d'un acte avec la *volonté* de l'agent, on se trouve toujours en face de l'une des trois hypothèses suivantes : 1° Ou bien l'auteur a voulu directement l'acte et ses conséquences; 2° Ou bien il a voulu l'acte, mais sans vouloir les conséquences de l'acte, qu'il a eu tort de ne pas considérer comme possibles, de ne pas prévoir; 3° Ou bien il a voulu l'acte, mais sans vouloir des conséquences qu'il lui était impossible de prévoir.

Les deux premiers cas seuls engagent la *responsabilité pénale* : ils forment les deux principaux degrés de la moralité d'une infraction. Tantôt, en effet, la loi exige que l'agent ait non seulement voulu l'acte, mais encore ses conséquences, c'est-à-dire qu'il ait *agi avec intention;* tantôt, elle se contente de la *simple faute*, et punit l'agent, même de bonne foi, qui a bien voulu l'acte qui lui est reproché, mais sans le vouloir comme délit.

L'examen du droit pénal positif conduit, en effet, à constater : 1° que, dans un plus ou moins grand nombre de cas, il existe, à côté de l'*intention*, élément ordinaire de l'imputabilité, un autre élément moral d'imputabilité, la *faute* ou *imprudence*, élément qui est tantôt exprimé, tantôt sous-entendu par les Codes[1]; 2° que l'acte imprudent, s'il n'est pas directement prévu par la loi, est, en général, révélé par le *résultat dommageable* qu'il a causé, résultat qui exprime extérieurement la faute.

Il existe donc des *délits d'intention* ou *délits* proprement dits, et des *délits d'imprudence* et *contraventions* proprement dites.

79. Division du sujet. — Cette distinction se rattache aux conditions de l'imputabilité, et il importe de l'examiner tout d'abord. Nous étudierons ensuite les trois causes de non-culpabilité, le *jeune âge*, la *démence*, la *contrainte*.

§ XII. — DEGRÉS DE MORALITÉ DE L'INFRACTION. LE DOL ET LA FAUTE[2].

80. De l'intention comme élément moral de l'infraction. Différences à établir entre l'intention et la volonté, l'intention et les motifs. — 81. Influence de l'intention sur la responsabilité dans les divers cas où la question est de nature à se poser.

80. De l'intention. Distinction soit entre l'intention et la volonté, soit entre l'intention juridique et l'intention-mobile. — Quand on examine les degrés de moralité d'une infraction, il faut

[1] C. p. italien, art. 46, § 2 : « Dans les contraventions, chacun répond de sa propre action ou de sa propre omission, alors même qu'il n'est pas démontré qu'on ait voulu commettre un fait contraire à la loi ».

[2] Bibliographie : Villey, *De l'intention en matière pénale* (*La France judiciaire*, 1876, t. Ier, p. 1 et 313); Le Sellyer, *De l'intention en matière pénale* (*id.*, t. Ier, p. 111); Laborde, *De l'élément moral dans les infractions non*

se garder de toute confusion, soit entre l'*intention* et la *volonté*, soit entre l'*intention criminelle* et les *motifs* ou le *but* du délit, soit enfin entre la *faute intentionnelle* et la *faute inintentionnelle*.

I. L'intention, dans le sens étymologique du mot, est la direction de la volonté vers un but (*tendere in*); en matière pénale, la direction de la volonté vers l'acte incriminé. Dans ce sens, il est vrai de dire que « il n'y a pas de délit sans intention », que « c'est l'intention qui fait le délit », car l'*intention* se confond alors avec la *volonté*, et le *caractère volontaire* du fait reproché est la condition primordiale de la culpabilité.

Mais cette direction de la volonté peut être, en quelque sorte, à double degré. 1° Le plus souvent, l'agent, ayant conscience qu'il accomplit le délit dans les conditions déterminées par la loi, veut cependant l'accomplir malgré cette conscience : on dit alors de lui qu'il a l'intention criminelle, qu'il agit par dol (*dolo*); et suivant que cette intention a été déterminée par une préméditation ou un premier mouvement, on dit qu'elle est réfléchie (*dolus deliberatus*) ou irréfléchie (*dolus repentinus*). 2° Au contraire, quand l'agent ne s'est pas proposé pour but, dans son action ou dans son inaction, l'accomplissement du délit qui en est résulté, on dit de lui qu'il n'a pas eu l'intention de commettre le délit, et pour qualifier le manquement commis sans intention d'y manquer, on parle de simple faute (*culpa*), qu'on oppose alors au dol (*dolus*). Mais ces expressions, *dol* et *faute*, mal à propos empruntées au droit civil, manquent de précision et de clarté; il est préférable de dire que la *faute*, toujours nécessaire pour qu'il y ait *culpabilité*, est tantôt *intentionnelle*, tantôt *non intentionnelle*.

On comprend par ces explications en quoi consiste la volonté quand elle est opposée à l'intention, et comment la volonté peut exister là où l'intention fait défaut. On affirme, par exemple, d'un individu qui, en tirant un coup de fusil, à la chasse, a tué quelqu'un, qu'il a agi *sans intention* : qu'est-ce à dire? qu'il a agi sans *volonté*? Nullement : car l'acte même, reproché à cet individu, le coup de fusil, est absolument volontaire de sa part. Ce qui ne l'est pas, c'est la *conséquence* qui en est résultée : l'*homicide*. Aussi, tout en reconnaissant que l'agent a voulu l'acte, on nie qu'il l'ait voulu en tant qu'homicide, et c'est ce qu'on exprime en disant : « Il l'a commis sans intention », « Il l'a fait sans le vouloir »; « Il ne l'a pas fait exprès ».

intentionnelles (*Rev. crit.*, 1882, p. 256 à 268); Ortolan, t. Ier, nos 247 à 256, 378 à 409; Haus, t. Ier, nos 298 à 329, 701 à 713; Lainé, nos 196, à 207; Ferri, *Sociologie criminelle*, p. 364; Alimena, *I limiti e i modificatori dell' Imputabilita*, 1894-99, t. I, chap. IV, p. 493. Voy. *Code pénal* annoté de Garçon, art. 1, nos 67 à 123.

L'*intention criminelle* consiste donc dans la conscience, chez l'agent, qu'il accomplit l'acte comme délit. Et la *faute*, au contraire, dans un acte volontaire qui a produit ou pu produire des conséquences que l'auteur *n'a voulues ni directement ni indirectement*, mais qu'il aurait pu et dû empêcher. La faute n'est pas un *défaut de volonté*, mais un *défaut d'intelligence* et *de prévoyance*.

II. Pas plus qu'il ne faut confondre, en droit civil, la *cause* avec le *motif* d'une obligation, il ne faut confondre, en droit criminel, avec l'*intention* de commettre le délit, le *mobile* qui détermine la volonté du coupable et le décide à commettre le délit. Un homicide est accompli ; on constate que l'auteur a voulu donner la mort : voilà l'*intention directe* (*causa proxima delicti*), en l'absence de laquelle il n'y pas meurtre. Mais cet homicide a été commis par un cambrioleur pour se débarrasser d'un témoin gênant, par un mari sur sa femme pour venger son honneur, par un héritier pour anticiper l'ouverture d'une succession, peut-être même par un ami qui en a été prié par la personne homicidée pour lui rendre service et la débarrasser du fardeau de la vie; voilà le *motif*, l'*intention indirecte* (*causa remota delicti*), dont la loi, en principe, ne tient nul compte pour effacer la culpabilité.

De même, en effet, qu'on peut accomplir de bonnes actions par des motifs blâmables, de même on peut commettre des délits par des motifs honorables. D'où il suit que ni l'intention de nuire (le *dol civil*), ni le dessein de procurer à soi-même ou à autrui des bénéfices illicites (la *fraude civile*), ne peuvent être considérés comme des *conditions générales* de la culpabilité pénale, qui existe, quelque bon ou mauvais que soit le mobile de l'agent. Toutefois, cette règle est loin d'être absolue. Bien souvent, la loi fait, au contraire, dépendre la culpabilité de l'illégitimité du mobile le plus proche qui a déterminé l'agent, soit qu'elle s'en explique formellement, en faisant entrer, dans la définition du crime ou délit, la mention du *dessein méchant*, de l'*intention frauduleuse*, ou toute autre expression équivalente, soit que la nature même de l'acte incriminé implique nécessairement cette condition, qui est sous-entendue par la loi [1].

Pour le jury cependant, la confusion entre l'intention et le mobile est le pain quotidien de ses décisions. C'est précisément pour cette cause qu'il prononce si souvent des acquittements inexplicables et qu'il en arrive, surtout à Paris, à proclamer que les crimes passionnels ne sont pas des crimes. Mais les magistrats eux-mêmes ont, sur la question, deux théories bien distinctes. Tantôt, ils donnent à l'intention

[1] Comp. art. 251, 317, 379, 407, 417, 419, 435, 437, 439, 443.

criminelle son sens juridique et exact; ils y voient la conscience de commettre le crime dans les conditions déterminées par la loi. Tantôt, au contraire, ils s'appuient sur l'intention-mobile pour acquitter, en se servant de la formule commode : « Attendu que l'intention fait défaut ». Cette jurisprudence de rechange est, en réalité, utilisée suivant les cas, lorsqu'il y a lieu soit de condamner, soit d'acquitter.

III. L'acte volitif, incriminé comme intentionnel, se décompose et s'analyse, en un acte de volonté, portant sur l'action ou l'omission qui forme l'élément matériel du délit, et en une direction de volonté portant sur le caractère ou les conséquences du fait incriminé. De cette idée résulte une double conséquence : 1° Dans le délit intentionnel, la *bonne foi* est exclusive de toute responsabilité pénale; 2° Dans le délit intentionnel, la *faute simple* n'est pas suffisante pour engager la responsabilité pénale.

La *faute* consiste dans une inobservation des règlements, une négligence, une imprudence. Il est deux groupes d'infractions dans lesquelles la responsabilité pénale est engagée, non par le seul fait matériel d'omission, ou de commision, mais par une faute, lourde ou légère, une imprudence ou une négligence imputable à l'agent : ce sont les *délits d'imprudence;* ce sont les *contraventions de police.*

Deux questions se posent en ce qui concerne ces infractions : 1° Quelle est la raison d'être de leur punibilité? 2° En quoi consiste leur moralité?

a) La répression d'une action ou d'une omission non intentionnelle paraît être en contradiction avec cette idée qui forme, dans la conscience collective, la base même de la responsabilité pénale, à savoir que l'homme ne peut être puni que lorsqu'il a volontairement, intentionnellement, fait le mal. Deux notions corrélatives expliquent cependant et justifient la punibilité de la faute. C'est d'abord ce fait qu'il était possible à l'agent de prévoir les conséquences de son action ou de son omission. La possibilité de prévoir, la « prévédibilité », est, en effet, la condition nécessaire et suffisante de l'existence d'une simple faute : la condition nécessaire, car, sans la possibilité de prévoir, il ne reste qu'un cas fortuit; la condition suffisante, car, avec la possibilité de prévoir, on est encore dans le domaine de la volonté. C'est, en second lieu, l'idée de l'*utilité de la peine* pour contraindre l'homme, qui est doué de la faculté de prévoir, à se servir de cette faculté, si bien que sa responsabilité se trouve engagée, parce qu'il n'a pas fait usage de sa volonté, alors, du reste qu'il devait en faire usage.

b) Mais il n'est pas vrai de dire, comme on l'affirme souvent en jurisprudence, que les infractions non intentionnelles se constituent pas le simple fait matériel d'omission ou de commission. On ne *répond* que de sa *faute* et aucune législation n'a pu songer à punir à raison d'un *simple fait*. La vérité est que, le plus souvent, la faute est inséparable du fait incriminé parce que le fait incriminé démontre que celui qui l'a accompli était nécessairement en faute. Même dans ce cas, on peut éviter la condamnation en prouvant la force majeure. Dans d'autres cas, la loi exige une faute spéciale, qu'elle exprime par : « imprudence, maladresse, négligence... ». Mais, quelle que soit la formule légale, c'est une faute, condition de toute imputabilité, qui est incriminée, et s'il est démontré qu'aucune faute ne subsiste, la répression manquerait de base [1].

81. De la bonne foi. De son rôle comme condition de l'irresponsabilité pénale. — Ces confusions écartées, il faut, pour déterminer le rôle de l'intention dans la culpabilité, examiner successivement trois situations. Dans toutes, l'agent prétend avoir été de *bonne foi*. La bonne foi est un état de conscience; l'intention, un phénomène psychologique. L'intention manque, parce que l'agent est de bonne foi. Démontrer la bonne foi, c'est donc prouver que l'agent n'a pas eu connaissance du caractère délictueux de l'acte qui lui est reproché. Prouver la mauvaise foi, c'est établir que l'agent a voulu l'acte en tant que délit.

I. *Du cas où l'auteur du fait nie directement l'intention criminelle.* — L'inculpé, tout en reconnaissant qu'il est l'auteur du fait incriminé, nie qu'il l'ait voulu en tant que délit. Accusé d'avoir fabriqué un faux testament, il prétend l'avoir fait par simple plaisanterie; d'avoir donné la mort à quelqu'un, il prétend n'avoir pas voulu tuer; accusé d'avoir fait inhumer un cadavre sans l'autorisation préalable de l'officier public, il dit n'être coupable que de légèreté, d'inattention. Le résultat de ce moyen de défense, s'il est, en fait, accueilli par le juge sera, tantôt de faire disparaître toute infraction, tantôt d'en modifier simplement le caractère et la gravité; tantôt, au contraire, il n'aura aucune influence sur la criminalité légale. On doit, en effet, distinguer, au point de vue de l'intention, trois classes de délits : 1° Il est un grand nombre de faits, dans lesquels la loi recherche l'*intention* et qu'elle déclare impunis en l'absence de cette intention, quand même ils impliqueraient une imprudence, une négligence. Ainsi, dans le cas cité, celui qui fabrique un testament, même par plaisanterie, commet, sans doute, une *faute*. La loi cependant ne le punit pas; elle considère que l'altération d'écritures est le plus souvent intentionnelle et que, dans le cas contraire, le préjudice social qui en résulte

[1] Voy. mon *Traité théor. et prat.*, t. 6, n° 2767.

n'est pas assez grave pour mériter une peine; elle laisse donc échapper les faits de cette nature, lorsqu'ils sont commis sans intention; 2° Il est d'autres faits que la loi punit plus ou moins sévèrement suivant qu'ils sont ou ne sont pas intentionnels, pourvu, dans ce dernier cas, qu'une *faute*, consistant dans un *défaut de précaution ou de prévoyance*, puisse être reprochée à leur auteur. La loi pense que ces faits sont souvent commis sans intention, mais que les conséquences n'en sont pas moins ou n'en peuvent pas moins être dommageables, et elle exige, pour les éviter, des précautions et une prévoyance qui ne sont pas exigées dans d'autres cas. Il en est ainsi, par exemple, de l'homicide, des coups et des blessures, de l'incendie (C. p., 295 et 319; 309 et 320; 434 et 458). 3° Enfin, il est d'autres faits que la loi punit sans avoir égard à l'intention. Elle pense qu'ils sont presque toujours commis par simple négligence; elle tient cependant à les réprimer, car leur fréquence, dans le cas contraire, compromettrait l'intérêt public.

Les *crimes* et les *délits de police correctionnelle* rentrent dans la première catégorie[1]. Pour ces infractions, même dans le silence de la loi, l'intention criminelle est une condition distincte, qui s'ajoute aux conditions générales de la culpabilité. Il n'en est autrement que lorsque la loi le déclare formellement ou lorsque la nature même du fait ou le but que s'est proposé la loi en l'ordonnant ou en le défendant, démontrent que la faute, même non intentionnelle, est punissable. A l'égard des *contraventions de police*, c'est la règle inverse qui doit être suivie; l'intention, à moins d'exception contraire, qui ne peut résulter que d'un texte de loi, n'y est pas exigée comme condition générale de la culpabilité[2].

1 En ce qui concerne les crimes, cette proposition trouve sa justification dans l'histoire même de nos Codes. Sous l'empire du Code de brumaire an IV, le jury était, par une question distincte et séparée, interrogé sur le point de savoir si l'accusé avait eu *l'intention* coupable, et l'accusé devait être acquitté, en cas de réponse négative du jury (art. 374, 379, 393 et 397). Le Code d'instruction criminelle a modifié, il est vrai, la forme des questions à poser au jury et supprimé la question spéciale d'intention; mais ce n'est qu'à cause des inconvénients pratiques résultant, dans le système du Code de brumaire, de l'extrême division des questions; et il a été entendu, dans la discussion du Code, que l'intention devait toujours être appréciée et examinée par le jury comme une condition constitutive de la criminalité (Locré, t. XXV, p. 574 et 605). Or, les délits sont des faits de même nature, quoique moins graves, que les crimes : les mêmes principes leur sont appliqués par le législateur dans les trois premiers livres du Code pénal.

2 Ce caractère des contraventions résulte : 1° de leur *nom* même, qui indique le simple fait matériel d'être venu contre la loi (*contra-venire*); 2° de l'*énumération*, par les art. 471 et suiv. du Code pénal, des infractions à la police générale, énumération qui nous montre le législateur punissant de simples faits de négligence ou d'imprudence; 3° enfin des *exceptions* par lesquelles le législateur confirme la

L'agent, en avouant l'intention criminelle quant au *fait* du délit, peut la nier quant à certaines *conséquences* de ce fait; par exemple, voulant blesser, l'agent a tué; voulant incendier une maison, il a brûlé quelqu'un qu'il ne savait pas s'y trouver. Dans ces cas et autres semblables, qui sont des cas de *dol éventuel*, les conséquences du délit ayant dépassé l'intention de l'agent, la question se pose de savoir s'il en est responsable. Pour la résoudre, il faut faire une distinction. Si l'agent a pu et dû prévoir les suites de l'acte qu'il accomplissait, il en est certainement responsable, car il l'a commis au risque de tout le mal qui pourrait en advenir[1]. Mais s'il n'a pu et dû prévoir cette conséquence, il n'en est certainement pas responsable. Néanmoins, si le délit est un de ceux dans lesquels la loi punit l'inattention et la négligence, il résultera du mal produit par le fait de l'agent un surcroît de responsabilité pénale à sa charge, car l'imprudence est évidente. Il y a concours du dol et de la fraude.

II. *Du cas où l'auteur du délit invoque l'ignorance ou l'erreur de fait.* — L'absence d'intention criminelle peut être indirectement établie par l'agent qui invoque et prouve une ignorance ou une erreur de fait dans laquelle il est tombé sur un des éléments essentiels du délit : ainsi croyant administrer une substance inoffensive ou même bienfaisante, il a, par erreur, administré un poison; croyant épouser une veuve, il a épousé une femme mariée. Dans ces cas et autres semblables, quelle sera l'influence de cette ignorance ou de cette erreur de fait sur l'imputabilité? Nous avons déjà les éléments de la solution : 1° Toute culpabilité disparaît certainement si le délit doit être considéré comme un *accident*, si tout homme raisonnable eût pu, dans les mêmes circonstances, se trouver dans la même ignorance ou tomber dans la même erreur, en un mot, si *aucune faute* ne peut être reprochée à l'agent. Et il en est ainsi, quelle que soit l'infraction. Sans doute, l'absence de toute faute sera difficilement admissible en matière de contravention. Cela toutefois est possible : ainsi, pour prendre un exemple qui a beaucoup préoccupé la jurisprudence, celui qui chasse sur le terrain d'autrui, sans la permission du propriétaire, commet un délit, alors même qu'il aurait cru chasser chez lui. Il aurait dû s'informer, connaître les limites exactes de son terrain, ou de celui de son

règle, puisqu'il indique expressément les hypothèses dans lesquelles l'intention est nécessaire pour donner lieu à une répression (C. p., art. 471, § 11 ; 478, § 8 ; 479, § 9). Cfr. Garçon, *Code pénal annoté*, art. 1er, n° 122, et les arrêts qu'il cite.

[1] V. par exemple : C. p., art. 434; loi du 15 juill. 1845, art. 16. Sur le dol déterminé, indéterminé, éventuel : *Traité*, 2e édit., n° 281 ; L. von Bar, *Dolus eventualis* (*Zeitschrift für die gesammte Strafrechtwissenschaft*, 1898, p. 534) ; Garçon, *Code pénal annoté*, art. 1, nos 90 et suiv.

voisin. Il est donc en faute, et la faute est présumée par cela seul qu'il chasse sur le terrain d'autrui. Mais s'il établit qu'il a commis une erreur invincible, lui permettant de croire à une autorisation régulière, de sorte qu'aucune faute, si légère soit-elle, ne puisse lui être reprochée, comment le punirait-on pour un simple fait matériel auquel sa volonté est restée étrangère[1]? 2° Une faute non intentionnelle peut-elle être reprochée à l'agent? Il faut rechercher alors, si, dans le délit dont il est question, la loi punit une faute de cette nature. Si oui, l'absence d'intention, résultant de l'erreur ou de l'ignorance, n'empêchera pas la culpabilité, mais pourra la transformer, c'est ce qui doit être décidé en matière d'empoisonnement (C. p., art. 381, 317, 319). Si non, — et il en est ainsi en matière de bigamie, — l'imputabilité pénale disparaît.

Ce que je dis de l'ignorance ou de l'erreur, portant sur le fait principal, doit être appliqué à l'ignorance ou à l'erreur portant sur une *circonstance* du fait, comme dans le parricide, si le meurtrier ignore que celui à qui il a donné la mort est son père. La criminalité s'étend aux faits connus et non pas aux circonstances ignorées, sauf l'imputation de négligence, dans le cas où la loi punit la faute non intentionnelle.

III. *Du cas où l'auteur du délit invoque l'ignorance ou l'erreur de droit.* — Deux situations sont, en général, confondues, qui peuvent être distinguées, bien que la solution soit identique.

1° L'*ignorance de la loi pénale* ne peut être un motif suffisant de relaxe. La loi *publiée* et *promulguée* est applicable à toute personne, qu'elle l'ait ou non connue, parce que toute personne est à même de la connaître et de s'en faire instruire au besoin et peut se reprocher à faute de l'avoir ignorée. C'est dans ce sens et seulement dans ce sens qu'il faut entendre l'adage : *nemo jus ignorare censetur*. La loi doit être promulguée pour être obligatoire : un délai est donné aux individus qui y sont soumis pour en prendre connaissance. Mais passé ce délai, il doit être interdit aux autorités chargées d'appliquer la loi d'admettre comme excuse l'ignorance portant sur ses dispositions. L'efficacité de la volonté commune ne saurait, en effet, dépendre de la volonté ou de la négligence des individus. Il faut remarquer, du reste, que l'art. 4 du décret du 5 novembre 1870, qui a modifié les principes sur la promulgation des lois, contient une réserve sur ce point, en permettant aux tribunaux et aux autorités administratives ou judiciaires d'accueillir « l'exception d'ignorance, alléguée par les contrevenants, si la contravention a lieu dans le délai de trois jours francs, à partir de la promulgation ».

[1] Voy. Nancy, 7 avril 1897 (S. 97. 2. 297).

2° L'*erreur de droit* n'est pas précisément la même chose que l'ignorance de la loi. Celui-là commet une erreur de droit qui, connaissant l'existence de la loi, en fait, par erreur, une fausse application. Une faute non intentionnelle reste toujours à sa charge, quelle que soit sa *bonne foi*, car il a toujours à s'imputer d'avoir mal interprété la loi, ou de s'être mal renseigné sur sa portée. S'ensuit-il que lorsque l'intention est nécessaire pour constituer la criminalité, l'erreur de droit, qui la fait disparaître, exempte l'inculpé de toute responsabilité ? Nullement, car l'interprétation de la loi s'impose comme son existence et nul ne peut se soustraire à son application en l'interprétant mal.

§ XIII. — DE L'INFLUENCE DE L'AGE SUR LA RESPONSABILITÉ PÉNALE.

82. Développement physique et moral de l'enfant et de l'adolescent. — 83. Système général du Code pénal. Loi du 12 avril 1906. — 84. De la condition des mineurs de seize ans. — 85. Question spéciale de discernement. — 86. Conséquences du non-discernement. — 87. Envoi en correction. — 88. Admission du discernement. — 89. Détention correctionnelle. Détention pénale. Loi du 5 août 1850. — 90. Immunité de juridiction. — 91. De la condition des majeurs de seize ans. — 92. De la question d'âge. Jusqu'à quel moment elle peut se poser.

82. De la responsabilité morale et sociale du mineur. — On a de tout temps reconnu que l'infraction, commise par un enfant ou un adolescent, ne pouvait être appréciée de la même manière que si elle avait pour auteur un adulte.

1° En effet, la *responsabilité morale* n'apparaît pas brusquement. A ce premier point de vue, la vie humaine peut être partagée en trois périodes. Pendant la première, il est *certain* que l'enfant n'est que l'agent inconscient des actes qu'il accomplit, parce qu'il ne se rend pas compte de ce qu'il fait ou omet de faire. Pendant la seconde, le discernement de l'enfant ou de l'adolescent est *douteux*; le délit qu'il commet lui est-il imputable ? C'est une question à examiner et à résoudre dans chaque espèce. Pendant la troisième, on *sait* que l'homme a acquis un discernement suffisant pour se rendre compte de la portée de ses actes; le délit qu'il commet lui est donc imputable, à moins qu'il ne prouve l'existence, au moment où il l'accomplissait, d'une circonstance *accidentelle* qui lui ôtait le discernement. Mais il est difficile, impossible même de fixer, d'une manière absolue, la limite précise qui sépare ces périodes. Le développement intellectuel, comme le développement physique de l'individu, se produit par succession lente et continue; il varie, du reste, d'individu à individu. La loi pénale se trouve donc en présence de deux systèmes à suivre : 1° ou bien laisser aux juges de la culpabilité, en permettant de poursuivre tout individu, quel que soit son âge, le droit d'examiner, dans chaque espèce le discernement du prévenu ; 2° ou bien procéder par présomptions, c'est-à-dire poser des règles générales, qui seront nécessairement fausses dans tels cas donnés.

2° Au point de vue de la *responsabilité sociale*, l'enfant ou l'adolescent, doit être plutôt instruit et corrigé que puni; et, quand il est puni, les peines édictées doivent être autant éducatrices que répressives.

83. Système général du Code pénal et de la loi du 12 avril 1906. — Le Code pénal de 1810, qui empruntait son système à celui de 1791, reposait sur trois idées essentielles qui forment encore l'armature de la *législation spéciale à l'enfance coupable*.

I. Avant la loi du 12 avril 1906, la majorité pénale était fixée à *seize ans*, et, jusqu'à cet âge, l'enfant ou l'adulte, qui commettait un délit, pouvait être, tantôt un *coupable* qu'il fallait *punir*, tantôt un *enfant* qu'il fallait *élever*. Or, pour déterminer si l'on devait procéder par *voie de répression* ou par *voie d'éducation*, la seule question à résoudre était celle de savoir si le mineur avait agi *avec discernement*, c'est-à-dire avec la pleine conscience de la valeur de ses actes et de leurs conséquences. Ce système était vivement critiqué, car il réduisait, à une question juridique et psychique, ce qui est avant tout une question sociale.

Les enfants criminels n'ont, pour la plupart, d'autre tort, que de ne pas être nés dans la classe aisée et de n'avoir pas eu de bons parents. D'une part, c'est la mauvaise éducation qui est le principal facteur de la criminalité de l'enfant, et, d'autre part, la bonne éducation réussit sur l'enfant que l'on peut réformer, tandis qu'elle est sans influence sur l'adulte dont le type moral est définitivement fixé [1]. D'où, pour le législateur, une double obligation : celle d'empêcher cette éducation détestable et corruptrice; celle d'appliquer aux jeunes délinquants un régime dont la base consistera beaucoup plus dans la correction que dans la répression. Le classement rationnel des enfants est celui qui se règle d'après leur caractère, leurs instincts et leur milieu, bien plus que d'après leur maturité juridique ou morale. En

[1] Les causes de la criminalité de l'enfance sont, avant tout, sociales (milieu et éducation). Voy. Jules Jolly, Rapport à la société des prisons (*Rev. pénit.*, 1904, p. 662 à 698, 738 à 777, 845 à 878).

acceptant cette théorie, mise en pratique par des mesures distinctes selon la nature et les antécédents des enfants, et le milieu où ils ont vécu, et complétée par un système de procédure spécial, on n'aurait, en droit pénal comme en droit civil, qu'une seule division, celle entre *mineurs* et *majeurs*. A l'égard des premiers, on procéderait par *voie d'éducation*; à l'égard des seconds, par *voie de répression*. Cette thèse, qui a fait fortune dans les milieux scientifiques, se résume dans les propositions suivantes : suppression de la recherche du discernement; suppression de toute condamnation pénale des mineurs; substitution, pour tous et dans tous les cas, à la condamnation pénale, d'un placement dans des établissements d'éducation, pour une durée indéterminée, et jusqu'à la majorité civile au moins. Mais cette thèse n'est adoptée, jusqu'ici, par les législations positives, que dans la mesure restreinte de la *période d'irresponsabilité* qu'elles constatent presque toutes au début de la vie humaine.

II. La loi française, en effet, n'a pas fixé un âge au-dessous duquel l'irresponsabilité absolue existerait, de droit, en vertu d'une présomption qui n'admettrait pas de preuve contraire : au lieu de distinguer trois périodes dans la vie humaine, elle n'en distingue que deux. Or, il est certainement un âge où l'innocence de l'agent d'un délit est une certitude : cet âge est l'*enfance*; et, bien que le Code pénal n'établisse, par rapport à l'âge, qu'une seule limite, il ne s'ensuit pas que tout individu, âgé de moins de seize ans, et commettant un délit, doive être traduit en justice, sauf à l'acquitter, s'il a agi sans dicernement : la loi n'a pu vouloir une poursuite qui, tout en étant inutile pour la répression, serait peut-être irréparable pour l'avenir de l'enfant; mais ce qui caractérise son procédé, c'est qu'elle laisse, à l'appréciation des magistrats, dans chaque espèce, la question de savoir si l'agent doit être poursuivi en justice.

Ce système est abandonné par presque toutes les législations étrangères qui déterminent une période pendant laquelle l'homme est couvert par une présomption d'innocence, n'admettant pas de preuve contraire. Mais alors une double difficulté se pose. *a*) A quel âge fixer la limite qui sépare l'*enfance* de l'*adolescence?* Cette limite est si difficile à tracer, si variable, que les législations étrangères nous présentent le désaccord le plus complet et les solutions les plus contradictoires. L'âge de l'irresponsabilité pénale varie entre six et quatorze ans. Serait-il, d'ailleurs, possible, dans notre pays, où des races diverses, sous des climats différents, sont soumises à une loi générale, de dire, d'une manière absolue, jusqu'à quel âge se prolonge l'enfance? En fait, du reste, on ne voit guère qu'il y ait eu d'abus jusqu'ici avec notre système de législation. Le ministère public ne poursuit un enfant que s'il y a vraiment doute sur son discernement ou si la mise en prévention peut être utile, soit pour confronter l'enfant avec ses complices, soit pour l'enlever à sa famille, qui l'élève mal, au moyen d'une déclaration de culpabilité, sans discernement : de telle sorte que la fixation d'un âge, au dessous duquel l'homme serait couvert par une présomption d'innocence absolue, aurait l'inconvénient grave d'enlever au ministère public le droit de poursuivre, quand la poursuite est utile, sans avoir aucun avantage sérieux dans le système actuellement suivi par les législations positives. *b*) Les partisans de cette réforme ne songent pas, en effet, pour la plupart, à soustraire complètement, a l'action de la justice, les enfants couverts par une présomption d'irresponsabilité. Et, parmi les législations étrangères, celles de l'Allemagne, de l'Italie, des Pays-Bas, notamment, bien qu'ayant établi un âge d'irresponsabilité pénale, admettent, au-dessous de cet âge, certaines mesures d'éducation et de réforme, dont l'opportunité est appréciée, après une instruction judiciaire, soit par la juridiction répressive, soit par la juridiction civile, soit par une juridiction paternelle, une sorte de tribunal de tutelle. Toute la question est donc de savoir si, *a priori* et sans examen possible, on proclamera que, jusqu'à un certain âge, l'enfant ne peut être un *coupable* que l'on punit, et ce problème rentre dans celui, plus général et plus large, de la substitution, dans tous les cas, de mesures d'éducation aux mesures de répression.

L'inopportunité de la fixation d'un âge d'irresponsabilité devant la loi pénale est la conclusion de ces observations. Les réformes qui s'imposent sont plutôt liées à l'organisation de la pénalité et à l'organisation de la procédure. Les art. 4 et 5 de la loi du 15 avril 1898, que nous expliquerons plus loin, ont amélioré, dans une certaine mesure, la situation.

III. L'adoption, par le Code pénal de 1810 et celui de 1791, de l'âge de *seize ans* accomplis comme marquant la période où commence la pleine responsabilité pénale, implique que la majorité pénale ne correspond pas à la majorité civile : l'une arrive plus tôt que l'autre. Cette différence tient à la nature même des dispositions civiles et des dispositions pénales. La loi pénale, dans ses prohibitions ou ses injonctions, fait appel, avant tout, au sens moral, à cette impérissable distinction du bien et du mal qui se développe chez l'homme de très bonne heure. La loi civile, au contraire, cherche, dans ses prévisions, à régler les relations les plus variées de la vie sociale ; elle suppose, pour être comprise, un certain apprentissage de la vie pratique, une appréciation de l'utilité économique des biens et des contrats. Or, chez l'adolescent, la notion du *juste* s'acquiert plus tôt, que celle de l'*utile*.

Le défaut de concordance entre l'âge de la majorité pénale et celui de la majorité civile est donc imposé par la nature des choses.

Mais le recul de la minorité pénale de *seize ans* jusqu'à *dix-huit ans* était depuis longtemps demandé. Non qu'on eût estimé que, jusqu'à cet âge, les jeunes délinquants peuvent manquer de discernement au sens psychologique du mot et que la criminalité de la jeunesse soit plus retardataire aujourd'hui qu'elle ne l'était au moment du Code pénal. L'expérience démontre, au contraire, que, chez l'adolescent, l'intelligence et la criminalité sont plus précoces aujourd'hui qu'autrefois. La vérité, c'est qu'il paraissait utile, d'éviter au mineur une courte peine d'emprisonnement et de prononcer contre lui un envoi en correction. On a donc profité de la fissure du Code, qui n'a pas défini le discernement et qui a permis aux tribunaux de le nier afin de soumettre le jeune délinquant à l'éducation préventive, pour étendre, jusqu'à dix-huit ans, la zone d'application d'un système d'éducation correctionnelle.

Dans ce but, la loi du 12 avril 1906, au lieu d'autoriser simplement le juge à prononcer contre le mineur de dix-huit ans l'envoi en correction, s'est servie du procédé du Code pénal et a prorogé à dix-huit ans l'âge jusqu'auquel la question de discernement peut être posée, en vue et comme moyen de réaliser ce résultat[1].

84. De la condition générale des mineurs de seize a dix-huit ans. — Si donc l'on veut résumer, dans son ensemble, le système des art. 66 à 69, C. p., sur la condition des mineurs devant la loi pénale, il faut poser quatre règles : 1° Tout *mineur de dix-huit ans* est couvert par une présomption d'irresponsabilité pénale, qui oblige le ministère public à prouver contre lui qu'il a agi avec discernement, et la juridiction compétente à résoudre, affirmativement ou négativement, mais d'une manière spéciale, la question de discernement; en d'autres termes, pour prononcer une condamnation contre un individu qui était mineur de dix-huit ans au moment du délit, il ne suffit pas de le déclarer coupable, comme on le ferait pour un majeur, il faut encore constater et décider qu'il a agi avec discernement; 2° Si la réponse à la question de discernement est négative, devant toute juridiction,

[1] Le titre de la loi du 12 avril 1906 intitulée « Loi modifiant les articles 66 et 67 du Code pénal, 340 du Code d'instruction criminelle *et fixant la majorité pénale à dix-huit ans* », n'est pas exempt de critiques. Sur cette loi : Henri Lalou, *Les mineurs et la loi pénale* (*Journ. des Parq.*, 1906, 1re part., art. 174, p. 76 à 114); Laborde, *La nouvelle majorité pénale* (*Les lois nouvelles*, 1906, 1re part., p. 305 à 326); 2e Congrès national de droit pénal de Toulouse (Compte rendu extrait du *Bulletin de l'Union intern. de droit pénal*, p. 1 à 168).

l'*acquittement* en est la conséquence ; mais les juges peuvent ordonner, en matière de crime ou de délit, des mesures d'éducation correctionnelle jusqu'à la *majorité civile* du mineur ; 3° Si la réponse est affirmative, le jeune âge de l'inculpé devient, *mais pour les mineurs de seize ans seulement*, une *excuse atténuante* des peines correctionnelles ou criminelles qui auraient été prononcées. Le mineur de seize à dix-huit ans, qui a agi avec discernement, doit, au contraire, être puni comme s'il était majeur ; 4° Enfin, les mineurs de seize ans, *mais seulement ceux-là*, bénéficient d'une sorte de privilège de juridiction : en principe, ils ne sont justiciables que des tribunaux correctionnels, même quand ils sont accusés de crimes ; l'article 68 ne permet de les déférer aux cours d'assises qu'exceptionnellement.

Ainsi, et pour résumer l'économie des dispositions légales, il y a aujourd'hui deux différences essentielles de situation entre les mineurs de seize ans et les mineurs de dix-huit ans. Seuls, les mineurs de seize ans peuvent bénéficier : 1° de l'excuse atténuante de minorité ; 2° du privilège de juridiction.

Constatons également que, par une disposition transitoire de la loi du 12 avril 1906 (art. 3) : « La garde d'un enfant mineur de seize à dix-huit ans ne pourra pas être confiée à l'assistance publique ».

Reprenons successivement chacune des idées dominantes que nous venons de formuler.

85. Question spéciale de discernement. — On ne procède pas de la même manière pour apprécier la responsabilité d'un enfant ou d'un adolescent et la responsabilité d'un homme fait. Un enfant de douze ans, par exemple, a tué un de ses camarades ; le meurtre fût-il prouvé, on doute encore de la responsabilité de l'agent. Mais un homme de vingt ans a commis le même crime ; dès que le fait est constant, on est disposé à affirmer que l'agent en est responsable. Ces deux conclusions sont légitimes, si elles se renferment dans une présomption simple, et si elles se traduisent ainsi : 1° Tout enfant ou tout adolescent est *irresponsable*, à moins qu'on ne prouve que le discernement était développé en lui avant le fait qu'il a commis ; 2° Tout adulte est *responsable*, à moins qu'on ne prouve que le discernement lui était enlevé par une cause accidentelle au moment où il a commis l'infraction. Ces présomptions sont bien celles de la loi : en effet, pour *condamner* un individu, qui n'avait pas seize ans au moment de l'infraction dont il est inculpé, il faut examiner et résoudre contre lui la question de *discernement* ; cette question doit être l'objet d'un examen spécial devant toutes les juridictions pénales ; elle doit être posée et résolue par toutes, et les arrêts et les jugements, qui condamnent un mineur de seize ans, doivent porter la trace que cet examen a été fait, car son omission entraînerait cassation pour fausse application des art. 66, C. p. et 340, C. instr. cr.

Mais la loi (et c'est une heureuse lacune) n'a pas déterminé en quoi consistait le discernement. Veut-elle parler du discernement « juridique » ou du discernement « moral »? Faut-il, pour affirmer le discernement, que le mineur sache qu'un acte est puni par la loi? Ou bien suffit-il qu'il puisse se rendre compte de sa portée et de ses conséquences?

En réalité, tandis que, dans le Code de 1810, la question de discernement était une *question de responsabilité morale*, dont la solution avait pour conséquence, soit une peine, soit un envoi en correction, depuis longtemps, dans l'esprit des juges (et la législation de 1906 s'est inspirée de cette jurisprudence), la question de discernement ne se pose que comme moyen d'envoyer en correction. « Le juge ne prend pas telle décision parce qu'il a reconnu ou non le discernement, mais il reconnaît ou non le discernement afin de pouvoir prendre telle décision [1] ». De sorte que le discernement n'est plus qu'un prétexte pour colorer l'envoi en correction.

La question se pose, du reste, *devant toutes les juridictions* et *pour tous les mineurs de dix-huit ans*. Telle est la règle dont il faut préciser le fonctionnement.

I. Un individu est traduit devant la *cour d'assises*; il est accusé d'un crime; par exemple, d'un meurtre : l'art. 340, C. instr. cr., oblige le président, « si l'accusé a moins de dix-huit ans », à poser, à peine de nullité, cette question : « *L'accusé a-t-il agi avec discernement?* » Pour comprendre cette exigence, il faut savoir qu'on ne pose, en général, au jury qu'une question, à la fois unique et complexe, la question de *culpabilité*. Si donc l'accusé a plus de dix-huit ans au moment où il a commis le meurtre, on demande seulement au jury : *V... est-il coupable d'avoir donné volontairement la mort à X...?* c'est-à-dire qu'on n'appelle pas spécialement l'attention du jury sur le discernement de l'accusé. Le jury estime-t-il, par exemple, que l'accusé était en état de démence au temps de l'infraction, il doit répondre négativement à la question de culpabilité; car l'accusé ne peut être coupable, s'il n'a pas eu le discernement de ses actes. Pourquoi donc obliger le président de la cour d'assises à poser, pour l'accusé mineur, une question de *discernement*, distincte de la question de

[1] Cuche, *Traité de science et de législation pénitentiaire* (Paris, 1905), p. 83 et 90. Voy. G. Mabille, *De la question de discernement relative aux mineurs de seize ans* (Th. doct., Paris, 1898); Henri Joly. *L'enfance coupable* (Paris, 1906).

culpabilité ? C'est que la loi ne pouvait se contenter de voir le jury, en répondant affirmativement à la question de culpabilité, résoudre *implicitement*, contre le mineur, la question de discernement, elle devait couvrir le mineur, *même déclaré coupable*, de cette présomption d'irresponsabilité, qui est la conséquence de son jeune âge.

Mais en posant au jury la question spéciale de discernement, distincte de la question de culpabilité, la loi sépare les deux éléments de la responsabilité pénale, en général confondus dans la question de culpabilité : la *volonté* de commettre l'infraction, et la *connaissance* de l'illégalité ou de l'immoralité du fait incriminé. *Savoir ce qu'on fait* et *vouloir le faire*, telles sont les bases de la responsabilité pénale. Or pour répondre à la première question : *L'accusé est-il coupable ?* le jury se demande si le fait a été matériellement commis, si l'accusé en est l'auteur, si celui-ci a eu l'intention de le commettre. Pour répondre à la seconde question : *L'accusé a-t-il agi avec discernement ?* le jury se demande si l'accusé a commis le fait avec l'appréciation exacte de sa gravité, et de sa portée sociale [1]. Ainsi un mineur de seize ans est accusé de meurtre : le jury décide, *en le déclarant coupable*, qu'il a voulu tuer sa victime, que ce n'est pas par imprudence qu'il a accompli l'homicide; mais, *en déclarant qu'il a agi sans discernement*, le jury décide que sa volonté n'était pas intelligente, qu'il ne se rendait pas suffisamment compte de la nature et de la portée de son action. En conséquence, il n'y aurait pas plus de *pléonasme*

[1] Comme nous l'avons dit, à une recherche de psychologie morale, le juge sera fortement tenté de substituer cette simple question : d'après la nature du mineur, dans l'intérêt de son avenir et dans l'intérêt de la société, faut-il le rendre à sa famille? faut-il le soumettre à un régime éducatif prolongé? faut-il le corriger par une mesure de répression? C'est bien ce que font les juges. Ils se servent de la question de discernement dans le but pratique de préserver la société et d'amender l'enfant par le choix de mesures appropriées. Ils envoient en correction, s'ils estiment l'éducation bienfaisante pour l'enfant, ou plutôt s'ils sont partisans du régime suivi dans les maisons de correction. Mais s'ils se défient du régime des maisons de correction, plus encore que de celui des prisons de courte peine, ils n'hésitent pas à reconnaître le discernement. Grâce aux Comités des enfants traduits en justice qui se sont fondés dans les grandes villes, la mentalité judiciaire s'est heureusement transformée. Il y a quelques années, les magistrats, convaincus de l'efficacité des peines pour les mineurs et de la mauvaise organisation des maisons de correction, qui passaient pour des « maisons de corruption », considéraient l'envoi en correction comme funeste. Aujourd'hui, on prononce rarement de courtes peines; on acquitte pour défaut de discernement, avec, suivant les cas : remise à la famille si elle présente des garanties suffisantes, ou envoi en correction de longue durée pour assurer l'éducation de l'enfant. La loi de 1906 est entrée dans cette voie. Quand les tribunaux ont à juger un jeune homme de dix-sept ans, les magistrats savent bien qu'il a agi avec discernement, quel que soit le sens qu'on donne à ce mot : cependant, ils décideront souvent le contraire, s'ils veulent l'envoyer en correction.

dans la réponse du jury qui déclarerait l'accusé *coupable* d'avoir agi avec *discernement*, qu'il n'y aurait de *contradiction* dans celle qui déclarerait l'accusé *coupable* d'avoir agi *sans discernement*. La déclaration de *non-culpabilité* et la déclaration de *culpabilité sans discernement* doivent avoir pour résultat un *acquittement*, mais cet acquittement ne peut pas être aussi absolu dans le second cas que dans le premier.

II. Un mineur de dix-huit ans est traduit devant le *tribunal de police correctionnelle* pour crime ou délit : le nouvel article 66 impose au tribunal l'obligation de poser et de résoudre la question de discernement en disant : « Lorsque le *prévenu* ou l'accusé » au lieu de : « Lorsque l'*accusé*... », comme portait l'ancien texte, lequel paraissait ainsi ne faire allusion qu'à la cour d'assises. Du reste, la jurisprudence antérieure n'avait jamais hésité à appliquer l'article 66 aux mineurs *prévenus* et traduits devant les tribunaux correctionnels pour crimes ou délits.

III. Le mineur de dix-huit ans est traduit devant un *tribunal de police* pour contravention : la question de discernement se pose-t-elle au juge et doit-elle être spécialement examinée par lui? On pourrait hésiter : d'une part, les art. 66 et suivants gardent un silence complet sur la question; d'autre part, les contraventions sont, en principe, punissables sans qu'on ait égard à l'intention de l'agent. Mais le premier argument n'est pas suffisant, car l'art. 66 est l'expression d'un principe qui n'avait pas besoin d'être écrit dans la loi, puisqu'il résultait de la nature même des choses; le second n'est pas satisfaisant, car autre chose est le défaut d'intention, autre chose le défaut de discernement. La loi, quand elle punit une contravention, punit toujours une *faute*, une négligence, une imprudence, une ignorance : et toute faute, si minime soit-elle, ne peut se concevoir que comme l'œuvre d'un individu conscient de ses actes.

La question de discernement est donc une question de *responsabilité*, indépendante de la *nature des juridictions* devant laquelle le mineur est traduit, indépendante de la *nature de l'infraction* pour laquelle il est poursuivi. L'obligation de l'examiner et de la résoudre, comme l'obligation d'examiner et de résoudre la question de culpabilité, s'impose à toute juridiction, et la preuve que cet examen a été fait doit résulter des motifs même des arrêts et jugements; en cour d'assises, le discernement nécessite la position d'une question spéciale, distincte de la question de culpabilité [1].

[1] La jurisprudence qui avait hésité longtemps à appliquer l'art. 66 aux infractions prévues par les lois spéciales, est aujourd'hui fixée dans le sens de son application : Cass., 7 janv. 1876 (S. 76. 1. 96); 25 oct. 1895 (S. 96. 1. 430). Evidemment, l'art. 66, modifié par la loi du 12 avril 1906, s'applique aux mineurs de dix-huit ans commettant des contraventions.

86. Conséquences de l'absence de discernement. — Ainsi, deux questions se posent à toute juridiction de jugement saisie d'une poursuite contre un mineur de dix-huit ans : une question de *culpabilité;* une question de *discernement*.

I. Si le juge déclare le mineur *non coupable*, la conséquence c'est un acquittement absolu : non seulement aucune peine ne doit être prononcée contre lui, mais aucune mesure préventive de détention ou d'éducation ne peut être ordonnée. La question de discernement ne venant qu'après la question de culpabilité, et dans le cas seulement où cette première question aurait été résolue par une réponse affirmative, ne se pose même pas.

II. Ce n'est donc qu'après une déclaration de culpabilité que le juge examine si le mineur a agi avec discernement, question à laquelle il peut faire une réponse soit affirmative, soit négative.

Si le mineur, déclaré coupable, n'a pas agi avec discernement, il doit être *acquitté*, aux termes de l'art. 66, C. p. Mais quelle est la nature et quels sont les effets de cet acquittement? Sur cette question, deux manières de voir, complètement opposées et trop absolues l'une et l'autre, ont été soutenues. — Pour certains, la déclaration que le mineur a agi sans discernement équivaut à une déclaration de non-culpabilité. Les expressions : « sera *acquitté* », dont se sert l'art. 66, en sont, disent-ils, une preuve; car aux termes de l'art. 358, C. instr. cr., l'acquittement n'est prononcé qu'en faveur d'un individu qui n'est pas trouvé coupable. Mais l'expression de l'art. 66, ne saurait prévaloir contre ce fait que le mineur a été déclaré coupable, et il faut concilier deux décisions : celle sur la culpabilité et la décision sur le défaut de discernement. Aussi la loi ne nous dit pas, dans l'art. 66, comme dans les art. 64, 327 et 328, alors qu'elle prévoit de véritables causes de non-imputabilité : *Il n'y a ni crime ni délit*, lorsque le mineur est déclaré avoir agi sans discernement; mais simplement : *Lorsque l'accusé aura moins de seize ans, s'il est décidé qu'il a agi sans discernement, il sera acquitté*. L'acquittement pour défaut de discernement ne peut avoir la même nature ni produire les mêmes effets que l'acquittement sur déclaration de non-culpabilité. — Aussi, d'après d'autres, le défaut de discernement, chez le mineur de dix-huit ans, ne serait qu'une excuse absolutoire et la sentence rendue en sa faveur qu'une sentence d'*absolution*. Mais cette opinion ne tient aucun compte des expressions de l'art. 66, qui déclare le mineur *acquitté* et non *absous*.

Pour nous l'acquittement, basé sur le défaut de discernement, a un caractère tout spécial; il ne s'analyse, ni en une déclaration de non-culpabilité, ni en une diminution de culpabilité, le défaut de discernement n'étant ni une cause de non-culpabilité, ni une cause d'excuse absolutoire. Aussi, la sentence qui prononce l'acquittement est, à certains points de vue, une sentence d'*absolution*, puisque le mineur est déclaré coupable; à d'autres, une sentence d'*acquittement*, puisqu'il n'est pas pénalement responsable.

a) Le défaut de discernement ressemble à une excuse absolutoire aux points de vue suivants.

1° La question de discernement, ainsi que la question d'excuse, n'est pas examinée par les juridictions d'instruction, mais par les juridictions de jugement. Je ne veux pas dire que le juge d'instruction et la chambre des mises en accusation seraient sans pouvoir et sans droit pour arrêter le zèle exagéré du ministère public requérant la mise en prévention ou en accusation d'un enfant à qui manquerait tout discernement et qui, par suite, ne serait pas coupable. Je veux dire que, dès qu'il a le moindre doute sur la question, les juridictions d'instruction n'ont pas à l'examiner pour empêcher la poursuite; elles doivent laisser aux juridictions de jugement, seules compétentes, le soin de tirer, s'il y a lieu, les conséquences du défaut de discernement, telles qu'elles sont indiquées par la loi. Mais les pouvoirs confiés au juge d'instruction, en ce qui concerne la *garde de l'enfant*, par l'art. 4 de la loi du 19 avril 1898, lui permettront de prévenir très souvent l'application de l'art. 66 du Code pénal. Si, en effet, le juge d'instruction estime que l'enfant est plus malheureux que coupable, il pourra le confier, par une *mesure provisoire*, à une personne ou à une institution charitable et se rendre compte ainsi du degré d'amendement dont le mineur est susceptible. Ce n'est que si le juge estime qu'une *mesure définitive* doit être prise, qu'il saisira le tribunal par une ordonnance de renvoi, ne fût-ce que pour laisser l'enfant en toute sécurité à la garde de ceux qui en seront chargés.

2° La question de discernement, comme les questions d'excuse, n'est pas comprise dans la question générale de culpabilité; elle est posée d'une manière distincte et subsidiaire.

3° En cour d'assises, l'acquittement du mineur, qui a agi sans discernement, est prononcé, comme une sentence d'absolution, par un arrêt de la cour, et non par une ordonnance du président, comme le serait l'acquittement ordinaire. En cas de déclaration de non-culpabilité, en effet, aucune question contentieuse, appelant une décision de la juridiction, ne peut être soulevée; il s'agit d'enregistrer un verdict qui s'impose, de le mettre à exécution en prononçant la mise en liberté de l'accusé : c'est au président seul que ce droit appartient. Mais en cas d'acquittement pour défaut de discernement, il y a peut-être lieu de prendre des mesures de détention contre le mineur, de le condamner aux frais du procès : un arrêt de la cour est nécessaire pour cela.

4° Enfin, en admettant, avec la jurisprudence, que l'accusé absous puisse être condamné aux dépens, j'incline à croire que le mineur acquitté pour défaut de discernement doit payer les frais du procès, et la jurisprudence est aujourd'hui fixée en ce sens.

b) Le défaut de discernement ressemble, au contraire, à une cause de non-culpabilité aux deux points de vue suivants.

1° La sentence, basée sur le défaut de discernement, ne peut condamner[1] le mineur à aucune peine, pas même à l'interdiction de séjour qui est prononcée parfois, quand, à raison d'une excuse absolutoire, la peine principale est supprimée; pas même, en matière fiscale, à ces amendes qui, suivant la jurisprudence, ont un caractère mixte, et représentent, tout à la fois, la réparation du préjudice causé par l'infraction et la répression pénale de l'infraction. Mais la jurisprudence est en sens contraire.

2° La sentence d'acquittement pour défaut de discernement en cour d'assises, étant la conséquence d'un verdict du jury qui s'impose au point de vue de l'exemption de toute peine, est, comme tout autre acquittement, à l'abri d'un recours en cassation : les art. 350 et 360, C. instr. cr., lui sont donc applicables.

87. Des mesures d'éducation et de préservation autorisées en cas d'acquittement pour défaut de discernement. — Si l'acquittement est une conséquence nécessaire, en toute matière, du defaut de discernement, en matière criminelle et correctionnelle, le tribunal ou la cour a le choix, *selon les circonstances*, entre plusieurs partis. Le jugement ou l'arrêt peut, en effet : 1° ou bien remettre l'enfant à sa famille, sans modifier, par conséquent, le régime civil de celui-ci; 2° ou bien l'envoyer en correction; 3° ou bien confier la *garde* de l'enfant à un parent, à une personne ou à une institution charitable qu'il désigne, ou enfin à l'Assistance publique.

I. Le délit de l'enfant ou de l'adolescent s'explique par le défaut de surveillance ou par la contagion des mauvais exemples, souvent par ces deux causes. Il est alors nécessaire de soustraire le mineur à sa famille qui ne l'élève pas ou qui l'élève mal, et de le transplanter dans un autre milieu. C'est dans ce but que le Code pénal de 1791, dont la disposition est reproduite par le Code pénal de 1810, permet aux *tribu-*

[1] D'où cette conséquence : si le mineur déclaré coupable d'avoir donné ou tenté de donner la mort au *de cujus* est acquitté comme ayant agi sans discernement, il ne peut être déclaré indigne de lui succéder (C. civ., art. 727).

naux de répression, qui acquittent un mineur, de le remettre à ses parents ou de le renvoyer dans une colonie pénitentiaire pour y être élevé et détenu « pendant le nombre d'années », ou plutôt, *pendant le temps* que le jugement déterminera, mais qui toutefois ne pourra excéder l'époque où il aura atteint sa majorité civile[1].

Sur le caractère de la décision, il n'y a aucun doute. Il ne s'agit pas de *punir*, mais de *corriger*, par des mesures d'éducation appropriées, un enfant qui *n'est pas un coupable*. Cette décision n'est donc pas en contradiction avec l'acquittement qui a été prononcé pour défaut de discernement. Elle n'est une peine ni dans son but ni dans ses effets. Dans son but, puisqu'il s'agit, tout à la fois, d'enlever un enfant au milieu dans lequel il a vécu et de refaire son éducation. Dans ses effets, puisqu'aucune des règles spéciales aux peines ne doit être appliquée. Ainsi, l'envoi en correction ne constitue pas un antécédent judiciaire, le mineur n'ayant pas été condamné, et la décision qui le prononce ne peut jamais être prise comme un élément de récidive, si le mineur vient à commettre plus tard une nouvelle infraction. Le tribunal ou la cour ne saurait non plus surseoir à l'exécution de cette mesure, par application de la loi du 26 mars 1891, puisqu'il ne s'agit pas d'un emprisonnement proprement dit.

II. Il appartient, dans tous les cas, aux juges d'apprécier, *selon les circonstances*, et d'ordonner celle de ces deux mesures (*remise à la famille* ou *envoi en correction*), qui paraîtra devoir être la plus utile à l'enfant. Sur le choix entre la remise à la famille et l'envoi en correction, le juge du fait est souverain. Mais son option, avant la loi du 19 avril 1898, était limitée à l'un ou à l'autre de ces deux partis. Et il ne pouvait pas substituer, à l' « École pénitentiaire », dans laquelle les jeunes détenus « sont élevés en commun sous une discipline sévère », une maison de patronage d'ordre purement privé (L. 5 août 1850, art. 3).

III. Mais les articles 4 et 5 de la loi du 19 avril 1898 ont modifié la situation. Cette loi, inspirée par l'émotion qu'avait suscitée le martyre du jeune Grégoire, n'était, dans la pensée de ses promoteurs, destinée qu'à protéger les enfants *victimes*. Son titre même le prouve : *Loi sur la répression des violences, voies de fait, actes de cruauté et*

[1] Deux modifications ont été apportées à l'article 66 par la loi du 12 avril 1906 : l'une de fond, l'autre de forme. 1° Le terme maximum de l'envoi en correction n'est plus *la fin de la vingtième année*, c'est, comme le bon sens l'indiquait, la majorité civile, l'âge de vingt et un ans accomplis. 2° L'expression « maison de correction », employée dans les anciens articles 66 et 67, a été remplacée par les expressions « colonie pénitentiaire », de façon à mettre ces textes en harmonie avec les dispositions de la loi du 5 août 1850 qui a organisé l'*éducation correctionnelle*.

attentats commis envers les enfants. Il n'était pas question des enfants *délinquants*. Mais, au cours de la discussion de cette loi au Sénat, M. Bérenger fit adopter une disposition visant le cas où des *mineurs de seize ans* sont poursuivis pour crime ou délit. Cette disposition, qui accomplit en trois mots une révolution dans le système du Code pénal, fait l'objet des articles 4 et 5[1]. Elle donne des pouvoirs nouveaux aux *juges d'instruction* et aux *tribunaux* à l'égard des *enfants* traduits en justice[2].

a) Pendant l'instruction, le juge qui n'avait antérieurement d'autre choix que de laisser le mineur en liberté dans sa famille ou de l'enfermer dans la maison d'arrêt par voie de détention préventive, a, de plus, aujourd'hui, la faculté, sans déchéance préalable de la puissance paternelle[3], de priver provisoirement les parents de la *garde* de leur enfant et, après avoir entendu le ministère public, de confier l'enfant à des particuliers, ou à des institutions charitables, ou enfin à l'Assistance publique. La loi permet, du reste, à certaines personnes (les parents jusqu'au cinquième degré inclusivement, le tuteur et le subrogé tuteur, enfin le ministère public) d'attaquer la décision du juge d'instruction et de faire opposition à son ordonnance : l'opposition sera portée devant le tribunal, en chambre du conseil, par voie de simple requête[4].

[1] Art. 4. Dans tous les cas de délits ou de crimes commis *sur des enfants* (les mots du texte actuel : commis *par des enfants* (ou sur des enfants) n'existaient pas), le juge d'instruction commis pourra, en tout état de cause, ordonner, le ministère public entendu, que la garde de l'enfant soit provisoirement confiée, jusqu'à ce qu'il soit intervenu une décision définitive, à un parent, à une personne ou à une institution charitable qu'il désignera, ou enfin à l'Assistance publique.

Toutefois, les parents de l'enfant jusqu'au cinquième degré inclusivement, son tuteur ou son subrogé tuteur et le ministère public pourront former opposition à cette ordonnance; l'opposition sera portée, à bref délai, devant le tribunal, en chambre du conseil, par voie de simple requête.

Art. 5. Dans les mêmes cas, les cours ou tribunaux saisis du crime ou du délit pourront, le ministère public entendu, statuer définitivement sur la garde de l'enfant.

[2] Cons. sur ces textes, le rapport de M. Passez, au Comité de défense des enfants traduits en justice (*Bull. de l'Union des sociétés* de patronage de France, 1898, p. 350 et suiv.). Voy. également *Revue pénit.*, 1899, p. 840, et la communication de M. Paul Jolly au *Comité de défense*, dans sa séance du 4 mars 1903.

[3] En permettant aux tribunaux répressifs de priver les parents du droit de garde sur un ou plusieurs enfants, auteurs ou victimes de crimes ou de délits, la loi de 1898 remédie au manque de souplesse de la loi du 24 juillet 1889 qui n'admet qu'une espèce de déchéance : la déchéance totale et absolue, comprenant la perte de tous les attributs de la puissance paternelle et s'étendant à tous les enfants.

[4] Non pas devant la chambre d'accusation, ce qui est le renversement des règles ordinaires de la compétence. Est-ce le tribunal civil? Est-ce le tribunal correctionnel? Sur la question : Georges Leloir, *Journ. des parq.*, 1899, p. 27-29 ; Laborde, *Lois nouvelles*, 1906. 1, p. 312, note 1.

b) *Par un jugement*, le tribunal peut, aux termes de l'article 5 de la loi, statuer *définitivement* sur la *garde* de l'enfant, c'est-à-dire qu'aux deux seuls partis que permettait l'art. 66, C. p. (remise à la famille ou envoi en correction), la loi de 1898 en ajoute un troisième: remise de l'enfant à un parent autre que les père et mère ou tuteur, à une personne étrangère, à une institution charitable ou enfin à l'Assistance publique, sans qu'il soit nécessaire de provoquer et obtenir au préalable la déchéance de la puissance paternelle.

En résumé, la loi de 1898 améliore la situation antérieure à trois points de vue : 1° Elle permet aux tribunaux d'opter entre trois partis : la remise aux parents, investis de la puissance paternelle; l'envoi en correction dans une colonie pénitentiaire; la remise à des parents non investis de la puissance paternelle, à des personnes étrangères, à des institutions charitables, ou à l'administration de l'Assistance publique; de telle sorte que lorsque les parents, investis de la puissance paternelle, sont indignes de reprendre leur enfant, les tribunaux n'ont plus, comme unique ressource, l'envoi en correction; 2° Elle rend inutile la déchéance de la puissance paternelle, puisque les tribunaux peuvent priver les parents qui conservent, du reste, cette puissance, *du droit de garde*, ce qui suffit à sauvegarder les intérêts du mineur; 3° Elle permet au juge d'instruction de placer le mineur en observation provisoire durant l'instruction chez un particulier ou dans un établissement charitable, ce qui facilitera la tâche définitive de la juridiction de jugement ou ce qui évitera les comparutions en justice.

IV. La loi de 1898 n'avait pas réglé le droit de correction relativement aux enfants dont la garde a été enlevée aux parents.

a) Cette lacune a été comblée, en ce qui touche l'Assistance publique, par la loi du 28 juin 1904, relative à l'éducation des pupilles de l'Assistance publique difficiles ou vicieux, qui complète et sanctionne celle du 27 juin 1904 sur le service des enfants assistés.

L'Assistance publique doit, en principe, placer ces enfants en garde dans des familles habitant la campagne (L. 28 juin 1904, art. 21). C'est le *placement familial*. Quant à ceux auxquels ce placement familial ne saurait convenir, ils sont classés en *enfants difficiles* et *enfants vicieux*. 1° Les premiers sont des enfants au caractère simplement indiscipliné : on les interne dans des écoles professionnelles agricoles et industrielles (L. 28 juin 1904, art. 1). 2° Les seconds sont des enfants qui commettent des actes d'immoralité, de violence ou de cruauté. Ils peuvent être confiés à l'administration pénitentiaire par décision du tribunal civil. Cette administration les reçoit d'abord dans des quartiers d'observation; puis, elle les place, suivant les résultats de cette mise en obervation, soit dans une *colonie* ou *maison pénitentiaire*, soit dans une *colonie correctionnelle*. Ce procédé donne à l'assistance publique un moyen efficace de réprimer les écarts de conduite de sa nouvelle clientèle.

b) Mais en est-il de même des personnes ou institutions charitables qui ont pu recevoir directement du tribunal, et non par l'intermédiaire de l'Assistance publique, la garde de l'enfant? Les tribunaux ont essayé d'ajouter au dispositif du jugement qui ordonne la remise de l'enfant, un autre chef prononçant l'envoi en correction pour le cas où la personne ou l'institution qui s'est chargée du mineur, ne pourrait plus le conserver à raison de sa mauvaise conduite. Mais la Cour de cassation a considéré que ce procédé était illégal comme contenant une mesure conditionnelle[1].

V. La loi du 12 avril 1906 n'a pas, expressément au moins, modifié les art. 4 et 5 de la loi de 1898. Mais, sur un point, elle a comblé une lacune de cette loi, et il est, aujourd'hui, certain que la garde de l'enfant peut être confiée à un tiers ou à l'Assistance publique *jusqu'à la majorité civile*. Mais, après l'acquittement d'un mineur de seize à dix-huit ans, que peut faire le tribunal? Le nouvel art. 66, comme l'ancien, paraît ne lui offrir que deux partis : la remise à la famille ou l'envoi en correction. Faut-il en conclure que le troisième parti n'est pas possible? Non évidemment. Puisque, par une disposition transitoire, la loi écarte l'Assistance publique, elle donne, par un argument *a contrario*, au tribunal, le droit de remettre le mineur de seize à dix-huit ans à un parent, à un tiers ou à une institution charitable. Si la loi interdit la remise du mineur à l'Assistance publique, c'est qu'actuellement l'Assistance publique ne saurait que faire de cette nouvelle clientèle, puisque déjà elle refuse l'ancienne et que la Cour de cassation a dû décider que les juges se conformaient à la loi en lui confiant un mineur, alors même que l'administration de l'Assistance publique avait, au préalable, fait connaître qu'elle ne pouvait pas s'en charger[2].

88. Admission du discernement. — Lorque la décision de la juridiction, devant laquelle comparaît le mineur, porte qu'il a agi avec discernement, le jeune âge devient, mais en matière *criminelle* et *correctionnelle* et pour les *mineurs de seize ans* seulement, une excuse atténuante qui diminue la culpabilité et, par conséquent, la peine. Nous déterminerons, à propos de la théorie des excuses, son influence sur la pénalité. Il est à regretter que, relativement au mineur de seize

[1] Cass., 11 avril 1902 (S. 1904. 1. 156); 18 mars 1906 (S. 1904. 1. 248).
[2] Cass., 14 août 1902 (S. 1904. 1. 157).

ans, qui est jugé avoir agi avec discernement, la juridiction compétente n'ait pas été investie du pouvoir de faire suivre l'emprisonnement *pénal* qui peut être de courte durée, de ces mesures de garde et d'éducation qui, pour celui qui a agi sans discernement, peuvent se prolonger jusqu'à vingt et un ans. Il est singulier que la privation de liberté, infligée, à titre correctionnel et non pénal, au mineur ayant agi sans discernement, soit, en général, plus longue que celle infligée, à titre pénal, à celui chez qui le discernement a été reconnu[1].

89. De l'organisation par la loi du 5 août 1850 de l'envoi en correction. — Du reste, dans les deux cas, l'exécution de la sentence soulève une question d'*éducation* qui se pose par cela même qu'il s'agit d'un mineur. Théoriquement, dans le système du Code pénal, le mineur devait être *élevé*, en même temps que *détenu*, s'il était acquitté; simplement *détenu*, s'il était condamné. Mais cette distinction n'avait pas été suivie, et la loi du 5 août 1850 sur l'éducation et le patronage des jeunes détenus, dont nous nous occupons plus loin, a dû organiser l'exécution des mesures qu'on avait en vue.

C'est pour cela que, dans la rédaction des art. 66 et 67, la loi du 12 avril 1906 a précisé, par rapport à la loi de 1850, les établissements pénitentiaires qui sont destinés à l'exécution, soit de l'envoi en correction pour tous les mineurs de dix-huit ans acquittés, soit de l'emprisonnement pour les mineurs de seize ans condamnés pour crime ou pour délit. L'expression « maison de correction », employée par l'ancien texte, prêtait à l'équivoque, puisque l'art. 40 du Code pénal l'emploie pour désigner les prisons proprement dites. Or, les mesures applicables aux mineurs doivent avoir pour objet principal l'*éducation correctionnelle* : d'où spécialisation rigoureuse des établissements qui leur sont réservés. D'après la loi de 1850, ces établissements sont qualifiés « *colonie pénitentiaire* » ou « *colonie correctionnelle* ». Les art. 66 et 67 ont donc été modifiés par la substitution de ces qualifications, suivant les cas, à la qualification unique « maison de correction ».

90. Immunité de juridiction. — Au lieu d'être traduits devant la cour d'assises, pour les crimes qu'ils commettent, les *mineurs de seize ans*, non ceux de seize à dix-huit ans, sont jugés par les tribunaux correctionnels (C. p., art. 68). Cette disposition, qui n'existait pas dans le Code pénal de 1810, a été introduite par la loi du 25 juin 1824 et insérée, lors de la révision de 1832, dans l'art. 68. Son *but*

[1] Aussi voit-on très souvent en pratique des adolescents dissimuler leur âge, et, alors qu'ils n'ont pas seize ans, essayer de prouver qu'ils ont dépassé cet âge.

est d'épargner au mineur la flétrissure des débats au grand criminel, de lui donner une justice plus prompte et moins solennelle : son *résultat*, de mettre la compétence d'accord avec la nature de l'infraction, puisque le mineur de seize ans doit légalement n'être puni que de peines correctionnelles, à raison des crimes qu'il commet. Mais les exceptions, que l'art. 68 apporte à la compétence des tribunaux correctionnels, absorbent presque le principe.

Le mineur, en effet, est justiciable de la cour d'assises dans les trois cas suivants : 1° Lorsqu'il a des coauteurs ou des complices, âgés de plus de seize ans, qui doivent être jugés par la cour d'assises. L'*indivisibilité* de la poursuite et du jugement impose l'obligation de déférer l'affaire à cette juridiction pour tous les accusés. Mais la loi exige que les complices soient *présents*. Cette expression ne se trouvait pas dans la loi de 1824; elle a été ajoutée en 1832, et les travaux préparatoires ne nous en donnent pas le sens : a-t-on voulu dire que le mineur devait être traduit devant le tribunal correctionnel quand le majeur était contumax? Je crois que ces mots ont d'abord ce sens, mais qu'ils ont même une plus large étendue d'application. Toutes les fois que, pour une cause quelconque, la même poursuite ne peut comprendre le mineur et ses complices, parce que les complices sont morts ou inconnus, etc..., le mineur est justiciable du tribunal correctionnel. 2° C'est la cour d'assises qui est également compétente pour juger le mineur de seize ans qui a commis un crime puni de la peine de mort, des travaux forcés à perpétuité, de la déportation ou de la détention. Cette exception se justifie soit par la *gravité*, soit par la *nature* du crime commis par le mineur. 3° La cour d'assises ne serait-elle pas également compétente dans une troisième hypothèse? Un mineur de seize ans a commis un délit de presse, de la compétence ordinaire de la cour d'assises : doit-il être traduit devant cette juridiction? Je le croirais volontiers, car la juridiction de la cour d'assises est considérée, en matière de presse, comme une garantie pour l'accusé, dont on ne doit pas priver le mineur.

91. De la condition des majeurs de dix-huit ans. — Après dix-huit ans accomplis, l'homme est présumé responsable de ses actes au point de vue de la loi pénale. Ce principe conduit à une double conséquence. *a*) Il arrive parfois, sans doute, que des circonstances particulières, telles qu'une maladie, le défaut d'éducation, un vice organique, retardent le développement intellectuel et moral; de sorte qu'un individu, ayant dépassé l'âge de dix-huit ans, peut ne pas posséder encore le discernement complet de ses actes. Mais, à la différence de ce qui se passe pour un mineur, la question spéciale de discernement n'est pas posée; elle rentre dans la question unique et complexe de *culpabilité*. Si les juges estiment que le prévenu ou l'accusé, à raison de son âge, a agi sans discernement, ils le déclareront non coupable et l'acquitteront, comme ils acquitteraient tout individu qui, pour une cause quelconque, n'aurait pas la conscience suffisante de ses actes. *b*) L'âge, quelque avancé qu'il soit, ne peut, *par lui-même*, ni effacer, ni diminuer le culpabilité. Mais la vieillesse amène souvent un affaiblissement des facultés: par une triste loi de la nature, l'homme finit souvent par où il a commencé, l'*enfance*. Le vieillard, retombé en enfance, peut être déclaré irresponsable des délits qu'il a commis, non à cause de sa décrépitude, mais à cause de l'affaiblissement de son intelligence.

Toutefois, on comprend que la loi adoucisse, dans leur application aux vieillards, l'*exécution* de certaines peines qui, par les travaux et les fatigues qu'elles entraînent, se changeraient, pour eux, en une condamnation à mort, que l'âge puisse être ainsi, non précisément une excuse, mais une cause de *mitigation de peine*. Aussi, l'art. 5 de la loi du 30 mai 1854, qui modifie l'art. 70, C. p., décide que : « Les peines des travaux forcés à perpétuité et des travaux forcés à temps ne seront prononcées contre aucun individu âgé de *soixante ans accomplis au moment du jugement* : elles seront remplacées par celles de la réclusion, soit à perpétuité, soit à temps, selon la durée de la peine qu'elle remplacera ». Les art. 70 et 71 remplacent également la peine de la *déportation* par la peine de la détention à perpétuité, pour les individus âgés de *soixante-dix ans accomplis au jour du jugement*. Le récidiviste, qui aurait dépassé l'âge de soixante ans, à l'expiration de la peine qui entraînerait la relégation, ne pourra non plus être relégué. La relégation sera, dans ce cas, remplacée par l'interdiction perpétuelle de séjour (L. 27 mai 1885, art. 8). Ces dispositions n'ont pas eu pour but de modifier la nature des peines encourues par les sexagénaires pour les crimes par eux commis, mais seulement d'établir un *mode d'exécution*, différent du mode d'exécution régulier de ces peines[1]. Du reste, cette substitution de la réclusion ou

[1] De là résulte une triple conséquence : 1° si la réclusion perpétuelle est prononcée à la place des travaux forcés à perpétuité, elle emportera la double incapacité de disposer et de recevoir à titre gratuit (L. du 31 mai 1854, art. 3) ; 2° si la peine des travaux forcés ne peut être prononcée contre un accusé âgé de plus de soixante ans, elle n'en doit pas moins, au cas où des circonstances atténuantes ont été reconnues par le jury, servir de base et de point de départ pour l'application de l'art. 463, C. p. : Cass., 18 déc. 1856 (D. 57.1.44) ; 3° les dérogations, apportées par l'art. 11 de la loi du 27 mai 1885 à la procédure correctionnelle, lorsque la poursuite peut aboutir à la prononciation de la relégation, s'appliquent dans les cas où l'interdiction de séjour la remplace.

de la détention aux travaux forcés ou à la déportation n'a pas lieu de plein droit; elle doit être prononcée par le juge, et la Cour de cassation a souvent décidé qu'il y avait lieu d'annuler, en ce qui concernait l'application de la peine seulement, l'arrêt qui prononçait la peine des travaux forcés ou de la déportation contre un individu âgé de soixante ans ou de soixante-dix ans.

La présomption de responsabilité, qui résulte de ce fait que l'inculpé avait dépassé dix-huit ans au moment de l'infraction, peut tomber devant la preuve contraire; par exemple par suite de l'état de démence ou de contrainte dans lequel se trouvait l'agent au moment du délit (art. 64).

92. De la question d'age au point de vue de la procédure et de la compétence. — Un certain nombre de règles doivent être posées à ce point de vue.

I. Puisque l'âge de dix-huit ans constitue la ligne de démarcation entre la minorité et la majorité pénale, il est nécessaire de constater quel âge avait le prévenu au moment même où il a commis le délit; la première question qui se pose *implicitement*, au début de toute procédure pénale, est donc celle-ci : l'inculpé avait-il plus ou moins de dix-huit ans *accomplis* au jour de l'infraction? La plupart du temps, cette question ne sera même pas examinée parce qu'il n'existera aucun doute sur sa solution; mais si quelque doute s'élevait, ce serait au ministère public à faire la preuve que l'inculpé avait plus de dix-huit ans et non à l'inculpé à établir qu'il n'avait pas cet âge. Une condamnation ne peut être prononcée que si la juridiction compétente a reconnu l'existence de tous les éléments constitutifs de la criminalité, et c'est au ministère public à en rapporter la preuve : or, l'âge est un de ces éléments.

II. Comment cette preuve sera-t-elle faite? Ce qu'il importe de connaître, c'est l'âge de l'inculpé au moment du délit et non au moment de la poursuite : or, l'acte de naissance, qui est le moyen de preuve ordinaire de l'âge, ne suffira pas toujours à établir l'époque du délit et, par conséquent, l'âge de l'inculpé à ce moment-là; du reste, l'acte de naissance peut manquer au dossier; il doit être, dès lors, permis au ministère public d'établir l'âge de la même manière que tous les faits qui servent à la conviction du juge, c'est-à-dire par présomptions, par témoins, par écrit, etc.

III. Lorsqu'un débat sur l'âge s'élève, qui doit le trancher? La question ne se présente que devant la cour d'assises, puisque, devant cette juridiction seule, la mission de juger est confiée à la fois au jury et à la cour; est-ce au jury, est-ce à la cour qu'il appartient de décider si le mineur avait dix-huit ans accomplis au jour de l'infraction ? L'âge étant un des éléments de la culpabilité pénale, et toutes les questions relatives à la culpabilité rentrant dans les attributions du jury, il faut, quand il y a doute ou incertitude sur l'âge, soumettre au jury, la question de savoir si l'accusé avait dix-huit ans, et, subsidiairement ou éventuellement, celle de savoir s'il a agi avec discernement.

IV. La question d'âge peut et doit être soulevée, dans le procès, non seulement en première instance, mais encore en appel, soit par l'inculpé soit par le ministère public, soit même d'office par le tribunal; mais peut-elle l'être, pour la première fois, devant la Cour de cassation ? En un mot, doit-on considérer le seul défaut de vérification de l'âge de l'inculpé par les juges du fait comme une cause de nullité du jugement ou de l'arrêt de condamnation? Ainsi, un accusé est traduit en cour d'assises pour meurtre : Quel âge avait-il le jour du crime? Le président des assises n'a pas posé la question d'âge au jury, parce que l'accusé ne l'a pas demandé et que rien, dans les débats, n'a fait croire que l'accusé eût moins de dix-huit ans ce jour-là. Mais l'accusé est condamné aux travaux forcés à perpétuité, comme s'il eût été majeur de seize ans; peut-il, pour la première fois, dans son pourvoi en cassation, venir dire : *J'étais mineur de seize ans*; et en le prouvant, faire annuler la condamnation? La jurisprudence décide, avec raison, qu'il résulte *implicitement* du verdict du jury que l'accusé était majeur et qu'on ne peut désormais attaquer une décision, souveraine sur le fait, et qui ne viole aucune loi. Nulle part, en effet, la loi ne fait de la vérification de l'âge une formalité substantielle à remplir; sans doute, elle suppose que les juges se préoccuperont de l'âge de l'inculpé. Elle exige même que la question d'âge, *si la procédure a signalé quelque incertitude* à cet égard, soit posée et résolue, sous peine de nullité[1]; mais, lorsque rien n'a appelé l'attention des juges sur ce point, la loi n'ordonnant pas formellement de vérifier l'âge, n'a pu être violée. Il résulte alors implicitement de l'arrêt que l'inculpé avait dix-huit ans accomplis, comme il résulte implicitement d'un arrêt de condamnation que l'accusé n'était pas en état de démence ou de contrainte au temps de l'infraction. Sans doute, le condamné peut ne pas avoir eu dix-huit ans, comme il peut avoir été en état d'aliénation mentale ou de contrainte, mais ce n'est pas à la Cour de cassation qu'il appartient de rectifier les erreurs de fait des décisions judiciaires.

V. Dans le système du Code pénal, la question de discernement étant liée à l'idée de responsabilité, c'est à l'occasion du fait volontai-

[1] Cass., 12 août 1880 (S. 81. 1. 385); 3 mars 1881 (S. 83. 1. 486).

rement accompli par le délinquant qu'elle se pose, et il faut apprécier ce discernement pour chacun des *crimes* reprochés à l'accusé.

§ XIV. — DE L'INFLUENCE DE LA DÉMENCE SUR LA RESPONSABILITÉ PÉNALE.

93. Double situation possible. — 94. Démence au temps de l'action. — 95. Effets de la démence. — 96. Quand y a-t-il démence? — 97. Des demi-fous. — 98. C'est au temps de l'action qu'il faut se placer pour déterminer si l'agent était en état de démence. — 99. Résumé. — 100. États autres que la démence. — 101. Surdi-mutité. — 102. Ivresse. — 103. Démence pendant la poursuite ou après la condamnation.

93. LA DÉMENCE. DOUBLE SITUATION POSSIBLE. — L'agent peut être en état de démence *au temps de l'action :* c'est la seule hypothèse expressément prévue par l'art. 64. Mais l'agent, sain d'esprit au temps de l'infraction, a pu devenir fou, soit avant ou pendant les *poursuites*, soit après la *condamnation*.

Il est évident que, dans le premier cas seulement, la démence est de nature à exercer une influence sur la *responsabilité pénale*, qui a, pour condition préalable, la *responsabilité physiologique;* dans le second, elle ne peut en avoir que sur les conditions, soit de la *poursuite*, soit de l'*exécution de la condamnation*.

94. DE LA DÉMENCE AU TEMPS DE L'ACTION. DIVISION DU SUJET. — Au point de vue de l'influence de la démence sur la responsabilité une double question se pose : Quand y a-t-il démence? Quel est l'effet de la démence? On nous permettra d'intervertir les deux problèmes.

95. EFFET DE LA DÉMENCE AU TEMPS DE L'ACTION. — De même que la démence « au temps de l'action » est, en droit civil, une cause d'*incapacité*, de même elle est, en droit pénal, une cause d'*irresponsabilité*. L'art. 64, pour caractériser l'influence de la démence, se sert de cette expression énergique : *Il n'y a ni crime ni délit :* ajoutons, bien que le texte ne le dise pas, qu'il n'y a pas non plus *contravention :* le principe de l'art. 64 est, en effet, général, puisqu'il résulte de la nature des choses, et il s'applique à toute infraction, qu'elle soit intentionnelle ou non intentionnelle, prévue par le Code pénal ou par une loi spéciale. C'est un point qui n'a jamais fait difficulté, malgré la rédaction trop étroite du Code pénal[1].

[1] Il est à remarquer que l'art. 64 est déclaré expressément applicable aux infractions de la compétence des tribunaux militaires et maritimes (C. just. mil., du 4 juin

Du principe que la démence est une cause d'irresponsabilité résultent les conséquences suivantes. *a*) L'examen de l'état mental de l'inculpé appartient aux juridictions d'*instruction*, comme aux juridictions de *jugement* : dès que les premières constatent l'état de démence de l'inculpé, elles doivent rendre des décisions de non-lieu, mettant fin à la poursuite (C. instr. cr., art. 128 et 129); et cela, sans avoir besoin de surseoir à statuer jusqu'à ce que le tribunal civil ait prononcé l'interdiction, car « la question de savoir s'il y a lieu de faire interdire le prévenu est absolument indépendante de celle de savoir s'il y a lieu de le poursuivre pour les délits qui lui sont imputés[1] ». Si le fait de la démence n'est pas suffisamment établi, et qu'il y ait renvoi devant les juridictions de jugement, la question de savoir si l'accusé ou le prévenu est en état de démence rentre dans la *question générale de culpabilité*. En cour d'assises, par conséquent, si le défenseur réclame la position d'une question spéciale de démence, distincte de la question de culpabilité, la cour n'est pas obligée de faire droit aux conclusions, car, « en posant la question de savoir si l'accusé est coupable, on demande, par cela même, au jury, si cet accusé est sain d'esprit et si sa volonté était libre et indépendante au moment de l'action[2] ». Cependant, si rien n'oblige la cour d'assises à poser la question de démence, rien ne lui interdit non plus de le faire : il lui appartient d'apprécier, suivant les circonstances, s'il n'est pas utile, en posant une question spéciale sur le fait de la démence, d'appeler l'attention du jury sur ce point. Du reste, pour atteindre le même but, il suffirait que la cour déclarât expressément, dans l'arrêt par lequel elle refuserait de poser la question de démence, que cette question est renfermée dans celle de culpabilité et que le président le fasse observer aux jurés[3]. *b*) Lorsqu'un inculpé a été renvoyé d'instance pour cause d'aliénation mentale ou qu'il a été l'objet d'une ordonnance de non-lieu basée sur le

1857, art. 202; C. just. mar. du 9 juin 1858, art. 260). Mais ces références à une disposition générale, de la nature de celle qui nous occupe, étaient certainement inutiles.

[1] Cass., 9 déc. 1813 (S. 15. 1. 284).

[2] Cass., 11 mars 1813; Cass., 23 sept. 1847 (D. 47. 1. 118).

[3] Si la question spéciale de démence avait été posée, y aurait-il contradiction entre une réponse affirmative sur la culpabilité et une réponse affirmative sur l'état de démence? La Cour de cassation estime que le jury a voulu seulement déclarer, dans ce cas, « qu'il était matériellement établi que l'accusé était l'auteur de l'action qui avait donné lieu aux poursuites; mais qu'il n'y avait apporté que la volonté d'un homme en démence, volonté *quasi-animale*, qui, d'après le vœu de l'art. 64, et d'après les plus simples lumières de la raison, est évidemment hors de toute culpabilité légale ». Cass., 4 janv. 1817 (S. 17. 1. 268). C'est qu'en effet, en posant une question spéciale de démence, on sépare les deux éléments de l'imputabilité : or, l'absence de l'un de ces éléments suffit pour que l'acquittement doive être prononcé.

même motif, l'autorité judiciaire ne peut plus le retenir, et il doit être mis en liberté. La société ne se trouve pas pourtant désarmée; le législateur a pris certaines mesures, et l'art. 18 de la loi du 30 juin 1838 sur les aliénés[1] permet, « à Paris, au préfet de police, et, dans les départements, aux préfets, d'ordonner d'*office* le placement dans un établissement d'aliénés de toute personne dont l'aliénation compromet l'ordre public ou la sûreté des personnes ». Du reste, la loi de 1838 ne contient aucune disposition spéciale sur les *aliénés* dits *criminels*, soit au point de vue de leur placement dans des asiles spéciaux, soit au point de vue des pouvoirs à donner, dans ce cas, aux autorités administratives ou judiciaires. *c*) L'individu, renvoyé d'instance pour cause de démence, ne peut être condamné à aucune peine, pas même à une amende en matière de contravention aux lois fiscales. *d*) Il ne peut être condamné aux frais du procès pénal, car la poursuite ne devait pas avoir lieu.

96. En quoi consiste la démence. — En ce qui concerne la question de savoir en quoi consiste la démence, on peut classer les législations européennes en trois groupes : 1° Dans les législations les plus récentes, prévaut un système qui consiste à éviter toute dénomination des circonstances qui excluent la responsabilité, en exprimant, dans une formule générale, que l'état d'altération des facultés mentales est une cause de non-culpabilité[2]. 2° Dans le droit anglais, au contraire, certaines règles ont été tracées par les magistrats pour déterminer en quoi consiste la démence et quand il y a démence[3].

[1] Un projet de loi sur les aliénés a été voté par la Chambre des députés en janvier 1907. Sur la genèse de ce projet : J. Grasset, *La responsabilité des criminels* (Paris, 1908, p. 17 à 27). Voici l'économie de ce projet. Il proclame d'abord l'obligation de l'assistance sociale et du traitement médical des aliénés (art. 1). Il réglemente l'obligation de traiter les aliénés même criminels et se préoccupe de l'internement administratif et légal de l'aliéné criminel après son acquittement. D'après l'art. 36, quand le criminel a été acquitté « à raison de son état d'aliénation mentale au moment de l'action », il est renvoyé devant le tribunal du même arrondissement, lequel « en chambre du conseil, le procureur de la République entendu, ordonnera son internement dans un établissement d'aliénés ». Et la loi ajoute : « la décision par laquelle le prévenu ou l'accusé déclaré irresponsable est renvoyé devant le tribunal, interdit sa mise en liberté et ordonne qu'il sera retenu... ». Enfin le projet établit des asiles de sûreté pour les aliénés qui seront conduits et retenus, en application des art. 35 et 36. On y placera aussi les aliénés qui auront commis un crime dans un asile.

[2] Code pénal allemand, § 51 ; Code pénal italien, art. 46 ; Code pénal hollandais, § 37.

[3] Sur le droit pénal anglais en matière de démence : Babinet (*Bull. de la Soc. de législ. comp.*, 1879, p. 20) ; Maudsley, *Le crime et la folie* (Trad. franç.), 4e édit., p. 84, dans le chapitre intitulé : *La loi et la folie*.

3° Dans d'autres législations enfin, l'état d'altération des facultés mentales, excluant la responsabilité, est caractérisé par une expression scientifique, l'expression « démence » ou toute autre analogue, mais sans que le législateur ait cru devoir définir cette expression. C'est ce système intermédiaire qui est suivi par le Code pénal français[1].

L'expression *démence* désigne, dans son sens étymologique, l'absence de raison, l'inconscience, l'incapacité de diriger ses actes, d'en prévoir les conséquences. Ce mot *démence* a, en aliénation mentale, un sens étroit, comme d'ailleurs ceux de *folie* et de *délire*. Seule, l'expression « *aliénation mentale* » convient à tous les cas. Pourquoi n'a-t-elle pas été employée par le législateur ? D'une part, c'est qu'elle n'était pas très usitée en 1810 ; d'autre part, la loi avait voulu marquer, par l'expression même dont elle se servait, qu'elle liait l'irresponsabilité à un trouble de l'intelligence (*mens*), qui, pour les législateurs comme pour les médecins de l'époque, était alors l'unique signe de la folie. On ne songeait pas alors aux troubles de la volonté. Mais le Code pénal n'a pas donné de définition de la démence ; il n'a pas essayé d'établir un diagnostic juridique permettant au magistrat de décider quand il y a démence. Le texte doit, par suite, être interprété conformément aux données de la science mentale et non pas dans un sens littéral qui ne répond plus à toutes les hypothèses [2].

Est-ce à dire qu'il soit possible de comprendre, sous cette expression « démence », tous les cas dans lesquels un individu ne peut se rendre compte de ce qu'il fait par suite d'un *état subjectif* d'altération de ses facultés ? Sur ce point, on se trouve en présence de deux manières de voir.

a) Pour certains, la loi n'aurait voulu dire qu'une chose dans

[1] Code pénal belge, art. 71 : *Il n'y a pas d'infraction lorsque l'accusé ou le prévenu était en état de démence au moment du fait.* Le Code pénal belge a donc simplement modifié la rédaction du Code français de manière à rendre l'application du texte plus compréhensive, et à lui donner la forme d'un principe général applicable à toute infraction.

[2] La question de savoir s'il y a démence étant une question de psychiatrie, le juge doit, dès qu'il y a quelques doutes sur l'état mental de l'accusé, provoquer une expertise médicale, dont la loi ne lui fait pas une obligation, mais que son incompétence professionnelle lui fait un devoir d'ordonner. Cette observation permet de débarrasser le droit pénal d'un grand nombre de systèmes et de controverses juridiques dont les ouvrages anciens sont remplis. Il est certain que les progrès de la psychiatrie ont jeté de nouvelles lumières sur le problème mental, et que le rôle de la pathologie s'agrandit tous les jours aux dépens de celui de la répression. C'est au cas d'aliénation mentale que s'adapte le mieux la théorie de Tarde fondant la responsabilité sur l'identité personnelle et la similitude sociale. L'*aliéné* n'est pas responsable parce que son état a précisément pour caractère de le rendre étranger à lui-même et à son milieu.

l'art. 64 : c'est que, pour être imputable à quelqu'un, l'infraction doit être le résultat d'une volonté intelligente et libre. Ce texte ne serait que la répétition, en d'autres termes, du principe posé par l'art. 901, C. civ., en matière de testament; et nous pourrions le traduire ainsi : *Pour être coupable d'une infraction, il faut être sain d'esprit.* Mais, pas plus dans l'art. 64, C. pén., que dans l'art. 901, C. civ., le législateur n'aurait déterminé les faits qui constituent la *démence* ou l'*insanité*. Il se serait servi d'une expression vague, afin que cette expression pût embrasser toutes les causes qui privent l'homme de raison. Pourrait être reconnu, par conséquent, en état de démence, dans le sens légal du mot, l'individu en état d'ivresse, de somnambulisme, etc., comme l'individu atteint d'une des formes d'aliénation mentale.

b) Il y a, dans cette manière de voir, quelque chose d'exact : il est bien certain, en effet, qu'il ne saurait y avoir culpabilité, si l'agent, pour une cause quelconque, s'est trouvé privé de son intelligence ou de sa volonté au moment de l'infraction. Toutes les fois, par conséquent, qu'une juridiction pénale reconnaîtra qu'il existait, chez l'inculpé, au moment du délit, une altération suffisante des facultés mentales pour détruire sa culpabilité, elle devra le renvoyer de la poursuite, quelle que soit la cause de cet état. Mais pourra-t-elle toujours motiver, *en droit*, sa décision sur l'art. 64? Je ne le crois pas, et c'est en quoi je me sépare de l'opinion exposée. L'expression « démence » n'a certainement pas, en droit criminel, le sens restreint que lui donne le Code civil, dans l'art. 489, où elle est opposée à l' « imbécillité » et à la « fureur ». Elle est prise dans une acception générale et vulgaire. Mais laquelle? Les causes perturbatrices des facultés mentales, en dehors bien entendu de la faiblesse de l'âge, peuvent être classées en trois catégories distinctes, à savoir : 1° lorsque des arrêts de développement et des dégénérescences pathologiques ont affecté le cerveau *avant* l'époque où il doit normalement acquérir sa maturité complète (idiotie, imbécillité, faiblesse d'esprit avec perversion des instincts, folie morale); 2° lorsque, après cette époque normale de maturité, des causes organo-pathologiques viennent entraver le libre jeu des facultés intellectuelles (folie proprement dite, sous toutes ses formes); 3° lorsque l'individu adulte est sous le coup de troubles psychiques passagers, provenant d'une altération transitoire des fonctions cérébrales (état de rêve, délire des affections fébriles ou aiguës, ivresse, etc.). Ce que le législateur appelle « démence », ce sont les états psychiques qui rentrent dans les deux premières catégories, c'est-à-dire les cas d'absence de raison provenant, soit d'une *organisation cérébrale incomplète*, soit d'une *maladie du cerveau*.

Mais cette expression ne comprendrait pas ces altérations passagères de l'entendement, qui ont pour cause l'ivresse, le somnambulisme, l'hypnotisme, le sommeil, la surdi-mutité. Certainement, les rédacteurs du Code pénal n'ont pu vouloir faire allusion, par l'expression *démence*, à des états psychiques, qui portent un nom spécial dans la langue pratique, comme dans la langue scientifique. Un jugement qui constaterait, *en fait*, que l'accusé se trouvait en état d'ivresse au temps de l'infraction et qui motiverait, *en droit*, l'acquittement, prononcé à raison de cette circonstance, sur l'art. 64, contiendrait donc une fausse application de ce texte. Qu'on n'exagère pas ma pensée. J'admets bien que l'irresponsabilité peut résulter et résultera souvent, non seulement de la démence, c'est-à-dire d'une *maladie du cerveau*, mais de causes de diverses sortes, telles que l'ivresse, le somnambulisme, le surdi-mutisme, etc., qui ont pu produire chez l'agent l'inconscience. Ce que je veux dire, c'est qu'il n'est pas permis aux juridictions d'instruction et aux tribunaux correctionnels ou de simple police de motiver, sur l'art. 64, un renvoi d'instance dans ce cas[1]. Pour moi, les divers états psychiques, où l'on doit admettre un obscurcissement de l'intelligence ou de la volonté supprimant ou diminuant la responsabilité pénale, rentreront dans l'examen général de la culpabilité. La doctrine ne peut poser que des principes : il appartient aux juges, avec le secours et l'expérience des médecins, de les appliquer dans chaque espèce.

97. De la responsabilite atténuée[2]. — Pour résoudre la question de responsabilité, au point de vue biologique et médical, il faut et il suffit de se demander si le prévenu a des centres nerveux sains, en

[1] La jurisprudence paraît arrêtée en ce sens : Cass., 25 juin 1827, 1er juin 1843 (S. 43. 1. 843). Ces arrêts exagèrent, du reste, le principe dont ils s'inspirent; car ils paraissent interdire à la justice de rechercher la non-culpabilité et de la fonder sur des états psychiques voisins de la démence, comme le surdi-mutisme et l'ivresse. Que le surdi-mutisme et l'ivresse ne soient pas des causes d'*excuse légale*; que le défenseur ne puisse pas demander à la cour de poser une question spéciale sur ces faits, distincte de la question de culpabilité : personne ne le conteste. Mais on ne peut pas interdire à une juridiction de déclarer non coupable un individu qui ne jouissait pas de sa raison au moment du délit. Tous les jours, les tribunaux renvoient d'instance des individus qui ne sont certainement pas des déments, à raison de ce qu'ils ont été inconscients de leurs actes.

[2] Sur la responsabilité atténuée : Saleilles, *L'individualisation de la peine*, p. 77; Sumien, *Essai sur la responsabilité atténuée de certains criminels* (*Rev. crit.*, 1897, p. 451 et suiv.); Prins, *Science pénale et droit positif*, n° 391. Voy. discussion à la Société des prisons sur le traitement à appliquer aux délinquants à responsabilité limitée (*Rev. pénit.*, 1905, pp. 185, 313, 473); Maurice Michelon, *Les demi-fous et la responsabilité dite atténuée* (Th. doct. Lyon, 1906); Louis

état de juger la valeur comparée des divers mobiles et motifs de son action. Or, le Code pénal, en se servant de l'expression : « *Il n'y a ni crime ni délit* », pour caractériser l'effet de la démence, s'est placé en face d'un individu complètement aliéné. Celui-là est en dehors du droit pénal : la société n'a pas le droit de le punir, elle a le devoir de le soigner. Mais à côté des sujets dont les centres nerveux sont complètement sains et normaux (*responsables*) et des sujets dont les centres nerveux sont malades et anormaux (*irresponsables*), il y a des sujets dont les centres nerveux sont partiellement ou légèrement malades. On les appelle des *demi-responsables*. De ceux-là, le Code pénal, édicté à une époque où le concept de responsabilité formait un bloc, ne s'est nullement préoccupé. Ce sont les experts médicaux qui ont constaté la *demi-responsabilité* ou la *responsabilité atténuée*[1].

La question *médicale* de la responsabilité atténuée et la question *sociale* de la conduite légale à tenir vis-à-vis des demi-responsables, tels sont les deux points de vue qui ont été souvent confondus.

1° Sur le terrain médical, la question de la *responsabilité atténuée* (nous ne disons pas *partielle*) ne saurait être discutée. De même qu'il y a des demi-malades entre les malades et les bien portants, de même l'humanité ne peut pas être divisée en deux blocs, celui des fous et celui des raisonnables. Il y a des *demi-fous*, sur lesquels la société n'a aucun droit spécial tant qu'ils n'ont pas commis des délits, mais vis-à-vis desquels elle a toujours des devoirs d'assistance avant comme après l'acte nuisible qui en fait des êtres dangereux. Les experts, auxquels on pose, à propos du délit, la question de *responsabilité*, n'ont à se prononcer qu'*au point de vue médical*, sur la qualité et le degré de fonctionnement des centres nerveux et conclure à une *responsabilité physiologique* ou *médicale atténuée*[2].

2° Mais les juges sont dans l'impuissance, en l'état actuel de la législation française, de tenir compte de ces conclusions. Sans doute, le système des circonstances atténuantes leur permet d'accorder une réduction corrélative de la peine admise. Mais les inconvénients de ce

Eydoux, *Les demi-fous. Etude de la responsabilité atténuée* (Th. doct. Toulouse, 1906); Grasset, *Demi-fous et demi-responsables* (*Rev. des Deux-Mondes*, 1906, t. 1, p. 887 à 922); *ibid.*, *La responsabilité des criminels* (Paris, 1908). Je recommande particulièrement la lecture de cet ouvrage.

[1] J'ai indiqué à la Société des prisons quelle paraissait être l'origine de la responsabilité atténuée. Voy. également : Michelon, *op. cit.*

[2] Voir le rapport du Dr Gilbert Ballet au Congrès des médecins aliénistes et neurologistes de Genève de 1907 dont les conclusions ont été votées : Grasset, *La responsabilité des criminels*, p. 27.

procédé sont particulièrement sensibles lorsqu'il s'agit d'individus qui peuvent et qui doivent être intimidés et par conséquent punis. Seulement, la prison n'épuise pas les devoirs de la société vis-à-vis des demi-fous. « Il ne faut donc pas, comme on l'a fait, dire que le demi-fou est ou un coupable qu'il faut punir ou un malade qu'il faut enfermer. Le fou n'est que malade, le raisonnable n'est que coupable, le demi-fou est l'un et l'autre : on ne doit pas, pour lui, choisir entre la prison et l'asile; il lui faut l'un et l'autre. C'est précisément là ce qui fait la grande difficulté pratique de la question »[1]. En l'état lacunaire de notre législation, les juges ne voient dans la responsabilité atténuée qu'un motif à circonstances atténuantes et à diminution de peine[2].

98. De la démence cause d'irresponsabilité pénale et de la démence cause d'interdiction. — Dans tous les cas, pour être une cause d'irresponsabilité pénale, la démence a dû exister *au temps de l'action*. L'interdiction d'un individu, prononcée par un tribunal civil, ne produit donc, au point de vue pénal, aucun des effets qu'elle produit au point de vue civil. L'interdit contracte-t-il, aliène-t-il, postérieurement au jugement d'interdiction? tous ces actes sont considérés par la loi civile comme les actes d'un fou : il peut en demander la nullité, sans avoir besoin de prouver qu'il était en état de démence au moment où il les a accomplis et sans que les tiers puissent même démontrer qu'il était dans un intervalle lucide à ce moment-là. Au point de voie pénal, au contraire, l'interdiction ne fera obstacle ni à la mise en jugement ni à la condamnation de l'interdit[3]. Sans doute, le ministère public, en présence d'un interdit, aura la charge de prouver qu'il était sain d'esprit au moment de l'infraction ; car l'état *habituel* de démence, sur lequel se fonde le jugement d'interdiction, constitue tout au moins une *présomption de fait* de folie, qui mettra

[1] Grasset, *La responsabilité des criminels*, p. 113.

[2] Dans le système allemand (C. pén. allemand, art. 57), en cas de responsabilité atténuée, la peine est d'abord diminuée. « Si, de plus, ce délinquant paraît aux experts dangereux pour la sécurité publique par suite de son affaiblissement cérébral persistant, le tribunal répressif doit ordonner la garde provisoire du condamné, puis la procédure, comme pour l'aliéné, se déroule devant le tribunal civil qui doit, ici encore, prononcer à la fois l'interdiction et l'internement définitif ou cette dernière mesure seulement ». Ce système a été exposé à la Société des prisons (*Rev. pénit.*, 1905, *passim.*).

[3] Cf. Cass., 13 oct. 1853 (D. 53. 5. 204); 29 déc. 1902, de Tocqueville. Ceci n'est que l'application de la règle bien connue que *la chose jugée au civil n'a aucune influence sur la chose jugée au criminel*. A plus forte raison, l'*interdiction légale* ne produit-elle pas cet effet : Cass., 4 déc. 1856 (D. 57.1.77). La question est traitée par Le Sellyer, *Traité de la criminalité*, t. I, n. 52.

la preuve de l'imputabilité à la charge du ministère public; mais les juges pourront condamner l'interdit s'ils sont convaincus qu'il jouissait de sa raison. La mission des tribunaux civils en matière d'interdiction, et celle des tribunaux de répression en matière d'imputabilité sont donc toutes différentes. Pour prononcer l'interdiction, le tribunal civil se demande si telle personne est dans un *état habituel* d'imbécillité, de démence ou de fureur. Pour condamner un individu, le tribunal répressif se demande si, en fait, au moment où l'infraction a été commise, celui-ci avait le discernement de ses actes. En général, il est vrai, l'anormalité n'est pas un état passager, mais un état qui dure. La thèse de l'*intervalle lucide*, appliquée à la responsabilité, est contredite par la science mentale, mais elle était en vigueur au moment où le Code pénal a été rédigé [1]. De plus, le tribunal civil a le choix entre l'interdiction et le conseil judiciaire, si bien que la loi civile, à la différence de la loi pénale, semble avoir admis l'existence de deux sortes d'anormaux, les fous et les demi-fous.

99. Résumé des règles de la législation positive. — En résumé, voici les règles qui se dégagent de notre législation positive :

1° La loi pénale admet que la démence, constatée au temps de l'action, exclut *complètement* la responsabilité pénale;

2° Mais elle ne donne pas de définition de la démence, laissant l'appréciation souveraine de la question de savoir si elle existe aux juges du fait, sans que leur décision tombe, à ce point de vue, sous le contrôle de la Cour suprême;

3° La démence embrasse les troubles psychiques affectant toutes formes cliniques de l'*aliénation mentale;*

4° Entre la sanité et l'insanité d'esprit, il n'y a pas, pour le Code, de degrés intermédiaires. Cependant, l'existence de *demi-fous*, qu'on ne peut assimiler complètement aux criminels ordinaires et vis-à-vis desquels on ne peut employer les mêmes moyens de protection et de défense sociales, pose au législateur comme au juge des problèmes restés jusqu'ici sans solution. Le juge actuellement ne peut les aborder que dans les limites de ses pouvoirs généraux sur l'*application de la peine*.

5° Enfin, les états, autres que la démence, qui peuvent altérer les facultés mentales, n'ont pas été prévus par la loi et leur influence sur la responsabilité n'a pas été déterminée.

100. Des états psychiques autres que la démence. — Ces états d'*inconscience* plus ou moins complets, qui ne résultent pas

[1] Voy. Bigot, *Des périodes raisonnantes de l'aliénation mentale*, 1877.

d'une maladie mentale, ont des causes très diverses, telles que la surdi-mutité, l'ivresse. Nous devons en dire quelques mots.

101. De la surdi-mutité. — La *surdi-mutité* n'est point, *par elle-même*, exclusive, chez celui qui en est atteint, de l'intelligence du bien et du mal : par conséquent, elle n'est pas une cause d'irresponsabilité pénale. Cela résulte même des précautions prises par la loi, en faveur des sourds-muets, pour entendre leurs explications quand ils sont *accusés* (C. inst. cr., art. 332 et 333). Mais d'une part, la surdi-mutité est un signe de dégénérescence; et d'autre part, cette infirmité arrête le développement des facultés psychiques. Pour ces deux causes, le juge doit prendre en considération la surdi-mutité, soit afin d'exclure, soit afin de diminuer la culpabilité [1].

Faut-il au surplus qu'une législation pénale protège le sourd-muet par une présomption d'irresponsabilité, analogue à celle qui protège le mineur lui-même [2]? C'est ce qui a été fait par quelques Codes étrangers [3]. Mais si on entre dans cette voie, on est amené, par la logique même, à étendre ce système à beaucoup d'*infirmités physiques* qui ont souvent pour résultat d'enlever à un individu la possession complète de ses facultés mentales, par exemple à la cécité de naissance, au rachitisme, à la microcéphalie, etc. Il vaut mieux, je crois, ou bien adopter le système du Code pénal allemand [4] et du Code pénal hongrois [5], c'est-à-dire ordonner au juge de rechercher, avant de condamner le sourd-muet, s'il a l'intelligence nécessaire pour comprendre le crime qui lui est reproché, ou bien, imitant en cela le silence du Code pénal français et du Code pénal hollandais, laisser ce cas, comme tous ceux où la responsabilité peut être supprimée ou atténuée, sous l'empire du droit commum [6].

[1] Dr Collineau, *Le sourd-muet* (*Arch. d'anthropol. crim.*, 1892, p. 1-17).

[2] Ce système est conseillé par Ortolan, t. Ier, no 327; par Chauveau et Hélie, t. Ier, no 327. Il encourt, du reste, les mêmes reproches que dans son application aux mineurs. Voy. Prins, *Science pénale*, nos 383 et 384.

[3] C. p. belge, art. 76 : « *Lorsqu'un sourd-muet âgé de plus de seize ans accomplis, aura commis un crime ou un délit, s'il est décidé qu'il a agi sans discernement, il sera acquitté. Il pourra être placé dans un établissement déterminé par la loi, pour y être détenu et instruit pendant un nombre d'années qui n'excédera pas cinq ans* ». Voy. également le C. p. italien, art. 57.

[4] C. p. allemand, § 38 : « *Le sourd-muet dépourvu de l'intelligence nécessaire pour comprendre la criminalité de l'acte par lui commis devra être acquitté* ».

[5] C. p. hongrois, § 88.

[6] La Cour de cassation, dans un arrêt ancien du 25 juin 1827, rapporté par Blanche (t. II, no 242), paraît refuser à la défense le droit de rechercher, dans la surdi-mutité, la preuve de la non-culpabilité de l'accusé. Il y a là, évidemment, une erreur.

102. De l'ivresse et de l'alcoolisme. — L'*ivresse*, lorsqu'elle est volontaire et publique, constitue un trouble social ; elle est le vestibule de la folie : il peut être *juste* et *utile* de la punir; c'est ce qu'ont fait certaines législations étrangères[1]; c'est ce qu'a fait la nôtre par la loi du 23 janvier 1873, *tendant à réprimer l'ivresse publique et les progrès de l'alcoolisme*[2].

Mais la question de savoir quelle est la responsabilité de l'auteur d'un délit commis en état d'ivresse offre d'autant plus d'intérêt que les statistiques démontrent la fréquence croissante de cette situation. Le problème se présente dans des conditions particulièrement difficiles, car si les effets psychologiques de l'ivresse sont analogues à ceux de la folie, la folie n'est qu'un accident malheureux (*infelicitas fati*), tandis que l'ivresse est le plus souvent une faute volontaire (*voluntaria insania*). Ces données antinomiques expliquent les divergences que présentent les législations anciennes et modernes sur la solution du problème.

I. La loi française ne contient pas de règles spéciales relativement aux effets de l'ivresse sur la responsabilité pénale. Cette situation est donc laissée sous l'empire des principes généraux dont il faut tout d'abord rechercher l'application. En nous plaçant sur ce terrain, il y a lieu de présenter trois observations.

1° On distingue généralement, dans la doctrine et la jurisprudence, pour la détermination juridique de la responsabilité, l'alcoolisme allant jusqu'à la frénésie, au délire, à la folie, et l'ivresse simple. Dans les classifications que la science a faites de l'aliénation mentale, en se basant sur ses causes, une place est réservée à celle qui provient de l'ivresse, c'est-à-dire de l'usage habituel de l'alcool, de l'opium, du haschisch, de la morphine (folie alcoolique ou folie toxique). Il est évident que l'individu qui, dans une crise de ce genre, commet un délit, est un *aliéné* et, par conséquent, un irresponsable. L'art. 64,

La question qui se pose dans tout procès pénal est de savoir si l'accusé est coupable : interdire de démontrer que l'inculpé, pour une cause quelconque, n'avait pas sa raison au moment de l'action, c'est interdire de démontrer qu'il n'est pas coupable. De ce que la loi n'a pas parlé de la surdi-mutité, il ne s'ensuit pas que le juge n'ait pas à s'en préoccuper au point de vue de la culpabilité. En un mot, — et je ne saurais trop insister sur ce point, — la criminalité impliquant deux éléments : 1° la possibilité de savoir que l'acte constitutif de l'infraction est contraire à la loi ; 2° la volonté de faire ou de ne pas faire cet acte, tout tribunal a le droit de s'assurer que l'agent *savait* et *pouvait*, lorsqu'il a commis le fait matériel qui lui est reproché et le devoir de le renvoyer d'instance, en le déclarant *non coupable*, lorsque l'une ou l'autre de ces facultés faisait défaut.

[1] Voy. la loi belge du 16 août 1887.

[2] Discussion à la Société générale des prisons sur l'application de la loi du 23 janvier 1873 : Rapport de M. Gerbault (*Rev. pénit.*, 1908, p. 841 à 891).

C. p., lui est applicable[1]. Nous ne nous occupons pas de cette situation mais de l'ivresse simple.

2° Cette sorte d'ivresse se subdivise, suivant sa cause, en fortuite ou accidentelle, fautive ou intentionnelle, celle-ci pouvant même aller jusqu'à la préméditation en vue de l'exécution du délit. Suivant son degré d'intensité, l'ivresse est pleine ou complète, demi-pleine ou partielle. Suivant son degré de fréquence chez l'agent, l'ivresse peut être accidentelle ou habituelle. Or, il est un cas sur lequel on est d'accord. L'ivresse fortuite, qui n'est ni prévue ni voulue, ne peut être reprochée à l'agent qui ignore l'altération ou la force toxique de la boisson qu'il absorbe. Aucune faute ne lui est imputable, et il faut simplement examiner quelle est l'influence de l'ivresse sur la responsabilité : si cette ivresse est complète, elle ne laisse place à aucune espèce de responsabilité; si elle est partielle, elle diminue la culpabilité, sans la faire disparaître[2].

3° On soutiendrait, à tort, pour écarter cette solution, que l'art. 64, C. p., en parlant de la démence et en gardant le silence le plus absolu sur l'ivresse, a voulu, par cela seul, l'exclure comme cause d'irresponsabilité. Il n'y a pas démence, il est vrai, dans le sens technique du mot, mais il n'y a pas conscience de l'acte, il n'y a pas culpabilité. C'est en vain également qu'on opposerait, à cette solution, l'art. 65, qui défend d'appliquer une excuse quand elle n'est pas formellement prévue par la loi : car nous ne prétendons pas que l'ivresse soit une *excuse légale*[3]. Lorsqu'elle est alléguée par la défense, elle ne peut faire l'objet, comme les excuses, d'une question à poser au jury, mais s'il apparaît, *en fait*, que l'ivresse a aboli complètement la raison de l'accusé, le jury répondra par un verdict négatif à la question de

[1] Nous ne pouvons pas non plus, dans un ouvrage élémentaire, nous occuper des problèmes sociaux que soulève l'alcoolisme. Voy. Laccasagne, *Peine de mort et criminalité* (Paris, 1908, p. 91 à 106).

[2] V. notamment sur ce point : Lainé, *op. cit.*, n° 187; Chauveau et Hélie, *op. cit.*, t. I, n. 358; Le Sellyer, *De la criminalité*, n. 74.

[3] La jurisprudence n'admet, en aucun cas, et avec raison, que l'ivresse soit une *excuse légale*. Déjà, sous le Code de brumaire an IV, qui ne parlait pas de l'ivresse, il avait été décidé (arrêté du 7 prairial an IX) « que l'ivresse n'est pas une cause d'excuse, mais une immoralité ». La jurisprudence est restée ferme dans cette opinion. Aussi ne permet-elle pas qu'on interroge le jury sur le point de savoir si l'accusé était dans un état d'ivresse au moment du délit, pour faire, de cet état, un motif d'excuse légale. Mais, il faut admettre que la question d'ivresse est comprise, comme toutes les questions d'où dépend la culpabilité, dans la question principale : Un tel est-il coupable? Rien n'empêchant de diviser les éléments de culpabilité dans le questionnaire posé au jury, la question d'ivresse pourrait même être posée aux jurés comme question d'irresponsabilité, non d'excuse. Mais, au point de vue pratique, je crois bien qu'un tel procédé n'est pas recommandable.

culpabilité, et le tribunal devra, en constatant l'état et la cause d'inconscience de l'agent, le renvoyer de la poursuite. Le pouvoir du juge, à cet égard, rentre dans l'examen de la question de culpabilité qui lui est toujours soumise.

II. Ce qui est donc seulement en question, c'est la responsabilité de l'agent pour les actes délictueux commis dans un état d'ivresse dû, soit à sa *faute*, parce qu'il a bu imprudemment, ou avec excès, soit à sa *volonté*, parce qu'il s'est enivré volontairement, même sans intention de commettre en cet état un crime ou un délit déterminé. Nous trouvons sur ce point deux thèses extrêmes.

L'une ne tient aucun compte de l'ivresse. Il ne peut être permis au délinquant d'améliorer sa condition par son propre délit, et il serait contradictoire de considérer le fait de l'ivresse comme délictueux en lui-même, et d'autoriser le délinquant à l'invoquer comme circonstance dirimante de la culpabilité d'un autre délit. Dans la thèse opposée, le délit commis en état d'ivresse complète doit toujours rester impuni. Assurément l'agent est en faute de s'être enivré, mais il n'en est pas moins inconscient du crime qu'il a commis, incapable de discerner la moralité de ses actes, et, par conséquent, irresponsable. Que l'ivresse fautive ou volontaire constitue par elle-même un délit, c'est ce que tout le monde reconnaît; mais qu'on fasse abstraction de l'ivresse pour apprécier un acte commis dans cet état, sous prétexte que l'ivresse est un fait délictueux, c'est ce qu'il est impossible d'admettre. L'erreur de la théorie précédente consiste à confondre deux questions, celle de savoir si l'ivresse doit être réprimée en elle-même et celle de savoir si un acte commis dans cet état doit être puni.

Ces opinions divergentes peuvent se concilier en tenant compte des degrés divers de l'ivresse.

Au début de l'ivresse, la conscience des actes existe, le caractère ordinaire de l'individu n'est pas transformé : il se rend compte de ce qu'il fait. Ce qui est affaibli, c'est sa force de résistance aux impulsions violentes et passionnées. La responsabilité subsiste donc, mais atténuée ; et il est vrai de dire que les actes reprochés à l'homme ivre n'ont pas la même importance et la même portée morale que si celui-ci était de sang-froid. Quel effet produit donc l'ivresse? Accidentelle, elle ne peut avoir qu'un effet atténuant. Si elle est le résultat d'une habitude vicieuse, d'une imprudence, si elle est volontaire, son effet est double et, en quelque sorte, contradictoire; en elle-même, elle constitue une circonstance aggravante, puisqu'elle est la conséquence d'une faute plus ou moins grave; mais, par l'affaiblissement de la volonté et de la force de résistance dont elle est la cause, il semble qu'elle intervienne à titre d'élément d'atténuation de la culpabilité. Les juges tiendront compte, dans l'application de la peine, de ces points de vue opposés. Le mécanisme des circonstances atténuantes, ainsi que l'établissement d'un maximum et d'un minimum, le leur permettront presque toujours.

Mais lorsque l'ivresse est complète, lorsqu'elle a produit cette sorte d'anesthésie et d'inconscience qui caractérise l'état de l'homme ivre, il ne saurait être question de *responsabilité dolosive* : l'ivrogne ne se rend aucun compte de ce qu'il fait, il ne peut donc appliquer sa volonté à un résultat, à un dommage, à une violation de la loi. Dès lors, il faut, au point de vue des actes délictueux, commis en état d'ivresse complète, distinguer ceux qui sont imputables à faute et ceux pour lesquels on ne punit que l'intention coupable. Pour les premiers, tels que l'homicide, les coups et blessures, l'incendie, ils seront considérés, non comme des actes dolosifs et intentionnels, mais comme des actes attribuables à la négligence, à l'imprévoyance; et ils devront être punis comme tels. Pour les seconds, tels que le faux, les menaces, les injures, les outrages, etc., il ne reste que la responsabilité de l'ivresse, c'est-à-dire de la *faute* commise en se mettant dans cet état, imprudemment ou volontairement; mais en ce qui concerne les délits perpétrés au cours de l'ivresse, aucune répression directe n'est possible; l'élément essentiel de la culpabilité pénale manque, puisque l'ivrogne n'a pu agir avec l'intention exigée pour l'incrimination légale. Du reste, dans tous les cas, sa responsabilité civile sera engagée puisqu'il a commis la faute primordiale de s'enivrer.

III. La dernière forme de l'ivresse volontaire, la plus grave, est celle dans laquelle l'agent a recherché cet état pour y puiser l'énergie de réaliser son dessein criminel : il s'est procuré l'ivresse, soit pour se donner du cœur, soit pour noyer ses remords, soit pour se ménager une excuse.

Tout le monde est d'accord pour reconnaître, dans ces agissements, une *circonstance aggravante* judiciaire de la culpabilité, quand la culpabilité existe. Mais existe-t-elle toujours? C'est se demander si l'ivresse préméditée constitue en état de dol l'agent qui commet le délit en vue duquel il s'est enivré. La diversité des opinions montre bien les difficultés du problème psychologique : 1° Pour la plupart des criminalistes, il est vrai, la responsabilité reste entière, quoique le délit soit accompli en état d'ivresse, même complète : car le délit a été *voulu* par l'agent, lorsqu'il était de sang-froid, et son *exécution* est le résultat d'une détermination libre et réfléchie. On retrouve donc ici le double élément, matériel et intentionnel, nécessaire à l'existence de la culpabilité, et il importe peu que l'intention ait précédé l'exécution, puisque l'exécution est la conséquence de l'intention; 2° Mais d'autres criminalistes, avec une logique qui paraîtra peut-être excessive, distinguent, même dans ce cas, entre l'*ivresse* et le *délit accompli en état d'ivresse*. Puisque, par hypothèse, l'ivresse a été complète, puisqu'elle a détruit, chez l'agent, toute raison au moment de l'acte, cet acte ne peut être intentionnel; car c'est vainement qu'on y va chercher l'intention délictueuse, on n'y trouvera même pas la volonté. Sans doute, avant de réaliser le fait, l'agent a eu l'intention de le commettre, et c'est sur cet argument que se fondent ceux qui admettent sa responsabilité. Mais pour que l'intention donne à un fait le caractère délictueux qui en autorise la répression, il ne suffit pas qu'elle l'ait précédé, il faut qu'elle lui soit concomitante : sans cela, il reste une résolution criminelle, libre et réfléchie, et une exécution inconsciente. La situation de celui qui se met en état d'ivresse pour commettre un crime est analogue à celle du somnambule accomplissant, pendant son sommeil, un acte qu'il avait à l'avance prémédité et préparé. Si le somnambule est irresponsable, la même solution s'impose pour l'homme ivre.

Mais, en réalité, on examine et on discute la question pour l'honneur des principes : car le cas que nous supposons est entièrement hypothétique. L'individu qui exécute, en état d'ivresse, le projet en vue duquel il s'est enivré, montre, par cela même, qu'il lui reste une certaine conscience de ses actes. S'il est inculpé du crime, il serait mal venu de soutenir, dans sa tentative de défense, qu'il avait perdu, en état d'ivresse, tout discernement et toute volonté : l'exécution de l'acte délictueux ne constituerait-elle pas, dans ce cas, une preuve suffisante et même invincible de la persistance de ses facultés au milieu des fumées de l'ivresse? On n'a pu relever aucun cas authentique dans lequel un criminel ayant bu pour se donner du cœur, se serait enivré au point de perdre complètement la raison. Il ne faut donc pas s'étonner que tous les législateurs, qui ont réglé les conséquences pénales de l'ivresse, aient refusé la moindre atténuation à l'auteur d'un crime commis dans l'ivresse préméditée. Quelques-uns même font de cette circonstance un élément aggravant de la culpabilité.

103. Démence pendant la poursuite ou après la condamnation. — Les troubles de l'intelligence chez le délinquant, à quelque époque qu'ils se produisent, mettent obstacle à l'exercice du droit de punir.

I. La démence, survenue depuis l'infraction, suspend les actes de poursuite personnelle et les décisions des juridictions soit d'instruction soit de jugement. En effet, l'inculpé que son état mental met dans l'impuissance de se défendre ne peut être par cela même accusé. Mais les actes tendant à la recherche des preuves (constatations matérielles, enquêtes) restent possibles, puisqu'ils procèdent *in rem* et n'impliquent point la culpabilité d'un individu déterminé.

II. La démence survient après la condamnation devenue irrévocable : peut-on appliquer au condamné, en état d'aliénation mentale, la peine prononcée contre lui? Il est deux catégories de condamnations à propos desquelles aucune difficulté ne s'élève. — La condamnation à la peine de mort ne sera pas exécutée avant que le condamné ait recouvré la raison. La peine n'a pas été seulement prononcée pour l'exemple des autres, mais pour l'expiation du condamné. Or, ne serait-il pas absurde de faire monter sur l'échafaud un insensé, en expiation d'un crime dont il n'aurait plus conscience? — Si la peine prononcée est une peine pécuniaire, une amende, une confiscation, la démence du condamné ne fera pas obstacle à son exécution. L'amende et la confiscation, dès qu'elles sont prononcées, perdent, à certains points de vue, le caractère pénal : elles deviennent des dettes, grevant le patrimoine, et peuvent être exécutées, sur le patrimoine, en quelque main qu'il ait passé, et quelle que soit la condition du débiteur. Mais si l'insensé était insolvable, pourrait-on employer la contrainte par corps contre lui? Nous ne le pensons pas : la contrainte par corps joue un double rôle en matière pénale: elle est, tout à la fois, une *peine* et une *épreuve de solvabilité;* or ni à titre de peine, ni à titre d'épreuve de solvabilité, on ne la conçoit employée contre un insensé, puisque cet insensé ne sait plus ce qu'il possède et ne peut comprendre pourquoi on le punit.

Si la condamnation est d'une peine privative de liberté, l'emprisonnement, la réclusion, les travaux forcés, elle ne peut certainement être exécutée contre un aliéné, telle qu'elle a été prononcée; on n'écroue par un fou dans une maison centrale, on ne l'embarque pas pour la Nouvelle-Calédonie : on l'enferme dans un hospice d'aliénés. Mais cette détention dans un hospice, détention qui est une mesure de *précaution* et non une mesure *pénale*, comptera-t-elle dans la durée de la peine? A la rigueur, on devrait l'en déduire, puisque la peine ne peut être subie par un inconscient. Mais la pratique administrative, plus bienveillante, est fixée en sens contraire.

§ XV. — DE L'INFLUENCE DE LA CONTRAINTE OU DE LA FORCE IRRÉSISTIBLE SUR LA RESPONSABILITÉ PÉNALE.

104. De la contrainte. — 105. Des effets de la contrainte physique. — 106. De la contrainte morale ou état de nécessité. — 107. Des diverses causes qui peuvent rendre l'acte délictueux nécessaire ou fatal.

104. De la contrainte ou force irrésistible. — La troisième circonstance, exclusive de toute responsabilité pénale, résulte, aux termes de l'art. 64, de ce que le prévenu « a été *contraint par une force à laquelle il n'a pu résister* ». C'est une cause d'irresponsabilité générale : elle s'applique aux crimes, délits ou contraventions, intentionnels ou non, prévus par le Code pénal ou par une loi spéciale. Mais la difficulté consiste à déterminer dans quels cas existe la *contrainte* ou *force irrésistible*.

Une première distinction s'impose, entre la *contrainte physique* et la *contrainte morale*.

105. De la contrainte physique. — Il y a *contrainte physique*, toutes les fois que l'agent a été matériellement forcé d'accomplir, ou a été matériellement empêché d'éviter un acte illicite, par un événement provenant d'une cause extrinsèque à laquelle il n'a pu résister. La contrainte physique peut résulter du fait de l'homme : par exemple, c'est le cas d'un témoin qui est empêché de venir déposer parce qu'il est séquestré. Elle peut aussi résulter d'une force majeure, ou d'un événement de la nature. Ainsi un individu, frappé de bannissement, est jeté, par une tempête, sur le territoire de la France : lui appliquera-t-on l'art. 33, C. p., qui punit la rupture de ban? Un juré, désigné pour la session, est mis, par suite d'une inondation, d'un accident de chemin de fer, dans l'impossibilité de se rendre à la cour d'assises : le frappera-t-on des peines de l'art. 366, C. instr. cr.? Un ouragan éteint les lanternes d'une voiture circulant la nuit et empêche de les rallumer. Condamnera-t-on le conducteur? Dans ces cas et autres semblables, on ne peut reprocher aucune faute à celui qui, en faisant ce que la loi pénale défend, n'a été qu'un *instrument* matériel mis en mouvement « par une force à laquelle il n'a pu résister », ou qui a été empêché, par des obstacles insurmontables, de faire ce que la loi ordonne. Il n'y a ni *crime* ni *délit* ni *contravention*; le *caractère volontaire* du fait reproché a disparu [1]. Mais l'art.

[1] Sur des cas de contrainte physique : Garçon, *Code pénal annoté*, art. 64, nos 63 à 93.

64 ne s'applique-t-il qu'à ces hypothèses? Ne s'applique-t-il pas aussi à la contrainte morale? Et en quoi consiste la contrainte morale ?

106. De la contrainte morale. — Il y a *contrainte morale* dans le cas où l'acte délictueux n'étant point fatal, l'agent ne l'a commis que pour éviter un danger imminent. On dit alors de lui qu'il agit en *état de nécessité*[1].

Les caractères et les conditions de cette situation se ramènent à constater que l'agent ne peut échapper au danger qui le menace qu'en commettant l'acte délictueux. D'où il suit que ce danger doit être : 1° *inévitable*, et il ne le serait pas s'il pouvait être prévu, ou s'il résultait d'un fait volontaire de l'agent; 2° *imminent*, et il ne le serait pas s'il était incertain, futur, peu sérieux, ou si l'agent pouvait s'y soustraire par un autre moyen.

L'*état de nécessité* se distingue de l'*état de légitime défense* en ce point : tandis que, en cas de légitime défense, le mal est causé à l'agresseur, c'est-à-dire au coupable, dans l'état de nécessité, il est causé à un tiers, c'est-à-dire à un innocent.

Ainsi, celui qui tue l'individu qui l'attaque est en état de légitime défense. Celui qui, pour éviter un incendie, renverse et blesse d'autres individus, est en état de nécessité.

La question délicate que soulève cet état de nécessité consiste à déterminer le fondement de l'impunité de celui qui, pour éviter un danger imminent, commet un acte délictueux. Plusieurs explications ont été proposées.

a) Les premières justifient le délit par la *contrainte morale*. L'agent, qui commet un acte délictueux en état de nécessité, ne serait pas punissable parce qu'il ne serait pas moralement libre, la force irrésistible qu'il subit lui enlevant son libre arbitre. Cette manière de comprendre la situation a sa base juridique dans le texte même de l'art. 64 : elle est encore aujourd'hui acceptée par la plupart des criminalistes français.

Mais la théorie subjective de la contrainte morale ne rend pas absolument compte de l'impunité du délit commis en état de nécessité, puisque cette situation même implique un choix possible entre le

[1] Cette expression, peu usitée en France, était courante à l'étranger. Voy. P. Moriaud, *Le délit nécessaire* (Th. Genève, 1889). C'est la monographie la plus complète parue en langue française. Voy. la discussion qui a eu lieu à la Société générale des prisons sur *l'état de nécessité et le délit nécessaire* à la suite du rapport de M. Roux (*Rev. pénit.*, 1900, p. 1092, 1409 ; 1901, p. 47); Félix Marchand, *De l'état de nécessité en droit pénal* (Th. doct., Paris, 1902).

délit commis par l'agent et le mal qui le menace. Si, dans certains cas, le libre arbitre peut sembler amoindri, il subsiste néanmoins, et la responsabilité avec lui, responsabilité limitée, il est vrai, mais que le juge est dans l'impuissance de mesurer.

b) Les secondes explications délaissent le concept de la contrainte morale et ramènent le problème à un *conflit de droits ou de biens* résultant de ce que la lésion de l'un des droits ou des biens est absolument nécessaire à la conservation de l'autre. Cette manière de voir a l'avantage de substituer, à l'appréciation d'un élément psychique interne (la contrainte et ses degrés), celle d'un conflit juridique de droits et de biens, c'est-à-dire un concept objectif, assez facile à déterminer.

Si la nécessité met en conflit deux biens d'inégale valeur, dont l'un doit nécessairement être sacrifié, il n'y a pas délit. Ainsi se trouvent justifiés un grand nombre d'actes délictueux, spécialement le vol de pains ou d'aliments par un affamé.

La question devient délicate si les biens sont d'égale valeur. Le type de ce conflit est la lutte pour la vie de deux individus dont l'un doit être sacrifié pour la conservation de l'autre. C'est le cas qui s'est réalisé, en pratique, de naufragés à bout de ressources qui ont sacrifié un de leurs compagnons. De même encore, si un individu, menacé de périr dans un incendie, renverse d'autres personnes qui sont foulées aux pieds et brûlées. Dans ces situations, les partisans de l'explication objective se divisent. Les uns considèrent l'acte comme injuste et atténuent seulement la peine. Les autres décident que la loi n'a pas à intervenir, la société devant demeurer indifférente à la solution du conflit.

107. Des trois situations que l'on fait rentrer dans l'état de nécessité. — Ces doctrines opposées nous semblent trop absolues. Trois situations, dans lesquelles l'agent a été contraint de commettre un acte délictueux par une force à laquelle il n'a pu résister, peuvent se présenter.

I. Ou bien l'agent, accomplit l'acte délictueux sous l'empire de *menaces* qui paralysent sa volonté (c'est la *contrainte morale* proprement dite). Or, la menace d'un mal grave et imminent, si l'on ne commet pas un acte illicite, détruit, par la *crainte* qu'elle inspire, la liberté de volonté qui est la condition de la responsabilité ; et de même qu'elle constitue un vice du consentement en matière civile, elle constitue un vice de la volonté en matière pénale.

L'art. 64 n'exige qu'une condition pour qu'il en soit ainsi, que l'agent n'ait *pu résister*. Le vague même des expressions légales nous indique que le législateur a entendu laisser au juge toute latitude pour rechercher et mesurer le *degré* de responsabilité de l'agent[1]. Il devra comparer la gravité du danger, dont l'agent ou quelqu'un de sa famille ou des personnes qui lui sont chères, était menacée, à la gravité du délit qui a été commis, tenir compte de l'âge, du sexe et de la situation des personnes. C'est dans l'appréciation de cette dernière condition que le juge pénal peut avoir égard à une règle écrite dans l'art. 1112, § 2, C. civ., expression d'un principe de bon sens, à savoir qu'il faut juger humainement les choses humaines, et ne point exiger d'un individu plus de fermeté qu'il n'en peut avoir, étant donné le milieu où il vit. Dans le cas où une contrainte sera constatée, mais insuffisante pour affranchir de toute culpabilité, le juge aura à sa disposition, pour en mesurer l'influence, non l'art. 64, qui conduit à un acquittement, mais l'art. 463, c'est-à-dire une déclaration de circonstances atténuantes[2].

II. Ou bien l'agent accomplit l'acte délictueux, soit par suite d'une impulsion criminelle morbide[3], un état mental maladif, dans lequel la volonté est entraînée par une sorte d'obsession invincible, soit par suite d'un besoin assez puissant pour produire la force irrésistible qui fait disparaître toute responsabilité[4]. Dans ce cas, il est difficile de parler de contrainte morale, la véritable expression pour caractériser la situation, c'est celle de *force irrésistible*. La question se pose dans diverses circonstances, telles que le cas où une impérieuse nécessité de se nourrir ou de se vêtir pousse au vol de pain, d'aliments ou de vêtements. Les passions, au point de vue de leur influence sur la responsabilité, peuvent également rentrer dans cette situation.

Peut-on invoquer, comme cause d'irresponsabilité pénale, la nécessité de donner satisfaction au besoin de se nourrir, de se vêtir? La soustraction d'aliments, de vêtements est-elle pénalement imputable, dans le cas d'extrême misère? Il n'est pas, au moyen âge, un seul auteur qui ait considéré comme punissable le vol commis par nécessité ; tous se basent, par exemple, non sur la nécessité même, mais sur un principe spécial de communauté de biens en cas de nécessité. La situation que nous prévoyons rentrerait, aujourd'hui, dans les termes de l'art. 64, C. p., tel que nous l'avons interprété. En vain, dira-t-on,

[1] Voy. pour hypothèse intéressante : Cass., 28 déc. 1900 (S. 1903. 1. 254).

[2] Pour la crainte révérentielle : *Rev. pénit.*, 1902, p. 1191 ; Garçon, *Code pénal annoté*, art. 64, n°s 189 et 194; Cass., 21 déc. 1901 (S. 1905. 1. 543).

[3] Ce cas peut rentrer dans l'état de démence, mais, s'il s'agit d'un individu normal, il ne saurait être question de contrainte. Voy. sur cette situation : Cass., 11 avr. 1908 (D. 1908. 1. 261) et le rapport de M. le conseiller Mercier.

[4] Le sommeil irrésistible par exemple. Voy. pour le voyageur qui, s'endormant, dépasse la station : Toulouse, 5 déc. 1893 (S. 94. 2. 57); Pau, 29 mai 1886 (S. 87. 2. 64).

que la force irrésistible doit résulter d'une cause étrangère à l'agent et non pas d'une cause interne qui lui est plus ou moins imputable : car la misère qui place l'agent dans l'alternative de voler ou de mourir de faim ou de froid suspend l'application des lois ordinaires, parce que les lois ordinaires ne sont pas faites pour les cas exceptionnels, et qu'elles ne peuvent obliger, sous une sanction pénale, à respecter la propriété d'autrui jusqu'au sacrifice de sa propre vie[1].

Les passions sont une cause d'altération momentanée des facultés psychiques : elles nous mettent, suivant l'expression populaire, « hors de nous ». On n'a pas osé soutenir qu'elles constituaient une cause d'irresponsabilité. Nous devons résister à nos passions, et les lois pénales n'ont d'autre but que d'aider, par la menace d'une peine, l'homme à vaincre ses passions quand elles peuvent nuire à autrui.

En physio-psychologie, on classe les passions en deux catégories. Les unes consistent dans des *mouvements violents de l'âme*, qui se manifestent par impulsion : telles sont la crainte et la colère. Les autres consistent dans un *état d'âme*, résultant de désirs non réprimés : telles sont l'amour, la cupidité, la jalousie, l'ambition, la haine, le fanatisme, la débauche.

Quant aux passions de la première catégorie, il faut distinguer entre la crainte et la colère. La crainte, qu'elle provienne du fait d'un tiers ou des forces de la nature, peut exercer, sur l'agent, une influence irrésistible et produire la contrainte, qui est une cause d'irresponsabilité (C. p., art. 64). Dans la colère, l'homme ne se possède plus ; on a parfois assimilé cet état d'âme à un accès d'aliénation mentale : *Ira furor brevis est*, a dit Horace. La colère peut amener une détermination de la volonté si prompte, si impulsive, que la raison est impuissante à retenir l'agent. Son influence sur la culpabilité est nettement précisée par Julius Clarus[2] : « *Est etiam ira furor brevis. Quæro igitur an de delictis excuset? Tu vero dic, quod aut ira provenit ex justa causa ; et tunc non excusatur in totum, sed ut delinquens mitius puniatur, ut in viro occidente uxorem repertam in adulterio..., aut vero non provenit ex justa causa; et tunc in nihilo excusat* ». Cette distinction a été consacrée par le Code pénal dans la théorie de la provocation (art. 321 à 326). Et le corollaire de cette théorie, c'est que la colère la *plus légitime* ne peut qu'atténuer la culpabilité, jamais la faire disparaître.

[1] L'irresponsabilité a été affirmée, pour le vol de pain par une femme affamée, par un jugement du Tribunal de Château-Thierry du 4 mars 1898, confirmé, par d'autres motifs, par arrêt de la cour d'Amiens du 22 avr. 1898 (S. 99. 2. 1) et la note de M. Roux.

[2] *Practica criminalis*, liv. V, quest. 40, n. 9, p. 462.

Les passions de la seconde catégorie sont sans influence sur la culpabilité *légale*. Le Code pénal français n'en tient presque aucun compte; c'est au juge qu'il appartient de s'en préoccuper dans l'application des peines. A ce dernier point de vue, les crimes dits *passionnels* sont traités, par l'opinion publique, avec d'autant plus d'indulgence que la passion qui les inspire paraît moins basse, moins ignoble. La préoccupation de la recherche du mobile des actes devient même tellement dominante, surtout dans les verdicts du jury, qu'il y a là une orientation qu'il ne faut pas négliger. Une des causes les plus importantes de la crise que traverse, à l'heure actuelle, le droit pénal provient de la discordance entre le droit écrit et son application au point de vue de la manière de juger la valeur morale et juridique des actions humaines. Cette discordance entre l'opinion publique et la loi est toujours une chose regrettable; mais elle l'est plus encore en matière de répression[1].

III. Ou bien, enfin, l'agent accomplit le délit, sous l'empire de circonstances extérieures, et pour échapper à un danger imminent. C'est l'*état de nécessité* proprement dit. Sans doute, le Code pénal n'a pas prévu expressément cette situation. Mais on peut la faire rentrer dans les termes généraux de l'art. 64, à la condition de ne pas dénaturer le texte et d'y voir ce qu'il contient, la notion de la *force irrésistible*. Mais pour justifier, dans ce cas, l'impunité, il est impossible de s'en tenir à des comparaisons purement objectives, et au seul critère d'une comparaison entre les biens et les droits en conflit. L'impunité des délits commis en cas de nécessité se rattache à cette idée qu'il s'agit d'une situation qui est *en dehors du droit pénal*. Déclarer *coupable* l'individu qui, pour se soustraire à un danger imminent, commet un acte délictueux, ce serait souvent le punir de ne pas s'être conduit en héros. Du reste, de quelle efficacité serait la menace de la peine pour le détourner du délit? La peine serait nuisible, si elle obligeait à sacrifier un bien considérable à un bien de moindre importance. Elle serait inutile, dans les autres cas[2]. Par ces deux formules, en apparence contraires : « *nécessité n'a pas de loi* », ou « *nécessité fait loi* », la conscience populaire a donné la véritable cause de l'impunité, c'est que la répression n'est utile et efficace que vis-à-vis de l'individu placé dans les situations normales.

[1] Sur la question des motifs, voy. mon *Traité* (2e éd.), n° 267.

[2] Voy. Garçon, *Nouvelle Revue historique*, 1891, p. 523 et suiv.; Sermet, *L'état de nécessité en matière criminelle* (Th. doct., Paris, 1903).

CHAPITRE IV

DE L'ÉLÉMENT INJUSTE DE L'INCRIMINATION.

§ XVI. — NOTIONS GÉNÉRALES SUR LES FAITS JUSTIFICATIFS.

108. Des faits justificatifs et des causes de non-culpabilité. — 109. Des causes de justification autres que la légitime défense et l'ordre de la loi.

108. Des faits justificatifs et des causes de non-culpabilité. — L'acte matériel, constitutif de l'infraction, doit avoir eu lieu en violation du droit. Or, un fait, bien que rentrant dans la définition légale d'un délit, bien qu'exécuté par l'agent avec discernement et volonté, peut n'être pas criminel, parce que l'agent avait le *droit* de l'accomplir. Je réserve à ces circonstances, qui détruisent la criminalité d'une action, le nom de *faits justificatifs*. L'agent qui les invoque peut, en effet, répondre, si on lui impute l'acte comme délictueux : *Feci, sed jure feci*; et la conséquence de son moyen de défense, s'il est accueilli, sera sa *justification* même. C'est ce qui arrive dans les deux cas suivants : 1° Le fait était ordonné par la loi et commandé par l'autorité légitime; 2° Le fait a été commis en état de légitime défense.

Entre les *causes* de *non-culpabilité*, telles que la démence, et les *causes* de *justification*, telles que la légitime défense, il y a des analogies telles qu'on ne les distingue pas d'ordinaire : la loi, dans les textes où elle s'occupe des unes et des autres, se sert d'une même expression : *il n'y a ni crime, ni délit* (C. p., art. 64, 327, 328), pour en caractériser les effets. Les causes de non-culpabilité et les causes de justification ont la même conséquence, au point de vue de la responsabilité pénale : le renvoi de toute poursuite ou l'acquittement de l'inculpé. Les mêmes règles de procédure leur sont applicables : en cour d'assises, le jury n'est pas davantage interrogé sur les causes de justification que sur les causes de non-culpabilité, car la question de culpabilité les embrasse toutes [1]. Les juridictions d'instruction, pour se prononcer sur le point de savoir s'il y a lieu de mettre en prévention ou en accusation, doivent examiner les faits justificatifs, comme les cas de non-culpabilité. Enfin, la preuve des causes de justification est à la charge de la défense, comme la preuve de la contrainte ou de la démence.

[1] Voy. pour la légitime défense, par exemple : Cass., 17 déc. 1903 (S. 1906. 1. 151).

Il existe cependant des différences dans la situation de l'inculpé qui invoque un fait justificatif, tel que la légitime défense, ou une cause de non-culpabilité, telle que la contrainte. *a*) La légitime défense, donne à l'inculpé le droit de faire l'acte : il n'est donc responsable de cet acte ni au point de vue *pénal*, ni au point de vue *civil*; on ne peut pas plus le punir qu'exiger de lui des dommages-intérêts[1]. La contrainte, au contraire, ne donne pas le droit de faire l'acte : il peut subsister, par conséquent, malgré la contrainte, une certaine responsabilité à la charge de l'agent; et il n'y aurait aucune contradiction entre deux décisions, dont l'une acquitterait un individu du chef de meurtre, parce qu'il a été contraint par une force à laquelle il n'a pu résister, et dont l'autre le condamnerait cependant, à raison du même fait, à des dommages-intérêts. *b*) La légitime défense est une cause de justification pour tous ceux qui ont assisté l'agent; car, on ne peut concevoir une participation criminelle à des actes justifiés par la loi; c'est donc une circonstance qui agit *in rem*, pour effacer la criminalité du fait. La contrainte et la démence ne peuvent être invoquées, en cas de participation de plusieurs à l'infraction, que par celui des codélinquants dans la personne duquel elles se rencontrent : ce sont des circonstances qui agissent *in personam*, pour détruire, non la criminalité du fait, mais la culpabilité de l'agent.

109. Des causes générales et des causes spéciales de justification. — La légitime défense et l'ordre de la loi sont les seules causes de justification qui aient un caractère général; spéciales à certaines infractions déterminées, les autres ne sont, à vrai dire, que l'absence de l'un des *éléments constitutifs* spéciaux du délit poursuivi. Par exemple, le vol est la soustraction frauduleuse de la chose d'autrui (C. p., art. 379) : or, une chose mobilière, qui vous appartient, est possédée par un individu qui la retient à tort; vous enlevez cette chose dans le milieu où elle se trouve, sans violation de domicile, sans voies de fait ou menaces : si on vous poursuit pour vol, la preuve que la chose vous appartenait sera moins la preuve d'un fait justificatif du vol, que celle de l'absence d'un élément constitutif du délit. De même, vous incendiez votre propre maison, qui n'était ni habitée ni servant à l'habitation, sans porter préjudice à autrui : si on vous poursuit pour incendie, vous établirez, en prouvant cette

[1] *Sic*, Limoges, 24 juin 1884 (D. 85. 2. 21); Cass. req., 24 févr. 1886 (S. 86. 1. 176). Le Code pénal de 1791, en disant de l'homicide commis en état de légitime défense, qu'il n'existe point de crime et qu'il n'y a lieu à prononcer aucune peine, ajoutait : « *ni même aucune condamnation civile* ». Ces mots ont disparu du Code pénal actuel.

circonstance, l'absence d'une des conditions essentielles de l'incendie punissable (C. p., art. 434).

Je raisonne de la même manière dans les hypothèses où le *consentement de la partie lésée* efface le caractère délictueux d'un fait. On comprend, en effet, que certaines infractions supposent, pour être punissables, que le fait a eu lieu contre la volonté de la personne qui en est victime; qu'il n'y ait pas *vol*, par exemple, si le propriétaire de l'objet soustrait a consenti à son enlèvement; qu'il n'y ait pas *viol* ou *attentat violent à la pudeur*, si la victime ne s'est pas opposée à l'accomplissement de l'acte incriminé : or, l'inculpé, en démontrant, dans ces divers cas, qu'il a agi du gré de la victime, invoque moins un fait justificatif que l'absence d'un des éléments constitutifs du vol, du viol ou de l'attentat violent à la pudeur. Mais il ne faudrait pas croire que le consentement de la personne lésée par l'infraction ait toujours pour résultat de faire disparaître la criminalité de l'acte poursuivi; car le pouvoir social ne punit pas seulement dans l'intérêt particulier d'un individu, mais dans l'intérêt général de la société : un individu ne peut donc pas accorder à un autre le droit de violer, *en sa personne*, les lois qui intéressent l'ordre public et les bonnes mœurs. Ainsi, le fait d'avoir donné volontairement la mort à un individu, de son consentement et sur son ordre, est un meurtre; la mutilation d'un individu, qui l'a sollicitée, est un crime ou un délit suivant les cas[1].

Il est également certain que celui qui fait ce qu'il a le droit de faire, ne commet pas une infraction, même lorsqu'il cause sciemment un préjudice à autrui. Mais le titulaire d'un droit peut-il user de voies de fait ou de violences pour se faire justice à lui-même? Si ces voies de fait constituent des violences envers les personnes, elles sont punissables. Le sont-elles, si elles constituent des voies de fait sur les choses? Certaines législations ont un titre spécial de délit sur l'exercice arbitraire de son propre droit. Le Code pénal français traite cette situation par une prudente abstention. Par suite, le fait n'est punissable que dans les conditions du droit commun. Le désir de se faire justice à soi-même, ne pouvant être considéré que comme un *motif* de l'action incriminée, ne saurait être, dans ce cas, une cause d'irresponsabilité[2].

[1] Comp. mon *Traité*, t. IV, 2e éd., nos 1654 à 1675, sur le *suicide*, les *mutilations volontaires*, le *duel*.

[2] Nous ne pouvons insister, dans un ouvrage élémentaire, sur la théorie des voies de fait et violences commises dans l'exercice d'un droit, et que le Code pénal italien de 1899 appelle *l'exercizio arbitrario delle proprie ragioni* (l'exercice arbitraire de ses propres prétentions). Voy. Haus, *op. cit.*, t. I, nos 646 et 647; Prins, *op. cit.*, nos 334 et 335. Pour la prise par un créancier des biens de son débiteur en

§ XVII. — DE LA LÉGITIME DÉFENSE.

110. DES DIVERS CONCEPS DE LA LÉGITIME DÉFENSE. — L'histoire de la légitime défense présente deux conceptions, successivement adoptées, qui se retrouvent dans les théories si variées auxquelles ont donné lieu sa raison d'être et ses effets.

Dans les législations anciennes, c'est un droit et un droit naturel de repousser par la violence toute agression injuste[1]. Ainsi que l'exprime le jurisconsulte Gaius : *Adversus periculum naturalis ratio permittet se defendere*[2]. Chez les Germains, la légitime défense fut même rattachée, soit au droit de vengeance excercé, d'une manière anticipée, sur l'agresseur, soit à la mise hors la loi de celui qui attaque la personne ou qui viole le domicile. Mais le christianisme modifia ces idées. La légitime défense perdit son caractère de droit, pour devenir une *nécessité* et n'être plus qu'une simple cause d'impunité. De là cette procédure bizarre d'après laquelle, dans l'ancienne France, c'était le roi et non le juge qui devait absoudre celui qui avait tué en état de légitime défense, et accorder des lettres de rémission. Le droit moderne revient à l'antique et exacte conception de la légitime défense, considérée comme un droit, et le Code pénal de 1791, proclame que : « *En cas d'homicide légitime, il n'existe point de crime, et il n'y a lieu à prononcer aucune peine ni même aucune condamnation civile* ».

On retrouve, dans les diverses théories scientifiques qui ont recherché le fondement de la légitime défense, les deux courants his-

paiement : Cass., 2 avr. 1897 (S. 98. 1. 111); Rouen, 10 nov. 1899 (S. 1902. 2. 240).

[1] Thonissen, *Études sur l'histoire du droit criminel des peuples anciens*, t. I, p. 75; Fioretti et Zerboglio, *Sulla legittima difesa* (Turin, 1897), § 2, p. 11 et suiv.; Alimena, *op. cit.*, t. III, p. 75 et suiv.

[2] Frag. 4, pr. Dig. *ad legem Aquil* (9, 2). Le discours de Cicéron *pro Milone* est une plaidoirie sur la légitime défense. Comme exemple de loi naturelle, Cicéron cite le droit de défense : *Est hæc non scripta, sed nata lex, quam non didicimus, accepimus, legimus, verum ex natura ipsa adripimus, hausimus, expressimus; ad quam non docti sed facti, non instituti seb imbuti sumus : ut si vita nostra in aliquas insidias, si in vim, in tela, aut latrones, aut inimicorum incidisset, omnis honesta ratio esset expediendæ salutis.*

toriques. Les unes ne reconnaissent à la légitime défense que le caractère d'une cause d'impunité subjective : elles la fondent, soit sur l'idée de contrainte, le danger couru par la personne attaquée faisant disparaître sa liberté morale, parce qu'elle n'obéirait, en réagissant, qu'à l'instinct de la conservation [1], soit sur celle de la rétribution du mal par le mal [2], le délit commis en état de légitime défense trouvant sa compensation dans l'agression injuste, soit sur celle de la collision des droits et des devoirs [3] : lorsque deux intérêts sont en conflit, tels que la conservation de l'un exige la perte de l'autre, la loi doit sacrifier le moins important. Or, par le fait de l'agression, le droit de l'agresseur diminue ou disparaît et doit céder devant le droit intact de la personne menacée. Les autres doctrines donnent à la défense par la force le caractère d'un droit et en font une cause objective de justification, en la fondant, soit sur cette idée que la nécessité rétablit l'homme dans l'état de nature où chacun a le droit de se faire justice (*contrat social*) [4], soit sur celle de la cessation du droit de punir de la société [5], soit sur celle de justice sociale d'après laquelle l'action de se défendre est l'exercice d'un droit analogue au droit social de punir [6].

Pour moi, la défense individuelle est légitime, parce qu'elle concourt, au même titre que la défense sociale, à la protection du droit. L'impunité assurée à celui qui se défend est un moyen merveilleux de paix sociale. La loi ne peut obliger à supporter une agression : elle serait, en le faisant, en contradiction avec son but. L'expérience établit que ce qui retient le plus les criminels, ce n'est pas tant la menace de la peine future que la résistance de celui qu'on veut tuer ou voler. La crainte du malfaiteur, c'est que l'agressé n'accepte pas le délit et se défende. De sorte que dans le cercle de l'exercice de la

[1] Suivant Puffendorf (*De officio hominis et civis secundum legem naturalem*, liv. I, chap. V, §§ 12 et 20), la défense individuelle se justifie *propter perturbationem animi*. Cette théorie a été très répandue en France.

[2] C'est la thèse de Geyer (*Die Lehre von der Nothwehr*, Iéna, 1857).

[3] Von Buri, *Stato di necessita e legittima difesa* (*Rev. pén.*, 1880, p. 433 et 434).

[4] Au XVIIIe siècle, c'est dans le contrat social qu'on cherchait le fondement de la légitime défense, comme des autres droits.

[5] Carrara (*Dirrito della difesa publica e privata, Opuscoli*, t. I, p. 105 à 151) dit : « La défense publique a été organisée pour suppléer à l'insuffisance de la défense privée et pour en réprimer les excès... La défense publique a donc un caractère subsidiaire... ».

[6] La légitime défense, d'après l'école positiviste, est l'exercice d'un droit, parce que la réaction de la victime d'une agression injuste est déterminée par des motifs juridiques et sociaux. En se défendant, on défend l'ordre social.

défense, il ne saurait y avoir ni responsabilité pénale ni responsabilité civile, pour celui qui, en usant de la violence, n'a fait que se protéger lui-même en protégeant l'ordre public.

Mais il faut bien se garder de confondre l'*existence* du droit de défense avec ses *limites*. Ce serait une erreur de croire, en effet, que si les conditions de la légitime défense sont réalisées, la personne menacée aura toujours le droit de se défendre *par tous les moyens* et d'aller jusqu'au bout, fût-ce en tuant ou en blessant grièvement l'agresseur. Tout droit a des limites. La défense n'est légitime que dans la mesure de la *nécessité*, et cette idée, formulée par l'art. 328, implique une certaine proportionnalité entre le bien qu'il s'agit de défendre et les actes de violence accomplis dans ce but [1]. Comme pour l'état de nécessité, dont la légitime défense est l'application la plus favorable [2], parce que la nécessité a été créée par l'injuste agression de la victime même du délit justifié, il faut examiner et comparer deux termes. Si celui qui se défend fait un très grand mal à l'agresseur pour sauver un bien minime, il dépasse son droit. Mais si le péril couru est un péril grave, il peut, *par tous moyens*, repousser une attaque dangereuse. Ces règles ont assez de souplesse pour se prêter à une application intelligente de la loi, à la condition toutefois d'apprécier subjectivement la gravité de l'agression et de s'attacher à l'idée que la personne attaquée a pu raisonnablement se faire du péril qu'elle a couru. C'est, en effet, sur la crainte qu'a inspirée l'agression qu'il faut mesurer la défense. De sorte qu'ici encore, comme dans l'état de nécessité, les deux éléments, *objectif* (comparaison des droits et des biens) et *subjectif* (état d'âme de l'agressé), ne doivent pas être dissociés.

111. Du droit de légitime défense en général. — Le droit de légitime défense est reconnu par l'art. 328, C. p., en ces termes : *Il n'y a ni crime, ni délit, lorsque l'homicide, les blessures et les coups étaient commandés par la nécessité actuelle de la légitime défense de soi-même ou d'autrui.* La place de cette disposition était marquée dans la partie générale du Code pénal, à la suite de l'art. 64, qui s'occupe de la *démence* et de la *contrainte;* l'expression devait en être plus générale aussi, de manière à comprendre toutes les conséquences

[1] Cette distinction entre l'existence de la légitime défense et les moyens de l'exercer a été mise en relief particulièrement par Garçon, *Code pénal annoté*, art. 328, n°s 12 et 13. Il faut rapprocher cette théorie de celle de l'abus de droit en matière civile.

[2] Mais avec cette différence que la nécessité de se défendre contre une attaque injuste crée un droit (*Nothrecht*), tandis que l'état de la nécessité est une simple cause d'impunité (*Nothsland*).

préjudiciables que peut avoir la défense personnelle. Il est vrai que ces conséquences seront ordinairement un homicide, des blessures, des coups, et l'on s'explique ainsi comment le législateur, qui ne procédait pas doctrinalement, et qui suivait, en cela, le Code pénal de 1791 (2e partie, tit. II, sect. 1re, art. 5 et 6), a été conduit à ne parler de la légitime défense qu'en traitant de ces sortes de délit. Mais d'autres faits, tels que celui de saisir, garrotter et détenir temporairement l'agresseur, pourraient être nécessités par la lutte; ils seraient légitimés par le droit de défense, en vertu des principes généraux [1].

Le texte est, du reste, très clair ; si l'agent est dans les conditions de la loi, la *justification* est complète. Mais dans quel cas y a-t-il légitime défense et dans quelle mesure? C'est à cette question que se ramènent toutes les difficultés du sujet.

112. Des conditions et de la mesure de la légitime défense. — Les *conditions* de la légitime défense et sa *mesure* sont si intimement liées qu'il faut en étudier en même temps les règles. 1° Les unes tiennent à la *nature* de l'agression et de la défense; 2° Les autres, à la *simultanéité* de l'attaque et de la défense; 3° Les dernières, au caractère *injuste* de l'agression.

113. Nature de l'agression et de la défense. — La première condition est l'existence d'une attaque, à laquelle l'individu menacé ne peut échapper qu'en commettant un crime ou un délit.

I. La loi autorise l'emploi de la force pour la défense « *de soi-même ou d'autrui* ». Donc, toutes les fois que l'attaque est dirigée *contre la personne*, le droit de défense existe. Mais il n'est *légitime* que dans la mesure de la nécessité. Telle est la formule qui permet de résoudre les difficultés qui peuvent se présenter.

Le cas le plus simple de légitime défense est celui où une personne, injustement attaquée, a sujet de croire que l'agresseur en veut à sa vie. Un cas voisin est celui où cette personne est menacée de blessures ou de lésions corporelles graves.

Dans ces deux cas, la défense peut s'exercer *par tous moyens*, parce qu'aucun n'est disproportionné avec le péril couru. Mais bien que le droit de se défendre existe lorsque l'attaque vise la personne et son intégrité physique, il y a une mesure que la réaction défensive ne saurait dépasser sans excès. La personne menacée d'un coup de poing, d'une gifle, d'une voie de fait quelconque, est bien autorisée à se dé-

[1] En déclarant licites l'homicide et les coups et blessures, qui sont les moyens extrêmes, employés pour la défense de soi-même ou d'autrui, la loi permet *a fortiori* d'échapper au danger par des moyens délictueux moins graves.

fendre, par exemple à repousser son agresseur, à le bousculer, à le mettre dans l'impossibilité de frapper en lui arrêtant le bras; mais elle commettrait un crime ou un délit, si elle allait jusqu'à tuer ou à blesser grièvement l'agresseur, car le péril qu'elle court ne commandait pas « la nécessité de la blessure faite [1] ».

Les agressions, dirigées contre une femme dans un but impudique, sont, encore, des violences qui justifient la défense. On l'admet, sans difficulté, pour le viol, mais on l'a nié lorsque l'agression ne constitue qu'un attentat à la pudeur avec violence, parce que le mal dont la femme est menacée n'est pas irréparable : d'après l'art. 325, cet attentat constituerait seulement une provocation. L'art. 325 suppose un attentat à la pudeur consommé, rendant excusable, par le sentiment de colère qu'il excite chez la femme outragée, le crime de castration. Mais la femme a le droit de prévenir, par tous moyens, l'outrage dont elle est menacée, et d'employer à cet effet la violence : car elle peut tout redouter de celui qui se livre sur elle à un attentat de ce genre. Ce péril suffit pour légitimer le meurtre ou les coups et blessures.

II. La légitime défense s'étend-elle à la protection de la propriété ? Généralement, on ne l'admet pas. L'art. 328 ne justifie la violence que si elle est commise pour la défense de soi-même ou d'autrui : ce qui paraît exclure la défense des biens. L'art. 329 crée une présomption de légitime défense dans des cas où l'agression, en apparence dirigée contre des biens, vise, en réalité, les personnes. Enfin, la perte d'un bien n'est pas irréparable, puisque le propriétaire a des moyens judiciaires de se faire remettre en possession ou de se faire indemniser. Mais, l'art. 328 n'est pas décisif, et il ne pose qu'un principe général qu'il faut interpréter. L'art. 329 a pu être invoqué en faveur d'un droit de défense de la propriété. Enfin, le recours à justice n'est possible et efficace que s'il s'agit d'un voleur connu et solvable : et on avouera bien que cette situation est assez rare. Il faut donc décider que la défense des biens est *légitime*, si elle *n'est pas excessive*. Personne ne conteste le droit d'un propriétaire qui, surprenant des enfants en train de piller ses fruits, leur tire les oreilles et les met hors de chez lui en les bousculant. Mais personne n'admettra non plus que, pour protéger son verger, il leur fasse des blessures graves ou leur donne la mort. L'existence du droit de défense et ses limites, ce sont là deux choses distinctes. La défense d'un bien, quel qu'il soit, est toujours légitime : ce qui ne l'est pas toujours,

[1] Cass., 16 juill. 1897 (*B. cr.*, n° 249). Comp. Cass., 2 août 1866 (D. 66. 5. 493); 5 nov. 1875 (S. 76. 1. 282); 5 août 1881 (S. 83. 1. 239).

c'est l'emploi de moyens en trop évidente disproportion avec la menace, tels qu'un homicide ou des blessures. Mais si le bien menacé était d'une valeur considérable et le préjudice absolument irréparable, il faudrait reconnaître au propriétaire le droit de se défendre par tous les moyens[1].

La question du droit de défense de la propriété s'est posée sous un aspect particulier, au cas où le propriétaire fait usage, pour défendre l'entrée, soit de sa maison, soit de son coffre-fort, d'appareils automatiques, de nature à exploser en cas d'effraction, et à tuer ou blesser les malfaiteurs. On a soutenu que, en aucun cas, le propriétaire ne commettait de délit, car il n'avait fait qu'user de son droit[2]. C'est là une théorie sauvage. La défense de la propriété par l'homicide, les coups et blessures est, en principe, excessive, et nous ne pensons pas que la solution donnée pour cette hypothèse puisse concorder avec la solution généralement admise qui n'autorise pas le propriétaire à défendre son bien par tous les moyens.

114. Simultanéité de l'agression et de la défense. — La défense privée n'est légitime que si elle a pour but de repousser une agression. C'est la condition que la loi exprime en disant que l'homicide et les coups et blessures doivent être commandés par la nécessité *actuelle*. Deux conséquences en résultent.

I. Il faut que l'agression soit *actuelle*. C'est au moment de l'attaque qu'il est permis de se faire justice. Si le danger avait cessé, le sentiment qui porterait à agir serait, non le sentiment de la défense qui est permis, mais celui de la vengeance qui est interdit, et les conditions de l'*excuse de provocation* pourraient se rencontrer, mais non celles du *fait justificatif de légitime défense*. Il est souvent difficile du reste de distinguer l'instant précis où la défense cesse : c'est une question de fait à résoudre dans chaque espèce. Mais il n'est pas douteux que la nécessité d'un danger actuel n'oblige point à recevoir le premier coup. On peut se défendre et frapper dès qu'on est l'objet d'une menace dont l'accomplissement paraît imminent.

II. Il faut que le danger soit *inévitable*, en ce sens que la personne menacée ne doit pas avoir d'autres moyens d'empêcher le mal dont

[1] Cette question de la légitime défense de la propriété est une des plus délicates qui existent. On reproche à notre Code pénal d'avoir donné une notion trop restreinte de la légitime défense. Notre solution l'élargit en admettant l'existence de la légitime défense de la propriété, mais en limitant son exercice à des violences en proportion avec la nature du bien à protéger.

[2] Voy. Cass. req., 25 mars 1902 (S. 1903. 1. 5); Cuche, *Rev. crit. de législ.*, 1903, p. 462. Comp. Garçon, *Code pénal annoté*, art. 328, nos 51 à 54.

elle est menacée que l'emploi de la violence. Mais, sur ce point, les circonstances seules dicteront la décision du juge. On a discuté autrefois sur le devoir de fuir pour éviter l'attaque, lorsque la fuite est possible. On s'accorde généralement à décider que la défense est un droit et que la fuite, souvent honteuse, ne peut être une obligation légale. Mais ceci n'est vrai que sous une réserve. Il est des cas où la fuite s'impose. C'est un fils qui est menacé par son père et qui a la possibilité de se soustraire à l'agression par la fuite ; c'est un individu qui se trouve en face d'un fou ou d'un enfant : nul doute que, dans ces cas, préférer commettre un meurtre que se mettre hors de la portée de l'agresseur, constituerait un acte délictueux.

115. De l'injustice de l'agression. — Toutes les fois que l'agression est légale, c'est-à-dire qu'elle a pour auteur un agent de la force publique, agissant dans l'exercice régulier de ses fonctions, la défense n'est pas « légitime », car la résistance, avec violences et voies de fait, constitue déjà, par elle-même, le délit de *rébellion* (C. p., art. 209). Mais lorsque l'agression a eu lieu *sans droit*, les actes de défense seront légitimes, quelles que soient la qualité et la situation de l'agresseur, pourvu qu'ils ne dépassent pas la mesure de la nécessité. La solution a deux corollaires : 1° *La défense peut justifier des actes que la provocation n'excuserait pas;* — le parricide, par exemple. Aux termes de l'art. 323, C. p., il n'est pas *excusable* sans doute: mais de ce que la culpabilité, lorsqu'elle existe, ne peut être atténuée par une *provocation*, il n'en résulte nullement qu'elle existe toujours : le fils, qui est placé par son père dans l'alternative de le tuer ou de se laisser tuer par lui, ne commet pas de parricide s'il le tue. Nous en dirons autant du meurtre de l'un des époux par l'autre : ce meurtre qui, en principe, ne serait pas excusé par la provocation, serait légitimé s'il avait été accompli en état de défense (C. p., art. 324) ; 2° *Le droit de défense peut exister là même où le droit de punir n'existerait pas.* — Ainsi qu'un enfant, qu'un fou nous attaquent, nous avons le droit de nous défendre contre eux, bien que la société n'ait pas le droit de les punir, puisqu'ils sont inconscients. La défense n'est pas, en effet, le *châtiment*, qui serait illégitime dirigé contre un enfant ou un fou, mais la *protection*, qui est légitime, quel que soit l'auteur de l'agression, si l'agression est faite sans droit[1].

[1] D'après une théorie nouvelle que l'on trouvera exposée par Alimena, *op. cit.*, t. III, p. 54 et 63, l'attaque par un être irresponsable ou un animal ne donnerait pas ouverture au droit de défense, ce serait un cas de nécessité. En conséquence, la

Si tel est le principe, il existe deux cas dans lesquels son application devient délicate.

I. Est-il permis de résister à un acte *illégal* de l'autorité? Cette résistance, quand elle se manifeste par des voies de fait, peut-elle constituer l'agent en état de légitime défense? C'est une question difficile, comme toutes celles où il s'agit de concilier deux intérêts opposés : la liberté des citoyens, les droits du pouvoir. — Toute résistance à un acte de l'autorité, dit une opinion, si illégal, si irrégulier que soit cet acte, est illégitime. Le premier devoir du citoyen est de se soumettre, car provision est due au titre en vertu duquel on agit, ou à la qualité du fonctionnaire qui agit. Du reste, le fonctionnaire est responsable de ses abus de pouvoir, et les citoyens, qui en ont été les victimes, pourront s'adresser aux tribunaux compétents pour obtenir contre lui des dommages-intérêts[1]. — La résistance est légitime, prétend une autre opinion, car l'agression est injuste. L'art. 11 de la Déclaration des droits de l'homme, insérée dans la Constitution du 24 juin 1793, le décidait ainsi : « Tout acte, exercé, contre un homme, hors des cas et sans les formes que la loi détermine, est arbitraire et tyrannique, celui contre lequel on voudrait l'exécuter par la violence a le droit de le repousser par la force ». Ce système s'il était admis, serait la négation de l'ordre social : accorder aux citoyens le droit de résister à tout acte illégal d'un fonctionnaire, serait leur donner le droit de contrôler, tant en la forme qu'au fond, au moment où ils sont exécutés contre eux, les actes de l'autorité, et rendre le fonctionnement du gouvernement impossible[2].

Évidemment, la vérité est entre les deux opinions; les particuliers n'ont ni le droit absolu de résister, ni l'obligation absolue de se soumettre aux actes illégaux de l'autorité. L'art. 209, C. p., qui définit le délit de rébellion, préjuge la solution : « Toute attaque, toute résistance avec violence et voies de fait envers les officiers ministériels, ... agissant *pour l'exécution des lois*, des ordres ou ordonnances de l'autorité publique, des mandats de justice ou jugements, est qualifiée, selon les circonstances, crime ou délit de rébellion ». Il résulte de ce texte, non seulement qu'il n'y aurait pas rébellion, mais que la résis-

personne attaquée aurait le devoir de fuir, devoir qui ne lui est pas imposé dans l'état de défense. Notre Code pénal reconnaît cet état de nécessité, en autorisant, lorsqu'elle est nécessaire, la destruction des animaux domestiques appartenant à autrui (C. p., art. 453 et 454).

[1] Cette opinion paraît être celle de la jurisprudence : Blanche, t. IV, n° 46, et les arrêts qu'il cite : Cass., 15 sept. 1864 (S. 65. 1. 152); 27 août 1867 (S. 68. 1. 142).

[2] Lire les plaidoyers d'Odilon Barrot et Armand Carrel, rapportés dans S. 32. 2. 178.

tance serait légitime : 1° si elle était opposée à un individu, agissant sans être fonctionnaire public, ou à un fonctionnaire public agissant hors de ses fonctions ; 2° si elle était opposée à un fonctionnaire, agissant sans ordre ou refusant de produire l'ordre dont il se dit porteur ; 3° si elle était opposée à un fonctionnaire voulant faire un acte défendu par un texte précis de loi.

Dans tous ces cas, en effet, le droit de défense existe, puisque l'acte est tellement illégal que le fonctionnaire est en dehors de l'exercice de ses fonctions[1]. Mais nous ne préjugeons pas la mesure de la résistance, puisque, dans les hypothèses mêmes où elle est autorisée, la défense a des limites. C'est en combinant ces règles que nous ne considérerions pas comme une rébellion le fait de se défendre contre un agent de l'autorité qui, sans menacer de tuer ou de blesser l'individu arrêté et inoffensif, le frapperait de coups et le « passerait à tabac ». Les violences qui constituent un délit, lorsqu'elles sont commises par un agent de l'autorité, n'autoriseraient pas le meurtre, mais elles justifieraient une défense mesurée par la nécessité de repousser l'injuste agression dont on serait menacé.

II. Peut-on réputer en état de légitime défense l'individu qui, après avoir provoqué ou attaqué une personne, se défend, à son tour, contre les violences que celle-ci exerce sur lui, et commet un homicide parce que ces violences mettent sa vie en péril ? En un mot, l'agression serait-elle *injuste* si elle avait été provoquée par une agression antérieure ? La question doit être résolue par une distinction. — Si l'agression a mis la personne attaquée en cas de légitime défense, l'agresseur ne pourrait légitimement se défendre par de nouvelles violences ; et, s'il continuait la lutte, l'homicide, les coups et blessures, provenant de lui, ne se justifieraient pas, car ces actes seraient la conséquence directe de l'agression dont il est l'auteur. — Mais si l'agression n'a pas mis la personne attaquée dans le cas de légitime défense, si elle n'est qu'une provocation, l'agresseur, quand sa vie est mise en péril, par la personne provoquée, a le droit de réagir, même par la force.

116. Des effets de la légitime défense. Excès de défense. — Quand toutes les conditions de la légitime défense sont réunies, l'acte est *justifié :* si l'une de ces conditions manque, l'acte est *illégitime*. Faut-il en conclure qu'il sera toujours *pénalement* imputable à son auteur ? Nullement ; le juge devra examiner si les circonstances, qui n'ont pas suffi à justifier l'acte, n'ont pas été de nature à exclure

[1] Voy. Chavegrin, note sous Cass., 28 novembre 1902, 26 décembre 1902, 2 janvier 1903 (S. 1904. 1. 57) et Garçon, *Code pénal annoté*, art. 209, nos 130 et suiv.

ou diminuer la culpabilité. L'agent avait-il conservé sa liberté d'esprit pour mesurer le danger, l'éviter par d'autres moyens, proportionner la défense à l'attaque? Si le juge estime que les circonstances ont été telles qu'elles ont enlevé toute liberté à l'agent, il le renverra d'instance, en tenant compte de la force irrésistible qui est née de ces circonstances[1]. S'il estime, au contraire, que l'excès dans la défense laisse subsister l'imputabilité, il appliquera, pour abaisser la peine, soit les art. 321 à 325 qui admettent l'excuse de la provocation, soit l'art. 463 qui permet d'accorder des circonstances atténuantes.

117. Des cas exceptionnels de légitime défense. — D'après l'art. 320 : « *Sont compris dans les cas de nécessité actuelle de défense, les cas suivants : 1° Si l'homicide a été commis, si les blessures ont été faites, si les coups ont été portés en repoussant pendant la nuit l'escalade et l'effraction des clôtures, murs ou entrée d'une maison ou d'un appartement habité ou de leurs dépendances; 2° Si le fait a eu lieu en se défendant contre les auteurs de vols ou de pillage exécutés avec violence* ».

Quel est le caractère légal de cette disposition? 1° Dans une première opinion, l'art. 329 ne serait que le développement, par voie d'exemple, du principe de la légitime défense, tel qu'il est formulé par l'art. 328. La justification de l'auteur de l'homicide ou des blessures dépendrait, même dans ces hypothèses, de l'application du droit commun et ne pourrait être admise que si toutes les conditions de la légitime défense se trouvaient réunies. Il serait donc nécessaire que l'agression puisse compromettre la sûreté des personnes, qu'elle soit injuste, et qu'enfin la défense se limitât à la nécessité actuelle. Mais alors quelle serait l'utilité de l'art. 329? Pourquoi le législateur aurait-il pris soin de préciser si nettement, dans les deux situations qu'il prévoit, les conditions de la légitime défense, alors que, pour les autres cas, la détermination de ces conditions, est abandonnée à l'appréciation du juge? 2° Dans une seconde opinion, l'art. 329 établit une *présomption légale absolue* de légitime défense. L'impossibilité pour celui qui défend l'invasion de son domicile la nuit de connaître les intentions des auteurs de cette agression, la difficulté du secours et la crainte naturelle d'un danger pour sa

1 Cf. Cass., 7 août 1873 (D. 73. 1. 885). L'art. 53, C. p. allemand, est très explicite sur ce point : « Le fait n'est pas punissable quand il est commandé par la légitime défense. La légitime défense est celle qui est nécessaire pour détourner de soi-même ou d'autrui une agression présente et illégale. *L'agent ne sera pas punissable lorsque, dans le trouble, la crainte ou la terreur, il aura dépassé les bornes de la légitime défense* ».

propre personne, sont les motifs qui ont porté la loi à autoriser une résistance illimitée, quelles que soient les circonstances. L'effet de cette disposition est donc de rendre inutile la *preuve des conditions de la légitime défense*, en remplaçant cette preuve par celle des *faits* sur lesquels la présomption *juris et de jure* est fondée. 3° Dans une troisième opinion, l'art. 329 établirait bien une présomption légale mais une présomption simple qui pourrait être détruite par la preuve contraire. Quel en serait le jeu? L'accusé de meurtre, qui établirait que le crime a été commis dans les conditions prévues par l'art. 329, serait justifié, sans avoir à démontrer autre chose. Mais le ministère public aurait la faculté d'établir que l'accusé n'était pas en état de légitime défense et notamment qu'il ne pouvait croire à un péril sérieux pour lui ou sa famille.

Quelle que soit l'interprétation adoptée, il s'agit d'une situation exceptionnelle dont les conditions sont rigoureusement déterminées par la loi.

I. Dans la première hypothèse, l'homicide, les coups et blessures ne seront justifiés qu'à trois conditions : 1° Il faudra qu'ils aient été accomplis en *repoussant l'escalade ou l'effraction*... L'art. 329 serait-il encore applicable si l'escalade ou l'effraction était *consommée?* Cette situation ne répond pas exactement aux termes du texte, qui suppose l'escalade ou l'effraction seulement *tentée;* mais presque tous les auteurs et la jurisprudence[1] estiment qu'elle y est implicitement comprise; 2° Il faudra que la maison soit *habitée*. Aux termes de l'art. 390, C. p., est réputée maison « habitée » tout bâtiment, appartement et généralement tout lieu qui, « sans être actuellement habité, est destiné à l'habitation ». Cette définition ne nous paraît pas devoir être appliquée ici. L'art. 329 donne le droit de repousser par la force, l'escalade et l'effraction, parce qu'il envisage ces actes comme des attentats qui menacent les personnes : il doit donc supposer que la maison est *actuellement habitée*. 3° L'homicide, les coups et blessures ne seraient justifiés que si l'escalade et l'effraction avaient eu lieu *pendant la nuit*. Nous aurons à comparer, à ce point de vue, à propos des excuses, l'art. 329 et l'art. 322.

Ce qu'il faut remarquer, c'est que la présomption légale de légitime défense justifierait, si on la considérait comme *absolue*, les actes

[1] Comp. : Cass., 8 déc. 1871 (S. 72. 1. 346) et les arrêts cités en note : Cass., 11 juill. 1844 (S. 44. 1. 777); Chauveau et Hélie, t. IV, n° 1339; Trébutien, t. 1er, p. 155; Blanche, t. V, n° 72; Garçon, *Code pénal annoté*, art. 329, n° 19. S'il en est ainsi, on pourrait appliquer l'art. 329 au cas où un individu, ayant pénétré dans une habitation pendant le jour, soit par effraction ou escalade, soit même par la porte, y serait trouvé pendant la nuit. V. Garçon, *op.* et *loc. cit.*, n° 20.

de défense, quel qu'ait été le *but connu* par l'agressé de l'escalade ou de l'effraction, que l'auteur de l'agression en ait voulu à la vie des personnes habitant la maison, à leur propriété ou même à leur honneur. C'est surtout à ce point de vue que la disposition de l'art. 329 serait dangereuse[1] : elle conduirait à autoriser le meurtre commis, sans aucune intention de défense et par pur esprit de vengeance ou d'avarice. On peut tout redouter de celui qui s'introduit la nuit dans une maison habitée : voilà pourquoi on est autorisé à se défendre, par tous moyens, contre une semblable agression. Mais si l'auteur de l'homicide n'a pu ignorer les intentions de celui qui violait son domicile, s'il n'a pu concevoir aucune crainte pour lui ou sa famille, il ne saurait être couvert par une sorte de brevet légal d'impunité[2].

II. L'art. 329 justifie, en second lieu, l'homicide, les blessures et les coups, si le fait a eu lieu en se défendant contre les auteurs de vols ou de pillages exécutés avec violences contre les personnes. Ici, le but de l'agression est le vol ou le pillage; les violences envers les personnes en sont la conséquence ou le moyen. Cette disposition n'existerait pas que la personne attaquée aurait à établir, pour justifier sa défense, que les violences ont pu mettre en péril sa vie ou sa santé et qu'elle n'a pas dépassé, dans la réaction défensive, les limites de la nécessité. Mais la loi la dispense de toute preuve : elle lui donne le droit de tuer le voleur ou le pillard qui emploie la violence, sans qu'il y ait à distinguer si l'agression s'est produite le jour ou la nuit, ou si la défense est disproportionnée avec le danger couru. La loi a eu particulièrement en vue les attaques des brigands de grande route, et elle

[1] Le C. p. belge a ajouté à l'art. 417, qui correspond à notre art. 329, cette restriction : « à moins qu'il ne soit établi que l'agent n'a pas pu croire à un attentat contre les personnes, soit comme but direct de celui qui tente l'escalade ou l'effraction, soit comme conséquence de la résistance que rencontreraient les desseins de celui-ci ». Comp. Hauss, t. Ier, no 594.

[2] La jurisprudence est hésitante. Deux arrêts de la Cour de cassation (Cass., 11 juill. 1844, S. 44. 1. 777, aff. Bracquet, 8 déc. 1871, S. 72. 1. 346, aff. Cassabonne) sont cités dans le sens du caractère absolu de la présomption légale. Il s'agissait de maris qui avaient tué les amants de leur femme au moment où ceux-ci cherchaient à s'introduire, la nuit, par escalade, dans la maison conjugale. Les pourvois, formés contre des arrêts de non-lieu rendus en leur faveur, furent rejetés. D'autres arrêts de chambres d'accusation ont admis que la présomption de l'art. 329 cédait devant la preuve contraire. C'est ce qui s'est produit dans deux affaires célèbres. Dans la première, la dame de Jeufosse avait fait tuer, par son garde, un de ses voisins coupable d'avoir escaladé la nuit, la haie du parc, pour venir déposer un billet sur la fenêtre de Mlle de Jeufosse. Dans la seconde, Ponchon avait fait fusiller, par son fils, un jeune homme qui se rendait, la nuit, par escalade, à un rendez-vous dans la chambre de sa fille. Dans ces deux affaires, d'ailleurs, les accusés, renvoyés devant la cour d'assises, furent déclarés non coupables par le jury.

a dispensé ceux qui se défendent, blessent ou tuent les brigands d'apporter la preuve des conditions de la légitime défense.

§ XVIII. — L'ORDRE DE LA LOI.

118. De l'ordre de la loi et du commandement de l'autorité légitime. — 119. Il y a délit si l'une de ces conditions manque. — 120. De l'obéissance hiérarchique au point de vue de la responsabilité pénale.

118. De l'ordre de la loi et du commandement de l'autorité légitime. — En disant : *Il n'y a ni crime ni délit, lorsque l'homicide, les blessures et les coups étaient ordonnés par la loi et commandés par l'autorité légitime*, le texte de l'art. 327 s'occupe spécialement de l'homicide, et des coups et blessures; car c'était sur ces hypothèses qu'avaient surtout porté les discussions de nos anciens criminalistes, qui qualifiaient alors le fait d'*homicide légal*. Mais il est certain que le principe, dont l'art. 327 fait l'application, doit être généralisé : sont légitimes, en effet, les arrestations commandées, en vertu d'un texte de loi, sous forme de mandats, par les magistrats instructeurs ou les officiers du ministère public; les violations de domicile, dans les cas prévus par la loi, par les autorités ou les agents qui en ont reçu le pouvoir, comme les exécutions à mort faites en vertu d'une condamnation irrévocable et sur l'ordre de l'autorité compétente.

Pour la justification de ces faits, l'art. 327 exige la réunion de deux conditions : *l'ordre de la loi* et le *commandement de l'autorité légitime*. Par là, le législateur empêche les violences arbitraires des agents de l'autorité, puisqu'il faut que l'homicide, les coups et blessures aient été ordonnés par la loi; il empêche aussi que la loi ne soit appliquée d'une manière aveugle, puisque la nécessité de cette application devra être appréciée par l'autorité légitime, qui demeurera responsable de l'usage qu'elle en aura fait. On avait proposé de substituer, dans la rédaction de l'art. 327, la disjonctive *ou* à la conjonctive *et*, en prétendant que, dans certains cas, l'ordre de la loi devait suffire, dans d'autres, le commandement de l'autorité légitime. Cette proposition ne fut pas admise par le Conseil d'État. Il faut donc, pour qu'un acte soit *justifié*, par application de l'art. 327, qu'il soit ordonné ou permis par la loi, commandé par l'autorité compétente, et régulièrement exécuté [1].

[1] Voy. cependant Garçon, *Code pénal annoté*, art. 64, nos 254 et suiv.

119. Des conditions du fait justificatif. — Si l'une ou l'autre de ces conditions fait défaut, « *il y a crime ou délit* ». — Ainsi, les arrestations, opérées par un agent de la force publique, dans un cas où la loi les autorise, mais sans l'accomplissement des formalités légales, protectrices de la liberté individuelle, constituent le délit d'arrestation ou de détention arbitraire (C. p., art. 120). A l'inverse, les arrestations, commandées par un agent de la force publique, dans un cas où la loi ne les autorise pas, peuvent, suivant les circonstances, tomber sous le coup des art. 114, 184, 186, 188, C. p.

120. Des actes délictueux commis par ordre des supérieurs hiérarchiques. — Que ces actes constituent des crimes ou des délits pour le fonctionnaire qui les aura ordonnés, cela n'est pas douteux : mais seront-ils imputables aux agents inférieurs qui auront exécuté ou fait exécuter l'ordre qu'ils ont reçu? Cette question, qui concerne les agents civils comme les agents militaires, quoiqu'elle ait été plus particulièrement agitée pour ces derniers, doit se résoudre, au moins en principe, de la même manière pour les uns et pour les autres.

I. Que l'ordre du supérieur civil ou militaire ne puisse *justifier* l'acte accompli au mépris du droit, il ne faut même pas en douter. Le fait reste ce qu'il est en lui-même, c'est-à-dire un *délit*, bien qu'il soit ordonné par l'autorité légitime. L'ordre d'un supérieur, quelque élevé qu'il soit dans la hiérarchie, ne modifie pas le caractère délictueux de l'acte imposé.

II. Mais la question est de savoir si ce fait est imputable à l'agent qui a seulement obéi. Il est des hypothèses où la loi reconnaît une *excuse absolutoire* au profit des fonctionnaires qui ont agi par ordre de leurs supérieurs hiérarchiques. Tels sont les cas prévus par les art. 114 et 190, C. p. Il s'agit d'attentats à la liberté individuelle, aux droits politiques des citoyens ou à la Constitution, et de la réquisition ou de l'emploi de la force publique pour empêcher l'exécution des lois, décisions judiciaires et ordres de l'autorité légitime. L'agent inférieur est *exempt de peine*, s'il justifie (dans le sens de *s'il prouve*) : 1° qu'il a reçu un ordre du supérieur hiérarchique auquel il devait obéissance; 2° que cet ordre concernait quelque objet du ressort de ce supérieur. La loi a voulu, dans ces hypothèses, pour un motif d'ordre politique, que le subordonné s'en rapportât à son supérieur dont la responsabilité doit le couvrir, au moins au point de vue pénal. Elle n'exige donc pas que l'agent ait ignoré la criminalité de l'ordre qu'il a exécuté pour pouvoir bénéficier de l'exemption de peine. Mais cette *excuse* ne peut être étendue à d'autres délits (C. p., art. 65); et dans les cas qui n'ont pas été prévus par la loi, la question de savoir si le délit commis par un inférieur, sur l'ordre de son supérieur, lui est imputable, est, avant tout, une question d'*intention*, qui ne peut être résolue, *a priori*, ni dans un sens ni dans l'autre. Dire que le subordonné n'est jamais coupable, c'est proclamer qu'il doit toujours l'obéissance passive, c'est mettre la loi à la disposition des chefs du gouvernement et ouvrir ainsi la porte aux coups de force. Mais dire que le subordonné est toujours coupable, c'est le faire toujours juge de la légalité des ordres qu'il reçoit, c'est détruire la subordination hiérarchique et rendre impossible l'exercice du pouvoir. L'ordre du chef civil ou militaire sera, pour le subordonné, une cause d'irresponsabilité, quand il aura conduit l'agent à la croyance raisonnée qu'il ne commettait point de délit[1]. Mais si, malgré l'ordre qu'il a reçu, le subordonné a eu conscience qu'il servait d'instrument à un délit, il est difficile de ne pas l'en déclarer responsable. Au reste, là où la responsabilité sera encourue, la peine, du moins, pourra être diminuée par l'admission de circonstances atténuantes, car le juge devra tenir compte, en mesurant la culpabilité, de la situation de l'agent. Et si le subordonné peut craindre de perdre la vie ou la liberté par son refus d'obéir, il se trouvera en état de contrainte et pourra invoquer la force irrésistible (C. p., art. 64)[2].

[1] Dans ce sens : Bourges, 30 déc. 1870 (D. 71. 2. 226).

[2] Voy. Cass., 20 sept. 1894 (*B. cr.*, n° 248).

LIVRE SECOND

DE LA PEINE

TITRE PREMIER

DU SYSTÈME PÉNAL

§ I. — NOTIONS GÉNÉRALES SUR LES PEINES ET LEURS CLASSIFICATIONS.

121. La peine et ses fonctions. — La peine est la réaction de la société contre le criminel : elle consiste dans une *souffrance* que le pouvoir social inflige à un individu déclaré, par *jugement*, coupable d'une infraction. C'est l'idée d'utiliser cette souffrance dans l'intérêt commun du délinquant et de la société, de la considérer beaucoup plus comme un *moyen* que comme un *but*, dont s'inspirent aujourd'hui la *législation* et la *science pénitentiaires* [1].

Pour réaliser cette idée, il faut tout d'abord se rendre compte des *fonctions de la peine*. Ces fonctions correspondent aux deux grands courants de réaction dont le mal de la peine est l'expression et que provoque toute action criminelle : les réactions d'*ordre moral* et les réactions d'*ordre utilitaire*. L'influence des doctrines philosophiques

[1] Cuche, *Traité de science et de législation pénitentiaires* (Paris, 1905). Voy. mon compte rendu de cet ouvrage, dans *Revue pénit.*, 1905, p. 1359 à 1367.

sur la conception du droit répressif, a fait considérer la peine, soit comme un moyen d'*expiation* du délit commis (réaction d'ordre moral), soit comme un moyen de *défense sociale*, utilisé dans le but d'empêcher à l'avenir la reproduction de délits semblables (réaction d'ordre utilitaire).

S'il est vrai que l'organisation pratique des peines doit donner satisfaction aux deux ordres de fonctions du droit répressif, il est à remarquer que les fonctions d'ordre moral sont satisfaites par le mal même de la peine. C'est donc ce mal qu'il faut utiliser en vue de la *prévention collective* et en vue de la *prévention individuelle*. La première (*Generalpravention*) s'opère par l'intimidation que produit sur les criminels en puissance la menace d'une peine tarifée à l'avance. La seconde (*Spezialpravention*) s'opère, soit par l'intimidation pure, soit par l'amendement, soit par l'élimination. De là trois catégories de peines quant à leur but : les *peines d'intimidation pure*, les *peines réformatrices*, les *peines d'élimination*. Dans notre droit, les peines, dont le but principal est l'intimidation pure ou l'avertissement, peuvent être ramenées à trois : 1° les courtes peines d'emprisonnement ; 2° l'amende; 3° la condamnation prononcée avec sursis. Les peines réformatrices se réduisent à l'emprisonnement. Non que la privation de liberté puisse être considérée par elle-même comme un facteur d'amendement, mais parce qu'elle est la condition générale d'application d'un système ayant pour objet la réforme du condamné. Les peines éliminatoires sont : la peine de mort, la relégation, la transportation.

122. Principes directeurs de la pénalité. — Toute législation positive, dans l'organisation de son système pénal, s'inspire de certaines idées théoriques qu'elle tente de réaliser. C'est aux conceptions de la Révolution française qu'il faut remonter pour comprendre notre système pénal. Mais les idées directrices de ce système subissent une évolution marquée, particulièrement au point de vue de la détermination de la peine.

I. Celle-ci n'est abandonnée ni à l'arbitraire de l'administration, ni à l'arbitraire de la justice; elle est déterminée par la loi même (C. p., art. 4). Le système dit de la *légalité des peines* a son origine dans la législation de l'Assemblée constituante : il forme un des aphorismes de notre droit moderne. Mais, dans les Codes de 1791, ce système avait trois conséquences corrélatives : 1° La première se formulait dans la double règle : *Nullum delictum, nulla pœna sine lege*; 2° La seconde, dans la fixité des peines criminelles, déterminées à l'avance par la loi, soit au point de vue de leur nature, soit au point de vue de leur durée; 3° La troisième, dans l'abolition du droit de grâce, et, comme conséquence, dans l'interdiction pour l'administration de faire remise totale ou partielle de la peine.

Mais, de ces diverses conséquences du principe de la légalité des peines, une seule subsiste encore, la première. Aujourd'hui, trois autorités concourent, en France, à la fixation de la peine : la *loi*, le *juge*, l'*administration*. *a*) Le législateur crée les incriminations et établit, au regard de chacune d'elles, la peine qu'il juge appropriée. Lui seul a ce double droit. Donc les tribunaux ne pourraient, sans excès de pouvoir, incriminer eux-mêmes des faits qui n'auraient pas été incriminés par la loi (*nullum delictum sine lege*). Ils ne pourraient pas non plus, soit prononcer des peines qui ne seraient pas édictées par la loi, comme l'amende honorable, ou qui seraient abolies, comme la marque, l'exposition publique, soit prononcer une peine établie par la loi en dehors des cas prévus par elle, la réclusion au lieu de l'emprisonnement par exemple (*nulla pœna sine lege*). *b*) Mais le juge n'est plus, comme dans le système de 1791, l'exécuteur automatique des menaces législatives. On a fini par lui reconnaître *un pouvoir modérateur* dans l'application des peines, de sorte que, s'il ne peut pas aller au delà de la répression légale, il peut rester en deçà. Trois instruments lui sont donnés pour atteindre ce but. 1° Presque toujours, l'évaluation légale de la répression n'est faite que dans les limites assez larges d'un minimum à un maximum. Le juge reçoit alors, de la loi même qui fixe une peine mobile, le droit d'individualiser la répression dans sa durée ou dans sa quotité. 2° Il peut aussi la rendre moins afflictive pour le délinquant, en allégeant la peine légale par une déclaration de circonstances atténuantes. 3° Puis, tout en prononçant une peine d'emprisonnement ou d'amende, il a le droit d'ordonner qu'il sera sursis à l'exécution de la condamnation. *c*) Enfin l'administration qui fait subir la peine n'a pas simplement pour mission de se conformer à la décision du juge. L'administration est investie d'un double droit : celui d'accorder, par *voie de grâce*, des remises ou des commutations de peine, définitives et irrévocables; celui d'ouvrir les portes de la prison au condamné qui a subi au moins la moitié de sa peine, en lui accordant une libération anticipée, mais *conditionnelle*.

Les trois autorités qui concourent à la répression se placent, en ce qui concerne les fonctions de la peine, à des points de vue différents [1].

[1] Voy. sur ce point : Cuche, *Rev. pénit.*, 1894, p. 1299 ; *Traité de science et de législ. pénit.*, nos 9 à 13; et mon rapport à la Société des prisons, *Rev. pénit.*, 1901, pp. 801 à 844.

Pour le *législateur*, c'est surtout l'exemplarité qui importe : celui-ci mesure donc les peines *in abstracto*, classant les infractions en raison de leur gravité sociale et les frappant d'une peine dont le mal lui paraît surpasser les profits du délit. Il ne faut pas lui reprocher ce procédé qui est inhérent à la fonction législative. Celle-ci ne connaît pas les espèces. Tout ce qu'elle peut faire, en la matière, c'est de laisser aux autres fonctions la possibilité de s'exercer, c'est-à-dire d'adapter la peine légale, à l'individualité de l'agent et aux circonstances du délit. Pour le *juge*, c'est moins le délit qu'il s'agit d'apprécier, en fixant la peine, que le délinquant, et ce qu'il traduit, dans sa sentence, c'est surtout son évaluation de la *culpabilité* ou de la *témibilité* de celui-ci. L'*administration* travaille à l'amendement du condamné; elle ne peut croire que la société lui ait confié le condamné pour le faire souffrir; elle veut le rendre meilleur.

Ainsi, l'histoire de la pénalité, depuis cent ans, se résume dans l'abdication constante et progressive du législateur au profit du juge et de l'administrateur. Le point de départ, c'est la légalité et la fixité des peines; le point d'arrivée, c'est la latitude laissée au juge, dans chaque cas, d'approprier la peine à la situation individuelle du délinquant et le droit de l'administration d'abréger une peine fixée d'avance ou d'en faire remise dans des conditions de surveillance et de contrôle que nous indiquerons plus loin (*Individualisation de la peine*).

Mais cette évolution des institutions et des idées a un terme qui paraît excessif à beaucoup d'esprits, bien qu'il ait été présenté et défendu par d'autres, avec une ardeur et une conviction entraînantes, la *sentence indéterminée* [1].

L'innovation qu'on préconise consisterait à enlever au juge le droit de fixer à l'avance la durée maxima de la peine. Celui-ci déclarerait la culpabilité de l'accusé et l'enverrait en prison, mais le jour de la libération serait fixé, plus tard, par une commission administrative ou judiciaire. L'*exeat* serait délivré au condamné, comme il l'est à l'aliéné ou au malade, après guérison. Sans examiner si la base de ce système est exacte (ce que je ne crois pas, car la peine n'est pas uniquement destinée à amender le coupable qui, presque toujours, ne peut être amendé), ses conséquences sont inadmissibles, car il aboutit à l'arbitraire s'exerçant surtout par les agents inférieurs de l'administration pénitentiaire. Il conduit à une détention illimitée. Son application n'est souhaitable que vis-à-vis : 1° des jeunes délinquants; 2° des individus à responsabilité atténuée.

[1] Voy. mon *Traité*, 2e édit., t. I, p. 608. On consultera, pour plus de détails, la thèse de M. Frédéric Lévy sur les *Sentences indéterminées* (Paris, 1896).

II. La peine est *égale* pour tous, et la loi pénale s'applique *sine acceptione personarum*[1]. Du reste, certaines peines, qui ne pourraient être supportées à raison du sexe ou de l'âge du condamné, ne sont pas exécutées, à l'égard des femmes ou des vieillards, telles qu'elles le sont à l'égard de tous autres.

III. La peine est *personnelle*, c'est-à-dire uniquement infligée à l'auteur de l'infraction, sans qu'elle puisse être *directement* prononcée et appliquée contre la famille ou les héritiers.

IV. Les classifications des peines sont aussi nombreuses que celles des infractions. Nous indiquons les principales, celles qui se dégagent de l'ensemble du système pénal.

123. Peines criminelles, correctionnelles, de police simple. — La peine est la conséquence de l'infraction. Cependant, aux termes de l'art. 1er, C. p., elle la *qualifie*, en ce sens que la peine, *légalement applicable*, et non la peine *appliquée*, est le signe de la gravité d'une infraction et la classe parmi les *crimes*, les *délits*, les *contraventions*. La classification des peines correspond, par conséquent, à la classification des infractions, c'est-à-dire que, parmi les châtiments qu'organise la loi pénale, il en est qui sont propres, soit aux crimes, soit aux délits, soit aux contraventions; il en est d'autres, qui sont communs aux crimes et aux délits; d'autres, qui peuvent être appliqués aussi bien en matière criminelle et correctionnelle qu'en matière de simple police.

Cette classification *générale* des peines est la seule qu'adopte expressément le Code pénal; les art. 6 à 11 contiennent l'*énumération* des peines en matière criminelle et correctionnelle; l'art. 464, celle des peines de simple police. Mais cette énumération n'est ni *complète*, ni *exacte*.

I. *Les peines exclusivement applicables en matière criminelle* sont: 1° la mort; 2° les travaux forcés à perpétuité; 3° la déportation dans une enceinte fortifiée; 4° la déportation simple; 5° les travaux forcés à temps; 6° la détention; 7° la réclusion; 8° le bannissement; 9° la dégradation civique; 10° l'interdiction légale; 11° la double incapacité de disposer et de recevoir à titre gratuit par donation ou par testament; 12° l'assignation de domicile après prescription de la peine (C. p., art. 7, 8 et 29; L. 31 mai 1854, art. 3; C. instr. cr., art. 635).

Cette énumération a subi, depuis 1810, des modifications en un double sens.

[1] Mais elle doit être, dans une certaine mesure, individualisée. Voy. Saleilles, *L'individualisation de la peine*, 18[illegible]8.

Certaines peines, qui figuraient dans le Code pénal, ont disparu. Ainsi se trouve confirmée cette profonde parole d'Ihering : « L'histoire de la peine est une abolition constante ». — L'abrogation de la *confiscation générale*, qui consistait dans l'attribution de tous les biens du condamné à l'État, a été prononcée par la charte de 1814 (art. 66). Cette peine avait un vice capital : elle faisait retomber directement sur la famille, qu'elle privait du patrimoine du condamné, les conséquences d'un crime qui lui était étranger. — La *marque*, qui avait été recueillie dans notre ancienne législation criminelle par le Code pénal de 1810, en a été retranchée en 1832. Les condamnés, frappés de cette peine, étaient flétris, sur la place publique, par l'application d'une empreinte, avec un fer rouge, sur l'épaule droite. Infligée aux condamnés aux travaux forcés à perpétuité, cette peine constituait une cruauté inutile ; appliquée aux condamnés à temps, elle mettait obstacle à leur réhabilitation. — Parmi les peines criminelles, figurait aussi, avant la loi du 28 avril 1832 qui l'a supprimée la peine du *carcan*. Par son mode d'exécution, cette peine, avilissante pour le condamné qui conservait quelque sentiment d'honneur, était insignifiante pour le criminel d'habitude. L'*exposition publique* a été définitivement supprimée par un décret du 12 avril 1848. — Enfin, la *mort civile* n'existe plus, une loi du 31 mai 1854 l'a abolie.

A l'inverse des peines supprimées, une peine a été ajoutée à l'énumération des peines criminelles par la loi du 28 avril 1832 : c'est la *détention*. — De plus, la peine de la *déportation*, inscrite déjà dans le Code pénal, a été réorganisée par la loi du 8 juin 1850, qui distingue désormais deux degrés dans la peine : la *déportation dans une enceinte fortifiée* et la *déportation simple*.

II. Les peines *en matière correctionnelle*, sont celles qui ont été réservées aux seuls délits. Il faut faire observer toutefois : 1° qu'elles peuvent, par l'effet des circonstances atténuantes ou des excuses, être appliquées aux crimes ; 2° qu'elles peuvent, par suite des mêmes causes, être réduites, *mais sans changer de nature*, à la durée et à la quotité des peines de police.

Les peines correctionnelles sont : 1° l'emprisonnement correctionnel, avec obligation au travail (C. p., art. 9 et 40) ; 2° l'interdiction de certains droits civiques, civils ou de famille (C. p., art. 9 et 42) ; 3° les incapacités ou déchéances prononcées par les lois spéciales.

L'amende, énumérée par l'art. 7 parmi les peines correctionnelles, n'a pas exclusivement ce caractère.

III. Les peines *de police* sont celles qui ont été exclusivement réservées aux contraventions de police. Deux seulement, parmi les trois peines qu'énumère l'art. 464, C. p., ont cette nature : 1° c'est l'emprisonnement de cinq jours au plus, dans un autre lieu qu'une maison de correction, sans obligation au travail; 2° c'est l'amende, dont le minimum est de un franc et le maximum de quinze. La confiscation spéciale, dont parle l'art. 464, est plus générale.

IV. Trois peines sont communes aux matières criminelles et correctionnelles; ce sont : 1° la surveillance de la haute police, remplacée par l'interdiction de séjour (C. p., art. 11 ; L. 27 mai 1885, art. 19) ; 2° la relégation ou internement perpétuel hors du territoire continental de la France (L. 27 mai 1885, art. 1 à 18) ; 3° l'amende, dont le minimum est de seize francs et dont le maximum général n'est pas déterminé.

V. Il y a deux peines communes aux matières criminelles, correctionnelles et de police; ce sont : 1° la confiscation spéciale; 2° la publicité des arrêts ou jugements portant une condamnation pénale (C. p., art. 36).

124. Peines principales, accessoires, complémentaires. — Cette classification est tirée des rapports que les peines ont entre elles. Bien que le Code pénal ne l'indique pas d'une manière expresse, elle résulte cependant de l'ensemble de ses dispositions, difficilement explicables si on en fait abstraction.

Les peines *principales* ont deux caractères qui les distinguent des peines accessoires : 1° elles fonctionnent comme instrument direct de pénalité et constituent l'expiation même de l'infraction ; 2° elles ne peuvent frapper le condamné sans avoir été prononcées par le jugement ou l'arrêt de condamnation. En un mot, ce sont celles que le juge inflige et doit infliger *par une disposition spéciale et expresse de sa décision.*

Les peines *accessoires* ont surtout pour but d'assurer l'efficacité de la peine principale ou de prévenir la récidive; elles sont encourues, de *plein droit*, en vertu de la loi, et viennent s'adjoindre à la peine principale pour la corroborer et pour en consacrer les conséquences juridiques.

Il est du reste, des peines qui fonctionnent avec ce double caractère, tantôt comme peines principales, tantôt comme peines accessoires.

Les peines, toujours accessoires, sont : 1° l'interdiction légale; 2° la double incapacité de disposer et de recevoir à titre gratuit par donation ou par testament ; 3° l'assignation de résidence au condamné après prescription de la peine principale; 4° quelques incapacités particulières, comme celle d'être juré (L. 21 nov. 1872, art. 2); 5° la publicité par affiche des arrêts portant condamnation à une peine criminelle (C. p., art. 36).

Les peines, tantôt principales, tantôt accessoires, sont : 1° la dégradation civique; 2° le renvoi sous la surveillance de la haute police, aujourd'hui remplacé par l'interdiction de séjour.

Les art. 7 et 8, C. p. contiennent seulement l'énumération des peines principales en matière criminelle; si la dégradation civique y figure, c'est en tant qu'elle fonctionne comme peine principale.

Les peines *complémentaires* tiennent le milieu entre les peines accessoires et les peines principales : ainsi que les premières, elles sont le complément d'autres peines et ne sont jamais encourues seules; ainsi que les secondes, elles doivent être prononcées d'une manière formelle et sont attachées, non à certaines peines, mais à certains délits. L'interdiction des droits civiques, civils et de famille, édictée par l'art. 42, peut être citée comme type de peine complémentaire. Il en est de même de l'amende en matière criminelle. On ajoutera à cette liste la confiscation spéciale. La relégation, devant être prononcée pour être encourue, a également, à ce point de vue, le caractère de peine complémentaire.

125. Peines de droit commun et peines politiques. — Cette distinction des peines n'est faite par la loi qu'*en matière criminelle*. Elle correspond à la division des *crimes*, en *crimes de droit commun* et *crimes politiques*. Les peines correctionnelles ne sont pas organisées en châtiments distincts pour les délits politiques et les délits de droit commun. Mais la relégation, qui peut être la conséquence de condamnations correctionnelles comme de condamnations criminelles, est exclusivement réservée aux condamnés de droit commun.

Les art. 7 et 8, C. p., énumèrent les peines principales en matière criminelle, dans l'ordre de leur gravité relative, suivant une échelle générale, allant de la peine la plus grave, la *mort*, à la peine la moins grave, la *dégradation civique*. Mais ces dispositions, qui ont l'avantage d'établir une gradation pour fixer les pénalités, leur force et leur importance, pour permettre de décider laquelle est la plus grave, spécialement en cas de concours d'infractions, de récidive, de conflit entre deux lois, ont le tort de confondre, dans une même nomenclature, les *peines politiques* et les *peines de droit commun*. Or, ces peines sont distinctes, par leur nature, et la loi ne permet pas aux juges de les appliquer les unes pour les autres. Il est donc nécessaire, à côté de l'échelle générale des peines, d'établir deux échelles spéciales, l'une pour les peines de droit commun, l'autre pour les peines politiques. Si cette distinction n'a pas été formulée par les art. 7 et 8, c'est que, au moment où le Code pénal fut promulgué, elle était sans importance. Les cours d'assises devaient appliquer la peine prononcée par la loi, en conséquence du verdict du jury, dans les limites du *minimum* au *maximum*, sans pouvoir l'abaisser d'un ou de deux degrés, par suite de l'admission de circonstances atténuantes, dont le système n'était pas encore organisé en matière criminelle. Est-ce à dire que la distinction entre les peines politiques et les peines de droit commun n'existât pas dans le Code pénal? Nullement; l'examen des textes démontre, en effet, que le législateur avait réservé certaines peines, et particulièrement la déportation, aux infractions politiques. Lorsque, en 1832, fut organisé le système des circonstances atténuantes, qui donnait à la cour d'assises le droit d'abaisser la peine criminelle encourue par l'infraction d'un ou de deux degrés, les art. 7 et 8, C. p., devaient être modifiés; mais on se contenta de fixer l'application et les conséquences de la distinction des deux échelles de peines criminelles dans l'art. 463. Une peine cependant restait commune aux crimes politiques et aux crimes ordinaires, c'était la *peine de mort*. Elle a été abolie, en matière politique, en 1848, et la loi du 8 juin 1850 l'a remplacée par la déportation dans une enceinte fortifiée. Ces dispositions ont complètement séparé les deux échelles de peines : si donc cette distinction des peines politiques et des peines de droit commun n'est pas expressément tracée par la loi, elle résulte de l'ensemble de ses dispositions, et elle est, en général, observée dans les cas où il est juste de tenir compte de la nature de l'infraction pour appliquer la peine.

Les peines criminelles sont donc, aujourd'hui, graduées de manière à former une *échelle générale* de pénalités et deux *échelles spéciales*, destinées, l'une aux *crimes de droit commun*, et l'autre aux *crimes politiques*. L'échelle générale est établie par les art. 7 et 8, C. p. Les deux échelles spéciales résultent de la combinaison des textes, particulièrement de l'art. 463.

126. Peines perpétuelles; peines temporaires. — Les seules peines qui soient susceptibles d'une mesure de durée, sont les peines privatives ou restrictives de liberté et les peines privatives de droit. *a*) Parmi les premières, les peines perpétuelles sont d'abord : les *travaux forcés à perpétuité*, la *déportation dans une enceinte fortifiée*, la *déportation simple*. Ces peines entraînent les incapacités et déchéances substituées à la mort civile par la loi du 30 mai 1854. A ce point de vue, la *peine de mort* produit le même effet. C'est, en quatrième lieu, la *relégation* qui, aux termes de l'art. 1er de la loi du 27 mai 1885, consiste dans l'internement à vie dans une colonie. *b*) Parmi les peines privatives de droits, celles qui ont un caractère de perpétuité sont : 1° Les *déchéances et nullités résultant de la loi du 31 mai 1854*; 2° La *dégradation civique*; 3° L'*interdiction légale*, cessant avec la peine principale dont elle est l'accessoire, est, comme cette peine, tantôt perpétuelle et tantôt temporaire. 4° L'*interdiction de certains droits civiques, civils et de famille*, presque toujours temporaire, est cependant perpétuelle dans les cas prévus par les art. 171 et 175, C. p. 5° De même, les *incapacités* portées par des lois spéciales, ordinairement temporaires, sont parfois perpétuelles. 6° L'*interdiction de séjour* est, en principe, temporaire. Cette peine n'est perpétuelle que dans le cas où elle remplace la relégation, pour le récidiviste qui aurait dépassé l'âge de soixante ans à l'expiration de la peine qui entraînerait la relégation (L. 27 mai 1885, art. 8 et 19).

127. Peines afflictives ou infamantes, et peines correctionnelles. — Cette division, qui ne comprend pas les peines de simple police, embrasse, au contraire, le cercle des pénalités organisées, soit en matière de *crimes*, soit en matière de *délits*. Elle remonte à notre ancien droit, et s'explique par cette idée fausse qu'il y a plus d'espoir, sans doute, de ramener au bien et de corriger les *délinquants* que les *criminels*. Toute peine doit être afflictive, puisqu'elle consiste essentiellement à affliger l'homme, et il est désirable que toutes, sauf la mort, soient *correctionnelles*. C'est là une première critique de cette classification.

Convient-il, au moins, de déclarer *infamantes* les peines les plus graves?

Nos anciens criminalistes distinguaient deux espèces d'infamie : l'infamie de *fait*, qui dérive de l'opinion publique: l'infamie de *droit*, qui dérive d'un jugement la prononçant. Deux manières d'infliger la seconde avaient prévalu : tantôt, l'infamie était simplement déclarée par jugement; tantôt, elle était accompagnée d'une exécution matérielle, par le carcan, l'exposition publique, la dégradation. Mais le principe même des peines infamantes doit être condamné à raison de la flétrissure, inutile ou injuste, que leur application imprime aux coupables et des obstacles qu'elle apporte à leur relèvement moral [1].

Du reste, une législation, qui conserve la note d'infamie, peut l'attacher, soit à la *peine* appliquée, soit à l'*infraction* commise. Le premier système est celui de notre Code pénal; il résulte de l'art. 6 : *a*) que la loi note d'infamie certains condamnés, en donnant cet effet, non à l'*infraction* qu'ils ont commise, mais à la peine qu'ils ont encourue; *b*) que les seules peines *infamantes* sont les peines *criminelles*.

[1] V. la critique de ce système : Rossi, t. III, p. 127; Chauveau, *Code pénal progressif*, p. 92. Le système des peines infamantes est répudié par le Code pénal belge et le Code pénal italien. Cf. Haus, *Législ. crim. de la Belgique*, t. Ier, p. 29 et 30.

Et cette erreur de qualification a eu un résultat déplorable. En effet, l'ancien art. 232, C. civ., portait : « *La condamnation de l'un des époux à une peine infamante sera, pour l'autre époux, une cause de divorce* ». Aux mots « *peine infamante* », le législateur a, sans doute, substitué, par la loi du 27 juillet 1884 sur le divorce, ceux de « *peine afflictive et infamante* ». Mais cette modification, certainement utile, n'empêche pas le conjoint d'un condamné politique à la déportation ou à la détention, peines afflictives et infamantes, de se prévaloir de l'infamie attachée par la loi à cette condamnation pour obtenir le divorce ou la séparation de corps sans que le tribunal ait un pouvoir quelconque d'appréciation ; tandis que le conjoint d'un condamné à l'emprisonnement pour escroquerie, vol, outrage public à la pudeur, ne le pourra pas, les peines correctionnelles n'étant pas, de plein droit, infamantes ! Cette conséquence de la division légale des peines correctionnelles et des peines criminelles, suffit pour condamner le caractère infamant que la loi a donné aux premières, et refusé aux secondes.

Aux termes de l'art. 6, C. p., les peines en matière criminelle se subdivisent elles-mêmes, en peines « *afflictives et infamantes* ou seulement *infamantes* ». Le Code pénal, sans donner de définition des peines afflictives et infamantes, et des peines simplement infamantes, énumère, les unes dans l'art. 7, les autres dans l'art. 8. Les premières sont celles qui atteignent directement le condamné dans sa vie et sa liberté, elles ont surtout pour objet de l'affliger ; de là le nom d'*afflictives* qui leur est donné ; si elles produisent l'infamie, c'est un effet, qui n'est recherché qu'accessoirement par le législateur. Les peines seulement infamantes, atteignent principalement le condamné dans sa considération et sa capacité juridique, ses droits de cité et de famille. Ce sont le bannissement et la dégradation civique. Cette classification encourt un double reproche : 1° elle ne présente un certain intérêt que depuis la loi du 27 juillet 1884, restreignant l'application de l'art. 232, C. civ., aux peines tout à la fois afflictives et infamantes ; 2° en elle-même, elle n'a aucun sens, puisque les peines du bannissement et de la dégradation civique sont destinées, comme les autres peines, à affliger le condamné. Cette classification a disparu du Code pénal belge de 1867, ainsi que de tous les Codes récemment édictés.

128. Classification naturelle d'après le mal de la peine. — Le Code pénal se préoccupe beaucoup plus de l'étiquette des peines que de leur contenu. Ce qui importe cependant c'est de connaître l'exécution des peines, en même temps que leur nature. Il faut, dans ce but, grouper les peines, à raison de la souffrance qu'elles infligent au condamné, en peines *corporelles, privatives* ou *restrictives de liberté, privatives* ou *restrictives de droits, pécuniaires, infamantes*. C'est, à cette division naturelle, que je m'arrête dans l'exposé des diverses peines.

§ II. — DES PEINES CORPORELLES. DE LA PEINE DE MORT.

129. Peines corporelles. Double évolution du droit pénal moderne. Les peines corporelles supprimées à l'exception de la peine de mort. Cette dernière peine transformée. — 130. La légitimité de la peine de mort. — 131. Les problèmes que soulève soit le maintien, soit la suppression de la peine de mort.

129. Du caractère nouveau de la peine de mort dans le droit moderne. Mouvement abolitionniste. — Le Code pénal de 1810 avait recueilli, dans notre ancienne législation criminelle, certaines peines corporelles, telles que la mutilation du poignet avant l'exécution à mort du parricide et l'imposition, sur l'épaule droite des condamnés aux travaux forcés, d'un fer brûlant destiné à les marquer. Elles ont été effacées par la loi de revision de 1832, de sorte qu'il ne reste plus aujourd'hui d'autre *peine corporelle* que la *peine de mort*. Mais, tandis que, dans notre ancien droit, la loi et le juge mesuraient la souffrance, comme ils mesurent aujourd'hui la privation de liberté, tandis que la mort même était une peine à plusieurs degrés, elle ne consiste plus que dans la seule privation de la vie. Même avec ce caractère, que lui ont donné les législations pénales modernes qui la conservent, la peine de mort soulève un des plus graves problèmes du droit pénal, le problème de sa *légitimité*[1]. S'il suffisait, pour le résoudre, de montrer que toujours

[1] La question de la peine de mort, envisagée au point de vue des doctrines religieuses, fut l'objet de vives polémiques dès les XVIIe et XVIIIe siècles, ainsi qu'au XIVe entre les docteurs catholiques et ceux des sectes dissidentes. Comp. Molinier (*Recueil de l'Acad. de législ.*, t. X, p. 492). Mais c'est à partir du XVIIIe siècle, que la question fut agitée au point de vue social. Beccaria (*Op. cit.*, chap. XVI) en contesta la légitimité, qui fut soutenue par J.-J. Rousseau, Filangieri et Mably. On consultera sur la question : Mittermaier, *De la peine de mort* (trad. Leven, 1865); Molinier (*Rev. de l'Acad. de législ.*, 1861, p. 492); Thézard, *Observation sur la peine de mort* (*Rev. de législ. anc. et mod.*, 1861, p. 561); Haus, *De la peine de mort*, 1866; Bédarride, *De la peine de mort*, 2e éd., 1867; d'Olivecrona (2e éd., trad. par Beauchet), *De la peine de mort*, 1893; Hello, *Rev. crit.*, 1857, t. XXXI, p. 322 (On trouvera dans cet article, le relevé et l'énumération, par ordre chronologique, des personnes qui ont pris la part la plus notable au mouvement abolitionniste); Pierantoni, *Movimento storico della legislazione intorno l'abolizione della pena di morte dell'anno* 1865, *sino al* 1872 (Rome. 1872). Sur l'évolution du problème : G. Tarde, *La philosophie pénale*, p. 521 et suiv. ; Lacassagne,

et partout la peine de mort a été appliquée, il serait facile d'écarter toute discussion : la peine de mort est, en effet, contemporaine de l'existence du droit de punir et ses cas d'application sont d'autant plus nombreux qu'on remonte plus haut dans l'histoire du droit pénal. Mais cette constatation, pour la justifier, n'est certainement pas suffisante; il est des institutions qui ont été pratiquées par presque tous les peuples à certaines époques de l'histoire, sur la légitimité desquelles aucun doute ne s'élevait alors, et qui ont été condamnées par la science et emportées par la civilisation. Qui songerait à défendre aujourd'hui l'esclavage et les tortures? Se passera-t-il, pour la peine de mort, ce qui s'est passé pour ces institutions? Disparaîtra-t-elle, à son tour, de l'arsenal de nos peines? Il est certain que la peine de mort s'en va de tous les pays de l'Europe, ici, un peu plus vite, là, plus lentement : elle paraît reculer devant la civilisation. Il est peu de pays où elle n'ait des adversaires; quelques nations l'ont même abolie de *fait* ou de *droit*, sans qu'on ait constaté une aggravation sensible dans le mouvement de leur criminalité[1]. En France, il a été

Peine de mort, et criminalité (Paris, Maloine, 1908). On trouvera, rapporté dans cet ouvrage, l'exposé des motifs du projet de loi, présenté au nom du gouvernement par M. Guyot-Dessaigne, garde des sceaux, en novembre 1906, et portant abolition de la peine de mort. Cet exposé contient un historique intéressant.

[1] Pays où la peine de mort a été abolie *en droit*. La Constitution fédérale suisse du 29 mai 1874 a aboli la peine de mort (art. 65). Elle avait été déjà supprimée avant cette époque : dans le canton de Fribourg, en 1858; dans celui de Neuchâtel, en 1854; dans celui de Genève, en 1871. A la suite d'une campagne très active de pétitionnement pour le rétablissement de la peine de mort, le Conseil national a décidé qu'une nouvelle disposition constitutionnelle serait soumise au vote populaire; elle a été adoptée le 18 mai 1879, et revise l'art. 65 en ce sens qu'il est permis à chaque canton de rétablir la peine de mort pour *crimes de droit commun*. Quelques cantons ont profité de cette faculté, entre autres ceux de Zurich, de Lucerne, de Zug. La Roumanie en 1864; le Portugal, en 1866; les Pays-Bas, en 1870; plusieurs États de l'Amérique du Nord : le Michigan, en 1848; le Rode-Island et le Wisconsin, en 1852, ont également fait disparaître cette peine de leur législation. Plusieurs États d'Allemagne avaient également supprimé la peine de mort, mais elle s'est trouvée rétablie, grâce à l'intervention énergique de M. de Bismarck, par l'adoption, en 1870, du Code pénal allemand. La Toscane mérite une mention particulière. Elle fut la première à abolir, en 1786, la peine de mort. Rétablie en 1790, puis supprimée de nouveau en 1848, pour être rétablie en 1852, la peine de mort a disparu le 30 avril 1859. La question de savoir si elle devait être rétablie en Toscane, ou supprimée dans tout le royaume d'Italie, a été l'une des principales causes du retard subi par le Code pénal italien. Ce Code, devenu exécutoire depuis 1890, a définitivement supprimé la peine de mort. En Belgique, le projet d'un nouveau Code pénal, proposé en 1853, et adopté en 1867, donna lieu à des débats intéressants sur la question de la peine de mort. Conservée en droit, à raison de la situation particulière du petit État belge, au milieu de l'Europe, elle est abolie de fait : les condamnations capitales font toutes l'objet d'une commutation de peine.

bien souvent question de l'effacer de notre Code[1], et cependant, il ne semble pas qu'on puisse refuser au pouvoir social le droit même de l'infliger.

130. La question de la légitimité de la peine de mort. — En effet, comme toute peine, la peine de mort doit, pour être légitime, satisfaire à une double condition : être *juste*, c'est-à-dire méritée et proportionnée à la fois à la gravité du délit et à la culpabilité du délinquant ; être *nécessaire*, c'est-à-dire seule propre à garantir la conservation de la société où l'infraction s'est produite. La question de la légitimité de la peine de mort a donc deux aspects : l'un absolu, indépendant des temps et des lieux ; l'autre relatif, variable de pays à pays, de civilisation à civilisation.

I. Au premier point de vue, qui pourrait soutenir qu'appliquée à un individu qui en a tué un autre, froidement, lâchement, après avoir prémédité son crime, la peine de mort dépasse la mesure de la justice absolue ? La peine de mort est certainement conforme, dans cette hypothèse, à la notion abstraite du juste, puisqu'elle est proportionnée

[1] La question de savoir si la peine de mort devait être supprimée, fut agitée par les philosophes du XVIIIe siècle ; elle se posa devant l'Assemblée constituante (V. Charles Lucas, *Recueil des débats des Assemblées législatives de la France sur la question de la peine de mort*, Paris, 1831), sur le rapport remarquable de Lepelletier-Saint-Fargeau, concluant à son abolition. La Convention, saisie plusieurs fois de la question, déclara, le 14 brumaire an IV, alors qu'elle allait se dissoudre, que « *la peine de mort serait abolie à dater du jour de la publication de la paix générale* ». Mais cette disposition platonique ne fut jamais exécutée. Une loi du 8 nivôse an X, décida que « *la peine de mort continuerait d'être appliquée dans les cas déterminés par la loi* ». Le Code pénal de 1810 en fit un fréquent usage. Mais la loi de revision de 1832 réalisa deux progrès : 1° elle supprima l'application de la peine de mort dans plusieurs cas ; 2° elle donna au jury le pouvoir de l'écarter par une déclaration de circonstances atténuantes. La Révolution de 1848 marque un nouveau progrès et un revirement dans la position de la question. Au XVIIIe siècle, et sous la Révolution, ceux mêmes qui demandaient l'abolition de la peine de mort, la réservaient pour les crimes politiques ; et ce fut plus tard pour les crimes politiques que se révélèrent surtout les inconvénients de la peine de mort. Guizot, en 1822 (*De la peine de mort en matière politique*), l'avait attaquée dans cette application, et la Révolution de 1848 devait l'abolir. Depuis cette époque, notre législation n'a pas fait de pas nouveaux dans cette voie. Nos assemblées législatives ont été saisies à plusieurs reprises de la question d'abolition de la peine de mort pour les crimes de droit commun, mais elles ont toujours repoussé cette abolition (Proposition de loi de Louis Blanc tendant à l'abolition de la peine de mort. *Journ. off.*, *Chambre, Débats et documents parlementaires*, 1881, p. 229-230). Le projet de loi de nov. 1906, dont il est parlé plus haut, n'a pas été jusqu'ici discuté au Parlement, mais a soulevé de vives protestations de la part des jurys. Cfr. Ch. Lucas, *De l'état anormal de la répression en France et des moyens d'y remédier* (Paris, 1885).

à la gravité du délit et à la culpabilité du délinquant, et qu'elle constitue, par cela même, la seule peine méritée par l'assassin. Mais la société a-t-elle le droit de l'infliger? Pourquoi pas, si elle juge cette expiation suprême nécessaire à la conservation de l'ordre? La société étant la condition hors de laquelle la fin de l'homme est irréalisable, sa conservation « est, pour elle, le premier des droits et, pour le pouvoir qui la représente, le premier des devoirs ». L'homme, sans doute, a droit à la vie, comme il a droit à la liberté; mais il n'a pas plus droit à la vie qu'à la liberté, et les objections qui ont été faites contre la légitimité de la peine de mort pourraient être faites, avec tout autant de raison, contre la légitimité de toutes les peines. On conteste le droit social de punir par la privation de la vie. Mais ne donne-t-on pas à la société la faculté de supprimer ou de restreindre tous les droits placés sous sa protection? N'a-t-elle pas, sur la vie de l'homme, les mêmes pouvoirs que sur sa liberté, puisqu'elle protège également l'une et l'autre? La vie est, sans doute, plus inviolable qu'aucun autre des droits de l'homme : mais, à vrai dire, tous nos droits, quoiqu'inviolables, ont une limite : les droits d'autrui. S'il faut, pour sauver la vie de l'honnête homme, faire périr le malfaiteur, comment affirmer l'inviolabilité de la vie humaine? Cette inviolabilité cesse nécessairement pour l'un ou l'autre, et il faut opter. Or, le droit de l'individu à l'existence, ne peut être supérieur au droit de la société de protéger ses membres[1].

II. Mais suffit-il que la peine de mort soit juste en elle-même, pour que la société ait le droit de la conserver dans ses Codes? Évi-

[1] La plupart des arguments contre la peine de mort sont assez faibles. *a*) On a gravement reproché à cette peine de causer un mal *irréparable* en cas d'erreur, comme si son irréparabilité n'était pas la condition *sine quâ non* de la sécurité absolue qu'on en attend, et n'était pas d'ailleurs le caractère propre à toutes les peines. Les erreurs judiciaires qui envoient un innocent à l'échafaud sont infiniment moins fréquentes que les erreurs chirurgicales ou médicales qui font mourir un malade. Ces erreurs imputables à toutes les institutions humaines ne peuvent être une raison pour les supprimer. *b*). La peine de mort ne comporte pas de degrés. Comme si l'on s'inquiétait de cette objection lorsqu'on transporte ou qu'on relègue à vie un individu. Il suffit, du reste, de n'appliquer la peine de mort qu'aux criminels qui la méritent pour faire disparaître l'objection. *c*) La paradoxe habile de l'inefficacité de la peine capitale ne résiste pas à l'épreuve des faits. Les chiffres de la statistique dont on a essayé de jouer à l'appui de cette thèse ressemblent, comme le dit Holtzendorf, à l'écriture des langues sémitiques où le lecteur doit suppléer, comme il peut, à l'absence de voyelles. Sur la statistique, on consultera l'ouvrage précité de Lacassagne, p. 49 à 117. *d*) Quant à ce singulier reproche qu'on fait à la peine de mort de servir de réclame au criminel et d'aiguillonner l'esprit d'imitation chez les candidats au crime, je ne m'y arrêterai pas. La vraie cause de l'intérêt passionnel que les affaires criminelles inspirent est, avant tout, dans le caractère particulier du crime et non dans la peine qui frappe le criminel.

demment non; il faut qu'elle soit un moyen *nécessaire* de protection et de défense sociales. Or, considérée sous cet aspect, la question de l'abolition de la peine de mort n'est pas susceptible d'une réponse *absolue* et *générale*, mais d'une réponse *relative* et *locale*. Il s'agit de savoir, en effet, si la peine de mort est ou n'est pas nécessaire dans le pays où l'on demande son abolition. En France, on est généralement d'avis de conserver la peine de mort. Je n'en veux pour preuve que l'indifférence ou l'hostilité avec laquelle les diverses propositions de loi, dues à l'initiative du parlement et du gouvernement, et tendant à l'abolition de la peine de mort, ont toujours été accueillies par l'opinion publique. Tant qu'il sera admis que la peine de mort est la seule et unique peine capable d'empêcher certains crimes et surtout d'intimider certains malfaiteurs, il serait imprudent de la rayer de nos lois. Pour moi, partisan de son abolition, je crois qu'il faut poursuivre ce résultat par l'œuvre lente et graduelle de trois facteurs : la *loi*, qui doit restreindre de plus en plus le nombre des crimes punis de la peine de mort[1]; le *jury*, qui peut toujours écarter la peine de mort, par une déclaration de circonstances atténuantes, même dans le cas où elle est prononcée par la loi[2]; le *chef de l'Etat*, qui en évite l'application, par la grâce, même dans le cas où elle est prononcée par le juge[3]. Mais, laissons agir ces trois facteurs; gardons la peine de mort dans nos Codes, au moins comme une menace, comme une de ces armes dont on n'use pas d'ordinaire, mais dont on peut se servir dans un danger pressant[4].

[1] La loi du 21 novembre 1901, qui a modifié les art. 300 à 302 du Code pénal, a supprimé cette peine en matière d'infanticide.

[2] Tandis que le nombre des condamnations à mort avait été de 9 en 1902, de 15 en 1903 et de 16 en 1904, le jury, depuis qu'il est question de supprimer la peine de mort, a systématiquement refusé des circonstances atténuantes aux assassins. Dans les premiers huit mois de 1907, 54 condamnations à mort ont été prononcées. L'opinion publique est très nettement défavorable à la suppression des exécutions capitales. La *Rev. pénit.*, a recueilli les manifestations des jurys contre la suppression de la peine de mort. Elles émanent de départements où les condamnations capitales étaient particulièrement rares. Un referendum organisé par le *Petit Parisien* en 1907 donne sur 1.412.347 réponses : 1.083.655 pour le maintien et 328.692 seulement pour l'abolition.

[3] Les décisions systématiques de commutation ont vivement ému l'opinion publique.

[4] De même qu'on doit tout faire pour éviter la guerre, de même il faut tout faire pour préparer prudemment, si c'est possible, l'abolition de la peine capitale. Mais ce qu'il faut recommander, avant tout, c'est l'absence de parti pris sur la question. Il y a, à l'heure où nous écrivons, des opinions absolues dans les deux sens qui ne paraissent tenir aucun compte de l'état de la criminalité en France. Sur la question, on lira avec intérêt la discussion qui a eu lieu à la Société des prisons (*Rev. pénit.*, mars et avril 1907). Sur les applications de la peine de mort en France : Lacassagne, *op. cit.*, p. 137 à 150.

131. Problèmes soulevés soit par le maintien, soit par la suppression de la peine de mort. — Le maintien de la peine de mort implique la solution, par voie législative, de quatre questions : 1° Dans quels cas est-elle édictée ? 2° Doit-elle être appliquée toutes les fois qu'elle est prononcée soit par la loi soit par le juge ? 3° Par quel procédé est-elle exécutée ? 4° Doit-elle être offerte comme un spectacle ou, au contraire, doit-elle être cachée au public ?

Nous nous occuperons, à propos de l'exécution des peines, des deux dernières questions.

Les cas d'application de la peine de mort, encore trop nombreux, ont cependant été réduits depuis la promulgation du Code pénal de 1810, par trois ordres de mesures : la revision de 1832, qui a supprimé cette peine, principalement pour les crimes de fausse monnaie, de contrefaçon du sceau de l'Etat, des effets publics, de la Banque, et les vols qualifiés; la Révolution de 1848, qui l'a abolie en matière politique ; la loi du 21 novembre 1902, en réformant les peines de l'infanticide, a aboli la peine de mort pour ce crime (C. p., art. 301 et 302). La peine de mort n'existe plus de nos jours que pour protéger la vie humaine, lorsqu'elle est *directement* ou *indirectement* attaquée. Mais, il est certainement rigoureux que l'application des règles sur la *tentative*, la *complicité*, la *récidive* puisse entraîner une condamnation à mort (C. p., art. 2 ; 59 et 50, §§ 2 et 3 ; 56, § 7)[1].

[1] Actuellement, les crimes capitaux sont : 1° Les crimes contre la sûreté extérieure de l'État (art. 75 à 83). Mais, à raison de leur caractère politique, la peine de mort est remplacée par celle de la déportation dans une enceinte fortifiée ; 2° Le parricide (art. 299) ; 3° L'empoisonnement (art. 301) ; 4° L'assassinat (art. 302) ; 5° L'exécution d'un crime accompagné de tortures ou d'actes de barbarie (art. 303) ; 6° Le meurtre, précédé, accompagné ou suivi d'un autre crime (art. 304, al. 1) ; 7° Le meurtre commis dans certaines conditions (art. 304, al. 2) ; 8° Les violences envers les enfants à raison des sévices pratiqués avec intention de donner la mort (art. 312, al. 9) ; 9° La castration ayant entraîné la mort (art. 316, al. 2) ; 10° La séquestration avec accompagnement de tortures corporelles (art. 344, al. 5) ; 11° Le faux témoignage ayant entraîné la condamnation capitale contre l'accusé (art. 361, al. 2) ; 12° L'incendie d'édifice habité, commis dans certaines circonstances (art. 434) ; 13° Les coups portés ou les blessures faites à un des fonctionnaires ou agents désignés aux articles 228 et 230, dans l'exercice ou à l'occasion de l'exercice de leurs fonctions, avec l'intention de donner la mort (art. 233). — Quant aux Codes de justice militaire pour les armées de terre (loi du 9 juin 1857) et de mer (loi du 4 juin 1858, il suffit de renvoyer, pour le premier, aux art. 204 et suiv., pour le second aux art. 262 et suiv.). — La peine de mort est en outre prononcée par certaines dispositions des lois spéciales qui sont : 1° L'art. 7 de la loi du 3 mars 1827, relative à la police sanitaire pour violation même non intentionnelle de certaines prescriptions ; 2° L'art. 6 de la loi du 10 avril 1825, pour la sûreté de la navigation et du commerce maritime (crimes de baraterie et de piraterie) ; 3° L'art. 16 de la loi du 15 juillet 1845, sur la police des chemins de fer, qui l'édicte contre les auteurs de déraillement ayant occasionné la mort.

Même dans les cas où elle est prononcée, la peine de mort peut être écartée par l'intervention du jury, qui accorde, dans ce but, des circonstances atténuantes, ou du gouvernement, qui accorde une commutation de peine.

Le maintien de la peine de mort, avec l'exercice du droit de grâce, comme sa suppression, pose le problème de la peine à substituer. La peine de mort doit-elle être remplacée par une pénalité plus rigoureuse que celle des travaux forcés à perpétuité, ou bien, dans l'échelle des peines, les travaux forcés à perpétuité doivent-ils continuer à tenir le premier rang? Dans la réforme de 1832, lors de l'abolition de la peine de mort pour un grand nombre de crimes, dans la réforme de 1848, portant abolition de la peine de mort en matière politique, enfin dans la réforme des peines de l'infanticide, c'est le second système qui a été adopté : la peine des travaux forcés (crimes de droit commun) ou la déportation (crimes politiques), peines du degré inférieur, ont été substituées à la peine de mort. Mais dans le projet de loi de 1906, la peine substituée à la peine de mort serait l'internement perpétuel, se décomposant en deux périodes : — 1re période : six années de cellule ; — 2e période : détention à vie dans une maison de force spéciale, avec encellulement de nuit et soumission au travail en commun de jour avec les condamnés de même catégorie.

§ III. — DES PEINES PRIVATIVES DE LIBERTÉ EN GÉNÉRAL.

132. La privation de liberté n'est pas toujours employée à titre de mesure pénale. — 133. De la durée et du régime des peines privatives de liberté. — 134. Durée des peines privatives de liberté. — 135. Régime des peines privatives de liberté. — 136. Ecole pénitentiaire. — 137. Ecole de la transportation. — 138. Conclusion. — 139. Histoire de la question pénitentiaire. — 140. De la libération conditionnelle. Son organisation. — 141. Du patronage. — 142. Combinaison de diverses dispositions. — 143. De l'exécution administrative des peines privatives de liberté.

132. De la privation de liberté. — La privation de liberté n'est pas toujours employée à titre de mesure pénale.

I. Il existe, en effet, des incarcérations que les lois civiles ou administratives autorisent. *a*) Ainsi, les débiteurs insolvables étaient soumis à la *contrainte par corps* avant la loi du 23 juillet 1867, dont l'art. 1er fait disparaître cette cause de privation de liberté « en matière civile, commerciale et contre les étrangers ». Elle n'existe plus aujourd'hui que comme moyen d'assurer le recouvrement des dommages-intérêts, des amendes et des frais en matière pénale. *b*) Ainsi encore, les enfants mineurs, contre lesquels les parents ont des « sujets de mécontentement très graves », peuvent être détenus, par voie de correction paternelle, dans les formes et les conditions précisées par le Code civil (art. 375, 383) et la loi du 5 août 1850 (art. 1-16). *c*) Enfin, dans un but de sécurité publique, la loi du 30 juin 1838, *sur les aliénés,* autorise l'incarcération des fous, sous certaines conditions, dans les établissements spéciaux qui portent, dans la langue administrative, le nom d'*asiles* (art. 8 à 25).

II. Il existe aussi des incarcérations qui, sans avoir de caractère pénal, sont cependant autorisées et organisées par les lois pénales.

a) Ainsi, l'emprisonnement est employé contre les individus sur lesquels pèse l'inculpation de certains délits, pour s'assurer de leur personne et les empêcher de se soustraire à l'action de la justice. Cet emprisonnement, que certains auteurs désignent sous le nom d'*emprisonnement de garde,* peut avoir deux caractères : un caractère *provisoire*, ou un caractère *préventif;* un caractère provisoire, quand la détention résulte d'une arrestation en flagrant délit, ou d'un mandat d'amener; un caractère préventif, lorsqu'elle résulte d'un mandat de dépôt ou d'arrêt. L'incarcération provisoire se subit dans les *dépôts* ou *chambres de sûreté;* l'incarcération préventive, dans les maisons d'*arrêt* ou de *justice.* La seconde est imputée sur la condamnation à une peine privative de liberté (C. p., art. 23 et 24).

b) Les mineurs, acquittés pour avoir agi sans discernement, peuvent aussi être détenus jusqu'à l'accomplissement de leur vingt et unième année. Cette détention, autorisée par l'art. 66, C. p., n'est pas une peine, mais une mesure de correction et d'éducation, à la fois dans l'intérêt du mineur lui-même et de la société. L'idée de *répression*, dans l'organisation de cette détention, doit donc disparaître pour faire place à l'idée d'*éducation.* Aussi l'art. 66, C. p., disait-il que cette détention devait s'effectuer dans des *maisons de correction*. On avait ainsi en vue, en 1810, des maisons spéciales. Mais cette sage disposition était restée d'abord, dans la pratique, à l'état de lettre morte. L'insuffisance de nos prisons amena, en effet, à confondre les enfants et adolescents, acquittés pour défaut de discernement, avec les prévenus, les accusés et condamnés à moins d'un an de prison, dans les établissements désignés sous la qualification administrative de « prisons départementales ». L'opinion publique s'émut à la longue de cet état de choses, et sous la monarchie de Juillet, l'administration d'un côté, l'initiative privée de l'autre, essayèrent de remédier à ces abus. Mais il était nécessaire qu'une loi vînt coordonner tous ces efforts et donner, aux expériences qui avaient été faites, une sanction législative. Tel a été l'objet de la loi du 5 août 1850, *sur l'éducation et le patronage des jeunes détenus*

Cette loi contient trois ordres de dispositions : 1° Elle ordonne la séparation des jeunes détenus, c'est-à-dire des *mineurs de vingt ans*, actuellement de vingt et un ans (Loi du 12 avril 1906)[1], soit avant, soit après leur jugement, d'avec les autres condamnés ou prévenus. Cette séparation doit être réalisée, soit par la création de *quartiers distincts* dans les maisons d'arrêt ou de justice, soit par la fondation de *colonies pénitentiaires* ou *correctionnelles*. 2° Elle déclare que, dans ces divers établissements, les jeunes détenus des deux sexes devront recevoir une éducation morale, religieuse et professionnelle. Les jeunes détenus peuvent, avant l'expiration de leur détention, être mis en liberté conditionnelle et placés provisoirement hors de la colonie. 3° Enfin, à leur libération et à leur sortie de l'établissement pénitentiaire, ils sont placés sous le patronage de l'Assistance publique pendant trois années au moins[2].

Ainsi deux idées dominent la loi de 1850 : 1° L'idée du rapport étroit qui existe entre l'enfance malheureuse et l'enfance coupable, ou, si l'on préfère cette formule, l'idée du rapport existant entre les moyens répressifs et les moyens d'assistance ; 2° Le concept que la répression, vis-à-vis des mineurs n'a plus le même caractère que vis-à-vis des majeurs, les établissements où les premiers sont détenus devant être moins des établissements de répression que d'éducation.

La loi de 1850 pose, en effet, dans son art. 1er, ce principe que l'éducation est le but principal de tout traitement répressif imposé à des mineurs. Ceux-ci doivent recevoir, « pendant leur séjour dans les établissements pénitentiaires, une éducation morale, religieuse et professionnelle ».

Pour réaliser le programme des *mesures éducatrices*, il faut d'abord que les mineurs soient séparés des adultes ; la loi leur affecte donc des établissements spéciaux : 1° Dans les *quartiers distincts des maisons d'arrêt ou de justice* sont détenus les mineurs des deux sexes prévenus ou accusés, les mineurs du sexe masculin condamnés à moins de six mois d'emprisonnement, ceux enfin contre lesquels a été rendue une ordonnance d'internement par voie de correction paternelle; 2° Les *colonies pénitentiaires* reçoivent, aux termes des art. 3

[1] Voir Raux, *Nos jeunes détenus*. Étude sur l'enfance coupable (Lyon, 1890). La loi du 12 avril 1906, en modifiant les art. 66 et 67 du Code pénal, a mis ces dispositions en corrélation avec la loi du 5 août 1850 et par suite a modifié implicitement le terme assigné à l'éducation correctionnelle.

[2] Sur l'application de cette loi : d'Haussonville, *op. cit.*, ch. XI à XVI; Ortolan, t. II, n° 1542; Lainé, p. 395; Flandin, *Régime des maisons de correction* (Rev. pénit., 1900, p. 209 à 263); Paul Cuche, *Traité de science et de législation pénitentiaires* (Les peines éducatrices, p. 62 à 172).

et 4, les mineurs acquittés comme ayant agi sans discernement et que les circonstances ne permettent pas de rendre à leurs parents, les mineurs condamnés à un emprisonnement de six mois à deux ans. Ces derniers ne doivent être réunis aux mineurs acquittés qu'après avoir été renfermés pendant trois mois dans un quartier distinct de la colonie et appliqués à des travaux sédentaires [1]. 3° Les *colonies correctionnelles* sont réservées aux mineurs condamnés à un emprisonnemens de plus de deux ans et aux insubordonnés des colonies pénitentiaires (art. 10). Cette disposition n'a reçu son exécution, qu'à partir de 1895. C'est à cette date, en effet, qu'a été créée notre unique colonie correctionnelle, dans l'ancienne maison centrale d'Eysses. Jusqu'alors, les insubordonnés et les condamnés à plus de deux ans étaient parqués dans un certain nombre de quartiers correctionnels, créés dans quelques prisons départementales. 4° Les *maisons pénitentiaires* reçoivent les mineures de toute catégorie, détenues par voie de correction paternelle, acquittées pour avoir agi sans discernement, ou condamnées à l'emprisonnement pour une durée quelconque. Il n'y a donc pas, pour les jeunes détenues, un triage préalable analogue à celui qui est pratiqué pour les mineurs du sexe masculin.

La loi de 1850 s'est montrée plus que laconique sur le système d'éducation morale, religieuse et professionnelle des établissements réservés aux *jeunes détenus*. Elle se contente d'indiquer — qu'ils sont élevés en commun, sous une discipline sévère, — appliqués aux travaux de l'agriculture, ainsi qu'aux principales industries qui s'y rattachent [2], — qu'il doit être pourvu à leur instruction élémentaire.

Enfin cette loi a consacré la distinction fort importante des établissements publics et privés de jeunes détenus, au moins pour les colonies et maisons pénitentiaires.

L'adaptation de la loi de 1850 à son but éducatif a été principalement l'œuvre de règlements et usages administratifs.

Un règlement d'administration publique devait déterminer le régime disciplinaire des colonies (art. 21). Il n'a pas été fait, et les détails du régime ont été fixés par des règlements ministériels ordinaires. C'est d'abord celui du 10 avril 1869, qui a été modifié, dans certains articles, par l'arrêté ministériel du 15 juillet 1899 dont les

[1] Cette prescription n'a jamais été exécutée par suite de l'impossibilité pratique où l'on s'est trouvé d'organiser un quartier et des travaux séparés pour un nombre infime de jeunes gens. Conf. *Rev. pénit.*, 1900, p. 406.

[2] Ainsi, la loi de 1850 ne prévoit que les travaux agricoles ou les principales industries qui s'y rattachent. Cette dernière expression se prête, il est vrai, à une large interprétation vers laquelle l'administration pénitentiaire tend de plus en plus.

dispositions sont déclarées expressément applicables à toutes les colonies pénitentiaires tant publiques que privées[1]. Cet arrêté traite des récompenses et des punitions. L'admission dans un quartier de récompense, création nouvelle de l'administration pénitentiaire, constitue une addition au système de la loi de 1850 et réalise « la sélection des meilleurs, symétrique à la sélection des pires, organisée avec les colonies correctionnelles ». Les punitions sont énumérées par l'art. 100, et il ne peut en être appliqué d'autres.

En ce qui concerne la distinction des colonies et maisons pénitentiaires, en *établissements publics et privés*, si la loi de 1850 a été respectée dans sa lettre et si les deux catégories d'établissements subsistent, un changement d'orientation s'est produit, depuis quelques années, en ce sens que le nombre des colonies privées va de plus en plus en décroissant, et que les colonies publiques voient leur effectif grossir dans des proportions inquiétantes.

Postérieurement à la loi de 1850, la classification des établissements pénitentiaires, réservés aux jeunes délinquants, a subi une modification par suite de la création des *écoles de réforme*, destinées aux enfants de moins de douze ans. La loi de 1850 avait fait une première sélection entre les jeunes détenus, en raison de leur degré de perversion présumée, notamment d'après la gravité de leur condamnation. On a compris, par une longue expérience, que ce critère était insuffisant et qu'il fallait y ajouter celui plus efficace tiré de l'âge même des délinquants. C'est à cette idée qu'on a fait une part d'application par la création des écoles de réforme, une des plus sages innovations de l'administration pénitentiaire.

La loi de 1850 est la première qui ait introduit l'institution de la libération conditionnelle par le placement hors de la colonie au profit des jeunes détenus ayant une bonne conduite (art. 9). Enfin, elle place pendant trois années les jeunes libérés sous le patronage de l'Assistance publique, afin de prolonger, dans la mesure du possible, l'influence moralisatrice de l'éducation correctionnelle.

133. Des peines privatives de liberté. De leur durée et de leur régime. — La privation de liberté, s'offre, comme la répression ordinaire des infractions, c'est « la peine par excellence dans les sociétés civilisées ». Mais cette privation de liberté, à titre de peine, prend des formes très diverses, qui amènent à distinguer, dans notre droit, *par ordre de gravité* : 1° les travaux forcés à perpétuité; 2° la déportation dans une enceinte fortifiée; 3° la déportation simple; 4° les

[1] Il est reproduit *in extenso* dans la *Rev. pénit.*, 1900, p. 231 et suiv.

travaux forcés à temps; 5° la détention; 6° la réclusion; 7° l'emprisonnement correctionnel; 8° l'emprisonnement de police; 9° enfin, la relégation, qui est plutôt une peine privative qu'une peine restrictive de liberté.

On peut obtenir des résultats très divers de la privation de liberté, quant à la *répression* et quant à l'*amendement* des détenus, selon la manière dont on l'établit et dont on l'applique. Cette peine se compose, en effet, de deux éléments : *la durée* et *le régime*. Suivant l'heureuse formule d'Ortolan, « il s'agit pour le législateur de mesurer l'une et d'organiser l'autre, le tout suivant le motif qui justifie et suivant le but auquel tend la privation de liberté. C'est de là que sortent les variétés de l'emprisonnement ».

134. Durée des peines privatives de liberté. — Dans notre système pénal, la durée de toutes les peines privatives de liberté est *déterminée* par le *juge*, dans les limites fixées par la *loi*. Il n'y a pas de *peines indéterminées*. Mais, parmi ces peines, les unes sont prononcées *à temps*, les autres, *à perpétuité*.

I. Les peines privatives de liberté *perpétuelles*[1] sont au nombre de quatre : les *travaux forcés à perpétuité*, la *déportation dans une enceinte fortifiée*, la *déportation simple*, la *relégation*.

La perpétuité dans la peine doit-elle être conservée dans un système répressif rationnel? N'est-elle pas destructive de toute chance d'amendement? N'est-elle pas inégale suivant l'âge du condamné? Certes, des peines perpétuelles, qui seraient en même temps, *irrémissibles*, devraient être effacées de tout Code pénal; et c'est avec raison que l'Assemblée constituante, qui n'avait pas admis le droit de grâce, les avait supprimées du Code pénal de 1791. Mais, avec un emploi sage et mesuré de la grâce, qui laisse toujours l'espoir de la liberté aux condamnés et qui corrige l'inégalité qui leur est inhérente, je crois à l'utilité des peines perpétuelles. Dans une législation qui exclut la peine de mort, les peines perpétuelles sont nécessaires pour la remplacer; dans une législation qui la maintient, elles servent de transition utile entre la peine de mort et les peines temporaires : combien de crimes, en effet, pour lesquels la peine de mort est trop sévère, et les peines temporaires trop indulgentes!

II. Les peines privatives de liberté *temporaires* n'ont pas toutes la même durée : 1° Les *travaux forcés à temps* sont prononcés au minimum pour cinq ans, au maximum pour vingt ans; en cas de récidive,

[1] Voy. sur ces peines, la discussion qui a eu lieu à la Société générale des prisons (*Rev. pénit.*, 1894, p. 761). Du reste, avec la grâce et la libération conditionnelle, les peines perpétuelles, sont, en réalité, des *peines indéterminées*.

la peine peut être doublée (C. p., art. 19 et 56). 2° La *détention* a la même durée ; mais elle peut se trouver plus courte que la limite inférieure de cinq ans, lorsqu'elle est prononcée contre le banni qui a rompu son ban, dans les termes de l'art. 33, C. p. (C. p., art. 21 et 56). 3° La durée de la *réclusion* est de cinq années au moins, et de dix ans au plus (C. p., art. 21). 4° L'*emprisonnement de police correctionnelle* a une durée de six jours à cinq ans (C. p., art. 40). Mais cette fixation d'un *minimum* et d'un *maximum* n'a pas, en matière correctionnelle, le même caractère qu'en matière criminelle. La loi, en effet, détermine la durée des peines criminelles temporaires une seule fois ; puis, dans les différentes hypothèses où elles sont méritées, elle se contente de les prononcer, sans revenir sur leur durée, *qui est toujours la même.* Pour l'emprisonnement correctionnel, elle agit autrement ; la durée de l'emprisonnement est déterminée *pour chaque délit,* qui a, ainsi, son maximum et son minimum particuliers. Dans l'art. 40, C. p., la loi se borne donc à constater, en fait, que la durée de l'emprisonnement correctionnel oscille entre un minimum de six jours et un maximum de cinq ans. Ces limites ne sont même pas toujours infranchissables, car l'emprisonnement peut être réduit au-dessous de six jours pour cause de circonstances atténuantes, sans cesser d'être une peine correctionnelle, comme il peut être élevé au-dessus de cinq ans pour cause de récidive ou pour certains crimes commis par un mineur de seize ans (C. p., art. 57, 67, 463). 5° L'*emprisonnement de police* a une durée d'un à cinq jours (C. p., art. 465). Le minimum d'une peine privative de liberté est donc de vingt-quatre heures ; on ne peut condamner à l'emprisonnement pour une fraction de jour.

135. Régime des peines privatives de liberté. — Au point de vue de leur *régime*, les peines privatives de liberté, surtout les peines temporaires, ne doivent pas être seulement *répressives :* l'intérêt social exige qu'elles soient *réformatrices* et la justice commande qu'elles ne soient pas elles-mêmes *corruptrices.* Il faut, autant que possible, que l'homme sorti de prison n'y rentre pas, que le criminel d'*occasion* ne devienne pas un criminel d'*habitude*. La recherche des voies et moyens, propres à réduire progressivement le nombre des récidives, par le régime de la peine, constitue le *problème pénitentiaire :* il s'agit d'adapter le mal de la peine au but que la société veut atteindre.

Pour le résoudre, on a proposé deux procédés principaux, celui de l'*emprisonnement* et celui de la *transportation*. Les partisans du premier veulent organiser le régime de l'emprisonnement dans le but d'amender le prisonnier (*système pénitentiaire*). Les partisans du second, en contestant l'influence réformatrice de l'emprisonnement, proposent de transporter le condamné dans des colonies pénitentiaires (*système de la déportation*).

Les deux systèmes peuvent et doivent se combiner et se compléter l'un par l'autre; mais, suivant qu'une législation s'inspire davantage de l'un ou de l'autre, elle applique, plus ou moins largement, dans son organisation pénale, l'emprisonnement ou la transportation.

136. Du système de l'emprisonnement. — Les partisans de l'*emprisonnement* doivent se préoccuper, pour résoudre le problème de la récidive, de l'*amendement* du *condamné* dans la prison et du *reclassement* du *libéré* dans la société.

L'amendement du condamné ne peut être réalisé, ou tout au moins essayé, que par un régime d'emprisonnement, organisé dans le but, non seulement de punir, mais aussi de réformer les détenus. Or, tous les régimes, auxquels les détenus ont été soumis, peuvent être ramenés à l'un de ces trois types : le régime de la réunion pendant le jour et pendant la nuit; le régime du travail en commun pendant le jour et de la séparation pendant la nuit; le régime de l'emprisonnement individuel ou cellulaire.

I. Le régime de l'emprisonnement en commun engendre la corruption que la peine a pour but de prévenir ou de réprimer; il permet aux criminels de se connaître et de se concerter; il fait de la prison l'école normale du crime; aussi n'est-il conservé, dans les pays qui le maintiennent, que par suite des difficultés pratiques que l'on éprouve pour le remplacer. C'est le système qui domine encore aujourd'hui dans nos prisons. On a essayé, en distinguant les condamnés, en les divisant en catégories diverses et en quartiers séparés, selon le degré présumé de leur perversité, d'atténuer en partie, pour les moins pervers, le mal de la corruption. Il faut louer l'effort; il faut, en même temps, reconnaître l'insuffisance du résultat. A côté de quelque bien obtenu, une somme énorme de mal n'a pas été empêchée.

II. Le régime du travail en commun pendant le jour, sous la loi du silence, et de la séparation pendant la nuit, dit régime *auburgien*, du nom de l'une des prisons les mieux organisées de l'État de New-York où il fut appliqué à partir de 1820, n'offre guère plus de garanties à la société que le régime de l'emprisonnement en commun. Il est difficile, sans user de châtiments corporels qui transforment la prison en lieu de torture, de faire respecter aux détenus la loi du silence, impossible même, quelque moyen que l'on emploie, d'empêcher, entre eux toute communication. C'est, du reste, le système le plus coûteux.

III. Aussi l'école pénitentiaire est-elle unanime pour recommander le régime de l'isolement de jour et de nuit, dit régime *pensylvanien* ou *philadelphien*. Ce régime admet, du reste, les modifications les plus variées dans son *organisation* et son *application*.

1° A son origine, il fut vicié par des rigueurs exagérées : les détenus, enfermés dans une cellule, étaient complètement séquestrés; ils n'avaient aucune communication, même avec leurs gardiens. L'expérience ne tarda pas à prouver que l'isolement *absolu* conduisait le prisonnier à la phtisie, à l'hébétement, à la folie, au suicide. On fut donc obligé, à Philadelphie même, de remplacer le système de l'isolement absolu par un régime de séparation adouci, régime qui a été introduit, sous le nom de *régime pénitentiaire*, dans un grand nombre de prisons de l'Europe. Dans cet emprisonnement, qu'il ne faut pas appeler *solitaire*, le détenu n'est complètement séparé que de ses compagnons de captivité ; mais il a, avec les employés de la prison, les représentants des divers cultes, les membres des sociétés de patronage, des communications journalières. Il se livre, dans sa cellule, à un travail manuel constant, tempéré par la lecture et par l'étude. Il y reçoit l'instruction scolaire qui lui manque, l'éducation morale qui le préservera d'une rechute. Il en sort, une ou deux fois par jour, pour faire des promenades dans un préau solitaire.

2° Le régime de la séparation, ainsi appliqué avec circonspection, et ayant le travail pour base, mérite certainement d'être préféré à tout autre ; mais convient-il de l'organiser pour toutes les détentions, quelle qu'en soit la durée? Tout d'abord, on a parlé d'appliquer ce régime surtout aux longues peines; on semble reconnaître aujourd'hui que le régime cellulaire est fait pour les courtes et non pour les longues détentions. Par la courte durée de l'isolement, disparaissent, en effet, toutes les objections que soulèverait la mise en cellule des condamnés à de longues peines. Appliqué dans certaines limites, le régime de la séparation est le moyen le plus propre pour produire l'amendement du condamné lorsque ce résultat est possible, et, dans tous les cas, s'il n'a pas cette puissance, il a, du moins, l'incontestable avantage de préserver le détenu de la corruption, inséparable de l'emprisonnement en commun ; s'il ne rend pas les condamnés meilleurs, il ne les rend pas plus mauvais à la société.

IV. L'emprisonnement cellulaire prépare au condamné, par des habitudes laborieuses et une instruction professionnelle, des moyens d'existence pour le jour où il quittera la prison ; mais il est forcément incomplet, car il ne se préoccupe pas d'assurer les mesures de transition nécessaires entre la prison et la liberté. Un système progressif, qui consiste dans la combinaison du régime cellulaire avec la vie en commun et dans une succession d'épreuves par lesquelles passent graduellement les détenus au fur et à mesure que se manifeste leur amendement, a été introduit, d'abord dans les prisons d'Irlande, et porte, pour cette raison, le nom de système irlandais. Il se résume dans les trois idées suivantes : 1° division de la durée de la détention en trois périodes, dont la première s'écoule en cellule et ne saurait être moindre de neuf mois ; la seconde, dans une prison en commun ; et, la troisième, dans une prison dite intermédiaire, où le détenu, avant sa libération définitive, vit à l'état de demi-liberté ; 2° adoption d'un système de bons points ou de marques (*licence* ou *tikets of leave*), dont l'obtention réduit, proportionnellement à leur nombre, la durée de la détention ; 3° libération conditionnelle, comme dernier terme et couronnement de ce système.

137. Du système de la transportation. — L'*école de la transportation* a peu de foi dans l'efficacité du système pénitentiaire pour corriger le détenu et pour le reclasser ; elle part de cette idée que, dans une société vieillie, comme la nôtre, il est à peu près impossible au libéré, même repentant et converti, de retrouver sa place. « La loi ne condamne que pour un temps ; l'opinion, elle, condamne à perpétuité ». Avec notre organisation sociale, tout libéré devient donc presque fatalement un déclassé qui va grossir d'une recrue l'armée des malfaiteurs. C'est l'office de la transportation de débarrasser la société régulière de cette population dangereuse. Utile ainsi à la métropole, la transportation est avantageuse à la colonisation. Ce qui manque dans une colonie, ce n'est pas la terre ; ce sont les bras ; la transportation doit les fournir. Elle sert de pionnier à la civilisation, elle lui ouvre les voies dans des contrées encore inexplorées. Ce serait, du reste, une illusion de croire qu'on puisse créer des colonies, seulement avec des condamnés. Il est nécessaire qu'un courant de libre émigration se forme ; que des travailleurs libres et honnêtes s'engagent dans les voies tracées par les convicts. Mais la transportation provoque et facilite ce mouvement, sans lequel toute colonisation serait stérile. Avantageuse au point de vue colonial, la transportation peut être utilisée au point de vue pénitentiaire : car elle permet au condamné de se reclasser. Une société en voie de formation est la seule dans laquelle le titre de libéré ne soit pas un insurmontable obstacle au reclassement ; dans cette société, tourmentée de besoins, avide de main-d'œuvre, sans préjugés, c'est le travail qui crée à chacun sa place : chacun peut donc se mouvoir, dans la sphère de son activité et de son aptitude, sans se heurter, à chaque instant, à des conventions ou à des préjugés sociaux.

Les avantages du système de la transportation sont, du reste, compensés par des inconvénients bien graves.

a) Le premier c'est que la transportation, au point de vue pénal, ne présente pas un caractère suffisant d'intimidation. L'idée du châtiment disparaît pour faire place à l'idée du voyage. La perspective d'une vie nouvelle, d'un horizon inconnu, d'un travail libre, de concessions de terre, n'est pas sans un certain attrait, au moins relatif. C'est à cet attrait qu'il faut attribuer le défaut essentiel de ce système. Mais il suffit pour y remédier, de faire précéder la transportation d'un stage plus ou moins long dans une prison continentale. C'est dans cette voie, mais pour une hypothèse exceptionnelle, qu'est entrée la loi du 25 décembre 1880 *sur la répression des crimes commis dans l'intérieur des prisons*[1].

Cette loi a pour objet, en protégeant la vie des détenus paisibles et des gardiens de prison, de déjouer le calcul d'un grand nombre de condamnés qui, préférant le régime de la transportation à celui de l'emprisonnement ou de la réclusion, commettent des crimes graves dans l'intérieur des prisons pour se faire condamner aux travaux forcés. Elle contient deux ordres de mesure : 1° Elle *oblige*[2] la cour d'assises, qui prononce la peine des travaux forcés à temps ou à perpétuité pour un crime commis dans une prison par un détenu, à ordonner que cette peine sera subie dans la prison même où le crime a été commis, à moins d'impossibilité, pendant la durée qu'elle détermine, et qui ne peut être inférieure au temps de réclusion ou d'emprisonnement que le détenu avait à subir au moment du crime. 2° Elle donne à la cour d'assises, dans le même cas, la *faculté* d'ordonner, en outre, que le condamné sera resserré plus étroitement, enfermé seul et soumis, pendant un temps qui n'excédera pas un an, à l'emprisonnement cellulaire.

b) Le système de la transportation entraîne des frais considérables; il nécessite une flotte, une armée coloniale ; et les transports deviennent d'autant plus coûteux que la colonie est plus lointaine. On ne peut nier ces inconvénients ; mais la métropole achète, avec ces sacrifices, le bien le plus précieux, qui est la sécurité, et elle fonde une colonie destinée à accroître ses possessions et son influence.

138. Combinaison des deux systèmes. — Une législation sagement progressive s'attachera à combiner le système pénitentiaire et le système de la transportation.

[1] Voir pour le texte et les documents parlementaires : Sirey, *Lois annotées*, 1881, p. 98.

[2] Comp. : Cass., 5 mai et 8 juin 1882 (S. 83. 1. 430).

Pour les *condamnés à temps*, quelle que soit la durée de la peine, elle devra organiser un régime d'épreuves graduées : l'emprisonnement cellulaire, prolongé pendant un temps qui ne devra pas excéder cinq ans; puis, l'admission dans une prison intermédiaire sous le régime du travail en commun; enfin, la libération conditionnelle.

Pour les *condamnés à perpétuité*, l'emprisonnement cellulaire à temps comme stage; la transportation perpétuelle, comme terme[1].

139. Historique de la question pénitentiaire. — La question pénitentiaire a suivi les phases suivantes.

I. L'idée que la peine doit, autant que possible, amender le condamné, est d'origine religieuse. Aussi l'emprisonnement solitaire, qui a pour but de réaliser cette idée, est d'abord appliqué par l'Église; et c'est à Rome, en 1702, qu'est établie la première maison cellulaire, celle de Saint-Michel, sur le portique de laquelle se lisait cette devise, qui est devenue celle de la science pénitentiaire : *Parum est coercere improbos pœna, nisi probos efficias disciplina*. Cette initiative n'est pas tout d'abord comprise par les autres gouvernements de l'Europe, et c'est seulement vers la fin du XVIIIe siècle, que les États de Flandre font ériger, à Gand, une maison de détention individuelle, et que l'Angleterre, sous l'inspiration de Howard, de Blackstone et de Bentham, décrète l'emprisonnement solitaire (*solitary confinement*) et l'applique aux peines de longue durée dans le pénitencier de Glocester. Le mouvement se continue en Amérique, grâce à B. Franklin qui, durant un séjour en Europe, avait assisté à ces tentatives. Il fonde en 1775, la société de Philadelphie pour l'amendement des prisonniers et prépare les bases d'une réforme que la législation de la Pensylvanie va organiser de 1786 à 1792. Ce système se développe sous l'influence des quakers; et, c'est en Amérique que l'Europe doit aller plus tard étudier son application expérimentale dans les prisons de Philadelphie et d'Auburn.

II. La France a connaissance de ces innovations par Howard, qui fait, dans notre pays, trois voyages successifs, de 1775 à 1787; par le duc de Larochefoucault-Liancourt, qui visite la prison de Philadelphie et publie, en 1785, le récit de son voyage[2]; par Bentham, qui adresse un mémoire à l'Assemblée législative et lui propose de créer lui-même une prison modèle. Mais le législateur n'entre pas

[1] Comp. : Ortolan, t. II, nos 1426-1490; Bonneville de Marsangy, *Institutions complémentaires*, p. 101-274 ; Lainé, p. 421. Voy. mon *Traité*, 2e éd., t. II, no 345. Pour un résumé de l'histoire de la science pénitentiaire en France, Garçon, *Code pénal annoté*, p. 38; Cuche, *Traité de science et de législ. pénit.*, 1905.

[2] *Des prisons de Philadelphie*, par un Européen, 1796.

dans cette voie. Les Codes de 1808 et de 1810 prescrivent seulement la séparation des condamnés et des inculpés dans des prisons distinctes, et la répartition des condamnés en trois catégories d'établissements : les *bagnes*, les *maisons de force* et les *maisons de correction* (C. instr. cr., art. 603 et 604). Ces dispositions, qui ne furent guère observées, en ce qu'elles avaient d'utile, consacrent le régime de l'*emprisonnement en commun*.

III. De 1814 à 1853, se dessine, en France, un mouvement qui, s'il n'avait pas été brusquement arrêté à cette époque, aurait amené, sinon la réforme de notre système pénal, du moins celle de notre système pénitentiaire. Il se manifeste : 1° par l'ordonnance, non exécutée du reste, du 9 septembre 1814, décrétant la création, à Paris, d'une prison d'essai d'après le système philadelphien ; 2° par celle du 2 avril 1817, réorganisant les maisons centrales ; 3° par celle du 9 avril 1819, créant une *Société royale des prisons*, qui vécut jusqu'en 1827, et instituant des commissions de surveillance auprès des prisons départementales ; 4° par les travaux des publicistes, à la tête desquels se trouvent MM. Charles Lucas et Bérenger[1] ; 5° par les missions officielles données, à MM. de Beaumont et de Tocqueville, en 1831, à M. Blouet, architecte, et M. Demetz, en 1837, pour aller étudier, en Amérique, les pénitenciers d'Auburn et de Philadelphie[2] ; 6° enfin, par le projet de loi, présenté, au nom du gouvernement, en 1840, qui embrassait toutes les peines de droit commun privatives de liberté et reposait sur le système d'Auburn. Ce projet, objet de deux rapports de M. de Tocqueville et d'une longue discussion à la Chambre des députés, qui l'adopta le 18 mai 1843, fut soumis aux corps judiciaires et aux préfets ; il allait être adopté par la Chambre des pairs, sur le rapport de M. Bérenger, lorsque la Révolution de 1848, vint arrêter la réforme pénitentiaire. Mais tous ces efforts ne furent pas sans résultats. Le gouvernement, avant même le vote de la loi, avait fondé à Paris deux prisons cellulaires qui devaient subsister jusqu'à ces derniers temps : celle de la Roquette, pour les jeunes détenus, et celle de Mazas, pour les prévenus et accusés ; de plus il avait invité les départements à réparer et à reconstruire leurs prisons pour y appliquer le système cellulaire.

[1] C. Lucas, *De la réforme des prisons ou de la théorie de l'emprisonnement*, 1836-1838, 3 vol. ; *Du système pénal et du système répressif en général, et de la peine de mort en particulier*, 1827 ; Bérenger, *Des moyens propres à généraliser en France le système pénitentiaire*, 1837.

[2] De Beaumont et A. de Tocqueville, *Du système pénitentiaire aux États-Unis et en France*, 1833 ; Demetz et Blouet, *Rapport sur les pénitentiers des États-Unis*, 1839.

IV. Mais, tandis que le système pénitentiaire poursuit sa marche progressive en Europe et trouve, dans divers pays, en Allemagne, en Prusse, en Suède, en Norvège, dans le Danemark, la Toscane et les Pays-Bas, une application expérimentale, une sorte de réaction suit, en France, la Révolution de 1848. Elle se manifeste par deux faits. Le premier est la circulaire néfaste du 17 août 1853, par laquelle M. de Persigny, ministre de l'intérieur, déclare, au nom du gouvernement, renoncer au régime d'emprisonnement cellulaire pour s'en tenir à celui de la séparation par quartiers. Le second consiste dans l'application de la transportation à l'exécution de la peine de la déportation et des travaux forcés. Au contraire, vers cette même époque, l'Angleterre substitue à la transportation la servitude pénale et organise un système pénitentiaire qui a la cellule pour point de départ et la libération provisoire pour couronnement, système qui, sous le nom de système irlandais ou progressif, tend de plus en plus, à s'introduire dans les législations pénales les plus récentes.

V. L'année 1872 marque le réveil de la question pénitentiaire en France. C'est à cette époque, en effet, que l'Assemblée nationale, sur l'initiative de M. d'Haussonville, ordonne cette vaste enquête sur le régime des prisons, enquête qui a pour résultat le triomphe du principe de la séparation individuelle[1], établie, pour les *inculpés* et pour les *condamnés à la peine d'un an et un jour d'emprisonnement* et au-dessous, par une loi du 5 juin 1875. Deux institutions, issues l'une et l'autre de cette loi, le *Conseil supérieur des prisons* et la *Société générale des prisons*, sont créées pour maintenir et développer la réforme qu'elle consacre[2].

VI. Les difficultés de toute sorte, inhérentes à la réalisation du régime pénitentiaire, le nombre de plus en plus croissant des repris de justice, attirent, de nouveau, l'attention du législateur sur le problème de la récidive. L'idée maîtresse qui se fait jour, c'est de séparer, quant au régime de la peine, le délinquant primaire, qui en est à sa première faute, et le délinquant d'habitude ou récidiviste. Atténuer la répression pour le premier, l'aggraver pour le second, tel est

[1] Le rapport de M. d'Haussonville sur cette enquête forme l'ouvrage intitulé : *Les établissements pénitentiaires en France et aux colonies* (Paris, 1875). Les rapports de la commission, qui sont un des plus beaux monuments de la science pénitentiaire dans notre pays, forment 8 vol. in-4°, 1873-1875.

[2] La publication périodique de la Société des prisons, parue d'abord sous le titre de *Bulletin de la société générale des prisons*, puis sous celui de *Revue pénitentiaire*, enfin de *Revue pénale et pénitentiaire* a été habilement dirigée par MM. Fernand Desportes et Albert Rivière. Elle l'est actuellement par M. Prud'homme. C'est une mine inépuisable pour les études pénales et pénitentiaires.

le double but que s'est proposé le législateur dans les lois du 14 avril 1885, du 26 mars 1891 et du 27 mai 1885.

140. De la libération conditionnelle[1]. — Par libération *conditionnelle*, *anticipée* ou *préparatoire*, il faut entendre la mise en liberté d'un condamné qui n'a pas encore subi toute sa peine. Cette institution est d'origine anglaise; elle a été appliquée d'abord aux convicts, puis aux individus condamnés à la servitude pénale. Elle tend à devenir une institution commune à tous les peuples civilisés; elle existe en Suisse, en Autriche, en Hongrie, en Allemagne, en Croatie, en Italie, dans les Pays-Bas, dans la Norvège et la Suède. En France, la loi du 14 août 1885 l'a définitivement organisée (art. 1 à 9).

Du reste, le principe de la libération préparatoire ou conditionnelle n'est pas nouveau dans notre pays : il est, depuis longtemps déjà, connu et même éprouvé. Dès l'année 1832, en effet, une circulaire ministérielle du 3 décembre recommandait son emploi à l'égard des jeunes détenus. Quelques années plus tard, on l'appliquait aux mineurs de seize ans, détenus dans la prison cellulaire de la Roquette. L'expérience avait lieu à Paris, par conséquent dans des conditions bien défavorables. Elle eut cependant un plein succès, et fut continuée ailleurs, notamment à Lyon. Aussi le projet de loi, voté par la Chambre des députés en 1843, contenait-il un art. 28 ainsi conçu : « Les enfants condamnés en vertu de l'art. 68, C. p., et ceux détenus en vertu de l'art. 66 pourront être placés en apprentissage, soit chez des cultivateurs, des artisans ou des industriels, soit dans des établissements spéciaux, avec la réserve expresse pour l'administration du droit d'ordonner leur réintégration dans les maisons spécifiées par l'art. 26 ». Cette disposition a été reprise depuis et a passé dans l'art. 9 de la loi du 5 août 1850 : *Les jeunes détenus des colonies pénitentiaires peuvent obtenir à titre d'épreuve et sous les conditions déterminées par un règlement d'administration publique, d'être placés provisoirement hors de la colonie.* Ce principe a même été étendu aux déportés et aux transportés; car les concessions de terre et les engagements autorisés par les

[1] Sur la liberté conditionnelle : Bonneville de Marsangy, *Des diverses institutions complémentaires du système pénitentiaire*, p. 201 à 724; *Id.*, *De l'amélioration de la loi criminelle*, t. Ier, p. 593 et 624; t. II, p. 28 à 173. La libération conditionnelle qui a été empruntée aux pays étrangers avait été proposée par ce dernier auteur en 1847. Voy. Soret de Boisbrunet, *Bull. soc. des prisons*, 1880, p. 877; Argenti, *La liberta provisoria dei condamnati en Italia...* (Rome, 1884); Holtzendorff, *Die Kurzungsfaehigkeit der Freiheitsstrafe*, etc. (La faculté d'abréger les peines restrictives de liberté et la libération conditionnelle), Leipzig, 1861. — V. pour les travaux préparatoires de la loi du 14 août 1885, Sir., *Lois annotées*, p. 814 à 853.

art. 11 et 12 de la loi du 30 mai 1854 pour les transportés, l'établissement hors du territoire de la déportation, permis, pour les déportés, par l'art. 15 de la loi du 25 mars 1873, ne sont autre chose qu'une sorte de libération préparatoire. Cette institution a été étendue enfin à *toutes les peines privatives de liberté* en 1885. Elle met, en quelque sorte, dans la main du détenu, la clef de sa prison, et la menace de la réintégration sous les verrous, est la meilleure garantie de sa bonne conduite.

Les principes, que pose la loi du 14 août 1885 sur l'application de la libération conditionnelle, peuvent être ainsi résumés :

1° La libération conditionnelle est une *faveur* pour les condamnés mais ne constitue jamais un *droit* à leur profit. L'art. 2 ne laisse aucun doute sur le caractère facultatif de la mesure : « Tous condamnés... *peuvent...* ».

2° Son bénéfice est applicable *à tous condamnés ayant à subir une ou plusieurs peines privatives de liberté* (art. 1er et 2 combinés).

3° La libération conditionnelle ne peut être accordée qu'après un temps suffisant d'expiation. Il faut donc d'abord que les condamnés, *aient accompli trois mois d'emprisonnement, si les peines sont inférieures à six mois; la moitié de leurs peines, dans les autres cas.* Toutefois, s'il y a récidive légale, soit aux termes des art. 56 à 58, C. p., soit en vertu de la loi du 27 mai 1885, la durée de l'emprisonnement à subir est portée à six mois, si les peines sont inférieures à neuf mois, et aux deux tiers de la peine dans le cas contraire. Ces dispositions résultent du § 1er de l'art. 2.

4° La condition essentielle de la libération conditionnelle, c'est que le condamné ait donné des preuves certaines d'un amendement moral. Dans ce but, l'art. 1er décide que : *un régime disciplinaire, basé sur la constatation journalière de la conduite ou du travail, sera institué dans les divers établissements pénitentiaires de France et d'Algérie en vue de favoriser l'amendement des condamnés et de les préparer à la libération conditionnelle.* Et l'art. 2, n'autorise la libération conditionnelle que si les condamnés ont satisfait aux dispositions réglementaires fixées en vertu de l'art. 1er.

5° Les arrêtés de mise en liberté sous condition sont pris par le ministre de l'intérieur, « après avis du préfet, du directeur de l'établissement ou de la circonscription pénitentiaire, de la commission de surveillance de la prison et du parquet près le tribunal ou la cour qui a prononcé la condamnation ». Ce sont les dispositions de l'art. 3.

6° La libération conditionnelle, comme son nom l'indique, est essentiellement révocable. Le permis de libération peut être retiré en cas d'inconduite habituelle et publique dûment constatée ou d'infraction aux conditions spéciales exprimées dans cet acte. Mais si la révocation n'est pas intervenue avant l'expiration de la durée de la peine, la libération est définitive (art. 2, §§ 2 et 3).

7° C'est par arrêté du ministre de l'intérieur que la révocation de la libération conditionnelle est prononcée. Cet arrêté est pris après avis du préfet et du procureur de la République de la résidence du libéré (art. 3, §§ 1 et 3). Toutefois, l'arrestation du libéré conditionnel peut être provisoirement ordonnée par l'autorité administrative ou judiciaire du lieu où il se trouve, à la charge d'en donner immédiatement avis au ministre de l'intérieur. Le ministre prononce la révocation, s'il y a lieu. L'effet de la révocation remonte au jour de l'arrestation.

8° La réintégration du condamné dans l'établissement pénitentiaire, en suite de révocation, a lieu pour toute la durée de la peine non subie au moment de la libération (art. 5)[1].

9° Un règlement d'administration publique, qui n'est pas encore intervenu, doit déterminer la forme des permis de libération, les conditions auxquelles ils peuvent être soumis et le mode de surveillance spéciale des libérés conditionnels (art. 6, § 1)[2].

141. DU PATRONAGE. — Le complément nécessaire de la libération conditionnelle est le *patronage*, car le libéré ne peut se reclasser, qu'à la condition de trouver un appui matériel et moral. Chez tous les

[1] L'art. 5, § 2, ajoute : « Si l'arrestation provisoire est maintenue, le temps de sa durée compte pour l'exécution de la peine ». C'est la répétition, en d'autres termes, de la disposition contenue dans le paragraphe dernier de l'art. 6. La loi n'a pas prévu l'hypothèse où l'arrestation provisoire n'étant pas suivie de révocation, il y a lieu de savoir si le temps de sa durée viendra en déduction de la peine. Dans le projet du Sénat, cette hypothèse était prévue par le paragraphe dernier de l'art. 5, et il était décidé que le temps de la durée de l'arrestation provisoire compterait pour l'exécution de la peine. La Chambre des députés a substitué, on ne sait pourquoi, aux mots : si l'arrestation provisoire « n'est pas suivie de révocation », ces mots « est maintenue », ce qui change complètement le sens de la disposition et la rend absolument inutile (Cfr. Sirey, *Lois annotées*, 1885, p. 848, note 16).

[2] Une disposition transitoire a été introduite dans la loi du 14 août 1885 lors de la deuxième délibération du Sénat. Il faudra un temps plus ou moins long pour adopter et promulguer le règlement d'administration publique prévu à l'art. 6, et pour appliquer le régime pénitentiaire de l'art. 1er. De là, nécessité d'une disposition transitoire ainsi conçue : « Avant qu'il n'ait pu être pourvu à l'exécution des art. 1, 2 et 6, en ce qui touche la mise en pratique du régime d'amendement et le règlement d'administration publique à intervenir, la libération conditionnelle pourra être prononcée à l'égard des condamnés qui en auront été reconnus dignes dans les cas prévus par la présente loi, trois mois au plus tôt après sa promulgation ». C'est sur ce texte que l'on vit depuis 1885.

peuples européens, le patronage affecte le même caractère. Il est confié à des sociétés libres de bienfaisance qui reçoivent de l'État des subventions. On a voulu inscrire ces idées, dans la loi du 14 août 1885. D'une part, l'indépendance des sociétés de patronage, d'autre part, le principe même des allocations à leur donner, se trouvent consacrés par l'art. 6, § 2, et par les art. 7 et 8 qui forment le titre II de la loi, intitulé : *Patronage*[1].

142. Du système progressif qui peut légalement être organisé. — Il n'est pas permis aux juges, qui condamnent un récidiviste dans les conditions de la loi du 27 mai 1885, d'opérer un choix entre les condamnés vis-à-vis desquels il y a lieu de prononcer la relégation et ceux pour lesquels tout espoir d'amendement n'est pas perdu : la relégation est une peine *accessoire*. Mais la loi du 14 août 1885 a permis à l'administration de faire cette sélection que n'admettait pas la loi du 27 mai. L'art. 2, §§ 4 et 5, contient, en effet, la disposition suivante : *Au cas où la peine qui aurait fait l'objet d'une décision ou d'une libération conditionnelle devrait être suivie de la relégation, il pourra être sursis à l'exécution de cette dernière mesure, et le condamné sera, en conséquence, laissé en France, sauf droit de révocation, ainsi qu'il est dit au présent article; le droit de révocation prendra fin, en ce cas, s'il n'en a été fait usage pendant les dix années qui auront suivi la date d'expiration de la peine principale.*

Aujourd'hui, par conséquent, en combinant les dispositions des lois et règlements sur l'exécution des travaux forcés, de l'emprisonnement correctionnel avec les lois des 27 mai et 14 août 1885, l'administration pénitentiaire française a la faculté d'organiser, pour les condamnés à l'emprisonnement et à la relégation, un système d'épreuves successives qui a son point de départ dans la cellule et son point d'arrivée dans une colonie pénitentiaire, avec la libération conditionnelle comme moyen d'amendement.

143. De l'exécution administrative des peines. — La *loi* détermine la peine. Le *juge* la prononce. L'*administration* la fait exécuter. Quelles règles, dans une législation bien ordonnée, doivent présider au devoir ainsi imposé à l'administration? Faut-il s'en rapporter à sa prudence? ou bien faut-il ne rien abandonner à son pouvoir discrétionnaire? C'est le premier système que suit notre législation. Il en résulte que le fait et le droit sont souvent en désaccord, et qu'entre

[1] Le patronage s'est développé en France depuis la loi de 1885. V. Henri Joly, dans *Institutions pénitentiaires de la France en 1895*, p. 237 à 275 ; Albert Contant, *Les sociétés de patronage* (Paris, 1898).

l'organisation des peines privatives de liberté dans la loi et leur exécution dans la pratique, il existe bien des différences. Les auteurs du Code pénal de 1810 n'ont pas aperçu cette vérité que toute législation qui édicte des peines, est incomplète et presque impuissante, si elle ne statue, en même temps, par des dispositions spéciales et détaillées sur le mode d'exécution de ces peines. Les inconvénients de ce système de législation sont encore aggravés par une dualité fâcheuse : deux pouvoirs différents se partagent l'administration des établissements pénitentiaires de droit commun. Ceux où s'exécutent les *travaux forcés*, la *déportation* et la *relégation* dépendent du *ministère des colonies*. Ceux où s'exécutent la *détention*, la *réclusion*, l'*emprisonnement*, du *ministère de l'intérieur*. Depuis longtemps, on réclame la réunion de tous ces services dans les mains du même ministre, qui devrait être le ministre de la justice. Il est naturel, en effet, que ce soit l'autorité judiciaire, dont il est le représentant, qui surveille l'exécution des condamnations qu'elle prononce [1].

§ IV. — DES PEINES PRIVATIVES DE LIBERTÉ QUI S'EXÉCUTENT EN DEHORS DU TERRITOIRE CONTINENTAL.

144. Énumération. — 145. Nature des travaux forcés à perpétuité et à temps. — 146. Nature de la déportation dans une enceinte fortifiée et de la déportation simple. — 147. Évasions. — 148. Régime de la transportation et de la déportation. — 149. De la relégation. — 150. Caractères légaux de la relégation. — 151. Peines qu'exclut la relégation ou qui excluent la relégation. — 152. Organisation de la relégation. — 153. L'apprentissage de la relégation.

144. ÉNUMÉRATION DES PEINES QUI SE SUBISSENT AUX COLONIES. — Ces peines sont : 1° les *travaux forcés à perpétuité ;* 2° les *travaux forcés à temps ;* 3° la *déportation dans une enceinte fortifiée ;* 4° la *déportation simple ;* 5° la *relégation.*

145. DE LA NATURE DES TRAVAUX FORCÉS A PERPÉTUITÉ ET A TEMPS. — Ces deux peines sont de même nature, mais de durée différente : l'une est perpétuelle, l'autre est temporaire ; le minimum des travaux forcés à temps est de cinq ans ; son maximum, de vingt (C. p., art. 19), qui peut être porté au double en cas de récidive. Ces deux peines sont des peines *criminelles*, *principales*, *afflictives* et *infamantes*, de *droit commun*. Mais elles diffèrent quant à leurs consé-

[1] Voy. Magnol, *De l'administration pénitentiaire et de son rattachement au ministère de la justice* (Toulouse, Rivière, 1900). Ce rattachement a été adopté par la plupart des États de l'Europe. Sur la question : Cuche, *op. cit.*, p. 397 et suiv.

quences, en ce sens que certaines incapacités spéciales sont attachées aux seules condamnations perpétuelles.

La peine des travaux forcés existait, dans notre ancien droit, sous le nom de peines de galères; elle devint la peine des fers dans le Code pénal de 1791 (1re partie, tit. I, art. 16). Elle a toujours consisté dans l'*assujettissement du condamné à des travaux publics pénibles, exécutés au dehors*. En cela surtout, elle diffère des autres peines privatives de liberté, qui consistent dans la soumission au travail, mais à l'intérieur d'une prison. La dénomination « travaux forcés » ferait croire que le travail est une peine, et même la plus grave de toutes. Or, ce n'est pas dans le travail que consiste la peine, mais dans la privation de liberté avec travail pénible.

Quant au mode d'exécution de la peine des travaux forcés, il a varié suivant les époques.

I. Sous le régime du Code pénal, il fallait distinguer trois catégories de condamnés aux travaux forcés : 1° Les *hommes* subissaient leur peine, comme par le passé, dans les bagnes; ils devaient être employés aux travaux les plus pénibles; ils traînaient à leurs pieds un boulet, ou étaient attachés deux à deux avec une chaîne (C. p., art. 15). Les bagnes étaient au nombre de trois: Brest, Rochefort et Toulon; 2° Quant aux *femmes*, les travaux qui leur étaient imposés étaient plus en rapport avec la faiblesse de leur sexe. Elles y étaient employées dans une maison de force, avec les femmes condamnées à la réclusion (C. p., art. 16); 3° La loi s'occupait, enfin, spécialement des *vieillards*. Ceux qui, au moment du jugement, étaient âgés de soixante-dix ans accomplis, n'étaient pas condamnés aux travaux forcés : on prononçait contre eux la réclusion, soit à perpétuité, soit à temps. Les condamnés aux travaux forcés, dès qu'ils avaient atteint l'âge de soixante-dix ans accomplis, en étaient relevés et étaient enfermés dans une maison de force (C. p., art. 70 et 71).

L'institution des bagnes et leur régime avaient donné lieu aux critiques les plus vives. Sans les discuter, ce qui n'aurait aujourd'hui qu'un intérêt rétrospectif, il faut reconnaître que ce mode d'exécution des travaux forcés avait un vice grave : si la peine était longue, elle laissait, dans le sein de la société française, des hommes dangereux, toujours prêts à l'évasion ; si la peine était courte, elle rendait à la liberté des hommes dont le passé était difficilement ignoré, et qui ne pouvaient à cause de cela trouver du travail et se reclasser. De là des protestations énergiques contre l'institution des bagnes, protestations qui amenèrent le législateur à modifier profondément l'exécution de la peine des travaux forcés, en substituant, au régime du bagne, le régime de la transportation.

II. C'est la loi du 30 mai 1854 qui, bien qu'intitulée *loi sur l'exécution de la peine des travaux forcés*, donne à cette peine une *nature nouvelle*. Elle contient trois ordres de dispositions : 1° Elle substitue, *obligatoirement* pour les hommes (art. 1, 2 et 3), et *facultativement* pour les femmes (art. 4), au régime des travaux forcés dans les bagnes ou dans les maisons de force, celui des travaux forcés dans les colonies pénitentiaires, situées hors du territoires continental, ailleurs qu'en Algérie; elle met ainsi les *travaux forcés dans la transportation*. Quant aux vieillards, s'ils sont âgés de soixante ans accomplis, au moment du jugement, ils sont condamnés à la réclusion, soit à perpétuité, soit à temps : les condamnés aux travaux forcés, qui atteignent l'âge de soixante ans, restent dans la colonie (art. 5); 2° Cette loi débarrasse le territoire continental de la France des forçats libérés, dont la présence constituait, avec le régime des bagnes, un danger permanent pour la tranquillité publique. A l'expiration de leur peine en effet, les forçats libérés sont astreints à la *résidence forcée* dans la colonie : ceux qui ont été condamnés à moins de huit ans, pendant un temps égal à la durée de la condamnation; ceux dont la peine est de huit ans ou plus, pendant toute leur vie (art. 6); 3° Enfin, la transportation, telle qu'elle a été légalement construite, rentre dans le groupe des systèmes dits progressifs, où la pénalité, d'abord portée à son maximum d'intensité, s'atténue peu à peu, dans la suite, en proportion du repentir croissant du condamné. Le régime de la peine peut s'adoucir pour les condamnés qui, par leur bonne conduite et leur travail, se seront rendus dignes d'indulgence, et se transformer, soit en autorisations de travailler, aux conditions déterminées par l'administration, chez les habitants de la colonie, soit en concessions provisoires de terrain avec faculté de culture pour leur propre compte (art. 11). Après libération, le forçat peut obtenir des concessions définitives (art. 14).

146. De la nature de la déportation. — La déportation est une peine *afflictive et infamante*, *perpétuelle*, applicable aux crimes *politiques*. L'art. 7, C. p., la classe au troisième rang des peines criminelles *principales*. En 1810, la peine de la mort étant encore applicable aux crimes politiques, la peine de la déportation formait le second degré dans l'échelle des peines appliquées à ces crimes. Elle correspondait, par conséquent, à la peine des travaux forcés, dans l'échelle des peines de droit commun. Mais l'art. 5 de la constitution de 1848, ayant aboli la peine de mort en matière politique, il devint nécessaire de réorganiser l'échelle des peines politiques. Tel fut l'objet de la loi du 8 juin 1850, qui créa, pour remplacer la peine de mort en matière politique, de *déportation dans une enceinte fortifiée*, et, par opposition, qualifia la *déportation simple*, la peine dont il était question dans l'art. 7, C. p. Aujourd'hui donc, il existe deux espèces de déportation; elles sont l'une et l'autre *perpétuelles, afflictives* et *infamantes*, et ne diffèrent que par leur régime. Tandis que la déportation simple laisse au condamné sa liberté dans l'étendue du territoire où il doit demeurer à perpétuté, la déportation dans une enceinte fortifiée la resserre davantage. Les condamnés ne sont pas enfermés dans une citadelle, comme le portait le projet de 1850; mais ils le sont dans une *enceinte fortifiée*, ce qui suppose une enceinte spacieuse, comprenant des terrains dont ils ont l'usage et où ils peuvent se mouvoir.

Qu'elle soit simple ou dans une enceinte fortifiée, la transportation n'a pas le caractère d'un emprisonnement; elle consiste dans une transportation, suivie d'internement dans une colonie. C'est plutôt une peine restrictive qu'une peine privative de liberté; elle n'impose au condamné d'autre obligation que celle de ne pas quitter le territoire qui lui est assigné (C. p., art. 17). Tandis que les forçats sont *condamnés au travail*, les déportés ont *droit à l'oisiveté*. « Le gouvernement, dit l'art. 6 de la loi de 1850, déterminera les moyens de travail qui seront donnés aux condamnés, *s'ils le demandent* ».

Si les principes, suivant lesquels la peine de la déportation devait être appliquée, avaient été arrêtés par le Code pénal, il n'en était pas de même du lieu où elle devait s'exécuter. Sur ce point, le Code était muet. Le gouvernement, auquel la désignation du lieu d'exécution avait été laissée par cela même, ne s'occupa guère de choisir une colonie pénitentiaire, et la peine de la déportation fut remplacée, en fait, par une détention perpétuelle dans une forteresse. La loi de revision de 1832, qui créa législativement la détention, vint légaliser cette substitution, jusqu'à l'établissement d'un lieu de déportation, et pour le cas où l'accès de la colonie destinée à recevoir les déportés serait fermé. C'est la loi du 8 juin 1850 qui a restitué à ce châtiment son véritable caractère, en désignant l'île de Noukahiva, comme lieu de déportation simple, et la vallée de Waïthau, aux îles Marquises, comme lieu de déportation dans une enceinte fortifiée. Peu après, un décret des 22 et 25 juillet 1850 affectait la citadelle de Belle-Isle-en-Mer aux déportés, condamnés antérieurement à la loi du 8 juin 1850, et pour lesquels la loi nouvelle ne devait pas produire d'effet rétroactif. La loi du 23 mars 1872 a déclaré la presqu'île Ducos, dans la Nouvelle-Calédonie, lieu de déportation dans une enceinte fortifiée; l'île des Pins et, en cas d'insuffisance, l'île Maré, dépendances de la Nouvelle-Calédonie, lieu de déportation simple (art. 2 et 3). Une loi de circonstance, faite pour assurer la surveillance d'un condamné, Dreyfus, la loi du 9 février 1895, déclare que les îles du Salut, indépendantes de la presqu'île Ducos, seraient affectées à l'exécution de la déportation dans une enceinte fortifiée.

147. MESURES PRISES CONTRE LES ÉVASIONS DES DÉPORTÉS ET DES TRANSPORTÉS. — Avec le régime de la transportation et de la déportation des évasions sont à craindre. La loi les a sévèrement réprimées.

a) Pour les *forçats*, il y a lieu de distinguer trois situations : 1° les *condamnés à temps* seront punis de deux ans de travaux forcés, qui s'ajouteront à ceux qui ont été antérieurement prononcés; 2° les *condamnés à perpétuité* subiront l'application de la double chaîne pendant deux ans au moins et cinq ans au plus; 3° les *libérés* seront punis d'un an à trois ans de travaux forcés (L. 30 mai 1854, art. 7 et 8). Ces pénalités sont prononcées, pour les forçats, par les tribunaux maritimes spéciaux créés par le décret du 4 octobre 1889, et, pour les libérés, par les tribunaux de droit commun (D. 30 janv. 1888, art. 6). La reconnaissance de l'identité de l'évadé est faite, soit par ces tribunaux, soit par la cour qui aura prononcé la condamnation (L. 30 mai 1854, art. 9).

b) Pour les *déportés*, il y a lieu de distinguer deux hypothèses, prévues, l'une et l'autre, par l'art. 17, C. p., combiné avec l'art. 3 de la loi du 23 mars 1873. 1° Tout d'abord, les art. 237 et 248, C. p., qui, d'une manière générale, établissent des peines, tant contre les personnes qui ont favorisé l'évasion que contre les évadés eux-mêmes, sont déclarés applicables à l'évasion ou à la tentative d'évasion des déportés, commise, même sans bris de clôtures et sans violences; 2° De plus, si le déporté a rompu son ban et est rentré en France, l'art. 17 prononce contre lui la peine des travaux forcés, qui doit lui être appliquée *sur la seule preuve de son identité;* d'où l'on conclut, avec raison, que la procédure à suivre est la procédure en *reconnaissance d'identité,* réglée par l'art. 519, C. instr. cr., qui exige, à peine de nullité, la présence de l'accusé : le déporté, en rupture de ban, ne pourrait donc être condamné par contumace.

148. RÉGIME DE LA TRANSPORTATION ET DE LA DÉPORTATION. — L'Angleterre a fait de la transportation une double expérience. De 1718 à 1776, elle a transporté, aux Antilles et en Amérique, tous les individus frappés d'un emprisonnement de plus de trois ans. De 1788 à 1868, elle les a transportés en Australie. Nous ne referons pas l'histoire de la transportation anglaise[1]. Mais si, après les essais successifs

[1] Voy. de Blosseville, *La colonisation pénale de l'Angleterre en Australie* (Paris, 1859); Michaux, *Étude sur la question des peines* (Paris, 1875), p. 27 à

de trois ou quatre systèmes pénitentiaires différents, la transportation a disparu du système pénal anglais, pour être remplacée par la *servitude pénale*[1], ce n'est pas que les critiques dirigées contre le système de la transportation, aient définitivement triomphé dans l'esprit du législateur anglais, c'est parce que le refus absolu, opposé par les colonies à tout envoi de condamnés, a obligé la métropole à chercher et à organiser un nouveau régime pénal. Cette expérience prouve, en somme, que la transportation peut, durant un certain temps, figurer dans le système pénitentiaire d'un peuple, à la double condition : que ce peuple ait des colonies importantes, et que la population libre, suivant le courant d'émigration tracé par la transportation, soit assez nombreuse pour former à la nouvelle société des cadres puissants, pour donner du travail aux condamnés, enfin pour les recevoir et les confondre tous en son sein. Mais il ne faut pas chercher dans la transportation la base unique d'un système pénitentiaire : elle ne peut être qu'une peine accessoire, utilisable surtout dans deux cas : 1° pour les condamnés de droit commun à perpétuité; 2° pour les récidivistes.

C'est avec ce dernier caractère qu'elle a été originairement introduite dans la législation française. En effet, le système de la transportation avait trouvé place dans le Code pénal de 1791. L'art. 1er du titre 1er de ce Code déclarait que tout individu, coupable d'un second crime, serait déporté dans une colonie, après avoir subi sa peine. La loi du 24 vendémiaire an II, qui appartient à la même époque, ordonnait la transportation des vagabonds aux colonies, lorsqu'ils seraient tombés plusieurs fois dans le délit de mendicité. Mais les guerres maritimes avec les Anglais empêchèrent la mise à exécution de ces essais. Peut-être faut-il attribuer à ces difficultés pratiques le silence du Code pénal sur la transportation, comme peine de droit commun? Malgré ce silence, la question de la transportation resta posée dans l'opinion publique, et elle avait été bien souvent agitée, lorsque le décret du 27 mars 1852 déclara que, « sans attendre la loi qui doit modifier le Code pénal, quant au mode d'application de la peine des travaux forcés », les condamnés aux travaux forcés pourraient être envoyés à la Guyane et y être employés aux travaux de la colonisation. Ce décret arrêtait, en même temps, les dispositions principales du régime auquel les transportés seraient soumis. La loi du 30 mai 1854, *sur l'exécution de la peine des travaux forcés*, n'a donc eu, en réalité,

161; Foïnitski, *De la transportation russe et anglaise*, trad. de Bonet-Maury (Paris, 1895), p. 28 à 149. Comp. Cuche, *op. cit.*, p. 446 et suiv.

[1] Voy. pour la servitude pénale, *Rev. pénit.*, p. 896, 237 et suiv.

qu'à sanctionner un fait accompli, en modifiant les articles du Code pénal qui réglaient l'exécution des travaux forcés.

I. La loi du 30 mai 1854 est une loi bien faite : on n'a pas eu à la retoucher. Elle fixe, en 15 articles, les principes qui règlent l'exécution de la transportation. Mais elle en renvoie les détails à des règlements d'administration publique qui ont été successivement remaniés. A la suite de plaintes justifiées sur le défaut d'intimidation de la peine, une commission a été formée au ministère des colonies, le 15 mai 1889, pour mettre l'exécution de la peine en rapport avec les principes du système dit progressif dont s'inspire la loi de 1854. Du travail de cette commission sont issus les nombreux décrets dont l'ensemble constitue le code de la transportation. Ce code détermine : 1° le lieu d'exécution de la peine; 2° son régime disciplinaire; 3° l'emploi de la main d'œuvre pénale aux colonies ; 4° les concessions de terre; 5° le régime des libérés.

a) Les actes du 27 mars 1852 et, du 30 mai 1854 avaient assigné à l'exécution de la peine des travaux forcés, la Guyane française. L'insalubrité de cette colonie fit désigner, par décret du 2 septembre 1863, la Nouvelle-Calédonie, pour y recevoir, à titre d'essai, les individus astreints à la résidence perpétuelle, c'est-à-dire condamnés à plus de huit ans de travaux forcés. Cette première expérimentation ayant paru heureuse, l'administration décida, en 1867, de ne plus diriger, sur la Guyane, aucun convoi d'Européens, condamnés aux travaux forcés, et de les concentrer tous à la Nouvelle-Calédonie. Depuis, un décret du 18 novembre 1889 confie à l'administration des colonies le soin de désigner, après avis de la commission permanente pénitentiaire, la colonie dans laquelle sera envoyé chaque condamné, en partant de cette règle que les criminels dangereux, ceux qui ont été déjà plusieurs fois condamnés, ceux enfin qui ne laissent aucun espoir d'amendement devront être dirigés sur la Guyane, tandis que la Nouvelle-Calédonie sera plus particulièrement réservée aux condamnés primaires et aux individus dont on peut espérer le relèvement.

b) Le régime disciplinaire des transportés avait été organisé par un décret du 18 juin 1880 qui répartissait les condamnés en cinq classes suivant le degré présumé de leur perversité. Mais, en réalité, ces cinq classes pouvaient être parcourues trop rapidement, et un transporté arrivait à la première en deux ans. Or, à cette étape, le condamné était transformé en propriétaire par le régime des concessions de terre. C'est l'application de ce décret qui a créé la légende du « bagne fin de siècle ».

Le décret du 4 septembre 1891, qui l'a remplacé, répartit les condamnés en trois classes, déterminées d'après leur situation pénale, leur conduite et leur assiduité au travail. La troisième classe comprend les condamnés les plus mal notés. On les emploie aux travaux particulièrement pénibles; ils sont séparés des individus des autres classes; isolés la nuit, si la disposition des locaux le permet. Ils couchent sur un lit de camp et peuvent être mis à la boucle simple. Ils sont placés en cellule (en case) pendant tout le temps qu'ils ne travaillent pas. On leur impose la loi du silence. le jour et la nuit, pendant le travail et le repos. Les condamnés de la deuxième classe subissent un régime analogue; mais ils sont soumis aux travaux ordinaires, un peu moins rigoureux, du pénitencier. Ceux de la troisième jouissent de faveurs particulières. Ils peuvent devenir concessionnaires, être employés dans un établissement agricole pour y faire un apprentissage de colons libres. Ils ont une demi-liberté, surtout s'ils obtiennent une concession. C'est le ministre de la justice qui classe les condamnés dans les deuxième et troisième classes. Dans cette dernière, sont placés les condamnés les plus dangereux, particulièrement les récidivistes. Les autres sont tout d'abord versés dans la deuxième classe. Mais la troisième classe comprend aussi les rétrogradés des deux autres. Les condamnés passent d'une classe dans l'autre par décision du directeur de l'établissement pénitentiaire. Ils restent au moins deux ans dans la troisième classe. Ils ne peuvent parvenir à la première qu'après avoir subi au moins la moitié de leur peine, et, si leur peine est perpétuelle, qu'après dix ans. L'art. 12 du décret pose le principe du travail exclusivement pénal. Les forçats n'ont droit qu'au pain et à l'eau pour ne pas mourir de faim. Toutefois des rations supplémentaires leur sont délivrées à la cantine quatre fois par semaine, à condition de les payer au moyen de bons points de travail. Les règles relatives soit aux infractions soit aux fautes disciplinaires commises par les forçats ont été remaniées par les décrets des 13 décembre 1894, 30 août 1898, 19 décembre 1900.

c) Le mode d'exploitation de la main-d'œuvre des transportés en cours de peine a lieu, soit en régie, soit en concession. Les contrats de concession de main-d'œuvre pénale, dans lesquels « les transportés jouent le rôle non pas seulement d'esclaves mais de monnaie fiduciaire », ont été réglementés sévèrement par les décrets des 13 décembre 1894, 30 août 1898 et 29 mars 1902.

d) La mise en concession et la libération ont été réservées aux condamnés méritants et sont organisées aujourd'hui par les décrets du 18 janvier 1895 et du 9 octobre 1901. Toute concession est provisoire au début; elle n'est pas gratuite, mais vendue moyennant le paiement d'une rente annuelle et viagère. Elle devient définitive par l'expiration d'un délai de cinq ans, à compter de la décision d'envoi en concession provisoire. La mise en concession n'est qu'une sorte de rouage dans l'organisation du régime de la libération. Les règles des concessions de terrains sont tracées par un décret du 31 août 1878, modifié par un autre du 18 janvier 1895.

e) Les libérés, avec le régime des bagnes continentaux, constituaient un danger permanent. La loi du 30 mai 1854 a pris de grandes précautions pour les écarter de la métropole. Les condamnés à moins de huit ans doivent résider dans la colonie un temps égal à la durée de la peine. Les condamnés à huit ans ou plus, pendant toute leur vie. En réalité même, avec les difficultés et les frais du retour, les seuls libérés qui reviennent en France sont ceux qui ont des ressources ou une famille. Ces dispositions efficaces ont débarrassé la France des forçats libérés. Mais ceux-ci sont longtemps restés le fléau de la colonie. Des précautions ont été prises, et les décrets réglementaires décident : 1° que tout libéré doit répondre à deux appels par an et parfois à un appel extraordinaire; 2° que tout libéré devra avoir un livret constatant ses moyens d'existence. Certains métiers, celui de cabaretier, par exemple, lui sont interdits.

II. Le régime de la déportation a été établi par : 1° la loi du 23 mars 1872; 2° celle des 25-28 mars 1873; 3° le décret des 31 mai-1er juin 1872; 4° le décret du 10 mars 1877. Les condamnés à la déportation doivent jouir de toute liberté compatible avec la nécessité d'assurer la garde de leur personne et le maintien de l'ordre.

149. De la relégation. — La relégation consiste dans l'internement perpétuel, sur le territoire des colonies ou des possessions françaises, des condamnés qui sont l'objet de cette mesure (L. 27 mai 1885, art. 1).

La relégation implique donc, comme les travaux forcés, une *transportation* préalable, puisqu'elle doit être subie hors du territoire continental. Mais la loi de 1885 n'exclut pas l'Algérie, comme le fait la loi du 30 mai 1854, des lieux où elle peut s'exécuter.

Deux questions préliminaires se posent : la première concerne le *régime pénal*; la seconde, le *régime pénitentiaire* de la relégation.

150. Caractère légal de la relégation. — Quel est le caractère légal de la relégation? *a*) La relégation est une *peine*, bien qu'elle ne soit prononcée que pour l'époque où le condamné sera libéré. Elle ne peut donc être appliquée qu'en vertu d'un *jugement* passé en force de chose jugée. Pas de relégation par simple mesure administrative. *b*) C'est une peine *commune aux matières criminelles et correctionnelles*, en ce double sens qu'elle peut être la conséquence de condamnations à des peines correctionnelles comme à des peines criminelles et qu'elle peut être prononcée par les tribunaux correctionnels comme par les cours d'assises (art. 2). *c*) C'est une peine complémentaire et obligatoire : — *complémentaire*, en ce double sens : 1° qu'elle doit être prononcée par le juge qui a compétence pour statuer sur la dernière infraction et qu'elle ne fait pas l'objet d'un *débat principal* devant la cour d'assises ou le tribunal correctionnel; 2° qu'elle n'est jamais prononcée isolément et se rattache, non à une condamnation unique qu'elle complète, mais à une séries de condamnations qui lui servent de base; — *obligatoire*, en ce sens que le rôle du juge consiste simplement à examiner si le condamné se trouve dans les conditions voulues par la loi pour encourir la relégation, sans qu'il puisse l'en exempter ou restreindre la durée de la peine, toujours perpétuelle[1]. Le jugement ou l'arrêt doit, aux termes de l'art. 10, prononcer *la relégation en même temps que la peine principale*. Ainsi lorsqu'un récidiviste, qui se trouverait dans les conditions voulues pour être relégué, ne l'aura pas été, soit par suite d'une erreur du tribunal, soit par suite du défaut ou d'une omission du casier judiciaire, il y aura *chose jugée au profit de l'inculpé*, et la peine de la relégation ne pourra être ajoutée, par un jugement nouveau, à une condamnation précédente qui l'avait omise. C'est le droit commun de la récidive. Mais il ne sera pas nécessaire, si l'inculpé vient à commettre postérieurement un délit, qu'il encourre, à nouveau, toute la série de condamnations énoncées par l'art. 4, pour que la relégation puisse lui

[1] La question de savoir si la relégation serait *obligatoire* ou *facultative* pour les tribunaux est certainement celle qui a été le plus complètement discutée dans les deux Chambres. La relégation ne peut se justifier que par l'incorrigibilité constatée du prévenu. Que la loi établisse une présomption d'incorrigibilité basée sur le nombre et la nature des condamnations, rien de plus juste; mais qu'elle rende cette présomption fatale et inéluctable, qu'elle défende de discuter, devant le juge, les antécédents du prévenu, les circonstances qui l'ont entraîné, les influences qu'il a pu subir, c'est là ce qui est absolument contraire soit au but même que l'on poursuit, soit au système général de notre législation, qui réserve en général au juge le droit d'examiner la culpabilité individuelle de chaque prévenu. On a voulu que la loi s'appliquât toute seule, automatiquement; on s'est défié de la justice; on a craint qu'elle ne paralysât l'exécution d'une loi de salubrité sociale. Du reste, les tribunaux auront des moyens indirects d'écarter la relégation, soit en prononçant une condamnation plus indulgente lorsque la peine doit atteindre un délai fixe, soit en forçant la peine pour les prévenus qui approchent de leur soixantième année, soit en supprimant des circonstances aggravantes. La relégation a reçu une application et un caractère nouveaux de deux lois se rattachant à la répression des attentats anarchistes (L. 18 déc. 1893, C. p., art. 265, 266 et 268; L. 28 juill. 1894, art. 3). Voy. *L'anarchie et la répression*, nos 35 et 84.

être infligée. *d*) La relégation a le caractère d'une peine *perpétuelle* (art. 1er), elle dure autant que la vie même du condamné. Mais elle peut cesser exceptionnellement : 1° par suite d'une *grâce administrative*. Non que la remise ou la réduction de la peine principale relève, de plein droit, de la relégation, mais le condamné peut en être dispensé par une disposition spéciale des lettres de grâce; il peut même, après avoir subi la peine principale, obtenir, par voie de grâce, une remise directe de la relégation (art. 15); 2° elle cesse également par suite d'une *grâce judiciaire*. En vertu de l'art. 16, le rélégué peut, en effet, à partir de la sixième année de sa relégation, introduire, devant le tribunal colonial de sa résidence, une demande tendant à se faire relever de la relégation en justifiant de sa bonne conduite, des services rendus à la colonisation et de ses moyens d'existence[1]. Si le condamné gracié vient à commettre, après son retour en France, un nouveau délit, dont la condamnation, réunie aux précédentes, donnerait lieu à la relégation, la relégation devra, bien entendu, être prononcée contre lui, car la grâce, judiciaire ou administrative, n'a pu effacer les condamnations antérieures, elle n'a pu agir que sur la relégation elle-même. La prescription n'a aucun effet sur la relégation, en ce double sens que la prescription de la peine principale ne libère pas le condamné de la relégation à laquelle il est soumis, et que le condamné ne peut pas, en se dérobant à l'exécution de la relégation, prescrire contre cette mesure. *e*) La relégation est une peine de droit commun; elle ne peut être encourue comme conséquence de condamnations pour crimes ou délits politiques, ou pour crimes et délits qui leur sont simplement connexes.

151. Peines compatibles avec la relégation. — Un caractère essentiel de la relégation, c'est qu'elle ne doit être appliquée qu'à l'expiration de la dernière peine à subir par le condamné (art. 12). Elle constitue une mesure de police contre les *libérés*, et c'est précisément à raison de ce caractère que naît la difficulté suivante : N'existe-t-il pas des peines que la relégation exclut ou qui excluent la relégation pour cause d'incompatibilité de régime? La question se pose particulièrement dans trois circonstances.

a) La relégation exclut-elle l'*interdiction de séjour?* Ainsi un individu, dont le casier judiciaire contient une condamnation à cinq ans de réclusion, est condamné, pour un nouveau crime, à cinq ans de réclusion : la cour d'assises, en prononçant contre lui la relégation,

[1] C'est le décret du 9 juillet 1892 qui détermine la forme et les conditions de ces demandes.

a-t-elle à s'occuper de l'interdiction de séjour et doit-elle délibérer sur la dispense ou la réduction de cette peine? La Cour de cassation ne l'a pas pensé, parce que « la relégation étant une peine perpétuelle à subir hors de France, il n'y a pas lieu à statuer sur l'interdiction de résidence en certains lieux de France[1] ». Ce raisonnement est-il bien juste? N'est-ce pas conclure de l'incompatibilité entre l'exécution *concomitante* des deux peines, à l'incompatibilité dans leur prononciation?

b) L'arrêté d'*expulsion*, pris contre un étranger, antérieurement à la condamnation qui entraînerait la relégation, empêche-t-il de condamner cet étranger à la relégation? La solution négative ne me paraît pas douteuse. Il importe peu, en effet, que l'art. 8 de la loi du 3 décembre 1849 dispose, en termes impératifs, que tout étranger qui aura enfreint un arrêté d'expulsion « sera conduit à la frontière après l'expiration de sa peine », puisque l'art. 4 de la loi du 27 mai, aussi impératif dans ses termes, décide, sans distinction de nationalité, que *seront relégués les récidivistes...*, etc. ». L'étranger devra donc être condamné à la relégation, et le gouvernement aura la faculté soit de l'expulser, soit de le reléguer à l'expiration de sa peine[2].

c) L'individu condamné aux *travaux forcés* doit-il, s'il se trouve dans les conditions prévues par la loi, être condamné à la relégation?

La question paraît résolue, dans un sens affirmatif, par l'art. 4, § 1er, de la loi du 27 mai, qui prononce la relégation comme conséquence de la condamnation de certains récidivistes *aux travaux forcés*. Je crois cependant, bien que ce texte ne fasse aucune exclusion, qu'en prononçant une condamnation aux *travaux forcés à perpétuité*, la cour d'assises ne pourrait pas condamner à la relégation le récidiviste se trouvant dans l'un des cas prévus par l'art. 4. D'une part, cette double décision serait contradictoire, puisque la relégation est faite pour des libérés; d'autre part, elle serait illégale, puisque la rélégation ne doit pas être prononcée contre les individus qui seraient âgés de plus de soixante ans à l'expiration de leur peine[3]. Mais l'*obligation de résidence forcée* dans la colonie pénitentiaire, qui est imposée aux forçats libérés, n'a pas été regardée comme incompatible avec la relégation et l'art. 4, § 1, réserve, en cas de condamnation d'un forçat à la relégation, l'application des §§ 1er et 2 de l'art. 6 de la loi du 30 mai 1854. Le maintien de cette disposition donne lieu, du reste, à des consé-

[1] Cass., 14 janv. 1897 (D. 97. 1. 471).

[2] *Sic*, Cass., 5 mars 1886 (D. 86. 1. 138). C'est dans ce sens du reste que la question avait été résolue à la séance de la Chambre des députés du 7 mai 1885 (*Journ. off.*, 8 mai, *Débats parlem.*, p. 862). Cfr. cependant Jambois, p. 13.

[3] Dans ce sens : Garçon, *op. cit.*, n° 23; Cass., 26 juin 1886 (*Gaz. des tribunaux* du 30 juin 1886).

quences aussi singulières qu'inattendues : 1° Un condamné à huit ans de travaux forcés se trouvera ainsi, après libération, être, pour toute sa vie, sous le régime de la loi de 1854, et, à ce titre, ne sera pas astreint au travail; 2° Un condamné à moins de huit ans restera un temps égal à celui de sa peine comme libéré ayant droit à l'oisiveté. Après l'expiration de ce délai, il deviendra récidiviste ordinaire et commencera à être astreint au travail.

152. De la relégation collective. De la relégation individuelle. — La loi du 27 mai 1885 n'a fait qu'ébaucher l'organisation de la relégation que des décrets ont complétée[1]. Avant d'étudier cette organisation dans ses deux éléments : le *lieu* et le *régime*, il convient de remarquer qu'une double question a été tranchée par la loi elle-même. Le *travail obligatoire*, avec *internement à vie*, est le régime légal imposé, non pas à *tous les libérés*, mais seulement à *ceux qui ne justifieraient pas de ressources personnelles* suffisantes. Le décret réglementaire du 26 novembre 1885, a créé deux sortes de relégation : la *relégation collective* et la *relégation individuelle*, qui diffèrent par le *lieu* où elles s'exécutent, comme par le *régime* auquel sont soumis les relégués.

I. *Lieux de relégation.* — Ils sont fixés par des décrets rendus en Conseil d'État. Toutes les colonies et possessions françaises peuvent être affectées à la relégation individuelle. La relégation collective ne s'exécute, au contraire, qu'à la Guyane, ou dans les îles de la Nouvelle-Calédonie[2].

II. *Régime de la relégation.* — Deux régimes de relégation sont organisés.

[1] Les principaux décrets sont au nombre de onze. Le plus important est celui du 26 novembre qui organise deux sortes de relégation : la relégation collective et la relégation individuelle. — Cinq autres sont relatifs à la relégation collective. Ce sont : les décrets des 20 août 1886 et 24 mars 1887, déterminant les *lieux* affectés à cette relégation; celui du 22 août 1885, relatif au régime disciplinaire : celui du 5 septembre 1887, organisant les dépôts d'arrivée pour les relégués collectifs; celui du 18 février 1888, organisant les groupes ou détachements de relégués collectifs destinés à être envoyés temporairement dans d'autres colonies. — C'est un décret du 25 novembre 1888 qui a organisé la relégation individuelle. — Enfin, quatre décrets contiennent des dispositions communes aux deux espèces de relégation : c'est le décret du 11 juillet 1887, relatif à la curatelle d'office des successions et biens vacants des relégués; le décret du 11 novembre 1887, relatif au mariage des relégués; celui du 26 novembre 1888, relatif à la situation des relégués au point de vue militaire; celui du 9 juillet 1892, déterminant la forme et les conditions des demandes des relégués tendant à se faire relever de la relégation.

[2] Pour les détails, on consultera les décrets des 26 novembre 1885, 20 août 1886, 24 mars 1887.

a) Les relégués qui justifient de moyens honorables d'existence, ceux qui sont reconnus aptes à recevoir des concessions de terre, ceux qui sont autorisés à contracter des engagements de travail ou de service pour le compte de l'État, des colonies ou des particuliers, sont, après examen de leur conduite, admis au bénéfice de la relégation individuelle (D. 26 nov. 1885, art. 2, § 2; D. 15 nov. 1887, art. 2). Cette situation leur laisse la liberté dans la colonie qui leur est assignée et leur impose l'obligation de se conformer à certaines mesures d'ordre et de surveillance analogues à celles qui étaient imposées par la surveillance de la haute police. En dehors de ces obligations, les relégués sont placés sous l'empire du droit commun et relèvent des juridictions ordinaires.

b) Les relégués collectifs sont réunis dans les mêmes établissements, privés de la liberté, justiciables des conseils de guerre. Entre eux et les condamnés aux travaux forcés, il n'y a guère qu'une différence de qualification de peine.

III. *Classement des relégués.* — L'autorité, qui admet un relégué au bénéfice de la relégation individuelle, est : le ministre de l'intérieur, si le condamné est encore en France; le ministre des colonies, s'il a été transporté. La procédure suit trois phases : 1° d'abord, on prend l'avis de certaines autorités, dont l'énumération se trouve dans les art. 6, 7, 8 et 9 du décret de 1885; 2° puis, la demande est soumise à une commission de classement, composée, en France, de sept membres; dans les colonies, de trois membres; 3° la décision du ministre compétent termine cette instruction administrative. Si la demande est rejetée, un délai de six mois doit nécessairement s'écouler avant qu'elle puisse être renouvelée.

Le bénéfice de la relégation individuelle peut être *retiré* : 1° en cas de nouvelle condamnation pour crime ou délit; 2° pour inconduite notoire; 3° pour violation des mesures d'ordre et de surveillance auxquelles était soumis le relégué; 4° pour rupture volontaire et non justifiée de son engagement; 5° pour abandon de sa concession.

Le retrait est prononcé définitivement par le ministre des colonies, sur la proposition du gouverneur, et après avis de la commission de classement instituée conformément à l'art. 8. Sa décision est également portée à la connaissance des ministres de la justice et de l'intérieur (art. 10).

Avant le départ des relégués, le ministre de l'intérieur peut, en cas d'urgence et à titre provisoire, les *dispenser* de la relégation, pour cause de maladie ou d'infirmité, sur le rapport du directeur de l'établissement ou de la circonscription pénitentiaire et après avis des médecins chargés du service de santé[1].

153. L'APPRENTISSAGE DE LA RELÉGATION. — Les récidivistes doivent subir, *avant* d'être embarqués, la dernière peine à laquelle ils ont été condamnés. Ils subissent cette peine, autant que possible, dans des pénitenciers spéciaux où ils sont *entraînés* à la vie coloniale. On leur fera commencer un apprentissage industriel ou agricole, dans des ateliers ou des chantiers annexés à l'établissement; on les groupera par équipes, d'après leurs aptitudes.

§ V. — DES PEINES PRIVATIVES DE LIBERTÉ QUI S'EXÉCUTENT PAR L'EMPRISONNEMENT SUR LE TERRITOIRE CONTINENTAL.

154. Énumération. — 155. Détention. — 156. Nature de la réclusion et de l'emprisonnement correctionnel. — 157. Exécution de la réclusion et de l'emprisonnement correctionnel. — 158. Organisation des prisons départementales et des maisons centrales. — 159. Organisation du travail. — 160. Discipline. — 161. De l'emprisonnement de simple police.

154. DES PEINES QUI S'EXÉCUTENT PAR UN EMPRISONNEMENT. — Ces peines sont au nombre de quatre : 1° la *détention ;* 2° la *réclusion ;* 3° l'*emprisonnement correctionnel;* 4° l'*emprisonnement de police.*

155. DE LA DÉTENTION. — La détention a été mise au nombre des peines légales par la loi de 1832. C'est une peine *principale, criminelle et afflictive,* destinée particulièrement à la répression des *crimes politiques :* elle occupe, dans l'échelle des peines politiques, une place correspondante à celle de la réclusion dans l'échelle des peines de droit commun; mais elle diffère de la réclusion aux points de vue de sa *durée,* de son *régime* et du *lieu de son exécution* (C. p., art. 20). 1° La détention, ainsi que la réclusion, est une peine temporaire; elle est prononcée pour cinq ans au moins, et vingt ans au plus. Le maximum de la réclusion est de dix ans. 2° Ainsi que la réclusion, c'est une peine privative de liberté, mais elle en diffère : en ce que la réclu-

[1] En ce qui concerne l'application qui a été faite de la loi de 1885 et les résultats de la relégation, on lira les rapports annuels de la commission de classement. On les trouvera rapportés dans le *Bull. de la Société des prisons*, 1887, p. 431 et suiv.; 1888, p. 843 et suiv.; 1889, p. 595 et suiv.; 1890, p. 785 (Ce dernier rapport a été suivi, en 1891, d'un rapport d'ensemble sur la période quinquennale 1886-1890. *Bull.*, 1891, p. 932 et suiv.); 1892, p. 1214; 1893 (*Journ. off.* du 25 déc. 1896). Ce dernier rapport est plus optimiste que les précédents. Voy. *Rev. pénit.*, 1901, p. 898; 1902, p. 463; 1903, p. 805, etc.

sion emporte obligation au travail, tandis que la détention ne l'entraîne pas; en ce que le détentionnaire peut communiquer librement, soit avec les habitants de la forteresse, soit avec les personnes du dehors, tandis que toute communication est interdite au réclusionnaire. La *liberté de communiquer* et la *dispense du travail* sont deux caractères de la détention, qui la rendent moins sévère dans son régime que la réclusion ; et si le législateur l'a placée à un plus haut degré de l'échelle générale des peines, c'est, sans doute, à cause de sa durée plus longue. 3° La détention est subie dans des forteresses et non dans des maisons de force, de sorte que les condamnés à la détention ne sont pas en contact avec les criminels de droit commun[1].

156. De la réclusion et de l'emprisonnement correctionnel. — L'emprisonnement correctionnel et la réclusion consistent dans une *privation de liberté, avec assujettissement au travail dans l'intérieur d'une prison.* Tel est leur caractère commun. Mais ces deux peines diffèrent à plusieurs points de vue :

1° La réclusion est une peine *criminelle*, afflictive et infamante; l'emprisonnement, une peine simplement *correctionnelle.* La première seule, emporte donc la dégradation civique et l'interdiction légale.

2° Les deux peines ont une durée inégale; elles peuvent avoir un point de départ différent. La première a un *minimum* général de cinq ans, et un *maximum* général de dix ans. La seconde a un *minimum* et un *maximum* variables avec chaque délit.

3° La réclusion doit être subie dans une *maison de force;* l'emprisonnement, dans une *maison de correction* (C. p., art. 21 et 40). Mais la volonté de la loi de constituer *deux établissements distincts* pour l'exécution de ces deux peines a rencontré un obstacle matériel dans l'insuffisance de nos prisons, et des actes législatifs, postérieurs à 1810, ont dû essayer de mettre le *fait* d'accord avec le *droit.* Dès le principe, une ordonnance de 1817 (art. 1er) constitua les *maisons centrales de détention*, qui avaient été créées par un décret du 16 juin 1810, à la fois *maisons de force* pour les condamnés à la réclusion, et *maisons de correction* pour les condamnés à un emprisonnement d'un an ou plus. Puis, une ordonnance du 6 juin 1830, dans le but d'établir un rapport entre la peine qui s'exécutait dans les maisons centrales et la peine qui motivait une aggravation légale pour cause de récidive en matière correctionnelle, décida que ces établissements ne

[1] Le petit nombre des détentionnaires enlève tout intérêt à une étude concernant cette peine. Je renvoie au décret du 25 mai 1872 et à l'arrêté ministériel du 26 mai 1872. La détention se subit, aujourd'hui, dans un quartier de la maison centrale de Clairvaux.

recevraient que les condamnés à l'emprisonnement pour plus d'un an. Enfin, la loi du 5 juin 1875 (art. 2) a reculé encore la limite qui divise en deux catégories les condamnés à l'emprisonnement. Aujourd'hui, les maisons centrales sont constituées *maisons de correction* pour les individus frappés d'une *condamnation supérieure à un an et un jour*, tandis que les condamnés à une peine moindre subissent leur peine dans des *prisons* dites *départementales* ou prisons *à courtes peines*.

4° Une autre différence semble ressortir des termes des art. 21 et 40 : les correctionnels auraient la faculté de choisir entre les travaux établis dans la prison où ils subissent leur peine, tandis que ce choix serait refusé aux réclusionnaires. Mais il ne paraît pas que cette différence soit observée dans la pratique : car, pour les uns comme pour les autres, c'est l'entrepreneur de la prison ou l'administration qui réglemente la distribution du travail.

5° Une dernière différence, relative à l'affectation des gains résultant du travail des condamnés, paraît également avoir été faite, par les art. 21 et 41, entre la réclusion et l'emprisonnement ; mais, ici encore, des actes législatifs postérieurs sont intervenus. Une ordonnance du 27 décembre 1843, rendue pour les maisons centrales, mais étendue, par un arrêté du 17 mars 1844, aux prisons départementales, accorde, aux réclusionnaires, comme aux correctionnels, une part bien déterminée des produits de leur travail, qui est, en principe, des *quatre dixièmes* pour les premiers, des *cinq dixièmes* pour les seconds (Déc. 22 nov. 1893, art. 1er). Le *pécule* formé par les dixièmes est divisé en deux parties : le pécule *disponible*, et la *réserve* ou masse qui est remise au détenu le jour de sa libération [1].

157. Exécution de la réclusion et de l'emprisonnement correctionnel. — Les *maisons centrales*, ou *prisons de longues peines*, et les *prisons départementales*, ou *prisons de courtes peines*, constituent les principaux établissements pénitentiaires continentaux. Quelle est leur organisation ? leur régime de travail ? la discipline qui y règne ?

158. Organisation des maisons centrales et des prisons départementales. — J'étudierai distinctement l'organisation des maisons centrales et celle des prisons départementales.

[1] Voy. Boisseau, *Le pécule des condamnés* (Th. doct., Paris, 1899). Sur le pécule des détenus en France et à l'étranger, cons. le rapport de M. Dubois à la Société générale des prisons (*Rev. pénit.*, 1892, p. 898 et suiv., 1893, p. 12 à 36). Le pécule est-il saisissable ? Voy. Cass., 18 févr. 1895 (S. 97. 1. 403). L'école positiviste italienne demande que la partie lésée ait droit au pécule. Voy. Demogue, *De la réparation civile des délits* (Th. doct., Paris, 1898), p. 205 et suiv.

I. Les *maisons centrales* appartiennent à l'État. Destinées uniquement à contenir des *condamnés*, elles sont constituées : 1° *Maisons de force*, pour les individus des deux sexes condamnés à la peine de la réclusion et pour les femmes condamnées aux travaux forcés, conformément aux art. 21 et 16, C. p.; 2° *Maisons de correction*, pour les individus condamnés à plus d'un an et un jour d'emprisonnement (O. du 2 avril 1817, art. 1er; O. du 6 juin 1830, art. 1er; L. du 5 juin 1875, art. 2). Dans l'organisation des maisons centrales, l'administration a réalisé, depuis quelques années, une double distinction : les unes sont destinées aux *femmes*, les autres, aux *hommes*, et, parmi ces dernières, il en est d'affectées exclusivement aux *réclusionnaires*, d'autres aux *correctionnels*[1]. Mais le régime de toutes se caractérise par les traits suivants : 1° entassement, dans chaque prison, d'un trop grand nombre de condamnés; 2° promiscuité des détenus, qui subissent leur peine sous le régime de l'emprisonnement en commun. Cependant, la cellule de nuit existe dans quelques prisons.

II. Les *prisons départementales* sont établies dans les chefs-lieux de département et d'arrondissement[2]. La propriété en a été transférée aux départements où elles sont situées par un décret du 9 avril 1811, ce qui met, à la charge des départements, les dépenses de construction et de grosses réparations; les dépenses d'entretien devant incomber à l'État, qui est également chargé, depuis la loi de finances du 5 mai 1855, de l'administration de ces établissements. Sous la qualification générale de *prisons départementales*, ces établissements sont constitués : 1° *Maisons de correction* pour les condamnés à un emprisonnement correctionnel d'un an et un jour et au-dessous; 2° elles servent également, dans la plupart des villes, de *Maisons d'arrêt* pour les prévenus et de *Maisons de justice* pour les accusés; 3° enfin, les individus soumis à la contrainte par corps, en vertu de la loi du 22 juillet 1867 y sont également détenus. Dans toutes les prisons départementales, on trouve deux quartiers, l'un pour les hommes, l'autre pour les femmes. Mais le plus généralement, on se borne à cette division élémentaire. La séparation par quartiers, suivant l'âge, les antécédents, la situation des détenus, n'est observée que dans quelques-unes. Les prisons départementales ont été aménagées ou construites sans plan bien arrêté. Quelques-unes étaient cellulaires avant même la loi du

[1] On compte en France, douze maisons centrales pour les hommes, trois pour les femmes : en Corse, trois maisons pénitentiaires agricoles assimilées aux maisons centrales; en Algérie, deux maisons centrales pour les hommes et un pénitencier agricole; enfin, une maison de détention et un dépôt de forçats, en France, sont assimilés aux maisons centrales.

[2] Il existe, en France, trois cent quatre-vingts prisons départementales. L'Algérie en possède cinquante et une.

5 juin 1875 sur la réforme de prisons départementales qui est venue les soumettre *légalement* à ce régime.

Cette loi, dont j'ai dit l'origine, contient, au point de vue pénitentiaire, cinq ordres de dispositions[1] :

1° Elle ordonne l'application du régime cellulaire, avec séparation de jour et de nuit, aux *inculpés*, *prévenus* et *accusés* (art. 1er) :

2° Elle rend *obligatoire* ce même régime pour l'exécution de l'emprisonnement correctionnel d'un an et un jour et au-dessous (art. 2) ;

3° Elle le rend *facultatif*[2], sur la demande du condamné, pour l'exécution de l'emprisonnement de plus d'un an et un jour (art. 4);

4° Comme d'après cette loi et pour la *même peine*, il y a coexistence de deux modes d'exécution, l'*emprisonnement individuel*, l'*emprisonnement en commun*, et que le premier est plus sévère que le second, la loi réduit, *de plein droit*, d'un *quart*, la durée des peines subies sous le nouveau régime (art. 4). Ainsi, le juge applique, comme auparavant, la loi pénale, puis, sans autre intervention de la justice, et par une opération mathématique, la peine est réduite d'un quart à raison du temps passé en cellule. L'art. 4 pose une double limite au système de la réduction, qui ne s'opère pas, d'abord, *sur les peines de trois mois et au-dessous*[3] ; et qui ne profite ensuite aux condamnés que s'ils ont passé *trois mois consécutifs dans l'isolement et dans la proportion du temps qu'ils y auront passé*[4].

[1] Sur cette loi, comp. mon art. *Revue critique*, 1877, p. 482 et suiv.

[2] *Facultatif*, en quel sens ? en ce sens d'abord que le condamné à un emprisonnement de plus d'un an et un jour ne pourrait pas, contre sa volonté, être soumis au régime cellulaire ; d'autre part, en ce sens, que l'administration aurait le droit de rejeter la requête d'un correctionnel, condamné à plus d'un an et un jour, demandant à subir sa peine en cellule (*Sic*, Paris, 8 févr. 1876, D. 76. 2. 707). Dans le cas où l'administration accueille la requête du condamné, celui-ci est maintenu dans une maison de correction départementale jusqu'à l'expiration de sa peine, sauf décision contraire prise par l'administration, sur l'avis de la commission de surveillance de la prison (art. 4).

[3] Deux individus, coauteurs d'un même délit, ont été condamnés, l'un à *trois mois*, l'autre à *quatre mois* d'emprisonnement ; le juge, tenant compte des circonstances, a voulu marquer, par la différence de peine, la différence de culpabilité. Eh bien ! si nous prenons le texte à la lettre, — et il est difficile de l'interpréter différemment — l'un et l'autre subiront, en fait, la même peine, puisque l'un profitera d'une réduction du quart que l'autre ne pourra pas invoquer.

[4] La loi du 28 juillet 1894, ayant pour objet de réprimer les menées anarchistes, décide, dans son art. 4, que « les individus, condamnés en vertu de la présente loi, seront soumis à l'emprisonnement individuel, sans qu'il puisse résulter de cette mesure une diminution de la durée de la peine. Les dispositions du présent article seront applicables pour l'exécution de la peine de la réclusion ou de l'emprisonnement prononcée en vertu de la loi du 18 décembre 1893 sur les associations de malfaiteurs et la détention illégitime d'engins explosibles ». Voy. *L'anarchie et la répression*, n° 82.

5° La loi eût laissé son œuvre incomplète si elle ne s'était pas préoccupée des moyens d'exécution de la réforme pénitentiaire. Pour arriver à la réaliser, il faudra reconstruire ou, du moins, transformer la plupart des prisons départementales : c'est une œuvre longue et difficile qui ne peut s'accomplir que sous la direction de l'État. Or, les prisons départementales sont des établissements où l'État exerce, sans doute, un droit d'administration direct, mais dont il n'est pas le propriétaire, et la loi de 1875 n'a pas modifié la situation administrative des prisons départementales, *qui restent la propriété du département*. C'est donc au département qu'il appartiendra de prendre l'initiative de la reconstruction ou de l'appropriation de ces prisons pour l'application du nouveau régime. Cette situation a retardé jusqu'ici la mise en œuvre du régime cellulaire. De 1875 à 1894, 25 prisons départementales seulement ont été transformées. Une loi du 4 février 1893, relative à la réforme des prisons pour courtes peines, tend à faciliter cette opération, par quatre ordres de mesures : 1° Elle dispose, dans son art. 1er, que « les départements peuvent être exonérés d'une partie des charges qui leur sont imposées par la loi du 5 juin 1875, s'ils rétrocèdent de gré à gré à l'État la propriété de leurs maisons d'arrêt, de justice et de correction » ; 2° Elle permet le déclassement des prisons de cette catégorie qui ne satisfont pas aux conditions indispensables d'hygiène, de moralité, de bon ordre ou de sécurité. Ce déclassement a pour effet de mettre le département en demeure de faire procéder aux travaux prévus par l'art. 6 de la loi de 1875 (art. 2) ; 3° Elle autorise l'édification d'établissements interdépartementaux (art. 5 et 6) ; 4° Enfin, elle rend, dans certaines conditions, obligatoires, pour les départements, les dépenses d'appropriation de leur prison pour la mise en œuvre du régime cellulaire.

Pour constituer un surveillant actif et fidèle de la réforme pénitentiaire, un Conseil supérieur des prisons a été institué par la loi de 1875 (art. 9)[1].

159. Organisation du travail dans les établissements pénitentiaires. — Le travail est *obligatoire* dans les prisons centrales et les maisons départementales. Mais le principe du travail dans les prisons soulève des problèmes, à la fois *pénitentiaires* et *économiques*, qui tiennent au régime du travail (entreprise ou régie), aux réclamations de l'industrie privée, au salaire des prisonniers.

[1] Un premier décret du 3 novembre 1875 a réglé la composition et les attributions du conseil supérieur des prisons : il a été modifié par deux décrets postérieurs du 3 janvier et du 15 janvier 1881 (S. *Lois annotées*, 1881, p. 51). Une *Société générale des prisons* a été fondée en 1877, dans le même but.

I. Le Code pénal de 1810 a considéré le travail comme une aggravation du régime de la peine pour les condamnés de droit commun ; elle en a dispensé les condamnés politiques[1]. D'après les art. 40 et 41, les condamnés à l'emprisonnement correctionnel *doivent* être employés à l'un des travaux organisés dans la prison où ils subissent leur peine, et le produit *doit* en être appliqué, partie aux dépenses communes de la prison, partie à leur procurer quelques adoucissements pendant leur détention, partie à former, pour eux, au temps de leur sortie, un fonds de réserve. Le travail est également *obligatoire* pour les condamnés à la réclusion et le produit en est *facultativement* appliqué à leur profit (art. 21). Enfin les condamnés aux travaux forcés *doivent* être employés aux travaux les plus pénibles, sans qu'il soit fait mention qu'une partie du produit de leur travail doive ou puisse leur être appliquée (art. 15 et 16). Le Code pénal paraît donc implicitement consacrer une distinction entre le travail *salarié* ou *industriel*, et le travail *pénal, sans salaire*. Si l'administration appliquait la loi à la lettre, le travail serait *forcément industriel* pour les correctionnels, *facultativement industriel* ou *pénal* pour les réclusionnaires, *purement pénal* pour les forçats. En fait la pratique s'est écartée de ces indications du Code, et les ordonnances du 2 avril 1817 et du 17 décembre 1843 ont attribué à *tous les condamnés* une part dans les produits de leur travail, part qui varie de trois à cinq dixièmes, soit d'après la nature des condamnations qui les frappent, soit d'après leurs antécédents judiciaires, de sorte que le *travail pénal* n'existe plus dans nos prisons continentales : il a été remplacé par le *travail industriel*. Mais nous avons dit que le décret disciplinaire des 4-13 septembre 1891 a supprimé tout salaire en argent dans les établissements coloniaux où se subissent les travaux forcés.

II. Ce caractère du travail a donné lieu à une double question. 1° En accordant un salaire au détenu, qui est nourri, logé et garanti contre tout chômage, ne rend-on pas sa condition préférable à celle de l'ouvrier libre et n'enlève-t-on pas ainsi à l'emprisonnement le caractère répressif qu'il doit avoir? L'expérience a répondu à cette question, car les maisons centrales, où le travail est bien organisé et procure un salaire relativement élevé aux détenus, sont certainement les prisons les plus redoutées des malfaiteurs. Au point de vue pénitentiaire, du reste, en organisant le travail dans les prisons, on recherche un double résultat : diminuer les dépenses nécessitées par l'entretien des malfaiteurs au

[1] La distinction entre les condamnés politiques qui ont droit à l'oisiveté et les condamnés de droit commun qui sont soumis au travail forcé repose sur cette idée fausse que le travail est simplement une aggravation du régime de la peine, tandis que le travail ne doit jamais être considéré comme une peine.

moyen des produits de leur travail; régénérer les détenus, et préparer leur reclassement, en leur faisant contracter, dans la prison, des habitudes laborieuses. Or, ni l'un ni l'autre de ces résultats ne peut être atteint, si le travail n'a pas un caractère industriel. Comment donner à un détenu le goût du travail, s'il ne connaît que l'effort, sans récompense? Comment rendre son travail productif, s'il n'est pas excité par l'espoir d'un salaire proportionné à ses efforts? 2° L'industrie privée a souvent élevé des réclamations contre le travail dans les prisons. Elle se plaint de la concurrence de *production* et de la concurrence de *prix*. Pour donner satisfaction à la première réclamation, on a inventé, en Angleterre, des travaux *improductifs*, qui sont de nature à faire haïr le travail et à détruire son effet moralisateur. On n'a jamais songé à recourir en France à de pareils moyens. Du reste, la concurrence ne deviendrait sensible que dans le cas où il serait appliqué à un même genre de travail un nombre de détenus trop important, eu égard à celui des ouvriers libres occupés au travail similaire. De sages précautions sont prises, à ce point de vue, par les dispositions réglementaires du décret du 11 novembre 1885 (art. 71) et de l'arrêté ministériel du 15 avr. 1882 (art. 1er). Les réclamations de l'industrie privée sont mieux fondées, en ce qui concerne l'avilissement des salaires, surtout dans un certain rayon autour des prisons, transformées ainsi en foyers de production. L'administration y remédie par des règlements destinés à maintenir la balance égale. Les procédés, consistant, soit à ne faire travailler les détenus qu'en vue de l'exportation, soit à ne les employer qu'à des travaux d'utilité générale, tels que construction de routes, de chemins de fer, de prisons, soit à faire consommer par l'État les objets manufacturés dans les prisons, déplacent simplement la concurrence, mais ne la suppriment pas[1].

III. Le travail est organisé dans les prisons, suivant deux procédés : par *entreprise* ou par *régie*. Au premier cas, un entrepreneur général assume toutes les charges de la prison; il entretient, nourrit les détenus, leur fournit du travail et leur paie une rétribution. Aussi, tout le produit du travail lui est abandonné, et, de plus, il reçoit, de l'État, par jour et par détenu, une allocation qui varie, surtout par suite de la différence du prix des vivres dans chaque région, mais dont la moyenne est de 30 à 35 centimes par jour et par détenu. Au second cas, c'est l'État qui procure directement le travail aux détenus, les nourrit, les entretient, leur paie un salaire, mais recueille toutes les recet-

[1] Sur les questions multiples que soulève le travail dans les prisons, on consultera L. Herbette, *L'œuvre pénitentiaire*, p. 89; H. Joly, *Le combat contre le crime*, p. 208; *Bull. soc. des prisons*, 1890, p. 556 et suiv. (Rapport de M. Rivière); 1891, p. 353 (Rapport de M. Léveillé).

tes provenant de leur industrie. Parfois, les deux systèmes sont combinés : l'État passe des marchés spéciaux avec certains entrepreneurs, qui exploitent, moyennant une somme déterminée, une ou plusieurs des branches d'industrie organisées dans la prison. La différence entre le système de la régie et celui de l'entreprise est caractéristique, car, dans le premier, l'État conserve la direction absolue du travail et il peut l'organiser dans un but pénitentiaire; dans le second, l'État délègue une partie de l'administration de la prison à un traitant qui a pour but unique de rendre son exploitation commerciale lucrative. Un certain nombre de prisons sont données à l'entreprise : les avantages de ce système, au double point de vue économique et financier, ont fait oublier ses inconvénients au point de vue pénitentiaire[1]. L'administration a cependant une tendance, dont il faut la féliciter, à substituer la régie à l'entreprise. L'entrepreneur, qui, en fait, préside, à la production et au service financier de la prison, finit fatalement par devenir, plus que le directeur lui-même, le maître des condamnés et le chef des agents subalternes : or, l'exécution des peines, doit rester, avant tout et d'une façon exclusive, une attribution d'État. C'est, dans ce but, que, aujourd'hui, le système de la régie est général dans les maisons centrales, qui constituent les prisons de longue peine.

160. Discipline des établissements pénitentiaires. — A la tête de chaque maison centrale se trouve un directeur, qui concentre dans ses mains l'autorité disciplinaire. Il est secondé, par un personnel laïque, dans les maisons affectées aux hommes, par des religieuses appartenant aux ordres de Marie-Joseph et de la Sagesse, dans les maisons affectées aux femmes. Du reste, les prisons de femmes sont en voie de laïcisation. Le seul contrôle auquel le directeur soit soumi consiste dans la visite annuelle des inspecteurs généraux des prisons. Les commissions de surveillance près les maisons centrales, dont l'organisation avait été prescrite par une ordonnance du 5 novembre 1838, n'ont été constituées que depuis le décret du 12 juillet 1907, portant réglementation des commissions de surveillance près des maisons centrales de force et de correction et près des maisons d'arrêt, de justice et de correction.

A la tête de chaque prison départementale, et, suivant son importance, se trouve placé un directeur ou un gardien-chef qui a, sous ses ordres, un personnel, soit laïque, soit religieux. Le contrôle s'exerce

[1] Sur la question : *Bull. soc. des prisons*, 1879, p. 98 et 108; 1880, p. 455; 1881, p. 148; 1882, p. 519; 1883, p. 575; 1890, p. 356. *Les institutions pénitentiaires de la France en 1895*, p. 159.

par les visites des inspecteurs généraux et par celles des directeurs départementaux. De plus, les art. 611, 612 et 613, C. instr. cr., prescrivent des visites, qui ont rarement lieu, aux préfets, sous-préfets, présidents d'assises, juges d'instruction et maires. Enfin, des commissions de surveillance près les prisons départementales ont été créées par une ordonnance de 1819; mais, outre qu'elles ne sont pas organisées partout, leur rôle est absolument insignifiant là où elles existent[1].

Les moyens moralisateurs dans toutes ces prisons sont : 1° le travail, dont l'influence n'est pas douteuse; 2° l'enseignement religieux « qui est le principal agent direct de moralisation »; 3° l'instruction qui doit être donnée dans les prisons départementales comme dans les maisons centrales; 4° les communications avec les personnes du dehors, soit par des visites que reçoivent les détenus, soit par des correspondances qu'ils entretiennent[2].

161. De l'emprisonnement de simple police. — L'emprisonnement de police consiste dans une simple privation de liberté, *sans assujettissement au travail*. Sa durée a pour minimum un jour complet de vingt-quatre heures et pour maximum cinq jours, il est subi, soit dans les prisons dites *cantonales*, établies dans les chefs-lieux de canton, soit dans les prisons dites *municipales*, établies dans les communes importantes, soit dans les maisons d'*arrêt*[3].

§ VI. — DES PEINES RESTRICTIVES DE LIBERTÉ.

162. De la nature de ces peines. — 163. Du bannissement. — 164. Surveillance de la haute police. Interdiction de séjour qui remplace cette peine. Régime. — 165. Modifications apportées par la loi du 27 mai 1885. — 166. Caractère et durée de l'interdiction de séjour. — 167. Comment cesse l'interdiction de séjour. — 168. Rupture de ban. — 169. Interdictions spéciales de certains séjours. — 170. De la déportation et de la relégation.

162. Des peines restrictives de liberté. — La privation ou la restriction de la liberté de locomotion, soit par l'expulsion des lieux

[1] V. *Bull. Soc. des prisons*, 1883, p. 562. Voy. le décret précité qui a réorganisé les commissions de surveillance.

[2] Le régime des prisons de courtes peines affectées à l'emprisonnement en commun est réglé par un décret du 11 novembre 1885. Le règlement général pour les prisons cellulaires n'a pas encore été promulgué : le service et le régime de ces prisons sont réglementés par une instruction du 3 juin 1878 et un projet de règlement du 8 avril 1881, discuté et voté par le Conseil supérieur des prisons : *Code des prisons*, VII, p. 322; IX, p. 311.

[3] Sur ces prisons : d'Haussonville, *Les établissements pénitentiaires*, p. 59 et suiv.

où l'on réside, soit par l'obligation d'une résidence forcée dans un lieu déterminé, peuvent fournir des peines, qui ont l'avantage financier de ne pas se résoudre en une détention, tout en conservant cependant un caractère relativement répressif. Ces peines appartiennent à quatre groupes.

163. Le bannissement. — Le bannissement est une peine *infamante*, *principale*, plus spécialement réservée aux crimes *purement politiques*, de gravité secondaire (C. p., art. 8). Il consiste dans l'expulsion du condamné hors du territoire; et, si l'on s'en tient aux art. 32 et 33, C. p., qui l'organisent, il ne comporte rien de plus qu'un simple *exil*, puisque, dès qu'il a franchi la frontière, le banni jouit de la liberté commune à tous. C'est par ce côté que cette peine se distingue de la détention. Elle diffère aussi de la déportation : et par son *exécution*, puisque le banni n'est pas transporté dans des colonies pénitentiaires, mais simplement conduit sous escorte à la frontière; et par sa *durée*, puisque le bannissement est temporaire, et va de cinq ans au moins à dix ans au plus, tandis que la déportation est perpétuelle (C. p., art. 32). Le bannissement pouvant être facilement entravé, dans son exécution, par le refus des gouvernements étrangers de recevoir les condamnés, une ordonnance du 2 avril 1817 décide que, dans ce cas, le bannissement sera transformé en une détention dans une forteresse.

La rupture de ban était punie de la déportation par le Code pénal de 1810. La loi de 1832 a substitué, à ce châtiment excessif, une détention d'une durée au moins égale au temps qui reste à courir jusqu'à l'expiration du bannissement, et qui peut même être portée jusqu'au double (C. p., art. 33). La procédure, pour l'application de cette peine subsidiaire, est celle qui est organisée par les art. 518 et 519, C. instr. cr., et dans laquelle l'identité du condamné repris est constatée par la cour d'assises seule, en l'absence du jury, mais contradictoirement avec l'accusé.

164. Du renvoi sous la surveillance de la police. Sa suppression. De l'interdiction de séjour qui le remplace. — Le renvoi sous la surveillance de la haute police était, dans son but, moins une peine qu'une garantie sociale à l'effet d'empêcher la récidive. Il s'appliquait, en effet, aux individus ayant déjà subi leur peine. Le

[1] La loi du 22 juin 1886, relative aux membres des familles ayant régné en France, interdit, par une formule générale, le territoire de la République « aux chefs des familles ayant régné en France et à leurs héritiers directs par ordre de primogéniture. ».

droit même de la société de se protéger contre les libérés, en les soumettant à une surveillance spéciale, ne peut être contesté ; mais les difficultés commencent lorsqu'il s'agit de l'organiser. Il faut, en effet, que le surveillé soit constamment sous l'œil de la police, si l'on veut rendre la surveillance efficace ; mais il faut aussi que sa situation reste ignorée de tous, si l'on veut lui laisser les moyens de gagner sa vie par le travail. Concilier la surveillance de l'État, avec la nécessité de cacher à tous la situation du libéré, tel est donc le problème qu'une législation doit résoudre quand elle conserve la surveillance, et les vicissitudes, par lesquelles a passé cette institution, prouvent assez que si le législateur s'est souvent posé le problème, il n'en a jamais trouvé une solution satisfaisante.

Depuis que cette institution existe dans notre législation répressive, c'est-à-dire depuis la Révolution, trois modes de surveillance ont été, tour à tour, soit appliqués isolément, soit combinés. L'un de ces modes est si naturel et si nécessaire qu'il a été constamment en usage : il consiste à interdire aux libérés le séjour de certaines résidences dont la désignation est faite par la loi ou laissée au gouvernement. Les deux autres consistent, soit à confiner l'individu soumis à la surveillance dans un lieu déterminé, dont il ne pourra s'éloigner sans autorisation, soit à le laisser libre de choisir sa résidence et d'en changer, à certaines conditions qui permettront à la police de ne pas le perdre de vue.

Le régime de la surveillance de la haute police, édicté par la loi du 23 janvier 1874, qui contenait le dernier état de la législation sur ce point, se composait de deux éléments distincts :

1° Le condamné était, en principe, libre de choisir et de changer le lieu de sa résidence. Mais il devait, quinze jours avant sa libération, indiquer celui qu'il avait choisi ; et de plus, il ne pouvait le quitter, à moins de motifs exceptionnels, qu'après l'avoir habité pendant six mois.

2° Le gouvernement conservait le droit de déterminer certains lieux dans lesquels il était interdit au condamné de paraître après qu'il avait subi sa peine.

La loi du 27 mai 1885 a supprimé la surveillance de haute police : mais, en réalité, des deux éléments qui la composaient, elle n'a conservé que le dernier. Car la surveillance, aux termes de l'art. 19, § 2, « *est remplacée par la défense faite au condamné de paraître dans les lieux dont l'interdiction lui sera signifiée par le gouvernement avant sa libération. Toutes les autres obligations et formalités imposées par l'art. 44, C. p., sont supprimées à partir de la promulgation de la présente loi, sans qu'il soit, toutefois, dérogé aux dispositions de l'art. 635, C. instr. cr.* ».

Désormais : 1° le condamné n'est plus obligé, avant sa libération, de choisir une résidence; 2° il n'est plus obligé de résider un certain temps dans le lieu qu'il a choisi; 3° il n'a plus aucune formalité à remplir pour changer de résidence; la loi lui rend, en principe, la faculté d'aller et de venir où il veut, sauf dans les lieux dont le séjour lui est interdit.

Les interdictions de séjour sont notifiées par arrêté du ministre de l'intérieur, *antérieurement à la mise en liberté.* Certaines localités telles que : Nice et Cannes, Marseille, Bordeaux et sa banlieue, Saint-Etienne, Nantes, Lille, Pau, Lyon et l'agglomération lyonnaise, le Creusot, les départements de la Seine, de la Seine-et-Marne, de la Seine-et-Oise, sont interdites, à *titre général*, à tous les condamnés; d'autres peuvent l'être à *titre spécial.*

La situation des individus, déjà renvoyés sous la surveillance de la haute police en vertu d'une décision passée en force de chose jugée, a été réglée, en ces termes, par le paragraphe dernier de l'art. 19 : « Dans les trois mois qui suivront la présente loi, le gouvernement signifiera aux condamnés, actuellement soumis à la surveillance de la haute police, les lieux dans lesquels il leur sera interdit de paraître pendant le temps qui restait à courir de leur peine ». Ainsi : 1° ces libérés ne sont pas soumis au régime ancien de la surveillance; 2° mais il appartient au gouvernement, auquel un délai de trois mois est donné pour cela, de leur interdire le séjour de certaines localités. Et cette disposition a été applicable dès la promulgation de la loi (art. 19, § 3).

165. Les règles sur l'application de la surveillance, sur sa durée, sur sa remise et sa suppression sont applicables a l'interdiction de séjour. — Ce changement de *régime* accompli, la loi de 1885 n'a pas modifié *les dispositions antérieures qui réglaient l'application et la durée, ainsi que la remise ou la suppression de la surveillance de la haute police, et les peines encourues par les contrevenants conformément à l'art. 45, C. p.* Il en résulte qu'on doit appliquer à l'interdiction de séjour, remplaçant seule désormais la surveillance de la haute police, *toutes* les autres règles des art. 45 et suiv., C. p., qui restent en vigueur, c'est-à-dire celles qui déterminent le *caractère* et la *durée* de la mesure et celles qui édictent la *sanction* de la contravention aux prescriptions de la loi[1].

[1] Voy. Cass., 15 avr. 1886 (D. 86. 1. 239). « Les deux peines, dit la Cour de cass., ne diffèrent que par le mode de désignation des lieux où il est interdit au condamné de paraître; elles sont prononcées pour les mêmes causes, dans les mêmes conditions, pour la même durée et sous la même sanction ».

166. Caractère et application de l'interdiction de séjour. — Quels sont donc les caractères de la surveillance de la haute police qu'il faut appliquer à l'interdiction de séjour?

I. La surveillance de la haute police est qualifiée « peine » par l'art. 11, C. p. Sans doute, par sa nature et son objet, c'est moins une peine qu'une mesure *préventive :* ce qui la motive, en effet, ce sont les dangers que les antécédents du condamné peuvent faire redouter à la société. Mais elle n'en est pas moins une peine : aussi l'art. 50, C. p., interdit de la prononcer en dehors des cas où des textes formels l'autorisent.

II. La surveillance figure, dans notre système pénal, avec le caractère de peine soit *accessoire*, soit *complémentaire*, soit *principale*.

a) Le régime de la surveillance, considérée comme *peine accessoire*, a été modifié par la loi du 23 janvier 1874. Aux termes de l'ancien art. 47, C. p., la surveillance à vie était encourue, de plein droit et comme peine accessoire, par les condamnés à des peines *afflictives temporaires*, les travaux forcés à temps, la détention, la réclusion. C'était donc à la peine *principale* que la loi attachait, directement et comme accessoire obligé, la surveillance, sans se préoccuper de la *durée* et de la *gravité* de cette peine, pas plus que de la *nature* et des *circonstances* du crime pour lequel elle était encourue; de telle sorte que le Code pénal de 1810 soumettait au même régime, pour toute leur vie, des individus, qui, soit en droit, soit en fait, étaient dans des situations bien différentes. De plus, les condamnés au bannissement, peine *infamante*, encouraient la surveillance, de plein droit, pour un temps égal à celui de la peine principale.

La loi de 1874 (art. 46, § 3 ; 47, § 1er) n'a laissé à la mise en surveillance son caractère accessoire que sous cette réserve : *Néanmoins, l'arrêt ou le jugement de condamnation pourra réduire la durée de la surveillance ou même déclarer que les condamnés n'y seront pas soumis*. Ainsi, la surveillance est devenue une peine tout à la fois accessoire et facultative : *accessoire*, en ce que, dans le silence de l'arrêt ou du jugement, sur sa remise ou sa réduction, elle accompagne, de plein droit, les travaux forcés à temps, la détention, la réclusion et le bannissement; *facultative*, en ce que le jugement peut, en prononçant une peine afflictive temporaire ou la peine infamante du bannissement, réduire la durée de la surveillance au-dessous de son maximum, ou même en exempter complètement le condamné. Et comme il était à craindre que le juge n'oubliât la faculté nouvelle dont la loi l'investit, l'art. 47, § 2, décide que *si l'arrêt ou le jugement ne contient pas dispense ou réduction de la surveillance, mention sera faite, à peine de nullité, qu'il en a été délibéré.* Toutes ces dispositions sont applicables à l'interdiction de séjour.

b) Comme peine complémentaire, le renvoi sous la surveillance et, par conséquent, l'interdiction de séjour, est *ordonné* ou *permis* dans certains cas. Mais il ne peut frapper le coupable sans avoir été judiciairement prononcé. Ainsi l'art. 49 dispose : « Devront être renvoyés sous la même surveillance ceux *qui auront été condamnés pour crimes ou délits qui intéressent la sûreté intérieure ou extérieure de l'État* ». L'interdiction de séjour dépend, ici, de la nature de l'*infraction* et non de la nature de la *peine :* aussi doit-elle être expressément prononcée par la sentence de condamnation. Dans le cas où celle-ci omettrait de le faire, l'interdiction de séjour ne pourrait être appliquée. Il resterait, bien entendu, le droit, pour le ministère public, d'obtenir la cassation de l'arrêt; mais, s'il lui laissait acquérir force de chose jugée, cette omission profiterait au condamné. Cette disposition est surtout utile pour les *délits* politiques ; elle l'est aussi pour les *crimes* punis de la dégradation civique et pour ceux qui ne sont punis que d'une peine correctionnelle par suite d'une déclaration de circonstances atténuantes. Mais quelle est la durée de l'interdiction de séjour qui doit être prononcée par les juges? L'art. 49 ne le dit pas : car ces mots : *devront être renvoyés sous la même surveillance,* n'ont plus aujourd'hui de sens puisque l'art. 48 n'a nullement trait à l'indication des cas où s'exerce la surveillance et à sa durée. Il faut conclure de cette observation que les juges ont, dans ce cas, un pouvoir discrétionnaire pour fixer la durée de l'interdiction de séjour, sans qu'ils puissent cependant la prononcer pour plus de vingt années (art. 46, § 1er).

L'art. 50, en posant le principe que les *condamnés ne seront placés sous la surveillance de la haute police de l'État que dans les cas où une disposition particulière de la loi l'aura permis,* renvoie aux dispositions spéciales, assez nombreuses, par lesquelles le législateur *ordonne* ou *permet* au juge de prononcer la surveillance comme complément d'une peine *correctionnelle* (C. p., art. 57 et 58, 246, 271, 305 et suiv., 401, etc.), dispositions qui s'appliquent aujourd'hui à l'interdiction de séjour.

Les art. 46 et 47 n'investissent les juges du droit de réduire la durée de l'interdiction de séjour, ou de la remettre, que par rapport aux matières criminelles où elle fonctionne à titre de peine accessoire; mais la disposition, qui rend l'interdiction facultative dans le cas de *crimes*, doit-elle être étendue aux *matières correctionnelles?* En un mot, les juges qui statuent sur de simples délits, peuvent-ils toujours, même lorsque les dispositions du Code pénal sont conçues, par rapport à la surveillance, en *termes impératifs* (art. 271, 282, par exemple), réduire la durée de l'interdiction de séjour, ou même ne pas la prononcer du tout? Le législateur ayant eu pour but, en 1874, de restituer à la surveillance son caractère *préventif*, et de permettre aux juges d'en dispenser les coupables qu'ils ne croient pas dangereux, il serait naturel d'admettre que le tribunal correctionnel a le même pouvoir que la cour d'assises, par rapport à l'interdiction de séjour. Cette opinion ne serait cependant pas fondée, puisqu'il a fallu une disposition spéciale de la loi du 26 mars 1891, pour donner à l'interdiction de séjour le caractère de peine facultative, dans les cas prévus par les art. 57 et 58, C. p. Du reste, les tribunaux ont toujours un moyen légal d'écarter l'interdiction de séjour, c'est de déclarer l'existence de circonstances atténuantes.

c) Le renvoi sous la surveillance est une peine *principale* dans les cas prévus par les art. 100 et 213, 108 et 144, 271, cas dans lesquels l'inculpé est exempté de la peine ordinaire de l'infraction par suite de certaines circonstances déterminées par la loi. L'interdiction de séjour remplace, dans ces textes, la surveillance[1].

III. L'art. 46, § 1er, déclare que, « en aucun cas, la durée de la surveillance ne pourra excéder vingt années ». Absolue dans ses termes, cette disposition est applicable à tous les cas où la surveillance à vie est prononcée par le Code pénal. En fixant à vingt années le maximum de l'interdiction de séjour, qui remplace la surveillance, la loi n'a pas déterminé le minimum général : légalement, il n'en existe donc aucun. Mais il est recommandé aux magistrats de ne pas assigner à l'interdiction de séjour une durée inférieure à deux ans.

167. Durée de l'interdiction de séjour. — Le renvoi sous la surveillance a une durée fixée par la loi, ou par le jugement ou l'arrêt de condamnation dans les limites de la loi. L'*amnistie*, qui anéantit la condamnation, avec toutes ses conséquences pénales, et la *réhabilitation*, qui fait cesser toutes les incapacités qu'elle entraîne, mettent fin à l'interdiction de résidence. Mais quel est l'effet, sur cette peine, de la *grâce* ou de la *prescription?*

a) La grâce peut porter, soit sur la peine principale, dont l'interdiction de séjour est l'accessoire, soit sur l'interdiction de séjour elle-même. 1° Dans le premier cas, il est certain que la remise de la peine principale n'entraîne pas, de plein droit, celle de la peine accessoire. L'art. 46, § 4, tranchant, du reste, une question discutée avant 1874, décide même que : *Tout condamné à des peines perpétuelles, qui obtien-*

[1] *Sic*, Cass. 30 juin 1892 (D. 93. 1. 48).

dra commutation ou remise de sa peine, sera, s'il n'en est autrement disposé par la décision gracieuse, de plein droit sous la surveillance de la haute police pendant vingt ans[1]. 2° Si l'interdiction de séjour n'est pas supprimée par voie de conséquence, au cas où la peine dont elle est l'accessoire est remise, peut-elle, au moins, faire directement l'objet d'une mesure de grâce ou de réduction? Jusqu'en 1874, on pensait que la loi ne permettait pas d'appliquer la grâce à la surveillance de la haute police. Désormais, aux termes de l'art. 48, applicable à l'interdiction de séjour : *La surveillance pourra être remise ou réduite par voie de grâce. — Elle pourra être suspendue par mesure administrative*[2].

b) Le condamné, qui a prescrit une peine principale entraînant la surveillance, en est-il, par cela même, affranchi? La question, douteuse avant 1874, a été tranchée dans le sens de la négative (art. 48, §§ 2, 3 et 4). Il serait peu rationnel, en effet, que l'extinction de la peine principale par prescription, pût produire un effet plus complet que celui produit par la grâce ou par l'exécution même de la peine. Mais si la peine principale, au lieu d'avoir été prescrite, a été exécutée, l'interdiction n'est pas elle-même prescriptible, à compter de l'expiration de cette peine, au profit du condamné qui s'est soustrait aux obligations résultant de cette interdiction[3].

168. Sanction de l'interdiction de séjour. — La surveillance de la haute police, de nature à être facilement éludée, doit être corroborée par une peine subsidiaire, menaçant celui qui viendrait à s'y soustraire. Aussi l'art. 45, C. p., qui contient la sanction des obligations qu'impose la surveillance, déclare qu'en cas de désobéissance aux dispositions prescrites par l'art. 45, l'*individu mis sous la surveillance de la haute police sera condamné par les tribunaux correctionnels à un emprisonnement qui ne pourra excéder cinq ans*. La *rupture de ban* ne consiste plus, aujourd'hui, que dans le fait du condamné

[1] L'art. 48 ne donne pas, aux juges qui condamnent à une peine perpétuelle, la faculté de réduire ou de supprimer la surveillance de la haute police pour le cas de remise ou de commutation de peine, pas plus qu'il ne leur impose l'obligation de la prononcer, et il faudrait considérer comme non avenue, par application de l'art. 50, C. p., toute disposition de l'arrêt de condamnation qui ferait mention de la surveillance. En effet, les magistrats ne peuvent, sans excès de pouvoir, régler une éventualité qu'il ne leur appartient pas de prévoir et qui dépend uniquement de l'initiative du gouvernement : Cass., 27 mars 1880 (S. 81. 1. 32) et la note. Cette jurisprudence s'applique, bien entendu, à l'interdiction de résidence.

[2] Cette suspension est prononcée par le ministre de l'intérieur, sur la proposition du préfet, après un temps d'épreuve qui ne doit jamais être inférieur à la moitié de la durée totale de la surveillance (Décr. 30 août 1875, art. 5).

[3] *Sic*, Douai, 8 mars 1875 (D. 76. 2. 142). La question est discutée.

de paraître dans un lieu où il lui est interdit de résider. L'emprisonnement prononcé suspendra, pendant sa durée, le cours de l'interdiction de résidence. Il est, en effet, impossible que deux peines restrictives de liberté, pesant sur le même individu, puissent s'exécuter en même temps[1].

169. DES INTERDICTIONS SPÉCIALES DE CERTAINS SÉJOURS. — On trouve, dans nos lois pénales, en dehors de la surveillance de la haute police, des restrictions spéciales, prononcées, à titre de peine, au droit de libre circulation ou de résidence. Ces textes établissent une sorte de *bannissement local*. *a*) Ainsi la loi du 19 juillet 1853 permettait d'interdire, *par voie administrative*, le séjour du département de la Seine et de l'agglomération lyonnaise à certaines catégories d'individus. Cette disposition est abrogée par l'art. 19 de la loi du 27 mai 1885. *b*) Mais cet article déclare expressément maintenir les dispositions de l'art. 635, C. inst. cr., aux termes duquel, en cas de prescription d'une peine criminelle : *le condamné ne pourra résider dans le département où demeureraient, soit celui sur lequel ou contre la propriété duquel le crime aurait été commis, soit ses héritiers directs*[2]. *c*) A plus forte raison, et bien que la loi de 1885 soit muette, l'art. 229, C. p., qui autorise, en cas de violence ou voie de fait commise contre un magistrat dans l'exercice ou à l'occasion de ses fonctions (C. p., art. 228), la condamnation du coupable *à s'éloigner, pendant cinq à dix ans, du lieu où siège le magistrat, et d'un rayon de deux myriamètres*, est-il toujours en vigueur. La rupture de cet ordre est punie du bannissement (C. p., art. 229, § 2). *d*) L'art. 3, § 3 de la loi du 14 mars 1872, qui établit des peines contre les affiliés de l'Association internationale des travailleurs, est également resté en vigueur. Aux termes de ce texte, la faculté d'expulsion du territoire français, donnée, au Gouvernement, contre les étrangers, par les art. 7 et 8 de la loi du 3 décembre 1849, peut être appliquée même aux Français condamnés en vertu de l'art. 3 de la loi de 1872. Mais, à l'égard des Français, l'expulsion est temporaire, elle ne peut avoir lieu que pour une durée *maxima* de dix ans.

170. DE LA DÉPORTATION ET DE LA RELÉGATION. — La déportation

[1] Comp. Blanche, t. Ier, n. 203; Montpellier, 14 janv. 1856 (D. 56. 2. 127); Trib. de Saint-Étienne, 4 mai 1893 (*Gaz. des Trib.*, 10 mai 1893). Sur le délit de rupture de ban : Garçon, *Code pénal annoté*, art. 45, nos 1 à 19.

[2] Sur le caractère de cette mesure, les avis sont partagés. Je crois qu'il s'agit d'une peine accessoire dont l'exécution appartient au ministère public et dont la sanction se trouve dans l'art. 45.

et la relégation rentrent, à certains points de vue, dans la catégorie des peines restrictives de liberté.

Dans les deux déportations, le condamné est libre d'aller où il veut dans les limites du territoire de la déportation et n'est tenu que de rester sur ce territoire.

Il en est de même de la relégation, en tant qu'elle est subie comme relégation individuelle.

Mais, à d'autres point de vue, ces peines se rapprochent tellement des peines privatives de liberté que nous les avons étudiées avec ces dernières peines.

§ VII. — DES PEINES PRIVATIVES DE DROITS[1].

171. Des deux catégories des déchéances de droits organisées par la loi française. — 172. De la dégradation civique. — 173. De l'interdiction des droits civiques, civils et de famille. — 174. De l'interdiction légale. En quoi elle consiste. Comparaison avec la dégradation civique et l'interdiction judiciaire. — 175. De la mort civile, de son abolition, des déchéances qui l'ont remplacée. — 176. Incapacités édictées par des lois spéciales. — 177. Extinction et remise des peines privatives de droits au profit des condamnés transportés dans les colonies.

171. DES DEUX CATÉGORIES DE DÉCHÉANCES PÉNALES. — Les déchéances de droits, organisées, à titre de peines, par nos lois criminelles, se classent en deux catégories. *a*) Les unes sont la conséquence de l'indignité du coupable; il est des droits dont la jouissance ou l'exercice doit être refusé à certains condamnés. A cette classe appartiennent : la *dégradation civique;* l'*interdiction de certains droits civiques, civils et de famille;* la *faculté accordée au conjoint du condamné de demander la séparation de corps ou le divorce;* la *déchéance de la puissance paternelle.* *b*) D'autres déchéances ont été établies, principalement pour maintenir, entre les détenus, l'égalité dans le châtiment, mais aussi parce qu'il eût été difficile aux condamnés d'exercer, pendant l'exécution de leur peine, les droits dont ils sont privés: telles sont : l'*interdiction légale;* la *double incapacité de disposer et de recevoir à titre gratuit par donation ou par testament;* la *privation pour le mari du droit d'autorisation maritale.*

Pour traiter cette matière, on pourrait emprunter, en n'y ajoutant qu'un mot, l'intitulé d'une section du Code civil : *De la privation des*

[1] BIBLIOGRAPHIE : Humbert, *Des conséquences des condamnations pénales relativement à la capacité des personnes* (1855); Nusse, *Études sur les droits civils des condamnés aux peines du grand criminel* (1876); Depeiges, *Étude sur les effets civils des condamnations pénales* (1889).

droits civils (et politiques) par suite de condamnations judiciaires (art. 22 à 34). Malgré la généralite de cet intitulé, ce Code ne s'occupait pas de toutes les privations de droits civils qui peuvent résulter de condamnations pénales; il traitait exclusivement de la *mort civile*, abolie par la loi du 31 mai 1854. Mais, en dehors de la mort civile, diverses dispositions du Code pénal avaient établi un ensemble de déchéances civiles et politiques, accompagnant, tantôt comme peines complémentaires, tantôt comme peines accessoires, les peines principales en matière criminelle ou correctionnelle. Ainsi, la condamnation à la peine de mort ou à des peines afflictives perpétuelles entraînait, de plein droit, la *mort civile;* la condamnation aux peines afflictives temporaires entraînait également, de plein droit, la *dégradation civique* et l'*interdiction légale;* la condamnalion à la peine infamante du bannissement emportait la *dégradation civique*. En matière correctionnelle, l'*interdiction de certains droits civiques, civils et de famille* pouvait être le complément de la peine d'emprisonnement. Enfin, toutes les peines criminelles donnaient, au conjoint du condamné, le droit de demander la *séparation de corps* et privaient le mari du droit d'*autoriser sa femme*. Il faut remarquer que, jamais les condamnations de police n'ont porté atteinte aux droits civils ou politiques du condamné, car une déchéance de droit serait hors de proportion avec le peu de gravité des contraventions.

172. De la dégradation civique. — La dégradation civique est une peine *criminelle infamante*, qui entraîne, d'après l'art. 34 : 1° la privation de tous les *droits politiques*, c'est-à-dire les droits en vertu desquels chaque citoyen contribue au gouvernement du pays; 2° la privation d'un certain nombre de *droits publics*, droits qui sont, soit des facultés assurées à tous, comme le droit de port d'armes; soit des distinctions accordées ou autorisées par le chef de l'État, comme le droit de porter des décorations; soit une participation à la puissance publique, comme le droit d'occuper une fonction, un emploi ou un office public, le droit de servir dans les armées, et d'être juré, expert, témoin[1], professeur ou surveillant dans une maison

[1] En principe, le témoignage en justice n'est pas l'exercice d'un droit, c'est l'accomplissement d'un devoir. Déclarer, d'une manière absolue, incapable de déposer en justice, celui qui a subi une condamnation criminelle, c'est l'affranchir d'une obligation que la loi impose à toute personne et s'exposer à se priver des renseignements utiles qu'il peut donner. Comp. sur ce système : Molinier, *op. cit.*, p. 166. Du reste, les inconvénients de ce système sont, en pratique, très amoindris par la faculté d'entendre le témoignage de cet individu à titre de renseignement. Voy. sur tous ces points mon *Traité théor. et prat. d'instr. crim.*, t. II, n° 407.

d'enseignement[1] ; 3° enfin la privation de *certains droits de famille*, tels que celui de faire partie d'un conseil de famille, d'être tuteur, curateur, conseil judiciaire, si ce n'est de ses propres enfants, et sur l'avis conforme du conseil de famille, auxquels il faut ajouter le droit de puissance maritale, qui est perdu *pendant la durée de la peine* (C. civ., art. 221).

a) La dégradation civique fonctionne quelquefois comme peine *principale;* c'est à ce titre qu'elle est comprise dans l'énumération de l'art. 8, C. p. Elle est alors réservée aux crimes *politiques* les moins graves. Mais, telle est la nature de cette peine, qu'elle ne peut également atteindre tous les coupables : s'il tombe sur des étrangers, ou sur des Français ayant perdu la qualité de citoyens et ne se souciant guère de leurs droits politiques, publics ou de famille, le châtiment perd toute son efficacité. Aussi l'art. 35, C. p., autorise les juges, toutes les fois que la dégradation civique est prononcée comme peine principale, à l'accompagner d'une peine *complémentaire* d'emprisonnement. Le maximum de cet emprisonnement est fixé à cinq ans; la loi n'ayant pas déterminé son minimum, il faut donner au juge le droit de l'abaisser jusqu'au minimum de l'emprisonnement correctionnel, c'est-à-dire jusqu'à six jours. La prononciation de cette peine complémentaire est *obligatoire*, pour le juge, quand le coupable est un étranger, ou un Français ayant perdu la qualité de citoyen; elle est *facultative*, dans les autres cas.

b) Le plus souvent, la dégradation civique fonctionne comme une peine *accessoire* des peines principales criminelles; elle existe alors de plein droit, c'est-à-dire que, dès l'instant où les tribunaux ont prononcé l'une des condamnations auxquelles elle est attachée, la dégradation civique est encourue, sans qu'il soit besoin pour les juges d'en

[1] Le dégradé est destitué pour le passé, *exclu* pour l'avenir « de toutes *fonctions, emplois ou offices* publics ». La formule dont se sert la loi est des plus larges. Non seulement le condamné ne peut plus être dépositaire d'une portion de l'autorité gouvernementale ou administrative, mais toute participation, même lointaine, à titre d'employé, aux fonctions publiques, lui est interdite. La loi va plus loin encore : elle lui défend d'être officier public, de remplir pour l'avenir une de ces charges dont le titulaire a le droit de présenter un successeur à l'agrément du chef de l'État, elle l'en déclare destitué pour le passé. Or, l'art. 91 de la loi du 28 avril 1816 dispose que la faculté de présentation « n'aura pas lieu pour les titulaires *destitués* » ; de telle sorte que la dégradation civique, encourue par un avocat à la Cour de cassation, un notaire, un avoué, un greffier, etc., emporte *confiscation* de la valeur pécuniaire du droit de présentation, c'est-à-dire de la propriété de l'office. C'est là une disposition rigoureuse qui devra être modifiée le jour où cette « loi particulière, annoncée par l'art. 91 et qui n'a pas encore été faite depuis 1816, viendra organiser le droit des officiers ministériels sur leur office ».

faire mention dans leur sentence, et sans qu'il soit en leur pouvoir d'en dispenser le condamné. Aux termes de l'art. 28, C. p. : *La condamnation à la peine des travaux forcés à temps, de la détention, de la réclusion, du bannissement, emportera la dégradation civique*. Ce texte n'attachait la dégradation civique qu'aux condamnations à des peines criminelles *temporaires*, la mort civile, dans laquelle la dégradation civique se trouvait comme absorbée, étant déjà la conséquence nécessaire des condamnations aux peines perpétuelles. Depuis l'abolition de la mort civile, les condamnations aux peines *perpétuelles*, emportent également la dégradation civique, qui est l'ensemble le plus considérable de déchéances de droits existant dans notre système répressif (L. 31 mai 1854, art. 3). La dégradation civique est donc l'accessoire de toutes les condamnations à des *peines criminelles afflictives* ou simplement *infamantes*, émanant d'un tribunal français.

Prononcée comme peine principale ou encourue comme peine accessoire, la dégradation civique a toujours deux caractères : elle est indivisible et perpétuelle : *indivisible*, c'est-à-dire qu'elle se compose d'un ensemble de déchéances qu'il est interdit aux juges de scinder; *perpétuelle*, c'est-à-dire que les juges ne sauraient décider qu'après un certain laps de temps le condamné sera relevé des déchéances qu'elle entraîne. La dégradation civique ne peut cesser que par l'effet de l'*amnistie* ou de la *réhabilitation*.

La dégradation civique avait été organisée par le Code pénal de 1791, avec un certain appareil théâtral, dans les mœurs de l'époque. Elle résulte simplement aujourd'hui de l'arrêt de condamnation.

Cette peine a de graves défauts : non seulement elle est *inégale*, puisque l'exclusion et la destitution de tous emplois publics, déchéances très dures pour certains condamnés, sont des peines nominales pour d'autres, mais elle est encore *inefficace*, puisqu'elle accorde souvent une dispense là où elle entend frapper d'une déchéance. C'est ainsi que l'incapacité de servir dans l'armée n'est pas considérée comme un déshonneur par beaucoup de condamnés, heureux de se voir exonérer ainsi du service militaire[1]. La dégradation civique est même *nuisible* aux tiers, car, en dépouillant le condamné de l'aptitude légale pour être juré, expert ou témoin, elle frappe, en réalité, ceux qui auraient besoin de son assistance. Pour donner satisfaction, en partie, à ces

[1] En ce qui concerne la garde nationale, l'incapacité est aujourd'hui sans application, puisque les gardes nationales ont été dissoutes par une loi du 25 août 1871. Quant à l'exclusion de l'armée, la disposition trop absolue de l'art. 34 a été corrigée par les lois sur le recrutement.

critiques, il suffirait de faire, dans tous les cas, de la dégradation civique, une peine *complémentaire* et *divisible*, en lui assurant ainsi l'élasticité propre à un châtiment correctionnel, l'interdiction des droits civiques, civils et de famille[1].

173. De l'interdiction des droits civiques, civils et de famille. — Cette peine est ainsi organisée par l'art. 42 : *Les tribunaux jugeant correctionnellement pourront, dans certains cas, interdire, en tout ou en partie, l'exercice des droits civiques, civils et de famille suivants : 1° de vote et d'élection; 2° d'éligibilité; 3° d'être appelé ou nommé aux fonctions de juré ou autres fonctions publiques, ou aux emplois de l'administration, ou d'exercer ces fonctions ou emplois; 4° du port d'armes; 5° de vote et de suffrage dans les délibérations de famille; 6° d'être tuteur, curateur, si ce n'est de ses enfants et sur l'avis seulement de la famille; 7° d'être expert ou employé comme témoin dans les actes; 8° de témoignage en justice autrement que pour y faire de simples déclarations.*

Cette peine se rapproche de la dégradation civique, par sa nature; c'est une *déchéance de droits*. Mais elle en diffère à plusieurs points de vue : 1° La dégradation civique est une peine *criminelle, infamante;* l'interdiction, une peine *correctionnelle.* 2° La dégradation civique est quelquefois une peine *principale*, le plus souvent, une peine *accessoire;* elle est alors encourue de plein droit et sans avoir besoin d'être prononcée. L'interdiction n'a jamais ce dernier caractère; elle doit toujours être prononcée et ne peut l'être, aux termes de l'art. 43, que dans le cas où son application *aura été autorisée ou ordonnée par une disposition particulière de la loi.* 3° Les déchéances résultant de la dégradation civique constituent un tout *indivisible*, tandis que l'art. 42 permet aux juges de diviser celles qu'il prononce pour les approprier au caractère de chaque délit. Cet article se borne donc à indiquer les déchéances qui peuvent être appliquées en matière correctionnelle : il forme un réservoir commun dans lequel le juge peut puiser, pour choisir, parmi les diverses déchéances qu'il contient, celles qui lui semblent le plus en rapport avec le délit qu'il constate. 4° Les déchéances, dont se compose la peine correctionnelle, sont également *moins complètes* que celles qui forment la peine criminelle : ainsi, le droit de servir dans l'armée française, celui de porter des décorations, de tenir école, d'être employé dans un établissement d'instruction publique, ne sont pas retirés par la peine correctionnelle

[1] Voir proposition déposée par M. Cruppi à la Chambre des députés, le 3 février 1905 (*Rev. pénit.*, 1905, p. 303, note 4 et p. 418).

qui nous occupe. Bien plus, l'art. 42, qui permet aux juges correctionnels d'interdire l'exercice des *fonctions* ou des *emplois publics*, ne leur donne même pas, dans ses termes, le droit d'interdire aux condamnés l'exercice des *offices publics* : ce silence est significatif si l'on compare l'art. 42, § 3, à l'art. 34, § 1er, C. p., et si l'on se souvient que toute pénalité est de droit étroit. Aussi faut-il décider qu'un jugement ou un arrêt, condamnant un officier ministériel à la peine d'emprisonnement, pour un de ces délits à la répression desquels les juges sont autorisés à ajouter les peines de l'art. 42, C. p., ne peut ordonner qu'il sera, à l'expiration de sa peine, interdit pendant un certain nombre d'années de l'exercice de ses fonctions. 5° Enfin, tandis que la dégradation civique est toujours *perpétuelle*, l'interdiction est presque toujours *temporaire*. Dans les cas prévus par les art. 171 et 175, elle est cependant perpétuelle; dans deux autres cas, prévus par les art. 89 et 91, la loi n'en a pas fixé le terme et en a laissé l'indication aux tribunaux, qui sont libres, par conséquent, de lui donner une durée temporaire ou de la rendre perpétuelle.

174. De l'interdiction légale. — Il n'est parlé de l'interdiction légale que dans trois articles du Code pénal, les art. 29, 30 et 31, mais sous une forme tellement concise, qu'il n'est presque aucune des nombreuses questions que soulève cette institution qui ne puisse être et ne soit, en effet, controversée. Quel est le but de l'interdiction légale? Quelles sont les incapacités qu'elle entraîne? Quelle est la sanction de ces incapacités? Dans quel cas est-elle encourue? Ce sont là autant de problèmes pour la solution desquels nous ne trouvons dans la loi que des indications insuffisantes. Nous allons les reprendre et les examiner.

Il n'existait, dans notre ancienne législation criminelle, aucune institution qui pût être comparée à l'interdiction légale : c'est le Code pénal de 1791 (tit. IV, art. 2) qui l'a organisée en ces termes : *Quiconque aura été condamné à l'une des peines des fers, de la réclusion, de la gêne, de la détention..., ne pourra, pendant la durée de la peine, exercer, par lui-même, aucun droit civil; il sera, pendant ce temps, en état d'interdiction légale et il lui sera nommé un curateur pour gérer et administrer ses biens.* Ainsi l'interdiction légale avait pour effet d'enlever au condamné l'exercice de *tous* ses droits civils. Sur la nature et l'étendue de l'incapacité, la loi était donc formelle; mais elle ne l'était pas sur le point de savoir par qui serait nommé le curateur de l'interdit : la jurisprudence avait conclu de son silence que ce curateur devait être désigné par les tribunaux. Le Code pénal de 1810 reproduisit, à peu près dans les mêmes termes, la disposition que je viens de citer, mais en y ajoutant que le curateur serait nommé *dans les formes prescrites pour la nomination des tuteurs aux interdits.* En outre, une phrase, insérée dans le texte du Code pénal de 1791, disparut du texte de l'art. 29, C. p. de 1810, celle d'après laquelle le condamné ne pourrait plus *exercer, par lui-même, aucun droit civil.* La loi de revision de 1832 a substitué, dans l'art. 29 comme étant plus exacts, au mot *curateur*, ces mots *tuteur* et *subrogé, tuteur*, de telle sorte que le texte actuel est ainsi conçu : *Quiconque aura été condamné à la peine des travaux forcés à temps, de la détention ou de la réclusion, sera, de plus, pendant la durée de sa peine, en état d'interdiction légale; il lui sera nommé un tuteur et un subrogé tuteur pour gérer et administrer ses biens, dans les formes, prescrites pour les nominations des tuteurs et subrogés tuteurs aux interdits.*

Ainsi, l'interdiction légale est la *privation, par suite de condamnations pénales, de l'exercice des droits civils.* Le condamné qu'elle frappe est assimilé, par la loi elle-même, à l'individu interdit par décision des tribunaux civils pour cause de démence, d'imbécillité et de fureur habituelles. Il existe donc deux institutions, qui ont, dans leur effet comme dans leur organisation, de profondes analogies, mais qui diffèrent évidemment dans leur but : l'*interdiction légale* et l'*interdiction judiciaire.* Le but de la loi civile, en permettant aux tribunaux de mettre en tutelle, est d'organiser un moyen de protection pour les personnes dont l'esprit est affaibli ou dérangé ; mais quel est le but de la loi pénale, en enlevant l'exercice de leurs droits civils aux individus condamnés à certaines peines? L'explication qu'on en donne d'ordinaire, c'est que le condamné, s'il n'était pas interdit, conserverait l'administration de son patrimoine et pourrait user de ses ressources pour adoucir sa position, si bien que, contrairement au principe de l'égalité des peines, la situation du condamné riche serait préférable à celle du condamné pauvre. Mais ne suffit-il pas d'un régime pénitentiaire bien organisé, et surtout bien surveillé, pour enlever au condamné tout moyen d'adoucir sa position par ses ressources personnelles? On a cherché, à l'institution qui nous occupe, une autre raison d'être, dans la crainte que le condamné, s'il conservait l'administration de sa fortune et sa capacité, ne s'en servît peut-être pour se procurer à prix d'argent des moyens d'évasion. Ce motif, meilleur que le précédent, ne me satisfait pas complètement non plus, car l'organisation du régime pénitentiaire suffit encore pour prévenir ce danger. Le principal motif de l'interdiction légale, motif qui me paraît justifier à la fois cette institution et en limiter la portée, c'est que la capacité du condamné serait incompatible avec sa situation.

En définitive, et tant qu'il subit sa peine, le condamné n'a pas, *en fait* l'administration de sa fortune ; lui conserverait-on sa capacité, *en droit*, qu'il ne pourrait pas s'en servir ? Privé d'un administrateur, son patrimoine resterait en souffrance. La loi lui enlève cette capacité ; elle lui donne un tuteur et organise ainsi, dans l'interdiction légale, une incapacité de droit, parallèle à l'incapacité de fait. En cela l'interdiction légale, tout en assurant l'efficacité du châtiment principal, sauvegarde aussi les intérêts du condamné : elle a donc le double caractère d'une mesure pénale et d'une mesure protectrice, ce qui explique : 1° en quoi elle diffère de la dégradation civique ; 2° de l'interdiction judiciaire ; 3° et quels sont les condamnés qu'elle atteint.

I. Elle diffère de la dégradation civique aux points de vue suivants : *a*) L'interdiction légale n'est pas, comme la dégradation civique, une privation de la *jouissance* des droits civils, mais simplement une incapacité relative à leur *exercice :* elle ne prive pas le condamné du droit d'être propriétaire, créancier, usufruitier, etc., mais elle lui enlève la faculté d'exercer ces droits par lui-même. *b*) C'est surtout après l'exécution de la peine principale, à laquelle elle est attachée, que la dégradation civique présente quelque utilité : aussi survit-elle à l'exécution de cette peine ; c'est, au contraire, pendant la durée de la peine principale que l'interdiction légale peut s'appliquer ; elle n'a plus de raison d'être quand la peine a cessé : elle est attachée à l'exécution de la peine plutôt qu'à la condamnation. *c*) Aussi tandis que la dégradation civique est la conséquence d'une condamnation par contumace, l'interdiction légale ne peut résulter que d'une condamnation contradictoire, car aucune peine corporelle prononcée par contumace, ne doit être exécutée. *d*) L'interdiction légale, à l'inverse, n'accompagne pas les condamnations au bannissement, qui entraînent cependant la dégradation civique, différence qui s'explique, puisque le *bannissement,* qui ne consiste, *en droit,* que dans un simple exil, n'enlève pas *en fait,* au condamné, l'administration de sa fortune, et ne nécessite pas, légalement parlant, l'établissement d'une tutelle.

II. Le double caractère de l'interdiction légale explique également en quoi cette institution diffère de l'interdiction judiciaire, en quoi elle lui ressemble.

L'une et l'autre ont un but commun : assurer la conservation et l'administration de biens appartenant à une personne qui est incapable de les gérer elle-même. D'où il suit : 1° que le personnel de la tutelle est composé de la même manière en cas d'interdiction légale et en cas d'interdiction judiciaire ; 2° que la loi n'organise pas seulement, dans l'interdiction légale, une *tutelle;* elle frappe le condamné d'une *incapacité*[1].

Mais l'interdiction judiciaire n'est qu'une mesure de protection, tandis que l'interdiction légale est aussi une mesure pénale. D'où les différences suivantes entre les effets de l'une et de l'autre : 1° Le tuteur de l'individu en démence doit employer les revenus de ses biens à adoucir son sort (C. civ., art. 510); celui du condamné ne peut rien lui remettre (C. p., art. 31). 2° Tandis que l'interdiction judiciaire place l'individu qu'elle atteint dans un état d'incapacité complète, l'interdiction légale, en enlevant au condamné le droit général d'*administrer* ses biens et d'en *disposer,* lui laisse cependant l'exercice des droits personnels pour lesquels le tuteur ne peut le représenter; par exemple, celui de reconnaître un enfant naturel, de faire son testament[2], de se marier, de consentir au mariage de ses enfants. L'art. 29, C. p., ne dit pas, en effet, comme le faisait le Code pénal de 1791, que l'interdit ne pourra exercer, par lui-même, aucun droit civil, et ce silence est significatif. 3° D'après l'art. 1125, C. civ., l'interdit judiciaire peut seul attaquer ses engagements pour cause d'incapacité; au contraire, lorsqu'il s'agit de l'interdiction pénale, les actes, pour lesquels l'interdit n'avait pas capacité, sont frappés d'une *nullité absolue* qui peut être invoquée par tous les intéressés, parce qu'il s'agit d'une mesure d'intérêt général, établie non seulement en vue de protéger l'incapable, mais en vue d'assurer l'action des lois répressives.

III. L'interdiction légale, étant destinée tout à la fois à protéger l'exécution de la peine principale, que la capacité du condamné pourrait rendre inefficace, et à pourvoir, par l'organisation d'une tutelle, à l'abandon dans lequel se trouvent les biens du condamné qui subit sa peine, a son application limitée, aux points de vue des *peines* dont elle est l'accessoire, de sa *durée* et des *condamnations* d'où elle résulte. Les seuls condamnés qu'elle atteint sont ceux qui ont à subir une peine *afflictive*, c'est-à-dire, d'après l'art. 29, C. p., les condamnés à la peine des travaux forcés à temps, de la détention et de la réclusion, et pendant la durée de leur peine seulement. Les condamnés aux peines perpétuelles, qui échappaient, sous le système du Code pénal, à l'interdiction légale, parce qu'ils étaient frappés de mort civile, y

[1] L'interdiction légale n'enlève donc pas seulement au condamné l'administration de ses biens : « elle lui enlève de plus le droit de consentir tout acte d'aliénation et de dessaisissement qu'il ne pourrait faire par lui-même sans porter atteinte aux règles qui régissent l'administration de ses biens ». *Sic*, Cass., 27 févr. 1883 (S. 84. 1. 65), avec une note de Villey et les conclusions du procureur général Barbier.

[2] Dans ce sens : Cass., 27 févr. 1883, précité.

sont aujourd'hui soumis depuis la loi du 31 mai 1854 (art. 2). Mais si le domaine de l'interdiction légale s'est élargi, sa nature n'a pas changé; elle est demeurée l'accessoire des peines afflictives, puisque les peines perpétuelles ont ce caractère. De plus, ainsi que nous l'établirons plus tard, elle ne peut résulter que d'une condamnation contradictoire.

175. De la mort civile. De son abolition. De l'ensemble de déchéances qui l'ont remplacée. — C'était à côté et au-dessus de ces déchéances que se plaçait la mort civile, vieille institution qui était une déformation de la *capitis deminutio* romaine. Ses effets étaient énumérés par l'art. 25, C. civ. Sans rechercher, — ce qui n'aurait aujourd'hui qu'un intérêt rétrospectif, — si cette énumération était complète, on s'aperçoit que le législateur, par une cruelle fiction, s'était efforcé de faire produire à la mort civile tous les effets de la mort naturelle[1]. Ainsi d'abord, la succession du condamné était ouverte et ses héritiers venaient la recueillir « de la même manière que s'il était mort naturellement »; mais, par une inconséquence difficile à expliquer, la loi refusait aux légataires le bénéfice du testament fait par le condamné en temps de capacité. Après avoir ainsi enlevé au condamné toute sa fortune, on consentait à lui laisser les moyens de vivre par son travail; il était donc, en principe, capable d'acquérir d'autres biens, de les vendre, de les échanger. Mais il ne pouvait recueillir aucune succession, ni disposer de ses biens, en tout ou en partie, soit par donation entre-vifs, soit par testament, ni recevoir à ce titre, si ce n'est pour cause d'aliments. Ses liens de parenté semblaient même rompus; car, à sa mort naturelle, ses biens ne passaient pas à sa famille par droit de succession, ils appartenaient à l'État « par droit de déshérence ». Le condamné était incapable de contracter un mariage valable; et, même, le mariage, par lui contracté précédemment, était dissous quant à tous ses effets civils.

Ainsi, la mort civile rompait, de vive force, les liens de la famille et du mariage. Elle faisait revivre, sous le nom de déshérence, la confiscation que la charte de 1814 avait abolie; et en écartant des successions le condamné, elle en écartait, en même temps, sa famille. Peine anti-sociale, anti-chrétienne et anti-juridique, elle n'avait pu être inventée que par une législation admettant l'esclavage, et constituait ainsi, comme l'écrivait Rossi, en 1829, « un anachronisme dans les lé-

[1] Le cercle des incapacités produites par la mort civile était difficile à tracer. Le condamné était un *mort vivant;* il s'agissait toujours de savoir ce qui l'emportait de la réalité ou de la fiction.

gislations modernes ». Aussi, fut-elle abolie de bonne heure dans la plupart des pays où nos Codes survécurent à la domination de nos armes. En Belgique, ce fut la Constitution même qui la supprima en 1831. Bien souvent, en France, il fut question de prendre la même mesure. La loi du 8 juin 1850 porta à la mort civile une première atteinte, en décidant que la déportation, réorganisée, emporterait seulement la dégradation civique et l'interdiction légale. Au reste, l'art. 8 de cette loi déclarait que cette mesure n'était pas applicable aux crimes commis avant qu'elle fût promulguée ; les condamnés pour crimes antérieurs, toujours détenus dans des forteresses, continuèrent à être soumis au régime de la mort civile. Ce fut une loi du 31 mai 1854 qui supprima entièrement la mort civile.

Parmi les dispositions que contient cette loi, les unes ont pour but d'abolir la mort civile et d'y substituer de nouvelles incapacités, les autres de régler la situation des condamnés antérieurement frappés de mort civile; ces dernières, contenues dans les art. 5 et 6 de la loi, ont un caractère transitoire. Nous allons en dire quelques mots, avant d'aborder l'étude des incapacités qui ont remplacé la mort civile[1].

I. On sait qu'une loi nouvelle, supprimant une peine, n'a pas pour effet d'anéantir les condamnations passées en force de chose jugée qui ont appliqué cette peine antérieurement à sa promulgation ; mais il est du devoir du législateur, par une mesure transitoire, d'étendre le bénéfice de la loi nouvelle à ces condamnations. C'est ce qui a été fait par l'art. 5 de la loi de 1854. Ce texte décide que les effets de la mort civile, déjà encourue lors de la promulgation de la loi, cesseront, pour l'avenir, *sauf les droits acquis aux tiers*. Le condamné revient donc à la vie civile; mais sa succession, qui avait été ouverte, ne lui est pas rendue. Il ne peut davantage prétendre aux successions que son incapacité l'avait empêché de recueillir et qui, à son défaut, étaient devenues la propriété d'autres personnes. Les droits d'usufruit, qui par suite de sa condamnation avaient fait retour à la nue propriété, sont, pour lui, irrévocablement perdus. Celui qui a été son conjoint, et qui est devenu libre par sa condamnation, conserve le droit de se remarier. Mais, pour l'avenir, le condamné est placé sous le régime établi par la loi du 31 mai 1854 : il peut désormais recueillir des successions, et, à sa mort naturelle, les biens qu'il aura acquis depuis sa condamnation n'appartiendront plus à l'État ; ils seront dévolus à ses héritiers naturels. Seulement le condamné sera soumis à la dégradation civique, à

[1] Sur cette loi : Bertauld, *Questions controversées sur la loi du 31 mai, portant abolition de la mort civile.*

l'interdiction légale, à la double incapacité de recevoir et de disposer à titre gratuit, c'est-à-dire au régime de la loi nouvelle.

II. Le législateur de 1854 ne pouvait, en effet, supprimer la mort civile sans la remplacer, puisque, dans le système du Code pénal, toutes les peines afflictives temporaires emportaient la dégradation civique et l'interdiction légale, et qu'il eût été contradictoire de frapper moins durement les condamnés à des peines perpétuelles que les condamnés à des peines temporaires. Aussi la loi de 1854 a remplacé la mort civile par l'ensemble des déchéances suivantes : 1° la dégradation civique; 2° l'interdiction légale; 3° la double incapacité de disposer et de recevoir à titre gratuit, à laquelle s'ajoute la nullité du testament fait par le condamné en temps de capacité (art. 2 et 3).

Les peines *perpétuelles*, qui emportent cet ensemble de déchéances, sont : les *travaux forcés à perpétuité*, la *déportation* soit *simple* soit *dans une enceinte fortifiée*, et la *peine de mort*. Qu'on ne s'étonne pas de voir ces déchéances frapper un condamné à mort. Si la peine n'est pas exécutée par suite d'une commutation ou d'une remise de peine, d'une évasion, de la prescription, ces déchéances n'en seront pas moins encourues; si elle est exécutée, le testament du condamné, fait avant ou après la condamnation, sera sans effet.

Ainsi, l'interdiction légale et la dégradation civique forment aujourd'hui l'état général de tous les condamnés à des peines *afflictives*. Mais la double incapacité de disposer et de recevoir s'ajoute, pour les *condamnés aux peines afflictives perpétuelles*, à ces deux déchéances. L'art. 3 de la loi de 1854 est ainsi conçu : *Le condamné à une peine afflictive perpétuelle ne peut disposer de ses biens, en tout ou en partie, soit par donation entre-vifs, soit par testament, ni recevoir à ce titre, si ce n'est pour cause d'aliments. — Tout testament par lui fait antérieurement à sa condamnation contradictoire, devenue définitive, est nul.*

Cette incapacité spéciale est un débris de la mort civile, recueilli par la loi de 1854 dans l'art. 25, C. civ. Le législateur a voulu laisser subsister une différence entre les condamnés aux peines perpétuelles et les condamnés aux peines temporaires. Mais la survivance de cette déchéance n'est pas heureuse, car, peu utile au point de vue de la répression[1], elle a, au contact des faits, des résultats souvent injustes et contradictoires. Je signale deux de ses conséquences. On sait que la

[1] Sur ce point, comp. les observations de Molinier, *op. cit.*, p. 145. Les Codes les plus récents laissent aux condamnés le droit de disposer de leurs biens à cause de mort : Code pénal belge (art. 12); Code pénal hollandais (art. 37); Code pénal espagnol (art. 43); Code pénal genevois (art. 11 et 12).

loi permet au père de famille de faire, de son vivant, le partage de tous ses biens entre ses enfants : cet acte, favorisé de la loi, sera cependant empêché si, parmi les enfants, il s'en trouve un qui ait été condamné à une peine perpétuelle, car le partage d'ascendant n'est valable qu'à deux conditions, impossibles à réaliser : il faut qu'il soit fait sous forme de donation ou de testament et qu'il comprenne tous les enfants (C. civ., art. 1076 et 1078). La déchéance de l'art. 3 entravera donc ici un acte utile. Ailleurs, elle aura pour résultat une inconséquence. Le condamné à une peine perpétuelle, malgré l'interdiction légale qu'il encourt, peut néanmoins contracter mariage. Eh bien, la loi l'empêche, par l'incapacité dont elle le frappe, de faire ces libéralités, usuelles entre futurs époux, qu'elle encourage ordinairement. Il est vrai que, d'après l'art. 4 de la loi du 31 mai 1854, le Gouvernement a le droit de relever le condamné de ces déchéances, ce qui viendra remédier aux inconvénients que nous signalons. Mais n'aurait-il pas mieux valu les empêcher de se produire ?

S'il est facile de constater que l'art. 3 ajoute, pour les condamnés à des peines perpétuelles, à l'interdiction légale dont ils sont frappés, l'incapacité de *recevoir* à titre gratuit, il est plus difficile, si on n'y réfléchit pas, de comprendre ce que l'art. 3 ajoute, aux effets de l'interdiction légale, en ce qui touche la faculté de *disposer* à titre gratuit. L'interdit légal, privé de l'exercice de tous ses droits civils, ne peut, avons-nous dit, ni *disposer à titre gratuit*, ni disposer à titre onéreux : ne le prive-t-on pas d'une faculté qu'il ne possède pas, en lui enlevant le droit de disposer par donation ou par testament ? Ne nous arrêtons pas à cette objection : car la *déchéance* de l'art. 3, bien loin de faire double emploi avec l'interdiction légale, ajoute, d'une manière considérable, aux conséquences de cette *incapacité*. *a*) D'abord, elle fait disparaître certaines difficultés qui s'élèvent, relativement aux effets de l'interdiction légale. L'interdit légal peut-il faire un testament ? C'est une question controversée ; mais, quelle que soit la solution adoptée, on refusera, dans tous les cas, ce droit à l'individu condamné à une peine perpétuelle. *b*) Si même cet individu n'était frappé que d'interdiction légale, l'incapacité, qui en résulterait, lui enlèverait, tout au plus, le droit de faire un testament pendant la durée de l'interdiction ; mais le testament qu'il aurait fait en temps de capacité continuerait de subsister, tandis que l'art. 3 de la loi de 1854 le frappe de nullité. *c*) L'interdiction légale n'atteint le condamné que pendant la durée de la peine ; tandis que l'incapacité de disposer et de recevoir à titre gratuit subsiste, alors même que la peine principale cesse d'être subie. Sans doute, elle est attachée à des peines principales, perpétuelles de leur nature ; mais le condamné peut être gracié; il peut prescrire la peine : et alors l'interdiction légale tombera, bien que la double incapacité de disposer et de recevoir à titre gratuit ait toujours ses effets. *d*) Nous savons que l'interdiction légale ne frappe pas les condamnés par contumace; au contraire, cinq ans après l'exécution par effigie de la condamnation, l'incapacité de l'art. 3 est encourue. *e*) Enfin, — et c'est le point essentiel à remarquer, — l'art. 3 contient une *déchéance* proprement dite, c'est-à-dire enlève la *jouissance* et non pas seulement l'*exercice* du droit de disposer à titre gratuit, tandis que l'interdiction légale est une simple *incapacité d'exercer* ce droit. Or, supposons admis que le condamné frappé d'interdiction légale ne puisse faire lui-même une donation : du moins, son tuteur pourra-t-il la faire à sa place, dans les termes de l'art. 511, pour établir les enfants du condamné, si, à l'interdiction légale, ne vient pas s'ajouter l'incapacité de disposer à titre gratuit. Mais le rapporteur de la loi de 1854, M. Riché s'est trompé, en supposant que l'on pouvait recourir à l'art. 511, C. civ., pour doter les enfants d'un condamné à une peine perpétuelle, car, ce qui manque à ce condamné, c'est la *jouissance* même du droit de disposer à titre gratuit. Or, le tuteur du condamné, comme tuteur, n'a pas de droits qui lui soient propres et qui n'appartiennent pas à la personne qu'il représente. L'interdit légal ne pouvant pas donner, son tuteur ne peut pas donner à sa place et en son nom. Quelque regrettable que soit cette solution, on ne saurait y échapper. Mais c'est une raison nouvelle pour critiquer le système de la loi de 1854[1].

176. Déchéances édictées par des lois spéciales. — Un certain nombre de lois, en dehors du Code pénal, établissent des incapacités spéciales qui ont ordinairement le caractère de peines accessoires, n'ayant pas besoin d'être prononcées et dont le juge ne peut dispenser le condamné. On peut classer ces lois en trois catégories.

I. L'art. 42, C. p., n'attache pas, aux condamnations correctionnelles, certaines déchéances qui sont la suite de la dégradation civique. Il a

[1] La loi du 8 juin 1850 avait déjà, comme on le sait, supprimé la mort civile pour les personnes condamnées à la déportation, depuis sa promulgation, en les soumettant simplement à la dégradation civique et à l'interdiction légale. Il est bien entendu que, depuis la loi du 31 mai 1854, la double incapacité de disposer et de recevoir à titre gratuit a dû s'ajouter à ces deux déchéances pour les condamnés à la déportation à raison de crimes postérieurs à la promulgation de la loi de 1854. Mais il ne fallait pas que la loi nouvelle pût aggraver l'état des condamnés à la déportation pour fait commis du 8 juin 1850 au 31 mai 1854, en frappant ces condamnés *intermédiaires*, de la double incapacité de disposer et de recevoir à titre gratuit. L'art. 6 de la loi de 1854 dont la mauvaise rédaction a fait naître quelques difficultés, n'a eu d'autre but que de s'expliquer sur ce point et dans ce sens.

paru que, pour quelques délits graves, il était nécessaire de combler cette lacune. Ainsi, les art. 26 et 27 de la loi du 15 mars 1850, déclarent incapables de tenir un établissement public ou libre d'instruction primaire ou secondaire ou d'y être employés « les individus qui ont subi une condamnation pour crime ou pour un délit contraire à la probité ou aux mœurs et les individus privés par jugement de tout ou partie des droits mentionnés en l'art. 42, C. p. ». L'art. 8 de la loi du 12 juillet 1875 décide que les mêmes condamnations entraîneront, pour celui qu'elles frappent, l'incapacité d'ouvrir un cours et de remplir les fonctions d'administrateur ou de professeur dans un établissement libre d'enseignement supérieur.

II. D'un autre côté, comme les incapacités de l'art. 42 ne peuvent être prononcées par les juges que dans un nombre restreint de cas, les lois sur les élections et le jury ont, par des dispositions précises, enlevé, de plein droit, la capacité d'être électeur ou éligible et d'être juré à certains condamnés (D. 2 févr. 1852, art. 15, 16 et 17; L. 30 nov. 1875, art. 22; L. 24 nov. 1872, art. 2).

III. L'incapacité perpétuelle ou temporaire d'exercer certaines professions dont le condamné a mésusé pour commettre un délit est une pénalité très efficace qui n'a été organisée par les art. 34 et 42 que pour les fonctions ou emplois publics, et la participation aux œuvres de la justice (témoin, expert), mais non pour les professions privées. D'après l'art. 25 de la loi du 30 novembre 1892 sur l'exercice de la médecine : « La suspension temporaire ou l'incapacité absolue de l'exercice de leur profession peuvent être prononcées par les cours et tribunaux, accessoirement à la peine principale, contre tout médecin, officier de santé, dentiste ou sage-femme, qui est condamné : 1° à une peine afflictive ou infamante; 2° à une peine correctionnelle prononcée pour crime de faux, pour vol et escroquerie, pour crimes ou délits prévus par les art. 316, 317, 331, 332, 334 et 335, C. p.; 3° à une peine correctionnelle prononcée par une cour d'assises pour des faits qualifiés crimes par la loi... ».

177. Extinction et remise des peines privatives de droits au profit des condamnés transportés dans les colonies. — L'administration a le droit de relever les condamnés, mais seulement dans la *colonie pénitentiaire*, de quelques-unes des déchéances ou des incapacités qui les frappent. Cette faculté, qui a pour origine l'art. 18 C. p. aujourd'hui abrogé, est donnée à l'administration dans le but de lui permettre, soit d'organiser, avec les transportés et les déportés, le premier noyau d'une colonie, soit de moraliser les condamnés en leur montrant, dans l'avenir, la restitution de leurs droits ou de leur capacité comme récompense de leur bonne conduite. C'est ce double programme qui a fait la grandeur et le succès des colonies pénitentiaires de l'Angleterre. L'art. 4 de la loi du 31 mai 1854, *portant abolition de la mort civile*, qui contient les principes de la législation sur ce point, doit être combiné avec les art. 11 à 14 de la loi du 30 mai 1854, *sur l'exécution de la peine des travaux forcés*, et les art. 7 à 17 de la loi du 25 mars 1873, *qui règle la condition des déportés à la Nouvelle-Calédonie*, et l'art. 27 de la loi du 27 mai 1885. Ces dispositions ont été complétées par un certain nombre de décrets.

§ VIII. — DES PEINES PÉCUNIAIRES.

178. Des peines pécuniaires. — 179. Caractères de l'amende répressive. L'amende est une peine commune aux matières criminelles, correctionnelles et de police. — 180. Conséquences du caractère pénal de l'amende. — 181. Amendes fiscales. — 182. Fixation de l'amende. — 183. A qui elle appartient. — 184. Contrainte par corps. — 185. De la confiscation. — 186. Effets de la confiscation. — 187. Caractère de la confiscation.

178. DES PEINES PÉCUNIAIRES. — Les peines pécuniaires consistent dans une *diminution du patrimoine*, autorisée par la loi à titre de châtiment d'une infraction. Elles sont de deux sortes : tantôt leur effet est de rendre l'État propriétaire d'un objet en nature qui appartenait au condamné, tantôt de le rendre créancier d'une somme d'argent. Suivant qu'elles procèdent par *translation de propriété*, ou par *création d'obligation*, au préjudice du condamné, elles portent le nom de *confiscations* ou d'*amendes*. Mais il est de l'essence de ces peines que la propriété qui est transférée ou la créance qui est créée ne soit pas affectée à la réparation du préjudice privé, et reste ainsi distincte des restitutions et des dommages-intérêts dus par suite de l'infraction (C. p., art. 10).

179. DE L'AMENDE[1]. — L'amende *répressive* a toujours trois caractères qui la distinguent des autres sanctions pécuniaires, qui peuvent être la conséquence d'une violation de droit. *a*) Elle est prononcée en vertu d'une *loi* ou d'un *règlement* qui défend ou ordonne certains faits sous la menace d'une amende. Elle se distingue ainsi de la *clause pénale*, qui résulte d'une *convention* dont l'effet est de déterminer par avance, et à titre de forfait, la quotité des dommages-intérêts dus à un créancier par le débiteur qui n'exécute pas son

[1] BIBLIOGRAPHIE : Labbé, *Amende pénale et amende fiscale* (Th. doct., Paris, 1894).

obligation ou qui l'exécute d'une manière incomplète. La clause pénale a simplement le caractère d'une peine privée que la loi permet aux parties de stipuler comme sanction civile de leurs obligations. *b*) L'amende, ainsi attachée par la loi à telle action ou à telle inaction, a besoin d'être prononcée par les *juges* après constatation préalable de la culpabilité du délinquant. Car, si elle résultait, en vertu de la disposition légale qui l'édicte, de la contravention elle-même, si bien que les juges n'aient à intervenir que dans le cas d'une contestation sur son existence ou sur sa quotité, l'amende serait *civile* et non *répressive*. Tel est le caractère des amendes fiscales pour contraventions aux lois sur l'enregistrement et le timbre. Ces amendes sont, en effet, dues et exigibles par voie de *contrainte*, indépendamment de toute décision judiciaire, comme les droits dont elles garantissent la perception : et les tribunaux *civils* n'interviennent, sur une *opposition* des parties, que pour examiner si l'administration ne les impose pas à tort. Ces amendes n'appartiennent dont pas au droit pénal. Mais tel n'est pas le caractère des amendes fiscales pour contraventions aux lois sur les douanes et les contributions indirectes. En effet, celles-ci sont prononcées par les tribunaux répressifs, après constatation préalable de la *culpabilité* du délinquant : ce sont donc bien des peines. *c*) Pour que l'amende ait un caractère pénal, il faut qu'elle soit prononcée, à raison d'une *infraction* proprement dite, c'est-à-dire d'un crime, d'un délit, d'une contravention. En cela, les amendes répressives se distinguent des amendes *civiles* et de *procédure* dont nos lois nous offrent tant d'exemples, ainsi que des amendes *disciplinaires*.

L'amende, qui réunit ces conditions, est certainement une *peine*, qu'elle soit prononcée par les tribunaux civils ou par les tribunaux répressifs, car la juridiction chargée de l'infliger n'en change pas le caractère. Ce principe est incontestable : il résulte des art. 9, 11, 464, C. p. L'amende est appliquée, tantôt seule, comme peine *principale ;* tantôt accessoirement à une peine corporelle, comme peine *complémentaire;* elle est commune aux matières criminelles, correctionnelles et de police. Mais il faut observer qu'elle est rarement prononcée par la loi en matière criminelle, où elle n'intervient que comme une peine complémentaire, par exemple en matière de faux, et en cas de destruction d'édifices appartenant à autrui (C. p., art. 164 et 437). Plus fréquemment prononcée en matière correctionnelle, soit seule, soit jointe à l'emprisonnement, elle est, en matière de simple police, la peine ordinaire des contraventions.

180. Du caractère pénal de l'amende. — L'amende étant une peine (C. p., art. 9, 11, 64), les règles propres aux peines lui sont applicables.

I. Ainsi, d'abord, comme toute peine, l'amende doit être *personnelle*, c'est-à-dire qu'elle ne peut être appliquée qu'aux *auteurs* ou aux *complices* de l'infraction et qu'elle doit être *proportionnée* à leur *culpabilité*. C'est là une idée fondamentale, d'où découlent les conséquences suivantes : 1° Si l'amende n'a pas été *prononcée* avant la mort du prévenu, elle ne peut l'être contre ses héritiers. L'action publique pour l'application d'une peine, corporelle ou pécuniaire, est éteinte par le décès de l'auteur de l'infraction (C. instr. cr., art. 2). Commencer ou continuer une instance, pour obtenir, après la mort du délinquant, une condamnation à l'amende, serait faire, en réalité, ou un procès à la mémoire du défunt, ce qui serait absurde, ou un procès à ses héritiers, ce qui serait injuste. Mais si l'amende a été prononcée contre le prévenu, *avant son décès*, par une condamnation passée en force de chose jugée, le *recouvrement* peut-il en être poursuivi contre les héritiers ? Quoique les textes soient muets sur la question, que le principe de la personnalité des peines paraisse conduire à une solution opposée, la doctrine et la jurisprudence admettent l'affirmative, par ce motif que la condamnation, ayant créé une *obligation pécuniaire à la charge du patrimoine* du coupable, cette obligation a été transmise aux héritiers avec ce patrimoine même[1]. 2° Lorsque plusieurs personnes ont participé à la même infraction, toutes ayant concouru à la violation de la loi, il faut que chacune d'elles supporte l'intégralité de l'amende infligée par la disposition pénale, de même que chacune d'elles subit, individuellement et également, la peine d'emprisonnement qui pourrait être encourue. Aussi les juges ne doivent pas prononcer une amende *unique* contre tous les codélinquants ensemble, mais une amende *individuelle* contre chacun d'eux[2]. Il est juste, en effet, que chacun des condamnés soit puni d'une amende et qu'il le soit dans la

[1] Cette solution est conforme aux traditions de notre ancien droit. Mais il faut observer qu'elle ne pouvait être sérieusement attaquée, alors que l'amende avait pour caractère dominant d'être une indemnité des frais que le roi et les seigneurs avançaient pour la poursuite des affaires criminelles. Dans notre droit, où la condamnation à l'amende est distincte de la condamnation aux frais, les traditions de notre ancienne jurisprudence ne peuvent donc être invoquées qu'avec une extrême réserve, et l'opinion de nos anciens auteurs ne serait pas, à elle seule, un argument suffisant en faveur de cette solution. Mais elle a été formellement admise dans la discussion qui a eu lieu au Conseil d'État, sur l'art. 2, C. instr. cr.; Comp. Locré, t. XXV, p. 118. Dans ce sens : Blanche, t. Ier, n° 300; Chauveau et Hélie, t. Ier, p. 213. En sens contraire : Carnot, t. Ier, p. 60; Paringault (*Rev. prat.*, 1857, p. 305 et suiv.); Rauter, t. Ier, p. 277; Haus, t. II, n° 771.

[2] Comp. : Blanche, t. Ier, n° 279; Cass., 11 juill. 1873 (S. 74. 1. 45).

mesure de sa culpabilité. La règle de l'*individualité* de l'amende est absolue et c'est à tort qu'on a prétendu y apporter une double exception. La première serait relative au cas où l'amende est prononcée contre un *être collectif*, tel qu'une société; bien que les associés aient été mis individuellement en cause, il ne devrait être prononcé qu'une amende contre le représentant de la société[1]. Mais j'ai déjà dit qu'une corporation ne pouvait encourir de responsabilité pénale distincte de la responsabilité des individus qui la composent, de sorte que l'amende devra toujours être prononcée individuellement contre ceux qui ont participé à l'infraction et non collectivement contre la corporation, à moins que, par exception, la corporation soit passible de la peine. La seconde exception concernerait le cas où la loi détermine l'amende, en s'attachant à la gravité matérielle du fait, ou à l'importance du bénéfice illicite qui en résulte pour son auteur[2]. Mais en quoi cette circonstance modifierait-elle le caractère de l'amende et la rendrait-elle, ainsi que l'expriment certaines décisions de jurisprudence, *réelle* plutôt que *personnelle*? Le juge, dans ce cas, fixera simplement la quotité de l'amende due par chacun des codélinquants, de manière que le chiffre total, ainsi que le veut la loi, soit en rapport avec la gravité matérielle du fait, ou avec la quotité du dommage causé par l'infraction. 3° L'amende ne doit pas être prononcée contre les personnes étrangères au délit, qui n'en sont que *civilement* responsables. La responsabilité du fait d'autrui s'étend seulement aux « restitutions, indemnités et frais », adjugés à ceux à qui l'infraction a causé quelque dommage (C. p., art. 72)[3].

II. L'amende, comme toute peine, ne peut être prononcée qu'en vertu d'un texte de loi l'édictant[4].

III. Comme toute peine encore, elle s'éteint, si elle n'est pas exécutée, par la prescription pénale de vingt ans, de cinq ans ou de deux ans, suivant la nature de l'infraction pour laquelle elle est prononcée.

IV. En matière criminelle et correctionnelle enfin, l'amende est soumise aux principes qui régissent le concours d'infractions.

181. Des amendes fiscales. — A côté des amendes, soit exclusivement *pénales*, soit exclusivement *civiles*, dont j'ai déterminé les caractères, n'existe-t-il pas des amendes prononcées tantôt à titre de peine et tantôt à titre d'indemnité? Ce caractère est attribué par la

[1] Blanche, t. Ier, n° 280. Voy. Cass., 25 mars 1904 (S. 1906. 1. 104).

[2] V. par exemple : C. for., art. 144, 192, 194; L. 28 avr. 1816, art. 19; C. p., art. 164, 172, 165, 406.

[3] Cass., 4 févr. 1898 (S. 99. 1. 198).

[4] Voy. Cass., 5 juill. 1890 (D. 90. 496).

jurisprudence de la Cour de cassation aux amendes fiscales prononcées en matière de douanes, de contributions indirectes et d'octroi, d'abord par cette considération que les contraventions aux lois d'impôts, n'étant punies qu'en raison du préjudice qu'elles causent au fisc et non à raison de leur immoralité intrinsèque, l'amende fiscale est prononcée bien plus pour réparer un dommage que pour punir un coupable. C'est ce qui explique, du reste, que les administrations des douanes et des contributions indirectes aient, à la fois, comme représentant le fisc, le droit d'intenter l'action publique pour faire appliquer la peine pécuniaire, et le droit de transiger sur cette peine soit avant, soit après la condamnation prononcée. Trois textes, empruntés à la législation fiscale, semblent confirmer ce point de vue. Le premier est l'art. 20 du titre XIII de la loi des 6-22 août 1791 sur les douanes, d'après lequel : « Les propriétaires des marchandises seront responsables civilement du fait de leurs facteurs, agents, serviteurs et domestiques, en ce qui concerne les droits, confiscations, *amendes* et dépens ». Une disposition analogue se retrouve, soit dans l'art. 8 du titre III du décret du 4 germinal an II qui, après avoir frappé d'une amende les conducteurs de messageries et voitures publiques coupables de certaines contraventions aux lois de douanes, ajoute que « les fermiers ou régisseurs intéressés seront solidaires avec les conducteurs pour cette amende », soit dans l'art. 35 du décret du 1er germinal an XIII sur les droits réunis, ainsi conçu : « Les propriétaires des marchandises seront *responsables* du fait de leurs facteurs, agents ou domestiques, en ce qui concerne les droits, confiscations, *amendes* et dépens ». En présence de ces considérations et de ces textes, la jurisprudence donne aux amendes fiscales un caractère particulier, en les considérant, à certains points de vue, comme des peines, à d'autres, comme des indemnités.

Ce sont des *peines*, en ce sens : 1° que le décès de l'inculpé empêche la poursuite et n'autorise pas la condamnation des héritiers[1]; 2° que la prescription de l'action et celle de la peine sont régies par le Code d'instruction criminelle et non par le Code civil[2]; 3° que le paiement des amendes fiscales peut être assuré par la contrainte par corps[3].

Ce sont des *indemnités*, en ce sens : 1° que toutes les personnes, en général civilement responsables du fait d'autrui, sont tenues des amendes fiscales[4]; 2° qu'elles peuvent être prononcées contre les

[1] Cass., 16 déc. 1898 (S. 99. 1. 529). Comp. Blanche, *op. cit.*, t. Ier, n° 299.

[2] Voy. l'arrêt précité du 16 déc. 1898.

[3] Même contre les personnes civilement responsables.

[4] La jurisprudence admet cette solution, non seulement lorsque les auteurs du délit peuvent être réputés agents et préposés dans les termes des lois précitées; elle l'ad-

mineurs, acquittés pour défaut de discernement[1]; 3° qu'en cas de plusieurs auteurs, une seule amende peut être prononcée et se divise entre eux[2]; 4° qu'elles se cumulent en cas de concours de délits[3]; 5° que le bénéfice du sursis à exécution de la loi du 16 mars 1891 ne leur est pas applicable[4].

182. De la fixation de l'amende. — Dans notre ancienne législation criminelle, la peine de l'amende était *fixe* ou *arbitraire*, suivant les délits : dans ce dernier cas, le juge en mesurait la quotité en tenant compte, non seulement des circonstances de l'infraction, mais encore de la situation de fortune et même de la *qualité* de l'inculpé. Cet arbitraire, dangereux pour toute autre peine, avait, en matière d'amende, un avantage, en ce sens qu'il permettait au juge, pour égaliser le châtiment, de proportionner le chiffre de l'amende aux ressources pécuniaires du coupable. Notre législation moderne écarte, en principe, aussi bien le système des amendes *fixes*, que celui des amendes *arbitraires*. Pour concilier la règle qui veut que les peines ne soient pas arbitraires, avec la nécessité de prendre en considération la position de fortune des délinquants, elle laisse au juge une grande latitude dans la détermination de leur chiffre, mais cette latitude n'est pas sans limites.

En règle générale, la loi détermine un *minimum* et un *maximum* fixes, dans lesquels l'amende doit se renfermer. Les juges peuvent alors, suivant les circonstances, prononcer, soit le minimum, soit le maximum, soit un chiffre intermédiaire entre ces deux limites extrêmes; mais il ne pourraient, ni descendre au-dessous du minimum, sans déclaration de circonstances atténuantes, ni monter au-dessus du maximum. Ce procédé de fixation de l'amende, qui est le procédé *ordinaire* de nos lois pénales, n'a-t-il pas pour résultat d'imposer des amendes, dont le minimum sera toujours fort lourd pour le pauvre et dont le maximum sera presque illusoire pour le riche? On l'a prétendu, mais il faut observer, d'une part, que la déclaration de circonstances atténuantes, lorsqu'elle est possible, permet aux juges de réduire presque indéfiniment l'amende au-dessous de son minimum

met alors même que les rapports de maîtres à préposés n'existent pas, en se fondant uniquement sur les textes généraux (C. civ., art. 1384).

[1] Cette solution est des plus contestables. Mais elle est consacrée par une longue suite d'arrêts.

[2] Cass., 4 déc. 1863 (S. 64. 1. 197).

[3] Cass., 28 janv. 1876 (S. 76. 1. 89); 22 déc. 1876 (S. 77. 1. 234).

[4] Cass., 19 nov. 1891 (S. 92. 1. 107); 22 déc. 1892 (S. 93. 1. 103); 28 janv. 1897 (S. 97. 1. 431).

légal, et, d'autre part, que la loi prononce presque toujours, en même temps que l'amende, la peine de l'emprisonnement, de sorte que les juges peuvent, par une combinaison intelligente et une application modérée de ces deux peines, atténuer l'inégalité de répression qui serait inhérente à l'amende fixe et isolée.

Le procédé de fixation de l'amende est exceptionnel dans trois cas : 1° quand, au lieu de fixer la quotité de l'amende à une certaine somme d'argent, la loi la rend proportionnelle au bénéfice illicite ou au dommage résultant du délit, ce qui oblige les juges à une estimation préalable; 2° quand la loi se borne à fixer le *maximum* de l'amende, sans en déterminer le *minimum*. Selon que le chiffre de l'amende dépasse seize francs ou est inférieur à ce chiffre, l'infraction est, ou bien un crime ou un délit, ou bien une contravention : dans le premier cas, le juge peut descendre jusqu'au minimum seulement de l'amende criminelle ou correctionnelle; dans le second, jusqu'au minimum de l'amende de simple police[1]; 3° enfin, quand la loi prononce l'amende, sans dire quelle en sera la quotité. Si l'on peut reconnaître le caractère de l'infraction, le juge doit prononcer le minimum de seize francs ou celui de un franc, suivant que le fait est un crime ou un délit, ou bien une contravention. S'il est impossible de classer le fait, le juge ne peut prononcer que le minimum de l'amende de police[2].

183. Du bénéfice de l'amende. — L'amende, qui consiste dans la création d'une dette de monnaie courante que le condamné doit verser dans les caisses du fisc, appartient, en principe, à l'État. Mais l'État n'en retient le bénéfice que sous certaines réserves. En matière criminelle et en matière correctionnelle, l'amende forme un fonds commun pour le département. En matière de simple police, l'amende d'après l'art. 466, C. p., est appliquée « au profit de la commune où la contravention a été commise »[3]. Du reste, ce sont là les règles géné-

[1] Dans l'opinion la plus générale, il serait, dans tous les cas, permis au juge de descendre à l'amende de simple police.

[2] D'après la jurisprudence, le juge ne doit jamais prononcer qu'une amende de simple police dans tous les cas, mais il a la faculté de se mouvoir entre le minimum et le maximum de cette amende.

[3] La loi des finances des 26 et 27 décembre 1890 (art. 11) a unifié la répartition des amendes. Les décimes additionnels vont à l'État. Le principal reste à l'État, jusqu'à concurrence de 20 0/0 ; le reste tombe dans le fonds commun. Ce fonds commum sert à payer certaines valeurs. Le surplus est attribué, en outre, par la loi de finances du 28 avril 1893, un quart au service des enfants assistés, les trois quarts aux communes. Voy. au surplus l'instruction du ministre des Finances sur le service des amendes et condamnations pécuniaires de 1895.

rales, et, dans des cas assez nombreux, l'amende reçoit d'autres destinations, très diverses[1].

184. Du recouvrement de l'amende. — L'amende, à raison de sa nature même, ne peut atteindre l'insolvable. L'état d'indigence ne doit cependant pas procurer l'impunité au condamné. Aussi la contrainte par corps a été conservée par la loi de 1867 pour assurer le recouvrement de l'amende[2].

185. De la confiscation. — La confiscation est *générale* ou *spéciale*, suivant qu'elle porte sur l'ensemble du patrimoine ou sur un objet déterminé en faisant partie. La première, abolie par l'Assemblée constituante (L. 21 janv. 1790), rétablie, pour certains cas, par le Code pénal, a été définitivement retranchée de notre législation par la Charte de 1814. La confiscation spéciale, la seule qui ait été maintenue, ne frappe que des *objets particuliers*, déterminés par la loi, qui ont une *relation directe* avec l'infraction, parce qu'ils en sont le *corps* même, l'*instrument* ou le *produit*. En effet, les objets qui peuvent être confisqués sont, d'après les art. 11 et 470, C. p., de trois sortes :

1° Les choses qui forment le *corps du délit*, c'est-à-dire celles sur lesquelles le fait délictueux a été exécuté, comme les monnaies contrefaites ou altérées, dans le crime d'altération ou de contrefaçon de monnaies (C. p., art. 132); les armes, dans le crime de port d'armes prohibées (C. p., art. 314, § 2).

2° Les choses *produites par le délit*, c'est-à-dire le gain ou l'objet procuré par l'infraction : telles seraient les recettes qu'un entrepreneur de spectacle aurait obtenues par des représentations illicites (C. p., art. 427); les sommes au moyen desquelles auraient été corrompus de faux témoins ou des fonctionnaires publics (C. p., art. 364, 180).

3° Les choses *qui ont servi ou qui ont été destinées à commettre le délit*, par exemple, les armes ou engins, avec lesquels aurait été commis un délit de chasse (L. 3 mai 1844, art. 16), les engins de contre-

[1] C'est ainsi qu'elle est attribuée parfois, à titre de récompense, aux agents qui ont constaté le délit (Comp. L. 3 mai 1844 sur la police de la chasse, art. 10 et 19); ou bien à certains établissements de bienfaisance (D. 12 déc. 1806, art. 53).

[2] Certaines lois modernes, pour donner efficacité à l'amende, ont organisé un double système : 1° elles ont admis le condamné à se libérer, en faisant, pour le compte de l'État, un travail qui ait une valeur égale au montant de sa dette; 2° et, s'il est impossible qu'il s'acquitte soit en argent, soit en travail, elles ont permis la prononciation contre lui d'un emprisonnement à titre de peine subsidiaire, pour remplacer l'amende et même pour châtier le refus d'accomplir le travail offert comme moyen de libération. Voy. mon *Traité*, 2e édit., t. II, n° 448.

bande et moyens de transports avec lesquels aurait été commis un délit de contrebande.

Est-ce à dire que la confiscation de ces objets doive ou puisse toujours être autorisée par le juge, alors même qu'elle n'est pas expressément ordonnée par la loi qui prévoit et punit l'infraction? Nullement; la confiscation est comprise parmi les peines, par les art. 11 et 464, C. p., et, ainsi que toutes les peines, elle doit être *ordonnée* ou *autorisée* par la loi pour pouvoir être prononcée par le juge[1]. L'art. 470 est, du reste, formel, pour ne reconnaître aux tribunaux de police, le droit de prononcer la confiscation que « dans les cas déterminés par la loi ». C'est donc à chaque texte spécial qu'il faut se reporter pour savoir quels sont les objets dont la confiscation *peut* ou *doit* être prononcée par le juge et dans quelles limites.

La confiscation porte sur l'objet même que désigne la loi, et le juge ne pourrait lui substituer une condamnation en argent de la valeur de cet objet : car, la peine, consistant essentiellement dans la privation d'une chose qui a un certain rapport avec l'infraction, ce serait en changer la nature que de condamner à en payer la valeur. Cette solution, qui, à une certaine époque, avait fait difficulté, mais qui est aujourd'hui acceptée par la jurisprudence, souffre quelques exceptions. On sait, par exemple, qu'au cas de délit de chasse sans permis, si les armes et engins qui ont servi à commettre le délit n'ont pas été saisis, le délinquant est condamné à les présenter ou à en payer la valeur.

186. Effets de la confiscation. — L'effet de la confiscation est, en principe, de rendre l'État propriétaire; mais il est des cas particuliers, où des textes spéciaux attribuent l'objet confisqué, soit à quelque établissement public, comme un hospice[2]. soit même à la partie lésée par l'infraction, à titre de réparation[3]. Il arrive aussi que la loi ordonne la destruction des objets confisqués, dans l'intérêt de la morale, de la sûreté ou de la santé publique[4].

187. Caractères divers de la confiscation. — En législation, la confiscation se présente avec deux caractères différents. Elle équi-

[1] Ainsi, la Cour de cassation a interdit, comme n'étant pas autorisée par la loi, la confiscation d'un couteau qui avait servi à commettre un meurtre. Cass., 20 juin 1907 (*B. cr.*, n° 272).

[2] Par exemple, le gibier saisi en contravention à la loi de la police de la chasse doit être immédiatement livré à l'établissement de bienfaisance le plus voisin (L. 3 mai 1844, art. 3). V. aussi, art. 180, C. p.

[3] Par exemple, dans le cas de contrefaçon artistique et littéraire (C. p., art. 429), ou de contrefaçon industrielle (L. 6 juill. 1844, art. 49).

[4] C. p., art. 433, 477; L. 3 mai 1844, art. 16.

vaut à une *amende*, acquittée en nature, lorsqu'elle porte sur des objets dont la possession n'offre rien de dangereux, ni d'illicite, objets qui font partie des biens du condamné et dont elle lui enlève la propriété. Elle a le caractère d'une *mesure de police*, lorsqu'elle frappe des choses dont la possession est illicite ou peut présenter des dangers pour la sûreté, la santé ou l'honnêteté publique. Cette distinction, entre les deux espèces de confiscation, n'est pas faite expressément par notre législation, mais elle résulte de l'ensemble des textes qui sont difficilement conciliables si l'on en fait abstraction [1]. Une première règle est, du reste, commune à tous les cas : la confiscation, qu'elle soit une peine ou une mesure de police, ne peut jamais être prononcée que par les tribunaux, dans les cas et relativement aux objets indiqués par la loi, et à l'occasion d'une infraction constatée (C. p., art. 470).

I. On peut citer, comme ayant le *caractère exclusif d'une peine*, la confiscation appliquée : aux présents qui ont pour but de corrompre un fonctionnaire public ou un témoin (C. p., art. 180 et 364); aux recettes illégalement obtenues par un entrepreneur de spectacle (C. p., art. 428). Dans ces cas, il faut appliquer à la confiscation les règles propres aux peines : 1° ainsi elle ne peut être prononcée que contre un inculpé déclaré coupable et condamné [2] ; 2° elle ne peut l'être après le décès du coupable [3]; 3° elle ne peut atteindre les personnes civilement responsables [4] ; 4° et, dans le cas où la confiscation porte sur le corps du délit, elle ne doit être prononcée que si l'objet dont il s'agit appartient au condamné (C. p., art. 11).

II. On peut citer, comme ayant le caractère d'une *mesure de police*, la confiscation appliquée : aux faux poids et fausses mesures (C. p., art. 481); aux denrées alimentaires et boissons falsifiées, contenant des mixtions nuisibles à la santé (L. 27 mars 1851, art. 1 et 5; L. 5 mars 1855, art. 1; L. 1er août 1905, art. 6); aux armes prohibées (C. p., art. 314) [5] ; aux moyens destinés à commettre un délit de douane

[1] Comp. sur le principe de la distinction : Mangin, *De l'action publique*, t. II, n° 28; Bertauld, p. 267; Lainé, n° 442; Blanche (t. I, n° 68) exprime la même disposition, mais dans des termes qui prêtent à la critique.

[2] Cass., 28 septembre 1850 (S. 51. 1. 48).

[3] Mais si la confiscation a été prononcée par une décision passée en force de chose jugée, elle peut être recouvrée contre les héritiers, puisque le délinquant est mort après avoir perdu la propriété des choses confisquées.

[4] Cass., 6 juin 1850 (S. 50. 1. 815). Mais il faut appliquer à la confiscation prononcée en matière de douanes et de contributions indirectes tout ce que nous avons dit de l'amende (L. 22 août 1791, tit. XIII, art. 20; D. 1er germinal an XIII, art. 35).

[5] Cependant, on peut soutenir que la confiscation des armes dont le port est pro-

(L. du 2 juin 1875)[1]. Dans ces cas, les règles propres aux peines ne sont pas applicables : 1° ainsi, la confiscation peut être prononcée, même après la mort de l'inculpé, contre ses héritiers ; 2° elle peut atteindre les personnes civilement responsables ; 3° elle peut être prononcée, pourvu que le délit matériel ait été constaté, non seulement contre le délinquant condamné, mais même s'il est acquitté ou absous[2] ; 4° elle peut l'être, même au cas où le délinquant est inconnu, toujours à la condition que le délit soit constant[3] ; 5° enfin, dans le cas où la confiscation porte sur le corps du délit, elle peut être prononcée, alors même que l'objet du délit n'appartient pas au condamné[4].

§ IX. — DES PEINES ATTEIGNANT LA CONSIDÉRATION.

188. Exemples de peines de cette nature. Amende honorable. Publicité.

188. Des peines atteignant la considération. — Les peines d'*ordre moral* sont celles qui, frappant le condamné dans son honneur et sa réputation, ont pour but et pour résultat de l'humilier. Le législateur ne doit pas abuser de ces peines parce qu'elles ont deux défauts essentiels : d'être inégalement ressenties et d'être destructives de la dignité humaine. On peut citer plusieurs exemples de peines de cette nature autorisées par nos lois.

hibé, de réelle qu'elle était d'après le Code pénal, est devenue personnelle depuis la loi du 14 août 1885 qui a proclamé la liberté de la fabrication et de la vente de ces armes.

[1] Voy. sur l'hypothèse de confiscation d'une locomotive : Cass., 22 mars 1907 (S. 1907. 1. 473) et note Roux.

[2] Cette règle est exprimée dans des textes assez nombreux : L. 5 juillet 1844 sur les brevets d'invention, art. 49 ; L. 23 juin 1857 sur les marques de fabrique, art. 14. L'art. 23, tit. X, de la loi du 22 août 1791 sur les douanes, déclare que si le procès-verbal de saisie est nul pour vice de forme, la peine d'amende ne pourra être prononcée, mais que la confiscation des marchandises prohibées à l'entrée n'en sera pas moins poursuivie. Comp. également l'art. 109 de la loi du 19 brumaire an VI sur la garantie des matières d'or et d'argent, d'après lequel les ouvrages marqués de faux poinçons seront confisqués dans tous les cas. On trouve une disposition semblable dans les art. 34 et 48 du décret du 1er germinal an XIII sur la fabrication des poudres de guerre. V. Blanche, t. Ier, p. 108. Bourges, 12 mars 1867 (S. 70. 2. 22).

[3] On trouvera un exemple dans l'art. 16 de la loi du 3 mai 1844 sur la police de la chasse. Dans ce cas, le tribunal est saisi par voie de réquisition du ministère public.

[4] C'est dans cette hypothèse seulement que s'applique la restriction faite par l'art. 11, d'après lequel la confiscation du corps du délit n'est autorisée que *quand la propriété en appartient au condamné* (Comp. Blanche, t. Ier, n° 72. Voy. L. 5 août 1905, art. 6).

1° L'amende honorable, si usitée dans notre ancien droit, et dont on trouvait des applications seulement dans deux textes du Code pénal, les art. 226 et 229, C. p. Ces dispositions, dans le cas d'outrage fait par paroles, gestes ou menaces, ou de coups portés à un magistrat dans l'exercice de ses fonctions, autorisaient les tribunaux à condamner le coupable à faire réparation soit verbalement, soit par écrit, obligation qui était sanctionnée, en cas de refus, par un emprisonnement indéfini jusqu'à ce qu'il eût été satisfait à la condamnation. Cette peine, à la suite d'une application qui en avait montré tous les inconvénients, a été effacée du système répressif par une loi du 28 décembre 1894[1].

2° On peut citer, comme ayant le caractère de peine humiliante, l'appareil spécial qui doit accompagner l'exécution à mort d'un parricide, d'après l'art. 13, C. p.

3° Dans cette catégorie rentre également, mais avec des distinctions qui s'imposent, la publicité de la condamnation pénale. Aux termes de l'art. 36, C. p., tous arrêts, portant condamnation à une peine criminelle, doivent être imprimés par extraits, et affichés dans les communes où il est le plus nécessaire que la condamnation soit connue, c'est-à-dire « dans la ville centrale du département (le chef-lieu), dans celle où l'arrêt aura été rendu, dans la commune du lieu où le délit aura été commis, dans celle où se fera l'exécution et dans celle du domicile du condamné ». Lorsqu'il s'agit de condamnation prononcée en matière correctionnelle et de simple police, la publicité du jugement ou de l'arrêt n'est pas *de droit*. Elle doit s'appuyer, si elle est prononcée à titre de peine, sur un texte formel l'ordonnant ou l'autorisant[2]. Ces textes sont très nombreux dans les lois pénales spéciales[3]. Je citerai particulièrement les dispositions de la loi du 1er août 1905 sur la répression des fraudes et falsifications, en ce qui concerne les boissons, les denrées alimentaires et les produits agricoles (art. 7).

[1] Voy. S. *Lois annotées*, 1895. 1. 837.

[2] *Sic*, Cass., 8 déc. 1894 (*Rev. crit.*, 1895, p. 186), contenant le rapport de M. le conseiller Accarias.

[3] La législation sur la presse, antérieure à celle qui nous régit depuis 1881, contenait deux dispositions relatives à ce sujet : 1° l'art. 11 de la loi du 9 juin 1819 décidait que les éditeurs du journal ou écrit périodique seraient tenus d'insérer dans l'une des feuilles ou des livraisons qui paraissent dans le mois du jugement ou de l'arrêt intervenu contre eux, un extrait contenant les motifs et le dispositif dudit jugement ou arrêt; 2° l'art. 26 de la loi du 26 mai 1819 permettait de plus aux juges, en cas de condamnation contre les auteurs ou complices des crimes ou délits commis par voie de publication, d'ordonner l'impression ou l'affiche de l'arrêt aux frais du condamné. Aucune de ces dispositions n'a été recueillie par la loi du 28 juillet 1881. Il résulte de son silence que ni la cour d'assises, ni le tribunal correctionnel ne pourraient ajouter, aux peines prononcées par la loi contre un délit de presse, l'impression et l'affiche du jugement de condamnation.

Tableau synoptique présentant l'ensemble du système pénal consacré par la législation française.

I. — Peines criminelles.

N. B. — Les *chiffres* indiquent la gradation des peines dans l'échelle générale; les *majuscules*, l'échelle spéciale des peines de droit commun; et les *lettres italiques*, l'échelle affectée aux crimes politiques.

Principales.

1. A) La *mort* infligée sur une place publique par la décapitation (C. p., art. 7, 12, 26).

2. B) Les *travaux forcés à perpétuité*, précédés d'une transportation dans une colonie pénale (C. p., art. 7, 15; L. 30 mai 1854).

3. *a*) La *déportation à perpétuité dans une enceinte fortifiée* (L. 8 juin 1850, art. 1 et 4).

4. *b*) La *déportation simple à perpétuité* (C. p., art. 17; même loi).

5. C) Les *travaux forcés à temps*, de cinq à vingt ans (C. p., art. 7, 15, 19; L. 30 mai 1854).

6. *c*) La *détention*, de cinq à vingt ans (C. p., art. 20).

7. D) La *réclusion*, avec soumission au travail, de cinq à dix ans (C. p., art. 7, 21).

8. *d*) Le *bannissement*, de cinq à dix ans (C. p., art. 8, 32).

9. E) *e*) La *dégradation civique*, peine perpétuelle (C. p., art. 8, 34).

Accessoires.

1. La *dégradation civique*. Elle frappe, à perpétuité, les condamnés aux peines afflictives et à la peine infamante du bannissement (C. p., art. 28; L. 31 mai 1854, art. 2).

2. L'*interdiction légale*. Elle est encourue pendant la durée de leur peine, par les condamnés aux peines afflictives (C. p., art. 2, 9, 31; L. 31 mai 1854, art. 2).

3. La *double incapacité de disposer et de recevoir à titre gratuit*, par donation ou par testament, autrement qu'à titre d'aliments. Elle est perpétuelle, et frappe les condamnés à mort, aux travaux forcés à perpétuité, à la déportation, soit simple, soit dans une enceinte fortifiée (L. 31 mai 1854, art. 3).

II. — Peines correctionnelles.

Principales.

1. L'*emprisonnement* de six jours à cinq ans dans un lieu de correction, avec soumission au travail (C. p., art. 9, 40, 41; L. 5 juin 1875).

2. L'*interdiction* à temps de l'exercice de certains droits civiques, civils et de famille (C. p., art, 9, 42, 43).

Accessoires.

Les peines accessoires, en matière correctionnelle, consistent dans la privation des droits politiques et de quelques autres droits, prononcée par des lois spéciales contre ceux qui ont encouru certaines condamnations.

III. — Peines communes aux matières criminelles et correctionnelles.

1. L'*interdiction de séjour,* ordinairement temporaire, maximum : vingt ans; pas de minimum général (C. p., art. 11, 44, 45 et suiv.; L. 27 mai 1885, art. 19).

2. L'*amende* de seize francs et au-dessus, sans maximum général; peine principale et complémentaire en matière correctionnelle; toujours complémentaire en matière criminelle (C. p., art. 11, 55).

3. La *relégation*, peine perpétuelle, prononcée, comme conséquence de condamnations criminelles ou correctionnelles de droit commun, pour être exécutée après l'expiration de la peine principale (L. 27 mai 1885, art. 4; C. p., art. 266 nouveau; L. 28 juill. 1894, art. 3).

IV. — Peines de simple police.

1. L'*emprisonnement* de un à cinq jours, sans obligation de travail (C. p., art. 464 et 465).

2. L'*amende* de un à quinze francs (C. p., art. 466).

V. — Peines communes aux matières criminelles, correctionnelles et de police.

1. La *confiscation spéciale*, toujours complémentaire (C. p., art. 11, 464, 470).

2. La *publicité* de la condamnation (C. p., art. 36).

TITRE II

DE L'APPLICATION DES PEINES

§ I. — NOTIONS GÉNÉRALES.

189. Culpabilité légale. Culpabilité judiciaire.

189. De la fixation de la peine. Rôle du législateur. Rôle du juge. — La peine doit être proportionnée à la *gravité* du fait punissable et à la *culpabilité* du délinquant; mais ces deux éléments, qui se répercutent sur l'application de la peine pour l'aggraver ou l'atténuer, peuvent être appréciés de deux manières : d'une manière *abstraite*, par le *législateur*, qui détermine, par exemple, quelle peine doit encourir *le meurtrier*, *le voleur*, *l'incendiaire*; d'une manière *concrète*, par le *juge*, qui détermine quelle peine doit encourir *tel* meurtrier, *tel* voleur, *tel* incendiaire, etc. Cette distinction entre la culpabilité *absolue* ou *légale* et la culpabilité *individuelle* ou *judiciaire*, est fondamentale et domine l'application des peines. L'histoire du droit criminel présente, quant à la solution du problème, un perpétuel contraste entre deux tendances opposées : celle qui consiste à accorder au juge un pouvoir arbitraire pour proportionner la peine à la culpabilité; celle qui consiste à ne lui en accorder aucun : l'arbitraire de l'homme ou l'arbitraire de la loi. Notre législation admet, entre ces deux tendances, un système mixte, qui peut se formuler ainsi : 1° d'un côté, le *délit* et la *peine* sont déterminés par la loi quant à leur minimum et maximum; 2° mais, d'un autre côté, le juge a un pouvoir d'appréciation, non pour aggraver, mais pour atténuer la peine. Par le jeu des circonstances atténuantes, ce pouvoir est limité en matière criminelle; il est presque absolu en matière correctionnelle où la peine peut descendre à un franc d'amende.

La mesure de la répression est toujours fixée par trois ordres de circonstances qui se combinent, s'unissent et se fondent dans une idée commune : c'est d'abord le point de vue objectif du *dommage* ou *danger* social que cause le délit ou que le délit fait craindre; c'est ensuite le point de vue subjectif du degré de *témibilité* ou de *malfaisance* du délinquant; c'est enfin la *difficulté* plus ou moins grande qu'éprouve l'individu ou la collectivité *à se protéger* contre l'acte criminel. 1° Le *dommage* ou *danger social* résulte surtout de la nature et de l'importance du droit attaqué. Car, s'il est vrai, en théorie, que tous les biens juridiques méritent également d'être protégés par la loi, il est évident, que la vie humaine doit être plus énergiquement garantie que la propriété. 2° La *témibilité* du délinquant s'analyse dans les trois éléments suivants : l'intensité du dol ou de la faute; la nature des motifs qui déterminent l'action délictueuse; et toutes les circonstances matérielles ou personnelles, qui caractérisent l'exécution du délit ou la vie du délinquant, et parmi lesquelles figurent particulièrement les antécédents judiciaires de celui-ci. 3° La *difficulté* plus ou moins grande *de se défendre* doit également entrer en considération, puisque cette circonstance facilite la consommation du délit et l'impunité du délinquant. C'est ainsi que l'association de plusieurs personnes pour commettre un délit devrait être considérée comme aggravant la culpabilité de chacun de ceux qui ont recouru à ce moyen pour réussir dans leur entreprise criminelle.

§ II. — DES CIRCONSTANCES AGGRAVANTES, LÉGALES OU JUDICIAIRES.

190. Notions générales. — 191. Division des circonstances aggravantes. — 192. Des circonstances aggravantes spéciales. — 193. Des circonstances aggravantes générales.

190. NOTIONS GÉNÉRALES SUR LES CIRCONSTANCES AGGRAVANTES. — Un fait, qualifié infraction par la loi pénale, peut être accompagné de circonstances qui aggravent soit la *criminalité* de l'action, soit la *culpabilité* de l'agent : ces circonstances ont une influence nécessaire sur la peine; et le juge, qui est chargé de l'appliquer, doit en tenir compte en élevant le taux de la peine entre les limites du minimum et du maximum fixés par la loi. Mais il ne pourrait dépasser ces limites et prononcer une peine supérieure en degré à la peine légale, même en déclarant, dans sa décision, *qu'il existe des circonstances aggravantes*. Permettre aux juges de dépasser, en cas de circonstances aggravantes, la *peine* prononcée *par la loi*, ce serait revenir au système des *peines arbitraires*. Mais ce qui est hors des limites du pouvoir du juge, est dans les pouvoirs du législateur, qui peut déterminer, à l'avance, des circonstances qui aggraveront la peine à appliquer soit à toutes les infractions, soit à telle infraction spéciale.

Ainsi, il existe deux espèces de circonstances aggravantes, comme il existe deux espèces de circonstances atténuantes. 1° Les unes sont spécialement prévues et définies par la loi, qui en caractérise les éléments essentiels, et qui y attache, comme conséquence, une peine plus forte que celle dont l'infraction, dépouillée de ces circonstances, serait passible : elles influent sur la culpabilité abstraite. Leur effet est donc d'aggraver légalement, et, par conséquent, nécessairement la peine, et de modifier, par cela même, dans une mesure plus ou moins large, la nature de l'infraction, qui dépend, aux termes de l'art. 1er, C. p., de la nature de la peine légale. C'est pour cela que leur existence doit être constatée, sauf une exception concernant l'état de récidive, par les juges du fait, c'est-à-dire, en cour d'assises, par le jury, qui est spécialement interrogé sur chacune d'elles. 2° Les autres sont abandonnées à l'appréciation des juges : elles n'ont qu'un effet, c'est de permettre aux tribunaux, *quand la peine n'est pas fixe de sa nature*, d'en élever le taux dans les limites du minimum au maximum : à raison de ce caractère, leur appréciation doit appartenir, en cour d'assises, à la cour qui est seule chargée d'appliquer la peine. On peut les définir *des circonstances aggravantes judiciaires*. Ayant indiqué, d'une part, qu'elles échappent, par leur nature même, à toute énumération, et, d'autre part, qu'elles n'ont qu'un effet restreint, je n'ai plus rien à en dire, et je les laisse de côté pour traiter seulement des circonstances aggravantes légales, ou circonstances aggravantes proprement dites.

191. DIVISION DES CIRCONSTANCES AGGRAVANTES. — On ne trouve, nulle part, dans le Code pénal, une théorie générale des circonstances aggravantes; le législateur, en cette matière, ne procède que par dispositions isolées. On peut classer ces circonstances, soit quant à leur *nature*, en circonstances objectives et subjectives, soit, quant a leur *étendue*, en circonstances générales et spéciales.

a) Les circonstances aggravantes *objectives* sont celles qui se rattachent aux éléments matériels de l'infraction, comme la circonstance de *nuit* ou de *maison habitée* dans le vol. Les circonstances *subjectives* sont celles qui se rattachent, au contraire, à la culpabilité individuelle de l'auteur de l'infraction, comme l'état de *préméditation* dans *l'assassinat*. Cette classification n'est pas purement théorique : on en retrouve l'intérêt en cas de participation de plusieurs personnes au fait délictueux. Les circonstances aggravantes objectives, étant inhérentes à l'infraction, ne peuvent pas ne pas être *communes* à tous ceux qui ont pris part au délit qu'elles aggravent. Ces circonstances, en effet, sont tellement attachées au fait criminel, que celui qui a voulu le fait qui en est accompagné, qui y a participé, ne peut décliner la responsabilité de leurs conséquences. Au contraire, les circonstances *subjectives* aggravent la peine de l'auteur ou du complice, dans la personne duquel elles se rencontrent, mais ne peuvent être mises, en principe du moins, à la charge des autres délinquants. De là, cette conséquence: quand plusieurs personnes sont traduites, à raison du même crime, devant la cour d'assises, il faut, de toute nécessité, que le jury soit spécialement interrogé sur toute circonstance aggravante subjective, à l'égard de chacun des accusés auquel elle est imputée. Au contraire, si la circonstance aggravante se rattache au fait lui-même et ne peut en être séparée, on en fera l'objet d'une question unique, qui sera posée et résolue par le jury *in rem*, contre tous les codélinquants, et non spécialement *in personam*, contre chacun d'eux.

b) Les circonstances aggravantes sont *générales* ou *spéciales*, suivant qu'elles sont communes à toutes les infractions ou propres à certains genres d'infractions. Je suivrai cette classification.

192. Des circonstances aggravantes spéciales. — On sait que toute infraction se compose d'éléments *constitutifs* de deux sortes ; les uns lui sont communs avec tous les autres délits : ce sont les éléments généraux, constitutifs du genre de fait qu'on appelle « infraction ». Les autres lui sont des éléments propres ; ils servent à la distinguer, à lui assigner un nom particulier, à la qualifier « vol », « faux », « escroquerie ». L'étude des éléments constitutifs spéciaux à chaque infraction appartient à la partie du droit pénal, concernant les incriminations et les pénalités particulières. Mais, il importe, quand on étudie chaque infraction, de déterminer quels en sont les éléments *constitutifs* et d'en séparer les *circonstances aggravantes spéciales*. Cela importe pratiquement, au point de vue de la position des questions au jury.

En effet, tous les éléments constitutifs de l'infraction sont réunis dans une question générale et unique : la question de *culpabilité*; tandis que chaque circonstance aggravante, relevée par l'acte d'accusation ou résultant des débats, fait objet d'une question spéciale et distincte, à peine de nullité (L. 13 mai 1836, art. 1). On comprend très bien qu'il en soit ainsi, car tous les éléments constitutifs étant essentiels à l'existence de l'infraction, il suffit que le jury estime que l'un de ces éléments manque pour qu'il doive repondre négativement à la question de culpabilité : tandis que chaque circonstance aggravante, ayant un effet spécial, doit être spécialement résolue contre l'accusé.

Le Code pénal ne contient pas, sur la distinction des circonstances aggravantes et constitutives, de règles fixes, et la jurisprudence et la doctrine sont loin d'être d'accord sur le critère qu'il convient d'adopter. Tandis que les faits constitutifs de l'infraction sont ceux qui font l'objet de l'incrimination établie par la loi et sans lesquels il n'y aurait pas de délit ou il n'y aurait qu'un délit d'une autre nature, les circonstances aggravantes consistent dans des faits qui, se rattachant aux éléments matériels ou moraux du délit, augmentent la criminalité de l'action ou la culpabilité de l'agent. On peut les détacher de l'infraction qu'elles accompagnent sans en changer le caractère intrinsèque; au contraire, en l'absence d'un élément constitutif, le fait prévu par la loi cesse d'être délictueux ou se transforme en un délit d'un autre genre. Ce qui constitue le *vol* par exemple, d'après l'art. 379, ce sont les trois éléments suivants : 1° la soustraction d'une chose; 2° la circonstance que cette chose appartenait à autrui; 3° l'intention frauduleuse. Faites disparaître le premier élément, il restera peut-être un fait délictueux, par exemple un *abus de confiance* ou un *détournement* qui se distinguera du vol, aux termes de l'art. 408, par cette particularité que la chose, appartenant à autrui et détournée, avait été mise en la possession du délinquant, par un acte impliquant confiance en lui et obligation pour lui de restituer, mais il n'y aura pas *vol*, car les trois circonstances, prévues par l'art. 379, sont *essentielles* à l'existence du vol. Mais d'autres circonstances peuvent venir s'adjoindre à celles-là, pour en aggraver la criminalité et, partant, la peine, par exemple, la circonstance que le vol a été commis avec escalade ou effraction ou en faisant usage de fausses clefs, etc.; la circonstance que le voleur était le domestique de la victime, etc.; et tandis que le vol simple, qui forme le premier degré de l'infraction, n'est puni que d'une peine correctionnelle, le vol, aggravé et *qualifié* par ces circonstances, est puni des peines criminelles (C. p., art. 381 et s.). Ainsi encore, ce qui constitue le *meurtre*, c'est la réunion des deux éléments spéciaux qui résultent de la définition donnée par l'art. 295, C. p. : 1° l'homicide; 2° la volonté, ou plutôt l'*intention* de tuer. Faites disparaître ce second élément, il pourra rester une infraction d'un tout autre genre. l'*homicide par imprudence*. Mais ajoutez à ce premier degré, et, pour ainsi dire, à ce *substratum* de l'infraction, les circonstances de *préméditation* ou de *guet-apens*, et vous aurez un meurtre aggravé, que la loi qualifiera *assassinat* (C. p., art. 296); supposez que la victime soit un *ascendant légitime* ou *naturel* du coupable, ce sera un *parricide* (C. p., art. 395); supposez qu'elle ait la qualité d'*enfant nouveau-né*, ce sera un *infanticide* (C. p., art. 300) [1]. Il est même des circonstances

[1] La loi du 21 nov. 1901 a modifié le caractère de l'infanticide qui est un assassinat ou un meurtre suivant qu'il est commis avec ou sans préméditation mais qui n'est puni, dans le premier cas que des travaux forcés à perpétuité, et, dans le second, des travaux forcés à temps, vis-à-vis de la mère, auteur ou complice. Les art. 300 et 302, al. 2, considèrent donc l'infanticide comme un cas d'assassinat ou de meurtre sauf le bénéfice, pour la mère, d'une réduction de peine.

qui, suivant la nature du délit, interviennent parfois à titre d'éléments constitutifs, parfois à titre de circonstances aggravantes. Ainsi, l'*âge* est un fait constitutif du crime d'attentat à la pudeur sans violence qui est réprimé par l'art. 331, C. p. Mais, lorsqu'il s'agit d'un attentat à la pudeur avec violence, l'âge ne constitue plus qu'une circonstance aggravante (C. p., art. 332).

Deux choses résultent de ces explications : 1° Une circonstance n'est pas constitutive par cela seul qu'elle change la *qualification* de l'infraction, si elle n'en change pas le caractère intrinsèque : ainsi l'*assassinat*, le *parricide*, qui ont des noms spéciaux dans la langue de la loi, sont, pour nous, des variétés du *meurtre*, des meurtres aggravés, et non des crimes *sui generis*. En effet, le Code pénal, dans les art. 296, 299, et 300, qualifie *meurtre* le fait principal de l'infraction, et ce fait principal persiste comme meurtre, alors même que les circonstances qui l'accompagnent et qui lui méritent une qualification différente et une peine plus élevée, viennent à disparaître [1]. 2° Une circonstance n'est pas non plus constitutive par cela seul qu'elle change une *contravention* en *délit*, ou un *délit* en *crime*, si elle laisse subsister le caractère même de l'infraction. Le Code pénal classe les infractions d'après la peine qui leur est applicable : mais cette classification, toute pratique, n'empêche pas qu'un même fait, sans changer de nature, puisse être, suivant les circonstances qui l'accompagnent, tantôt un délit, tantôt un crime. Ainsi l'effraction, l'escalade, etc., ne sont que des circonstances aggravantes du *vol*, bien que cette infraction, dépouillée de ces circonstances, soit un *délit*, et devienne un *crime* quand elle en est accompagnée.

193. DES CIRCONSTANCES AGGRAVANTES GÉNÉRALES. — On trouve, dans notre législation pénale, deux circonstances aggravantes qui ont un caractère de généralité : la *qualité de fonctionnaire ou d'officier public* ; la *récidive*.

a) L'art. 198, C. p., prononce une aggravation générale de peine contre tout fonctionnaire ou officier public qui s'est rendu coupable, soit comme auteur principal (cela est évident, bien que le texte ne le dise pas), soit comme complice, de *crimes ou de délits*, qu'il était chargé de surveiller ou de réprimer. Le système d'aggravation peut se résumer ainsi : pour les peines de droit commun, on monte d'un échelon, en appliquant au fonctionnaire la peine immédiatement supérieure à

[1] La jurisprudence ne paraît pas admettre ce critère. Il semble résulter de certains arrêts que les circonstances qui donnent à un crime une qualification spéciale, telle que la qualité de la victime dans le parricide, sont constitutives.

la peine portée contre le crime, mais sans aller jusqu'à la peine de mort; si la peine encourue est une peine politique, on applique la peine correspondante dans l'échelle des peines de droit commun, sauf toutefois la peine de mort; s'il s'agit d'un délit de police correctionnelle, on applique le maximum. Trois conditions sont constitutives de l'aggravation portée par le texte: 1° Le coupable doit être un fonctionnaire ou un officier public; 2° il faut que la loi ne prononce, pour le fait qu'il a commis, aucune aggravation spéciale de peine, en raison de sa qualité; 3° enfin, s'il n'est pas nécessaire qu'il ait commis le crime ou le délit dans l'exercice de ses fonctions, il faut, au moins, qu'il ait participé à un crime ou délit dont il avait la surveillance ou la répression.

b) La seconde circonstance aggravante qui a un caractère de généralité, c'est la *récidive*, dont il est question plus loin.

§ III. — DES CIRCONSTANCES ATTÉNUANTES, LÉGALES OU JUDICIAIRES.

194. Excuses. Circonstances atténuantes. — 195. Des excuses. Division. — 196. De la nature des excuses. — 197. Causes de mitigation de peines. — 198. Division des excuses générales et spéciales. Les deux seules causes d'excuses générales sont la minorité de seize ans et la provocation. De la minorité de seize ans. De la provocation. Causes de provocation : coups et violences graves envers les personnes; outrage violent à la pudeur; flagrant délit d'adultère; escalade ou effraction du domicile pendant le jour. Excuses absolutoires et atténuantes spéciales. — 199. Des effets des excuses. Effets des excuses atténuantes. Effets des excuses absolutoires. — 200. Notions générales sur les circonstances atténuantes proprement dites. — 201. Caractère des circonstances atténuantes. — 202. Quand et par qui peuvent être déclarées des circonstances atténuantes. — 203. Effets des circonstances atténuantes. — 204. Peines complémentaires ou accessoires.

194. DES CIRCONSTANCES ATTÉNUANTES ET DES EXCUSES. — Les causes d'atténuation des peines sont déterminées, les unes par la *loi* elle-même et portent le nom d'*excuses*, les autres, par le *juge* et gardent celui de *circonstances atténuantes* : l'effet des premières est d'atténuer *légalement* la peine; elles influent sur la culpabilité *absolue;* l'effet des secondes est d'atténuer *judiciairement* la peine; elles influent sur la culpabilité *relative*. Aussi tandis que les excuses peuvent modifier, suivant les cas, la *qualification* même de l'*infraction*, les circonstances atténuantes modifient seulement l'*application* de la *peine*.

195. LES EXCUSES. DIVISION DU SUJET. — J'examinerai trois questions : Quelle est la *nature* des excuses? Quelles en sont les *causes?* Quels en sont les *effets?*

196. DE LA NATURE DES EXCUSES. — Dans le sens ordinaire du mot, on appelle *excuse*, une circonstance qui diminue, sans la faire disparaître, la criminalité d'une action ou la culpabilité de son auteur. Toute excuse suppose donc un *délit* et un *coupable*. Le sens vulgaire du mot *excuse* en est aussi le sens légal.

Les excuses sont des faits, de nature à atténuer ou même à supprimer la peine, caractérisées avec précision par la loi, soit au point de vue de leurs éléments constitutifs, soit au point de vue de leurs effets.

Toute excuse trouve son *titre* dans la loi, et l'art. 65 dispose : *Nul crime ou délit ne peut être excusé, ni la peine mitigée, que dans les cas et dans les circonstances où la loi déclare le fait excusable ou permet de lui appliquer une peine moins rigoureuse*[1].

Si les excuses ont la même nature, elles ne produisent pas toutes les mêmes effets. Il y en a d'*absolutoires;* il y en a d'autres qui sont simplement *atténuantes*.

I. Les excuses *absolutoires* ou *péremptoires* sont des faits qui assurent l'impunité à un individu juridiquement déclaré coupable d'une infraction.

Les excuses absolutoires diffèrent, par leur nature comme par leurs conséquences, et des faits qui légitiment une infraction (*faits justificatifs*), et des faits qui effacent la culpabilité de l'agent (*causes de non-culpabilité*). 1° Ainsi tout d'abord, l'accusé ou le prévenu ne peut invoquer d'autres faits d'excuses que ceux qui sont admis comme tels par une disposition formelle de la loi (C. p., art. 65); tandis que les circonstances, qui rendent une infraction légitime ou qui en effacent la criminalité, peuvent être accueillies par le juge, alors même qu'elles n'auraient pas été formellement prévues par la loi. Un individu, reconnu coupable d'une infraction, doit, en effet, être puni, à moins qu'un texte formel n'autorise le juge à l'exempter du châtiment. Mais un individu ne peut être puni que s'il est coupa-

[1] Par application de cette règle primordiale, il a été jugé qu'on ne saurait considérer comme un fait d'excuse légale : 1° en cas de poursuite pour coups et blessures entre époux, la réconciliation survenue entre les époux : Cass., 7 mai 1851 (D. 52. 5. 564); 2° en cas de rébellion, la circonstance que celui qui s'est fait le complice d'un délit de rébellion est le père du délinquant : Cass., 16 janv. 1869 (D. 69. 1. 381); 3° en cas d'infanticide, la circonstance que l'accusée aurait été victime d'un viol au moment de la conception : Cass., 3 août 1855 (D. 55. 1. 380); 4° l'ivresse (Cass., 5 mars 1886, *B. crim.*, n° 84); 29 juill. 1893 et 7 avr. 1894 (D. 96. 1. 80). Voy. du reste, Blanche, sous l'art. 65.

ble, et la loi, qui donne au juge la mission d'examiner la culpabilité, a dû lui donner, par cela même, le droit général de tenir compte de toutes les circonstances qui l'excluent. 2° Cette différence de *nature* entre les excuses et les faits justificatifs ou les causes de non-imputabilité exerce son influence sur la *procédure*. Ainsi, les juridictions d'instruction ont le droit et le devoir d'examiner si le prévenu ou l'accusé est coupable et, par conséquent, d'arrêter la procédure, s'il existe, en sa faveur, des faits justificatifs, tels que la légitime défense ou des causes de non-imputabilité, telles que la démence. Au contraire les excuses, même absolutoires, échappent à l'appréciation de ces juridictions qui ne sont pas chargées d'appliquer la peine, mais d'examiner s'il y a des présomptions graves de culpabilité. 3° En cour d'assises, le jury n'est que *facultativement* interrogé sur les causes de justification ou de non-imputabilité que propose l'accusé, car la question générale de culpabilité lui permet d'en tenir compte ; tandis que, aux termes de l'art. 339, C. instr. cr. : « Lorsque l'accusé aura proposé pour excuse un fait admis comme tel par la loi, le président devra, *à peine de nullité* », poser une question spéciale et distincte sur ce fait; et le jury ne résoudra cette question, pour ou contre l'accusé, qu'après avoir résolu, au préalable, *contre lui*, la question de culpabilité. 4° Enfin l'accusé, déclaré *non coupable* par suite d'une cause de justification ou de non-imputabilité, doit être *acquitté* par une ordonnance du président, tandis que l'accusé déclaré *coupable*, mais en faveur de qui le jury a admis l'existence d'une excuse péremptoire, est *absous* par arrêt de la cour. Car, dans le premier cas, l'ordonnance d'acquittement est rendue en vertu d'un verdict qui l'impose et qui ne laisse place à aucune interprétation, tandis que, dans le second, l'absolution résulte d'une disposition de la loi qui doit être interprétée par arrêt de la juridiction.

Les excuses absolutoires ont quelque analogie avec certaines fins de non recevoir contre l'action publique, qu'on appelle *exceptions péremptoires*, parce qu'elles ont pour résultat de repousser d'une manière définitive l'action publique, comme, par exemple, la prescription, l'amnistie, etc. Mais elles en diffèrent par leur résultat. En effet, tandis que les exceptions dont il s'agit empêchent d'entrer dans l'examen de l'affaire, et, par suite, arrêtent la procédure et laissent indécise l'existence de l'infraction et de la culpabilité, les excuses péremptoires supposent au contraire que l'infraction et la culpabilité ont été prouvées; elles n'ont d'effet que sur le châtiment et constituent des causes d'exemptions de peines.

II. Les excuses atténuantes sont des faits qui, en diminuant la culpabilité, diminuent la peine, et qu'on peut définir *des circonstances atténuantes spécialement prévues par la loi.* Elles se distinguent donc essentiellement des circonstances atténuantes proprement dites, dont la détermination est abandonnée à l'appréciation souveraine des juges.

197. Mitigation de peines. — On voit apparaître, dans l'art. 65, C. p., sous une dénomination spéciale, une cause de modification de peine qu'il faut distinguer des excuses et des circonstances atténuantes : ce sont les cas de *mitigation de peine.* Ces cas résultent d'une relation entre l'état physique de la personne du condamné et l'exécution de la peine encourue dont le mode peut être trop rigoureux eu égard à sa faiblesse. Mais ils ne modifient en rien les éléments de la culpabilité. La *vieillesse*, le *sexe* et la *minorité de vingt et un ans* sont les seules causes de mitigation de peine. Leur appréciation appartient à la cour d'assises et non au jury.

198. Des causes d'excuses. — Les excuses sont générales ou spéciales, suivant qu'elles s'appliquent à toutes les infractions ou seulement à certaines infractions.

I. Dans notre système pénal, nous ne trouvons que deux causes d'excuses ayant un caractère atténuant dans un groupe plus ou moins étendu d'infractions : la *minorité de seize ans* et la *provocation.*

A. *De la minorité de seize ans.*— Lorsque le tribunal estime qu'une infraction a été commise, *avec discernement*, par un mineur de seize ans et non de dix-huit ans, le jeune âge devient, en principe, une *excuse atténuante* qui diminue la *culpabilité* et, par conséquent, la peine.

Pour étudier l'application des art. 67 (modifié par la loi du 12 avr. 1906) et 69, C. p., qui contiennent le système de la loi sur ce point, il faut supposer le mineur de seize ans, convaincu soit de *crime*, soit de *délit*, soit de *contravention.*

a) En toute matière *criminelle*, l'âge de l'accusé change la *nature* des peines à prononcer et substitue, aux peines afflictives ou infamantes, un *emprisonnement dans une colonie correctionnelle* ou *pénitentiaire*, toujours temporaire. 1° Si le crime emporte la peine de mort ou une peine afflictive perpétuelle, les travaux forcés à perpétuité ou la déportation, le mineur sera condamné à la peine de dix à vingt ans d'emprisonnement dans une colonie correctionnelle. 2° Si le crime n'emporte qu'une peine afflictive temporaire, les travaux forcés à temps, la détention, la réclusion, le mineur sera condamné à être enfermé dans une colonie correctionnelle ou une colonie pénitentiaire, pour une durée égale au tiers au moins et à la moitié au plus du temps « pour lequel il aurait pu être condamné à l'une de ces peines ». Il résulte de ces expressions que ce n'est ni le *maximum*, ni le *minimum* de chacune de ces peines que la cour d'assises et le tribunal correctionnel doivent prendre en considération; mais qu'ils doivent déterminer d'abord la peine qui serait encourue par un majeur, et opérer, sur cette peine, le calcul indiqué par le texte. Il faut ajouter que, dans tous les autres cas, le mineur de seize ans, peut être renvoyé en état d'interdiction de séjour pendant cinq ans au moins et dix au plus. 3° Si le crime emporte une peine seulement infamante, le bannissement ou la dégradation civique, le mineur sera frappé d'un emprisonnement d'un an à cinq ans dans une colonie correctionnelle ou une colonie pénitentiaire.

Le mineur, étant condamné, pour crime, à une peine correctionnelle seulement, n'encourra pas les incapacités qui sont la conséquence des condamnations à des peines afflictives et infamantes, telles que l'interdiction légale et la dégradation civique. Mais l'amende et la confiscation spéciale, qui accompagnent parfois, à titre de peines complémentaires, les peines afflictives ou infamantes, ne sont pas modifiées dans leur application au mineur de seize ans. C'est ce qui résulte tout à la fois du silence de l'art. 67 et de la nature de ces peines.

b) En matière *correctionnelle*, l'âge du prévenu ne change légalement que la *durée* ou la *quotité* de la peine, qui ne peut excéder alors, aux termes de l'art. 69, « la moitié de celle à laquelle le mineur aurait pu être condamné s'il avait eu seize ans ». Cette disposition s'applique seulement à deux peines correctionnelles : *l'emprisonnement* et *l'amende*. La confiscation spéciale, lorsqu'elle est prononcée pour délit, et l'interdiction de certains droits civiques, civils et de famille, ne sont donc pas modifiées par le jeune âge du condamné. En effet, ce sont là deux peines complémentaires, qui ont un but spécial et distinct des peines qui constituent le châtiment direct du délit.

c) En matière de *police*, le jeune âge de l'inculpé est-il une excuse atténuante légale? Par application de l'art. 65, C. p., aux termes duquel nulle infraction ne peut être excusée ni la peine mitigée « que dans les cas et les circonstances où la loi déclare le fait excusable ou permet de lui appliquer une peine moins rigoureuse », il faut conclure du silence de la loi sur ce point, que l'âge ne peut entraîner un abaissement légal des peines de simple police, prononcées à raison des contraventions. Ces peines sont peu graves, et le juge a presque toujours la faculté de tenir compte de l'âge du prévenu pour les réduire jusqu'au minimum des peines de police, par une déclaration formelle de circonstances atténuantes.

B. *De la provocation.* — L'excuse, fondée sur la provocation, dont il est question dans les art. 321 à 326, C. p., sous la rubrique trop générale : *crimes et délits excusables et cas où ils ne peuvent être excusés*, ne concerne que le *meurtre*, les *coups et blessures* et la *castration*, c'est-à-dire les délits de sang. Elle est encore admise en matière d'*injures* publiques ou non publiques (L. 29 juill. 1881, art. 33 ; C. p., art. 471, n° 11)[1].

La *provocation*, à la différence de l'*agression*, qui légitime les actes de défense, ne met pas le prévenu en danger de perdre la vie, mais, par l'irritation qu'elle cause à celui qui a été provoqué, elle obscurcit son intelligence et lui enlève, en partie, sa liberté ; si donc le meurtre et les coups et blessures ne sont pas *justifiés*, du moins, ils sont *excusés*, par la provocation. Mais il faut, comme condition essentielle et générale de l'excuse, que la provocation et le crime ou le délit qui en est la suite soient assez rapprochés, qu'il ne se soit pas écoulé entre eux un intervalle de temps suffisant pour permettre à la réflexion de faire place à la colère et à la vengeance. En effet, l'excuse a son principe, non dans la réciprocité des torts, mais dans l'emportement que soulève une provocation violente : l'agent est *coupable* de céder à cette passion qu'il eût dû surmonter, mais il est *excusable*, parce qu'il a agi sous l'empire d'un mouvement impétueux qui l'a surpris. La provocation n'a donc pour effet d'atténuer la culpabilité que tant que se prolonge l'émotion violente dont elle a été la cause[2]. Mais si la réflexion avait eu le temps de faire son œuvre, l'action coupable ne serait plus excusée, car, au lieu d'être le résultat d'un mouvement de passion, elle serait l'effet d'une délibération qui en aggraverait la criminalité. Je conclus de là qu'il y aurait *contradiction* entre deux réponses du jury, dont l'une admettrait l'existence de la *préméditation* dans le *meurtre*, et dont l'autre reconnaîtrait, en faveur de l'accusé, l'excuse de la *provocation*, et que la Cour de cassation devrait annuler le verdict comme impliquant deux affirmations inconciliables[3]. Aussi

[1] V. sur le caractère de l'excuse dans ce cas : Cass., 25 mai 1894 (S. 96. 1. 105), et la note.

[2] C'est ce que veulent exprimer ces mots ; *dans le moment même*, *à l'instant*, *immédiatement*, dont se servent les art. 324 et 325, C. p. Sans doute, l'acte de provocation et l'acte de réaction pourront être séparés par un intervalle de temps qui, par lui-même, n'empêchera pas l'accusé ou le prévenu de faire valoir l'excuse ; mais à la condition de *fait*, à examiner par les juges, dans chaque espèce, que cet intervalle de temps ne se soit pas trop prolongé.

[3] Il ne s'ensuit pas que la cour d'assises ait le droit, dans une accusation d'*assassinat*, de refuser de poser une question sur l'excuse de provocation qui est invoquée par l'accusé : car le jury peut toujours, en admettant la culpabilité sur le fait principal, écarter la circonstance aggravante de préméditation, et accueillir l'excuse. Ce que je veux dire, c'est que le jury ne pourrait répondre affirmativement

les art. 321 et suiv. excusent, dans les conditions qu'ils prévoient, le *meurtre* et non l'*assassinat*.

La provocation ne rend excusables le meurtre et les coups et blessures qu'à certaines conditions. Il faut, en effet, qu'elle résulte, comme toute excuse, d'une des *causes déterminées par la loi* ; or, les faits de provocation, auxquels la loi attache ce caractère, sont au nombre de quatre seulement : *les coups et violences graves envers les personnes; l'outrage violent à la pudeur; le flagrant délit d'adultère; la violation à l'aide d'escalade ou d'effraction du domicile pendant le jour*[1]. La provocation étant *qualifiée* par la loi, il est nécessaire, en cour d'assises, de poser la question d'excuse, non sous cette forme générale : *Un tel a-t-il été provoqué?* mais sous cette forme légale : *A-t-il été provoqué par des coups ou violences graves envers les personnes*, etc.? Je reprends les quatre hypothèses de provocation.

a) Aux termes de l'art. 321, C. p. : *Le meurtre ainsi que les blessures et les coups sont excusables, s'ils ont été provoqués par des coups ou violences graves envers les personnes*. Cette excuse ne peut être admise que si les conditions suivantes se rencontrent : 1° La première, c'est que l'attaque ait consisté en *violences physiques*. Ainsi l'injure par paroles, par écrits ou par gestes, l'imputation calomnieuse ne pourraient être prises en considération comme causes d'excuse légale. Ce que je dis des injures verbales, il faudrait le dire également des menaces verbales, quand il ne s'y joint pas de voies de fait[2]. Mais il est possible que les menaces soient accompagnées de circonstances, et notamment de gestes, qui puissent faire craindre leur exécution immédiate : ainsi, par exemple, un individu s'avance vers un autre en le menaçant de le frapper, et, en même temps, il lève sa canne comme pour mettre sa menace à exécution; bien qu'il n'y ait pas eu de coup porté, comment ne pas voir dans ce fait une provocation véritable? Cette interprétation a été adoptée par la jurisprudence qui a décidé, dans plusieurs arrêts, que la provocation, cause d'excuse du meurtre, peut exister, sans qu'il y ait eu blessures, par la seule menace, avec une arme rapprochée du corps. 2° La seconde condition, c'est que les violences aient été exercées *contre les personnes*. Ainsi, les violences exercées contre les animaux domestiques, l'enlèvement, la destruction ou la dégradation des

sur la question de préméditation et d'excuse, sans que son verdict impliquât contradiction. *Contrà*, Cass., 20 déc. 1884 (*B. crim.*, n° 285).

[1] L'art. 51, C. p. italien considère, au contraire, comme excusable, en termes généraux, « celui qui a commis le fait sous une impulsion de colère ou d'intense douleur, déterminée par une injuste provocation ».

[2] Cass., 5 mars 1886 (*B. cr.*, n° 94).

propriétés ne sont pas des causes d'excuses[1]. Mais la loi n'exige pas que les violences aient été exercées contre le prévenu ou l'accusé. 3° La troisième condition, c'est que les violences soient *graves*, c'est-à-dire qu'elles aient été de nature à faire une vive impression sur l'esprit du provoqué et à l'entraîner à réagir avec une force à laquelle il lui était *possible*, sans doute, mais *difficile* de résister. La gravité des violences doit être appréciée, par conséquent non *in abstracto*, mais *in concreto*, eu égard à l'intensité de l'irritation que ces violences ont exercée sur l'agent qui invoque l'excuse. C'est ainsi, par exemple, qu'un soufflet, après examen des circonstances, du caractère et de la situation de la personne qui l'a reçu, peut être considéré par un tribunal comme une provocation suffisante. 4° Enfin, les violences doivent être *injustes* : cette condition est sous-entendue par l'art. 321 ; si l'auteur des violences avait le droit de les exercer, celui qui en a été la victime avait le *devoir* de les subir. Ainsi, lorsque des gendarmes procèdent *régulièrement* à l'arrestation d'un malfaiteur, ou lorsque les agents de la force publique reçoivent l'ordre de disperser un rassemblement, les violences qu'ils exercent, étant commandées par la loi, ne constituent pas une provocation et ne peuvent servir d'excuse aux violences exercées contre eux. Mais il importe peu que les violences aient été exercées par un simple particulier ou un fonctionnaire public, pourvu, dans ce dernier cas, que l'illégalité de l'acte de provocation soit évidente. La Cour de cassation décide, au contraire, que la provocation, par des violences graves et illégales, ne rend pas excusables le meurtre ou les coups et blessures commis sur un agent de la force publique dans l'exercice de ses fonctions[2]. Elle se fonde sur deux arguments. Le premier consiste à dire que les dispositions de l'art. 321 n'ont pas été insérées, comme les dispositions sur les effets de l'âge et de la démence, dans un titre général commun à toutes parties dont le Code pénal se compose, mais dans le titre « Des crimes et délits *contre les particuliers* », et que, par conséquent, ces dispositions ne sont pas applicables au meurtre et aux coups et blessures commis sur un agent de la force publique. Mais ce n'est pas en matière pénale qu'on peut invoquer sérieusement, et comme une raison décisive, la classification des matières et la rubrique des chapitres ; car on sait combien peu les rédacteurs du Code se sont attachés aux divisions rationnelles. Le deuxième argument consiste à dire que l'agent de la force publique est toujours présumé, lorsqu'il agit dans l'exercice de ses fonctions, ne

[1] *Sic*, Cass., 13 déc. 1880 (S. 82. 1. 141) ; 22 juill. 1882 (D. 83. 1. 275) ; 26 févr. 1892 (D. 92. 1. 472).

[2] Cass., 19 mars 1855 (S. 56. 1. 96); 26 déc. 1856 (D. 57. 1. 96); 25 avr. 1857 (D. 57. 1. 268).

faire que ce que la loi lui permet. Sans doute; aussi exigeons-nous, pour l'existence de la provocation, une *illégalité flagrante;* mais lorsque cette condition se rencontre, la qualité de fonctionnaire chez le provocateur est de nature à rendre plus excusable le sentiment de colère de l'agent du délit.

Il existe une double exception à la règle qui admet l'excuse de provocation en cas de violences envers les personnes. L'art. 323 décide que le *parricide n'est jamais excusable*. Cette disposition, reproduite de l'ancien droit, est fondée sur ce que « le respect religieux que l'on doit à l'auteur de ses jours, ou à celui que la loi place au même rang, impose le devoir de tout souffrir plutôt que de porter sur lui une main sacrilège ». Le *meurtre* commis par l'époux sur l'épouse ou par celle-ci sur son époux, n'est pas non plus excusable, aux termes de l'art. 324, « si la vie de l'épouse ou de l'époux n'a pas été mise en péril dans le moment même où le meurtre a eu lieu ». Ces exceptions étant restrictives du droit commun doivent être strictement appliquées. Par conséquent : 1° Elles n'excluent pas la *légitime défense*. L'art. 324 le dit expressément à propos du meurtre du conjoint, mais c'était inutile, car la provocation et la légitime défense se placent dans deux situations différentes. 2° Ces exceptions ne visent que le *meurtre* : par conséquent, les *coups et blessures* restent excusables, quelles qu'en aient été les suites. 3° L'exception, relative au parricide, ne s'applique qu'aux deux cas de provocation prévus par les art. 321 et 322. La place du texte, comme son esprit, commande cette solution. Le parricide reste donc excusable si l'agent est mineur, ou s'il y a eu provocation par flagrant délit d'adultère.

b) « Le crime de castration », d'après l'art. 325, « s'il a été *immédiatement provoqué* par un outrage violent à la pudeur, sera considéré comme meurtre ou blessures excusables ». Le législateur a cru devoir s'expliquer d'une manière spéciale sur la castration, parce que ce crime semble supposer une préméditation et une réflexion, en général incompatibles avec le motif qui a fait créer l'excuse de provocation. Cela posé, du moment où l'outrage à la pudeur a le caractère de *violence* exigé par la loi, il n'y a pas à distinguer si ce fait a été dirigé contre l'auteur du crime, ou l'un des siens, ou même un tiers inconnu, car tous les témoins, qui opèrent la castration, immédiatement et par représaille de cet outrage, agissent sous la même impression de colère, et la même cause d'excuse modifie leur criminalité.

c) Le meurtre et, à plus forte raison, les blessures et les coups[1]

[1] Le Code pénal, dans l'art. 324, ne déclare excusable que le *meurtre :* est-ce à dire que les coups portés, les blessures faites par le mari à la femme et à son complice ne seraient pas excusables? Haus, t. II, n° 841, l'affirme, et il part de là pour

commis par l'époux sur l'épouse et sur son complice à l'instant où il les surprend en *flagrant délit d'adultère dans la maison conjugale*, sont excusables aux termes de l'art. 324, § 2, C. p. Ainsi l'excuse n'est admise qu'en faveur du mari qui tue sa femme, et non de la femme qui tue son mari[1]. Cette différence de situation entre les deux époux est inexplicable. En admettant, que les conséquences de l'adultère des deux époux soient différentes (ce qui peut légitimer, au point de vue social, une différence de pénalité), il est certain que, dans les rapports réciproques des époux, la gravité de l'offense est la même ; et l'indignation de la femme, qui surprend son mari en flagrant délit d'adultère, est aussi vive, aussi excusable que celle du mari qui surprend sa femme. Il n'existe donc aucune raison théorique, au point de vue de la provocation, pour faire cette différence entre l'adultère de la femme et celui du mari. Quoi qu'il en soit, ce qui est certain, c'est que l'excuse fondée sur l'adultère est essentiellement *personnelle* au mari offensé : lui seul est présumé avoir ressenti assez vivement l'outrage pour que l'irritation, qui en est la suite, excuse le meurtre qu'il commet. L'excuse ne se communiquerait, ni aux parents et aux amis du mari, qui, en son absence, auraient vengé l'injure qui lui est faite par sa femme, ni à ceux qui auraient participé, comme coauteurs ou comme complices, à l'acte de vengeance exercé par l'époux offensé.

Deux conditions sont exigées par l'art. 324 pour que l'adultère de la femme puisse être invoqué par le mari comme une cause d'excuse légale du meurtre : 1° Il faut d'abord que l'époux offensé ait *surpris* sa femme en *flagrant délit* d'adultère, c'est-à-dire, soit au moment même du délit, soit dans une situation telle qu'elle ne lui permette pas de douter que l'adultère vient d'être commis ou va se commettre. Car c'est tout à la fois l'*actualité* et la *certitude* du délit, qui, par la colère que ces circonstances provoquent chez le mari, rendent le meurtre excusable. Si donc le crime était prémédité, si le mari, ne *soupçonnant* pas seulement ces relations coupables, mais les connaissant, dressait un guet-apens et allait, avec une vengeance calculée, tuer les coupables, les conditions de l'excuse ne se rencontreraient pas.

critiquer cette « choquante anomalie ». Mais il n'a pas remarqué que l'art. 324, dans son premier alinéa, déclare que le « meurtre », commis par l'époux sur son épouse, « n'est pas excusable » sans parler des coups et blessures : or, le second alinéa de l'article n'ayant pour objet que d'apporter, dans le cas d'adultère, une exception à ce principe, ne devait parler que du *meurtre*. Mais, les coups et blessures étant moins graves que le meurtre, doivent, *a fortiori*, profiter du bénéfice de l'excuse. En sens contraire cependant : Alger, 3 mai 1879 (S. 80. 2. 20); Laborde, *op. cit.*, n° 375.

[1] Les législations étrangères ont fait disparaître cette anomalie : C. belge, art. 413; C. italien, art. 377 ; C. portugais, art. 372.

2° Il faut que l'adultère ait eu lieu dans la *maison conjugale*; l'injure est d'abord plus grave; de plus, le législateur a craint que si le meurtre, commis dans tout autre lieu, était excusable, la tranquillité des familles ne fût troublée par les recherches d'époux méfiants. La maison conjugale est celle où habite le mari, où la femme a le droit d'être reçue. Lorsque la séparation de corps a été prononcée, bien que le mari puisse toujours poursuivre l'adultère, comme il n'y a plus de domicile conjugal, commun aux deux époux, et, comme il est essentiel que l'adultère y soit commis, l'excuse n'est pas admissible. Le mari, du reste, ne pourrait invoquer l'excuse s'il était lui-même convaincu d'avoir entretenu une concubine dans la maison conjugale. En effet, l'art. 324 n'établit l'excuse que pour le cas prévu par l'art. 336, et l'art. 336 refuse au mari le droit de dénoncer l'adultère de la femme, s'il a entretenu une concubine au domicile conjugal.

d) Le meurtre, ainsi que les blessures et les coups, sont excusables, si ces crimes ou délits ont été commis en repoussant, *pendant le jour,* l'escalade ou l'effraction des clôtures, murs, ou entrée d'une maison ou d'un appartement habité ou de leurs dépendances (C. p., art. 322). La violation de domicile tentée *pendant la nuit* est comprise dans le cas de légitime défense. C'est avec raison que le Code pénal conserve cette distinction traditionnelle entre les deux situations. L'individu, dont l'habitation est attaquée pendant le jour, est exposé à moins de dangers que celui dont l'habitation est attaquée pendant la nuit. Les secours sont plus prompts, la nécessité d'employer la force individuelle est moins évidente. Mais, si l'impossibilité d'obtenir immédiatement du secours, plaçait cet individu dans la nécessité de repousser les assaillants par la force, l'homicide serait justifié par application de l'art. 328, C. p.

II. Les excuses absolutoires ou atténuantes *spéciales* sont assez nombreuses.

a) Parmi les excuses absolutoires, les unes sont fondées sur l'idée d'un service rendu par le coupable à la société, service qui lui mérite une exemption de peine; nous signalons, à titre d'exemples, les dispositions des art. 100 et 213, 108, 138, 144, C. p., art. 10, L. 18 avr. 1888, et L. du 2 avr. 1892. D'autres, sur l'idée que le mal du délit a été postérieurement réparé : art. 247, 357, C. p. D'autres, sur certaines relations de parenté ou d'alliance entre l'agent et les personnes en faveur desquelles ou contre lesquelles le délit a été commis : art. 248, 380, C. p. D'autres enfin, sur la nécessité de ne pas affaiblir les liens de la discipline hiérarchique : art. 114, § 2, 190, C. p. — Toutes ces excuses sont *spéciales* à certains délits particuliers. Nous n'avons donc pas à y insister autrement.

b) Les excuses atténuantes spéciales dépendent de la partie spéciale du droit pénal, étrangère à cet ouvrage. Nous citerons le cas d'un individu, qui ayant émis de la fausse monnaie, prouve qu'il l'avait reçue pour bonne (C. p., art. 135); le cas du coupable de séquestration qui a rendu la liberté à la personne arrêtée, séquestrée ou détenue, avant le dixième jour accompli depuis celui de l'arrestation, séquestration ou détention (C. p., art. 343).

199. Des effets des excuses. — Toute excuse, dont l'existence est constatée, exerce une influence légale sur la peine, qu'elle écarte ou atténue, suivant qu'elle est absolutoire ou atténuante.

I. L'*excuse atténuante* diminue *légalement* la peine. Le rôle du juge, qui constate un fait d'excuse, est donc de déterminer la peine qui devrait être prononcée, en faisant abstraction de l'excuse, et d'opérer, sur cette peine, conformément à la loi, le calcul de l'atténuation. Les art. 67 et 69 déterminent l'atténuation de peine qui est la conséquence de la minorité de seize ans; l'art. 326, celle qui résulte de la provocation.

Deux hypothèses distinctes sont prévues par ces textes :

a) Lorsque la provocation sera prouvée, s'il s'agit d'un *délit*, la peine sera réduite à un emprisonnement de six jours à six mois. Dans ce cas, l'excuse, fondée sur la provocation, n'a pas pour effet de *changer* la nature de la peine, mais simplement de l'*atténuer* : la peine reste, après comme avant l'admission de l'excuse, une peine *correctionnelle*. Il en est de même si l'excuse est fondée sur la minorité de seize ans de l'auteur d'un *délit*, car, aux termes de l'art. 69, la peine *correctionnelle*, qui doit être prononcée dans ce cas, ne pourra s'élever au-dessus de la moitié de celle à laquelle le mineur aurait pu être condamné s'il avait eu seize ans.

b) S'il s'agit, au contraire, d'un *crime*, la provocation a pour effet de substituer à la peine *criminelle* une peine *correctionnelle* : le crime était-il puni de la peine de mort, des travaux forcés à perpétuité ou de la déportation? il n'est punissable que d'un emprisonnement d'un an à cinq ans; était-il puni d'une autre peine criminelle, des travaux forcés à temps, de la réclusion, etc.? il n'est punissable que d'un emprisonnement de six mois à deux ans. Pour l'excuse de la minorité, la loi suit un système analogue (C. p., art. 67).

De là naît la question de savoir si, en transformant la *nature de la peine*, l'excuse transforme la *nature de l'infraction*. Le fait non excusé était un *crime;* excusé devient-il un *délit?* Contrairement à l'opinion la plus générale, je crois que l'excuse, en substituant à la peine criminelle, dont l'infraction était punissable, une peine correctionnelle, a pour résultat de faire dégénérer le *crime* en *délit*. — J'invoque, dans ce sens, l'art. 1er, C. p., qui définit le *délit*, toute infraction *que les lois punissent de peines correctionnelles*. Or dans le cas de *provocation*, comme dans le cas de *minorité*, c'est la loi même qui prononce *directement* une peine correctionnelle contre le meurtre ou les coups et blessures qui ont été provoqués dans les conditions qu'elle prévoit ou contre les crimes qui ont été commis par des mineurs de seize ans. Aussi, cet effet, que je donne à l'excuse, je ne le donne pas aux circonstances atténuantes. Sans doute, ces dernières ont souvent pour résultat de substituer une peine correctionnelle à une peine criminelle; mais la transformation de peine, qui s'accomplit dans ce cas, n'est pas l'œuvre directe de la loi, elle est l'œuvre du juge; ce n'est pas en vertu de circonstances prévues à l'avance par le législateur que la peine est modifiée, mais en vertu de circonstances laissées à l'appréciation du juge, et ces circonstances ne peuvent ni ne doivent changer la qualification *légale* du fait incriminé. — J'invoque, de plus, une analogie évidente entre les circonstances aggravantes et les excuses : les premières aggravent la peine, comme les secondes l'atténuent, en vertu d'une appréciation *légale* : or, quand le résultat d'une circonstance aggravante est de rendre l'infraction qu'elle accompagne punissable d'une peine *criminelle*, alors que, dépouillée de cette circonstance, l'infraction n'est punie que d'une peine correctionnelle, on n'hésite pas à dire que le délit devient un crime. Pourquoi en serait-il autrement quand le résultat d'une excuse est de substituer une peine correctionnelle à la peine criminelle dont le fait non excusé serait passible? « Mais, nous dit-on, l'excuse n'a trait qu'à la criminalité *subjective*; la gravité sociale du fait, la criminalité *objective*, reste la même; et de ce que l'excuse modifie la nature de la peine, parce que l'agent qui peut l'invoquer est moins coupable qu'un autre, on ne saurait légitimement conclure qu'elle métamorphose le caractère de l'infraction ». Ce raisonnement repose sur une équivoque; car, enfin, la qualité de *domestique*, chez l'auteur d'un vol, ne modifie pas davantage la criminalité *objective* du vol que le rôle de provoqué ne modifie la criminalité objective du meurtre? Ce qui est vrai, c'est que toute infraction se compose de deux éléments : la matérialité du fait; la moralité de l'agent : or, les circonstances qui se rattachent à ces éléments, et à raison desquelles *la loi elle-même* modifie la peine de l'infraction, doivent avoir le même effet, dans une législation qui qualifie l'infraction *crime* ou *délit* d'après la peine légale dont elle est passible. — J'ajoute enfin que l'opinion que je soutiens a dominé la discussion de la loi du 13 mai 1863 et notamment la revision des art. 57 et 58, C. p. Le législateur, dans ces textes, a consacré ce principe, que celui-là seul est condamné pour *crime*, auquel la loi inflige des peines afflictives ou infamantes; celui qui n'a été condamné, en vertu de la loi, qu'à des peines correctionnelles est condamné pour *délit*.

Ainsi donc, l'excuse atténuante, toutes les fois qu'elle transforme la *nature de la peine*, transforme aussi la *nature de l'infraction*. L'intérêt pratique de cette théorie ne se présente pas, qu'on le remarque bien, au point de vue de la *compétence*, car les juridictions de jugement ont seules le droit d'examiner l'existence des excuses et d'en tenir compte pour appliquer la peine[1]; il se présente surtout au double point de vue de la durée de la prescription et du droit de déclarer l'existence des circonstances atténuantes en cour d'assises.

1° La durée de la prescription de l'action publique est de dix ans en matière criminelle, de trois ans en matière correctionnelle (C. instr. cr., art. 637 et 638). Or, si nous supposons que l'infraction, qualifiée crime, mais excusée à raison de la provocation ou de la minorité, ait été commise depuis plus de trois ans, mais depuis moins de dix ans, l'admission de l'excuse doit amener l'*absolution* du prévenu ou de l'accusé, puisqu'elle a pour résultat de transformer la *nature* de l'infraction[2].

2° Lorsque le verdict du jury réduit le fait à n'être plus qu'un simple délit, le jury n'a pas qualité pour déclarer des circonstances atténuantes et doit laisser à la cour d'assises le soin d'examiner s'il en

[1] A ce point de vue cependant, les juridictions de jugement doivent examiner la question d'âge pour fixer la compétence, conformément à l'art. 69, C. p. Elles peuvent aussi enlever provisoirement le droit de garde au cas où il s'agit de mineurs de dix-huit ans.

[2] La Cour de cassation après avoir longtemps décidé que la prescription applicable à l'individu poursuivi et condamné pour crime, mais qui, à raison de son âge, n'encourait qu'une peine correctionnelle, était la prescription de dix ans, a modifié sa jurisprudence depuis la loi du 25 juin 1824, dont l'art. 1er forme le nouvel art. 68, revisé en 1832, loi qui rend les mineurs justiciables, en principe, des tribunaux correctionnels pour les crimes qu'ils commettent : Cass., 25 août 1864 (S. 65. 1. 101); 10 déc. 1869 (S. 70. 1. 230) et la note sous cet arrêt; 12 août 1880 (S. 81. 1. 385). Mais une évolution dans la jurisprudence semble se dessiner dans un arrêt du 9 juill. 1901 (S. 1901. 1. 532). — La Cour de cassation décide que l'admission de l'excuse de provocation n'influe pas sur la durée de la prescription : Cass., 17 janv. 1833 (S. 33. 1. 413); 7 avr. 1887 (D. 88. 1. 41). — Ces décisions sont évidemment contradictoires, car un changement de juridiction ne peut avoir pour effet de changer la nature de l'infraction. Si la durée de prescription de l'action publique pour les crimes commis par les mineurs dépendait de la compétence des tribunaux correctionnels ou des cours d'assises, il faudrait donc décider que, suivant que le mineur aurait ou n'aurait pas de complices majeurs, la prescription, *pour le même crime*, durerait dix ans ou trois ans. Comp. sur la question : Brun de Villeret, *op. cit.*, n° 195; Paul Bernard, *Rev. crit.*, 1862, t. XII, p. 321.

existe. Par application de notre théorie, nous disons que l'admission d'une excuse doit enlever au jury le droit de déclarer des circonstances atténuantes[1].

II. Parmi les excuses absolutoires, il en est de deux sortes au point de vue de leurs effets. *a*) Les unes produisent une exemption totale de peines, entraînant une *absolution* complète. Le Code pénal nous en offre quelques exemples dans les art. 114, § 2, et 190, 248 et 380, 247 et 357. Non seulement ces circonstances doivent exonérer de la peine, mais il arrivera fréquemment, dans les hypothèses prévues par ces textes, qu'il ne devra pas même y avoir de poursuite ou, du moins, de renvoi devant une juridiction de jugement. *b*) Il en est d'autres, qui, tout en exemptant le coupable de la peine principale, donnent aux juges la faculté, ou quelquefois lui imposent l'obligation de prononcer l'interdiction de séjour (C. p., art. 100, 213, 108, etc.). Dans ces hypothèses, la poursuite devra toujours avoir lieu.

200. DES CIRCONSTANCES ATTÉNUANTES PROPREMENT DITES[2]. — Les circonstances qui diminuent la criminalité de l'infraction ou la culpabilité de l'agent sont *illimitées* et *indéfinissables*. Le juge, qui doit en tenir compte, le peut, d'abord, en descendant, dans l'application de la peine, jusqu'aux limites du *minimum* fixé par la loi. Mais ce procédé, pour proportionner la peine à la mesure de la culpabilité individuelle, outre qu'il n'est pas toujours applicable, par suite de l'établissement de peines *fixes*, telles que les peines perpétuelles et la peine de mort, n'est pas non plus toujours *suffisant*, car il est parfois nécessaire, pour tenir équitablement compte de la culpabilité, de faire descendre, même au-dessous du minimum, la peine ordinaire de l'infraction. Aussi, le Code pénal autorise-t-il les juges, en déclarant, d'une manière générale, qu'il existe des circonstances atténuantes, non définies au préalable par la loi, et qu'ils n'ont même pas besoin de préciser dans leur jugement, à abaisser la peine au-dessous de sa mesure ordinaire. Les juges ont ainsi, pour atténuer la peine, un pouvoir qu'ils n'ont pas pour l'aggraver ; car l'existence

[1] Dans ce sens : Cass., 22 juill. 1852 (S. 53. 1. 48); 20 juin 1867 (S. 68. 1. 40); 7 avr. 1887 (S. 89. 1. 133), pour l'excuse de la provocation. — En sens contraire : 1er août 1865 (S. 67. 1. 185), pour l'excuse de la minorité. Comp. : Molinier, *Rev. crit.*, t. I, p. 233.

[2] BIBLIOGRAPHIE : Berlin, *Des circonstances atténuantes* (Paris, 1859); Flandrin, *De la mansuétude dans la répression* (*Rev. crit.*, 1859, t. XV, p. 404); Collard, *Du système des circonstances atténuantes* (Paris, 1840); Ch. Ballot, *De la répression pénale et du droit d'atténuation des peines* (*Rev. prat.*, 1859, t. VIII, p. 497); Chassan, *Des circonstances atténuantes et de la récidive* (*Rev. étrang. et de législ.*, 1841, t. VIII, p. 453).

de circonstances aggravantes, non prévues par la loi, ne les autorise jamais à dépasser le maximum de la peine. De nos jours, c'est dans un intérêt d'adoucissement, dégénérant presque en impunité, qu'on a établi la fixation judiciaire des peines; tandis que, dans notre ancien droit, elle avait été constituée dans une pensée d'intimidation qui allait jusqu'à la cruauté.

L'institution des circonstances atténuantes n'existait pas, avec son ampleur actuelle, dans le système du Code pénal[1]. L'ancien art. 463, qui s'appliquait aux matières correctionnelles seulement, et non aux matières criminelles, autorisait le juge, lorsque le préjudice causé par le délit ne dépassait pas vingt-cinq francs, et que les circonstances paraissaient atténuantes, à abaisser l'emprisonnement et l'amende au-dessous du minimum légal, et même à substituer l'amende à l'emprisonnement. La loi du 25 juin 1824 transporta le système de l'art. 463 aux matières criminelles, en autorisant, *non le jury*, mais la *cour d'assises* à substituer une nature de peine à une autre, notamment une peine correctionnelle à une peine afflictive, par rapport à *certains crimes seulement*, et par rapport aux accusés qui ne seraient ni *vagabonds* ni *récidivistes*. La loi du 28 avril 1832 acheva plus tard cette réforme, que la loi du 25 juin 1824 n'avait fait qu'ébaucher. Elle confia aux *jurés* le droit de déclarer des circonstances atténuantes dans toutes les affaires criminelles, et elle les admit, sans restriction, pour tous les délits et toutes les contraventions prévus par le Code pénal. La loi du 13 mai 1863, revenant en arrière, fixa une limite au pouvoir d'atténuation du juge en matière correctionnelle, limite qui a été, de nouveau, supprimée par le décret du gouvernement de la Défense nationale du 27 novembre 1870.

Nous examinerons : Quel est le caractère des circonstances atténuantes? Dans quels cas et par qui elles peuvent être déclarées? Quels en sont les effets?

[1] Sur l'histoire de cette institution : Chauveau, *Code progressif*, p. 33. On verra, avec quelles appréhensions, l'institution des circonstances atténuantes fut essayée. Cf. également : Beudant, *De l'indication de la loi pénale*, p. 127, et mon *Traité*, 2e édit., t. II, n° 625. Les législations étrangères comprennent trois groupes : 1° les unes, à l'imitation de notre Code, admettent des circonstances atténuantes générales, livrées à l'appréciation des juges (Codes belge, luxembourgeois, hongrois, russe); 2° d'autres n'admettent que des circonstances atténuantes spéciales, limitées et prévues d'avance par la loi (Codes portugais, espagnol, autrichien, etc.); 3° d'autres enfin, qui laissent pour tous les délits un pouvoir absolu aux juges pour la fixation de la peine depuis son minimum général jusqu'à son maximum général, n'ont pas besoin d'un système de circonstances atténuantes (Législation anglaise, Code hollandais).

201. Caractères des circonstances atténuantes. — Les circonstances atténuantes, ont, avec les excuses, un caractère commun ; elles modifient la peine de l'infraction, dans sa *nature*, dans sa *durée* ou dans sa *quotité*. Mais les circonstances atténuantes ne sont pas, comme les excuses, *prévues et définies par la loi* : elles sont laissées à l'*appréciation du juge*, qui peut les trouver dans toutes les causes qui affaiblissent, soit la matérialité de l'action, soit la culpabilité de l'agent, qui peut même les déclarer pour rectifier, dans l'espèce qui lui est soumise, l'application d'une loi qu'il trouve trop sévère[1]. De ce caractère des circonstances atténuantes résultent trois conséquences : *a*) Elles n'ont pas besoin d'être *précisées* par le juge de la culpabilité. Ni les jurés, en cour d'assises, ni les juges, en police correctionnelle ou en simple police, n'ont à déclarer dans quels faits, dans quel ensemble de considérations, ils voient des circonstances atténuantes : ils se bornent à dire qu'il en existe. Le jury déclare : *A la majorité, il existe des circonstances atténuantes;* le juge : *Attendu qu'il existe des circonstances atténuantes.* Des esprits, qui s'alarment de la multiplicité des déclarations de circonstances atténuantes, ont souvent proposé d'obliger la défense, dans ses conclusions, ou les juges, dans leur déclaration, à préciser les circonstances invoquées ou reconnues comme atténuantes : mais ce procédé, qui aurait l'inconvénient pratique de ne pas permettre au juge de puiser dans une appréciation d'ensemble les motifs de son atténuation, serait contraire à l'essence des circonstances atténuantes qui sont, de leur nature, *indéfinissables* et *illimitées*. Il serait du reste défectueux, en ce qu'il encouragerait des clauses de style pour tourner la loi qui voudrait l'imposer. *b*) L'effet des circonstances atténuantes est de modifier la *peine*, sans modifier la *nature* et la *qualification* de l'infraction, car, c'est par suite d'une appréciation *judiciaire* et non d'une appréciation *légale*, que tel *crime*, ou tel *délit*, n'est puni que d'une peine correctionnelle ou d'une peine de police : or, l'art. 1er, C. p., classe les infractions d'après la peine prononcée par la loi et non d'après celle

[1] Le législateur, en 1832, a surtout envisagé le système des circonstances atténuantes comme un moyen, pour les juges, de reviser, dans les espèces qui leur sont soumises, notre système pénal, d'abroger ou de maintenir la peine de mort, d'assimiler ou de ne pas assimiler la tentative au crime consommé, le complice à l'auteur présumé. C'est ce qui paraît démontré jusqu'à l'évidence par les travaux préparatoires de la loi de 1832 : Chauveau, *Code pénal progressif*, p. 16. Comp. Bertauld, p. 397; Ortolan, t. Ier, n. 1123 et suiv.; Beudant, *De l'indication de la loi pénale*, p. 154. Ainsi la loi de 1832 a reconnu comme légitime une cause d'atténuation résultant de la sévérité de la loi elle-même. Elle a transformé le juré ou le juge en législateur.

que le juge peut appliquer. *c*) Enfin l'appréciation des circonstances atténuantes n'appartient, en aucune manière et dans aucun cas, aux juridictions d'instruction, qui ne sont pas juges des degrés de la *culpabilité*[1].

202. QUAND ET PAR QUI LES CIRCONSTANCES ATTÉNUANTES PEUVENT ÊTRE DÉCLARÉES. — Deux questions doivent être examinées.

I. A quelles sortes de *crimes*, de *délits* ou de *contraventions* est applicable le bénéfice des circonstances atténuantes ? Il est d'abord certain que des circonstances atténuantes peuvent être déclarées pour toutes les infractions qui sont prévues et punies par un texte du Code pénal : cette règle résulte de la rédaction même des art. 463 et 483. Mais, pour les infractions prévues par des lois spéciales, il faut distinguer : 1° L'art. 463 s'applique aux *peines criminelles* d'une manière générale, qu'il s'agisse de crimes prévus par le Code pénal lui-même ou par quelque loi spéciale en dehors du Code : l'absence de toute restriction dans l'art. 463 et la généralité des termes de l'art. 341, C. instr. cr. : « *En toute matière criminelle*, le président avertit le jury », rendent cette solution indiscutable. 2° Mais en *matière correctionnelle* et *de police*, à moins d'une disposition expresse, l'art. 463 et l'art. 483 ne s'appliquent qu'aux *délits* et aux *contraventions* prévus par le Code pénal : cette solution est d'autant plus certaine que, dans la discussion de la loi de 1832, un amendement, tendant à appliquer l'art. 463 à toutes les infractions sans distinction, fut proposé et rejeté, par ce motif qu'il eût été impossible de déterminer les limites de l'innovation. Il est à remarquer, du reste, que presque toutes les lois, promulguées depuis 1832, déclarent expressément que l'art. 463 ou l'art. 483, C. p., sera applicable aux infractions qu'elles prévoient et répriment[2].

La loi du 19 juillet 1901[3] autorise tous les tribunaux militaires, tant de l'armée de terre que de l'armée de mer, à admettre, mais seulement en temps de paix, des circonstances atténuantes en faveur des inculpés de crimes ou délits pour lesquels les Codes de justice militaire et la loi du 24 décembre 1896 sur l'inscription maritime ne les

[1] Il en est différemment en Belgique (L. 4 oct. 1867). Comp. Timmermans, *Commentaire de la loi belge du 4 octobre 1867* (Bruxelles, 1880) ; Haus, t. II, nos 856 et suiv. Quelques criminalistes ont proposé d'introduire ce système en France : Bonneville, *op. cit.*, p. 380. Voy. notre *Traité d'instr. crim*, t. 2, n° 528, p. 324.

[2] Voy. notamment l'art. 6 de la loi du 28 juill. 1894, ayant pour objet de réprimer les menées anarchistes.

[3] D. 1901. 4. 103.

prévoient pas. Elle détermine, en même temps, les procédés et les limites de l'atténuation (art. 1)[1].

II. La question de savoir par qui sont déclarées les circonstances atténuantes ne peut se poser qu'en cour d'assises, c'est-à-dire devant la seule juridiction où la mission de juger soit scindée en deux, et confiée à la fois au jury et à la cour. Logiquement, c'est le jury, c'est-à-dire le pouvoir, maître de déclarer la culpabilité, qui doit rester maître aussi d'en atténuer la déclaration. Il serait à craindre, du reste, s'il en était autrement, que le jury, incertain de ce que fera la cour, et craignant qu'elle n'applique trop rigoureusement une peine qui, d'après son impression, doit être atténuée, n'opte pour un *acquittement injuste* plutôt que pour une *condamnation excessive*. Conformément à ces idées, l'art. 341, C. instr. cr., confie au jury la mission de se prononcer sur l'existence des circonstances atténuantes, au moins *en matière criminelle*. Ces dernières expressions ont un sens restrictif et sont d'autant plus significatives qu'un amendement, tendant à y substituer les mots : *en toute matière soumise au jury*, fut repoussé lors de la discussion de la loi de 1832. Si donc le fait, dont la cour d'assises est saisie, est un *délit* ou *dégénère en un délit*, c'est à la cour, jugeant *correctionnellement*, qu'il appartient de déclarer des circonstances atténuantes. La cour d'assises peut avoir à se prononcer sur des infractions qui ne constituent pas des crimes, dans les trois cas suivants : 1° Lorsque le fait, dont l'a saisi la chambre d'accusation, se trouve réduit, par suite de la déclaration du jury, qui écarte les circonstances aggravantes, à un simple *délit*

[1] Il existe, du reste, une certaine inégalité entre deux catégories de délits : 1° les délits de droit commun, auxquels il est fait application du Code pénal ordinaire et qui pouvaient bénéficier autrefois des circonstances atténuantes dans les conditions de l'art. 463 de ce Code, et les délits purement militaires pour lesquels la déclaration de circonstances atténuantes est devenue possible depuis la loi du 19 juillet 1901 ; 2° les délits de droit commun aggravés (ceux commis par des militaires et punis de peines plus sévères que celles prononcées contre les mêmes délits par le Code pénal), pour lesquels les Codes de justice militaire autorisaient eux-mêmes la déclaration de circonstances atténuantes. — Pour les premiers (délits de droit commun ordinaire et délits militaires), les effets de la déclaration de circonstances atténuantes sont réglés par la loi du 19 juillet 1901, avec la même étendue que par l'art. 463, sauf que l'amende ne peut être substituée à l'emprisonnement. Pour les derniers (délits de droit commun aggravés), les effets des circonstances atténuantes sont limités, d'une manière certainement excessive, par les Codes de justice militaire. — La loi du 19 juillet 1901 a cru faire disparaître entièrement la distinction entre : 1° les infractions de droit commun ; 2° les infractions militaires ; 3° les infractions mixtes. En réalité, elle l'a renversée, en rendant l'effet des circonstances atténuantes plus large dans les cas pour lesquels la loi de 1857, à raison de la gravité particulière des délits, refusait cette application (Cass., 3 janv. et 15 févr. 1902, D. 1902. 1. 289 et 428). Voy. *Rev. pénit.*, 1902, p. 846 en note.

correctionnel (C. instr. cr., art. 356); 2° Lorsqu'il s'agit d'un *délit de presse* (L. 29 juill. 1881, art. 45); 3° Lorsqu'il s'agit d'un *crime excusé.* D'après les dispositions combinées des art. 463, C. p., et 341, C. instr. cr., les jurés n'ont pas, dans deux de ces trois cas, le premier et le dernier, à statuer sur les circonstances atténuantes[1]. La cour d'assises est seule investie du droit de vérifier si elles existent et d'abaisser la peine dans la proportion qu'elle juge convenable. La déclaration du jury, qui statuerait sur l'existence des circonstances atténuantes, serait entachée d'excès de pouvoir, et, sans vicier le verdict relatif au fait principal qui demeurerait acquis, elle ne lierait pas la cour d'assises. Celle-ci devrait donc, si elle abaissait la peine au-dessous du *minimum*, déclarer expressément qu'il existe des circonstances atténuantes, sans viser la déclaration du jury.

En matière criminelle, c'est donc au jury qu'il appartient de déclarer qu'il existe des circonstances atténuantes : mais que décider si l'accusé est jugé par contumace? Alors, aux termes de l'art. 470, C. instr. cr., la cour prononce, « sur l'accusation..., sans assistance, ni intervention de jurés »; peut-elle accorder des circonstances atténuantes? Nullement, dit-on, car au jury et non à la cour appartient, *en matière criminelle*, le droit de les reconnaître, et, d'ailleurs, elles ne sauraient l'être que par le résultat d'un débat oral et contradictoire[2]. — L'opinion contraire me semble préférable; la cour ne doit pas nécessairement condammer le contumax; elle peut l'acquitter ou

[1] Je dis « dans deux de ces trois cas », me prononçant ainsi sur deux questions très délicates. La première consiste à savoir qui, du jury ou de la cour, a le droit de déclarer des circonstances atténuantes s'il existe, au profit de l'accusé, une excuse provenant de la minorité ou de la provocation? Je me suis déjà expliqué sur ce point. La seconde se pose à propos des délits de presse de la compétence de la cour d'assises. L'art. 1er de la loi du 15 avril 1871, remettant en vigueur l'art. 23 de la loi du 27 avril 1849 accordait, par cela même, au jury, le droit de se prononcer sur les circonstances atténuantes en matière de délits de presse. La loi du 29 juillet 1881 ne donne, dans aucun de ses textes, le même pouvoir au jury; c'est évidemment par oubli, car, dans tous les documents parlementaires, le droit du jury est toujours supposé, et l'art. 64, qui rend l'art. 463 applicable à la matière de la presse, décide que « lorsqu'il *y aura lieu de faire cette application*, la peine prononcée ne pourra excéder la moitié de la peine édictée par la loi ». Mais, est-il possible, pour entrer dans les *intentions certaines* du législateur, de suppléer au défaut de texte et de reconnaître au jury, jugeant *correctionnellement* le droit de statuer sur les circonstances atténuantes lorsque, aux termes de l'art. 463, le jury a ce pouvoir en matière *criminelle* seulement? Par une sorte d'accord tacite, le ministère public et les cours d'assises ont laissé jusqu'ici au jury la faculté d'accorder des circonstances atténuantes et la question ne paraît pas pratiquement discutée.

[2] Comp. : Blanche, t. VI, n° 674; Cass., 4 mars 1842 (S. 42. 1. 471); 14 sept. 1843 (S. 43. 1. 919).

l'absoudre, reconnaître que le fait ne constitue pas un crime, qu'il existe des excuses légales; pourquoi ne pourrait-elle pas admettre, en sa faveur, des circonstances atténuantes? On reconnaît, d'ailleurs, que la cour d'assises, statuant par contumace, a tous les pouvoirs des tribunaux correctionnels et peut accorder, comme eux, des circonstances atténuantes, si le fait n'est qu'un délit; ni les textes, ni les principes ne s'opposent, en effet, à ce qu'on déclare des circonstances atténuantes en faveur du prévenu qui fait défaut[1]. Or, ne serait-il pas contradictoire de donner à la cour d'assises, en matière correctionnelle, un droit qu'on lui refuse en matière criminelle? L'art. 341, qui est l'argument de texte invoqué dans le système que nous combattons, a eu seulement pour but d'indiquer que, en matière criminelle, c'est le jury et non la cour qui statue, en thèse générale, sur les circonstances atténuantes. Ce qu'a voulu le législateur, c'est simplement conférer au jury des pouvoirs qu'il n'avait pas, d'après la loi de 1824; mais son attention ne s'est pas arrêtée sur les rares hypothèses où le jury n'intervient pas en matière criminelle; et la cour d'assises, qui, dans ces hypothèses, a la double mission de se prononcer sur la culpabilité et sur l'application de la peine, doit avoir le droit qu'aurait le jury, dont elle remplit les fonctions, de déclarer des circonstances atténuantes[2].

203. Effets des circonstances atténuantes. — L'effet général des circonstances atténuantes est une diminution de peine. Pour comprendre le mécanisme des art. 463 et 483, qui précisent et limitent les droits et devoirs des juges, il faut distinguer l'effet des circonstances atténuantes sur les peines *afflictives* ou *infamantes*, les peines *correctionnelles*, et les peines de *police*.

I. Si on lit avec attention l'art. 463, on voit que la loi, pour l'application des circonstances atténuantes en *matière criminelle*, a tenu compte de la distinction des peines, en peines de droit commun et peines de l'ordre politique : elle n'a pas voulu que l'on pût passer, par l'effet d'une déclaration de circonstances atténuantes, d'une peine ordinaire à une peine politique, et réciproquement. Il en résulte que, pour comprendre l'art. 463, il faut se reporter à la double échelle des peines criminelles, telle que nous l'avons construite, en observant toutefois que les peines de l'art. 401, C. p., c'est-à-dire l'emprisonnement

[1] Cass., 1er déc. 1842 (S. 43. 1. 364). Les motifs de cet arrêt s'appliquent aussi bien à l'hypothèse d'un jugement par contumace qu'à celle d'un jugement par défaut.

[2] Sur la question et dans ce sens, comp. : Berriat-Saint-Prix, *Revue étrangère et française de législation*, 1842, p. 521.

de un à cinq ans, avec faculté d'y ajouter l'amende de 16 à 500 francs, l'interdiction de certains droits civiques, civils et de famille, et la surveillance de la haute police de cinq à dix ans, remplacée par l'interdiction de séjour, forment un échelon commun, le dernier, aux deux catégories de peines criminelles.

Ceci posé, la déclaration des circonstances atténuantes par le jury a deux effets, dont l'un est *obligatoire* et l'autre simplement *facultatif* pour la cour. L'effet obligatoire, c'est l'abaissement de la peine d'un degré; l'effet facultatif, c'est la permission donnée à la cour, quand elle veut s'associer à l'indulgence du jury, d'abaisser la peine d'un second degré. Avec ce système, si la *déclaration* de circonstances atténuantes appartient exclusivement au jury en matière criminelle, l'*appréciation de leur degré*, quand leur existence est reconnue, appartient à la cour qui est ainsi juge de la culpabilité dans la mesure de l'application de la peine.

A cette règle de l'abaissement obligatoire d'un degré et de l'abaissement facultatif de deux degrés, la loi apporte les restrictions suivantes : *a*) Les peines du bannissement et de la dégradation civique ne sont pas assez répressives; aussi, lorsque l'atténuation fait tomber sur l'une de ces deux peines, le juge doit la franchir et descendre jusqu'aux peines de l'art. 401, C. p. *b*) Lorsque les peines de l'art. 401 sont substituées, par suite d'une déclaration de circonstances atténuantes, aux travaux forcés à temps, l'emprisonnement ne peut être moindre de deux ans, tandis que le minimum ordinaire est d'une année. *c*) Lorsque la loi prononce, pour cause de récidive ou pour toute autre cause, le *maximum* d'une peine temporaire, le *minimum* forme le premier degré de l'atténuation : dans ce cas, le juge ne pourrait prononcer une peine supérieure au *minimum*, mais il pourrait descendre à la peine inférieure, qui servirait alors de second degré. *d*) Quand il s'agit des crimes politiques prévus aux art. 96 et 97, C. p., et punis de la déportation dans une enceinte fortifiée, l'abaissement n'est que d'un degré et fait descendre la peine à la déportation simple.

En résumé, la faculté d'atténuation, qui résulte de l'admission de circonstances atténuantes, ne fait pas revivre, au moins en matière criminelle, le système des *peines arbitraires*, puisqu'elle a des bornes *légales* que les juges ne peuvent dépasser. Il est nécessaire, en effet, que la loi limite la faculté d'atténuation des peines criminelles. Il est nécessaire, par exemple, que, sans prétendre connaître aucune des circonstances susceptibles d'atténuer la peine du meurtrier, la loi proclame d'avance que l'atteinte à la vie humaine est un crime des plus graves et qui doit emporter, au minimum et dans tous les cas, cinq ans de réclusion. Un acquittement serait moins scandaleux qu'une condamnation dérisoire[1].

II. En matière *correctionnelle*, les peines de l'emprisonnement et de l'amende ne formant pas une échelle à plusieurs degrés, et les juges, chargés de déclarer les circonstances atténuantes, étant les mêmes que ceux chargés d'appliquer la peine, la loi a dû organiser un procédé d'atténuation, différent de celui qu'elle organise en matière criminelle. Pour comprendre le § 9 de l'art. 463, qui s'occupe de l'effet des circonstances atténuantes en matière correctionnelle, il faut distinguer trois hypothèses : 1° Si la peine prononcée par la loi est un *emprisonnement*, le juge a la faculté, par une déclaration de circonstances atténuantes, ou de réduire cet emprisonnement, même au-dessous de *six* jours (*minimum* de l'emprisonnement correctionnel), jusqu'à *un* jour (*minimum* de l'emprisonnement de simple police), ou même de lui substituer une *amende*. 2° Si la peine prononcée par la loi est d'une simple *amende*, le juge peut l'abaisser, par une déclaration de circonstances atténuantes, jusqu'au *minimum* des amendes de simple police, c'est-à-dire jusqu'à *un franc*. 3° Enfin, si la loi prononce à la fois un *emprisonnement* et une *amende*, le juge peut n'appliquer qu'*une* de *ces peines*, et encore a-t-il la faculté d'abaisser cette peine unique jusqu'à *un jour* d'emprisonnement ou *un franc* d'amende.

Sous l'empire de la loi de 1832, on discutait quel était le maximum de l'amende que les juges correctionnels pouvaient substituer à l'emprisonnement, lorsque le délit étant puni de cette peine, le tribunal usait du pouvoir d'atténuation qui lui appartient, en cas de circonstances atténuantes. La jurisprudence fixait ce maximum à 16 fr.; c'est-à-dire au minimum des peines correctionnelles, car aller au delà c'eût été tomber dans l'arbitraire. La loi du 28 octobre 1888, qui a ajouté le § 10 à l'art. 463, permet de substituer à l'emprisonnement une amende de 1 à 3.000 fr. Cette innovation, en comblant une lacune, n'a pas été suffisamment réfléchie, car elle conduit à un résultat choquant. S'il s'agit, en effet, d'un délit puni d'un d'emprisonnement et d'une amende, le tribunal, décidé à écarter la première peine, ne pourra dépasser le maximum de l'amende, souvent inférieur à 3.000 fr. S'il s'agit, au contraire, d'un délit moins grave, mais puni uniquement de l'emprisonnement, le tribunal pourra porter l'amende à 3.000 francs. Il suffirait, pour éviter cette contradiction, d'autoriser

[1] Il a été question d'introduire un système de *circonstances très atténuantes* (Voy. sur le projet Bozérian, *Rev. pénit.*, 1885, p. 485, 951 ; 1886, p. 508 et 682 ; 1888, p. 372). Ce serait une très mauvaise réforme.

toujours le juge à élever l'amende jusqu'au minimum de 3.000 francs, aussi bien lorsqu'il la prononce seule que lorsqu'il la substitue à la prison[1].

Le système d'atténuation, en matière correctionnelle, diffère donc de celui adopté par la loi en matière criminelle à deux points de vue principaux :

1° Même en constatant l'existence de circonstances atténuantes, les juges ne sont pas tenus d'abaisser la peine au-dessous de son minimum *légal*. L'art. 463 les *autorise* simplement à réduire l'emprisonnement et l'amende, sans leur en imposer l'obligation. L'atténuation est *in facultate,* non *in obligatione judicis*[2].

2° On peut donc dire, avec vérité, que le pouvoir d'abaisser les peines correctionnelles n'a pas de limites dans l'état actuel de la législation, puisque l'appréciation des circonstances atténuantes est livrée aux juges et puisqu'elles ont pour effet de pouvoir conduire jusqu'à l'unité de la peine qui est la plus minime, un franc d'amende. Or, le but de la loi du 13 mai 1863, qui modifiait le dernier alinéa de l'art. 463, avait été précisément de restreindre, dans des limites plus étroites, ces pouvoirs si étendus du juge : si la peine prononcée par la loi était un emprisonnement d'une année au minimum, ou une amende de 500 francs au minimum, les tribunaux ne pouvaient pas réduire l'emprisonnement au-dessous de six jours, l'amende au-dessous de 16 francs; pour les autres délits, ils conservaient la faculté illimitée d'atténuation. Cette distinction, qui était conforme au principe de la distribution proportionnelle des peines, a été supprimée par un décret du gouvernement de la Défense nationale, en date du 27 novembre 1870, qui a ramené l'art. 463 au texte primitif de 1832. Les juges professionnels ont pu, avec ce système, verser dans l'indulgence et ne prononcer que de courtes peines. Il serait bon de limiter légalement leurs pouvoirs : 1° vis-à-vis de certains délits graves, ce qui était le système de la loi de 1863 ; 2° et vis-à-vis des récidivistes, surtout de ceux qui ont des casiers à rallonge, ce qui était le système de la loi de 1824.

III. L'art. 483, par une disposition ajoutée à son texte en 1832, a rendu l'art. 463 applicable à toutes les contraventions prévues par le Code pénal, c'est-à-dire que, *même en cas de récidive*, le juge, par une déclaration de circonstances atténuantes, peut abaisser la peine jusqu'à un jour d'emprisonnement ou un franc d'amende, ou même substituer l'amende à l'emprisonnement.

[1] Cette disposition formait l'art. 2 de la proposition déposée au Sénat par M. Bozérian en 1885, sur les circonstances très atténuantes.

[2] Voy. Cass., 4 janv. 1908 (S. 1908. 1. 207 et 208, et note).

L'amende, dans ce cas, aura un maximum de 15 fr. (C. p., art. 466). Le texte de l'art. 463, tel qu'il a été modifié par la loi du 28 octobre 1888, conduirait, il est vrai, à décider que l'amende de 3.000 francs peut être substituée à l'emprisonnement de police. Mais on ne doit pas s'arrêter à cette apparence, car le tribunal n'a pas le droit, sous prétexte d'indulgence, de remplacer une peine de police par une peine correctionnelle.

204. De l'effet des circonstances atténuantes sur les peines autres que les peines principales. — L'art. 463 ne s'occupe de l'effet des circonstances atténuantes qu'en ce qui concerne les peines *principales* : la faculté d'atténuation s'applique-t-elle aux peines *complémentaires* ou *accessoires?*

La question a pu se poser d'abord en matière criminelle, dans les cas rares où la loi ajoute, à titre de châtiment de certains crimes, une peine d'amende, à la peine afflictive ou infamante (C. p., art. 164, 172, 174, 177, 181, 437, 440). Quel sera, sur cette peine d'amende, l'effet d'une déclaration de circonstances atténuantes? La cour aura-t-elle la faculté, soit de la supprimer, soit de la réduire au-dessous de son *minimum* légal? La jurisprudence décide, avec raison, que l'amende doit toujours être prononcée, lorsque la loi l'édicte, et telle que la loi l'édicte. En effet, la déclaration de circonstances atténuantes, ne donne au juge d'autre faculté d'atténuation que celle qui lui est accordée par la loi : en dehors du texte, le juge est sans pouvoir. C'est la conséquence du principe de la légalité des peines. En matière correctionnelle ou de simple police, le doute n'est pas possible, puisque l'art. 463 fait rentrer la peine additionnelle de l'amende dans son cadre d'atténuation.

En ce qui concerne les peines *accessoires*, le juge n'acquiert aucun pouvoir, pour les supprimer ou les réduire, par une déclaration de circonstances atténuantes. En effet, les peines accessoires se combinent toujours avec les peines principales auxquelles elles sont forcément attachées : selon que le juge, par suite de l'abaissement pour causes de circonstances atténuantes, applique telle peine principale ou telle autre, les conséquences de cette peine se produisent, sans qu'il soit en son pouvoir d'en libérer le condamné. Ainsi, par exemple, la réclusion aura toujours pour conséquence l'interdiction légale, la dégradation civique, l'affiche par extrait de l'arrêt de condamnation, etc.

Quant aux peines *complémentaires*, telles que l'interdiction de l'art. 42, le renvoi sous la surveillance, prononcé en matière correctionnelle, et remplacé aujourd'hui par l'interdiction de séjour, la jurisprudence autorise les juges à en décharger l'accusé ou à diminuer la peine au-dessous du minimum fixé par la loi. Sans doute, l'art. 463 ne parle pas de ces peines : mais, comme il donne au juge la faculté d'abaisser la peine principale jusqu'au minimum des peines de simple police, il lui donne implicitement la faculté de supprimer des peines complémentaires, communes aux matières criminelles et correctionnelles, mais incompatibles avec les peines de simple police [1]. Cependant, en ce qui concerne la confiscation à titre spécial, nous croyons qu'elle doit toujours être prononcée : d'une part, cette peine, commune aux trois classes d'infractions, n'est incompatible avec aucune d'elles, et le motif principal, qui permet, dans le silence de l'art. 463, de supprimer les peines complémentaires, ne s'applique pas à la confiscation ; d'autre part, le but même de la confiscation, qui est souvent de mettre hors du commerce une chose dont la circulation serait nuisible ou dangereuse, ne permet pas d'en exempter le condamné [2].

[1] La question a été tranchée, en ce qui concerne le renvoi sous la surveillance de la haute police, par la loi du 23 janvier 1874 (C. p., art. 46).

[2] *Sic*, Blanche, t. 1er, n° 78 ; Chauveau et Hélie, t. VI, n° 2445. — La loi du 29 mars 1897 (art. 19 de la loi des finances) sur l'application des circonstances atténuantes aux amendes et confiscations en matière de contributions indirectes, contient des dispositions spéciales à cet égard : « En matière de contributions indirectes et par application de l'art. 463, C. pén., si les circonstances paraissent atténuantes, les tribunaux sont autorisés, lorsque la bonne foi du contrevenant sera dûment établie et en motivant expressément leur décision sur ce point, à modérer le montant des amendes et à le libérer de la confiscation, sauf pour les objets prohibés, par le paiement d'une somme que le tribunal arbitrera et qui ne pourra, en aucun cas, être inférieure au montant des droits fraudés. — Cette disposition cessera d'être applicable en cas de récidive dans le délai de trois années. Toutefois, la confiscation demeurera acquise à la régie, à défaut, par le contrevenant, d'avoir acquitté le montant des condamnations de toute nature dans le délai d'un mois à compter du jour où elles seront devenues définitives. — Il n'est rien innové à la législation en matière d'octroi. — Les art. 42 de la loi du 30 mars 1888 et 12 de la loi du 26 déc. 1890 sont abrogés ». Ainsi, contrairement au droit commun : 1° les circonstances atténuantes sont admises pour les délits fiscaux aux lois sur les contributions indirectes ; 2° elles peuvent modifier l'application de la confiscation pénale, la confiscation de police restant en dehors de ce système ; 3° elles ne peuvent être accordées en cas de récidive spéciale ; 4° mais la récidive spéciale est un état temporaire, limité à trois ans ; 5° la déclaration de circonstances atténuantes doit être motivée.

§ IV. — DU CONCOURS DES CIRCONSTANCES ATTÉNUANTES ET DES CIRCONSTANCES AGGRAVANTES[1].

205. Comment se pose la question. Concours dont le règlement n'est pas contesté. — 206. Concours de la récidive et des circonstances atténuantes. — 207. Concours de la minorité de seize ans, des circonstances atténuantes et de la récidive.

205. CONCOURS DES CAUSES D'ATTÉNUATION ET DES CAUSES D'AGGRAVATION. — Il se peut que, dans la même infraction, se rencontrent, à la fois, des causes d'*aggravation* de peine, telles que la récidive ou la qualité de fonctionnaire, et des causes d'*atténuation*, telles que la provocation, ou d'autres faits non prévus par la loi, qui méritent au prévenu un châtiment moins sévère. Chacune des circonstances qui ont précédé ou accompagné l'infraction y intervient, avec son caractère atténuant ou aggravant, sans que l'une soit exclusive de l'autre. Le législateur, afin qu'il n'y eût pas d'hésitation sur ce point, a formellement décidé, par exemple, dans les art. 463 et 483, C. p., et dans l'art. 341, C. instr. cr., que le bénéfice des circonstances atténuantes pourrait être reconnu et appliqué, *même en cas de récidive*. Mais, comment et dans quel ordre le juge doit-il combiner, pour prononcer la peine, ces causes d'aggravation ou d'atténuation ?

La marche générale à suivre dans l'application des peines est facile à tracer : le juge détermine d'abord la peine légale, qui frappe l'infraction, en tenant compte des éléments *constitutifs* et des circonstances aggravantes, *spéciales* ou *générales*, constatées dans les faits particuliers du délit; il réduit alors la peine, en faisant bénéficier l'agent des *excuses* que celui-ci peut invoquer. Mais il est trois causes d'aggravation ou d'atténuation de la peine, qui ne sont pas nécessairement puisées dans les circonstances particulières de l'infraction, qui portent sur *l'ensemble de la culpabilité de l'agent*, et il est difficile, lorsqu'elles se rencontrent dans la même affaire, de régler leur fonctionnement respectif; je veux parler de la *minorité* de *seize ans*, de la *récidive* et *des circonstances atténuantes*. Pour comprendre les difficultés que soulève, au point de vue de l'application des peines, le concours de ces trois éléments, j'examinerai deux hypothèses.

[1] BIBLIOGRAPHIE : Bertauld, *Rev. crit.*, 1866, t. XXIII, p. 386; Labbé, *Rev. crit.*, 1864, t. XXIV, p. 305; Molinier, *Rev. crit.*, 1851, t. 1er, p. 59; *Rec. de l'Acad. de législ.*, 1862, t. IX, p. 119.

206. Concours de la récidive et des circonstances atténuantes. — Lorsqu'un *récidiviste* obtient des circonstances atténuantes, les juges doivent-ils aggraver la peine pour cause de récidive avant de l'atténuer pour cause de circonstances atténuantes, ou, au contraire l'atténuer avant de l'aggraver?

La question se rattache à l'interprétation des art. 57 et 58, C. p., revisés par la loi du 13 mai 1863. Les modifications que la loi du 26 mars 1891 a fait subir à ces textes n'ont pas changé les termes de la question. J'en précise l'intérêt en formulant trois hypothèses.

1° Un individu, antérieurement condamné à la réclusion, commet un nouveau crime, punissable des *travaux forcés à temps*, et obtient le bénéfice de circonstances atténuantes : suivant que la cour, chargée d'appliquer la peine, en conséquence du verdict du jury, commence par l'aggraver avant de l'atténuer, ou par l'atténuer avant de l'aggraver, la pénalité applicable sera différente. En effet, si la cour applique d'abord l'aggravation, qui a sa cause dans la récidive, elle doit porter la peine, en visant l'art. 56, au maximum des travaux forcés à temps : l'atténuation pour cause de circonstances atténuantes intervenant alors, la cour prononce le minimum des travaux forcés ou même la réclusion, mais sans pouvoir descendre jusqu'à l'emprisonnement correctionnel. La cour commence-t-elle, au contraire, par atténuer au lieu d'aggraver? Elle a d'abord à examiner si elle ne doit user que de l'abaissement *obligatoire*, ou profiter de l'abaissement *facultatif* : dans le premier cas, la peine sera celle de la réclusion, et la récidive, l'aggravant ensuite, fera, par application de l'art. 56, remonter la peine aux travaux forcés à temps, que la cour pourra prononcer dans les limites du minimum au maximum, de telle sorte que l'accusé devra, au minimum, être condamné à cinq ans de travaux forcés; dans le second cas, la peine sera réduite aux dispositions de l'art. 401, et les art. 57 et 58 s'appliquant, porteront la peine, pour cause de récidive, au maximum et, facultativement, jusqu'au double.

2° Un repris de justice commet un nouveau crime, passible de la *réclusion*, et obtient le bénéfice des circonstances atténuantes : si la cour applique d'abord l'aggravation de la récidive, la peine montera aux travaux forcés à temps, que les circonstances atténuantes convertiront en réclusion, avec faculté, pour la cour, de ne prononcer que les peines correctionnelles de l'art. 401, jusqu'au minimum de deux ans; si la cour suit une marche inverse, et atténue avant d'aggraver, la peine descendra aux dispositions de l'art. 401, que la récidive portera nécessairement au maximum, et pourra porter jusqu'au double.

3° Un individu, antérieurement condamné à plus d'une année d'emprisonnement, commet un crime qui, par l'application des circonstances atténuantes, ne serait punissable que d'une peine correctionnelle : est-il récidiviste de peine correctionnelle à peine correctionnelle? Oui, si l'aggravation due à la récidive n'intervient qu'après l'application des circonstances atténuantes; non, si l'atténuation intervient en dernier lieu.

La jurisprudence paraît arrêtée en ce sens que, dans le calcul de la peine, l'aggravation pour cause de récidive doit *précéder* l'atténuation pour cause de circonstances atténuantes. Mais cette jurisprudence ne s'est assise qu'après bien des hésitations, qui avaient une double raison d'être. Il semble, en effet, qu'il ait été, dans la pensée des législateurs de 1863, d'appliquer les art. 57 et 58 au cas où le fait incriminé n'est puni d'une peine correctionnelle que par suite de l'admission de circonstances atténuantes, et, par conséquent, de faire fonctionner les circonstances atténuantes *avant* la récidive. On peut, en effet, remarquer que la récidive n'est pas une cause d'aggravation de la peine prise dans les faits mêmes du délit, elle est motivée par les antécédents judiciaires du condamné. Il semble donc, qu'avant d'aggraver la peine pour cause de récidive, les juges soient obligés de la fixer, telle qu'elle résulte des faits principaux ou accessoires du délit, et, par conséquent, des circonstances qui s'y rattachent pour l'aggraver ou l'atténuer.

Malgré l'exactitude de ces deux considérations, nous jugeons la jurisprudence actuelle plus conforme aux *textes* et aux *principes* de notre droit[1].

[1] Avant la loi du 13 mai 1863, la question n'était pas douteuse et était résolue par la doctrine et la jurisprudence en ce sens que l'aggravation pour cause de récidive devait précéder l'atténuation attachée à la déclaration de circonstances atténuantes. Cass., 24 mars 1854 (*B. cr.*, n° 81); 15 janv. 1857 (D. 57. 1. 129); Trébutien, *op. cit.*, t. 1er, n° 646. La difficulté apparut avec la loi de 1863 qui prévoyait, dans les art. 57 et 58, le cas où un individu, condamné pour crime ou délit à plus d'une année d'emprisonnement, aurait commis « un crime qui devra n'être puni que de peines correctionnelles », et elle subsiste entière dans les art. 57 et 58, modifiés par la loi du 26 mars 1891, qui régissent l'hypothèse où un individu, condamné pour crime ou pour délit à plus d'une année d'emprisonnement, commet un « crime qui devra être puni de l'emprisonnement ». En appliquant ces expressions comme semblait le faire le rapporteur au Corps législatif de la loi de 1863, aussi bien au cas du crime *atténué* qu'à celui du crime *excusé*, on devait admettre que l'atténuation due aux circonstances atténuantes intervenait nécessairement avant l'aggravation attachée à la récidive. De 1864 à 1866, en effet, la jurisprudence se prononça dans ce sens. Mais ce système conduisait, dans certains cas, à frapper plus durement le récidiviste, auquel le bénéfice des circonstances atténuantes avait été accordé, que celui auquel il avait été refusé. Ainsi, un individu, déjà condamné pour délit, com-

a) Sans doute, il n'a pas été dans l'intention des législateurs de 1863 de donner l'ordre de priorité, dans le calcul de la peine, à l'aggravation pour cause de récidive sur l'abaissement imposé par les circonstances atténuantes : mais devons-nous tenir compte de cette intention, qui ne s'est pas manifestée dans un texte clair et précis, alors qu'elle est contredite par des textes formels? En effet, d'après l'art. 463, C. p., les modifications, apportées à la condamnation par les circonstances atténuantes, s'appliquent aux *peines prononcées par la loi*. Or, la peine prononcée par la loi, et qu'il s'agit d'atténuer, est celle qu'emporte le fait reconnu constant, aggravé par l'état de récidive, qui est une circonstance influant sur la *culpabilité légale*. C'est bien ainsi, du reste, que l'a entendu le législateur. L'art. 341, C. instr. cr., indique clairement que l'aggravation de la récidive *précède* l'atténuation des circonstances atténuantes, quand il dit : « En

mettait un crime punissable de la dégradation civique, il ne pouvait encourir que la dégradation civique et cinq ans de prison au maximum (C. p., art. 35) ; avec les circonstances atténuantes, il pouvait être condamné à dix ans de prison, sans parler des peines accessoires. Dans d'autres hypothèses, ce système frappait le récidiviste d'une peine égale à celle qu'il eût encourue s'il avait commis un crime plus grave. Les partisans de ce système s'efforçaient d'en corriger les imperfections, en attribuant à la cour d'assises le droit de déclarer, de son côté, des circonstances atténuantes, lorsque la nouvelle infraction emportait la peine de la réclusion, de la détention, du bannissement ou de la dégradation civique. La Cour de cassation adopta ce palliatif dans un arrêt du 25 mai 1864 (D. 64. 1. 197). Mais ce correctif était arbitraire, puisque l'aggravation de l'art. 57 s'appliquait ou ne s'appliquait pas, suivant qu'il plaisait ou non à la cour d'abaisser la peine de deux degrés. Il était, du reste, étrange d'intercaler ainsi l'aggravation de la récidive entre les deux degrés d'atténuation due aux circonstances atténuantes. Aussi, dès 1866, un revirement se produisit dans la jurisprudence. Depuis cette époque, la Cour de cassation juge en principe que l'aggravation pour cause de récidive doit intervenir avant l'atténuation. Elle a déclaré, dans plusieurs arrêts, « que les modifications apportées à la condamnation par l'effet des circonstances atténuantes, s'appliquent à la peine édictée par la loi; or, cette peine est celle qu'emporte le fait reconnu constant, aggravé, le cas échéant, par l'état de récidive qui constitue un élément pénal préexistant à la déclaration du jury et identifié au titre de l'accusation ». Cass., 5 janv. et 5 avr. 1866 (D. 67. 5. 357); 24 janv. 1867 (D. 67. 1. 357); 3 juill. 1884 (D. 86. 1. 96); 23 août 1888 (D. 89. 1. 88); 19 août 1886 (*B. cr.*, n° 305). Toutefois, les arrêts de la Cour de cassation du 22 févr. 1877 (*B. cr.*, n° 60); du 3 juill. 1890 (D. 90. 1. 9); 28 déc. 1895 (S. 96. 1. 541) semblent retenir de la jurisprudence antérieure à 1864 un certain élément relativement aux art. 57 et 58; ils disent, en effet, que par « crime qui devra n'être puni que de peines correctionnelles », la loi a entendu viser tous les cas où le fait, qualifié crime par l'accusation, ne devient passible que de peines correctionnelles, même quand ce résultat est le fait d'une déclaration de circonstances atténuantes. La Cour suprême semble ainsi n'admettre l'aggravation avant l'atténuation qu'en ce qui concerne l'art. 56, c'est-à-dire la récidive de peine criminelle à peine criminelle. Voy. Garçon, *Code pénal annoté*, art. 56, nos 148 à 161.

toute matière criminelle, *même en cas de récidive*, le président... avertit le jury que, s'il pense, à la majorité, qu'il existe, en faveur d'un ou plusieurs accusés reconnus coupables, des circonstances atténuantes, il doit en faire la déclaration... ». L'art. 463, C. p., *in fine*, qui a été revisé par la loi du 13 mai 1863, *elle-même*, n'est pas moins explicite : « Dans tous les cas où la peine de l'emprisonnement et celle de l'amende sont prononcées par le Code pénal, si les circonstances paraissent atténuantes, les tribunaux sont autorisés, *même en cas de récidive*... ».

b) La solution de la jurisprudence est, du reste, conforme aux principes qui ont inspiré le législateur dans l'organisation des circonstances atténuantes. Si l'institution des circonstances atténuantes avait conservé, dans notre Code, sa fonction normale, qui est de permettre aux juges de tenir compte des éléments matériels ou moraux qui influent sur la culpabilité individuelle et que la loi ne peut prévoir, peut-être serait-il rationnel, dans l'application des peines, de calculer l'atténuation due aux circonstances atténuantes avant l'aggravation due à la récidive? Mais le but des circonstances atténuantes indique, au contraire, qu'elles ne doivent opérer qu'après que la pénalité a été fixée d'une manière *abstraite et légale*, puisqu'elles ont été destinées, dans la pensée du législateur de 1832, à corriger, par une appréciation de conscience, les imperfections de la loi, notamment en matière de *récidive*. Les juges apprécient la loi avant de l'appliquer. Or, les circonstances atténuantes pouvant précisément être accordées par les juges pour amener une atténuation des peines établies *a priori* par la loi contre le *crime* et contre le *récidiviste*, doivent fonctionner, dans le règlement de la pénalité, après la récidive.

207. Concours de la minorité de seize ans, des circonstances atténuantes et de la récidive. — Le pouvoir d'admettre, en faveur du prévenu ou de l'accusé mineur de seize ans et ayant agi avec discernement, des circonstances atténuantes, indépendamment de l'excuse résultant du jeune âge, est implicitement accordé aux juges par les art. 67 et 69, C. p., qui mesurent la peine applicable au mineur sur *celle à laquelle il aurait pu être condamné s'il avait eu seize ans*. Ces dispositions semblent indiquer, en même temps, dans quel ordre doit agir la double atténuation motivée par la réunion simultanée de l'excuse de la minorité et des circonstances atténuantes. Ne faut-il pas, en effet, pour se conformer à l'intention exprimée par le législateur, que le juge fixe d'abord la peine, en appréciant, non seulement le fait principal de l'infraction, mais toutes les circonstances qui l'aggravent ou l'atténuent? N'est-ce pas, sur la peine ainsi fixée, qu'il doit opérer l'abaissement prescrit par la loi à raison de l'âge du condamné? Ainsi, en autorisant la double réduction de peines pour cause de minorité et pour cause de circonstances atténuantes, ces articles indiqueraient, en même temps, du moins virtuellement, l'ordre dans lequel elle doit s'opérer. Ne nous arrêtons pas à cette apparence. Il résulte, en effet, des expressions mêmes des art. 57 et 58, C. p., que l'atténuation résultant de la minorité doit être calculée avant l'aggravation résultant de la récidive : si les circonstances atténuantes sont accordées à un mineur, déjà frappé par la justice, on ne peut, sans aboutir à une contradiction flagrante, faire fonctionner les circonstances atténuantes avant l'excuse de la minorité, alors que l'application de la récidive doit précéder, comme règle générale, l'application des circonstances atténuantes[1].

[1] La jurisprudence n'a pas eu à statuer, à ma connaissance, sur cette hypothèse exceptionnelle; et, comme le remarque Laborde, *op. cit.*, p. 353, elle serait bien en peine de le faire, si le cas se présentait, sans violer une des solutions qu'elle admet. Elle décide, en effet : 1° que la minorité passe avant la récidive; 2° que la récidive passe avant les circonstances atténuantes; 3° que les circonstances atténuantes passent avant la minorité (ce que nous avons contesté). Si elle admettait l'ordre suivant : minorité, récidive, circonstances atténuantes, elle violerait sa troisième solution. Si elle disait, circonstances atténuantes, minorité, récidive, elle violerait la seconde ; et en adoptant l'ordre : récidive, minorité, circonstances atténuantes, elle violerait la première et la troisième tout à la fois.

TITRE III

DE L'EXTINCTION DES PEINES

§ I. — NOTIONS GÉNÉRALES.

208. Division des modes d'extinction des peines.

208. EXTINCTION DES PEINES PAR LEUR EXÉCUTION. EXTINCTION PAR DES CIRCONSTANCES EXCEPTIONNELLES. — Les peines s'éteignent quand elles ont été exécutées, comme les dettes quand elles sont payées. Mais, de même qu'un débiteur peut être libéré sans avoir payé sa dette, de même l'auteur d'une infraction peut éviter l'application du châtiment, par suite de circonstances exceptionnelles qui préviennent ou font cesser l'effet des peines. Je devrais traiter successivement ici : 1° de l'extinction des peines par leur *exécution*; 2° de leur extinction par le *décès*, l'*amnistie*, la *grâce*, la *réhabilitation* et la *prescription*. Mais il sera question de l'exécution des peines à propos des effets de la sentence pénale et de la prescription de la peine en même temps que de la prescription de l'action.

§ II. — DU DÉCÈS DE L'INCULPÉ OU DU CONDAMNÉ.

209. Effets du décès dans les divers cas.

209. DU DÉCÈS DE L'INCULPÉ OU DU CONDAMNÉ. — Le décès de l'auteur ou du complice d'une infraction a des effets bien distincts, suivant qu'il intervient *après* ou *avant* la condamnation.

a) Le décès de l'*inculpé* éteint l'action qui a pour objet l'application des peines soit pécuniaires soit corporelles : le prévenu meurt *integri status*, lorsqu'il meurt avant qu'une condamnation passée en force de chose jugée soit intervenue contre lui (C. instr. cr., art. 2, § 2)[1], et

[1] Le même principe était admis par le droit romain. Comp. : Loi 2, *Dig.*, 48, 4 : *Is qui in reatu decedit integri status decedit. Extinguitur enim crimen mor-*

le tribunal ou la cour, saisis de l'action, ne pourraient pas se prononcer, même sur sa recevabilité en la forme : ils doivent déclarer l'action éteinte et rayer l'affaire[1].

b) Le décès du *condamné* met fin à l'exécution des peines corporelles, comme il met fin à l'application des peines privatives de droits. Mais j'ai déjà dit que l'effet des peines pécuniaires (amendes, confiscations) subsistait, malgré le décès du condamné, et que l'exécution pouvait en être poursuivie contre les héritiers.

§ III. — DE L'AMNISTIE ET DE LA GRACE.

210. Trois institutions a rapprocher, l'amnistie, la grace, la réhabilitation. — Lorsqu'une infraction a été commise, le pouvoir social, par des motifs de *justice* ou d'*intérêt*, peut renoncer, en totalité ou en partie, au droit qui lui appartient, soit de poursuivre le coupable, soit de mettre à exécution la condamnation prononcée contre lui. Dans ce but, tantôt le pouvoir spécial empêche ou arrête la poursuite, ou efface la condamnation; tantôt il accorde une remise, une réduction, une commutation de peines; tantôt il fait cesser les incapacités prononcées par les juges ou attachées par la loi à certaines condamnations. Dans tous ces cas, on dit, en prenant cette expression dans un sens large, que le pouvoir fait *grâce;* mais suivant sa portée, ses effets et son but, la grâce prend le nom d'*amnistie*, de *grâce* proprement dite, ou de *réhabilitation*.

La grâce et l'amnistie appartiennent à cette catégorie d'institutions qui n'ont pas encore été systématisées par la législation française. C'est à peine si leur nom est prononcé dans nos Codes. La réhabilitation fait, au contraire, l'objet des art. 619 à 634, C. instr. crim.

talitate. Toutefois, le droit romain y faisait exception dans le cas où l'inculpé s'était donné la mort *ob metum criminis* (Cod., liv. 9, tit. 50, §§ 1 et 2). D'après l'ord. de 1670 (tit. XXII, art. 1er), le procès pouvait être fait au cadavre ou à la mémoire du défunt « pour crime de lèse-majesté divine ou humaine, duel, homicide de soi-même, ou rébellion à justice avec force ouverte dans la rencontre de laquelle il a été tué ».

[1] Paris, 24 janv. 1900 (*Journ. des Parq.*, 1900, art. 73).

211. Du caractère de l'amnistie. — L'amnistie est un acte de souveraineté qui a pour objet et pour résultat de mettre en oubli certaines infractions, et, en conséquence, d'abolir les poursuites faites ou à faire, ou les condamnations prononcées à raison de ces infractions. L'amnistie intervient donc, soit avant, soit après la condamnation ; mais, dans les deux cas, elle efface tout ce qui s'est passé avant elle, elle supprime l'*infraction*, la *poursuite*, le *jugement*, tout ce qui peut être détruit, et ne s'arrête que devant l'impossibilité du fait : *Quod factum est infectum reddere non potest*. On disait, dans l'ancien droit, que le souverain accordait des *lettres d'abolition*, terme énergique qui exprime bien le caractère de la mesure.

L'amnistie apparaît comme une mesure *générale* et *objective*, visant non telle personne déterminée, mais telle ou telle catégorie d'infractions commises dans certaines circonstances ou dans un laps de temps déterminé. On ne la conçoit que comme s'appliquant à certains délits d'une nature spéciale, délits de presse, délits politiques, délits fiscaux, délits militaires, qui n'ont pas le caractère odieux des délits de droit commun.

Le droit d'amnistie, qui a été reconnu de tout temps et partout, se justifie par l'*utilité* qu'il peut y avoir, pour la société, de mettre en oubli certains faits, de sorte que, quand cette utilité existe, l'une des causes fondamentales du droit de punir venant à manquer, ce droit même cesse d'exister.

212. L'amnistie ne peut être accordée que par une loi. — En théorie, c'est une question délicate que celle de savoir si l'amnistie doit émaner du pouvoir législatif ou du pouvoir exécutif. Si on examine la question uniquement au point de vue des principes constitutionnels, on n'hésitera pas à revendiquer le droit d'amnistie pour le pouvoir législatif. L'amnistie, en effet, a pour résultat d'abroger la loi dans un cas spécial, de lui imposer silence : or, une loi ne peut être abrogée que par une loi. Mais si on examine la question au point de vue de l'intérêt social, on sera tenté de revendiquer, au contraire, le droit d'amnistie pour le pouvoir exécutif : car l'amnistie, qui est une mesure d'apaisement, outre qu'elle deviendra une arme de guerre entre les mains de l'opposition, ne produira pas les effets qu'on en attend, si elle doit être soumise au contrôle du pouvoir législatif et être précédée d'une discussion publique, souvent longue et toujours passionnée. En fait, le droit d'amnistie a été exercé autrefois par le roi, qui concentrait les pouvoirs législatif et exécutif en ses mains; puis, dans le droit intermédiaire, par les assemblées législatives. Sous les monarchies qui ont précédé la République de 1848, l'amnistie fut accordée par le souverain, quoique les chartes de 1814 et de 1830 fussent muettes sur ce point. Mais la constitution du 4 novembre 1848 décida, dans l'art. 55, que l'amnistie ne serait accordée que par une loi, disposition qui a été reproduite par les lois des 17 juin 1871 (art. 1er) et 25 février 1875 (art. 3).

213. DES EFFETS DE L'AMNISTIE. — Les effets de l'amnistie doivent être examinés, au double point de vue des conséquences *pénales* et des conséquences *civiles* de l'infraction.

a) Au premier point de vue, l'amnistie *éteint l'action publique*, si elle intervient avant qu'une condamnation irrévocable ait été prononcée; elle *efface cette condamnation*, si elle intervient après. — *L'action publique est éteinte*, de telle sorte que les personnes comprises dans l'acte d'amnistie ne peuvent renoncer à son bénéfice et demander leur mise en jugement: l'amnistie s'impose donc, car on ne peut concevoir l'intérêt qu'aurait une personne à rappeler le souvenir d'une infraction que le pouvoir social tient pour oubliée[1]. — La *condamnation est effacée*, de sorte que tous les effets qu'elle a produits sont rétroactivement anéantis: les condamnés, frappés de peines corporelles, doivent être mis immédiatement en liberté; les amendes et les frais dus à l'État ne sont plus exigibles, et si les frais ont été payés ils doivent être restitués[2]; enfin si les amnistiés viennent à commettre de nouveaux délits, ils ne sont pas en état de récidive.

b) Au point de vue des conséquences civiles de l'infraction, l'amnistie laisse subsister les actions en réparation du dommage que le fait a causé et les condamnations prononcées à raison de ce fait. Le pouvoir social, en accordant l'amnistie, renonce, en effet, simplement à se prévaloir du caractère délictueux de l'infraction pour obtenir contre le coupable l'application d'une peine ou l'exécution d'une condamnation pénale, mais il ne peut effacer, ni le caractère dommageable du fait, puisque ce caractère ne dépend pas de lui, ni les obligations auxquelles ce fait a donné naissance, puisque ces obligations constituent des droits acquis pour les parties. Aussi la loi d'amnistie est considérée comme respectant les droits des tiers, quand même elle serait muette à cet égard[3]. Mais elle pourrait, dans l'intérêt social,

[1] Cass. crim., 22 janv. 1870 et Ch. réun., 12 mai 1870 (S. 70. 1. 324).

[2] Sauf disposition spéciale des lois d'amnistie. Sur les droits du Trésor à l'encontre des condamnés à l'amende et aux dépens pour faits amnistiés, lire une étude de Laborde, *Les lois nouvelles*, 1908, p. 241, à propos de la loi d'amnistie du 10 avr. 1908.

[3] Principe constant : Cass., 2 mai 1878 (S. 78. 1. 48); 20 juill. 1878 (S. 80. 1. 301).

déclarer, par une clause expresse, que toutes actions privées, naissant des infractions amnistiées, seront éteintes, à la charge, par l'État, d'indemniser lui-même les personnes lésées par ces infractions. Cette clause constituerait une sorte d'expropriation législative pour cause d'utilité publique.

En résumé, l'effet de l'amnistie est d'effacer le caractère délictueux d'un fait : aussi, est-il contraire à l'essence de cet acte, qu'il soit accordé sous certaines *conditions* ou avec certaines *restrictions*. Néanmoins, si la loi d'amnistie contenait des conditions ou des restrictions, nul doute qu'elles ne dussent être respectées par les autorités administrative et judiciaire, qui ont pour mission, chacune dans sa sphère, de procurer l'application des lois.

214. De la nature de la grace. — La grâce est la remise, par le chef de l'État, de l'*exécution* de tout ou partie des peines prononcées par les tribunaux. A la différence de l'amnistie, qui va rechercher et détruire jusque dans le passé les conséquences du jugement, quand le jugement a été rendu au moment où elle intervient, la grâce ne produit d'effets que dans l'avenir. Elle laisse subsister l'*infraction*, elle laisse subsister la condamnation : elle dispense seulement de son *exécution*. Ajoutons que la grâce est *individuelle* et ne s'accorde qu'à des personnes que le décret désigne par leur nom.

La grâce est une nécessité qui s'impose à tout gouvernement. Elle doit figurer, dans un système de répression, comme l'une des faces de la justice pénale. Cette institution présente, en effet, trois utilités principales : 1° C'est à la grâce qu'il faut recourir pour corriger les suites des erreurs judiciaires. Sans doute, elle ne procure pas une réparation complète, puisque la condamnation n'en subsiste pas moins et, avec elle, un certain nombre des conséquences qu'elle avait entraînées. Mais la procédure de revision, bien qu'élargie par la loi du 8 juin 1895, n'est pas ouverte dans tous les cas. Elle est longue et difficile à suivre. La grâce fournit un remède immédiat, en faisant cesser la peine. 2° La répression ne doit être fixée que provisoirement au jour de la condamnation ; bien des circonstances, que le juge ne peut prévoir, sont de nature à l'atténuer. La grâce permet, dans ces cas, de rétablir l'équilibre entre la justice et l'humanité. 3° Enfin, c'est par l'emploi sage et mesuré de la grâce, qu'on encourage l'amendement du condamné. Sans doute, la loi du 14 août 1885, en introduisant la libération conditionnelle qui est une forme de la grâce, plus perfectionnée et plus efficace, a fait disparaître, en partie, cette application de l'institution qui nous occupe ; mais la grâce retrouve son utilité, soit lorsque la libération conditionnelle ne peut intervenir, soit lorsqu'il semble équitable d'accorder une libération définitive. Aussi le droit de grâce doit-il figurer dans une législation rationnelle comme le complément de la justice sociale [1]. Avoir rayé le droit de grâce du Code pénal de 1791, fut donc une des erreurs de l'Assemblée constituante, erreur qui s'expliquait, du reste, par une réaction exagérée contre les abus auxquels son exercice avait donné lieu dans notre ancien droit. Mais cette erreur fut réparée par le sénatus-consulte du 16 thermidor an X, qui vint rendre le droit de grâce au *pouvoir exécutif*. Depuis lors, il lui a été conservé par toutes nos constitutions. Il est, en effet, rationnel que le droit de remettre ou de réduire l'exécution des condamnations pénales appartienne au pouvoir qui est chargé de cette exécution.

215. Comparaison entre la grace et l'amnistie. — On constate ainsi, entre l'amnistie et la grâce, une différence essentielle : tandis que l'amnistie ne peut être accordée que par une loi, la grâce peut l'être par un décret du Président de la République. C'est ce qui amène à rechercher les prérogatives comprises dans l'exercice du droit de grâce. Question difficile, car aucun texte de loi n'a défini l'étendue et les limites de ce droit.

a) Le droit de grâce comprend le droit de *remettre*, de *réduire* ou de *commuer* les peines; mais il ne peut s'exercer que lorsque la condamnation est devenue irrévocable. Tant que l'agent est en situation d'obtenir, par voie de justice, la réformation du jugement ou de l'arrêt qui le condamne, quel besoin a-t-il de la grâce, puisque le pouvoir renonce, en faisant grâce, au droit d'exécuter une condamnation *pénale*, et qu'une condamnation ne peut être exécutée tant qu'elle n'est pas irrévocable? Si le droit de grâce était exercé avant que la condamnation fût devenue définitive, il aboutirait à une abolition des poursuites, c'est-à-dire à une *amnistie*, acte qui dépasse les pouvoirs constitutionnels du président de la République. Il suit de là que le chef de l'État ne peut réduire ou remettre les peines prononcées par contumace, soit avant, soit après la prescription : avant la prescription, puisque les condamnations par contumace ne peuvent être exécutées; après la prescription, puisque, malgré l'irrévocabilité des condamnations, l'exécution n'est pas possible. La grâce ne s'applique pas non plus aux condamnations prononcées avec sursis, aux condamnations correctionnelles par défaut qui n'ont pas été signifiées à personne (C. instr. cr., art. 187).

b) Le droit de grâce s'étend à toutes les peines *corporelles* ou

[1] Voy. Georges Picot, *Rev. pénit.*, 1899, p. 923 à 933; Prins, *op. cit.*, nos 931 à 937.

pécuniaires qui doivent être exécutées pour produire leurs effets; mais il ne s'applique pas aux incapacités ou déchéances prononcées par les juges ou attachées par la loi à certaines condamnations. Donner au président de la République le droit de faire disparaître ces déchéances, par un simple décret de grâce, ce serait, en effet, lui permettre tout à la fois d'abolir la condamnation, c'est-à-dire d'accorder une amnistie individuelle, acte qui est en dehors de ses pouvoirs, et de rendre inutile la réhabilitation, dont la procédure a été précisément créée pour faire cesser, « dans la personne du condamné, toutes les incapacités qui résultent de la condamnation » (C. instr. cr., art. 634)[1].

216. Effets de la grace. — Il est facile de comprendre, par ce que je viens de dire, quels sont les effets de la grâce. Cette mesure n'infirme pas la condamnation, celle-ci continue donc de produire tous les effets que le décret de grâce n'a pas expressément anéantis, ou qu'il n'a pu anéantir. En conséquence : *a*) La remise ou la commutation de la peine *principale* n'affranchit pas et ne pourrait pas même affranchir le condamné des déchéances prononcées par les juges ou attachées par la loi à certaines condamnations, telles, par exemple, que la dégradation civique, l'interdiction des droits civiques, civils et de famille, l'infamie, etc. *b*) Mais la grâce fait cesser l'interdiction légale si le condamné a obtenu la remise de la peine principale ou sa commutation en une autre peine qui n'emporte pas cette interdiction; car celle-ci, bien qu'elle résulte de plein droit de la condamnation aux peines afflictives, est attachée, par l'art. 29, C. p., à la durée de la peine principale dont elle est l'accessoire. *c*) Le décret de grâce n'affranchit pas de plein droit le condamné, en lui faisant remise de la peine principale, de l'interdiction de résidence à laquelle il est soumis soit par la loi, soit par le juge ; mais le président de la République a, aujourd'hui, le droit, aux termes de l'art. 48, C. p., modifié par la loi du 23 janvier 1874, de remettre ou de réduire expressément cette peine. *d*) Tout condamné à une peine perpétuelle, ou à la peine de mort, qui obtient une commutation ou une remise de peine, est, si la décision gracieuse n'en a autrement disposé, de plein droit, en état d'interdiction de résidence pendant vingt ans. Ce condamné ne peut, en effet, se trouver dans une situation plus favorable que celui qui aurait obtenu commutation ou remise d'une peine criminelle temporaire, à laquelle la loi joint, à titre de pénalité accessoire,

[1] La chancellerie fait une distinction entre les peines privatives de droit principales ou complémentaires qui doivent être prononcées par les juges, et les peines accessoires qui résultent de plein droit de la condamnation.

l'interdiction (C. p., art. 46). *e*) Le condamné gracié, qui commet une nouvelle infraction, est coupable de récidive. *f*) Enfin, la grâce laisse nécessairement subsister la condamnation à des dommages-intérêts, prononcée au profit de la partie civile, et la condamnation aux frais, prononcée au profit de l'État.

217. GRACES INDIVIDUELLES. GRACES COLLECTIVES. — Dans la pratique de l'exercice du droit de grâce, on distingue les grâces *individuelles* et les grâces *collectives*. Les premières sont accordées, ou de propre mouvement, ou sur recours en grâce, formé soit par le condamné lui-même, soit par le ministère public. Les grâces collectives sont accordées à certaines époques déterminées, sur les propositions de l'autorité administrative. Les demandes de grâces sont concentrées et examinées dans un bureau particulier du ministère de la justice et font l'objet d'un rapport au chef du pouvoir exécutif par le ministre.

218. LA GRACE NE PEUT ÊTRE REFUSÉE. — La grâce, quoiqu'on ait écrit le contraire, ne peut être refusée, pas plus que l'amnistie. Le condamné n'a pas droit à la peine; il la subit, et il serait inadmissible qu'il pût la revendiquer et contraindre le pouvoir à une répression que celui-ci juge contraire à la justice ou à l'utilité sociale.

219. EXÉCUTION DE LA GRACE. — Le décret de grâce reçoit effet par les soins du ministère public, sur l'ordre du garde des sceaux. Mais lorsque la grâce ou la commutation de peine est accordée par *lettres patentes*, elle n'est exécutée qu'après un entérinement qui a lieu par l'enregistrement des lettres de grâce en audience solennelle de la cour d'appel (D. 6 juill. 1810, art. 20)[1].

220. DROIT DE GRACE ACCORDÉ A DES PARTICULIERS OU A DES ADMINISTRATEURS. — Du droit de grâce, on peut rapprocher : le droit

[1] En cas de violation par le chef de l'État des conditions ou restrictions que nous avons posées à l'exercice du droit de grâce, un recours est-il possible contre le décret qui prononce une grâce irrégulière? Le Conseil d'État décide que « les actes accomplis par le chef de l'État, dans l'exercice du droit de grâce, ne sont pas susceptibles d'être déférés au Conseil d'État par la voie du contentieux ». Ce sont des actes de gouvernement qui rentrent dans les pouvoirs souverains du chef de l'État. *Sic*, Cons. d'État, 30 juin 1893 (S. 95. 3. 41). Mais certains auteurs (Laborde, n° 598, note 3; Villey, 6e éd., p. 512), ont soutenu qu'il existait, au profit du condamné dont la situation aurait été aggravée par la grâce, un recours devant l'autorité judiciaire, chargée de statuer sur les difficultés d'exécution des condamnations pénales. La possibilité de ce recours est douteuse, puisque les tribunaux n'ont plus, en général, pour mission d'entériner les lettres de grâce, sauf dans l'hypothèse prévue par l'art. 20 du décret du 6 juillet 1810. Or, dans ce cas même, les cours ne pouvaient refuser cet entérinement.

du mari de reprendre sa femme condamnée à l'emprisonnement pour adultère (C. p., art. 337) et le droit des administrations fiscales de transiger, après condamnation, sur les peines pécuniaires (C. for., art. 157; L. 21 juin 1873, art. 15).

§ IV. — DE LA RÉHABILITATION, SOIT JUDICIAIRE, SOIT LÉGALE[1].

221. Place de la réhabilitation à côté de la grâce. Raison d'être de cette institution. Son histoire. Division du sujet. — 222. De la réhabilitation judiciaire. Quels condamnés peuvent être réhabilités. Conditions de recevabilité de la demande. — 223. Procédure de la réhabilitation. Phase administrative. Phase judiciaire. — 224. Effets de la réhabilitation. — 225. Réhabilitation commerciale. — 226. De la réhabilitation légale. Les deux cas d'application. — 227. Comparaison des deux réhabilitations, celle qui se produit par arrêt de justice et celle qui se produit par l'effet de la loi.

221. ORIGINE DE LA RÉHABILITATION. — La grâce n'est que la renonciation, totale ou partielle, au droit d'exécuter la condamnation pénale; elle laisse subsister les incapacités ou déchéances indépendantes de cette *exécution :* c'est pour les faire disparaître qu'intervient la réhabilitation.

Cette institution présente, dans les législations modernes, une double évolution. D'un côté, elle se détache de la grâce, dont elle était, à l'origine, l'une des formes ; elle se systématise et se régularise. D'un autre côté, le développement de l'institution a trois étapes successives : celle de la réhabilitation administrative; celle de la réhabilitation judiciaire; celle de la réhabilitation de droit[2].

Connue dans le droit romain sous le nom de *restitutio in integrum*, dans notre ancienne législation, sous celui de *lettres de réhabilitation*, dans le droit intermédiaire, sous le nom de *baptême civique*, cette institution ne fut recueillie par le Code d'instruction criminelle de

[1] BIBLIOGRAPHIE : Lair, *De la réhabilitation des condamnés dans le droit romain et dans le droit ancien et moderne* (Paris, 1859) ; Billecoq, *De la réhabilitation en matière criminelle, correctionnelle et disciplinaire* (Paris, 2e éd., 1886) ; Brégeault et Delagarde, *Traité théorique et pratique de la réhabilitation* (Paris, 1887) ; Sarraute, *Traité théorique et pratique de la réhabilitation des condamnés* (Paris, 1884) ; Molinier, *De la réhabilitation des condamnés* (*Rec. de l'acad. de légis. de Toulouse*, t. XVIII, 1869, p. 445) ; H. Prudhomme, *De la réhabilitation* (*La France jud.*, 1885, p. 249-282) ; G. Leloir, *De la réhabilitation* (*La France judic.*, 1882, p. 413 ; 1886, p. 127-944).

[2] E. Delaquis, *La réhabilitation*, esquisse de droit comparé (*Rev. pén. suisse*, 1905, p. 315).

1808 qu'avec de nombreuses restrictions. Elle n'avait d'autre objet que de faire cesser, pour l'avenir, dans la personne du condamné, les incapacités ou déchéances prononcées par les juges ou attachées par la loi à certaines condamnations. La réhabilitation, comme la grâce, était accordée administrativement. Successivement élargie dans son application et facilitée dans ses formalités par le décret du 18 avril 1848, et les lois des 3-6 juin 1852, 7 septembre 1870, elle a changé de caractère dans la loi du 16 août 1885, modifiée elle-même par la loi du 10 mars 1898. La réhabilitation est devenue un *acte de l'autorité judiciaire, ayant pour résultat d'effacer la condamnation.*

Depuis cette époque, la réhabilitation de droit, par la voie automatique du temps écoulé depuis la condamnation, a été introduite, dans la législation française, sur l'intervention persévérante de M. Bérenger. La première application du nouveau procédé est due à l'art. 4 de la loi du 26 mars 1891, sur l'atténuation et l'aggravation des peines. En cas de sursis à l'exécution, la condamnation est inscrite au casier judiciaire, avec la mention expresse de la suspension accordée, « Si aucune poursuite, suivie de condamnation dans les termes de l'art. 1er, § 2, n'est intervenue dans le délai de cinq ans, elle ne doit plus être inscrite dans les extraits délivrés aux parties ». La seconde application, plus radicale et plus contestable, est due aux lois des 5 août 1899 et 11 juillet 1900, sur le casier judiciaire et sur la réhabilitation de droit. Par mesure générale, toutes les condamnations, au bout d'un certain temps, sont effacées, sans aucune intervention préalable de l'autorité judiciaire.

222. De la réhabilitation judiciaire. Ses conditions. — La réhabilitation judiciaire doit être demandée : elle peut l'être par tout condamné soit à une peine *criminelle*, soit à une peine *correctionnelle* (C. instr. cr., art. 619). La formule dont se sert la loi est générale : j'en conclus : 1° que la réhabilitation est ouverte, même aux individus frappés de condamnations n'entraînant aucune incapacité ; 2° même aux étrangers[1] ; 3° qu'il peut y être procédé, même après la mort du condamné[2]. La loi du 19 mars 1864 étend aux notaires, aux greffiers et aux officiers ministériels *destitués*, les bénéfices de la réhabilitation. Ils l'obtiennent dans les mêmes conditions que les condamnés correctionnels.

La législation antérieure à la loi du 14 août 1885 déclarait indignes

[1] *Sic*, Montpellier, 14 nov. 1899 (S. 1900. 2. 200).

[2] *Contrà*, Prudhomme, *op. cit.*, n° 25 ; Laborde, n° 702 ; Paris, 19 févr. 1897 (S. 99. 2. 89). Voy. pour les critiques : Le Poittevin, *Rev. pénit.*, 1898, p. 805.

de réhabilitation et excluait du bénéfice de cette mesure : 1° les condamnés réhabilités qui encouraient une nouvelle condamnation, même correctionnelle ; 2° les individus frappés de deux peines afflictives ou infamantes (C. instr. cr., anc. art. 634). Le concept nouveau, d'après lequel la réhabilitation efface la condamnation, conduisait peut-être à relever le réhabilité, qui encourt une nouvelle condamnation, de l'exclusion dont il était frappé par la loi de 1852. Mais on n'est pas allé jusque-là. Le législateur s'est borné à donner au libéré qui, après avoir été réhabilité, encourt une nouvelle condamnation, le droit de former une demande en réhabilitation, à la condition d'attendre *dix ans*, en cas de condamnation à une peine afflictive ou infamante, et *six ans* seulement, en cas de condamnation à une peine correctionnelle. La même règle s'applique désormais à tout récidiviste.

Quatre conditions distinctes et préliminaires sont exigées de tout condamné qui forme une demande en réhabilitation.

a) Pour en mériter le bénéfice, il doit avoir expié sa faute. Il faut donc qu'il ait subi sa peine, qu'il ait obtenu des lettres de grâce, ou qu'il ait prescrit sa peine. Une loi du 10 mars 1898 a eu précisément pour objet de rendre la réhabilitation accessible aux condamnés qui ont prescrit contre l'exécution de la peine. Mais ces condamnés doivent : 1° justifier qu'ils n'ont encouru, pendant les délais de la prescription, aucune condamnation pour faits qualifiés crimes et délits ; et, à ce point de vue, ils sont plus sévèrement traités que les condamnés, qui ont subi leur peine, ceux-ci ayant le droit de demander leur réhabilitation pour l'ensemble de leurs condamnations successives[1] ; 2° justifier d'une conduite irréprochable depuis la condamnation, ce qui est le droit commun de la réhabilitation.

b) Le condamné doit, en effet, justifier d'une conduite irréprochable depuis sa libération : aussi la loi lui impose une sorte de stage de repentir. En cas de demande en réhabilitation après exécution de la peine ou après une grâce obtenue, la durée du délai d'épreuve est de *cinq ans*, si le condamné a été frappé d'une peine criminelle ; de *trois ans*, s'il a été frappé d'une peine correctionnelle (C. instr. cr., art. 620). Le point de départ de cette épreuve est : 1°) la date de la libération, quand la condamnation prononcée est une peine privative de liberté ; 2°) la date du paiement de l'amende, quand une peine pécuniaire a été seule encourue ; 3°) le jour où la condamnation est devenue irrévocable, ou celui de l'expiration de la peine de l'emprisonnement, si elle a été prononcée, en cas de condamnation à la dégradation civique ; 4°) le jour où la condamnation est devenue

[1] Pau, 29 déc. 1898 (S. 99. 2. 93) ; Limoges, 26 oct. 1898 (S. 1901. 2. 23).

irrévocable, pour l'individu condamné, comme peine principale, à l'interdiction de séjour (L. 27 mai 1885, art. 19). Sur tous ces points, la législation antérieure n'a pas été modifiée (C. instr. cr., art. 620). Il faut décider, même, qu'en cas de libération conditionnelle accordée au condamné, dans les termes de l'art. 2 de la loi du 14 août 1885, le délai d'épreuve, imposé pour la réhabilitation, ne peut commencer qu'à la date de la *libération définitive*. Jusque-là, en effet, le condamné est toujours *sub pœna*, puisqu'à tout instant un arrêté peut être pris, par le ministre de l'intérieur, pour révoquer la libération.

En cas de demande en réhabilitation de la part d'un condamné qui a prescrit sa peine, le point de départ du délai d'épreuve est toujours l'expiration du délai de la prescription. Le délai est de *dix années* en cas de condamnation à une peine afflictive ou infamante, de *six années* en cas de condamnation à une peine correctionnelle.

c) Le condamné doit avoir résidé, dans le même arrondissement, pendant *cinq ans*, s'il a été frappé d'une peine afflictive ou infamante, pendant *trois ans*, s'il a été frappé d'une peine correctionnelle; et, dans tous les cas, pendant les *deux dernières années*, dans la même commune (C. instr. cr., art. 621). Cette résidence prolongée dans les mêmes lieux est une garantie d'habitudes d'ordre et d'un établissement stable. La loi de 1885 a pris soin d'inscrire, dans le nouvel art. 621, les tempéraments que la pratique s'efforçait déjà d'introduire aux prescriptions de cet article : 1° au profit des condamnés appelés sous les drapeaux après l'expiration de leur peine; 2° au profit de ceux à qui leur profession impose des déplacements incompatibles avec une résidence fixe. Pour les premiers, le temps passé sous les drapeaux pourra être considéré comme équivalent à la résidence, au domicile. Quant aux seconds, ils pourront être affranchis de la continuité de leur résidence, si leurs patrons, interrogés par le parquet, attestent leur bonne conduite.

d) D'après l'ancien art. 623, C. instr. cr., l'impétrant devait justifier, dans tous les cas, du paiement des amendes, dommages-intérêts et frais auxquels il avait été condamné à raison de l'infraction, ou de la remise qui lui en avait été faite, ou de la contrainte qu'il avait subie. La réhabilitation supposant l'entière exécution de la condamnation, cette règle était rationnelle, mais avait, en pratique, des conséquences déplorables, car elle fermait les portes de la réhabilitation aux *indigents*. Désormais, et d'après la nouvelle disposition de l'art. 623, l'insolvabilité du condamné ne fera plus fatalement écarter sa demande, et sur la justification de son indigence, la cour pourra lui accorder la réhabilitation, encore qu'il n'ait pas acquitté les frais de justice. En cas de condamnation solidaire, la cour déterminera la part des frais de justice, et même la part des dommages-intérêts et du passif, s'il s'agit d'un failli, qui devra être acquitté par le demandeur.

1° La loi n'autorise pas la cour à affranchir le demandeur en réhabilitation du paiement de l'*amende* ou des conséquences de la *solidarité*, quant à ce paiement. La *prescription*, l'exercice de la *contrainte par corps* ou la *grâce* seulement peuvent le dispenser de cette obligation. Rien de plus rationnel que cette règle, puisque l'amende est une peine, et que la première condition pour solliciter une réhabilitation, c'est d'avoir subi ou prescrit sa peine. En pratique, du reste, si le condamné indigent est vraiment digne d'intérêt, il lui sera possible d'obtenir remise, par voie gracieuse, du paiement des amendes. La règle n'a donc aucun inconvénient. Elle n'est pas de nature à entraver les demandes sérieuses en réhabilitation.

2° Au contraire, la cour a le droit d'admettre le condamné à réhabilitation malgré qu'il n'ait pas acquitté les *frais de justice*. Mais sa décision ne préjudiciera pas à la créance du Trésor.

3° Quant aux *dommages-intérêts* et aux *frais avancés par la partie civile*, la cour a la faculté d'affranchir le demandeur en réhabilitation, d'acquitter, soit la totalité des frais avancés par la partie civile, soit l'intégralité des dommages-intérêts. La décision de la cour modifiera-t-elle la situation de la partie civile? Au premier abord, il semble que telle soit, en effet, la conséquence de la procédure indiquée par la loi. En effet, la partie lésée va se trouver obligée d'accepter la quote-part déterminée par la cour, comme constituant ce que le condamné doit payer pour être admis au bénéfice de la réhabilitation, sinon *il sera fait dépôt*, aux termes du nouvel art. 632, C. instr. cr., § 6, *de la somme due* (c'est-à-dire de la somme arbitrée par la cour), *à la Caisse des dépôts et consignations, dans la forme des art. 812 et suiv., C. pr. civ., et si la partie ne se présente pas dans un délai de cinq ans, pour se faire attribuer la somme ainsi consignée, cette somme sera restituée au déposant sur sa simple demande*. Mais il me paraît évident que le texte n'a pas la portée qu'on serait tenté de lui attribuer. D'une part, les droits de la partie lésée résultent d'une décision passée en force de chose jugée, à laquelle la décision de la cour sur la procédure en réhabilitation ne saurait faire échec. D'autre part, la quote-part à payer par le demandeur en réhabilitation est fixée sans contradiction avec la partie lésée. On doit donc décider que les droits de la partie lésée restent entiers, au point de vue de leur chiffre, comme au point de vue de leur mode de recouvrement. La décision de la cour n'est rendue que *secundum subjectam materiam*, c'est-à-dire au point de vue de la recevabilité de la demande en réhabilitation.

Les dispositions de l'art. 632, relatives aux réparations civiles, supposent que ces réparations ont été fixées, contradictoirement avec la partie lésée, avant la demande en réhabilitation. Mais l'hypothèse inverse se présente souvent. Sous l'empire de la législation antérieure, il était de jurisprudence d'imposer au demandeur l'obligation de produire un certificat constatant la réparation du préjudice causé. Quand la réparation directe était impraticable, on la remplaçait par le versement d'une offrande au bureau de bienfaisance. Rien n'a été changé, à ce point de vue, par la loi du 14 août 1885, à l'état de la pratique antérieure[1].

En cas de *prescription de l'amende*, des *dommages-intérêts* et des *frais*, le demandeur en réhabilitation cesse d'être tenu de les acquitter. C'est là une innovation de la loi de 1885 (C. instr. cr., art. 623).

223. Procédure de la réhabilitation judiciaire. — Dans la législation de 1852, la réhabilitation était un acte mixte, à la fois *judiciaire* et *administratif* : elle émanait du pouvoir exécutif; et l'autorité judiciaire, représentée par la cour d'appel, dans le ressort de laquelle le demandeur avait son domicile, était appelée seulement à émettre un *avis* sur la requête. Désormais, — et c'est une des innovations capitales de la loi du 14 août 1885, — la cour hérite des pouvoirs réservés jusque-là au chef de l'État : *La cour*, dit l'art. 628, *le procureur général et la partie ou son conseil entendus, statue sur la demande*.

La procédure se divise en deux phases : 1° la première, *administrative*, est confiée au *procureur de la République;* elle a pour objet d'*instruire* la demande; 2° la seconde, *judiciaire*, a lieu devant la cour : elle a pour objet de la *juger*.

I. C'est au procureur de la République de l'arrondissement où l'impétrant est domicilié qu'est confiée l'instruction de la demande. Le condamné lui adresse une requête, rédigée sur papier timbré et légalisée, dans laquelle il indique : 1° la date de sa condamnation; 2° l'établissement pénitentiaire où il a subi sa peine; 3° les lieux où il a résidé depuis sa sortie de prison, en faisant connaître la durée de son séjour dans chacun d'eux. Il joint à cette requête les pièces établissant le paiement de l'amende et des frais, ainsi que les satisfactions données à la partie lésée (C. instr. cr., art. 623).

[1] Voir cependant : Leloir, *op. et loc. cit.*, p. 132.

Au reçu de ces pièces, le procureur de la République, après avoir complété le dossier, provoque une attestation des maires des différentes communes où le condamné a résidé, faisant connaître, en mentionnant qu'elle est délivrée pour servir à l'appréciation d'une demande en réhabilitation : 1° la durée de la résidence du condamné dans chaque commune; 2° sa conduite; 3° ses moyens d'existence pendant le même temps. Enfin, le procureur de la République prend l'avis des juges de paix et celui des préfets et sous-préfets des arrondissements dans lesquels le condamné a successivement résidé. Si le demandeur a passé sous les drapeaux une partie du délai d'épreuve, le magistrat demande au ministre de la guerre de provoquer les attestations des chefs de corps. Enfin, si le condamné exerce une profession qui l'oblige à des déplacements incompatibles avec une résidence fixe, le parquet provoque les attestations des chefs d'ateliers ou d'administration.

Ces formalités ne diffèrent que sur un point de celles qui étaient imposées par la loi de 1852. Auparavant, le certificat de résidence et de moralité était délivré par le *conseil municipal*, réuni sur l'autorisation du préfet. L'intervention d'un corps élu, dans une procédure qui demande la discrétion la plus absolue, était de nature à décourager les demandes en réhabilitation. Aussi, la loi de 1885 a mis en relation directe, à ce sujet, le procureur de la République et le maire (C. instr. cr., art. 624 nouveau).

II. Ces pièces réunies, le procureur de la République les transmet, avec son rapport, au procureur général. C'est par l'intermédiaire de ce magistrat que la cour se trouve saisie, et sa décision définitive, après nouvelle enquête, si les renseignements primitifs paraissent insuffisants, doit être prononcée, au plus tard, dans les huit mois du dépôt du dossier au greffe (C. instr. cr., art. 627).

C'est une section de la cour d'appel, la chambre des mises en accusation, qui statue, par *arrêt*, sur la demande en réhabilitation.

Elle statue contradictoirement. Le nouvel art. 628 autorise, en effet, l'audition du pétitionnaire ou de son défenseur. Elle statue à *huis-clos*, ce qui est le caractère de la procédure devant la chambre des mises en accusation.

Les décisions qu'elle peut rendre sont de trois espèces : *a*) L'art. 627 permet à la cour d'ordonner, sur la demande des parties, ou même d'office, de nouvelles informations, sans qu'il puisse en résulter un retard de plus de six mois; *b*) La cour peut rendre un arrêt de réhabilitation. Dans ce cas, un extrait de l'arrêt est adressé par le procureur général à la cour ou au tribunal qui a prononcé la condamnation pour être transcrit en marge de la minute de l'arrêt ou du jugement.

Mention en est faite, en outre, au casier judiciaire, et, désormais, le bulletin n° 3, délivré à la personne qu'il concerne, ne devra plus mentionner la condamnation (art. 633 et L. 4-5 août 1899, art. 2, § 7). Le bulletin n° 2 devra en faire mention. Enfin, le réhabilité pourra se faire délivrer, sans frais, une expédition de l'arrêt de réhabilitation et un extrait du casier judiciaire (art. 633, *in fine*) ; *c*) La cour peut rejeter la demande en réhabilitation. Quels que soient les motifs de cette décision, le demandeur devra attendre deux ans avant d'introduire une nouvelle requête (C. instr. cr., art. 629).

Sous l'empire de la législation antérieure, l'avis émis par la chambre d'accusation en matière de réhabilitation n'était susceptible d'être déféré à la Cour de cassation que d'ordre du garde des sceaux, conformément à l'art. 441, C. instr. cr. Désormais, les décisions de la cour pourront être déférées, dans les cas, les formes, les délais et les conditions ordinaires, par pourvoi des parties, à la Cour de cassation[1].

La réhabilitation a son *effet irrévocable* du jour où l'arrêt de la cour qui la prononce est devenu définitif.

224. Des effets de la réhabilitation judiciaire. — Les effets de la réhabilitation, tels que les déterminait la législation antérieure, étaient restreints dans d'étroites limites. Elle faisait cesser, pour l'avenir, dans la personne du condamné, toutes les incapacités qui résultaient de la condamnation (art. 634). Cette formule avait donné lieu à des discussions qui n'ont plus qu'un intérêt rétrospectif, car la législation actuelle a complété la rédaction de l'art. 634, en y ajoutant ces mots : « La réhabilitation efface la condamnation ».

Mais c'est seulement pour l'avenir que la réhabilitation efface la condamnation ; elle ne rétroagit pas, jusque dans le passé, pour faire disparaître et la condamnation et l'infraction elle-même.

I. De cette proposition, qui résulte de l'esprit comme des termes du nouvel art. 634, il faut déduire les conséquences suivantes : 1° la condamnation ne pourra plus servir de base à l'application des peines de la récidive; 2° le père reprendra, à partir de la réhabilitation, la puissance paternelle, la tutelle dont il avait été déchu et l'usufruit légal des biens de ses enfants mineurs ; 3° le conjoint de l'individu condamné à une peine afflictive et infamante ne pourra plus, après la réhabilitation de ce dernier, baser sur cette condamnation une demande en divorce ou en séparation de corps.

II. Au contraire : 1° la séparation de corps ou le divorce obtenu par

[1] *Sic*, Cass., 21 nov. 1895 (D. 96. 1. 167).

le conjoint de l'époux condamné, antérieurement à la réhabilitation, continuera de subsister; 2° le testament fait en état d'incapacité par le condamné à une peine afflictive perpétuelle restera nul, bien que son auteur ait été, depuis, l'objet d'une mesure de réhabilitation; 3° l'acte, à la rédaction duquel le condamné a concouru comme témoin, restera nul malgré la réhabilitation de celui-ci; 4° le réhabilité ne reprendra pas, de plein droit, les grades, décorations, fonctions ou offices dont sa condamnation l'avait privé.

225. Comparaison entre la réhabilitation pénale et la réhabilitation commerciale. — Il ne faut pas confondre la *réhabilitation pénale* avec la *réhabilitation commerciale*.

Un failli, indépendamment de toute condamnation pénale, encourt certaines incapacités qui dérivent du jugement déclaratif de faillite. Ces incapacités peuvent cesser par la réhabilitation commerciale. Cette institution a été profondément remaniée par la loi du 30 décembre 1903, modifiée elle-même par la loi du 31 mars 1906 et celle du 23 mars 1908.

On a voulu, tout à la fois, faciliter la réhabilitation des individus déclarés en faillite ou en liquidation judiciaire et adoucir la rigueur de l'incapacité politique les atteignant.

Les art. 1 et 4 de la loi ont ce dernier objet. Désormais, l'incapacité électorale cessera d'être perpétuelle pour devenir temporaire; elle n'atteindra les faillis simples que pendant les trois années qui suivront le jugement déclaratif de faillite pour l'électorat. Mais les faillis simples ne sont éligibles qu'après la réhabilitation (L. 23 mars 1908, art. 1).

L'art. 2, qui modifie les art. 604 à 612 du Code de commerce, a pour but de faciliter la réhabilitation commerciale : 1° en organisant deux espèces de réhabilitation : la réhabilitation de droit et la réhabilitation facultative; 2° en simplifiant la procédure; 3° en admettant au bénéfice de la réhabilitation certains faillis qui auparavant en étaient toujours exclus.

I. Tout failli qui a intégralement acquitté les sommes par lui dues en capital, intérêts et frais, est en droit absolu d'obtenir sa réhabilitation (C. comm., art. 604). C'était déjà l'ancien état des choses. L'innovation capitale a été d'introduire une réhabilitation facultative qui est une nouveauté dans notre législation commerciale. Cinq ans après le jugement déclaratif de faillite, le tribunal de commerce, après avoir examiné la conduite du failli et reconnu son entière probité commerciale, pourra accorder la réhabilitation : 1° lorsque le failli, ayant obtenu un concordat, aura intégralement payé les dividendes promis;

2° lorsque la remise entière de ses dettes lui aura été faite par ses créanciers; 3° lorsque les créanciers du failli consentiront à l'unanimité à sa réhabilitation (C. comm., art. 605).

II. Les règles de procédure sont identiques dans les deux espèces de réhabilitation. Elles diffèrent des règles, antérieurement édictées, à cinq points de vue principaux : 1° C'est le tribunal de commerce qui a déclaré la faillite, et non la cour d'appel, comme autrefois, qui est désormais compétent pour statuer sur la réhabilitation, en premier ressort toutefois (C. comm., art. 606, 609 et 610) ; 2° La publicité de la demande en réhabilitation est réduite à l'affichage pendant un mois de cette demande, dans la salle d'audience du tribunal de commerce, et à l'avis, donné par lettre recommandée, à chacun des créanciers qui n'ont pas été intégralement payés (C.comm.,art. 667); 3° Le droit de faire opposition est maintenu au profit seulement des créanciers non intégralement payés (C.comm.,art. 608); 4° Le tribunal de commerce peut appeler le demandeur en réhabilitation et les opposants pour les entendre contradictoirement en chambre du conseil (C. comm., art. 610); 5° Le jugement ou l'arrêt de réhabilitation est transcrit en regard de la déclaration de faillite qui avait été inscrite au casier judiciaire (bulletin n° 1) conformément à l'art. 1er, n° 4, de la loi du 5 août 1899 (C. comm., art. 611).

III. La loi nouvelle fait disparaître les exclusions antérieures qui frappaient certaines catégories de faillis. Elle admet au bénéfice de la réhabilitation commerciale les banqueroutiers frauduleux, les individus condamnés pour vol, escroquerie ou abus de confiance, quand ils auront obtenu leur réhabilitation pénale (C. comm., art. 612). Et, par le silence qu'elle garde à leur égard, la loi nouvelle relève les stellionataires, les tuteurs, administrateurs ou autres comptables qui n'ont pas rendu et soldé leur compte, de l'incapacité radicale d'obtenir leur réhabilitation.

226. De la réhabilitation légale. — La réhabilitation légale se produit dans deux cas.

I. Le premier est celui d'une condamnation à l'emprisonnement ou à l'amende, avec décision de sursis (L. 26 mars 1891, art. 1). L'arrivée du terme de cinq ans, sans condamnation nouvelle à l'emprisonnement ou à une peine plus grave, produit le double effet : *a*) de purger la condamnation, c'est-à-dire d'affranchir le condamné des peines dont l'exécution était seulement suspendue ; *b*) de rendre la condamnation comme non avenue (art. 1er, § 2). Le bénéficiaire obtient ainsi une *réhabilitation de plein droit* ou *légale*, s'il satisfait aux conditions, peu rigoureuses du reste, auxquelles la loi reconnaît sa bonne conduite. Cette expression de *réhabilitation* qui ne figure pas, il est vrai, dans la loi, a été employée dans la discussion et caractérise heureusement les conséquences légales de l'expiration de la période d'épreuve sans condamnation nouvelle. Cette réhabilitation de plein droit produit les *mêmes effets* que la réhabilitation judiciaire et la remplace[1]. Le condamné doit être désormais traité, en cas de nouveau délit, comme un délinquant primaire. En conséquence : 1° Il pourra bénéficier d'un sursis pour une seconde condamnation à l'emprisonnement ou à l'amende; 2° La condamnation, rachetée par sa bonne conduite, ne survivra, ni au point de vue de la récidive du Code pénal, ni au point de vue de la relégation; 3° Les peines accessoires et incapacités cesseront d'avoir effet du jour où la condamnation aura été réputée non avenue.

Mais, en ce qui concerne les frais et dommages-intérêts, la réhabilitation légale ne doit nuire ni au Trésor, ni aux tiers, qui conservent le droit de poursuivre respectivement le recouvrement de leur créance, s'ils n'ont été désintéressés, au besoin en recourant à la contrainte par corps.

La condamnation n'est plus inscrite sur le bulletin n° 3 (L. 26 mars 1891, art. 4, § 2; L. 4-5 août 1899, art. 7, § 2). Cette disposition est analogue à celle de l'art. 633, C. instr. cr., relatif à la réhabilitation expresse, mais nous ne pensons pas qu'on puisse la compléter à l'aide de ce texte et admettre : 1° que le réhabilité ait le droit de se faire délivrer gratuitement un extrait de son casier judiciaire, purgé de la condamnation; 2° que le ministère public poursuivant ne doive pas laisser porter sur le bulletin n° 2 la condamnation effacée, ni même la faire connaître au tribunal.

II. Le second cas est général. Il a été introduit par la loi du 5 août 1899, complétée par celle du 11 juillet 1900, au profit de tous les condamnés. La réhabilitation de droit est l'effet automatique du temps qui s'est écoulé depuis que la peine a été subie. Le casier judiciaire, tel qu'il a été réorganisé par cette loi, comporte trois données essentielles : 1° Certaines condamnations ne sont plus, dès le début, mentionnées au bulletin n° 3 délivré aux particuliers; 2° Après l'expira-

[1] Le condamné avec sursis ne peut profiter de la réhabilitation judiciaire, qui exige un stage moins long (3 ans) que la réhabilitation légale (5 ans). Pourrait-il renoncer au sursis, demander à faire sa peine, pour bénéficier de la réhabilitation judiciaire? Bien que ce droit ait été reconnu par le rapport de M. Bérenger au Sénat (Séance du 6 mars 1890, *J. off.*, *Doc. parl.*, 1890, p. 69, VI), il faut décider que le caractère social de l'institution du sursis s'oppose à cette option. Voy. Rennes, 5 déc. 1895 (*Journ. des Parq.*, 96. 3. 50); Paris, 31 mai 1895 (*id.*, 96. 2. 96); Lettre du ministre de la justice du 20 mars 1896 (*id.*, 96. 2. 14). Voy. sur la question : Fernand Rome, *Réhabilitation et sursis* (*Gaz. des Trib.*, n° du 9 déc. 1905).

tion de délais variables, diverses condamnations cessent d'y être portées, sauf à y être inscrites de nouveau en cas de condamnation ultérieure à une peine corporelle; 3° Après l'expiration d'un nouveau délai d'épreuve, la réhabilitation est acquise de plein droit, avec cette conséquence implicite qu'elle fait définitivement disparaître les mentions relatives aux condamnations auxquelles elle s'applique. Toutes ces dispositions sont contenues dans les art. 6 à 10 de la loi de 1899, modifiée par celle du 11 juillet 1900.

L'idée de la réhabilitation de droit est due à M. Bérenger. C'est en effet, sur son initiative, que fut voté l'art. 10, dont voici la disposition fondamentale : « Lorsqu'il se sera écoulé dix ans, dans le cas prévu par l'art. 8, §§ 1 et 2, sans que le condamné ait subi de nouvelles condamnations à une peine autre que l'amende, *la réhabilitation lui sera acquise de plein droit*. — Le délai sera de quinze ans dans le cas prévu par l'art. 8, § 3, et de vingt ans dans le cas prévu par l'art. 8, §§ 4 et 5 ». Ainsi, on établit une corrélation entre deux institutions : celle de la prescription du casier judiciaire et celle de la réhabilitation de droit, en ce double sens : 1° que la première des deux mesures doit nécessairement précéder la seconde; 2° et que le point de départ des délais fixés est le même, savoir l'expiration de la peine corporelle, le paiement de l'amende ou les mesures qui en tiennent lieu.

La réhabilitation de droit produit identiquement les mêmes effets que la réhabilitation judiciaire. Elle relève donc l'individu de toutes les incapacités que sa condamnation lui avait fait encourir. Elle a enfin pour conséquence, au point de vue du casier judiciaire, de faire disparaître définitivement du bulletin n° 3 les mentions relatives aux diverses décisions à l'égard desquelles elle est intervenue[1].

227. Comparaison entre la réhabilitation judiciaire et la réhabilitation légale. — Entre la réhabilitation judiciaire et la réhabilitation légale, il y a cette différence fondamentale que la première exige, de la part de celui qui la sollicite, l'accomplissement d'un certain nombre de conditions, distinctes du délai plus court avant lequel elle ne peut être demandée, tandis que la seconde est acquise par l'expiration même, sans condamnation à une peine corporelle[2], du délai de dix, quinze ou vingt ans. La réhabilitation judi-

[1] Le mécanisme de cette institution permettra à un récidiviste qui laisse écouler dix ans entre chaque peine correctionnelle d'obtenir un casier négatif. Voy. Trib. de Nancy, 29 janv. 1900 (*Journ. des Parq.*, 1900, art. 973).

[2] La nouvelle condamnation à l'emprisonnement fait obstacle à la réhabilitation de droit, quelle qu'en soit la durée, quel qu'en soit le motif, alors même qu'elle n'entraînerait aucune incapacité : Cass., 26 mars 1902 (S. 1905. 1. 144).

ciaire, plus profitable et plus moralisatrice, ne sera donc plus utilisée que par les condamnés qui ne voudront pas attendre la réhabilitation légale[1].

En cas de contestation, le droit à la réhabilitation légale est soumis au tribunal correctionnel, soit du domicile, soit du lieu de la naissance, par une requête présentée au président de ce tribunal qui communique la requête au ministère public et commet un juge. Le tribunal statue en chambre du conseil, sur le rapport du juge et les conclusions du ministère public. Le jugement rendu est susceptible d'appel et de pourvoi en cassation (art. 14, 15 et 16).

[1] La réhabilitation légale nous semble une institution contestable. Elle s'applique automatiquement au profit de tout condamné, alors que la réhabilitation devrait être la récompense d'un effort sérieux pour revenir au bien.

LIVRE TROISIÈME

DE LA PLURALITÉ DE DÉLITS OU DE DÉLINQUANTS

TITRE PREMIER

DE LA PLURALITÉ DE DÉLINQUANTS

§ I. — DES PROBLÈMES QUE SOULÈVE CETTE SITUATION.

228. Unité de délit. Pluralité d'agents. Distinction entre les actes de participation au délit.

228. UNITÉ DE DÉLIT. PLURALITÉ D'AGENTS. AUTEURS ET COMPLICES. — La violation de la loi pénale n'est pas toujours le résultat de la *volonté* et de l'*activité* d'un *seul* individu, d'un *solitaire*. Une infraction peut résulter des efforts combinés de plusieurs agents. Cette situation qui caractérise la *participation dans une même entreprise criminelle,* dont la *complicité* n'est qu'une modalité, implique un *accord*, précédant, ne fût-ce que d'un instant, l'accomplissement de l'infraction, une sorte d'*association* ou d'*entente* en vue du délit. Si plusieurs individus prenaient part à un ensemble de faits délictueux sans entente préalable, il n'y aurait pas là un cas de complicité ; il y aurait, non seulement pluralité d'auteurs, mais aussi pluralité de délits ; et chacun des agents ne serait responsable que des faits qu'il aurait perpétrés, sauf application des règles de la connexité (C. instr. cr., art. 227)[1]. Les crimes des foules sont un exemple saillant de participation, sans aucune entente préalable, par une

[1] Sur cette situation, voy. mon *Traité d'instr. cr.*, t. II, n° 584, p. 411.

impulsion soudaine et collective, à un ensemble de faits délictueux [1].

La participation de plusieurs agents à la même infraction se produit suivant un certain nombre de types. 1° Le premier est l'*association de malfaiteurs*, dans laquelle des criminels, en vue d'entreprises contre les personnes ou les propriétés, s'organisent et s'unissent pour en régler l'exécution et en répartir les bénéfices. L'association a des chefs, des soldats, des statuts. Elle suppose une permanence d'efforts. Le Code pénal punit cette *societas scelerum*, préalablement à toute exécution des crimes projetés, par le seul fait de son existence et de son organisation, comme crime contre la paix publique (C. p., art. 265 à 268). Avant la loi du 18 décembre 1893, qui a modifié ces textes, l'organisation permanente de bandes, avec un lien de hiérarchie et de discipline, était nécessaire pour constituer le crime. Dans le but d'atteindre les *ententes* en vue d'attentats anarchistes, l'art. 265 nouveau déclare criminelle, non seulement l'association, quels que soient, du reste, sa durée et le nombre de ses membres, mais encore *toute entente* établie dans le but de préparer ou de commettre des crimes contre les personnes ou les propriétés, et l'art. 266 punit toute personne qui sera affiliée à une association formée ou aura participé à une entente établie dans ce but. 2° Cette forme d'entente entre malfaiteurs était déjà punie par le Code pénal, sous la qualification de *complot*, quand elle avait pour but de commettre les attentats et crimes politiques prévus par les art. 87 et 91. Le *complot* est puni par lui-même et avant tout commencement d'exécution (C. p., art. 85) : c'est un crime politique, tandis que l'association ou l'entente criminelle de l'art. 265, est un crime de droit commun. 3° L'*organisation de bandes séditieuses ou armées*, poursuivant l'un des buts limitativement déterminés par les art. 96 et 97, et l'exécution d'un des crimes prévus par ces articles, est punie par les art. 96 à 101 du Code pénal, par le seul fait de son existence. 4° La *coalition de fonctionnaires* en vue de mesures contraires à la loi est également incriminée par le fait même du concert pratiqué (C. p., art. 123).

Dans tous ces cas, deux circonstances caractérisent la situation : il s'agit, d'une part, d'une entente ou d'une association, à durée indéterminée, pour des crimes également indéterminés; et, d'autre part, d'une criminalité qui résulte de l'association ou de l'entente elle-même. Tout autre est la participation criminelle : l'entente est passagère, momentanée, *en vue d'une entreprise déterminée*, et cesse après cette

[1] Sur les crimes des foules, voy. mon *Traité du droit pénal*, 2e éd., t. Ier, p. 507 et 508, et les ouvrages cités. *Adde*, Garçon, *Code pénal annoté*, art. 59, n° 9; Vidal, *Cours de droit criminel*, 3e éd., n° 405.

entreprise. Jusqu'ici, les législations positives ont été d'accord pour reconnaître que l'association et l'entente passagère ne peuvent être incriminées et punies par elles-mêmes; elles ne tiennent compte de cet élément, pour répartir la responsabilité entre les divers agents, qu'après l'*exécution du délit projeté*.

Mais quelle doit être, sur la répression d'une infraction, l'influence de la circonstance qu'elle a été commise par plusieurs agents, qui se sont concertés pour son accomplissement? 1° Il s'agit d'abord de déterminer l'étendue de la participation punissable. Ceux qui ont coopéré au fait délictueux d'une façon principale sont *coauteurs;* ceux qui y ont coopéré accessoirement sont *complices*. Mais les limites de la coopération accessoire doivent être déterminées par la loi, la complicité légale ne pouvant être confondue avec la complicité morale. 2° Il s'agit ensuite de répartir la pénalité entre les coparticipants, car si chacun d'eux doit être puni, chacun d'eux doit l'être en proportion de sa culpabilité propre. 3° Il faut examiner si, dans le fait même de s'être entendu pour l'exécution d'une entreprise criminelle, il n'y a pas une cause possible d'aggravation de la peine.

De ces trois problèmes, les deux premiers ont préoccupé, de tout temps, les législateurs et les juristes; le troisième, au contraire, semble avoir passé inaperçu, jusqu'au jour où la méthode d'observation a montré les dangers sociaux que présente l'application de la division du travail à l'activité criminelle[1].

a) Le Code pénal, dans les art. 59, 60, 61, distingue deux catégories de *faits*, auxquels correspondent deux catégories d'*agents* : les faits de participation directe aux actes que détermine la loi, qu'elle qualifie, et qui constituent l'infraction; les faits de participation indirecte ou accessoire, qui ont pu précéder, accompagner ou même suivre l'infraction. Ceux qui ont *exécuté* l'infraction en sont les *auteurs*. C'est à leur participation que s'applique la disposition même qui prévoit et punit l'infraction. Est coupable de vol, par exemple : « *Quiconque a soustrait* frauduleusement une chose qui ne lui appartient pas... » (C. p., art. 379). La qualification de complices s'applique aux agents qui ont *provoqué* la soustraction, qui l'ont *préparée* ou *aidée* dans les conditions spécifiées par la loi.

b) Mais le Code pénal frappe de la *peine même du crime ou du délit* tous ceux qui ont coopéré à l'entreprise criminelle dans les condi-

[1] Sur cette manière nouvelle de concevoir la thèse de la complicité, je renvoie à la 2e éd. de mon *Traité*, t. II, p. 603, où la question est examinée avec la bibliographie qui s'y rapporte. Le véritable procédé de répression de la complicité consisterait à en faire, non une infraction distincte, mais une circonstance aggravante de l'infraction commise par les complices.

tions qu'elle détermine par des textes généraux visant la complicité légale. De sorte que, des deux premiers problèmes qui se posent, la loi française n'a prétendu résoudre que le premier : elle a séparé les auteurs et les complices et déterminé, avec exactitude, les conditions de la participation punissable. Mais elle ne fait, au point de vue de la responsabilité légale, aucune distinction, entre les auteurs et les complices et les punit de la même peine, laissant ainsi au juge le droit et le pouvoir d'*individualiser la répression* en tenant compte, non seulement des conditions de la participation au délit commun, mais encore et surtout du degré de témibilité ou de culpabilité de chacun des participants.

c) La coopération et l'association des efforts individuels en vue d'une entreprise criminelle, augmentent la puissance d'action des délinquants et pourraient être considérées comme une circonstance aggravante générale des délits commis en complicité. Ce concept n'est pas étranger à la loi française. Quelquefois, en effet, le fait que le délit a été commis par plusieurs personnes est une cause d'aggravation de peine. Il en est ainsi, notamment, pour la rébellion (C. p., art. 210 et suiv.), la mendicité (art. 276), le vol (art. 381 et suiv.), l'attentat aux mœurs (art. 333), le pillage (art. 440). Mais ce procédé n'est qu'exceptionnel.

§ II. — DES CONDITIONS DE LA COMPLICITÉ PUNISSABLE.

229. Limites de la participation accessoire incriminée. — 230. Il faut un fait principal punissable. — 231. Un fait principal qualifié crime ou délit. — 232. Un fait de complicité. — 233. Il faut que ce fait accessoire ait été accompli avec connaissance et volonté.

229. LIMITES DE LA PARTICIPATION ACCESSOIRE INCRIMINÉE. — On pourrait être tenté de déclarer coupables de *participation accessoire*, et, par conséquent, de qualifier « *complices* », tous ceux qui, *sciemment* et *volontairement*, auraient coopéré à une infraction, d'une manière quelconque, sans en être cependant les *auteurs*. Mais la loi assigne à la participation accessoire des limites plus étroites, en exigeant, pour qu'elle soit *punissable*, un certain nombre de conditions qui sont précisées par les art. 59 à 62, C. p. La *complicité légale* n'existe ainsi qu'autant qu'elle renferme les éléments, au nombre de quatre, que la loi elle-même a déterminés : les actes de participation, incriminés comme actes de complicité, doivent se rattacher *sciemment* à une *infraction*, qualifiée *crime* ou *délit*, dans les *conditions précisées par la loi*. Ainsi, il faut : 1° avoir participé à un fait principal punissable;

2° qualifié crime ou délit; 3° de la manière définie par la loi; 4° avec accord de volontés.

230. La première condition, c'est un fait principal punissable. — La complicité est un acte de participation accessoire : pour être coupable comme complice, il faut donc avoir coopéré à une *infraction*. Les actes de complicité empruntent, en effet, leur caractère criminel au fait principal auquel ils se rattachent. Ce sont, soit des *actes préparatoires* sans signification précise, soit des *actes d'aide* qui ne constituent pas le fait même du délit, soit des *actes postérieurs* qui tendent à cacher le produit ou les auteurs de l'infraction. Il s'établit donc un tel *rapport d'indivisibilité* entre les actes de complicité et les faits principaux que les premiers restent impunis si les seconds ne *sont pas* ou ne *sont plus* punissables. Mais cette indivisibilité qui lie les *actes* ne lie pas les *individus*. Il n'est pas nécessaire que l'auteur principal soit lui-même frappé d'une peine pour que le complice soit punissable.

Cette première règle est simple. Mais les applications en sont délicates. Ainsi, l'individu qui procure à une autre personne les moyens de se donner la mort, qui l'assiste même dans les actes d'exécution, ne peut être puni comme complice d'un suicide, puisque le suicide est impuni. De même, dans les délits d'habitude, les actes de complicité ne sont punissables qu'autant qu'ils se rattachent à un ensemble de faits, suffisants pour constituer l'habitude chez le même agent; ainsi, un notaire, qui prêterait sciemment son ministère à plusieurs actes usuraires, commis par différentes personnes, ne pourrait être recherché comme le complice d'aucune d'elles, puisqu'aucune d'elles n'aurait commis *habituellement* l'acte incriminé. Enfin, l'*amnistie*, qui a pour résultat d'effacer le caractère délictueux d'une infraction profite nécessairement aux complices, ainsi que la *prescription* qui n'est, comme l'amnistie, qu'une mise en oubli des délits.

S'il est nécessaire, du reste, de rattacher les actes de complicité à une infraction principale, il n'est pas indispensable que celle-ci soit *consommée*, il suffit qu'elle soit *tentée* ou *manquée*. Les termes des art. 60, 61, 62, qui incriminent la participation de plusieurs personnes à un même *crime* ou à un même *délit*, semblent supposer, il est vrai, une infraction consommée et exclure, par conséquent, la participation à une *tentative*. Mais ces textes n'ont pas cette signification restreinte : en parlant de « crime » ou de « délit », ils veulent exprimer tout fait punissable de peines criminelles ou correctionnelles, par opposition au fait punissable de peines de police dont la complicité n'est pas incriminée. Ce qui est donc à la fois *nécessaire* et *suffisant*, c'est qu'il existe un *corps de délit*, auquel les actes de complicité puissent se rattacher. Aussi, doit-on tenir pour constant que si l'infraction, à laquelle l'agent a essayé de participer, n'a pas reçu de commencement d'exécution, il n'existe pas de complicité, parce qu'il est impossible d'être complice d'une infraction qui n'a pas été commencée. C'est dire que la *tentative de complicité* n'est passible d'aucune peine, quand même elle a manqué son effet par des circonstances indépendantes de la volonté de son auteur. De deux choses l'une, en effet : — Ou les actes de complicité, par eux-mêmes indifférents, comme le fait de fournir du poison, ne sont punissables que parce qu'ils se rattachent à un fait principal, l'empoisonnement, qui leur imprime un caractère délictueux; et si ce fait principal, l'empoisonnement, n'a pas été commis, comment la complicité punissable, qui en est l'accessoire, existerait-elle? — Ou ces actes peuvent constituer, par eux-mêmes, dès qu'ils sont accomplis, des délits spéciaux, comme le fait de fabriquer et de détenir, sans autorisation et sans motifs légitimes, des engins meurtriers ou incendiaires agissant par explosion (L. 18 déc. 1893); mais alors, s'ils sont punissables, même en l'absence du fait principal auquel ils se rattachent dans l'intention de l'agent, ils ne le sont pas comme actes de complicité, mais comme infractions *sui generis*.

Il suit de là que si l'*auteur*, après avoir préparé, avec son complice, tous les détails de l'infraction, ou avoir obtenu de lui les moyens de la commettre, au moment de l'exécuter, s'arrête, cédant à un mouvement de repentir ou de crainte, ce *désistement*, auquel le complice n'a pris aucune part, qu'il regrette peut-être, lui profitera, puisqu'il n'y a pas d'infraction, et qu'il ne peut y avoir de complicité.

Mais le complice profite-t-il de son *propre désistement?* En d'autres termes, lorsque, par un changement de volonté, celui qui avait prêté son concours à l'auteur de l'infraction, aura fait, avant qu'elle soit consommée, mais sans succès, tout ce qu'il pouvait faire pour déterminer l'auteur à abandonner son projet, profitera-t-il de la disposition d'après laquelle la tentative volontairement interrompue est amnistiée (C. p., art. 2)? Il est certain qu'un simple repentir, postérieur au fait de participation punissable, ne pourrait, en principe, soustraire le complice au châtiment, car, dès qu'il est accompli, l'acte de complicité a produit son effet propre, qui est de faciliter le délit. Mais si le complice s'emploie activement à supprimer la *cause* même de la complicité et parvient à rompre le lien qui l'unissait à l'auteur du délit, sa participation accessoire disparaissant, l'impunité lui restera acquise. Cette situation ne se rencontre que dans la complicité par provocation ou par fourniture de l'instrument du délit. Par exemple, l'individu qui promet de l'argent pour assassiner ou qui remet une arme pour commettre le crime, peut effacer son acte de participation accessoire, en retirant sa promesse ou en reprenant l'arme, avant que l'assassinat ait eu lieu. En dehors de ces deux hypothèses de complicité, le désistement serait infructueux.

On résume ces solutions dans les formules suivantes : — La *tentative de complicité* est impunie. — La *complicité de la tentative* est punissable. — Elles résultent du caractère de la complicité dans la théorie classique et devraient être différentes si l'on substituait, à la conception de la complicité délit-unique, celle de la complicité délit-distinct.

231. La seconde condition, c'est un fait principal qualifié crime ou délit. — Il ne suffit pas d'avoir participé à une infraction quelconque pour être puni comme complice, il faut avoir participé à une infraction qualifiée *crime* ou *délit* (C. p., art. 59 et 60). Quant aux *contraventions de police*, la complicité, à moins de dispositions spéciales contraires, n'y est frappée d'aucune peine[1]. Les contraventions sont, en effet, des infractions trop peu graves et qui causent trop peu de préjudice à la société, pour qu'on punisse au delà de l'auteur principal.

Cette double règle a soulevé, dans la doctrine et dans la pratique, une difficulté. La complicité n'est pas punissable en matière de contravention ; mais que faut-il entendre par *contravention* au point de vue de la complicité? Il est certain que les contraventions proprement dites, c'est-à-dire les infractions punies de peines de police, n'admettent de complicité punissable que dans le cas où les textes répriment cette complicité par des dispositions particulières ; il est non moins certain que la participation à des crimes, c'est-à-dire à des infractions punies de peines afflictives ou infamantes, même à des crimes prévus par des lois spéciales, est punissable dans les conditions du Code pénal. La difficulté ne porte que sur ces infractions, qualifiées parfois de *contraventions-délits* : de contraventions, parce qu'elles sont punies sans qu'on ait égard au défaut d'intention ; de délits, parce qu'elles sont, malgré ce caractère, frappées de peines correctionnelles. Les complices de telles infractions sont-ils ou ne sont-ils pas punissables? L'art. 1er, C. p., qui a pour but de donner une définition générale des diverses espèces d'infractions, doit servir de cri-

[1] A titre d'exemple de ces dispositions exceptionnelles, nous citerons les art. 479, n° 8 et 480, n° 5, C. p., en vertu desquels, au cas de bruits ou de tapage injurieux ou nocturnes, troublant la tranquillité des habitants, les complices sont frappés de la même peine que les auteurs. Sur le principe que les règles de la complicité ne s'étendent pas à la matière des contraventions : Cass., 22 juill. 1897 (D. 99. 1. 92).

tère toutes les fois qu'il est question de savoir à quelles infractions s'applique une règle légale : par contraventions, au point de vue de la complicité, il faut donc entendre seulement les infractions punies de peines de police, et ne pas comprendre, sous cette dénomination, de prétendues contraventions, punies de peines correctionnelles, qui, pour la loi, sont des délits[1].

232. LA TROISIÈME CONDITION, C'EST UN FAIT DE COMPLICITÉ. — Pour être considéré comme complice d'un crime ou d'un délit, il faut que l'inculpé y ait participé *de la manière déterminée par la loi*. On peut, en effet, provoquer à commettre une infraction, aider son auteur dans les actes qui l'ont préparée, facilitée ou consommée de bien des manières différentes : la loi autorisera-t-elle le juge à réprimer tous actes de participation? ou spécifiera-t-elle les faits par lesquels on doit avoir coopéré à un crime ou à un délit pour en être le complice? De ces deux systèmes, le premier, qui laisse un pouvoir presque arbitraire aux juges, est contraire au principe supérieur de la *légalité des délits et des peines*. Dans la législation française, comme dans toutes les législations européennes, la complicité punissable est *qualifiée* par la loi. Ainsi donc, en dehors des faits prévus et définis par les art. 60, 61 et 62 comme faits de complicité, aucun autre fait de participation *indirecte* ne saurait être incriminé. D'où il faut conclure que les juridictions d'instruction et de jugement ne doivent pas se borner à dire que le prévenu ou l'accusé est *coupable par complicité*; il faut que leur décision précise, en se référant aux textes de la loi, qui les ont prévus et punis, les faits qu'elles relèvent comme faits de complicité. En cour d'assises particulièrement, les caractères légaux, qui constituent la complicité punissable, doivent être énoncés, *à peine de nullité*, dans la question posée au jury, de sorte que celui-ci a, dans cette matière, le devoir de résoudre une question où le *droit* et le *fait* sont nécessairement mêlés.

233. LA TROISIÈME CONDITION, C'EST L'INTENTION DE LA PART DU COMPLICE DE COOPÉRER AU CRIME OU AU DÉLIT. — La moralité de la participation punissable comprend un double élément : la connaissance et la volonté : il faut que l'agent ait *connu* la criminalité de l'acte auquel il s'est associé, et qu'il ait *voulu* l'aider : en un mot, qu'il ait participé au délit *sciemment* et *volontairement*. Tout acte de participation est nécessairement *intentionnel*. En effet, la participation sup-

[1] Jurisprudence fixée dans ce sens : Cass., 4 févr. 1898 (D. 98. 1. 363), et le rapport de M. le conseiller Roulier.

pose une association de volonté entre plusieurs individus se réunissant dans un but commun et se prêtant mutuellement concours et assistance pour le réaliser. Le cumul de ces deux éléments, la connaissance et la volonté, est toujours nécessaire, et l'absence de l'un ou de l'autre exclut la participation proprement dite. Mais il importe, cependant, d'analyser ces deux conditions et d'y insister séparément.

I. Pour être considéré comme complice, il faut d'abord avoir participé avec *connaissance* au crime ou au délit. Celui qui a aidé un crime ou un délit *sans le savoir* et, par conséquent, *sans le vouloir*, n'est pas punissable comme complice. Mais est-il nécessaire que la loi exprime formellement cette condition de la « connaissance »? Une distinction s'impose. Il existe des modes de complicité qui impliquent par eux-mêmes cette connaissance. La preuve du fait de participation suffit alors pour permettre d'affirmer que l'inculpé a agi *sciemment*, et l'énonciation de cette condition devient inutile, parce qu'elle est superflue. Au contraire, quand du mode de participation ne résulte pas la preuve immédiate et directe que l'agent a *connu* l'infraction à laquelle il a prêté son concours, il faut que la loi exige *expressément* cette condition. Le Code pénal français a suivi, dans la rédaction des art. 60, 61 et 62, cette distinction rationnelle. Ceux qui ont *provoqué* à commettre un délit sont nécessairement conscients de leur participation au fait punissable. Il en est de même de ceux qui ont *donné des instructions pour le commettre*. Mais ceux qui ont fourni les *moyens de l'exécuter*, ceux qui ont *aidé* ou *assisté* l'auteur du délit, dans les *faits préparatoires* ou d'*exécution*, peuvent ignorer qu'ils coopèrent à une action criminelle. Aussi, la condition qui nous occupe n'est-elle pas énoncée dans l'art. 60, § 1, qui prévoit les deux premiers modes de complicité, tandis qu'elle l'est dans les art. 60, §§ 2 et 3, 61 et 62. La jurisprudence, appliquant ici le texte et l'esprit de la loi, a donc décidé, à bon droit, que le jury devait être *expressément* interrogé sur cette condition, pour les modes de participation indiqués dans ces derniers textes, mais qu'il pouvait l'être *implicitement*, par la mention même du mode de coopération, en ce qui concerne la complicité par provocation ou par instruction.

II. Suffit-il d'avoir contribué sciemment à la perpétration d'un crime ou d'un délit pour en être considéré comme le complice? Ne faut-il pas encore y avoir contribué dans l'*intention* et avec le *dessein* d'en favoriser la préparation ou l'exécution? Le Code pénal de 1791 (part. 1re, tit. III, art. 1er) exigeait formellement ce nouveau degré dans la volonté criminelle : « Quiconque sera convaincu d'avoir, sciemment et dans le dessein du crime, procuré au coupable les moyens, etc., d'avoir sciemment et dans le dessein du crime, aidé ou assisté le coupable... ». Mais le Code pénal de 1810 n'a pas expressément reproduit la condition relative à la volonté, au dessein de coopérer au crime. A-t-il entendu se contenter, comme élément moral de la complicité, de la connaissance, chez l'agent, de l'aide qu'il procurait au malfaiteur? Rien ne vient indiquer, dans les travaux préparatoires, une modification, en ce point, à la doctrine traditionnelle. Peut-être a-t-on considéré la réunion des deux mots « sciemment et dans le dessein du crime » comme des expressions redondantes, car, la connaissance que possède l'agent du crime auquel il participe, en fournissant les moyens de le commettre ou en aidant à le commettre, implique, presque toujours, de sa part, la volonté et l'intention de le favoriser. Mais, toutes les fois qu'il sera bien démontré que l'agent n'a pas participé à l'action *intentionnellement*, il ne pourra en être déclaré le complice.

Des difficultés se présentent dans les cas suivants. 1° Lorsqu'il s'agit de complicité d'un délit non intentionnel, comme l'intention n'est pas exigée chez l'auteur, on peut hésiter à l'exiger chez le complice. Il faut, au moins, que ce dernier ait agi *sciemment*, c'est-à-dire ait su qu'il participait à un acte qui pouvait être délictueux. Ainsi, celui qui prête un fusil, ayant servi à commettre un délit de chasse, doit avoir connu, pour être incriminé comme complice, l'emploi qu'en voulait faire l'auteur[1]. 2° Le caractère *intentionnel* de la complicité permet-il de limiter la responsabilité de l'agent, au fait concerté, lorsque l'auteur a commis un délit autre? Une distinction s'impose : s'il s'agit d'un délit tout différent (par exemple, le braconnier auquel on a prêté un fusil pour chasser s'en sert pour commettre un meurtre), il n'y a pas complicité; mais s'il s'agit du délit même, aggravé ou modifié dans son exécution, par exemple, si le complice, faisant le guet pour faciliter un vol, l'auteur vole et tue, la complicité existe, car les circonstances du fait sont communes à tous ceux qui ont voulu y participer[2].

§ III. — DES FAITS CONSTITUTIFS DE LA COMPLICITÉ.

234. Divers systèmes sur la conception de la complicité. — 235. Des faits de complicité. Division. — 236. Complicité par des faits antérieurs à l'exécution du délit. Provocation. Instructions données. Fourniture des instruments du délit. — 237. Complicité concomitante au délit. Distinction des coauteurs et

[1] Voy. application intéressante : Orléans, 28 janv. 1896 (S. 97. 2. 180; D, 97. 2. 3).

[2] Sur cette hypothèse : Garçon, *op. cit.*, art. 59, nos 370 et suiv.

234. Des diverses théories sur le concept de complicité. — Lorsque plusieurs individus participent, après entente, à la même infraction, ces codélinquants peuvent jouer, dans sa perpétration, un rôle différent. De là, une distinction, admise par toutes les législations, entre les *auteurs* et les *complices*, si l'on considère les délinquants, entre la *participation principale* (*corréité*) et la *participation accessoire* (*complicité*), si l'on qualifie les actes eux-mêmes.

La répartition de la responsabilité entre chacun des agents du délit est un problème qui a, de tout temps, préoccupé les criminalistes et les législateurs. Pour le résoudre, quatre conceptions différentes ont été proposées ou appliquées.

I. La théorie classique, qui a fait la conquête de presque toutes les législations de l'Europe, distingue, parmi les agents du délit, ceux qui en sont la cause première, la *cause efficiente*, et ceux qui ont seulement prêté un concours d'aide ou d'assistance. Les premiers sont les *auteurs* du délit : *auteurs matériels*, quand ils en ont exécuté matériellement les actes constitutifs; *auteurs intellectuels*, quand, ayant conçu et résolu le délit, ils ne l'ont pas exécuté eux-mêmes, mais l'ont fait exécuter par d'autres. Les seconds sont les *complices* ou *auxiliaires*, qui peuvent aider les auteurs et leur prêter un concours dans les diverses phases du délit, depuis la résolution jusqu'à l'exécution.

Dans la conception classique, le nombre des participants n'empêche pas l'*unité du délit*, et c'est la peine de ce délit unique qui détermine la peine applicable à chacun d'eux : les auteurs ou coauteurs encourant seuls la peine entière du délit, les complices, la peine du délit abaissée de certain degré. Mais alors se pose, dans cette conception, le problème de la communication aux codélinquants des diverses causes d'aggravation ou d'atténuation de peine qui existent dans l'infraction ou dans la personne de chacun d'eux.

Enfin, l'auteur du délit peut trouver, depuis sa perpétration, et sans qu'une entente préalable soit intervenue avant, des complaisants qui lui fournissent le moyen de se soustraire à la justice ou de profiter des produits du délit, des recéleurs, par exemple. Ces agents sont distincts des complices : ce sont des *fauteurs* ou *favorisateurs*; ils commettent un *délit spécial*, se rattachant, par un lien de connexité, au délit principal, mais distinct de ce délit.

II. La seconde conception, qui est celle du Code pénal français, se caractérise par les idées suivantes : unité de délit; égalité de responsabilité et de pénalité par l'emprunt absolu de la criminalité de l'auteur principal; qualification de complices donnée à tous ceux qui n'ont pas exécuté l'infraction.

a) Au premier point de vue, c'est à l'idée classique d'un délit unique, commis par plusieurs associés, que se rattache le système français. Il est difficile, en effet, de méconnaître la réalité : une entreprise criminelle unique a été exécutée ou a été tentée par plusieurs agents qui se sont divisé les rôles; et, s'il y a plusieurs délinquants, il n'y a qu'un seul et même délit. Par suite, il ne paraît guère possible d'admettre sans mesure que la complicité soit un fait distinct. Il y a un mélange de solidarité et d'individualité entre les collaborateurs d'un même crime. Il faut se défier de tout système purement formel et scholastique.

b) Parmi les coparticipants, c'est l'auteur qui tombe seul, à raison de ses actes propres, sous le coup de la loi qui prévoit et punit le délit. L'activité du complice, n'est pas, en elle-même, justiciable de la loi pénale. Ce n'est pas commettre un délit que de fournir une échelle, de procurer du poison, de faire le guet : ces actes ne deviennent délictueux que par l'intention de leur auteur et parce qu'ils facilitent le délit d'autrui. Il semble donc naturel de rendre le complice responsable du délit d'autrui, dont il a volontairement facilité l'exécution. C'est, par suite, la peine de ce délit qui doit lui être appliquée. D'autant mieux qu'en s'associant au délit d'autrui, le complice le fait sien, qu'il a, aussi bien que l'auteur, l'intention de l'exécuter et d'en retirer les bénéfices, et que, à cette égalité d'intention et d'efforts, doit correspondre une égalité de responsabilité à laquelle sert de type la responsabilité de l'auteur.

c) Enfin, dans cette conception, l'auteur d'un délit est celui qui a exécuté l'acte de consommation ou de tentative, qui caractérise le délit. Tous les autres délinquants, même celui qui a inspiré la résolution de commettre l'infraction, ont la qualité de complices.

III. La théorie de la criminalité d'emprunt, par suite de l'unité du délit, a conduit à deux conséquences regrettables et certainement excessives : c'est la fixation de la responsabilité du complice d'après la responsabilité de l'auteur ; c'est ensuite le fait de ne pas tenir compte des circonstances légales qui aggraveraient la criminalité du complice s'il était auteur principal. Pour faire disparaître ces conséquences, il semble qu'il faille supprimer toute distinction entre les coauteurs et les complices et substituer, à la conception classique de l'*unité du délit*, celle de la complicité *délit-distinct*. En d'autres termes, on ne s'inquiéterait pas des rapports respectifs entre les auteurs et les complices, résultant de l'unité d'entreprise à laquelle ils ont coopéré; on frapperait chacun d'eux comme auteur d'un délit spécial, on individualiserait la répression, en ne tenant compte que du degré d'antisocialité de chacun, sans se préoccuper du rôle que les divers agents ont pu jouer[1].

IV. L'association des efforts individuels dans une action commune, facilite l'exécution du délit : c'est le principe de la division du travail, appliquée à la réalisation d'une entreprise criminelle. Le danger social qu'elle présente, a porté la loi pénale, tantôt à la prévenir, en érigeant, en crimes ou délits spéciaux, le fait même de s'associer (C. p., art. 89, 265, 123), tantôt à aggraver la peine du délit commis par plusieurs personnes. Il en est ainsi, notamment pour la rébellion (C. p., art. 210), la mendicité (C. p., art. 276), l'attentat aux mœurs (C. p., art. 333), le vol (C. p., art. 381), le pillage (C. p., art. 440). Mais ce n'est qu'exceptionnellement que la loi incrimine ainsi l'association criminelle à titre préventif ou aggrave la peine à raison de la pluralité des délinquants[2]. L'école positiviste, tout en réclamant l'individualisation de la peine pour chacun des codélinquants qui agissent en complicité, demande, comme un moyen de protection sociale, que la participation de plusieurs codélinquants soit, par elle-même, ou bien un délit spécial, puni avant toute exécution de l'entreprise criminelle, ou bien une cause d'aggravation de la peine des délits commis en complicité, quand il est démontré que l'entente a été préméditée[3].

235. Des divers modes de complicité. Classification de ces modes. — Le Code pénal, dans les art. 60, 61 et 62, ramène à six, les faits constitutifs de la complicité; ce sont : 1° la *provocation* à un crime ou délit, accompagnée de certaines circonstances déterminées; 2° les *instructions* données pour le commettre; 3° le fait d'*avoir procuré les moyens matériels* qui ont servi à l'exécution du crime ou du délit; 4° l'*assistance* dans les faits secondaires qui l'ont préparé, accompagné ou facilité; 5° le *recel de certaines personnes* qui ont pris part à un crime ou à un délit; 6° le *recel de choses* obtenues par ce moyen.

De là, résulte une double classification des actes de complicité : *a*) Considérée sous le rapport des faits qui la constituent, la complicité

[1] La théorie de la complicité délit-distinct a été particulièrement développée par von Liszt, Foinitsky et Nicoladoni (Voy. *Bulletin de l'Union intern.*, 1895, p. 336 à 363). Cons. Thibierge, *La notion de la complicité* (Th. doct. Paris, 1898).

[2] Voy. pour l'extension dont seraient susceptibles les termes de l'art. 265 nouveau : Cuche, *Une théorie nouvelle de la complicité* (Grenoble, 1896, p. 15 à 18).

[3] Sighele, *La teorica positiva della complicita* (Turin, 1894); Ferri, *Sociolog. crim.*, 4e éd., no 69, p. 706; Tarde, *Philos. pénale*, p. 465 et 466.

est *morale* ou *matérielle* : morale, lorsqu'elle résulte de faits purement psychologiques qui ont déterminé la volonté de l'agent; matérielle, lorsqu'elle consiste dans des faits d'aide ou d'assistance, qui manifestent un concours ou une adhésion au délit; *b*) Envisagée sous le rapport du temps où elle se produit, la complicité peut intervenir *avant*, *pendant* ou *après* la consommation du délit. Les faits constitutifs de la complicité sont énumérés dans l'ordre chronologique par le Code pénal. Nous nous conformerons à ce procédé, en traitant successivement de la *complicité antécédente*, de la *complicité concomitante* et enfin de la *complicité subséquente* à l'infraction.

Ces modes de complicité ont pour caractère commun de constituer des *faits positifs de coopération*, de sorte qu'on ne peut incriminer comme complice d'une infraction celui qui s'est abstenu de l'empêcher. De cette règle, admise par notre législation, comme elle l'est, du reste, par la plupart des législations modernes, il faut déduire une double conséquence : 1° N'est pas punissable, la complicité négative, par *réticence*, celle qui consiste à garder le silence sur un délit qu'on sait devoir être commis par une autre personne, à ne pas le dénoncer à l'autorité et à le laisser ainsi se consommer[1]. Notre Code pénal n'érige même plus ce fait en délit *sui generis;* 2° La complicité négative, par *connivence*, n'est pas considérée non plus comme constitutive d'un mode de participation au délit qui n'a pas été empêché, alors qu'il pouvait l'être. Ainsi, celui-là même qui, pour favoriser la perpétration d'un crime ou d'un délit, ne l'a point prévenu ou ne l'a pas arrêté dans son exécution, alors qu'il avait le pouvoir de le faire, son abstention volontaire fût-elle *concertée* et *achetée*, est, sans doute, *moralement* coupable, mais il ne saurait être déclaré complice d'une infraction à laquelle il n'a pris aucune part. L'inaction ou l'abstention de certaines personnes, particulièrement des fonctionnaires, est quelquefois punie, mais elle l'est comme délit *sui generis* (C. instr. cr., art. 616).

236. DES MODES DE COMPLICITÉ ANTÉRIEURS AU DÉLIT. — Ces modes de complicité peuvent être au nombre de trois : 1° La provocation; 2° les instructions données; 3° la fourniture de moyens.

I. Le premier mode de complicité est la *provocation*. Il en existe, du reste, de plusieurs espèces : la provocation qui s'adresse à un individu; celle qui s'adresse à la foule. C'est de la première seule que s'occupe l'art. 60, § 1, C. p.

[1] C'est à tort, par exemple, que le juge de police a condamné le témoin passif d'une scène de violences légères comme complice moral de cette contravention : Cass., 22 juill. 1897 (D. 99. 1. 92).

a) La provocation adressée à l'auteur d'un crime ou d'un délit n'est pas un acte de complicité légale; elle n'a ce caractère que si elle a pu exercer une *action déterminante* sur la volonté de l'agent, si elle est appuyée de *dons*, de *promesses*, de *menaces*, d'*abus d'autorité ou de pouvoir*, de *machinations* ou *artifices coupables*. Pour être complice, il ne suffit donc pas d'avoir eu l'initiative de l'idée criminelle, de l'avoir suggérée à celui qui l'a mise à exécution : car en présence d'un conseil, d'un mandat, d'une excitation, celui-ci a dû conserver sa liberté : il faut une provocation *qualifiée* dans les termes de l'art. 60[1]. 1° Les *dons* ou *promesses* n'exercent une influence sur la volonté de l'agent, que s'ils sont antérieurs à la consommation de l'infraction. Sans doute, si une récompense avait été promise *avant* l'exécution du délit et ne se réalisait qu'après, il y aurait, dans une telle promesse, contemporaine du délit, un fait de participation et, par conséquent, de complicité. Mais si l'intervention que je suppose ne se produit qu'*après* l'accomplissement entier du délit, elle est un fait distinct, qui peut, sans doute, constituer, par lui-même, une infraction *sui generis*[2], mais non un acte de participation à un délit qui a déjà pris fin. 2° La loi punit également, comme complice d'une infraction, celui qui a provoqué à la commettre par des *menaces*, quel que soit le mal qu'il ait fait redouter à l'agent, pourvu que la crainte de ce mal ait été l'une des causes déterminantes de l'action. 3° La provocation par *abus d'autorité ou de pouvoir*, diffère de la simple instigation ou du simple conseil criminels, qui ne sont pas des actes de complicité, en ce point essentiel, qu'elle est faite à des personnes soumises à notre autorité ou à notre pouvoir. Par *autorité*, le Code pénal entend, en matière de complicité, la puissance, soit de droit, soit de fait, que des personnes privées exercent sur d'autres personnes, comme le père sur son enfant, le maître sur son domestique, le patron sur son ouvrier, le magnétiseur sur le magnétisé, etc. Par pouvoir, le Code entend l'autorité que les fonctionnaires civils

[1] Le principe comporte du reste des exceptions. Dans certains cas, en effet, la loi punit, soit comme auteur ou coauteur d'un crime ou délit particulier, soit comme complice, l'instigateur, sans qu'il soit nécessaire que la provocation ait été appuyée de dons, promesses, etc. Ainsi, pour le complot et la proposition non agréée de former un complot (art. 87, 89, 91), pour la coalition de fonctionnaires (art. 124 et 125), pour la rébellion armée (art. 221), l'exposition d'enfant (art. 349), la subornation de témoins (art. 365), le pillage des denrées commis à force ouverte (art. 442), etc.

[2] La loi sur la presse du 29 juillet 1881, dans son art. 40, fait un délit spécial de l'annonce publique de l'ouverture d'une souscription ayant pour objet d'indemniser des amendes, frais et dommages-intérêts prononcés par des condamnations judiciaires en matière criminelle ou correctionnelle.

ou militaires et les ministres du culte exercent sur leurs subordonnés. 4° Les *machinations ou artifices coupables*, ce sont ces fraudes et ces ruses, intrigues, tromperies, qui ont pour but et pour résultat d'amener un tiers à commettre un crime ou un délit.

Dans tous les cas, la provocation, incriminée comme acte de complicité doit être *directe*. Le Code belge s'en explique formellement (art. 66), et il n'y a, dans son texte, que l'expression d'une idée implicitement contenue dans la loi française. Quand il s'agit de dons, promesses, menaces, abus d'autorité ou de pouvoir, la provocation a nécessairement ce caractère : l'acte incriminé, c'est, en effet, le conseil ou l'ordre, corroboré par certains moyens, d'accomplir tel crime ou tel délit. Quand il s'agit de machinations ou artifices coupables, le contraire est possible : on conçoit, en effet, qu'un individu use de ces moyens, non pour pousser immédiatement au crime, mais pour faire naître des pensées de haine et de vengeance qui y conduisent : dans cette dernière hypothèse, le provocateur ou l'excitateur ne pourra être incriminé comme complice, car son intervention n'aura pas été suffisamment directe pour qu'on la rattache à l'exécution du crime.

b) La provocation dont nous venons de parler est *individuelle*. Il en existe une autre, que j'appelle *collective* ou *anonyme*, parce qu'elle s'adresse à la foule. Si cette provocation a été suivie d'effet, c'est-à-dire si le crime auquel on a incité a été commis ou a été tout au moins l'objet d'une tentative punissable, l'instigation est considérée comme un acte de complicité par la loi sur la presse du 29 juillet 1881 (art. 23), aux deux conditions suivantes : 1° qu'elle se produise par certains modes de publicité : « *discours*, *cris* ou *menaces*, proférés dans des lieux ou réunions publics, — *écrits*, *imprimés*, vendus ou distribués, mis en vente ou exposés dans des lieux ou réunions publics, — *placards*, *affiches*, exposés au regard du public » ; 2° qu'elle soit *directe*, c'est-à-dire qu'elle ait eu en vue un délit déterminé et qu'on puisse rattacher l'acte de l'auteur de ce délit au fait même de provocation.

La circonstance essentielle qui rend ici la provocation dangereuse, c'est la publicité ; le provocateur s'adresse à la foule anonyme, et il a plus de chances de réussir que s'il s'adressait à des personnes isolées ; de plus, une foule se laisse plus facilement impressionner et s'enflamme plus vite qu'un individu. Tels sont les deux motifs qui ont fait considérer la publicité comme un moyen d'agir sur la volonté, analogue ou équivalent par ses effets aux moyens spécifiés par le Code pénal.

c) Quand la provocation n'est pas suivie d'effet, on ne peut la considérer comme un acte de complicité, dans la théorie classique, puisqu'il n'existe pas de crime ou délit auquel on puisse la rattacher; mais faut-il la laisser impunie? Le législateur s'est toujours réservé le droit de frapper certaines provocations, même non suivies d'effet, en les considérant comme *délits distincts*. A ce point de vue, nous signalons : 1° l'art. 24, § 1 de la loi du 29 juillet 1881, modifié par la loi du 13 décembre 1893, qui punit de peines pouvant s'élever jusqu'à cinq ans d'emprisonnement, non seulement la provocation directe et publique à commettre un certain nombre de crimes, mais l'apologie publique de ces mêmes crimes; 2° l'art. 89, C. p., qui frappe la proposition, même non agréée, de former un complot; 3° l'art. 2 de la loi du 28 juillet 1894, ayant pour objet de réprimer les menées anarchistes, qui punit de peines pouvant s'élever jusqu'à deux ans de prison, tout individu qui, en dehors des cas prévus par les art. 24 et 25 de la loi sur la presse, c'est-à-dire *sans publicité*, sera convaincu d'avoir, dans un but de propagande anarchiste, soit par provocations, soit par apologie, incité une ou plusieurs personnes à commettre soit un vol, soit les crimes de meurtre, de pillage, d'incendie, soit les crimes prévus par l'art. 435, C. p.[1].

II. Le second mode de complicité consiste dans le seul fait d'avoir donné des *instructions* sur la manière de s'y prendre et d'agir pour l'exécution du crime ou délit, sans que ces instructions aient été accompagnées de dons, de promesses, de menaces et sans qu'il y ait eu provocation de l'auteur. Mais suffit-il, pour encourir la responsabilité pénale du complice, d'avoir seulement donné des *indications* à l'aide desquelles celui qui les reçoit a pu commettre l'infraction : ou bien faut-il de plus que celui qui fournit les instructions les donne, *sachant* qu'elles doivent servir à la perpétration d'un délit déterminé et dans le dessein d'en faciliter l'exécution? Cette dernière façon d'envisager la question paraît seule en rapport avec le texte et l'esprit de la loi. Comment admettre, en effet, qu'un concierge, bavardant avec un ouvrier qui le fait causer, et lui fournissant des renseignements sur la disposition d'un appartement, sans savoir que ces renseignements vont servir à commettre un vol, soit complice de ce vol, s'il est exécuté à l'aide de ces indications? Il n'y a pas de participation à un délit intentionnel par simple *faute*.

III. Le § 2 de l'art. 60 désigne comme complices *ceux qui auront procuré des armes, des instruments, ou tout autre moyen qui aura servi à l'action, sachant qu'ils devaient y servir*. Comme les cas précédents, ce cas de complicité doit être résolu par deux questions de

[1] Sur tous ces points, je renvoie à ma brochure : *l'Anarchie et la répression*, p. 53 à 100.

fait : à savoir si les moyens fournis ont réellement servi à la perpétration du crime ou du délit ; si celui qui les a procurés avait l'intention de les y faire servir. Du reste, la loi dit *tout moyen*, et par conséquent n'assigne pas de limites à l'appréciation du juge.

237. Des modes de complicité concomitants au délit. La loi classe encore parmi les complices, *ceux qui, avec connaissance, ont aidé ou assisté l'auteur ou les auteurs de l'action dans les faits qui l'ont préparée ou facilitée, ou dans ceux qui l'ont consommée*, c'est-à-dire les individus, qui, soit avant, soit pendant l'exécution de l'infraction, et en vue de l'infraction, ont aidé ou assisté les auteurs du délit, pourvu que leur participation n'ait pas été telle, que, sans leur assistance, le délit n'eût pu être commis, car, dans ce cas, ils seraient *auteurs* et non *complices* de l'infraction.

Cette formule implique la solution d'une double question.

I. C'est à propos de l'assistance matérielle donnée dans les actes qui ont consommé l'infraction, que se pose, en pratique, la question de savoir si les faits incriminés engagent comme *complice* ou comme *codélinquant* la responsabilité de leur auteur. Il semble que l'intérêt de la question n'existe pas puisque les coauteurs et les complices sont punis de la même peine. Cet intérêt qui est saisissant dans les législations étrangères où la responsabilité légale des uns et des autres est différente, se présente cependant encore dans la nôtre à plusieurs points de vue.

a) D'abord la *qualification légale* du fait incriminé peut en dépendre. Citons le *vol*, où la réunion de plusieurs coauteurs constitue une circonstance aggravante qui transforme le *délit* en *crime* (C. p., art. 385 et 386)[1]. Citons encore le cas d'un fils qui ne pourra, s'il est considéré seulement comme complice de celui qui a tué son père, être puni comme *parricide*, puisque c'est la personne de l'auteur, et non celle du complice qui sert de type pour déterminer quel est le crime ou le délit qui a été commis.

b) Les questions à poser et à résoudre sont bien différentes à l'égard des divers accusés ou prévenus d'une même infraction, suivant qu'ils en sont les auteurs ou les complices. C'est sur la personne de l'auteur que se posent les questions concernant le fait principal du crime ou du délit, et les questions sur les circonstances aggravantes, de nature à affecter la criminalité de ce fait. Quant au complice, la seule question à se poser est celle de savoir s'il a participé à l'infrac-

[1] Sur cet intérêt et sur les questions qu'il soulève : Garçon, *C. pén. annoté*, art. 59, nos 38 et suiv.

tion suivant l'un des modes de complicité prévus par les art. 60 et suiv.

c) Les coauteurs d'un fait qualifié infraction sont toujours punissables; il n'en est pas de même des complices, qui ne peuvent l'être que s'il existe un crime ou un délit auquel ils ont participé. Ainsi, l'auxiliaire d'un suicide ne saurait être puni à titre de *complice*, puisque le fait principal auquel il a participé est impuni; mais si, à la prière d'un ami qui veut se tuer, il lui a porté un coup mortel, il peut l'être comme *auteur* d'un homicide. Ainsi encore, lorsqu'il s'agit d'une *contravention*, la criminalité de la participation est subordonnée à la question de savoir si elle est principale ou accessoire, si l'inculpé est auteur ou complice.

d) Cette constatation peut encore avoir une influence sur la *pénalité* applicable, car l'art. 59, *in fine*, nous indique que, dans quelques cas, le complice est puni d'une peine moins forte que l'auteur principal.

La distinction entre le complice et l'auteur présente de grandes difficultés, et la jurisprudence est très hésitante sur le critère à adopter. L'acte de participation, en l'isolant de tout autre acte, tombe-t-il sous le coup de la loi qui punit le crime ou le délit? c'est un acte de participation directe. Cet acte, au contraire, n'est-il incriminé, comme acte de participation à tel crime ou à tel délit, que par relation et référence avec un autre acte qu'il a préparé, facilité ou aidé? c'est un acte de participation accessoire. En d'autres termes, l'acte du coauteur tombe directement sous le coup de la loi qui punit le crime ou le délit, l'acte du complice n'y tombe pas directement. Il y a, en effet, un parallélisme complet à établir entre les actes qui constituent l'exécution, ou le commencement d'exécution, au point de vue de la *tentative*, et ceux qui constituent la coopération principale au point de vue de la *complicité*. Les actes qui qualifient la tentative punissable sont, dans leur essence, des actes de coauteur. Ceux qui qualifient la préparation du crime ou du délit, sont des actes de complice. A la lumière de cette règle, on ne sera pas embarrassé pour résoudre les innombrables questions d'espèces qui peuvent se présenter. Il faudra toujours distinguer, au sujet des actes concomitants à l'action principale, entre ceux qui sont nécessaires à l'exécution et ceux qui ne le sont pas : ainsi, les individus qui aident à l'escalade ou à l'effraction, dans un vol commis avec escalade ou effraction, sont *coauteurs*, parce que, dans ce genre de vol, l'escalade ou l'effraction constituent le commencement d'exécution et que l'aide prêtée à ces actes est nécessaire à l'exécution du crime; mais les individus qui feraient le guet pour avertir, ceux qui joueraient d'un bruyant instrument de musique et empêcheraient d'entendre du dehors les cris de la victime d'un assassinat, seraient certainement des *complices*.

La jurisprudence reconnaît d'abord, et en ceci elle est d'accord avec notre manière de voir, que tous les faits qui ont constitué la perpétration même du crime sont des faits qui caractérisent la coopération directe. Mais elle part de ce point de vue que, dans les actes prévus par le paragraphe dernier de l'art. 60, quelques-uns sont plus que des faits de complicité, et, en conséquence, pour éviter des distinctions que la loi n'a pas établies, elle juge que l'aide ou l'assistance dans les faits qui ont consommé le crime sera l'acte d'un coauteur, et non l'acte d'un complice. Elle applique particulièrement cette théorie au cas d'un vol commis en réunion [1].

II. Un coauteur peut-il être complice? La négative résulte, dans notre opinion, du caractère de la distinction entre les actes de complicité et les actes de coopération directe, car il est impossible que le même fait constitue à la fois une participation principale et une participation accessoire. Mais l'opinion contraire est adoptée par la jurisprudence. Elle décide que le coauteur d'un crime aide nécessairement l'autre coupable dans les faits qui consomment l'action et devient légalement son complice.

238. Des modes de complicité postérieurs au délit. — La complicité proprement dite, dont s'occupe l'art. 60, suppose des actes qui précèdent ou accompagnent l'action principale. Mais on ne conçoit pas une complicité postérieure à l'infraction, puisqu'il est matériellement impossible de prendre part, même indirectement, à un délit qui est déjà consommé. Sans doute, après que l'infraction a été accomplie, de nouveaux agents peuvent surgir et commettre des faits qui s'y rattachent, comme l'effet se rattache à la cause. Mais ces faits, nouveaux et distincts, ne sauraient constituer des actes de complicité; et si la loi les juge punissables, elle devra *rationnellement* leur donner le caractère d'infractions *sui generis*, qui seront unies, par un simple lien de connexité, à l'infraction antérieure déjà consommée. Parmi tous ces faits, qui ont pour objet, soit de soustraire le coupable à la peine dont il est menacé, soit d'assurer et de partager le bénéfice illégitime du délit, le recel est le plus fréquent. Le législateur français fait du recel, tantôt une *infraction spéciale*, tantôt un *fait de complicité*. Le recel, considéré comme moyen de favoriser des coupables, peut avoir pour objet, soit des personnes, soit des choses.

I. Le *recel des personnes* n'est incriminé comme fait de complicité

[1] Comp. Garçon, *Code pénal annoté*, art. 59, nos 18 à 89.

que dans un cas unique, celui de l'art. 61, ainsi conçu : *Ceux qui, connaissant la conduite criminelle des malfaiteurs exerçant des brigandages ou des violences contre la sûreté de l'État, la paix publique, les personnes ou les propriétés, leur fournissent habituellement logement, lieu de retraite ou de réunion, seront punis comme leurs complices.* Cette disposition, qu'on le remarque bien, ne concerne pas l'individu qui, connaissant le projet de *tel* crime ou de *tel* délit déterminé, fournit, à celui ou à ceux qui se proposent de l'accomplir, un logement, un lieu de réunion ou de retraite, dans le dessein d'*aider* à l'exécution de ce crime ou de ce délit : car, celui-là serait un complice dans les termes mêmes de l'art. 60, pour avoir, *avec connaissance, aidé ou assisté l'auteur ou les auteurs de l'action dans les faits qui l'ont facilitée.* Non, il s'agit ici d'une sorte de *complicité générale,* qui pèse, sur le logeur, à raison de crimes et de délits *commis, même à son insu,* complicité qui a sa raison d'être dans une *présomption légale* d'une *association* entre les malfaiteurs et lui. Cette disposition a donc un caractère exceptionnel; aussi doit-elle être restreinte dans les termes mêmes de la loi. En lisant attentivement le texte et en s'inspirant de ces motifs, on voit que les conditions de cette complicité présumée sont au nombre de cinq : 1° il faut qu'il s'agisse d'un ou de plusieurs *malfaiteurs, exerçant des brigandages ou des violences* de la nature de celles définies par la loi : le logement habituel fourni aux filous, aux gens vivant d'escroquerie ou de vol, échappe donc à l'application de cette disposition; mais elle pourrait et devrait être appliquée et utilisée vis-à-vis de ceux qui logent ces bandes d'apaches, qui sont les brigands des grandes villes; 2° il faut qu'il ait été fourni *logement, lieu de retraite ou de réunion*; le seul fait d'avoir procuré la nourriture ne serait pas suffisant; 3° que cela ait été fait avec *connaissance* de la conduite criminelle de ces malfaiteurs : de simples soupçons ne suffiraient pas; 4° que cela ait été fait *habituellement,* l'habitude doit résulter de la réitération ou de la permanence de ces actes; 5° que le crime soit un de ceux qui rentrent *dans le but de l'association,* par exemple, la présomption de complicité ne s'étendrait pas au cas où, dans une rixe, l'un des malfaiteurs en aurait blessé ou tué d'autres [1].

Dans toute autre hypothèse, le recel des personnes peut constituer un délit spécial, mais il n'est pas un fait de complicité [2].

[1] Le texte ne s'explique pas sur cette dernière condition, mais elle est imposée par les motifs mêmes qui ont fait créer par le législateur cette présomption de complicité.

[2] Voy. les art. 83, 248, le nouvel art. 267, modifié par la loi du 19 décembre 1893, l'art. 359, qui incriminent certains faits de recel comme délits *sui generis.*

II. Le *recel des choses* enlevées [1], détournées [2], ou obtenues [3], à l'aide d'un crime ou d'un délit, constitue, dans tous les cas, aux termes de l'art. 62, un fait de complicité. Cette sorte de complicité *a posteriori* est encore plus difficile à justifier que la précédente, qui supposait un acte de participation, au moins indirecte, par une association générale et tacite, antérieure à l'infraction. En assimilant les recéleurs aux voleurs, conformément aux traditions de notre ancien droit, le législateur est parti de cette idée que le recel a *décidé* ou *facilité* l'infraction, en provoquant l'agent à l'accomplir, par la certitude de pouvoir mettre à couvert les bénéfices illicites qui en résultent. Mais cette conception est critiquée, avec raison, par beaucoup de criminalistes. Elle est abandonnée par la plupart des législations étrangères récentes qui font du recel de choses un délit distinct [4].

Dans l'acception grammaticale du mot, *recéler* une chose, c'est la *cacher*; mais, dans l'acception juridique de l'art. 62, c'est simplement la *détenir*, *dans une intention frauduleuse, sachant qu'elle a été détournée*. L'existence de la complicité par recel de choses est donc subordonnée à trois conditions, tenant soit à la matérialité, soit à la moralité de l'acte.

a) Le recel exige d'abord le fait même de la *détention*. Peu importe du reste, à quel titre, par quels motifs, dans quel but on détient tout ou partie de choses provenant d'un crime ou d'un délit. Celui qui, sans se les approprier, les conserve uniquement en dépôt, se rend complice par recel. Celui qui achète un de ces objets, soit à vil prix, soit à juste prix, mais en connaissance de cause, peut être incriminé, comme s'il lui avait été donné par le voleur, ou s'il l'avait reçu pour lui éviter une perquisition. Même le créancier qui, sciemment, accepte en paiement des sommes obtenues à l'aide d'un crime ou d'un délit,

[1] *Enlevées*, par exemple au moyen d'un vol (C. p., art. 379).

[2] *Détournées*, dans le cas d'un abus de confiance (C. p., art. 408); d'un détournement frauduleux commis par un banqueroutier (C. comm., art. 561; C. p., art. 402 et 403).

[3] *Obtenues*, au moyen d'une escroquerie (C. p., art. 406), d'un faux (C. p., art. 132 à 162); de l'abus des besoins, des faiblesses ou des passions d'un mineur (C. p., art. 406).

[4] Notre législation réunit et confond, pour l'application de la peine, tous ceux qui ont voulu le délit et tous ceux qui y ont adhéré par un contact frauduleux avec la chose dont il a procuré la possession. Les Codes européens font, en général, du recélé, l'objet d'une incrimination spéciale, système qui nous paraît préférable. Voy. les résolutions sur le recel adoptées aux Congrès pénitentiaire de Saint-Pétersbourg de 1890 (*Bull. soc. des pris.*, 1890, p. 897), de Bruxelles de 1900 (Actes du Congrès, t. 1, p. 172 et 177) et de Budapest de 1905. Comp. Camille Jourdan, *Du recel de choses envisagé comme mode de complicité ou délit distinct* (*Rev. crit.*, 1907, p. 624 et suiv.; 1908, p. 157 et suiv.).

doit être considéré comme complice par recel. Peu importe que le recel soit habituel ou accidentel; peu importe qu'on tienne la chose du voleur ou d'un tiers[1].

b) La complicité par recel exige, de plus, que le prévenu ait agi *sciemment*, c'est-à-dire ait su que la chose provenait d'un crime ou d'un délit. Cette connaissance doit, selon nous, avoir existé au moment où la chose est entrée en ses mains. C'est, en effet, une règle de droit que le caractère de la possession s'apprécie au jour où elle a commencé. Or, l'art. 63 démontre que cette règle est applicable à la détention du recéleur, puisque celui-ci n'est responsable, dans certains cas, des circonstances aggravantes de l'infraction, qu'autant qu'il en a eu connaissance « au temps du recélé ». On ne pourrait donc pas condamner, comme complice par recel, l'individu qui aurait gardé la chose, après avoir appris son origine criminelle[2]. Sans doute, l'art. 1938, C. civ., oblige le dépositaire, s'il découvre qu'un objet mis entre ses mains a été volé et s'il sait quel est le véritable propriétaire, à dénoncer à ce dernier le dépôt; mais la désobéissance à l'injonction de l'art. 1938 n'entraîne qu'une *responsabilité civile*[3].

c) Enfin, pour être complice par recel, il ne suffit pas d'avoir reçu sciemment des choses obtenues à l'aide d'un crime ou d'un délit, il faut, de plus, les avoir reçues dans une *intention criminelle*, c'est-à-dire avec la volonté de favoriser le délit. A la vérité, cette condition n'est pas formellement exigée par l'art. 62, mais elle doit être sous-entendue, par ce motif que toute complicité suppose, chez l'agent, la volonté de favoriser le délit. Or, la connaissance du vice de la chose que l'on recèle n'implique pas nécessairement l'intention frauduleuse du recéleur: ceux, par exemple, qui ont reçu des objets soustraits par un époux ou des proches parents peuvent avoir agi avec connaissance de l'origine criminelle des objets, sans avoir eu cependant l'intention de favoriser le délit. On ne doit, en principe, inculper les individus qui habitent avec un voleur, que d'une *abstention*. Pour les inculper d'un *fait positif de complicité*, il est nécessaire de démontrer qu'ils ont agi avec la volonté de s'associer au voleur.

[1] Pour le recel de choses achetées avec l'argent volé : Cass., 9 mars 1900 (S. 1902. 1. 423); de choses reçues en paiement : Cass., 16 déc. 1871 (S. 72. 1. 254).

[2] Cass., 4 avr. 1878 (S. 78. 1. 440).

[3] Comp. en ce sens : Chauveau et Hélie, t. Ier, no 213; Trébutien, t. Ier, p. 188; en sens contraire, Le Sellyer, *De la criminalité et de la pénalité*, t. II, no 413; Blanche, t. Ier, no 154; Cass., 10 août 1878 (S. 78. 1. 385) et la note.

§ IV. — DES PEINES DE LA COMPLICITÉ.

239. Les complices sont punis de la même peine que les auteurs. Signification de cette règle. Exceptions. — 240. Histoire et critique de la règle qui assimile au point de vue de la peine l'auteur et le complice. — 241. De la communication aux complices des causes d'aggravation ou d'atténuation de peine. Double problème. Des conséquences de l'impunité de l'un des auteurs ou des complices sur le sort des autres. Situation des codélinquants en ce qui concerne soit les circonstances constitutives, soit les circonstances aggravantes ou atténuantes.

239. LES COMPLICES SONT PUNIS DE LA MÊME PEINE QUE LES AUTEURS DU DÉLIT. — D'après l'art. 59 : *Les complices d'un crime ou d'un délit seront punis de la même peine que les auteurs mêmes de ce crime ou de ce délit; sauf les cas où la loi en aurait disposé autrement.* Si c'est la *même peine* qui est édictée contre l'auteur principal et son complice, il ne s'ensuit pas qu'une seule peine doive leur être appliquée : il faut une peine contre chacun. L'art. 59 dit, en effet, qu'ils sont passibles de la même peine, et non d'une seule et même peine. Mais, ainsi compris, ce texte peut être lu de trois manières différentes, dont une seule est exacte.

a) Les complices seront punis identiquement de la même peine que celle qui est prononcée contre les auteurs mêmes de l'infraction. — Personne aujourd'hui ne soutient que ce soit là le sens de l'art. 59; on reconnaît, sans difficulté, que le juge peut prononcer des peines différentes contre l'auteur et le complice, en usant, soit de la divisibilité des peines, soit des circonstances aggravantes ou atténuantes; qu'il peut accorder à l'un un sursis à exécution qu'il refuse à l'autre; en un mot qu'il peut individualiser la répression des auteurs et complices d'une même entreprise criminelle, dans la mesure des pouvoirs généraux qui lui appartiennent dans l'application concrète de la peine.

b) Les complices seront punis de la peine qu'ils encourraient s'ils étaient eux-mêmes les auteurs du crime ou délit. — Ainsi, dans cette interprétation, le fils, complice du meurtre de son père, dont un étranger est l'auteur, devrait être puni de la peine du *parricide,* et non de la peine du *meurtre* ordinaire, car s'il était l'auteur principal du fait, il serait coupable de parricide et non de meurtre. — Certaines législations ordonnent, en effet, aux juges de rechercher la peine que la loi infligerait au complice, s'il était auteur de l'infraction, pour la lui appliquer[1]. Mais tel n'est pas le système de notre législation; car l'art. 59 ne dit pas : « Les complices seront punis comme s'ils étaient les auteurs du crime ou du délit »; mais, ce qui est bien différent : « Les complices seront punis de la même peine que les auteurs ».

c) La règle doit donc être entendue en ce sens que les *complices seront punis de la même peine que celle prononcée par la loi contre le crime ou le délit commis par l'auteur principal*. — En un mot, la responsabilité de tous ceux qui ont coopéré à une infraction sera *légalement* fixée par la gravité du délit tel qu'il a été commis par l'auteur principal. En conséquence, le complice devra suivre, au point de vue de la peine légale, le sort de l'auteur pour le compte duquel il a agi. Mais le Code pénal laisse mesurer la responsabilité de chacun des codélinquants par le juge, qui doit déterminer, d'abord, la peine du crime ou du délit, telle que la loi l'a édictée contre l'auteur principal, et, ensuite, tenir compte de la *culpabilité individuelle* de l'auteur et du complice, en prononçant le maximum contre l'un, le minimum contre l'autre, ou réciproquement; en accordant à l'un le bénéfice des circonstances atténuantes qu'il refuse à l'autre, ou réciproquement; et, si la loi prononce plusieurs peines alternatives, en frappant l'un de telle peine et l'autre de telle autre, ou réciproquement. Dès lors, bien que, *en droit*, le sort du complice soit le même que celui de l'auteur principal, *en fait*, il pourra se trouver bien différent. Ainsi, notre Code pénal, malgré le système de la criminalité d'emprunt du complice et l'assimilation dans la peine du complice à l'auteur, se prête à l'individualisation du rôle de chacun des codélinquants, pour l'application de la peine par le juge.

D'après l'art. 59, la règle qu'il pose, règle générale du reste, et qui s'applique aux complices d'infractions prévues par les lois spéciales, n'est pas sans réserve. Il y a des cas où la peine prononcée par la loi contre le complice n'est pas la même que celle prononcée contre l'auteur principal. Tantôt, elle est plus faible (C. p., art. 63, 114, 116, 213, 267 et 268, 293, 438, 441); tantôt, la peine qui frappe le complice est plus forte que celle qui frappe l'auteur principal. Ainsi, la complicité de l'évasion est punie plus sévèrement que l'évasion elle-même (C. p., art. 237 à 245). Le complice de la femme adultère

[1] En législation, le système qui punit le complice comme s'il était lui-même l'auteur de l'infraction, en abaissant la peine d'un degré à raison de la criminalité inférieure qu'a toujours un acte de participation accessoire comparé à un acte de participation principale, est le plus répandu. C'est celui du Code pénal belge (art. 69), du Code pénal espagnol (art. 69), du Code pénal allemand (§ 50), du Code pénal portugais (art. 47), du Code pénal russe. Il corrige le concept de la complicité délit-unique.

est également puni plus sévèrement que la femme elle-même (C. p., art. 336 à 338).

240. Appréciation de cette règle. — L'ancien droit français admettait déjà, mais en y apportant de nombreuses exceptions, la règle de l'assimilation, dans la peine, de l'auteur et du complice. Le Code pénal de 1791 suivit cette tradition. Mais, si, d'un côté, il aggrava la rigueur de l'ancien droit, en supprimant toute exception, d'un autre côté, il la tempéra, en effaçant, du catalogue des complices, ceux qui avaient conseillé le crime ou donné des instructions pour le commettre, ainsi que les recéleurs des criminels. Le Code pénal de 1810 recueillit, dans l'art. 59, la théorie absolue de l'ancien droit et du Code pénal de 1791. Son système a été respecté par les rédacteurs de la loi de revision de 1832, qui ont simplement modifié l'art. 63. Ces législations envisagent surtout, dans la complicité, le point de vue subjectif : elles se préoccupent de l'intention des coupables, de la direction commune de leur volonté, et elles mettent les auteurs et les complices sur la même ligne. Les législations modernes considèrent, au contraire, le degré d'importance matérielle du rôle des participants et essaient de graduer la pénalité d'après l'intensité de cette participation matérielle. Il est curieux de constater que l'école scientifique actuelle tend à revenir au concept de l'assimilation si critiqué par l'école classique. Il est, sans doute, excessif de maintenir une égalité parfaite entre tous ceux qui coopèrent à une infraction. Mais les différences à établir entre eux sont plutôt fondées sur les rapports de provocateur à provoqué que sur ceux d'auteur à complice. La complicité n'est qu'une sorte de participation criminelle, dans laquelle le premier rôle appartient à celui qui a entraîné les autres.

241. De la communication aux coauteurs et complices des circonstances aggravantes et atténuantes. — Du système de la loi française, en matière de complicité, résulte un double corollaire : 1° Les actes de participation accessoire empruntent leur *criminalité* et, par conséquent, leur *qualification*, aux actes de participation principale : ils sont des *crimes* et des *délits*, si ceux-ci sont des *crimes* et des *délits*; ils sont *tel* crime ou *tel* délit, parce que ceux-ci constituent *tel* crime ou *tel* délit : c'est le concept de l'emprunt de la criminalité objective de l'auteur; 2° La peine qui frappe ces deux catégories d'actes, est *légalement* la même; c'est le concept de l'assimilation, dans la peine, du complice et de l'auteur.

Cette double règle rend plus particulièrement délicate, dans notre législation positive, la solution de deux problèmes qui se posent dans le système classique de la complicité délit-unique :

Quelle est l'influence de l'*impunité* de l'un des auteurs de l'infraction sur le sort des complices?

Quelle est l'influence des *circonstances aggravantes*, des *excuses* et des *circonstances atténuantes* sur la peine applicable aux codélinquants?

I. Quiconque a participé à un fait, qualifié crime ou délit, de la manière déterminée par la loi, comme auteur ou comme complice, encourt la peine prononcée par la loi contre celui qui serait auteur de l'infraction. Mais la culpabilité étant individuelle, et le juge devant l'apprécier *in concreto*, pour chacun des codélinquants, l'impunité de l'un ne peut profiter aux autres, quand elle a sa cause dans une circonstance qui n'efface pas le caractère délictueux du fait. En conséquence, lorsque le crime ou le délit aura été commis par plusieurs *auteurs*, l'un pourra être puni, quoique l'autre ne le soit pas; et si, de plusieurs codélinquants, les uns sont *auteurs*, les autres *complices*, l'impunité des premiers n'empêchera pas la condamnation des seconds, et réciproquement. Cette solution ne peut surprendre en cas de *corréité*. Mais elle est également indiscutable en cas de *complicité*. Il serait absurde, en effet, de déduire des termes de l'art. 59, C. p., cette conséquence, que les complices ne peuvent être punis lorsque l'auteur ne l'est point. Si le fait de complicité, indifférent en lui-même, n'est puni que par relation avec un fait principal qui lui communique sa criminalité, le complice, lui, n'est pas puni par voie subsidiaire : il est puni parce qu'il est personnellement coupable d'avoir sciemment et volontairement participé à un fait incriminé par la loi. En d'autres termes, pour qu'il y ait complicité, il faut nécessairement qu'il y ait un fait principal punissable; mais du moment où ce fait existe, la *culpabilité* du complice est indépendante de la *culpabilité* de l'auteur.

On peut grouper ainsi les situations dans lesquelles l'un des codélinquants est à l'abri de toute peine, sans que son impunité profite à ses coauteurs ou complices.

a) La première se présente, quand il existe, au profit du coparticipant, une *cause de non-culpabilité*, c'est-à-dire une de ces circonstances qui, sans effacer le caractère délictueux d'un fait, effacent la culpabilité de celui qui l'a commis. Il est bien évident, par exemple, que l'individu, qui a provoqué un enfant ou un fou à commettre un meurtre, un incendie, ou tout autre crime, ne peut échapper à la punition, parce que l'enfant ou le fou échappe à toute responsabilité; qu'un individu, qui a suggéré un crime et l'a fait exécuter par un hypnotisé, ne saurait bénéficier de l'inconscience de l'auteur d'un fait illicite.

b) La seconde situation suppose que l'auteur de l'infraction échappe à la peine par suite d'une *exception péremptoire* ou *personnelle*, c'est-à-dire d'une de ces circonstances, qui, sans faire disparaître l'infraction, empêchent ou suspendent, en *droit* ou en *fait*, l'action du ministère public contre l'auteur principal, soit d'une manière temporaire, soit d'une manière permanente. Ainsi, la cause qui paralyse la poursuite contre les agents diplomatiques qui se rendent coupables d'un crime ou d'un délit, en France, ne paralysera pas l'action dirigée contre leurs complices français. Ainsi encore, que l'auteur principal soit inconnu, ou absent, ou décédé, et que le ministère public ne puisse pas le poursuivre pour une de ces causes, il n'importe : il suffit que l'existence d'un fait principal, constituant un crime ou délit, soit reconnue contradictoirement avec le complice, pour que celui-ci soit punissable. Mais il est possible que les motifs qui ont porté la loi à suspendre l'exercice de l'action publique n'aient rien de personnel à l'auteur principal et puissent être invoqués par tous ceux qui ont participé à l'infraction. C'est ce qui arriverait, par exemple, dans les deux cas prévus par les art. 336 et 337, C. p.

c) Enfin, la troisième situation suppose invoquée par l'auteur une *excuse absolutoire*, c'est-à-dire une de ces circonstances qui, sans détruire l'infraction, ont pour effet d'exclure la peine, de sorte que leur existence étant reconnue en faveur d'un prévenu ou d'un accusé, celui-ci, quoique déclaré coupable, doit échapper au châtiment. Nous trouvons des exemples de situation de cette nature dans les art. 100, 213, 214, § 2, C. p.

II. Toutes les circonstances *constitutives* de l'infraction, sans lesquelles le délit cesserait d'exister ou se transformerait en un délit d'un autre genre, sont nécessairement *communes* à tous les codélinquants; car c'est à *tel* délit déterminé que ceux-ci ont entendu participer. Mais c'est une question délicate que de décider comment et jusqu'à quel point les causes d'aggravation ou d'atténuation, s'il en existe dans l'infraction, exerceront une influence sur la peine applicable aux codélinquants. Écartons tout d'abord deux points qui ne peuvent faire difficulté : *a*) Les circonstances, qui, au point de vue *judiciaire* seulement, aggraveront ou atténueront la culpabilité, devront être appréciées d'une manière *concrète* à l'égard de chacun des codélinquants, auteurs ou complices, sans que leur existence, étant reconnue au profit ou à la charge de l'un, puisse profiter ou nuire aux autres; *b*) Les circonstances qui, au point de vue *légal*, aggraveraient ou atténueraient la culpabilité des complices, s'ils étaient eux-mêmes auteurs de l'infraction, seront sans influence sur la culpabilité de l'auteur principal et même sur celle du complice, puisque c'est dans la personne de l'auteur matériel, et non dans celle du complice que doivent être puisées la qualification et la gravité de l'infraction (C. p., art. 59)[1]. Ainsi, le fils, qui fait, à prix d'argent, donner la mort à son père, n'encourt pas la peine du parricide, car il n'est complice que d'un meurtre, tandis que, s'il était l'auteur du fait, il serait coupable de parricide. Ainsi, le fonctionnaire public, qui aide, par un fait de complicité, un particulier à commettre un faux en écriture authentique et publique, n'est punissable que de la peine des travaux forcés à temps (art. 147), tandis qu'il serait puni de la peine des travaux forcés à perpétuité, s'il était lui-même l'auteur de ce faux. Le domestique, complice d'un vol simple, commis au préjudice de son maître, n'est punissable que des peines du vol, tandis que, s'il était lui-même auteur du vol, il serait puni des peines du vol domestique (art. 386).

La question, ces deux points écartés, se ramène à savoir quel est l'effet, sur la situation du *complice*, des causes légales d'aggravation ou d'atténuation de peines, qui modifient la culpabilité de l'*auteur* principal.

Circonstances aggravantes. — On distingue deux espèces de circonstances aggravantes légales : les unes sont *objectives* ou *réelles ;* les autres sont *subjectives* ou *personnelles.*

a) Les premières sont prises dans l'infraction elle-même ; elles lui sont inhérentes et se communiquent, par conséquent, à tous ceux qui ont pris part à l'infraction, quand même elles auraient été ignorées ; car ceux qui ont voulu l'infraction qui en est accompagnée, qui y ont contribué, ne peuvent pas décliner la responsabilité de ces circonstances. En s'unissant dans un but commun, ils se sont, en effet, soumis à toutes les chances de l'entreprise, ils ont éventuellement, en donnant une sorte de blanc-seing, consenti à l'emploi de tous les moyens propres à réaliser le délit. Ces sortes de circonstances aggravent donc la culpabilité des complices comme celle de l'auteur même de l'infraction[2], à moins que les premiers ne prouvent que le moyen mis en œuvre n'a pu entrer dans leurs prévisions, ou bien que, l'ayant prévu, ils l'ont *expressément* exclu. Cette règle résulte, dans notre droit, non seulement du principe posé par l'art. 59, mais encore de l'art. 63, qui en exigeant spécialement, pour l'application, aux recéleurs, des peines des travaux forcés à perpétuité ou de la déportation,

[1] Comp. Cass., 30 nov. 1902 (D. 1902. 1. 256).

[2] *Sic*, Cass., 23 mai 1877 (S. 81. 1. 141) ; Blanche, t. II, nos 11 à 15 ; Garçon, *op. cit.*, art. 59, nos 409 et suiv.

la preuve qu'ils ont eu connaissance, au temps du recélé, des circonstances d'où résulte l'aggravation de peine, démontre bien qu'en thèse ordinaire cette preuve n'est pas nécessaire. Ainsi, lorsqu'un vol a été commis par plusieurs personnes, avec les circonstances d'*effraction*, de *fausses clefs* ou de *violences*, les codélinquants, *auteurs* ou *complices*, seront tous punis de la même peine, même celui qui, ayant fait le guet dans la rue, ou ayant tenu l'échelle, a ignoré le violences exercées par les auteurs du vol, ou les effractions dont ils se sont rendus coupables.

b) Les circonstances aggravantes, qui résultent de qualités et de rapports personnels, devraient, au contraire, rester à la charge de l'agent, dans la personne duquel elles se rencontrent, sans pouvoir nuire à ses complices.

1° Il existe des circonstances aggravantes, si évidemment personnelles, qu'elles ne réagissent, ni sur la qualification de l'infraction commise, ni sur sa criminalité intrinsèque. Pour celles-là, aucun doute n'est possible : elles sont *inhérentes* à la personne de l'auteur, et ne se communiquent pas à ses complices. Ainsi, l'*état de récidive* n'amène une élévation de pénalité qu'à l'égard de celui des coauteurs ou complices qui a subi une précédente condamnation. C'est un point certain en doctrine et en jurisprudence.

2° Mais il est des circonstances aggravantes qui, sans doute, ne tiennent pas au fait matériel de l'infraction, qui émanent d'une qualité personnelle dont l'un des délinquants est investi, mais qui, néanmoins, influent sur le *titre* même du délit. Le complice doit-il subir l'aggravation qui en résulte? Ainsi, la qualité de *domestique*, chez l'auteur du vol, se communique-t-elle aux complices *non domestiques?* La qualité d'*officier public* rend-elle pire la condition de ceux qui prennent part au faux commis par un *notaire?* La qualité de *fils*, chez le meurtrier, aggrave-t-elle la responsabilité des complices du parricide? L'état de *préméditation* de l'auteur principal d'un meurtre a-t-il une influence aggravante sur la situation des complices de ce meurtre?

Il n'est certainement pas *juste* de punir de la même peine le complice du fils parricide et ce fils lui-même, le complice du domestique infidèle et ce domestique, car le crime n'est pas *également* imputable à l'un et à l'autre, puisque l'agent, fils ou domestique, a méconnu des sentiments et violé des devoirs qui sont étrangers au complice. En vain, dira-t-on, que la qualité de fils ou de domestique, modifiant la criminalité du fait principal auquel le complice a participé, aggrave, par cela même, la culpabilité : car, cette modification, résultant d'une qualité personnelle à l'auteur, ne doit produire d'effet aggravant que pour celui-là seul en la personne duquel cette qualité se rencontre. Si cette circonstance existait dans le crime ou le délit à titre d'élément *constitutif*, elle serait nécessairement commune à tous ceux qui y auraient participé comme auteurs ou comme complices; mais elle aggrave la criminalité du crime ou du délit, sans le transformer en autre genre de crime ou de délit : or, le complice est puni de la peine qui est prononcée par la loi contre le fait du délit, parce qu'il participe à ce fait, mais puisqu'il ne participe pas à la qualité qui l'aggrave, il ne peut être plus sévèrement puni à raison de cette qualité. Tout système qui étend aux complices les circonstances aggravantes personnelles à l'auteur principal, oublie une règle fondamentale : à savoir que la complicité n'est pas *accessoire* à la *personne* de l'auteur, mais au *fait* du délit, qu'elle est *réelle* et non *personnelle*. Cependant, la jurisprudence, se fondant sur le texte absolu de l'art. 59, qui punit le complice de la même peine que l'auteur principal, applique l'aggravation au complice, à la condition que l'agent, dont la qualité personnelle est cause de l'aggravation de peine, soit reconnu coupable. Elle ne fait même pas une réserve pour le cas où la cause d'aggravation serait ignorée du complice. En un mot, pour la jurisprudence, les diverses causes d'aggravation se rattachant à l'exécution du délit et existant chez l'un ou quelques-uns des auteurs du délit, lorsqu'elles modifient la nature, la qualification et la gravité du fait, doivent s'étendre aux complices, puisque la pénalité qui leur est applicable est une pénalité d'emprunt, calculée sur la pénalité encourue par le délit tel qu'il existe en la personne de l'auteur principal.

Excuses. — De même que les circonstances aggravantes, les excuses sont *personnelles* ou *réelles*.

a) Les premières méritent une diminution de peine à celui des codélinquants dans la personne duquel elles se rencontrent, sans profiter aux autres. Ainsi, lorsqu'un crime ou un délit a été commis par un mineur de seize ans, avec l'aide de complices, la jeunesse de l'auteur ne peut être invoquée comme excuse par les complices majeurs. Le meurtre, commis par l'époux sur son épouse, ainsi que sur le complice, à l'instant où il les surprend en flagrant délit d'adultère dans la maison conjugale, est excusable aux termes de l'art. 324, mais cette cause d'excuse ne peut être invoquée par celui qui aurait, comme complice, assisté le mari. A l'inverse, elle pourrait être invoquée par le mari[1].

b) Les excuses inhérentes au fait du crime ou du délit se communiquent, au contraire, nécessairement aux complices. Ainsi, les per-

[1] Cass., 1er mars 1907 (*B. cr.*, no 103). Voy. Demogue, *Rev. crit.*, 1908, p. 328.

sonnes qui ont prêté, pendant le jour, au propriétaire ou locataire d'un appartement ou d'une maison, aide ou assistance, pour repousser une escalade ou une effraction, sont également excusables, si elles ont frappé, blessé ou tué l'agresseur. Aussi, ceux qui ont pris part, comme coauteurs ou comme complices, à la séquestration ou à la détention d'un individu, jouiront du bénéfice de l'art. 343, C. p., lorsque la personne détenue ou séquestrée aura été rendue à la liberté dans les conditions prévues par cet article.

TITRE II

DE LA PLURALITÉ D'INFRACTIONS

CHAPITRE PREMIER

DU CONCOURS D'INFRACTION ET DU NON-CUMUL DES PEINES.

§ I. — NOTIONS GÉNÉRALES.

242. Du concours d'infractions. Conditions pour qu'il existe. — 243. La question en législation. Systèmes de l'addition ou de l'absorption. Cumul juridique. — 244. Notions historiques. — 245. Concours matériel. Concours idéal. Questions qui se posent dans ce dernier cas.

242. Des conditions du concours d'infractions. — Il y a *concours* ou *réitération d'infractions*, lorsque le même agent s'est rendu coupable de plusieurs infractions dont aucune n'est séparée des autres par un *jugement définitif*. Ces infractions peuvent être déférées en même temps à la justice pénale; ou bien faire l'objet de poursuites distinctes et successives. Mais quelle que soit la forme dans laquelle se présente la question du concours d'infractions, deux conditions sont nécessaires pour constituer cette situation : *a*) Il faut que le même individu ait commis plusieurs infractions, deux au moins, soit la même infraction plusieurs fois répétée, soit des infractions de diverse nature. En outre, le concours d'infractions est distinct, soit de l'hypothèse d'un délit unique, de nature à se prolonger pendant un certain temps (délit *successif* ou *continu*), soit de celle d'un délit également unique, mais constitué par la réitération d'actes qui, considérés isolément, n'ont pas assez de gravité pour mériter un châtiment (délit *collectif ou d'habitude*), soit de l'hypothèse d'un *délit collectif par suite de l'unité du but*. En un mot, le concours réel d'infractions est incompatible avec l'*unité de délit*, soit au point de vue objectif du fait, soit au point de vue subjectif de l'intention de l'agent. *b*) Il faut également que l'agent n'ait pas été définitivement condamné pour l'une des infractions au moment où il commet l'autre. C'est par là que le concours d'infractions diffère de la récidive. Dans le cas de concours, il y a pluralité de délits à punir; il n'y en a qu'un dans la récidive. L'auteur de délits concurrents est un *condamné primaire;* l'auteur d'un délit commis après une condamnation définitive est un *récidiviste*. La situation de délits concurrents, peut, du reste, se combiner avec l'état de récidive, quand les infractions réitérées sont séparées par une condamnation définitive.

243. PROBLÈME PÉNAL QUE SOULÈVE LE CONCOURS D'INFRACTIONS. — L'influence de la récidive sur la répression des délits commis par l'agent est facile à déterminer. Chacun des délits, commis par le récidiviste, encourt la peine qui est édictée contre le délit; de plus, en ce qui touche le dernier délit, c'est-à-dire celui qui a été commis après une condamnation, la peine ordinaire est aggravée; car, en multipliant ses infractions, malgré les avertissements de la justice, l'agent fait preuve d'une perversité qui aggrave sa culpabilité et donne lieu de craindre de nouvelles rechutes, contre lesquelles la société doit se protéger. La récidive a donc deux conséquences : le *cumul* des peines spéciales à chaque infraction; une *aggravation* de peine en ce qui concerne la dernière. Cette double conséquence ne saurait être étendue au simple *concours* de plusieurs délits ayant un auteur commun. Ce concours révèle, sans doute, de mauvaises tendances; mais l'agent, au moment où il réitère les actes délictueux, n'a pas encore subi la leçon d'une condamnation; il ne peut, dès lors, être assimilé au récidiviste qui, lui, s'insurge contre la loi, malgré les avertissements de la justice. On doit donc, dans l'hypothèse du concours d'infractions, écarter l'application simultanée des deux conséquences attachées à la récidive. Mais doit-on adopter l'une ou l'autre, c'est-à-dire *cumuler* les peines propres à chacune des infractions, ou bien, si on se contente d'une peine unique, *l'aggraver?*

On conçoit deux systèmes radicaux : le système de *l'addition* des peines[1] et celui de l'*absorption* de toutes les peines moins graves dans la peine ou les peines les plus graves. Mais ces deux systèmes pèchent, l'un par excès, l'autre par insuffisance dans la répression.

Sans doute, à la rigueur, celui qui s'est rendu coupable de plusieurs délits devrait subir la peine de chacun de ces délits : car un délit ne peut effacer ni atténuer la peine d'un autre délit, et cette solution, qui est commandée par la justice, l'est encore par la prudence. En effet,

[1] C'est le système du droit anglais. Voy. Glasson, *op. cit.*, t. IV, p. 819.

si, en cas de conviction de plusieurs crimes ou délits, la peine la plus forte devait seule être prononcée, l'agent, après avoir commis une infraction, aurait carte blanche pour toutes les infractions moindres qu'il viendrait à commettre. Mais on ne peut consacrer sans restriction le système du cumul. — Il est des cas où il se heurterait à des impossibilités matérielles ou morales d'exécution. Une peine privative de liberté ne laisse aucune place à l'exécution d'autres peines de même nature, quand elle est perpétuelle. De même, la peine de mort absorbe toutes les peines privatives de liberté, fussent-elles temporaires. Dans ce dernier cas, il est vrai, l'exécution successive des deux peines serait matériellement possible, si l'on faisait d'abord subir au condamné la peine privative de liberté. Mais la peine de mort, ainsi précédée des angoisses d'une détention, serait monstrueuse d'inhumanité. — Lorsque le cumul des peines est possible, on aboutirait, en l'appliquant, à une rigueur excessive. En effet, pour peu que les infractions soient multipliées, le total des peines atteint bientôt des chiffres exorbitants : les amendes, par exemple, absorbent, par leur cumul, toute la fortune du délinquant et dégénèrent ainsi en confiscation générale; l'emprisonnement temporaire, cumulé indéfiniment, finit par dépasser la durée probable de la vie du condamné et se transforme ainsi en peine perpétuelle. De pareils résultats ne sont certainement pas nécessaires pour donner satisfaction à l'intérêt social. Sont-ils du moins commandés par la justice? Non encore : de ce que la culpabilité s'accroît avec le nombre des délits, il ne s'ensuit pas que la mesure de son accroissement corresponde au total que fournit l'addition des faits délictueux : leur multiplicité peut être atténuée par l'entraînement sous l'empire duquel tous ont été commis; elle l'est d'ailleurs par les retards qu'a mis la justice à saisir le coupable ; si celui-ci avait été condamné après son premier méfait, peut-être n'eût-il pas commis le second?

Un système mixte qui corrige les vices de ces deux systèmes radicaux, en leur enlevant leur caractère absolu, est le seul qui soit conforme tout à la fois aux exigences de la justice et de l'utilité sociale. Le législateur peut atteindre ce but, en ce qui touche le système du *cumul*, en limitant son application à l'emprisonnement et aux peines pécuniaires, puis en décidant que le total des peines cumulées ne pourra dépasser une certaine quotité. Cette limite une fois fixée, on n'a pas à craindre l'excès de rigueur auquel conduit l'addition illimitée des peines propres à chaque infraction. On peut également remédier à l'excès d'indulgence qu'entraîne le système absolu du *non-cumul*, en aggravant la peine la plus forte, c'est-à-dire la peine unique, qui, dans cette théorie, pourvoit à la répression collective des infractions cumulées. Les législations pénales les plus récentes se sont ralliées à ce système mixte, dit du *cumul juridique*. En ce qui touche les peines les plus graves, elles repoussent le cumul; elles l'admettent, au contraire, quant aux peines d'un ordre inférieur. Mais, dans les deux cas, elles tempèrent ce que chacune de ces solutions pourrait avoir d'excessif dans ses résultats. Là où elles se contentent d'une peine unique, elles augmentent son maximum, et permettent ainsi au juge de tenir compte de la multiplicité des infractions, quand la peine applicable est une peine temporaire. Dans le cas où la règle du cumul prévaut, l'étendue de ses conséquences varie dans les différentes législations. Mais, presque toujours, le cumul qu'elles autorisent, a des limites, qui réduisent la quotité des peines applicables, bien au-dessous du taux que pourrait atteindre leur addition indéfinie [1].

244. Comment ce problème a-t-il été et est-il résolu en droit français? — Il serait difficile d'indiquer quel a été le système de notre ancienne jurisprudence sur le concours d'infractions; tandis que Jousse et Muyard de Vouglans se prononcent pour le cumul des peines, Loysel enseigne que « la plus grande peine et amende attire et emporte la moindre ». Au reste, le régime des *peines arbitraires* donnait au juge toute facilité pour tenir compte de la situation. Mais avec un système de *peines fixes*, le problème se posait dans toute sa plénitude. Au lieu de le résoudre directement, la législation intermédiaire ne s'en occupa qu'à propos des questions de procédure qu'il faisait surgir (L. 27 sept. 1791, 2e part., t. VII, art. 40; C. brum. an IV, art. 446). C'est également dans le Code d'instruction criminelle, à propos de la procédure en cour d'assises, que le législateur de 1808 a posé la seule règle générale et de fond sur laquelle la jurisprudence a fait une construction ingénieuse. L'art. 365, § 2, est, en effet, ainsi conçu : « En cas de conviction de plusieurs crimes ou délits, la peine la plus forte sera seule prononcée ».

245. Concours réel. Concours idéal. — Le concours matériel se présente sous deux formes : sous forme matérielle, lorsqu'il a été commis par l'agent plusieurs actes constituant chacun séparément et distinctement un délit, par exemple un vol et un meurtre; ou sous une forme idéale, lorsqu'un fait unique contient à la fois plusieurs délits, par exemple, un individu commet un attentat à la pudeur sur un

[1] Ces systèmes sont, du reste, très compliqués. Voy. *Rev. pénit.*, 1896, p. 718 à 722. L'école positiviste estime puérile la distinction faite entre l'état de récidive et l'état de réitération. Les tendances au crime et la témibilité seraient également manifestées dans les deux cas.

chemin public, fait qui constitue également un outrage public à la pudeur. Dans le premier cas, le concours d'infractions est qualifié de *réel* ou *matériel;* dans le second, d'*idéal* ou *intellectuel.*

La loi française qui s'est occupée du concours matériel : « En cas de conviction de *plusieurs* crimes ou délits... », ne dit rien du concours idéal. Tout d'abord, il y a des incertitudes sur les cas qui rentrent dans cette situation. Le premier n'est pas douteux : c'est l'hypothèse classique de l'agent commettant un seul fait qui contient plusieurs délits ou qui cause plusieurs délits. Le second cas est plus contesté. C'est celui où une infraction forme, soit la circonstance constitutive, soit la circonstance aggravante d'un autre délit : par exemple, un employé des postes ouvre une lettre chargée pour soustraire les valeurs qu'elle contient (violation de correspondance, vol qualifié)[1]. Quoi qu'il en soit, la seule solution certaine, en cas de concours idéal d'infractions, c'est qu'on ne peut appliquer à l'agent qu'une seule peine et non autant de peines que de *qualifications* distinctes (Argument *a fortiori* de l'art. 365).

Mais cette situation donne lieu à trois questions délicates.

1° Quand il a été commis un fait ou un ensemble de faits (*délit complexe*) qui tombe sous le coup de plusieurs dispositions pénales, sous quelle *qualification* doit-on poursuivre le délinquant? En pratique, aucune règle fixe. A notre avis, le fait sera présenté à la justice sous toutes les qualifications dont il est susceptible ou, tout au moins, si on ne poursuit le fait que sous l'une de ces qualifications, il faut choisir la plus grave, puisque c'est celle dont la peine est encourue.

2° Mais les diverses qualifications doivent-elles être poursuivies devant le même juge, alors même que celui-ci serait incompétent pour l'une de ces qualifications? Pour moi, l'affirmative n'est pas douteuse. C'est un cas d'*indivisibilité*, distinct des cas de *connexité* (C. instr. cr., art. 227)[2].

3° L'individu, poursuivi sous l'une des qualifications dont le fait qu'il a commis est susceptible, sous la plus grave, par exemple,

[1] Cette hypothèse a fait l'objet d'une remarquable dissertation de M. R. Rougier, *De l'application de la théorie du concours idéal à l'infraction qui forme soit la circonstance constitutive, soit la circonstance aggravante d'une autre infraction* (*Journ. des parq.*, 1905, 1, p. 92 à 123). Voy. mon *Traité d'instr. crim.*, t. II, n° 542, p. 341. L'hypothèse du concours idéal est prévue par un certain nombre de législations étrangères. Ainsi, d'après l'art. 78 du C. p. italien : « celui qui, par un seul et même fait, viole plusieurs dispositions de la loi, est puni d'après la disposition qui édicte la peine la plus grave. » Comp. C. p. hongrois, § 95; C. p. des Pays-Bas, § 55.

[2] Voy. sur la question mon *Traité d'instr. crim.*, t. II, nos 577 et suiv., p. 397 et suiv.

peut-il, en cas d'acquittement, être poursuivi, une seconde fois, sous l'autre qualification? C'est une question qui se rattache à la théorie de la chose jugée et que nous examinerons à propos de cette théorie. La jurisprudence admet que l'acquittement purge la qualification et non le fait qui peut être poursuivi sous une autre qualification.

§ II. — DE LA RÈGLE DU NON-CUMUL DES PEINES EN CAS DE CONCOURS D'INFRACTIONS.

246. La règle du non-cumul est le principe général. — 247. Conséquences relativement aux infractions. Infractions prévues par des lois spéciales. Exceptions. — 248. Conséquences relativement aux peines.

246. La règle du non-cumul des peines est un principe général. — La règle du non-cumul des peines détermine la peine applicable à l'agent dans un cas où sa culpabilité paraît aggravée par une circonstance caractérisée. Elle constitue un principe de droit commun qu'il faut généraliser. Le silence ou l'obscurité des textes ne suffit pas pour l'exclure ; elle ne cesse d'être applicable qu'en cas d'exception formellement édictée. Après quelques hésitations, la doctrine et la jurisprudence se sont prononcées pour cette extension[1].

Cette règle a deux conséquences : relativement aux *infractions;* relativement aux *peines.*

247. Conséquences relativement aux infractions. — Les art. 365 et 379 qui consacrent le principe du non-cumul, sont placés sous la rubrique : *Des affaires qui doivent être soumises au jury.* On en avait conclu que ces dispositions étaient écrites pour les infractions déférées aux *cours d'assises*, mais non pour les infractions déférées aux *tribunaux correctionnels* ou de *police.* Aujourd'hui, on est à peu près d'accord pour appliquer le principe aux *crimes* et aux *délits*, et ne pas l'appliquer aux *contraventions.*

I. En ce qui concerne les *crimes* et les *délits*, l'art. 365 est, en effet, conçu dans les termes les plus généraux, et l'argument tiré de la place qu'occupe ce texte n'est pas assez puissant pour établir une distinction entre les infractions déférées aux cours d'assises et les infractions déférées aux tribunaux correctionnels. Comment le changement de juridiction, pour des infractions de même nature, pourrait-il changer la règle de pénalité? Quelle justice y aurait-il à ce que, pour les mêmes

[1] Cass., 22 déc. 1893 (D. 97. 1. 302); 22 avr. 1898 (D. 98. 1. 495).

faits, le coupable fût plus ou moins sévèrement puni suivant la juridiction devant laquelle il serait traduit? Comment admettre, par exemple, que le mineur de seize ans, poursuivi devant la cour d'assises, parce qu'il a des complices, puisse invoquer le bénéfice de l'art. 365, qui lui serait refusé s'il était poursuivi devant le tribunal correctionnel?

II. En matière de *contraventions de police*, des raisons spéciales de textes et de principes doivent autoriser, au contraire, la prononciation d'autant de peines qu'il y a de contraventions commises. D'une part, l'art. 365 est complètement muet à l'égard de ces infractions, et son silence est d'autant plus significatif qu'il énonce, comme étant régies par le principe du non-cumul, les deux autres catégories de faits punissables, de telle sorte que l'omission des contraventions, paraît avoir été faite à dessein, pour montrer qu'elles n'étaient pas comprises dans la disposition. D'autre part, les motifs qui ont fait prohiber le cumul des peines en matière de crimes ou de délits, sont inapplicables aux contraventions. En effet, les peines de simple police, soit d'emprisonnement, soit d'amende, sont si minimes qu'il n'est pas à craindre, comme pour les peines correctionnelles et criminelles, que leur addition ait pour effet de frapper le condamné d'une privation perpétuelle de liberté ou d'une confiscation générale de biens. On peut donc, sans inconvénient, les cumuler, et, si même on ne le faisait pas, il pourrait y avoir de tels profits à retirer de certaines contraventions que les contrevenants trouveraient avantage à courir la chance d'une condamnation, si, quel que fût le nombre des infractions commises, une seule peine devait leur être appliquée[1].

En résumé donc, il résulte de l'art. 365 : 1° qu'en cas de concours soit de crimes, soit de délits, soit de crimes et de délits, un seul ordre de pénalité doit être prononcé : la plus grave de toutes les peines encourues par les infractions concurrentes ; 2° qu'en cas de concours de contraventions distinctes, il y a lieu à autant de peines qu'il y a de contraventions commises ; 3° qu'en cas de concours de crimes ou délits et de contraventions, il faut cumuler les peines de contraventions avec la peine unique du crime ou du délit le plus grave.

III. C'est de la combinaison de cette double règle, dont l'une ne permet pas de cumuler les peines en cas de concours de crimes ou de délits, et dont l'autre autorise ce cumul en cas de contraventions, qu'est née la question de savoir si l'art. 365 s'applique aux *délits-contraventions?* Poser la question, c'est la résoudre ; car l'art. 1er, C.

[1] Jurisprudence constante : Cass., 9 janv. 1890 (D. 90. 1. 239) ; 19 févr. 1898 (D. 99. 1. 31).

p., tient compte exclusivement de la nature des peines infligées pour distinguer les délits des contraventions, et l'art. 365, C. instr. cr., se réfère évidemment aux classifications du droit commun [1].

IV. Les règles exposées s'appliquent-elles aux infractions réprimées par des lois spéciales? La question doit être examinée dans deux hypothèses : *a*) Il est d'abord certain que le système du cumul ou du non-cumul des peines, suivant le caractère des infractions, constitue une règle de droit commun, applicable aux infractions prévues par des lois postérieures au Code pénal, toutes les fois, du moins, qu'il n'y aura pas été formellement ou implicitement dérogé. Les Codes pénal et d'instruction criminelle constituent, en effet, le droit commun en matière criminelle. *b*) En ce qui concerne les infractions antérieures au Code pénal, la question est plus délicate. Ceux qui considèrent la règle du non-cumul comme exceptionnelle, doivent écarter ce principe dans toutes les lois qui ont précédé le Code pénal et n'ont pas été abrogées. Mais, parmi ceux-là mêmes qui considèrent le non-cumul comme une règle de droit commun, il en est qui refusent de l'étendre aux lois spéciales antérieures, en invoquant la disposition de l'art. 484, C. p. : *Dans toutes les matières qui n'ont pas été réglées par le présent Code et qui sont régies par les lois et règlements particuliers, les cours et les tribunaux continueront à les observer.* Mais l'art. 484, C. p.; n'a pas ici d'application, puisqu'il s'agit d'une règle posée par le Code d'instruction criminelle, et l'art. 365, édicté en 1808, a dû statuer pour les crimes ou délits existants à l'époque où il a été promulgué suivant les lois alors en vigueur, comme aussi pour ceux qui pourraient être prévus par la suite. Ces termes n'exprimant aucune restriction, nous ne devons en faire aucune [2].

V. Il est des dispositions légales qui établissent des exceptions à la règle de l'absorption des peines, en cas de concours de crimes ou de délits. Elles se rencontrent, soit dans le Code pénal, soit dans des lois particulières. Dans le Code pénal, les dérogations au principe de l'absorption des peines ont lieu de deux manières. Tantôt, la loi repousse ce principe pour suivre celui de l'aggravation; tantôt, elle s'en écarte

[1] La jurisprudence est conforme : Cass., ch. réun., 13 juin 1884 (D. 90. 2. 259), en note sous Nancy, 15 juill. 1887 ; Cass., 12 août 1898 (D. 98. 1. 174).

[2] La jurisprudence avait pendant longtemps, pour l'application de l'art. 365 aux ois spéciales, distingué si ces lois spéciales étaient antérieures ou postérieures au Code pénal : Cass., 3 mai 1866 (S. 66. 1. 456). Elle paraît abandonner cette distinction et se ranger à l'opinion contraire dans un arrêt du 28 janv. 1876 (S. 76. 1. 89). Voy. Besançon, 18 déc. 1890 (S. 92. 2. 174). Comp., sur la question et dans le sens indiqué au texte, Ortolan, *op. cit.*, t. Ier, no 1175.

pour revenir au principe du cumul (Comp. art. 279, 304, 220, 236, 345).

En dehors du Code pénal, les lois spéciales ont souvent combiné, d'une manière ingénieuse, les deux systèmes : celui de l'absorption et celui de l'addition, relativement à des délits très profitables, et pour lesquels la détention préventive n'est pas usitée. Les peines applicables aux infractions antérieures au premier acte de poursuite ne se cumulent pas, tandis que celles des infractions postérieures se cumulent. On déjoue ainsi le calcul de certains délinquants qui multipliaient leurs délits dès qu'ils se voyaient poursuivis, dans la conviction qu'on ne pourrait dépasser contre eux le maximum de la peine. C'est le système suivi en matière de délits de chasse (L. 3 mai 1844, art. 17), de contrefaçon industrielle (L. 5 juill. 1844, art. 42), de délits électoraux (D. 2 févr. 1852, art. 49), de contraventions à la police des chemins de fer (L. 15 juill. 1845, art. 27). D'autres fois, les lois spéciales admettent l'addition des amendes jusqu'à un certain chiffre. Telle est la disposition de la loi sur le travail des enfants et des filles mineures employés dans l'industrie (L. 19 mai 1874, art. 25 et 26).

248. Conséquence relativement aux peines. — Par rapport aux peines, le principe du non-cumul soulève deux difficultés d'application : — Quelle est la gravité respective des peines, et comment reconnaître, de deux ou plusieurs peines, qui concourent entre elles, quelle est la plus forte ? — Toutes les peines sont-elles soumises à la règle de l'absorption, ou y en a-t-il quelques-unes, par exemple les peines pécuniaires, complémentaires et accessoires, qui y échappent ?

I. Au premier point de vue, on doit poser, en règle absolue, que c'est à l'ordre de gravité marqué par le Code pénal, qu'il faut se reporter pour déterminer quelle est la peine la plus forte. Or, les art. 6, 7, 8, 9 et 464, C. p., mesurent la gravité des peines, à la fois d'après leur *nature* et d'après le *degré* qu'elles occupent dans l'échelle pénale. Cette double base nous conduit à deux conséquences principales : 1° Les peines criminelles l'emportent, par leur *nature*, sur les peines correctionnelles. Dès lors, toute condamnation correctionnelle se trouve nécessairement absorbée par une condamnation criminelle. Peu importe la durée respective des peines prononcées : cinq ans de réclusion constitueront toujours une peine plus forte que dix ans d'emprisonnement ; 2° Entre peines de même nature, la plus grave est celle qui occupe le *degré le plus élevé* dans l'échelle pénale, telle qu'elle est établie par les art. 5 et 8 pour les peines criminelles, et par l'art. 9 pour les peines correctionnelles. Ici encore, le juge n'a pas à tenir compte de la durée ou de la quotité respective des peines entre lesquelles il doit opter. C'est ainsi qu'une peine d'emprisonnement, fût-elle réduite à un jour, par le bénéfice de circonstances atténuantes, l'emporte sur une amende de 5.000 francs. De même, quand le concours existe entre plusieurs peines criminelles, cinq ans de travaux forcés sont supérieurs à dix ans de réclusion [1].

Les peines en concours, sont-elles de *même nature* et de *même degré*? La loi ne nous trace aucune règle pour discerner la peine la plus forte; mais il est facile, en général, de suppléer à son silence. La solution devra dépendre, avant tout, de la comparaison du *maximum* respectif des deux peines. Quand ce *maximum* est le même, la supériorité appartient à la peine dont le *minimum* est le plus élevé. En cas d'égalité de ces deux limites, il faudra puiser la solution dans les peines *additionnelles* qui parfois sont ajoutées à la peine ordinaire, commune aux diverses infractions.

II. La prohibition du cumul domine toutes les peines de notre droit criminel [2]. Néanmoins, son application a fait naître quelques difficultés en ce qui touche les peines *pécuniaires* et les peines *complémentaires* et *accessoires*.

Sur le premier point, aucune hésitation n'est possible. L'*amende* est étiquetée et classée comme peine par les art. 9, 11 et 464, C. p., on ne saurait donc en principe méconnaître son caractère pénal, et la soustraire à la règle de l'absorption. Dès lors, quand deux délits concurrents sont passibles de simples amendes, une seule doit être prononcée; si l'un des crimes ou délits entraîne l'emprisonnement,

[1] Il n'y a même pas lieu de distinguer les peines spéciales aux crimes politiques des peines de droit commun; car les art. 7 et 8, C. p., ne tiennent pas compte de cette distinction dans la gradation générale des peines criminelles. Il en résulte que la *détention* doit être réputée plus forte que la *réclusion*, bien qu'en réalité, elle soit plus douce dans son mode d'exécution. De même, la *déportation simple* doit être considérée comme plus grave que les travaux forcés à temps puisqu'elle occupe un rang supérieur dans l'art. 7. Faut-il dire également que la *déportation dans une enceinte fortifiée* l'emporte sur les *travaux forcés à perpétuité?* L'affirmative semblerait résulter de la destination de cette nouvelle peine; elle a été créée par la loi du 8 juin 1850, pour remplacer, à l'égard des crimes politiques, la peine capitale. La négative nous paraît néanmoins préférable; car la peine nouvelle dont nous nous occupons ici, n'est après tout qu'une variété de la déportation; elle n'a pas de rang spécial dans l'art. 7, et reste ainsi primée par les travaux forcés à perpétuité. Nous pensons donc qu'une condamnation à cette dernière peine absorberait une condamnation à la déportation dans une enceinte fortifiée.

[2] La jurisprudence paraît admettre cependant que la règle ne s'applique pas aux délits spéciaux auxquels la loi inflige une pénalité spéciale en rapport avec la nature du fait qu'elle a voulu réprimer. Comp. : Cass., 14 mai 1880 (S. 82. 1. 329), et la note. Mais en partant de cette idée, on arriverait à supprimer le principe du non-cumul : le législateur n'a-t-il pas dû choisir, pour chaque infraction, des peines qui soient, autant que possible, en rapport avec les faits à punir?

cette dernière peine absorbe l'amende et devient ainsi l'unique châtiment des deux infractions. Toutefois, la jurisprudence fait exception pour les *amendes prononcées en matières fiscales*, qui sont toutes encourues, quel qu'en soit le nombre ou le taux, sans que la plus forte absorbe les autres, et qui s'ajoutent, s'il y a lieu, aux peines d'emprisonnement. Si l'on donne, en effet, à ces amendes le caractère de réparations civiles, il est évident que le fisc doit pouvoir obtenir autant de condamnations qu'il y a de délits qui lui causent un dommage[1].

Quant aux *peines complémentaires* ou *accessoires*, l'application de l'art. 365 est plus délicate. Lorsqu'une peine principale est écartée, parce qu'elle s'absorbe dans une peine plus grave, il est évident que la peine *accessoire* qui y est attachée est écartée par voie de conséquence. Mais en est-il de même des peines *complémentaires*, telles que la confiscation à titre spécial, la publicité par voie d'affiche du jugement de condamnation, l'interdiction de séjour, etc., que la loi attache, non à telles *peines principales*, mais à telles *infractions déterminées*? Nous ne le croyons pas. En effet, ces peines sont établies à raison du caractère propre de certaines infractions, et comme le moyen le plus efficace soit de les punir, soit d'en empêcher le renouvellement : le but du législateur serait donc manqué, si celui contre lequel la mesure a été édictée pouvait s'en affranchir en commettant une autre infraction plus grave. De plus, le texte de l'art. 365 est inapplicable aux peines complémentaires, car, à la différence des peines principales, elles ne sont pas classées par le Code pénal dans un ordre qui permette d'apprécier leur gravité respective et de les comparer, soit entre elles, soit avec les peines principales. La conséquence pratique de cette opinion, c'est que les peines complémentaires sont indépendantes de la peine la plus forte dont parle l'art. 365 : elles doivent donc être prononcées, même quand elles ne sont édictées que par la disposition qui prononce la peine la plus faible[2].

[1] Voy. Cass., 22 déc. 1893 (D. 97. 1. 302). La jurisprudence applique la même solution aux amendes prononcées : en matière de délits de pêche, qui tiennent de la nature des réparations civiles : Cass., 29 déc. 1900 (D. 1901. 1. 225) et la note de M. Le Poittevin; en matière de délits forestiers : Cass., 22 avr. 1898 (D. 98. 1. 495).

[2] C'est la solution que donne à la question le projet de la commission de revision du Code pénal (art. 90). La jurisprudence est conforme : Cass., 13 mars 1865 (D. 56. 1. 224); 14 juin 1884 (*B. cr.*, n° 194); 12 juin 1885 (D. 86. 1. 431). Cependant la jurisprudence décide que les peines complémentaires ne sont pas cumulées quand il y a incompatibilité entre elles et la peine la plus grave. C'est ainsi, par exemple, que la Cour suprême casse tout arrêt qui applique concurremment l'interdiction de séjour et la relégation (Cass., 11 sept. 1890, D. 90. 5. 376), la relégation et les travaux forcés à perpétuité (Cass., 26 juin 1886, D. 86. 1. 478). Voy. également dans un sens extensif : Cass., 7 avr. 1898 (S. 99. 4. 375). M. Laborde, *op. cit.*, n° 667, critique cette jurisprudence. Mais voy. mon *Traité du droit pénal*, 2e éd., t. III, p. 33 à 37.

§ III. — DES EFFETS DU NON-CUMUL DES PEINES.

249. Des deux aspects sous lesquels il faut appliquer le non-cumul des peines. — Les effets de la règle du non-cumul des peines doivent être examinés : 1° lorsqu'il s'agit pour le *juge* de prononcer la peine ; 2° lorsqu'il s'agit pour le *ministère public* de la faire exécuter.

250. Du concours d'infractions au point de vue de la condamnation à prononcer. — L'idée qui se dégage de l'art. 365, § 2, c'est que l'accusé, reconnu coupable de crimes et délits concurrents, sera *condamné à subir* seulement la peine la plus grave. Mais la formule qu'on trouve dans le texte : « la peine la plus forte sera *seule prononcée* », prête à équivoque. Deux manières de la lire et de la comprendre se conçoivent, en effet : 1° ou bien il faut obliger le juge à ne pas s'occuper de la peine la plus faible et à prononcer seulement la peine la plus forte ; 2° ou bien il faut l'obliger à appliquer, à chaque infraction, la peine qu'elle mérite, puis, à ordonner que la plus forte des peines prononcées sera seule subie. Il n'y a pas seulement là deux procédés différents d'application, mais deux modes de fonctionnement distincts d'une même règle juridique. Or, la première interprétation est généralement donnée par la jurisprudence, lorsque les délits concurrents sont compris dans la même poursuite. On suit, au contraire, la seconde, quand ils sont l'objet de poursuites successives. Cette divergence, dans l'application judiciaire de l'art. 365, n'a pas été suffisamment aperçue. Elle amène des contradictions qui seraient certainement évitées si les tribunaux se mettaient d'accord sur cette idée rationnelle qu'il y a lieu de prononcer autant de peines que de délits, mais qu'une seule, la plus forte, doit être subie. C'est à ce résultat, en effet, et rien qu'à ce résultat que doit aboutir la *confusion des peines ;* tout système qui s'en écarte conduit à la *confusion des délits*, c'est-à-dire à l'impunité.

251. Premier cas. Unité de poursuites. — Le premier cas, celui où les infractions concurrentes sont comprises dans la même poursuite, est expressément prévu par l'art. 365, § 2. Si l'accusé ou le prévenu est convaincu de plusieurs crimes ou délits, « la peine la plus forte sera seule prononcée ». Il est à remarquer que le concours de crimes ou de délits à punir, ne constitue même pas une circonstance aggravante légale, obligeant le juge à prononcer le maximum de la peine la plus grave.

Dans cette première hypothèse, la seule difficulté est celle de savoir comment s'opérera la confusion des peines. C'est le problème que nous avons posé. L'intérêt de la question se présente toutes les fois que le délit le plus grave ne compte pas ou ne compte plus à certains égards, tandis que le délit le moins grave serait de nature à entraîner une conséquence légale. 1° Ainsi, au point de vue d'une *amnistie*. Deux crimes, par exemple, sont compris dans la même poursuite, l'un est puni de la détention, l'autre de la réclusion. Le juge prononce seulement la détention. Qu'il survienne plus tard une amnistie pour le fait politique, et le condamné jouira de l'impunité, pour le crime de droit commun dont il a été déclaré coupable, si le juge n'a pas prononcé la réclusion, en ordonnant qu'elle se confondrait avec la détention. 2° De même, au point de vue de la *récidive*. Un délit militaire, puni des travaux publics, concourt avec un délit de droit commun, puni de l'emprisonnement : si la première de ces peines est seule prononcée, parce qu'elle est la plus forte, cette condamnation ne comptera point pour la récidive, tandis que la condamnation à l'emprisonnement aurait compté si elle avait été prononcée. 3° Même intérêt au point de vue de la *relégation*. Dans les deux espèces précédentes, les condamnations compteront ou ne compteront pas dans le casier judiciaire, suivant le procédé qui aura été suivi par le juge.

L'intérêt de la question étant ainsi dégagé, le problème du fonctionnement de la confusion des peines doit être examiné, soit au point de vue rationnel, soit au point de vue du texte de l'art. 365, soit au point de vue pratique de la jurisprudence.

a) Au point de vue rationnel, nous ne saurions mieux faire que d'emprunter à la Cour de cassation cette heureuse formule : « L'effet de la confusion des peines n'est pas d'enlever aux peines confondues leur existence propre et leurs conséquences légales, mais uniquement de déterminer que l'exécution en aura lieu simultanément avec celle de la peine la plus forte[1] ». La conséquence de cette manière de voir est que, à chaque délit, doit correspondre une peine, sauf à ordonner que toutes les peines se confondront dans la plus forte qui sera seule effectivement prononcée et réellement subie. L'utilité théorique et pratique de la condamnation aux diverses peines recommande, au sur-

[1] Cass., 13 juill. 1888 (D. 88. 1. 445).

plus, ce procédé; il est le seul qui évite une contradiction entre une déclaration de culpabilité et l'absolution du coupable fondée sur le cumul de délits; le seul qui ne procure pas l'impunité quant aux conséquences de la condamnation.

b) L'objection qu'on peut lui faire, c'est qu'il paraît contraire au texte littéral de l'art. 365. Mais ce n'est là qu'une apparence. La législation antérieure, en consacrant le système jurisprudentiel du non-cumul, en faisait une règle de l'*exécution des peines* et ne prévoyait que la poursuite séparée des délits concurrents. L'art. 365, C. instr. cr., a eu un double objet : 1° prévoir le concours des délits *dans la même poursuite;* 2° faire du non-cumul une règle de l'*application des peines*. C'est surtout en vue de ce changement de caractère que l'art. 365 a été rédigé : il a donc décidé qu'en cas de conviction de plusieurs crimes ou délits, « la peine la plus forte sera seule *prononcée* ». Mais il n'a jamais été question de modifier le procédé même par lequel se réalisait, dans la législation antérieure, la confusion des peines.

c) La jurisprudence pratique ne semble pas, jusqu'ici, avoir envisagé le problème dans son ensemble, et il est assez difficile de synthétiser des décisions qui souvent se contredisent. On admet généralement que si les infractions concurrentes, comprises dans la même poursuite, entraînent le même genre de peine, avec une simple différence dans le taux, par exemple, l'emprisonnement ou l'amende, il est permis au juge d'indiquer, dans sa décision, quelle est la durée ou quel est le taux d'emprisonnement ou d'amende qu'il prononce pour chaque délit. S'il omet de faire cette répartition, la peine qu'il prononce s'applique, d'*une manière indivisible*, à chacun des délits dont le prévenu a été déclaré coupable. Cette dernière idée a été admise par la Cour de cassation pour favoriser l'application de la relégation, non sans certaines résistances des cours d'appel[1]. Mais si les peines des diverses infractions diffèrent par leur nature ou par leur degré, s'il s'agit, par exemple, de la réclusion et de l'emprisonnement correctionnel, ou de la réclusion et des travaux forcés à temps, on ne prononce jamais que la peine la plus grave. On ne condamnera pas, par exemple, à cinq ans d'emprisonnement et cinq ans de réclusion, en ordonnant que seule la dernière de ces peines sera subie; mais on condamnera à cinq ans de réclusion.

Ce système intermédiaire manque de logique. Il faut nécessairement choisir entre deux procédés radicaux : ou ne prononcer que la

[1] Cass., 27 mai 1886 (S. 86. 1. 335); 10 juin, 25 juin, 26 juin, 1er juill. 1886 (S. 86. 1. 396).

peine la plus grave, dans laquelle s'absorbent légalement et implicitement toutes les autres peines : ou prononcer autant de peines que de délits, en ne condamnant à subir seulement que la peine la plus forte. Au fond, la jurisprudence essaie de concilier certaines nécessités pratiques que la loi sur la relégation a fait apparaître, et le texte, littéralement mais non juridiquement interprété, de l'article 365[1].

252. Second cas. Pluralité de poursuites. — Le cas de poursuites successives se présente particulièrement dans deux circonstances. L'une est expressément prévue par l'art. 379, C. instr. cr. Il s'agit d'une infraction nouvelle, découverte, à la charge du même individu, *au cours d'une poursuite dont il est l'objet*. L'autre n'est pas prévue par la loi. Il s'agit d'une infraction, antérieure à une condamnation prononcée, mais *découverte postérieurement*. La division des poursuites, qui se produit, dans ces divers cas, laisse évidemment subsister, au profit de l'inculpé, le bénéfice de la règle prohibitive du cumul. Ce premier point est bien certain. C'est aux juges, saisis de la seconde poursuite, qu'est confiée l'observation de cette règle. Mais que doivent-ils faire pour la respecter? Peuvent-ils prononcer une nouvelle peine à raison de l'infraction qui leur est déférée, bien qu'ils aient connaissance de la première condamnation? au contraire, ne le peuvent-ils pas? Pour résoudre cette question, il nous faut distinguer trois situations.

I. Si la première poursuite a eu lieu pour l'*infraction la moins grave*, par exemple, pour un crime puni de la réclusion, et que l'infraction découverte, soit durant le cours des débats, soit après la condamnation, ait une gravité plus grande, parce qu'elle est punie, par exemple, des travaux forcés à perpétuité ou à temps, deux choses sont alors certaines : 1° L'inculpé devra être poursuivi : sur l'ordre même de la cour ou du tribunal, si l'infraction nouvelle a été découverte au cours des débats, avant l'arrêt de condamnation ; d'office, par le ministère public, si elle est découverte après la condamnation ; 2° Le tribunal ou la cour, saisis de la seconde poursuite, devront prononcer la peine plus grave, attachée par la loi au fait qu'ils ont à juger, mais ils diront, soit que la peine actuellement prononcée absorbera la condamnation précédente, soit que la première condamna-

[1] Voy. un arrêt de la Cour de cass. du 24 mars 1898 (S. 99. 1. 200) qui semble aiguiller sa jurisprudence dans cette voie et reconnaître que le principe du non-cumul n'oblige pas le juge à ne prononcer qu'une seule peine, mais lui interdit seulement d'excéder, dans le total des condamnations, le maximum de la peine la plus forte.

tion se confondra avec la condamnation actuelle. Ce seront deux manières différentes de donner satisfaction à la règle du non-cumul.

II. Mais la première poursuite a eu lieu pour l'*infraction la plus grave*. Dans ce cas, deux situations sont possibles et ont soulevé l'une et l'autre des difficultés.

a) Les juges ont prononcé le *maximum* de la peine qui est attachée par la loi à l'infraction la plus grave : ils ont ainsi *épuisé* toute la rigueur de la répression. Qu'une poursuite nouvelle ne puisse aboutir à l'exécution simultanée d'une peine inférieure en nature ou en degré à celle déjà prononcée, c'est un point bien certain, puisque, en cas de conviction de plusieurs crimes ou délits, une seule peine, la plus grave, doit être prononcée.

Mais il surgit alors deux questions qui se rattachent au mode de fonctionnement de l'art. 365. Dans le système qui confond les peines au point de vue de l'exécution, mais qui les laisse distinctes quant aux délits, il est certain : 1° que la seconde poursuite pour l'infraction moins grave est toujours possible ; 2° qu'elle doit aboutir, non pas à une simple déclaration de culpabilité, mais à l'application d'une peine, sauf, pour le juge, à ordonner que cette peine se confondra avec la précédente. Mais ces deux applications de l'idée générale qui domine l'effet et le fonctionnement du concours d'infractions, sont, au contraire, contestées dans le système qui interdit au juge de prononcer la peine plus faible. Toutefois, il y a, dans la manière d'appliquer cette autre conception, des opinions intransigeantes, et d'autres plus modérées.

On a tout d'abord soutenu que l'application de la peine la plus forte, en cas de concours d'infractions, ayant pour effet d'*épuiser la pénalité*, épuisait le *droit de poursuite*, relativement au second fait.

D'autres ont considéré la seconde poursuite comme possible, mais à la condition qu'elle aboutisse à une *déclaration de culpabilité*, sans *condamnation*.

Ainsi, l'application de la peine la plus forte aurait pour conséquence, dans la première opinion, de soustraire l'agent à l'exercice de l'*action publique*, dans la seconde, de le soustraire à la *condamnation*.

Ces deux opinions, qui ont leur point de départ dans l'interprétation trop littérale qui est donnée à l'art. 365, sont l'une et l'autre erronées, et la jurisprudence, après les avoir successivement adoptées, évolue actuellement vers une solution plus juridique. Elle semble admettre, non seulement la nécessité d'une poursuite, mais la possibilité d'une condamnation.

b) Nous pouvons supposer que les juges, saisis de la poursuite pour l'infraction la plus grave, n'ont pas épuisé le *maximum* de la peine : par exemple, ils ont prononcé dix ans de travaux forcés, alors qu'ils pouvaient aller jusqu'à vingt.

Les tribunaux, saisis de la seconde poursuite pour l'infraction la moins grave, auront-ils la faculté d'aggraver la peine prononcée par la première condamnation, dans les limites du *maximum?* Il est certes probable que si les premiers juges avaient eu connaissance de toutes les infractions reprochées à l'agent, ils eussent plus sévèrement condamné celui-ci ; mais ce qu'ils n'ont pas fait, ne peut l'être par les seconds juges qui excéderaient leur compétence, nécessairement restreinte au fait dont ils sont saisis, en aggravant la situation du prévenu à raison d'un délit déjà jugé ; car ils prendraient la pénalité disponible, servant d'aliment à la nouvelle condamnation, non pas sur le délit à juger, mais sur celui qui a été déjà réprimé, ce qui serait une violation de la chose jugée.

III. Si les faits, objets de poursuites successives, entraînent des peines de même nature et de même degré, par exemple, chacun les travaux forcés à temps ou la réclusion, pour savoir si la première condamnation peut être aggravée par les seconds juges, il faut constater si elle a ou non atteint le *maximum* de la peine commune aux deux infractions. Si ce *maximum* a été épuisé dès les premières poursuites, il est évident que les seconds juges ne peuvent rien y ajouter. Quand, au contraire, le *maximum* n'a pas été atteint par la première condamnation, les seconds juges peuvent toujours compléter ce qui manque à ce *maximum*, soit par un supplément de peine, en ordonnant que ce supplément s'ajoutera à la première condamnation, soit par une peine intégrale prononcée à nouveau, en ordonnant que cette peine se confondra avec celle déjà prononcée. En effet, lorsque les infractions cumulées sont de même nature et ont toutes été englobées dans les mêmes poursuites, les juges ont certainement le droit d'appliquer à leur auteur le *maximum* de la peine la plus forte. Or, la division des poursuites ne peut nuire à la partie publique, pas plus qu'au condamné ; elle ne saurait donc enlever aux juges de la seconde poursuite la latitude dont ils ont besoin pour proportionner la répression au nombre des infractions.

253. DU CONCOURS D'INFRACTIONS AU POINT DE VUE DE L'EXÉCUTION DES PEINES PRONONCÉES. — L'influence du principe du non-cumul des peines, qui s'exerce sur leur *application* par le juge, s'exerce-t-elle aussi sur leur *exécution* à la requête du ministère public? Au cas où la loi a été violée et où l'exécution, ayant lieu telle qu'elle est ordonnée par le jugement, aboutirait à une accumulation de peines, le ministère public, chargé de cette exécution, doit-il rentrer lui-même dans les limites de la loi et opérer l'absorption des peines en ne faisant subir au condamné que la plus forte des peines prononcées? C'est se demander quel est le caractère ou la portée de la règle du non cumul. Sur ce point, on se trouve en présence de deux manières de voir : *a*) Pour certains auteurs, le principe du non-cumul dominerait l'*exécution* des peines : il serait placé, à ce titre, sous la sauvegarde directe du ministère public; de plein droit, la peine la plus grave absorberait les autres, de telle sorte que, de deux condamnations à des peines distinctes, pour crimes ou délits concurrents, le ministère public ne devrait faire exécuter que celle qui prononcerait la peine la plus forte, alors même que les juges en auraient ordonné le cumul. *b*) Mais on oublie, lorsqu'on soutient une telle opinion, que, dans l'exécution des peines, le ministère public n'est pas l'agent de la *loi*, mais du *juge*. Au juge, il appartient d'appliquer la loi ; au ministère public, de faire exécuter la décision du juge. C'est donc à l'autorité judiciaire que le législateur s'adresse lorsqu'il défend le cumul des peines : aussi, ne dit-il pas, dans l'art. 365 : « En cas de concours..., la peine la plus forte sera seule *exécutée* » ; il dit : « la peine la plus forte sera seule *prononcée* ».

L'application de cette idée ne soulève pas de difficultés sérieuses quand les infractions cumulées ont été l'objet d'une seule poursuite et partant d'une seule condamnation; alors une seule peine a dû être prononcée. Si plusieurs avaient été infligées cumulativement, au mépris de la loi, l'emploi des voies de recours ferait bientôt justice d'une pareille erreur; néanmoins, si le condamné, par son inaction, avait laissé la décision devenir inattaquable, il faudrait bien l'exécuter, à moins que remise ne fût faite, par la voie de la grâce, de la peine indûment prononcée.

La solution n'est plus aussi simple, lorsqu'il y a eu plusieurs poursuites successives, et, par suite, plusieurs condamnations distinctes. Pour savoir si les diverses peines prononcées doivent être intégralement subies, on doit avoir égard à deux points principaux. D'abord, il faut vérifier si la première condamnation était devenue irrévocable avant la perpétration du fait qui a motivé la seconde condamnation. Dans ce cas, en effet, l'auteur des diverses infractions n'a aucun droit au bénéfice de l'absorption des peines : si, par exemple, il a d'abord été condamné à l'emprisonnement, et que, postérieurement à l'époque où cette condamnation est devenue définitive, il ait commis un crime entraînant les travaux forcés, la seconde condamnation ne saurait absorber la première : les deux peines devront être subies successivement. En second lieu, il faut distinguer le cas où des peines de même nature et de même degré ont été prononcées du cas inverse. Quand les diverses infractions ont été frappées de peines de nature différente, l'une d'emprisonnement, par exemple, l'autre de réclusion, la condamnation à la peine la plus grave par sa nature absorbe nécessairement l'autre, et, par conséquent, doit seule être exécutée, quelle que soit la différence de durée entre les deux peines[1].

Mais que faut-il décider, quand les peines successivement infligées sont de même nature, par exemple, quand toutes deux consistent dans l'emprisonnement ou les travaux forcés à temps? Ici, les difficultés peuvent naître sur l'exécution des diverses condamnations. Ces difficultés disparaissent quand le tribunal, qui a prononcé la dernière, a nettement déclaré s'il entendait cumuler les deux peines ou, au contraire, les confondre. Dans ce dernier cas, le ministère public ne peut qu'exécuter la décision du tribunal, alors même qu'elle violerait la loi. Mais souvent, le juge garde le silence sur ce point, soit parce qu'il ignore la première condamnation, soit parce qu'il ne sait pas si elle est devenue définitive avant les faits qui motivent la condamnation nouvelle. Quelle doit être la conséquence de ce silence? Faut-il en conclure que les deux peines infligées doivent être subies cumulativement par le condamné?

On est d'accord pour reconnaître, par application des règles sur le concours d'infractions, que le cumul a ici pour limite le *maximum* commun aux deux peines prononcées, et que, par conséquent, l'exécution doit s'arrêter dès que ce *maximum* est épuisé. Mais faut-il admettre, pour le cas où la réunion des deux peines est inférieure au *maximum*, que la plus grave, par sa durée, doive seule être exécutée? Faut-il, au contraire, se décider pour l'exécution intégrale des deux peines, par cela seul que leur total ne dépasse pas le *maximum*?

Aucune de ces deux solutions ne me paraît acceptable. Sans doute la loi laisse au second juge une pleine liberté d'option entre les deux partis. Mais, avant de décider quel est celui qui doit être mis à exécution, il faudrait reconnaître celui pour lequel le juge a opté; or, comment deviner cette option, quand le juge, qui a prononcé la dernière condamnation, n'a rien dit au sujet du cumul ou de l'absorption des deux peines? Son silence soulève au moins un doute et ce doute devrait faire pencher la balance en faveur du condamné, c'est-à-dire en faveur du non-cumul. Si l'on veut sortir du doute, il faut s'adresser au juge qui a prononcé la dernière condamnation, et lui demander s'il a entendu la cumuler ou la confondre avec celle qui avait été antérieurement prononcée. L'instance en interprétation sera formée

[1] Voy. Cass., 2 mars 1889 (D. 91. 1. 41) et ma note sous cet arrêt.

au moment où le ministère public élèvera la prétention de faire subir au condamné la peine dont celui-ci repousse l'application.

CHAPITRE II

DES RÉCIDIVISTES ET DES CONDAMNÉS PRIMAIRES.

§ IV. — DISTINCTION.

254. Des récidivistes et des condamnés primaires. — L'accroissement progressif de la criminalité en Europe a sa cause principale dans la récidive[1], car, plus encore que du temps de Quételet, il est vrai de dire que « ce sont toujours les mêmes individus qui commettent toujours les mêmes crimes ». En présence de ce phénomène, la distinction des délinquants primaires et des délinquants d'habitude doit être considérée comme la base de l'organisation répressive : la sévérité pour les premiers, l'indulgence pour les seconds, tel est le programme qui s'impose. La loi française est entrée dans cette voie, soit par l'organisation de la relégation pour certains récidivistes (L. 27 mai 1885), soit par l'institution du sursis à exécution pour les condamnés primaires (L. 26 mars 1891). Il importe donc, aujourd'hui, d'étudier distinctement la situation des récidivistes et celle des condamnés primaires.

[1] Voy. ma brochure : *Le problème moderne de la pénalité*, 1889; Cf. L. André, *La récidive*, p. 4; H. Joly, *La France criminelle*, p. 10; A. Guillot, *Paris qui souffre*, p. 199. Il existe cependant deux pays favorisés et dans lesquels la criminalité suit un mouvement décroissant, ce sont l'Angleterre (Voy. Arth. Griffith, *Rev. pénit.*, 1893, p. 615 et suiv.), et la Hollande (H. Joly, *Le combat contre le crime*, p. 254). La courbe de la récidive qui n'avait cessé de croître en France jusqu'en 1892, tend à décroître depuis cette époque. C'est surtout à l'application de la loi du 26 mars 1891 sur le sursis conditionnel que paraît dû cet heureux résultat. L'habile et salutaire clémence, qui « rend la menace de l'emprisonnement plus efficace bien souvent que son exécution », a eu ce double effet de contribuer à l'abaissement de la récidive et de diminuer le nombre même des condamnés primaires. L'efficacité de la loi du 27 mai 1885, sur la relégation, est beaucoup plus douteuse. Voy. Vidal, *Cours de droit criminel* (3e éd.), nos 273 et s.

§ V. — NOTIONS GÉNÉRALES SUR LA RÉCIDIVE ET SES CONSÉQUENCES.

255. De la récidive. Problème de responsabilité. Limites et conditions de la répression de la récidive. — 256. Notions historiques. Problème de pénalité. La récidive circonstance aggravante. La récidive base de la relégation. Division du sujet.

255. Le récidiviste. Sa responsabilité. Limites et conditions de la récidive. — Le *récidiviste*, *relaps*, disaient nos pères, est l'individu qui commet une infraction après un jugement définitif qui l'a condamné pour une autre infraction. La récidive se constitue donc par une réitération d'infractions à la charge du même agent, mais avec cette circonstance essentielle que l'une des infractions a déjà été définitivement jugée, alors que l'autre est perpétrée. En législation, cette circonstance ne peut être indifférente : elle fait naître un double problème : un problème de responsabilité et un problème de pénalité.

La récidive dénote, de la part de l'agent, la persistance dans la volonté d'enfreindre la loi pénale ; elle démontre, de plus, l'insuffisance relative du premier avertissement pour le corriger. Une condamnation, suivie d'une rechute, établit donc, chez le délinquant, une culpabilité ou une *témibilité spéciale*, motivant une aggravation ou une modification de la peine du délit commis en récidive. Si même, il s'agit d'une infraction grave, perpétrée après une condamnation sévère, ou bien d'une série d'infractions commises après des condamnations successives, la récidive classe le délinquant parmi les malfaiteurs d'habitude. Cette situation est désormais la manifestation d'un danger, que la société a le devoir de conjurer, en mettant le récidiviste dans l'impossibilité de recommencer. Il suit de là que le délinquant s'expose, par le fait même de sa rechute, soit à être puni plus sévèrement qu'à son premier délit, soit à être l'objet de mesures spéciales de préservation sociale.

La légitimité d'une répression de la récidive n'est plus guère contestée aujourd'hui. Ce qui l'est encore, ce sont les limites mêmes de cette répression, ou plutôt les conditions que doit remplir la récidive pour qu'il en soit fait état dans le problème de la responsabilité pénale.

C'est ainsi qu'on se demande si le système de la récidive doit être général ou spécial? La récidive spéciale n'existe que lorsqu'un fait délictueux est commis après une condamnation prononcée pour un autre fait identique ou tout au moins similaire. La récidive générale suppose, au contraire, qu'on ne tient aucun compte de cette circonstance ; elle existe, par cela seul qu'une infraction quelconque a été commise après une condamnation prononcée pour une infraction quelconque.

On se demande également s'il faut tenir compte de l'intervalle entre la première condamnation et la seconde infraction. Peut-on dire, qu'après un certain nombre d'années, la présomption d'incorrigibilité cesse et que le laps de temps qui s'est écoulé, ayant fait oublier à l'agent la condamnation qui l'avait frappé, aucun motif n'existe plus d'aggraver sa situation ?

Il est incontestable que la culpabilité spéciale de l'agent s'élève lorsque les deux infractions sont de même nature et qu'elles ont été commises à intervalles rapprochés. Les dispositions légales sur la récidive doivent donc tenir compte de ce double élément.

Mais l'identité, ou, tout au moins, l'analogie des deux infractions n'est pas indispensable, si ces infractions ont une certaine gravité, s'il s'agit de ces crimes et délits de droit commun, tels que vol, faux, meurtre, attentat à la pudeur, qui se mêlent, se succèdent dans la vie d'un criminel et forment la trame même de son existence. La conception d'un système de récidive générale, en ce qui concerne les *crimes* et les *délits*, semble donc préférable à celui qui consisterait à prévoir, soit la réitération du même délit, du vol après le vol, du meurtre après le meurtre, soit les rechutes, non pas d'un délit dans un même délit, mais de délits du même genre dans des délits du même genre, dérivant des mêmes passions et des mêmes instincts, comme seraient par exemple, le vol, l'escroquerie, l'abus de confiance ; ou bien les violences, coups, blessures, meurtres, ou bien les attentats contre les mœurs : chacune de ces catégories, devant être groupée, pour former un système spécial de récidive. L'*habitude criminelle* ne dépend pas, en effet, d'une analogie plus ou moins complète entre les divers délits, mais de la ténacité, de la persistance mise par le délinquant à enfreindre la loi pénale. La société laisserait échapper les malfaiteurs les plus dangereux, ceux qui passent, sans scrupules, des actes de violences contre les personnes, aux appropriations coupables du bien d'autrui, si elle n'élargissait pas son système de récidive, de manière à y comprendre toutes les condamnations prononcées pour crimes ou délits de droit commun.

L'intervalle de temps qui s'écoule entre la première condamnation et le nouveau délit ne doit pas non plus rester indifférent. La récidive ne saurait être, en effet, un état *permanent*. Car si, d'un côté, l'impression de la première condamnation diminue et s'efface avec le temps, d'un autre côté, il n'est pas exact de dire que l'avertissement de la justice soit resté sans effet, puisque, pendant une période plus ou moins longue de sa vie, le condamné n'a pas commis de nouvelle infraction. De sorte que, lorsqu'un certain temps s'est écoulé sans rechute depuis la première condamnation, il est inexact d'affirmer qu'il y a eu, de la part de l'agent, cette persistance dans le crime et cette inefficacité de la répression ordinaire, qui caractérisent la récidive.

La loi doit-elle tenir compte de la *multiplicité des récidives*, et, au fur et à mesure qu'elles augmentent, aggraver, elle aussi, la répression? Ce système ne peut être admis d'une manière absolue, il se heurterait à des impossibilités de fait et à une exagération de pénalité, et amènerait une extrême complication dans l'application des peines. Mais une aggravation progressive des châtiments en cas de récidive, analogue à celle qu'admet la législation anglaise, pourrait être employée jusqu'au jour où le nombre ou la gravité des condamnations antérieures deviendrait tel, que la récidive constituerait le signe caractéristique, et le seul légitime, de cette incorrigibilité absolue, qui peut motiver l'emploi de mesures exclusives contre le délinquant [1].

256. Histoire de la récidive. La pénalité. Double effet de la récidive. Circonstance aggravante. Relégation. — L'idée d'user d'une aggravation de peine contre le criminel dont les antécédents sont chargés d'une ou plusieurs condamnations est une idée rudimentaire que toutes les législations, les plus primitives comme les plus civilisées, ont plus ou moins acceptée. Les anciens criminalistes de l'Europe l'ont trouvée formulée dans un certain nombre de textes du droit romain. Mais on remarque, en les parcourant : 1° que les jurisconsultes romains ont constamment confondu la réitération et la récidive; 2° et qu'ils ne se sont occupés que de la rechute dans le même délit. Les anciens criminalistes dégagèrent la récidive de la réitération, en formulant cette règle que, pour qu'il y eût lieu à aggravation de peine, il fallait une condamnation antérieure. Mais ils s'arrêtèrent, comme le droit romain, à la seule prévision de la récidive spéciale, la récidive ne devant s'entendre que de la rechute dans le même délit ou, tout au moins, dans un délit du même genre. Cependant déjà, dans l'ancienne France, on avait senti le besoin de prendre des mesures exceptionnelles contre certaines catégories de malfaiteurs d'ha-

[1] On lira, sur le problème de l'aggravation progressive à chaque récidive : *Rev. pénit.*, 1882, p. 922; 1884, p. 552; 1890, p. 411; 1895, p. 988 et 1874. Le Code pénal français n'a pas admis de progression dans la répression de la récidive. Cependant, on la trouve consacrée exceptionnellement par les art. 199 et 200. La loi du 23 janvier 1873 sur l'ivresse publique a également consacré ce système.

bitude, les vagabonds, les gens sans aveu et sans domicile, les bannis et repris de justice. Contre ces individus, la législation de l'ancien régime prononçait des peines plus rigoureuses et organisait des juridictions plus expéditives. Les déclarations des 8 janvier et 12 mars 1719 permettaient même aux juges, dans le cas où les ordonnances, édits et déclarations auraient prononcé la peine des galères contre ces individus, pour rupture de ban ou autres faits, d'ordonner que les hommes seraient transportés dans les colonies, pour y servir comme engagés au défrichement et à la culture des terres. Il est vrai qu'une déclaration du 5 juillet 1722 rétracta cette mesure dans l'intérêt même des populations honnêtes, établies aux colonies, et revint, avec quelques modifications, aux peines antérieures, mais il est utile de constater que, déjà, l'ancien régime avait eu l'idée de chercher, dans la transportation, un remède ou, tout au moins, un expédient contre l'accroissement des récidives.

La législation de l'Assemblée constituante contient, sur la récidive, deux systèmes parallèles et distincts : *a*) En cas de *délits de police municipale* ou de *police correctionnelle*, la loi du 22 juillet 1791 se borne à prévoir les récidives spéciales du même délit et quelquefois de délits du même genre. La peine était généralement doublée, par l'effet seul de cette circonstance; elle passait même parfois de la catégorie des peines de police municipale dans celle des peines de police correctionnelle, et de la catégorie des peines de police correctionnelle, dans celle des peines criminelles. Sauf une exception unique, la loi n'aggravait pas la condamnation à raison du nombre des récidives, elle s'arrêtait à la première. La double circonstance du temps qui séparait la deuxième infraction de la première condamnation, des lieux différents où les deux infractions avaient été commises, était prise en considération pour les récidives de délits de police municipale. *b*) En cas de *délits punis de peines afflictives et infamantes*, c'était la récidive générale qui faisait l'objet des prévisions légales. Le système du Code pénal de 1791 consistait à appliquer au crime commis après une condamnation criminelle la peine ordinaire de ce crime sans aggravation, mais à ordonner qu'à l'expiration de cette peine, le condamné serait transféré, pour le reste de sa vie, au lieu fixé pour la transportation des malfaiteurs (C. p., 1re part., tit. II, art. 1).

La déportation, ainsi annoncée par le Code pénal de 1791, ne fut jamais organisée. Le système de la récidive de crime à crime, resta donc comme une pierre d'attente dans la législation, et une loi du 23 floréal an X dut lui faire subir une transformation profonde. D'après cette loi, le récidiviste de crime à crime devait être flétri, sur l'épaule gauche, de la lettre R, sans qu'il y eût lieu, à l'expiration de sa peine, de prendre contre lui aucune autre mesure de précaution. C'était le rétablissement de la marque, abolie par la loi des 26 et 27 septembre, 30 décembre 1791, et quoique décrété à titre provisoire, ce système resta debout jusqu'à la promulgation du Code pénal de 1810.

Ces notions historiques étaient nécessaires à rappeler, avant d'aborder le problème de pénalité que soulève la récidive. La nécessité de sévir contre cette situation étant, en effet, admise, il s'agit de rechercher quel est le mode de répression le plus juste et le plus efficace. Le Code pénal de 1810, dont le système est, du reste, conforme, sur ce point, à celui qui prévaut dans la plupart des législations européennes, considère la rechute d'un délinquant, lorsqu'elle a lieu après une première condamnation et dans les conditions qu'elle détermine, comme une *circonstance aggravante du dernier délit* ou plutôt *de la peine du dernier délit* soumis à l'appréciation du juge.

Ce système est insuffisant. L'accroissement progressif des récidives qui caractérise, en France comme à l'étranger, la situation pénale, a surtout sa cause dans la difficulté du reclassement des libérés, et le régime de pénalité de la récidive a aggravé cette difficulté. Aussi la loi française du 27 mai 1885, revenant à l'idée de l'Assemblée constituante, a créé, dans le double but de punir certains récidivistes, les plus dangereux, et de les reclasser, la peine de la relégation. Ce nouveau genre de répression de la récidive n'abroge pas l'ancien système de répression, mais se combine avec lui; la relégation s'ajoute, dans certains cas, à la peine ordinaire de l'infraction, aggravée à raison de l'état de récidive de l'agent; dans d'autres cas, elle réprime des récidives dont la législation de 1810 ne s'était pas occupée. Enfin, la loi du 26 mars 1891, dont nous avons déjà dit l'origine, a remanié le système du Code pénal en ce qui concerne la récidive correctionnelle.

Par conséquent, nous étudierons la récidive : 1° comme circonstance aggravante de la dernière infraction; 2° comme base de la relégation; 3° quant à sa constatation et à sa preuve.

§ VI. — DE LA RÉCIDIVE PUNIE PAR LE CODE PÉNAL.

257. Division. — 258. Conditions générales de la récidive du Code pénal. Il faut une condamnation antérieure. Il faut une infraction postérieure à cette condamnation. — 259. Conséquence de la récidive. — 260. Conditions spéciales de la récidive criminelle et correctionnelle. — 261. Récidive criminelle. — 262. Récidive correctionnelle : I. Premier cas. — II. Second cas. —

257. Définition de la récidive. Division du sujet. — La récidive est l'état de l'individu qui, après avoir été irrévocablement condamné à une peine, par un jugement des tribunaux français, commet une nouvelle infraction pour laquelle il encourt une nouvelle condamnation pénale.

La récidive du Code pénal doit être examinée, soit dans ses *conditions* et ses *conséquences générales*, soit dans ses *conditions* et ses *conséquences spéciales*.

258. Conditions générales de la récidive du code pénal. — La récidive suppose une *condamnation antérieure* et une *nouvelle infraction* : ce sont là ses deux *termes* (C. p., art. 56, 57 et 58).

Une condamnation antérieure. — C'est par cet élément que l'état de récidive diffère de l'état de réitération. Lorsque le coupable, qui a commis plusieurs infractions, n'a jamais été condamné au moment où il comparaît devant un tribunal répressif, il y a simplement concours d'infractions. Mais une première condamnation ne suffit pas pour constituer la récidive et exclure la réitération. Il faut que cette condamnation soit devenue *irrévocable*, antérieurement au nouveau délit, qu'elle soit *pénale* et qu'elle émane d'un *tribunal français légalement organisé*.

a) Il faut que la condamnation soit *irrévocable* au moment où se commet le second délit[1]. D'une part, l'agent a pu ne pas tenir compte d'une décision sans effet légal, et qu'il avait l'espoir de faire tomber. *Alias sine tali punitione* (*delinquens*) *reiterando delictum non possit dici incorrigibilis*, disait déjà le vieux Farinacius. D'autre part, ce serait s'exposer à commettre une erreur judiciaire que de baser l'état de récidive sur une condamnation non définitive qui pourrait être plus tard réformée. En conséquence, le condamné qui, dans les délais ou pendant la durée de l'appel[2] ou du pourvoi en cassation, a commis

[1] Le principe posé au texte a toujours été admis en doctrine et en jurisprudence. Cf. Cass., 22 janv. 1852 (D. 52. 1. 60); 7 juill. 1852 (D. 53. 5. 393); 4 janv. 1856 (D. 56. 5. 383); 21 déc. 1871 (D. 72. 1. 334); 26 févr. 1880 (D. 80. 1. 358); 13 août 1880 (D. 81. 1. 143); 29 janv. 1885 (D. 86. 1. 43). Le pourvoi en cassation, même s'il est tardif, fait obstacle à la récidive : Cass., 20 mai 1899 (D. 1901. 1. 403; S. 1901. 1. 249 et la note de M. Roux).

[2] En matière correctionnelle, indépendamment du droit d'appel que le ministère public et le prévenu peuvent exercer dans le délai de dix jours fixé par l'art. 203, C. instr. cr., l'art. 205 réserve au procureur général la faculté de former appel dans les deux mois à compter du jour de la prononciation du jugement : ce délai est suspensif au point de vue de la récidive. Ne constituera donc pas le prévenu en état

une nouvelle infraction, n'est pas en état de récidive, mais seulement de réitération de délits, quand même il aurait ensuite succombé dans ces voies de recours. La même solution doit être donnée en cas d'infraction commise après une condamnation par contumace, mais avant que cette condamnation soit devenue irrévocable par l'expiration du délai de la prescription [1], et après une condamnation prononcée par défaut, tant que cette condamnation est susceptible d'opposition [2].

Si la condamnation doit être irrévocable, il n'est pas nécessaire, pour qu'il y ait récidive, que la peine prononcée ait été subie, en totalité ou en partie, au moment de la seconde infraction : c'est la *condamnation* et non l'*exécution de la peine* qui a dû servir d'avertissement au coupable [3]. Ce concept, qui place le premier terme de la récidive dans

de récidive un nouveau délit commis dans les deux mois du prononcé d'un jugement : Cass., 13 et 20 juin 1902 (S. 1903. 1. 248); 8 juill. 1904 (S. 1907. 1. 60).

[1] On sait que le contumax a vingt ans pour purger sa condamnation. Pendant ce délai, il commet un nouveau crime; on l'arrête. La cour d'assises ne peut certainement pas, après avoir statué d'abord sur la première infraction dont l'accusé est reconnu coupable, et, s'il y a confirmation de la condamnation par contumace, appliquer, pour le second fait, dont l'accusé est également reconnu coupable, l'aggravation due à la récidive. Mais je pense qu'il en est de même si le condamné par contumace laisse la condamnation devenir *rétroactivement* définitive par l'expiration des délais qui lui sont donnés pour purger sa contumace. En effet, le tribunal, qui statuera sur l'infraction commise pendant les délais de la prescription de la condamnation par contumace, devra, pour apprécier si le prévenu était en état de récidive, mettre en rapport les deux éléments suivants : la date de l'infraction et le caractère qu'avait, *à ce moment-là*, la condamnation antérieure. Peu importe donc que, par suite d'un événement postérieur à l'infraction, la condamnation par contumace soit devenue rétroactivement définitive. Mais, bien entendu, une condamnation par contumace, devenue définitive par suite de la prescription de la peine, concourt à constituer l'état de récidive en cas d'infractions postérieures : Cass., 10 mars 1861 (D. 61. 1. 239).

[2] *Sic*, Cass., 13 avr. 1880 (S. 82. 1. 143, D. 81. 1. 143). On sait que, d'après la loi du 27 juin 1866, modifiant l'art. 187, C. instr. cr., la condamnation par défaut prononcée en matière correctionnelle et dont la signification a été faite, non à la personne du condamné, mais à son dernier domicile connu ou au parquet, reste attaquable par la voie de l'opposition jusqu'aux actes d'exécution qui lui en ont donné connaissance, ou jusqu'à la prescription de la peine qui court pendant ce délai d'opposition. Par suite, c'est seulement après l'une de ces deux époques que cette condamnation peut devenir définitive et placer le condamné qui commet une nouvelle infraction en état de récidive. Cette condamnation est bien exécutoire; mais, d'une part, elle n'est pas définitive, puisque la voie de l'opposition est ouverte pour la faire tomber; d'autre part, la culpabilité du condamné, qui commet un délit, ne peut être aggravée par suite de l'existence d'une condamnation antérieure qu'il est présumé ne pas connaître. Pour les détails : Garçon, *Code pénal annoté*, art. 56, 57, 58, nos 27 à 43.

[3] Pas de distinction entre la récidive correctionnelle et criminelle : Cass., 18 févr. 1898 (D. 98. 1. 201); 23 juin 1898 (D. 1900. 1. 83). La Cour de cassation a cru voir,

la *condamnation* et non dans l'*exécution de la peine*, a trois conséquences principales : 1° L'état de récidive existe quand l'agent, tout en exécutant ou en prescrivant sa première condamnation, commet un nouveau délit, de sorte qu'il ne faut pas attendre l'expiration de la première peine ou sa prescription pour déclarer l'agent récidiviste; 2° Lorsque la condamnation est devenue irrévocable, elle produit ses effets, relativement à la récidive, tant qu'elle n'est pas anéantie, quoique le condamné soit dispensé, pour une cause quelconque, de subir sa peine. Ainsi, la *prescription* de la peine, *sa remise par voie de grâce* n'empêchent pas la récidive, puisqu'elles n'effacent pas la condamnation; 3° C'est que, en effet, toutes les causes qui effacent la condamnation, suppriment le titre même de la récidive. Il en est particulièrement ainsi de l'*amnistie*, de la *revision* et enfin de la *réhabilitation*, soit *judiciaire*, soit *légale*.

b) La condamnation qui sert de premier terme à la récidive doit être une condamnation pénale. C'est ce qui résulte des art. 56 et suivants : « Quiconque ayant été condamné à une *peine*... ». D'où il suit que le mineur, acquitté pour avoir agi sans discernement, mais renvoyé dans une maison de correction (C. p., art. 66), n'est pas en état de récidive s'il commet une nouvelle infraction. Mais on a voulu en conclure que la condamnation prononcée par un fait qui a cessé, depuis, d'être incriminé par la loi, ne pouvait être un élément de récidive. Cette opinion avait été consacrée par la loi du 23 floréal an X, qui exigeait, pour qu'il y eût lieu à récidive, que le fait de la première condamnation fût qualifié crime *par les lois existantes* au moment où intervient la seconde infraction; mais le Code pénal n'a pas reproduit cette disposition, et son silence laisse libre application au principe d'après lequel une loi nouvelle qui supprime ou réduit une peine ne peut profiter à ceux qui ont été définitivement condamnés sous l'empire de la loi ancienne[1].

c) Il faut et il suffit que la condamnation ait été prononcée par un *tribunal français*. C'est-à-dire qu'il importe peu d'abord qu'elle émane d'une juridiction *ordinaire* ou d'une juridiction *spéciale*. Ainsi une condamnation prononcée par une haute cour de justice, par un tribunal maritime ou militaire pour un *délit de droit commun*, doit amener les peines de la récidive. Ce principe résulte, par un *a con-*

pendant une courte période, dans la modification subie par les art. 57 et 58, C. p., en 1891, une modification à cette règle traditionnelle (Cass., 30 janv. 1897). Mais elle n'a pas tardé à abandonner cette interprétation.

[1] Dans ce sens : Cass., 19 août 1830 (S. 31. 1. 185). En sens contraire : Laborde, n° 510 ; Haus, t. II, n°s 899 et 900. Cf. sur la question : Chauveau et Hélie, *op. cit.*, t. Ier, n° 213.

trario décisif, de l'exception même qui y est faite par l'art. 56, *in fine* : « Toutefois, l'individu condamné par un tribunal militaire ou maritime, ne sera, en cas de crime ou délit postérieur, passible des peines de la récidive, *qu'autant que la première condamnation aurait été prononcée pour des crimes ou délits punissables d'après les lois pénales ordinaires* [1] ».

Mais une condamnation émanée d'un tribunal étranger serait sans effet au point de vue de la récidive. C'est une des conséquences les moins contestables du principe de la territorialité des lois pénales [2].

Une infraction postérieure à cette condamnation. — Le second terme de la récidive consiste dans une seconde infraction, qui doit être : 1° *indépendante* de la première condamnation ; 2° *de même nature* que l'infraction antérieure.

a) *Indépendante* de la première condamnation et ne la supposant pas pour son existence. — Ainsi la *rupture de ban* d'un libéré soumis à l'interdiction de séjour et *l'évasion* d'un détenu ou d'un condamné aux travaux forcés n'entraînent pas les peines de la récidive, en se combinant avec la condamnation qui a placé le prévenu sous le coup de ces états, car ces faits sont, moins des délits nouveaux, que l'inexécution des peines prononcées par la première condamnation. Ils ne manifestent pas l'incorrigibilité du coupable, mais plutôt son désir d'éviter le châtiment [3].

b) *De même nature* que l'infraction antérieure. — Si le Code pénal distingue trois sortes d'infractions, les *crimes*, les *délits*, et les *contraventions*, cette division, utile pour fixer la compétence, n'a aucune

[1] Voy. pour les applications : Garçon, *Code pénal annoté*, art. 56, 57, 58, n°s 58 à 79. Plusieurs cas doivent être distingués : 1° Jugement prononçant une condamnation pour un délit purement militaire, par exemple aux travaux publics, pour outrage, pendant le service, au supérieur, par parole, gestes ou menaces (C. just. mil., art. 224). En cas de second délit, même de droit commun, la peine ne sera pas élevée à raison de la récidive. 2° Jugement d'un tribunal militaire infligeant une peine de droit commun pour un délit de droit commun, suivi d'un autre délit de droit commun. La peine sera élevée conformément aux art. 56 à 58, C. p. 3° Condamnation par un tribunal militaire pour un délit prévu à la fois par la loi ordinaire et par la loi militaire, suivie d'un délit de droit commun ou d'un délit mixte. Depuis la loi du 28 juin 1904 sur l'application du sursis aux militaires (art. 4), cette condamnation doit être prise en considération pour la récidive. La solution contraire était adoptée par la jurisprudence avant la loi de 1904.

[2] On discute, du reste, en théorie, la question de savoir s'il ne conviendrait pas de donner aux juges français le droit de tenir compte, au moins facultativement, d'une condamnation prononcée par une juridiction étrangère.

[3] *Sic*, Lyon, 2 janv. 1884 (D. 87. 2. 68); Paris, 24 mai 1886 (D. 88. 5. 412); Cass., 4 déc. 1888 (S. 88. 1. 284); 19 déc. 1891 (S. 92. 1. 47). Comp., pour l'évasion des condamnés aux travaux forcés à temps, le décret du 25 avril 1893.

prétention scientifique. D'après leur *nature*, toutes les infractions se divisent en deux catégories : les *délits* et les *contraventions*. Les crimes et les délits rentrent, en principe, dans le premier groupe ; les contraventions, dans le second. Ceci posé, il n'y a, en réalité, que deux genres d'infractions : les crimes et délits d'une part, faits de même *nature*, qui ne diffèrent entre eux que par leur *gravité*, et les contraventions d'autre part. Au point de vue de la récidive, il ne peut donc y avoir rien de commun entre ces deux groupes : le principe général de la récidive et le but que s'est proposé le législateur en la punissant, entraînent naturellement ce résultat. La récidive se répartit, par conséquent, en deux groupes : récidive de *crimes* à *délits* et de *délits* à *crimes*, avec des précisions et dans des limites que nous ferons connaître ; et récidive de *contraventions* à *contraventions*. Mais il n'y a pas récidive, de *contraventions* à *crimes* ou *délits*, et de *crimes* ou *délits* à *contraventions*. Nous aurons ainsi à examiner les *conditions spéciales* de la récidive, en matière de crimes et délits d'une part, et en matière de contraventions d'autre part.

259. Conséquences générales de toute récidive. — Le Code pénal considère l'état de récidive d'un prévenu ou d'un accusé comme une *circonstance aggravante* du nouveau délit qui est soumis au tribunal.

a) Mais l'aggravation, en cas de récidive, doit-elle être *obligatoire* ou *facultative* pour le juge? C'est se demander si la récidive, en législation, doit être une *circonstance aggravante légale* ou une *circonstance aggravante judiciaire?* Le Code a fait une transaction entre ces deux systèmes. En effet, la récidive aggrave *légalement* et *nécessairement* la peine, mais une déclaration *expresse* de circonstances atténuantes permet, dans tous les cas, au juge, d'en écarter les effets. La récidive est donc une *présomption légale de perversité plus grande*, mais qui peut, comme une *présomption ordinaire*, être détruite par les circonstances de fait qu'il est permis aux juges d'apprécier[1].

[1] Le projet primitif de la commission du Sénat, qui est devenu la loi du 26 mars 1891, modifiait l'art. 463, C. p. Il supprimait les mots « même en cas de récidive » dans le § 9 de cet article et y ajoutait ce paragraphe : « En cas de récidive, la peine ne pourra descendre au-dessous de quatre années d'emprisonnement, si la peine encourue ou celle précédemment prononcée est celle des travaux forcés à temps, et de deux années, s'il s'agit de la réclusion, de la détention, du bannissement ou de la dégradation civique. Si la peine antérieure est celle de l'emprisonnement, la condamnation nouvelle ne pourra être inférieure à celle précédemment prononcée ». Après une longue et intéressante discussion, le maintien pur et simple de l'art. 463 fut accepté (D. 91. 4. 29, n° 7). Les art. 64 et 65 du projet élaboré par la commission de révision du Code pénal reprennent le système proposé en 1891.

b) Dans quelle mesure la peine doit-elle être aggravée pour cause de récidive? Le Code pénal se contente, comme mode d'aggravation, en *matière correctionnelle et de police*, de prolonger la durée ou d'augmenter la quotité de la peine; mais, *en matière criminelle*, le juge doit monter, pour cause de récidive, du degré inférieur au degré supérieur de la pénalité, de telle sorte qu'une circonstance, ne se rattachant par aucun côté à la criminalité intrinsèque de l'infraction, a pour résultat de modifier la *nature* même de la peine.

c) La récidive a pour effet une aggravation de *peine*, mais a-t-elle le caractère d'une circonstance aggravante de *l'infraction?* n'est-elle pas plutôt une circonstance aggravante de la *peine?* En un mot, agit-elle sur la peine directement, ou seulement par voie de conséquence en agissant sur le fait? Un grand intérêt pratique s'attache à la solution de cette question. Si la récidive est une circonstance du fait délictueux, c'est au juge du fait à statuer sur son existence; si, au contraire elle n'a d'influence que sur la peine, elle ne peut être appréciée que par les juges chargés de l'appliquer. Or, la récidive constitue, non un *état de l'infraction*, mais un *état particulier de l'infracteur*. A la différence des autres circonstances aggravantes, elle ne se rattache, par aucun côté, à la *criminalité intrinsèque de l'infraction*, et ses effets ne se produisent que lorsque l'examen du fait est terminé et que la peine qu'il a encourue est fixée. Il faut donc conclure de ce caractère que l'examen du point de savoir si l'accusé, déclaré coupable, est récidiviste dans les conditions du Code pénal, rentre dans le problème de l'application de la peine et qu'il est soumis, à ce titre, exclusivement à la cour d'assises[1].

Ceci dit, nous devons étudier distinctement les conditions et les effets de la récidive en matière de crimes et de délits, d'une part, et en matière de contraventions, d'autre part.

260. CONDITIONS SPÉCIALES ET EFFETS DE LA RÉCIDIVE EN MATIÈRE CRIMINELLE ET CORRECTIONNELLE. — Pour que la récidive, en matière de *crimes* et de *délits*, soit punissable, il faut nécessairement que le premier et le second termes de la récidive soient un *crime* ou un *délit*. Ceci compris, le Code pénal fait dépendre l'aggravation de peine, qui est l'effet légal de la récidive constatée, de la gravité tout à la fois de la première et de la seconde infractions. Mais cette gravité doit-elle être appréciée d'après la *nature intrinsèque* de l'infraction commise, c'est-à-dire d'après la *qualification* de celle-ci, ou d'après la *peine* réellement prononcée? Il peut se faire que, par suite de l'ad-

[1] Cass., 20 sept. 1888 (D. 89. 1. 121). Comp. Paris, 8 avr. 1881 (D. 86. 2. 49).

mission d'une excuse ou de la déclaration de circonstances atténuantes, un fait, qualifié crime par la loi, poursuivi et jugé comme crime, ait été frappé de peines correctionnelles? considère-t-on ce fait, au point de vue des règles de la récidive, comme un crime ou comme un délit? Rationnellement, c'est de la *peine* prononcée et non de l'*infraction* commise que le juge doit tenir compte. S'agit-il, en effet, de la première condamnation qui sert de base à la récidive? cette condamnation est considérée par la loi comme un avertissement donné au coupable et la portée de cet avertissement se mesure à la gravité de la *peine* prononcée. S'agit-il, au contraire, de l'infraction nouvelle? c'est la peine, réellement encourue à raison de ce fait, et seulement cette peine, qu'il est question d'aggraver pour cause de récidive. Ce principe rationnel, admis déjà dans notre ancien droit, est aujourd'hui le principe légal. Les lois de revision de 1832, de 1863 et de 1891, en modifiant les art. 56, 57 et 58, ont fait cesser quelques-uns des doutes qui s'étaient élevés à cet égard dans la doctrine et la jurisprudence[1]. Il reste cependant un point essentiel sur lequel des difficultés subsistent encore.

Puisque la récidive a sa base dans la *gravité* des peines encourues par l'agent, nous pouvons, pour étudier ses effets, supposer cinq combinaisons :

Récidive de *crime sur crime*, ou mieux de *peine criminelle* à *peine criminelle* (C. p., art. 56).

Récidive de *délit sur crime*, ou mieux de *peine criminelle* à *peine correctionnelle* (C. p., art. 57).

Récidive de *crime* sur *délit*, ou mieux de *peine correctionnelle* à *peine criminelle*.

Récidive de *crime* sur *délit*, ou mieux de *peine correctionnelle* à *peine correctionnelle* supérieure à un an d'emprisonnement *prononcée pour crime* (C. p., art. 58, § 1).

Récidive de *délit* sur *délit*, ou mieux de *peine correctionnelle* à *peine correctionnelle* (C. p., art. 58, § 2).

Le système de la *récidive criminelle* n'a pas été modifié par la loi du 26 mars 1891 qui a, au contraire, profondément remanié le système de la *récidive correctionnelle*. Aujourd'hui, par conséquent, il y a

[1] Cf. Blanche, *op. cit.*, t. Ier, n° 569; Chauveau et Hélie, *op. cit.*, t. Ier, n° 210; Dutruc, *Le Code pénal modifié par la loi du 13 mai 1863*, p. 85. *Adde* un arrêt de la Chambre criminelle du 3 juillet 1863 (*B. cr.*, n° 188) dans les motifs duquel on lit : « Attendu que la loi française fait résulter la récidive de la nature de la peine qui a été prononcée et non de la qualification du fait qui a motivé la première condamnation ». Ce qui est vrai de la première condamnation est également vrai de la seconde. Voy. Cass., 6 janv. 1881 (*B. cr.*, n° 1).

lieu d'établir deux groupements, qui s'enchevêtrent par suite de ce fait qu'un crime peut être puni de peines correctionnelles : celui de la *récidive criminelle*, ou grande récidive; celui de la *récidive correctionnelle*, ou petite récidive.

261. De la récidive criminelle. — Trois situations doivent être examinées.

I. La première fait l'objet des prévisions de l'art. 56, revisé en 1832, mais qui n'a pas été modifié depuis. Il s'agit du cas d'un individu, condamné à une *peine afflictive ou infamante*, qui commet un second crime, et qui, abstraction faite de la récidive, devrait être puni d'une peine *afflictive* ou simplement *infamante*. Ainsi, un individu a été condamné à cinq ans de réclusion; après l'arrêt devenu définitif, il commet un crime passible de la réclusion.

Le système d'aggravation, qui est la conséquence de cette récidive, consiste à obliger le juge à monter, dans chaque échelle pénale, l'échelle de droit commun et l'échelle politique, d'un échelon à l'échelon immédiatement supérieur, si ce n'est toutefois : 1° qu'on ne passe pas d'une peine *temporaire*, par exemple des travaux forcés à temps, à une peine *perpétuelle*, les travaux forcés à perpétuité; l'aggravation consiste alors dans l'obligation imposée au juge de prononcer le *maximum* de la peine[1], qui peut même être portée jusqu'au double; 2° qu'on passe de la *déportation*, peine politique, aux *travaux forcés à perpétuité*, peine de droit commun[2]; 3° qu'on ne passe à la

[1] Ce *maximum* est en effet obligatoire, puisqu'il constitue la peine de la récidive. *Sic*, Cass., 7 juill. 1876 (D. 78. 1. 94).

[2] La loi du 8 juin 1850 a créé un nouveau degré de déportation, la *déportation simple* qui n'existait pas dans le Code pénal revisé en 1832. Il serait plus conforme au système général de la récidive, lorsque la peine à appliquer est la peine de la *déportation simple*, de ne prononcer, à raison de la récidive, que la *déportation dans une enceinte fortifiée*, sauf à réserver la peine des *travaux forcés à perpétuité*, comme aggravation de la *déportation dans une enceinte fortifiée*. Mais cette modification à l'art. 56, dont tout le monde reconnaît la justice, peut-elle être admise en l'absence d'une disposition formelle de la loi du 8 juin 1850? Nous le croyons, malgré des doutes bien légitimes, et contrairement à l'opinion de criminalistes considérables (par exemple, Chauveau et Hélie, t. Ier, n° 202); car une loi nouvelle qui introduit, dans l'échelle pénale, une nouvelle peine et qui y change l'ordre des degrés, réagit sur toutes les dispositions qui emploient cette échelle, et les modifie dans tout ce qu'elles ont de contraire à l'état de choses qu'elle consacre. Cela est si vrai que, dans l'art. 2 de la loi de 1850, on lit : « En cas de déclaration de circonstances atténuantes, si la peine prononcée par la loi est celle de la déportation dans une enceinte fortifiée, les juges appliqueront celle de la déportation simple ou de la détention ». Puisque la loi indique expressément comment on doit abaisser la peine, n'indique-t-elle pas virtuellement comment on doit l'élever? Du reste, dans le silence de la loi, cette interprétation doit être adoptée comme favora-

peine de mort, qu'autant que les deux peines, celle qui a été prononcée par la première condamnation, celle qui devrait l'être pour la seconde infraction, sont toutes deux les travaux forcés à perpétuité. Mais lorsque cette double condition se rencontre, l'application de la récidive amène une condamnation à la peine de mort.

Il résulte de l'art. 56 que la *récidive criminelle* n'est pas subordonnée aux deux conditions de *similitude* et de *temps*, auxquelles se trouve, aujourd'hui, subordonnée la *récidive correctionnelle :* 1° La récidive existe sans *similitude* de crime, c'est-à-dire qu'il n'y a pas à mettre en rapport les *crimes* commis, mais seulement les *peines* prononcées. C'est donc un système de *récidive générale;* 2° La récidive, dans ce cas, est un *état permanent :* quel que soit l'espace de temps qui sépare les deux crimes et les deux condamnations, l'accusé sera récidiviste, s'il n'a pas, dans l'intervalle, bénéficié, pour son premier crime, de la réhabilitation, judiciaire ou légale.

II. La seconde situation a été volontairement oubliée par la loi. Il s'agit du cas où, la première peine prononcée étant *correctionnelle*, le condamné commet, plus tard, un crime, puni d'une peine *afflictive* ou *infamante*. L'art. 56 ne peut s'appliquer, puisqu'il exige, pour qu'il y ait récidive, que le premier terme soit une condamnation à une peine criminelle. Les art. 57 et 58 ne peuvent non plus être observés, puisqu'ils supposent le second fait puni d'une peine d'emprisonnement. Il n'y a pas alors récidive au sens légal du mot, et il ne peut y avoir lieu à une aggravation de peine. C'est là d'ailleurs le résultat que le législateur voulait obtenir. Dans ce but, en effet, en 1832, aux mots « quiconque ayant été condamné pour *crime* » de l'art. 56, on substitue intentionnellement cette rédaction : « quiconque ayant été condamné à *une peine afflictive ou infamante* ». Cette règle qu'il *n'y a pas de récidive de crime sur délit*, s'explique par une double considération : 1° on a pensé qu'une peine correctionnelle, antérieurement prononcée, ne constituait pas un avertissement assez sérieux pour faire aggraver légalement une peine criminelle; 2° et que la pénalité ordinaire du crime offrait, dans ce cas, à la cour d'assises, une marge de sévérité suffisante pour la répression de la récidive[1]. Ces motifs sont peu satisfaisants, car la loi, dans ce système, semble encourager l'individu qui s'engage dans la voie du *délit* à aller plus avant dans

ble au condamné. Comp. en sens divers : Molinier (*Revue critique*, t. Ier, p. 49); *id.* (*Recueil de l'Académie de législation*, 1862, t. II, p. 119, note); Bertauld, p. 414 ; Ortolan, t. II, n° 1605; Blanche, t. Ier, n° 488.

[1] « La loi n'a attaché aucune aggravation de peine à la récidive de délit à crime, par le motif que la peine applicable au crime laisse au juge une latitude suffisante pour assurer la répression ». Arrêt de la Cour de cass., 21 déc. 1871 (S. 72. 1. 447),

la voie du *crime*, puisqu'elle n'attache à cette progression aucune influence sur la pénalité. Ainsi, l'individu qui a commis un vol simple et a été condamné, n'est pas un récidiviste s'il commet plus tard un vol qualifié.

III. Que la peine correctionnelle antérieure ait été prononcée pour *crime* ou pour *délit*, la solution reste la même : les difficultés élevées sur ce point lors de la première rédaction de l'art. 57, en 1810, ont disparu lors de la revision de 1832[1]. Mais si la seconde infraction, quoique qualifiée *crime*, était déclarée excusable par la loi, le coupable encourrait, au contraire, une aggravation de peine, dans les conditions de l'art. 58, comme s'il était retombé d'un *délit* dans un *délit*. En serait-il de même si le juge, admettant des circonstances atténuantes, commuait la peine prononcée par la loi contre un fait qualifié crime, en un emprisonnement correctionnel? Nullement : d'une part, les circonstances atténuantes ne changent pas la qualification légale de l'infraction qui reste un crime, et, de l'autre, il serait contradictoire, pour le juge, d'aggraver une peine qu'il vient de réduire et précisément parce qu'il l'a réduite. Cette question, du reste, se rattache au problème qui consiste à déterminer, dans l'application de la peine, l'ordre des circonstances atténuantes et de la récidive : il est certain, aussi bien en doctrine qu'en jurisprudence, qu'on doit d'abord aggraver la peine à raison de la récidive, et l'atténuer ensuite par l'effet de circonstances atténuantes.

262. De la récidive correctionnelle. — La récidive correctionnelle a été prévue par le Code pénal dans les art. 57 et 58. Son système a été, depuis, modifié à deux reprises : en 1863 et en 1891. Tel qu'il résultait de la loi du 13 mai 1863, il présentait deux graves défauts. D'une part, les crimes ou les délits qui servaient de termes à la récidive pouvaient être intervenus à des époques fort éloignées; alors même qu'ils auraient été séparés par vingt ou trente ans, ils étaient susceptibles de constituer en état de récidive l'agent qui les avait commis. D'autre part, le Code pénal de 1810 et la loi du 13 mai 1863 avaient laissé, en dehors de leurs prévisions, les délits les plus fréquents, ceux qui constituent la petite criminalité, car le premier terme de la récidive devait être une condamnation supérieure à une année d'emprisonnement. Tous les faits de vol, d'escroquerie, d'excitation habituelle de mineurs à la débauche, de vagabondage, qui n'offraient pas assez de gravité pour entraîner une peine aussi rigoureuse, ne pouvaient donner lieu à l'application de l'art. 58. Les

[1] Cass., 6 janv. 1881 (S. 82. 1. 281 et la note).

progrès effrayants de la récidive amenèrent à combiner un régime d'indulgence vis-à-vis du délinquant qui en est à sa première faute, avec un régime de sévérité à l'égard du malfaiteur d'habitude. En 1884, M. Bérenger prenait l'initiative d'une proposition de loi sur l'aggravation progressive des peines en cas de récidive et sur leur atténuation en cas de premier délit, qui devait aboutir au vote de la loi du 26 mars 1891, sur l'atténuation et l'aggravation des peines. Mais les modifications que cette proposition a subies au cours des discussions parlementaires en ont modifié si profondément l'économie qu'elle n'a que très imparfaitement obtenu, au point vue de la récidive, le résultat qu'en attendait son auteur.

On s'attache toujours, pour l'application de la récidive correctionnelle, à la nature des peines prononcées et non à la qualification des infractions dont elles sont la sanction. Les nouveaux art. 57 et 58[1]

[1] Art. 5 de la loi du 26 mars 1891 : Les art. 57 et 58, C. p. sont modifiés comme suit :

Art. 57, C. p.	Art. 57 modifié.
Quiconque, ayant été condamné pour crime à une peine supérieure à une année d'emprisonnement, aura commis un délit ou un crime qui devra n'être puni que de peine correctionnelle, sera condamné au maximum de la peine portée par la loi et cette peine pourra être élevée jusqu'au double. Le condamné sera de plus mis sous la surveillance spéciale de la haute police pendant cinq ans au moins et dix ans au plus.	Quiconque, ayant été condamné pour crime à une peine supérieure à une année d'emprisonnement, aura, *dans un délai de cinq années après l'expiration de cette peine ou sa prescription*, commis un délit ou un crime qui devra être puni *de la peine de l'emprisonnement*, sera condamné au maximum de la peine portée par la loi, et cette peine pourra être élevée jusqu'au double. *Défense pourra être faite, en outre, au condamné de paraître*, pendant cinq ans au moins et dix ans au plus, *dans les lieux dont l'interdiction lui sera signifiée par le Gouvernement avant sa libération.*

Art. 58, C. p.	Art. 58 modifié.
Les coupables condamnés correctionnellement à un emprisonnement de plus d'une année seront aussi, en cas de nouveau délit ou de crime qui devra n'être puni que de peines correctionnelles, condamnés au maximum de la peine portée par la loi, et cette peine pourra être élevée jusqu'au double. Ils seront de plus mis sous la surveillance spéciale du Gouvernement pendant au moins cinq années, et dix ans au plus.	*Il en sera de même* pour les condamnés à un emprisonnement de plus d'une année *pour délits*, qui, *dans le même délai*, seraient reconnus coupables du *même* délit ou d'un crime devant être puni *de l'emprisonnement*. *Ceux qui, ayant été antérieurement condamnés à une peine d'emprisonnement de moindre durée, commettraient le même délit dans les mêmes conditions de temps, seront condamnés à une peine d'emprisonnement*

distinguent trois cas de récidive correctionnelle, lesquels, ayant tous, pour second terme, une condamnation à la *peine d'emprisonnement*, ne diffèrent entre eux que par leur *premier terme*, qui peut être : 1° soit une *condamnation supérieure à un an d'emprisonnement pour crime*; 2° soit une *condamnation supérieure à un an d'emprisonnement pour délit*; 3° soit une *condamnation à un emprisonnement d'un an ou au-dessous*.

I. La récidive correctionnelle peut avoir, pour premier terme, une condamnation *supérieure à un an d'emprisonnement pour crime*. C'est l'hypothèse visée par l'art. 57, et ce texte n'a pas été modifié, à ce point de vue du moins, par la loi de 1891. Il faut donc l'interpréter, comme auparavant, et ajouter à cette hypothèse, celle où la première condamnation pour crime porte une *peine afflictive* ou *infamante*. Il s'agit, en effet, de la récidive de *crime* à *délit*. Mais tandis que le second terme de la récidive consistait, en 1863, en « un délit ou un crime qui devra n'être puni que de peines correctionnelles », il consiste, aujourd'hui, en « un délit ou un crime qui devra être puni de la peine d'emprisonnement ». La substitution des mots « peine d'emprisonnement » aux mots « peines correctionnelles », a été édictée pour qu'une condamnation à l'amende ne puisse constituer le prévenu en état de récidive.

Comme en 1810 et en 1863, l'aggravation consiste à prononcer le maximum de la peine portée par la loi, et cette peine peut être élevée jusqu'au double. Toutefois, trois modifications ont été introduites par la loi de 1891 : 1° L'application de cette aggravation est désormais restreinte à la peine d'emprisonnement. L'amende, soit qu'elle constitue la seule pénalité applicable, soit qu'elle accompagne la peine d'emprisonnement, ne peut être l'objet d'une aggravation basée sur l'état de récidive[1]. 2° Le renvoi sous la surveillance de la haute police, peine jadis *obligatoire*, est remplacé par la peine *facultative* de

qui ne pourra être inférieure au double de celle précédemment prononcée, sans toutefois qu'elle puisse dépasser le double du maximum de la peine encourue.

Les délits de vol, escroquerie et abus de confiance seront considérés comme étant, au point de vue de la récidive, un même délit.

Il en sera de même des délits de vagabondage et de mendicité.

[1] En sens contraire : Molinier, *Traité*, t. II, p. 359; Vidal, *op. cit.* (3e éd.), n° 296, p. 406.

l'interdiction de résidence. Cette disposition se trouve, à cet égard, en harmonie avec le régime de la surveillance qui est, depuis 1874, facultative en matière criminelle. 3° L'état de récidive *n'est plus permanent*. Les deux infractions qui la constituent doivent être intervenues dans un délai de « cinq années après l'expiration de la peine ou sa prescription ». Le point de départ de ce délai est l'expiration de la première peine, soit par son exécution complète, soit par sa grâce (remise totale ou partielle), soit par la prescription de cette peine lorsque le condamné s'est soustrait à son exécution sans en être légalement dispensé[1]. La libération conditionnelle ne peut être le point de départ du délai de cinq ans, parce que le condamné mis en liberté conditionnelle continue en droit à subir la peine jusqu'à l'expiration complète de sa durée.

Dans l'hypothèse de récidive de crime à délit, la récidive continue à être *générale*, et la loi de 1891 n'a pu exiger aucune condition d'identité ou de similitude entre les deux infractions successives.

II. La récidive correctionnelle peut avoir pour premier terme une condamnation à un *emprisonnement de plus d'un an pour délit* (C. p., art. 58, § 1). Son second terme consiste dans l'accomplissement « du même délit ou d'un crime devant être puni de l'emprisonnement ». C'est la *grande récidive correctionnelle*.

L'aggravation demeure la même que précédemment : le juge est obligé de prononcer le maximum de la peine portée par la loi, peine qu'il peut élever jusqu'au double de son maximum. Il a, en outre, le droit de renvoyer le condamné en état d'interdiction de séjour pendant cinq ans au moins et dix ans au plus. Toutefois, le régime de l'aggravation a été restreint dans une très large mesure : 1° D'abord, par la condition que le second délit soit punissable de l'emprisonnement. 2° Puis, par l'espèce de prescription libératoire de l'état de récidive, établie par l'art. 57, qui se trouve renouvelée dans l'art. 58, § 1. Désormais, il faut que le second délit ait été commis pendant les cinq années qui suivent l'expiration, la grâce ou la prescription de la première peine. 3° Enfin, le système de la récidive est transformé : la récidive reste *générale*, quand elle a pour second terme un crime passible de la peine d'emprisonnement ; elle devient, au contraire, *spéciale* quand son nouvel élément est un délit. En d'autres termes, si un individu, condamné à plus de un an de prison pour délit, commet un autre délit, il n'encourra l'aggravation que si l'une et l'autre

[1] Il n'y a pas lieu de retrancher du temps écoulé depuis l'exécution de la première condamnation la durée de peines d'emprisonnement que le prévenu peut avoir subies par suite d'autres condamnations : Cass., 23 juin 1900 (D. 1903. 1. 102; S. 1904. 1. 379).

de ces infractions sont des délits identiques ou assimilés. Par exemple, un individu, qui avait commis une escroquerie en 1908, après avoir été condamné, en 1906, à treize mois de prison pour extorsion de sommes d'argent, n'est pas récidiviste [1]. Cette innovation de la loi de 1891 est un retour en arrière; la récidive devrait demeurer générale, au moins quand un premier méfait a entraîné l'application d'une peine supérieure à un an d'emprisonnement [2].

L'état de récidive, visé par l'art. 57 ou par les derniers mots du § 1 de l'art. 58, suppose une condamnation pour *un crime qui devra être puni de la peine de l'emprisonnement*. Ces derniers mots ont leur origine dans les modifications apportées au Code pénal par la loi du 13 mai 1863. Des difficultés se sont élevées sur leur interprétation, et elles subsistent dans les mêmes conditions, depuis la loi du 26 mars 1891, qui s'est bornée à faire subir au texte un léger changement de rédaction [3]. On peut donner, en effet, à ces mots, trois significations différentes : 1° Un fait poursuivi comme crime, par exemple un *vol* commis avec escalade et effraction, peut être puni de peines correctionnelles parce que les circonstances aggravantes, qui en faisaient un crime, auront été écartées par le jury; il est certain que ce n'est pas cette hypothèse qui est visée, car, dans ce cas, il n'y a plus un *crime*, puni de peines correctionnelles, mais simplement un *délit*. Ici, en effet, la *qualification légale* change et non pas seulement la peine. 2° Un fait, poursuivi comme *crime*, peut être puni de peines correctionnelles, par suite de l'admission d'une *excuse légale*, par exemple, de la *provocation ou* de la *minorité de seize ans*. Il est non moins certain que c'est bien l'hypothèse visée; et il faut reconnaître, par un argument décisif, puisque c'est un argument de texte que, dans l'application de la peine, l'atténuation de l'excuse légale doit être faite avant l'aggravation de la récidive. D'où il suit qu'en cas de crime excusé, la récidive porte sur la peine correctionnelle substituée à la peine criminelle. 3° Un fait, poursuivi comme *crime*, peut être puni de peines correctionnelles, par suite de l'admission de *circonstances atténuantes*. Eh bien, ces mots « crime qui devra être puni de peines correctionnelles » visent-ils le cas où, par suite de la déclaration de circonstances atténuantes, la peine *criminelle*, qui devrait être pronon-

[1] Paris, 6 avr. 1891 (D. 91. 2. 297).

[2] Cette spécialité n'a été étendue à l'ancienne et unique récidive correctionnelle de délit à délit, seule prévue autrefois par le Code pénal, que par suite d'une erreur de vote. Cf. *Rev. crit. de législ.*, 1891, p. 388, 393 et 394.

[3] La phrase « un délit ou un crime qui *devra n'être puni* que de peines correctionnelles » a été remplacée par celle-ci : « un délit ou un crime qui *devra être puni...* » ou « un crime *devant être puni* ».

cée, descend, en vertu des pouvoirs du juge à une peine *correctionnelle?* Si on l'admet, c'est que le calcul de l'atténuation due aux circonstances atténuantes précède le calcul de l'aggravation due à la récidive. Or, la question a un grand intérêt, car suivant que, dans l'application de la peine, on suivra l'une ou l'autre marche, qu'on atténuera, avant d'aggraver, ou qu'on aggravera, avant d'atténuer, la peine définitivement prononcée pourra être bien différente. Cette question, la plus importante de celles que soulève l'interprétation de la loi du 13 mai 1863, modificative des art. 57 et 58, C. p., paraît devoir être résolue en ce sens que, dans le calcul de la peine, l'aggravation de la récidive précède l'atténuation des circonstances atténuantes [1].

III. La récidive correctionnelle peut avoir pour premier terme une condamnation à *l'emprisonnement égal ou inférieur à une année* (C. p., art. 58, § 2). Elle est donc constituée, quel que soit le chiffre de la première condamnation à l'emprisonnement. Ainsi se trouve supprimée « cette sorte de *champ réservé* (qui existait avant 1891) où le malfaiteur pouvait se donner libre carrière sans s'exposer à l'aggravation légale de la récidive ». L'innovation est d'autant plus importante que ce champ réservé représentait plus des quatre cinquièmes du nombre total des récidivistes criminels ou correctionnels.

Le second terme de la récidive est une condamnation pour le « *même délit* ». Toutefois cette *spécialité* n'a pas été trop rigoureusement exigée, et le législateur a *assimilé*, au point de vue de la récidive, d'une part, les délits de vol, d'escroquerie et d'abus de confiance, comme il l'avait déjà fait, dans l'art. 4 de la loi du 27 mai 1885, au point de vue de la relégation, et, d'autre part, ceux de mendicité et de vagabondage (C. p., art. 58, §§ 3 et 4) [2]. Ici, la règle de la spécialité peut, à la rigueur, se justifier, puisqu'elle s'applique à des actes qui n'ont entraîné que des peines de courte durée. De même, la condition que les deux délits, constitutifs de la récidive, soient *intervenus dans le délai de cinq ans* est parfaitement rationnelle : ce que l'on veut réprimer, c'est une habitude coupable de l'agent, et cette habitude ne peut résulter que de la répétition à court terme d'une même infraction.

L'aggravation de la pénalité consiste, aux termes de l'art. 58, § 2,

[1] C'est ce que nous avons admis. Mais voy. Cass. 3 juill. 1890 (D. 91. 1. 94), et la note de M. Gauckler sous cet arrêt dans *Pand. franç.*, 91. 1. 250. Comp. Garçon, *Code pénal annoté*, art. 56, 57 et 58, nos 169 à 188.

[2] L'énumération des délits assimilés est évidemment limitative. C'est ainsi que la Cour de cassation a décidé qu'il n'y a pas identité ni similitude pour la récidive entre le vol et la filouterie d'aliments, quoique ces deux délits soient prévus par le même article du Code pénal, l'art. 401 : Cass., 2 déc. 1898 (S. 1900. 1. 295).

en ce que la peine d'emprisonnement encourue « *ne pourra être inférieure au double de celle précédemment prononcée, sans toutefois qu'elle puisse dépasser le double du maximum de la peine encourue* ». C'est là tout le système de répression de la petite récidive : comme dans la grande récidive, une peine d'amende[1] ne peut être aggravée pour cette cause, et, à la différence de celle-ci, l'interdiction de séjour n'est pas applicable. Le juge, en présence d'un prévenu récidiviste, peut se mouvoir entre un minimum et un maximum. Le minimum, c'est *le double de la peine appliquée à la première infraction;* le maximum, c'est *le double du maximum de la peine encourue par la seconde infraction*. Mais trois difficultés ont surgi pour déterminer les limites des pouvoirs du juge.

1° Le récidiviste avait encouru plusieurs condamnations à l'emprisonnement dans le délai de cinq ans, lorsqu'il a commis le nouveau délit qui le rend passible de l'aggravation ; est-ce sur la condamnation la plus récente, est-ce sur la condamnation la plus grave, encourue pour le même fait coupable, dans la dernière période quinquennale, que doit être calculée la peine nouvelle d'emprisonnement? Les deux systèmes ont trouvé des défenseurs dans la doctrine et dans la jurisprudence[2]. D'après la Cour de cassation, il faut calculer l'aggravation de peine sur la plus forte des condamnations similaires prononcées dans le cours des cinq dernières années[3].

2° Mais le juge peut-il, dans tous les cas, porter la peine jusqu'au double du maximum de l'emprisonnement prononcé pour le nouveau délit ? ou bien ne peut-il le faire que si, en doublant la peine primitivement prononcée, il atteint ce taux? Supposons, par exemple, qu'un individu, précédemment condamné à quinze jours d'emprisonnement pour délit de violation de domicile (C. p., art. 184), commette, dans un délai de cinq ans, le même délit : quel sera le maximum que le juge pourra prononcer? Étant donné que le délit de violation de domicile est puni d'une peine de six jours à trois mois d'emprisonnement, le juge peut-il condamner le prévenu à six mois de prison ou bien ne peut-il le condamner qu'au maximum de la peine afférente à ce délit, soit trois mois d'emprisonnement? N'aurait-il la faculté de prononcer le double du maximum, c'est-à-dire six mois d'emprison-

[1] Cass., 18 nov. 1905 (D. 1905. 1. 512).

[2] Dans le sens du premier système : Douai, 11 nov. 1891 (D. 92. 2. 70); Nancy, 10 mai 1893 (D. 94. 2. 247). Cette solution avait été admise par plusieurs auteurs : Laborde, *Rev. crit.*, 1892, p. 232; Forcrand, *Commentaire de la loi du 26 mars 1891*, p. 34 et suiv.

[3] Cass., 13 févr. 1896 (D. 97. 1. 85; S. 96. 1. 376); 27 mars 18?7 (S. 98. 1. 541; D. 97. 1. 400).

nement, qu'au cas où cet individu aurait été primitivement condamné au maximum de la peine, à trois mois d'emprisonnement? La Cour de cassation a jugé que les règles d'aggravation ne sont pas les mêmes dans les art. 57 et 58, § 1, que dans l'art. 58, § 2, et décidé que, dans la grande récidive seulement, le juge peut porter la peine jusqu'au double de son maximum dans tous les cas; mais que, dans la petite récidive, au contraire, il n'a cette faculté que vis-à-vis du condamné déjà frappé du maximum de la peine[1]. C'est la restriction, posée par le texte, « sans toutefois qu'il puisse dépasser le maximum de la peine encourue », qui a déterminé cette solution[2].

En résumé, sur ces deux premières difficultés, le système, auquel paraît s'être arrêtée la Cour de cassation, est le suivant : en cas de petite récidive, s'il n'y a pas de circonstances atténuantes, le *minimum* est déterminé par la peine la plus forte prononcée pour le même délit, dans les cinq années qui précèdent. Le *maximum* varie : si la peine doublée est moindre que le maximum du délit, le juge peut aller jusqu'à ce maximum; si la peine doublée est supérieure à ce maximum, le minimum et le maximum se confondent, en ce sens que le juge doit prononcer le double de la peine, quand il ne puise pas, dans une déclaration de circonstances atténuantes, un pouvoir d'atténuation; enfin, si la peine doublée est supérieure au double du maximum du délit, le juge doit obligatoirement, en l'absence de circonstances atténuantes, prononcer cette dernière peine.

3° La fixation exacte de la quotité de la condamnation précédente qui doit servir d'élément pour la récidive, offre une difficulté particulière lorsque cette condamnation a fait application du non-cumul pour un délit identique au second et pour un délit différent jugés ensemble. Cette question s'est présentée dans les mêmes termes et avec les mêmes intérêts à propos de la relégation. Elle dépasse les limites de cet ouvrage et nous renvoyons le lecteur à notre *Traité du droit pénal*[3].

263. Conditions spéciales de la récidive en matière de contraventions. — « Il y a récidive, porte l'art. 483, C. p., dans tous les cas prévus par le présent livre, lorsqu'il a été rendu, contre le contrevenant, dans les douze mois précédents, un premier jugement pour contravention de police commise dans le ressort du même tribu-

[1] Cass., 9 févr. 1894 (S. 95. 1. 153); 28 déc. 1896 (S. 96. 1. 541); 3 sept. 1896 (S. 97. 1. 155); 9 avr. 1903 (S. 1905. 1. 105).

[2] Elle est manifestement contraire au désir de répression qui animait le législateur de 1891.

[3] T. III, 2e éd., n° 777.

nal ». Trois conditions, soit de *temps*, soit de *lieu*, soit d'*incrimination*, sont donc exigées pour qu'il y ait récidive de contravention à contravention.

a) *Condition de temps*. — La condamnation antérieure ne doit pas être séparée par plus de douze mois de la contravention nouvelle; mais aucune autre condition n'est prescrite. La loi fait dépendre l'avertissement du seul fait d'une condamnation. Le point de départ du délai d'un an n'est pas le jour où la condamnation antérieure a été prononcée, mais celui où elle est devenue irrévocable[1].

b) *Condition de lieu*. — Les deux contraventions doivent avoir été commises dans le ressort du même tribunal de police, c'est-à-dire dans le même canton. En pareille matière et pour les infractions de minime importance, la récidive n'a qu'une gravité locale.

c) *Condition d'incrimination*. — Les deux contraventions doivent être prévues et punies par le Code pénal, c'est-à-dire se rattacher l'une et l'autre aux prescriptions de la police générale. Mais il n'est pas nécessaire, ainsi qu'on l'a prétendu à tort, que les deux contraventions appartiennent à la même classe, qu'elles soient prévues toutes deux, ou par l'art. 471, ou par l'art. 475, ou par l'art. 479.

L'aggravation varie suivant que la récidive a lieu en telle ou telle classe de contraventions. Le système général consiste à obliger le juge à prononcer un emprisonnement, qu'il peut toujours écarter par une déclaration de circonstances atténuantes (C. p., art. 474, 478, § 1, 479, 483)[2].

264. Récidive des lois spéciales. — Les art. 57 et 58, constituant le *droit commun* de la récidive, s'appliquent à tous les délits prévus par des lois spéciales, lorsque ces lois n'ont pas établi de règles particulières au point de vue de la récidive[3]. Mais, parmi les lois qui contiennent des prescriptions spéciales à ce sujet, il en est de trois catégories : *a*) Les unes édictent une *récidive spéciale*, excluant, d'une manière expresse ou implicite, la *récidive ordinaire*, telle qu'elle est réglée par les art. 56 à 58, C. p. Les infractions qui donnent lieu à l'application de cette récidive doivent rentrer dans les

[1] Cass., 25 mars 1892 (*B. cr.*, n° 89); 20 oct. 1893 (*B. cr.*, n° 278).

[2] Dans quelques cas spéciaux, la récidive convertit la contravention en délit correctionnel. Ainsi, dans l'hypothèse prévue par l'art. 478, § 2, combiné avec les art. 475, § 5, et 477, C. p. Même système dans l'art. 4 *in fine* de la loi du 27 mars 1885. Enfin, un exemple remarquable de cette situation nous est fourni par la loi du 23 janv. 1873 sur l'ivresse publique. Voy., mon *Traité du droit pénal*, 2e éd., t. Ier, p. 500.

[3] Principe certain : Cass., 4 mars 1892 (S. 92. 1. 224; D. 92. 1. 440).

cadres et les conditions de la loi spéciale, de telle sorte qu'il n'y a pas récidive, des infractions ordinaires aux infractions prévues par cette loi, ou des infractions prévues par cette loi aux infractions ordinaires (Comp. L. 5 juillet 1844, art. 15; L. du 16 août 1905, art. 5). *b*) D'autres lois, tout en créant une récidive spéciale, exigeant la parité et la réitération des délits prévus, récidive ordinairement soumise à des conditions de délais et de condamnations exceptionnels, n'ont pas entendu déroger aux dispositions générales du Code pénal. De sorte qu'il existe alors deux sortes de récidive pour le même délit, la *récidive de droit commun*, édictée par le Code pénal, et la *récidive spéciale*, résultant de la loi d'exception. *c*) Enfin, il est des lois qui excluent formellement toute aggravation de peine, en cas de récidive (L. sur la presse du 29 juillet 1881, art. 63, § 1).

§ VII. — DE LA RÉCIDIVE PUNIE PAR LA LOI DU 27 MAI 1885.

265. Des conditions de la relégation. — Les conditions de la relégation doivent être examinées, soit au point de vue des *personnes* qui peuvent y être soumises, soit au point de vue des *faits* qui peuvent y donner lieu.

I. La *nationalité*, le *sexe*, l'*âge* des condamnés doivent-ils être pris en considération pour la prononcer? La loi n'a d'abord établi aucune distinction entre les récidivistes de *nationalité étrangère* et les récidivistes de *nationalité française*, condamnés par les tribunaux. Or, les lois de police et de sûreté obligent tous ceux qui habitent le territoire et les soumettent tous aux pénalités qu'elles édictent. L'application de la relégation n'était pas non plus modifiée par le *sexe* du condamné d'après la loi de 1885 : elle était prononcée dans les mêmes conditions contre les femmes et contre les hommes. Seuls, les détails d'exécution différaient quelque peu. Mais une loi du 19 juillet 1907 a supprimé l'envoi, dans les colonies pénitentiaires, de femmes récidivistes [1]. La

[1] Article unique. Les art. 6 et 8 de la loi du 27 mai 1885 sur la relégation des récidivistes sont modifiés comme suit :

Art. 6. La relégation n'est pas applicable aux femmes ni aux individus qui seraient âgés de plus de soixante ans ou de moins de vingt et un ans, à l'expiration de leur peine. — Toutefois, les condamnations encourues par le mineur de vingt et un ans

relégation est remplacée par l'interdiction de séjour pendant vingt ans.

Au contraire, la loi de 1885 a établi une double limite, basée sur l'*âge* du condamné, à l'application de la relégation (art. 8) : 1° le récidiviste qui aurait dépassé l'âge de soixante ans[1], à l'expiration de la peine qui entraînerait la relégation, ne pourra être relégué, la relégation sera, dans ce cas, remplacée par l'interdiction perpétuelle de séjour[2] ; 2° le récidiviste qui, à l'expiration de sa peine, serait mineur de vingt et un ans[3], ne pourra non plus être relégué. Il devra seulement être retenu dans une maison de correction jusqu'à sa majorité.

Une règle certaine se dégage des prescriptions de l'art. 8 : c'est l'âge précis du condamné, à l'expiration de sa peine, qui détermine la catégorie à laquelle il doit appartenir. Mais cette règle ne peut être appliquée que si l'on tient compte de deux observations essentielles.

1° Pour déterminer la date de la libération, le juge doit exclusivement se préoccuper de la durée qu'il attribue à la peine privative de liberté qu'il prononce ; il ne peut savoir, en effet, à l'avance, quelle sera la durée effective de la peine subie. Si donc, par suite d'une mesure gracieuse ou parce qu'elle est subie en cellule, la peine arrive à expiration avant que le condamné ait atteint soixante ans, ou après qu'il a dépassé vingt et un ans, y aura-t-il lieu, pour l'administration, d'appliquer la relégation au libéré ? évidemment non, la relégation ne pouvant résulter que d'une décision de justice.

2° Mais, dans le calcul de la durée de la peine, comment déterminera-t-on le point de départ du délai ? Est-ce le moment où la condamnation étant devenue irrévocable, l'exécution aura lieu ? Il est impossible pour le juge de fixer à l'avance cette date. Il faut donc se rattacher au jour où le juge prononce la relégation.

compteront en vue de la relégation, s'il est, après avoir atteint cet âge, de nouveau condamné dans les conditions prévues par la présente loi.

Art. 8. Le récidiviste de l'un et l'autre sexe qui aurait encouru la relégation par application de l'art. 4 de la présente loi, s'il n'avait pas dépassé soixante ans, sera, après l'expiration de sa peine, soumis à perpétuité à l'interdiction de séjour édictée par l'art. 19 ci-après. — S'il est mineur de vingt et un ans, il sera, après l'expiration de sa peine, retenu dans une maison de correction jusqu'à sa majorité. — Les femmes majeures seront soumises, pendant vingt ans, à l'interdiction de séjour prévue par l'art. 19 ci-après.

[1] La limite de soixante ans se trouve déjà dans la loi de 1854, en ce qui concerne l'application des travaux forcés.

[2] L'interdiction de séjour, à la différence du renvoi sous la surveillance de la haute police, peut donc, mais dans ce cas seulement, être perpétuelle.

[3] La limite de vingt et un ans, si importante au point de vue civil, n'avait, jusqu'à la loi du 27 mai 1885, aucune importance au point de vue pénal.

Les condamnations encourues avant l'âge de vingt et un ans comptent pour le calcul des peines devant entraîner la relégation dans les conditions fixées par l'art. 4 de la loi (art. 6, § 2).

II. A quelles catégories de faits s'applique la loi ? Quels sont les récidivistes réputés incorrigibles ? Il s'agit d'établir une *présomption* et, d'après le système qui a prévalu, une *présomption légale* et *péremptoire* d'une perversité avérée et incorrigible. Pour le faire, le législateur a tenu compte, tout à la fois, du *nombre* des condamnations antérieures, du *délai* dans lequel elles ont été prononcées, de la *gravité* des peines encourues, de la *nature de l'infraction* qui les a amenées. Ce sont les quatre éléments qui ont été combinés dans l'article capital de la loi de 1885, l'art. 4, modifié par la loi du 3 avril 1903.

266. Du délai dans lequel doivent être intervenues les condamnations. — Le législateur a d'abord tenu compte du délai dans lequel sont intervenues les diverses condamnations qui servent de base à la relégation. La récidive suppose entre les faits qui la constituent une connexité morale, résultant moins encore de la similitude de ces faits que de leur rapprochement. Peut-on considérer comme un « habitué du crime », celui qui laisse écouler, entre deux délits, quinze ou vingt années de sa vie ? C'est un *criminel d'occasion*, ce n'est pas un *criminel d'habitude*. Aussi, tandis que le Code pénal de 1810 voyait un récidiviste dans l'individu qui, après avoir été condamné à une époque quelconque de sa vie, commettait une nouvelle infraction, la loi de 1885 a établi, pour la première fois, un *délai d'épreuve*, après lequel les condamnations sont effacées et le récidiviste reclassé. Ce système a été appliqué à la récidive correctionnelle par la loi du 26 mars 1891.

L'art. 4 s'exprime ainsi : *Seront relégués les récidivistes qui, dans quelque ordre que ce soit, et dans un intervalle de dix ans non compris la durée de toute peine subie, auront encouru les condamnations énumérées aux paragraphes suivants.*

Trois règles se dégagent de ce texte :

1° L'ordre dans lequel les condamnations sont intervenues n'a pas d'influence sur la relégation. A ce point de vue, c'est une nouvelle différence avec le système du Code pénal, car un individu qui, après avoir été condamné à un emprisonnement correctionnel, commet un crime puni d'une peine criminelle, n'est pas un récidiviste au sens légal du mot, tandis qu'il serait récidiviste si la condamnation criminelle avait précédé la condamnation correctionnelle (C. p., art. 57).

2° Pour calculer le nombre des condamnations qui entraîne la relégation, il faut se placer dans une période de dix ans, en remontant, dans le passé, depuis le jour de la dernière condamnation qui doit faire prononcer la relégation. En un mot, il ne suffirait pas que, dans la vie du condamné, il se rencontrât une période quelconque de dix ans contenant le nombre de condamnations exigé. Le législateur a voulu atteindre les récidivistes ou malfaiteurs d'habitude, réputés légalement incorrigibles au jour où ils comparaissent devant la justice. La période décennale a donc son point de départ certain dans la *condamnation* qui entraîne la relégation. Mais des difficultés, presque insolubles, s'élèvent sur le mode de calcul de cette période. Logiquement, le point de départ du délai, en remontant dans le passé, devrait être placé au jour où la *première condamnation*, qui entre dans le calcul, est devenue *définitive*; le point d'arrivée, au jour où est commis le *dernier délit* qui motive la dernière condamnation, délai calculé de *die ad diem*. C'est, en effet, ce système qui est adopté par la jurisprudence de la Cour de cassation[1], et, malgré qu'il paraisse contraire au texte de la loi, il est difficile de substituer à cette solution prétorienne une solution qui suivrait plus exactement le texte.

3° La durée de toute peine subie augmente d'autant l'étendue de la période pendant laquelle le nombre des condamnations compte pour la relégation. Le détenu n'a pas grand mérite à s'abstenir de crimes ou de délits dans l'établissement où il est gardé, et puisque la période de dix ans est un temps d'épreuve, jugé tout à la fois suffisant et nécessaire, il faut que ce délai s'écoule en liberté pour que l'épreuve soit probante.

Les juges, en appliquant la loi, doivent rechercher, *en fait*, non la durée des peines *prononcées*, mais la durée des peines *subies*. Peu importe que les peines privatives de liberté aient été subies pour des délits qui n'entraînent pas la relégation, peu importe que la durée des peines prononcées ait été diminuée par l'effet d'une grâce ou par toute autre circonstance, la loi ne distingue pas. Les juges, se plaçant au jour où ils prononcent la dernière condamnation, remonteront donc à dix ans en arrière, ils augmenteront ce délai de la *durée exacte* de toute peine privative de liberté subie et ils rechercheront s'il est intervenu, dans cet intervalle, un nombre de condamnations suffisant pour entraîner la relégation. Du reste, comme il est présumable que toute peine prononcée aura été subie dans son intégralité, ce sera au condamné à établir, en dehors de toute indication du dossier, que, par suite d'une circonstance exceptionnelle, il n'a pas subi en totalité les peines qu'il aurait encourues.

[1] Voy. par exemple : Cass., 4 août 1887 (D. 90. 1. 92); 22 févr. 1889 (D. 90. 1. 93); 30 juin 1898 (S. 99. 1. 535).

267. DES QUATRE CAS DE RELÉGATION. — Quatre cas de relégation sont prévus par l'art. 4. Dans les uns et les autres, le premier terme de la récidive, qui entraîne la relégation, résultant d'une ou de plusieurs *condamnations*, ces condamnations doivent remplir deux conditions générales et nécessaires : *a*) Il faut d'abord qu'elles soient *définitives*, c'est-à-dire : 1° que toute la série des condamnations soit devenue irrévocable avant la perpétration du dernier délit qui donne lieu à l'application de la relégation ; 2° et que, dans l'anneau des condamnations successives, qui forme la base de la récidive, n'entre pas une condamnation prononcée pour un fait antérieur à une condamnation précédente qui est comptée en vue de la relégation. Ce principe et la double conséquence qui en résulte forment le droit commun de la récidive[1] et se rattachent à cette idée primordiale que le juge ne doit être autorisé à punir qu'autant que le châtiment a été inutile et que, les condamnations précédentes, étant restées sans effet, le coupable révèle par cela même son incorrigible perversité. *b*) Il faut ensuite que ces condamnations émanent d'un tribunal qui était français au moment où il a jugé. Mais il importe peu qu'elles aient été prononcées pour une infraction commise en France ou pour une infraction commise en pays étranger.

Chaque cas de relégation exige *deux*, *trois*, *quatre*, *sept* condamnations. Il est évident que la condamnation, prononcée par le jugement qui entraîne la relégation, doit être comptée pour l'application de cette dernière peine. Le système contraire aurait pour résultat d'exiger, pour chaque cas de relégation, une condamnation *en plus du nombre légal* : trois au lieu de deux, quatre au lieu de trois, et ainsi de suite.

En organisant les quatre cas de relégation, la loi a voulu atteindre trois catégories de délinquants :

Les *grands criminels*, catégorie de beaucoup la moins nombreuse, car elle est déjà mise, en partie, dans l'impossibilité de nuire à la France continentale, par les dispositions de la loi du 30 mai 1854, qui imposent aux forçats, après libération, une résidence obligatoire dans la colonie ;

Les *récidivistes de délits à délits* : c'est le gros de l'armée. La loi a, du reste, choisi, parmi les infractions de cette espèce, un certain nombre de faits, tels que le vol, l'escroquerie, l'abus de confiance,

[1] Ce principe et cette double conséquence ont triomphé en jurisprudence : Cass., ch. réun., 26 févr. 1889 et ch. crim., 16 mars 1889 (D. 89. 1. 481 ; D. 91. 1. 238), et les arrêts ultérieurs cités dans la note (D. 96. 1. 272). Ajoutez : Cass., 8 juin 1905 (S. 1908. 1. 291 et la note de M. Roux).

etc., qui, par leur fréquence, autant que par leur danger, ont le caractère de véritables délits professionnels.

Les *mendiants, vagabonds et souteneurs*. Le vagabondage, ordinaire ou spécial, constitue l'école du crime; il est en relation directe avec la criminalité qui augmente ou diminue avec le développement de ces plaies sociales.

Parmi les parasites sociaux, vivant aux dépens d'autrui par des moyens immoraux, figurent les *bonneteurs* et les *souteneurs*. Jusqu'à la loi du 27 mai 1885, la manière de vivre des individus de cette espèce ne tombait pas *directement* sous le coup de la répression. La loi de 1885 a créé pour eux un délit nouveau, différent du vagabondage ordinaire par ses conditions d'existence, mais puni des mêmes peines. En ce qui concerne les souteneurs, le délit de *vagabondage spécial* créé par la loi de 1885, a reçu une nouvelle réglementation de la loi du 3 avril 1903 : « Seront punis d'un emprisonnement de trois mois « à deux ans et d'une amende de 100 francs à 1.000 francs, avec in- « terdiction de séjour de cinq à dix ans, tous individus ayant fait « métier de souteneur. — Sont considérés comme souteneurs ceux « qui aident, assistent ou protègent la prostitution d'autrui sur la voie « publique et en partagent sciemment les profits ».

I. *Premier cas de relégation* (art. 4, § 1). — Ce premier cas est composé de « *deux* condamnations aux travaux forcés ou à la réclusion ». Il y a alors cumul de la récidive de la loi de 1885 et de la récidive du Code pénal, avec les conséquences qu'elles entraînent.

II. *Second cas de relégation* (art. 4, § 2, modifié par la loi du 3 avril 1903). — Il se compose de *trois* condamnations. Une au moins doit être aux travaux forcés ou à la réclusion, et *deux* autres, « soit à l'emprisonnement pour faits qualifiés crimes, soit à plus de trois mois d'emprisonnement pour : vol, escroquerie, abus de confiance, outrage public à la pudeur, excitation habituelle des mineurs à la débauche, embauchage en vue de la débauche, assistance de la prostitution d'autrui sur la voie publique, vagabondage ou mendicité par application des art. 277 et 279, C. p. », c'est-à-dire avec les circonstances aggravantes de travestissement, de port d'armes, limes, crochets, etc., de violences envers les personnes. Ici, le premier terme de la récidive comprend deux condamnations.

III. *Troisième cas de relégation* (art. 4, § 3). — Il se compose de *quatre* condamnations, « soit à l'emprisonnement pour faits qualifiés crimes, soit à plus de trois mois d'emprisonnement pour les délits spécifiés au paragraphe 2 ». Ici, le premier terme de la récidive comprend trois condamnations.

Plusieurs difficultés ont surgi à propos du second et du troisième cas de relégation.

a) Deux fois, dans les §§ 2 et 3, se trouvent ces mots : *condamnation à l'emprisonnement pour faits qualifiés crimes*. Deux condamnations de cette nature, lorsqu'elles s'ajoutent à une condamnation à la réclusion ou aux travaux forcés, ou bien quatre condamnations de cette nature entraînent la relégation. Mais que faut-il entendre par là? L'expression peut s'appliquer à deux situations différentes. La première est celle d'une condamnation à l'emprisonnement, par suite de *circonstances atténuantes*, pour faits qualifiés crimes. Dans ce cas, la peine prononcée ne pourra jamais être inférieure à un an d'emprisonnement (C. p., art. 463), et le législateur a pu s'abstenir de fixer un minimum de condamnation, comme il l'a fait pour les autres délits spécifiés. Mais un crime peut être puni de peines correctionnelles par l'effet d'une *excuse légale :* il s'agira, par exemple, d'un meurtre ou de coups et blessures provoqués, d'un crime commis par un mineur de seize ans ayant agi avec discernement. Dans ce cas, la peine peut descendre à six mois de prison (C. p., art. 326); elle peut même être inférieure à ce chiffre, si l'excuse légale concourt avec une déclaration de circonstances atténuantes. Que le texte s'applique à la première situation, il faut d'autant moins en douter, que c'est la seule à laquelle le législateur paraisse avoir songé. Mais la relégation sera-t-elle encourue par suite d'une condamnation à l'emprisonnement résultant d'un crime excusé? Si l'on admet que le crime excusé reste un crime, le texte de la loi s'applique, puisqu'il y a « condamnation à l'emprisonnement pour fait qualifié crime ». Si l'on admet, au contraire, avec nous, que le crime excusé cesse d'être un crime et devient un simple délit, comme il s'agit d'un délit non spécifié, la relégation n'est pas encourue, quelque longue que soit la durée de la peine prononcée. Il est bien difficile de savoir à quel parti le législateur s'est arrêté, car il n'a certainement pas songé à cette situation.

b) Ce ne sont pas seulement les condamnations pour faits qualifiés crimes qui entraînent la relégation, mais encore les condamnations prononcées pour certains délits correctionnels, dont le § 2 de l'art. 4 donne l'énumération. Cette liste, essentiellement *limitative*, comprenait *sept* délits d'après la loi du 27 mai 1885; elle en comprend *neuf*, depuis la loi du 3 avril 1903, qui a ajouté, à l'énumération précédente: l'embauchage en vue de la débauche (*traite des blanches*); l'assistance de la prostitution d'autrui sur la voie publique (*vagabondage spécial* ou *délit des souteneurs*). La détermination exacte des délits spécifiés soulève des questions délicates dont l'examen dépasse le cadre de cet ouvrage.

IV. *Quatrième cas de relégation* (art. 4, § 4). — Ce cas est constitué par *sept* condamnations à l'emprisonnement, réparties en trois groupes :

a) Le premier comprend *deux* ou *trois* condamnations prévues par le paragraphe précédent. S'il y en a *deux*, une seule peut être une condamnation aux travaux forcés ou à la réclusion ; sinon, le récidiviste sera relégué en vertu du paragraphe premier. S'il y en a *trois*, elles doivent être toutes trois des condamnations à l'emprisonnement, sinon, nous rentrerions dans le cas prévu par le second paragraphe. Enfin, il ne peut y avoir plus de trois condamnations à l'emprisonnement, sinon, on retomberait dans le troisième cas.

b) Le second groupe comprend *deux* condamnations supérieures à trois mois d'emprisonnement pour vagabondage simple ou infraction à l'interdiction de séjour.

c) Le troisième groupe se compose de deux ou trois condamnations sans condition de taux, pour infraction à l'interdiction de séjour ou vagabondage simple, ou non supérieures à trois mois pour vagabondage qualifié.

La difficulté principale que soulève ce cas de relégation consiste à savoir si les condamnations pour vagabondage ou pour interdiction de séjour peuvent être remplacées par des condamnations ayant un autre titre et empruntées aux paragraphes précédents. La jurisprudence l'admet par un argument *a fortiori* qui ne nous paraît pas avoir grande valeur[1]. Il est, en effet, certain que la loi a eu pour but, dans ce cas de relégation, de frapper surtout les *vagabonds*.

268. DISPOSITION TRANSITOIRE. — La loi de 1885 s'occupe, dans l'art. 9, de la situation transitoire faite aux repris de justice : *Les condamnations encourues antérieurement à la présente loi seront comptées, en vue de la relégation, conformément aux dispositions précédentes. Néanmoins tout individu qui aura encouru, avant cette époque, des condamnations pouvant entraîner dès maintenant la relégation, n'y sera soumis qu'en cas de condamnations nouvelles dans les conditions ci-dessus prescrites.* La solution est à la fois très simple et très juste. D'une part, le juge doit tenir compte des condamnations antérieures à la loi, car, en faire abstraction, ce serait reculer indéfiniment

[1] Cf. Cass., 13 mars 1886 (S. 86. 1. 333) ; 11 mars 1887 (D. 87. 1. 413) ; 6 juill. 1893 (S. 94. 1. 62). Avec le système de la jurisprudence, on arrive à reléguer un individu qui a, dans son casier judiciaire, une seule condamnation pour vagabondage et, par exemple, six condamnations pour vol. Voy. Cass., 24 nov. 1887 (S. 87. 1. 352, D. 88. 1. 187) ; 6 juill. 1892 (S. 94. 1. 60) ; Voy., sur la question, mon *Traité*, 2e éd., t. III, no 774 ; Vidal, *op. cit.*, 3e éd., p. 437.

l'application de la relégation. Mais, d'autre part, quelles que soient les condamnations antérieures, le récidiviste ne sera soumis à la relégation que s'il montre son incorrigibilité absolue en se faisant condamner de nouveau. Ainsi, en supposant qu'un récidiviste ait encouru, sous l'ancienne législation, les condamnations qui rentrent dans un des cas de relégation, il n'y sera soumis que s'il commet, postérieurement à la promulgation de la loi du 27 mai 1885, un nouveau délit entraînant une condamnation susceptible, par le titre de la prévention, la nature et le taux de la peine, de remplacer une des condamnations exigées pour le cas de relégation qu'on examine, ou de former avec elles un nouveau cas de relégation.

269. Compétence et procédure en matière de relégation. — Un certain nombre de garanties, qui constituent des dérogations aux règles de la compétence et de la procédure, ont été organisées pour l'application de la nouvelle peine. Elles ont trait aux points suivants :

I. *Tribunaux compétents* (art. 2). — Deux règles sont posées à ce point de vue : 1° Les tribunaux ordinaires c'est-à-dire, ici, les cours d'appel, les cours d'assises, les tribunaux correctionnels, sont à l'exclusion des tribunaux spéciaux, appelés à prononcer la relégation. Mais, en Algérie, par dérogation à cette règle, les conseils de guerre prononceront la relégation contre les indigènes des territoires de commandement qui auront encouru, pour crimes ou délits de droit commun, les condamnations prévues par la loi (art. 20) ; 2° Les tribunaux ordinaires *peuvent*, — ce n'est pas une *obligation* mais une *faculté* — tenir compte des condamnations prononcées par les tribunaux militaires ou maritimes dans les conditions prévues par la loi [1].

II. *Prohibition de la procédure de flagrant délit* (art. 11, § 1). — La loi du 20 mai 1863 a institué une procédure rapide pour instruire et juger les flagrants délits correctionnels, procédure qui se caractérise par les exceptions suivantes aux règles ordinaires : 1° l'instruction,

[1] Que faut-il décider en ce qui concerne les condamnations pour délits de droit commun aggravés, prononcées par application des Codes de justice militaire, par exemple, pour vols d'effets militaires (C. just. mil., armée de terre, art. 248)? La Cour de Rouen, par arrêt du 4 avril 1895 (S. 95. 2. 233) a décidé que l'on pouvait tenir compte de ces condamnations, parce que l'aggravation de peine prononcée par les lois militaires ne change pas la nature du fait, qui est un vol, c'est-à-dire un délit de droit commun. La Cour de cassation, par arrêt du 26 décembre 1895 (S. 96. 1. 540), a condamné cette jurisprudence et a décidé que les délits mixtes ne pouvaient pas plus compter pour la relégation que pour la récidive. Mais la loi du 31 mars 1901 a rejeté cette manière d'envisager les délits simples au point de vue de la récidive et de la relégation. Voy. Laborde, *Lois nouvelles*, 1905. 1. 1.

tout à fait rudimentaire, est confiée au procureur de la République; 2° celui-ci a le droit de décerner un mandat de dépôt; 3° les formes de la citation sont simplifiées et les délais abrégés. D'après l'art. 11 de la loi de 1885, il ne peut « jamais être procédé dans les formes édictées par la loi du 20 mai 1863 », lorsque la poursuite peut aboutir à l'application de la relégation, ou des deux mesures qui la remplacent à raison de l'âge du condamné. Quelle est la sanction de cette disposition? La jurisprudence, malgré les termes énergiques de l'art. 11, réduit la prohibition de la procédure du flagrant délit à l'interdiction d'abréger les délais de la citation. Dans ce système, la découverte des condamnations antérieures qui doivent entraîner la relégation du prévenu a simplement pour effet d'obliger le tribunal à renvoyer la cause à une audience ultérieure, séparée de l'audience où elle est appelée, par le délai ordinaire de la citation, trois jours francs. Non seulement le mandat de dépôt est maintenu, mais le tribunal est considéré comme ayant été valablement saisi, alors même que ces deux actes auraient eu lieu dans les conditions et les formes de la procédure de flagrant délit.

III. *Nomination d'un défenseur d'office* (art. 11, § 2). — Lorsqu'une poursuite de nature à entraîner la relégation est engagée devant le tribunal correctionnel, l'art. 11, § 2, porte : *Un défenseur est nommé d'office au prévenu, à peine de nullité.* Cette disposition ne doit recevoir d'application que dans le cas où le prévenu se présente sans défenseur librement choisi. Mais par qui sera faite la désignation? Par le président du tribunal ou de la cour, antérieurement à tout débat. Si donc un acte quelconque de l'audience, interrogatoire, déposition, avait lieu sans que cette formalité fût accomplie, la procédure devrait être déclarée nulle.

IV. *Rédaction du jugement ou arrêt prononçant la relégation* (art. 10, § 2). — Le tribunal ou la cour, qui prononce la relégation, doit expressément viser, dans la rédaction du jugement ou de l'arrêt, les condamnations antérieures par suite desquelles cette peine est applicable. Ce visa qui constitue les *motifs* de la condamnation à la relégation, est un moyen pour la Cour de cassation de contrôler ces décisions. *Viser* les condamnations, c'est les préciser *une à une*, par leur *date*, l'*indication de la juridiction*, la *nature du délit*, la *nature* et la *durée de la peine*. Le visa doit porter, non seulement sur les condamnations qui comptent pour la relégation, mais encore sur celles dont la peine subie doit être déduite du délai de dix ans.

270. CAS EXCEPTIONNELS DE RELÉGATION. — La relégation est prononcée, dans les conditions exceptionnelles, par les lois du 18 décembre 1893 et du 28 juillet 1894. La première de ces lois a modifié les art. 265 à 267, C. p. sur les associations de malfaiteurs, dans le but d'atteindre les adhérents à la secte anarchiste. L'art. 266 punit des travaux forcés à temps quiconque aura commis le crime prévu par l'art. 265 et ajoute que « la peine de la relégation pourra en outre être prononcée, sans préjudice de l'application des dispositions de la loi du 30 mai 1854 sur l'exécution des travaux forcés ». Ici, la relégation a le caractère d'une peine complémentaire et facultative qui peut frapper un condamné primaire. La seconde de ces lois qui a pour objet de réprimer les menées anarchistes, dispose, dans son art. 3, que « la peine accessoire de la relégation pourra être prononcée contre les individus condamnés pour les faits de propagande spécifiés à une peine supérieure à une année d'emprisonnement et ayant encouru, dans une période de moins de dix ans, soit une condamnation à plus de trois mois d'emprisonnement pour les mêmes faits, soit une condamnation à la peine des travaux forcés, de la réclusion ou de plus de trois mois d'emprisonnement pour crime ou délit de droit commun ». Dans ce cas encore, bien que qualifiée d'*accessoire*, la relégation sera une peine complémentaire et facultative employée contre certains récidivistes [1].

§ VIII. — DES MOYENS DE CONSTATER ET DE PROUVER LA RÉCIDIVE.

271. L'état de récidive doit être établi par la prévention. — 272. Preuves de l'identité. — 273. Preuves de l'existence de condamnations antérieures. — 274. En matière de contraventions. — 275. En matière de crimes et de délits. Casier judiciaire. Loi du 5 août 1899. — 276. Force probante des mentions que contient le casier judiciaire.

271. L'ÉTAT DE RÉCIDIVE DOIT ÊTRE ÉTABLI PAR LA PRÉVENTION. DOUBLE PREUVE A FAIRE. — C'est à la prévention qu'il appartient de faire la preuve de l'état de récidive. Pour l'administrer, le ministère public doit établir deux choses : 1° l'*identité* du prévenu ou de l'accusé avec celui qui a été déjà condamné; 2° l'*existence des condamnations antérieures* qui servent de base à l'application de la récidive.

272. PREUVE DE L'IDENTITÉ. — Il est de toute évidence qu'il ne peut y avoir récidive qu'autant que les deux infractions ont été commises par la même personne. Or, quand un individu, qui a été

[1] Sur tous ces points, je renvoie à ma brochure : *L'anarchie et la répression*, 1895.

déjà condamné, reparaît devant la justice, il a tout avantage à dissimuler son véritable nom. Il échappe ainsi à la majoration de peine qui résulte de la récidive, ou à la relégation qui serait la conséquence de ses antécédents judiciaires. La méthode de l'*identification par signalements anthropométriques* est aujourd'hui employée, avec succès, dans les prisons de France, pour déjouer toutes les tentatives de dissimulation ou de falsification d'identité. Elle est due au docteur Alphonse Bertillon[1].

La loi du 5 août 1889, modifiée par celle du 11 juillet 1900 (art. 14), a régularisé et légalisé la procédure en rectification du casier judiciaire dont usait déjà la pratique. Celui qui veut faire rectifier une mention portée à son casier, ou le ministère public s'adresse, par voie de requête, à la juridiction qui a rendu le jugement. La présence du condamné n'est pas nécessaire. Cependant les juges peuvent exiger sa comparution. L'affaire est jugée en chambre du conseil.

Cette procédure n'est pas applicable au cas où il s'agit de faire exécuter une condamnation contre un individu qui conteste son identité. Il faut procéder à la reconnaissance, d'après la marche indiquée par les art. 518 à 520, C. instr. crim.

273. Preuve de l'existence des condamnations antérieures. — L'existence des condamnations antérieures, dont le ministère public et le juge prétendent faire résulter l'état de récidive, est régulièrement établie par un extrait même du titre d'où ces condamnations résultent, c'est-à-dire par un extrait, en forme, du jugement ou de l'arrêt qui les prononce. Ceci dit, il importe d'examiner : 1° les procédés qui permettent à la justice de connaître les antécédents d'un prévenu ou d'un accusé ; 2° la valeur, au point de vue légal, de ces procédés comme mode de preuve des condamnations antérieures.

274. En matière de contraventions. — En matière de police, les renseignements sur les antécédents du prévenu sont directement fournis par le greffe de la justice de paix qui prononce la condamnation, puisqu'il n'y a de récidive punissable, de contravention à contravention, que si les deux infractions ont été commises dans le ressort du même tribunal depuis moins d'un an. Aucune difficulté ne peut donc s'élever à propos de la recherche des antécédents judiciaires d'un contrevenant.

275. En matière criminelle et correctionnelle. Du casier judiciaire. — En matière criminelle et correctionnelle, où la récidive

[1] Sur cette méthode et la bibliographie : mon *Traité théor. et prat. d'instruction criminelle*, t. I, nos 288 et 289.

est, en principe, indépendante des conditions de temps et de lieu, la recherche des antécédents du prévenu est rendue facile par le système des casiers judiciaires qui repose sur deux idées essentielles : la *déconcentration* des renseignements, aujourd'hui dispersés dans chaque greffe des tribunaux d'arrondissement; la *localisation*, dans chaque greffe de l'arrondissement du *lieu de naissance*, de toutes les condamnations prononcées, n'importe où et n'importe à quelle époque, contre un individu désigné [1]. Grâce à ce procédé : 1° Toutes les fois qu'un prévenu ou un accusé comparaît devant les tribunaux, rien n'est plus facile, en connaissant le lieu de naissance, que de se procurer sa biographie judiciaire. Le casier est donc un mécanisme accessoire des lois sur la récidive. C'est là sa première utilité. 2° Mais il en a d'autres. Il permet de constater la situation morale et judiciaire de chaque citoyen appelé à remplir les fonctions de juré et à user de ses droits électoraux [2]. 3° Il instruit sur les antécédents des individus qui sollicitent une fonction publique. 4° Enfin, il garantit les particuliers, dans les diverses hypothèses où ils ont besoin de connaître la situation de ceux avec lesquels ils entrent en relation.

La circulaire du 6 novembre 1850, en établissant le casier judiciaire, avait prescrit les premières mesures nécessaires à son organisation. Ces mesures ont été complétées et modifiées par un grand nombre de circulaires successives, jusqu'à ce qu'enfin l'institution ait reçu sa consécration législative dans la loi du 5 août 1899 [3], modifiée par la loi du 11 juillet 1900.

Quatre innovations caractérisent le nouveau système : 1° D'abord une restriction des mentions du bulletin délivré aux parties, et, comme conséquence, l'organisation de *trois* bulletins du casier judiciaire; 2° L'établissement d'une sorte de *prescription* de l'inscription des condamnations du bulletin n° 3 délivré aux parties, inscription qui continue à figurer aux bulletins n°s 1 et 2 ; 3° Une *réhabilitation de plein droit*, par le seul effet du laps de temps, c'est-à-dire que, pour

[1] Sur le casier judiciaire avant la loi du 5 août 1899, voy. mon *Traité*, 2e édit., t. III, n°s 784 à 794.

[2] Sur les avantages du casier judiciaire : Pierre Jouvenet, *op. cit.*, p. 97 à 134.

[3] Cette loi a été complétée par un règlement d'administration publique qui porte la date du 12 décembre 1899. La circulaire relative à l'application de la loi du 5 août 1899 sur le casier judiciaire et sur la réhabilitation de droit porte la date du 13 décembre 1899. Quatre mois après la promulgation de la loi de 1899, un projet de loi tendant à la modifier a été présenté au Sénat par le garde des sceaux. Il a été adopté et forme la loi du 11 juillet 1900. On s'est aperçu, en effet, avant même toute mise en vigueur, des erreurs et des lacunes que contenait cette loi. On consultera, au point de vue bibliographique : Pierre Jouvenet, *op. cit.*; G. Le Poittevin, *Traité théorique et pratique des casiers judiciares* (Paris, 2e éd., 1900).

certains condamnés, le seul fait de n'avoir pas encouru une nouvelle condamnation depuis qu'ils ont été frappés par la justice, emporte, au bout d'un temps, variable d'après l'importance de la condamnation, une réhabilitation de droit résultant de la seule expiration du délai ; 4° Un système assez simple pour rectifier les erreurs commises dans la rédaction des divers bulletins et pour punir les fraudeurs qui se font condamner sous le nom d'un tiers.

I. *Des trois bulletins du casier judiciaire.* — Le fonctionnement du casier judiciaire repose sur la rédaction de bulletins de trois sortes différentes. Chaque fois qu'on désire connaître les antécédents d'un individu, on s'adresse au tribunal civil de son arrondissement de naissance où est déposée la collection des *bulletins n° 1*, formant le casier judiciaire proprement dit. Les énonciations de ces divers bulletins sont recopiées sur des *extraits*, appelés *bulletins n° 2* et *n° 3*, dont la teneur diffère suivant l'usage auquel ils sont destinés. Pour faciliter les recherches, tous les bulletins n° 1, relatifs à une même personne, sont réunis et classés, par ordre chronologique, dans une chemise portant le nom du condamné ; on a d'ailleurs soin de les déposer dans des casiers de bois qui existent à cet effet au greffe de chaque tribunal d'arrondissement [1]. Le casier judiciaire est placé sous l'autorité et la surveillance du procureur de la République (D. 12 déc. 1899, art. 1 et 6).

a) L'art. 1er de la loi de 1899 détermine les cas dans lesquels il y a lieu d'établir un bulletin n° 1, c'est-à-dire quelles sont les *condamnations* ou les *décisions* diverses qui nécessitent l'envoi de ce bulletin au greffe du tribunal intéressé. Il en existe de quatre espèces. Ce sont : 1° toutes les *condamnations définitives* prononcées, contradictoirement, par défaut ou par contumace, pour *crime* ou *délit*, par *toute juridiction répressive* [2]; 2° les *décisions* prononcées par application de l'*art. 66*, C. p., c'est-à-dire les acquittements pour défaut de discernement des mineurs, quelle que soit du reste la mesure prise par la juridiction répressive ; 3° les *décisions disciplinaires* prononcées par l'autorité judiciaire ou par une autorité administrative, lorsqu'elles *entraînent ou édictent des incapacités* ; 4° les jugements déclaratifs de *faillite* ou de *liquidation judiciaire* ; 5° les *arrêtés d'expulsion* pris

[1] Nous ne parlons pas, dans cet ouvrage élémentaire, du casier central, créé et établi à la chancellerie, et destiné à recevoir les bulletins relatifs : 1° aux personnes nées à l'étranger; 2° aux individus originaires des colonies; 3° aux individus d'origine inconnue (L. 5 août 1899, art. 3).

[2] Peu importe la peine prononcée. Le bulletin n° 1 doit faire mention non seulement des condamnations prononcées en France, mais encore des condamnations prononcées en pays étrangers (arg. *a contrario*, art. 7, n° 3), bien que ces condamnations n'aient aucun effet légal en France.

contre les étrangers. — En outre de ces énonciations, portées, dès le début, sur le bulletin n° 1, le greffe doit en ajouter, suivant les circonstances postérieures, un certain nombre d'autres indiquées par l'art. 2. Ce sont : 1° les grâces, commutations ou réductions de peines ; 2° les arrêtés de libération conditionnelle ; 3° les arrêtés de révocation de la libération conditionnelle; 4° les réhabilitations; 5° les décisions relevant de la relégation ; 6° les décisions qui rapportent les arrêtés d'expulsion ; 7° la date d'expiration de la peine ; 8° la date du paiement de l'amende.

Les bulletins n° 1, ainsi constitués par le greffier du tribunal du lieu de la condamnation, restent au greffe du tribunal de l'arrondissement auquel ils sont adressés. Ce sont des *originaux* qui ne peuvent être déplacés. Il y a, pour chaque condamné, autant de bulletins qu'il a encouru de condamnations, et ces bulletins sont placés sous une chemise portant le nom du condamné. Les bulletins n°s 2 et 3, ou *extraits du casier*, en sont le relevé. On les délivre aux magistrats, aux administrations publiques et aux particuliers, d'après les distinctions suivantes.

b) Le relevé intégral des bulletins n° 1, applicables à la même personne, est porté sur un bulletin appelé bulletin n° 2. Tel est le principe posé par la loi de 1899 (art. 4, § 1)[1]. Ce bulletin n'est plus délivré qu'aux *magistrats* et aux *administrations publiques de l'État*. Aux personnes qui peuvent se faire délivrer des bulletins n° 2, la loi de 1900 a ajouté : le préfet de police, pour lui permettre de faire dresser les sommiers judiciaires; les présidents des tribunaux de commerce, pour joindre ces bulletins aux procédures de faillite et de liquidation judiciaire ; les juges de paix, pour le jugement des contestations électorales ; les sociétés de patronages reconnues d'utilité publique ou spécialement autorisées à cet effet par le ministère de la justice pour les personnes assistées par elles, etc. Jamais à de simples particuliers, pour quelque motif que ce soit (L. 5 août 1899, art. 4, § 2). Lorsqu'il n'existe pas de bulletin n° 1 au casier judiciaire, le bulletin n° 2 porte la mention : *néant* (art. 4 et 5).

c) Le bulletin n° 3, destiné uniquement à être délivré à la personne même qu'il concerne[2], est une création de la loi du 5 août 1899. Il

[1] Il doit donc porter, non seulement les indications inscrites sur le bulletin n° 1 au moment de sa rédaction primitive, mais encore toutes les mentions postérieures prescrites par l'art. 2 de la loi et l'art. 7 du règlement.

[2] L'art. 6 déclare formellement que ce bulletin ne doit, dans aucun cas, être délivré à un tiers. C'est la confirmation des prohibitions contenues dans les circulaires de 1876 de M. Dufaure, et la loi punit de l'emprisonnement correctionnel celui qui, par fraude, se fera délivrer un bulletin n° 3 qui ne le concerne pas personnellement (art. 12 de la loi de 1899 modifié par celle du 11 juill. 1900).

constitue la synthèse des réformes proposées dans l'organisation du casier judiciaire. C'est par ce bulletin qu'on a réalisé les deux idées préconisées par certains esprits enclins à se préoccuper des malfaiteurs aux dépens des honnêtes gens : la restriction de la *publicité* et celle de la *perpétuité* du casier judiciaire.

Restriction de la *publicité*. — L'art. 7 dresse la liste des mentions diverses qui ne doivent pas figurer sur le bulletin n° 3 délivré aux particuliers. Mais, conformément à l'art. 9, il faut diviser cette liste limitative en deux séries distinctes. Il y a les mentions qui ne doivent *jamais* figurer sur le bulletin n° 3. Il y a celles qui *cessent* d'y être portées au bout d'un certain temps.

Ne sont pas inscrites, dès l'origine : 1° les décisions prononcées par application de l'art. 66, C. p. ; 2° les condamnations effacées par la réhabilitation judiciaire ou légale; 3° les condamnations prononcées en pays étranger pour des faits non prévus par les lois pénales françaises [1] ; 4° les condamnations pour délits prévus par les lois sur la presse, à l'exception de celles qui auront été prononcées pour diffamation ou pour outrages aux bonnes mœurs, ou en vertu des art. 23, 24 et 25 de la loi du 29 juillet 1881 ; 5° une première condamnation à un emprisonnement de trois mois ou de moins de trois mois prononcée par application des art. 67, 68 et 69, C. p.; 6° la condamnation avec sursis à un mois d'emprisonnement, avec ou sans amende; 7° les déclarations de faillite, si le failli a été déclaré excusable par le tribunal ou a obtenu un concordat homologué, et les déclarations de liquidation judiciaire.

Les sept catégories de décisions énumérées doivent, au point de vue de la dispense d'inscription, être réparties en deux groupes bien distincts. Pour les quatre premières, la dispense est acquise définitivement, c'est-à-dire qu'une condamnation ultérieure, quelle qu'elle soit, n'enlève pas à l'intéressé le bénéfice accordé par la loi, sauf toutefois s'il s'agit d'une condamnation prononcée avec sursis, et dont la décision nouvelle a effacé le caractère suspensif. Pour les trois autres, au contraire, la dispense n'a qu'un caractère provisoire, et, s'il intervient, par la suite, une condamnation à une peine corporelle pour crime ou délit, le bulletin n° 3 contiendra toutes les mentions du bulletin n° 1 (art. 9) [2].

[1] D'où il résulte que le bulletin n° 3 mentionnera les peines encourues à l'étranger pour infractions également réprimées par les lois françaises. Sur ce point : Circ. 15 déc. 1899, § 36.

[2] Il faut entendre, par condamnations postérieures, celles qui sont prononcées pour un fait postérieur au premier jugement devenu définitif. Voy. G. Le Poittevin, *op. cit.*, n°s 49 et 50.

Restriction de la *perpétuité*. — Avant la loi de 1899, le casier judiciaire était *permanent*. Ce caractère correspondait à la conception même de la récidive dans le système du Code pénal. De même que la récidive était, avant les réformes de 1885 et 1891, un état permanent que le temps ne faisait pas disparaître, de même les mentions inscrites au casier se perpétuaient pendant toute la vie du condamné. La loi de 1899 a institué une *prescription du casier judiciaire*, ou plutôt une *péremption* applicable aux énonciations du bulletin n° 3. C'est l'art. 8 qui consacre ce système. Il consiste à délivrer aux condamnés, après une période révolue sans autre « accident judiciaire », des bulletins n° 3 ne relevant plus certaines condamnations. Mais la prescription du casier judiciaire n'est accordée, ni en matière de faillite, ni pour les décisions disciplinaires et les destitutions d'officiers ministériels, ni pour toute une catégorie de condamnations spéciales prévues par les lois militaires et maritimes.

II. *Péremption des inscriptions au casier judiciaire*. — Les condamnations qui, après un certain temps, disparaissent du casier sont énumérées, suivant le taux de la peine : la loi fixe, d'après le même procédé, les délais, à l'expiration desquels elles ne devront plus être mentionnées au bulletin n° 3. On a voulu que le condamné achetât la prescription, non seulement par l'abstention temporaire de tout délit, mais aussi par sa soumission au jugement. Le point initial de la période est fixé, non pas au jour de la condamnation, mais au terme effectif de l'expiration de la peine corporelle et, pour les amendes, au jour où la condamnation est devenue définitive, avant le paiement. Mais si le cours du délai n'est plus subordonné au paiement pour l'amende, depuis la loi de 1900, le paiement est nécessaire pour la dispense d'inscription, sauf le cas d'indigence dûment justifié (C. instr. cr., art. 420), celui de prescription et celui où la contrainte par corps a été subie (art. 8, n°s 6, 2, 3 et 4). La grâce totale ou partielle équivaut à l'exécution totale ou partielle (art. 8, n° 8). Au cas de prescription d'une peine corporelle, le délai court du jour où elle sera acquise (art. 8, n° 10). L'exécution de la peine est présumée, et, sauf preuve contraire à fournir par le procureur de la République, le condamné a droit, à l'expiration des délais fixés, à obtenir la délivrance d'un casier négatif.

Les délais, impartis pour la prescription du casier judiciaire, sont fixés par l'art. 8, qui distingue quatre situations.

Cessent d'être inscrites au bulletin n° 3, après l'expiration d'un délai :

1° De *deux ans*, la condamnation unique à moins de six jours de prison ou à une amende ne dépassant pas 50 francs, ou la condamnation unique à un emprisonnement de moins de six jours jointe à une amende ne dépassant pas 25 francs. La loi de 1899 qui avait fixé à *un an* seulement le délai, exigeait, en outre, que ces condamnations n'entraînassent pas une incapacité civile ou politique. Cette condition annulait, pour ainsi dire, la disposition de l'art. 8, n° 1, puisque toute condamnation à l'emprisonnement, quelle qu'en soit la durée, et pour tout délit, entraîne l'incapacité d'être juré (L. 21 nov. 1872, art. 2, n° 11). Par suite, les condamnations à l'amende pouvaient seules bénéficier du délai d'un an, lorsqu'elles n'entraînent aucune incapacité.

2° De *cinq ans*, la condamnation unique à six mois ou moins de six mois de prison, ou à cette peine jointe à une amende quelconque, et la condamnation à une amende de 50 francs, ou les condamnations multiples à des amendes. C'est la loi de 1900 qui a étendu aux condamnations multiples à l'amende la prescription de cinq ans.

3° De *dix ans*, la condamnation unique à une peine de deux ans ou moins de deux ans, ou les condamnations multiples dont l'ensemble ne dépasse pas un an, ou à des peines jointes à des amendes (art. 8, n° 3). Il faut lire à « *ces* peines », rédaction votée par le Sénat, au lieu de à « des peines », rédaction insérée, par erreur, dans le texte définitif voté par la Chambre[1].

4° De *quinze ans*, la condamnation unique supérieure à deux ans de prison, ou à cette peine jointe à une amende (art. 8, n° 4). Dans cette catégorie sont comprises, non seulement les condamnations à l'emprisonnement correctionnel au-dessus de deux ans, mais les condamnations à des peines criminelles.

La prescription des condamnations au casier ne fonctionne qu'à une double condition : d'une part, la mauvaise conduite passée du condamné le prive du bénéfice de cette prescription; d'autre part, la mauvaise conduite ultérieure lui en enlève le bénéfice.

a) Le bénéfice de cette prescription n'appartient qu'à ceux qui peuvent être considérés comme des *délinquants d'occasion*. D'où résulte un système assez compliqué, remanié par la loi de 1900, et qu'il est impossible d'expliquer dans un ouvrage élémentaire. La conception générale, c'est qu'un individu, frappé de condamnations multiples et distinctes, ne peut obtenir la prescription de son casier si l'ensemble des condamnations multiples dépasse un an; dans le cas contraire, le délai est fixé à dix ans et court du jour de l'expiration de la dernière peine subie. La loi de 1900 a étendu le bénéfice de l'art. 8 aux condamnations multiples à des amendes.

[1] S. *Lois annotées*, p. 1139, note 15.

b) La dispense d'inscription au bulletin n° 3, par l'effet du temps écoulé, est *conditionnelle :* elle est subordonnée à la bonne conduite persistante du condamné. Elle est révocable, lorsque le condamné encourt, *à une époque quelconque*, une nouvelle condamnation, pour crime ou délit, à l'emprisonnement ou à une peine plus forte; les condamnations à une simple amende n'emportent pas cette déchéance (art. 9).

La prescription de la condamnation, relativement à son inscription au bulletin n° 3, n'a qu'un effet restreint : elle ne fait disparaître la condamnation qu'au point de vue de cette inscription; mais toutes les incapacités attachées à cette condamnation subsistent.

III. *Réhabilitation de droit.* — La loi de 1899 a établi, au profit des condamnés qui ont déjà bénéficié de la dispense d'inscription, une *réhabilitation de droit*, par le seul effet du laps de temps, lorsque leur bonne conduite aura persisté pendant un délai plus long que celui de la prescription (dix, quinze et vingt ans). Nous avons placé cette institution dans son cadre naturel, en traitant de la réhabilitation en général, soit judiciaire, soit légale.

IV. *Rectification du casier judiciaire.* — Des erreurs peuvent se glisser dans la rédaction des divers bulletins du casier judiciaire, soit à la suite d'omissions ou d'inexactitudes dues aux greffiers qui les rédigent, soit à la suite de fraudes commises par les délinquants qui se font condamner sous des noms d'emprunt.

La loi détermine la procédure à suivre pour faire rectifier le casier (art. 14 et 16) et organise la répression des fraudes (art. 11).

276. FORCE PROBANTE DU CASIER JUDICIAIRE. — Le casier judiciaire n'établissait pas légalement la force probante des mentions qu'il contenait. C'était là un point incontestable avant la loi du 5 août 1899[1]. Cette institution n'avait reçu aucune organisation législative, elle était l'œuvre de circulaires ministérielles. En est-il autrement aujourd'hui? Bien qu'on l'ait soutenu[2], c'est méconnaître le caractère des bulletins n° 1 et n° 2 que de leur donner une autre valeur que celle d'un simple renseignement. Le bulletin n° 1, classé au greffe du tribunal d'origine, a été copié sur le dispositif d'un jugement ou d'un arrêt de condamnation. Le bulletin n° 2, qu'on oppose à l'inculpé, n'est que le relevé intégral *du* ou *des* bulletins n° 1 applicables au même individu : c'est donc une simple *copie de copie*, dressée,

[1] Voy. Deransart, *Des moyens de prouver et de constater la récidive* (Th. de doct., Lille, 1897).

[2] Le Poittevin, *op. cit.*, n° 34. Voy. égal. motifs d'un arrêt de la Cour de cass., du 11 août 1899 (S. 1901. 428 et note 4).

il est vrai, par le greffier, sous la surveillance du procureur de la République, qui va permettre de se renseigner sur les antécédents de l'inculpé. Par suite, aux termes du droit commun des preuves (C. civ., art. 1334 et 1335), le bulletin n° 2 ne fait foi que de ce qui est contenu au titre, c'est-à-dire au jugement de condamnation, « dont la représentation peut toujours être exigée ». Ceci posé, trois hypothèses sont de nature à se présenter :

1° Les énonciations du bulletin n° 2 sont confirmées par l'aveu du prévenu. Dans ce cas, la preuve des condamnations antérieures est acquise et peut motiver l'application, soit des art. 56 et suiv., soit de la loi du 27 mai 1885[1].

2° Le prévenu ou l'accusé conteste formellement les énonciations du casier judiciaire. Dans ce cas, la cour ou le tribunal ne pourrait pas puiser la preuve des condamnations, motivant l'application des peines de la récidive, dans cette pièce, qui n'établit pas légalement l'existence des condamnations qui y sont mentionnées. La preuve des condamnations antérieures résultera, en principe, de la production faite par le ministère public des extraits réguliers ou des expéditions des jugements ou arrêts. Mais, à défaut de cette preuve légale, l'existence des condamnations antérieures peut être établie, à l'audience même, par tous les moyens propres à faire la conviction dans l'esprit du juge, tels par exemple, que les déclarations du directeur ou des gardiens de la prison où la peine a été subie, les dépositions de témoins[2]. L'appréciation de toutes ces preuves appartient aux juges chargés d'appliquer la peine : en cour d'assises, par conséquent, à la cour et non au jury.

3° Une situation intermédiaire peut se présenter, c'est même la plus

[1] La Cour de cassation l'a ainsi décidé en matière de récidive légale ordinaire, 4 févr. 1860 (S. 61. 1. 395); 5 juill. 1876 (S. 78. 1. 186); 21 sept. 1882 (*B. cr.*, n° 227). Telle paraît être également sa solution en matière de relégation : Cass., 28 mai 1886 (S. 86. 1. 329).

[2] La jurisprudence paraît n'admettre au contraire, en cas de dénégation du prévenu, d'autre preuve que la production de l'extrait régulier ou de l'expédition du jugement ou de l'arrêt. Mais ce système est contradictoire, car s'il était vrai, il faudrait même décider, que l'aveu du prévenu ne peut, en l'absence de la production du jugement ou de l'arrêt, motiver l'application de la récidive. Et il est aujourd'hui, bien certain, — au moins depuis l'institution du casier judiciaire, — que l'aveu du prévenu est une preuve suffisante de l'existence des condamnations antérieures. C'est, qu'en effet, il s'agit d'établir un *fait*, et, en matière criminelle, tous les moyens propres à établir la conviction d'un fait peuvent être invoqués et visés par le juge. Quoi qu'il en soit, on verra, par les arrêts suivants, auxquels je renvoie, combien la jurisprudence est peu nette sur la question : Cass., 18 août 1853 (*B. cr.*, n° 413); 1er avr. 1853 (*B. cr.*, n° 115); 9 août 1855 (*B. cr.*, n° 281). Comp. Garçon, *Code pénal annoté* (art. 56, nos 301 à 317).

fréquente en pratique : aucune contestation ne s'élève sur la tenue du bulletin, annexé au dossier, et rien, dans la procédure, ne vient indiquer que le prévenu ou l'accusé ait *contesté* ou *avoué* les énonciations qu'il contient. Dans ce cas, la Cour suprême considère, comme une preuve suffisante de la première condamnation, au point de vue de l'application de la récidive du Code pénal, la production d'un bulletin, sur la teneur duquel aucune contestation ne s'est élevée, sans qu'il ait été cependant l'objet d'une reconnaissance positive de la part du prévenu ou de l'accusé[1]. Il semble résulter, au contraire, de diverses décisions, que la même solution ne s'appliquerait pas en matière de relégation. Non seulement les diverses condamnations qui motivent l'application de la relégation, devraient être énumérées complètement, mais il faudrait encore mettre le prévenu en demeure de reconnaître l'exactitude des renseignements fournis par son bulletin nº 2 et relater, dans le jugement ou l'arrêt, l'existence de ce bulletin et sa concordance avec les aveux du prévenu[2]. La distinction, ainsi établie par la Cour de cassation entre les deux espèces de récidive, ne nous paraît nullement fondée. Au fond, il s'agit d'obéir à la prescription générale, écrite dans la loi du 20 avril 1810, aux termes de laquelle tout jugement doit être motivé. Pourquoi donc la décision, qui serait suffisamment motivée au point de vue de la récidive du Code pénal, ne le serait-elle pas au point de vue de la loi de 1885? Cette différence entre la récidive et la relégation ne peut s'expliquer que par la gravité exceptionnelle de cette dernière peine. Mais ce motif n'est pas suffisant pour la justifier[3].

[1] *Sic*, Cass., 6 mars 1874 (D. 74. 1. 277); 10 avr. 1880 (S. 81. 1. 91); 21 sept. 1882 (D. 82. 1. 488). V. cependant : Cass., 4 févr. 1860 (D. 61. 1. 93); 7 juill. 1876 (D. 78. 1. 94). Mais ces deux arrêts constatent plutôt l'existence d'un aveu formel du prévenu qu'ils ne l'exigent comme une preuve de la réalité des condamnations inscrites au casier.

[2] Cass., 4 et 17 févr. 1887 (D. 87. 1. 233) et la note; 11 mars 1887 (D. 87. 1. 413); 16 mars 1889 (S. 90. 1.41).

[3] En résumé, et au point de vue pratique, lorsque le juge est saisi d'une poursuite pouvant entraîner la rélégation, il doit interpeller le prévenu sur l'existence des condamnations portées à son casier et qui seront retenues à l'appui d'une condamnation à la rélégation. Si le prévenu accepte comme exactes les énonciations du casier, il y a preuve suffisante : si le prévenu les contredit, il y a lieu, pour le juge, de consulter les dossiers et de requérir l'extrait des jugements ou des arrêts.

§ IX. — DU SURSIS A L'EXÉCUTION DE LA PEINE[1].

277. Double objet de la loi du 26 mars 1891. Des condamnations conditionnelles. Divers systèmes législatifs. Mérites et inconvénients de l'institution.

277. LA LOI DU 26 MARS 1891 DITE « LOI BÉRENGER ». — La loi du 26 mars 1891, que la voix publique a désignée, par un légitime hommage, du nom de son promoteur, M. Bérenger, est un épisode de la lutte, entreprise depuis un demi-siècle, contre la récidive, dont l'accroissement continu devient le phénomène inquiétant et caractéristique de la criminalité contemporaine.

Son principe repose sur la distinction entre les *délinquants d'habitude* et les *délinquants primaires*[2]. Son but consiste à réprimer et à prévenir les récidives, en combinant les deux méthodes employées séparément jusqu'alors : l'adoucissement du sort du condamné primaire,l'aggravation de celui du délinquant d'habitude. De là cet intitulé qui est une antithèse : *Loi sur l'atténuation et l'aggravation des peines*[3].

Dans sa première partie, que nous allons étudier ici, la loi de 1891 s'inspire d'une idée fondamentale. Il s'agit d'augmenter les pouvoirs du juge, pour lui permettre : 1° de tenir compte de la situation spéciale des délinquants primaires; 2° d'épargner à ceux-ci le séjour de la prison et le déclassement qui en est la conséquence ordinaire; 3° de leur donner cependant un avertissement et de leur imposer une période d'épreuve, au bout de laquelle se place, comme récompense,

[1] BIBLIOGRAPHIE : Brégeault, *Commentaire de loi du 26 mars 1891*, 1891; Capitant, *La loi du 26 mars 1891*, 1891; Delalande, *Étude théorique et pratique sur la loi du 26 mars 1891*, 1893; Locard, *Commentaire de la loi du 26 mars 1891 sur l'atténuation et l'aggravation des peines* 1891; Mahoudeau, *Commentaire de la loi du 26 mars 1891*, 1891; Nègre et Gary, *La loi Bérenger et ses applications*, 1891; Louis André, *La récidive*, 1893. Sur l'origine et la physionomie de l'institution : A Gautier, *A propos de la condamnation conditionnelle*, Berne, 1890 ; Ch. Worms, *Les condamnations conditionnelles suivant la loi française et les lois étrangères*, 1891. Voy. mon *Traité du droit pénal* 2e éd., t. III, nos 795 et suiv.; *Rev. pénit.*, 1893, p. 706, 862, 887, 1026.

[2] Cette distinction, a-t-on dit, devrait être un signet séparant deux parties du Code (*Bull. soc. pris.*, 1889, p. 820). M. Léveillé a surtout insisté (Voy. articles dans le journal *le Temps*, mars, avril et juin 1886). Voy. ma brochure sur *Le problème moderne de la pénalité*, p. 7. L'Union intern. du droit pénal a adopté cette distinction comme l'une des règles fondamentales de ses premiers statuts.

[3] Du reste, les propositions faites par M. Bérenger en vue de fortifier la répression de la récidive ont été, en partie, écartées. Sous le rapport de l'*aggravation* des peines, la loi du 26 mars 1891 est infidèle à son titre.

la réhabilitation, et, comme châtiment, l'exécution de la condamnation[1].

Au point de vue de la manière dont l'institution est comprise, on peut distinguer deux groupes de législations. Tandis que les unes n'admettent la suspension que pour l'exécution de la peine, la condamnation étant prononcée (systèmes belge et français), les autres suspendent la condamnation elle-même (système anglo-américain)[2]. Ce dernier système a l'avantage de ne pas flétrir d'une condamnation le délinquant primaire, mais il a l'inconvénient de laisser le procès ouvert pendant une période assez longue, de sorte que, si la condition de bonne conduite fait défaut, il est difficile d'en ressaisir les éléments. Dans le système français, la procès suit son cours et la condamnation est prononcée, mais le juge en suspend l'exécution. La bonne conduite du condamné pendant le délai d'épreuve efface la condamnation. Au contraire, un nouveau délit oblige celui-ci à subir la peine précédemment prononcée[3].

[1] L'expression « condamnation conditionnelle » ne figure ni dans la rubrique ni dans le texte de la loi du 26 mars 1891. C'est de la « suspension », de l'atténuation de la peine » qu'il est question. Mais on ne saurait dire que la peine est atténuée puisqu'elle demeure ce qu'elle est, et si ce système a pour effet de suspendre la peine ou plutôt son exécution, il est à remarquer que cette suspension est conditionnelle. Aussi le projet de revision du Code pénal français se sert de la rubrique « du sursis à l'exécution ». Cependant, l'expression de *condamnation conditionnelle* est consacrée par un usage assez constant et autorisée par l'exemple de la législation belge. Elle a le mérite d'être plus courte que les autres qualifications. Voy. sur la question, Gautier, *op. cit.*, p. 2. MM. Négre et Gary proposent l'expression de *condamnation rachetable*. A vrai dire, la décision de sursis n'est autre chose qu'une condamnation avec exécution conditionnelle de la peine.

[2] Créée en 1870, à Boston; pour les jeunes délinquants, la « mise en probation » fonctionne depuis 1880 dans l'Etat de Massachusetts et à l'égard des adultes; l'exemple a été suivi par la Nouvelle-Zélande en 1886 et par l'État australien du Queensland en 1886. C'est une loi du 7 août 1887 qui a introduit l'institution en Angleterre. La loi du 26 juin 1904, dite loi Ronchetti, a introduit en Italie le sursis à exécution.

[3] On s'est efforcé de donner à une institution bien moderne une origine ancienne. Divers passages de Bartole ont été cités à l'appui de cette thèse. *La condamnation conditionnelle au Moyen âge* dans *Bull. Union intern. de droit pénal* (février 1893, p. 66). Le même *Bulletin* (juillet 1891) reproduit, d'après une revue spéciale, divers jugements de 1712 et 1713, desquels on pourrait conclure que la vieille pratique hongroise connaissait le système de la remise conditionnelle des peines. — Mais c'est au Congrès pénitentiaire de Rome, en 1885, que la question a été envisagée pour la première fois, mais non discutée. Au congrès de Saint-Pétersbourg, elle a été longuement examinée (*Bull. soc. pr.*, 1891, p. 2 et s.). L'Union intern. du droit pénal, dans sa réunion de Bruxelles, en août 1889, a adopté par acclamation un vœu favorable à la condamnation conditionnelle (Voy. Gautier, p. 9). En France, le sénateur Bérenger déposait, le 26 mai 1884, une proposition qui, après avoir subi, pendant sept ans, les lenteurs de la procédure parlementaire, est deve-

Les critiques à l'idée même de la suspension soit de la condamnation soit de l'exécution n'ont pas manqué. Elles ne seraient justifiées que si l'institution était faussée dans son application ou s'il en était fait abus. C'est la pratique seule qui peut éclairer sur sa valeur [1]. Suivant la manière dont le sursis sera compris et appliqué par les tribunaux, la mesure réalisera les espérances de ses admirateurs ou justifiera les appréhensions de ses détracteurs. On a dit que le sursis serait utilement accordé dans tous les cas où la grâce immédiate interviendrait sans de sérieux inconvénients. Nous acceptons cette formule comme la limite d'application des condamnations conditionnelles, car si cette limite est dépassée, on courrait le risque de faire bénéficier, de la faveur légale, des malfaiteurs qui, d'avance, auraient escompté cette chance d'impunité et de provoquer ainsi leur entrée dans la carrière criminelle, puisque « le premier pas ne leur coûterait rien ». Jusqu'ici, l'expérience a été favorable à l'institution, qui est entrée dans les mœurs françaises, et la diminution de la récidive, constatée par les statistiques de ces dernières années, coïncide avec l'application, chaque jour plus développée, de l'institution du sursis, « dont l'habile et salutaire clémence rend la menace de l'emprisonnement plus efficace bien souvent que son exécution » et qui a eu ce double résultat de contribuer à la fois à l'abaissement de la récidive et à la diminution du nombre même des condamnés primaires.

§ X. — DES CONDITIONS DU SURSIS.

278. Du domaine des condamnations conditionnelles. Quatre règles résument les conditions de l'obtention du sursis. — 279. Des délinquants qui peuvent en bénéficier. — 280. Des infractions pour lesquelles il peut être ordonné. Infrac-

nue la loi du 26 mars 1891. M. Bérenger en a été le rapporteur devant le Sénat; M. Barthou, devant la Chambre. Entre temps, la Belgique était le premier pays d'Europe où l'innovation passait dans la législation positive (Loi du 31 mai 1888). Le projet de revision du Code pénal français (art. 67 à 69) conserve le principe de la condamnation conditionnelle, mais d'une manière plus timide que la loi actuelle. Ainsi, le sursis n'est possible qu'à l'égard des peines inférieures ou égales à trois mois de prison ou de détention, et lorsque l'inculpé n'a subi antérieurement aucune condamnation quelconque pour crime ou délit. Voy. la loi genevoise du 29 oct. 1892; la loi portugaise du 6 juill. 1893; la loi du grand-duché de Luxembourg du 10 mai 1892; la loi italienne, dite de Ronchetti, du 26 juin 1904. Le sursis est inscrit dans la plupart des projets de Code en élaboration. Les résistances allemandes paraissent faiblir : *Rev. pénit.*, 1885, p. 559.

[1] Voy. sur l'application de la loi : *Journ. off.*, du 27 août 1891, p. 4338 et du 14 oct. 1894, p. 4957; et les *Comptes généraux de la just. crim.*, surtout celui, trop optimiste, paru le 9 nov. 1897 (*Journ. off.* du même jour). Comp. mon *Traité*, 2e éd., t. III, n° 797; Vidal, *op. cit.*, 3e éd., p. 377 à 379.

tions militaires. Loi du 28 juin 1904. Contraventions de police. — 281. Le sursis ne s'applique qu'à l'amende et à l'emprisonnement. — 282. Des juridictions qui peuvent l'ordonner. — 283. Des règles de procédure.

278. Quatre règles résument les conditions de l'obtention du sursis. — Le domaine de la condamnation conditionnelle doit être fixé, en se préoccupant des *délinquants*, des *infractions*, des *peines* auxquels s'applique le sursis et des *tribunaux*, qui peuvent le prononcer. A ces divers points de vue, le système de la loi se résume dans les quatre règles suivantes : 1° Le sursis est une faveur, accessible seulement à une catégorie de délinquants, les délinquants primaires et certains délinquants assimilés : « ceux qui n'ont pas subi de condamnation antérieure à la prison pour crime ou délit du droit commun » (art. 1er, § 1); 2° Il peut être prononcé, quelle que soit la nature de l'infraction donnant lieu à la poursuite, à l'exception des contraventions de police; 3° Mais il ne s'applique qu'à deux peines : l'emprisonnement et l'amende (art. 1er, § 1 ; art. 2, § 2); 4° Il peut être prononcé par tous les tribunaux, à l'exception de ceux des armées de terre et de mer, et encore en temps de guerre (art. 7, L. 28 juin 1904).

279. Première règle. Des délinquants qui peuvent obtenir le sursis. — Peuvent bénéficier d'un sursis : 1° les *délinquants primaires*, c'est-à-dire ceux qui n'ont subi aucune condamnation quelconque ; 2° certains *délinquants assimilés*, ceux qui n'ont pas subi de condamnation antérieure à la prison pour crime ou délit de droit commun. A ce point de vue, il faut, pour être exclu, de plein droit, du bénéfice du sursis, que le casier judiciaire porte une *condamnation* à une certaine *nature de peine*, pour une certaine *nature d'infraction*.

a) La loi exige une condamnation[1] : par suite, le délinquant, déclaré coupable, mais absous ou acquitté pour défaut de discernement (C. p., art. 66), pourra ultérieurement bénéficier du sursis. Cette condamnation, comme celle qui constitue un antécédent, au point de vue de la récidive, devra : 1° émaner d'un tribunal français; 2° être définitive au moment où intervient le fait qui y donne lieu[2]; 3° enfin, la condamnation, mise en oubli par une *amnistie*, annulée par la *revision* du procès, effacée par une *réhabilitation*, ne fait pas obstacle au sursis. Il n'y a pas lieu de distinguer, à ce dernier point de vue, entre la réhabilitation judiciaire et la réhabilitation légale. Dans ces deux hy-

[1] Quelle que soit son ancienneté, et alors même que, en raison de sa date, elle ne pourrait, aux termes des art. 57 et 58, servir de base à la récidive.

[2] C'est dans ce sens que se prononce la jurisprudence : Cass., 20 avr. 1893 (*B. cr.*, n° 104).

pothèses, en effet, la condamnation est censée *non avenue*. Le même délinquant peut donc bénéficier plusieurs fois d'un sursis.

b) Une condamnation antérieure ne fait obstacle au sursis qu'autant que la peine prononcée est celle de l'*emprisonnement* ou une *peine plus grave*. Il suit de là que la condamnation à une peine pécuniaire, quel que soit le taux de l'amende, n'est pas comptée comme antécédent judiciaire et qu'il n'existe pas de parallélisme entre les condamnations qui empêchent d'obtenir le sursis et les peines auxquelles le sursis s'applique.

c) Il faut enfin, pour empêcher le délinquant d'obtenir cette faveur, que la condamnation antérieure ait été prononcée : 1° pour *crime* ou *délit*, — ce qui exclut les contraventions de police ; 2° pour crime ou délit de *droit commun*, — ce qui exclut une catégorie d'infractions dont le caractère n'est déterminé que par cette expression équivoque.

Les crimes et délits de droit commun sont uniquement opposés aux *infractions politiques*, — mais non aux autres infractions dites *spéciales*. D'une part, en effet, la loi du 27 mai 1885 ne fait pas entrer en compte pour la relégation cette catégorie d'infractions et l'oppose clairement aux infractions de droit commun. Or, la loi du 26 mars 1891, qui obéit à des préoccupations identiques, a dû prendre cette expression dans le même sens. D'autre part, les infractions politiques ont un caractère nettement tranché : elles ne classent pas le condamné et ne le rendent pas indigne d'obtenir un sursis. Il est vrai qu'on peut en dire autant de beaucoup d'infractions spéciales : il faut cependant observer que les délits punis d'emprisonnement par les lois spéciales (il ne s'agit que de ceux-là) ont une gravité relative et constituent un antécédent fâcheux pour un prévenu[1].

280. Seconde règle. Des infractions pour lesquelles le sursis peut être accordé. — En principe, les tribunaux peuvent

[1] Bien d'autres systèmes ont été soutenus. *a*) D'après certains interprètes, il fallait opposer, même avant la loi du 28 juin 1904, les crimes et délits de droit commun aux seules infractions militaires. *Sic*, Nègre et Gary, p. 47 ; Locart, nos 17 et s. ; Brégeault, p. 320. *b*) D'autres considèrent comme étrangers au droit commun, non seulement les délits politiques, mais encore ceux qui sont prévus par les lois spéciales ou par certaines d'entre elles, notamment par les lois fiscales. *Sic*, Laborde, no 14. Mais on aboutit à des distinctions tellement arbitraires qu'il est impossible de suivre ce critère sans s'égarer. La Cour de Chambéry a décidé qu'une condamnation antérieure à la prison pour infraction aux lois des douanes faisait obstacle au sursis : 14 févr. 1893 (D. 93. 2. 511). Même solution pour les délits de chasse : Bourges, 17 déc. 1891 (D. 92. 2. 56). Voy. les conclusions de M. Sarrut, rapportées sous l'arrêt de la Chambre crim. du 25 mars 1892 (D. 92. 1. 310). La loi du 1er août 1905 sur les fraudes ne permet pas d'appliquer le sursis aux amendes prononcées par application de ses textes (art. 8, § 4).

accorder un sursis, quelle que soit la *nature de l'infraction*, donnant lieu à la poursuite, à la condition que la peine appliquée soit l'une de celles dont la suspension est autorisée[1]. A ce principe, il existe deux exceptions, qui résultent, soit d'un texte formel, soit de l'esprit de la loi. Elles concernent les *contraventions de police* et les *infractions militaires*.

Mais il importe de remarquer, tout d'abord, que les pouvoirs du juge sont indépendants de la *nature* de l'infraction. Qu'il s'agisse d'un crime ou d'un délit, d'une infraction de droit commun ou d'une infraction politique, d'une infraction ordinaire ou d'une infraction spéciale, le juge est libre de prononcer le sursis. Trois difficultés ont été cependant soulevées sur l'application de cette règle, dont le point de départ ne fait aucun doute.

a) On a soutenu que le sursis ne s'appliquerait pas à l'emprisonnement complémentaire de la dégradation civique (C. p., art. 34 et 35), car l'emprisonnement n'est alors que l'accessoire de cette peine criminelle. Mais l'emprisonnement ne cesse pas d'être une peine susceptible de sursis, bien qu'il soit prononcé pour *crime*. La situation est analogue à celle dans laquelle l'emprisonnement et l'amende sont substitués aux peines criminelles, par l'effet de circonstances atténuantes, et il n'est pas douteux, dans ce cas, que le condamné puisse bénéficier du sursis.

b) Les infractions spéciales, dans les divers sens du mot, sont susceptibles de donner lieu à une condamnation conditionnelle, quand même elles n'admettraient pas l'application des circonstances atténuantes. Après quelques hésitations, inspirées par la crainte de voir l'institution nouvelle bouleverser l'économie des lois spéciales, la jurisprudence a fini par autoriser le sursis en toute matière, notamment en cas de délits forestiers, de douanes ou de contributions indirectes [2].

c) Toutefois, en ce qui concerne les matières fiscales et forestières,

[1] La Cour de cassation a jugé, dans son arrêt précité du 25 mars 1892, qu' « il résulte des travaux préparatoires que, sans se préoccuper de l'infraction commise par le délinquant, le législateur s'est uniquement attaché au caractère de la peine prononcée pour déterminer les cas où la mesure serait applicable ».

[2] La controverse sur l'application du sursis aux peines des délits spéciaux paraît close. On a vu le sursis appliqué en matière de pêche, de chasse, de presse. D'autres décisions l'admettent en matière de douanes, mais seulement pour l'emprisonnement (Cass., 22 déc. 1892, S. 93. 1. 103), en matière d'infraction à la loi sur les réquisitions militaires, recensement des chevaux (Cass., 25 mars 1892, D. 93. 1. 309); pour infraction à la loi du 17 juill. 1889 sur les candidatures multiples (Bordeaux, 20 avr. 1894, D. 94. 2. 209). Ces dernières décisions ont ceci de remarquable qu'elles font bénéficier du sursis des délinquants qui n'auraient pu bénéficier des circonstances atténuantes. Ainsi se trouve écartée une distinction qu'avaient essayé de faire quelques cours d'appel.

il faut signaler une réserve : la Cour de cassation limite la possibilité d'un sursis à l'*emprisonnement*, elle ne le permet pas pour l'*amende* qu'elle considère moins comme une peine que comme une réparation civile. On ne doit pas voir, dans cette exclusion, motivée par le caractère attribué à la *peine elle-même*, une exception à la règle générale qui admet le sursis quelle que soit la nature de l'infraction.

I. D'après l'art. 7 de la loi du 26 mars 1891, le sursis n'était pas applicable aux *condamnations prononcées par les tribunaux militaires*, et la généralité de ce texte ne permettait de faire aucune distinction entre les *délits militaires*, les *délits de droit commun*, les *délits mixtes*. Mais lorsque, par exception, un militaire, par exemple en cas de complicité avec un civil, est jugé par les tribunaux ordinaires, l'art. 7 s'appliquait-il ? La règle posée était-elle une *règle de compétence*, interdisant aux tribunaux militaires d'accorder le sursis, ou une *règle de fond*, rendant inapplicable le sursis à tout militaire condamné, même par un tribunal ordinaire ? Des difficultés sérieuses étaient nées sur le caractère de l'exclusion du sursis. Ces difficultés ont disparu par suite de la loi du 28 juin 1904 qui étend le bénéfice du sursis aux militaires et permet aux tribunaux militaires de le prononcer en temps de paix. D'après cette loi, le sursis peut être accordé aux militaires, par tous les tribunaux, et s'étendre, conformément à l'esprit de l'institution, à toutes les *peines correctionnelles* encourues par des militaires, amende, emprisonnement et travaux publics, sans limitation de durée ni de quotité (art. 1). En principe, les conditions d'application et de déchéance du sursis, les effets du sursis et de sa révocation sont réglés par la loi du 26 mars 1891, dont la loi de 1904 se borne à étendre l'application aux militaires. Néanmoins, il faut tenir compte, dans les conditions suivantes, de la distinction des délits *militaires*, de *droit commun* et *mixtes*. 1° Pour faire obstacle au sursis et en entraîner la déchéance dans le délai d'épreuve, si le sursis doit être ou a été appliqué à un militaire pour une condamnation de droit commun, la condamnation, antérieure ou postérieure, doit, elle-même, être prononcée pour crime ou délit de droit commun, et une condamnation pour crime ou délit militaire ne peut ni s'opposer au sursis ni en faire déchoir (art. 2 et 3). Les condamnations prononcées pour *délits mixtes*, délits de droit commun aggravés, doivent être traitées comme condamnations de droit commun, et non comme condamnations militaires (arg. de l'art. 4). Lorsqu'au contraire, le sursis est applicable ou appliqué à une condamnation pour crime ou délit militaire, les condamnations, antérieures ou postérieures, pour crime ou délit militaire, ou mixte, comme celles de droit commun, font obstacle au sursis ou en entraînent la révocation. 3° Une difficulté particulière se présente, lorsque le sursis, ayant été appliqué à une condamnation à la peine des travaux publics dont l'exécution implique nécessairement la qualité de militaire chez celui qui la subit, la révocation en est encourue par le condamné, après sa rentrée dans la vie civile. L'exécution de la peine des travaux publics, étant impossible, l'art. 5 de la loi du 28 juin 1904 établit un système d'équivalence avec l'emprisonnement.

II. Le sursis n'est pas applicable en matière de *contraventions de police*. Cette exception, qui ne résulte pas d'un texte formel, est admise, avec raison, par la jurisprudence. En effet, au cours des travaux préparatoires de la loi de 1891, il n'a jamais été fait allusion aux contraventions : on n'a eu en vue que les crimes et délits. Et s'il n'existe pas de texte formel qui prohibe l'extension du sursis à ces infractions, l'ensemble des dispositions de la loi les exclut [1]. Ainsi, c'est une condamnation antérieure pour crime ou délit qui fait obstacle à un sursis; c'est une condamnation ultérieure pour crime ou délit qui en fait perdre le bénéfice. Une condamnation pour contravention ne prive pas du sursis et n'en fait pas déchoir : ce serait donc l'impunité accordée à tous ceux qui resteraient dans le domaine des contraventions. Plus loin, les textes parlent des peines accessoires, du casier judiciaire, de l'avertissement pour le cas de récidive dans les termes des art. 57 et 58, dispositions qui n'ont de sens qu'en matière de crimes et délits. Puis la durée du délai d'épreuve est toujours de cinq ans, terme de la prescription correctionnelle. Or, en matière de police, la prescription est de deux ans : si le condamné pouvait obtenir un sursis, il échapperait, après ce délai, à toute exécution de la peine, et la suspension ne produirait d'effet comminatoire que pendant deux ans et non pendant cinq ans, résultat inadmissible et qui suffirait à condamner l'applicatinn du sursis en matière de contravention.

281. Troisième règle. Des peines a l'exécution desquelles il peut être sursis. — Le sursis ne peut être accordé que pour l'*emprisonnement* et l'*amende*. Le projet primitif ne s'occupait que de l'emprisonnement. On voulait, par l'institution d'un sursis, épargner au délinquant primaire les contacts démoralisateurs de la prison. Mais, dans la discussion de la loi, l'extension du sursis à l'amende fut acceptée, par cette considération qu'il eût été injuste si, dans la même affaire, l'un des délinquants était condamné à l'emprisonnement et l'autre à l'amende, que le plus sévèrement puni pût seul profiter du sursis.

[1] *Sic*, Cass., 27 oct. 1894 (S. 95. 1. 107).

a) Du reste, le rapprochement de l'emprisonnement et de l'amende, démontre que le sursis n'est accordé qu'à l'égard des *amendes répressives*, qu'il ne saurait être applicable aux amendes *civiles*, *disciplinaires* ou *de procédure*. La détermination du véritable caractère de l'amende est parfois délicate. La jurisprudence a décidé que les *amendes fiscales*, prononcées pour contraventions aux lois sur les douanes, les contributions indirectes et les octrois, et les *amendes forestières*, devaient être considérées, au point de vue du sursis, moins comme des peines que comme des réparations civiles[1].

Peu importe, du reste, le *taux de l'amende* et la *nature de l'infraction* pour laquelle elle est prononcée. C'est ainsi qu'il faut admettre la possibilité, pour une cour d'assises, de suspendre l'exécution d'une amende prononcée comme peine complémentaire en matière criminelle[2]. La question est, du reste, théorique, car on ne comprendrait pas l'utilité de suspendre l'exécution de l'amende, alors qu'il est interdit de suspendre l'exécution de la peine principale.

b) L'emprisonnement, dont il est question, c'est la peine ainsi qualifiée par le Code pénal et non toute peine privative de liberté[3]. Mais, dans ces limites, il faut, sans hésiter, reconnaître le droit pour les tribunaux de surseoir, soit à la peine prononcée contre les mineurs de seize ans par application des art. 67 et 69, C. pén., soit à l'emprisonnement, substitué à la dégradation civique prononcée comme peine principale (C. p., art. 35), soit à l'emprisonnement prononcé pour crime par l'effet de circonstances atténuantes ou d'excuses, et quelle que soit la durée de l'emprisonnement.

[1] Pour les amendes fiscales, la jurisprudence a pris la raison de décider dans les motifs qu' « elles sont moins des peines que des réparations civiles ». Pour les amendes forestières, on a invoqué le droit de transaction après le jugement, que le sursis aurait pour résultat de supprimer. Voy. Cass., 19 nov. 1889 (D. 92. 1. 109) en matière de contributions indirectes; Cass., 22 déc. 1892 (D. 93. 1. 157) en matière de douanes. La même solution serait, par conséquent, applicable en matière d'octroi. Voy. Cass., 23 déc. 1892 (D. 93. 1. 159) au cas de condamnation à l'amende prononcée en matière forestière. Pour la discussion sur ce dernier point : Cass., 28 janv. 1897 (D. 97. 1. 88); 20 août 1900, trois arrêts (*Pand. franç.*, 1902. 1. 12).

[2] L'amende est appliquée en matière criminelle pour le *faux* (C. p., art. 164), la *concussion* (art. 174), la *corruption de fonctionnaire* (art. 177 et suiv.). Je fais remarquer les motifs d'un arrêt de la Cour de cassation du 20 janv. 1893, lequel, pour écarter l'application du sursis à la réclusion, affirme, — ce qui me paraît inexact, — que le sursis « ne peut être appliqué qu'au cas où la peine prononcée est correctionnelle ». Il est certain, en effet, qu'il ne résulte pas des termes de l'art. 1er de la loi de 1891 que le sursis soit une institution spéciale aux peines correctionnelles. La loi applique le sursis « à l'emprisonnement et à l'amende », peines qui peuvent être prononcées en matière criminelle.

[3] Ce n'est pas la réclusion par exemple : Cass., 20 janv. 1893 (D. 93. 1. 300).

c) Les tribunaux ne peuvent ordonner le sursis pour une partie de la peine d'emprisonnement ou d'amende. Un sursis partiel ne remplirait par le but cherché et ne serait qu'une sorte de libération conditionnelle pour l'emprisonnement, de remise partielle de la peine pour l'amende[1]. Rien, dans la loi, n'autorise les tribunaux à procéder ainsi. Mais lorsque l'emprisonnement et l'amende sont prononcés à la fois, ne peuvent-ils pas, du moins, décider qu'il sera sursis à l'exécution de l'une de ces deux peines seulement? Nous n'y voyons aucun obstacle. C'est l'exécution qui est affectée d'une condition suspensive; et si on ne peut concevoir que l'exécution d'une même peine soit, pour partie, conditionnelle, et, pour partie, pure et simple, lorsqu'il y a deux peines, c'est-à-dire deux exécutions distinctes, rien n'empêche que l'une de ces exécutions soit immédiate et l'autre suspendue. Ce système a l'avantage de se prêter à d'heureuses combinaisons et il n'a rien de contraire aux dispositions de la loi[2].

282. Quatrième règle. Des tribunaux qui peuvent prononcer le sursis. — Quelles juridictions peuvent prononcer une condamnation conditionnelle? La loi se borne à formuler, dans l'art. 1er, une règle générale de compétence : « Les cours et tribunaux peuvent ordonnner qu'il sera sursis à l'exécution », et, dans l'art. 7, une exception : « La présente loi n'est applicable aux condamnations prononcées par les tribunaux militaires qu'en ce qui concerne les modifications suivantes, etc. ».

a) Le sursis étant une règle générale de l'application des peines, une règle de fond, ne peut dépendre de la nature des juridictions qui prononcent la peine; il dépend de la nature de la peine prononcée. Il en résulte que toutes les juridictions appelées à prononcer une peine d'emprisonnement ou d'amende peuvent ordonner le sursis. Cette formule comprend : 1° les tribunaux répressifs ordinaires (tribunaux correctionnels, cours d'appel, cours d'assises); 2° les juridictions civiles, lorsque, exceptionnellement, elles sont appelées à prononcer une peine; les juridictions répressives spéciales (Haute-Cour de justice, tribunaux maritimes, tribunaux consulaires dans les pays hors chrétienté).

b) L'exception relative aux tribunaux militaires a été restreinte, par la loi du 28 juin 1904, au temps de guerre. Les tribunaux mili-

[1] La Cour de Lyon a décidé, par application de cette règle, que le sursis ne peut être ordonné pour une partie seulement de l'amende prononcée : Lyon, 20 févr. 1893 (*Gaz. Pal.*, 11 nov.).

[2] La Cour de cassation l'a consacré : Cass., 24 mai 1892 (D. 92. 1. 523).

taires, en temps de paix, comme les tribunaux ordinaires, peuvent accorder le sursis.

283. Avertissement a donner au condamné. — La loi ne présente aucune procédure particulière, préalablement à la condamnation conditionnelle. Elle n'interdit pas notamment la procédure expéditive des flagrants délits. Le sursis peut même être accordé en cas de défaut; la loi semble bien supposer, il est vrai, que le prévenu est présent pour y recevoir l'avertissement qu'elle prescrit. Mais elle se place dans le cas le plus ordinaire, sans exclure le cas exceptionnel qui nous occupe. Or, le sursis, n'étant ni une *admonition répressive*, ni une pure faveur, mais une mesure d'intérêt général, ne doit pas être subordonné à la présence du délinquant. Le sursis peut être accordé en appel, comme il peut être supprimé sur l'appel du ministère public. Il doit être accordé par le même jugement qui a statué sur la culpabilité et appliqué la peine, car, le jugement rendu, le tribunal est dessaisi (art. 1er, § 1) [1]. Enfin, aux termes de l'art. 3, la décision du sursis doit être accompagnée d'un avertissement, qui constitue l'explication de la loi et qui, à ce titre, ne saurait être prescrit à peine de nullité.

§ XI. — DES EFFETS DU SURSIS.

284. Des effets de la condamnation conditionnelle. Division. — 285. Suspension de l'exécution de la peine d'emprisonnement ou d'amende. Le sursis se limite à ces deux peines. La condamnation produit ses effets ordinaires en ce qui touche les peines accessoires et complémentaires, les frais et dommages-intérêts, le casier judiciaire. Durée de la période d'épreuve. Son point de départ. — 286. Evénements qui mettent fin à la période d'épreuve. — 287. Déchéance du bénéfice du sursis. Conditions de la révocation. Effets de cette révocation. — 288. Expiration du terme de cinq ans sans qu'une condamnation nouvelle soit intervenue.

284. Des effets du sursis. — Les effets du sursis doivent être étudiés : 1° pendant la période de suspension de la peine ; 2° après les événements qui mettent fin à la période d'épreuve.

285. Effets du sursis pendant la période de suspension de la peine. — Les effets de la condamnation conditionnelle, pendant la période de suspension, doivent être examinés, aux points de vue :

[1] Si le juge refuse le sursis, doit-il motiver sa décision? Nullement, d'après la jurisprudence : Cass., 29 mars 1895 (S. 95. 1. 200).

1° de la peine principale; 2° des peines accessoires ou complémentaires, des frais et dommages-intérêts, du casier judiciaire ; 3° il y a lieu enfin de s'occuper de la période de suspension en elle-même, de sa durée, de son point de départ, du caractère du sursis.

I. L'effet principal et immédiat de la décision de sursis est de suspendre l'*exécution de la peine d'emprisonnement* ou de celle d'*amende*.

a) Le condamné à l'emprisonnement est-il en état de détention préventive? C'est au ministère public qu'il appartient de mettre fin à cette situation en exécutant la décision de sursis: mais doit-il attendre qu'elle soit devenue définitive? Est-il tenu, au contraire, de faire procéder, comme en cas de relaxe (C. instr. cr., art. 206), à l'élargissement *immédiat* du condamné? Tant que le jugement est susceptible d'être attaqué, la décision n'a qu'une valeur relative: l'effet de l'appel est de tout remettre en question, le sursis comme le fond de l'affaire. Or, la loi accordant un certain délai au ministère public pour user du droit de se pourvoir en appel, le ministère public ne saurait être obligé, pendant cette période, de mettre le détenu en liberté. La *condamnation* avec sursis n'est pas, en effet, « un relaxe subordonné à une condition purement potestative dépendant du prévenu [1] », car, même le délai d'épreuve accompli, la condamnation n'en a pas moins existé; elle a produit certains effets définitifs, et elle ne disparaît que par suite d'une réhabilitation légale [2].

Si le condamné à l'emprisonnement n'est pas détenu, l'effet du sursis est négatif [3].

b) En cas de condamnation à l'amende, l'effet du sursis est de suspendre l'exécution de la contrainte par corps [4].

[1] Laborde, n° 51.

[2] La question est discutée. Dans ce sens : Chambéry, 14 juin 1891 (D. 92. 2. 297); Locard, n° 92; de Forcrand, p. 193; Delalande, p. 99. En sens contraire : Nègre et Gary, p. 71; Chesney (*Rev. crit.*, 1892, p. 107).

[3] Le prévenu, qui est en liberté provisoire sous caution (C. instr. cr., art. 144), a-t-il droit au remboursement de la somme consignée? On sait que le cautionnement est divisé en deux parts, — l'une qui assure la représentation de l'inculpé à tous les actes de la procédure et pour l'exécution; cette part doit être restituée, puisque le cautionnement, destiné à servir de garantie contre l'inculpé laissé libre par *faveur*, n'a plus de raison d'être, lorsque la liberté est devenue, pour celui-ci, un *droit* qu'il tient du jugement lui-même; — l'autre part ne constitue qu'une avance pour le paiement des frais et de l'amende; elle ne doit donc pas être restituée, puisque le jugement de sursis ne modifie pas, sur ces points, les effets ordinaires de la condamnation.

[4] Circ. du minist. just. 16 janv. 1892 (*Bull. off.*, p. 3). — L'effet du sursis sur la solidarité (C. p., art. 55), lorsqu'il n'aura été accordé qu'à l'un ou à plusieurs des condamnés à l'amende, à l'exclusion des autres, sera de la suspendre conditionnellement comme l'exécution elle-même. *Sic*, Delalande, p. 105; Locard, n° 43.

II. Le sursis, limité à l'emprisonnement et à l'amende, laisse produire à la condamnation ses effets ordinaires, en ce qui touche : 1° les peines accessoires ou complémentaires; 2° les frais et dommages-intérêts; 3° le casier judiciaire.

a) La suspension ne comprend pas les *peines accessoires* ou *incapacités* résultant de la condamnation (art. 1, § 2) [1].

Pour les *peines accessoires*, telles que les incapacités en matière électorale, la déchéance obligatoire de la puissance paternelle, etc., aucune difficulté ne s'élève : ces peines sont attachées à la condamnation, sans que le juge ait à les prononcer et sans qu'il puisse, par conséquent, en dispenser le condamné.

Mais pour les *peines complémentaires*, telles que l'interdiction de l'art. 42, C. p., la confiscation, la publicité du jugement, la déchéance de la puissance paternelle, l'interdiction de séjour, etc., il y a lieu de faire une distinction. Dans le cas où ces peines sont facultatives, il est sans intérêt de constater que le sursis ne s'y applique pas, puisque le juge, libre de ne pas les prononcer, n'aurait pas l'idée de les prononcer pour en suspendre l'exécution. Dans le cas où ces peines sont obligatoires, le juge n'acquiert aucun pouvoir nouveau du fait de la loi de 1891.

La suspension de la peine principale modifie implicitement le point de départ de ces peines, dans les hypothèses où, en cas d'exécution, elles ne devraient prendre cours qu'à l'expiration de la peine principale. C'est au jour où la condamnation est devenue irrévocable qu'il faut alors en placer le point de départ [2].

b) Le régime du sursis est étranger à toutes les condamnations aux frais, dommages-intérêts, restitutions (art. 2, § 3), qui sont exigibles suivant les modes ordinaires. En conséquence, le condamné sera passible de contrainte par corps, nonobstant le sursis, pour le recouvrement de ces condamnations [3].

c) La condamnation conditionnelle doit être portée au casier judiciaire (bulletin n° 1), mais avec la mention du *sursis accordé* (art. 4).

[1] On a fait observer que ces expressions désignaient les peines qualifiées, dans le langage scientifique, *peines accessoires* ou *peines complémentaires* : Laborde, n° 24.

[2] Sur ce point : Delalande, p. 113. « En fait, dit cet auteur, la suspension équivaut à une remise conditionnelle de la peine : le condamné est placé dans la même situation que s'il était libre, sous la condition, toutefois, de n'encourir, pendant cinq années, aucune condamnation à l'emprisonnement ».

[3] La solution est rigoureuse, mais elle nous paraît certaine. On peut rapprocher, du reste, des dispositions de la loi de 1891, l'art. 17 de la loi du 22 juill. 1867 : « Les tribunaux peuvent, dans l'intérêt des enfants mineurs du débiteur, et par le jugement de condamnation, surseoir, pendant une année au plus, à l'exécution de la contrainte par corps ».

Elle sera relevée, avec la même mention, sur le bulletin n° 2 délivré aux magistrats. Mais, quant au bulletin n° 3, la loi du 5 août 1899 fait une distinction. Les condamnations avec sursis à un mois ou à moins d'un mois d'emprisonnement, avec ou sans amende, et par suite les condamnations avec sursis à l'amende, sans emprisonnement, ne doivent pas être portées sur le bulletin n° 3, encore bien que le délai de cinq ans prévu par l'art. 4 de la loi du 5 août 1899 ne soit pas expiré. Pour les autres condamnations avec sursis, elles figurent sur le bulletin n° 3, délivré aux particuliers, avec la mention de sursis, pendant la période d'épreuve (art. 7 et 9).

III. Sur la durée de la période de *probation*, deux systèmes sont en présence : celui de la loi française, durée de l'épreuve fixée légalement et par suite uniforme; celui des lois belge et anglaise, durée librement déterminée par le juge, dans les limites d'un maximum fixé par la loi. Ce dernier système, à raison de sa souplesse et de la possibilité pour les tribunaux de graduer l'épreuve, suivant la situation individuelle du délinquant, est recommandé par quelques criminalistes. J'hésiterai cependant à l'approuver. Son principal inconvénient est de ne pas prémunir le juge contre son propre entraînement et de lui permettre de réduire à l'excès une épreuve qui doit être longue pour être probante.

Étant admis le système français de la durée fixe et uniforme, le terme de cinq ans, adopté par la loi, est heureusement choisi. C'est le délai même de la prescription correctionnelle. Et il faut conclure de cette analogie que ce délai se compte, comme celui de la prescription, par *jour* et non par *heure*[1]. Il court, aux termes de l'art. 1er, § 2, « à dater du jugement ou de l'arrêt ». Lorsqu'il n'y a eu qu'une seule décision judiciaire, il est facile de déterminer le point de départ du sursis, qui se place au jour où cette décision est rendue : c'est l'hypothèse même que prévoit le texte. Mais il peut se faire qu'à la suite d'une voie de recours, *opposition*, *pourvoi en cassation*, ou *appel*, plusieurs décisions soient intervenues ; quelle est celle qui fixera le point de départ du sursis? Trois hypothèses sont possibles. 1° Deux ou plusieurs décisions : le sursis accordé par la dernière seulement. Dans ce cas, le point de départ se trouve naturellement fixé au jour de cette dernière décision, puisqu'en le reportant à une date antérieure, on sus-

[1] Le *dies a quo* doit-il être compté dans le délai? Le sursis ne commence-t-il, au contraire, que le lendemain? L'expression « à dater du jugement » n'est pas plus claire que l'expression « à compter du jour où le crime a été commis » (art. 635 et s., C. instr. cr.). Il nous suffira de maintenir la solution que nous adoptons en matière de prescription.

pendrait l'exécution avant que le sursis ait été accordé[1]. 2° Deux ou plusieurs décisions : le sursis accordé par toutes. Le délai court, dans ce cas, du jour où la première est rendue. C'est celle-là qui a accordé le sursis; la dernière décision n'a fait que le confirmer. Nous sommes, du reste, dans les termes mêmes de la loi, et, s'il y avait doute, les principes de l'interprétation pénale justifieraient cette solution. 3° Plusieurs décisions successives : sursis accordé par la première, refusé par d'autres, ordonné par la dernière. Même solution que dans le cas précédent. Il n'y a pas lieu de suspendre le point de départ du sursis, puisque la dernière décision a définitivement maintenu la première.

286. Des deux issues possibles de la période de sursis. — La période de sursis prend fin, soit par la *révocation* encourue, soit par l'*expiration* du terme de cinq ans dans les conditions prescrites. Telles sont les deux issues possibles de la situation.

287. Déchéance du sursis. — Le condamné est déchu du bénéfice du sursis, lorsqu'il encourt, pendant la période d'épreuve, une condamnation à l'emprisonnement ou à une peine plus grave, pour un crime ou un délit de droit commun, commis postérieurement au jugement qui a accordé le sursis (art. 1, §§ 2 et 3). Dans ce cas, la révocation du sursis se produit de *plein droit*. Les tribunaux, saisis de la seconde poursuite, n'ont pas à la prononcer. Les deux jugements, celui qui a ordonné le sursis et celui qui prononce la seconde condamnation, demeurent indépendants.

Nous préciserons : 1° les conditions de la révocation du sursis; 2° les effets de cette révocation.

1. Ces conditions sont au nombre de trois : 1° une poursuite, suivie de condamnation; 2° à l'emprisonnement ou à une peine plus grave; 3° pour crime ou délit de droit commun.

a) Une poursuite, qui ne serait pas suivie de condamnation, n'au-

[1] Ainsi, le prévenu a été condamné par le tribunal à un mois de prison : sur son appel, la cour a confirmé la condamnation et prononcé le sursis. C'est à la date de l'arrêt que nous placerons le point de départ du délai d'épreuve. Dans un autre système (Laborde, n° 32), la période d'épreuve remonterait, dans tous les cas, à la plus ancienne décision. Mais cette opinion nous paraît inadmissible, et par la raison signalée, et parce qu'elle est contraire au texte de la loi. Dans un autre système enfin, pour le cas spécial où le sursis aurait été accordé en appel, on applique la distinction que faisait l'ancien art. 24, C. p., pour l'exécution de la peine d'emprisonnement (Brégeault, p. 323; Nègre et Gary, p. 85 et 87; André, p. 119). Mais il n'y a aucune comparaison possible à établir entre le point de départ d'une peine qu'on exécute et celui d'une autre peine qu'on n'exécute pas. La disposition de l'art. 24 n'a aucune application en notre matière.

rait évidemment aucun effet révocatoire. Cette condamnation doit émaner d'une juridiction française et être devenue définitive. Mais la *poursuite* et la *condamnation* ont leur base dans une *infraction;* or, ces faits peuvent être séparés par un intervalle de temps plus ou moins long. Trois situations sont donc possibles. La première, qui ne présente aucune difficulté, est celle où la poursuite commencée et la condamnation prononcée pour une infraction, commise *après* le jugement de sursis devenu définitif, se placent *pendant la période de cinq ans* et avant l'expiration du délai d'épreuve. Mais il est possible qu'une infraction, commise pendant le délai de cinq ans, soit l'objet d'une poursuite et n'aboutisse à une condamnation qu'après son expiration, comme il est possible qu'une infraction, commise avant le sursis, ne soit poursuivie et punie que pendant le délai d'épreuve : la révocation sera-t-elle encourue dans ces deux cas?

Si la condamnation prononcée pendant le délai était motivée par une infraction commise avant le commencement de l'épreuve, il n'y aurait pas déchéance du sursis accordé par le précédent jugement. Le tribunal pourrait même, en prononçant la seconde condamnation, faire bénéficier le délinquant du sursis. Il s'agit, en effet, d'un *cumul de délits* et non d'un cas de *récidive*, et la récidive seule met obstacle au sursis. Cette première solution n'est pas susceptible de contestations sérieuses.

Mais ne faudrait-il pas attacher la déchéance à une condamnation *prononcée après* le sursis, mais pour un délit commis pendant le délai d'épreuve? Ne faudrait-il pas, au moins, admettre cette solution si la poursuite avait commencé pendant le sursis? La Cour de cassation, dans un arrêt du 14 décembre 1901 [1], s'attache à la seule condition que le délit ait été commis après le sursis accordé et avant l'expiration de la période d'épreuve. Au point de vue juridique, c'est, en effet, l'exécution du crime ou du délit, dans le délai d'épreuve, qui constitue la rechute et qui doit entraîner la déchéance, pourvu qu'une condamnation ultérieure constate cette rechute. Au point de vue pratique, cette solution a l'avantage de faire dépendre la déchéance du fait personnel du condamné seul, tandis que si on exige que la poursuite ou la condamnation soit comprise dans le délai, on fait dépendre la révocation du sursis du plus ou moins d'activité de l'autorité judiciaire.

b) Pour révoquer le sursis, la condamnation doit comporter l'emprisonnement ou une peine plus grave. Les condamnations à l'amende

[1] S. 1904. 1. 219; D. 1904. 1. 593, et les notes de Roux et Le Poittevin dans ces deux recueils.

ou à l'emprisonnement de police n'ont donc jamais cet effet. En d'autres termes, la condamnation qui fait déchoir du sursis est de même nature que celle qui empêche de l'obtenir.

c) Aussi la condamnation n'a d'effet révocatoire qu'autant qu'elle est motivée par un crime ou délit de droit commun. La loi établissant ainsi une concordance complète entre les infractions qui rendent le condamné passible de la déchéance et celles qui font obstacle au sursis, je n'ai qu'à m'en référer à mes explications précédentes.

II. La déchéance du sursis enlève au condamné le bénéfice de *la condition suspensive qui affectait l'exécution de la peine.* Elle a donc pour effet : 1° de rendre exécutoire la peine suspendue; 2° de confirmer définitivement la condamnation jusque-là conditionnelle.

a) La peine, dont l'exécution avait été suspendue, s'ajoutera à celle prononcée pour le délit commis dans la période d'épreuve (art. 1er, § 3). Le texte prescrit même de la faire exécuter *avant.* En écrivant cette disposition, la loi n'a eu en vue que les peines privatives de liberté; car si la première peine est une amende, il est inadmissible que le condamné, par sa négligence ou sa mauvaise volonté, puisse retarder l'exécution de la seconde, en ne payant pas l'amende. Lorsque les deux condamnations portent sur des peines privatives de liberté, l'ordre prescrit par la loi pourra être suivi[1]. Mais lorsque la seconde peine sera la mort, il devient évident que la disposition est inapplicable. Un retard de plusieurs mois, peut-être de plusieurs années, apporté à l'exécution d'un condamné à mort, lui assurerait, en fait, une commutation de peine, et le récidiviste serait mieux traité que le condamné primaire. En réalité, ce que la loi veut dire, c'est que les deux peines doivent être subies successivement sans confusion possible entre elles.

b) Par suite de la révocation du sursis, la condamnation, jusque-là affectée d'une condition résolutoire, devient définitive. Elle peut servir de premier terme à la récidive, dans les conditions des art. 57 et 58, C. p. : la loi le décide expressément[2].

288. Expiration de la période d'épreuve sans révocation du sursis. — Quel est l'effet de l'arrivée du terme de cinq ans sans une condamnation à l'emprisonnement ou à une peine plus grave? Deux conceptions sont possibles. L'une, la plus naturelle, consiste à ne plus permettre d'exécuter la peine à laquelle il a été sursis, la condamnation continuant de subsister, avec tous ses effets légaux indépendants

[1] Voy. sur l'ordre de l'exécution des peines : *Rev. pénit.*, 1903, p. 887.
[2] Voy. Cass., 5 févr. 1898 (S. 99. 1. 98).

de l'exécution de la peine. L'autre, plus favorable, mais qui paraît excessive, consiste à effacer la condamnation elle-même, qui sera désormais comme non avenue. C'est ce dernier système qu'a consacré la loi de 1891. L'arrivée du terme de cinq ans, sans une condamnation emportant révocation du sursis, produit ainsi les effets d'une *réhabilitation de plein droit.* Et, bien que cette qualification n'ait pas été employée par le texte législatif, elle exprime exactement le caractère de l'institution.

PROCÉDURE PÉNALE

ORGANISATION — COMPÉTENCE — PROCÉDURE

INTRODUCTION

289. Objet des lois de procédure. — 290. Organisation judiciaire et procédure.
291. Division.

289. Objet des lois de procédure. — L'objet de la procédure répressive est d'organiser les autorités et les juridictions pénales, de régler leur compétence et la marche du procès devant elles.

La mise en œuvre des règles de fond par les lois de forme tend à réaliser et à concilier une double exigence : assurer la répression (*impunitum non relinqui fascinus*) ; mais éviter aussi que nul ne soit puni s'il n'est, auparavant, prouvé et déclaré coupable (*innocentem non condemnari*).

290. Organisation judiciaire pénale. — L'organisation judiciaire actuelle a sa source dans les trois lois suivantes : celle du 27 ventôse an VIII ; celle du 20 avril 1810 ; celle du 30 août 1883, auxquelles il faut joindre les décrets réglementaires et les textes du Code d'instruction criminelle.

I. Cette organisation est dominée par deux idées : *a*) *L'unité de la justice civile et de la justice pénale*, unité qui signifie que les mêmes autorités et les mêmes tribunaux connaissent des matières civiles et des matières pénales[1]. Cette unité existe : 1° en la personne du garde des sceaux, chef suprême de l'une et de l'autre justice ; 2° du juge de paix, qui fonctionne avec diverses attributions civiles, et qui, en matière pénale, est tout à la fois officier de police judiciaire et juge de police ; 3° elle se réalise : dans le tribunal de première instance, qui fournit le juge d'instruction et forme le tribunal correctionnel du premier degré ; 4° dans la cour d'appel, dont deux chambres, la chambre correctionnelle et la chambre des mises en accusation, fonc-

[1] Cette unité de juridiction est très vivement critiquée par l'école positiviste italienne (Voy. Ferri, *Sociol. crim.*, 4e éd., p. 777 à 820 ; Garofalo, *Criminologie*, p. 387 à 397), qui demande, avec raison, la spécialisation dans l'administration de la justice pénale. *Adde*, Tarde, *Phil. pénit.*, p. 435 à 450 ; Cruppi, *La Cour d'assises*, p. 110 et suiv., 281 et suiv. Comp. mon *Traité théor. et prat. d'instr. cr.*, t. I, nos 24 et 25, et t. II, nos 500 à 508.

tionnent en matière pénale, et dont les membres participent au jugement des crimes à côté du jury; 5° enfin, dans la Cour de cassation, qui juge les pourvois formés soit en matière criminelle, soit en matière civile. L'unité ne fait pas que les jugements civils et criminels se rendent absolument de la même manière. Une première différence, concernant le nombre des juges nécessaire pour former la décision, existait avant la loi sur la réforme de l'organisation judiciaire du 30 août 1883. Les chambres civiles des cours jugeaient au nombre minimum de *sept;* les chambres des mises en accusation ou correctionnelles, au nombre de *cinq*. En toute matière aujourd'hui, les arrêts des cours d'appel sont rendus par *cinq juges au moins, le président compris*. Mais tandis qu'il existe un jury en matière criminelle, il n'en existe pas en matière civile, sauf de très rares exceptions; *b) La concordance établie entre la classification des infractions et l'organisation des juridictions pénales:* la loi a divisé les tribunaux répressifs en trois catégories, correspondant exactement à la division tripartite des peines à prononcer et des infractions à juger. Les diverses autorités concourant à répression, évoluent autour de ces diverses juridictions, dont chacune constitue un *centre judiciaire*.

II. Dans cette organisation, on a introduit le principe de la division du travail, en confiant, à des autorités distinctes, les fonctions de *poursuite*, d'*instruction*, de *jugement* et d'*exécution*, et en décidant que les agents, qui exercent l'une de ces fonctions, ne pourraient, en principe, en exercer d'autres. En effet, les autorités, qui concourent à l'application de la loi pénale, sont: 1° les *officiers de police judiciaire*, chargés des actes de recherche et d'instruction; 2° les *juridictions d'instruction*, chargées de statuer sur la mise en prévention ou en accusation des inculpés; 3° les *juridictions de jugement*, chargées de se prononcer sur la culpabilité et d'appliquer la peine; 4° les *officiers du ministère public*, chargés de provoquer, par voie d'action ou de réquisition, le fonctionnement de ces diverses autorités et de faire exécuter leurs décisions en mettant en mouvement la force publique. Les fonctions de la police judiciaire et du ministère public, qui consistent principalement à agir, sont exercées par des *individus*, sous les ordres et la surveillance de supérieurs hiérarchiques. Les fonctions de juridiction, qui consistent à *délibérer* et à *juger*, sont, en général, confiées à des *corps collectifs*, dont les décisions peuvent être réformées ou annulées, mais qui n'ont d'ordre à recevoir de personnes sur la manière de remplir leur mission. Les officiers de police judiciaire et les membres du ministère public dépendent, en principe, du pouvoir exécutif, qui peut les révoquer ou les déplacer *ad nutum*. Les juges, au contraire, sont indépendants et inamovibles.

III. Pour que la loi pénale puisse être appliquée, il faut que l'infraction soit constatée, et que la culpabilité du prévenu soit reconnue. L'autorité doit donc rechercher les crimes, les délits et les contravention, en rassembler les preuves, s'assurer, s'il y a lieu, de la personne des inculpés et les livrer aux tribunaux chargés de les punir. L'organisme qui a cette mission est la *police judiciaire*. On l'oppose à la *police administrative* qui a pour objet de maintenir l'ordre et, particulièrement, de prévenir les infractions aux lois. La police judiciaire fait partie de la justice : elle recherche les délits que la police administrative n'a pu empêcher, elle prépare et facilite l'action des tribunaux de répression.

IV. L'infraction constatée, il y a lieu d'*instruire* l'affaire, c'est-à-dire de rechercher, par un chemin à rebours de celui qui a été suivi par le délinquant dans l'accomplissement du délit, les diverses circonstances matérielles de nature à en faire découvrir l'auteur, les diverses causes psychologiques permettant de déterminer à quel mobile il a obéi et dans quelle catégorie anthropologique et sociologique il doit être placé pour lui appliquer les mesures appropriées à sa situation. On distingue, dans la procédure répressive, l'*instruction préparatoire* qui a pour but de *préparer* le procès pénal, de l'*instruction définitive* qui a pour but de le *juger*. L'instruction préparatoire, *inutile* en matière de *contraventions, facultative* en matière de *délits*, *obligatoire* en matière de *crimes*, est confiée au procureur de la République et au juge d'instruction. Le premier de ces magistrats a le droit de rechercher et de poursuivre les crimes et les délits : mais il n'a pas le pouvoir, dans les cas ordinaires, de faire des actes d'instruction ni celui d'ordonner l'arrestation et la détention des inculpés. Ces dernières attributions appartiennent au juge d'instruction; mais celui-ci ne doit pas *informer* d'office, il ne peut commencer une instruction sans en être requis, car, s'il agissait d'après sa propre impulsion, il exercerait le droit de poursuite et usurperait, ainsi, l'action publique qui ne lui est pas confiée. Toutefois, la règle de la *séparation entre les fonctions d'instruction et les fonctions de poursuite* reçoit une exception notable dans les cas requérant célérité, savoir : ceux de crimes ou de délits flagrants, ou autres qui y sont assimilés. Si le procureur de la République réunit temporairement, dans ce cas, aux pouvoirs de la poursuite, les pouvoirs de l'instruction, de son côté, le juge d'instruction supplée le procureur de la République et peut instruire d'office.

La procédure d'instruction préparatoire a été profondément modifiée par la loi du 8 décembre 1897, *dans la phase qui a lieu devant le juge d'instruction*. Deux réformes principales caractérisent cette loi. D'une part, c'est l'obligation pour le juge d'avertir l'inculpé, dès qu'il est mis en sa présence, du droit de celui-ci de ne pas parler. D'autre part, c'est l'assistance, aux interrogatoires et aux confrontations, d'un défenseur, auquel doivent être communiqués les actes principaux de la procédure et qui peut prendre connaissance du dossier.

V. Lorsque l'instruction préparatoire est terminée, le rôle de la *justice* commence. Mais l'inculpé n'est pas immédiatement traduit devant la juridiction, chargée de l'acquitter s'il est innocent, de le condamner s'il est coupable. L'intérêt de la société et celui de l'inculpé exigent qu'il n'y ait comparution en justice que lorsque l'inculpation repose sur des charges suffisantes. Aussi, la loi confère à des autorités, intermédiaires entre les magistrats chargés de l'instruction et les magistrats chargés du jugement, l'examen des charges et le règlement de la compétence. Ces autorités, appelées *juridictions d'instruction*, sont le *juge d'instruction* au premier degré, et la *chambre des mises en accusation* au second.

VI. Les juridictions du jugement, chargées de se prononcer sur la culpabilité des prévenus et accusés, se divisent en deux classes : les unes sont des juridictions *ordinaires;* les autres, des juridictions *exceptionnelles*. Les tribunaux ordinaires sont ceux qui, investis de la plénitude du pouvoir judiciaire pour la répression d'un certain nombre d'infractions, exercent, par rapport à ces infractions, une juridiction générale. Ils connaissent d'un certain ordre d'infractions, par cela seul qu'aucun texte ne désigne une autre juridiction. Les tribunaux spéciaux sont ceux qui n'exercent leur juridiction que par rapport à certains faits, distraits de la juridiction ordinaire par des dispositions expresses de la loi, ou par rapport à certaines personnes. Les premiers comprennent les tribunaux de police et les tribunaux correctionnels, qui sont des juridictions permanentes; les cours d'assises, qui sont des juridictions temporaires. Les seconds comprennent principalement les tribunaux militaires et les tribunaux maritimes.

291. DES PHASES DU PROCÈS PÉNAL. — Le procès pénal a trois phases principales et distinctes : il débute par l'exercice d'une action; il se continue par une instruction; il se termine par un jugement. De là une division naturelle en trois parties : l'*action*, l'*instruction* et le *jugement*.

LIVRE PREMIER

DES ACTIONS QUI NAISSENT DE L'INFRACTION

§ Ier. — DIVISION.

292. Actions publique et civile. — L'étude des *actions* doit précéder l'étude de l'*organisation judiciaire* et de la *procédure*, car le pouvoir judiciaire n'agit, en principe, qu'après avoir été mis en mouvement par une action, et la procédure trace précisément la marche à suivre pour l'exercer et la faire aboutir.

L'infraction donne naissance au droit de la société de punir le délinquant et au droit de la personne lésée d'obtenir la réparation du dommage que lui a causé le fait illicite. On appelle action *pénale* ou *publique* le recours à l'autorité judiciaire exercé, au nom et dans l'intérêt de la société, pour arriver à la constatation du fait punissable, de la culpabilité du délinquant et à l'application des peines établies par la loi. De toute infraction naît une action publique, qui est exercée, au nom de la société à laquelle elle appartient, par un corps de fonctionnaires, remplissant, suivant une expression consacrée et caractérisque, un *ministère public*. Mais, lorsque, indépendamment du mal social qui en résulte, le fait délictueux a causé un dommage à une personne, physique ou morale, celle-ci a le droit de poursuivre en justice la réparation de ce dommage : on appelle action *privée* ou *civile*, ce recours à l'autorité judiciaire, qui est exercé par la partie lésée et qui a pour objet de procurer la réparation du préjudice éprouvé.

293. Rapports entre ces deux actions. — L'action publique et l'action civile sont *indépendantes* l'une de l'autre. 1° En effet, bien qu'elles résultent du même fait matériel, l'*infraction*, elles ont cependant une *cause juridique* différente. L'action publique naît du délit, envisagé comme trouble social. L'action civile naît du délit, considéré, au point de vue privé, comme fait dommageable. 2° Aussi ces deux actions n'ont pas le même *objet.* L'une tend à l'application d'une peine; l'autre, à la réparation du préjudice causé. 3° Elles appartiennent à des *personnes différentes :* l'action publique, à la société, qui, ne pouvant l'intenter elle-même, en délègue simplement l'exercice, non pas à tous les membres du corps social, mais à des fonctionnaires spéciaux; l'action civile appartient à la personne lésée, au point de vue de sa propriété comme de son exercice. 4° L'action publique peut être *exercée* seulement contre les auteurs ou complices de l'infraction. L'action civile peut être exercée, en outre, contre leurs héritiers et contre les personnes civilement responsables.

Mais bien qu'indépendantes, ces deux actions, à raison de leur origine commune, sont unies l'une à l'autre par des liens d'interdépendance. Ainsi l'action civile n'est pas de la compétence exclusive des tribunaux civils : elle peut être intentée en même temps et devant les mêmes juges que l'action publique; et lorsque le ministère public n'a pas encore intenté l'action publique, l'exercice de l'action civile devant les tribunaux de répression met nécessairement en mouvement l'action publique. Ainsi encore, ces deux actions sont soumises à la même prescription, et les actes qui interrompent la prescription de l'action publique, interrompent la prescription de l'action civile. Enfin, la poursuite et le jugement de l'action publique ont une influence nécessaire sur la poursuite et le jugement de l'action civile.

294. PLAN POUR L'ÉTUDE DES DEUX ACTIONS. — Les rapports étroits qui unissent l'action publique et l'action civile nous obligent à faire une étude distincte mais parallèle de ces deux actions; aussi diviserons-nous cette matière en trois titres; le premier sera consacré aux *droits d'action publique et civile;* le second, à l'*exercice de ces droits;* le troisième, à leur *extinction.*

TITRE PREMIER

DES DROITS D'ACTIONS PUBLIQUE ET CIVILE

CHAPITRE PREMIER

DE L'ACTION PUBLIQUE.

§ Ier. — QUI PEUT EXERCER L'ACTION PUBLIQUE.

295. De l'accusation publique. Suivant quels procédés elle a été exercée. — 296. Disposition. Exercice. Impulsion de l'action publique. — 297. Organisation du ministère public. — 298. Droit des administrations publiques.

295. Des divers systèmes d'accusation. — L'action pénale résultant de la nécessité qui s'impose à l'État de poursuivre le délit pour obtenir la punition du coupable, a trois caractères essentiels : 1° d'être une action *sociale* ou *publique*; 2° d'être la conséquence *nécessaire* et *irrévocable* de tout délit; 3° de ne pas être *subordonnée à l'existence d'une action civile* au profit des parties lésées. Ces trois caractères résultent d'un seul et même principe : à savoir, que l'État, en vertu du devoir qui lui incombe de pourvoir à la défense sociale, est tenu, dès qu'un délit se commet, d'en poursuivre la répression. C'est à cette idée que se rattache l'institution du *ministère public*, dont l'origine n'est ni *romaine* ni *germanique*, mais purement *française*, et qui a pour fonction principale de rechercher et de poursuivre les infractions, c'est-à-dire de se porter *accusateur* dans le procès pénal[1].

L'accusation a été exercée historiquement suivant quatre formes : 1° D'abord la victime ou ses héritiers ont poursuivi, dans leur propre intérêt, la répression du délit : c'est le système de l'*accusation privée*;

[1] Sur l'institution du ministère public, cons. mon *Traité théor. et prat. d'instr. cr.*, t. I, nos 77 et suiv.

2° Puis, tout citoyen a pu poursuivre, dans l'intérêt public, et demander, mais au nom de la société, la punition du coupable : c'est le système de l'*accusation populaire;* 3° Plus tard, le juge s'est saisi lui-même de la connaissance des crimes les plus graves et les a poursuivis dans l'intérêt général : c'est la *poursuite d'office;* 4° Enfin, un corps de fonctionnaires a été institué par l'État pour rechercher les infractions, en saisir le juge et en requérir la répression : c'est le système de l'*accusation publique.*

Le premier de ces procédés de poursuite est celui des peuples barbares; il méconnaît le caractère social de la répression. Les peuples civilisés l'ont abandonné. Quant au système de la *poursuite d'office*, il réunit et confond deux fonctions qui doivent être et rester distinctes, dans l'intérêt de l'impartialité judiciaire, la fonction de juger et celle d'accuser. Aussi n'est-il plus en vigueur. Restent l'accusation populaire et l'accusation publique. Chacun de ces systèmes a ses inconvénients et ses avantages. L'accusation populaire peut sommeiller par peur, corruption ou indifférence ; elle peut devenir un moyen de chantage entre les mains de gens sans aveu. Personne ne conteste, à ce double point de vue, les avantages de l'institution d'un accusateur public. Mais, soumis au pouvoir exécutif, cet accusateur peut être soupçonné de subordonner l'action publique à des considérations politiques; magistrat, comme le juge, son caractère même est de nature à détruire l'égalité nécessaire entre l'accusation et la défense. D'où un double danger, que le droit d'accusation subsidiaire réservé aux parties lésées et l'extension de la compétence du jury peuvent également conjurer.

296. DE LA DISPOSITION, DE L'EXERCICE ET DE L'IMPULSION DE L'ACTION PUBLIQUE. — Il importe, du reste, pour se rendre compte des droits que le ministère public, les particuliers et les tribunaux ont, en France, sur l'action publique, de distinguer trois choses : la *disposition*, l'*exercice* et l'*impulsion* de cette action.

I. Au premier point de vue, l'action publique n'*appartient* pas, comme le dit l'art. 1er, C. instr. cr., « aux fonctionnaires à qui elle est confiée par la loi ». La société seule ayant le droit de punir, c'est à la société seule qu'appartient l'action qui a pour objet la punition du coupable. La société en délègue seulement l'*exercice* à des fonctionnaires ou à certaines administrations publiques, qui la représentent à ce point de vue, et notamment, en règle générale, à un corps judiciaire, institué dans ce but, et désigné collectivement sous le nom de *ministère public*. De ce principe découlent diverses conséquences : elles se ramènent toutes à cette idée, que les fonctionnaires du ministère public n'ont pas la faculté de *disposer* de l'action publique, soit avant de l'avoir intentée, soit après l'avoir mise en mouvement. Seule, la société peut renoncer à l'action publique : elle exerce ce droit en accordant une *amnistie*, ou en édictant, dans les lois de *prescription*, qu'après un certain temps, le délit ne pourra plus être poursuivi.

En pratique, les corollaires à tirer de ce principe se ramènent à trois. 1° Le ministère public, à la différence des parties lésées (C. civ., art. 2046; C. instr. cr., art. 4), n'a pas le droit de *transiger*, ni avant ni après les poursuites commencées, et moins encore après la condamnation prononcée, c'est-à-dire qu'il n'a pas le droit de *convenir* avec le délinquant qu'il ne le poursuivra pas si celui-ci exécute certaines prestations, par exemple, s'il indemnise sa victime, s'il fait une aumône, etc. 2° Le ministère public ne peut, par un *désistement*, arrêter les suites, soit de l'action qu'il a intentée, soit du recours qu'il a formé [1]. Sans doute, après avoir commencé les poursuites, il peut reconnaître, à la suite de l'instruction préparatoire ou des débats, que son action est sans fondement et requérir le renvoi d'instance du prévenu ou de l'accusé, car il a le droit et le devoir de ne s'inspirer, dans ses réquisitions, que de sa conscience et de l'intérêt de la vérité ; mais, par ses conclusions favorables, il ne dessaisit pas et ne peut pas dessaisir les juges de l'action qu'il leur a soumise. L'effet propre d'un désistement valable serait d'amener ce résultat; tandis que les juges ont le *droit* et le *devoir* de statuer sur l'action publique dès qu'ils en sont saisis, et par cela même qu'ils en sont saisis. 3° Enfin, le ministère public n'a pas la faculté, par un *aquiescement* exprès ou tacite, de *renoncer* d'avance aux voies de recours qui lui sont ouvertes. En conséquence, il peut attaquer, par la voie de l'appel ou du pourvoi en cassation, un jugement rendu conformément à ses conclusions [2]. La signification faite au condamné du jugement, avec sommation de l'exécuter, n'enlève pas au ministère public le droit de se pourvoir, tant que les délais ne sont pas expirés. Enfin, le procureur général a le droit d'interjeter appel d'un jugement correctionnel, bien que le procureur de la République ait laissé passer le délai qui lui est donné pour appeler, ou ait consenti à l'exécution (C. instr. cr., art. 205).

II. L'*exercice* de l'action publique comprend tous les actes qui sont nécessaires pour obtenir la *prononciation d'une peine contre l'auteur d'une infraction*. L'action publique n'est déléguée, dans sa plénitude, en règle générale, qu'au ministère public : celui-ci l'exerce : 1° en

[1] Cass., 18 avr. 1859 (S. 59. 1. 177); 21 juin 1877 (S. 78. 1. 46); 4 avr. 1879 (S. 81. 1. 90).

[2] Cass., 20 oct. 1890 (S. 1901. 1. 432).

saisissant les juridictions d'instruction ou de jugement compétentes pour en connaître; 2° en dirigennt, devant ces juridictions, par ses réquisitions, les mesures d'instruction qu'il y a lieu de prendre; 3° en demandant l'application des peines édictées par la loi; 4° enfin, en formant un appel ou un pourvoi en cassation contre tout jugement ou arrêt qui lui paraît devoir être réformé ou annulé.

III. L'action publique, comme toute autre action, est *mise en mouvement* par tout acte dont l'effet est d'en saisir légalement le juge. D'où il suit que le droit d'exercer l'action publique implique le droit de la mettre en mouvement; mais, à l'inverse, le droit de la mettre en mouvement n'implique pas nécessairement le droit de l'exercer. Le ministère public a seul, en principe, l'exercice de l'action publique. C'est là son domaine propre. Mais : 1° d'un côté, les particuliers lésés par l'infraction ont le droit de saisir de l'action publique les juridictions de répression, afin de mettre ces juridictions en mesure de statuer sur leur action civile, qu'ils peuvent poursuivre « en même temps et devant les mêmes juges que l'action publique » (C. instr. cr., art. 3); 2° d'un autre côté, les juridictions pénales ont la faculté, tantôt de se saisir elles-mêmes d'une infraction de leur compétence (*action d'office*), ainsi en cas de délit commis à l'audience, tantôt de saisir de la poursuite une autre juridiction (*ordonnance* ou *arrêt de renvoi* ou *de mise en accusation*, de juge d'instruction et de la chambre des mises en accusation).

Mais dans le cas même où l'action publique est mise en mouvement par d'autres que par lui, c'est le ministère public qui l'exerce, en requérant *tous les autres actes* nécessaires pour faire juger le procès pénal. Toutes les fois donc que l'on sépare le droit de mettre l'action publique en mouvement du droit d'exercer cette action, le premier se borne à la faculté de commencer la poursuite en saisissant le juge, tandis que le second consiste dans le pouvoir de poursuivre l'action jusqu'à ce qu'elle soit épuisée par une décision passée en force de chose jugée. Notamment, les parties lésées, qui ont mis en mouvement l'action publique par voie de citation directe, n'ont pas le droit de former un recours remettant en question l'action publique.

297. ORGANISATION DU MINISTÈRE PUBLIC. — Les règles suivantes résument les principes qui régissent, dans notre droit, l'organisation du ministère public, au point de vue de la répression des crimes, délits et contraventions.

I. L'exercice de l'action publique est délégué dans sa plénitude à des fonctionnaires nommés par le pouvoir exécutif et qui en dépendent (D. 16 et 24 août 1790, tit. VIII, art. 1). En effet, le pouvoir exécutif, qui a pour mission de procurer l'application des lois, et spécialement des lois pénales qui servent de sanction suprême à toutes les autres, doit avoir, sous sa direction et sous sa dépendance, les fonctionnaires chargés de veiller à l'exécution des lois. Aussi les officiers du ministère public sont tous *amovibles* et *révocables*.

II. On a donné pour base, à l'organisation du ministère public, un principe qui en fait la force, celui de l'*unité* et de la *subordination hiérarchiques*. Les procureurs généraux, les avocats généraux, les substituts du procureur général, les procureurs de la République, leurs substituts, les commissaires de police, les maires et adjoints, tous agents du ministère public, sont *unis* entre eux par un lien *hiérarchique*, qui aboutit au garde des sceaux, ministre de la justice, et qui permet à celui-ci, à titre de représentant direct du pouvoir exécutif, de communiquer à l'exercice de l'action publique, en France, la puissance de l'unité (D. 30 mars 1808, art. 80 et 81 ; L. 20 avr. 1810, art. 60). Le garde des sceaux peut proposer, contre les membres du ministère public, au président de la République, toutes les mesures que comporte leur amovibilité ; il est armé, à leur égard, d'un pouvoir absolu de discipline, et peut provoquer leur changement de résidence ou leur révocation. De même, le procureur général a, sur ses subordonnés, une autorité disciplinaire et un droit de commandement, qui se concilient, du reste, avec l'indépendance des magistrats qui exercent, avec lui et en sous-ordre, les fonctions du ministère public.

III. Aucune juridiction pénale n'est *complète* sans son ministère public et ne peut valablement tenir audience hors sa présence. La loi a, du reste, établi une exacte correspondance entre l'organisation du ministère public et celle des juridictions pénales.

A) Près les tribunaux de police, l'art. 144, modifié par la loi du 27 janvier 1873, distingue deux classes d'officiers du ministère public : 1° Ceux que la loi investit directement de ces fonctions. Ce sont : le *commissaire de police* du lieu où siège le tribunal, et, en cas d'empêchement ou à défaut, les *maire*, *adjoints* et *conseillers municipaux* dudit lieu dans l'ordre du tableau. 2° Ceux que le procureur général peut désigner. Ce sont : l'un des commissaires de police du chef-lieu de canton, s'il y en a plusieurs, et, à défaut de commissaire de police au chef-lieu, un commissaire de police résidant dans une autre localité du canton, un suppléant de justice de paix, un maire et un adjoint de n'importe quelle commune du canton y compris le chef-lieu. Le procureur général a la *liberté du choix* entre ces trois catégories de personnes, sans droit de préférence pour les unes au profit des autres.

En supposant, par conséquent, la désignation faite par le procureur général, le ministère public près le tribunal de police est exercé : par le commissaire de police ou par l'un des commissaires de police du chef-lieu ; par le membre désigné par le procureur général, à défaut de commissaire de police au chef-lieu ; par les maire, adjoints et conseillers municipaux du chef-lieu. Cette organisation, établie par la loi du 27 janvier 1873, a un double but : d'une part, assurer le service du tribunal de police ; et, d'autre part, permettre au procureur général d'écarter des fonctions du ministère public, s'il en est besoin, les maire et adjoints du chef-lieu qui ont cessé d'être nommés par le pouvoir central.

Quelle que soit, du reste, l'origine de leur désignation, les agents qui exercent l'action publique devant le tribunal de police ont reçu leur délégation de la loi même et ne sont, comme officiers du ministère public près ce tribunal, les délégués de personne. Toutefois, le procureur général et le procureur de la République ont, sur ces agents, un pouvoir de surveillance.

B) Près la Cour de cassation, les cours d'appel et les tribunaux de première instance, il existe un *parquet*, expression qui désigne la réunion des magistrats qui exercent le ministère public auprès d'une même juridiction. Chacun de ces groupes forme une *unité* morale qui s'incarne en son chef. C'est à ce dernier seul qu'est délégué l'exercice de l'action publique. Les autres membres du groupe sont ses substituts.

a) Le parquet de la cour d'appel se compose du *procureur général* de la République près la cour d'appel, des *avocats généraux* et des *substituts du procureur général* (L. 20 avr. 1810, art. 6). Il y a autant d'avocats généraux que de chambres, moins une : l'un d'eux est attaché à la fois à la chambre des mises en accusation et à une autre chambre, sauf à Paris (D. 6 juill. 1810, art. 46; D. 20 mars 1863, art. 2; L. 30 août 1883, art. 2). Quant au nombre des substituts, il dépend de l'importance de la cour (D. 6 juill. 1810, art. 47; O. 1er août 1821, art. 1 ; D. 12 déc. 1860, art. 1 ; L. 30 août 1883, art. 2).

Les *procureurs généraux* près les cours d'appel ont, par rapport à l'action publique, deux ordres de fonctions : 1° Ils sont investis, dans le ressort de la cour, de la *direction* suprême de cette action. Tous les autres fonctionnaires du ministère public sont leurs subordonnés : ils surveillent les commissaires de police, les procureurs de la République et leurs substituts et maintiennent, entre ces divers fonctionnaires, les liens de la discipline et de la hiérarchie; 2° Les procureurs généraux sont, en outre, *personnellement* chargés de l'exercice de l'action publique auprès de la *cour d'appel*, auprès de la *cour d'assises du département où siège la cour d'appel*, et même, s'ils le jugent utile, auprès des autres *cours d'assises de leur ressort*.

Au procureur général, se relient les *avocats généraux* et les *substituts*. Mais les uns et les autres ne participent à l'exercice des fonctions du procureur général que sous sa direction (D. 6 juill. 1810, art. 42). Il en résulte que ces magistrats ne peuvent intenter l'action publique, former un appel contre un jugement correctionnel, ou se pourvoir en cassation contre un arrêt, qu'autant que le procureur général les y autorise expressément ou tacitement. On doit, du reste, présumer le consentement du procureur général et cette présomption ne doit céder que devant son désaveu formel, qui rendrait l'acte nul.

1° Les avocats généraux ont pour mission plus spéciale de porter la parole, au nom du procureur général, aux audiences civiles et correctionnelles de la cour d'appel; ils sont distribués, entre les diverses chambres dont elle se compose, par une décision de leur chef. Chacun d'eux est donc attaché à une chambre. 2° Les substituts du procureur général sont placés immédiatement au-dessous des avocats généraux dans l'ordre hiérarchique, mais sans rapport de subordination des uns aux autres. Il résulte, en effet, des textes qui les instituent, qu'ils sont plus spécialement chargés, sous la surveillance *immédiate* du procureur général, du service intérieur du parquet, et de porter la parole aux audiences de la cour d'assises du département où siège la cour d'appel. 3° En cas d'absence ou d'empêchement, les avocats généraux et les substituts se remplacent réciproquement.

b) Le parquet d'un tribunal d'arrondissement se compose du *procureur de la République* et de ses *substituts*, souvent appelés, en style d'audience, les avocats de la République (L. 20 avr. 1810, art. 6 et 43). Le nombre de ces derniers varie suivant l'importance du tribunal; il y en a un, dans les tribunaux d'une chambre; deux, dans ceux de deux chambres, quatre, dans ceux de trois chambres; vingt-huit, à Paris (D. 10 août 1810, art. 16; L. 21 juill. 1875, art. 3; L. 30 août 1883, art. 5). Quelques tribunaux n'en ont même pas depuis la réforme judiciaire de 1883. Aussi l'art. 6 de la loi du 30 août 1883 confère au procureur général le droit de déléguer temporairement un substitut ou un juge suppléant pour remplir, auprès d'un *autre tribunal* que celui de sa résidence, les fonctions du ministère public.

1° Le procureur de la République a un double caractère. Il est le subordonné du procureur général pour l'exercice de l'action publique. Mais si, en cette qualité, il est tenu d'exécuter les ordres de son chef et de suivre la direction qui lui est imposée, c'est de la loi même qu'il tient la délégation directe de l'action publique pour la poursuite des crimes et délits commis dans son arrondissement (C. instr. cr., art. 22); il l'exerce donc en son propre nom, il en est personnellement investi.

2° Les substituts du procureur de la République sont chargés, sous la direction immédiate de ce magistrat, de porter la parole aux audiences civiles et correctionnelles du tribunal d'arrondissement, et aux audiences de la cour d'assises qui se tient dans les lieux où ne siège pas la cour d'appel, et d'assister le procurer de la République dans le service intérieur du parquet. Les substituts ont-ils reçu de la loi, comme le procureur de la République lui-même, une délégation directe et personnelle pour l'exercice de l'action publique? La question ne présente guère d'intérêt pratique : car, si le procureur de la République est présent, tout le monde reconnaît que lui seul a le droit de faire les actes qui rentrent dans l'exercice de l'action publique, et, s'il est absent ou empêché, ses substituts peuvent faire tous ces actes, à sa place, sans avoir besoin de son consentement, dont l'existence est présumée jusqu'à désaveu formel de sa part.

c) Le parquet de la Cour de cassation se compose du procureur général de la République, des avocats généraux, au nombre de six, deux attachés à chaque chambre, et du secrétaire général.

IV. Près de chaque juridiction *déterminée*[1], le ministère public constitue un groupe de magistrats, considéré comme *indivisible*. En effet, devant quelque tribunal, et par quelque officier qu'il s'exerce, le ministère public représente toujours une seule et même personne en instance : l'*État*[2]. Et, de même que, dans une association en nom collectif, chaque associé, qui se sert de la signature sociale, engage la société, de même tout acte, fait, *dans la mesure de ses pouvoirs*, par un des magistrats du ministère public qui composent le parquet, est réputé fait par le parquet entier; car, à la pluralité des membres, correspond l'*indivisibilité* de la fonction. En conséquence : 1° la personnalité des individus exerçant le ministère public disparaît dans l'institution, et il importe peu que la poursuite ait été introduite par l'un, continuée ou soutenue par d'autres; les divers membres du ministère public peuvent donc se remplacer, les uns les autres, dans le cours du même procès, à la différence des magistrats appelés

[1] Il ne faudrait pas conclure de l'indivisibilité du ministère public que les officiers, qui l'exercent se représentent à quelque juridiction qu'ils appartiennent. En effet, tous les officiers du ministère public ne sont pas indistinctement compétents pour exercer l'action publique, puisque chacun ne peut agir que dans l'étendue de son ressort. Ainsi l'acte de poursuite du procureur de la République qui ne serait celui ni du lieu du délit, ni du lieu du domicile du prévenu, ni du lieu où celui-ci a été arrêté, n'interromprait pas la prescription de l'action publique, car l'officier d'un parquet, incompétent pour poursuivre, ne représente pas les officiers des autres parquets qui sont compétents.

[2] Aussi, dans certains pays étrangers, par exemple, en Allemagne, en Autriche, le fonctionnaire du ministère public est qualifié officiellement de *procureur d'État*.

à juger[1]. 2° Tout membre d'un parquet est apte à faire tous les actes que pourrait faire le chef du parquet. Cette aptitude n'implique pas, d'ailleurs, de pouvoir propre, car les avocats généraux et les substituts ne sont que les délégués de leur chef et n'agissent qu'en vertu de son consentement exprès ou tacite. Ce consentement est supposé jusqu'à désaveu formel. 3° Les membres d'un parquet se substituant les uns les autres, il suffit qu'un seul soit libre pour qu'on ne soit pas obligé de pourvoir au remplacement du ministère public, soit par des juges suppléants (L. 10 déc. 1830, art. 3), soit, à défaut de ces derniers, par un magistrat que la cour ou le tribunal choisissent dans leur sein (D. 10 août 1810, art. 20).

V. Le ministère public ne peut être *récusé* quand il exerce l'action publique[2]. Cette règle incontestable résulte, non du Code d'instruction criminelle, qui ne s'explique pas sur ce point, mais du Code de procédure civile (art. 381), d'après lequel les causes de récusation, admises pour les juges, sont applicables au ministère public, lorsqu'il est *partie jointe* et, par *a contrario*, ne le sont pas lorsqu'il est *partie principale*. En effet, partie jointe, le ministère public est appelé seulement à donner un *avis* qui doit paraître désintéressé. Le tribunal peut être enclin à le suivre. Partie principale, le ministère public est un plaideur ordinaire. Or, le ministère public est toujours partie principale dans le procès pénal. Et l'un des plaideurs ne peut pas récuser son adversaire.

VI. Le ministère public, agissant au nom et dans l'intérêt de la société, ne doit pas, quand l'action publique échoue, être condamné, soit aux dépens, soit à des dommages-intérêts[3]. Sans doute, les officiers du ministère public, qui, par leur *faute*, dans l'exercice de leurs fonctions, ont causé *volontairement* un dommage à autrui, en sont responsables : mais leur responsabilité ne peut être mise en œuvre qu'à certaines conditions : 1° Si le fait commis par l'officier du ministère public constitue un *crime* ou un *délit*, la partie lésée peut provoquer des poursuites par une plainte adressée au procureur général ou au ministre de la justice (C. instr. cr., art. 483). Le procureur général a seul le droit de saisir la cour qui doit prononcer sur l'affaire. La partie lésée, si l'action est mise en mouvement, se constitue partie civile, soit devant le magistrat instructeur, soit devant la cour. 2° Si aucune poursuite n'est exercée, ou si le fait dommageable n'a aucun

[1] Comp. Cass., 10 mai 1875 (S. 75. 1. 292); 29 janv. 1879 (D. 79. 1. 76); 16 janv. 1894 (S. 95. 1. 97); Massabiau, *op. cit.*, t. Ier, p. 3; Garsonnet, *op. cit.*, t. LXXI, p. 184; Périer, *Revue critique*, 1865, t. XXVII, p. 507.

[2] Cass., 6 mars 1897 (S. 97. 1. 536) et la note.

[3] Cass., 13 mars 1896 (S. 96. 1. 544).

caractère délictueux, la personne lésée ne peut obtenir de dommages-intérêts que par la voie de la prise à partie (C. proc. civ., art. 505 à 516), qui, aux termes d'une jurisprudence constante, s'applique aux membres du ministère public, comme aux membres des tribunaux[1].

298. Du droit d'action des administrations publiques. — Quelques administrations publiques ont le droit de poursuivre, directement et en leur nom, devant les tribunaux de répression, les infractions qui lèsent les intérêts qu'elles sont chargées de sauvegarder. Ces administrations constituent ainsi de véritables ministères publics spéciaux ; ce sont les *administrations des contributions indirectes, des douanes, des eaux et forêts*. Leur droit sur l'action publique est même plus étendu que celui du ministère public, car elles peuvent en disposer par une *transaction*, y *renoncer* ou se *désister*. Mais elles doivent être condamnées aux frais si elles succombent. Il est nécessaire d'examiner, à propos de chacune de ces administrations : 1° dans quelle mesure celle-ci exerce l'action publique; 2° si son droit de poursuivre est exclusif ou parallèle de celui du ministère public; 3° dans quelle mesure cette administration peut transiger.

I. Pour déterminer les droits respectifs du ministère public et de l'*administration des contributions indirectes*, il faut faire une distinction essentielle : 1° L'initiative des poursuites, pour la répression des contraventions qui entraînent seulement des *peines pécuniaires*, appartient *exclusivement* à l'administration des contributions indirectes, représentée par son directeur de département, agissant à la requête du directeur général; 2° Mais lorsque la peine d'*emprisonnement* est prononcée par la loi, c'est au ministère public qu'appartient le droit *exclusif* d'exercer l'action publique, pour l'application de la peine corporelle seulement (L. 21 juin 1873, art. 15). Si l'action qui lui incombe est mise en mouvement, il avertit l'administration du jour où l'affaire doit être appelée, et celle-ci *intervient* pour prendre des conclusions au sujet des peines pécuniaires. Si, au contraire, le ministère public ne croit pas devoir poursuivre, l'administration peut saisir directement le tribunal, mais elle n'a d'action et n'obtient de condamnation que relativement aux amendes et confiscations. Cette distinction, critiquée par quelques auteurs, nous paraît résulter de l'ensemble des textes sur la matière[2].

1 Voy. note de Labbé sous Cass., 14 juin 1876 (S. 77. 1. 193).

2 Sans doute, aucun texte ne donne formellement à l'administration des contributions indirectes l'exercice de l'action publique, mais son droit résulte assez directement de l'art. 23 de l'arrêté du 5 germinal an XII, de l'art. 10 de l'ordonnance du

La transaction entre le contrevenant et l'administration peut intervenir *avant* ou *après* la condamnation. Dans le premier cas, elle éteint l'action publique, tant au point de vue des *peines pécuniaires* qu'au point de vue des *peines corporelles* (Arr. du 5 germ. an XII, art. 23). Lorsqu'un jugement définitif a été rendu, l'administration a bien le droit de renoncer au recouvrement total ou partiel des condamnations pécuniaires, mais le chef de l'État a seul le droit, par voie de grâce, de réduire la peine d'emprisonnement ou d'en faire la remise complète au condamné [1].

II. L'*administration des douanes* participe, en principe, à l'exercice

3 janvier 1821, et enfin de différentes dispositions du décret du 1er germinal an XIII. Les deux premiers textes permettent à l'administration de *transiger* sur les contraventions fiscales : on en a conclu, à bon droit, que pouvant arrêter l'action publique, l'administration pouvait l'exercer elle-même : car le droit d'empêcher l'application de la peine entraîne logiquement celui de l'exiger. Le décret du 1er germinal an XIII confirme cette induction en donnant aux commis de l'administration le droit de verbaliser (art. 23) et d'assigner le prévenu (art. 28), et en qualifiant, à diverses reprises, l'administration de *partie poursuivante* (art. 31, 34, 36). Enfin, la loi du 21 juin 1873 (art. 15) ne laisse aucun doute sur le droit de l'administration de poursuivre les contraventions aux lois sur les contributions indirectes. La jurisprudence de la chambre criminelle de la Cour de cassation n'a jamais varié sur cette question. Elle ne reconnaît pas au ministère public le droit de poursuite qui appartient à la Régie par délégation légale, à l'exclusion du procureur de la République, sauf le cas où la contravention est passible de l'emprisonnement, et quelques autres cas exceptionnels (par exemple, en matière de garantie. L. 17 brumaire an VI, art. 102). Faustin Hélie ne considère pas cette doctrine comme appuyée sur des textes précis et formels (*op. cit.*, t. Ier, no 503). Mais l'art. 15 de la loi du 21 juin 1873 et le rapport de la commission sur cette loi (S. *Lois annotées*, 1873, p. 421) font disparaître tout motif de douter. Comp. Cass., 11 déc. 1875 (S. 76. 1. 93); 10 juin 1882 (S. 84. 1. 246) ; 14 nov. 1883 (S. 85. 1. 449); 12 déc. 1885 (S. 87. 1. 80) ; 25 nov. 1892 (S. 93. 1. 511); 4 nov. 1898 (S. 1900. 1. 256 et la note). Les octrois sont, en quelque sorte, l'une des branches des contributions indirectes. Les principes sont les mêmes, au moins en ce qui concerne le droit de poursuivre et de transiger. Lorsque les procès-verbaux dressés constatent uniquement une contravention aux règlements de l'octroi, la poursuite est exercée exclusivement à la requête du maire, poursuites et diligence du préposé en chef, dans le cas où l'octroi est en régie simple; au nom du fermier ou du régisseur, quand l'octroi est affermé. Cf. Cass., 12 août 1853 (D. 54. 1. 48); 18 janv. 1861 (D. 61. 1. 143). Sur tous ces points : Duplessis, *Du contentieux des contraventions en matière de contributions indirectes et d'octrois*, Paris, 1880; G. Le Poittevin, *Action du ministère public en matière de contributions indirectes* (*Journal des Parquets*, 1887, p. 236); Paul Bryon, *Essai sur l'action principale du ministère public en matière de contributions indirectes, de douanes et d'octrois* (*Journal des Parquets*, 1889, p. 51) Voy. mon *Traité théor. et prat. d'instr. crim.*, t. I, nos 94 à 103.

[1] Comp. les textes suivants : L. 16-22 août 1781, t. XII, art. 1 ; L. 15 août 1793, art. 3 et 4 ; L. du 4 floréal an II, t. VI, art. 14 et 18; L. 4 fructidor an III, art. 5 et 6 ; L. 9 floréal an VII, t. IV, art 6. Pour la jurisprudence : Cass., 27 nov. 1858 (D. 59. 1. 41) ; 26 févr. 1887 (D. 88. 1. 42).

de l'action publique et au pouvoir de transiger dans les mêmes conditions que l'administration des contributions indirectes [1]. Mais on s'est demandé si le droit de poursuite de cette administration, en ce qui concerne l'application des *peines pécuniaires*, était exclusif, ou simplement parallèle du droit du ministère public. La loi ne paraît pas avoir retiré au ministère public le droit de poursuivre d'office, dans tous les cas, les contrevenants en matière de douanes (L. 28 avr. 1816, art. 52 et 66; L. 21 avr. 1818, art. 37). Le droit d'action du ministère public, sous la double condition d'une provocation et d'une absence de transaction, a été reconnu par diverses décisions judiciaires.

III. L'*administration des eaux et forêts*, en ce qui concerne les délits forestiers et les délits de pêche, a un droit de poursuite et de transaction, à la fois mieux défini et plus étendu que celui des administrations des contributions indirectes et des douanes [2]. 1° Le droit de l'administration est *plus étendu* : en effet, les agents forestiers exercent l'action publique dans sa plénitude, en ce sens qu'ils peuvent requérir, non seulement l'application des peines pécuniaires, mais encore l'application des peines corporelles, et transiger, *avant* le jugement, sur toutes les infractions, quelle qu'en soit la peine [3]. Mais, après jugement définitif, la transaction n'éteint que les peines pécuniaires [4]. 2° Le droit de l'administration est aussi *mieux défini* : car la loi réserve expressément au ministère public le droit d'agir en concurrence avec l'administration. Mais le rôle du ministère public, en matière d'infractions forestières, doit se borner à une simple surveillance, soit pour empêcher de fausses applications de la loi, soit pour suppléer à la négligence des agents forestiers.

[1] Il ne peut être transigé sur les contraventions et délits en matière de garantie. Voy. D. du 28 floréal an XIII. Dans le cas des art. 12 et 14 de la loi du 21 juin 1873 (fraude dissimulée sous les vêtements ou au moyen d'engins, fabrication, distillation ou revivification de spiritueux), et dans le cas de l'art. 46 de la loi du 28 avril 1816 (fraude par escalade et effraction), l'administration ne peut pas éteindre l'action publique. L'affaire suit son cours, sur les poursuites du procureur de la République, et le droit de transaction de l'administration ne s'exerce qu'après le jugement rendu et la condamnation prononcée (L. 21 juin 1873, art. 15).

[2] Lois des 15-29 sept. 1791, t. XI, art. 1 ; C. instr. cr., art. 19 et 182; C. for., art. 153 et 183.

[3] Cf. C. for., art. 159, revisé par la loi du 18 juin 1859; D. 14-28 déc. 1859 ; D. 7 sept. 1870.

[4] Cass., 2 mai, 16 mai et 3 juill. 1902 (S. 904. 1. 477).

§ II. — CONTRE QUI PEUT ÊTRE EXERCÉE L'ACTION PUBLIQUE.

299. L'action publique ne peut être exercée que contre les auteurs et les complices de l'infraction. — 300. De l'intervention devant les tribunaux de répression.

299. L'ACTION PUBLIQUE NE PEUT ÊTRE EXERCÉE QUE CONTRE LES AUTEURS OU COMPLICES DU DÉLIT. — L'action publique est dirigée contre un *individu pénalement* responsable de l'infraction. La *personnalité* ou plutôt l'*individualité des peines* a pour conséquence, dans la procédure, l'*individualisation* de l'action publique.

Cette conception a trois corollaires : 1° L'action publique ne peut être dirigée que contre un individu certain et déterminé, au moins dans la phase du jugement; 2° L'action publique ne peut être exercée que contre un individu, *auteur* ou *complice* de l'infraction. En conséquence, l'action publique n'est pas recevable, au point de vue de la peine, contre les personnes qui, bien que n'ayant pas participé au délit comme auteurs ou comme complices, sont, cependant, civilement responsables du dommage qu'il a causé. Sans doute, le ministère public peut actionner ces personnes, en même temps que les auteurs et les complices du délit, devant les tribunaux de répression, pour demander leur *condamnation aux frais de la poursuite*. Mais ce n'est pas là une exception, puisque l'obligation de payer les frais constitue la réparation, vis-à-vis de l'État, d'un préjudice spécial causé par le délit, dont sont tenues les personnes civilement responsables. Si donc, on n'exerce pas, contre elles, l'*action civile*, en poursuivant leur condamnation aux frais, on leur demande cependant, par l'*action publique*, de réparer le préjudice causé à l'État par la nécessité même où se trouve placé son représentant de faire le procès pénal à l'auteur de l'infraction[1]. 3° L'action publique, à la différence de l'action civile, n'est pas donnée contre les héritiers ; elle « s'éteint par la mort du prévenu » (C. instr. cr., art. 2). Il importe peu qu'à l'époque du décès de ce dernier, l'action publique n'ait pas encore été intentée, ou que le ministère public ait déjà commencé des poursuites, et que, dans ce dernier cas, le prévenu soit décédé avant le jugement ou après la condamnation ; il suffit que la condamnation n'ait pas acquis l'autorité de la chose jugée, soit parce que le condamné l'a attaquée par la voie de l'appel ou du pourvoi en cassation, soit même parce qu'il est mort dans les délais de l'appel ou du pourvoi, pour que le

[1] Voy. sur ce point, mon *Traité théor. et prat. d'instr. crim.*, t. I, n° 103.

décès anéantisse l'action publique non définitivement jugée, et, par suite, la *procédure* et le *jugement*.

300. De l'intervention devant les tribunaux de répression. — Dans l'instance engagée entre le ministère public et le prévenu, un tiers peut-il intervenir[1]? On sait que l'intervention est l'action de se placer *volontairement* ou d'être appelé *forcément* dans un procès, auquel on était d'abord étranger, à l'effet d'y défendre ses intérêts ou ceux d'une des parties en cause. L'intervention est organisée en matière civile (C. proc. civ., art. 339 et 341) ; elle a, dans l'*intérêt* de l'intervenant, son fondement et ses limites. Mais l'introduction, soit d'un nouveau *demandeur*, soit d'un nouveau *défendeur*, est-elle recevable en matière pénale?

I. *De l'addition au procès pénal d'un nouveau demandeur.* — Deux choses sont certaines. 1° La victime de l'infraction peut, en tout état de cause, et jusqu'à la clôture des débats (C. instr. cr., art. 67), joindre son action à celle du ministère public. Cette *constitution de partie civile* a bien le caractère d'une *intervention*, et d'une intervention *volontaire*, car le ministère public n'aurait pas intérêt et le prévenu serait sans droit pour appeler la partie civile en cause. 2° D'un autre côté, aucune intervention, autre que celle de la partie civile, n'est recevable contre le prévenu. Sur quel motif se baserait-elle? Sur un intérêt particulier? mais alors que l'intervenant se porte partie civile. Sur un intérêt général? mais le ministère public est le seul représentant de cet intérêt qui se confond avec l'intérêt social.

II. *De l'addition au procès pénal d'un nouveau défendeur.* — La question, ces deux points écartés, est de savoir si un tiers peut *volontairement* se joindre au prévenu, ou s'il peut être *appelé en cause* par l'une des parties en instance.

a) L'intervention *volontaire* des personnes *civilement responsables*, dans une poursuite où il y a une partie civile, paraît être recevable lorsqu'elle a lieu à l'effet de prendre fait et cause pour le prévenu et de se garantir ainsi des suites de la condamnation[2]. A la vérité, ce droit d'intervention n'est formellement réglé par aucun texte, bien que l'art. 182 le suppose, mais, dans tous les cas, aucun ne l'exclut, et cela suffit pour qu'il soit recevable. En effet, la personne qui vient prendre fait et cause pour le prévenu se déclare, par là même,

[1] Sur ce point : Vallier-Colombier, *Etude sur le droit d'intervention des tiers en matière criminelle* (*La France judiciaire*, t. Ier, p. 510); Laborde, *Cours de droit criminel*, 2e éd., nos 673 à 676; et mon *Traité d'instr. crim.*, t. Ier, nos 131 et suiv.

[2] Voy. Cass., 24 juill. 1897 (S. 98. 1. 552).

responsable de l'infraction. Elle ne fait donc que réunir, en intervenant dans l'instance, les différents éléments du procès, qu'il est de l'intérêt d'une bonne justice de ne pas scinder. L'intervention se forme au moyen d'une requête adressée à la juridiction et accompagnée de pièces justificatives (C. proc. civ., art. 333 et 334). Par cet acte, l'intervenant devient *partie* au procès, en sorte qu'il peut être condamné à une *peine*, soit comme auteur, soit comme complice, si le ministère public accepte l'intervention, et à des *dommages-intérêts* envers la partie civile, si celle-ci le demande. En effet, le tribunal, appelé à connaître d'un délit ou d'une contravention, est compétent pour juger toutes les personnes qui comparaissent volontairement et acceptent sa juridiction [1]. Mais, en dehors de ces limites, l'intervention serait irrecevable : elle ne pourrait se produire, par exemple, ni de la part d'un parent ou d'un ami, qui, pour défendre le prévenu, demanderait à devenir partie au procès, ni de la part du tiers qui, ayant commis un délit analogue à celui qui est poursuivi, prétendrait faire relaxer le prévenu, pour éviter une condamnation qui créerait contre lui un préjugé défavorable. Ces personnes n'ont pas participé au délit; elles n'en peuvent être déclarées personnellement responsables. Comment seraient-elles dès lors *parties* au procès? On ne saurait admettre, non plus, l'intervention d'un coauteur ou complice qui voudrait forcer la main au ministère public et prétendrait obliger le tribunal à le juger [2].

b) Le juge d'instruction et la chambre des mises en accusation ont le droit d'étendre la poursuite à tous les individus qui ont participé comme auteurs ou comme complices à l'infraction dont ils sont saisis. L'instruction a lieu, en effet, *in rem* et non *in personam*. L'extension des poursuites à d'autres individus que ceux qui sont désignés dans le réquisitoire constitue une *mise en cause d'office*. Les juridictions de jugement n'ont pas le même droit : elles ne peuvent statuer sur l'action publique qu'à propos du prévenu ou de l'accusé que leur livre la partie poursuivante. La saisine a lieu *in personam* et non *in rem* (C. instr. cr., art. 8, 145, 182, 271, 361, 379).

c) Mais l'*appel en cause* peut être fait par le ministère public ou la

[1] Jousse (t. III, p. 8), disait : « On peut intervenir dans une instance criminelle, lorsque cette intervention est fondée sur une cause légitime et connexe à l'accusation ». Dans le sens de cette opinion : Faustin Hélie, t. VI, nos 2647, 2648; Hoffman, *Questions préjudicielles*, t. Ier, no 29, et t. II, nos 665 à 685; Mangin, t. Ier, no 217.

[2] Il a été décidé que la loi du 19 avril 1898, en autorisant le juge d'instruction et le tribunal à confier la garde d'un mineur à une institution charitable, n'avait pas ouvert, au profit de ces institutions, un droit spécial d'accès auprès des tribunaux de répression : Cass., 1er déc. 1905 (D. 1906. 1. 158).

partie civile, soit contre un nouveau prévenu, soit contre les personnes civilement responsables. Rien ne s'oppose, en effet, à ce que les *demandeurs* au procès étendent la poursuite à des tiers qui n'ont pas été primitivement cités, à la condition, bien entendu, de recourir, pour le faire, aux actes de procédure susceptibles de saisir la juridiction contre les nouveaux défendeurs. Mais la mise en cause ne peut émaner du *prévenu* lui-même. Quel but, poursuivrait-il, en effet? Celui de se faire défendre par le tiers qu'il appellerait en cause? mais il lui suffit de le faire citer comme témoin. Celui de faire déclarer ce tiers coupable du délit qui lui est personnellement reproché? mais ce serait exercer l'action publique et usurper des fonctions qui ne lui appartiennent pas. Celui de se faire indemniser par l'intervenant des condamnations qu'il peut encourir lui-même? mais ce serait s'exonérer, par un recours en garantie, des suites de l'infraction qu'il a commise, et, en matière pénale, une telle prétention serait contraire à l'ordre public[1].

CHAPITRE II

DE L'ACTION CIVILE.

§ III. — QUI PEUT EXERCER L'ACTION CIVILE.

301. Des faits qui donnent naissance à l'action civile. — 302. De l'objet de l'action civile. Des restitutions. Des dommages-intérêts et des frais. — 303. Des personnes qui peuvent exercer l'action civile. Cette action est la propriété de la partie lésée qui peut en disposer à son gré. De la victime du délit. Des héritiers de la victime. — 304. Capacité requise pour intenter l'action civile.

301. Des faits qui donnent naissance a l'action civile. — Un fait ne donne ouverture à l'action civile que s'il constitue une *infraction dommageable*.

a) Sans doute, un fait, qui n'est pas prévu par la loi pénale, mais qui, cependant, est illicite et dommageable (un *délit* ou *quasi-délit civil*), peut donner lieu à une action en dommages-intérêts (C. civ., art. 1382). Mais l'*action en dommages-intérêts*, naissant d'un délit civil, qui n'est pas, en même temps, un délit pénal, diffère, à plusieurs points de vue, de l'*action civile* naissant d'un délit pénal, qui est, en

[1] Comp. Cass., 10 févr. 1882 (S. 82. 1. 312) et la note.

même temps, un délit civil. 1° La première ne peut être portée que devant les tribunaux civils; la seconde peut, de plus, être portée devant les tribunaux de répression (C. instr. cr., art. 3); 2° l'action en dommages-intérêts se prescrit par trente ans (C. civ., art. 2262); l'action civile est soumise à la même prescription que l'action publique (C. instr. cr., art. 2, 637, 638, 640); 3° l'action en dommages-intérêts tend à faire reconnaître et liquider une créance civile ordinaire, dépourvue de garanties spéciales; l'action civile aboutit à une condamnation garantie par la solidarité légale et la contrainte par corps (C. p., art. 55; L. 22 juill. 1867, art. 1er).

Ce qui motive ces différences entre ces deux actions qui tendent cependant au même but, la *réparation du préjudice*, et qui ont la même cause, le *dommage résultant d'un fait illicite*, c'est qu'il y a quelque chose de plus dans le délit pénal qu'une lésion de l'intérêt privé, il y a une lésion de l'intérêt social, et l'action civile, à laquelle donne naissance le délit pénal, qui contient un délit civil, ne peut être complètement isolée de l'action publique. En effet, dans une action en dommages-intérêts ordinaire, l'intérêt social n'est pas directement en cause, et lorsque la partie lésée agit en réparation, le débat s'engage simplement entre un créancier et un débiteur; tandis que, dans le défendeur à l'action civile, il y a, non seulement un débiteur, mais un coupable.

b) L'art. 1er du Code accorde l'action civile aux personnes « qui ont souffert du *dommage* causé par l'infraction ». Or, si toute infraction produit un *trouble social* et fait naître une action publique, ce serait une erreur de croire que toute infraction cause nécessairement un *dommage privé*. En effet, la loi pénale incrimine certains actes qui *compromettent* l'existence ou l'exercice de certains droits, sans y porter une atteinte actuelle, et sans qu'il en soit résulté, pour une personne physique ou morale, un dommage quelconque. C'est ainsi qu'elle punit la simple tentative de crimes et celle de certains délits, et que, dans un but de police, elle frappe, de peines plus ou moins graves, de nombreux faits délictueux qui, par eux-mêmes, n'entraînent pas nécessairement un dommage.

Dans un sens large, on entend par *dommage*, la privation ou la lésion d'un bien, que ce bien soit susceptible d'être apprécié et payé en argent, parce qu'il fait partie de notre patrimoine, ou qu'il soit inappréciable par sa nature même, comme la vie, la santé, la liberté, l'honneur, l'état et la condition des personnes, etc. La loi n'ayant exigé nulle part la nécessité d'un dommage *pécuniaire* pour donner ouverture à l'action civile, on en a conclu, à bon droit, qu'un dommage *moral* pouvait lui servir légalement de base. En effet, l'art. 1382, C.

civ., et l'art. 1er, C. instr. cr., parlent, d'une manière générale, du « dommage », sans distinguer entre le dommage pécuniaire et le dommage moral. Sans doute, la réparation d'un dommage inappréciable en argent, se résolvant en une indemnité pécuniaire, est forcément arbitraire; mais de ce que le juge ne peut accorder une réparation *exacte* du préjudice qui a été causé, il ne s'ensuit pas qu'il ne puisse en accorder aucune. La difficulté d'évaluer le préjudice ne saurait être une fin de non recevoir contre l'action.

Ce dommage doit être : 1° *actuel*, c'est-à-dire consommé au moment même où l'on agit; 2° *personnel* à celui qui s'en plaint ; 3° enfin, il faut qu'il soit la conséquence *directe* de l'infraction. Si le dommage a sa raison d'être dans une circonstance étrangère au délit, alors même que sans le délit, cette circonstance ne se serait pas produite, on ne pourrait en rendre le *délinquant* responsable. Ainsi on ne peut admettre la personne injustement poursuivie à se porter ensuite partie civile contre l'auteur véritable de l'infraction ; le dommage qu'elle a éprouvé n'a pas, en effet, sa cause dans l'infraction, mais dans la fausse direction donnée aux poursuites. De même, si une personne, légèrement blessée dans une rixe, succombe par suite de l'impéritie du chirurgien qui la soigne, ce préjudice spécial, conséquence médiate du délit, ne peut être mis au compte du délinquant[1].

302. De l'objet de l'action civile. — L'art. 1er, C. instr. cr., la définit : « L'action en réparation du dommage causé par un crime, par un délit, par une contravention ». Elle est donc différente des autres *actions privées* qui se rattachent à l'infraction ou qui en dérivent, mais, qui n'ont cependant pas pour objet direct la réparation du préjudice, telles que l'action en séparation de corps ou en divorce pour cause d'adultère (C. civ., art. 306) ; l'action qui tend à faire déclarer indigne de succéder celui qui a été condamné pour avoir donné ou tenté de donner la mort au défunt (C. civ., art. 727); l'action en désaveu, fondée sur l'adultère, intentée par le mari en cas de recel de l'enfant (C. civ., art. 313). Ces actions ne participent aux règles spéciales de l'action civile, ni au point de vue de la *compétence* des tribunaux criminels, ni au point de vue de la *prescription*.

La réparation du dommage, soit matériel, soit moral, causé par une infraction, se résout en une indemnité, ordinairement pécuniaire, dont les trois chefs possibles : les *restitutions*, les *dommages-intérêts*, et les *frais*, sont nettement distingués par les art. 10, 51 et 52, C. p.

[1] Sur tous ces points, je renvoie à mon *Traité d'instr. cr.*, t. Ier, n° 107.

I. Les *restitutions*, dont est tenu l'auteur d'une infraction consistent dans le rétablissement de l'état de choses antérieur au délit : par exemple, dans la remise au propriétaire de la chose qui a été volée ou détournée : dans la destruction des plantations faites sur le terrain d'autrui; dans l'annulation des actes surpris ou extorqués; dans la suppression ou la réformation des actes déclarés faux. Mais, ordinairement, les restitutions dont s'occupe la loi, et qu'elle oppose aux dommages-intérêts, ont pour cause unique le droit de propriété ou de possession reconnu à la partie lésée sur les choses qui lui ont été soustraites, alors que ces choses sont retrouvées en nature et mises sous la main de la justice. Le rétablissement de l'état de choses antérieur au délit doit toujours être ordonné, quand il est possible, comme la réparation la plus naturelle de l'infraction ; quand il ne l'est pas, il ne reste, à la victime, comme moyen d'indemnité, qu'une réparation par équivalent, celle qui résulte de dommages-intérêts.

A raison des nécessités de la procédure, les restitutions peuvent être différées ou n'être accordées qu'à certaines conditions (C. instr. cr., art. 366, 474, §§ 2 et 3).

II. Les dommages-intérêts consistent dans les indemnités attribuées à la personne lésée pour la perte qu'elle a faite (*damnum emergens*) et le gain qu'elle a manqué (*lucrum cessans*) par suite de l'infraction. Ils peuvent s'ajouter aux restitutions, ou être dus sans qu'il y ait lieu à restitution. La partie qui les a obtenues est libre d'en disposer comme il lui convient; mais il est interdit aux juges, par l'art. 51, C. p., d'ordonner l'application des sommes dont ils prononcent la condamnation à titre de dommages-intérêts, au profit d'une œuvre quelconque, même du consentement et sur la demande de la victime du délit. S'il en était autrement, les parties, obéissant peut-être à une fausse honte ou à une délicatesse excessive, renonceraient souvent au bénéfice des réparations qui leur sont dues; et les juges, à raison de la destination particulière des dommages-intérêts, pourraient être tentés d'en grossir le chiffre. C'est à ce double abus, que le Code, éclairé par l'expérience du passé, a voulu remédier par la disposition de l'art. 51.

Au fond, les restitutions et les dommages-intérêts ont donc un but commun, puisque ces indemnités sont prononcées pour réparer le préjudice causé à des intérêts privés par l'acte délictueux; mais ils diffèrent par leur caractère, puisque la restitution est la réparation *directe* et *régulière* de l'infraction, tandis que les dommages-intérêts en sont la réparation *indirecte* et *exceptionnelle*. De cette différence résultent plusieurs conséquences : 1° Tandis que la restitution des choses soustraites par le délit, retrouvées en nature et mises sous la main de justice, doit toujours être prononcée d'*office*, dans tous les cas où l'on connaît la personne à qui elles appartiennent, les dommages-intérêts ne peuvent être accordés que sur la *demande* de la partie lésée ; il faut que celle-ci les *requière*, suivant l'expression de l'art. 51, C. p., en se constituant *partie civile* au procès (C. instr. cr., art. 366). Cette différence a, du reste, été critiquée : on a soutenu que la condamnation aux dommages-intérêts était d'ordre public au même titre que les restitutions; on a demandé qu'elle fût toujours prononcée sans intervention nécessaire de la partie lésée. 2° Les tribunaux d'exception, comme les tribunaux militaires, qui ne se prononcent jamais sur l'action civile en dommages-intérêts, peuvent ordonner la restitution des objets saisis (C. just. mil., art. 55). 3° C'est l'infraction, sans doute, qui oblige la partie lésée par un délit à demander la restitution de la chose qui lui a été enlevée ou la réparation pécuniaire du préjudice qui lui a été causé; mais tandis que l'infraction est la *seule cause* juridique de l'action en dommages-intérêts, elle est simplement l'*occasion* de l'action en restitution, qui a, dans un *droit préexistant,* une raison d'être antérieure à l'infraction : aussi ces deux actions ne sont liées, ni au point de vue de leur *exercice*, ni au point de vue de leur *prescription.*

III. Les frais de justice constituent la réparation, envers l'État ou la partie civile, d'un dommage spécial causé par le délit. Nous nous en occupons plus loin.

303. Des personnes qui peuvent exercer l'action civile. — L'action civile appartient à toute personne physique ou morale qui a souffert du dommage causé par une infraction. Pour pouvoir l'intenter, il faut avoir *personnellement* éprouvé le dommage dont on demande la réparation et être *capable* d'ester en justice. Avant de reprendre l'examen de chacune de ces propositions, il importe de noter : 1° Une *restriction* à la règle, résultant de l'art. 123 de la loi électorale du 15 mars 1849, non abrogé, aux termes duquel tous les électeurs d'un collège, ont le droit de porter plainte et de se constituer parties civiles, à l'occasion des crimes et délits commis au cours de l'élection, bien qu'ils n'aient éprouvé aucun dommage personnel, direct et appréciable, sans avoir, dans tous les cas, à en justifier[1]; 2° Une *application* de la règle, en ce qui concerne les associations ou corporations. Il faut, en effet, en distinguer de deux catégories : celles qui

[1] L'action qui est donnée à l'électeur n'est pas l'action pénale, mais l'action civile. Elle nécessitera des conclusions en dommages-intérêts et l'évaluation, par le tribunal, de ces dommages-intérêts. Voy. Cass., 16 mars 1878 (S. 78. 1. 433); Montpellier, 10 nov. 1894 (S. 96. 2. 201) et les notes de M. Villey. C'est peut-être le seul texte de nos lois rappelant le système des *actions populaires*.

ont des intérêts collectifs, leur donnant le droit de demander la réparation du préjudice qui leur a été causé par une infraction portant atteinte à leurs droits, à leurs privilèges, à leur monopole, telles qu'un syndicat professionnel, un conseil de guerre, un tribunal, etc. : ces associations ou corporations peuvent porter plainte et même se constituer parties civiles[1] ; les associations formées en vue de la répression de certains délits, lesquelles n'ayant pas le passeport d'un intérêt personnel lésé par le délit, doivent se borner à dénoncer au procureur de la République les délits dont elles entendent faire poursuivre les auteurs, sans pouvoir elles-mêmes se constituer parties civiles. L'attribution du droit de poursuite de certains délits à des associations formées, en vue de leur répression, autorisées ou reconnues par l'autorité publique, est une des réformes sur lesquelles on est le moins d'accord[2].

L'art. 1er, C. instr. cr., ne s'exprime pas d'une manière exacte, en disant que l'action pour l'application des peines *n'appartient* qu'aux fonctionnaires auxquels elle est confiée par la loi, et que l'action en réparation *peut être exercée* par tous ceux qui ont souffert du dommage. C'est l'inverse qu'il fallait dire. L'action publique *ne peut être exercée* que par les fonctionnaires auxquels elle est confiée par la loi, et l'action civile *appartient* aux personnes lésées par l'infraction. Titulaire de la créance en réparation, la victime du délit l'est, en même temps, de l'action qui tend à la faire reconnaître et liquider. Par suite, elle n'a pas seulement l'*exercice*, mais la *disposition* de cette action. Elle peut la *céder* (C. civ., art. 1689 et s.)[3], y *renoncer*

[1] Sur le droit des corporations : en ce qui concerne un syndicat de chirurgiens-dentistes : Trib. Seine, 25 mai 1895 (S. 96. 2. 21); un syndicat de pharmaciens : Lyon, 8 mars 1888 (S. 90. 1. 588); Caen, 1er mai 1890 (S. 92. 2. 14); Grenoble, 7 juill. 1892 (S. 93. 2. 84); un conseil de guerre : Cass., 2 avr. 1898 (S. 99. 1. 377); C. d'ass. de Versailles, 18 juill. 1898, sous Cass., 5 août 1898 (S. 1900. 1. 473) et les notes de M. Roux. Voy. au surplus, mon *Traité d'instr. cr.*, t. Ier, nos 118 et suiv.

[2] Voy. Paul Nourrisson, *L'association contre le crime* (Paris, 1901) et la discussion à la Société des prisons (*Rev. pénit.*, 1896, p. 510 et 689); Henry Joly, *Les associations de l'État dans la lutte contre le crime* (*Rev. de Paris*, 1er déc. 1894; *Rev. polit. et parl.*, 1895, p. 438). Voy. *Rev. pénit.*, 1897, p. 1076 et 1179, 1898, p. 405-559 et 709, et mon *Traité d'instr. cr.*, t. Ier, p. 267 et 268, texte et notes.

[3] Dans un arrêt du 25 février 1897 (S. 98. 1. 201), la chambre criminelle de la Cour de cassation, sans contester la cessibilité de l'action civile, a décidé que le cessionnaire ne pouvait se porter partie civile devant la juridiction répressive, sous prétexte que, pour le faire, il faut avoir un intérêt direct et personnel. Mais le cessionnaire, ayant tous les droits du cédant, a le même passeport que ce dernier devant les tribunaux de répression. Voy. la note de M. Roux dans le recueil précité, et mon *Traité*, t. Ier, no 115, p. 254.

(C. civ., art. 1282 et s.), en faire l'objet d'une *transaction* (C. civ., art. 2046). Mais la transaction, pas plus que la renonciation de la partie lésée, ne peut empêcher ou suspendre la poursuite du ministère public (C. instr. cr., art. 4 ; C. civ., art. 2046)[1].

I. La première personne naturellement indiquée pour se porter partie civile est celle qui a souffert *directement* de l'infraction, la *victime du délit*. Toutefois, il n'est pas nécessaire que l'infraction ait été dirigée contre celui qui réclame une réparation ; il suffit qu'en frappant directement d'autres personnes, l'infraction porte, en même temps, atteinte à son honneur ou à sa fortune ; car on peut être lésé *personnellement* par une infraction, sans en être *directement* victime. En conséquence, il faut autoriser le mari à poursuivre, *en son nom*, la réparation de la diffamation ou de l'injure faite à sa femme, lorsque les propos injurieux ou diffamatoires rejaillissent sur lui. De même, le dommage causé par une infraction à la fortune de la femme retombe presque toujours sur le mari, qui a, dans ce cas, une action *personnelle*. Le père peut agir *en son nom*, lorsque le fait qui a lésé ses enfants, mineurs ou majeurs, a porté, à sa propre fortune ou à son propre honneur, un dommage matériel ou moral.

La seule difficulté d'évaluer le préjudice, alors du reste, que certainement un préjudice a été causé, ne rendrait pas l'action civile irrecevable. Cette idée permet de ne pas écarter *a priori* l'action en dommages-intérêts dans les circonstances suivantes.

Il existe un certain nombre de professions, accessibles seulement aux personnes qui justifient de conditions d'aptitude et de capacité. L'exercice illégal de ces professions est une *infraction* dont la peine varie suivant les lois spéciales qui les organisent. La collectivité des personnes, pratiquant légalement la médecine, la pharmacie, par exemple, ne peut agir, en tant que collectivité, pour demander des dommages-intérêts aux tiers qui s'immiscent indûment dans la profession médicale ou pharmaceutique ; mais les médecins, les pharmaciens

[1] L'art. 2046, C. civ. et l'art. 4, C. instr. cr., abrogent complètement les principes de l'ancien droit et notamment de l'ordonnance de 1670, d'après lesquels la transaction entraînait l'extinction de l'action publique pour tous les *délits privés*, c'est-à-dire qui n'étaient pas passibles de peines infamantes. Il résulte implicitement du principe nouveau que la transaction ne peut être considérée comme l'aveu d'un crime ou d'un délit de la part de celui qui la souscrit, car elle suppose bien la reconnaissance d'un fait *dommageable*, mais non d'un fait *coupable*. Aussi ne fait-elle pas obstacle à ce que l'accusé ou le prévenu soit acquitté ; mais à l'inverse, l'acquittement ne porte pas atteinte à la validité de la transaction, quel que soit le motif sur lequel il est fondé : Cass., 16 mai 1876 (D. 76. 1. 399). La transaction sur l'action civile née d'un faux ne peut être exécutée qu'après avoir été homologuée (C. pr. civ., art. 249).

peuvent-ils se plaindre, en tant qu'individus, et chacun dans la mesure, de leur intérêt personnel, d'un détournement de clientèle qui leur cause un préjudice? ou doivent-ils se borner à dénoncer l'infraction au ministère public? La solution dépend d'une question de fait : que l'on suppose la concurrence illicite, qui résulte de l'infraction, se produisant dans un grand centre, où le nombre des membres exerçant la profession est très étendu ou même illimité, il semble que l'action, intentée par un des membres de la corporation, soit irrecevable, car non seulement le tribunal est dans l'impossibilité d'apprécier le chiffre du dommage, mais encore l'*existence* même de ce dommage est incertaine. Si la concurrence s'établit, au contraire, dans un village, une petite ville, où n'existent que quelques membres de la corporation, comment refuser à ceux-ci l'action en dommages-intérêts, alors que l'existence du préjudice est incontestable, et que l'incertitude ne porte que sur son évaluation[1]? Mais, donner, dans tous les cas, sans distinction, comme le fait la jurisprudence, l'action civile à tous les membres de la corporation, c'est confondre l'*intérêt général* que ceux-ci peuvent avoir à la répression du délit, intérêt dont le ministère public est le seul gardien, avec l'*intérêt spécial*, fondé sur un dommage personnel, dont tout plaignant doit justifier, et qui est le seul titre de son action civile.

II. L'action civile peut-elle appartenir aux héritiers de la personne

[1] On peut compter, sur la question, jusqu'à trois opinions bien distinctes, en dehors de celle que nous suivons : *a*) D'après certains auteurs, l'action serait dans tous les cas, irrecevable : Hoffman, *op. cit.*, t. Ier, n° 33; Faustin Hélie, t. Ier, n° 564; Haus, t. II, n° 1061. *b*) Dans une seconde opinion, l'action ne serait recevable que si tous les membres de la corporation se portaient parties civiles : Sourdat, *Traité de la responsabilité*, t. Ier, nos 48 et 49. *c*) D'après une troisième opinion, l'action serait toujours recevable sans condition : Trébutien, t. II, p. 26; Le Sellyer, *Actions publique et privée*, t. Ier, n° 269. La jurisprudence paraît fixée dans le sens de cette dernière opinion. Voyez les arrêts cités par Le Sellyer, et ajoutez : Poitiers, 11 mars 1869 (S. 69. 2. 260); Lyon, 21 déc. 1883 (S. 85. 2. 41) et la note. Cf. sur la question : Dubrac, *Traité de jurisprudence médicale et pharmaceutique*, n° 458. La loi du 21 mars 1884, qui permet aux personnes « exerçant la même profession, des métiers similaires ou des professions connexes, concourant à la production de produits déterminés », de se constituer en syndicats professionnels paraît fournir le moyen pratique de résoudre la difficulté. Les syndicats de médecins existaient en fait, depuis 1884, mais ils n'avaient pas d'existence légale. Ils réclamaient le bénéfice de la loi du 21 mars 1884; mais, par un arrêt du 27 juin 1885 (D. 86. 1. 137), la Cour de cassation décida que cette loi n'était pas applicable aux associations formées entre médecins. L'art. 13 de la loi du 30 novembre 1892, sur l'exercice de la médecine, donne aux médecins, chirurgiens-dentistes et sages-femmes le droit de se constituer en associations syndicales, pour la défense de leurs intérêts professionnels, à l'égard de toutes personnes autres que l'État, les départements et les communes;

directement lésée par l'infraction? Cette question n'est pas susceptible d'une réponse absolue ; nous devons, en effet, distinguer trois hypothèses.

L'infraction a été commise antérieurement à la mort de la victime. — Si l'infraction a porté atteinte à la fortune du défunt, les héritiers, qui deviennent propriétaires des biens, sont directement lésés : ils peuvent donc se porter parties civiles, soit en leur *nom personnel*, soit en leur qualité d'*héritiers*. Si l'infraction a atteint le défunt dans ses biens innés, sa santé, sa liberté, les héritiers peuvent encore intenter l'action civile, car l'infraction a causé à leur auteur un dommage pécuniaire ou moral dont il leur est dû réparation à titre d'*héritiers*. Mais si l'infraction n'a atteint que l'honneur ou la considération du défunt, si c'est une *injure*, une *diffamation*, les héritiers peuvent-ils commencer une instance pour obtenir, au nom du défunt, la réparation d'un dommage que lui seul a éprouvé? Je ne le pense pas : d'une part, l'action civile manquerait ici de base, puisque le fait, dont se plaignent les héritiers, ne leur a pas causé personnellement un dommage ; d'autre part, celui qui est décédé sans avoir intenté l'action est présumé avoir pardonné [1]. Mais les motifs même de cette solution traditionnelle prouvent qu'elle ne s'appliquerait pas au cas où l'action civile aurait été mise en mouvement, avant le décès, par le défunt lui-même : les héritiers pourraient alors *continuer* l'instance, car l'action formée et tendant à des dommages-intérêts, quelle qu'en soit la base, est un bien que les héritiers recueillent, comme tous les autres biens, dans le patrimoine du défunt (C. civ., art. 957).

L'infraction a causé la mort de la victime. — Dans ce cas, l'action civile appartient aux héritiers, quels qu'ils soient, car l'infraction contre la vie d'un individu apporte toujours à la fortune de celui qui en est victime un préjudice dont la réparation peut être exigée par lui-même ou par ses héritiers [2]. L'action civile se donne ensuite à ceux que l'infraction a lésés dans leur patrimoine, bien qu'ils ne soient

[1] Cette solution était admise dans le droit romain (liv. IV, tit. XII, loi 13, *Inst.*, loi 16, § 14, *Dig.*, *De injuriis*), et dans notre ancien droit (Jousse, t. III, p. 633). Cf. Barbier, *Code expliqué de la presse*, t. II, n° 864.

[2] Il n'existe, à ma connaissance, qu'un très petit nombre de décisions sur le point de savoir si les héritiers des personnes tuées instantanément, par exemple dans un accident causé par une imprudence, ont, en leur seule qualité d'héritiers, une action en réparation du préjudice éprouvé par leur auteur. La jurisprudence paraît exiger que les héritiers justifient d'un préjudice matériel : Bourges, 16 déc. 1872 (S. 74. 2. 71); Besançon, 1er déc. 1880 (S. 81. 2. 20); Tribunal de la Seine, 9 janv. 1879 (S. 81. 2. 21) et la note de M. Labbé. Voy. Laborde, *Rev. crit.*, 1894, p. 25. Comp. note Lacoste, sous Rouen, 24 févr. 1894 (S. 97. 2. 25); Nîmes, 11 nov. 1897 (S. 98. 1. 276).

pas héritiers : par exemple, à la veuve dont le mari décédé était le soutien, au mari qui profitait des revenus de sa femme; aux ascendants qui touchaient une pension alimentaire du défunt, etc. [1]. Et toutes ces personnes, qui ont à faire valoir un dommage pécuniaire, peuvent intenter *concurremment* l'action civile, car l'intérêt de l'une n'exclut pas l'intérêt de l'autre. Mais on ne saurait admettre les proches parents ou les amis de la victime, par cela seul qu'ils ont été frappés dans leur affection, à se porter parties civiles. L'intérêt d'affection peut être un motif de provoquer des poursuites, de dénoncer l'auteur du délit, mais il ne saurait servir de base à une action pécuniaire en réparation, puisque l'art. 1er, C. inst. cr., ne la donne qu'à ceux qui ont souffert un dommage [2].

L'infraction a été commise après la mort de la personne qu'elle atteint. — Ce sont des injures, des diffamations à la mémoire d'un défunt, par exemple. Si les propos injurieux ou diffamatoires rejaillissent sur les héritiers ou sur la famille du défunt, les héritiers ou les parents pourront certainement demander des dommages-intérêts, et agir, non du chef du défunt, comme héritiers ou comme parents, mais de leur propre chef, comme victimes du délit. Ils auront alors le choix, suivant les circonstances, ou de considérer la diffamation ou l'injure comme un *simple fait dommageable et illicite*, commis avec ou sans intention de nuire, et d'agir alors au *civil*, en vertu des art. 1382 et suiv., ou de considérer le fait comme une *infraction*, et, en prouvant que la diffamation a été faite dans l'*intention de leur nuire personnellement*, d'agir, soit devant les tribunaux *civils*, soit devant les tribunaux *répressifs*, en vertu de l'art. 1er, C. instr. cr. Ainsi, les héritiers ou les parents, qui sont *personnellement* quoiqu'*indirectement* lésés par une diffamation ou une injure qui rejaillit sur eux en passant par la personne du défunt, ne sont nullement désarmés, car la loi pénale et la loi civile les protègent également [3].

Mais, en supposant une injure ou une diffamation, uniquement dirigée contre le défunt, ne rejaillissant, en aucune sorte, sur les héritiers du sang, ceux-ci pourront-ils se porter parties civiles et pour-

[1] Comp. Lyon, 18 mars 1865 (S. 65. 2. 258).

[2] Dans notre ancienne jurisprudence, on admettait l'intervention de plein droit, *jure sanguinis et propter causam doloris*, de certains parents. On a enseigné que ces règles seraient encore applicables aujourd'hui. Mais le texte même de l'art. 1er, C. instr. cr., en ne donnant l'action civile qu'à ceux qui ont souffert du dommage, ne peut se concilier avec cette solution. Voir sur la question : Haus, t. Ier, n° 1373; Trébutien, t. II, p. 29; Villey, *op. cit.*, p. 194; Cass. belge, 17 mars 1881 (S. 82. 4. 9) et la note; note de M. Le Poittevin, sous Cass., 9 avr. 1895 (S. 96. 1. 83).

[3] Comp. : Paris, 17 avr. 1858 (D. 60. 2. 109); et l'arrêt de la Cour de cassation du 1er mai 1865 (D. 67. 1. 129); Le Sellyer, *op. cit.*, t. Ier, n° 266.

suivre, devant les *tribunaux de justice répressive*, la réparation pécuniaire du préjudice moral qui résulte de la diffamation ou de l'injure? C'est se demander si la loi française prévoit et punit comme une *infraction*, la diffamation ou l'injure envers les morts. Examinée en législation, cette question est difficile à résoudre, comme toutes celles qui mettent aux prises des intérêts opposés. Nous trouvons, en effet, engagés dans sa solution, l'intérêt d'une famille, qui demande à défendre l'honneur d'un de ses membres, et la liberté de l'histoire, qui a le droit de discuter librement les éléments de la mémoire de chacun. La jurisprudence de la Cour de cassation déclarait punissable, dans tous les cas, l'injure ou la diffamation envers la mémoire des morts[1]. La loi sur la presse du 29 juillet 1881 a condamné cette jurisprudence : elle décide, en effet, dans l'art. 34, que les art. 29, 31 et 32, qui punissent la diffamation et l'injure, ne sont applicables, aux diffamations ou injures dirigées contre la mémoire des morts, que dans le cas où les auteurs de ces diffamations ou injures « auraient eu l'intention de porter atteinte à l'honneur ou à la considération des héritiers vivants ».

Cette disposition a-t-elle effacé tout délit de diffamation envers la mémoire des morts? A-t-elle, au contraire, créé ce délit, en le soumettant à certaines conditions constitutives? Cette seconde manière d'interpréter la loi de 1881 paraît prévaloir en jurisprudence. L'intérêt de la question se présente en ce qui concerne les règles de compétence, de preuve et de procédure. Supposons, en effet, une diffamation dirigée contre la mémoire d'un fonctionnaire public, à l'occasion de l'exercice de ses fonctions, par laquelle on veut atteindre le fils de ce fonctionnaire qui est un simple particulier. Si on adopte cette manière de voir, le délit se caractérisera par la situation qu'avait, de son vivant, le mort qui a été diffamé. Par suite, la cour d'assises sera compétente et la preuve de la vérité des faits diffamatoires sera permise.

304. CAPACITÉ REQUISE POUR INTENTER L'ACTION CIVILE. — Les règles, relatives à la *capacité* requise pour intenter l'action civile, soit devant les tribunaux civils, soit devant les tribunaux de répression, sont tracées par la loi civile, et le Code d'instruction criminelle n'y apporte aucune dérogation. Ainsi donc l'action en réparation du dommage causé par une infraction à un mineur non émancipé sera intentée, en son nom, par le père, administrateur légal, ou par le

[1] Comp., pour les renseignements rétrospectifs sur la question, la 1re éd. de cet ouvrage, p. 453.

tuteur (C. civ., art. 372 et 460). Le mineur émancipé pourra lui-même exercer l'action (C. civ., art. 481 et 482). Les individus en état d'interdiction judiciaire ou légale seront représentés par leur tuteur (C. civ., art. 507). La femme mariée agira en son nom, mais après y avoir été autorisée par son mari ou par justice (C. civ., art. 215 et 216). Les étrangers pourront intenter l'action civile, mais ils seront tenus, devant quelque tribunal qu'ils agissent, si le prévenu français le requiert, avant toute exception, de donner caution pour le paiement des frais et des dommages-intérêts résultant du procès[1], à moins qu'ils ne possèdent, en France, des immeubles d'une valeur suffisante pour assurer ce paiement, ou qu'ils ne soient autorisés par le gouvernement français à établir leur domicile en France, ou, enfin que, par un traité, les Français ne soient dispensés du cautionnement dans le pays auquel appartient l'étranger[2] demandeur (C. civ., art. 16). Enfin, les communes, corporations, et autres personnes juridiques ne pourront intenter l'action civile que suivant les règles qui président à leur capacité.

§ IV. — CONTRE QUI PEUT ÊTRE EXERCÉE L'ACTION CIVILE.

305. Questions. — 306. Sur qui pèse l'obligation de réparer le dommage résultant de l'infraction. — 307. Quelle capacité doit avoir cette personne.

305. CONTRE QUI L'ACTION CIVILE EST INTENTÉE. DOUBLE QUESTION. — Dire contre qui l'action doit être intentée, c'est déterminer : *a*) d'abord la personne qui est tenue de réparer le dommage ; *b*) puis, quelle capacité doit avoir cette personne pour défendre à l'action civile.

306. DE CEUX QUI SONT TENUS DE RÉPARER LE DOMMAGE CAUSÉ PAR LE DÉLIT. — L'obligation de réparer le dommage pèse : 1° directement, sur les auteurs et complices de l'infraction ; 2° indirectement, sur les personnes civilement responsables; 3° sur les héritiers des unes et des autres.

[1] L'étranger défendeur ne saurait, à notre sens, réclamer le bénéfice de la caution *judicatum solvi*, qui a été établi comme garantie des *Français* plaidant contre des étrangers. En ce sens : Aubry et Rau, *op. cit.*, t. VIII, p. 131, et note 22.

[2] *Sic*, Cass., 18 févr. 1846 (S. 46. 1. 320). Sur la nécessité de la caution *judicatum solvi*, devant les tribunaux de répression : Le Sellyer, *Actions publique et privée*, t. Ier, nos 281 et 282; Faustin Hélie, t. Ier, nos 548, 549, 550; Goddyn, *Le droit criminel belge au point de vue international*, p. 65. En sens contraire, Dijon, 13 juill. 1881 (S. 84. 2. 3) et la note.

I. Toute infraction à la loi pénale, qui porte un *préjudice* matériel ou moral à autrui, oblige les *auteurs* et les *complices* de cette infraction à le réparer, qu'ils aient commis le préjudice sciemment et volontairement (*dolo*), ou qu'ils aient négligé les soins et les précautions qu'ils pouvaient ou devaient prendre pour éviter le mal qu'ils ont causé sans intention de nuire (*culpa*). Toute culpabilité, et, avec elle, toute responsabilité disparaît donc si l'agent n'a pas eu la *conscience* ou la *libre détermination* de ses actes. Il suit de là que l'insensé et le mineur de seize ans, privés de *tout discernement*, ne sont pas responsables du dommage qu'ils causent par leur fait. Sans doute, les personnes à la garde desquelles le fou ou l'enfant était confié, peuvent être tenues des suites de leur négligence. Mais il serait inexact de soutenir que les biens du fou ou de l'enfant répondent du dommage que l'inconscient a causé. Entre l'idée de patrimoine et l'idée de réparation, il en manque une troisième pour lui servir de lien et expliquer comment la seconde résulte de la première. De ce qu'une personne a un patrimoine, en effet, il ne s'ensuit pas qu'elle doive payer, tant qu'on ne démontre pas qu'elle est *obligée*, et elle n'est obligée à réparer les conséquences d'un fait dommageable que si elle est *responsable* de ce fait[1]. L'idée de *faute* est au fond de l'idée de *responsabilité*.

Du reste, un fait dommageable ne constitue une infraction et ne donne lieu à une responsabilité civile, que s'il est contraire au droit de la personne qui l'accomplit. On doit donc décider, pour application de ce principe, que le prévenu ou l'accusé, renvoyé de toute poursuite, comme ayant agi en état de *légitime défense*, ne peut être condamné à des dommages-intérêts envers la partie civile.

II. D'ordinaire, chacun n'est responsable, au point de vue *civil* comme au point de vue *pénal*, que de son propre fait. Parfois cependant, certaines personnes sont obligées de réparer le préjudicé causé par un fait auquel elles sont étrangères. Cette obligation, désignée communément par le terme de *responsabilité civile* (C. p., art. 74), a pour fondement une *faute*, qui consiste à n'avoir pas exercé, sur certaines personnes, une surveillance suffisante pour les empêcher de commettre un acte préjudiciable et illicite. Le *fait d'autrui* vient donc démontrer la *faute* de la *personne* qui n'a pas empêché le délit qu'elle *pouvait* et *devait* prévenir; et cette faute, qui est *personnelle*, motive l'application des art. 1382, C. civ., et 1er, C. inst. cr., et justifie une

[1] Comp. Labbé, *De la démence au point de vue de la responsabilité et de l'imputabilité en matière civile* (*Revue critique*, 1870, p. 107); Cass., 14 mai 1866 (S. 66. 1. 37). Voy. *Rev. pénit.*, 1902, p. 1525, avec l'analyse de l'arrêt de la Chambre des req. du 21 oct. 1901 (S. 1902. 1. 32) qui y est cité.

condamnation à des dommages-intérêts envers ceux qui en ont souffert. Mais il est évident que cette négligence, fait d'inaction, ne peut être l'équivalent du fait positif intentionnel, nécessaire pour constituer la participation à l'infraction comme auteur ou comme complice. Aussi n'existe-t-il de responsabilité du fait d'autrui qu'au point de vue *civil* et non au point de vue *pénal*. De là, il faut conclure que la responsabilité civile ne comprend que les *restitutions*, les *dommages-intérêts* et les *frais*, auxquels l'infraction a pu donner lieu; qu'elle ne s'étend pas à la *peine*, quelle qu'elle soit, pas même à l'amende prononcée, à moins que cette extension n'ait été consacrée par une disposition formelle de la loi.

Pour le recouvrement de ces condamnations, les personnes civilement responsables ne sont certainement pas contraignables par corps, mais je crois, malgré quelques doutes, qu'elles sont tenues *solidairement*, comme les auteurs mêmes et les complices de l'infraction [1].

Sur les cas de responsabilité civile, un principe doit être mis en relief. Si la règle que nul ne doit causer de dommage à autrui, règle consacrée par l'art. 1382, C. civ., commande à chacun de s'abstenir de tout fait illicite qui pourrait nuire à quelqu'un, il est certain que nul n'est tenu, en vertu d'un principe juridique, de prendre soin des intérêts d'autrui et de prévenir, par une surveillance personnelle, le dommage dont un tiers est menacé par le fait d'un autre. S'ensuit-il que la responsabilité civile du fait d'autrui ne puisse résulter que de textes précis l'établissant? Je crois qu'il faut faire une distinction. Chacun est responsable du dommage qu'il cause, non seulement par son fait, « *mais encore par sa négligence ou son imprudence* » ; ainsi s'exprime l'art. 1383, C. civ. D'où il suit que le fait des personnes que nous *devons* et *pouvons* empêcher de nuire, quand il constitue une *négligence* ou une *imprudence propre*, est de nature à ouvrir, contre nous, une action en responsabilité fondée sur le principe supérieur de l'art. 1383. Mais cette responsabilité, ayant sa cause dans un fait personnel de négligence ou d'imprudence, ne peut être mise en œuvre qu'à la charge, par celui qui en a souffert, de prouver que le défaut de surveillance constitue une *faute personnelle* (C. civ., art. 1315).

[1] D'une part, en effet, les personnes civilement responsables sont condamnées pour le *même crime* ou le *même délit*, avec les individus qui ont causé le dommage dont elles doivent répondre, et cette condition suffit, aux termes de l'art. 55, C. p., pour que la solidarité existe. D'autre part, l'art. 156 du décret du 18 juin 1811, contenant le tarif général des frais en matière criminelle, a interprété dans ce sens, du moins en ce qui concerne la condamnation aux frais, l'art. 55, C. p. : « La condamnation aux frais, porte ce texte, sera prononcée, dans toutes les procédures, *solidairement* contre tous les auteurs et complices du même fait, *contre les personnes civilement responsables du délit* ».

Telle est la règle. Toutefois, la loi peut y faire exception et créer, par suite des rapports qu'elle établit ou constate entre deux personnes, un *devoir légal de surveillance* à la charge de l'une d'elles, la rendre responsable de tous les actes de l'autre, et dispenser celui qui invoque cette responsabilité de toute preuve de négligence. C'est le cas visé par l'art. 1384, d'après lequel on est responsable, *non seulement du dommage que l'on cause par son propre fait, mais encore de celui qui est causé par le fait des personnes dont on doit répondre.* Ainsi, les art. 1383 et 1384 visent deux cas bien différents de responsabilité indirecte ; et tandis que les applications de l'art. 1383 sont illimitées, celles de l'art. 1384 sont restreintes. En effet, les dispositions qui rendent, de plein droit, une personne responsable du fait d'autrui ont un caractère exceptionnel et, par cela même, limitatif[1]. On trouve les principales, dans le livre III, titre IV, chapitre II, C. civ. (art. 1382 à 1386), auxquels renvoie l'art. 74, C. p., et dans les art. 1952 et 1953[2]. La loi pénale n'ajoute qu'un seul cas de responsabilité civile à ceux que prévoit le Code civil ; c'est le cas de l'art. 73, relatif aux aubergistes et hôteliers, convaincus, d'avoir logé, plus de vingt-quatre heures, quelqu'un qui, pendant son séjour, aurait commis un crime ou un délit. Faute par eux d'avoir écrit sur le registre le nom, la profession et le domicile du coupable, ils sont civilement responsables des restitutions, des indemnités et des frais adjugés à ceux à qui ce crime ou ce délit aurait causé quelque dommage. En dehors du Code civil et du Code pénal, certaines lois spéciales, qu'il me suffira de citer en note, ont établi des cas assez nombreux de responsabilité civile, dont l'étude appartient plutôt au droit administratif qu'au droit pénal[3].

[1] Comp. Rouen, 18 nov. 1878 (S. 80. 2. 316); Chambéry, 29 oct. 1889 (S. 91. 2. 10).

[2] Pour la responsabilité des parents : Pau, 2 juill. 1898 (S. 99. 2. 137) et la note; Cass., 30 juin 1896 (S. 1900. 1. 518). Pour la responsabilité des instituteurs : loi du 20 juill. 1899 ajoutant un alinéa nouveau à l'art. 1384, C. civ. Pour la responsabilité des maîtres et commettants : Cass., 16 avr. 1896 (S. 98. 1. 36); 21 juill. 1898 (S. 1900. 1. 56). Voy. sur la question : Demogue, *De la réparation civile des délits*, p. 66 et suiv.

[3] V. notamment la loi du 6 octobre 1791 sur la police rurale, titre II, art. 7, qui édicte la responsabilité civile des *maris*, pères, mères, tuteurs, maîtres ou entrepreneurs de toute espèce; — l'arrêté du 7 nivôse an VI, qui déclare les employés des arsenaux responsables du vol des armes; — la loi du 22 août 1791, sur les douanes, t. XIII, art. 2, et la loi du 1er germinal an XIII, sur les droits réunis (contributions indirectes), qui déclarent les propriétaires de marchandises responsables des faits de leurs agents et facteurs; — les décrets des 6 juillet 1810, art. 59, et 18 août 1810, art. 27, édictant la responsabilité des greffiers relativement aux délits commis par leurs commis-greffiers dans les fonctions qu'ils leur confient; — l'art. 206, C. for.; — l'art. 74 de la loi du 14 avr. 1829, sur la pêche fluviale; — l'art. 28

III. Les héritiers, soit des auteurs et des complices, soit des personnes civilement responsables de l'infraction, sont tenus des restitutions, des dommages-intérêts et des frais. L'art. 2, C. instr. cr. porte, en effet, que l'action civile peut être exercée contre le prévenu et contre ses « représentants ». L'article correspondant du Code du 3 brumaire an IV (art. 7) contenait une antithèse entre l'action publique et l'action civile au point de vue de la transmissibilité ; et c'est dans ce sens que le Code d'instruction criminelle oppose l'action civile à l'action publique. Le mot « représentants » est ainsi synonyme d' « héritiers.

307. De la capacité requise pour défendre a l'action civile. — Si le défendeur à l'action civile est *incapable*, la nature de l'action modifie-t-elle la procédure à suivre? La question doit être examinée relativement à la femme mariée et aux autres incapables. *a*) La femme mariée peut être actionnée en dommages-intérêts[1] devant la *juridiction répressive*, sans que le demandeur ait besoin de justifier de l'autorisation du mari ou de justice (C. civ., art. 216). Cette dispense d'autorisation existe, non seulement quand la partie civile intervient dans une poursuite commencée par le ministère public, mais encore lorsqu'elle use du droit de citation directe devant le tribunal correctionnel ou de police[2]. En effet, le *droit de se défendre*

de la loi du 3 mai 1824, sur la police de la chasse; — l'art. 44 de la loi sur la presse du 29 juillet 1881 qui déclare les propriétaires des journaux ou écrits périodiques responsables des condamnations pécuniaires prononcées contre les gérants et écrivains.

[1] Il est bien question dans l'art. 216 de la poursuite de la femme *en matière criminelle ou de police*, ce qui, pour beaucoup d'auteurs, fait seulement allusion au cas où la femme est aux prises avec l'*action publique*. Mais telle ne peut être la signification de ce texte, car non seulement il serait inutile, mais il constituerait une anomalie dans notre droit. Il est bien évident, en effet, que le cours de la justice pénale ne peut être arrêté par le défaut d'autorisation de la femme contre laquelle des poursuites criminelles sont dirigées. La loi n'avait donc pas besoin de dire que le ministère public serait dispensé d'obtenir l'autorisation du mari ou de justice. Elle ne s'en est pas expliquée à l'égard de la femme, et n'avait pas à s'en expliquer, pas plus qu'à l'égard des autres incapables. D'où il faut conclure que la loi a voulu parler de la poursuite *civile* de la femme en matière criminelle ou de police. Voy. dans ce sens: Trib. civ. d'Albi, 12 nov. 1898 (*Pand. franç.*, 99. 2. 225) et la note.

[2] Cette solution traditionnelle est adoptée par la plupart des auteurs : Demolombe, t. IV, n° 43; Mourlon, t. Ier, p. 395, note; et la jurisprudence: Cass., 31 mai 1826 (S. 26. 1. 271); Tribunal de Rouen, 22 août 1882 (*La Fance judiciaire*, 1883, t. II, p. 212); Alger, 15 mars 1902 (*Journ. des Parq.*, 1902. 2. 122). Mais elle est vivement contestée par Aubry et Rau, t. 5, § 172, note 14; Baudry-Lacantinerie, *Précis de droit civil*, t. Ier, n° 604.

ne peut être, en aucune manière et pour aucun motif, enlevé aux personnes menacées d'une condamnation pénale. Or, la partie civile, qui cite directement la femme devant le tribunal correctionnel ou de police, en même temps qu'elle saisit le tribunal de l'action civile, met en mouvement l'action publique, de telle sorte que le juge doit statuer à la fois sur les deux actions et peut condamner la femme à une peine comme à des dommages-intérêts. On ne concevrait donc pas que le droit de défense de la femme fût entravé par la nécessité d'obtenir l'autorisation maritale. *b*) Mais l'art. 216 doit-il être généralisé ? La jurisprudence paraît admettre que, devant les tribunaux de répression, l'action civile, comme l'action publique, doit être dirigée contre l'incapable, sans qu'il y ait à se préoccuper de son représentant ou de son conseil. Les motifs sont les mêmes que pour la femme mariée. Que l'*action publique* puisse être dirigée contre des incapables, mineurs ou autres, sans que ceux-ci soient assistés de leurs représentants, on ne saurait en douter. Mais il nous semble qu'on ne peut, au contraire, former une demande en dommages-intérêts devant les tribunaux de répression, contre des personnes complètement incapables d'ester en jugement, particulièrement contre des mineurs qu'en mettant en cause leur représentants légaux. En effet, l'action en réparation du dommage causé par un délit, même exercée devant les tribunaux de répression, est essentiellement *civile* : or, la loi veut que le tuteur représente le mineur dans tous les actes de la vie civile (C. civ., art. 520), et aucune disposition du Code d'instruction criminelle ne déroge à cette règle de droit commun[1].

[1] Voy. Cass., 22 févr. 1896 (S. 98. 1. 377) et la note de M. Roux; 27 avr. 1899 (S. 1900. 1. 535).

TITRE II

DE L'EXERCICE DES ACTIONS PUBLIQUE ET CIVILE

CHAPITRE PREMIER

DE L'EXERCICE DE L'ACTION PUBLIQUE.

§ I. — NOTIONS GÉNÉRALES.

308. Indépendance du ministère public.

308. DU RÔLE DU MINISTÈRE PUBLIC DANS LE PROCÈS PÉNAL. — L'exercice de l'action publique est confié, dans sa plénitude, au ministère public (C. instr. cr., art. 1er). Investi de cette fonction par délégation de la loi, le ministère public a d'abord la faculté d'*agir* ou de *ne pas agir*, suivant les inspirations de sa conscience; il a, de plus, le droit de prendre, dans toutes les affaires qu'il dirige, les *conclusions* que lui dicte sa conviction. Sous ce dernier rapport, son indépendance est complète : il peut, en effet, après avoir poursuivi pour obéir aux ordres de ses chefs, signaler l'injustice de la poursuite et demander la relaxe du prévenu. Mais son indépendance existe-t-elle sous le premier rapport? Le pouvoir d'agir ou de ne pas agir, c'est-à-dire de *poursuivre* ou de *ne pas poursuivre*, serait dangereux, s'il était absolu. A la rigueur les particuliers auraient une garantie dans la sagesse et l'impartialité du tribunal de répression, contre la *témérité* des poursuites; mais ils n'en auraient pas contre l'*inaction* volontaire du ministère public, si cette inaction ne pouvait être vaincue par aucun moyen. Aussi la loi circonscrit, dans certaines limites, l'indépendance soit du *ministère public*, soit de l'*action publique*. Tantôt, le ministère public est obligé d'agir sous une impulsion étrangère ; tantôt, l'action publique est subordonnée à certaines conditions.

§ II. — DES CAS OU LE MINISTÈRE PUBLIC EST OBLIGÉ D'EXERCER L'ACTION PUBLIQUE.

309. Principe. — 310. Surveillance judiciaire. — 311. Surveillance administrative. — 312. Surveillance privée.

309. RESTRICTIONS A L'INDÉPENDANCE DU MINISTÈRE PUBLIC. — Le ministère public est obligé d'agir quand il en reçoit l'ordre de la *cour d'appel*, ou de ses *supérieurs hiérarchiques*, ou lorsque l'action publique est mise en mouvement par les *parties lésées*, de sorte qu'au point de vue de l'exercice de l'action publique, le ministère public est soumis à une *surveillance judiciaire*, qui est exercée par les cours d'appel ; à une *surveillance administrative*, qui est exercée par le ministère de la justice, le procureur général près la Cour de cassation et les supérieurs hiérarchiques ; à une *surveillance privée*, qui est exercée par les parties lésées.

310. DE LA SURVEILLANCE JUDICIAIRE. — Les magistrats, chargés d'exercer l'action publique, quoique faisant partie, à titre d'élément indispensable, de la juridiction à laquelle ils sont attachés, ne dépendent, en aucune manière, de cette juridiction. Leur place n'est ni au-dessus ni au-dessous des juges : ce sont des fonctionnaires désignés pour remplir, auprès du tribunal, un *office spécial*. Les fonctions d'*action* et les fonctions de *jugement* s'exercent dans des sphères distinctes et indépendantes (L. 20 avr. 1810, art. 60 et 61). Ce principe, qui domine notre organisation judiciaire, n'existait pas dans l'ancien droit. La maxime : *Tout juge est procureur général*, exprimait cette idée que si l'action publique n'était pas mise en mouvement par le ministère public, tout magistrat avait le droit de lui donner l'impulsion et de l'exercer [1]. C'était un legs de l'ancien système de la *poursuite d'office* que le droit moderne a complètement répudié. Aujourd'hui, les tribunaux ne peuvent exercer eux-mêmes l'action publique, et, en conséquence, ils ne peuvent se saisir, sauf en cas de crime ou de délit commis à l'audience (C. instr. cr., art. 505 et suiv.). 1° Ainsi, les magistrats ne sont jamais investis du droit de poursuivre et du droit de juger dans la même affaire, car on ne peut être à la fois juge et partie dans un procès [2]. 2° Les magistrats du parquet sont aussi indépendants des juges que ceux-ci le sont des membres du parquet. Les tribunaux n'ont point à critiquer l'usage que le parquet fait de ses droits. C'est ainsi

[1] Voy. sur ce point, Faustin Hélie, *op. cit.*, t. Ier, nos 430, 484.
[2] Voy. cependant : Cass., 18 juill. 1869 (S. 89. 1. 496).

qu'ils ne peuvent censurer directement ou indirectement le ministère public; qu'ils ne peuvent lui enjoindre de poursuivre les individus contre lesquels il n'avait pas cru devoir procéder [1]; qu'ils n'ont pas la faculté, en cas d'inertie ou en cas de refus de sa part, de commettre un de leurs membres pour poursuivre et conclure; qu'ils ne peuvent entraver l'exercice de l'action publique, en refusant d'instruire ou de statuer sur les réquisitions du ministère public, en ordonnant un sursis sur une poursuite jusqu'à ce qu'il ait été procédé à une information sur une inculpation autre que celle dont ils sont saisis, ou en condamnant le ministère public aux dépens. Si les juges sont requis d'informer, ils doivent se prononcer. Mais, d'un autre côté, ils ne sont pas liés par les conclusions du ministère public; ils ont le droit de les admettre ou de les rejeter, d'ordonner ou de ne pas ordonner telle mesure d'instruction, de diminuer ou même d'augmenter la peine requise. 3° Les officiers du ministère public doivent, pour respecter l'indépendance des tribunaux, s'abstenir d'assister aux délibérations qui précèdent leurs jugements [2].

Mais le Code de 1808, tout en faisant du ministère public l'instrument de la poursuite, a voulu que la direction suprême en appartînt aux *cours d'appel* (C. instr. cr., art. 9). Cette intervention des cours d'appel, dans l'exercice de l'action publique, se manifeste de deux manières.

a) La loi du 20 avril 1810 (art. 11) donne à toute cour d'appel, chambres réunies, le droit d'entendre les dénonciations de crimes ou de délits, qui lui seraient faites par un de ses membres, d'enjoindre au procureur général de poursuivre et de se faire rendre compte des poursuites commencées en exécution de cet ordre [3]. Cette attribution a été confiée à la cour d'appel, soit pour vaincre l'inertie possible du ministère public, soit pour lui apporter, dans les affaires graves et délicates, surtout dans les affaires politiques, l'appui et l'énergie qui lui seraient nécessaires. Mais l'action publique n'est pas mise en mouvement par

[1] Cass., 4 juin 1892 (D. 93. 1. 511); 19 mars 1883 (S. 84. 1. 383); 13 janv. 1881 (S. 81. 1. 234).

[2] Ils assistent seulement à celles qui regardent l'ordre et le service intérieurs.

[3] L'art. 11, qu'on le remarque bien, n'autorise, en effet, la cour d'appel à demander compte au procureur général que des poursuites commencées en exécution de cette disposition, et non de toutes les instructions ouvertes par lui, en vertu de sa propre initiative : Cass., 12 juill. 1861 (S. 61. 1. 905). Du reste, l'art. 11 n'a pas de sanction effective, car la poursuite, dépendant toujours du procureur général, celui-ci, en opposant la force d'inertie, peut, s'il est appuyé par le garde des sceaux, entraver l'exercice du droit de surveillance conféré à la cour d'appel. Aussi nous n'avons trouvé, dans l'histoire judiciaire, que deux exemples de l'exercice de ce droit : le premier, en 1826, le second, en 1861.

cette impulsion ; elle l'est par les officiers du ministère public, d'ordre du procureur général.

b) L'art. 235 décide que les chambres d'accusation peuvent d'office, qu'il y ait ou non une instruction commencée par les premiere juges, ordonner des poursuites, se faire apporter des pièces, informer ou faire informer, et statuer ensuite ce qu'il appartiendra.

c) Ces dispositions ne font pas double emploi[1] : il existe, en effet, entre ces attributions des cours d'appel, trois différences importantes.

1° La loi de 1810 n'accorde la faculté dont elle parle qu'aux *chambres assemblées* ; l'art. 235 l'accorde aux *chambres d'accusation*. Ce texte se sert, il est vrai, de l'expression : « Dans toutes les affaires, les *cours* », mais les mots qui suivent : « *tant qu'elles n'auront pas décidé s'il y a lieu de prononcer la mise en accusation* », prouvent qu'il ne s'agit que d'une section de la cour d'appel, la chambre d'accusation.

2° Le droit établi par l'art. 235 est moins étendu que celui résultant de la loi de 1810. Les chambres réunies de la cour d'appel peuvent, sans être déjà saisies, *provoquer* des poursuites *nouvelles* de la part du ministère public ; les chambres d'accusation n'ont d'autre droit que d'*ordonner l'extension* des poursuites, dont elles sont saisies, en les faisant diriger, soit contre des *faits connexes*, non compris dans l'instruction, soit contre des *personnes* qui n'y figurent pas. C'est ce qui résulte de l'art. 235, aux termes duquel la cour n'a le pouvoir d'ordonner des poursuites qu'autant qu'elle n'a pas encore décidé *s'il y a lieu de prononcer la mise en accusation*. La loi ajoute, il est vrai, que la chambre d'accusation peut user de la faculté dont elle parle, qu'il y ait ou non une instruction commencée par les premiers juges; mais ces expressions ne s'appliquent certainement qu'aux nouveaux faits sur lesquels la cour peut ordonner des poursuites.

3° Enfin, la chambre d'accusation se saisit, en réalité, de l'action publique, puisqu'elle étend la poursuite à d'autres personnes ou à d'autres faits, tandis que l'impulsion de la cour s'exerce sur le ministère public plutôt que sur l'action publique elle-même.

La chambre d'accusation exerce le droit que lui reconnaît l'art. 235, dans deux situations distinctes. — La chambre d'accusation est saisie par le renvoi du juge d'instruction d'une procédure : en l'examinant, elle croit découvrir la trace d'un crime imputable au prévenu traduit

[1] Voy. : Faustin Hélie, t. Ier, nos 328 et suiv.; Mangin, t. 1er, n° 25; Louchet, *De l'autorité des cours impériales en matière criminelle*, 1866; A.-Faustin Hélie, *De l'autorité des cours d'appel sur la police judiciaire* (*La France judiciaire*, t. VIII, p. 287-291).

devant elle, ou à un tiers. Elle peut alors, par dérogation aux principes généraux du droit criminel, mettre l'action publique directement en mouvement, *en se saisissant d'office*, c'est-à-dire sans que le ministère public l'y ait invitée, sans qu'il ait formulé de réquisitions à cette fin. — Un crime a été commis : l'instruction est confiée à un magistrat du tribunal de première instance; mais, soit pour des motifs d'ordre politique, soit même pour des raisons d'administration intérieure, il y a quelque inconvénient à laisser la direction de l'instruction au magistrat qui en est chargé. La chambre d'accusation peut alors *évoquer* la poursuite et remettre à l'un de ses membres le soin de faire l'instruction.

311. De la surveillance administrative. — La surveillance administrative, à laquelle les officiers du ministère public sont soumis, est exercée : 1° par le procureur général près la Cour de cassation; 2° par le ministre de la justice; 3° par les supérieurs hiérarchiques.

I. Aux termes de l'art. 84 du sénatus-consulte du 16 thermidor an X, *le procureur général près la Cour de cassation* surveille les procureurs généraux près les cours d'appel. Cette surveillance, dont le *mode* et l'*étendue* ne sont déterminés par aucune disposition législative ou réglementaire, est évidemment renfermée, comme la juridiction de la Cour de cassation elle-même, dans la sphère de l'application de la loi. Elle s'exerce par des *observations*, des *avis* que le procureur général peut adresser aux procureurs généraux, à l'occasion des affaires déférées par des pourvois à la Cour de cassation, sur la manière d'entendre et de pratiquer les prescriptions légales. Mais ce fonctionnaire n'aurait aucun pouvoir, soit pour intimer l'ordre aux membres du ministère public de poursuivre une infraction, soit pour demander à la Cour de cassation l'annulation d'un arrêt ou d'un jugement en dernier ressort contraire à la loi. En effet, sauf dans des cas exceptionnels où il procède à des actes directs de poursuite ou d'instruction (C. instr. cr., art. 441, 442, 444, 486, 491, 532, 542), le procureur général près la Cour de cassation, n'a pas, devant cette juridiction, l'*exercice* de l'action publique. Il prend, sans doute, par lui-même ou par ses avocats généraux, des *conclusions* dans toutes les affaires criminelles portées devant la Cour suprême. Mais, dans ces affaires mêmes, il n'est entendu que comme *partie jointe;* car le *pourvoi* qui saisit la Cour, est *formé* et *dirigé* par la partie qui a attaqué la décision, c'est-à-dire le *condamné*, le *ministère public*, la *partie civile*.

II. Les officiers du ministère public sont soumis au garde des sceaux qui représente, vis-à-vis d'eux, le pouvoir exécutif (D. 30 mars 1808, art. 80 et 81 ; L. 20 avr. 1810, art. 60 ; L. 30 août 1883, art. 17), et qui est armé, à leur égard, d'un droit de surveillance et d'un pouvoir de discipline, auxquels leur amovibilité donne la plus énergique de toutes les sanctions. Le garde des sceaux à certainement le droit d'adresser aux membres du ministère public des *injonctions* afin qu'ils exercent ou s'abstiennent d'exercer l'action publique, et, en cas de résistance, de provoquer leur changement de résidence ou leur révocation; mais là s'arrêtent ses pouvoirs. Le droit d'*exercer* l'action publique ne lui appartient pas. D'où trois conséquences :

1° Les membres du ministère public sont bien tenus d'adresser aux tribunaux les réquisitions qu'il leur est ordonné de formuler ou de se démettre de leurs fonctions, mais ils ont le droit de *conclure*, à l'audience, suivant leur opinion personnelle, même au rejet de leurs réquisitions, car les conclusions, qui ne sont que l'*opinion* du magistrat qui les donne, doivent rester libres, pour être consciencieuses. Le ministère public tient à l'honneur d'affirmer, aujourd'hui comme autrefois, que si « la plume est serve, la parole est libre ». La loi elle-même a reconnu cette indépendance du ministère public dans l'art. 6 de l'ordonnance du 1er juin 1828 sur les conflits[1].

2° Le garde des sceaux ne peut se substituer au procureur général ou au procureur de la République qui refuserait d'*agir*, et assigner à sa propre requête : la résistance de l'officier du ministère public ne serait vaincue que par un déplacement ou une révocation.

3° L'action publique, intentée par un membre du ministère public, malgré la défense du garde des sceaux, est régulièrement introduite; la juridiction compétente, valablement saisie, ne peut donc se refuser à statuer[2].

III. Les membres du ministère public sont hiérarchiquement subordonnés les uns aux autres. Le procureur général près la cour d'appel exerce et dirige l'action publique dans le ressort de cette cour (L. 20 avr. 1810, art. 15). Le procureur de la République l'exerce et la dirige, dans le ressort du tribunal d'arrondissement, sous la sur-

[1] Il s'agit, dans ce texte, du déclinatoire d'incompétence, que le préfet doit présenter à l'autorité judiciaire avant d'élever le conflit : « Le procureur de la République fera connaître dans tous les cas, au tribunal, la demande formée par le préfet et requerra le renvoi, *si la revendication lui paraît fondée* ». Comp. sur le principe : Locré, t. XXIV, p. 406; Faustin Hélie, t. Ier, no 472; Ortolan, t. II, nos 2031 et 2032; Garsonnet, *op. cit.*, § LXXI, p. 579; Robinet de Cléry, *Les droits du ministère public et du ministre de la justice en matière de poursuites criminelles* (*Revue critique*, 1876, p. 424).

[2] Comp. : Alglave, *Action du ministère public* (2e éd., Paris, 1874), t. 1er, p. 195 et suiv.

veillance du procureur général. Mais les liens hiérarchiques, qui unissent entre eux les membres du ministère public, ne donnent pas *de plein droit*, à chaque magistrat supérieur, le droit de faire, *par lui-même* et *en son nom*, les actes attribués aux agents immédiatement placés sous ses ordres. Chaque magistrat a ses attributions *propres* et sa compétence *spéciale :* le procureur général ne peut pas plus agir aux lieu et place du procureur de la République devant le *tribunal correctionnel*, que celui-ci ne peut se substituer au commissaire de police pour exercer l'action publique devant le *tribunal de police*. L'*unité* du ministère public consiste simplement dans l'*unité de direction*, et cette unité se manifeste en ce que tous les membres du ministère public doivent obéir à l'*impulsion* de leurs chefs hiérarchiques et exécuter les ordres qu'ils en reçoivent. Mais si l'officier du ministère public, à qui il est enjoint de poursuivre, est tenu d'entamer la poursuite, il peut prendre toutes les conclusions que lui dicte sa conviction. Les règlements tracent la marche à suivre pour concilier, *dans le même parquet*, cette indépendance de la parole, que l'on doit toujours respecter, avec les exigences de la discipline et de la direction qui appartient au chef du parquet [1].

312. De la surveillance privée. — Les personnes qui ont souffert d'une infraction, et même les tiers à qui elle n'a causé aucun préjudice, peuvent *provoquer* l'exercice de l'action publique par des *plaintes* ou des *dénonciations*, adressées au procureur de la République ou à l'un de ses auxiliaires. Le ministère public est-il obligé d'y donner suite et de poursuivre? Sous l'empire de la loi du 29 septembre 1791 et sous celui du Code de l'an IV, le droit d'agir, même en cas de simple plainte ou de simple dénonciation, était impérieusement prescrit aux officiers de police judiciaire [2]. L'art. 47, C. instr. cr., pourrait faire supposer qu'aujourd'hui encore le ministère public est *tenu* de poursuivre tout crime ou tout délit qui lui est signalé. Mais, en rédi-

[1] D. 4 juill. 1810, art. 45 et 49 : O. 15 janv. 1825, art. 47. Ces dispositions peuvent se résumer ainsi : dans les causes importantes ou difficiles, l'avocat général ou le substitut de service à l'audience peut communiquer au procureur général les conclusions qu'il se propose de prendre ; il le doit même, si le procureur général le requiert. Quand ce dernier n'est pas d'accord avec son substitut, l'affaire est portée à l'assemblée générale de tous les membres du parquet qui en délibère et émet un avis à la majorité des voix : l'officier du ministère public de service à l'audience est tenu de se conformer à l'opinion de la majorité ou de céder la parole à un de ses collègues. Dans tous les cas, le procureur général a le droit, s'il n'est pas de l'avis de la majorité, de siéger à l'audience et de soutenir son opinion. Sur le caractère d'ordre intérieur de ces dispositions : Cass., 28 janv. 1864 (S. 64. 1. 374). Comp. : Ortolan, t. II, n° 2033 ; Ortolan et Ledeau, *op. cit.*, t. Ier, p. 27.

[2] Comp. : Esmein, *op. cit.*, p. 422 et 442.

geant ce texte, le législateur n'était nullement préoccupé du droit des parties privées vis-à-vis du ministère public, mais bien de la délimitation des pouvoirs du minisière public vis-à-vis du juge d'instruction. Ces expressions « *sera tenu de requérir* » doivent s'entendre, non pas de l'obligation pour le ministère public de commencer des poursuites contre tout fait délictueux qui lui est signalé, mais de la nécessité de faire commencer l'information, *lorsqu'il la juge nécessaire*, par le magistrat instructeur, et non de la commencer lui-même[1]. Il est, en effet, incontestable que ni la *dénonciation* d'un tiers, ni la *plainte* de la victime n'obligent le ministère public à agir : et cela doit être. D'une part, les plaignants et les dénonciateurs se bornent à signaler des faits, entendant rester étrangers à une poursuite dont ils veulent laisser l'initiative au ministère public. D'autre part, imposer à celui-ci le devoir de donner suite à une plainte ou à une dénonciation, sans pouvoir en examiner le bien fondé, ce serait faire du ministère public l'agent passif des rancunes et des vengeances des particuliers, ce serait oublier que la poursuite s'exerce, au nom de la société, par des fonctionnaires auxquels elle est exclusivement confiée par la loi. Ainsi, en cas de simple plainte ou de dénonciation, l'indépendance du ministère public est complète.

Mais la victime d'une infraction peut aussi, soit dans la plainte, soit pour tout autre acte, se constituer *partie civile*, c'est-à-dire soumettre à la juridiction répressive son action en réparation du préjudice dont elle a souffert par suite du délit. En ce cas, la partie civile ne se borne pas à dénoncer le fait dont elle est victime; elle demande à être indemnisée du préjudice qu'elle a éprouvé; elle *poursuit* une réparation; et comme son action a sa cause dans le *même fait* qui produit l'action publique, elle devient tout naturellement l'auxiliaire du ministère public. Si celui-ci a agi, elle *interviendra* dans la poursuite et pourra le faire en tout état de cause (droit d'*intervention*). S'il s'est abstenu, elle *commencera* elle-même le procès (droit d'*action*). Mais ce qu'il faut remarquer, c'est qu'en saisissant la juridiction répressive de l'action civile qui lui appartient, elle met *en mouvement l'action publique*, qui appartient à la société, lorsque cette action n'est pas intentée, de sorte que toute constitution de partie civile régulière a, pour effet, dans notre système de législation, de vaincre l'inertie du ministère public et de le forcer à agir.

Il faut reconnaître à la partie lésée le droit de donner la première impulsion à l'action publique, dans deux hypothèses bien distinctes.

[1] Ce point ressort de la discussion au Conseil d'État. Comp. : Locré, t. XXV, p. 166 et suiv.; Mangin, *op. cit.*, t. Ier, n. 18.

a) Toute personne, lésée par un *délit* ou par une *contravention*, peut citer *directement* le prévenu devant le *tribunal de police correctionnelle* ou de *simple police* et obtenir, par cette voie, la réparation du préjudice dont elle a souffert (C. instr. cr., art. 145 et 182). Par cette *citation directe*, le tribunal de répression est saisi tout à la fois de l'action civile et de l'action publique, puisque la première ne peut être régulièrement portée devant les juridictions de répression qu'accessoirement à la seconde (C. instr. cr., art. 3) [1]. Sans doute, le ministère public aura seul, au cours des débats, l'*exercice* de l'action publique ; seul, il pourra conclure, au point de vue de l'intérêt public, soit au renvoi, soit à la condamnation du prévenu ; seul, il pourra former un recours remettant en cause l'action publique ; mais le tribunal de répression aura la faculté de prononcer une peine, encore que le ministère public ait conclu au renvoi du prévenu, ou même n'ait pas conclu du tout, car le tribunal est régulièrement saisi [2].

b) Toute personne, lésée par un *crime* ou par un *délit*, peut, aux termes de l'art. 63, C. instr. cr., en porter plainte et se constituer, dans la plainte, *partie civile*, *devant le juge d'instruction*. En agissant

[1] Comp. : Cass., 11 août 1881 (S. 82. 1. 142) ; 7 déc. 1854 (motifs de l'arrêt (S. 55. 1. 73).

[2] On a soutenu, il est vrai, que la citation directe de la partie lésée ne saisissait le tribunal de répression que sous la *condition* de conclusions à prendre par le ministère public : Le Sellyer, *Action publique et privée*, t. Ier, nos 70 et suiv. Si cette opinion était fondée, il en résulterait, non seulement que le tribunal de répression ne pourrait prononcer aucune peine contre le prévenu dans le silence du ministère public, mais même qu'il deviendrait incompétent pour statuer sur les intérêts civils. Cette conséquence, qui n'a pas été aperçue par l'auteur dont nous combattons l'opinion, suffit pour condamner son système, car le droit de la partie lésée serait illusoire, s'il était à la discrétion absolue du ministère public. L'erreur dans laquelle est tombé cet auteur consiste à confondre deux choses distinctes : *l'exercice de l'action publique*, qui appartient exclusivement au ministère public, et *le droit de la mettre en mouvement*, qui appartient à la partie lésée, comme au ministère public, en cas de *délit* ou de *contravention*. Sur la question : Faustin Hélie, t. Ier, n° 518 ; Hoffman, *Traité des questions préjudicielles*, t. Ier, n° 16 ; Trébutien, t. II, n° 40. Bien entendu, tout jugement, rendu par un tribunal de répression, doit constater, pour être valable, que le ministère public a donné ses conclusions ou a été mis en demeure de les donner. Si après avoir été mis en demeure, celui-ci ne prend pas de conclusions, c'est qu'il s'en rapporte à justice, ce qui est suffisant. Comp. : Cass., 26 mai 1853 (D. 53. 5. 309). Le Sellyer, *op. cit.*, t. Ier, n° 69. Le droit de citation directe est un droit précieux dont on peut faire abus comme moyen de persécution et de chantage. Faut-il le supprimer ? Ce serait un remède pire, à notre avis, que le mal. Une double réforme, qui consisterait : 1° à permettre au tribunal de prononcer une amende contre le demandeur qui succombe : 2° à dispenser, dans tous les cas, le prévenu sur citation directe de partie civile de l'obligation de comparaître en personne (Cf. A. Poulle, *Des abus de la citation directe*, in-8°, 1886), donnerait satisfaction à tous les intérêts.

ainsi, elle saisit le juge de l'action civile, ce qui ne peut avoir lieu qu'autant que l'action publique lui est, en même temps, soumise : car, en vertu de l'art. 3, C. instr. cr., la première doit être exercée simultanément avec la seconde devant les juridictions répressives. La partie lésée provoque donc une *information* et, par suite, une *décision* du juge d'instruction. A la vérité, celui-ci est obligé de communiquer la plainte, dans laquelle la victime de l'infraction se constitue partie civile, au procureur de la République, avant de commencer l'instruction (C. instr. cr., art. 61). Le procureur de la République peut prendre, dans sa pleine liberté, des réquisitions; conclure même à l'abstention de poursuites qu'il juge mal fondées. Mais quelles que soient ses réquisitions, le juge d'instruction, qui est définitivement saisi de *l'action publique* par la partie civile, doit rendre une décision, alors même que le procureur de la République est d'avis qu'il n'y a pas lieu d'informer. Si le juge d'instruction rend une ordonnance portant refus d'informer, la partie civile aura le droit de faire opposition à sa décision devant la chambre d'accusation, qui, saisie de l'affaire par cette opposition, pourra user de la faculté que lui confère l'art. 235, C. instr. cr., c'est-à-dire *ordonner des poursuites*, informer ou faire informer. Si le juge s'abstient de toute décision, il peut être pris à partie pour déni de justice. En résumé, le Code d'instruction criminelle paraît avoir consacré les principes suivants : 1° le droit pour le plaignant de saisir directement le juge d'instruction; 2° l'obligation, pour le juge, de communiquer la plainte au procureur de la République; 3° l'obligation pour celui-ci, de prendre des réquisitions; 4° l'obligation, pour le juge, de rendre une ordonnance appréciant la plainte [1].

[1] Une école jalouse des prérogatives du ministère public a voulu réserver au parquet le droit exclusif de *requérir une instruction*. Avec ce système, on arrive au double résultat que voici : 1° D'une part, on amoindrit la portée de l'art. 67, C. instr. cr., qui ouvre au plaignant le droit de se constituer partie civile « en tout état de cause », et on se met en contradiction avec l'art. 63, qui permet au plaignant de se constituer partie civile « devant le juge d'instruction ». 2° D'autre part, on crée une véritable impossibilité à la constitution de partie civile en *matière criminelle*, puisque la victime d'un crime, qui ne peut citer directement l'accusé devant la cour d'assises, se voit enlever le droit de provoquer une information. Dans les actions nombreuses et diverses auxquelles a donné lieu, en 1881, la dispersion administrative des communautés religieuses, il semble que la majorité des tribunaux soit revenue à une plus saine appréciation de la loi. Des juges d'instruction ont commencé à instruire sur la plainte des religieux expulsés, malgré les conclusions d'abstention des procureurs de la République; sans doute, ils ont été dessaisis, mais par des considérations juridiques qui ne portaient pas sur le fonds du droit dont ils sont investis par la loi. Voy. Cass., 1er mai 1881 (S. 81. 1. 185); 4 juill. 1884 (S. 85. 1. 393). Le devoir d'un juge d'instruction de rendre décision sur une plainte contenant constitution de partie civile, sauf le droit d'opposition du pro-

§ III. — DES CAS OU LE MINISTÈRE PUBLIC N'EST PAS LIBRE D'EXERCER L'ACTION PUBLIQUE.

313. Principes. Exceptions. — 314. Du cas où la poursuite est subordonnée à une autorisation préalable. — 315. Du cas où la poursuite est subordonnée à la nécessité d'une plainte ou d'une dénonciation préalable. De l'adultère. Du rapt par séduction. Des délits de chasse et de pêche sur le terrain ou dans les eaux d'autrui. Des délits de fournisseurs. De la contrefaçon industrielle. Des diffamations, injures, offenses, outrages.

313. Classement des obstacles a l'exercice de l'action publique. — L'action publique peut rencontrer un obstacle de droit ou de fait qui s'oppose à son exercice, soit quant à présent, soit d'une manière permanente. Dans certaines circonstances, en effet, la loi *suspend* l'action publique ; dans d'autres, elle la *supprime* ou la déclare *éteinte*. *a*) L'action publique rencontre un obstacle temporaire qui s'oppose à son exercice : 1° quant elle est subordonnée à la nécessité d'une *autorisation* préalable ; 2° à la nécessité d'une *plainte* ou d'une *dénonciation* ; 3° quand elle est suspendue par une *question préjudicielle*, c'est-à-dire par une question qui doit être jugée dans une instance préalable et séparée ; 4° quand il s'agit d'une infraction punis-

cureur de la République ou de la partie civile devant la chambre d'accusation, est une garantie essentielle de l'intérêt privé qu'il importe de conserver intacte. Qu'on le remarque bien, cette doctrine n'est pas, comme on l'a dit, une doctrine de circonstances : elle était enseignée, avant 1881, par d'éminents jurisconsultes : Ortolan, t. II, n° 2191 ; Faustin Hélie, t. Ier, n°s 519 et suiv.; Haus, t. II, n° 1142. Voy. également Montpellier, 24 mars 1851 (*J. du Pal.*, 52. 1. 38). Comp. dans ce même sens, Boullaire, *Gazette des tribunaux*, 1er févr. 1881 ; Alb. Desjardins, *Revue critique*, 1881, p. 192 ; S. 1882. 1. 58, note 3 ; Bordeaux, 22 déc. 1881 (S. 82. 3. 57). Elle est, du reste, dans les traditions et conforme aux idées émises dans la discussion du Code de 1808 (V. Locré, t. XXV, p. 147). En effet, sous le Code de brumaire an IV les plaintes et dénonciations régulières rendaient leurs auteurs *parties* au procès pénal. Le juge de paix, qui remplissait à cette époque les fonctions de juge d'instruction, était tenu d'informer et de décerner le mandat qu'elles requéraient, sinon les parties étaient autorisées à appeler de son refus devant la juridiction du second degré. Le Code d'instruction criminelle a réduit la dénonciation à la valeur de simples renseignements. Et, en distinguant la plainte simple de la constitution de partie civile, il a assimilé la plainte à la dénonciation, mais en donnant à la constitution de partie civile l'effet de rendre le plaignant *partie* au procès. La question est examinée d'une manière complète par A. Guillot, *Des principes du nouveau Code d'instruction criminelle* (p. 67 et 89) ; Demogue, *De la plainte de la partie lésée au juge d'instruction* (*Rev. pénit.*, 1900, p. 451 à 465). Elle a été définitivement tranchée, dans le sens du droit de la partie civile de saisir le juge d'instruction, par un arrêt de la ch. crim. de la Cour de cass. du 8 déc. 1906 (S. 1907. 1. 377 ; D. 1907. 1. 207) qui met fin à toute discussion.

sable en France, mais dont l'*auteur réside à l'étranger* (C. instr. cr., art. 7, *in fine*); 5° quand le prévenu ou l'accusé est en état de *démence*. *b*) L'action publique est irrecevable d'une manière absolue, lorsque le fait, bien que constituant une infraction, ne donne pas ou ne donne plus ouverture à l'action publique. Les causes d'extinction de l'action publique formant l'objet d'un titre particulier, nous nous bornerons, ici, à indiquer les faits délictueux pour lesquels la loi supprime l'action publique, et, par suite, l'application de la peine. Ces faits sont : 1° les soustractions commises entre époux ou proches parents (C. p., art. 380); 2° les infractions commises sur notre territoire par des agents diplomatiques accrédités auprès du gouvernement français, ou par toute autre personne jouissant de l'immunité de juridiction; 3° le rapt, lorsque la validité du mariage contracté entre le ravisseur et la fille enlevée a été reconnue par le tribunal civil.

J'examinerai les diverses causes de suspension de l'action publique, réservant celles qui résultent de l'existence d'une question préjudicielle, dont il sera question à propos de la compétence.

314. DES CAS OÙ LA POURSUITE EST SUBORDONNÉE A UNE AUTORISATION PRÉALABLE. — L'art. 75 de la Constitution de l'an VIII, les chartes, constitutions et sénatus-consultes postérieurs avaient établi une double garantie : une garantie *politique* d'après laquelle les ministres ne pouvaient être poursuivis sans une autorisation préalable du Sénat ; les sénateurs, conseillers d'État et les députés, sans une autorisation préalable du corps auquel ils appartenaient; et une garantie *administrative*, en vertu de laquelle les *agents* du gouvernement ne pouvaient être poursuivis, *pour faits relatifs à leurs fonctions*, sans l'autorisation préalable du Conseil d'État. Que subsiste-t-il dans nos lois actuelles de cette double garantie?

I. La garantie politique, aux termes des lois constitutionnelles de 1875, existe encore au profit du Président de la République, des ministres et des membres de l'une ou de l'autre chambres.

a) Le *Président de la République* est *irresponsable*, sauf pour crime de haute trahison, et, dans ce cas même, il ne peut être mis en accusation que par la Chambre des députés et jugé que par le Sénat (L. 16 juill. 1875, art. 12)[1].

b) Les *crimes* et *délits*[2], commis par les *ministres*, sont, ou relatifs, ou étrangers à leurs fonctions. 1° Dans le premier cas, les lois con-

[1] Voy sur les difficultés : *Traité du droit pénal*, 2e éd., t. Ier, n° 148.

[2] L'art. 12 de la loi du 16 juillet 1875 ne parle que des « crimes » commis par les ministres, mais cette expression ne me paraît pas avoir le sens technique et restreint que lui donne l'art. 1er, C. p. La question est, du reste, discutée.

stitutionnelles confèrent à la *Chambre des députés* l'exercice de l'action publique, soit que les inculpés exercent encore leurs fonctions, soit qu'ils aient cessé de les exercer : c'est devant le *Sénat*, constitué en Haute-Cour de justice, qu'est poursuivie l'accusation par un ou plusieurs commissaires désignés par la Chambre. Cette action, qui est la sanction dernière de la responsabilité ministérielle devant le Parlement, est-elle exclusive de l'action ordinaire devant les juridictions pénales ? C'est un point discuté. Pour soutenir, comme je suis tenté de l'admettre, que les ministres sont soumis à une double action et à une double juridiction pour les crimes et délits qu'ils commettent dans l'exercice de leurs fonctions, on peut invoquer l'opposition de rédaction qui existe entre le § 1 et le § 2 de l'art. 12 de la loi du 16 juillet 1875 : le président de la République « *ne peut être* mis en accusation que par la Chambre », ce qui exclut toute action du ministère public, tandis que les ministres « *peuvent être* mis en acccusation par la Chambre », ce qui laisse subsister le droit commun[1]. 2° En ce qui concerne les *crimes et délits ordinaires*, que les ministres peuvent commettre hors de l'exercice de leurs fonctions, et les *contraventions*, la poursuite de ces infractions n'appartient à la Chambre des députés, ni en vertu des lois constitutionnelles, ni en vertu des principes généraux : elle doit être exercée conformément au droit commun.

c) Aux termes de l'art. 14 de la loi du 16 juillet 1875, aucun membre de l'une ou de l'autre Chambre ne peut, pendant la durée de la session, être poursuivi ou arrêté, en matière criminelle ou correctionnelle, qu'avec l'autorisation de la Chambre dont il fait partie, sauf le cas de flagrant délit[2]. Le *flagrant délit*, dont il s'agit en cette matière, est le délit qui se commet actuellement ou qui vient de se commettre, délit qui nécessite l'intervention *immédiate* de la police

[1] Cf. sur cette question, les conclusions de M. Laferrière, devant le Conseil d'État (*Recueil des arrêts du Conseil*, 1877, p. 437). V. également la discussion qui s'est élevée incidemment devant la Chambre entre M. Ribot et M. Allain-Targé (*Journal officiel* du 17 nov. 1880, p. 11162). En suivant l'opinion de M. Ribot, d'après laquelle l'action de la Chambre n'est pas exclusive de l'action du ministère public, y aurait-il lieu à sursis de la part des tribunaux judiciaires, si la mise en accusation était votée par la Chambre ? je le croirais volontiers, m'appuyant au besoin, sur le § 4 de l'art. 12 de la loi du 16 juillet 1875. Sur la responsabilité civile des ministres, comp. : Adolphe-Faustin Hélie (*La France judiciaire*, t. VI, p. 42). Le ministre de la justice, M. Humbert, constatait, à la Chambre des députés (séance du 4 mai 1882), l'impossibilité de trouver un tribunal compétent pour juger la responsabilité civile d'un ministre.

[2] Sur la question : Cass. civ., 9 nov. 1893 (S. 95. 1. 521) et la note. Voy. pour l'origine et l'étendue de cette immunité, note Esmein sous arrêt de la Haute-Cour S. 1901. 2. 57). *Adde*, mon *Traité d'instr. cr.*, t. I, n° 169.

judiciaire, et, par conséquent, le droit, pour elle, d'arrêter et de poursuivre l'inculpé. Cette prérogative, accordée aux membres des deux Chambres, est moins une garantie *personnelle* qu'une garantie *constitutionnelle*, établie dans l'intérêt de tous, et dont l'objet est d'assurer la liberté des mandataires de la nation dans l'accomplissement de leur mandat[1].

Pour déterminer la portée de cette garantie, il faut poser les trois règles suivantes : 1° Le titre de député ou de sénateur ne suspend pas les actes qui tendent à constater l'infraction et à en recueillir les charges, tels que les procès-verbaux, l'audition des témoins, les vérifications et les expertises; il suspend seulement la *poursuite personnelle*. En conséquence, toutes les opérations gênantes pour la liberté du mandataire de la nation sont interdites; celui-ci ne doit être soumis ni à un interrogatoire, ni à une visite domiciliaire; aucun mandat ne peut être décerné, aucune poursuite[2] devant la juridiction répressive ne peut être commencée contre lui. 2° Cette garantie s'applique à tous les *crimes* ou *délits* imputés à un sénateur ou à un député, et relatifs ou étrangers à ses fonctions; mais elle ne s'étend pas aux *contraventions*. En effet, les contraventions ne donnent lieu ni à une information préparatoire, ni à une arrestation provisoire ou à une détention préventive, le prévenu n'est même pas obligé de comparaître en personne devant le tribunal de police, il peut se faire représenter par un fondé de procuration spéciale; enfin, les contraventions ne sont punies, la plupart du temps, que d'une amende, l'emprisonnement, quand il est prononcé par la loi, étant le plus souvent purement facultatif pour les juges. Il n'existe donc aucun motif pour déroger, en matière de contraventions, aux règles du droit commun[3]. 3° La garantie constitutionnelle ne protège les sénateurs et les députés que pendant la *durée de la session;* ils peuvent donc être poursuivis et arrêtés, sans autorisation préalable, avant l'ouverture ou après la clôture de la session. Toutefois, aux termes de l'art. 14 *in fine*, « la détention ou la poursuite d'un membre de l'une ou de l'autre Cham-

[1] Cette prérogative appartient-elle aux sénateurs ou députés dont les pouvoirs n'ont pas été vérifiés? La Cour de cassation, dans un arrêt du 10 avr. 1847 (D. 47. 1. 90), s'est prononcée pour la négative. Cette solution nous paraît inexacte. En effet, l'élection est le seul titre du député ou du sénateur. Sans doute ce titre doit être vérifié par les Chambres, mais, tant que l'élection n'est pas annulée provision est due au titre. En ce sens : Haus, t. II, n. 1150. Voy. Cass., 30 janv. 1903 (*Pand. fr.*, 1903. 1. 23).

[2] *Sic*, Cass., 5 août 1882 (D. 83. 1. 44). Il s'agissait de la citation d'une partie civile pour diffamation devant la cour d'assises.

[3] Voy. note Chavegrin sous Cass. belge du 31 déc. 1900 (S. 1904. 4. 9).

bre est suspendue pendant la session, et pour toute sa durée, *si la Chambre le requiert* ».

II. Indépendamment de la garantie politique accordée par toutes nos constitutions aux mandataires de la nation, la Constitution de l'an VIII avait établi, dans son art. 75, en faveur des agents du gouvernement, une garantie administrative, en ne permettant de les poursuivre, à raison des faits relatifs à leurs fonctions, qu'en vertu d'une autorisation préalable du Conseil d'État. Si la garantie politique se justifiait par la nécessité de mettre le pouvoir *législatif* à l'abri des entreprises du pouvoir *exécutif*, la garantie administrative s'expliquait par la nécessité de sauvegarder le principe de la séparation des *autorités administrative* et *judiciaire*. C'est, en effet, dans ce but que l'Assemblée constituante, en proclamant la *responsabilité pénale* et *civile* des fonctionnaires publics et en donnant aux *tribunaux judiciaires* le droit de juger cette responsabilité, avait décidé, dans la loi des 7-14 octobre 1790, qu'aucun administrateur ne pouvait être traduit *devant les tribunaux, pour raison de ses fonctions*, à moins qu'il n'y eût été renvoyé par l'autorité supérieure, conformément aux lois[1]. La Constitution de l'an VIII n'avait donc fait que reproduire et préciser, dans son art. 75, un principe, déjà formulé par l'Assemblée constituante, principe qui avait survécu à la Constitution elle-même, et qui était, comme on l'a dit, *le bouclier de l'administration contre les rancunes des particuliers et les entreprises de l'autorité judiciaire*. Un décret du 19 septembre 1870 a formellement abrogé l'art. 75. Mais, pour apprécier les conséquences de cette abrogation, dans le système des jurisprudences administrative et judiciaire, il faut poser les trois règles suivantes : 1° les agents du gouvernement peuvent être poursuivis, sans formalité, devant les tribunaux d'ordre judi-

[1] Sous l'ancienne monarchie, la responsabilité des fonctionnaires publics, quand elle était reconnue, ne pouvait être appréciée que par des juridictions exceptionnelles. L'Assemblée constituante proclama le principe général de la responsabilité des fonctionnaires publics *devant les tribunaux ordinaires*. Mais, en même temps, pour protéger les fonctionnaires contre des poursuites vexatoires, et pour sauvegarder le principe de la séparation des fonctions judiciaires et des fonctions administratives, elle soumit cette responsabilité à une garantie, consistant dans le renvoi préalable, par l'autorité administrative supérieure, du fonctionnaire incriminé devant la juridiction ordinaire (L. des 14-22 déc. 1889, art. 61 ; L. des 16-24 août 1790, art. 13 ; L. 7-14 oct. 1790, art. unique). Ainsi, se trouvent consacrés, par des textes se rattachant à la même période et inspirés par les mêmes sentiments, — le principe de la séparation des autorités administrative et judiciaire, — le principe de la responsabilité des fonctionnaires publics pour faits relatifs à leurs fonctions, sous la réserve d'une formalité de procédure, — et le principe de la compétence des tribunaux judiciaires, pour apprécier cette responsabilité : de Saint-Girons, *Essai sur la séparation des pouvoirs* (Paris, 1881), p. 393.

ciaire, même pour les prétendus délits qu'ils auraient accompli dans les actes de leurs fonctions; 2° mais ces tribunaux ne peuvent connaître de la poursuite et doivent se déclarer incompétents dans tous les cas où l'examen de la responsabilité pénale ou civile implique l'appréciation d'un acte administratif; 3° ils sont, au contraire, compétents, toutes les fois que les actes reprochés à l'agent du gouvernement constituent des faits personnels, imputables à l'homme et non à l'administrateur[1]. En résumé, si l'on adopte cette interprétation, le décret de 1870 supprime simplement l'autorisation nécessaire pour poursuivre la *personne* du fonctionnaire, sans toucher au principe de la séparation des pouvoirs qui protège l'*acte*[2].

315. Du cas ou la poursuite est subordonnée a la nécessité d'une plainte ou d'une dénonciation préalable. — On peut classer, sous deux ordres différents d'idées, le motif qui a fait subordonner, à la condition d'une plainte ou d'une dénonciation préalable, l'exercice de l'action publique. Dans certains cas, le législateur consulte l'intérêt de la paix et du repos des familles; celui de l'honneur et de la considération des personnes. Dans d'autres, il considère qu'il s'agit d'infractions qui blessent bien plus directement l'intérêt privé que l'intérêt public, et que ce dernier est si légèrement atteint qu'il convient de ne pas intenter l'action tant que la partie lésée n'a pas provoqué la poursuite. Mais, à ces deux points de vue, le système de la loi française constitue l'amorce d'une idée dont l'école scientifique contemporaine propose l'extension et qui serait un retour au système des *délits privés*.

Le droit, pour le ministère public, d'exercer des *poursuites d'office*, étant la règle générale, ne saurait souffrir d'exceptions qu'en vertu de dispositions formelles de la loi. En dehors de ces cas, la poursuite, quel que soit le caractère de l'infraction, n'est jamais subordonnée à une plainte préalable de la partie lésée ou à une dénonciation[3].

Ces exceptions au principe de l'indépendance du ministère public, s'appliquent à trois classes d'infractions. *a*) La première comprend celles qui ne peuvent être poursuivies sans une *plainte* de la partie lésée, telles que : l'adultère; le rapt par séduction, lorsque le ravisseur a épousé la fille qu'il a enlevée; la diffamation et l'injure; les délits de chasse ou de pêche sur le terrain ou dans les eaux d'autrui; les délits de contrefaçon industrielle. *b*) La seconde classe comprend

[1] Voy. Cass., 15 juin 1893 (D. 95. 1. 496); 3 nov. 1894 (D. 96. 1. 54).

[2] Sur ce point : H. Berthélemy, *Traité élémentaire de droit administratif*, 3e éd., p. 66.

[3] Cass., 23 nov. 1900 (D. 1904. 1. 571).

les infractions qui ne peuvent être poursuivies que sur l'*initiative* de l'administration publique qui est pécuniairement intéressée à leur répression; tels sont les délits des fournisseurs des armées de terre ou de mer, et la plupart des infractions fiscales. *c*) Enfin, dans la troisième classe, rentrent les infractions dont la poursuite a besoin d'être provoquée, soit par une *plainte* des personnes lésées, soit par une *dénonciation* émanant du corps ou du gouvernement indirectement atteint par le délit. A cette classe appartiennent : les diffamations ou injures contre tous dépositaires ou agents de l'autorité publique; les délits commis, hors du territoire de la France, par des Français, contre un particulier français ou étranger.

Une observation générale domine toutes ces hypothèses. Lorsque l'action publique peut être intentée d'office, pour que le ministère public soit autorisé à exercer son action, il n'est pas nécessaire que la plainte ou la dénonciation réunisse les conditions de formes exigées par les art. 31 et 63, C. instr. cr.; le ministère public peut agir, en effet, de quelque manière qu'il ait acquis la connaissance de l'infraction. Au contraire, dans tous les cas où elle est exigée pour que la poursuite puisse avoir lieu, la plainte ou la dénonciation doit être *régulière*, c'est-à-dire doit être adressée au fonctionnaire compétent pour la recevoir, et constater l'intention formelle du plaignant ou du dénonciateur de provoquer la poursuite.

Mais dès que la plainte ou la dénonciation est régulièrement formée, elle porte sur le *délit* lui-même, et le ministère public reprend toute son *indépendance :* il demeure donc libre de ne pas agir; et, s'il agit, il peut exercer l'action contre tous ceux qui ont participé au délit, qu'ils soient ou non visés dans la plainte, et alors même qu'ils en auraient été exclus par le plaignant, et cela sans avoir besoin du concours ultérieur de celui-ci. En conséquence : 1° Lorsqu'un jugement est intervenu sur l'action, il peut interjeter appel ou se pourvoir en cassation sans nouvelle plainte de la partie intéressée. 2° Bien plus, le désistement de la partie lésée ne peut, en principe, arrêter l'exercice de l'action publique, lors même qu'il interviendrait avant toute poursuite. Il ne s'agit donc pas, à proprement parler, de ces *délits privés*, pour lesquels la victime du délit avait, dans notre ancien droit, la disposition complète de l'action publique : il s'agit de *délits publics*, dont la poursuite est subordonnée à l'initiative privée[1].

I. *De l'adultère.* — La loi qui punit l'adultère de la femme et

[1] Sur tous ces points, je renvoie à mon *Traité d'instr. cr.*, t. 1er, nos 157 à 163.

celui du mari convaincu d'avoir entretenu une concubine dans la maison conjugale, subordonne la poursuite de ces délits à la plainte de l'époux offensé (C. p., art. 336 et 339)[1]. Il a été dit[2], pour justifier cette règle, que l'adultère n'est un délit que dans les rapports des époux : l'action doit être interdite à tout autre qu'au conjoint offensé parce que tout autre est sans qualité et sans intérêt. Ce motif n'est pas absolument exact. La loi punit l'adultère, non seulement en faveur de l'époux qui est blessé dans ses affections et son honneur, mais encore pour garantir le mariage, qui est une des bases de la société. L'adultère est donc un délit social. Mais parallèlement à l'intérêt public qui en réclame la répression, il y a l'intérêt contraire de la famille et des enfants, dont l'époux offensé est le seul juge. Lorsque celui-ci garde le silence, le ministère public ne doit pas d'office soulever la poursuite, à moins que l'adultère n'ait dégénéré en un autre délit[3].

Du reste, la plainte de l'époux outragé, nécessaire pour qu'il y ait poursuite, n'est pas toujours recevable. *a*) L'art. 336 élève d'abord, contre la faculté qu'il donne au mari de dénoncer l'adultère de sa femme, au point de vue pénal, une fin de non recevoir tirée de ce qu'il a lui-même entretenu une concubine dans la maison conjugale[4]. La femme peut opposer l'irrecevabilité de l'action au moment où elle est poursuivie : si elle apporte, en preuve, un jugement de condamnation, déjà prononcé pour adultère contre le mari, et passé en force

[1] L'adultère de la femme est par lui-même un délit : l'adultère du mari n'a ce caractère que lorsque le mari a entretenu une concubine dans la maison conjugale (C. p., art. 337 et 339). De plus, la loi qui frappe de la peine *d'emprisonnement* la femme convaincue d'adultère, punit, d'une *amende* seulement, le mari convaincu d'avoir entretenu une concubine dans la maison conjugale. L'art. 230, C. civ., modifié par la loi du 27 juill. 1884, sur le divorce, permet à la femme, au point de vue de la séparation de corps et du divorce, de se déclarer offensée dans les conditions mêmes où le mari peut se déclarer offensé par l'adultère de la femme. C'est qu'en effet le manquement à la foi jurée qui motive la séparation de corps et le divorce, étant le même en cas d'adultère de l'un ou de l'autre époux, la loi civile rétablit, entre la femme et le mari, une égalité que le droit pénal n'a pas consacrée.

[2] Locré, t. XXX, p. 480. Voy. *Contre ou pour la répression de l'adultère :* Gautier, *Rev. pénit. suisse*, 1894.

[3] Bien entendu, si le fait d'adultère dégénérait en outrage public à la pudeur, en attentat avec violence à la pudeur, le ministère public pourrait poursuivre d'office. Rouen, 27 févr. 1859 (D. 59. 5. 181).

[4] De ce que le mari perd le droit de dénoncer l'adultère de la femme au point de vue *pénal*, on ne doit pas conclure, que, dans le même cas, il perde le droit de demander la séparation de corps ou le divorce : ce serait aller trop loin et la loi ne dit rien de semblable. On conçoit très bien, en effet, que l'adultère de la femme ait rendu la vie commune impossible, et, en même temps, que la faute du mari lui enlève le droit de faire prononcer une peine contre sa femme.

de chose jugée, le tribunal doit la renvoyer de la plainte[1], si, au contraire, ce qui est le plus fréquent, il n'y a pas encore eu de jugement sur ce point, l'inculpation portée par la femme contre son mari forme un incident à juger *préalablement* par le tribunal correctionnel. Cette singulière fin de non recevoir, accordée à la femme à raison de l'adultère du mari, n'est pas accordée réciproquement au mari à raison de l'adultère de la femme. *b*) La connivence du mari aux débordements de la femme l'empêcherait-elle de porter plainte. Dans notre ancienne jurisprudence, bien que le ministère public ne pût, en thèse générale, poursuivre d'office l'adultère, cependant on laissait à son action toute indépendance lorsque le mari était complice de sa femme. Cette restriction n'existe plus aujourd'hui. Quelque honteux que soit le calcul du mari, le ministère public est impuissant à le déjouer. Mais si le mari se plaint de l'adultère qu'il favorise, sa plainte est-elle recevable? L'adultère étant un délit *social*, le consentement du mari ne peut ni faire disparaître l'infraction ni effacer la culpabilité de la femme et du complice; il constitue tout au plus une circonstance atténuante dont le juge tiendra compte dans l'application de la peine[2].

La réconciliation des époux, postérieure à l'adultère, est une fin de non recevoir commune à l'action du mari comme à celle de la femme. C'est la conséquence de l'art. 337, C. p. En effet, lorsque la femme est condamnée pour adultère, le mari reste maître d'arrêter l'effet de la condamnation en consentant à reprendre sa femme (C. p., art. 337, § 2). Il suit de là qu'il peut se désister de sa plainte, tant qu'un jugement passé en force de chose jugée n'est pas intervenu et que son désistement doit éteindre l'action publique. On ne comprendrait pas en effet, qu'il ne fût pas permis au mari de prévenir une condamnation, dont il peut arrêter les suites. Le Code pénal ne confère expressément ces prérogatives qu'au mari outragé, parce que le mari coupable d'adultère n'est puni que d'une amende[3]. Mais si, dans l'intérêt du rétablissement de la paix du ménage, le mari a le droit d'arrêter

[1] Les termes de l'art. 336 sont généraux. Le mari *condamné* pour adultère, quoique revenu à une conduite régulière, a-t-il pour jamais perdu le droit de dénoncer sa femme? Nullement : Paris, 18 juin 1870 (S. 70. 2. 238); Cass., 20 nov. 1885 (S. 86. 1. 88). Il faut, d'après cette jurisprudence, pour que la fin de non recevoir soit admise, que l'adultère du mari soit contemporain de celui de la femme.

[2] *Sic*, Besançon, 14 juill. 1889 (S. 89. 2. 190).

[3] Aussi le Code pénal belge de 1867, qui attache la peine d'emprisonnement au délit d'adultère commis par l'un ou par l'autre époux, confère, à la femme comme au mari, la faculté d'arrêter la condamnation provoquée par la plainte de l'un ou de l'autre (art. 387 et 389). Mais voy. Paris, 12 mars 1858 (S. 58. 2. 339).

la poursuite en pardonnant à sa femme, la femme doit avoir le même droit en pardonnant à son mari.

Ainsi, le *désistement* de l'époux plaignant doit être accueilli, dans toutes les phases de la procédure, comme la preuve légale que l'adultère n'a pas été commis au point de vue de la poursuite pénale; et l'action publique est éteinte, lorsque, dans le cours des poursuites, et avant qu'elles soient terminées par une condamnation passée en force de chose jugée, le plaignant renonce à sa plainte, soit *expressément*, par une déclaration formelle, soit *tacitement*, par une réconciliation dont il appartiendra aux tribunaux saisis de la poursuite d'apprécier les circonstances. En un mot, la loi donne aux époux le droit réciproque d'*amnistie*, c'est-à-dire le droit d'éteindre l'action publique et le jugement même de condamnation, tant qu'il n'est pas devenu irrévocable[1]. De plus, elle donne au mari, mais au mari seul, le droit de faire *grâce*[2], c'est-à-dire d'arrêter l'effet de la condamnation passée en force de chose jugée, qui continue néanmoins de subsister à d'autres points de vue[3], par exemple au point de vue de la récidive.

[1] Cette sorte d'amnistie, émanant de la partie lésée par l'infraction, éteint l'action civile comme l'action publique. La Cour de cassation, dans un arrêt du 1er décembre 1873 (D. 74. 1. 345), a donc décidé, avec raison, que le mari qui s'est réconcilié avec sa femme ne peut former contre le complice une demande en dommages-intérêts.

[2] De nombreux arrêts décident, en effet, qu'il ne s'agit point, dans l'art. 337, § 2, d'une amnistie, mais seulement d'une grâce, qui, sans anéantir la condamnation prononcée contre la femme, fait à celle-ci remise de la peine encourue. En conséquence, ils décident que le pardon accordé par le mari à sa femme, après que le jugement de condamnation est devenu définitif à l'égard de celle-ci, ne profite pas au complice qui frappe d'appel ce jugement : Cass., 27 janv. 1829 (*J. de droit crim.*, art. 93); 20 avr. 1854 (*J. de droit crim.*, art. 5736). Agen, 21 juin 1854 (D. 55. 2. 85); Nîmes, 27 nov. 1879 (*Gaz. des Trib.*, du 21 déc. 1879). Comp., sur la question : Paradan, *Rev. crit.*, 1880, p. 337. Du reste le droit du mari de faire grâce n'enlève pas au président de la République le droit de gracier la femme condamnée pour adultère. Cf. Paul Auger, *Du droit de grâce du président de la République dans le cas prévu par les art. 308 du Code civil et 336 du Code pénal* (*J. du droit crim.*, art. 11164).

[3] L'action publique exercée pour délit d'adultère, qui est anéantie par le désistement du plaignant, est-elle éteinte par le décès? L'effet de la condamnation de la femme à l'emprisonnement, qui est arrêté par le pardon du mari, est- il paralysé par sa mort? Tandis que, sur la première question, les opinions sont partagées, elles ne le sont pas sur la seconde; il est certain, en effet, que la femme condamnée ne peut pas obtenir la remise de sa peine, au cas où son mari est décédé après la condamnation devenue irrévocable, par ce seul motif qu'elle a perdu de ce fait la chance d'être graciée par celui-ci. Cependent, on a soutenu, et la Cour de cassation a décidé, dans sa première jurisprudence, que la mort du conjoint, impuissante à arrêter l'exécution de la condamnation, mettait nécessairement fin aux poursuites commen-

Le Code pénal a dérogé, en matière d'adultère, aux règles générales de la complicité. Il édicte, dans son art. 338, une peine spéciale contre le complice de la femme, peine plus forte que celle qui frappe l'auteur principal : il n'en édicte aucune, dans l'art. 339, contre la concubine entretenue par le mari dans la maison conjugale[1]. Que le complice de la femme soit puni, et puni plus sévèrement que la femme, cela doit être, car, dans l'état de nos mœurs, il est presque toujours l'instigateur du délit. Que la concubine du mari soit à l'abri de toute peine, cela se comprend encore, car la femme qui consent à vivre en concubinage avec le mari dans la maison conjugale, a cédé le plus souvent à la séduction exercée sur elle. Aussi croyons-nous, malgré une jurisprudence contraire, que la concubine du mari n'est pas passible des peines de la complicité[2]. Cela résulte, pour nous, du silence du Code pénal sur ce point. Enfin la loi a organisé un système légal de preuves, en matière de complicité d'adultère; car, aux termes de l'art. 338, § 2, C. p., les seules preuves, qui peuvent être admises contre le prévenu de complicité, sont, « outre le *flagrant délit*, celles résultant de *lettres* ou *autres pièces* écrites par lui ». Quant à la femme, la preuve de l'adultère peut être faite par tous les moyens.

Le complice de la femme profite nécessairement de toutes les exceptions que celle-ci peut invoquer, tant qu'il n'est pas intervenu de jugement passé en force de chose jugée. La cause de la femme et celle de son complice étant indivisibles, il suffit que le mari ait dénoncé sa femme pour que le complice puisse être poursuivi, quand même il n'a pas été désigné dans la plainte, comme il suffit que le mari se désiste, à l'égard de sa femme, pour que ce désistement mette le

cées, que, dans le délit d'adultère, l'action publique avait besoin, à toutes les époques de la procédure, du concours, soit exprès, soit présumé du plaignant, et que le décès de celui-ci, en faisant disparaître ce concours, élevait contre l'action publique une fin de non recevoir insurmontable : Cass., 27 sept. 1839 (S. 40. 1. 85). Mais cette objection est peu fondée. En effet, dès qu'une plainte est portée, l'obstacle qui s'opposait à l'exercice de l'action publique est levé : le ministère public recouvre son indépendance ; il peut exercer l'action, dans toutes les phases du procès, sans avoir besoin du concours du plaignant, sauf la faculté, pour celui-ci, de paralyser l'action par un désistement exprès ou tacite. *Sic*, Cass., 3 juin 1863 (S. 63. 1. 401) ; Aix, 14 juill. 1876 (S. 77. 2. 136).

[1] Il résulte, ce semble, de ces textes spéciaux, que, en matière d'adultère, le Code pénal laisse impunies les autres personnes qui ont aidé au délit, soit en y provoquant, soit en le facilitant, soit en procurant aux coupables les moyens de le commettre. En d'autres termes, il n'y aurait pas, dans le délit d'adultère, de complicité punissable, car celui que la loi appelle le *complice* de la femme est, en réalité, le *coauteur* du délit. Cette opinion n'est partagée ni par les auteurs, ni par la jurisprudence.

[2] En ce sens : Ortolan, t. II, nº 1695 et la note. — En sens contraire : Cass., 28 févr. 1868 (D. 68. 1. 233) ; Paris, 20 déc. 1873 (D. 75. 2. 72).

complice à l'abri, soit d'une peine, soit d'une condamnation à des dommages-intérêts[1]. Il résulte de là que le décès de la femme, avant tout jugement définitif, éteint l'action publique à l'égard du complice[2]. Mais, dès qu'un jugement irrévocable a constaté l'adultère, le sort du complice est indépendant de celui de la femme, et le mari ne peut plus exercer, soit le droit de grâce, soit le droit d'amnistie, qu'à l'égard de sa femme.

II. *Du rapt par séduction.* — Dans le crime de rapt par séduction, prévu par l'art. 356, C. p., lorsque le ravisseur a épousé la fille qu'il a enlevée, la poursuite, tant contre lui que contre ceux qui ont participé à l'enlèvement[3], est subordonnée à une double condition, exigée *cumulativement* par la loi : l'*annulation* du mariage prononcée par les tribunaux civils, et une *plainte* déposée par les personnes qui ont le droit de demander cette annulation (C. p., art. 357). Ainsi lorsque l'enlèvement n'a pas été suivi de mariage, le ministère public peut librement poursuivre le ravisseur et ses complices[4]. Mais, si celui-ci a épousé la personne enlevée, la poursuite ne peut avoir lieu que sur la plainte des personnes qui ont le droit de demander la nullité du mariage et qu'après que cette nullité a été prononcée. Cette question d'annulation suspend non seulement le *jugement* de l'action publique, mais l'*exercice* même de cette action, qui ne peut être intentée par le ministère public, tant que la nullité du mariage n'a pas été prononcée[5].

[1] Cass., 1er déc. 1873, arrêt déjà cité ; Orléans, 23 juill. 1889 (S. 89. 2. 180).

[2] La femme, en effet, comme tout autre inculpé, est présumée innocente jusqu'au jour de la condamnation, or, comme le sort de la femme et celui du complice sont indivisibles, celui-ci profite de cette présomption qui ne peut plus être détruite par suite du décès de la femme : Cass., 8 juin 1872 (S. 72. 1. 346); Limoges, 23 févr. 1888 (D. 90. 2. 214) et ma note.

[3] Les poursuites pénales contre les complices du ravisseur auraient les mêmes inconvénients que celles contre le ravisseur ; il serait, du reste, injuste de permettre la poursuite des complices, alors qu'on ne permettrait pas de poursuivre l'auteur principal : aussi l'exception qui couvre le ravisseur couvre également les complices.

[4] Il n'en est donc pas de ce crime comme du délit d'adultère : dès que l'infraction est commise, l'action publique prend naissance ; le ministère public peut agir d'office et le procès ira jusqu'au bout, si le ravisseur n'épouse pas la fille enlevée.

[5] Cependant, le texte de l'art. 357 fait naître des difficultés sur ce point. En décidant que le ravisseur « ne pourra être *poursuivi* que sur la plainte..., ni *condamné* qu'après que la nullité du mariage aura été prononcée », il semble mettre une différence entre la poursuite et le jugement : le ministère public pourrait poursuivre sur la plainte seule, le tribunal de répression ne pourrait juger qu'après l'annulation du mariage. Mais la rédaction de ce texte est évidemment vicieuse : comment comprendre, en effet, des poursuites provisoires, qui ne pourraient êtres suivies d'une condamnation ? Concevrait-on que le ravisseur puisse indéfiniment rester sous le coup

III. *Des délits de chasse ou de pêche sur le terrain ou dans les eaux d'autrui.* — L'action publique, en cas de délit de *chasse*, est, en principe, indépendante de la plainte de la partie lésée (L. 3 mai 1844, art. 26, § 1er). Le ministère public peut l'intenter d'office, toutes les fois qu'il s'agit de délits ne tenant pas à la lésion du droit de propriété, mais à la police générale de la chasse : tel serait le fait de chasser, soit en temps prohibé ou sans permis, soit avec emploi de moyens ou d'instruments défendus par la loi. Toutefois, l'indépendance du ministère public cesse, lorsque le délit consiste uniquement dans le fait d'avoir chassé sur le terrain d'un particulier [1] sans le consentement du propriétaire ou de l'ayant droit [2]. Dans ce cas, en effet, la seule condition à remplir pour que le fait soit légitime, c'est de chasser avec le consentement du propriétaire ou de l'ayant droit. Or, l'existence de ce consentement, qui peut être exprès ou tacite, est naturellement présumée par la loi, tant que la personne intéressée ne porte pas plainte. Toutefois le législateur, puisant cette indication dans ce qui a lieu le plus communément (*de eo quod plerumque fit*), ne présume

de poursuites criminelles, être indéfiniment maintenu en état de détention préventive jusqu'à ce qu'il plaise aux personnes qui en ont le droit de demander la nullité de son mariage? Les travaux préparatoires démontrent, au surplus, que le texte ne répond pas à la pensée du législateur : « Il ne suffit pas, disait M. Faure, pour que l'époux puisse être poursuivi criminellement, que la nullité du mariage ait été demandée ; il faut encore qu'en effet le mariage soit déclaré nul » (Voir Locré, t. XV, p. 442; Hoffman, *op. cit.*, t. III, nos 686 et suiv.; Ortolan, t. II, no 1713).

[1] Nous disons d'un « particulier », car le ministère public et l'administration forestière pourraient poursuivre d'office les délits de chasse commis dans les bois soumis au régime forestier (C. for., art. 1er et 159); Cass., chambres réunies, 27 févr. 1865 (D. 67. 1. 95); Rouen, 16 janv. 1868 (D. 68. 1. 61). Mais on sait que le droit de chasse dans ces bois peut être cédé : le droit de porter plainte appartient alors à l'administration ou au cessionnaire, suivant que le droit cédé est purement personnel, ou, au contraire, sans réserve. Sur ce dernier point d'une application pratique délicate, cf. Faustin Hélie, t. II, no 817 ; Le Sellyer, *Action publique et privée*, t. Ier, no 189.

[2] L'art. 26, § 2 de la loi du 3 mai 1844 se sert de cette expression générale : *la partie intéressée*, c'est-à-dire la partie à qui appartient le droit de chasse. Or, l'art. 26 lui-même considère le droit de chasser comme un élément de droit de propriété. C'est donc le propriétaire qui a tout d'abord le droit de porter plainte. Les ayants droit, quant à la chasse, sont ceux à qui ce droit est transféré et qui l'exercent comme le propriétaire. Tels sont l'emphytéote et l'usufruitier du fonds, tels sont également les cessionnaires du droit de chasse, à titre onéreux, ou même à titre gratuit. Le fermier n'a pas, à notre avis, le droit de chasse qui est un élément de la propriété ; il ne peut donc ni laisser chasser sur les terres affermées ni porter plainte d'un fait de chasse non autorisé. Comp. sur cette dernière question : Haus, t. II, no 1177 ; Le Sellyer, *Action publique et privée*, t. Ier, no 186 ; Faustin Hélie, t. II, no 815 ; Paris, 28 janv. 1869 (D. 69. 2. 155) ; Caen, 6 déc. 1871 (D. 72. 3. 68) ; Alger, 27 déc. 1876 (S. 77. 2. 206); Rouen, 7 déc. 1878 (S. 79. 2. 84).

pas ce consentement et permet au ministère public d'agir d'office : 1° lorque le fait de chasse a eu lieu sur un terrain clos, attenant à une habitation [1]; 2° ou bien lorsqu'il a lieu sur des terres non dépouillées de leurs fruits, c'est-à-dire, — car les deux hypothèses sont entrées dans les prévisions du législateur, — sur des terres simplement ensemencées, ou dont les semences étaient déjà levées [2].

L'action publique est également suspendue, jusqu'à la plainte du propriétaire ou de l'ayant droit, à l'égard des délits qui consistent uniquement dans le fait d'avoir pêché dans les eaux d'autrui, les autres conditions légales étant d'ailleurs remplies. Cette décision n'est, il est vrai, consacrée par aucun texte : mais elle résulte, tout à la fois, du rapport d'analogie qui unit les délits de chasse et les délits de pêche et de l'intention formellement exprimée par le législateur de soumettre ces deux espèces de délits à une même règle [3].

IV. *Des délits des fournisseurs* [4]. — Lorsque le service des armées de terre et de mer aura manqué, soit par la négligence, soit par la fraude des fournisseurs, la poursuite de ces infractions, prévues par les art. 430 à 433, C. p., ne pourra avoir lieu que sur la dénonciation du Gouvernement, c'est-à-dire sur la plainte du ministre que le service concerne. Cette exception, à l'indépendance du ministère public, a été inutilement formulée, car, faute de moyens d'investiga-

[1] La loi exige *cumulativement* ces deux conditions. Cela résulte du texte même de l'art. 26 de la loi de 1844.

[2] Comp. sur le sens de ces mots : Faustin Hélie, t. II, n° 810; Le Sellyer, *op. cit.*, t. Ier, n° 182; Ortolan, t. II, n° 1733.

[3] La question est délicate. Avant la loi du 15 avril 1829, *relative à la pêche fluviale*, on était généralement d'accord pour la résoudre dans le sens indiqué par nous. Mais la discussion de cette loi a jeté, sur cette question, beaucoup d'incertitude. En effet, l'art. 36 exige que les procès-verbaux, constatant les délits commis au préjudice des particuliers, soient transmis au procureur du roi. Or, le rapporteur à la Chambre des pairs avait attiré l'attention sur ce point, et c'est précisément, après discussion et pour consacrer le droit du ministère public d'agir d'office, que la rédaction de l'art. 36 a été adoptée. Aussi beaucoup d'auteurs et la jurisprudence estiment que les délits de pêche, commis dans les eaux des particuliers, peuvent être poursuivis sans plainte préalable de la partie intéressée: Ortolan, t. II, n° 1735; Le Sellyer, *Actions publique et privée*, t. Ier, n° 191; Faustin Hélie, t. II, n° 818 Mais on peut répondre à cet argument que, d'après la déclaration même du rapporteur, la rédaction de l'art. 36 avait été modifiée pour la mettre d'accord avec l'art. 70; or, cet art. 70 a été rejeté, et voici le motif qu'en donnait le commissaire du Gouvernement à la Chambre des pairs : « La Chambre des députés a supprimé l'art. 70 de l'ancien projet : elle a pensé qu'à l'égard de la pêche comme à l'égard de la chasse, les particuliers devaient demeurer libres de dénoncer les délits pour lesquels la loi leur donne action directe ». Dans ce sens : Mangin, *op. cit.*, t. Ier, n° 159. Voy. mon *Traité d'instr.*, t. Ier, n° 163, p. 362.

[4] Le Sellyer, *op. cit.*, t. Ier, n° 220; Cass., 13 juill. 1860 (S. 61. 1. 90).

tion, la poursuite n'aurait pu jamais avoir lieu qu'avec le concours du Gouvernement.

V. *De la contrefaçon industrielle.* — L'action publique est encore subordonnée à la nécessité d'une plainte en manière de contrefaçon, non pas en ce qui concerne la propriété littéraire ou artistique (C. p., art. 425 ; D. 5 févr. 1810, art. 41 et 47), mais seulement en ce qui concerne la propriété des inventions brevetées (L. 5 juill. 1844, art. 45).

VI. *Des diffamations, injures, offenses, outrages.* — La loi du 17 mai 1819 a établi, dans une définition très précise, que la loi du 29 juillet 1881 a simplement répétée (art. 29), la différence essentielle entre la *diffamation* et l'*injure*. La diffamation est « toute allégation ou imputation d'un *fait* (vrai ou faux) qui porte atteinte à l'honneur, ou à la considération de la personne ou du corps auquel le fait est imputé » ; l'injure est « toute expression outrageante, terme de mépris ou invective, *qui ne renferme l'imputation d'aucun fait* » déterminé. L'élément de gravité prédominant de l'injure et de la diffamation consiste dans la *publicité*. C'est ce qui explique comment ces deux délits ont été prévus et définis dans les lois relatives à la presse et aux autres moyens de publication. A l'égard du chef de l'État, de la personne des souverains ou chefs des Gouvernements étrangers, les lois sur la presse ne parlent pas d'injure ou de diffamation, elles se servent, sans la définir, de l'expression *offense*, expression qui comprend, sans aucun doute, non seulement l'injure et la diffamation, mais encore tous les autres faits indéterminés qui, à l'appréciation du juge, peuvent être considérés comme offensants (L. 29 juill. 1881, art. 26, 36). Enfin lorsqu'un fait rentre dans les prévisions des art. 222 et suiv., C. p., bien qu'il puisse contenir une diffamation ou une injure proprement dite, il est qualifié *outrage* par la loi [1]. Ce qui caractérise l'outrage, c'est qu'il est adressé, soit à un magistrat de l'ordre administratif ou judiciaire, soit à un juré, soit à un officier ministériel ou agent dépositaire de la force publique, ou même à un citoyen chargé d'un ministère public, *dans l'exercice* ou *à l'occasion de l'exercice de ses fonctions*. L'outrage peut se commettre par faits, paroles, gestes ou menaces. La publicité n'est point requise, à titre d'élément essentiel du délit.

Pour savoir si les injures, diffamations, offenses et outrages peuvent être poursuivis d'office, il y a lieu de faire les distinctions suivantes :

[1] Que les art. 222 et 227 n'aient pas été abrogés par la loi du 29 juillet 1881, cela est évident. Mais quels sont les outrages qu'ils répriment? V. sur ce point : Cass., 15 mars 1883 (S. 83. 1. 425).

1° En ce qui concerne les *diffamations* ou les *injures publiques* contre les *particuliers*, la règle est simple : l'action n'est ouverte au ministère public que sur la plainte de la partie qui se prétend lésée (L. 29 juill. 1881, art. 60). La raison d'être de cette règle, c'est que la répression de ces infractions intéresse principalement ceux qui ont été offensés. La personne lésée, qu'elle soit victime d'une médisance ou d'une calomnie, peut avoir intérêt à éviter le scandale d'un procès ; elle peut mépriser l'offense ; elle peut préférer prendre pour juge l'opinion publique. De quel droit le ministère public l'engagerait-il dans un débat, « où la justice même et le triomphe ne sont pas toujours exempts d'inconvénients » ? 2° En ce qui concerne les *diffamations* et *injures* envers les cours, tribunaux ou autres corps constitués, c'est-à-dire les corps dont l'existence est permanente et dont les membres se réunissent pour délibérer, ces délits ne peuvent être poursuivis (L. 29 juill. 1881, art. 47, § 1), que sur la délibération de ces corps administratifs ou judiciaires prise en assemblée générale et requérant les poursuites, ou, si le corps n'a pas d'assemblée générale, sur la plainte du chef du corps, ou du ministre duquel ce corps relève. 3° La loi de 1819 subordonnait également à la nécessité d'une plainte préalable de la partie lésée la poursuite des injures et des diffamations dirigées contre tous dépositaires ou agents de l'autorité publique. Avec ce système de législation, il arrivait souvent que des fonctionnaires hésitaient à saisir les tribunaux de leurs griefs personnels et rendaient ainsi impossible une répression à laquelle ils ne sont pas seuls intéressés. La loi du 29 juillet 1881 (art. 47, § 3) permet au ministère public de poursuivre ces infractions, soit sur la plainte de la partie offensée, soit d'office sur la demande adressée au ministre de la justice par le ministre dans le département duquel se trouve le fonctionnaire diffamé ou injurié. 4° En cas d'offense envers la personne des souverains ou chefs des gouvernements étrangers, ou d'outrage envers les agents diplomatiques étrangers, la poursuite aura lieu, soit à leur requête, soit d'office, sur leur demande adressée au ministre des affaires étrangères et par celui-ci au ministre de la justice (art. 47, § 5) [1]. 5° Enfin, en cas d'outrage prévu par les art. 222 et 224, C. p., la poursuite peut avoir lieu d'office.

[1] La loi du 16 mars 1893 a rétabli pour ces délits la compétence des tribunaux correctionnels (art. 47 et 60 combinés et modifiés, L. 29 juill. 1881).

CHAPITRE II

DE L'EXERCICE DE L'ACTION CIVILE.

---

§ IV. — NOTIONS GÉNÉRALES.

316. L'action civile peut être exercée devant les tribunaux civils ou les tribunaux de répression.

316. DE L'OPTION ENTRE LES TRIBUNAUX CIVILS ET LES TRIBUNAUX DE RÉPRESSION. — Le droit de juger le contentieux judiciaire est distribué entre les tribunaux de justice civile et les tribunaux de justice répressive. Or, l'infraction peut donner lieu à deux procès : un procès *pénal* et un procès *civil;* de même que les tribunaux de répression sont seuls compétents pour connaître de *l'action publique*, de même les tribunaux civils devraient être seuls compétents pour connaître de l'*action civile*. C'est à cette conséquence que conduiraient les principes de l'organisation judiciaire. Mais il est à remarquer que les preuves de l'infraction servent le plus souvent à établir le principe et à déterminer le chiffre des dommages-intérêts qui sont l'objet de l'action civile; aussi a-t-il paru *utile* de donner aux tribunaux de répression le droit de se prononcer sur les dommages-intérêts dus à raison de l'infraction, *en même temps* qu'ils se prononcent sur la peine applicable. Seulement cette attribution *exceptionnelle* des tribunaux répressifs n'a pas fait disparaître l'attribution *ordinaire* des tribunaux civils; de sorte que les parties, lésées par une infraction, peuvent, *à leur choix*, intenter leur action, *en même temps* et *devant les mêmes juges* que l'action publique, ou, *séparément*, devant les *tribunaux civils* (C. instr. cr., art. 3).

§ V. — DU DROIT D'OPTION DE LA PARTIE LÉSÉE.

317. Le droit d'option est général. Exceptions. — 318. La partie lésée ne peut varier dans son choix.

317. DU DROIT D'OPTION EN GÉNÉRAL. — La règle qui accorde à la partie lésée par une infraction le choix entre la voie civile et la voie criminelle est *générale;* elle s'applique à l'action civile, qu'elle soit intentée contre les personnes civilement responsables, ou qu'elle le soit contre les auteurs mêmes ou les complices de l'infraction. Mais la partie lésée ne peut citer les personnes civilement responsables devant le tribunal de justice répressive qu'à la condition d'y *appeler* ou d'y *trouver* l'auteur même de l'infraction, car une juridiction pénale n'est compétente pour connaître de l'action civile que si elle est saisie, *en même temps*, de l'action publique, et cette action ne peut être dirigée que contre les *auteurs* ou les *complices* du délit[1].

Le droit d'option de la partie lésée, quoique général, n'est pas *absolu*. *a*) Ainsi, les juridictions exceptionnelles, investies, par la loi, d'une compétence pénale, ne peuvent se prononcer sur l'action civile qui naît du délit qu'elles ont le droit de juger[2]. Elles n'ont pas à exercer leur juridiction dans l'ordre des intérêts privés. *b*) Ainsi encore, l'action civile, résultant des délits de diffamation envers les personnes publiques, à l'occasion desquels il est permis de faire la preuve de la vérité des faits diffamatoires, ne peut pas être pour-

[1] La jurisprudence a conclu, à bon droit, de cette règle qu'un tribunal correctionnel ne pouvait, en acquittant un prévenu, prononcer une condamnation à des dommages-intérêts contre la personne civilement responsable : Cass., 16 avr. 1875 (S. 75. 1. 240). L'acquittement démontre, en effet, que le prévenu a été traduit à tort devant la juridiction répressive. Mais rien n'empêche la partie lésée de diriger les conclusions uniquement contre la personne civilement responsable : Cass., 19 févr. 1866 (S. 66. 1. 214); 2 déc. 1881 (S. 83. 1. 44).

[2] L'application de cette solution doit être faite, particulièrement : 1° En ce qui concerne les conseils de guerre et tribunaux maritimes : C. just mil. pour l'armée de terre, art. 53 et 54; C. just. mil. pour l'armée de mer, art. 74 et 75; L. du 10 mars 1891 sur les accidents et collisions en mer, art. 21; 2° En ce qui concerne les conseils de préfecture lorsqu'ils sont compétents en matière répressive : Avis du Conseil d'État du 20 sept. 1809. Mais, à l'inverse, les tribunaux répressifs ordinaires, saisis de l'action publique, peuvent statuer accessoirement sur l'action civile, même si la connaissance de cette action est exceptionnellement attribuée aux conseils de préfecture, par exemple en matière de dommages résultant de travaux publics : Cass., 2 déc. 1881 (S. 83. 1. 44). Les tribunaux civils seraient-ils, dans le même cas, compétents, parce que le fait sur lequel se base l'action en dommages-intérêts est un délit pénal? Il y a divergence, à ce point de vue, entre la Cour de cassation et le Tribunal des conflits, la Cour affirmant la compétence judiciaire (Cass., 15 janv. 1889, S. 89. 1. 74; 13 juin 1895, S. 96. 1. 26), le Tribunal, la compétence administrative (Trib. conflits, 17 avr. 1886, S. 88. 3. 10). Voy. la note de M. Hauriou sous Conseil d'État, 9 mars 1894 (S. 95. 3. 105); 3° En ce qui concerne la Haute-Cour de justice, établie par l'art. 9 de la loi constitutionnelle des 24-28 février 1875 et par l'art. 12 de la loi constitutionnelle des 16-18 juillet 1875 pour juger le président de la Réublique, les ministres et les prévenus d'attentats contre la sûreté de l'État (qualification qui comprend le complot : Haute-Cour, 13 nov. 1893, S. 1901. 2. 1). Il est certain, bien qu'aucun texte ne le dise, que par application du droit commun, l'action civile ne pourrait lui être soumise.

suivie séparément de l'action publique (L. 29 juill. 1881, art. 46). Cette exception a pour but unique de sauvegarder, au profit de l'auteur du fait incriminé, le droit d'anéantir la poursuite, en prouvant la vérité des faits prétendus diffamatoires[1].

Dans ces divers cas, l'exception d'incompétence est d'ordre public; elle doit être soulevée d'office, et peut être proposée, pour la première fois, en appel, ou en cassation.

318. Si la partie lésée peut varier dans son choix. — La personne lésée par une infraction a donc la faculté de porter son action devant les tribunaux répressifs ou devant les tribunaux civils : mais peut-elle varier dans son choix? Peut-elle, après avoir soumis son action au tribunal civil, se désister, avant le jugement, pour saisir le tribunal répressif, ou réciproquement? Nullement : elle exerce le seul droit que la loi lui donne, en prenant l'une des deux voies qui lui sont ouvertes; et dès qu'elle a saisi l'une des deux juridictions, elle ne peut plus se désister pour saisir l'autre : *electa una via, non datur recursus ad alteram*. Cette règle était suivie par notre ancienne jurisprudence, qui la basait sur l'art. 2, titre XVIII, de l'ord. de 1667[2]; elle n'est implicitement consacrée par notre législation pénale que dans une application particulière[3]; nous la considérons néanmoins comme générale, car elle résulte à la fois de l'équité et du droit. L'équité ne permet point, en effet, que la partie civile

[1] Si tel est le motif de cette règle, qui est de tradition dans notre droit (Comp. L. du 16 avr. 1871, art. 4), il faut reconnaître qu'elle aurait dû être étendue, par la loi de 1881, à l'action civile qui naît d'une diffamation commise contre « les directeurs ou administrateurs de toute entreprise industrielle, commerciale ou financière faisant publiquement appel à l'epargne et au crédit »; dans ce cas, en effet, la vérité du fait diffamatoire peut être établie par les voies ordinaires (art. 35). Cependant, par un de ces oublis si fréquents dans la loi de 1881, l'art. 46 ne vise pas cette hypothèse; et il est difficile de suppléer à son silence.

[2] Jousse, *op. cit.*, t. III, p. 11.

[3] Je fais allusion à l'art. 5, § 5 de la loi du 25 mai 1838, *sur les justices de paix*, qui a passé dans l'art. 6, n° 3, de la loi des 12 et 13 juillet 1905. Ce dernier texte est ainsi conçu : « Les juges de paix connaissent également..... : 5° Des actions civiles pour diffamations ou pour injures publiques ou non publiques, qu'elles soient verbales ou par écrit, autrement que par la voie de la presse; des mêmes actions pour rixes ou voies de fait, *le tout, lorsque les parties ne sont pas pourvues par la voie criminelle* ». Ce texte ne dit certainement pas, en termes exprès qu'il soit défendu d'intenter l'action civile devant le juge de paix, quand la partie a déjà porté son action devant le tribunal de simple police, mais il paraît bien le laisser supposer. Comp. : Garsonnet, *op. cit.*, § CXLI, p. 606; Molinier, *De l'étendue de la compétence des juges de paix, par rapport à l'action civile en matière de diffamations, d'injures, de voies de fait, d'après les dispositions de la loi du 25 mai 1838* (Paris, 1865).

décline, au préjudice de l'inculpé, la juridiction qu'elle a volontairement saisie, parce qu'elle ne la croit peut-être plus favorable à sa demande; et les principes du droit indiquent que l'instance liée, devant quelque juridiction qu'elle le soit, forme, en quelque sorte, un contrat judiciaire qui ne peut plus être rompu par la volonté unilatérale du demandeur.

Ainsi, lorsqu'une fois la partie lésée par un délit aura fait choix de l'une ou de l'autre juridiction, elle ne pourra plus abandonner celle qu'elle a d'abord saisie pour recourir à l'autre, et le passage de la juridiction criminelle à la juridiction civile sera aussi peu permis que le passage de la juridiction civile à la juridiction criminelle. Si la seconde de ces deux propositions est, en général, admise[1], la première est, au contraire, contestée. En effet, quand la partie lésée a formé sa demande devant le tribunal civil, on est d'accord pour reconnaître qu'elle ne peut plus la porter, à l'encontre des intérêts du prévenu, devant le tribunal de répression, car ce serait passer de la voie la plus favorable à la voie la plus rigoureuse. Mais, quand elle a d'abord formé sa demande devant un tribunal de répression, il semble qu'elle doit avoir le droit de la porter au tribunal civil, car le prévenu ne saurait se plaindre de ce que la partie civile prend une voie moins rigoureuse[2]. Les motifs qui empêchent la partie lésée de passer du civil au criminel lui défendent également, à notre avis, de passer du criminel au civil. En effet, on n'abandonne la voie qu'on a choisie, que lorsqu'on s'aperçoit que cette voie ne vous présente aucune chance de succès. Or, le prévenu a évidemment intérêt à ne pas recommencer devant un autre tribunal le procès qu'il a soutenu et à pouvoir repousser, à la fois et devant les mêmes juges, l'action publique et l'action civile. Aussi l'art. 5, § 5, de la loi du 25 mai 1838, le seul texte de nos lois réellement fondé sur la maxime *electa una via*, paraît défendre précisément, à celui qui s'est pourvu d'abord au criminel, de se pourvoir ensuite au civil[3].

L'application de la règle : *electa una via non datur recursus ad alteram*, exige le concours de deux conditions.

a) Il faut, en premier lieu, que la demande, successivement portée devant les deux ordres de tribunaux, soit identiquement la même,

[1] Voy. cependant Le Sellyer, *op. cit.*, t. II, n° 74. Mais comp. Faustin Hélie, t. II, n°s 617-618 ; t. III, n°s 716 et suiv.

[2] C'est le système de la jurisprudence. Voy. la note de M. Villey sous Cass., 19 mai 1893 (S. 94. 1. 425); 4 août 1894 (D. 97. 1. 266).

[3] Dans ce sens, Haus, t. II, n°s 1379 et suiv.; Trébutien, t. II, p. 34 et suiv.; Hoffmann, t. II, n° 113. Comp. Bazot, *Revue pratique*, t. XXXI, p. 553 ; Regnault, *Revue critique*, t. XXXVIII, p. 409.

c'est-à-dire qu'elle ait le même *objet*, la même *cause*, et qu'elle soit formée entre les *mêmes parties*[1]. A défaut de l'une de ces conditions, il y a deux actions distinctes, et le demandeur est libre, après avoir soumis l'une d'elles à la juridiction civile, de s'en désister pour porter l'autre à la juridiction répressive, et réciproquement. Ainsi, par exemple, le mari a le droit de se désister de la plainte en adultère, dans laquelle il s'était constitué partie civile, et de former, devant le tribunal civil, une demande en séparation de corps ou en divorce[2]. En effet, les deux actions, bien que nées du même fait, l'adultère, n'ont pas le même *objet*. C'est donc avec raison que l'art. 250, C. pr. civ., permet à la partie lésée par un faux d'abandonner la voie civile du faux incident, quoique prise en connaissance de cause, et d'intervenir, comme partie civile, dans la poursuite en faux principal. Cette disposition n'est pas, comme on l'a cru, une exception à la règle : *electa una via...*; car les deux actions, successivement intentées par le même demandeur, quoique nées du même fait, le faux, ont un *objet* différent, puisque l'une tend à la suppression, la lacération, la radiation, la réformation ou le rétablissement des actes déclarés faux, et l'autre, à la réparation du préjudice que le faux a causé. D'où il résulte que, dans le cas où les tribunaux civils ont été saisis d'une demande dont les éléments paraissent purement civils, si, depuis l'introduction de cette demande, il se révèle des faits qu'on avait dû ignorer et qui donnaient à l'affaire un caractère délictueux, on doit être admis à agir devant la juridiction répressive, car l'action, quoique formée pour le même objet et entre les mêmes parties, est fondée sur une autre *cause*. Ainsi, le déposant qui, après avoir demandé la restitution des objets déposés devant le tribunal civil, découvre que le dépositaire les a détournés, peut agir en violation de dépôt devant le tribunal correctionnel. A l'inverse, le déposant qui, après avoir traduit le dépositaire devant le tribunal correctionnel en violation de dépôt, conçoit des doutes sur le caractère frauduleux du fait imputé au prévenu, peut se désister et intenter, devant le tribunal civil, l'action en restitution du dépôt, action qui a sa cause, non dans le *délit*, mais dans le *contrat*.

b) Il faut aussi, pour qu'il y ait lieu d'appliquer la règle *electa una*

[1] Sur cette condition : Cass., 13 mai 1868 (S. 68. 1. 370); 6 juill. 1878 (S. 79. 1. 483); 29 janv. 1877 (S. 78. 1. 309); Aix, 7 janv. 1882 (S. 83. 2. 228); Cass., 19 mai 1893 (S. 94. 1. 425).

[2] La jurisprudence a décidé, — ce qui est plus délicat à raison du droit que l'art. 308 conférait aux tribunaux civils, avant la loi du 27 juillet 1884 sur le divorce, — qu'une demande en séparation de corps formée par le mari contre sa femme, ne faisait pas obstacle à une plainte correctionnelle pour délit d'adultère : Cass., 22 juin 1850 (S. 50. 1. 629).

via..., que la juridiction, saisie la première, ait eu le droit de statuer sur l'action civile. Si elle n'a pas eu ce droit, la partie lésée se trouve dans la même situation qu'avant d'avoir intenté son action. En conséquence, la partie lésée, qui avait pris la voie criminelle, pourra revenir à la voie civile : 1° lorsque la juridiction répressive se déclarera incompétente, quelle que soit la nature de l'incompétence[1] ; 2° lorsque le tribunal correctionnel ou de police, saisi de l'action civile, aura renvoyé le prévenu de la poursuite, cas dans lequel ce tribunal perd le droit de statuer sur les dommages-intérêts réclamés par la partie lésée[2] ; 3° lorsque la juridiction répressive sera dessaisie de l'action publique, et, par conséquent, de l'action civile, par le décès du prévenu ou par une amnistie.

§ VI. — EXERCICE DE L'ACTION CIVILE DEVANT LA JURIDICTION RÉPRESSIVE.

319. Principes. — 320. A quelles conditions la constitution de partie civile est admissible. — 321. Comment et quand peut-on se constituer partie civile. — 322. Effets de la constitution de partie civile.

319. DE LA CONSTITUTION DE PARTIE CIVILE. — Un tribunal de répression, *quoique saisi de l'action publique*, ne peut statuer sur la réparation civile du dommage causé par l'infraction, que si l'action en réparation de ce dommage lui est soumise par la personne lésée, qui doit se constituer, dans ce but, *partie civile* dans l'instance. Toutefois, la *restitution* des objets mobiliers, enlevés, détournés ou obtenus à l'aide d'un crime ou d'un délit et retrouvés en nature, doit être ordonnée *d'office* par la juridiction répressive, au moins quand la propriété n'en est pas contestée, lors même que le propriétaire ne s'est pas constitué partie civile[3]. Le but de la constitution de partie civile étant indiqué, il faut se demander : 1° à quelles conditions elle est admissible; 2° comment et quand elle peut être formée ; 3° quels en sont les effets.

320. DES CONDITIONS DE LA CONSTITUTION DE PARTIE CIVILE. — L'action, qui a pour objet la réparation du dommage causé par l'infraction, ne peut être portée devant la juridiction répres-

[1] Agen, 4 mars 1874 (S. 76. 2. 21); Cass., 17 janv. 1885 (S. 85. 1. 283).

[2] Du reste, la cour d'assises, dans ce cas, peut et doit se prononcer sur la demande en dommages-intérêts formée par la partie civile. Il n'existe d'exception à cette règle qu'en matière de presse (L. 29 juill. 1881, art. 58).

[3] Cass., 12 juin 1841 et 20 févr. 1863 (S. 63. 1. 321). Comp. pour les dommages-intérêts : Cass., 6 juin 1845 (S. 45. 1. 478); 16 août 1872 (S. 73. 1. 553).

sive qu'*accessoirement* à l'action qui a pour objet l'application de la peine. Les tribunaux de répression n'ont donc le droit de statuer sur l'action civile que lorsqu'ils sont, en même temps, régulièrement saisis de l'action publique, car leur compétence, au point de vue des intérêts civils, est exceptionnelle. La constitution de partie civile, de quelque manière qu'elle se produise, saisit donc de l'action civile la juridiction pénale et elle porte, en même temps, devant elle, l'action publique, si celle-ci n'est pas déjà intentée, car les tribunaux répressifs doivent être saisis de l'action publique pour statuer sur l'action civile (C. instr. cr., art. 3).

En suivant les applications diverses et nombreuses de cette règle fondamentale, on peut les classer toutes sous trois ordres d'idées corrélatives. La juridiction répressive est incompétente pour accorder des dommages-intérêts : 1° si le fait qui est la cause juridique de la demande ne constitue pas une infraction ; 2° si l'inculpé est renvoyé d'instance sur l'action publique ; 3° si le fait, bien que constituant une infraction, l'action publique est irrecevable.

a) Si le fait qui a produit le dommage ne constitue pas une *infraction*, la juridiction répressive est incompétente pour statuer sur l'action en dommages-intérêts. Ainsi, dans le délit d'*usure*, qui est un délit *collectif* ou *d'habitude*, la personne, lésée par un prêt particulier, ne peut saisir de son action, par voie de citation directe, le tribunal correctionnel, car le fait qui lui cause un préjudice n'est pas tout le délit, mais seulement un des éléments du délit[1].

b) Du même principe, il faut conclure que la juridiction de répression ne peut statuer sur l'action civile, si elle reconnaît que, soit au point de vue objectif, soit au point de vue subjectif, le fait n'est prévu par aucune loi pénale, ou que le prévenu n'en est pas coupable, car, dans les deux hypothèses, elle décide qu'il n'y a ni crime, ni

[1] Cass., 23 mai 1868 (S. 69. 1. 144); 8 juill. 1881 (D. 82. 1. 387); 20 janv. 1888, (S. 89. 1. 281); Paris, 10 févr. 1890 (S. 91. 2. 137). Il ne faudrait pas, du reste, exagérer cette doctrine, et affirmer comme semble le faire la jurisprudence, que c'est à la juridiction civile qu'appartient *exlusivement*, la connaissance des actions d'intérêt privé en réparation du dommage causé par des contrats usuraires. En supposant, en effet, qu'un certain nombre de faits, suffisants pour constituer le délit d'habitude, aient été commis par le *même agent*, au préjudice de la *même personne*, celle-ci peut certainement saisir de son action le tribunal correctionnel. D'autre part, les personnes, lésées par des prêts usuraires, imputés au même prévenu ont indistinctement le droit d'*intervenir*, comme parties civiles, dans la poursuite intentée par le ministère public; car tous les faits d'usure constituant par leur réunion le délit, tous ceux à qui le délit cause un dommage, doivent pouvoir en poursuivre la réparation devant la justice répressive. Mais voy. en sens contraire : Cass. 21 janv. 1841, ch. réun. (S. 41. 1. 842); 20 janv. 1888, précité. Sur la question : Cuche, *Rép. pénit*,, 1904, p. 707.

délit, ni contravention. Sans doute, malgré l'acquittement ou l'absolution du prévenu, il peut rester, à sa charge, un fait dommageable et illicite (*délit* ou *quasi-délit civil*), dont la partie lésée a le droit de poursuivre en justice la réparation, mais par une action qui est une *action en dommages-intérêts* ordinaire, de la compétence des tribunaux civils. Cette conséquence d'un principe incontestable vient certainement limiter la compétence des *tribunaux correctionnels* et des *tribunaux de police* (C. instr. cr., art. 159, 191 et 212)[1], mais elle ne limite pas la compétence des *cours d'assises*. Celles-ci, aux termes des art. 358 et 366, peuvent et doivent statuer sur les dommages-intérêts prétendus par la partie civile, dans le cas d'*absolution*, comme dans celui d'*acquittement*. La loi, pour faire ainsi exception aux règles générales de la compétence, s'est fondée sur une considération pratique[2] : elle a voulu épargner, à la partie civile, qui a déjà engagé dans l'instance criminelle des frais considérables, la nécessité de recourir à d'autres juges pour obtenir le dédommagement auquel elle a droit. Elle le pouvait, du reste, sans craindre qu'on abusât de l'exception pour porter devant la cour d'assises des affaires purement civiles, puisqu'une accusation ne peut être formée devant cette juridiction qu'en vertu d'un arrêt de la chambre d'accusation. Néanmoins, les avantages de cette disposition sont contestables : d'un côté, en effet, elle prive l'accusé de la garantie des deux degrés de juridiction ; de l'autre, elle fait décider, en premier et dernier ressort, par des conseillers de cour d'appel et des juges de tribunal, au nombre de trois, une question qui, en suivant la voie régulière, ne pourrait être jugée, et en dernier ressort seulement, que par cinq conseillers de cour.

c) La juridiction répressive est incompétente pour statuer sur l'action civile, si l'action publique est elle-même *irrecevable ;* car elle n'a le droit de connaître de la première, que parce qu'elle peut connaître de la seconde. Ainsi, lorsque le fait dommageable, bien que con-

[1] Si l'art. 161 est obscur, l'art. 211 est très clair sur ce point : « Si le jugement est réformé (par la cour d'appel) parce que le fait n'est réputé ni délit ni contravention de police par aucune loi, la cour renverra le prévenu et statuera, s'il y a lieu, sur *ses* dommages-intérêts ». Aussi le principe de l'incompétence des tribunaux correctionnels et de police pour accorder des dommages-intérêts à la partie civile, au préjudice du prévenu renvoyé de la poursuite, n'a jamais été méconnu par la jurisprudence : V. Cass., 2 mai 1851 (S. 51. 1. 367) ; 10 août 1860 (D. 60. 1. 543) ; 7 nov. 1873 (D. 74. 1. 96) ; 12 juin 1886 (S. 86. 1. 490). Il en résulte que l'acquittement du prévenu rend impossible la condamnation d'un tiers comme civilement responsable : Cass., 6 avr. 1894 (D. 96. 1. 50) ; 11 mars 1893 (D. 95. 1. 326).

[2] Comp. Faustin Hélie, t. V, n° 2722. La loi du 29 juillet 1881 sur la presse (art. 58), décide, par exception à l'art. 366, qu'en cas d'acquittement par le jury, « s'il y a partie civile en cause, la cour ne pourra statuer que sur les dommages-intérêts réclamés par le prévenu ».

stituant une infraction, ne donne *pas* ou ne donne *plus* ouverture à l'action publique, lorsqu'il s'agit, par exemple, d'un vol entre parents ou alliés à certains degrés, d'une infraction commise en pays étranger et non punissable en France, la juridiction répressive est sans qualité pour connaître de l'action civile. Il en est de même lorsque l'action publique est éteinte par le décès du prévenu, la chose jugée [1], l'abrogation de l'incrimination par une loi nouvelle, l'amnistie.

Toutefois, la loi établit une exception à cette règle, dans le cas où une voie de recours a été exercée par la partie civile seule. L'art. 202 § 2, C. instr. cr., suppose qu'un jugement en premier ressort est intervenu à la fois sur l'action publique et l'action civile nées d'une contravention ou d'un délit : le ministère public ne forme pas appel dans les délais légaux, et le jugement acquiert, en ce qui concerne l'action publique, autorité de chose jugée; mais la partie civile a formé appel ; la juridiction d'appel est saisie de l'action civile et doit y statuer, quoique l'action publique soit éteinte par la chose jugée [2]. Il en est de même, quand un pourvoi en cassation a été formé exclusivement par la partie civile ; si l'arrêt ou le jugement est annulé, l'affaire est renvoyée devant une autre cour ou devant un tribunal de *répression*, qui doit statuer exclusivement sur l'action civile, malgré l'extinction de l'action publique (C. instr. cr., art. 427). Même solution en cas d'opposition faite par la partie civile à un arrêt rendu par défaut contre elle. Cette exception était nécessaire, car, à moins d'enlever à la partie civile le droit de former un recours contre un jugement ou un arrêt qui lèse ses intérêts, ou d'obliger le ministère public, à suivre, malgré lui, la partie civile devant le tribunal d'appel ou la Cour de cassation, il fallait bien autoriser la juridiction répressive supérieure à se prononcer sur un jugement ou un arrêt qui émane d'une juridiction de répression. Il résulte de là que l'action civile, dès qu'elle est jugée, vit de sa vie propre, qu'elle se sépare complètement de l'action publique et peut être l'objet d'un débat *principal* devant les juridictions répressives.

Cette règle nous donne la solution d'une difficulté qui a beaucoup préoccupé la doctrine et la jurisprudence. L'action publique et l'action civile ont été portées *ensemble* devant un tribunal de répression : la survenance, au cours de l'instance, et avant qu'une décision irrévocable ait été rendue, d'une cause d'extinction de l'action pu-

[1] Qu'il soit intervenu, en faveur du prévenu, une décision de la juridiction du jugement ou bien une ordonnance ou un arrêt de non-lieu de la juridiction d'instruction. Comp. : Douai, 10 mars 1880 (S. 82. 2. 79).

[2] Comp. : Cass., 2 mai 1851 (S. 51. 1. 367) et le rapport de M. Isambert ; 15 avr. 1865 (S. 65. 1 426).

blique, telle que le *décès* du prévenu ou une *amnistie*, a-t-elle pour effet de dessaisir nécessairement de l'action civile le tribunal de répression[1] ? Deux systèmes absolus et opposés ont été soutenus sur cette question. Le premier admet que les tribunaux de répression cessent, dans tous les cas, d'être compétents pour statuer sur l'action civile[2]. Le second décide que, lorsque la juridiction répressive a été régulièrement saisie, elle doit prononcer sur l'action civile, quels que soient les événements postérieurs[3]. Je me rallie à une opinion intermédiaire qui distingue suivant qu'il est intervenu ou non, antérieurement au décès ou à l'amnistie, un jugement sur le fond. S'il n'y a pas eu de jugement ou d'arrêt au fond, les tribunaux de répression sont irrévocablement dessaisis, et la partie lésée se voit forcée de porter son action devant la juridiction civile. Au contraire, s'il y a eu un jugement ou un arrêt au fond, bien que ce jugement ou cet arrêt soit frappé d'un appel ou d'un pourvoi en cassation, les juridictions répressives seront seules compétentes pour statuer sur l'action civile en appel ou en cassation. Cette distinction n'est qu'une application de l'art. 202, C. instr. cr.[4]. Elle est faite par diverses lois d'amnistie récentes (par ex., loi du 27 déc. 1900, art. 2 *in fine*).

[1] Cf. sur la question : A. Desjardins, *Revue critique*, 1885, p. 95 à 102.

[2] Quelques cours d'appel ont adopté ce système. Paris, 13 juin 1872 (S. 72. 2. 99); Rouen, 1er févr. 1872 (S. 72. 2. 230). *Sic.*, Legraverend, t. Ier, p. 96. L'art. 5 du Code italien de procédure pénale de 1865 a prévu la question et l'a résolue dans ce sens : « *Si l'inculpé meurt avant qu'il ait été jugé définitivement, l'action publique s'exerce contre ses héritiers devant le tribunal civil.* ». Cependant, malgré ce texte absolu, certains auteurs admettent des distinctions.

[3] C'était le système de la jurisprudence jusqu'aux arrêts des 29 juillet 1898 et 1er juillet 1899, que je cite à la note suivante : Cass., 16 mars 1882 (S. 83. 1. 89); 3 août 1883 (D. 84. 1. 382); Lyon 15 août 1880 (S. 81. 2. 75); Bourges, 24 nov. 1881 (S. 82. 1. 79). Bien entendu, les auteurs qui admettent cette opinion sont obligés, en cas de *décès*, d'en restreindre l'application à l'action civile portée devant le tribunal correctionnel ou de simple police : car si l'action civile était pendante devant une cour d'assises, je ne vois pas comment on assignerait les héritiers en reprise d'instance. Pour la cour d'assises : Cass., 16 mai et 24 mai 1895 (D. 99. 1. 582 et notes 8 et 9).

[4] Voy. les motifs d'un arrêt de Cass., 27 juill. 1898 (S. 1909, 1. 55) et la note. Plus décisif : Cass., 1er juill. 1899 (S. 1901. 1. 382). *Sic*, Mangin, *op. cit.*, t. II, n° 282 ; Trébutien, t. II, p. 42 ; Hoffman, *op. cit.*, t. Ier, nos 57 et s. ; Le Sellyer, *De la compétence*, t. II, n° 1184. Comp. Cass., 19 mai 1872 (S. 72. 1. 397), et la note où sont rappelés les arrêts antérieurs. V. la note sous Cass., 9 févr. 1849 (S. 49. 1. 240); Bezol, *Revue pratique*, t. XX, p. 63. Le principe d'après lequel l'amnistie est accordée sous réserve des droits des tiers, ne fait pas obstacle à ce que le tribunal de répression, régulièrement saisi de l'action civile à l'occasion d'une infraction amnistiée depuis l'ouverture de l'instance, se déclare incompétent, car la partie civile ne peut prétendre avoir un droit acquis à être jugée par le tribunal devant lequel elle a porté son action.

321. Comment et quand on peut se constituer partie civile. — Deux situations sont possibles et doivent être distinguées.

a) *Le ministère public n'a pas encore intenté l'action publique.* — Dans ce cas, la victime du délit procède par voie d'*action*, et l'exercice de l'action civile devant la juridiction répressive met nécessairement l'action publique en mouvement : de sorte que cette juridiction est saisie à la fois de l'une et de l'autre.

Si le dommage a été causé par un *crime* ou un *délit*, la personne lésée a le droit de se constituer partie civile dans la plainte adressée au juge d'instruction et de provoquer, par ce moyen, l'ouverture d'une *information* (C. instr. cr., art. 63).

Si le dommage a sa cause dans un *délit* ou une *contravention*, la partie lésée a même le droit de *citer directement* le prévenu devant le tribunal correctionnel ou de police, qui se trouve ainsi compétent pour condamner à la fois à la peine et à des dommages-intérêts (C. instr. cr., art. 145, 182).

En cour d'assises, la citation directe n'est employée que pour mettre en cause les personnes civilement responsables, ou contre le prévenu s'il s'agit d'un délit de presse.

b) *Le ministère public a déjà engagé l'action devant la juridiction répressive.* — La personne lésée peut *intervenir* dans la poursuite commencée et joindre son action à l'action publique; elle le peut, alors même qu'elle n'aurait pas porté *plainte*, car, de même que tout plaignant n'est pas réputé, par cela seul qu'il a déposé une plainte, partie civile, de même la partie civile n'a pas besoin d'avoir déposé une plainte préalable pour que son intervention soit recevable[1]. La constitution de partie civile, au cours de l'instance, résulte d'une déclaration positive ou de conclusions à fin de dommages-intérêts[2]. Elle peut être formée en tout état de cause et jusqu'à la clôture des débats (C. instr. cr., art. 67), c'est-à-dire, soit devant le juge d'instruction ou la chambre des mises en accusation, soit devant les juridictions de jugement, par conséquent, en cour d'assises, avant la clôture des débats, devant le tribunal correctionnel ou de police, avant le jugement, les débats n'étant clos, devant ces juridictions, que par le jugement[3]. Toutefois, en matière correctionnelle et de simple police, elle doit avoir lieu devant la juridiction de premier degré, car la partie civile, qui interviendrait seulement en appel, priverait le prévenu, si

[1] Comp. : Le Sellyer, *op. cit.*, t. Ier, no 129.

[2] Comp. Douai, 16 avr. 1874 (S. 76. 2. 83).

[3] Cass., 17 janv. 1868 (D. 68. 1. 39). Conf. Cass., 9 août 1900 (S. 1901. 1. 59) et les notes 1 à 5; 12 févr. 1904 (*Pand. franç.*, 1904. 1. 451).

son intervention était recevable[1], d'une garantie judiciaire, le bénéfice des deux degrés de juridiction. La constitution de partie civile n'est pas subordonnée à la présence du prévenu ou de l'accusé dans le procès : elle peut donc avoir lieu, alors même que le prévenu ferait défaut ou que l'accusé serait en état de contumace[2]. Mais, en cas de condamnation par défaut, si le prévenu forme opposition et qu'il se désiste, le tribunal de répression est dessaisi vis-à-vis de la partie civile qui se serait constituée seulement sur opposition[3].

322. Des effets de la constitution de partie civile. — L'effet immédiat de la constitution de la partie civile est de donner à l'inculpé la victime de l'infraction comme adversaire dans le procès pénal. Désormais : 1° les actes importants de la procédure devront être signifiés à la partie civile (C. instr. cr., art. 68) ; 2° son témoignage cessera d'être recevable : *Nullus idoneus testis in re sua intelligitur*[4] ; 3° enfin, son intervention engagera sa responsabilité et pourra l'exposer à une condamnation à des dommages-intérêts envers le prévenu ou les personnes civilement responsables, aux frais du procès, et même à l'application d'une peine pour dénonciation jugée calomnieuse.

De même que la partie civile a la faculté de *renoncer* à l'action civile, avant de l'avoir intentée, de même elle a la faculté de se *désister* de la poursuite, après l'avoir soumise à la juridiction répressive. Ce *désistement*, par suite de la règle : *electa una via*, n'est pas seulement un abandon de l'*instance*, mais un abandon de l'*action*, et, c'est à raison de ce caractère, que le désistement n'a pas besoin, pour produire ses effets propres, d'être accepté par le prévenu ou l'accusé[5].

[1] En sens contraire : Bourges, 18 déc. 1883 (*Le Droit*, n° du 24 févr. 1883). Mais dans ce sens : Limoges, 24 mai 1870 (S. 71. 1. 99) ; Cass., 15 nov. 1889 (S. 91. 1. 42). Nancy, 8 nov. 1893 (*Journ. minist. public*, art. 3581) ; Alger, 16 nov. 1896 (D. 96. 2. 95).

[2] *Sic*, Cass., 3 août 1888 (D. 89. 1. 87 et la note).

[3] *Sic*, Lyon, 17 mars 1897 (*J. des Parquets*, 97, p. 35).

[4] Il semble résulter, comme contre-partie de cette proposition, que la victime du délit, en déposant à titre de témoin et sous la foi du serment, devient irrecevable à se constituer partie au procès. En un mot, il faut qu'elle choisisse entre la situation de partie et la situation de témoin, les deux qualités étant incompatibles. La jurisprudence ne paraît pas être allée jusqu'à cette conséquence logique.

[5] On nous dit, il est vrai, que dans le cas où la partie lésée a porté son action devant les tribunaux civils, il n'est pas possible de considérer le désistement comme un abandon de l'action et l'art. 402, C. pr. civ., s'applique évidemment ; par quel motif pourrait-on traiter la partie lésée autrement, quand, au lieu de porter son action devant les tribunaux civils, elle l'a portée devant les tribunaux de répression ? Nous répondons : devant les tribunaux civils, le désistement doit être accepté ; si

Mais cette faculté de désistement est restreinte par la loi dans des limites étroites. La personne, qui s'est constituée partie civile, doit se désister avant le jugement, et elle ne peut le faire que dans les *vingt-quatre heures de sa déclaration* de se porter partie civile (C. instr. cr., art. 66 et 67). Si le désistement n'est pas intervenu dans ce délai, la loi n'en tient nul compte ; le plaignant reste *partie* au procès et, par conséquent, responsable de tous les frais et dommages-intérêts. Ses effets, quand le désistement intervient en temps utile, sont de décharger la partie civile des frais ultérieurs de la procédure ; mais la partie civile, qui a porté plainte, n'est pas plus soustraite, par son désistement, à l'obligation d'indemniser le prévenu acquitté, qu'à la peine prononcée par la loi, si la plainte est jugée calomnieuse. Il suffit, pour la validité du désistement, qu'il soit dressé dans la même forme que la citation par laquelle l'action a été intentée et signifiée au ministère public et au prévenu [1].

§ VII. — EXERCICE DE L'ACTION CIVILE DEVANT LA JURIDICTION CIVILE.

323. Principe. — 324. De l'action civile jugée avant l'exercice de l'action publique. — 325. De l'action civile intentée avant ou pendant la poursuite de l'action publique. — 326. De l'action civile intentée après que l'action publique a été définitivement jugée.

323. Des trois hypothèses qui peuvent se présenter au cas d'exercice de l'action civile devant les tribunaux civils. — L'action civile peut toujours et doit même quelquefois, par exemple, si l'action publique est éteinte par décès ou amnistie, être portée devant la *juridiction civile*, c'est-à-dire devant la juridiction normalement compétente pour connaître d'une action en dom-

l'acceptation est faite sans réserve, le prévenu est censé avoir renoncé à se prévaloir du bénéfice de la règle : *electa una via*... Dans ce sens : Mangin, t. Ier, n° 68 ; Legraverend, *op. cit.*, t. Ier, p. 200 et 201 ; Rauter, t. II, n° 685. En sens contraire : Villey, p. 245 ; Faustin Hélie, t. IV, n° 1743 ; Rodière, *op. cit.*, p. 59 ; Le Sellyer, *op. cit.*, t. Ier, n° 432 ; Sourdat, *op. cit.*, t. Ier, n° 372 ; de Panthou, *Du désistement de la partie civile devant la juridicion répressive* (*Revue pratique*, 1859, t. VIII, p. 368 à 330). Du reste le désistement de la partie lésée n'arrête pas l'action publique. Voy. Rennes, 6 avr. 1892 (D. 92. 2. 502) ; Cass., 27 avr. 1899 (*Gaz. Trib.*, n° du 1er janv. 1900). Je me suis déjà demandé si cette règle ne reçoit pas exception quand l'action du ministère public est subordonnée à une plainte préalable de la partie lésée.

[1] La loi n'a pas déterminé les formes du désistement : il n'est donc pas besoin de suivre les formes édictées par l'art. 402, C. pr. civ. Cf. Cass., 19 févr. 1887 (D. 87. 1. 512).

mages-intérêts. Pour l'*intenter*, comme pour l'*exercer* jusqu'au bout, la partie lésée se conformera aux règles de la procédure civile. Nous n'aurions rien de plus à ajouter, si les deux actions qui naissent de l'infraction, exercées alors *séparément*, l'action privée devant la juridiction civile, l'action publique devant la juridiction répressive, restaient sans influence l'une sur l'autre. Mais, dans ce cas même, leurs rapports sont plus ou moins étroits, suivant les trois hypothèses qui peuvent être prévues.

324. L'ACTION CIVILE EST JUGÉE AVANT L'EXERCICE DE L'ACTION PUBLIQUE. — En principe, le jugement rendu par les tribunaux civils sur l'action en réparation du dommage causé par l'infraction n'a aucune autorité à l'égard de l'action publique; car il n'y a, entre les deux procès, dont l'un a été définitivement jugé par le tribunal civil, et, dont l'autre l'a été par le tribunal de répression, ni identité d'objet, ni identité de cause, ni identité de parties (C. civ., art. 1351). C'est un point qui sera plus longuement expliqué à propos de la chose jugée : mais il importe de faire remarquer ici que la juridiction répressive, même après une décision définitive de la juridiction civile, a le droit de se prononcer sur l'existence du fait incriminé et la culpabilité de l'agent, avec la même liberté et la même étendue de pouvoir, que si la juridiction civile n'avait pas statué. Il est fait toutefois exception à ce principe lorsque la question décidée par le tribunal civil est *préjudicielle* à l'action publique.

325. L'ACTION PUBLIQUE EST INTENTÉE AVANT OU PENDANT LA POURSUITE DE L'ACTION CIVILE. — Dans le cas où l'action civile est poursuivie séparément devant les tribunaux civils, l'exercice en est suspendu tant qu'il n'a pas été statué définitivement sur l'action publique, intentée, devant les tribunaux de répression, avant ou pendant la poursuite de l'action civile (C. instr. cr., art. 3, § 2). C'est ce qu'on exprime en disant : *Le criminel tient le civil en état.* Cette règle, qui est de tradition dans notre droit, s'explique par plusieurs considérations. D'une part, la loi veut protéger le débat criminel contre les préventions de fait, sinon de droit, qui pourraient naître d'une décision de la juridiction civile. Elle veut, d'autre part, faire réfléchir, sur le débat civil, les lumières qui auront jailli de l'instruction criminelle, et éviter ainsi que deux juridictions, saisies de deux actions, distinctes sans doute, mais nées cependant du même fait, ne prononcent des jugements contradictoires. Ce but ne serait pas atteint, si la décision criminelle devait rester sans influence sur la décision à rendre par la juridiction civile; aussi peut-on légitimement conclure de l'art. 3, que la loi n'ordonne aux tribunaux civils de surseoir à statuer sur l'action privée, que parce que le jugement criminel doit avoir, à l'égard de cette action, l'autorité de la chose jugée. C'est là, le principal motif de l'art. 3 : il le justifie, en limite la portée et en indique le caractère, qui est d'ordre public[1].

Mais il faut, pour que l'exercice de l'action civile soit suspendu jusqu'au jugement définitif de l'action publique, que les deux actions *naissent du même fait*, et que l'action publique soit *intentée*. La première condition est évidente : car si l'action publique, portée devant la juridiction répressive, et l'action privée, pendante devant le tribunal civil, dérivent de faits distincts, le jugement de l'action publique ne peut exercer son influence nécessaire sur l'action privée[2]. La seconde condition résulte du texte; il est bien certain que le tribunal civil ne doit et ne peut surseoir à statuer sur l'action privée que si l'action publique est *intentée*. Que faut-il entendre par là? L'action publique est intentée, ou plutôt mise en mouvement, si le prévenu est traduit directement devant le tribunal correctionnel ou de police, ou si une instruction préparatoire est provoquée contre lui, soit par le ministère public, soit par la partie lésée[3]. Mais l'action civile conserve son indépendance, s'il y a eu simplement dénonciation, ou plainte des parties intéressées[4].

Le concours de ces deux conditions est à la fois nécessaire et suffi-

[1] Cass., 7 mai 1851 (S. 51. 1. 434); Rennes, 22 juill. 1880 (S. 82. 2. 133).

[2] Ainsi, des poursuites en faux témoignage, dirigées par le ministère public contre des témoins qui ont déposé dans une enquête civile, ne peuvent pas autoriser le tribunal civil à surseoir au jugement du procès qui a donné lieu à cette enquête. C'est ce qui a été décidé par la Cour de cassation dans deux arrêts des 22 nov. 1815 et 5 janv. 1822 cités par Mangin, t. Ier, n° 165. Comp. également : Cass., 29 janv. 1877 (S. 78. 1. 318); 5 juin 1882 (D. 83. 1. 291); Aix, 7 juill. 1881 (S. 83. 2. 368).

[3] Cass., 3 janv. 1872 (S. 72. 1. 270) et les conclusions de M. l'avocat général Reverchon. La loi ne distingue pas entre le cas où l'action publique est intentée par le ministère public et le cas où elle est mise en mouvement par la partie lésée. Je ne saurais donc approuver un arrêt de la Cour de Bourges, du 4 mars 1873, qui admet et consacre cette distinction (S. 74. 2. 31). Sans doute, la partie lésée, qui a saisi de son action le tribunal civil, ne peut plus la porter devant le tribunal de répression : *electa una via.....*; — mais c'est à ce dernier qu'il appartient d'examiner la fin de non recevoir qui résulte de l'application de cette règle. Le tribunal civil doit provisoirement surseoir à statuer. Comp. : Faustin Hélie, t. II, n° 962.

[4] V. cependant les art. 239 et 240, C. pr. civ., rappelés par l'art. 460, C. instr. cr., en matière de faux. Mais il a été jugé que, même en cette matière, la règle du sursis ne s'applique pas au cas où, nulle poursuite criminelle n'ayant été commencée, le sursis n'a été demandé ni par les parties, ni par le ministère public : Cass., 3 janv. 1872 (S. 72. 1. 270), et les conclusions de M. Reverchon. Cette solution nous laisse quelques doutes, par suite du caractère d'ordre public qui semble appartenir à ces dispositions.

sant[1] : quelles que soient donc les *personnes* contre lesquelles l'action civile est dirigée, quel qu'en soit l'*objet*, le sursis, en cas de poursuite répressive, doit être prononcé d'*office* par la juridiction civile, à peine de nullité de la procédure. Il y a, par conséquent, deux solutions qui sont hors de toute controverse, à savoir : 1° que la règle s'applique à l'action civile tout entière, à ses deux chefs, les restitutions et les dommages-intérêts ; 2° qu'elle s'applique, quelles que soient les personnes contre lesquelles l'action civile est dirigée, les personnes civilement responsables, comme les auteurs mêmes ou les complices du délit[2]. L'art. 3 suspend, en effet, l'exercice de l'*action civile*, sans aucune restriction.

Mais la même règle s'applique-t-elle à des actions autres que l'action civile? Le texte, sans doute, ne parle que de celle-ci ; mais les motifs mêmes de la loi commandent aux tribunaux civils de surseoir à statuer, en cas de poursuite d'un fait délictueux, sur toutes les actions privées qui naissent de ce fait, alors même qu'elles auraient un autre objet que des dommages-intérêts ; car, la solution qui sera donnée au procès pénal devant avoir une influence nécessaire sur la solution à donner au procès civil, il importe que le criminel tienne le civil en échec. Ainsi, l'instance en divorce ou en séparation de corps, fondée exclusivement sur l'adultère de la femme, est suspendue par la poursuite de celle-ci devant le tribunal correctionnel, à raison précisément des rapports nécessaires de l'instance civile et de l'instance correctionnelle[3].

L'action civile reprend son indépendance, lorsqu'il a été prononcé « définitivement » sur l'action publique ; et le jugement ou l'arrêt, qui statue sur le procès pénal, doit être considéré comme définitif,

[1] Comp. : Cass., 29 janv. 1877 (S. 78. 1. 318) ; Rennes, 22 juill. 1880 (S. 82. 2. 133).

[2] Comp. : Haus, t. II, n° 1412, qui cite, comme étant contraire à cette solution, un arrêt de la Cour de cassation du 7 janv. 1813, que je n'ai pu retrouver.

[3] D'après l'art. 235, C. civ., relatif aux formes du divorce, « si quelques-uns des faits allégués par l'époux demandeur donnent lieu à une poursuite criminelle de la part du ministère public, l'action en divorce restera suspendue... ». Cette disposition, maintenue par la loi du 27 juill. 1884, a disparu, sans qu'on ait donné d'explication à ce sujet, dans le remaniement de ce texte par la loi sur la procédure du divorce du 18 avr. 1886. Par conséquent, la question de savoir si la demande en séparation de corps ou en divorce, fondée sur une infraction reprochée par le demandeur à son conjoint, est arrêtée par la règle : *le criminel tient le civil en état*, dépend de la portée qu'on donnera au principe de l'art. 3, C. instr. cr. Dans le sens de l'indépendance de l'action en séparation de corps ou en divorce : Cass., 22 juin 1850 (S. 50. 1. 629). Même solution pour l'action disciplinaire : Paris, 4 janv. 1880 (S. 81. 2. 80) ; Lyon, 7 nov. 1873 (S. 74. 2. 288). Voy. sur la question : mon *Traité d'instr. crim.*, t. I, n° 204.

lorsqu'il a acquis l'autorité de la chose jugée, quand même cette autorité n'est que provisoire. Remarquons, en effet, qu'une décision sur l'action publique peut être prise, soit par une juridiction d'*instruction*, soit par une juridiction de *jugement*. Un jugement ou un arrêt *irrévocable* des juridictions de jugement, acquittant ou condamnant le prévenu, mettrait certainement un terme au sursis. Mais une ordonnance ou un arrêt de non-lieu rendu par une juridiction d'instruction, un arrêt de contumace prononcé par une cour d'assises, auraient-ils le même effet? Ces décisions n'épuisent pas la poursuite, qui peut toujours être reprise, dans le premier cas, s'il survient de nouvelles charges, dans le second, si le condamné se représente ou est arrêté. Mais cette possibilité d'une reprise d'action ne fera pas obstacle à l'exercice de l'action civile; car une solution contraire conduirait à prolonger le sursis tant que durerait la menace de nouvelles poursuites, c'est-à-dire pendant tout le délai de la prescription de l'action publique : or, l'action civile se prescrivant par le même laps de temps que l'action publique, il en résulterait que l'action civile serait éteinte, le jour seulement où elle pourrait s'exercer utilement[1].

326. L'ACTION CIVILE EST INTENTÉE APRÈS QUE L'ACTION PUBLIQUE A ÉTÉ DÉFINITIVEMENT JUGÉE. — Si le jugement de l'action civile n'a généralement aucune autorité à l'égard de l'action publique, nous savons déjà, et nous verrons plus loin, que le jugement de celle-ci exerce, au contraire, sur l'action civile, qui n'est pas encore jugée, une influence nécessaire et forcée.

[1] Ce motif, à lui seul, est-il déterminant? ne pourrait-on pas dire, en effet, dans ce cas, que l'action civile, engagée devant le tribunal, est, par cela même, conservée par application de l'adage : *actiones quæ tempore pereunt semel inclusæ judicio salvæ permanent?* C'est un point que je ne veux pas examiner. Dans tous les cas, ce serait prolonger indéfiniment le sursis, que d'astreindre le tribunal à attendre qu'il n'y ait plus possibilité d'une reprise de l'action publique. La loi n'a pu vouloir ce résultat. Une solution contraire aboutirait à un véritable déni de justice. Comp. : Bidart, *Étude sur l'autorité, au civil, de la chose jugée, au criminel* (Paris, 1865), p. 206. Voy. cependant : Caen, 19 déc. 1898 (S. 1900. 2. 97), et la note. Cet arrêt prolonge à tort le sursis après l'arrêt de contumace.

TITRE III

DE L'EXTINCTION DES ACTIONS PUBLIQUE ET CIVILE.

CHAPITRE PREMIER

DE L'EXTINCTION DE L'ACTION PUBLIQUE.

§ Ier. — DIVISION.

327. Causes d'extinction communes. Causes d'extinction propres à certains délits.

327. Des deux catégories de causes d'extinction de l'action publique. — Les causes d'extinction de l'action publique sont, ou bien *communes* à tous les délits, ou bien *propres* à certains d'entre eux.

Parmi les *causes particulières*, il nous suffit de mentionner : la *transaction*, intervenue entre l'administration et le prévenu, en matière de douanes, de contributions indirectes, de régimes postal et forestier; le *pardon* de l'offense, en matière de diffamation ou d'adultère.

Les *causes générales* d'extinction de l'action publique sont : le *décès* de l'inculpé, l'*amnistie*, l'*autorité de la chose jugée* et la *prescription*. Je m'occupe plus loin de l'autorité de la chose jugée, et j'ai étudié déjà les effets soit du décès de l'inculpé soit de l'amnistie sur les droits d'action publique; il ne me reste donc à examiner ici que la prescription, en faisant observer que certains auteurs ajoutent, à ces quatre causes d'extinction de l'action publique, l'*épuisement de la pénalité*, dans le cas de non-cumul des peines. Mais j'ai déjà démontré l'inexactitude de cette doctrine.

§ II. — NOTIONS GÉNÉRALES SUR LA PRESCRIPTION PÉNALE[1].

328. De la prescription pénale. Son fondement. — 329. Caractère différent de la prescription en matière pénale et en matière civile. — 330. Questions à examiner.

328. Du fondement de la prescription pénale. — Le droit civil distingue deux sortes de prescriptions : la prescription à l'effet d'acquérir (*usucapion*), la prescription à l'effet de se libérer (*prescription* proprement dite) ; mais, en droit pénal, toute prescription est *libératoire*. Ce que la prescription pénale est destinée à éteindre, ce sont les droits d'*action* qui prennent naissance dans l'*infraction*, et les droits d'*exécution* qui prennent naissance dans la *condamnation*. La prescription, en matière criminelle, produit donc, quand elle éteint l'*action publique*, des effets analogues à ceux de l'*amnistie*, et quand elle met obstacle à l'*exécution de la condamnation*, des effets analogues à ceux de la *grâce*. Et ces effets ont leur cause, non dans un *acte d'oubli du pouvoir social*, mais dans le *laps de temps* qui s'est écoulé depuis que l'infraction a été commise ou depuis que la condamnation est devenue irrévocable. Ainsi par cela seul qu'un inculpé ou un condamné a possédé l'impunité pendant un certain temps, cette impunité lui demeure définitivement acquise. Comment justifier cette puissance du temps sur l'infraction ou sur la condamnation? Le véritable motif de la prescription pénale tient aux bases mêmes du droit de punir. En effet, le châtiment trop éloigné du délit ou de la condamnation, devenant *inutile*, parce que le souvenir du fait coupable est effacé et que le besoin de l'exemple a disparu, le droit même de punir cesse d'exister pour la société. C'est donc l'oubli *présumé* de l'infraction non jugée qui libère le coupable des conséquences de l'infraction ; c'est l'oubli *présumé* de la condamnation prononcée qui le libère des conséquences de la condamnation. La *cessation de la raison de punir*, c'est-à-dire du trouble causé par l'accomplissement du délit, légitime et explique ainsi, et la prescription de l'action publique et la prescription de la peine. La présomption d'oubli qui résulte du temps écoulé est fondée, comme toutes les présomptions, sur l'observation des faits habituels : c'est, en même temps,

[1] Bibliographie : Brun de Villeret, *Traité théorique et pratique de la prescription en matière criminelle*, Paris, 1863; Cousturier, *Traité de la prescription en matière criminelle*, Bruxelles, 1849; Hoorebecke, *Traité des prescriptions en matière pénale*, Bruxelles, 1847; Ch. Muteau, *De la prescription de l'action publique et de l'action civile en matière pénale*, Paris, 1894.

une présomption invincible, parce que la loi l'a établie dans un but élevé d'utilité sociale [1].

Tel est bien le fondement de la prescription pénale : et le législateur en déduit une double conséquence dans les art. 635 à 643, C. instr. cr., qui contiennent son système sur la prescription : 1° Le souvenir du fait coupable et le besoin de la répression se conservant plus longtemps à l'égard des grands crimes qu'à l'égard des petits délits, la durée de la prescription pénale est proportionnée au plus ou moins de gravité des infractions ou des condamnations. 2° De plus, comme la sentence définitive assure la preuve et fixe le souvenir de l'infraction, les délais de la prescription de la peine sont plus longs que ceux de la prescription de l'action.

[1] La prescription a rencontré de nombreux adversaires à la fin du dernier siècle et au commencement de ce siècle (V. particulièrement : Beccaria, *op. cit.*, § 13; Bentham, *Traité de législ.*, t. II, p. 147). Le principe en est de nouveau contesté par plusieurs criminalistes contemporains, et principalement par l'école positiviste italienne. Voy. Carrara, *Prog.*, § 715, note 2; Ferri, *Sociol crim.*, n° 73; Garofalo, *Criminologie*, p. 399; Zerboglio, *Della prescrizione pénale*, Bocca, 1893, ch. 1 et 5; Prins, *Science pénale*, n° 964. Pour justifier la prescription, il y a des arguments aujourd'hui jugés et condamnés : 1° Au premier rang, la théorie surannée qui prétend baser la prescription sur le repentir présumé du coupable. D'une part, la majorité des coupables ne s'amende pas par l'effet du temps. D'autre part, dans ce système, la prescription des contraventions reste inexpliquée. 2° La prescription serait l'équivalent de la peine à raison du remords qui agite le coupable et des angoisses qui tourmentent sa vie (l'insomnie de vingt ans). Ce motif, le seul qui ait été donné dans les travaux préparatoires du Code d'instruction criminelle, supposerait d'abord la perpétration d'un grand crime; il supposerait également la preuve de l'existence du remords de la part de celui qui invoque la prescription. V. Ortolan, t. II, n° 1833; Haus, t. II, n° 1318. 3° On a fait remarquer également que le temps, en amenant le dépérissement des preuves de la culpabilité et surtout de la non-culpabilité, justifiait la prescription. Mais ce motif, meilleur que les précédents, ne peut rendre compte de la prescription de la peine, celle-ci résultant d'une condamnation écrite, dont il reste trace. Il ne peut également justifier les prescriptions qui s'accomplissent par un bref délai et qui sont les plus fréquentes. Tout au plus, faut-il reconnaître que les difficultés de recueillir les preuves du délit au bout d'un certain temps doivent exercer une influence sur les délais de la prescription. 4° Le système de Heinze (dans Holtzendorff, *Handbuch*, t. II, p. 609 et suiv.) n'est pas non plus suffisant : « Le droit domine le fait, dit cet auteur. S'il y a conflit entre eux, c'est au premier que doit appartenir la victoire ; or, cette collision est flagrante, lorsque certains actes, punissables en droit, demeurent impunis en fait pendant un certain temps. Le seul moyen de trancher le conflit, de manière à assurer la prépondérance du droit, c'est la reconnaissance juridique du fait accompli ». La montagne n'allant pas vers Mahomet, c'est Mahomet qui va vers la montagne. 5° M. Tarde (*Philosophie pénale*, p. 131) base la prescription sur les modifications que subit, au bout d'un certain temps, la notion d'identité personnelle. Cette explication, trop ingénieuse, conduirait à faire cesser l'exécution même du châtiment après une certaine période.

329. Caractère différent de la prescription en matière pénale et en matière civile. — La prescription pénale, étant fondée sur l'intérêt de la société et non sur l'intérêt de l'inculpé ou du condamné, est *d'ordre public*. Ce caractère lui est, du reste, commun avec toutes les autres causes extinctives de l'action publique ou de la peine; on ne le fait particulièrement remarquer que parce que la prescription pénale diffère essentiellement en ce point de la prescription civile qui a été organisée avant tout dans l'intérêt du possesseur ou du débiteur. Il suit de là que la prescription pénale est acquise à l'inculpé ou au condamné, *de plein droit*, à son insu et malgré lui. Ce principe est fécond en conséquences : 1° D'abord l'inculpé ou le condamné ne peut *renoncer* à la prescription acquise, et demander, soit à être jugé, soit à être puni[1]. L'art. 641, C. instr. cr., fait une application de cette règle, lorsqu'il décide que, en aucun cas, *les condamnés par défaut ou par contumace, dont la peine est prescrite, ne pourront être admis à se présenter pour purger le défaut ou la contumace*. 2° La prescription acquise doit être *suppléée d'office*, soit par les juridictions d'instruction ou de jugement chargées d'examiner la recevabilité de l'action publique, soit par les magistrats chargés de faire exécuter les condamnations contradictoires ou par défaut, soit enfin par les juges, dans le cas où le condamné par contumace est arrêté ou se représente[2]. 3° Enfin, le moyen de défense tiré de la prescription peut être opposé *en tout état de cause*, devant les juridictions d'instruction et les juridictions de jugement, en première instance et en appel, et même, pour la première fois, devant la Cour de cassation[3].

330. Questions qui se posent a propos de la prescription. — Trois points doivent être examinés, à propos de chacune des prescriptions pénales : son *étendue*, *sa durée*, *ses effets*.

[1] Voy. note sous Lyon, 30 juin 1887 (S. 89. 2. 65).

[2] Cass., 3 nov. 1889 (S. 90. 1. 40).

[3] Point constant en jurisprudence : Cass., 28 juill. 1883 (S. 84. 1. 399); 13 mars 1886 (S. 86. 4. 391). Ce moyen pourrait même être accueilli par la juridiction saisie de la connaissance de l'affaire par suite d'un renvoi de la Cour suprême. *Sic*, Cass., 5 juin 1830 (S. 31. 1. 52); Brun de Villeret, *op. cit.*, n° 78. Toutefois, il est de jurisprudence constante que l'exception de prescription, soulevée pour la première fois par le prévenu devant la Cour de cassation, ne doit être accueillie qu'autant qu'elle résulte soit des constatations du jugement ou de l'arrêt attaqué, soit de la citation donnée au prévenu. Cass., 6 juill. 1878 (S. 78. 1. 486) et la note; 13 févr. 1880 (S. 80. 1. 485); 3 juill. 1880 (S. 81. 1. 482). C'est qu'en effet, la Cour de cassation ne peut rentrer dans l'examen des faits du procès : elle les tient pour constants, tels qu'ils ont été relevés dans la décision qui lui est soumise, et elle se demande, au point de vue qui nous occupe, si la prescription couvre le fait incriminé.

§ III. — DE LA PRESCRIPTION DE L'ACTION PUBLIQUE.

331. Étendue de la prescription de l'action publique. — 332. Délais. Qualification du fait au point de vue de la prescription. Prescriptions exceptionnelles. Point de départ du délai. Causes de suspension du délai. Interruption de la prescription. Suspension de la prescription. — 333. Effets de la prescription de l'action publique.

331. TOUTES LES INFRACTIONS SONT PRESCRIPTIBLES. — La prescription s'applique à toutes les infractions, car il n'en est pas dont le temps ne puisse effacer le souvenir. Aussi : 1° Il n'y a pas de crimes imprescriptibles, si graves soient-ils. C'est là une conception, qui n'existait ni dans le droit romain, ni dans notre ancien droit, qui n'est même pas admise par toutes les législations modernes. 2° Par conséquent, la prescription de droit commun s'applique, en l'absence de dispositions contraires, à toutes les infractions, qu'elles soient prévues par le Code pénal ou par des lois spéciales, qu'elles soient jugées par les tribunaux ordinaires ou par des tribunaux exceptionnels[1]. 3° Enfin, par son fondement même, la prescription doit échapper et échappe, en effet, dans notre droit, à toute condition restrictive de la nature de celles que nous voyons consacrées par certaines législations étrangères[2].

332. DÉLAIS DE LA PRESCRIPTION DE L'ACTION PUBLIQUE. — Pour déterminer le délai de la prescription, il faut examiner : ce *délai en lui-même*; son *point de départ*; les *causes qui peuvent le prolonger*.

A. *Quel est le délai de la prescription?* — La durée, que notre législation assigne à la prescription de l'action publique, est mise en rapport avec la *gravité* des faits punissables. Elle est fixée à *dix ans* pour les *crimes*, à *trois ans* pour les *délits*, à *un an* pour les *contraventions* (C. instr. cr., art. 637, 638, 640)[3]. Cette durée dépend donc

[1] Ainsi, il a été jugé, à bon droit, que l'art. 640, C. instr. cr., était applicable aux contraventions de grande voirie de la compétence des conseils de préfecture. Conseil d'État, 29 déc. 1870 (D. 72. 3. 36). Cf. également, Cass., 21 août 1863 (*Bull. crim.*, n° 287); Cass. civ., 18 mars 1895 (S. 95. 1. 149).

[2] Que le délinquant, par exemple, n'ait retenu aucun profit du délit; qu'il ait, autant que possible, réparé le préjudice; qu'il n'ait commis, durant le délai fixé pour prescrire, aucun autre crime. Ces restrictions, qu'on retrouve dans la législation autrichienne, ne se justifieraient que si la prescription était fondée sur le repentir présumé du coupable au bout d'un certain temps. La prescription des peines est interrompue dans le Code pénal italien par l'accomplissement d'un nouveau délit de même nature que celui qui a motivé la condamnation.

[3] Dans aucune législation criminelle de l'Europe, à l'exception de la législation

de la *qualification* du fait punissable, et cette qualification a pour base la nature de la peine *portée par la loi* contre ce fait. En conséquence, lorsque le jury a déclaré son crime *excusable*, l'accusé peut invoquer, et la cour doit même admettre d'office la prescription, si trois années se sont écoulées, sans poursuites, depuis que l'infraction a été commise. Dans cette hypothèse, en effet, c'est la loi elle-même qui punit de peines correctionnelles l'infraction, qui, dès lors, n'est plus qu'un délit. La même règle sera appliquée par les juridictions d'instruction, dans les cas où elles ont la faculté d'apprécier les excuses, par exemple, si l'on suppose qu'un crime, commis depuis plus de trois ans, soit reproché à un mineur de seize ans. Mais quand la cour d'assises ou le tribunal correctionnel admettant des *circonstances atténuantes*, déclarent qu'il y a lieu de commuer en emprisonnement une peine criminelle, ou de réduire à des pénalités de police les peines correctionnelles portées par la loi, les délais de la prescription restent néanmoins fixés à dix ans ou à trois ans, car la peine correctionnelle, qui est alors prononcée, n'est pas édictée *par la loi*, elle est substituée, *par le juge*, à la peine légale [1].

L'art. 643, C. instr. cr., annonce que les *dispositions du présent chapitre ne dérogent point aux lois particulières relatives à la*

belge, le délai de la prescription n'est aussi court que dans la législation française. En Autriche, l'action est imprescriptible pour les crimes punis d'une peine perpétuelle. En Allemagne, le délai est de vingt ans pour les crimes punis de la peine capitale, conformément à la tradition romaine (L. 12, C., *Ad legem Corneliam de falsis*); pour d'autres, il est de quinze ans. Le Code pénal italien fixe le maximum de la prescription à vingt ans (art. 91). La loi belge du 17 avril 1878 a reproduit les dispositions du Code d'instruction criminelle, sauf, en ce qui concerne les contraventions. Aux termes de l'art. 23 de cette loi, l'action publique et l'action civile résultant d'une contravention « seront prescrites après six mois révolus... ». A la différence des législations européennes, la législation des États-Unis réduit la prescription à trois ans pour tous les crimes qui n'entraînent pas peine capitale. Comp. Brun de Villeret, *op. cit.*, nos 64 à 68.

[1] Comp.: Ortolan, t. II, no 1856. Cette question est, du reste, vivement controversée. Certains auteurs s'attachent, pour déterminer la durée de la prescription, à la qualification même de l'infraction : ils soutiennent que ni l'excuse légale ni les circonstances atténuantes ne modifient le caractère du délit. Dans ce sens : Brun de Villeret, *op. cit.*, nos 195 à 197; Rodière, *op. cit.*, p. 40; Le Sellyer, *Actions publique et privée*, t. II, no 544; Bertauld, p. 621 et 622; Villey, p. 251. — D'autres, par une exagération contraire, décident que c'est la peine dont le fait est passible dans chaque cas particulier, qui seule détermine la durée de la prescription; peu importe que la peine soit édictée par la loi même, ou que le juge ait la faculté de la substituer à la peine légale. Dans ce sens : Faustin Hélie, t. II, no 1057; Labroquère, *Revue critique*, 1861, t. XIX, p. 167; Cousturier, *op. cit.*; Haus, t. II, nos 1330 et 1331; Cass. belge, 1er oct. 1881 (S. 83. 4. 1); Cass. ital., 7 mars 1895 (*Revis. penale*, 1895, p. 539).

prescription des actions résultant de certains délits ou de certaines contraventions. Les délais des prescriptions particulières sont toujours plus *courts* que ceux des prescriptions ordinaires. Ainsi, *a*) Les délits ruraux, autres que ceux prévus par le Code pénal restent soumis à la prescription fixée par la loi des 28 septembre-6 octobre 1791, c'est-à-dire à la prescription d'un mois à compter du jour où ils ont été commis; *b*) Les délits forestiers, commis dans les bois soumis au régime forestier, et qui ont été constatés par un procès-verbal, se prescrivent par trois mois ou par six mois, selon que les prévenus sont ou non désignés dans le procès-verbal (C. forest., art. 185 et 186); *c*) Les délits de pêche se prescrivent par trois mois à compter du jour où les délits ont été constatés (L. 15 avr. 1829, art. 62 et 63; L. 23 nov. 1898); *d*) Les délits de chasse se prescrivent, dans tous les cas, par trois mois (L. 3 mai 1844, art. 29); *e*) L'action publique et l'action civile, résultant des crimes, délits et contraventions prévus par la loi sur la presse du 29 juillet 1881, se prescrivent, après trois mois révolus, à compter du jour où ils ont été commis, ou du dernier acte de poursuites, s'il en a été fait (L. 29 juill. 1881, art. 65 [1]); *f*) Les contraventions à la loi du 30 juin 1881 sur la liberté de réunion se prescrivent par six mois (art. 11).

B. *Quel est le point de départ de la prescription?* — La prescription doit courir du jour même où le fait punissable a été commis; car c'est à dater de ce jour que le temps commence son œuvre d'oubli. Quelques législations exigent que le délit soit connu et légalement constaté pour qu'il puisse se prescrire [2]. Mais ce système méconnaît le fondement de la prescription pénale, qui n'est pas une peine contre la négligence du ministère public, mais une simple conséquence du temps, dont la marche efface nécessairement le souvenir de l'infraction à compter du jour où elle a été commise, surtout si elle n'est pas révélée [3].

Ce délai de prescription se compte par *jours* et non par heures ou de moment à moment. Les art. 637 et 640 portent, en effet, *à compter du jour*, et non *à compter de l'heure*. Ce point est certain : mais il fait précisément la difficulté de la question de savoir s'il faut compter le jour de l'infraction (*dies a quo*) dans le délai marqué pour la

[1] Comp. sur les variations des lois sur la presse, en ce qui concerne les règles de la prescription : G. Rousset (*Revue critique*, 1863, t. XXXIII, p. 1).

[2] Cette règle était consacrée par les Codes de l'époque intermédiaire (C. p. de 1791, 1re partie, t. VI, art. 25; C. du 3 brumaire an IV, art. 9 et 10). Elle s'expliquait par la brièveté des délais de poursuites : Comp. Brun de Villeret, *op. cit.*, nos 54 et 55.

[3] Comp. : Ortolan, t. II, no 1857.

prescription, ou s'il faut, au contraire, l'en exclure. La jurisprudence admet que le jour du délit (*dies a quo*) n'est pas compris dans le délai, parce qu'il n'est pas complet[1]. La prescription sera accomplie à la fin du dernier jour (*dies ad quem*).

L'infraction se prescrit donc à compter du lendemain du jour où elle a été commise, c'est-à-dire où elle a pris fin, car il est certain que la prescription ne peut courir tant que dure l'infraction. Toute la question est de savoir à quel moment on doit la considérer comme consommée, ce qui peut être douteux, lorsqu'il s'agit, soit d'infractions *continues*, soit d'infractions *collectives*. Les premières se composent d'un fait unique qui, dès qu'il est accompli, se prolonge sans interruption, et non pas d'une suite de faits distincts et séparés : aussi, la prescription de l'action publique ne peut commencer à courir que du moment où cet *état permanent de criminalité* est venu à cesser, car c'est alors seulement que le délit est terminé[2]. Les secondes se composent d'actes répétés, dont aucun, pris isolément, n'est punissable ; par conséquent, aucun de ces actes ne peut être soumis séparément à la prescription pénale qui ne s'applique qu'à leur ensemble, c'est-à-dire au *délit d'habitude*. Mais pour trouver l'habitude, les juges peuvent-ils remonter au delà de trois ans? Au contraire, ne doivent-ils tenir compte que des faits qui se sont succédés dans ce délai? Diverses opinions ont été soutenues. La Cour de cassation décide que le dernier fait ne remontant pas à plus de trois ans, tous les autres peuvent y être rattachés sans distinction de date[3].

[1] Voy. Faustin Hélie, t. II, nº 1067, *Pratique criminelle*, t. Ier, nº 1070; Le Sellyer, *op. cit.*, nº 516 ; Brun de Villeret, *op. cit.*, p. 122 ; Ortolan, t. II, nos 1859 et suiv. (remarquable dissertation) ; Trébutien, t. II, p. 148 ; Laborde, nº 872 ; Villey, p. 252; Cass., 2 févr. 1865 (S. 65. 1. 329); 4 avr. 1873 (D. 73. 1. 221) ; 2 févr. 1893 (D. 93. 1. 581). — Les législations européennes sont divisées sur cette question. Ainsi, le Code d'instruction criminelle autrichien décide, par un texte général, qu'on ne doit pas compter, dans un délai, le jour où il commence à courir (art. 6). La loi belge du 17 avril 1878 dispose, au contraire, dans son art. 24, *que le jour où l'infraction a été commise est compris dans le délai de la prescription.* Comp. : Haus, t. II, nº 1336. « La prescription commence à courir le *lendemain* du jour où le fait a été commis », porte le § 71 du Code pénal des Pays-Bas.

[2] Dans ce sens : Ortolan, t. II, nos 748 et 1863; Cousturier, *op. cit.*, nº 104; Haus, t. II, nº 1337. Un seul auteur, à ma connaissance, a contesté ce point, c'est Nypels, *Code pénal interprété*, art. 371, nº 4 ; art. 434, nº 1. Comp. : Cass., 30 janv. 1877 (S. 82. 1. 41). Voy. note de M. Roux, sous Cass., 4 juill. 1896 (S. 97. 1. 201).

[3] L'application de la prescription aux délits d'habitude, spécialement au délit d'usure, a beaucoup préoccupé les auteurs et la jurisprudence. On peut compter jusqu'à trois systèmes sur cette question. *a*) Le premier décide que la prescription s'applique à tous les faits constitutifs du délit d'habitude qui remontent au delà de

C. *Le délai de prescription peut-il être prolongé?* — La différence qui existe entre l'*interruption* et la *suspension* de la prescription, c'est que l'interruption efface rétroactivement le temps couru jusqu'à l'événement qui la produit, en sorte que la prescription recommence à courir à partir de cet événement, tandis que la suspension est un simple arrêt dans le cours de la prescription qui reprend, pour ce qui reste à courir, dès que l'obstacle a disparu. Ces particularités s'expliquent, si on les rattache aux causes qui interrompent ou qui suspendent le cours de la prescription. L'interruption étant fondée sur une reconnaissance du droit prescrit, émanée de celui qui prescrit, ou sur une interpellation adressée à celui qui était en voie de prescrire, doit anéantir le délai de prescription déjà écoulé. La suspension résultant, au contraire, d'un *obstacle de droit* ou *de fait*, qui empêche le propriétaire ou le créancier de veiller à la conservation de ses droits, doit arrêter la marche de la prescription, mais non pas obliger à recommencer le chemin déjà parcouru.

Existe-t-il des causes d'interruption ou de suspension de la prescription de l'action publique? La question doit être divisée.

a) *De l'interruption de la prescription.* — Si les art. 637, 638 et 640, C. instr. cr. ne prononcent pas le mot *interruption*, il est néanmoins certain qu'ils organisent un moyen d'anéantir le temps de pres-

trois ans. Il n'admet pas qu'on distingue entre les délits qui se composent de plusieurs faits et ceux qui sont constitués par un seul fait. Pour que la poursuite soit possible, il faut que le délit entier soit accompli depuis moins de trois ans. Les faits, au delà de cette limite, n'ont plus, aux yeux de la loi, d'existence; on ne saurait en tenir compte. Dans ce sens : Faustin Hélie, t. II, n°s 689 et 690; Le Sellyer, *Actions publique et privée*, t. II, n° 471. *b*) Le second système décide, au contraire, que les faits, pris isolément, ne constituant pas un délit, aucun de ces faits ne peut être isolément soumis à la prescription. Le délit est en voie de s'accomplir, il n'est pas encore accompli. Mais il en tire cette conséquence que, pourvu que le dernier fait isolé ne soit pas couvert par la prescription, on peut rattacher à ce fait tous les faits antérieurs, quelle que soit leur date. Ce système qui confond, quant aux règles de la prescription, le délit *continu* et le délit d'*habitude*, paraît être adopté par la jurisprudence : Cass., 21 oct. 1841 (S. 41. 1. 984); 30 déc. 1853 (S. 54. 1. 404). Dans le même sens : Brun de Villeret, *op. cit.*, n°s 170 et suiv. *c*) Enfin, d'après un troisième système, qui n'est qu'une modification du précédent, on peut rattacher, au fait qui ne remonte pas à plus de trois ans, les faits antérieurs, pourvu qu'ils ne soient pas séparés par un intervalle de plus de trois années. Nous nous rallions à cette opinion. Sans doute, le délai de trois ans ne peut être considéré comme un délai de prescription, puisque la prescription ne s'applique pas aux faits particuliers qui composent le délit d'habitude : mais s'il s'est écoulé plus de trois ans entre les deux faits isolés, l'intervalle est assez long pour exclure l'habitude et, par conséquent, le délit. Dans ce sens : Villey, p. 252; Bertauld, p. 612; Haus, t. II, n° 1348. La loi du 19 déc. 1850, dans son art. 3, fournit un argument à l'appui de cette opinion.

scription qui a déjà couru au profit d'un inculpé. Mais la lecture de ces textes suggère tout d'abord une double remarque. 1° Tandis que la prescription de l'action publique, *en matière criminelle* et *correctionnelle*, est interrompue par des actes de poursuite ou d'instruction, *en matière de police*, au contraire, les actes de poursuite ou d'instruction ne sont pas interruptifs, par eux-mêmes, il faut qu'un jugement de condamnation les ait suivis dans l'année de la contravention. 2° Tandis qu'en *matière civile*, la prescription n'est interrompue que par une citation en justice, un commandement ou une saisie, signifiés à celui qu'on veut empêcher de prescrire, c'est-à-dire par un *acte de poursuite* (C. civ., art. 2244, 2245), un simple *acte d'instruction* suffit pour interrompre la prescription des *crimes* et des *délits ;* et, *en matière de contraventions*, bien loin qu'un acte d'instruction soit suffisant, un acte de poursuite ne l'est même pas, il faut un jugement de condamnation.

Il résulte de là, tout d'abord, que le système de l'interruption de prescription en matière pénale est différent de celui qui est organisé pour la prescription civile. De plus, en ce qui concerne les règles de l'interruption de la prescription pénale, il faut soigneusement distinguer les crimes et délits d'une part, et les contraventions d'autre part.

I. La prescription de l'action publique, en matière *criminelle* et *correctionnelle*, est interrompue par des *actes de poursuite* ou d'*instruction*. Les actes par lesquels le ministère public exerce l'action publique, ceux par lesquels la partie civile la met en mouvement sont des actes de poursuite. Mais on ne peut attribuer ce caractère : ni aux réserves faites par le ministère public de poursuivre, puisqu'elles ne mettent pas l'action publique en mouvement ; ni aux dénonciations et simples plaintes, qui n'ont pour objet que de provoquer des poursuites ; ni aux actes émanés des prévenus, accusés ou condamnés qui sont des actes de défense[1] ; ni aux opérations d'enquêtes officieuses faites par le parquet ou à sa requête. Les actes qui tendent à éclairer l'autorité judiciaire, en recherchant et réunissant les éléments de preuves, tels qu'un transport sur les lieux, une exhumation, une perquisition, une saisie d'objets, un interrogatoire de témoins, un procès-verbal et même une ordonnance de non-lieu[2], sont des actes d'instruction.

Pour que la prescription soit interrompue par un acte de poursuite

[1] Comp : Faustin Hélie, t. II, nos 1077 et 1078 ; Le Sellyer, *op. cit.*, nos 476, 484 à 489 ; Brun de Villeret, nos 206 et suiv. ; Haus, t. II, no 1246 ; Cousturier, *op. cit.*, no 32 ; Laborde, no 877. Mais en sens contraire : Cass., 2 févr. 1885 (S. 86. 1. 446).

[2] Dans ce sens : Cass., 28 janv. 1870 (S. 70. 1. 280) ; 12 avr. 1873 (S. 73. 1. 346); 15 juill. 1890 (D. 90. 1. 449).

ou d'instruction, il faut que l'acte soit valable en lui-même; car un acte nul ou annulé ne peut produire d'effet. La validité d'un acte de poursuite ou d'instruction suppose qu'il émane d'un officier public compétent *ratione materiæ* et *ratione loci* et qu'il a été accompli avec toutes les formalités substantielles[1]. Mais un acte de poursuite, régulier en la forme, émanant d'un fonctionnaire ayant qualité pour le faire, produit un effet interruptif, malgré l'incompétence du juge devant lequel il est posé. En effet, l'incompétence du juge ne peut et ne doit invalider que les actes dont il est lui-même l'auteur[2].

Quels sont les effets de l'interruption de la prescription de l'action publique en matière criminelle et correctionnelle?

1° L'interruption rend inutile le laps de temps qui s'est écoulé déjà, avant l'événement qui la produit, de sorte qu'une prescription *nouvelle* doit recommencer. Mais on sait que l'application des actes interruptifs se fait, en droit civil, d'une manière indéfinie : en est-il de même en matière pénale? L'art. 637 ne prononce pas le mot d'*interruption*, il dit seulement que « l'action publique et l'action civile... se prescriront après dix années révolues à compter du jour où le crime aura été commis, si, *dans cet intervalle*, il n'a été fait aucun acte d'instruction ou de poursuite ». On doit conclure, sans difficulté, de ce texte que tout acte interruptif, pourvu qu'il soit accompli avant l'expiration du délai de dix ans qui suit le crime, efface tout le temps de prescription qui a déjà couru, et qu'une prescription *nouvelle* doit recommencer. Mais il s'agit de savoir si cette prescription nouvelle peut être interrompue elle-même par un nouvel acte de poursuite ou d'instruction, et ainsi de suite indéfiniment. Les textes ne se prêtent pas à un système d'interruptions indéfinies, car ils semblent n'attacher d'effet interruptif aux actes de poursuite ou d'intruction que s'ils se produisent *dans les dix ans ou dans les trois ans du crime ou*

[1] Comp. : Mangin, t. II, nos 343 et suiv. ; Brun de Villeret, *op. cit.*, nos 224 et 225; Sourdat, *op. cit.*, t. Ier, no 381; Le Sellyer, *op. cit.*, t. II, nos 499 et 500; Faustin Hélie, t. II, no 1079; *Pratique criminelle*, t. Ier, no 1074. La Cour de cassation a tiré de cette règle des conséquences trés juridiques dans un arrêt du 3 juill. 1881 (S. 81. 1. 481) et la note. V. également Cass., 13 févr. 1891 (D. 91. 1. 185); 15 juin 1893 (S. 94. 1. 49).

[2] Argument des art. 2246 et 2247, C. civ. — *Sic*, Cass., 5 mai 1865 (S. 65. 1. 426); 4 avr. 1873 (D. 73. 1. 221); 14 mars 1884 (D. 85. 1. 90); 29 mars 1884 (D. 85. 1. 183); 4 mai 1893 (D. 94. 1. 55); Besançon, 25 sept. 1897 (S. 98. 2. 175); Brun de Villeret, nos 216 et suiv., 221 et suiv.; Faustin Hélie, t. II, nos 1079 et 1080. Il faut remarquer, du reste, que le juge, mal à propos saisi, n'est pas tenu de prononcer la nullité de la poursuite : il doit se borner à déclarer son incompétence (C. instr. cr., art. 192 et 193). Or, un jugement d'incompétence, comme tout jugement, est interruptif de la prescription.

du délit. Si donc on prend à la lettre les art. 637 et 638, la prescription, ne pouvant être interrompue que par des actes de poursuite ou d'instruction faits dans le premier délai de dix ans ou de trois ans, serait acquise si, dans un second délai de dix ans ou de trois ans, l'affaire n'était pas irrévocablement jugée. Ainsi, la durée de l'action publique en matière de crimes ou de délits, ne pourrait dépasser *vingt ans* ou *six ans*. Ce doublement de délai, comme l'effet le plus prolongé de l'interruption de prescription, est certainement suffisant pour assurer la répression de ces infractions; et un système d'interruptions indéfinies serait contraire au fondement même de la prescription pénale. De plus, il remettrait au ministère public le pouvoir arbitraire de laisser ou non prescrire une action pénale contre qui lui plairait. Aussi le Code pénal de 1791 et le Code de brumaire an IV[1] n'admettaient d'interruptions que dans la première période qui suivait le jour où l'existence de l'infraction avait été connue ou constatée. Rien n'indique, dans les textes du Code d'instruction criminelle, que ce système ait été abandonné[2]. Pour soutenir, comme on le fait généralement, et comme le décide une jurisprudence constante, que des actes de poursuite ou d'instruction, successivement renouvelés, peuvent indéfiniment retarder l'accomplissement de la prescription, il faut s'appuyer sur les principes du droit civil et appliquer à l'interruption de l'action publique les règles de l'interruption civile. Mais c'est entrer dans une voie fausse et dangereuse. D'abord, la prescription pénale est fondée sur un tout autre motif que la prescription civile; celle-ci est une peine contre la négligence du propriétaire ou du créancier; celle-là, une conséquence du temps qui met en oubli l'infraction. Or, dans un système d'interruptions successives, on arrivera, en droit, à reconnaître la possibilité d'une poursuite, alors qu'en fait, le souvenir de l'infraction sera certainement effacé. De plus, les règles sur l'in-

[1] Code pénal de 1791, t. VI, art. 2, § 1; Code de brumaire an IV, art. 9 et 10.

[2] Le système que nous adoptons était soutenu par la majorité des auteurs belges. V. Haus, t. II, n° 1344; Cousturier, *op. cit.*, n°s 18 et suiv. Il avait été cependant repoussé par la jurisprudence belge : Cass. belge, 16 avr. 1860; Bruxelles, 13 mars 1873. Mais il a été adopté législativement par l'art. 26 de la loi belge du 17 avril 1878, ainsi conçu : *La prescription ne sera interrompue que par les actes d'instruction ou de poursuites faits dans les délais de dix ans, trois ans ou six mois, à compter du jour où a été commis le crime, le délit ou la contravention.* — En France, à l'exception de quelques auteurs (Ortolan, t. I, n° 1870; Labroquère, *Revue critique*, 1861, t. XIX, p. 169), la doctrine presque tout entière admet, contrairement à notre opinion, le système des interruptions indéfinies : Le Sellyer, *op. cit.*, t. II, n° 478; Brun de Villeret, *op. cit.*, n° 202; Villey, p. 257. Pour la jurisprudence : Montpellier, 5 mai 1887 (S. 88. 2. 161). Comp. sur les inconvénients en législation de ce système d'interruptions indéfinies : Carrara, *op. cit.*, § 714, n° 1, § 718; Laborde, n° 778.

terruption de la prescription pénale sont bien différentes des règles sur l'interruption de la prescription civile : ainsi, en matière pénale, un simple acte d'instruction a le même effet qu'un acte de poursuite. Les systèmes d'interruption n'ont donc aucune analogie. En droit civil enfin, il y a un correctif aux inconvénients de ces interruptions indéfinies de prescriptions résultant de poursuites commencées : c'est que l'effet interruptif de l'acte de poursuite est anéanti par la discontinuation de la procédure pendant trois ans, c'est-à-dire par la péremption d'instance. Ce correctif n'existe pas en droit pénal[1].

2° Les actes de poursuite ou d'instruction ont un effet *absolu*[2] et un caractère *impersonnel;* ils interrompent la prescription, bien qu'ils soient dirigés contre une *personne incertaine*[3] ; ils l'interrompent, bien qu'ils *n'aient pas été notifiés à l'inculpé*; ils l'interrompent contre tous les inculpés, bien qu'ils n'aient été dirigés que contre *un seul* (C. instr. cr., art. 637 et 640)[4]. En effet, tout acte de poursuite ou d'instruction, en vertu d'une présomption légale, conserve judiciairement le souvenir du délit, et, par conséquent, le besoin de l'exemple ; cet acte doit donc arrêter le cours de la prescription, à l'égard de toutes les personnes qui ont participé au délit, alors même qu'elles seraient encore inconnues ou qu'elles n'en auraient pas été averties[5].

[1] La péremption d'instance, prévue et réglée par les art. 397 et suiv., C. pr. civ., n'est pas applicable en matière criminelle. D'une part, les règles de procédure organisées par ce Code sont incompatibles avec les formes de la procédure criminelle (V. notamment l'art. 400, C. pr. civ., aux termes duquel la péremption est demandée par acte d'avoué à avoué). D'autre part, la péremption a pour fondement une présomption d'abandon d'instance, inapplicable en matière criminelle, puisque le ministère public, qui reste toujours partie poursuivante, ne peut abandonner l'instance. Comp. : Cass., 28 nov. 1857 (S. 58. 1. 171) ; 18 mars 1880 (S. 81. 2. 483). Comp. Brun de Villeret, *op. cit.*, n° 228.

[2] Cette règle est générale puisqu'elle est fondée sur la nature même de la prescription pénale. Elle s'applique donc aux délits dont la prescription est plus courte que la prescription ordinaire : Cass., 3 juill. 1880 (S. 81. 1. 481) et la note. Comp. : Brun de Villeret, *op. cit.*, n° 455 ; Faustin Hélie, t. II, n° 1094 ; *Pratique criminelle*, t. Ier, n° 1075 ; Orléans, 8 nov. 1887 (S. 88. 2. 98), et ma note sous cet arrêt.

[3] C'est là un point généralement admis. Comp. Cass., 3 juill. 1880 (S. 81. 181) ; Mangin, *op. cit.*, t. II, n° 345.

[4] Conf. Cass., 21 juin 1889 (S. 91. 1. 46) ; 8 janv. 1898 (S. 98. 1. 535). Suffit-il, pour interrompre la prescription d'une infraction, que cette infraction ait été découverte dans le cours d'une procédure même étrangère à cette infraction ? Je le croirais volontiers. *Sic*, Cass., 26 juin 1840 (S. 40. 1. 731) ; Trib. Bastia, 21 mai 1889 (S. 90. 2. 55). Haus, t. II, n° 1344 *bis*. En sens contraire : Trébutien, t. II, p. 155. Comp. : Brun de Villeret, *op. cit.*, n° 249.

[5] L'art. 48, C. p. allemand contient une disposition contraire : *L'interruption n'a lieu qu'à l'égard de celui des inculpés contre lequel l'acte a été dirigé.* Comp. : Carrara, *op. cit.*, § 718, p. 401 ; Morin, *Répertoire*, v° *Prescription*, n° 26 ; Bertauld, p. 606.

3° L'acte de poursuite ou d'instruction a pour effet de donner un nouveau cours à la prescription, mais il ne peut en modifier la durée : en un mot, l'acte interruptif proroge la prescription pour une nouvelle période de temps égale à celle qui est fixée par la loi qui régit l'infraction [1].

II. Les règles qui viennent d'être exposées ne s'appliquent point aux *contraventions de police :* la prescription de l'action publique résultant de ces contraventions n'est interrompue par aucun acte de poursuite ou d'instruction ; elle n'est interrompue que par une *condamnation* [2]. Si le jugement est susceptible d'appel, — et la loi ne donne le droit d'appeler d'un jugement de police, que dans le cas de condamnation, et il ne l'accorde qu'aux parties condamnées, — la prescription commence à courir à compter de la notification de l'appel qui en a été interjeté (C. instr. cr., art. 640). Ainsi, non seulement les procès-verbaux, les saisies, les enquêtes, mais les jugements interlocutoires même, ne conserveraient pas l'action ; le tribunal doit statuer définitivement, soit dans *l'année de la contravention*, soit dans *l'année de la déclaration* d'appel. Mais le Code d'instruction criminelle présente une grave lacune sur les effets du *pourvoi en cassation* et de la *cassation* des jugements de simple police, en ce qui concerne la prescription de l'action publique [3]. Par application de l'art. 172, C. instr. cr., il

[1] Ce principe, incontestable en matière ordinaire, doit également s'appliquer aux prescriptions de courte durée. La Cour de cassation paraît admettre cependant une règle contraire. D'après sa jurisprudence, dans le silence de la loi sur le temps requis pour la prescription des poursuites auxquelles donnent lieu des délits soumis à des prescriptions *particulières*, il faut nécessairement se reporter aux dispositions générales du Code d'instruction criminelle; or, aux termes des art. 637 et 638, la prescription en matière correctionnelle, ne peut être acquise que lorsque les poursuites ont été interrompues pendant trois ans. En conséquence, lorsqu'un délit de chasse, par exemple, aura été poursuivi dans le délai de trois mois, l'action publique ne pourra plus s'éteindre que par la discontinuation de poursuites pendant trois années : Cass., 13 avr. 1883 (D. 83. 5. 64); 29 mars 1884 (85. 1. 283); Lyon, 22 juill. 1890 (S. 91. 2. 21). Mais cette doctrine ne nous paraît pas fondée. En effet, si l'acte interruptif des prescriptions particulières a quelquefois pour effet, en matière civile, de prolonger le temps de la prescription, c'est qu'il emporte *novation* et modifie le titre même du droit de celui contre qui courait la prescription (Comp., par exemple, C. comm., art. 189). Mais on ne comprendrait pas qu'un acte de poursuite ou d'instruction puisse avoir pour résultat, en matière pénale, de changer le caractère de la prescription primitive et de lui substituer la prescription ordinaire, puisqu'il ne modifie pas le caractère propre de l'infraction qui seul a motivé une abréviation de délai. Cf. Albert Desjardins, *Revue critique*, 1884, p. 82; et note de Roux dans S. 1906. 1. 250.

[2] Comp. : Valabrègue, *De l'influence du pourvoi en cassation sur la prescription de l'action publique en matière de contravention de simple police* (*Revue pratique*, t. XLVIII, p. 82); Albert Desjardins (*Revue critique*, 1885, p. 104 à 107).

[3] Bien entendu, un jugement seul ne peut interrompre la prescription : Cass., 13 févr. 1891 (S. 94. 1. 423).

n'y a que les parties condamnées qui peuvent interjeter appel des jugements de police, les effets de cet appel sur la prescription sont réglés par l'art. 640. Mais, aux termes de l'art. 177 : *Le ministère public et les parties pourront, s'il y a lieu, se pourvoir en cassation contre les jugements rendus en dernier ressort par le tribunal de police, ou contre les jugements rendus par le tribunal correctionnel, sur l'appel des jugements de police.* Si donc le prévenu peut se pourvoir contre les jugements qui l'ont condamné, le ministère public et la partie civile peuvent aussi se pourvoir contre les jugements qui renvoient d'instance le prévenu. Mais il peut arriver que, quand la Cour de cassation est en mesure de se prononcer, il se soit écoulé plus d'un an depuis l'existence de la contravention ou depuis l'appel du jugement qui a été cassé, comme il peut arriver que, la Cour de cassation ayant prononcé dans les délais, le tribunal de renvoi ne se prononce qu'après qu'ils sont expirés. La prescription, dans ces différents cas, sera-t-elle acquise à l'inculpé? Il est certain que le Code d'instruction criminelle n'enjoint pas formellement à la Cour de cassation, comme il enjoint au tribunal de police ou au tribunal d'appel, de statuer sur la contravention dans un délai déterminé. Mais l'effet légal d'un recours en cassation régulièrement formé ou d'une cassation prononcée étant de conserver l'action publique, cette action ne peut être prolongée au delà d'un an, à compter du jour où la contravention a été commise, que si la loi donne au pourvoi ou à la cassation un effet soit *interruptif*, soit *suspensif*. Or, nulle part, elle n'attribue au pourvoi en cassation ou à la cassation l'effet d'interrompre ou de suspendre la prescription. La loi veut que les infractions peu graves soient définitivement jugées dans le délai d'un an, et l'appel seul des parties condamnées a pour effet de prolonger ce délai [1].

b) *De la suspension de la prescription.* — La prescription de l'action

[1] Les systèmes, auxquels cette question a donné lieu, sont assez nombreux ; on n'en compte pas moins de quatre : 1° D'après le premier, auquel je me rallie, le pourvoi n'est ni suspensif, ni interruptif; il n'est pas suspensif, puisque je ne reconnais pas de causes de suspension de la prescription, et que du reste, il n'existe, dans ce cas, aucune impossibilité d'agir ; il n'est pas interruptif, puisque l'art. 640 n'attache d'effet interruptif qu'à l'appel. On trouvera d'excellents développements sur ce système dans l'ouvrage de Haus, t. II, n° 1347. 2° D'après le second, le pourvoi n'est pas interruptif, il est suspensif. 3° D'après le troisième, le pourvoi serait interruptif, mais non suspensif. 4° D'après le quatrième, qui est celui de la Cour de cassation, le pourvoi serait à la fois interruptif et suspensif : Cass., 21 juin 1879 (S. 79. 1. 89); 16 avr. 1880 (S. 81. 1. 137); Cass., 9 juin 1881 (S. 81. 1. 87). Dans une note sous cet arrêt, M. Villey fait remarquer, avec raison, que « la théorie de la Cour suprême se fonde plutôt sur des nécessités pratiques et sur des arguments d'inconvénients, que sur des raisons juridiques bien solides ». Comp. : Brun de Villeret, *op. cit.*, n° 316 ; Le Sellyer, *op. cit.*, t. II, n° 512; Mangin, *op. cit.*, t. II, n° 462.

publique peut-elle être *suspendue?* D'après le droit civil, la prescription est suspendue par un certain nombre de circonstances, qui forment autant d'obstacles de droit ou de fait à l'exercice d'une action, et qui expliquent, aux yeux de la loi, l'inertie d'un propriétaire ou d'un créancier. Mais aucun texte du Code ne suppose que la prescription de l'action publique puisse être suspendue. Peut-on conclure du silence de la loi que, quelles que soient les causes qui empêchent le ministère public de poursuivre une infraction, le temps de son inaction forcée ne doit pas être déduit du temps utile pour prescrire? La jurisprudence se fondant sur l'adage : *contra non valentem agere non currit præscriptio*, admet la suspension de la prescription de l'action publique toutes les fois qu'il y a impossibilité d'agir et d'arriver au jugement définitif avant le terme assigné par la loi, qu'il y ait *impossibilité de fait*, telle qu'une inondation, une invasion [1], qu'il y ait *impossibilité de droit*, telle que la nécessité de faire trancher une question préjudicielle [2], d'obtenir une autorisation préalable, etc. Cette solution est scientifiquement très contestable dans un système de prescription qui est basé sur l'oubli présumé de l'infraction. Mais son principe ne se discute plus en pratique.

333. Effets de la prescription de l'action publique. — La prescription de l'action publique, étant fondée sur l'oubli présumé de l'infraction après qu'un certain temps s'est écoulé depuis sa perpétration, doit produire les mêmes effets que l'amnistie. De même que l'amnistie, la prescription efface le caractère délictueux du fait. En conséquence, le ministère public ne doit pas poursuivre une infraction prescrite : et le juge, si elle est poursuivie, doit déclarer l'action publique irrecevable sans pouvoir examiner la culpabilité du prévenu ou de l'accusé [3]. Tout tribunal de répression, avant de passer à l'examen du fond, est obligé de s'assurer que le fait dont il est saisi n'est pas couvert par la prescription. Aussi, la constatation de la date est un des éléments essentiels de la prévention, et le ministère public, dans toute poursuite, n'a pas seulement à prouver l'existence du fait délictueux, il faut encore qu'il établisse que son action a été intentée en temps utile : « Depuis moins de trois ans... » « depuis moins de dix ans », suivant la formule habituelle [4].

[1] Cass., 9 déc. 1871 (D. 71. 1. 353).

[2] Cass., 29 mars 1897 (S. 1901. 1. 452).

[3] Il faut remarquer, en effet, que l'action publique est éteinte, et le juge, qui ne peut plus *condamner* le prévenu, ne peut pas non plus l'*acquitter*. *Qui non potest condemnare non potest absolvere*. Comp. Brun de Villeret, *op. cit.*, n° 71.

[4] Bien entendu, la date de l'infraction peut n'être indiquée qu'approximativement,

§ IV. — DE LA PRESCRIPTION DE LA PEINE.

334. Étendue de la prescription. — 335. Durée de la prescription de la peine. Point de départ. Causes d'interruption et de suspension de la prescription. — 336. Effets de la prescription de la peine.

334. Des peines qui peuvent se prescrire. — Les peines portées par les arrêts ou jugements rendus par une juridiction, soit ordinaire, soit exceptionnelle, s'éteignent, lorsqu'elles sont restées sans être exécutées pendant un certain temps. Ici, ce n'est pas le droit de *poursuite*, c'est le droit d'*exécution* pénale qui, faute d'avoir été exercé dans le délai fixé par la loi, est éteint par la prescription. En conséquence, la prescription ne peut s'appliquer qu'à des peines qui doivent être exécutées. Celles qui produisent leurs effets de plein droit, indépendamment de tout mode de contrainte, dès que la condamnation est devenue irrévocable, sont en dehors du domaine de la prescription. Quelles sont donc les peines auxquelles s'applique la prescription et les peines qui lui survivent?

I. La prescription s'applique à la *peine de mort*, aux *peines privatives de liberté* et aux *peines pécuniaires*, c'est-à-dire à toutes les peines dont l'exécution suppose un acte positif et matériel sur la personne ou sur les biens, de sorte que lorsque cette exécution n'a pas eu lieu pendant le délai de vingt ans, de cinq ans ou de deux ans, la prescription est acquise. En ce qui concerne les peines pécuniaires, on pourrait cependant hésiter. En effet, la *confiscation* et l'*amende* sont des peines, dont l'effet légal, qui est de créer une dette ou de transférer une propriété, se produit par le seul fait de la condamnation, et affecte, passivement, dès que celle-ci est devenue irrévocable, le patrimoine du condamné. En résulte-t-il que ces peines soient soustraites à la prescription? Nullement. Il en est de l'amende et de la confiscation, ce qu'il en est de toute autre créance, qui se prescrit si le créancier reste un certain temps sans en poursuivre le recouvrement, avec cette différence toutefois, que le droit d'exécuter l'amende ou la confiscation, ayant son origine dans une *condamnation pénale*, se prescrit, non par trente ans, mais par vingt ans, cinq ans ou deux ans, suivant que la condamnation est prononcée pour crime, délit ou

car elle n'est exigée qu'au point de vue de la prescription. Mais il est également évident que la poursuite n'aurait aucune base si l'époque de la perpétration du délit était impossible à déterminer. Voy. Paris, 19 janv. 1889 (S. 89. 2. 63); Lyon, 30 juin 1887 (S. 89. 2. 65).

contravention. Ainsi, l'amende pénale et la confiscation répressive, bien qu'elles constituent des charges civiles, n'en conservent pas moins leurs caractères de peines, et se prescrivent, qu'elles aient été prononcées par un tribunal de répression ou par toute autre juridiction, qu'elles soient dues par le condamné ou par les héritiers de celui-ci, si, dans les délais de la prescription pénale, la condamnation n'a pas été exécutée sur les biens du débiteur[1].

II. Sont imprescriptibles, au contraire, les peines qui atteignent le condamné de plein droit et auxquelles il lui est impossible de se soustraire, celles qui consistent dans la privation de certains droits, dans des incapacités juridiques prononcées par le juge ou attachées par la loi à certaines condamnations. Cela est vrai en un double sens : 1° D'abord, la prescription de la peine principale ne peut libérer le condamné des incapacités et déchéances qu'il a encourues. Le Code civil (art. 32) le décidait formellement pour la mort civile, et ce n'était que l'application à cette déchéance de la règle générale. Cependant, en ce qui concerne l'interdiction légale, cette incapacité étant attachée par la loi à la *durée* de la peine principale, la prescription de celle-ci a pour effet d'éteindre celle-là. Mais on avait soutenu, à tort, qu'il en était de même de la surveillance de la haute police. La loi du 23 janvier 1874 a fait cesser toute difficulté à cet égard. Elle décide formellement, dans l'art. 48, C. p., que la prescription de la peine ne libère pas le condamné de la surveillance à laquelle il est soumis. Aujourd'hui toutefois, la surveillance de la haute police, ou plutôt l'interdiction de séjour qui la remplace, ne devant jamais être perpétuelle, a sa durée limitée à vingt ans, au cas de prescription d'une peine perpétuelle. La relégation, à raison de son caractère de peine accessoire, comme à raison de son objet, est soumise au même régime que l'interdiction de résidence. La prescription n'a aucun effet sur elle[2]. 2° Les peines, dont je viens de parler, sont également imprescriptibles en cet autre sens que le condamné n'en est jamais libéré par une prescription directe. Il peut arriver, en fait, que le condamné, bien

[1] Ce principe est certain. Il résulte, par un *a contrario* décisif, de l'art. 640, C. instr. cr., aux termes duquel les seules condamnations *civiles*, prononcées par les arrêts ou les jugements rendus en matière criminelle, correctionnelle ou de police, se prescrivent d'après les règles établies par le Code civil. Il s'applique même aux amendes prononcées pour contravention aux lois sur les douanes, les octrois, les contributions indirectes : Cass., 10 déc. 1890 (S. 91. 1. 118), avec les conclusions de M. l'avocat général Desjardins. Voy. également : Cass., 16 déc. 1898 (S. 99. 1. 529).

[2] *Sic*, Trib. corr. de Fontainebleau, 11 janv. 1901 (D. 1901. 2. 416). Cf. cependant Laborde, *Revue crit.*, 1888, p. 349, et *op. cit.*, n° 916. Voy. mon *Traité*, 2e éd., t. II, n° 544.

que frappé, par exemple, de dégradation civique, se soit établi dans une localité où ses antécédents étaient ignorés; que, là, il ait vécu, exerçant pendant vingt ans, pendant trente ans même, les droits que sa condamnation lui avait enlevés. Il se peut qu'il ait pris part aux élections, qu'il ait tenu une école, etc. Mais cette *possession d'un état* qu'il a perdu est impuissante à le lui faire recouvrer. L'état des personnes ne peut pas plus s'acquérir qu'il ne peut se perdre par prescription.

335. De la durée de la prescription de la peine. — Nous examinerons, comme pour la prescription de l'action, le délai en lui-même, son point de départ, les causes qui prolongent sa durée.

A. *Quel est le délai de la prescription des peines?* — Des art. 635, 636, 639, C. instr. cr., résulte une double règle : *a*) La prescription de la peine est plus longue que la prescription de l'action; elle est, en général, du double; *b*) La durée de la prescription est proportionnée à la gravité de la peine prononcée; elle est de *vingt* ans, de *cinq* ans, de *deux* ans, selon qu'il s'agit de condamnations en matière criminelle, de police correctionnelle, ou de simple police[1].

D'où la question de savoir si la durée de la prescription dépend de la qualification qui est donnée au fait punissable par le jugement ou l'arrêt de condamnation; ou bien de la peine réellement prononcée? De ces expressions des art. 635 et 636 : « Les peines portées *par les arrêts ou jugements rendus en matière correctionnelle*... », la jurisprudence a conclu que c'est la *qualification* du fait sur lequel ont porté les arrêts ou jugements, et non la *peine prononcée*, qui détermine la durée de la prescription[2]. En conséquence, elle ne tient aucun compte, pour modifier la durée de celle-ci, des abaissements de peine motivés par l'admission d'une excuse légale ou par celle des circonstances atténuantes. N'est-ce pas exagérer la portée de ces textes? Dans le langage de la loi, ces expressions : peines *en matière criminelle ou en matière correctionnelle*, sont synonymes de ces expressions, peines *criminelles*, peines *correctionnelles*. Et puisque c'est le droit d'exécuter la peine, qui est éteint par la prescription, il peut

[1] Le délai de vingt ans, qui est celui de la prescription criminelle, est calculé sur le maximum des peines criminelles temporaires. Le délai de cinq ans, qui est celui de la prescription correctionnelle, est aussi calculé sur le maximum ordinaire de l'emprisonnement correctionnel. — Le Code pénal belge de 1867 a conservé le délai de vingt ans pour la prescription criminelle, le délai de cinq ans pour la prescription correctionnelle, mais il double ce dernier délai, et le porte à dix ans, si la peine prononcée dépasse trois années : Art. 92. Comp., sur cette modification qui ne semble pas bien justifiée : Haus, t. II, n° 1038.

[2] Cass., 9 juill. 1891 (S. 91. 1. 432).

être rationnel de se préoccuper seulement, pour fixer la durée de celle-ci, de la peine elle-même, telle qu'elle a été prononcée par le juge? Si donc un fait, bien que qualifié crime, n'est puni que d'une peine correctionnelle, par suite de l'admission d'une excuse ou par suite d'une déclaration de circonstances atténuantes, il semble bien que la prescription doive être de cinq ans et non de vingt ans[1].

B. *Quel est le point de départ du délai ?* — Logiquement, il faut placer le point de départ du délai de la prescription de la peine au jour où la condamnation est devenue irrévocable; c'est à cette date, en effet, que naît le droit d'exécution ; c'est donc à cette date que la prescription de l'*action publique* cesse et que la prescription de la peine commence. La loi accepte, en effet, ce principe, dans l'application duquel elle apporte, du reste, quelques tempéraments favorables au condamné. Pour comprendre son système, nous avons, avec les art. 635, 636 et 639, à distinguer la prescription des *peines criminelles*, de la prescription des *peines correctionnelles et de police*.

I. En matière *criminelle*, les vingt années se comptent à partir de la *date* des *arrêts* ou *jugements* (C. instr. cr., art. 635, § 1).

La prescription des peines criminelles, comme la prescription de toute peine, suppose une condamnation *irrévocable*, en vertu de laquelle l'exécution peut avoir lieu. Or, l'arrêt de condamnation n'est irrévocable et, par conséquent, n'est susceptible d'exécution que lorsqu'il a acquis force de chose définitivement jugée. Tant qu'il n'a pas ce caractère, l'arrêt peut être considéré comme un *acte d'instruction*, qui laisse subsister l'action publique, et qui a seulement pour effet d'interrompre la prescription de celle-ci. Ce n'est donc pas à la prescription de la *peine*, c'est à la prescription de *l'action* qu'un arrêt de condamnation, *qui n'est pas définitif*, sert de point de départ. Ce principe s'applique aux *condamnations contradictoires*, mais il ne s'applique pas *aux condamnations par contumace*, prononcées par les cours d'assises. Reprenons ces deux propositions.

a) Si l'arrêt de condamnation est *contradictoire*, l'action publique subsiste, tant que dure le délai du pourvoi en cassation, et, s'il y a pourvoi, tant qu'un arrêt de la Cour de cassation n'est pas intervenu pour le rejeter. Du reste le pourvoi formé par le ministère public, étant un *acte de poursuite*, produit un effet interruptif sur la prescription de l'action. Mais dès que la condamnation est devenue irrévo-

[1] En ce sens : Ortolan, n° 1896; Haus, t. II, n°s 1029 et 1030. — En sens contraire : Faustin Hélie, *Pratique criminelle*, t. II, n° 1077, et les arrêts de jurisprudence qu'il cite; Villey, n° 514; Brun de Villeret, *op. cit.*, n°s 415 à 417; Bertauld, p. 622; Rodière, *op. cit.*, p. 536. Quelque opinion qu'on adopte sur la question, il est certain qu'une commutation de peine est sans effet sur la durée de la prescription.

cable, l'action publique est éteinte et la prescription de la peine qui n'est pas exécutée commence à courir, en remontant *au jour de l'arrêt*. En effet, par l'expiration du délai du pourvoi, l'arrêt est devenu en quelque sorte irrévocable à compter du jour où il a été rendu. En conséquence, si le condamné invoque la prescription de la peine criminelle qui a été prononcée contre lui, il n'aura pas à décompter, du temps requis par la loi, les quelques jours qui lui sont donnés pour se pourvoir en cassation, ni le temps qu'a duré la procédure du pourvoi.

b) La loi n'applique pas ces principes en matière de contumace. Quoique provisoire, la condamnation a pour effet d'arrêter la prescription de l'*action publique* et de faire courir la prescription de la *peine*, à compter du jour où elle est prononcée (C. instr. crim., art. 476 et 635 combinés). Si donc dix ans seulement se sont écoulés depuis la date de l'arrêt de contumace jusqu'au jour de la représentation volontaire ou forcée du condamné, celui-ci ne peut pas invoquer la prescription de l'action publique pour se prétendre libéré. La loi n'a pas voulu que la situation du contumax, rebelle à la loi, fût plus favorable que celle du condamné qui s'est présenté devant la justice. Or, si les règles du droit commun eussent été applicables au contumax, celui-ci eût été libéré des conséquences de son crime par une absence de dix ans; tandis que l'individu, condamné contradictoirement à une peine criminelle, qui serait parvenu à s'évader après sa condamnation, aurait eu besoin de vingt ans pour prescrire.

Lorsque, après avoir été condamné par contumace à une peine criminelle, l'accusé, jugé contradictoirement, n'est reconnu coupable que d'un *délit*, il serait, sans doute, équitable de lui permettre d'invoquer le bénéfice de la prescription, si cinq années s'étaient écoulées depuis la condamnation, en donnant, en quelque sorte, à la déclaration du jury, un effet rétroactif, au jour où la condamnation a été prononcée. C'est, en effet, ce que décide la jurisprudence[1]. Mais cette solution de faveur n'est pas motivée par la rigueur des principes; car la peine prononcée par l'arrêt de contumace, était soumise à la prescription de vingt ans, et, en bonne logique, il est évident que la prescription de cinq ans n'a pas pu éteindre la peine correctionnelle avant que celle-ci ait été prononcée.

[1] *Sic*, Cass., 22 août 1845 (S. 45. 1. 864); 9 févr. 1854 (S. 54. 1. 277); Cour d'assises de la Moselle, 4 déc. 1867 (S. 68. 2. 189). Comp. : Bertauld, p. 623 et 624; Haus, t. II, nº 1037; Hoorebeke, *op. cit.*, nº 209; Brun de Villeret, *op. cit.*, nºs 106, 107 et 481. La jurisprudence italienne est en sens contraire, bien que l'art. 543, C. proc. pén. ital. soit identique à l'art. 476 de notre Code : Cass., Turin, 28 avr. 1886 (S. 87. 4. 21).

II. La durée de la prescription des peines correctionnelles est de cinq ans, celle des peines de police est de deux ans. Quel est le point de départ de ces délais? c'est-à-dire à quel moment la prescription de la *peine* est-elle substituée à la prescription de l'*action*?

a) Si le jugement de condamnation est en *dernier ressort* et *contradictoire*, c'est la date de la sentence qui fixe le point de départ de la prescription. Ainsi, le condamné qui invoque la prescription, n'a pas à déduire, du délai de cinq ans ou de celui de deux ans qui s'est écoulé depuis la condamnation, le délai qui est accordé par la loi pour le pourvoi en cassation, ni la durée du pourvoi, si un pourvoi a été formé. C'est la même règle que pour la prescription en matière criminelle (C. instr. cr., art. 635, 636, 639).

b) Si le jugement contradictoire de condamnation a été rendu en *première instance*, la prescription commence à courir du jour où le jugement ne peut plus être attaqué par la voie d'appel, c'est-à-dire du jour où il a acquis force de chose jugée. Ici, en effet, il ne peut être question du délai d'un pourvoi en cassation, cette voie de recours n'étant pas ouverte contre un jugement en premier ressort.

c) Mais, en matière correctionnelle et de police, le prévenu peut être condamné *par défaut*. Quel est le point de départ de la prescription? Dans le silence de la loi, une première distinction s'impose. 1° Un jugement par défaut doit être signifié : tant qu'il n'est pas signifié, la peine prononcée ne peut se prescrire parce qu'elle ne peut être exécutée et la prescription de l'action publique continue à courir malgré cette décision[1]. 2° Lorsque le jugement a été signifié avant l'accomplissement de la prescription (trois ans ou un an), si la signification a eu lieu à personne, l'opposition n'est recevable que pendant un délai fort court : après l'expiration de ce délai et de celui d'appel qui est plus long, la décision, implicitement acceptée par le condamné, vaut contre lui décision contradictoire. Par suite, le point de départ du délai de prescription est le même que si la décision avait été, à l'origine, contradictoire, et la prescription courra, du jour du jugement ou de l'arrêt, si la décision est en dernier ressort, du jour de l'expiration du délai d'appel, plus long que celui d'opposition, si la décision est en premier ressort. 3° Lorsque la signification du jugement ou de l'arrêt par défaut a lieu à domicile, sans que le prévenu en ait eu connaissance par un acte d'exécution, l'op-

[1] Il est d'abord évident que les jugements par défaut, rendus par un tribunal de répression, ne se périment pas pour défaut de signification dans les six mois, aux termes de l'art. 156, C. proc. civ. *Sic*, Cass., 9 janv. 1880 (S. 82. 1. 485). Par conséquent, ils peuvent être signifiés tant que l'action publique est conservée, c'est-à-dire pendant trois ans ou pendant un an.

position est recevable jusqu'à la prescription de la peine (C. instr. cr., art. 187, § 3). Ainsi une condamnation qui n'est pas irrévocable fait courir la prescription de la peine : mais on n'est pas d'accord sur le point de départ du délai de cinq ans : les uns le placent, comme dans le cas de contumace, au jour du jugement ou de l'arrêt; d'autres, après l'expiration du délai de cinq jours qui suit la signification, c'est-à-dire après l'expiration du délai ordinaire d'opposition[1]. Je crois plus juridique de fixer le point de départ du délai au jour de la signification[2], puisque, aux termes de l'art. 187, les deux délais d'opposition et de prescription sont les mêmes : ils commencent et finissent en même temps. C'est la signification du jugement qui donne à ce titre une valeur d'exécution, puisque, si cette formalité manque, la condamnation est non avenue et que, si elle est remplie, la condamnation peut être exécutée.

La prescription de la peine, comme la prescription de l'action, se compte par jour, c'est-à-dire de *date à date*, et non par heures. Il ne suffit pas que le dernier jour soit commencé, il faut qu'il soit accompli. Le jour fixé par la loi comme point de départ de la prescription (*dies a quo*) n'est pas compris dans le délai de celle-ci. C'est ce que décide la jurisprudence pour la prescription de l'action publique. Les mêmes règles sont applicables à la prescription de la peine.

C. *La prescription de la peine peut-elle être interrompue ou suspendue?* — Le Code ne parle ni de l'*interruption* ni de la *suspension* de la prescription : et ce silence suffit pour s'en tenir, sur ces points, à l'observation des principes dont il faut rechercher l'application.

1. Les peines se prescrivent, parce qu'elles n'ont pas été exécutées dans les délais fixés par la loi. De là résultent deux propositions corrélatives : la prescription doit nécessairement être interrompue par la mise à exécution de la peine ; mais elle ne peut être interrompue que par cette mise à exécution. En effet, c'est le droit d'exécuter la condamnation qui est menacé d'extinction par la prescription ; c'est donc ce droit même qui doit être exercé dans les délais de deux ans, de cinq ans ou vingt ans, pour que la prescription en cours ne s'achève pas.

a) Ainsi, il ne suffirait pas, pour interrompre la prescription de la *peine de mort*, d'arrêter le condamné, et même de donner des ordres pour mettre à exécution la sentence; si, avant l'expiration des vingt ans qui suivent l'arrêt de condamnation, l'exécution elle-même n'avait pas eu lieu, la prescription serait acquise.

[1] Cass., 13 mars 1897 (S. 98. 1. 105) et la note de M. Roux.

[2] Cass., 5 mars 1869 (S. 70. 1. 46); Trib. corr. de Dijon, 12 févr. 1897 (S. 98. 2. 53).

b) En matière d'*amende* ou de *confiscation*, le cours de la prescription ne serait pas arrêté par le commandement fait au condamné de payer l'amende ou de remettre les objets confisqués, mais seulement par un acte d'exécution, paiement, saisie mobilière ou immobilière, contrainte par corps. Si la saisie ou le paiement n'avait produit qu'une partie de l'amende, une nouvelle prescription, qui s'accomplirait par vingt ans, cinq ans, deux ans, suivant que l'amende aurait été prononcée en matière criminelle, correctionnelle ou de simple police, commencerait à courir pour ce qui resterait dû.

c) S'agit-il de *peines privatives de liberté?* la prescription n'est pas interrompue par de simples significations, affiches, publications, visites domiciliaires, procès-verbaux de perquisitions. Mais une *arrestation*, opérée dans les délais fixés par la loi, est suffisante pour que la prescription cesse de courir, sans qu'il soit nécessaire que le condamné ait été conduit dans l'établissement où il doit subir sa peine. En effet, l'arrestation, opérée en vertu de la condamnation pénale, est le premier acte d'exécution de celle-ci[1].

En ce qui concerne les peines privatives de liberté, nous devons suivre l'application de ces règles, en distinguant trois hypothèses.

1° Dès le principe, une condamnation à une peine privative de liberté n'a pas été exécutée, soit que le prévenu ait été condamné par défaut, soit qu'il ait pris la fuite après la condamnation contradictoire mais avant son exécution. Lorsque, dans le délai de vingt ans, de cinq ans ou de deux ans, le condamné est arrêté, la prescription de la peine cesse, en principe, de courir, puisqu'il est impossible tout à la fois de prescrire la peine et de la subir. Mais cette arrestation produit-elle les effets de l'*interruption* de prescription? C'est-à-dire a-t-elle pour résultat de rendre inutile, à l'effet de prescrire, tout le temps qui s'est écoulé jusqu'au jour de l'arrestation, de telle sorte que si le condamné s'évade, la prescription qui courra à compter de son évasion, sera une prescription *nouvelle*, nécessitant un délai franc de vingt ans, de cinq ans ou de deux ans? En s'attachant à la lettre des art. 635, 636 et 639, il semble que la prescription de la peine ne peut avoir d'autre point de départ que la date de l'arrêt ou du jugement. Mais cette interprétation littérale conduit à une conséquence qui suffit pour la condamner. Supposons, en effet, qu'un individu, frappé de la peine des travaux forcés à perpétuité, s'évade à une époque où il s'est écoulé plus de vingt ans depuis la condamnation; si la prescription qui va commencer contre le droit d'exécuter la peine a pris cours à la date de l'arrêt de condamnation, l'autorité n'a

[1] *Sic*, Cass., 3 août 1888 (D. 89. 1. 173); 9 janv. 1892 (S. 93. 1. 168).

plus le droit de reprendre cet évadé, car la peine se trouve instantanément prescrite. Il faut donc laisser de côté les textes, muets sur la question, et admettre de deux choses l'une : ou que l'exécution de la peine produit, tant qu'elle dure, une *suspension;* ou bien qu'elle a pour résultat une *interruption* proprement dite de prescription. C'est ce dernier effet que je donne à l'acte d'exécution, car cet acte constitue une mainmise sur la personne, qui interrompt la jouissance de la liberté, c'est-à-dire la condition même de la prescription.

2° D'après la rigueur des principes, la prescription de la peine ne serait pas susceptible d'être interrompue dans le cas de condamnation par contumace. En effet, l'arrestation du condamné n'a pas pour but de faire subir une peine qui ne peut être exécutée, mais bien d'anéantir un arrêt de condamnation rendu sous condition résolutoire. L'arrestation n'est donc qu'une mesure préventive, nécessaire pour soumettre l'accusé à des débats contradictoires. Si donc, celui-ci s'évade de nouveau avant d'avoir été jugé contradictoirement, son évasion fait revivre l'arrêt de condamnation, et la prescription de la peine recommence ou plutôt continue à courir à compter de la date de cet arrêt[1].

3° Si le condamné à une peine privative de liberté, après avoir subi une partie de sa peine, parvient à s'évader, la prescription, pour la portion de peine qui lui reste à subir, commence à courir du jour de l'*évasion*, et non du jour de l'arrêt ou du jugement. La loi ne le dit pas, mais il est certain que la prescription ne peut éteindre le droit d'exécution pénale pendant que ce droit est exercé. Cette règle, dont le principe n'est contesté par personne, conduit cependant à des conséquences injustes. N'est-il pas contraire à l'équité de voir, par exemple, le condamné aux travaux forcés, qui, pendant vingt ans, est parvenu à échapper à l'exécution de sa peine, dans une situation plus favorable, au point de vue de la prescription, que le condamné qui s'évade après en avoir subi la plus grande partie?

II. La prescription des peines est impossible et, par suite, elle est suspendue, toutes les fois que leur inexécution est due à un obstacle légal[2] : c'est ce qui a lieu, notamment, en cas de sursis à l'exécution de la peine, cas dans lequel le moyen de prescription pourrait être

[1] Cette solution, qui nous paraît commandée par les principes rigoureux du droit, donne à l'individu condamné par contumace une situation plus favorable, au point de vue de la prescription, qu'à l'individu condamné contradictoirement.

[2] La jurisprudence admet, que tous les empêchements de droit qui mettent obstacle à l'exécution de la condamnation ont pour effet de suspendre la prescription. Voy. par exemple : Cass. 26 août 1859 (D. 59. 5. 297) ; 11 déc. 1869 (D. 70. 1. 41). Cf. Blanche, t. II, p. 296.

utile au condamné, pour éviter l'exécution de la peine suspendue, lorsqu'il a été déchu du sursis à la suite d'une nouvelle condamnation. Il est bien évident que la prescription ne peut courir pendant le délai d'épreuve, puisque l'exécution de cette condamnation n'est, pendant ce délai, que conditionnelle. Par suite, la prescription de la condamnation suspendue ne commencera à courir qu'à compter du jour où la condamnation ultérieure qui a entraîné la déchéance du sursis sera devenue irrévocable[1].

336. Des effets de la prescription de la peine. — Les effets de la prescription de l'action publique sont analogues à ceux de l'amnistie; les effets de la prescription de la peine sont analogues à ceux de la grâce. Comme la grâce, quand le décret procède par remise de peine, la prescription met obstacle à l'exécution des peines prononcées par la condamnation, mais elle laisse subsister cette condamnation, avec tous ses effets légaux. Le condamné, qui s'est soustrait à l'exécution de sa peine, ne peut être mieux traité que celui qui s'y est soumis, ou qui en a été libéré par mesure gracieuse. En conséquence, cette condamnation : 1° demeure inscrite au casier judiciaire; 2° produit toutes les incapacités dont elle est susceptible; 3° compte pour la récidive; 4° devient irrévocable par la prescription, si elle a été prononcée par contumace ou par défaut (C. instr. cr., art. 187 et 641). Le condamné qui a prescrit sa peine est, aujourd'hui, dans la situation du condamné gracié : l'accès de la réhabilitation judiciaire lui a été ouvert par la loi du 10 mars 1898, celui de la réhabilitation légale, par la loi du 11 juillet 1900. Cependant, le condamné pour crime, qui a prescrit sa peine, ne peut, aux termes de l'art. 635, § 2, « résider dans le département où demeurent, soit celui sur lequel ou contre la propriété duquel le crime a été commis, soit ses héritiers directs ». Le gouvernement a même le droit d'assigner au condamné le lieu de sa résidence. Cette disposition ne fait pas double emploi avec l'*interdiction de résidence*, qui remplace le renvoi sous la surveillance de la haute police; aussi est-elle expressément maintenue par l'art. 19 de la loi du 27 mai 1885. L'art. 635, C. instr. cr. contient, en effet : 1° une sorte de bannissement local; 2° il permet au gouvernement d'assigner une résidence au condamné qui a prescrit sa peine; 3° enfin, la pénalité spéciale qu'il prononce n'est pas limitée à une durée de vingt ans; elle est indéfinie et, par conséquent, perpétuelle.

[1] Limoges, 26 oct. 1899 (S. 1900. 2. 93) et la note.

CHAPITRE II

DE L'EXTINCTION DE L'ACTION CIVILE.

---

§ V. — DIVISION.

337. Comparaison entre les causes d'extinction de l'action civile et celles de l'action publique. — Les causes d'extinction de l'action civile ne sont pas nécessairement les mêmes que celles de l'action publique : d'une part, certains faits, qui éteignent l'action civile, n'éteignent pas l'action publique; d'autre part, certains autres, qui éteignent l'action publique, n'éteignent pas l'action civile ; enfin, il y a des causes qui éteignent tout à la fois l'action civile et l'action publique. Ainsi, l'action civile s'éteint par une *transaction*, par une *renonciation*, et ces modes d'extinction sont, en principe, étrangers à l'action publique. A l'inverse, le *décès du prévenu* et l'*amnistie*, qui éteignent l'action publique, laissent subsister l'action civile. La *chose jugée* et la *prescription* sont, au contraire, des causes d'extinction communes. Réservant ce qui concerne la chose jugée, je ne traiterai, en ce moment, que de la prescription.

§ VI. — DE LA PRESCRIPTION DE L'ACTION CIVILE.

338. Des deux situations a distinguer. — Il y a deux situations à prévoir : celle où l'action civile et l'action publique existent parallèlement; celle où l'action publique est éteinte, l'action civile lui survivant.

339. De la prescription de l'action civile avant toute extinction de l'action publique. — Notre Code, suivant en cela les précédents législatifs, a associé, quant à la prescription, le sort de l'action civile à celui de l'action publique : la prescription, pour l'une et pour l'autre de ces deux actions, a le même point de départ, le jour de l'infraction; elle a la même durée, dix ans, trois ans, un an; et les actes qui interrompent l'une ont le même effet à l'égard de l'autre (C. instr. cr., art. 637, 638, 640). Cette assimilation de l'action civile à l'action publique est difficile à justifier[1], car la prescription de l'action civile étant fondée sur l'inaction prolongée du créancier, la prescription de l'action publique, sur l'oubli présumé de l'infraction après un certain temps, il semble qu'il serait rationnel de soumettre l'une aux règles du droit civil et l'autre à celles du droit pénal. D'autant plus que l'unité, établie par la loi, entre les deux prescriptions, conduit à cette conséquence singulière, que, pour avoir violé tout à la fois la loi pénale et la loi civile, l'agent d'un fait dommageable se trouve dans une situation plus favorable, au point de vue de la prescription, que s'il avait seulement porté atteinte à des intérêts privés. En effet, tandis que, dans le premier cas, l'action en dommages-intérêts, à laquelle il est soumis, dure un an, trois ans ou dix ans, elle dure uniformément trente ans dans le second : de sorte que la durée de la prescription est souvent en raison inverse de la gravité du fait dommageable.

Mais le système de l'assimilation, qui ne se justifie pas rigoureusement, s'explique, comme une nécessité d'ordre public, par une double considération. *a*) Si la prescription de l'action civile était plus longue que celle de l'action publique, on pourrait voir la partie lésée faire déclarer le défendeur coupable d'une infraction et obtenir contre lui une condamnation à des dommages-intérêts à ce titre, alors que le ministère public serait impuissant à le poursuivre. Le scandale, qui résulterait d'une déclaration judiciaire de culpabilité, devant laquelle la justice pénale resterait impuissante et désarmée, est le premier motif qui donne à l'obligé en vertu d'une infraction la garantie d'une prescription plus courte qu'à l'obligé en vertu soit d'un contrat soit d'un délit ou quasi-délit civil[2]. *b*) De plus, le législateur veut, dans l'intérêt général, faire de la partie lésée, qui est la première informée de l'infraction et mieux en état que tout autre d'en désigner l'auteur, l'auxiliaire le plus actif de la partie publique; et dans ce but, il déclare l'action civile non recevable, si elle est exercée après l'expiration

[1] Plusieurs législations étrangères consacrent, au contraire, l'indépendance de l'action civile et de l'action publique. Voy. notamment C. p. italien, art. 102.

[2] « On ne peut obtenir la réparation de l'accusé, dit Muyart de Vouglans, sans le convaincre de son crime ; on ne peut le condamner, sans se mettre dans la nécessité de le punir ».

des délais, relativement courts, fixés pour la prescription de l'action publique.

Le principe, en vertu duquel l'action publique et l'action civile sont complètement assimilées entre elles en ce qui concerne la prescription, s'applique, que l'action civile soit portée devant les *tribunaux de répression*, accessoirement à l'action publique, ou qu'elle soit portée séparément, et comme action principale, devant les *tribunaux civils*. En effet, la durée de la prescription d'une action ne peut dépendre de la nature des juridictions qui sont saisies de celle-ci, mais de la nature même de cette action. Du reste, restreindre l'application des art. 637, 638 et 640, qui assimilent l'action publique et l'action civile en ce qui concerne la durée de la prescription, au cas où l'action civile est portée devant les tribunaux de répression, ce serait rendre inutiles ces textes, car il est bien certain que l'action publique prescrite, l'action civile, qui en est l'accessoire devant les tribunaux de répression, ne pourrait être portée devant eux. Si donc ces mots *action civile* ont un sens dans les art. 637, 638, 642, ils n'ont et ne peuvent avoir d'autre sens que celui-ci : après la prescription de l'action publique, la partie lésée n'aura pas d'action civile, non seulement devant les tribunaux de répression, cela est évident quand même la loi ne l'aurait pas dit, mais même devant les tribunaux civils, ce qui avait besoin d'être expliqué. Aussi l'art. 2, C. instr. cr., est formel pour repousser toute distinction ; il dispose, en effet, que l'action civile s'exerce contre le prévenu et contre ses *représentants* et qu'elle s'éteint par la prescription, ainsi qu'il est réglé au livre II, titre VII, chap. v, *De la prescription*. L'action civile s'éteint donc d'après les règles des art. 637, 638 et 640, même quand elle est exercée contre les représentants du prévenu : or, contre les *représentants du prévenu*, c'est-à-dire ses héritiers, l'action civile ne peut être portée que devant les tribunaux civils. Enfin, l'art. 642 vient fournir un argument *a contrario* qui n'est pas sans valeur[1].

[1] Si je m'arrête sur cette démonstration, ce n'est pas que je considère le principe comme douteux; il fait partie du *jus incontroversum*, car les textes cités ne peuvent avoir de sens que si on admet que la prescription établie par le droit criminel s'applique à l'action civile, alors même que celle-ci est intentée devant les tribunaux civils. Cependant quelques criminalistes ont essayé de démontrer que la prescription pénale était seulement extinctive de l'action civile portée devant les tribunaux de répression. Comp. : Bertauld, p. 652; Grellet-Dumazeau, *De la diffamation*, nos 298 et suiv.; Paul Collet, *Revue critique*, 1868, t. XXXIII, p. 1. Comment expliquer la résistance d'excellents esprits à des textes formels ? C'est que la raison, si on la consulte seule, ne semble pas ratifier la solution de la loi. Mais les motifs sur lesquels est fondée l'assimilation de la prescription des actions civile et publique avaient fini par faire prévaloir cette assimilation dans notre ancien droit. Le Code pénal de 1791, en réduisant le temps requis pour la prescription à trois ou

340. De l'étendue de la prescription de l'action civile. — Mais l'action civile, que la loi soumet à la prescription pénale, est l'*action en réparation du dommage causé par une infraction* (C. instr. cr., art. 1er). La prescription de dix ans, de trois ans, ou d'un an ne s'applique donc qu'à l'action qui a, pour *unique cause*, une infraction, et, pour *objet exclusif*, la réparation du dommage résultant de cette infraction (C. civ., art. 2262). Cette formule va nous permettre de déterminer l'*étendue* et les *limites* du système de l'assimilation entre la prescription de l'action publique et celle de l'action civile.

Son étendue. — Toute action en réparation du dommage causé par une infraction, qu'elle soit dirigée contre les *auteurs mêmes*, ou contre les *personnes civilement responsables de l'infraction*, se prescrit par dix ans, par trois ans ou par une année. On a cependant contesté cette solution à l'égard des personnes civilement responsables, en faisant remarquer que l'action dirigée contre elles ne dérivait pas d'une *infraction*, mais d'un *quasi-délit civil*. En effet l'infraction que commet la personne qu'un tiers est légalement chargé de surveiller n'aurait probablement pas été commise, si la surveillance de ce tiers eût été plus active et plus assidue. La loi fait de cette surveillance un *devoir civil*; elle en présume le défaut ou l'insuffisance quand elle n'est pas efficace, et, sur le fondement de cette présomption légale, elle reconnaît, comme tenu d'un *quasi-délit*, celui qu'elle déclare responsable à raison du fait d'autrui. L'action en responsabilité ne dérivant pas de l'infraction, doit donc être soumise à la prescription civile[1]. Mais cette opinion ingénieuse, outre qu'elle rendrait possible la poursuite de la personne civilement responsable du fait délictueux, quand celle-ci ne pourrait exercer de recours contre l'auteur de ce fait, irait contre le but de la loi, qui ne permet plus la contestation judiciaire du délit après les délais de la prescription pénale[2]. C'est

à six années suivant les distinctions qu'il établissait (art. 1 et 2 du tit. IV de la 1re part.), ne s'expliquait pas sur les effets de la prescription par rapport à l'action civile. Mais la loi du 3 brumaire an IV consacra, d'une manière formelle, la doctrine traditionnelle (art. 9 et 10). En présence de ces textes et des précédents, s'il est permis de discuter sur les conséquences de la règle, il n'est pas permis, sans commettre une erreur, de la contester. Voy. la note de M. Le Poittevin sous Cass., 27 déc. 1897 (S. 99. 1. 81), et la note sous Bourges, 14 juin 1899 (S. 1900. 2. 9).

[1] Dans ce sens, Beudant en note sous les arrêts de la Cour de cassation du 13 mai 1868 et du 12 janv. 1869 (D. 69. 1. 217). La dissertation de M. Beudant est reproduite par Le Sellyer, *Actions publique et privée*, t. II, n° 556; Collet, *Revue critique*, 1868, p. 1.

[2] La jurisprudence est fixée dans ce sens : Cass., 1er mai 1875 (S. 76. 1. 445); 10 janv. 1877 (S. 77. 1. 270); Douai, 9 mai 1894 (*Pand. franç.*, 95. 2. 273) et la note. Les auteurs sont également d'accord sur cette question : Haus, t. II, n° 1433; Villey, p. 266; Le Sellyer, *op. et loc. cit.*

précisément à raison du but de la loi qu'il ne suffirait pas à la partie lésée, pour échapper à la prescription pénale, de déguiser son action, en isolant l'acte dommeageable, dont elle demande la réparation, de tout caractère délictueux, et, par exemple, dans une action en rescision de convention, de qualifier de dol, des manœuvres qui constituent, en réalité, une escroquerie, un abus de confiance ou un faux. Comment pourrait-il, en effet, dépendre de la partie lésée, en donnant au fait la couleur d'un délit ou quasi-délit civil, d'obliger le défendeur à accepter cette qualification et le juge à l'admettre ? On a, il est vrai, prétendu que le défendeur ne devait pas être recevable à s'accuser d'une infraction pour faire tomber la demande : *Nemo auditur propriam turpitudinem allegans;* mais l'objection n'est pas fondée, car, en opposant la prescription, le défendeur ne reconnaît pas nécessairement l'existence des faits qu'on lui impute, il se borne à soutenir qu'en les supposant prouvés, l'action serait prescrite. De plus, si l'on admet que la prescription de l'action civile, comme celle de l'action pénale, est d'ordre public, il faut donner au juge le droit de qualifier lui-même les faits d'où découle la demande, pour suppléer le moyen tiré de la prescription [1].

Ses limites. — Les limites d'application de la règle qui solidarise la prescription de l'action civile à celle de l'action publique sont de deux natures : 1° Toute action, qui ne tire pas son origine exclusive de l'infraction, mais qui a sa cause dans un droit préexistant au délit ou tout au moins distinct du délit, reste soumise à la prescription ordinaire. D'une part, le fait délictueux laisse subsister tous les droits qui existaient avant lui et en dehors de lui, et l'action, qui a sa base dans ces droits, doit échapper à la prescription pénale, parce qu'elle ne naît pas du délit, alors même que, sans le délit, elle n'eût pas été exercée. D'autre part, le juge, pour examiner la prétention du demandeur, n'a pas nécessairement à rappeler le souvenir de l'infraction, puisque l'action que celui-ci intente a sa base dans une circonstance étrangère à l'infraction. Ainsi, le propriétaire volé peut, même après que le vol est prescrit, exercer son action en revendication ; le déposant peut, après la prescription de l'abus de confiance, exercer l'action née du dépôt [2]. 2° Il en est de même des actions qui, bien que

[1] *Sic,* Haus, t. II, nos 1435 et 1436 ; Faustin Hélie, t. II, n° 1111 ; Cass., 4 mars 1877 (S. 78. 1. 97).

[2] Jurisprudence constante : Cass., 27 août 1867 (D. 67. 1. 489) ; Douai, 18 août 1873 (D. 74. 2. 87) ; Bordeaux, 4 juin 1874 (D. 75. 2. 75) ; Cass., 8 juill. 1885 (D. 86. 1. 104) ; 5 août 1895 (D. 96. 1. 157) ; 5 août 1896 (S. 96. 1. 223) ; 28 avr. 1896 (S. 96. 1. 312) ; 7 déc. 1897 (S. 99. 1. 81) ; 11 juill. 1902 (D. 1902. 1. 486). Comp. Chesney, *Rev. crit.*, 1893, p. 47 à 50.

nées du délit, n'ont cependant pas pour objet direct la réparation du dommage qu'il a causé. Telles sont les actions en désaveu ou en séparation de corps, fondées sur l'adultère; l'action ouverte contre l'héritier, et tendant à le faire déclarer indigne de succéder pour avoir donné ou tenté de donner la mort au défunt. Ces actions échappent à la prescription pénale, parce que ce ne sont pas des actions civiles dans le sens que donne à ce mot le Code d'instruction criminelle (art. 1er).

Mais il ne faudrait pas conclure de la séparation de compétence établie par les Codes de justice militaire entre l'action civile et l'action publique, la première ressortissant exclusivement des tribunaux civils, la seconde, des tribunaux militaires, que la prescription criminelle ne soit applicable qu'à l'action publique et que l'action civile, résultant d'un délit militaire ou commis par un militaire, reste soumise à la prescription trentenaire. Les motifs mêmes de l'assimilation des deux actions et l'application des principes généraux doivent faire écarter cette solution [1].

341. Du délai de la prescription de l'action civile. — La durée de la prescription de l'action civile peut-elle être prolongée par un fait soit interruptif, soit suspensif? L'*indivisibilité* des deux prescriptions conduit à cette conséquence, que toute cause, qui interrompt ou suspend la prescription de l'une de ces actions, interrompt ou suspend la prescription de l'autre, mais que, à l'inverse, un fait ne peut être interruptif ou suspensif de l'une de ces prescriptions, sans être interruptif ou suspensif de l'autre.

a) Ceci posé, on est d'accord pour reconnaître que les actes de poursuite ou d'instruction, faits par la partie publique, interrompent la prescription des deux actions. Mais quel est l'effet des actes d'*instruction* ou de *poursuite* posés par la partie civile? C'est sur ce point que portent les difficultés. Les uns soutiennent que tous les actes de poursuite ou d'instruction de la partie lésée, posés même devant la juridiction civile, tels qu'une assignation ou une enquête, conservent à la fois l'action civile et l'action publique; d'autres, que pareils actes conservent seulement l'action civile, laquelle survit ainsi à l'action publique. Mais les deux actions étant associées, au point de vue de la prescription, les textes s'opposent à ce que l'action civile survive à la prescription de l'action publique. Ainsi se trouve écarté le second système. Reste le premier que je repousse également. En effet, les actes de poursuite de la partie lésée ne peuvent interrompre la prescription de l'action civile que s'ils interrompent, en même temps, la

[1] Aix, 23 nov. 1893 (S. 95. 2. 33) et note.

prescription de l'action publique. Or, l'art. 637 ne semble reconnaître d'effet interruptif aux actes de poursuite ou d'instruction que s'ils sont posés devant la juridiction répressive soit par la partie publique, soit même par la partie lésée : en effet, la prescription est interrompue, *même à l'égard des personnes qui ne seraient pas impliquées dans l'acte de poursuite ou d'instruction* [1], ce qui suppose bien un acte de poursuite ou d'instruction posé devant la juridiction répressive, puisque les actes de poursuite, en matière civile, n'ont pas ce caractère absolu et impersonnel. Est-ce à dire que l'acte de poursuite de la partie lésée, impuissant comme acte interruptif, soit sans effet pour conserver l'action civile? Je ne le pense pas, car de deux choses l'une : — ou l'action intentée ira jusqu'au bout, et le tribunal devra rendre sa décision, encore que les délais de la prescription soient expirés en cours d'instance, car la recevabilité d'une action doit être appréciée au jour de la demande [2], — ou l'action s'arrêtera, et alors la procédure sera considérée comme non avenue par suite de la péremption.

b) En ce qui concerne la suspension, il y a lieu de se placer en face des deux hypothèses. Il existe des circonstances par suite desquelles la prescription de l'action civile est suspendue : ces circonstances, telles que l'état de minorité de la partie lésée ou de ses héritiers, étant sans influence sur la prescription de l'action publique, resteront sans influence sur celle de l'action civile elle-même [3]. Mais si l'on admet, avec la jurisprudence, que les obstacles qui s'opposent à l'exercice de l'action publique suspendent le cours de la prescription de cette action, on doit en conclure que les causes de suspension de la prescription de l'action publique agiront, par effet réflexe, sur la prescription de l'action civile. Ces solutions résultent de l'indivisibilité même des deux prescriptions.

342. DES EFFETS DE LA PRESCRIPTION DE L'ACTION CIVILE. — L'effet de la prescription de l'action civile est d'opposer une fin de non

[1] V. Metz, 30 mars 1870 (D. 70. 2. 111): Cass., 4 avr. 1873 (D. 73. 1. 221); Laboquère, *op. cit.*, p. 170; Rodière, *op. cit.*, p. 39.

[2] Je suis obligé de reconnaître que, dans ce cas, l'existence de l'infraction pourra être judiciairement constatée, à un moment où l'action publique étant prescrite, la répression sera impossible; mais le demandeur ne peut être rendu responsable des lenteurs de la justice : *actiones, quæ tempore pereunt, semel inclusæ judicio salvæ permanent.* Un jugement doit être rendu comme s'il avait pu être formulé au jour de la demande, les juges devant se placer à cette époque pour apprécier le bien fondé des prétentions du demandeur. Du reste, le ministère public, averti par l'exercice utile de l'action civile, a pu et dû poursuivre. S'il ne l'a pas fait, il est en faute, et cette faute ne peut pas éteindre le droit de la partie lésée.

[3] *Sic*, Cass., 1er févr. 1882 (S. 83. 1. 155); 4 août 1886 (S. 87. 1. 169).

recevoir absolue contre l'action. Il résulte, en effet, de l'assimilation établie par le législateur entre la prescription de l'action civile et celle de l'action publique que la prescription de l'action civile est d'*ordre public*, qu'elle doit être suppléée d'office, même par le juge civil, que le défendeur n'a pas la faculté d'y renoncer lorsqu'elle lui est acquise, et qu'elle peut être proposée, pour la première fois, devant la Cour de cassation[1]. Mais la prescription, éteignant les actions auxquelles le délit a donné naissance, laisse subsister ce délit même : elle n'empêche donc pas de faire valoir, par voie d'*exception*, les faits qui auraient servi de base à l'action civile, si elle eût été intentée en temps utile. Ainsi l'individu, qui est poursuivi en vertu d'un titre obtenu au moyen d'une escroquerie, est toujours recevable à opposer, pour faire tomber la demande, les manœuvres délictueuses dont il a été victime[2].

343. De la prescription de l'action civile après l'extinction de l'action publique. — Du motif de la règle qui solidarise l'action civile et l'action publique, au point de vue de la prescription, résulteraient rationnellement deux conséquences : 1° l'action publique étant éteinte par prescription, l'action civile serait éteinte avec elle et ne pourrait jamais lui survivre; 2° l'action publique étant éteinte pour toute autre cause, l'action civile survivrait et demeurerait soumise, non plus aux règles du droit criminel, mais aux règles du droit civil. La première proposition est certaine; la seconde, acceptée par quelques auteurs[3], avec la plus grande étendue d'application, n'est pas

[1] Toutes ces conséquences de l'indivisibilité des deux actions au point de vue de la prescription sont contestées et la jurisprudence paraît s'affirmer nettement en sens contraire. Pour le cas où l'action civile est intentée séparément devant la juridiction civile, la jurisprudence applique à cette action les règles de la prescription civile (C. civ., art. 2220, 2223, 2225) : Cass., 28 févr. 1860 (S. 60. 1. 266); 7 janv. 1892 (S. 92. 1. 88); 23 janv. 1901 (S. 1901. 1. 457), et la note de M. Tissier; Lyon, 30 juin 1887 (S. 89. 2. 65). Mais en sens contraire : Paris, 24 févr. 1855 (D. 56. 2. 71); Nancy, 14 déc. 1883 (S. 84. 2. 157). — Pour le cas où l'action civile est portée devant la juridiction répressive concurremment avec l'action publique, il serait difficile de ne pas admettre l'indivisibilité des deux actions : d'où il suit que la prescription de l'action civile constitue un moyen d'ordre public, qu'elle peut être proposée en tout état de cause et même être opposée d'office par le juge : Grenoble, 28 juin 1888 (S. 88. 2. 184). — Il est certain que, sous l'empire du Code de brumaire an IV, le juge civil, de même que le juge criminel, se trouvait obligé de déclarer d'office l'existence de la prescription. On peut donc considérer la jurisprudence qui s'est établie sous l'empire du Code de 1808 comme une des manifestations les plus intéressantes d'une réaction jurisprudentielle contre la prescription simultanée de l'action publique et de l'action civile. Voy. la note de M. Tissier sous Cass., 23 janv. 1901 (S. 1901. 1. 457).

[2] *Que temporalia sunt ad agendum perpetua sunt ad excipiendum.*

[3] Villey, *Revue critique*, 1875, p. 81.

complètement exacte. Les causes d'extinction de l'action publique, autres que la prescription, sont : la *chose jugée*, l'*amnistie*, le *décès* du prévenu. Le principe d'après lequel l'action civile s'éteint par la *prescription pénale*, s'applique-t-il encore lorsque l'un de ces faits a éteint l'action publique, en laissant subsister l'action civile? Il faut distinguer, je crois, deux ordres d'hypothèses.

a) Le mode d'extinction de l'action publique, tout en laissant subsister l'action civile, a-t-il pour conséquence de modifier le *caractère* même du fait qui lui donne naissance? l'action en dommages-intérêts se prescrira par trente ans (C. civ., art. 2262). C'est ainsi que, s'il est intervenu, devant la juridiction répressive, une ordonnance de non-lieu ou un acquittement, éteignant définitivement ou provisoirement l'action publique, mais n'empêchant pas la partie lésée de former une demande en dommages-intérêts devant les tribunaux civils, la prescription ordinaire de trente ans sera seule applicable. Le fait étant provisoirement ou définitivement dépouillé de tout caractère délictueux, l'action en dommages-intérêts qui en résulte est, en effet, une action civile ordinaire qui dure trente ans, à partir, non de l'ordonnance de non-lieu ou de l'acquittement, mais à partir du jour où le fait dommageable a eu lieu [1]. De même, si une loi d'amnistie efface le caractère délictueux de l'infraction sans déclarer l'action civile éteinte, la même solution devra être adoptée.

b) Mais je crois, au contraire, qu'en cas de *condamnation* et de *décès* du prévenu, l'action civile, qui subsiste, reste soumise à la prescription pénale. Il suffit, en effet, que l'action résulte d'un fait punissable et ait pour objet la réclamation de dommages-intérêts, pour qu'elle se prescrive conformément aux règles du droit criminel : or, les causes d'extinction de l'action publique, que je viens de prévoir, ne modifient, en aucune sorte, le caractère délictueux du fait générateur de l'action civile. Aussi l'art. 2, C. instr. cr., nous indique que la prescription, établie par les art. 637, 638 et 640, s'applique à l'action civile, alors même que celle-ci est intentée après le *décès* du prévenu contre ses représentants. A plus forte raison, doit-il en être ainsi lorsqu'elle est exercée, après un jugement de condamnation, qui a judiciairement constaté le caractère délictueux du fait qui lui sert de base [2].

[1] Sauf l'effet suspensif de l'instance criminelle (C. instr. cr., art. 3). Comp. : Le Sellyer, *op. cit.*, n° 483.

[2] La jurisprudence est fixée en ce sens : Cass., 4 déc. 1877, deux arrêts (S. 78. 1. 419 et 556); Cass. civ., 13 déc. 1898 (D. 99, 1. 249); Chesney, *Rev. crit.*, 1893, p. 51. Comp. : Brun de Villeret, n°s 335 et 339 ; Le Sellyer, *op. cit.*, n°s 482 et 556. — Cette solution a été combattue par M. Villey, dans un remarquable article déjà

§ VII. — DE LA PRESCRIPTION DES CONDAMNATIONS CIVILES.

344. Les condamnations civiles se prescrivent par trente ans. Ce qu'on entend par condamnations civiles. Point de départ de la prescription.

344. DE LA PRESCRIPTION DES CONDAMNATIONS CIVILES PRONONCÉES PAR LES TRIBUNAUX DE RÉPRESSION. — Les condamnations prononcées par les tribunaux de répression sont de deux sortes, *pénales* et *civiles*. Le droit d'exécuter les unes, comme celui d'exécuter les autres, est soumis à la prescription, s'il n'est pas exercé dans un certain délai. Mais le fondement de la prescription n'est pas le même dans les deux cas. Si le créancier de condamnations civiles ne peut plus, au bout d'un certain temps, les faire exécuter, c'est que son inaction prolongée emporte présomption d'abandon de droit. Si le ministère public ne peut plus, au bout d'un certain temps, faire exécuter une condamnation pénale, c'est que le temps, ayant effacé le souvenir de l'infraction, il ne serait plus utile à la société de faire subir la peine. Rationnellement, les deux prescriptions doivent donc être soumises à des règles différentes, et l'art. 642, C. instr. cr., est conforme aux principes du droit, en déclarant que les condamnations civiles, portées par les arrêts ou les jugements rendus en matière criminelle, correctionnelle ou de police, se prescrivent par trente ans, à compter du jour où elles sont devenues irrévocables. Quelle est l'étendue de la règle ? Quel est le point de départ de la prescription ?

I. On entend par *condamnations civiles*, celles qui ont pour objet d'indemniser les parties du préjudice que leur a causé l'infraction : telles sont les condamnations aux restitutions, aux dommages-intérêts et aux frais prononcées au profit de parties civiles, et la condamnation aux frais prononcée au profit de l'État[1].

cité (*Revue critique*, 1875, p. 81); par Labroquère (*Revue critique*, 1861, t. XIX, p. 165). Comp. : Nîmes, 27 mars 1833 (S. 33. 2. 243); Grenoble, 13 juin 1839 (D. 40. 2. 153); Rodière, *op. cit.*, p. 40.

[1] Les condamnations aux frais, prononcées au profit de l'État, ont, en effet, le caractère de condamnations civiles et se prescrivent par trente ans. C'est ce qui résulte du rapprochement des art. 635, 636 et 639, avec l'art. 642, C. inst. cr., et du caractère même de la condamnation aux frais qui est une indemnité allouée à l'État pour la réparation d'un préjudice spécial. Comp. dans ce sens : Faustin Hélie, t. VIII, p. 607. Inst. min. just., approuvée par le ministre des Finances, du 20 sept. 1875 (art. 245). La jurisprudence est dans ce sens : Cass. req., 28 févr. 1905 (D. 1905. 1. 176). Voy. *Rev. crit.*, 1906, p. 271. Mais en sens contraire : E. Loison, *De la prescription applicable à la condamnation aux frais en matière criminelle* (*La Loi*, n° du 16 juin 1881).

II. La prescription commence à courir le jour où la décision qui prononce des condamnations civiles, est devenue *irrévocable*. Pour les jugements ou arrêts contradictoires ou par défaut, aucune difficulté ne se présente. Mais, pour les arrêts prononcés par contumace, il faut déterminer à quelle époque naît le droit d'exécuter les condamnations civiles qu'ils prononcent, pour déterminer, par voie de conséquence, à quelle époque ce droit commence à s'éteindre par prescription s'il n'est pas exercé. Lorsque les délais de la prescription de la peine sont expirés, sans que la représentation volontaire ou forcée du contumax ait eu lieu, la condamnation devient irrévocable : et alors, sans aucun doute, la partie civile, qui a obtenu des dommages-intérêts, a le droit de faire exécuter, à son profit, l'arrêt qui les prononce; d'une part, en effet, la prescription pénale ne lui est pas opposable (C. instr. cr., art. 642); d'autre part, le titre, en vertu duquel elle agit, est désormais définitif. Mais la partie civile peut-elle, pendant les délais de la prescription de la peine, alors que la condamnation n'est pas irrévocable, faire saisir et vendre les biens du contumax et se faire colloquer, dans une contribution ou un ordre ouvert sur ces biens? Je n'hésite pas à lui reconnaître ce droit. A la vérité, tout arrêt de contumace est provisoire : la représentation ou l'arrestation du condamné l'anéantit de plein droit, et il ne devient irrévocable que par l'expiration du délai de la prescription. Aussi l'exécution des condamnations *pénales*, au moins des condamnations *corporelles*, est suspendue; mais il n'en est pas de même à l'égard des condamnations *civiles*. Quant à ces dernières, l'arrêt doit être considéré comme une décision rendue sous une *condition résolutoire*, celle de la représentation ou de l'arrestation du condamné dans un délai déterminé; et cette condition ne suspend point l'*exécution* de l'arrêt, elle oblige seulement la partie civile à restituer ce qu'elle a reçu dans le cas où l'événement conditionnel se réalise[1]. Si cette manière de voir est admise, il en résulte que les condamnations civiles, prononcées par contumace, commencent à se prescrire à la date de l'arrêt, car, dès ce jour, elles peuvent être exécutées par la partie civile.

[1] V. sur cette question, mon article : *Questions pratiques sur la contumace* (*Rev. crit.*, 1878, p. 369 à 383). L'art. 96, C. p. belge, a prévu la question et l'a résolue dans le sens indiqué : il décide, en effet, que les condamnations civiles se prescriront *à compter de la date de l'arrêt si elles ont été prononcées par contumace*. Comp. : Haus, t. II, n° 1027.

LIVRE SECOND

DE L'INSTRUCTION

TITRE PREMIER

DE LA COMPÉTENCE

§ Ier. — NOTIONS GÉNÉRALES SUR LA COMPÉTENCE.

345. Définition de la compétence. — 346. Règles générales sur la compétence en matière pénale. — 347. Des conflits de compétence. Conflits d'attribution. Conflits de juridiction. — 348. Règles spéciales des trois espèces de compétence. — 349. De l'indivisibitité et de la connexité. Jonction de procédure. Prorogation de juridiction. — 350. Quand il y a conflit, à quelle juridiction donner la préférence. Distinctions.

345. DE LA COMPÉTENCE. — La compétence est la mesure du pouvoir, c'est-à-dire la capacité d'exercer tel pouvoir en un cas particulier. Cette expression s'entend spécialement de l'exercice du pouvoir judiciaire.

Les règles de la compétence sont générales ou spéciales.

346. RÈGLES GÉNÉRALES DE COMPÉTENCE. — Si toute juridiction a le droit de statuer, à l'exclusion de toute autre, dans les limites qui lui sont tracées par la loi, aucune juridiction n'a le pouvoir de juger en dehors de ces limites : *nemo judex, neque ultra neque supra fines juridictionis suæ*. Hors de ces limites, le juge est incompétent, soit d'une manière absolue, soit d'une manière relative. Mais, *absolue* ou *relative*, l'incompétence est toujours *d'ordre public* en matière pénale, c'est-à-dire qu'elle peut être opposée en tout état de cause par les parties, et doit être suppléée d'office par les agents ou les juges qui la reconnaissent [1]. D'où il suit que l'examen de la question de compé-

[1] Voy. sur ce point mon *Traité d'instr. cr.*, t. II, n° 527.

tence précède l'examen de toute autre question. L'art. 172, C. pr. civ., est applicable en matière criminelle : les tribunaux doivent statuer, par des jugements distincts, sur l'exception d'incompétence et sur le fond. Toutefois, cette règle reçoit exception lorsque l'appréciation des moyens d'incompétence est indivisible avec l'examen du fond. Mais, dans ce cas même, s'il peut être statué, par un seul et même jugement, sur la compétence et sur le fond, il doit y être statué par dispositions distinctes [1]. Soulevée par les parties, l'exception, qui résulte de la question de compétence, prend le nom de *déclinatoire de compétence*. Toute autorité, toute juridiction est, en principe, juge de sa propre compétence, sauf, pour les parties, le droit de relever appel ou de former un pourvoi contre la décision. Il existe cependant une juridiction, la *cour d'assises*, qui, *régulièrement saisie*, ne peut se déclarer incompétente sur le fond même du procès pénal.

347. Des conflits de compétence. — Il y a conflit de compétence toutes les fois que *deux juridictions*, saisies d'une même affaire, croient devoir la retenir (*conflit positif*), ou, à l'inverse, lorsqu'une affaire se trouve sans juge qui veuille en connaître (*conflit négatif*). Si les deux juridictions sont du même ordre, il y a *conflit de juridiction*; si l'une d'elles relève de l'autorité administrative et l'autre de l'autorité judiciaire, il y a *conflit d'attribution*. La procédure qui a pour objet de faire cesser le conflit, en décidant quel est celui des deux juges qui retiendra l'affaire, s'appelle un *règlement de juge*.

I. *Conflits d'attribution*. — L'autorité judiciaire ne peut connaître des actes de l'administration. Si elle est saisie d'un acte administratif ou prétendu tel, l'administration, représentée par le préfet, a le droit d'élever le conflit d'attribution, pour revendiquer la connaissance de l'affaire ou tout au moins d'une question dont dépend la solution du procès, et l'autorité judiciaire est tenue de surseoir (O. 1er juin 1828, art. 12). Un tribunal dit des conflits décide si le conflit a été valablement élevé et juge ainsi le *procès de compétence engagé entre l'autorité judiciaire et l'autorité administrative*. L'art. 1er de l'ordonnance du 1er juin 1828 défend d'élever le conflit en matière *criminelle*, et l'art. 2 ne l'autorise, en matière *correctionnelle*, que dans les deux cas suivants : 1° celui où la répression du délit est attribuée par la loi à l'autorité administrative, par exemple pour les contraventions de grande voirie ; 2° le cas où le jugement à rendre dépend d'une question préjudicielle du ressort de l'autorité administrative,

[1] Voy. Cass. crim., 26 juill. 1902 (S. 1904. 1. 204) et mon *Traité d'instr. cr.*, t. II, n° 531.

par exemple, dans une poursuite pour délit de pêche, la question de navigabilité de la rivière. Pour les matières de *simple police*, l'ordonnance garde le silence; on en a conclu qu'il n'y avait pas de conflit possible. Est-ce à dire que le principe de la séparation des autorités administrative et judiciaire ne s'impose pas aux tribunaux de répression? Nullement; mais ce principe n'est pas toujours sanctionné par la procédure du conflit. C'est à l'autorité judiciaire elle-même qu'est remis le soin de surseoir, si le jugement criminel dépend d'une question préjudicielle du ressort de l'autorité administrative. On a pensé que, dans les poursuites criminelles, qui touchent à l'honneur, à la liberté, peut-être même à la vie des citoyens, l'autorité judiciaire devait conserver sa complète indépendance : on a donc proscrit toute intervention de l'administration ayant pour but et pouvant avoir pour résultat d'interrompre ou de suspendre le cours de la justice pénale. De quelque manière que soient saisies les autorités judiciaires pénales, le conflit n'est possible que dans les termes de la loi. Toute action, intentée régulièrement et valablement devant elles, a pour effet de provoquer, de leur part, l'application de la loi pénale, application qui ne doit pas pouvoir être entravée par une intervention administrative [1].

II. *Conflits de juridiction.* — Le conflit de juridiction suppose que des autorités du même ordre retiennent une même affaire, ou refusent de la juger. La procédure pénale n'admet de règlement de juge que lorsque le conflit est *définitif :* il faut donc que les juridictions en conflit aient affirmé ou nié leur compétence par des décisions passées

[1] Je me prononce ainsi sur une double question. *a*) Le conflit peut-il être élevé, dans tous les cas, sur l'action civile résultant d'un crime ou d'un délit, et portée devant les tribunaux civils? Sans aucun doute; ni les motifs de l'ordonnance de 1828, ni son texte ne s'y opposent. Dans ce sens : Conseil d'État, 9 févr. 1846 (S. 47. 2. 378); H. Collignon, *Des conflits d'attribution*, p. 78. Voir cependant Desjardins, *Revue critique*, 1881, p. 186 et 187. *b*) Le conflit est-il recevable sur la plainte, avec constitution de partie civile, de la personne lésée par un crime, devant le magistrat instructeur? Toute la question se ramène à savoir quel est l'effet de cette plainte. Si l'on décide, comme nous l'avons fait, qu'elle met en mouvement l'action publique et que le juge d'instruction peut et doit informer, il faut *nécessairement* refuser à l'autorité administrative, le droit d'élever le conflit, et, si elle l'élève, le Tribunal des conflits doit annuler l'arrêté du préfet. Nous sommes en *matière criminelle*, et le texte, ainsi que les motifs de l'ordonnance de 1828, imposent cette solution. En sens contraire cependant : Tribunal des conflits, 22 déc. 1880 (S. 82. 3. 57); 29 janv. 1881 (S. 82. 3. 74); 12 mars 1881 (S. 82. 3. 75); 2 avr. 1881 (S. 83. 3. 1). Cfr. Lacanal, *Des conflits positifs d'attributions* (*La France judiciaire*, 1884, p. 37 à 54). Mais voir : A Curet, *Du conflit en matière criminelle* (*La France judiciaire*, 1881, p. 385 à 396). Comp. mon *Traité d'instr. cr.*, t. II, n° 647.

en force de chose jugée (C. instr. cr., art. 539). Sans cette condition, l'interruption du cours de la justice, qui motive le règlement de juge, n'existerait pas[1]. C'était le Tribunal de cassation qui était toujours compétent, avant le Code d'instruction criminelle, pour vider le conflit et déterminer le juge (L. 27 nov. 1790, art. 2). Les art. 526 à 540 ont maintenu la compétence de la Cour de cassation, sauf pour *certains conflits positifs*, ceux qui surgissent entre les juges d'instruction et les tribunaux du ressort de la même cour d'appel. Le règlement de ces conflits a été confié, soit à la cour, soit au tribunal correctionnel, suivant les cas. 1° Lorsqu'un juge d'instruction et un tribunal correctionel sont en conflit, c'est à la chambre d'accusation de la cour d'appel à le vider. 2° Lorsque le conflit s'élève entre tribunaux de police du même ressort, le règlement est fait : par le tribunal correctionnel, s'ils sont situés dans le même arrondissement; par la cour, s'ils sont situés dans deux arrondissements. Le règlement de *tous les conflits négatifs* et celui *des conflits positifs, dans toute autre hypothèse,* appartiennent à la Cour de cassation.

La procédure est identique, quelle que soit la juridiction compétente pour régler le juge. La demande peut être formée par toute partie qui y a intérêt, le prévenu, la partie civile, le ministère public. Mais les juges, entre lesquels le conflit existe, ne pourraient pas provoquer le règlement de leur compétence, l'autorité judiciaire n'agissant jamais spontanément. La demande se forme et s'instruit sommairement sur simples mémoires. Les parties privées, qui auraient à tort recouru à cette voie, peuvent être frappées d'une amende de trois cents francs au plus (C. instr. cr., art. 541).

348. RÈGLES SPÉCIALES DE COMPÉTENCE. — La compétence de toute autorité qui concourt à la répression, des officiers de police judiciaire comme des juridictions soit d'instruction soit de jugement, doit être examinée sous un triple aspect : *ratione materiæ, personæ, loci*, c'est-à-dire du *délit*, du *délinquant*, du *territoire* sur lequel s'étend la juridiction du juge.

I. Au premier point de vue, la compétence est générale et s'applique à toute infraction (C. instr. cr., art. 22 et 63).

a) Le procureur de la République est compétent pour poursuivre, le juge d'instruction est compétent pour instruire, dans les limites de l'arrondissement, *tous les crimes* et *tous les délits*. Le commissaire

[1] Voy. pour des hypothèses de conflit : Cass., 12 avr. 1894 (S. 96. 1. 543); 20 nov. 1896 (S. 1900. 1. 110); 2 mars 1899 (S. 1901. 1. 201); 21 juill. 1899 (S. 1901. 1. 206).

de police est compétent, dans les limites du canton, pour rechercher et poursuivre *toutes les contraventions* de police.

b) Les juridictions d'instruction sont compétentes pour *qualifier toutes les infractions*[1] et en renvoyer les auteurs présumés devant qui de droit.

c) La compétence *ratione materiæ* des juridictions ordinaires de jugement varie avec la gravité du fait punissable. On conçoit, en effet, que plus l'infraction est grave, plus le législateur a dû, soit dans l'intérêt du prévenu, soit dans celui de la société, exiger de garanties, et dans la composition des tribunaux, et dans la procédure à suivre devant eux. Or, la gravité de l'*infraction* se reconnaît à la gravité de la *peine* dont le fait est frappé par la loi : il y a donc des tribunaux chargés d'appliquer les peines afflictives ou infamantes, d'autres chargés d'appliquer les peines correctionnelles, d'autres enfin chargés d'appliquer les peines de simple police. La division des infractions, faite par l'art. 1er, C. p., est surtout utile pour fixer la compétence. On reconnaît quel ordre de tribunaux il faut saisir, en déterminant la peine qui est prononcée par *la loi* contre l'infraction.

II. En principe, les autorités pénales sont compétentes pour connaître de toutes les infractions *sine acceptione personarum*. La *qualité* du prévenu modifie cependant les règles ordinaires de la compétence dans quelques cas : 1° S'il s'agit de militaires et de marins, qui sont justiciables des tribunaux militaires et maritimes. Pour fixer les attributions de ces tribunaux, deux systèmes ont été successivement suivis. Le système ancien, consacré par les législations du temps passé, fait reposer la compétence des tribunaux militaires, tout à la fois sur la qualité de militaire et sur la nature de l'infraction. Le système nouveau attribue aux tribunaux militaires la connaissance de tous les délits militaires ou communs commis par des militaires. Dans ce système, les juges militaires appliquent à la fois les lois pénales militaires et les lois pénales ordinaires. 2° Certains magistrats et fonctionnaires ont une garantie, qui consiste dans l'établissement d'une autorité plus élevée qui doit juger le fait, s'il ne constitue qu'un *délit*, et l'instruire, s'il s'agit d'un *crime*. 3° Enfin, les mineurs de seize ans sont justiciables du tribunal correctionnel pour les crimes qu'ils commettent (C. p., art. 68).

III. Tandis que, pour les *contraventions*, la compétence *ratione loci* est exclusivement celle du *lieu* de l'infraction, tandis que les agents de la police judiciaire, dans le *ressort* desquels elles ont été

[1] Sur les qualifications, cons. mon *Traité d'instr.*, t. II, nos 537 et suiv.

commises, ont seuls qualité pour agir et le tribunal de simple police pour juger; en matière criminelle ou correctionnelle, les art. 29 et 63 établissent, l'un, pour le procureur de la République, l'autre, pour le juge d'instruction, une triple compétence, qui détermine celle de la juridiction de jugement. Sont également compétents : le procureur et le juge du *lieu* du délit, ceux de la *résidence* du prévenu et ceux du lieu *où il pourra être trouvé*. Ainsi, pour mieux assurer la répression des crimes et délits, la loi établit le principe de la *concurrence*. *a*) La compétence du magistrat du lieu où le délit a été commis (*forum delicti commissi*) est la plus naturelle de toutes. Le délinquant doit être poursuivi, jugé et châtié, là où il a troublé l'ordre. Pour déterminer le lieu de l'infraction, on considère les faits qui la *constituent*, sans se préocuper des actes qui l'ont préparée ou des conséquences qui l'ont suivie. C'est donc le lieu où s'*exécute* le délit qui est attributif de compétence. Pour les délits *instantanés*, ce lieu est, d'ordinaire, unique. Pour les délits *continus*, la permanence du fait rend compétentes, chacune dans sa sphère, toutes les autorités des lieux où le fait a été exécuté[1]. Pour les délits d'*habitude*, le lieu du délit est celui où s'est produit un nombre de faits suffisant pour constituer l'habitude. *b*) La compétence du domicile ou plutôt de la *résidence* du prévenu (*forum domicilii*) favorise sa découverte et l'appréciation de ses antécédents[2]. *c*) Celle qui est déterminée par le *lieu de capture* (*forum deprehensionis*) permet de saisir les pièces à conviction dont le prévenu est porteur. Le lieu où le prévenu était déjà en état de détention par le fait d'une accusation étrangère à celle qui suscite de nouvelles poursuites, ne saurait être attributif de compétence comme lieu de capture.

Il existe des dérogations à la compétence *ratione loci* dans certaines circonstances, telles, par exemple, que le cas de crimes et délits commis en pays étranger (art. 6), le renvoi après cassation (C. instr. cr., art. 427 et 429), le renvoi pour cause de sûreté publique ou de suspicion légitime (C. instr. cr., art. 242), etc. Elles sont motivées par l'utilité d'une bonne et prompte justice.

349. DE L'INDIVISIBILITÉ ET DE LA CONNEXITÉ. — Les trois espèces de compétence peuvent, en outre, être modifiées par l'effet soit de l'*in-*

[1] Voy. pour le délit d'affiliation à une congrégation non autorisée réprimé par la loi du 1er juill. 1901 : Cass., 25 juill. 1902 (D. 1903. 1. 67) et les conclusions du procureur général Baudouin.

[2] Lorsque le prévenu a une résidence fixe, distincte de son domicile, c'est elle, à l'exclusion du domicile, qui détermine la compétence : Cass., 16 juin 1893 (D. 94. 1. 458).

divisibilité soit de la *connexité*. Ces deux modalités de l'infraction, quelquefois confondues, doivent être soigneusement distinguées[1]. On oppose, en effet, les délits *complexes* et les délits *connexes*, aux délits *simples*. Un délit est simple, lorsqu'il se compose d'un fait unique, imputable à un seul agent. Dès qu'il y a pluralité de *faits* ou d'*agents*, le délit est, soit complexe, soit connexe : *complexe*, lorsqu'il y a un ensemble de faits, si étroitement liés les uns aux autres, qu'ils ne constituent juridiquement qu'un délit; *connexe*, lorsque chaque fait ou chaque groupe de faits a le caractère de délits différents, reliés, entre eux, par un rapport qui ne les empêche pas de conserver leur individualité propre. Les délits complexes seuls sont indivisibles. Mais les délits complexes, comme les délits connexes, peuvent être l'œuvre, soit d'un seul agent, soit de plusieurs. La complicité, la réitération du même fait en exécution d'une résolution criminelle unique, le concours idéal d'infractions, la perpétration de deux infractions dont l'une sert de circonstance aggravante à l'autre fournissent des exemples de délits complexes, par conséquent indivisibles. Il y a donc indivisibilité, soit par suite de l'*unité de délit*, commis par plusieurs agents, soit par suite de l'*unité d'agent*, auteur de plusieurs faits qui ne forment qu'un seul délit.

Le Code n'a pas défini les *délits indivisibles*; il a donné, au contraire, la notion des *délits connexes*, à l'aide de quelques exemples. La connexité est le lien qui unit plusieurs *délits distincts*. L'art. 227 cite trois exemples, dans lesquels ce lien résulte : 1° soit d'un *but commun*; 2° soit d'un *concert préalable*; 3° soit d'un *rapport de causalité*.

a) Ainsi, les délits sont connexes, *lorsqu'ils ont été commis, en même temps, par plusieurs personnes réunies*. Dans un mouvement populaire, par exemple, des individus pillent un magasin d'épicerie, de boulangerie. Est-il nécessaire que ces individus agissent d'entente? l'unité de temps, l'unité de circonstances déterminantes ou occasionnelles sont-elles, dans ce cas, des titres suffisants de connexité? A prendre le texte à la lettre, la pluralité d'agents et de délits, avec l'unité de temps et de lieu, engendrerait la connexité. Mais les travaux préparatoires[2] démontrent que, s'il n'est pas nécessaire que les délits soient commis dans un but commun, et, à plus forte raison, soient concertés, il faut, tout au moins, qu'ils le soient *par des personnes réunies*, c'est-à-dire entre lesquelles existe un rapport qui naît de

[1] Cfr. Villey, *Revue critique*, 1875, p. 25; Lespinasse, *Revue critique*, 1874, p. 625, et mon *Traité d'instr. cr.*, t. II, n°s 575 à 587. Voir cependant : Cass., 24 avr. 1874 (S. 75. 1. 141). Comp. note dans D. 99. 1. 577 ; Cass., 11 avr. 1893 (S. 94. 1. 1053) ; 8 févr. 1895 (D. 99. 1. 609).

[2] Locré, t. XXV, p. 423, 529.

la réunion, de ce fait que les délits sont commis par un rassemblement, une foule. *b*) Sont encore connexes, les délits qui ont été commis *par différentes personnes, même en différents temps et en divers lieux, mais par suite d'un concert formé à l'avance entre elles*. Dans ce cas, c'est l'unité de résolution qui forme le lien de connexité. Par exemple, une bande de voleurs, après s'être concertée, se disperse, pour aller, dans différents lieux, exercer sa criminelle industrie, chacun des voleurs agissant de son côté. Ce qui distingue ce cas des délits indivisibles par l'unité de résolution, c'est que le but commun n'est pas l'accomplissement de la même infraction. *c*) Les délits sont encore connexes, lorsque le coupable ou les coupables *ont commis les uns pour se procurer les moyens de commettre les autres, pour en faciliter, pour en consommer l'exécution, ou pour en assurer l'impunité*. Cette forme de connexité, qui est à la fois la plus fréquente et la plus étroite, dérive du lien logique existant entre plusieurs délits qui sont effets et causes, les uns des autres. Mais la formule de la loi a besoin d'être expliquée. Souvent, en effet, il y aura indivisibilité et non simplement connexité. Ainsi, le crime, commis pour consommer l'exécution d'un autre crime, ne forme, avec ce dernier, qu'un tout indivisible. Par exemple, le faux et l'usage de faux sont bien deux crimes distincts, en ce sens que le faussaire est punissable encore qu'il n'ait pas fait usage de la pièce fabriquée et, à l'inverse, en ce que celui qui fait usage du faux est punissable alors même qu'il ne serait pas l'auteur du faux. Mais si le faussaire a fait lui-même usage de la pièce falsifiée, il n'y a qu'un seul crime, parce que l'usage, en ce qui le concerne, consomme l'infraction. D'un autre côté, le crime, commis pour faciliter un autre crime ou pour en assurer l'impunité, est connexe pourvu qu'il ne soit point une circonstance aggravante de l'autre, car, dans ce cas, il n'y aurait qu'un seul crime et, par suite, indivisibilité (Comp. l'espèce prévue par l'art. 304, C. p.).

Tels sont les cas de connexité énumérés par l'art. 227 ; assurément ce sont les plus saillants. Mais les prévisions de cet article sont *indicatives* et non *limitatives* ; elles n'empêchent pas de considérer comme connexes des délits qui se rattachent entre eux, par des circonstances de faits autres que celles prévues par le texte, lorsque ces circonstances rendent nécessaire l'unité de la poursuite[1].

De ce que plusieurs délits sont unis entre eux par le lien de la connexité, il est facile de conclure que l'instruction faite pour l'un éclairera l'instruction à faire pour l'autre, et que le magistrat instructeur et le juge, en appréciant l'un, apprécieront d'autant mieux l'autre. La

[1] Cass., 15 juill. 1892 (S. 92. 1. 600 ; D. 93. 1. 368).

connexité a donc, pour conséquence immédiate, une *jonction de procédure*, et, pour conséquence plus éloignée, une *prorogation de compétence*. En effet, il arrive souvent que, par suite de la nature ou de la gravité des infractions, par suite des lieux dans lesquels elles ont été commises, la connaissance de chaque infraction connexe doive appartenir à des magistrats différents : il faut alors nécessairement, pour que la jonction des procédures puisse avoir lieu, que la règle ordinaire des compétences soit changée, et que le même juge, compétent pour une des infractions, soit appelé à connaître des autres. Le Code d'instruction criminelle ne s'est occupé des effets de la connexité et de la prorogation de juridiction qui en résulte, que lorsqu'il s'agit, pour la chambre des mises en accusation de la cour d'appel, de statuer, par un seul et même arrêt, sur les délits connexes, dont les pièces se trouvent, en même temps, produites devant elle (C. instr. cr., art. 226). Mais si la loi désire que les délits connexes soient liés dans le même *débat*, elle doit, à plus forte raison, désirer qu'ils soient liés dans la même *instruction*.

L'indivisibilité a, sur la jonction de procédure et la prorogation de compétence, le même effet que la connexité, avec cette différence que cet effet, résultant de l'unité d'infraction, exclut toute appréciation sur l'opportunité de la jonction de procédure, et qu'il est, par conséquent, *obligatoire*, et non simplement *facultatif* pour le juge[1].

350. Du conflit entre plusieurs juridictions. — Quand il y a conflit entre plusieurs juridictions, à quelle juridiction faudra-t-il accorder la préférence? La question n'est pas susceptible d'une réponse absolue.

I. Tous les faits sont également justiciables du même tribunal, *ratione materiæ*, *ratione loci* et *ratione personæ* : ainsi, plusieurs individus, dans une rixe qui a lieu sur le même territoire, ont commis des délits de coups et blessures. Dans ce cas, il faut les comprendre dans la même poursuite; mais cette procédure unique se poursuit devant le tribunal compétent pour tous. Pas de *prorogation de compétence*.

II. Tous les faits sont de même nature, ce sont des crimes ou

[1] La jurisprudence n'est pas d'une netteté parfaite sur le caractère obligatoire ou facultatif de la jonction de procédure en cas d'indivisibilité. La loi elle-même manque de précision, car si les art. 433, 501, C. instr. crim., 76, C. just. mil. armée de terre, 103, C. just. mil. armée de mer semblent faire un devoir aux juges de joindre les procédures dans les cas prévus qui sont des cas d'indivisibilité, il n'en est pas de même de l'art. 307, C. instr. cr., qui semble s'en rapporter à l'appréciation des magistrats. Comp. mon *Traité*, t. II, n° 578.

bien des délits : ils ont été commis par des agents ayant la même qualité, des non-militaires par exemple, mais en des arrondissements différents. Il y a lieu de proroger la compétence *ratione loci* du tribunal unique auquel seront déférés ces divers faits. Mais y a-t-il, au profit du premier saisi, une sorte de privilège de prévention? La jurisprudence ne l'admet pas. En cas de règlement de juge, il y aura lieu d'examiner simplement quel est le tribunal qui doit retenir l'affaire dans l'intérêt d'une bonne administration de la justice.

III. Les faits sont de nature différente, ce sont des crimes, des délits, des contraventions, mais justiciables des tribunaux ordinaires. Ils seront déférés au tribunal de l'ordre le plus élevé, la cour d'assises, pour les crimes, délits et contraventions. C'est ce qui résulte, par analogie, des dispositions des art. 192, 213, 365, C. instr. cr.

IV. Les faits et les prévenus ressortissent de tribunaux d'ordre différent, les uns des conseils de guerre, par exemple, les autres, des cours d'assises ou des tribunaux correctionnels. En principe, la prorogation de juridiction ne peut avoir lieu qu'au profit des tribunaux de droit commun, puisque les tribunaux d'exception ont une compétence limitée. Tous les prévenus doivent être traduits, par conséquent, devant le tribunal de droit commun (C. just. mil., art, 76, 78, 79). Une exception est cependant faite par la jurisprudence, lorsque la juridiction d'exception est la première chambre de la cour d'appel, compétente à raison de la qualité de l'un des délinquants (C. instr. cr., art. 501). Les garanties particulières que présente cette juridiction amènent devant elle tous les prévenus qui n'ont pas cette qualité[1].

§ II. — DES QUESTIONS ET EXCEPTIONS PRÉJUDICIELLES[2].

351. Questions et exceptions préjudicielles. Questions préalables. — 352. Division. Caractère général. — 353. Questions préjudicielles à l'action. — 354. De la question de filiation dans le délit de suppression d'état. — 355. Il n'existe pas d'autres questions préjudicielles à l'action. — 356. Questions préjudicielles au jugement. Questions de droit civil. Questions relatives aux droits réels. Questions relatives aux conventions. Questions relatives à l'état des personnes. Questions préjudicielles administratives. Questions relatives à certains faits ou actes dont l'appréciation est réservée à des autorités spéciales.

351. Questions et exceptions préjudicielles. Questions préalables. — Un tribunal de répression, compétent pour juger un fait

[1] Cass., 11 août 1881 (S. 82. 1. 142); Paris, 19 avr. 1903 (D. 1906. 2. 115). En est-il de même de la Haute-Cour de justice? Voy. l'arrêt du 15 nov. 1899 (S. 1902. 2. 25) et la note de M. Esmein.

[2] Bibliographie : Bertauld, *Questions et exceptions préjudicielles en matière*

délictueux, doit être également compétent pour juger tous les éléments qui le constituent. C'est l'idée qu'on exprime par la formule : le juge de l'*action* est le juge de l'*exception*. Parfois cependant, la loi exige qu'un des éléments du délit soit examiné par d'autres juges, dans une instance séparée, préalable soit à l'exercice soit au jugement de l'*action publique*. L'obstacle que ces *questions* dites *préjudicielles* apportent à l'exercice de l'action publique n'est pas toujours, en effet, de même nature. Parmi ces questions, les unes empêchent le procès pénal de commencer : ont ce caractère les *questions préjudicielles à l'action*, ou même simplement les *questions préjudicielles*. Les autres n'empêchent pas de saisir la juridiction, mais elles mettent obstacle à son jugement : l'action publique peut être intentée, elle ne peut être jugée : ces *questions* sont dites *préjudicielles au jugement*, ou simplement *exceptions préjudicielles*.

Il ne faut pas confondre les *questions préjudicielles* et les *questions préalables*. Très souvent, le jugement d'un délit soulève des questions dont l'une doit logiquement être résolue avant l'autre. Y a-t-il question préjudicielle? Cela dépend. Si la solution de la première doit être incidemment donnée par la juridiction pénale saisie de l'infraction, il y a question préalable : c'est ce qui se produit, dans le cas où le prévenu soulève un moyen de prescription ou de chose jugée pour arrêter la poursuite. Si, au contraire, une autre juridiction doit être saisie, ou bien s'il est nécessaire d'intenter une action spéciale et distincte devant la même juridiction, il y a question préjudicielle, parce qu'il y a lieu à deux instances, dont l'une doit intervenir avant l'autre (*præ judicare*, juger avant) : par exemple, au cas où le prévenu, poursuivi pour délit de chasse sur le terrain d'autrui, prétend être propriétaire ou possesseur de ce terrain. La question préjudicielle porte, du reste, sur un des éléments de l'infraction; la question préalable peut porter sur une simple question de recevabilité de l'action publique. Ainsi, deux différences séparent les questions préjudicielles des questions préalables : 1° Les premières concernent toujours le fond du procès pénal, tandis que les secondes concernent soit le fond soit la forme; 2° Les premières exigent, pour leur solution, une instance distincte et principale, les autres sont résolues incidemment au procès dont le tribunal est saisi et par ce tribunal même. Aussi qualifiait-on, autrefois, les premières de *fins de non procéder*, les secondes de *fins de non recevoir*.

répressive, 1856; Hoffman, *Traité théorique et pratique des questions préjudicielles en matière répressive selon le droit français* (3 vol., 1867); mon *Traité*, t. II, nos 594 à 641.

352. Division des questions et exceptions préjudicielles. Principe général. — On peut diviser les questions ou exceptions préjudicielles à deux points de vue : d'après la nature de l'intérêt qui est en jeu, en *pénales*, *disciplinaires*, *administratives*, et *civiles*: d'après leur effet sur l'action publique, en questions, soit préjudicielles à l'*action*, soit préjudicielles au *jugement*.

Mais un principe qu'il ne faut jamais perdre de vue, c'est que les questions et exceptions préjudicielles, dérogeant aux *règles ordinaires de la compétence*, ne peuvent résulter que d'un texte formel. Les procès de répression seraient, en effet, interminables, contrairement à l'intérêt public, si le juge devait s'arrêter, lorsqu'il rencontre une question secondaire qui sortirait de sa compétence en admettant qu'elle lui fût directement soumise. Par conséquent, à moins d'exception formelle, d'interprétation stricte comme toute exception, le juge n'est pas tenu de se dessaisir d'un des éléments du procès porté devant lui et qu'il est compétent pour examiner.

353. Questions préjudicielles a l'action. — L'art. 327, C. civ., en établit une : c'est la question de *filiation* dans le délit de *suppression d'état*. On en compte une seconde dans le *rapt ou enlèvement de mineur suivi de mariage*. Enfin, dans un système repoussé par la jurisprudence, la déclaration de faillite serait préjudicielle à la poursuite du *crime* ou du *délit de banqueroute*.

354. Délit de suppression d'état. — Tout délit de suppression d'état suppose deux faits distincts : l'*existence* de l'état que l'on prétend avoir été supprimé; la *suppression* même de cet état. Une poursuite en suppression d'état soulève donc deux questions, l'une *civile* et l'autre *pénale*. Conformément à la règle posée, les juridictions répressives, compétentes pour statuer sur le délit de suppression d'état, ont qualité pour décider la question d'état soulevée par la poursuite, malgré son caractère civil. Mais, en matière de *filiation*, la loi fait exception à la règle[1] : elle réserve aux tribunaux civils le pouvoir de statuer sur les *actions en réclamation de filiation* (C. civ., art. 326); et, pour empêcher que ces actions ne soient portées, sous prétexte d'un délit de suppression d'état, devant les tribunaux de répression, elle décide, dans l'art. 327, C. civ., que « *L'action criminelle, contre*

[1] Je dis : *en matière de filiation* : c'est ce qui résulte, en effet, de la place qu'occupent les art. 326 et 327, C. civ., dans le titre *de la paternité et de la filiation*, et dans le chapitre : *de la preuve de la filiation*. Voy. sur la question, la dissertation de M. Garçon dans le *Journ. des Parq.* de 1905, 1, p. 4 et suiv. et la note de M. Roux, sous Cass. crim., 28 juin 1902 (S. 1904.1.473).

un délit de suppression d'état, ne pourra commencer qu'après le jugement définitif sur la question d'état ».

Cette disposition a eu surtout pour objet, dans la pensée du législateur, d'empêcher la violation indirecte du principe qui défend de prouver la filiation par témoins, sans commencement de preuve par écrit, ou, du moins, sans présomptions graves de nature à y suppléer (C. civ., art. 323).

Quand y a-t-il délit de suppression d'état de filiation ? Dans quels cas et à quelles conditions l'action criminelle est-elle suspendue par la question d'état ? Telles sont les deux faces du problème que soulève l'art. 327, C. civ.

I. *La suppression d'état de filiation* n'est pas un genre particulier de délit, comme l'*escroquerie*, le *meurtre* et le *vol;* elle résulte de toute infraction employée comme moyen de supprimer l'état d'un enfant. C'est donc le *résultat d'une infraction* qui sert à lui imprimer le caractère de délit de suppression d'état. Aussi ce délit n'a été spécialement incriminé par aucun texte du Code pénal qui n'a même pas pris soin de le définir.

La filiation ne résulte pas d'une convention, que le consentement des parties suffit à former ou à détruire, elle a sa cause dans un fait physique et matériel : or, un crime, un délit peut bien avoir pour résultat de faire disparaître la preuve légale de la filiation d'un enfant, mais il est impuissant à le dépouiller de l'état qui lui est donné par sa naissance. Par délit de suppression d'état, il faut donc entendre le délit qui a pour effet de priver un enfant de la *preuve légale de sa filiation, soit en l'empêchant d'acquérir cette preuve, soit en lui enlevant la preuve acquise.* S'il n'est pas nécessaire, pour qu'il y ait délit de suppression d'état, que l'*intention* de produire ce résultat soit prouvée à l'encontre de celui qui le commet [1], il faut, au moins, que ce *résultat* ait été produit par l'acte délictueux [2].

De la suppression d'état de filiation légitime. — Toutes les fois qu'une infraction a pour résultat d'empêcher un enfant d'acquérir la preuve légale de sa filiation légitime ou de lui enlever la preuve acquise, elle peut être qualifiée de « délit de suppression d'état d'en-

[1] Le délit de suppression d'état n'est pas toujours un délit *intentionnel.* Ainsi la personne qui, ayant assisté à un accouchement, s'abstient de le déclarer à l'officier de l'état civil (C. p., art. 346), peut avoir commis, par simple *négligence*, un délit de suppression d'état, si le résultat de cette abstention a été de priver l'enfant de la preuve légale de sa filiation.

[2] Par suite, la *tentative* de toute infraction, qui avait pour objet de priver un enfant de la preuve légale de sa filiation, mais qui n'a pas abouti, n'est pas un délit de suppression d'état dans le sens de l'art. 327, et peut être poursuivie *de plano* devant la juridiction criminelle.

fant légitime ». Or, comment se prouve la filiation légitime? Régulièrement par *titre*, c'est-à-dire par un acte de naissance, inscrit sur les registres de l'état civil, et, « *à défaut de titre*, par la *possession* constante de l'état d'enfant légitime » (C. civ., art. 317 et 320). A la vérité, quand un enfant n'a ni titre, ni possession d'état, la filiation légitime peut être prouvée exceptionnellement par *témoins*, pourvu qu'il y ait un commencement de preuve par écrit, ou que des présomptions ou indices, résultant de faits, dès lors constants, soient assez graves pour en déterminer l'admission (C. civ., art. 323). Mais ce n'est pas là une preuve régulière; d'une part, elle peut faire défaut à l'enfant; d'autre part, sa valeur dépend de l'appréciation des juges. En conséquence, il y a délit de suppression d'état d'enfant légitime, toutes les fois qu'un enfant est dépouillé, par le résultat d'une infraction, de la preuve de sa filiation, au moyen de l'acte de naissance inscrit sur le registre de l'état civil, ou de la possession d'état. Dans ce cas en effet, l'enfant est obligé, pour faire reconnaître sa filiation, d'agir en *réclamation d'état*, en mettant en œuvre soit l'art. 46, soit l'art. 323, C. civ.; et, comme la chose jugée au criminel, si la poursuite du délit de suppression d'état était possible, aurait pour résultat de trancher la question de filiation et de faire titre pour l'enfant, la loi suspend cette poursuite jusqu'à ce qu'il ait été prononcé sur la question d'état par les tribunaux civils, seuls compétents pour la résoudre.

Les faits, de nature à produire un délit de suppression d'état de filiation légitime, doivent être rangés en trois classes.

a) La première comprend les infractions qui entraînent toujours et nécessairement, lorsqu'elles sont *consommées*, une suppression d'état. Tel est le crime de faux, en tant qu'il a pour objet et pour résultat de donner à l'enfant un père ou une mère autre que son père ou sa mère légitime. Ce crime comprend : 1° Les fausses déclarations faites à l'officier de l'état civil par les comparants (C. p., art. 147, § 4); 2° le faux, commis par cet officier dans la rédaction de l'acte de naissance, en dénaturant les déclarations qui lui sont faites (C. p., art. 146); 3° l'altération commise *ex post facto* sur les registres de l'état civil, dont l'effet est de supprimer le véritable état de l'enfant (C. p., art. 145 et 147). Dans ces trois cas, il y a délit de suppression d'état, alors même que l'enfant est en *possession* de l'état qui lui appartient par sa naissance. En effet, c'est *à défaut de titre* seulement, que la *possession d'état* est admise comme *preuve de la filiation légitime*. S'il y a un acte de naissance, c'est ce titre qui décide, car il est la preuve par excellence de la filiation. Ce titre fait foi en faveur de l'enfant, alors même qu'il serait contredit par la possession d'état, mais aussi l'enfant ne peut invoquer la possession d'état contre son titre. Si donc la possession d'état n'est pas conforme à l'acte de naissance, c'est ce dernier qui prévaut.

b) La deuxième classe comprend les infractions qui constituent une suppression d'état, seulement dans le cas où l'enfant n'a pas, en fait, la possession de l'état qui devrait lui appartenir par sa naissance. Tels seraient : 1° l'omission ou l'insuffisance de déclaration de la part des personnes qui ont assisté à l'accouchement (C. p., art. 346); 2° l'inscription de l'acte de naissance sur une simple feuille volante (C. p., art. 192)[1]; 3° la destruction, soit totale, soit partielle, des registres de l'état civil (C. p., art. 255) ; 4° le faux, soit des déclarants, soit de l'officier de l'état civil, soit des tiers, qui a pour objet de faire passer un enfant légitime comme né de père et mère inconnus. Dans ces cas, le crime ou le délit a bien pour résultat de priver l'enfant de la preuve régulière qu'il tirerait d'un acte inscrit sur les registres de l'état civil, mais, si la victime de l'infraction a la possession d'état d'enfant légitime, cette possession, n'étant pas contredite par un titre, forme une preuve complète en sa faveur. Les délits qui nous occupent ne suppriment donc la preuve de la filiation qu'autant que l'enfant n'a pas une possession d'état conforme à la filiation à laquelle il a droit.

c) La troisième classe comprend les infractions qui ont pour résultat de priver l'enfant de la possession d'état, et qui suppriment la preuve de l'état, parce que la filiation n'est pas constatée par un acte de naissance inscrit sur les registres de l'état civil. Tels seraient : 1° les crimes d'enlèvement, de recélé et de suppression d'enfant (C. p., art. 345); 2° la substitution d'un enfant à un autre ; 3° la supposition d'enfant à une personne qui n'est pas accouchée, en tant, du moins, que cette supposition n'est pas imaginaire et a été accompagnée du fait matériel de l'introduction d'un enfant dans une famille à laquelle il n'appartient pas (C. p., art. 345). Dans ces trois cas, les infractions énumérées, qui ont fait disparaître la possession d'état, n'impliquent pas une suppression d'état, lorsque la filiation est constatée par un acte de naissance inscrit sur les registres de l'état civil. De deux choses l'une, en effet, — ou cet acte de naissance indique la véritable

[1] Si l'officier de l'état civil constate la naissance sur une simple feuille volante, cet écrit ne fait pas preuve, car il ne constitue pas un acte de l'état civil, l'inscription sur le registre étant une condition essentielle pour l'existence de l'acte (C. civ., art. 319). Que la représentation de la feuille volante permette à l'enfant de recourir à la preuve testimoniale dans les termes de l'art. 46, ou dans les termes de l'art. 323, C. civ., — ce qui est discuté, — il n'en est pas moins certain que la négligence de l'officier de l'état civil aura empêché l'enfant d'acquérir la preuve de sa filiation par un acte de naissance régulièrement inscrit sur les registres de l'état civil.

filiation de l'enfant, et cette preuve lui reste acquise, malgré le délit; — ou cet acte assigne à l'enfant une filiation qui n'est pas la sienne, et alors les délits qui nous occupent n'aboutissent pas à une suppression d'état, puisque la possession d'état, dont ils dépouillent l'enfant, étant contredite par l'acte de naissance, ne prouve pas la filiation.

De la suppression d'état de filiation naturelle. — L'enfant naturel a un état lorsqu'il est *reconnu* par son père ou par sa mère. Mais, ce n'est pas l'acte de naissance qui prouve la filiation d'un enfant naturel, soit à l'égard du père, soit même à l'égard de la mère; c'est l'*acte de reconnaissance*, qu'il soit inscrit ou qu'il ne soit pas inscrit sur les registres de l'état civil (C. civ., art. 344). Il résulte de là, qu'on supprime l'état ou plutôt la *preuve de l'état* d'enfant naturel, soit en empêchant l'enfant d'obtenir le titre qui devait prouver la reconnaissance, soit en lui enlevant le titre acquis. Dans la première hypothèse, rentre le faux de l'officier public qui dénature la substance d'une déclaration de reconnaissance. Dans la seconde, rentre l'altération *ex post facto*, par un faux matériel, ou la destruction de l'acte de reconnaissance.

Étant donné le caractère exceptionnel de l'art. 327, on pourrait hésiter à l'étendre au délit de suppression d'état d'enfant naturel parce qu'il est écrit dans un chapitre intitulé : *Des preuves de la filiation des enfants légitimes.* Mais, d'une part, les art. 326 et 327 sont généraux dans leurs termes et, à partir de l'art. 326, ne s'occupent plus d'une manière spéciale des preuves de la filiation légitime : ils édictent des règles de compétence, de prescription, de transmissibilité pour l'action en réclamation d'état d'enfant. D'autre part, les motifs qui ont fait édicter l'exception de l'art 327 s'appliquent à la filiation naturelle comme à la filiation légitime[1].

II. Tel est, dans toute son étendue, le cercle d'application du délit de suppression d'état de filiation. L'art. 327 n'a certainement aucune application hors des limites de ce cercle, mais il ne faudrait pas croire qu'il s'applique nécessairement à tout délit qui rentre dans ce cercle, par cela seul qu'il est un délit de suppression d'état de filiation soit légitime, soit naturelle. En effet, le but essentiel de l'art. 327 étant d'empêcher que la question de filiation soit préjugée par les tribunaux criminels, il faut décider : 1° que l'action publique contre un délit de suppression d'état est suspendue, toutes les fois que la chose jugée

[1] Dans ce sens : Faustin Hélie, t. II, n° 844 ; Hoffman, t. II, n°s 290 et suiv.; Demolombe, t. V, n°s 530 à 534. Cass., 29 mai 1873 (S. 73. 1. 485). En sens contraire : Bertauld, *op. cit.*, n°s 35 et suiv. ; Le Sellyer, *De la compétence et de l'organisation des tribunaux répressifs*, t. II, n° 670.

au criminel a pour résultat de trancher la question d'état; 2° mais qu'elle ne l'est pas, au contraire, toutes les fois que la chose jugée au criminel doit laisser intacte cette question même. Or, il est un certain nombre d'infractions qui impliquent bien une suppression d'état, mais dans lesquelles le fait délictueux n'est pas inséparablement lié à la question de filiation, de sorte qu'elles peuvent être poursuivies, sans que la filiation d'une *personne déterminée* soit mise en question. Pour ces infractions, l'action du ministère public aura libre cours, pourvu qu'il écarte de la poursuite tout ce qui tendrait à établir la *relation du fait punissable* avec la *filiation d'une personne déterminée.* Ainsi, la destruction, soit des registres de l'état civil, soit d'un ou de plusieurs actes de naissance ou de reconnaissance inscrits sur ces registres, peut être l'objet d'une poursuite, sans qu'on recherche quelle est la filiation de l'enfant ou des enfants dont l'état est supprimé par ce délit. Il en est de même du délit des personnes qui, ayant assisté à un accouchement, ont négligé de faire la déclaration prescrite par la loi. Ainsi encore, les infractions qui constituent à la fois des attentats contre la *personne* de l'enfant et une suppression de son état, telles que l'exposition, le délaissement, l'enlèvement, la suppression, le recélé d'enfant, pouvant être poursuivies et jugées, quel que soit l'état de l'enfant, et à quelques parents qu'il appartienne, seront déférées à la juridiction répressive par le ministère public, sans que celui-ci ait besoin d'attendre que la question de filiation soit jugée par les tribunaux civils. En un mot, pour que l'art. 327 s'applique, il s'agira toujours de savoir, non pas si la poursuite d'un délit de suppression d'état intéresse, de près ou de loin, la question d'état, mais bien si elle la soulève si directement que, en supposant qu'elle réussisse, elle constitue le titre même de l'état supprimé.

Pour déterminer dans quelle mesure la question de filiation suspend la poursuite du délit de suppression d'état, nous avons à distinguer deux hypothèses.

a) L'action en réclamation d'état est déjà intentée devant les tribunaux civils : dans ce cas, le ministère public et la partie lésée par le délit de suppression d'état ne peuvent certainement saisir le tribunal de répression de l'action publique ou de l'action civile, tant que la question d'état n'a pas été définitivement jugée par les tribunaux civils. L'art. 327 constitue donc le renversement de l'art. 3, § 2, C. instr. cr. ; et tandis que, d'après le droit commun, c'est le *criminel qui tient le civil en état;* par inversion de la règle ordinaire, ici c'est *le civil qui tient le criminel en état.*

b) L'action en réclamation d'état n'a pas été intentée devant les tribunaux civils : on ne doit certainement pas permettre à la partie lésée de porter une action en dommages-intérêts devant la juridiction répressive, avant que la question d'état ait été tranchée par les tribunaux civils, car ce serait l'autoriser à soumettre à la juridiction criminelle, par une voie détournée, la question d'état dont la connaissance appartient exclusivement aux tribunaux civils. C'est là une atteinte à l'art. 3, § 1, C. instr. cr., qui permet à la partie lésée par une infraction d'opter entre la voie civile et la voie répressive. Mais le ministère public peut-il poursuivre d'office le délit de suppression d'état, lorsqu'il n'y a pas de contestation *actuelle* ou *probable* devant les tribunaux civils sur l'état prétendu supprimé ou supposé? Je ne le crois pas. En effet, si, dans cette hypothèse, l'action publique était recevable, la question d'état serait décidée implicitement par le tribunal répressif, alors que la loi en réserve la solution aux tribunaux civils. A la vérité, l'art. 327, tel que je l'interprète, a pour effet, en matière de délit de suppression d'état de filiation, de paralyser l'action du ministère public ou même de l'éteindre, s'il plaît à la partie lésée de ne pas saisir les tribunaux civils de la réclamation d'état ou de transiger sur cette réclamation. Mais le texte de l'art. 327 est absolu, et les motifs qui l'ont inspiré ne laissent guère de doute sur la volonté du législateur de préférer l'impunité de certains crimes au danger d'abandonner à la justice répressive, particulièrement au jury, le soin de résoudre les difficultés que présente la décision des questions qui ont pour objet l'état de filiation [1].

355. Du crime ou délit de banqueroute. Du rapt de mineur. — Existe-t-il d'autres questions préjudicielles à l'action? Dans le *rapt* ou *enlèvement de mineur suivi de mariage*, l'action ne peut être intentée que sur la plainte des personnes qui, d'après le Code civil, ont le droit de demander la nullité du mariage et qu'après que cette nullité aura été prononcée par les tribunaux civils (C. p., art. 357). Ainsi l'annulation du mariage paraît être une question préjudicielle à l'exercice de l'action publique. Mais ce point de vue n'est pas généralement admis : on en fait une question simplement préjudicielle au jugement.

La banqueroute, soit simple, soit frauduleuse, est l'état d'un *com-*

[1] Merlin, v° *Questions d'état*, § 2, a soutenu que l'art. 327 ne suspendait l'action publique que lorsque l'action civile était intentée ; mais que, dans le cas contraire, le ministère public pouvait poursuivre *de plano* la suppression d'état. Ce système qui a été suivi par : Marcadé, t. II, art. 327, n° 11 ; Laurent, *op. cit.*, t. II, n° 473 ; Baudry-Lacantinerie, *Précis de droit civil*, t. Ier, n° 720, est repoussé par une jurisprudence constante, et par la presque unanimité des auteurs. Comp. Cass., 30 nov. 1876 (S. 78. 1. 434).

merçant failli qui a commis un dol ou une faute (C. comm., art. 585 et 586; C. p., art. 402). Faut-il en conclure que la faillite doit avoir été préalablement déclarée par le tribunal de commerce pour que la poursuite du crime ou délit de banqueroute puisse avoir lieu? La jurisprudence et la doctrine sont, en général, d'accord pour repousser cette conclusion[1]. Si l'on admet, en effet, que la faillite existe sans ntervention judiciaire, par le *seul* fait de la cessation de paiement, et que le jugement du tribunal de commerce, qui la *déclare*, n'ait d'autre objet que d'ouvrir une procédure spéciale de liquidation, il faut décider que le fait même de la faillite peut être vérifié et constaté par la juridiction répressive, lorsqu'elle est saisie d'une infraction dont ce fait constitue un élément. En effet, la compétence de la juridiction répressive pour apprécier les circonstances constitutives de l'infraction est une règle à laquelle aucun texte ne fait exception en matière de banqueroute. Le ministère public n'ayant pas le droit de saisir d'une demande en déclaration de faillite le tribunal de commerce, il ne se peut pas, du reste, que des intérêts privés tiennent en suspens la répression d'un crime ou d'un délit.

356. QUESTIONS PRÉJUDICIELLES AU JUGEMENT OU EXCEPTIONS PRÉJUDICIELLES. — Le domaine des questions préjudicielles au jugement se trouve dans le *droit civil*, le *droit administratif*, le *droit pénal* et le *droit disciplinaire*.

A. *Questions de droit civil.* — Les questions civiles, qui s'élèvent le plus fréquemment devant les juridictions répressives, sont relatives, soit aux *droits réels*, soit aux *droits de créance*, soit à l'*état des personnes*. Quel est le devoir de ces juridictions, quand la solution du procès pénal dépend d'une de ces questions? Peuvent-elles juger cette question ou doivent-elles la renvoyer à l'examen des tribunaux civils? Dans le silence des textes, la jurisprudence, d'abord, très hésitante sur ce point, a senti le besoin de régler sa marche et de résumer, dans un texte écrit, les principes qu'elle devait suivre. Dans ce but, la Cour de cassation approuva une sorte de consultation doctrinale rédigée par le président Barris. Elle est connue sous le nom de *Note secrète du 5 novembre 1813*[2]. Les principes de cette note n'ont

[1] *Sic*, Cass., 10 août 1878 (S. 79. 1. 481); 23 déc. 1880 (S. 82. 1. 435); 9 mai 1902 (S. 1905. 1. 60). L'art. 19 de la loi du 14 mars 1889 ne permet même plus de discuter la question. Voy. mon *Traité*, t. V, n° 345, p. 357; Thaller, *Traité élém. du droit comm.*, n°s 1701 à 1704; Trib. de Tunis, 19 févr. 1898 (S. 98. 2. 316), et la note.

[2] Cette note est reproduite par Mangin, t. Ier, n. 340, p. 290, par Hoffman, t. Ier, p. 253 et par Le Sellyer, *De la compétence et de l'organisation des tribunaux répressifs*, t. II, n° 623. Elle a été approuvée par Merlin.

reçu de consécration législative que sur un point (C. for., art. 182; L. 15 avr. 1829, art. 59) : il est certain aujourd'hui que les questions de *propriété immobilière* sont préjudicielles au jugement de l'action publique. Mais, sur tous les autres points, le silence de la loi laisse libre application au principe que le juge de l'action est juge de l'exception.

I. *Questions relatives aux droits réels*. — Toutes les fois que, dans une poursuite relative à une infraction attentatoire aux *propriétés immobilières*, le prévenu soutient qu'il avait le droit de faire ce qu'on lui reproche, en invoquant, comme moyen de défense, soit un droit de propriété ou tout autre droit réel, soit une possession légale[1], le tribunal de répression doit surseoir au jugement de l'action publique, jusqu'à ce que la question civile ait été jugée par les tribunaux civils. Ce serait le cas d'un propriétaire poursuivi pour bris de clôture. Mais, lorsque l'infraction, à raison de laquelle la poursuite est intentée, soulève une question de *propriété mobilière*, par exemple en cas de vol, si le prévenu soutient que l'objet soustrait lui appartient, il n'y a lieu ni à sursis, ni à renvoi : la juridiction répressive décide la question de propriété mobilière, en statuant sur le fond de l'accusation ou de la prévention. Cette distinction fondamentale, déjà faite dans la note secrète de 1813, a été implicitement consacrée par l'art. 182, C. for. et par l'art. 59 de la loi du 15 avril 1829 ; on est d'accord pour reconnaître que ces textes, bien que relatifs aux matières forestières et fluviales, sont l'expression d'un principe général, que le législateur a entendu consacrer, dans une application spéciale, lorsque l'occasion s'est présentée à lui de le faire[2].

Deux motifs justifient, dans le cas qui nous occupe, le renvoi à fins civiles. D'un côté, il ne convient pas que l'exercice de la juridiction pénale, dont la promptitude est l'une des qualités essentielles, soit entravé et prolongé par des incidents d'une nature absolument civile. D'un autre côté, les difficultés de procédure et de preuve que l'on rencontre, lorsqu'il s'agit d'une question de propriété immobilière, démontrent l'incompétence radicale des tribunaux de répression pour l'examiner et la résoudre.

Quelles sont les *conditions* et les *effets* de cette exception préjudicielle certaine?

a) Ses conditions, telles qu'elles sont formulées par l'art. 182, C. for., sont au nombre de quatre. 1° Il faut que le prévenu excipe for-

[1] La possession légale peut légitimer l'acte, comme le droit de propriété : elle emporte, dans tous les cas, une présomption de propriété.

[2] Voy. notamment : Cass., 18 févr. 1897 (S. 99. 1. 254) et la note; 17 déc. 1896 (S. 97. 1. 429).

mellement de l'exception. Le juge de répression, qui s'aperçoit qu'un droit de propriété ou un autre droit réel est engagé dans la cause, ne peut suppléer l'exception et ordonner d'office le sursis : *ultra petita non est judicandum.* Mais cette exception, constituant, au fond, un moyen de défense, peut être soulevée en appel, bien qu'elle ne l'ait pas été en première instance[1]. 2° Le tribunal doit examiner si le moyen de défense est sérieux, ou s'il n'a pas pour but unique d'entraver la marche de la poursuite. Aussi, l'exception n'est-elle recevable qu'autant qu'elle est fondée, *soit sur un titre apparent, soit sur des faits de possession équivalents à titre.* Sans doute, le tribunal de répression n'a pas qualité pour juger de la *validité* du titre produit, ou pour vérifier les faits de possession articulés; mais il peut et doit apprécier la *vraisemblance* des allégations du prévenu[2]. 3° Le droit allégué doit être de nature à enlever à la prévention tout caractère délictueux. Il serait inutile, en effet, de surseoir au jugement si le droit allégué ne devait point innocenter le prévenu[3]. 4° L'exception doit être fondée sur un droit personnel à celui-ci, qui ne peut exciper du droit d'autrui, ni de l'absence de droit en la personne du plaignant[4].

b) Le tribunal saisi de l'action publique, qui trouve que l'exception proposée n'est pas recevable, la rejette et passe outre au débat. Dans le cas contraire, le tribunal doit surseoir au jugement jusqu'à la décision définitive de l'exception préjudicielle, qui constitue, tout à la fois, une défense au fond et un moyen dilatoire. A qui incombe l'obligation de faire décider cette question par la juridiction civile ? L'art. 182 est formel : c'est le *prévenu*, c'est-à-dire celui qui soulève l'exception pré-

[1] Cass., 29 déc. 1883 (*B. cr.*, n° 300); 22 mai 1903 (D. 1903. 1. 335).

[2] Cass., 25 août 1877 (S. 78. 1. 288); 19 juill. 1878 (S. 81. 1. 47); 23 août 1879 (S. 81. 1. 185).

[3] Comp. Cass., 2 août 1874 (S. 75. 1. 483); 5 déc. 1879 (S. 79. 1. 185); 5 févr. 1898 (S. 99. 1. 302); 10 nov. 1899 (S. 1902. 1. 379).

[4] Cette règle demande quelques explications. La poursuite est-elle exercée à la requête du ministère public? Le prévenu ne pourrait pas exciper de ce que le véritable propriétaire ne se plaint pas ou de ce que le plaignant n'est pas le véritable propriétaire : l'action publique ne dépend en rien, quant à son exercice, de la plainte du propriétaire. La question présente plus de difficultés lorsque les poursuites ont lieu à la requête des particuliers. Le prévenu ne pourra-t-il pas, dans cette hypothèse, repousser l'action dirigée contre lui en excipant du défaut de qualité du plaignant? Nous n'hésitons pas à l'admettre, puisque l'art. 1er, C. instr. cr., n'accorde l'action civile en réparation du préjudice causé par une infraction qu'à la partie qui a souffert un dommage et qu'aucune réparation ne peut être due à la personne n'ayant aucun droit sur l'immeuble objet de l'infraction. Mais cette exception, invoquée par l'inculpé, n'est pas une exception préjudicielle au sens vrai du mot, car elle n'en a aucun des caractères; elle constitue une *fin de non recevoir*, tirée de l'absence de qualité de celui qui réclame les réparations civiles, et sur laquelle le tribunal de répression est compétent pour se prononcer.

judicielle, qui doit saisir la juridiction compétente, et cela, même lorsqu'il est en présence d'une partie civile : la loi l'oblige à prendre toujours le rôle de demandeur, et, par conséquent, à faire la preuve de son droit prétendu[1].

En cas de renvoi à fins civiles, le jugement fixe un bref délai, dans lequel le prévenu, qui a soulevé la question préjudicielle, doit saisir le juge compétent et justifier de ses diligences. Sans cette mesure, l'action publique serait indéfiniment paralysée par l'attitude passive du prévenu. Remarquons que la fixation de ce délai est obligatoire pour le tribunal. A l'expiration du délai, le prévenu est rappelé, à la requête du ministère public ou de la partie civile, pour rendre compte de ses diligences. Lorsqu'il a négligé de remplir l'obligation qui lui était imposée, le tribunal passe outre aux débats; le prévenu est alors censé avoir renoncé à l'exception[2]. Si le prévenu produit un jugement qui décide la question en sa faveur, le tribunal répressif, qui est lié par cette décision, doit le renvoyer d'instance sans dépens. S'il a succombé dans l'instance civile, le tribunal de répression statue sur l'action publique, comme si l'exception n'avait pas été proposée.

II. *Questions relatives aux conventions.* — Les questions relatives aux conventions s'élèvent devant la juridiction répressive dans deux ordres de circonstances. Tantôt l'infraction qui fait l'objet de la poursuite résulte de la *convention* même qui est contestée par le prévenu : ainsi, un individu est accusé de banqueroute pour avoir simulé des dettes : il conteste la simulation; un individu est poursuivi pour avoir habituellement prêté à un taux excédant l'intérêt légal : il prétend que les obligations contractées ne renferment pas de stipulations usuraires. Tantôt l'infraction dépend d'un contrat antérieur, dont l'*existence* ou l'*interprétation* est contestée par l'une ou l'autre partie : ainsi, il s'agit de l'un des délits prévus par l'art. 408, C. p., de la violation d'un dépôt, de l'abus d'un prêt à usage, d'un gage, d'un mandat : le prévenu conteste l'existence du contrat dont dépend le délit. Dans ces deux hypothèses, les juridictions répressives ont certainement qualité pour trancher les questions relatives à l'existence ou à l'interprétation du contrat dont dépend l'infraction ou qui constitue l'infraction, mais en se conformant aux règles du droit civil sur les preuves[3].

[1] Voy. Cass., 21 mai 1884 (S. 84. 1. 278); Orléans, 25 avr. 1895 (S. 98. 2. 214).

[2] La loi ajoute cependant un tempérament : « Toutefois, en cas de condamnation, il sera sursis à l'exécution du jugement, sous le rapport de l'emprisonnement, s'il était prononcé; et le montant des amendes, restitutions et dommages-intérêts sera versé à la caisse des dépôts et consignations, pour être remis à qui il sera ordonné par le tribunal, qui statuera sur le fond du droit ».

[3] Voy. Cass., 28 oct. 1898 (S. 1900. 1. 250).

III. *Questions relatives à l'état des personnes.* — En dehors du délit de suppression d'état de filiation, les questions d'état qui se rattachent à un crime ou à un délit, n'ont aucun caractère préjudiciel et ne suspendent ni la poursuite ni le jugement de l'action publique. Ce principe, qui, pour nous, est absolu, s'applique aux questions d'état de *filiation*, comme aux questions d'état de *mariage* et aux questions d'état de *nationalité*.

a) Les tribunaux de répression sont compétents pour résoudre, d'une manière au moins provisoire et seulement dans l'intérêt de l'action publique, les questions d'*état de filiation*, lorsqu'elles se présentent incidemment devant eux à l'occasion d'une poursuite dont ils sont saisis. Un individu est appelé comme témoin devant une juridiction répressive, et il est reproché à cause de sa parenté avec le prévenu ou l'accusé; un individu est accusé de parricide, et il prétend qu'il n'est pas l'enfant légitime ou naturel de la personne homicidée ; dans toutes ces hypothèses, que nous pourrions multiplier, les tribunaux de répression decideront la question d'état, dont la solution est indispensable pour arriver à résoudre le procès, mais en respectant les règles des preuves communes à toutes les juridictions[1].

b) Les questions d'*état d'époux* mettent toujours en jeu l'existence ou l'inexistence d'un mariage. Devant la juridiction répressive, elles peuvent se présenter, soit comme questions principales, supposant une *réclamation d'état d'époux*, soit comme questions incidentes, supposant une *contestation de cet état*.

1° La question d'état est *principale*, dans toute poursuite qui a pour objet un *délit de suppression d'état d'époux*, c'est-à-dire dans tout délit qui a détruit ou altéré l'acte de célébration du mariage, inscrit sur les registres de l'état civil. L'acte de mariage, telle est, en effet, la preuve *unique* du mariage, du moins vis-à-vis des époux. Trois sortes d'infractions peuvent avoir détruit ou empêché d'acquérir la preuve résultant de ce titre : 1° le faux ; 2° l'inscription de l'acte sur une feuille volante ; 3° l'enlèvement ou la destruction des registres de l'état civil. Dans ce dernier cas, le droit commun s'applique absolument; le rétablissement de l'acte de mariage est une *restitution*, que les tribunaux de répression ordonnent d'office, que la partie lésée peut poursuivre, à son choix, devant les tribunaux saisis de l'action publique ou devant les tribunaux civils, et pour laquelle la preuve testi-

[1] Dans ce sens : Cass. 6 mars 1879 (S. 79. 1. 189); 28 juin 1902 (S. 1904. 1. 473) et note de M. Roux. L'art. 326, C. civ., en disant que les *tribunaux civils seront seuls compétents pour statuer sur les réclamations d'état*, n'a pas dit : *seront seuls compétents pour statuer sur les questions d'état.*

moniale du mariage est recevable devant les deux ordres de juridictions (C. civ., art. 46). Dans les deux premiers cas, au contraire, le droit commun est modifié : la preuve du mariage ne peut être établie que par *le résultat d'une procédure criminelle* statuant sur le délit.

L'inscription du jugement de la juridiction de répression sur les registres de l'état civil remplacera la preuve du mariage (C. civ., art. 198). Cette marche de la procédure suppose implicitement : 1° que l'auteur du délit est vivant; 2° que l'action publique peut être exercée contre lui. Si l'une ou l'autre de ces conditions faisait défaut, l'action en rétablissement de la preuve du mariage devrait être « dirigée au civil contre les héritiers, par le procureur de la République, en présence des parties intéressées et sur leur dénonciation » (C. civ., art. 200).

Il est facile de voir par là que, en toute hypothèse, la question de mariage n'est jamais qu'une *question préalable* dans le délit de suppression d'état d'époux.

2° Les questions d'existence ou de validité de mariage peuvent s'élever *incidemment* devant les tribunaux de répression, soit lorsque la qualité d'époux, chez le prévenu ou l'accusé, est exclusive du délit même, comme dans le recel de personnes (C. p., art. 248) et dans le vol (C. p., art. 380), soit lorsque l'infraction qui fait l'objet des poursuites suppose, chez l'accusé ou le prévenu, la qualité d'époux, comme dans le délit d'adultère (C. p., art. 337 et 339), ou dans le crime de bigamie (C. p., art. 340), quelle que soit l'hypothèse, il faut reconnaître aux tribunaux de répression le droit de vérifier l'*existence* ou la *validité* du mariage ou des mariages dont dépend l'existence ou l'inexistence de l'infraction[1].

c) La question de *nationalité* peut se présenter devant les tribunaux répressifs, soit lorsqu'un étranger invoque la nationalité française,

[1] Ce n'est pas la solution de la jurisprudence, du moins pour le crime de bigamie et le délit d'adultère. *a*) En cas de poursuite pour bigamie, l'accusé peut écarter l'accusation, en excipant de la nullité du premier mariage ou même du second pour une cause autre que la bigamie. La Cour de cassation, dans la note de 1813 et dans sa jurisprudence postérieure, distingue entre les deux nullités. S'il s'agit de la nullité du premier mariage, elle décide que si la *nullité est absolue*, le premier mariage n'existant pas lors de la célébration du second, comme il n'y a pas bigamie, les tribunaux répressifs doivent surseoir, mais que si la *nullité est relative*, le premier mariage existant jusqu'à l'annulation, il n'y a pas lieu de surseoir, puisque cette nullité ne met pas obstacle à l'existence du crime. Voy. Cass., 29 mars 1826; Rennes, 23 janv. 1879 (S. 81. 2. 129). *b*). En cas de poursuite pour adultère, la nullité du mariage est une question de la compétence exclusive des tribunaux civils, et le tribunal correctionnel est tenu de surseoir : Cass., 13 avr. 1867 (S. 67. 1. 341).

pour écarter l'application d'un arrêté d'expulsion pris contre lui, soit lorsqu'un Français invoque la nationalité étrangère dans le but de se soustraire à une poursuite pour insoumission ou désertion. Dans le premier cas, la compétence du tribunal correctionnel est unanimement reconnue[1]. Dans le second cas, la jurisprudence, à raison de ce que les juridictions militaires sont incompétentes pour statuer sur les questions civiles (C. just. mil., art. 57), refuse tout droit au conseil de guerre pour statuer sur la question de nationalité et l'oblige à surseoir jusqu'à ce que cette question ait été tranchée par les tribunaux civils[2].

B. *Questions ou exceptions préjudicielles administratives.* — Les questions administratives qui se rattachent à l'existence d'une infraction sont-elles préjudicielles au jugement de cette infraction? Si elles ont ce caractère, par quel procédé l'autorité administrative fera-t-elle respecter ses attributions? Ces deux questions ont été souvent confondues; il importe, cependant, ici comme dans bien des cas, de distinguer le *principe* de sa *sanction*.

I. Le principe même de la séparation des pouvoirs, dirigé contre les empiétements de l'autorité judiciaire, donna lieu, dans la législation de 1790, à une double prohibition : prohibition pour les tribunaux judiciaires de connaître des actes administratifs; prohibition de poursuivre les agents du gouvernement sans une autorisation préalable de l'administration. Ces deux interdictions étaient absolument distinctes; elles n'avaient ni le même caractère ni la même sanction : l'une était une règle de *compétence;* l'autre, une règle de *procédure*.

De ces deux prohibitions, il en est une qu'a fait disparaître le décret de 1870, mais l'autre subsiste toujours. Or, tandis qu'une question civile ne peut être préjudicielle au jugement de l'action publique que si un texte formel lui reconnaît ce caractère, les questions administratives, qui se rattachent à l'existence de l'infraction, sont préjudicielles, en vertu de la règle qui ne permet pas aux tribunaux civils de constater les faits dont la vérification appartient à l'autorité administrative[3]. Le caractère préjudiciel de ces questions n'a pas besoin d'être

[1] Trib. Lyon, 28 janv. 1890 (sous Lyon, 12 avr. 1890, S. 91. 2. 173).

[2] Cass., 25 juin, 30 juill. 1885 (D. 86. 1. 479). Voy. *De l'autorité au point de vue de la chose jugée des décisions correctionnelles en matière de nationalité* (*Gaz. Trib.*, n° 1er janv. 1896).

[3] Les questions administratives, préjudicielles au jugement de l'action publique, n'étant pas déterminées par la loi, qui interdit simplement, et d'une manière générale, à l'autorité judiciaire de connaître des actes administratifs, peuvent, presque toutes, soulever des difficultés. Voy. des exemples de questions administratives de nature à se présenter devant les tribunaux de répression : Ortolan, t. II, n° 2105; Haus,

spécialement déterminé par la loi, car le principe : *le juge de l'action est juge de l'exception*, ne s'applique qu'aux questions qui rentrent dans les *attributions de l'autorité judiciaire*, et non à celles qui les dépassent.

II. Si donc il s'élève, dans un procès pénal, une question, dont la solution appartienne exclusivement à l'autorité administrative, et qu'il soit indispensable de la vérifier avant de vider le fond du débat, le tribunal ne peut pas lui-même statuer, mais il doit renvoyer les parties à se pourvoir devant l'autorité administrative compétente et surseoir à se prononcer. Mais l'administration peut-elle élever le conflit, pour revendiquer la connaissance de l'affaire, si le tribunal se déclare compétent pour en connaître? La question doit être résolue, ainsi que nous l'avons dit, par une distinction, entre les matières *criminelles* et *de police*, où le conflit est irrecevable, et les matières *correctionnelles*, où le conflit est possible.

C. *Questions relatives à certains faits ou actes dont l'appréciation est réservée à des autorités spéciales.* — L'appréciation de certains actes ou faits, d'où dépend le caractère délictueux de la prévention, a pu être réservée, par un texte formel, à certaines autorités déterminées, pénales, disciplinaires, militaires, et, par suite, donner lieu à une question préjudicielle au jugement. C'est ainsi que, en matière de dénonciation calomnieuse, si le fait dénoncé a le caractère d'un délit pénal, ou d'une infraction disciplinaire, d'un acte administratif, l'appréciation de ce fait soulève une exception préjudicielle que la juridiction saisie devra renvoyer, suivant les cas, soit au tribunal répressif compétent, soit à l'autorité disciplinaire, soit à l'autorité administrative (C. p., art. 372, 373)[1]. C'est ainsi encore que la juridiction correctionnelle, saisie du délit consistant à s'être rendu impropre au service militaire, doit surseoir à statuer jusqu'à la décision du conseil de révision[2].

t. II, n. 1192; Faustin Hélie, t. II, p. 410. V. également : Toutain, *Question préjudicielle en matière de crimes et délits commis par un comptable de deniers publics* (*Revue générale d'administration*, 1878, t. I, p. 564). *Adde*, sur cette espèce : Cass., 3 janv. 1896 (S. 96. 1. 109 et la note). Voy. Bertaud, *op. cit.*, n° 70; Blanche, t. VI, n° 233; Serrigny, *Comp. adm.*, t. Ier, n° 167. Serait préjudicielle, par exemple, dans la poursuite d'une contravention de petite voirie, la question d'alignement.

[1] Comp. Cass., 24 avr. 1874 (S. 74. 1. 286); 6 janv. 1876 (S. 76. 191). Voy. mon *Traité*, t. V, nos 40 à 48.

[2] Comp. Cass., 20 déc. 1873 (S. 74. 1. 90).

TITRE II

DES PREUVES EN MATIÈRE RÉPRESSIVE

§ Ier. — NOTIONS GÉNÉRALES SUR LES PREUVES.

357. Charge de la preuve. — 358. De quelle manière on peut considérer la preuve. Deux systèmes principaux. Preuve légale. Preuve de conviction. En quoi consiste, dans ce dernier système, la légalité de la preuve. — 359. Critiques de l'école italienne. — 360. De la preuve dans les deux phases du procès pénal : phase préparatoire, phase définitive. — 361. Classement des preuves.

357. CHARGE DE LA PREUVE. — Le procès pénal a pour point de départ un *soupçon* sur lequel se fonde l'accusation, et toute l'œuvre de la procédure tend à transformer ce *soupçon* en *certitude*. Si ce résultat n'est pas atteint, le procès ne peut aboutir. En conséquence, il y a lieu de poser trois règles.

1° La charge de la preuve incombe à l'accusateur : elle doit porter, et sur l'existence de l'infraction, c'est-à-dire sur le *corps du délit*, et sur la participation matérielle et morale de l'inculpé au délit constaté, c'est-à-dire sur la *culpabilité*. Mais si l'inculpé allègue un fait justificatif, une cause de non-culpabilité, une excuse, doit-il, à son tour, en faire la preuve complète, ainsi que le défendeur, qui, dans un procès civil, invoque une cause de libération (C. civ., art. 1315)? L'ancien droit, qui avait organisé un système de preuves légales, contenait, sur ce point, des dispositions précises et rigoureuses. L'ordonnance de 1670 n'autorisait la preuve des faits justificatifs ou des causes de non-culpabilité, même de la démence, qu'après la visite du procès, et obligeait l'accusé à les articuler, avec précision, à peine de déchéance. Aujourd'hui, l'accusé peut proposer ses moyens de défense en tout état de cause : on ne l'oblige même pas à se découvrir au début de l'instance et à déclarer s'il plaide *coupable* ou *non coupable*. Tous les obstacles de forme apportés à sa défense ont été, avec raison, supprimés.

2° L'insuffisance de la preuve, de la part de celui qui est chargé de l'administrer, amène, dans tout procès, le renvoi d'instance du défendeur. C'est surtout en matière répressive que ce principe doit s'appliquer. Toutes les fois que la culpabilité n'est pas complètement établie, la peine serait injustifiée. Si telle est, en effet, la règle, dans notre législation, où la répression a sa base dans une déclaration préalable de culpabilité, il faut constater combien, dans le développement historique des institutions, on a eu de peine à y aboutir. Un double préjugé a retardé longtemps le triomphe, sur ce point, de la justice et de la logique. On a été tout d'abord porté à confondre une *culpabilité imparfaitement prouvée* avec une *culpabilité atténuée*. De là l'usage de la *peine gracieuse* ou *extraordinaire*. L'entière certitude, soit de la culpabilité, soit de la non-culpabilité, ne pouvant pas être toujours facilement acquise, l'ancienne jurisprudence avait établi, d'abord, diverses espèces d'acquittement, puis, un moyen terme entre l'acquittement et la condamnation; elle graduait ainsi les solutions du procès pénal sur les divers degrés de la preuve. Lorsque la condamnation n'intervenait pas, trois solutions étaient possibles : l'*absolution*, la *mise hors de cour* et le *plus amplement informé*. Toutes ces institutions sont étrangères à notre temps et à nos mœurs. D'une part, aucune peine ne peut être prononcée contre un accusé non coupable; et toutes les fois que certains retours ataviques aux tendances anciennes se sont manifestés par la condamnation aux dépens de l'accusé acquitté, notre Cour suprême a rétabli les véritables principes, en déclarant que l'accusé acquitté ne saurait être réputé avoir succombé, aux termes de l'art. 368, C. inst. cr., sainement entendu. D'autre part, l'accusé acquitté ne peut être repris ou recherché à l'occasion du même fait (C. instr., art. 360). Sans doute, ce principe ne s'applique qu'à la décision rendue par la juridiction de jugement. Un arrêt de non-lieu de la chambre des mises en accusation n'empêche pas de reprendre l'inculpé s'il survient de nouvelles charges (C. instr. cr., art. 246), de sorte que celui-ci reste *in reatu* jusqu'à ce que la prescription lui soit acquise. Mais il ne s'agit pas encore là d'une solution du procès, et c'est seulement quand l'instruction a suivi toutes ses phases, que l'accusé a droit à une *décision définitive* qui ne laisse planer aucune équivoque sur sa situation.

La règle que le *doute profite à l'accusé* exerce son influence sur toutes les phases du procès pénal et donne naissance à une série de corollaires. C'est ainsi qu'on met en liberté le prévenu acquitté durant les délais d'appel et malgré l'appel du ministère public (C. instr. cr., art. 206); que l'on compte, en faveur de l'accusé, les bulletins blancs ou les bulletins illisibles des jurés (L. 13 mai 1836, art. 4); que l'on acquitte, en cas de partage égal des votes (C. instr. cr., art. 347 et 350) ; qu'on donne à la cour d'assises le droit de suspendre le verdict de condamnation, sans lui reconnaître le même droit en cas de verdict de non-culpabilité (C. instr. cr., art. 350 et 352) ; que les voies de recours profitent au prévenu, sans pouvoir lui nuire, au cas où le ministère public ne s'est pas pourvu (Avis du Conseil d'État du 12 nov. 1806) ; qu'en cas d'acquittement en cour d'assises, le pourvoi en cassation du ministère public ne peut avoir lieu que dans l'intérêt de la loi (C. instr. cr., art. 409) ; qu'on admet la revision des jugements qui prononcent une condamnation et qu'on interdit de reviser les jugements qui prononcent un acquittement (C. instr. cr., art. 443). Toutes ces institutions, protectrices de l'accusé, dérivent de l'idée : *in dubio pro reo*. Elles ont été critiquées, comme des progrès à rebours, par ceux qui ne voient, dans ces garanties, que des procédés tendant à désarmer la « défense sociale », et qui ne comprennent pas que les garanties de la procédure sont nécessaires aux honnêtes gens injustement soupçonnés[1].

3° Les faits dont on est admis à rapporter la preuve doivent être concluants (C. proc. civ., art. 254), c'est-à-dire tels qu'en les supposant vrais, ils puissent être utiles à la partie qui les allègue. Cette condition d'admissibilité de la preuve, n'a pas, dans la procédure civile et dans la procédure pénale, une égale importance. D'une part, dans le procès pénal, tous les faits qui peuvent, de près ou de loin, influencer l'existence de la culpabilité ou sa mesure, en un mot la matérialité et la moralité de l'action, sont concluants au sens légal du mot. D'autre part, tous les modes de preuve sont admissibles pour les établir. Cette double règle résulte, comme corollaire, de l'idée essentielle qui domine le système moderne des preuves : la recherche de l'intime conviction (C. instr. cr., art. 342).

358. Des divers systèmes de preuve. — La preuve doit être considérée sous chacun de ces trois angles : 1° Dans les sources d'où elle résulte (*éléments de preuve*) ; 2° Dans son mode de recherche et de manifestation (*moyens de preuve*) ; 3° Dans sa valeur démonstrative (*force probante*).

A ces divers points de vue, la législation criminelle a successive-

[1] C'est surtout Ferri, *Sociol. crim.*, n° 73, p. 728 à 741, qui a énergiquement critiqué la présomption légale d'innocence ne devant tomber que devant la preuve contraire de la culpabilité. *Adde*, Pugliese, *Actes du Congrès d'anth. crim. de Rome* de 1885, p. 30 et du *Congrès d'anth. crim. de Paris* de 1889, p. 106 et suiv. ; Rigot, *De quelques immunités accordées au coupable* (Th. de doct., Lyon, 1903). Voy. sur tous ces points, mon *Traité d'instr.*, t. I, n° 234.

ment oscillé entre le système dit des *preuves légales* et celui des *preuves morales*.

Le premier consiste, non seulement à organiser les moyens de rechercher et d'établir la culpabilité, mais à la tenir pour démontrée par la réunion de circonstances dont le concours entraîne forcément la conviction du juge, et, en l'absence desquelles, il doit se déclarer non convaincu. Le second consiste à prouver un fait par tous les moyens propres à en établir l'existence, et à laisser le juge entièrement libre de déclarer que sa conviction est faite ou qu'elle ne l'est pas.

Aucune règle légale ne pouvant mesurer à l'avance la valeur de chaque preuve, la libre impression, laissée dans la conscience du juge par l'instruction, en un mot l'*intime conviction*, tel est le seul critère qu'une législation rationnelle doive reconnaître. Mais il est nécessaire de poser des règles légales pour déterminer, soit les procédés de recherche des preuves dans l'instruction préparatoire, soit les procédés d'administration des preuves dans l'instruction définitive. C'est à l'étude de cette double réglementation que se ramène, aujourd'hui, du moins en principe, la théorie des preuves en matière criminelle. Ainsi, l'autorité pénale est libre, pour former sa conviction, de croire ou de ne pas croire à la preuve fournie, mais elle est assujettie à des règles fixes dans la méthode à employer pour rechercher, recueillir et administrer la preuve.

I. Le premier de ces principes est écrit dans l'art. 342. Bien qu'adressée aux jurés, la règle de l'*intime conviction* s'applique également à tous les tribunaux de répression, et l'on dit, en se servant d'une formule concise, qu'en ce qui concerne les questions de culpabilité, les juges professionnels sont des jurés [1]. Trois différences, cependant, doivent être relevées.

a) Tandis qu'il est enjoint aux juges de profession d'exposer les raisons de leur conviction, puisque tout jugement doit être motivé (L. 20 avr. 1810, art. 7), cette obligation ne pèse pas sur les jurés, dont le verdict est pur et simple. Cette différence tend à s'atténuer, puisque les juges correctionnels et de police ont adopté, avec la complicité des cours supérieures, certaines formules d'usage, destinées, en réalité, à tenir lieu de motifs [2]; mais elle a servi de prétexte à la doctrine funeste de l'*omnipotence du jury* qui n'a jamais été étendue aux juges de police simple ou correctionnelle.

1 Voy. mon *Traité d'instr. cr.*, t. I, n° 260.

2 Par exemple, comme celle-ci : « Attendu qu'il résulte de l'instruction et des débats que le prévenu est coupable d'avoir... » : Sur ce point, mon *Traité d'instr.*, t. I, n° 262.

b) Le système des preuves de conviction est étranger aux procès civils. Est-ce à dire que le système des preuves dépende de la *nature de la juridiction* devant laquelle il y a lieu de les administrer? Évidemment non : il dépend de la *nature du fait à prouver*. Par exemple, la preuve testimoniale ne doit pas être considérée comme exclue ou admise par cela seul qu'on se trouve avoir affaire à la juridiction civile ou à la juridiction criminelle. Partout, les conventions doivent être régulièrement constatées par écrit. Partout, les simples faits peuvent être prouvés par témoins. Il n'y a donc, à ce point de vue, entre les juridictions civiles et les juridictions criminelles, d'autre différence que celle-ci : le plus souvent, il s'agit de faits juridiques au civil, de simples faits matériels au criminel. Mais une restriction s'impose. Sans doute, les dispositions du Code civil, relatives aux preuves, obligent les tribunaux correctionnels et de police, les juridictions d'instruction, et même les cours d'assises dans le sens restreint du mot, c'est-à-dire les magistrats qui les composent; mais les jurés peuvent se prononcer, en toute liberté d'appréciation, sur les questions qui leur sont soumises. La loi, en effet, ne leur pose que cette seule question qui renferme toute la mesure de leur devoir : *Avez-vous une intime conviction?*

c) Le principe des preuves de conscience, est limité par deux exceptions. Nos lois organisent, en effet, à l'égard d'un grand nombre de *délits* et de *contraventions*, un *système de preuves légales* qui commandent à la conviction du juge. Ces preuves résident dans les *procès-verbaux*, dont les uns font foi jusqu'à inscription de faux, et les autres jusqu'à preuve contraire (C. instr. cr., art. 154). Ce système, sur lequel nous reviendrons, ne fonctionne que devant les tribunaux correctionnels et de police, jamais devant les cours d'assises. D'un autre côté, les seules preuves qui peuvent être admises contre le prévenu de complicité d'adultère sont, outre le flagrant délit, celles résultant de lettres ou autres pièces écrites par le prévenu[1].

II. *Une limite générale* au système des preuves de conscience, c'est le devoir imposé aux juges et aux jurés de puiser cette conviction dans des *sources légalement examinées*. En effet, la loi, qui ne demande pas compte aux autorités pénales des moyens par lesquels elles se sont convaincues, leur impose, au contraire, des règles fixes, dont elles ne doivent pas s'écarter, dans les procédés, soit de recherche, soit d'administration des preuves. La théorie des preuves se ramène donc, aujourd'hui, en matière pénale, à des questions de

[1] Voy. Cass., 31 mai 1889 (S. 91. 1. 425) et la note de M. Villey. Pour le flagrant délit : Cass., 27 févr. 1879 (S. 79. 1. 333); Liège, 17 déc. 1899 (S. 1901. 4. 15). Pour l'aveu : Rouen, 3 juill. 1896 (S. 97. 2. 144) ; Cass., 7 déc. 1900 (S. 1901. 1. 252).

procédure, qui concernent : 1° la recherche de la preuve ; 2° sa conservation ; 3° son administration; 4° sa discussion.

Mais par une dérogation remarquable à l'ensemble de ces règles de procédure, le président de la cour d'assises a un pouvoir discrétionnaire pour arriver à la découverte de la vérité, c'est-à-dire qu'il n'est pas soumis aux règles ordinaires concernant la recherche et l'administration des preuves (C. instr. cr., art. 268 et 269).

359. De l'évolution du régime des preuves. — L'école italienne prétend qu'à la phase actuelle du système de preuve qui est celle de l'intime conviction, doit en succéder une nouvelle, la *phase scientifique*, basée sur la recherche et l'appréciation méthodiques et scientifiques des données expérimentales, de nature à établir l'existence du fait délictueux et des divers facteurs, physiques, individuels et sociaux, qui l'ont déterminé. Cette direction scientifique de la preuve est naturellement imposée par la direction nouvelle des conceptions pénales. Mais il ne faudrait pas l'exagérer, comme certains esprits absolus l'ont proposé, au point d'absorber toutes les preuves dans un moyen unique de découvrir la vérité qui serait l'expertise scientifique et de confier aux experts la mission de se prononcer souverainement sur les questions qui leur seraient posées[1].

360. De la recherche de la preuve et de son administration. — Au point de vue des conditions, soit d'admission, soit d'administration des preuves, il faut distinguer la phase préparatoire de la police judiciaire et de l'instruction, et la phase définitive de l'audience et du jugement.

Dans la première, c'est le procureur de la République et le juge qui se mettent en enquête et procèdent secrètement à des recherches personnelles. La procédure n'est pas contradictoire, sauf le contrôle de l'inculpé et de son conseil, dans les conditions limitées de la loi du 8 décembre 1897.

Dans la seconde, les actes d'instruction sont, en principe, contradictoires, publics et oraux. Ils sont l'œuvre soit des parties, soit du tribunal.

361. Classement des modes de preuves. — Les modes de preuves peuvent être classés : *a*) en preuves *directes*, dans lesquelles le fait à prouver est directement établi, et qui sont : 1° la connaissance personnelle du juge; 2° l'expertise; 3° la preuve testimoniale; 4° l'a-

[1] Voy. sur la question, mon *Traité d'instr.*, t. I, n°s 248, 249, 274 à 290.

veu; 5° la preuve par écrit; *b*) en preuves *indirectes*, ou par voie de raisonnement, qui consistent dans les présomptions ou les indices.

§ II. — DE L'EXPÉRIENCE PERSONNELLE[1].

362. Connaissance personnelle du juge.

362. CONNAISSANCE PERSONNELLE DU JUGE. — Le juge peut avoir acquis une connaissance personnelle des faits du procès, soit *en dehors de ses fonctions*, soit *dans ses fonctions mêmes*.

I. Au premier cas, il ne lui est pas permis d'en tenir compte, car les faits dont il a connaissance, en dehors des débats, échappent à la discussion publique et contradictoire qui est le seul moyen d'en contrôler l'exactitude et d'en apprécier la portée. Par suite, il est de jurisprudence constante, en matière pénale comme en matière civile, que tout jugement qui admet ou repousse un moyen d'accusation ou de défense, en se basant sur la connaissance personnelle acquise par les juges du fait, en dehors des débats, doit être annulé, parce qu'il est contraire aux droits de libre défense[2]. Et comme il est au-dessus des forces et de la volonté du juge de faire abstraction de ses propres souvenirs et de se dédoubler, le moyen le plus sûr pour lui de se conformer à cette obligation, c'est de se déporter. La voie que j'indique est tracée, du reste, par les art. 257 et 392, C. instr. cr.

II. Le juge acquiert la connaissance personnelle des faits, comme *juge*, par une *visite des lieux* et une *constatation du corps du délit*.

Ces opérations peuvent être faites, soit en cours d'information, par le juge d'instruction et les officiers de police judiciaire, soit en cours de jugement, par le tribunal ou un de ses membres délégué[3].

a) C'est surtout au cas de flagrant délit qu'il importe de constater les traces matérielles de l'infraction. Aussi la loi prescrit au procureur de la République ou à ses auxiliaires de se transporter, dans ce cas, sur le lieu du crime, « sans aucun retard, pour y dresser les procès-verbaux nécessaires à l'effet de constater le corps du délit, son état, l'état des lieux, et pour recevoir les déclarations des personnes qui auraient été présentes ou qui auraient des renseignements à donner ».

[1] Voy. sur ce procédé d'instruction, mon *Traité d'instr.*, t. I, n°s 296 à 316.

[2] Cass., 2 juill. 1896 (S. 98. 1. 198); 23 oct. 1897 (S. 98. 1. 152), pour les tribunaux de simple police; 15 déc. 1881 (S. 84. 1. 139), pour les tribunaux correctionnels.

[3] Voy. Abadie, *Guide pratique des magistrats en transport criminel*, 1894.

Hors le cas de flagrant délit, la visite des lieux n'est pas prescrite; c'est au juge d'instruction à y procéder, dans les conditions ordinaires de l'information (C. instr. cr., art. 59 à 62). Mais, en toute hypothèse, certaines précautions sont imposées pour garantir la *constatation*, la *conservation* et l'*identité du corps du délit*. 1° Il y a lieu, pour le magistrat instructeur, procureur de la République ou juge d'instruction, de dresser un procès-verbal, dit *de constat*, à raison de ce qu'il contient la description des constatations faites à propos de l'état de l'objet sur lequel le délit a porté, du lieu où il a été commis, ainsi que de toutes les circonstances matérielles qui paraissent utiles à relever (C. instr. cr., art. 32). 2° Le magistrat instructeur se saisit de tout ce qui paraît avoir servi ou avoir été destiné à commettre le délit, de tout ce qui paraît en avoir été le produit, enfin de tout ce qui peut servir à la manifestation de la vérité (C. instr. cr., art. 35). 3° De plus, la loi prescrit des précautions propres à garantir l'identité des objets saisis : ils doivent être clos et cachetés, ou du moins déposés dans un vase ou dans un sac, sur lequel le magistrat instructeur met une bande de papier scellée de son sceau (C. instr. cr., art. 38). 4° Aux termes de l'art. 62, C. instr. cr., lorsque le juge d'instruction se transporte sur les lieux, il doit toujours être accompagné du procureur de la République. Il n'est question, dans ce texte, ni de la partie civile ni de l'inculpé. Mais ce dernier, au cas où il est interrogé ou confronté sur les lieux, doit être assisté de son défenseur (L. 8 déc. 1897).

b) Les juridictions de jugement trouvent, dans le dossier de l'instruction, les procès-verbaux de constat : elles n'ont donc pas, d'ordinaire, à procéder, par elles-mêmes, à des vérifications déjà faites et dont la matérialité reste, presque toujours, incontestée. Est-ce le motif pour lequel le Code d'instruction criminelle n'a pas tracé de règles relativement à la *visite de lieux*, ainsi que l'a fait le Code de procédure civile (art. 42, 295 et suiv.)? Il est néanmoins bien certain que le silence de la loi ne suffit pas pour faire rejeter un procédé de preuves qui n'est pas littéralement prévu. La véritable règle à cet égard est tracée par un arrêt de la Cour suprême du 18 mars 1848[1] : « Les tribunaux ont non seulement le droit, mais encore le devoir de prendre toutes les mesures, et d'ordonner toutes les preuves, rapports, expertises, visites de lieux, propres à éclairer leur religion et assurer la justice de leur décision ».

Le tribunal peut-il déléguer un de ses membres pour faire une information complémentaire, et notamment pour opérer certaines

[1] D. 1848. 1. 100.

vérifications sur les lieux? Il ne faut pas en douter. Toutefois, c'est à la condition : 1° que l'information soit faite par l'un des membres qui a concouru au jugement; 2° que si délégation est donnée au juge d'instruction (en admettant, bien entendu, qu'il ait siégé comme juge dans l'affaire), celui-ci ne soit pas requis en cette qualité, de telle sorte qu'il procède, non pas comme juge d'instruction, mais comme membre du tribunal qui l'a commis; 3° que les résultats de l'information soient communiqués au prévenu et publiquement discutés [1].

§ III. — DE L'EXPERTISE.

363. Du caractère de l'expertise. — 364. Insuffisance des prévisions législatives sur l'expertise. Désignation des experts. Marche de l'expertise.

363. DU CARACTÈRE DE L'EXPERTISE. — Il y a lieu de recourir à une expertise toutes les fois qu'il se présente, dans un procès criminel, certaines questions dont la solution exige des connaissances spéciales et techniques.

L'expert n'est pas précisément un témoin. D'une part, il n'a pas à déposer sur des faits qu'il a vus ou entendus. D'autre part, ses réponses ne constituent pas une preuve, mais l'appréciation, l'éclaircissement ou l'interprétation d'une autre preuve, d'un indice, d'un écrit. Alors que le témoin naît des circonstances elles-mêmes sur lesquelles il dépose et ne peut être suppléé, l'expert est l'objet d'une désignation judiciaire et peut être remplacé. Aussi les experts sont traités différemment des témoins : leur serment n'est pas formulé dans les mêmes termes; la sincérité du témoin est sanctionnée par le Code pénal qui érige en délit le faux témoignage, tandis que, dans ses appréciations, l'expert ne relève que de sa conscience; le témoin seul peut être reproché ou récusé, tandis que l'expert s'impose aux parties par le fait même de la désignation du juge.

Le mode de vérification par expertise a acquis toute son importance dans le droit moderne. Mais il reste dominé par cette idée essentielle que si les experts formulent une appréciation, les magistrats ne sont en rien liés par cette appréciation et sont libres, suivant leur conviction, d'adopter ou non l'*avis* de l'expert [2].

[1] Cass., 1er avr. 1892 (S. 92. 1. 233; D. 92. 1. 333).
[2] Sur l'expertise, mon *Traité d'instr.*, t. I, nos 317 à 371.

364. Insuffisance de la réglementation de l'expertise. — Ce n'est pas par excès de prévision sur l'expertise criminelle que pèche la loi française. Le Code n'y consacre que deux articles insuffisants, les art. 43 et 44, écrits à propos des flagrants délits. Il faut se demander : 1° qui nomme les experts et parmi quelles personnes ils peuvent être choisis ; 2° quels sont les droits et les devoirs des experts.

I. L'expert peut être désigné, soit par les magistrats instructeurs, soit par les tribunaux.

Dans l'instruction préparatoire, suivant qu'il y a ou non flagrant délit, c'est tantôt le procureur de la République, tantôt le juge d'instruction qui ordonne une expertise. En ce qui concerne les débats, nos Codes sont muets : l'expertise est cependant fréquente ; elle est légitimée par sa nécessité même. Elle est ordonnée, soit d'office, soit sur la demande des parties, par un jugement déterminant avec précision les points que l'expert ou les experts auront à résoudre. Il importe toutefois de remarquer que si la nomination d'un ou plusieurs experts doit être faite, en police simple ou correctionnelle, par le tribunal, elle peut l'être, en cour d'assises, soit par le président dans l'exercice de son pouvoir discrétionnaire, soit par la cour, parce qu'il n'y a là aucune dérogation aux règles ordinaires de la procédure, mais seulement l'emploi d'un moyen usuel d'instruction, d'où il suit que cette mesure n'appartient pas à la partie incommunicable du pouvoir discrétionnaire. L'expert nommé par la cour prête serment ; celui qui est désigné par le président, en vertu du pouvoir discrétionnaire, ne prête pas le serment du témoin, mais nous croyons qu'il doit prêter le serment d'expert[1].

Toute personne peut, en principe, être choisie comme expert. Mais il est des incapacités qui résultent, soit de la loi, en cas de condamnations entraînant la dégradation civique (C. p., art. 34), ou d'interdiction du droit d'être expert par application de l'art. 42, C. p., soit de l'impossibilité de réunir sur une même tête deux qualités incompatibles, celles de juge ou juré et expert dans la même affaire. En règle générale, un étranger, une femme pourraient être experts. Mais les expertises médicales, au point de vue de la limitation de la liberté du choix des juges, ont été réglementées par la loi du 30 novembre 1892 sur l'exercice de la médecine (art. 14), et par le décret du 21 novembre 1893 (art. 1, 2, 3), modifié par celui du 10 avr. 1906.

II. L'absence de toute règle précise dans le Code d'instruction criminelle sur la marche de l'expertise fait décider : 1° que c'est au

[1] Voy. mon *Traité d'instr. cr.*, t. I, n° 337.

juge et non aux parties de désigner *le* ou *les* experts; 2° que l'expertise, en matière criminelle, *n'a pas le caractère contradictoire* qu'elle doit avoir en matière civile[1].

L'expert procède à ses opérations sans avoir à mettre les parties en demeure de les contrôler ou de les contredire. Le caractère non contradictoire de l'expertise, dans la procédure préliminaire, est un trait qui lui est commun avec les autres actes de l'instruction. Il n'est donc pas contestable. Mais, dans la procédure des débats, où tous les éléments de preuve sont soumis à la discussion contradictoire, dans leur source comme dans leur mode d'administration, il semble que la jurisprudence aurait dû appliquer, à l'expertise criminelle, les règles du Code de procédure civile (art. 305), qui soumettent ce mode de preuve au contrôle des parties intéressées. Elle ne l'a pas fait, et il est aujourd'hui de pratique constante, que l'expert procède à toutes ses opérations, sans avoir à en aviser les parties.

Dès qu'il a été nommé, l'expert doit prêter, devant les magistrats qui l'ont commis, le serment de « faire son rapport et de donner son avis en son honneur et conscience »[2]. Il doit, en outre, prêter le serment imposé au témoin, lorsqu'il est appelé à l'audience du tribunal pour rendre compte de ses opérations antérieures[3].

§ IV. — DU TÉMOIGNAGE[4].

365. Notions générales sur le témoignage. Double distinction. Témoins entendus dans les diverses phases du procès pénal. Témoins entendus à titre de renseignement. — 366. Citation et dénonciation des témoins. Qui peut ap-

[1] Cass., 27 déc. 1879 (S. 81. 1. 487); 15 nov. 1894 (S. 95. 1. 55). Voy. cependant Cass., 19 juill. 1895 (S. 96. 1. 59). Un projet de loi, déposé à la Chambre par M. Cruppi, le 6 déc. 1898, tend à organiser la contradiction dans l'expertise criminelle (*J. off.*, Ch. des dép. Annexe à la séance du 6 déc. 1898, n° 481). Voy. *Rev. pénit.*, 1897, p. 1185, 1186, et mon *Traité*, I, n°s 367 à 372.

[2] Ce sont les termes de l'art. 44, C. inst. cr., relatif à la procédure d'instruction préparatoire, et que, en l'absence de toute autre disposition, on étend à la procédure de jugement. Entre le serment de l'expert et celui du témoin, la jurisprudence fait cette différence que la formule du serment du témoin est sacramentelle, celle du serment de l'expert ne l'est pas : Cass., 4 août 1888 (*B. cr.*, n° 260). Voy. mon *Traité d'instr.*, t. I, n° 318, p. 394.

[3] Voy. notamment : pour les cours d'assises, 27 janv. 1887 (S. 87. 1. 188); pour les tribunaux correctionnels : 15 déc. 1892 (S. 93. 1. 110).

[4] Je serai très bref sur le témoignage, renvoyant à mon *Traité d'instr. cr.*, t. II, n°s 372 à 424.

365. Du rôle des témoins. — Le témoignage est le récit d'un fait par quelqu'un qui a vu ou entendu ce qu'il rapporte. Ce mode de preuve, qui n'est admissible, en matière civile, que dans certaines conditions (C. civ. art. 1341), est la preuve ordinaire en matière pénale, où il s'agit presque toujours de *faits matériels* qu'on ne peut établir autrement que par témoins.

I. Les témoins peuvent être entendus dans les diverses phases du procès pénal : mais ils ne le sont pas de la même manière et dans les mêmes conditions. 1° Avant le premier acte d'exercice de l'action publique, et dans le but d'éclairer le procureur de la République, des témoins sont souvent appelés par un officier de police judiciaire, commissaire de police, juge de paix, officier de gendarmerie; mais aucune forme spéciale n'est tracée par la loi pour la marche de cette *enquête officieuse*. Les témoins, notamment, ne prêtent pas serment. 2° Lorsque l'action publique est exercée par voie de mise à l'instruction de l'affaire, les dépositions des témoins, bien que faites suivant une procédure légale, ne sont pas comptées au nombre des éléments de preuve sur lesquels se fondera la conviction des juges de la culpabilité : ces dépositions n'ont d'autre objet que d'éclairer les juridictions d'instruction. Elles sont reçues secrètement, doivent être écrites, et, dans le cas de mensonge, bien que le témoin prête serment, il n'est pas passible des peines du faux témoignage. 3° Le caractère juridique et officiel du témoin s'affirme, au contraire, dans la procédure des débats, et ce qui domine, c'est le principe de l'*oralité* et de la *publicité* de la preuve testimoniale. Mais, à cet égard, il faut constater, entre la procédure d'enquête civile et celle d'enquête criminelle, une différence importante. Devant les juridictions civiles, les enquêtes ordinaires sont faites en secret par un juge délégué, les parties présentes ou représentées : le procès-verbal, dans lequel sont recueillies les dépositions, est ensuite soumis au tribunal qui juge sur pièces.

II. Sans reproduire le système des preuves légales, le Code français a séparé les témoins en deux catégories, au point de vue du degré de confiance qu'il leur accorde : *ceux qui sont entendus sous serment; ceux qui doivent ou peuvent l'être sans prestation de serment et à titre de renseignement*. On a fait observer avec raison[1]

[1] Voy. Gauthier, *Le débat criminel et les essais actuels de réforme* (*Rev. pén. suisse*, 1901, p. 24) ; Speyer, *Les vices de notre procédure en cour d'assises* (Paris et Bruxelles, 1898).

que cette distinction, entre gens qui fournissent un témoignage et gens qui ne donnent que des renseignements, est incompatible avec le régime de la libre conviction du juge. Ce système a le double inconvénient : de soustraire les simples donneurs de renseignements, en leur enlevant leur qualité de témoins, à la répression du faux témoignage, lorsqu'ils ne disent pas sciemment la vérité ; de rendre non recevable le pourvoi en revision fondé sur le § 3 de l'art. 443 qui exige la condamnation préalable du faux témoin[1]. Les personnes entendues sans prestation de serment et à titre de simples renseignements, sont : 1° les *indignes* ou *exclus*, c'est-à-dire ceux qui sont frappés de la dégradation civique ou de l'interdiction des droits civiques, civils et de famille (C. p., art. 34, n° 3, art. 42, n° 8) ; 2° les *enfants* au-dessous de l'âge de quinze ans (C. instr. cr., art. 74)[2] ; 3° les suspects de partialité, limitativement énumérés par les art. 156 et 322, C. instr. cr. ; 4° les témoins qui n'ont pas été cités ou notifiés en temps utile (C. instr. cr., art. 315), dont l'audition est écartée à la demande des parties, mais qui peuvent être entendus sans serment et à titre de simples renseignements devant la cour d'assises en vertu du pouvoir discrétionnaire du président des assises (C. instr. cr., art. 269).

366. Citation et dénonciation des témoins. — Le témoin est appelé à déposer au moyen d'une *citation* (C. instr. cr., 153, 315 et 321). Cette formalité est, dans tous les cas, nécessaire pour qu'il puisse être pris défaut et employé contre lui les moyens coercitifs que donne la loi (C. instr. cr., art. 80, 157, 158, 304, 355).

I. Dans l'information, les témoins doivent être cités, à la requête du procureur de la République, sur l'ordre du magistrat instructeur (C. instr. cr., art. 71 et 72), sauf au cas de flagrant délit où la citation préalable n'est pas nécessaire (C. instr. cr., art. 33 et L. 20 mai 1863, art. 3). Un témoin qui se présenterait spontanément ou qui serait averti verbalement ne pourrait être entendu. La loi moderne se montre, dans cette partie de la procédure, aussi formaliste que la loi ancienne, à laquelle ont été empruntées les règles de l'information.

[1] Il est vrai que la revision pourrait avoir lieu en vertu du § 4 de l'art. 443 (Loi du 8 juin 1855), en considérant la découverte de la fausseté de la déclaration comme un *fait nouveau* ; mais la revision fondée sur le § 3 de l'art. 443 est plus facile.

[2] Sur le témoignage des enfants, soit au point de vue juridique, soit au point de vue psychologique, je renvoie à mon *Traité d'instr.*, t. I, n° 273, p. 535 ; n° 285, p. 551 et note 20.

II. Dans la procédure des débats, les témoins peuvent être cités, soit par les parties elles-mêmes (C. instr. cr., art. 153, 187, 190), soit par le tribunal, et d'office; ils peuvent être avertis par simple lettre et sans frais ou amenés à l'audience par les parties (C. instr. cr., art. 153 et 326).

Mais, devant la cour d'assises, il y a une formalité importante, mais particulière à cette juridiction, qui a pour but de mettre les parties en mesure de connaître la valeur et les causes de suspicion des témoignages produits à l'audience, c'est la *notification*. Les nom, profession et résidence des témoins, doivent être notifiés, vingt-quatre heures au moins avant l'examen, à l'accusé, par le procureur général ou la partie civile, et au procureur général, par l'accusé (C. instr. cr., art. 315). Mais pareille obligation n'existe pas pour l'accusé à l'égard de la partie civile, ni pour la partie civile à l'égard du ministère public. Cette notification supplée à l'irrégularité et même à l'absence de citation (C. instr. cr., art. 324).

C'est par exploit d'huissier, vingt-quatre heures au moins avant l'examen du témoin, que doit être faite la notification : ce délai se compte d'heure à heure. La seule question est de savoir quel en est le point de départ, ou plutôt le point d'arrivée. Si l'on s'arrêtait à la combinaison des deux règles posées par les art. 315 et 324, C. instr. cr., ce serait vingt-quatre heures au moins avant la lecture de la liste des témoins qui a lieu au début de l'affaire; il en ressort, en effet, que les témoins ne sont entendus que s'ils sont portés sur cette liste. Telle est en effet la solution donnée par la jurisprudence[1]. Il s'ensuit que la notification d'un témoin ne peut pas avoir lieu après que l'affaire a été entamée.

III. Les frais de citation sont à la charge des parties à la requête desquelles les témoins sont entendus. Mais, pour éviter les inconvénients de cette règle, le ministère public peut faire citer à sa requête, le président du tribunal ou de la cour d'assises, ordonner la citation des témoins indiqués par l'accusé ou le prévenu indigents[2]. Cette faculté est remise à l'appréciation discrétionnaire du ministère public et du président qui ne sont, en aucun cas, obligés de faire citer tous les témoins désignés par l'accusé et le prévenu et qui ont ainsi une sorte de droit de triage[3].

IV. Le devoir des juges est de ne point rejeter les moyens d'investigation qui leur sont offerts et d'entendre tous les témoins régulière-

[1] Voy. Cass. 21 janv. 1895 (S. 95. 1. 373).
[2] C. instr. cr., art. 321 ; L. du 22 janv. 1851 sur l'assistance judiciaire, art. 30.
[3] Cass., 2 sept. 1898 (S. 1900. 1. 201).

ment produits aux débats. Mais la jurisprudence, incertaine et vague, ne fixe pas, d'une manière précise, la mesure dans laquelle les juridictions de jugement peuvent refuser l'audition des témoins produits par une partie : elle offre de nombreux arrêts d'espèce, mais évite de poser le principe. Une distinction paraît s'imposer. — En cour d'assises, tout témoin cité doit être entendu, à moins que les parties n'aient renoncé à son audition. L'art. 270, C. instr. cr., permet, il est vrai, au président de rejeter tout ce qui tendrait à prolonger les débats sans donner lieu d'espérer plus de certitude dans les résultats, mais il n'a pu lui conférer ce pouvoir exorbitant de préjuger l'influence que pourrait avoir tel ou tel témoignage sur la conviction des jurés. Il faut donc en conclure que le président, soit comme directeur des débats, soit en vertu de son pouvoir discrétionnaire, ne pourrait pas, plus que la cour, refuser l'audition des témoins proposés par une partie. Tout témoin, régulièrement cité et notifié, est *acquis* aux débats. — Devant les tribunaux de police simple et correctionnelle, l'art. 190 paraît donner aux juges un certain pouvoir d'appréciation. « Les témoins pour et contre seront entendus, *s'il y a lieu* », dit ce texte. Non pas que le tribunal ait, à ce sujet, un pouvoir illimité, mais il faut lui reconnaître cependant le droit d'écarter *a priori* une déposition, à la condition expresse qu'il l'estime superflue et qu'il déclare tenir pour *certains* ou pour *inutiles* les faits qu'elle aurait pour objet d'établir. Une restriction aussi grave à la faculté qui appartient à toute partie de disposer de ses moyens de preuve ne saurait être admise qu'avec une extrême prudence. Elle se justifie, lorsqu'elle n'a fait l'objet d'aucune protestation : hors ce cas, le tribunal, qui aurait entravé le droit des parties, exposerait sa décision à être attaquée par le moyen de nullité tiré de l'art. 408.

Par suite, la faculté que nous reconnaissons aux tribunaux de police se trouve, dans son exercice, soumise au contrôle de la Cour de cassation, laquelle est ainsi appelée à se prononcer sur l'utilité de la preuve offerte.

La jurisprudence, toutefois, se prononce très nettement pour accorder aux tribunaux d'appel une faculté, soumise à leur appréciation souveraine, celle d'exclure des débats l'audition des témoins en personne entendus en première instance ou même nouvellement assignés[1]. « Les témoins, dit l'art. 175, C. instr. cr., *pourront* être en-

[1] La plupart des arrêts, pour rejeter la preuve testimoniale offerte, ne se bornent pas à constater qu'elle ne pourrait apporter aux débats aucun élément nouveau et qu'elle serait sans influence sur la décision à prendre : ils insistent surtout sur le caractère « purement facultatif » des dépositions orales ; et ce motif paraît être la principale base des décisions intervenues sur ce point. « Il appartient, aux juges

tendus de nouveau; il *pourra* même en être entendu d'autres ». D'autre part, aux termes de l'art. 190, auquel renvoie l'art. 210 du même Code, « les témoins seront entendus, *s'il y a lieu* ». Les arrêts, cependant, font une distinction qui ne résulte pas des termes généraux de la loi. S'ils subordonnent, à l'autorisation discrétionnaire du tribunal supérieur, la faculté de faire entendre les témoins qui ont déjà déposé devant les premiers juges, ils décident qu'on ne peut écarter la preuve testimoniale offerte pour la première fois en appel sous le seul prétexte qu'elle n'a pas été requise devant les premiers juges [1]. Cette distinction se fonde sur deux motifs. L'audition des témoins entendus en première instance est rendue inutile par la rédaction des notes d'audience, organisée, avec soin, par la loi du 13 juillet 1856 (C. instr. cr., art. 189), et la lecture de ces notes, qui sont la reproduction aussi fidèle que possible des débats de première instance, suffit à tenir lieu de toute autre instruction orale. Le second motif d'un ordre moins juridique, mais plus déterminant peut-être, c'est qu'on n'a pas voulu obliger les témoins à un second déplacement, ni augmenter les frais du procès [2]. Bien ou mal fondée, cette jurisprudence a été l'un des arguments invoqués pour l'adoption de la loi du 13 juillet 1856; elle a pour résultat pratique de faire juger l'appel, non pas sur des témoignages oraux, mais sur les pièces de l'instruction de première instance [3].

d'appel, dit un arrêt de la Cour de cassation du 13 novembre 1856 (D. 56. 5. 448), de décider si les notes tenues par le greffier présentent de suffisantes garanties d'exactitude et de fidélité ». Dans un autre arrêt (Cass., 20 janv. 1872, D. 73. 1. 495), il est dit que « leur appréciation est souveraine ». Devant la Cour d'appel, lit-on dans un arrêt du 7 févr. 1879 (D. 79. 1. 89), les règles pour l'administration de la preuve testimoniale ne sont pas les mêmes que devant les tribunaux de première instance ». Cass., 27 avr. 1866 (S. 67. 1. 128) et la note; 3 févr. 1886 (S. 86. 1. 142); 13 févr. 1885 (D. 86. 1. 180); 20 oct. 1892 (*B. cr.*, n° 257); 5 mai 1900 (*Pand. franç.*, 1903. 1. 385).

[1] C'est ainsi qu'il a été jugé que, au cas où le jugement correctionnel, frappé d'appel, ayant été rendu par défaut, il n'y a pas eu d'instruction en première instance, les juges d'appel ne peuvent se dispenser d'admettre le plaignant à prouver par témoins les faits constitutifs du délit imputé au prévenu : Cass., 24 juill. 1863 (S. 63. 1. 542).

[2] Le nombre des affaires en appel de police correctionnelle dans lesquelles il y avait comparution de témoin n'était, avant la loi du 13 juin 1856, que de trois cents environ par an, pour toute la France. Ce fait a été un des arguments invoqués pour l'adoption de cette loi, par laquelle tous ces appels ont été transportés devant les cours d'appel; et comme l'effet de cette réforme devait être de diminuer encore le nombre de ces comparutions de témoins, la loi de 1856 a ajouté à l'art. 187 du Code quelques dispositions sur les notes à tenir par le greffier.

[3] Sur les inconvénients pratiques de ce système d'instruction : Pascaud, *L'appel des jugements correctionnels et la loi du 13 juin 1856* (*Rev. crit.*, 1876, p. 407).

367. Obligations du témoin. — Toute personne, citée en justice pour rendre témoignage, a deux obligations à remplir : *comparaître*, c'est-à-dire se présenter en personne devant le magistrat instructeur ou la juridiction de jugement; *satisfaire à la citation*, c'est-à-dire déposer de tous les faits et circonstances qui sont à sa connaissance et qui importent à la manifestation de la vérité (C. instr. cr., art. 80). C'est là une double dette sociale, laquelle, à défaut d'exécution volontaire, doit être sanctionnée par divers moyens. Le témoin a, de plus, l'obligation morale *d'être sincère*, de dire la vérité, rien que la vérité, mais toute la vérité.

I. La sanction de la première, celle de comparaître, se trouve dans les art. 80, 157, 158, 304 et 355, C. instr. cr.

Le juge d'instruction ou les tribunaux peuvent condamner à l'amende les témoins défaillants appelés en vertu d'une citation régulière, sauf à ceux-ci à demander décharge de cette amende en présentant des excuses légitimes (C. instr. cr., art. 158). En cas de second défaut, les témoins peuvent être contraints par corps à venir à l'audience. La loi donne même au juge d'instruction le droit d'user immédiatement de ce procédé de coercition.

Le défaut du témoin en cour d'assises peut, en outre, avoir pour conséquence de mettre à sa charge les nouveaux frais frustratoires de citations, actes, indemnités de voyages ou autres qu'il aura occasionnés. L'arrêt de renvoi, lorsque l'absence du témoin oblige la cour à renvoyer l'affaire à la session suivante, ordonne que le témoin sera amené par la force publique devant la cour pour y être entendu sans préjudice de l'amende édictée par l'art. 80 (C. instr. cr., art. 355).

Mais la comparution en justice en qualité de témoin cesse d'être une obligation pour certaines personnes, soit à raison de leurs fonctions, dont il importe de ne pas les détourner, soit à cause d'impossibilités matérielles qui ont mis obstacle à leur déplacement : il y a donc des cas d'*exemptions* et des cas d'*excuses*.

II. Le témoin qui a comparu doit « satisfaire à la citation », c'est-à-dire déposer sur les faits dont il a connaissance. Le refus de déposer est assimilé au refus de comparaître et puni dans les conditions des art. 80 et 355, C. instr. cr.[1]. La jurisprudence dénie au témoin le droit de se retrancher, pour garder le silence, soit sur une promesse

[1] En matière criminelle, la question de savoir si le refus de déposer doit équivaloir au refus de comparaître est tranchée par les art. 80 et 355 qui décident formellement l'affirmative. En matière civile, à raison du silence du texte (C. proc. civ., art. 263), la question peut être controversée.

ou même un serment antérieur s'opposant à ce qu'il réponde, soit sur son intérêt personnel : dût le fait, sur lequel il est interrogé, impliquer sa responsabilité pénale ou l'exposer à un préjudice important, il doit répondre aux questions qui lui sont faites[1].

Mais, seules peuvent être dispensées de déposer, et non de comparaître, les personnes tenues légalement au secret professionnel (C. pén., art. 378). Non seulement on ne peut les obliger à déposer à l'occasion des faits pour lesquels elles sont tenues au secret, mais on ne peut même les y autoriser, et si, par oubli de la loi du secret professionnel, elles ont été entendues, leurs dépositions doivent être considérées comme inopérantes et écartées du débat[2].

III. Il ne suffit pas d'obtenir la déposition du témoin, il faut que cette déposition soit *sincère*. Les garanties de cette sincérité sont puisées, soit dans la conscience morale de l'homme, soit dans le sentiment religieux, soit dans la crainte des peines prononcées par la loi contre le faux témoin.

a) Le *serment* est un acte par lequel l'homme prend Dieu à témoin de sa sincérité. Par cet acte, il déclare implicitement appeler sur sa tête la vengeance divine, s'il ne dit pas la vérité. On a songé à faire, de cet engagement tacite entre l'homme et son Dieu, un élément substantiel de la véracité du témoin. C'est là une idée fort ancienne. En effet, l'usage du serment est contemporain du témoignage et a existé de tous temps.

Le témoin prête serment avant de commencer sa déposition et après avoir répondu aux interpellations du président sur son identité et sur les rapports de parenté ou autres qu'il peut avoir avec l'accusé. Dans quelques pays, en Autriche, par exemple, le témoin ne prête serment qu'après sa déposition (C. proc. cr. autrichien, § 171). Il en est de même en Allemagne, lorsque, en raison de circonstances particulières, il existe des doutes sur l'admissibilité du témoin ; mais, dans tous les cas, avant la prestation du serment, le juge doit faire observer au témoin, « d'une manière appropriée aux circonstances, l'importance de l'acte qu'il est appelé à accomplir » (C. proc. pén. allemand, §§ 49 et 60). En France, le serment est renouvelé, toutes

[1] Je fais observer que les deux questions du faux témoignage et du refus de déposer sont entièrement liées. En ne dispensant pas le témoin qui est, en quelque sorte, partie, de répondre aux questions qui lui sont faites, on le soumet, par cela même, aux peines du faux témoignage s'il commet un mensonge.

[2] Voy., Cass. civ., 1er mai 1899 (D. 99. 1. 585) ; Cass., 10 mai 1900 (S. 1901. 1. 161) et la note Esmein ; 20 oct. 1899 (S. 1902. 1. 302). Comp., sur la question : *Rev. pénit.*, 1905, p. 523 et suiv., 710 et suiv. ; et mon *Traité d'instr.*, t. II, nos 392 et 393.

les fois que la déposition est réitérée, en vertu d'une règle générale, à savoir que c'est par la prestation du serment, sous la religion duquel viendra se placer la déposition, que débute le rôle de tout témoin[1].

La formule du serment offre quelque variante suivant la juridiction devant laquelle il est prêté. *a*) Dans la procédure d'instruction préparatoire et dans la procédure suivie devant les tribunaux de police simple ou correctionnelle, le témoin s'engage à *dire toute la vérité, rien que la vérité* (C. instr. cr., art. 75 et 155). *b*) Dans la procédure en cour d'assises, le témoin jure *de parler sans haine et sans crainte, de dire toute la vérité, rien que la vérité* (C. instr. cr., art. 317).

La loi prononce la nullité de la procédure en cas d'*omission* du serment : le silence, le consentement exprès des parties seraient impuissants à couvrir cette nullité. Le pouvoir discrétionnaire du président ne lui permettrait pas de dispenser le témoin de prêter serment. Il s'agit là d'une formalité substantielle, considérée, par la loi, comme la garantie de la véracité de la déposition. Il ne suffit donc pas, pour éviter la nullité, que la formalité ait été accomplie, il faut en rapporter la preuve régulière, c'est-à-dire que la prestation du serment soit officiellement constatée, soit par les notes ou procès-verbaux d'audience, soit par le texte même du jugement ou de l'arrêt. Ce n'est pas tout ; la formule du serment est sacramentelle ; et la jurisprudence assimile, à une omission du serment lui-même, *l'omission* ou le *changement* d'un mot de la formule légale. Ainsi, parce que le président a seulement fait jurer au témoin de *dire toute la vérité*, sans ajouter *rien que la vérité*, on suppose, sans doute, que le témoin se sera autorisé de cette omission pour insérer dans sa déposition des faits mensongers et on annulera la procédure. Toutefois, quand la formule du serment aura été intégralement respectée, on ne tiendra aucun compte des mots ajoutés en plus (*utile per inutile non vitiatur*) : comme si, par exemple, la formule, pour la cour d'assises, où se trouve la phrase « de parler sans haine et sans crainte », avait été employée en police simple ou correctionnelle. A raison de la différence des formules, la constatation par les notes ou procès-verbaux d'audience ou par le texte des jugements ou arrêts ne doit laisser aucune équivoque sur l'emploi de la formule spéciale, soit que l'on en rapporte les termes mêmes, soit que l'on renvoie à l'article du Code qui les contient ; mais il ne suffirait pas de dire que le témoin a prêté le serment prescrit par la loi, puisqu'il resterait un doute sur

[1] Les jurisconsultes allemands critiquent ce système : la multiplicité des serments, disent-ils, en compromet la dignité.

le point de savoir si c'est le serment prescrit par tel ou tel article[1].

Les différences de rites ne sauraient altérer la régularité du serment prêté dans les termes, dans le lieu et devant les magistrats que la loi détermine. Le témoin qui appartient à une religion imposant une solennité spéciale ou excluant le mode de prestation ordinaire sera libre de répondre à la question : « Vous jurez de parler sans haine et sans crainte, etc. », en se conformant aux prescriptions ou aux interdictions de son culte. Si le témoin est sourd-muet, la prestation de serment ne pourra se faire que par voie d'interprète, au moyen de signes; s'il est privé du bras droit, il lèvera le bras gauche; s'il est privé des deux bras, il répondra seulement : « je le jure », et le serment n'en sera pas moins valable.

Ce sont là du reste des facilités, rendues possibles par l'heureux silence de la loi sur le mode de jurer. Mais il ne faudrait pas voir, dans ce qui n'est qu'une faculté, une obligation. Tout citoyen, quelle que soit sa religion, a le droit indiscutable de ne prêter serment que dans les formes ordinaires[2]. Sans doute, il semblerait tout naturel que la loi qui veut, avant tout, un serment efficace, imposât, comme un devoir, à chacun de se conformer aux formalités qui, seules, d'après ses convictions, donnent à l'engagement pris un caractère sacré. Mais une législation qui entrerait dans cet ordre d'idées, impliquerait la recherche préalable de la religion et des croyances du témoin; elle violerait ainsi la liberté de conscience. Du reste, si le serment est un acte religieux, c'est aussi un acte civil, un engagement d'honneur qui restera sacré, quelle qu'en soit la forme, pour l'honnête homme qui le prête.

b) La sanction pénale de la sincérité du témoignage a toujours été plus rigoureuse au criminel qu'au civil. C'est là une distinction traditionnelle que l'on retrouve, sous des formes plus ou moins accentuées, dans les législations anciennes comme dans les législations modernes. Deux incidents qui se rattachent à ce sujet doivent seulement être examinés ici. Le premier se produit au cours des débats, il réagit sur l'instruction. Lorsque la déposition d'un témoin paraît fausse, le président peut le faire mettre sur-le-champ en état d'arrestation; et il appartient à la cour ou au tribunal d'ordonner le renvoi de l'affaire à une session ou à une audience ultérieure[3]. Ces mesures sont prises,

[1] Voy., cependant : Cass., 21 juin 1900 (S. 1904. 1. 370).

[2] Voy., Cass., 3 mars 1846 (D. 46. 1. 103); 16 juin 1869 (D. 70. 1. 197). Voy., sur ce point : Bonnier, *op. cit.*, n° 422.

[3] Bien entendu, le renvoi de l'affaire est une faculté et non une obligation, et il n'y a pas lieu de surseoir, lorsqu'il existe d'autres témoignages suffisants pour opérer la conviction.

soit sur les réquisitions du ministère public, soit sur la demande de l'accusé ou de la partie civile, soit même d'office par le président seul, en vertu d'un droit exclusif que la loi lui a donné (C. instr. cr., art. 330 et 331 [1]. Cette arrestation a un caractère provisoire jusqu'à la clôture des débats, car, jusque-là, une rétractation pourrait utilement se produire. On sait, en effet, que toute latitude est accordée au témoin pour revenir sur les mensonges que peut contenir sa déposition, jusqu'au moment où cette déposition est irrévocable, c'est-à-dire, aux termes de la jurisprudence, dès que le ministère public en ses réquisitions et le prévenu ont été entendus, ou dès que le renvoi à une autre session ou à une audience ultérieure, occasionné par les présomptions de faux témoignage résultant des débats, a été ordonné.

Quelquefois, sans aller jusqu'à l'arrestation, le président ordonne simplement la mise en surveillance du témoin suspect. C'est un procédé qui ne paraît entrer ni dans les attributions du pouvoir discrétionnaire, ni dans les termes de l'art. 330, C. instr. cr., mais qui se légitime par la faculté donnée au président de mettre ce témoin en état d'arrestation. Pour aider à la constatation du faux témoignage, le président doit, soit d'office, soit sur la réquisition du procureur général ou de l'accusé, faire tenir compte par le greffier des additions, changements ou variations qui pourraient exister entre la déposition d'un témoin et ses précédentes déclarations (C. instr. cr., art. 318).

368. Appréciation du témoignage. — La loi n'apprécie plus, elle ne compte ni ne pèse les témoignages; elle laisse cette mission aux juges. Les deux règles si arbitraires de l'exclusion, au point de vue de la force probante, d'un témoin unique, et de la foi invincible attachée à deux témoignages conformes et non suspects, qui servaient de base à l'ancienne jurisprudence, dans l'appréciation de la preuve testimoniale, sont certainement abolies : notre droit ne s'attache plus qu'à l'intime conviction (C. inst. cr., art. 342). Mais, le juge, libre d'apprécier les témoignages, doit, pour baser sa décision, en déterminer le poids et la valeur. Si ce n'est plus la loi, c'est sa conscience de magistrat qui lui impose l'obligation de faire la *critique des témoignages* pour en dégager la certitude [2].

369. Marche de l'enquête. — Les règles sur la marche de l'enquête ont été spécialement écrites pour la cour d'assises. Doivent-

[1] *Sic*, Cass., 29 nov. 1873 (D. 74. 1. 1), et la note.

[2] La psychologie et la critique du témoignage ont été étudiées particulièrement suivant les méthodes d'observation et d'expérimentation. Voy. mon *Traité d'instr. cr.*, I, nos 280 à 286.

elles être transportées dans la procédure suivie devant les juridictions de police simple et correctionnelle? Des distinctions s'imposent : 1° Ainsi, tout d'abord, la liste des témoins, que les parties se proposent de faire entendre, n'est pas notifiée vingt-quatre heures au moins avant l'examen; elle n'est pas lue par le greffier au début de l'affaire. Toutes ces formalités sont particulières à la cour d'assises. 2° En principe, les témoins sont cités à la requête de chaque partie. La loi ne fixe, quant aux citations des témoins en matière pénale, aucun délai qu'il soit obligatoire de laisser au témoin pour comparaître; et cela doit être, car le besoin de la déposition peut être urgent. La seule condition de délai résulte de la nature des choses : il faut mais il suffit que le témoin ait eu un temps suffisant pour se rendre à la citation. 3° Un témoin qui n'est pas cité, mais amené par les parties ou simplement averti, et qui se présente volontairement, doit-il être entendu sous la foi du serment? La question n'est douteuse ni devant la cour d'assises, ni devant le tribunal de police. En cour d'assises, quand il y a eu notification régulière et insertion sur la liste, le président ne peut refuser d'entendre un témoin sous prétexte qu'il n'aurait pas été assigné à l'avance (C. instr. cr., art. 324). En simple police, l'art 153, C. instr. cr., le dit formellement, en ce qui concerne la personne poursuivie : « La personne citée proposera sa défense, et fera entendre ses témoins, si elle en a amené ou fait citer ». Il n'y a aucune bonne raison pour refuser d'étendre la même facilité, soit aux deux autres parties en simple police, le ministère public et la partie civile, soit à la procédure en police correctionnelle. L'esprit de simplification de notre législation se dégage suffisamment à cet égard de la loi du 20 mai 1863 (art. 3) qui dispose, en cas de flagrant délit, que les témoins valablement requis sont tenus de comparaître. 4° Les mesures si sages qui consistent à isoler les témoins de l'audience et à permettre au président de les empêcher de communiquer entre eux ne sont pas expressément prises par la loi en matière correctionnelle et de police : elles ne sauraient donc être exigées. Mais il appartient au président du tribunal correctionnel ou au juge de simple police de les observer à titre de directeur des débats. Il est même sage, partout où la disposition des locaux le permet, de faire retirer les témoins de l'audience et d'organiser une surveillance rendant plus difficiles les faits de collusion ou d'imitation si fréquents [1].

370. Formes de l'enquête. — Dans toute législation, les formes dans lesquelles doit avoir lieu l'audition des témoins ont une

[1] Comp. Ortolan, *op. cit.*, n° 2303.

extrême importance. On conçoit *a priori* deux systèmes : celui de la *déposition spontanée* et celui de la *déposition sur interrogation*. Les deux procédés ne se présentent guère isolés. En principe, les témoins doivent bien être entendus, et non interrogés. Mais lorsque la déposition spontanée est achevée, il convient de donner à quelqu'un le droit de les questionner. A qui confier cette mission? C'est sur ce point surtout que les législations positives se séparent : les unes laissent ce soin aux parties elles-mêmes, c'est le système anglais; les autres, au président de la juridiction, c'est le système français.

Il importe, pour étudier les formes suivies dans l'audition des témoins, de distinguer l'instruction préparatoire de l'instruction des débats.

I. Dans l'instruction préparatoire, les témoins sont entendus secrètement, séparément, par le juge d'instruction, assisté de son greffier, hors la présence du prévenu, hors la présence les uns des autres, sauf les confrontations que le juge d'instruction trouverait convenable de faire; leur déposition est analysée le mieux possible et couchée par écrit (C. instr. cr., art. 78).

II. Dans l'instruction définitive, trois règles doivent, au contraire, être mises en relief.

a) La première est celle de l'*oralité* du témoignage. Les témoins déposent verbalement: Le président leur demande leur nom, prénoms, âge, profession, domicile ou résidence, s'ils connaissaient l'accusé avant le fait qui lui est reproché, s'ils sont parents ou alliés, soit de l'accusé, soit de la partie civile, et à quel degré; enfin, s'ils sont attachés au service de l'un ou de l'autre (C. instr. cr., art. 155, 317). Ces diverses interpellations ont pour but de faire ressortir les causes qui pourraient s'opposer à l'admissibilité du témoignage. Spécialement prescrites dans les affaires soumises au jury, elles trouvent leur place, au même titre, devant les autres juridictions. Mais l'omission de l'une d'elles ne saurait être invoquée comme une cause de la nullité de la procédure : cette sanction n'est pas édictée par la loi et ces formalités, bien que fort utiles, n'ont cependant rien de substantiel. Chaque témoin, après avoir satisfait à ces demandes, prête serment, et dépose, oralement, sans le secours d'aucun projet écrit : l'accent du témoin, son attitude, ses réponses éclairent la déposition; la vérité se dégage plus nette de l'*immédiateté* de la preuve. Si toutefois il était nécessaire d'indiquer des chiffres, ou de rendre compte du résultat de certaines expériences compliquées, le président pourrait tolérer, de la part du témoin, l'usage de quelques notes écrites pour aider ou suppléer ses défaillances de mémoire.

Une déposition écrite ne peut être lue que dans des conditions qu'il faut préciser. Deux situations sont, tout d'abord, possibles. La première se présente lorsqu'un témoin, qui n'a pas été entendu dans l'instruction, bien que régulièrement cité, est absent ou empêché. Les renseignements qu'il pourrait fournir par écrit seraient sans aucune valeur et ne devraient même pas être communiqués. Si son témoignage était nécessaire, il faudrait renvoyer l'affaire à une autre session ou à une autre audience; s'il n'était pas indispensable, passer outre aux débats. Mais, le plus souvent, le témoin aura été entendu dans l'instruction. De deux choses l'une dans ce cas : ou il se présente à l'audience ; ou il ne se présente pas. La jurisprudence traite ces deux situations d'une manière bien différente.

La jurisprudence admet, à titre de renseignement, en vertu du pouvoir discrétionnaire, la lecture, en cour d'assises, de la déposition d'un témoin non présent aux débats : pareille lecture était interdite sous le Code de brumaire an IV qui, à l'exception du cas où il y avait lieu de faire ressortir les variations des témoins, défendait, d'une manière absolue (art. 365), de lire aux jurés aucune déclaration écrite de témoins non présents à l'audience. De ce que le Code d'instruction criminelle n'a pas reproduit cette prohibition absolue, on peut conclure qu'il y a lieu d'appliquer, par identité de motif, au débat contradictoire, ce que dit l'art. 477 de l'instruction par contumace : « Si, pour quelque cause que ce soit, des témoins ne peuvent être produits aux débats, leurs dépositions seront lues à l'audience ». Il faut bien, en effet, se contenter de dépositions écrites, toutes les fois qu'il est impossible de faire autrement ; et lorsque le témoin, ayant ainsi déposé devant le juge d'instruction, est décédé, il serait excessif de défendre, ainsi que le faisait le Code de brumaire, la substitution des dépositions écrites aux dépositions orales.

Quand le témoin est présent, les prérogatives et les limites du pouvoir discrétionnaire du président, en ce qui concerne le principe de l'oralité du témoignage, sont les suivantes : 1° La lecture de la déposition écrite d'un témoin, non encore entendu dans sa déposition orale, alors même que cette lecture aurait été faite hors sa présence, entraînerait nullité. Car « elle peut avoir pour résultat de préparer et d'influencer la conviction des jurés à l'aide d'un élément prématurément introduit dans le débat [1] ». 2° Il en serait de même de la lecture de la déposition écrite du témoin, donnée par le président en sa présence, pour le dispenser de faire une déposition orale [2]. 3° Mais, après la déposition orale, il a toujours été admis

[1] Cass., 18 juill. 1874 (D. 75. 5. 420).

[2] Cass., 7 sept. 1882 (S. 82. 1. 438).

que, en vertu de son pouvoir discrétionnaire, le président pouvait donner lecture de la déposition écrite, soit pour suppléer à ce qui aurait été omis, soit pour constater les variations du témoin (C. instr. cr., art. 317)[1].

La règle de l'oralité des débats a une telle importance, que la loi défend de remettre au jury, lorsqu'il se retire dans sa chambre pour délibérer, les déclarations écrites des témoins (C. instr. cr., art. 341). Et cela doit s'entendre, non seulement des déclarations faites devant le juge d'instruction qui ne figurent pas dans les éléments du débat définitif, mais même des dépositions des témoins non présents lues à l'audience en vertu du pouvoir discrétionnaire. On peut dire que ce sont surtout ces derniers documents, les seuls que le jury aurait sous ses yeux, puisque le témoin n'a pas déposé, qu'il serait dangereux de lui soumettre. Il ne faut pas que le jury soit même tenté de faire prévaloir, comme élément de conviction, les documents écrits sur les témoignages oraux.

Nous venons de nous occuper du témoignage en cour d'assises. Le principe de l'oralité est moins absolu devant les tribunaux de police : la jurisprudence déclare que, sans doute, devant ces tribunaux, le débat est oral, mais qu'il n'a pas exclusivement ce caractère, et que les magistrats peuvent puiser les éléments de leur conviction dans les documents de l'instruction, et notamment dans les déclarations écrites des témoins absents. Elle estime que rien n'autorise à considérer, comme sanctionnée par la nullité de la procédure, la lecture de la déposition faite en dehors de la présence du témoin qui doit être entendu ; que, sans doute, le témoignage écrit précédant le témoignage oral pourra frapper l'esprit du juge, mais que cela est sans inconvénients pour les magistrats de profession, qui savent suspendre leur impression et ajourner leur appréciation définitive. Ce sont à peu près les termes d'un arrêt de la Cour de cassation du 18 juillet 1884[2]. La faculté ainsi laissée aux tribunaux de police ne devrait s'exercer qu'à titre de mesure isolée et exceptionnelle, destinée à compléter l'enquête orale, dont les divers éléments constituent la base principale du jugement.

b) La seconde règle, sur la forme de l'audition des témoins dans l'instruction définitive, est celle de la *publicité* et de la *contradiction* du témoignage. Elle a deux conséquences principales.

Les témoins doivent être entendus séparément, mais à l'audience, en présence de la personne poursuivie, afin que celle-ci puisse

[1] Le Code de brumaire an IV s'en expliquait formellement dans l'art. 366.

[2] D. 85. 1. 42. Comp. Cass., 22 nov. 1853 (*B. cr.*, n° 59).

exercer, à l'occasion de leur déposition, son droit de défense. Mais la crainte de la faiblesse ou de la collusion d'un témoin peut rendre désirable l'absence momentanée de l'accusé pendant certaines dépositions. L'art. 327. C. instr. cr., autorise le président de la cour d'assises à faire retirer momentanément un ou plusieurs accusés, à l'occasion de tel témoignage, pour examiner séparément les témoins sur quelque circonstance du procès, mais à charge de ne reprendre la suite des débats qu'après avoir instruit chaque accusé de ce qui se sera fait en son absence et de ce qui en sera résulté. Il est entendu que le défenseur de l'accusé a toujours le droit de rester à l'audience et d'adresser des questions aux témoins. Cette disposition, bien qu'écrite pour la cour d'assises, doit être appliquée, par analogie, aux tribunaux de police simple et correctionnelle. On demande à chaque témoin, après sa déposition, si c'est bien de l'accusé qu'il a entendu parler (C. instr. cr., art. 319). C'est ce qu'on appelait autrefois la *confrontation*.

Les témoins, bien que déposant séparément les uns des autres, afin que l'indépendance et l'individualité de leurs dépositions soient complètes, peuvent être confrontés ensemble, après leur première déposition. Cette mesure est ordonnée d'office par le président, ou demandée par la personne poursuivie, par le ministère public ou même par la partie civile : elle est commune, quoique le texte n'en parle que pour la cour d'assises, aux trois ordres de juridictions.

c) La troisième règle est relative à la forme même dans laquelle les témoins doivent déposer. Il est procédé à l'examen des témoins, comme à celui de l'accusé ou du prévenu, par le *président de la juridiction*.

Notre procédure, en cela, est bien différente de certains autres usages qu'il en faut rapprocher. En Angleterre, aux États-Unis et en Norvège, ce sont les conseils de la partie poursuivante ou de l'accusé qui examinent, tour à tour, et en sens inverse, le témoin, le juge restant auditeur impartial de cet examen ; c'est la *cross examination* (*interrogatoire croisé*). Ce système a, sans doute, sa raison d'être dans la nature même de la procédure anglaise qui met en présence deux parties privées.

D'autres systèmes intermédiaires entre le système anglais et le système français ont été pratiqués ailleurs. Ainsi, dans le canton de Neuchâtel, les questions sont adressées aux témoins par la partie qui les fait citer[1]. En Allemagne, lorsque le ministère public et le défenseur de l'accusé s'accordent pour demander à interroger eux-mêmes

[1] Voy. *Ann. de législation étrang.*, 1875, p. 769.

les témoins, le président leur en abandonne le soin[1]. Nous croyons plus conforme au rôle même du juge et aux intérêts de la vérité, de laisser au président la direction de l'enquête, tout en réservant aux parties, ainsi que le fait la loi française, la plus large participation dans l'examen des témoignages.

Les parties ont, en effet, un double droit. D'abord, celui de suppléer à ce qu'aurait d'incomplet l'interrogatoire du président, en adressant des questions aux témoins ; puis, la faculté de dire contre le témoin tout ce qui peut être utile à l'accusation ou à la défense.

§ V. — PREUVE LITTÉRALE.

371. Des documents en matière répressive. — Tout objet matériel et tombant sous les sens, qui porte l'empreinte ou révèle les vestiges du fait délictueux, ou bien qui en rapporte les circonstances, est un document de la cause.

Les documents se classent en deux catégories : il y a les documents *matériels* et les documents *instrumentaires*. Les premiers constituent l'objet, le produit ou l'instrument du délit. Les seconds, qui sont les documents par excellence, en prenant ce mot dans son sens restreint, résultent des actes, écritures ou autres signes graphiques, destinés à exprimer ou perpétuer les titres des rapports juridiques. Ce sont ces instruments de preuve que nous devons particulièrement étudier.

372. Preuve par écrit. — La preuve par écrit (*instrumentum*) est, en quelque sorte, suivant l'expression de Bentham, « la preuve orale présentée d'une autre manière, adressée à un autre sens ».

On peut diviser les écrits, de nature à être produits devant la justice criminelle : — au point de vue de leur *forme :* 1° en actes authentiques ; 2° actes sous seing privé ; 3° registres ou papiers domestiques, notes, lettres, etc. ; — au point de vue de leur *contenu :* 1° en documents établissant l'aveu du coupable ; 2° en écrits représentant le témoignage d'un tiers ; 3° en documents constituant la matière même

[1] *Code de proc. pén. allemand*, trad. et annoté par Fernand Daguin, *Introd.*, p. 102, et texte, art. 238, p. 131 et note 1.

du délit ; 4° enfin, en titres du procès se rapportant directement ou indirectement au délit.

373. Actes authentiques. Procès-verbaux. — Les *actes authentiques* auront, devant la justice criminelle, la même force que devant la justice civile, en ce sens, tout au moins, que la foi qui s'attache, non pas seulement à l'acte authentique, mais à l'apparence même de cet acte, *acta probant se ipsa*, sera le caractère le plus saillant qui les distinguera des actes sous seing privé. Mais, au point de vue de leur contenu, les actes authentiques ne s'imposeront pas plus au juge criminel que les autres titres. Il en est autrement de certains actes authentiques. En effet, la preuve du délit résultera parfois, avec une autorité variable, d'un rapport écrit, appelé procès-verbal, dressé selon les règles particulières, et qui aura, suivant les cas, la valeur, soit d'un acte authentique, soit d'un acte privé, soit d'un simple document utile à consulter.

En effet, les fonctionnaires, qui ont qualité pour rechercher et constater les infractions à la loi pénale, peuvent dresser des actes, destinés à relater exactement les faits dont ils ont été témoins, actes qu'on appelle *procès-verbaux*, bien qu'ils consistent dans un rapport écrit[1]. Mais il ne faudrait pas croire que les infractions ne puissent être poursuivies que si elles sont constatées par le procès-verbal d'un agent de la police judiciaire. C'est le principe contraire qui domine notre législation. Les procès-verbaux ne constituent pas, en effet, le *titre* de l'action publique ; ils ne sont que des *charges* ou des *preuves* à l'appui de celle-ci (C. instr. cr., art. 154, 189, 342). D'un autre côté, les procès-verbaux, lorsqu'il en a été rédigé n'ont pas tous la même force probante ; les uns ne valent que comme simples renseignements ; les autres font foi jusqu'à preuve contraire ; les autres, enfin, jusqu'à inscription de faux. Quelquefois, par exception, le procès-verbal devient la *base* nécessaire de la poursuite ; de telle sorte que, si un procès-verbal n'a pas été rédigé, aucune poursuite n'est possible, et que si le procès-verbal rédigé est annulé, la poursuite tombe nécessairement avec le procès-verbal. Cette exception a été restreinte dans les deux matières principales où elle existait encore : en matière de *contributions indirectes*, où le procès-verbal, ne faisant plus foi jusqu'à inscription de faux, n'est plus le titre nécessaire de la

[1] « L'origine de cette dénomination tient à ce que, dans le principe, les officiers le plus habituellement chargés de faire rapport des faits en justice, les sergents, étant illettrés, donnaient une déclaration purement orale ». Bonnier, *Traité des preuves*, t. II, n° 576.

poursuite (L. 30 déc. 1903, art. 24; L. 6 août 1905, art. 17)[1]; en matière de *douanes*, où le procès-verbal, lorsqu'il en a été rédigé, faisant foi jusqu'à inscription de faux, la loi a supprimé la nécessité de son existence au point de vue de la poursuite (L. 1er mai 1905).

Il suit de là, qu'au point de vue de leur *but*, la loi reconnaît deux espèces de procès-verbaux : ceux qui ne sont pas nécessaires à l'exercice de l'action, ce qui est le cas ordinaire, et ceux qui, par exception, forment le seul titre de la poursuite ; qu'au point de vue de leur *force probante*, elle en reconnaît de trois espèces : les uns, destinés à servir de simples renseignements, les autres faisant foi jusqu'à preuve contraire, d'autres enfin, jusqu'à inscription de faux. Ces distinctions si caractéristiques n'ont pas été prises pour base des formes diverses dont les procès-verbaux doivent être revêtus. Comme il eût été difficile de soumettre à des règles fixes la constatation d'infractions très variées dans leur nature, la loi ne détermine pas les formalités des procès-verbaux d'après une pensée d'ensemble, elle les décrit, d'une manière spéciale, pour chaque matière. Seulement, les procès-verbaux étant des actes de même nature, il y a certaines formes qui s'appliquent à tous ou presque à tous, et qui se rapportent : au *délai* dans lequel doit être rédigé le procès-verbal, ordinairement de trois jours ; à l'*écriture* par l'officier rédacteur, sauf empêchement ou dispense pour quelques agents subalternes ; à la *signature* de ce même officier ; à la *date* du procès-verbal ; à l'*affirmation*, en général sous serment, dans un délai de 24 heures à 3 jours suivant les cas, devant le juge de paix ou son suppléant, le maire ou son adjoint, de l'exactitude des faits consignés dans le procès-verbal ; à l'*enregistrement*, ordinairement dans les quatre jours.

I. Quelle est la base de l'autorité plus ou moins étendue des procès-verbaux? C'est, avant tout, la *nature* de l'infraction qu'ils constatent, la *matière* dans laquelle ils interviennent. S'agit-il d'une infraction dont il ne soit possible de faire preuve que par un procès-verbal qui la saisit au moment où elle se commet, la loi donne au procès-verbal une autorité plus grande que dans d'autres cas. Ainsi, le pouvoir de constater certains faits jusqu'à inscription de faux ou jusqu'à preuve contraire n'est point mesuré sur la position hiérarchique des officiers de police judiciaire, mais sur le caractère des infractions qu'ils sont chargés de surveiller. Ce n'est pas parce que les gardes forestiers, les agents des douanes, etc., inspirent

[1] Cette première proposition est discutable, puisqu'elle ne résulte pas du texte de la loi, mais d'un raisonnement juridique. Voy. du reste, sur les difficultés, mon *Traité d'instr.*, t. II, nos 441 à 448.

au législateur une confiance plus grande que les juges d'instruction, les commissaires de police ou les officiers de gendarmerie, que leurs procès-verbaux ont une autorité plus étendue. Cela tient uniquement au caractère fugitif des infractions, en matière forestière, en matière de douanes, qui n'admettent guère d'autres preuves que celles tirées des procès-verbaux. Ceci dit, il y a lieu de faire les distinctions suivantes :

1° En matière de *crimes* ou *délits de droit commun*, c'est-à-dire de délits prévus par le Code pénal, les procès-verbaux, quels que soient les agents qui les ont dressés, ne sont que des documents de la cause, susceptibles d'être débattus, tout aussi bien que les témoignages oraux, et qui n'entraînent, à aucun degré, la conviction du juge (C. instr. cr., art. 342).

2° En matière de *contraventions de police*, et de certains *délits*, dont la constatation appartient à des officiers qui ont reçu de la loi une *délégation spéciale* pour les rechercher [1], les procès-verbaux font foi jusqu'à preuve contraire (C. instr. cr., art. 154). Ces délits et contraventions se commettent le plus souvent sans témoins ; et, lors même que l'infraction aurait eu lieu en présence de témoins, il serait difficile et onéreux de les déranger pour des faits de peu d'importance.

3° Enfin, en cas d'infraction aux lois sur les *douanes*, sur les *eaux et forêts*, les procès-verbaux, rédigés sous certaines conditions, font foi jusqu'à inscription de faux. Il s'agit, en effet, d'infractions qui consistent surtout dans la lésion d'intérêts publics, et qu'il est essentiel de protéger et à l'égard desquels la masse populaire a peu de souci et peu de scrupules [2].

II. Quand les procès-verbaux font foi en justice : 1° de quels faits font-ils foi ? 2° et comment le prévenu peut-il en détruire la force ?

[1] Les inspecteurs du travail, par exemple (L. du 12 juin 1893, art. 75) : Cass., 15 avr. 1904 (*Pand. fr.*, 1904. 1. 502). Mais même en matière de *contravention*, les procès-verbaux dressés par les agents de police, sergents de ville, appariteurs de mairie, c'est-à-dire des agents n'ayant pas de délégation spéciale et de rôle pour les rechercher, ne servent que de renseignements. Voy. Cass., 28 nov. 1896 et 19 juin 1897 (S. 98. 1. 205) et les renvois ; 23 déc. 1899 (S. 1903. 1. 107).

[2] Avant la loi du 30 décembre 1903, les procès-verbaux en matière de *contributions indirectes* faisaient foi jusqu'à inscription de faux et étaient le titre même de la poursuite. La loi budgétaire du 30 décembre 1903 (art. 24) a fait disparaître ce caractère. Ces procès-verbaux ne font plus foi que jusqu'à preuve contraire, administrée dans les conditions précisées par le texte. On se demande si, par cela même, la loi précitée n'a pas supprimé la nécessité de la rédaction préalable à la poursuite et fait ainsi retour au droit commun. Voy. Magnol, *De la force probante des procès-verbaux des agents des contributions indirectes* (*Journ. des parq.*, 1904. 1. 83 et suiv.).

a) Le principe essentiel sur la foi des procès-verbaux, c'est qu'ils ne prouvent que les *faits matériels, relatifs aux délits et contraventions que le rédacteur a personnellement constatés.* Telles sont les expressions de l'art. 176, C. for., que l'on rencontre également dans l'art. 53 de la loi sur la pêche fluviale du 15 avril 1829, expressions qui ont été introduites dans ces deux lois pour consacrer une jurisprudence depuis longtemps établie. Les difficultés nombreuses que soulève la foi due aux procès-verbaux, quand ils constituent une preuve légale, se ramènent donc à cette question : que faut-il entendre par *faits matériels*[1] ? Trois règles doivent être posées : 1° Il est certain d'abord que si le procès-verbal constate, à côté et en dehors de l'infraction, d'autres faits, tels que : actes de rébellion, injures, le procès-verbal ne fera pas foi de ces faits. Ce sont là des délits de droit commun, que l'agent n'a plus aucun pouvoir spécial pour constater. 2° Mais, parmi les faits qui se rattachent à l'infraction, on ne doit considérer comme matériels que ceux dont l'officier, rédacteur du procès-verbal, a été personnellement témoin dans l'exercice de ses fonctions, qu'il affirme avoir vus, avoir entendus, *quorum notitiam et scientiam habuit propriis sensibus.* Au contraire, lorsque l'officier public se livre à des inductions ou à des déductions plus ou moins hasardeuses, il ne méritera pas plus de crédit qu'un témoin ordinaire, car il sera sorti de sa fonction qui est de constater et non d'apprécier[2]. 3° Les rédacteurs des procès-verbaux ont le droit de recueillir les *aveux* et *déclarations* de l'inculpé. Ces aveux, ces déclarations sont des faits matériels; et lorsque l'officier public affirme, dans son procès-verbal, les avoir entendus, c'est comme s'il affirmait avoir vu un fait extérieur. Si donc, l'inculpé nie qu'il ait fait tel aveu ou telle déclaration, il doit employer, suivant les cas, pour faire tomber la *réalité* de cet aveu ou de cette déclaration, soit la voie de l'inscription en faux, soit la preuve contraire. Mais il ne faut pas oublier qu'en matière criminelle, l'aveu du délit n'est pas le délit même, et que l'inculpé est toujours admis à faire tomber, par tous les moyens, non, sans doute, la *réalité* de l'aveu, mais sa *sincérité;* qu'il peut prétendre, par exemple, et démontrer, par tous les modes de preuve, que cet aveu est le résultat d'une erreur ou d'une contrainte.

b) Par quels procédés l'inculpé peut-il ébranler la foi qui s'attache au procès-verbal ?

[1] Ainsi, lorsque des préposés de l'octroi affirment que du bois entré dans une ville est du bois de chauffage et non du bois de construction, leur appréciation peut être l'objet d'une expertise : Cass., 24 avr. 1880 (S. 80. 1. 487). V. Cass., 5 août 1880 (S. 80. 1. 392); 20, 27 janv., 4 août 1893 (S. 94. 1. 110).

[2] Cass., 20 et 27 janv., 4 août 1893 (S. 94. 1. 110) et les renvois.

Les procès-verbaux des agents qui doivent être crus jusqu'à inscription de faux, sont investis d'une autorité absolue. La loi attache à leur contenu, en ce qui concerne les faits matériels qu'ils constatent, non seulement une présomption de vérité, mais toute la force d'une *preuve légale absolue*; ils excluent donc toute preuve contraire, soit testimoniale, soit écrite. Alors même que les assertions du procès-verbal paraîtraient mensongères ou tout ou moins exagérées, les juges sont tenus de faire, de ces assertions, la *base* de leur jugement. La *fausseté* de l'affirmation de l'officier public doit être spécialement établie par la procédure périlleuse de l'inscription en faux (C. proc. civ., art. 214 à 251). Les faits constatés par le procès-verbal étant tenus pour vrais jusqu'à inscription de faux, il reste, néanmoins, au tribunal, une triple mission : 1° vérifier si le procès-verbal a été dressé régulièrement par l'officier public et dans les limites de ses attributions; 2° si les faits constatés à la charge de l'inculpé constituent la contravention ou le délit poursuivi; 3° si les conditions de la culpabilité existent. L'inculpé est toujours recevable, en effet, à alléguer, soit son état mental, soit la force majeure ou la contrainte, même contre un procès-verbal faisant foi jusqu'à inscription de faux.

Quelles sont les preuves que l'on peut opposer aux procès-verbaux qui ne font pas foi jusqu'à inscription de faux? D'ordinaire, toutes les fois que tel ou tel document admet la preuve contraire, cette preuve peut se faire par tous les moyens propres à convaincre l'esprit du juge. Mais, ici, le procès-verbal a le caractère d'une *preuve légale*, susceptible d'être combattue, seulement par des moyens déterminés qui n'ont pas été laissés à la discrétion du juge. Il faut, aux termes de l'art. 154, C. instr. cr., « des preuves contraires, soit *écrites*, soit *testimoniales* », s'élevant contre la vérité des faits énoncés au procès-verbal. La loi veut donc, — c'est ce qui semble résulter de son texte et de son esprit, — que le juge ne puisse substituer son appréciation personnelle à la preuve résultant d'un procès-verbal, non combattu par des preuves écrites ou testimoniales; elle veut qu'il ne puisse s'attacher ni aux dénégations du prévenu, ni à la notoriété publique, ni aux présomptions de fait [1].

374. Écrits privés. — La production des écrits sous seing privé pourra donner lieu, au criminel, à un incident. Si les écrits invoqués étaient déniés par l'individu auquel on les oppose, ils devraient être,

[1] Bonnier, *op. cit.*, t. II, n° 599; Faustin Hélie, t. III, n°s 1561 et suiv.; Cass., 1er juill. 1893 et 28 juin 1894 (S. 95. 1. 374); 13 mars 1896 (S. 96. 1. 544). Pour les conditions exigées en matière de contributions indirectes, voy. l'art. 24 de la loi du 30 déc. 1904.

en cas de nécessité, soumis à une vérification d'écritures, et cette procédure serait régie par les art. 448 et s., C. instr. cr. Cette vérification se fera le plus souvent par voie d'expertise, au moyen de pièces de comparaison, actes authentiques, ou documents privés, dont tous dépositaires sont tenus de se dessaisir s'ils en sont requis[1]. Mais les art. 193 et suiv., C. proc. civ., sont inapplicables en matière criminelle. Ainsi la fausseté d'un acte pourrait valablement, devant les tribunaux répressifs, être établie à l'aide de pièces de comparaison dont l'écriture est déniée par le prévenu, l'art. 200, C. proc. civ., étant étranger à la procédure suivie devant ces tribunaux[2]. Rien ne s'opposerait, du reste, à ce que les juridictions de répression statuent sur la fausseté d'une pièce, en s'en tenant uniquement aux résultats du débat oral[3].

Pour les autres pièces, leur production en justice se conçoit d'elle-même quand elles constituent, par elles seules, la cause et la raison d'être de la poursuite : tels seraient, en cas de menace écrite, la lettre qui contient cette menace; dans un procès de diffamation intenté à un journal, le numéro du journal incriminé.

Il est une catégorie d'écrits qui, par leur nature même, figureront plus souvent dans les instances criminelles que dans les instances civiles, je veux parler des lettres missives.

La lettre, « cette conversation entre absents..., tantôt véhicule des sentiments les plus intimes..., tantôt agent des négociations d'intérêt », participe à la nature des confidences inviolables, dont le respect s'impose comme un dogme à l'honnêteté publique et privée [4]. Le secret des correspondances doit cependant fléchir devant certaines considérations d'ordre supérieur, et notamment devant les nécessités de la justice criminelle. Les écrits adressés au prévenu ou émanés de lui fournissent un moyen strictement légitime d'établir sa culpabilité. Mais il faut aller plus loin : les art. 87 et 88, C. instr. cr., donnent aux magistrats instructeurs le droit de faire toutes perquisitions et saisies indispensables pour la manifestation de la vérité, et de rechercher, en quelque lieu que ce soit, la preuve des infractions que leur devoir est de poursuivre. Ils ne font aucune exception pour les lettres des tiers qui, dès lors, tombent sous la loi commune. Et ce droit de saisie s'étend jusque dans les bureaux de poste, ainsi que le décide la

[1] L'expertise, tout le monde en convient, est un moyen de preuve des plus incertains. Mais il faut cependant y recourir dans certaines affaires.

[2] Voy. Cass., 20 juin 1846 (D. 46. 1. 283).

[3] Cass., 30 mars 1839 (D. 39. 1. 379).

[4] Baudouin, *Discours prononcé à l'audience de rentrée de la Cour de Lyon*, du 3 novembre 1883.

jurisprudence[1]. Ce pouvoir, presque sans bornes, fléchit toutefois devant un principe d'ordre supérieur : la nécessité d'assurer un respect absolu à toute correspondance détenue par une personne à raison d'une profession qui lui impose le secret. Hors cette exception, la justice est investie des droits les plus étendus. Les lettres missives pourront donc, en principe, être soumises aux débats, mais à la condition expresse qu'elles aient été légalement saisies par la justice, ou, si elles sont appréhendées par des particuliers, que le moyen employé pour se les procurer ne constitue pas un procédé délictueux prohibé par la loi, qu'il n'y ait pas vol, par exemple, ou abus de confiance.

375. FORCE PROBANTE DES ÉCRITS PRODUITS DEVANT LA JUSTICE PÉNALE. — La force probante des écrits produits dans un procès criminel dépendra moins de la nature de la juridiction que de la nature du litige. S'il s'agit d'établir, par ce procédé, la culpabilité, l'écrit sera un document de la cause, soumis à la libre appréciation du juge, comme tout témoignage ou comme tout aveu. Mais s'il s'agit de résoudre une question civile de propriété, de convention, de libération, s'il s'agit d'établir une filiation, un mariage, une adoption, la valeur probante de divers documents produits se détermine par les règles propres à la nature de la question incidente qu'ils servent à résoudre. Le juge pénal aura donc à se référer aux principes spéciaux à chaque matière.

§ VI. — DE L'AVEU.

376. NOTION GÉNÉRALE SUR L'AVEU. — L'aveu résulte des déclarations de l'intéressé sur les faits litigieux. Les anciens considéraient l'aveu comme la preuve par excellence, *probatio probatissima*, la reine des preuves, la seule qui pût, dans un procès criminel, rassurer la conscience du juge et lui permettre, sans scrupule comme sans remords, de prononcer le châtiment capital. Aussi, toutes les institutions de la procédure tendaient à obtenir ou à arracher cet aveu. Le témoignage du défendeur, reconnaissant, contre son propre intérêt, la

[1] Cass., 20 juill. 1853 et Ch. réun., 21 nov. 1853 (S. 53. 1. 774); 16 août 1862 (S. 62. 1. 221); 19 janv. 1866 (S. 66. 1. 87); 9 juin 1883 (S. 85. 1. 137); Rouen, 9 nov. 1893 (S. 94. 2. 41).

vérité des faits allégués par son adversaire, paraît incontestablement rassurant. Mais les abus auxquels la *provocation* de cette preuve a donné lieu, la *contradiction* d'attitude et d'intérêt qu'elle implique, les *suspicions* qu'elle fait naître sur l'état mental de l'auto-accusateur, toutes ces considérations, historiques, morales et psychiatriques, ont nui à la bonne réputation de l'aveu. Non seulement la loi n'organise pas la théorie de l'aveu dans le procès pénal, mais aucun texte de nos deux Codes ne s'en occupe [1].

L'aveu, au criminel comme au civil, est *judiciaire* ou *extrajudiciaire*.

I. L'*aveu extrajudiciaire* peut être, soit écrit, soit oral.

En traitant de la preuve littérale, nous avons déjà examiné quelle est la foi du procès-verbal constatant un aveu, lorsqu'il est dressé par un officier compétent. En dehors de ce cas, l'aveu écrit ne peut constituer qu'un document de la cause, soumis, comme tout autre document, à l'appréciation du juge.

L'aveu extrajudiciaire, qui n'est pas constaté par un écrit spécial, doit être établi par témoins, et la preuve testimoniale, tendant à constater cet aveu, sera soumise aux mêmes règles que si elle avait pour objet d'établir le point sur lequel porte la déclaration du prévenu. Elle sera, par conséquent, admissible, à moins que l'on ne rentre dans un cas où il faut, devant toute juridiction, un écrit pour prouver un fait juridique, par exemple l'existence d'une convention de dépôt ou de mandat. Établi par témoins, l'aveu sera apprécié par les juges, comme toute autre preuve. Ce serait une grave erreur de le considérer comme nul, comme ce serait une erreur grave que de lui donner l'importance et la force d'une preuve décisive [2].

II. La *confession que fait l'accusé en justice*, c'est-à-dire lorsqu'il ne peut méconnaître les conséquences graves de ses déclarations, semble une preuve supérieure à toutes les autres. *Habemus confitentem reum* : la culpabilité est établie, il ne reste, semble-t-il, qu'à appliquer la peine. C'est à cette idée que se rattache la disposition du droit anglais, d'après laquelle, lorsque l'accusé reconnaît avoir commis l'acte à raison duquel il est poursuivi, il en résulte une sorte de preuve légale de la culpabilité. En effet, la première question que pose le magistrat à l'accusé, c'est de savoir s'il veut plaider « cou-

[1] Voy. mon *Traité d'instr. cr.*, t. II, nos 457 et 458 et les références.

[2] Voy. Cass., 12 févr. 1885 (D. 85. 1. 432); *Rev. pénit.*, 1905, p. 106 (espèce intéressante); Cass., ch. réun., 3 juin 1899 (D. 1900. 1. 180, 1re révision Dreyfus). *Infrà*, n° 378.

pable ou non coupable » (*guilty, or not guilty*), et s'il répond « coupable », c'est-à-dire s'il avoue le fait, on considère la question de culpabilité comme vidée, l'accusé comme convaincu, et il ne reste plus au magistrat qu'à procéder, sans jury, à l'application de la peine [1].

Pareille attitude n'entraînerait, en France, aucune modification dans la procédure; mais si l'accusé ou le prévenu reconnaît les faits qui sont l'objet de la poursuite, les débats en seront singulièrement simplifiés: est-ce à dire qu'ils deviendraient inutiles? Montaigne a pu écrire, à une époque souillée, il est vrai, par l'usage de la torture : « mille et mille ont chargé leur tête de fausses confessions [2] ». Il y a des aveux *mensongers,* rêves de déséquilibrés, produits de l'imagination d'hystériques, d'alcooliques, de dégénérés. Il y a des aveux *pénitentiaires*, destinés à procurer un transfert, un changement de prison, une transportation. Il y a des aveux de *jactance* pour des crimes qui défrayent la curiosité publique. Tout cela commande le scepticisme en matière d'aveu, et le juge ne peut être dispensé d'examiner si l'aveu est sincère, et dans quelle mesure il est sincère. C'est le contrôle de l'aveu.

Nous avons donc à examiner : 1° comment on peut provoquer l'aveu ; 2° quelle est sa force probante.

377. De la provocation de l'aveu. — L'aveu est rarement spontané : on doit, par conséquent, donner, aux magistrats ou aux parties, les moyens de le *provoquer*. C'est par des *questions* adressées aux personnes à qui tel ou tel fait est imputé qu'on arrive, dans la vie sociale, à la découverte de la vérité. Le procédé légal est le procédé naturel. Mais, dans le développement des institutions juridiques, on distingue deux institutions typiques et opposées.

La première c'est la *torture*, façon d'interroger qui a paru, pendant des siècles, si naturelle et si nécessaire, qu'on la désignait simplement, dans le langage usuel, sous le nom de *question judiciaire*.

La seconde forme de provocation de l'aveu consiste dans l'*interrogatoire* qui a pour but de recueillir les explications, et, par conséquent, les aveux de l'inculpé. L'interrogatoire a lieu dans les deux phases de la procédure, l'instruction préparatoire et l'instruction de

[1] Voy. Glasson, *Histoire du droit et des institutions de l'Angleterre*, t. VI; *Le droit actuel*, p. 782 ; Fournier, *Code de procédure pénale de New-York*, Introduction, p. XXXVIII, XCIV, XCV, C; Seymour Harris, *Principii di diritto e proced. pen. Inglese*, p. 262.

[2] *Essais*, liv. II, chap. V.

l'audience. Dans les deux cas, cet acte est dégagé de la condition du *serment* que l'ancien droit imposait à l'inculpé, l'assimilant, en sa propre cause, à un témoin qui jure de dire toute la vérité.

Mais, dans l'instruction préalable, comme dans l'instruction définitive, une dissidence grave s'est toujours manifestée entre les conceptions du système inquisitorial et celles du système accusatoire. Lorsque l'accusation est abandonnée aux parties lésées, on laisse l'accusateur et l'accusé se débattre comme en champ clos, le juge ne devant être que l'arbitre des coups qu'ils se portent. C'est donc à l'accusation qu'il appartient de rechercher l'aveu en examinant l'accusé. Certaines législations même lui refusent ce droit. En Angleterre, par exemple, une fois les débats ouverts aux assises, nul n'adresse de questions à l'accusé. Seulement, avant de commencer l'examen, on lui demande, ainsi que nous l'avons dit, s'il veut plaider comme coupable ou comme non coupable. L'aveu, fait à ce moment, a un caractère décisif, puisqu'il rend inutile tout débat sur le fait. Mais si, dans le cours de la procédure, il échappe un aveu à l'accusé, bien que non provoqué, le président, loin de s'en emparer, l'avertit des conséquences de ses paroles et l'engage à les rétracter avant qu'il en soit dressé procès-verbal. Il n'y a aucune contradiction, bien au contraire, à ne pas rechercher l'aveu, mais, s'il se produit, à le considérer comme décisif. C'est l'application au procès criminel des principes du procès civil : le demandeur a la charge de la preuve, et lorsque le défendeur avoue, il n'y a plus de procès sur le fait. Dans le système inquisitorial, où l'autorité publique recherche d'office les délits les plus graves, les choses se passent tout autrement : le procès ne rappelle plus, au milieu des institutions judiciaires, les anciennes guerres privées, il ne ressemble plus à un duel entre l'accusateur et l'accusé, auquel le juge met fin en donnant tort à l'un ou à l'autre : le procès est un acte de justice, où la société intervient, par ses représentants, pour prendre la direction de la procédure. Cette marche différente du procès entraîne deux conséquences.

D'une part, le juge, dont le rôle actif est qualifié par le nom même que porte la procédure « *inquisitio* », s'efforce de provoquer l'aveu qui est habituellement la meilleure preuve de la culpabilité; mais, d'autre part, on ne considère pas la condamnation comme forcée par cela seul qu'il y a aveu. L'objet de la procédure n'étant pas de statuer sur des intérêts privés, mais de dégager la vérité, on doit examiner si les circonstances du procès rendent l'aveu vraisemblable.

Ceci dit, l'interrogatoire peut avoir lieu à toutes les phases de la procédure.

I. Dans l'instruction préparatoire, si la loi n'a pas tracé la forme de l'interrogatoire, elle permet au prévenu de ne le subir qu'en présence de son conseil ou lui dûment appelé (L. 8 déc. 1897, art. 3, n°s 1 et 3, art. 9, n° 2). De plus, le conseil doit avoir communication préalable du dossier. Cet ensemble de mesures a pour résultat de transformer le caractère de l'interrogatoire. Jusqu'à la loi de 1897, l'interrogatoire avait été considéré comme un instrument de l'accusation et un moyen d'obtenir l'aveu. Cette loi en fait une arme de la défense et un moyen d'éviter l'aveu ou tout au moins de l'épurer.

II. Outre l'interrogatoire ou les interrogatoires subis devant le juge d'instruction, celui, contre lequel a été rendu un arrêt de mise en accusation, doit encore être interrogé secrètement, par le président de la cour d'assises ou par un juge délégué, vingt-quatre heures après son arrivée dans la maison de justice du lieu où doivent se tenir les assises (C. instr. cr., art. 293). L'omission totale ou partielle de cet interrogatoire entraînerait la nullité de la procédure, car son but principal est d'inviter l'accusé à se choisir un défenseur, et de l'avertir qu'il a cinq jours pour attaquer l'arrêt de renvoi rendu par la chambre des mises en accusation (C. instr. cr., art. 294 et 296). La loi prescrit de dresser un procès-verbal où l'on constate l'accomplissement de ces formalités, et les déclarations de l'accusé, s'il y a lieu : cet acte est signé du président, du greffier et de l'accusé. La place que doit occuper l'interrogatoire dans la procédure intermédiaire entre l'arrêt de mise en accusation et la procédure des débats, est déterminée par la combinaison des art. 293 et 296, C. instr. cr. Il doit y être procédé, au plus tard, *vingt-quatre heures* après l'arrivée de l'accusé dans la maison d'arrêt, et, au plus tôt, *cinq jours* avant l'ouverture des débats. Il y aurait *irrégularité*, mais non *nullité*, à procéder à l'interrogatoire plus tôt ou plus tard, pourvu qu'il s'écoulât au moins *cinq jours pleins* avant l'ouverture des débats. Cette formalité est, en effet, d'une extrême importance, comme toutes celles qui touchent aux droits essentiels de la défense. L'ouverture des débats, avant l'expiration du délai du pourvoi contre l'arrêt de renvoi, et alors que le sort de cet arrêt demeure en suspens, est une cause de nullité [1]. Mais l'accusé, en faveur de qui cette prescription est édictée, peut consentir à être jugé sans délai, et sa renonciation est irrévocable [2].

III. C'est un principe de notre procédure pénale d'inviter le prévenu ou l'accusé à donner verbalement à l'audience les explications qui lui sont demandées, mais on n'emploie aucun moyen direct ou indirect

[1] Voy. Cass. 11 juill. 1872 (S. 73. 1. 94) et la note.

[2] Cass., 6 juin 1867 (S. 68. 1. 84); 27 juill. 1876 (S. 78. 1. 185); 27 août 1891 (*B. cr.*, n° 178).

de contrainte pour l'amener à répondre aux interpellations qui lui sont faites. Son refus de répondre peut entraîner, dans l'esprit des juges et des jurés, une opinion défavorable sur son compte, mais c'est la seule conséquence de son opiniâtreté. Devant le tribunal correctionnel même, son refus de répondre à l'interrogatoire peut être considéré comme un défaut de comparution, malgré sa présence en état de détention préventive à l'audience, et le jugement rendu contre lui comme un jugement de défaut[1].

Il n'est question de l'interrogatoire que relativement aux débats devant les tribunaux de police correctionnelle : « Le prévenu sera interrogé », dit l'art. 190, C. instr. cr. Mais ce procédé d'instruction à l'audience est employé en simple police lorsque le juge a besoin d'éclaircissements personnels et joue un rôle important et souvent décisif dans la procédure criminelle.

Pour les cours d'assises, il est bien parlé, dans l'art. 319, du droit donné au président, aux jurés, à la partie civile et au ministère public d'adresser des questions à l'accusé à propos de chaque déposition de témoins; mais l'interrogatoire, tel que nous le pratiquons, s'y fait en vertu du pouvoir discrétionnaire du président de la cour d'assises. Devant la Haute-Cour de Bourges, un accusé ayant soutenu que l'interrogatoire, surtout avant l'audition des témoins, était un abus emprunté à l'inquisition, condamné par la législation anglaise et proscrit par le Code d'instruction criminelle, la Haute-Cour s'est prononcée pour la légalité de l'interrogatoire, attendu que, d'après la combinaison des articles de notre Code, « le droit appartient au président de demander aux accusés, avant l'audition des témoins, ce qui lui semble nécessaire pour la manifestation de la vérité[2] ». Mais, à ce point de vue, la liberté de la défense doit rester entière. Il faut en conclure qu'on ne saurait considérer aujourd'hui comme un *muet volontaire* celui qui refuse de répondre après un certain nombre d'interpellations et le priver, en conséquence, de la faculté de revenir ultérieurement sur les points à l'égard desquels il s'est d'abord renfermé dans un silence prudent.

378. De la force probante de l'aveu. — Comme il n'est pas question de l'aveu dans le Code, la jurisprudence a dû en construire la théorie : 1° Bien que l'aveu ne soit pas énuméré parmi les modes de preuve, il n'est pas interdit de le considérer comme une preuve, et les juges, pouvant former leur conviction de toute manière, il

[1] Cass., 13 août 1859 (S. 59. 1. 961).
[2] Haute-Cour, 9 mars 1849 (S. 49. 2. 225).

ne saurait y avoir ouverture à cassation dans ce seul fait qu'un jugement aurait pris, pour unique base de sa décision et de la condamnation, les aveux du prévenu ; 2° En vain, invoquerait-on, pour écarter l'aveu, la maxime ancienne : *Nemo auditur perire volens*, c'est là un brocard qui n'a aucun caractère obligatoire ; 3° Enfin, de même qu'elle a rejeté les pourvois des condamnés qui excipaient de l'absence de toute preuve autre que leur aveu, la Cour suprême a cassé pour excès de pouvoir les décisions de relaxe rendues à l'encontre d'un aveu formel constaté par le jugement [1].

379. L'AVEU EST-IL DIVISIBLE ? PEUT-IL ÊTRE RÉTRACTÉ ? — Nous devons examiner si les deux théories civiles, celle de l'*indivisibilité* et celle de l'*irrévocabilité de l'aveu*, doivent être appliquées à ce genre de preuve dans un procès criminel.

I. L'aveu est-il divisible ? La valeur de l'aveu est souverainement appréciée par les jurés et les juges. Il en résulte qu'ils ont la faculté de rejeter certaines déclarations du prévenu ou de l'accusé et d'en accepter d'autres. La dissection de l'aveu, comme celle de toute autre preuve, est le droit absolu des juridictions de répression : par conséquent, en matière pénale, l'aveu n'est pas indivisible. C'est donc au point de vue logique seulement qu'il importe de distinguer l'aveu *simple* de l'aveu *qualifié*. Le premier contient une déclaration de culpabilité, sans restriction ; cet aveu ne laisse pas place à l'analyse ; il est entièrement vrai ou il est entièrement faux. Le second est celui dans lequel l'accusé modifie sa déclaration par l'addition de circonstances qui font disparaître ou du moins atténuent sa culpabilité. Un arrêt de rejet du 23 juin 1837 reconnaît au juge un pouvoir discrétionnaire pour apprécier la vraisemblance des circonstances ainsi ajoutées à l'aveu. C'est le principe rationnel [2].

Le principe de l'indivisibilité de l'aveu reprendrait, du reste, toute sa force, même devant les tribunaux de répression, s'il s'agissait d'établir, par ce moyen, l'existence d'une convention ou d'une libération, notamment, en matière d'abus de confiance. Ainsi, l'individu, inculpé de s'être approprié comme mandataire des sommes touchées pour le compte du mandant, reconnaît le contrat, mais déclare, en même temps, s'être acquitté envers le mandant : il est bien certain que l'aveu ne peut être scindé et qu'il y a lieu d'appliquer, par identité de motifs, l'art. 1924, C. civ.

1 Sur tous ces points, mon *Traité d'instr.*, t. II, nos 471 et 472.

2 Voy. sur la question : Cass., 28 oct. 1898 (S. 1900. 1. 250) ; 11 mai 1900 (S. 1904. 1. 217).

II. L'aveu peut-il être rétracté? Il est bien certain que l'art. 1356, C. civ., quelle que soit l'interprétation donnée à ce texte est étranger au procès pénal. L'accusé a fait des aveux devant le juge d'instruction ou même au début de l'audience : il lui est toujours loisible de les rétracter jusqu'à la clôture des débats, quelle que soit la cause de son erreur. Mais les juges, auxquels on demande s'ils sont convaincus et non par quels moyens ils se sont convaincus, apprécient la rétractation, comme ils apprécient l'aveu, c'est-à-dire en toute liberté et en toute dépendance. Il y a lieu de tenir compte de la rétractation lorsqu'elle ne rencontre aucune contradiction dans les éléments de la cause [1]. Mais pour qu'elle soit accueillie sans réserve, il sera nécessaire de démontrer, d'une part, la vérité du motif sur lequel se base la rétractation, et, d'autre part, d'examiner quelle serait l'influence de ce motif sur la foi précédemment acquise à l'aveu.

§ VII. — DES PRÉSOMPTIONS.

380. Ce qu'on entend par présomptions. Leur nécessité. Classement des présomptions. — 381. Des présomptions dans le procès criminel. — 382. Force probante des présomptions.

380. Ce qu'on entend par présomptions. — Présumer, dit l'art. 1349, C. civ., c'est conclure d'un fait connu à un fait inconnu. Mais, comme on l'a fait remarquer, cette définition, c'est celle de la preuve elle-même. En réalité, on veut, par cette formule, opposer la preuve proprement dite qui a toujours pour base une *déclaration de l'homme* aux présomptious qui reposent sur d'autres faits.

On distingue deux espèces de présomptions : les *présomptions de droit* ou présomptions proprement dites, et les *présomptions de fait* ou indices.

Nous nous occupons des premières dans ce paragraphe.

I. Les divers points qu'il faut élucider pour juger une question ne font pas toujours l'objet de l'administration d'une preuve. Dans un procès quelconque, bien des solutions sont pour ainsi dire acquises sans qu'il y ait à les établir, bien des faits sont admis sans qu'il y ait à les démontrer. Cette vérité qu'il n'est pas nécessaire de prouver est dite présumée. Le rôle de la présomption est donc de dispenser d'apporter la preuve d'une allégation.

Au point de vue pénal, comme au point de vue civil, le concours

[1] Cass., 28 juill. 1881 (D. 82. 1. 185).

constant de ces sortes de présomptions est indispensable pour rendre un jugement.

Les présomptions sont nombreuses, variées : elles échappent à toute tentative d'énumération limitative. On peut dire, en vérité, que le juge vit et se meut dans l'atmosphère des présomptions. Mais des classifications sont possibles :

a) Il y a les présomptions *génériques* et les présomptions *spécifiques*. Les premières sont celles qui concernent les connaissances humaines, indépendamment des rapports d'imputabilité pénale (telle que la véracité des hommes, présomption sur laquelle se fonde la foi au témoignage). Les secondes sont celles qui se rapportent à l'imputabilité pénale, comme celles qui présument l'absence de consentement dans tout rapport sexuel avec un enfant âgé de moins de treize ans ;

b) En se plaçant au point de vue de la partie qui peut les invoquer, on distingue les présomptions qui profitent à l'accusation et celles qui profitent à l'accusé. C'est sur une présomption de la première espèce qu'est fondé l'art. 61, C. pén. ; sur une présomption de la seconde qu'est fondé le non-discernement du mineur de dix-huit ans.

c) Au point de vue de leur énergie, on distingue les présomptions absolues (*juris et de jure*) et les présomptions simples (*juris tantum*). On conçoit, en effet, deux degrés dans les présomptions légales. La loi peut imposer au juge certaines preuves circonstancielles, en l'obligeant à tenir pour vrais les faits qu'elles tendent à établir, mais en laissant aux parties intéressées la faculté de démontrer que cette induction n'est pas fondée. Elle peut aller plus loin, repousser toute preuve contraire, et faire nécessairement résulter de telle circonstance l'existence légale de tel fait.

d) Au point de vue de leur caractère, on distingue les présomptions *naturelles* ou *tacites*, et les présomptions *légales* ou *expresses*. Les premières sont le produit naturel des connaissances humaines et de la culture sociale : la loi s'y réfère sans avoir besoin de les établir : elles forment, en quelque sorte, la trame de toute législation. Les secondes sont celles qui ont été taxativement et expressément organisées par un texte formel de la législation positive. Ce sont les présomptions proprement dites, celles qu'on vise quand on parle simplement des « présomptions ».

381. De l'évolution des présomptions dans le procès criminel. — Ces notions générales exposées, il convient de remarquer : 1° que plus les relations sociales se compliquent et s'enchevêtrent, plus il devient nécessaire de multiplier les présomptions légales; 2° que ces présomptions se dégagent de toute idée superstitieuse ou religieuse et deviennent de plus en plus naturelles et humaines.

L'évolution sociologique, accomplie à ces deux points de vue, est intéressante à constater.

Dans les civilisations primitives, la croyance à l'intervention immédiate et journalière de la divinité, jointe à la difficulté de se procurer des preuves directes de la culpabilité, amène, presque toujours et presque partout, l'institution de certaines *épreuves*, d'où l'on fait dépendre le résultat du procès. Ces épreuves ne sont autre chose que des présomptions fondées, non sur l'observation et l'expérience, mais sur l'arbitraire et la superstition. L'appel au jugement de Dieu par les *ordalies* et le *combat judiciaire* se retrouve particulièrement chez les nations d'origine germanique, mais a été une institution commune à presque tous les peuples et à presque toutes les races pendant une certaine période de leur histoire. Aujourd'hui qu'il ne peut plus être question de subordonner ainsi la preuve de l'innocence ou de la culpabilité à des circonstances qui n'ont, en réalité, aucun rapport avec le délit, il semble qu'il ne devrait plus exister de présomptions légales et que tous les éléments du procès devraient être soumis à la libre appréciation des juges. Il n'en est rien, pour la bonne raison que le besoin de sécurité et de calme, et aussi la nécessité d'abréger les contestations, oblige le législateur à tenir pour vrais un grand nombre de points qui ne sont pas démontrés, mais dont l'existence est établie par une induction fondée sur des expérimentations successives. Sans doute, l'établissement de présomption répugne davantage au caractère de la justice pénale qu'à celui de la justice civile. Néanmoins, il existe, dans le droit pénal, des cas assez fréquents où un calcul de probabilités est érigé en loi, et, si nous entrions dans l'examen de détail des diverses présomptions, nous nous imposerions la nécessité de traiter presque toutes les matières juridiques, car il en est peu où la loi n'édicte telle règle, en la faisant découler de certaines circonstances déterminées[1].

382. De la force probante des présomptions. — La force probante des présomptions légales invoquées devant les juridictions répressives dépend évidemment de leur nature, et il y a lieu de faire bien des distinctions.

Les présomptions légales spéciales au droit criminel sont inattaquables quand elles affirment l'existence ou qualifient la nature d'un fait

[1] Voy. mon *Traité d'instr.*, t. II, nos 486 à 490.

illicite, à raison de la constatation d'un autre fait lui-même imputable. Ainsi la présomption de complicité de la part de l'aubergiste qui a fourni, habituellement et en connaissance de cause, un logement ou un lieu de réunion aux malfaiteurs dont il est question dans l'art. 61, C. p., ne saurait être combattue. Il en est de même de la présomption établie par l'art. 278, C. p. Les présomptions légales sont, au contraire, susceptibles d'une preuve contraire, quand, de la nature même d'un acte, elles concluent à l'intention criminelle qui a dicté cet acte. Les questions d'intention sont, en effet, l'objet d'une appréciation souveraine, puisqu'elles dépendent d'éléments multiples, dont il n'est pas possible à l'avance de mesurer la valeur.

Le caractère même de certaines présomptions est discuté. Nous avons admis, par exemple, que l'art. 329 C. p., établit une présomption de légitime défense, mais une présomptien simple qui peut être détruite par la preuve contraire[1].

Lorsque, incidemment, la juridiction répressive aura à se prononcer sur une question de droit civil, les présomptions légales, propres à la matière, devront-elles être appliquées avec leur caractère particulier? La réponse ne semble pas douteuse, si l'on considère que la nature du litige, indépendamment de celle de la juridiction saisie, conditionne les règles sur la preuve. Les tribunaux de police simple ou correctionnelle seront assujettis, le cas échéant, à se prononcer d'après les présomptions civiles dans la même mesure que les tribunaux civils. Il faut remarquer, du reste, que si ces présomptions apportent quelque entrave à la liberté d'appréciation du juge répressif, ce sera sur des points étrangers aux questions d'imputabilité : il s'agira de savoir, par exemple, en matière de parricide, si la victime est bien le père de l'accusé, en matière d'abus de confiance, si le prévenu s'est libéré, difficultés dont les tribunaux répressifs retiennent exceptionnellement la connaissance dans un but de célérité, mais qu'ils devront résoudre en s'inspirant des règles applicables en cas de renvoi devant les juridictions civiles, auxquelles ils ne font que se substituer. La force des présomptions légales s'atténue d'ailleurs singulièrement, lorsqu'elles sont invoquées devant le jury (C. instr. cr., art. 342). Mais il y a lieu de remarquer que, le plus souvent, les présomptions légales interviennent pour la solution des questions de droit dont la connaissance appartient à la cour et non au jury.

[1] Voy. *supra*, n° 117.

§ VIII. — LES INDICES OU PREUVES CIRCONSTANCIELLES.

383. De la nature des indices. Comparaison avec le témoignage. — 384. De la valeur de la preuve circonstancielle. — 385. Procédure pour rechercher et conserver les indices.

383. Nature de la preuve circonstancielle. — Dans les preuves dont il a été question jusqu'ici, la constatation du fait litigieux est, en quelque sorte *directe*, et la vérité se dégage, sans effort de raisonnement, de ce qui est *déclaré* au juge, verbalement ou par écrit. Mais toutes ces preuves supposent, au préalable, la foi dans l'honnêteté et la loyauté de l'homme et impliquent ainsi un examen *subjectif* du déclarant. Il est vrai que le témoignage admis, l'opération intellectuelle qui conduit, de la déclaration écrite ou verbale, au fait sur lequel elle porte, est, pour ainsi dire, instantanée. Ce qui importe, par conséquent, c'est le flair du juge, sa connaissance des hommes, l'examen préalable qu'il doit faire du témoin ou du déclarant, car il a à apprécier, non pas précisément la *preuve*, mais celui qui en est l'intermédiaire ou le certificateur. Les moyens d'établir la culpabilité par les indices sont d'une toute autre nature. La preuve, en effet, a, pour point de départ, un fait que l'on suppose établi, et il s'agit, en prenant ce point de départ, d'en induire et d'en dégager le fait inconnu : c'est par voie d'induction que procède le juge; c'est à son intelligence, à sa faculté de raisonner, qu'il doit faire appel. Bentham appelle ces preuves « *circonstancielles* », parce qu'elles se fondent sur le rapport qui peut exister entre certains faits, certaines *circonstances* constatées, et d'autres faits ou circonstances qu'il s'agit d'établir. On a souvent comparé les deux genres de preuves et essayé de les hiérarchiser. En général, jusqu'ici, on a paru donner la préférence aux preuves fondées sur le témoignage. Mais une réaction se produit; l'*objectivité* de la preuve circonstancielle paraît, aujourd'hui, lui donner certains avantages sur la *subjectivité* de la preuve testimoniale. Ne nous y trompons pas du reste : si le *témoignage muet* qui résulte de certains indices, ne peut être suspect de mensonge comme le témoignage de l'homme, les indices eux-mêmes ont pu être artificieusement préparés et combinés pour égarer la justice : le mensonge *réel* est à craindre comme le mensonge verbal. Il faut donc, à ce point de vue, avant d'interpréter les circonstances de la cause, chercher à les établir et à les comprendre. Alors même que les circonstances sur lesquelles se fonde l'induction, sont à l'abri de tout soupçon de fausseté, il est certain que le lien qui rattache le fait inconnu au fait connu est purement conjectural, puisqu'il ne peut être établi que par voie de raisonnement. Il y a donc là un danger que ne présente pas le témoignage, car la sincérité du témoin étant supposée, la vérité du fait qu'il rapporte en ressort directement et avec évidence. Ces considérations ne permettent pas de formuler, sur la comparaison entre les deux genres de preuves, des conclusions bien précises. En réalité, les deux procédés sont indispensables, car la vérité se dégage rarement de l'emploi exclusif de l'un d'eux : elle résulte nettement, au contraire, de leur réunion, les indices appuyant les témoignages et les témoignages vérifiant les indices[1].

384. De la valeur de la preuve circonstancielle. — La preuve par indices joue un rôle bien différent suivant les systèmes de procédure. Lorsque l'accusation est confiée aux parties privées, et qu'il s'agit de convaincre le juge par des moyens livrés à sa libre appréciation, les preuves circonstancielles jouent un rôle analogue à celui des preuves fondées sur le témoignage. Sans doute, les juristes donnent le conseil de se défier de la preuve par indices, à raison de son côté conjectural, mais comme ils ne peuvent avoir la prétention d'enchaîner la conviction du juge par des règles de droit, leurs avis ont un caractère surtout théorique. Dans le système inquisitorial, la preuve par indices se combine avec les dépositions des témoins et l'interrogatoire de l'accusé. Il s'agit de lui donner sa valeur légale, de l'apprécier en elle-même, et de la comparer avec les autres preuves. Or, nous savons que les indices ne pouvaient, quelque graves qu'ils fussent, servir de base à une condamnation capitale, mais qu'ils justifiaient l'emploi de la torture qui avait précisément pour but de les corroborer par l'aveu de l'accusé. Lorsque ce résultat n'était pas atteint, l'épreuve paraissait, en principe, suffisante, et les indices étaient en quelque sorte purgés.

Aujourd'hui, les restrictions, relatives à la foi des indices, ont disparu, depuis l'abolition du système des preuves légales. L'art. 342, C. instr. cr., applique particulièrement aux indices le principe du droit moderne d'après lequel la conviction du juge se forme sans entrave. La loi ne dit point aux jurés : « Vous ne regarderez point comme suffisamment établie toute preuve qui ne sera pas formée de tel procès-verbal, de telles pièces, de tant de témoins ou de *tant d'indices*... ».

Le champ d'application des indices est donc aussi étendu que celui de la preuve testimoniale et n'est restreint que par les mêmes limita-

[1] Voy. mon *Traité d'instr.*, t. I, n° 276; t. II, n°s 493 à 498.

tions. Nous savons, cependant, que la jurisprudence, dans son interprétation de l'art. 154, C. instr. cr., les écarte formellement dans le cas où il s'agit d'administrer la preuve contraire aux constatations de certains procès-verbaux.

385. Opérations tendant a recueillir les indices. — Les opérations les plus ordinaires, tendant à rechercher la preuve circonstancielle, consistent, soit dans les *constatations judiciaires*, soit dans les *perquisitions domiciliaires*. Nous nous en occuperons à propos des actes de l'instruction.

TITRE III

DE LA POLICE JUDICIAIRE[1].

§ Ier. — NOTIONS GÉNÉRALES SUR L'ŒUVRE DE LA POLICE JUDICIAIRE.

386. L'œuvre de la police judiciaire. Double sens de cette expression. — 387. Officiers de police judiciaire. Diverses catégories. Officiers de police judiciaire supérieurs. Juge d'instruction. Procureur de la République. Pouvoirs de police judiciaire des préfets. Officiers auxiliaires. Officiers inférieurs. Agents spéciaux. — 388. Surveillance des officiers de police judiciaire.

386. L'ŒUVRE DE LA POLICE JUDICIAIRE. — La fonction de l'État, qui consiste à rendre la justice, implique des opérations *d'ordre administratif* et des opérations *d'ordre juridictionnel*. D'où nécessité de constituer deux organismes distincts : la *police* et la *justice*. A cette idée correspond la division du Code d'instruction criminelle en deux livres, celui de la police et celui de la justice.

Le Code du 3 brumaire an IV, dans ses art. 19 et 20, avait cru devoir définir la *police* et indiquer ses divisions et sa mission. « La police est instituée, disait-il, pour maintenir l'ordre public... Elle se divise en *police administrative* et *police judiciaire*. La police administrative a pour objet le maintien habituel de l'ordre public dans chaque lieu. Elle tend principalement à prévenir les délits. La police judiciaire recherche les délits que la police administrative n'a pu empêcher de commettre, en rassemble les preuves et en livre les auteurs aux tribunaux chargés par la loi de les punir ». Cette dernière définition de la police judiciaire a passé dans l'art. 8, C. instr. crim. Mais deux circonstances sont de nature à créer quelque confusion. D'abord la réunion assez fréquente des pouvoirs de police administrative et judiciaire dans les mêmes mains. Ensuite, le double sens dont est sus-

[1] BIBLIOGRAPHIE : Mangin, *Traité de l'instruction écrite et du règlement de la compétence en matière criminelle*, ouvrage revu par Faustin Hélie, 1847, 2 vol.

ceptible l'expression « police judiciaire ». Tantôt, en effet, elle désigne toute l'œuvre de la justice criminelle jusqu'au jour où se réunit la juridiction de jugement. C'est en ce sens que l'art. 8, C. instr. cr. confie à la police judiciaire la triple mission de *rechercher* les infractions (*actes de recherche*), d'en *rassembler* les preuves (*actes d'instruction*), et d'en *livrer* les auteurs aux tribunaux chargés de les punir (*actes de poursuite*). Tantôt, au contraire, elle désigne seulement les *actes provisoires* qui précèdent le premier exercice de l'action publique et qui ont pour but d'éclairer, non pas le *juge*, mais le *ministère public*. Le jour où le procureur de la République saisit le juge d'instruction, le jour où il saisit directement la juridiction de jugement, ce jour-là le rôle de la *police* est fini, le rôle de l'*instruction préparatoire* ou *définitive* commence. Mais pour que le procureur de la République se décide à agir, il faut que quelques indices, quelques preuves lui révèlent l'infraction et le coupable. Porter ces indices ou ces preuves à sa connaissance, c'est la *phase policière* du procès pénal. La police judiciaire constitue ainsi une sorte d'instruction préparatoire qui précède celle faite par le juge. Le Code n'a déterminé ni les conditions ni les formes de ces actes de *recherches* (*enquêtes, expertises*, etc.). Il désigne simplement les fonctionnaires qui en sont chargés. Mais, à ce point de vue même, la confusion se complique de ce que le même agent peut participer à l'œuvre de la justice à des titres bien différents : tantôt, simple agent de constatations et de recherches; tantôt, exerçant, près d'une juridiction, une mission déterminée; tantôt, juridiction lui-même.

387. DES AGENTS DE LA POLICE JUDICIAIRE. — Les divers actes que suppose l'exercice de la police judiciaire, ne sont pas accomplis par des *particuliers*, comme dans la procédure accusatoire, mais par des *agents officiels*, désignés, dans la rubrique du Code, sous le nom d'*officiers de police judiciaire*, et dont l'art. 9 donne l'énumération, du moins quant aux principaux. Ce sont, dans l'ordre même de la loi : les *gardes champêtres* et les *gardes forestiers*; les *commissaires de police*; les *maires* et *adjoints* de maire; les *procureurs de la République* et leurs *substituts* ; les *officiers de gendarmerie*; les *juges d'instruction*. Quant aux *commissaires généraux* de police, que mentionne l'art. 9, ils ont été supprimés par un décret du 28 mars 1815. Tous ces officiers de police judiciaire n'ont pas les mêmes attributions ni la même étendue de pouvoir, et il y a lieu, suivant les termes mêmes de l'art. 9, de faire, entre eux, des *distinctions*. On peut les classer : 1° en officiers supérieurs; 2° officiers auxiliaires; 3° officiers inférieurs ; 4° agents spéciaux adjoints.

A. *Officiers de police judiciaire supérieurs.* — La police judiciaire est dirigée, dans chaque arrondissement, par le *procureur de la République et le juge d'instruction*. Mais il faut rapprocher de ces magistrats les *préfets*, dans les départements, et le *préfet de police*, à Paris, qui, sans avoir le titre d'officiers de police judiciaire, sont investis de leurs fonctions.

I. Le *procureur de la République* réunit, en sa personne, deux qualités : celle d'*officier de police judiciaire* et celle de *membre du ministère public*. Au premier point de vue, il est chargé de *rechercher* les crimes et les délits. Il reçoit les dénonciations et les plaintes des particuliers, ainsi que les rapports et procès-verbaux des agents auxiliaires ou inférieurs dispersés sur tous les points de l'arrondissement (C. instr. cr., art. 18, 20, 29, 30, 53 et 54). Au second point de vue, il est chargé d'exercer l'action publique devant le *juge d'instruction* et le *tribunal correctionnel*. S'il y a *crime*, il ne peut que provoquer une information. S'il y a *délit*, il a le choix entre la voie de l'instruction préparatoire et la citation directe du prévenu devant le tribunal correctionnel (C. instr. cr., art. 47, 64 182). La surveillance de l'instruction lui incombe. A toute période de la procédure, il peut demander la communication du dossier de l'information, à la charge de rendre les pièces dans vingt-quatre heures (art. 61, § 1). Le *flagrant délit* élargit les fonctions du procureur de la République, car si l'infraction est un *crime*, le procureur a le droit de procéder à l'arrestation du coupable et de commencer lui-même l'instruction ; si c'est un *délit*, il peut faire arrêter l'inculpé, l'interroger, le mettre en état de détention préventive, à la condition de le faire comparaître devant le tribunal correctionnel le jour même ou le lendemain (C. instr. cr., art. 32 à 46 ; L. 20 mai 1863).

II. Le *juge d'instruction* est un juge *titulaire* ou *suppléant* [1] du tribunal de première instance, désigné par décret pour faire l'instruction pendant trois ans. Ce mandat est indéfiniment renouvelable (C. instr. cr., art. 55 et 56 ; L. 17 juill. 1856). En principe, il n'y a qu'un juge d'instruction par arrondissement. Mais les nécessités d'une justice rapide en ont fait établir plusieurs dans les centres importants. C'est ainsi qu'à Paris le service de l'instruction comprend vingt-deux juges d'instruction, trois à Lyon, Bordeaux et Marseille, deux à Lille, Rouen, Saint-Étienne, Versailles, Toulouse et Alger. Dans les villes où il n'y a qu'un juge d'instruction, l'art. 58 confère au tribunal un pouvoir exceptionnel [2], puisque la délégation de l'instruction appar-

[1] Voy. les observations faites à la Société des prisons (*Rév. pénit.*, 1901, p. 1146).
[2] Sur les difficultés que soulève cette disposition : mon *Traité d'instr.*, t. II, n° 690.

tient, en principe, au pouvoir exécutif, celui de désigner l'un des juges pour remplacer le juge d'instruction, absent, malade ou autrement empêché. Il est interdit au juge d'instruction de concourir au jugement dans les affaires instruites par lui, en matière correctionnelle comme en matière criminelle (C. instr. cr., art. 257; L. 8 déc. 1897, art. 1).

Le juge d'instruction a deux qualités : il est *officier de police judiciaire* et *juge d'instruction*. Il importe de distinguer en quelle qualité il agit. En effet, comme officier de police judiciaire, il est sous la surveillance du procureur général et de la cour d'appel (C. instr. cr., art. 280 et 2881); mais, en tant que juge de l'instruction, il ne peut recevoir de ces autorités ni injonction ni blâme; ses décisions sont seulement soumises à un recours devant la chambre d'accusation. En l'une et l'autre de ces qualités, il a seul, dans les cas ordinaires, le droit d'*instruire* les affaires criminelles et correctionnelles, ce qui comprend la constatation et la vérification *officielle* du fait délictueux, ainsi que de toutes les circonstances qui sont de nature à en révéler l'auteur ou les auteurs. Pour cela faire, l'interrogatoire de l'inculpé ou des témoins, des visites domiciliaires, la saisie des papiers ou autres objets utiles à la manifestation de la vérité, peuvent être nécessaires. Le juge d'instruction procède à ces divers actes dans une *instruction* écrite et secrète, mais contradictoire, que l'on qualifie de *préparatoire*, par opposition à l'*instruction définitive*, orale et publique, qui se fait à l'audience de la juridiction chargée de statuer sur le sort de l'accusé ou du prévenu. L'instruction préparatoire qui est une complication de la procédure, introduite, à titre de garantie contre la témérité des poursuites, est *indispensable* en fait de crimes et *inutile* en fait de contraventions ; dans les affaires correctionnelles, elle est *facultative*; les délits peuvent être déférés directement par le ministère public aux tribunaux chargés de les punir. Le juge d'instruction est seul compétent, dans les affaires ordinaires, pour décerner, contre les inculpés, un mandat d'*amener*, en vertu duquel ils sont contraints par corps à comparaître devant lui à l'effet d'être interrogés ; et c'est encore lui, qui, seul, en principe, peut les constituer en état de détention préventive, au moyen d'un mandat soit de *dépôt* soit *d'arrêt*.

Le flagrant délit donne aux pouvoirs du juge d'instruction une extension qui est la contre-partie de celle des pouvoirs du procureur de la République dans la même hypothèse; le juge peut, en effet, se saisir d'*office* et commencer l'instruction sans y être provoqué par le ministère public ou la partie civile (C. instr. cr., art. 59).

III. Le *préfet*, dans chaque département, et le *préfet de police*, à Paris, bien que n'ayant pas le titre d'*officiers de police judiciaire*, bien que soustraits, par conséquent, à la surveillance du procureur général et de la cour d'appel, ont reçu, dans l'art. 10, un double pouvoir : 1° celui de *requérir* les officiers de police judiciaire de remplir les actes de leur fonction ; 2° celui d'accomplir eux-mêmes ces actes (*faire personnellement*).

Le droit de *requérir* les officiers de police judiciaire n'a rien d'excessif : le préfet, étant le représentant du pouvoir central dans le département, est chargé, à ce titre, de l'ordre public. Les officiers de police judiciaire, une fois requis, accompliront, conformément aux règles ordinaires, les actes de leur fonction. L'intervention *administrative* se bornera donc à un *avis officiel* qu'une infraction a été commise et à une *demande de poursuites* : mais le rôle du préfet finira là ; non seulement il restera étranger à l'œuvre de la police judiciaire, mais il ne pourra même pas se faire rendre compte de la marche de la procédure.

Le droit de *faire personnellement* les actes de la compétence des officiers de police judiciaire ajoute, au contraire, à la liste de ces agents, un fonctionnaire de l'ordre administratif, plus puissant qu'aucun d'eux, placé en dehors de la hiérarchie et de la surveillance judiciaires, et responsable seulement de ces actes devant le ministre de l'intérieur. C'est une anomalie qui devrait disparaître pour permettre de rentrer dans la règle interdisant aux administrateurs toute immixtion dans les fonctions judiciaires, et, dans tous les cas, qui pourrait être atténuée si la jurisprudence revenait à une plus exacte interprétation de l'art. 10 [1].

L'étendue d'application de l'art. 10 doit être examinée à trois points de vue : 1° Quels sont les pouvoirs de police judiciaire des préfets ; 2° Dans quelles conditions les exercent-ils ; 3° Sont-ils responsables, et devant qui, de l'usage qu'il pourraient en faire.

a) Les pouvoirs des préfets ne trouvent de restriction, ni dans la *nature des actes* à faire, ni dans la *nature de l'infraction* à instruire. Ils comprennent tous les pouvoirs du procureur de la République, et du juge d'instruction, *considérés comme officiers de police judiciaire*. Les

[1] On a fréquemment critiqué l'art. 10. La Chambre en avait voté la suppression dans ses délibérations sur le projet de réforme du Code d'instruction criminelle. Le Sénat avait maintenu les pouvoirs du préfet de police à Paris. La question a été discutée, à la Société générale des prisons, à propos du rapport de M. Larnaude *sur les garanties de la liberté individuelle* (*Rev. pénit.*, 1901, p. 191 et suiv., 214, 226, 432, 458, 647, 669, 1138, 1174, 1495, 1500). Dans une proposition de loi déposée à la Chambre le 4 nov. 1901, M. Mirman en propose la suppression (*Rev. pénit.* 1901, p. 1495 ; 1902, p. 97). Elle a été votée en première lecture par le Sénat dans sa séance du 9 févr. 1909. Voy. du reste : Raphaël Rougier, *La liberté individuelle et les pouvoirs judiciaires de l'administration* (Cotillon, 1904) ; et mon *Traité d'instr.*, t. II, nos 696 à 708.

préfets ont donc le droit de procéder, eux-mêmes et d'office, en cas de flagrant délit, à des constatations, des *perquisitions domiciliaires* chez l'inculpé; il peuvent mettre en *état d'arrestation* le prévenu par mandat de dépôt; le faire citer devant eux par mandat d'amener; et ces droits leur appartiennent, alors même que l'infraction n'est pas politique. Mais le préfet a-t-il les pouvoirs du juge d'instruction en dehors du *flagrant délit*? Peut-il, sur des soupçons dont-il est seul juge, ou sur des ordres reçus du ministre de l'intérieur auxquels il doit obéir, disposer de la liberté individuelle, en décernant des mandats de dépôt ou d'arrêt, perquisitionner partout, même chez des tiers ou dans les bureaux de l'administration des postes, saisir tous objets, même les correspondances ? La jurisprudence l'a admis. Après tant d'autres, nous avons essayé ailleurs de démontrer que la portée de l'art. 10 avait été notablement exagérée [1].

b) La jurisprudence reconnaît qu'en droit les préfets ne peuvent exercer les pouvoirs des officiers de police judiciaire, qu'en se conformant aux règles prescrites par le Code d'instruction criminelle, règles qui constituent la protection et la garantie des inculpés et des citoyens. Nous avons toujours soutenu que les pouvoirs préfectoraux n'étaient que *subsidiaires* à ceux du parquet, en ce double sens : 1° que si le parquet ouvrait une instruction sur les faits, déjà l'objet d'une enquête de la préfecture, celle-ci devait se dessaisir en faveur de la justice; 2° et que la priorité de saisine des magistrats empêchait la préfecture d'agir de son côté et de se saisir. Ces pouvoirs sont *personnels*, en ce sens qu'est interdite toute délégation à un agent administratif, tel qu'un sous-préfet, qui ne serait pas officier de police judiciaire. Mais la jurisprudence admet que le préfet agit personnellement, lorsqu'il charge un officier de police judiciaire, tel un commissaire de police, d'agir à sa place.

c) Le préfet est-il responsable des actes qu'il accomplit en vertu de l'art. 10? A quelle autorité appartiendra-t-il d'apprécier la régularité de ses actes et de dégager les conséquences des illégalités qu'ils pour-

[1] Il paraît résulter des travaux préparatoires que le législateur n'a entendu attribuer ces fonctions aux préfets qu'en cas de flagrant délit (Locré, t. XXV, p. 102 et suiv.). Mais il faut reconnaître que le texte de l'art. 10 dépasse la pensée du législateur, car ce texte ne fait aucune distinction. Aussi la jurisprudence a-t-elle décidé, à diverses reprises, que le préfet de police, à Paris, et les préfets, dans les départements, étaient investis, même hors le cas de flagrant délit, de toutes les attributions du juge d'instruction. V. Cass. (ch. réun.), 21 nov. 1853 (S. 53. 1. 774; D. 53. 1. 279); Cass., 16 août 1862 (S. 63. 1. 221); 19 janv. 1866 (S. 66. 1. 87); 12 mai 1887 (*Bull. crim.*, n° 180); Lyon, 23 juill. 1872 (D. 74. 1. 201). Voy. Vivier, *Études administratives*, t. III, p. 91; Laferrière, *Traité de la juridiction administrative*, t. II, p. 391.

raient contenir? Ce double problème est aujourd'hui résolu. Les actes que font les préfets, en vertu de l'art. 10, sont des actes de l'ordre judiciaire, relevant des tribunaux ordinaires[1].

B. *Officiers de police auxiliaires du procureur de la République.* — Ce sont les *juges de paix*, les *officiers de gendarmerie*[2], les *maires* et *adjoints*, et les *commissaires de police* (art. 46, 50). Le pouvoir de ces agents ne diffère que par l'étendue territoriale de leur compétence. Le maire, dans la commune, le commissaire de police, dans sa circonscription qui comprend souvent plusieurs communes[3], le juge de paix, dans son canton, les officiers de gendarmerie, dans leur circonscription qui est, en général, l'arrondissement, *renseignent* le procureur de la République sur les crimes et délits qui parviennent à leur connaissance (art. 29), *reçoivent* les dénonciations et les plaintes (art. 48 et 65), les *transmettent* au procureur de la République. Ils ont le droit, comme le procureur de la République et dans les mêmes conditions que lui, de procéder aux premiers actes de l'instruction, s'il y a crime flagrant. Enfin leur participation à la police judiciaire se manifeste par l'exécution des *délégations* qu'ils peuvent recevoir soit du procureur de la République, soit du juge d'instruction (art. 49, 31, 52, 83 et 84).

C. *Officiers de police judiciaire inférieurs.* — Cette troisième classe d'agents est chargée de rechercher et de constater les *contraventions de police* et certains *délits spéciaux*. Les uns n'ont que cette qualité, ce sont les *gardes champêtres* et les *gardes forestiers*. Les autres, qui

[1] Tribunal des Conflits, trois décisions du même jour, 29 mars 1889 (S. 91. 3. 32; D. 90. 3. 66).

[2] Le corps de la gendarmerie, qui est la force directement chargée d'assurer l'exécution des lois, est divisé en légions comprenant, des officiers établis dans chaque arrondissement, des gradés et simples gendarmes répartis en brigades dans les cantons. L'organisation et le service de la gendarmerie sont déterminés par le décret du 20 mai 1903. Seuls, les officiers de gendarmerie sont auxiliaires du procureur de la République dans la police judiciaire (C. instr. cr., art. 9 et 48). Les sous-officiers et les simples gendarmes ont des attributions spéciales et limitées par certaines lois pour la constatation des délits. En dehors de ces cas, ils sont agents de la force publique et peuvent donner de simples renseignements. Voy. Henri Rousseau, *Des fonctions de police judiciaire de la gendarmerie nationale* (*Rev. crit.*, 1906, p. 283). Sur la situation des sous-officiers de gendarmerie au point de vue de la police judiciaire : Cass., 13 déc. 1894 (D. 99. 1. 457); et mon *Traité d'instr.*, t. II, n° 715.

[3] Un décret du 22 décembre 1893 a augmenté la juridiction des commissaires spéciaux de police institués par le décret du 22 février 1855. Limitée jusqu'alors aux chemins de fer et aux ports placés plus particulièrement sous leur surveillance, la juridiction de ces fonctionnaires a été considérablement étendue, puisque, aux termes de l'art. 1er du décret, « les commissaires spéciaux de police exerceront, dans toute l'étendue du département de leur résidence, la police judiciaire, conformément aux dispositions du Code d'instruction criminelle ».

ont, en outre, la qualité d'*auxiliaires du procureur de la République*, sont les *commissaires de police* et les *maires* ou *adjoints*.

I. Les *gardes champêtres* et *forestiers* sont chargés de rechercher, en vertu d'un pouvoir propre, chacuns dans le territoire pour lequel ils sont assermentés, les contraventions rurales et forestières (art. 16 et 20). Les premiers sont de plus chargés de la police municipale (L. 5 avr. 1884, art. 102). Ces agents ont le pouvoir de dresser des procès-verbaux, de saisir les objets enlevés et d'arrêter les délinquants (C. instr. cr., art. 16; C. for., art. 160). Une saisie suppose une perquisition. Pour pénétrer dans le domicile et ses dépendances, les gardes doivent se faire assister d'un officier de police judiciaire auxiliaire, le juge de paix, maire ou adjoint du lieu, commissaire de police (C. instr. cr., art. 16; C. for., art. 161)[1].

II. En matière de *contraventions*, même pour celles qui sont sous la surveillance des gardes champêtres et forestiers, l'exercice de la police judiciaire, pour la *recherche*, la *constatation* et la *poursuite* des infractions, est confié au *commissaire de police* et, à son défaut, au *maire* ou *adjoint*. Ce fonctionnaire réunit donc le pouvoir de *constater* au pouvoir de *poursuivre* les contraventions. Du reste, aucune instruction préparatoire n'a lieu; lorsqu'elle se présente exceptionnellement en matière de police, c'est parce que le fait, mal apprécié au début, a été considéré comme un crime ou un délit et réduit, par suite de l'instruction, aux proportions d'une simple contravention. Mais, en règle générale, le commissaire de police saisit *directement* le tribunal de simple police, devant lequel il exerce les fonctions de ministère public; de sorte que, en matière de police, les parties se présentent devant le tribunal, alors qu'il n'y a d'autre instruction préalable que les constatations de la police. L'information a lieu à l'audience publique et contradictoire. Le ministère public fait l'instruction à charge; le prévenu fait l'instruction à décharge, et le juge prononce (C. instr. cr., art. 153).

D. *Agents spéciaux adjoints à la police judiciaire.* — Ces agents appartiennent à deux catégories. Il y en a dont la mission est de dresser des *procès-verbaux*, de faire des *rapports* et parfois d'opérer la *saisie* des objets trouvés en contravention. C'est ainsi que la plupart des administrations publiques ont des agents assermentés chargés de constater les infractions aux lois placées dans leur domaine. Telles sont les administrations des douanes, des contributions indirectes, des postes, etc. D'autres agents ont pour mission de prêter

[1] Sur les gardes particuliers : Cass., 9 janv. 1904 (D. 1904. 1. 617). Sur la prise à partie d'un garde particulier, *Pand.*, 1905. 2. 374.

main-forte aux officiers de police judiciaire, sans avoir eux-mêmes cette qualité, tels sont les gendarmes, les douaniers, les agents de police, les officiers et soldats de l'armée.

388. SURVEILLANCE DES OFFICIERS DE POLICE JUDICIAIRE. — Tous les officiers de police judiciaire, énumérés par l'art. 9, même les juges d'instruction, sont soumis à la double surveillance du procureur général et de la cour d'appel (C. instr. cr., art. 9 et 279). Le procureur général exerce cette surveillance, soit par voie d'*avertissement* directement adressé à l'officier de police judiciaire, soit par voie de *dénonciation* à la cour (chambre d'accusation), qui use alors, s'il y a lieu, de ses pouvoirs disciplinaires (C. instr. cr., art. 280 et 281). Mais le procureur général a la haute direction de la police judiciaire sans faire partie de celle-ci ; il ne remplit les fonctions d'officier de police judiciaire que par exception, dans certains cas déterminés par la loi (C. instr. cr., art 464 et 484). Par suite, le procureur général ne peut faire personnellement aucun des actes attribués à la police judiciaire, et il ne peut déléguer, pour faire ces actes, aucun magistrat ni officier de police judiciaire. La police judiciaire est exercée sous l'autorité suprême de la cour d'appel, à laquelle aboutissent toutes les opérations de l'instruction (C. instr. cr., art. 9), pour y recevoir une solution définitive.

§ II. — COMMENT LA POLICE JUDICIAIRE A CONNAISSANCE DE L'INFRACTION.

389. Sources d'informations. — 390. Dénonciation. Plainte. Constitution de partie civile. — 391. Des enquêtes officieuses.

389. SOURCES D'INFORMATIONS DE LA POLICE JUDICIAIRE. — La police judiciaire a besoin d'être informée de l'existence de l'infraction pour pouvoir mettre en mouvement l'action publique ou procéder à des actes d'instruction. Celui du juge d'instruction ou du procureur de la République, qui est le premier avisé, en matière de crimes ou de délits, communique ses renseignements à l'autre (C. instr. cr., art. 11, 22, 27, 64, 249, 274 et 275). Du reste, la loi multiplie les sources d'informations autour de ces deux fonctionnaires. D'une part, il existe, dans chaque commune, dans chaque canton, dans chaque arrondissement, des agents de la police judiciaire, auxiliaires du procureur de la République, qui lui transmettent des rapports, des avertissements, des procès-verbaux. D'autre part, le procureur de la République et le juge d'instruction, indépendamment des bruits publics, des rapports ou procès-verbaux des agents de la police judiciaire, peuvent être avisés de l'existence d'une infraction par une dénonciation, une plainte, une constitution de partie civile.

390. DÉNONCIATION. PLAINTE. CONSTITUTION DE PARTIE CIVILE. — La *dénonciation* est une déclaration faite à l'autorité compétente qu'une infraction à la loi pénale a été commise. Lorsque la dénonciation émane de la partie lésée, elle prend le nom plus spécial de *plainte*. Lorsque le plaignant, non content de désigner l'auteur de l'infraction à la justice, réclame contre lui des dommages-intérêts et saisit de sa demande le juge de l'action publique, on dit qu'il se *constitue partie civile*. Ainsi, d'une part, il existe une différence essentielle entre celui qui se porte partie civile et celui qui est simplement dénonciateur ou plaignant, en ce sens que ce dernier ne réclame rien au point de vue de son intérêt personnel, et, par conséquent, n'est pas, comme la partie civile, associé à la poursuite. D'autre part, le plaignant qui ne se constitue pas partie civile, ne diffère du dénonciateur que de nom. Dans l'ancien droit, la plainte était jointe aux pièces de la procédure, tandis que la dénonciation restait secrète : mais cette différence a disparu; aujourd'hui la dénonciation, comme la plainte, demeure annexée au dossier. Il faut se demander, à l'occasion des dénonciations, des plaintes, et constitutions de partie civile : 1° quelles personnes ont le droit et même le devoir de les faire; 2° quels officiers sont compétents pour les recevoir; 3° quelles formes doivent être suivies ; 4° enfin quelles conséquences en résultent.

I. La dénonciation est une déclaration, faite à l'autorité compétente, d'une infraction à la loi pénale, avec ou sans désignation de l'auteur. La dénonciation est *officielle* ou *privée*, adressée par un fonctionnaire (C. instr. cr., art. 29), ou par un particulier (C. instr. cr., art. 30). Mais, ni dans l'un ni dans l'autre cas, on ne suppose l'auteur de cet avis *personnellement* atteint par le fait délictueux. Ces deux classes de dénonciations sont reproduites du Code de brumaire, qui distinguait la dénonciation *officielle* et la dénonciation *civique*, et établissait, entre elles, des différences qui ont subsisté. Ainsi, la dénonciation des fonctionnaires, auxquels la loi commande de donner avis de tout crime ou délit dont ils ont connaissance dans l'exercice de leurs fonctions, est plus spécialement prescrite : cette obligation a une sanction dans la responsabilité du fonctionnaire vis-à-vis de ses supérieurs hiérarchiques et dans les diverses pénalités disciplinaires qui peuvent l'atteindre. Pour les particuliers, rien de semblable ; depuis 1832 du moins, nos lois ne font, dans aucun cas, une *obligation juridique* de dénoncer les coupables. Mais, d'autre part, la dénonciation privée, à la différence de la dénonciation officielle, peut donner lieu, en cas de calomnie, à une responsabilité pénale, outre la responsabilité civile qu'elle fait encourir, si elle est irréfléchie ou téméraire; tandis que si le fonctionnaire, qui porte une dénonciation colomnieuse, encourt la pénalité portée par l'art. 373, C. p., sa responsabilité civile est réglée, en cas de dénonciation fausse, par l'art. 358, C. instr. cr. Il résulte de ce texte : 1° que les membres des autorités constituées ne peuvent être actionnés devant les tribunaux de répression à raison des dénonciations téméraires qu'ils ont faites; 2° qu'ils ne peuvent être poursuivis que par la voie de la prise à partie, c'est-à-dire devant la juridiction civile, pour les causes et suivant les formes établies par les art. 509 et suiv., C. proc. civ. La dénonciation émanée d'une personne privée, témoin du délit, doit être rédigée par elle ou par un fondé de procuration spéciale, ou, en sa présence, par le procureur de la République, conformément à l'art. 31 qui impose deux conditions, l'*authenticité* et l'*écriture*, tandis que les fonctionnaires ne sont pas soumis à l'emploi des formes de la dénonciation et peuvent instruire le ministère public par voie de simple lettre, et même d'avis verbal.

Les dénonciations doivent être faites, soit au procureur de la République (C. instr. cr., art. 30), soit à ses auxiliaires, ainsi qu'il résulte des art. 48 et 50. Aucun texte ne mentionnant le juge d'instruction comme compétent à cet égard, alors que, pour les plaintes, la loi dit formellement qu'elles peuvent lui être adressées (C. instr. cr., art. 63), il faut conclure que ce magistrat n'a pas qualité pour recevoir les dénonciations.

II. La *plainte* diffère de la dénonciation, comme l'espèce du genre. C'est une révélation adressée à la justice non plus par un simple témoin, mais par la personne ou au nom de la personne à laquelle le fait délictueux a causé un préjudice. Aussi, la loi du 29 septembre 1791 la qualifiait-elle de « *dénonciation de tort personnel* ». La différence essentielle entre la plainte et la dénonciation, c'est la faculté, pour le plaignant *de se constituer partie civile*. La partie civile est un plaignant qui demande réparation du dommage qu'il a éprouvé et se constitue *partie* au procès pénal (C. instr. cr., art 63 et 66). Les Codes de 1791 et de l'an IV avaient confondu la plainte et la constitution de partie civile, et tout plaignant qui, dans les vingt-quatre heures, ne s'était pas désisté, était, par cela même, réputé partie civile. Notre Code, reprenant les traditions de notre ancien droit, a consacré un système tout contraire, en disant, dans l'art. 66 : *Les plaignants ne seront réputés partie civile, s'ils ne le déclarent formellement, soit par la plainte, soit par acte subséquent, ou s'ils ne prennent, par l'un ou par l'autre, des conclusions en dommages-intérêts.*

III. Ainsi la plainte peut être un acheminement à la constitution de partie civile, mais elle n'est pas cette constitution et en diffère à plusieurs points de vue. 1° De celui qui se porte partie civile, on doit exiger la capacité qui est nécessaire pour intenter toute action civile mobilière. Mais, pour déposer une plainte, la capacité d'ester en justice n'est pas requise, et toute personne, même incapable, même étrangère, doit être admise, sans condition, à porter plainte d'une infraction, sauf au ministère public à y avoir tel égard que de droit[1]. 2° La forme de la plainte est la même que celle de la dénonciation, l'art. 64 ne faisant que renvoyer à l'art. 31. Cette forme n'admet aucune modification par la seule raison que le plaignant entend se constituer partie civile : il suffit que cette constitution soit faite d'une *manière expresse*, soit par une déclaration positive dans la plainte, soit par des conclusions en dommages-intérêts prises à l'audience. 3° Les plaintes peuvent être adressées au procureur de la République, à ses auxiliaires, ou au juge d'instruction (C. instr. cr., art. 62 et 64). La constitution de partie civile, avant toute poursuite, lorsque la victime de l'infraction ne peut pas ou ne veut pas agir par voie de citation devant le tribunal, est faite dans une plainte adressée au juge d'instruction (C. instr. cr., art. 63). 4° La plainte peut donner lieu à une responsabilité, tout à la fois *civile* et *pénale*, lorsqu'elle est calomnieuse, *civile* seulement, lorsqu'elle est irréfléchie ou téméraire. La constitution de partie civile fait encourir, en outre, la condamnation aux frais de la procédure, suivant des distinctions que nous indiquerons. 5° Pour éviter cette grave responsabilité, l'art. 66 accorde, à la partie civile, vingt-quatre heures pour se désister. Mais ce désistement, qui fait disparaître la qualité de partie civile, et la responsabilité, quant aux frais postérieurs à la signification de l'acte qui le contient, laisse subsister celle de plaignant, qui expose à une responsabilité civile et pénale, responsabilité à laquelle il n'est pas possible d'échapper par un désistement. 6° Enfin, le juge d'instruction est libre de rester dans l'inaction, s'il se trouve en présence d'une dénonciation ou d'une simple plainte, mais il doit agir, s'il y a constitution formelle de partie civile.

391. DES ENQUÊTES OFFICIEUSES. — Le procureur de la République, qui n'est légalement investi des fonctions d'instruction qu'en

[1] Cass., 5 févr. 1857 (S. 57. 1. 391). En sens contraire, Mangin, *op. cit.*, t. 1er, n° 53. Sur la question : Guyo, *Revue critique*, 1857, p. 308 ; Faustin Hélie, t. II, n° 801.

cas de flagrant délit, a cependant le droit et le devoir de s'éclairer, *avant d'exercer l'action publique*, sur l'opportunité d'une poursuite. Dans ce but, — et c'est une pratique aujourd'hui constante, — il fait procéder, par ses officiers auxiliaires ou la gendarmerie, à des *enquêtes officieuses* ou *administratives*, comprenant l'audition des témoins, l'interrogatoire de l'inculpé, des perquisitions et visites domiciliaires [1]. Ce ne sont pas là des *actes d'instruction*, c'est une *prise de renseignements*, sans caractère officiel ni valeur légale. La loi ne la réglemente pas et ne la soumet à aucune des formes et des conditions des opérations officielles de l'instruction. C'est ainsi : 1° que les témoins ne sont pas cités et ne prêtent pas serment ; 2° que la loi du 8 décembre 1897 est inapplicable aux opérations de cette enquête [2] ; 3° que les actes qui interviennent ne peuvent être qualifiés « actes d'instruction » au point de vue de l'interruption de la prescription ; 4° qu'aucune contrainte ne peut être exercée, soit contre les témoins, soit même contre l'inculpé, pour accomplir les actes qui leur sont demandés, déposition, comparution ; 5° que les perquisitions et visites domiciliaires ne peuvent avoir lieu que le jour et avec l'autorisation de la personne chez laquelle ces opérations sont faites [3].

Ces pratiques n'ont rien d'illégal, à la condition de les maintenir dans le cercle des attributions du procureur de la République. D'une part, celui-ci ne peut procéder ou faire procéder à ces opérations que dans le but de s'éclairer, et non d'éclairer les juges. D'autre part, il ne saurait emprunter à l'instruction quelques-unes de ses garanties, telles que la prestation de serment d'un témoin, sans paraître usurper les fonctions de l'instruction et commettre un excès de pouvoir [4].

L'utilité de ces enquêtes officieuses a conduit la jurisprudence à créer,

[1] Sur ces enquêtes officieuses : Faustin Hélie, *op. cit.*, t. III, nos 1165 ; les instructions du parquet de la Seine, *Rev. pénit.*, 1897, nos 1193 ; et mon *Traité d'instr.*, t. II, nos 748 à 752.

[2] Cass., 12 mars 1898 (S. 99. 1. 297) ; 27 avr. 1899 (S. 1900. 1. 425) ; 11 août 1899 (S. 1902. 1. 61) ; 3 févr. 1900 (S. 1902. 1. 538), et la note.

[3] La légalité des enquêtes officieuses a donné lieu à de multiples décisions de jurisprudence. Voy. notamment : Cass., 4 août 1854 (S. 55. 1. 545) ; 26 juin 1879 (S. 80. 1. 288) ; 13 déc. 1894 (S. 95. 1. 157).

[4] La jurisprudence se montre très favorable à ces procédés. C'est ainsi qu'elle admet que le procureur de la République ou le procureur général peut, au cours du procès, faire procéder à des constatations urgentes, par exemple recevoir les déclarations de l'inculpé (Cass., 13 janv. 1870, S. 70. 1. 141 ; 30 mai 1879, S. 80. 1. 481), que la prestation de serment des témoins entendus dans ces enquêtes n'en modifie pas le caractère (Cass., 17 août 1878, S. 79. 1. 41). Elle paraît seulement exiger que les droits de défense soient sauvegardés par la mise à la disposition de l'inculpé ou de son défenseur de tous les renseignements ainsi recueillis (Cass., 29 juin 1855, S. 55. 1. 547).

au profit des parquets, une sorte de procédure d'instruction qui a l'avantage, ou bien d'arrêter l'affaire et d'éviter, soit une instruction coûteuse, soit une citation, si l'affaire peut être élucidée sans procès, ou bien, si le procès doit avoir lieu, de substituer, à la procédure d'instruction, la poursuite sur citation directe. Par une évolution intéressante, c'est l'accusateur, dans les affaires ordinaires, qui rassemble les preuves qu'il soumet à son adversaire pour pouvoir les produire devant le tribunal [1].

[1] Voy. observations à propos du rapport de M. Le Poittevin sur *La défense dans l'instruction préparatoire* (*Rev. pénit.*, 1899, p. 14 à 42).

TITRE IV

DE LA POURSUITE ET DE L'INSTRUCTION.

§ Ier. — NOTIONS GÉNÉRALES.

392. L'instruction préparatoire. Ses caractères. — 393. La loi de 1897. L'instruction est toujours secrète et écrite, mais elle est contradictoire.

392. L'INSTRUCTION PRÉPARATOIRE. SES RÉFORMES. — L'infraction signalée à l'autorité compétente, une *instruction préparatoire* peut avoir lieu. La procédure, qui s'ouvre alors, et dont l'objet unique est d'éclairer les *juridictions* qui se prononcent sur la *mise en prévention* ou en *accusation*, commence le jour où la justice a connaissance officielle d'un crime ou d'un délit; elle se termine le jour du renvoi devant la juridiction de jugement compétente ou de la sentence de non-lieu. Cette procédure avait été exclusivement empruntée, par le Code de 1808, à l'ordonnance de 1670. On avait pu dire, avant la loi du 8 décembre 1897 sur la réforme de l'instruction préparatoire, que « c'était le droit de Louis XIV qui, sous le nom de Code de 1808, gouvernait encore la France ». Les intérêts de la défense étaient sacrifiés aux intérêts de l'accusation, car l'inculpé ne pouvait combattre les charges relevées contre lui qu'au moment de comparaître devant la juridiction de jugement. Une réforme de l'instruction préparatoire, vainement réclamée, et qui, depuis plus de trente ans, était à l'étude, sans avoir pu aboutir, a été votée, en 1897, sur l'initiative de M. Constans.

393. DES TROIS CARACTÈRES DE LA PROCÉDURE D'INSTRUCTION. — Les caractères de la procédure d'instruction préparatoire, d'après le Code de 1808, étaient au nombre de trois; un seul, mais le plus caractéristique, a été modifié par la loi du 8 décembre 1897.

I. *Du caractère non contradictoire de la procédure.* — Dans le système du Code de 1808, l'instruction se développait dans un tête-à-tête continuel entre un magistrat expérimenté qui, par habitude professionnelle, était disposé à voir un coupable dans l'inculpé qu'il soupçonnait, et un individu, inhabile à se défendre, souvent déprimé par la prison, prêt à faire des déclarations compromettantes. D'un autre côté, tandis que le ministère public, partie poursuivante, pouvait, à toute époque, prendre connaissance des pièces de la procédure, l'inculpé restait à l'écart : il n'était pas averti des charges qui pesaient sur lui; il ne pouvait ni les examiner, ni les contrôler; aucun défenseur ne lui était donné. Le seul droit que la loi reconnaissait, soit au prévenu, soit à la partie civile, était celui de fournir, à la chambre d'accusation, tels mémoires qu'ils estimaient utiles sur des charges qu'ils ignoraient légalement (art. 217).

L'innovation capitale de la loi du 8 décembre 1897 [1] a été d'introduire, dans le cabinet du juge, un personnage nouveau, le conseil de l'inculpé. En effet, désormais, un défenseur peut assister aux interrogatoires, prendre connaissance du dossier, communiquer avec l'inculpé, même s'il est au secret. A la vérité, la loi de 1897 n'a pas directement décidé que la procédure d'instruction serait contradictoire. Mais la contradiction est la conséquence de son système.

Du reste, ce régime ne s'applique pas à toute instruction. 1° L'instruction préparatoire n'est régie par la loi de 1897 que devant le *juge d'instruction*, agissant en cette qualité. La procédure devant la chambre des mises en accusation reste encore réglée par le Code de 1808, et, dans la phase policière du procès pénal, le défenseur n'a pas le droit d'intervenir; 2° La loi du 8 décembre 1897 ne s'applique pas à la procédure de flagrant délit, soit qu'il s'agisse d'un délit correctionnel, sous le régime de la loi du 20 mai 1863, soit qu'il s'agisse d'un crime et que le procureur de la République, ses auxiliaires, ou le juge d'instruction procèdent à des actes d'instruction conformément aux art. 32, 36 et 59, C. instr. cr.; 3° Elle ne s'applique pas non plus aux actes d'instruction, qui sont ordonnés par le tribunal correctionnel, le président de la cour d'assises, la chambre d'accusation [2].

[1] Nous donnerons le texte de cette loi au cours de nos explications. Elle se compose de 14 articles. Un seul, l'art. 2, est incorporé au Code d'instruction criminelle, dont il modifie l'art. 93. Le meilleur commentaire s'en trouve dans la circulaire ministérielle du 10 déc. 1897. La bibliographie est déjà innombrable. Citons particulièrement : Jean Ollier, *La réforme de l'instruction préparatoire* (Paris, 1898); G. Vallet, *Commentaire pratique de la loi des 8-10 déc. 1897* (Paris, 1898); Dagalier et Bazenet, *Commentaire théorique et pratique de la loi du 8 déc. 1897* (Paris, 1898); L. André, *Régime modifié de l'instruction judiciaire* (Paris, 1898); G. Abadie, *L'avocat devant le juge d'instruction* (Gaillac, 1898); Julius Curtius, *Journ. des parquets*, 1901, t. I, p. 164 à 201, p. 221 à 232. Voy. la discussion qui a eu lieu à la Société des prisons sur le rapport de M. Le Poittevin (*Rev. pénit.* 1898, p. 938; 1899, p. 4, 148, 365).

[2] Voy. sur tous ces points : G. Le Poittevin, *Questions relatives à l'application de la loi du 8 déc. 1897*, nos 45 à 51, et les arrêts cités dans ce travail. Voy. no-

Du reste, la loi de 1897 n'a pas organisé le *débat contradictoire*, devant le juge d'instruction, entre l'inculpé, son défenseur, le ministère public, la partie civile; le ministère public n'assiste pas, en principe, aux actes de l'information; l'avocat n'a le droit de prendre la parole que si le juge d'instruction l'y autorise; et, quant à la partie civile, sa situation n'a pas été modifiée.

II. *Du secret de l'instruction.* — D'après le Code de 1808, l'instruction était secrète; tout se passait à huis clos dans le cabinet du magistrat instructeur assisté de son greffier. Aujourd'hui, l'instruction n'est plus secrète vis-à-vis de l'inculpé. Celui-ci peut se faire assister d'un défenseur dans ses interrogatoires et confrontations. Le défenseur peut prendre communication de la procédure la veille de chacun des interrogatoires que l'inculpé doit subir. L'inculpé peut, aussitôt la première confrontation, communiquer librement avec son défenseur. Il doit lui être immédiatement donné connaissance de toute ordonnance du juge. Mais l'instruction reste secrète: 1° vis-à-vis des *témoins*, qui ne sont pas nécessairement confrontés entre eux ou avec l'accusé; 2° vis-à-vis de la *partie civile*, qui reste étrangère à la procédure; 3° vis-à-vis du *public*, qui ne pourrait être mis au courant, sans violation du secret professionnel, soit par l'avocat, soit par le juge, soit par le greffier[1], de ce qui se passe dans le cabinet d'instruction.

III. *Du caractère écrit de l'instruction.* — L'interrogatoire de l'inculpé, les dépositions des témoins sont recueillis dans des procès-verbaux qui passent seuls sous les yeux de la chambre des mises en accusation. Cette juridiction statue ainsi sur pièces.

§ II. — SÉPARATION DES POUVOIRS D'INSTRUCTION ET DE POURSUITE.

394. Principes qui régissent les rapports du procureur et du juge dans l'instruction préparatoire. — 395. Classement des actes d'instruction. Personnes en présence. Le défenseur.

394. RAPPORTS DU PROCUREUR ET DU JUGE DANS L'INSTRUCTION. — L'instruction préparatoire est l'œuvre de deux magistrats, le procu-

tamment, Cass., 28 juill. 1899 (S. 1902. 1. 60); 16 et 24 déc. 1898 (S. 99. 1. 297), et la note de M. Roux. Une loi des 15-16 juin 1899 a étendu certaines dispositions de la loi du 8 déc. 1897 à la procédure devant les conseils de guerre (D. 99. 4. 72).

[1] Mais il faut déplorer que cette violation du secret professionnel soit des plus fréquentes. Aujourd'hui, le reportage s'est emparé des instructions intéressantes. Voy. *Rev. pénit.*, 1898, p. 1207 et 1208; 1901, p. 161 et 162. Le secret de l'instruction, avec la liberté de la presse, n'est plus que le secret de polichinelle.

reur de la République et le juge d'instruction, dont l'un *requiert*, tandis que l'autre *ordonne* toutes les mesures propres à la découverte de la vérité. Un principe fondamental domine toute cette procédure : c'est celui de la séparation, dans les cas ordinaires, des pouvoirs du procureur de la République et du juge d'instruction[1]. Le premier, ayant mission de *poursuivre* les crimes et délits, peut seul faire des actes de poursuite, mais n'en peut pas faire d'autres; et le second, chargé d'*instruire*, ne peut procéder qu'à des actes d'instruction, mais a seul qualité pour les faire.

On peut ramener à cinq les principes qui régissent les rapports de ces deux magistrats.

I. Le juge d'instruction ne doit ni *commencer*[2], ni *terminer* une instruction, sans *réquisition écrite* préalable du procureur de la République (C. instr. cr., art. 47, 53, 54, 61, 70, 127). En effet, le juge d'instruction est à la fois juge et officier de police judiciaire; or, comme *juge*, il ne peut se saisir lui-même, car ce serait exercer le droit de poursuite et usurper l'action publique qui ne lui est pas confiée, et il ne peut se prononcer sans prendre l'opinion du ministère public, qui a le droit d'être entendu dans tout le cours du procès pénal.

II. Une fois saisi, le juge d'instruction peut procéder, en principe, à tous les actes de ses fonctions, à l'occasion du fait même qui lui est soumis par le réquisitoire introductif, sans avoir besoin d'attendre une réquisition nouvelle du procureur de la République. Ceci comprend trois propositions : 1° Le juge est d'abord saisi *des deux actions, publique et civile*, dès qu'il y a partie civile en cause. Peu importe que celle-ci ait pris l'initiative de la poursuite ou soit intervenue dans

[1] Cette règle, destinée à garantir les droits des citoyens, a été édictée par la loi du 7 pluviôse an IX et n'a passé dans le Code d'instruction criminelle de 1808 qu'après une discussion approfondie. Voy. J. Pâris, *Des rapports du juge d'instruction et du ministère public* (Th. doct., 1891). Mais il n'y a là qu'une amorce d'un système dans lequel le juge d'instruction, restant exclusivement juge de l'instruction, le procureur de la République serait chargé de rassembler les preuves.

[2] Il peut cependant agir, sans réquisitoire introductif du procureur de la République : 1° en cas de flagrant délit, ce qui est certain; 2° et, ce qui était contesté avant l'arrêt de la Cour de cassation du 8 décembre 1906, lorsque, saisi par une plainte contenant constitution de partie civile et que celui-ci lui a renvoyée avec des conclusions d'abstention, il estime qu'il est de son devoir d'instruire sur le fait signalé, sauf opposition du procureur devant la chambre d'accusation. Mais le juge d'instruction ne pourrait être chargé par le tribunal correctionnel de procéder à un supplément d'information : ou bien il a instruit l'affaire, et il est dessaisi par son ordonnance de renvoi; ou bien il n'y a pas eu d'information, et le droit de la requérir appartient au procureur de la République : Cass., 1er avr. 1892 (S. 92. 1. 338).

la poursuite intentée à la requête du procureur de la République. La mission du juge instructeur est de rechercher les preuves et de saisir, s'il y a lieu, la juridiction compétente. Ces deux points sont communs à l'action publique et à l'action civile. 2° Le juge d'instruction est saisi du *fait* dénoncé et non de la poursuite contre *tel individu* dénommé dans le réquisitoire. L'instruction a lieu *in rem* et non *in personam*. Sans doute, le juge ne peut, de sa seule initiative, étendre l'instruction à un fait nouveau et distinct, alors même qu'il serait connexe à celui qui lui est dénoncé. Mais il instruit, sans nouveau réquisitoire, sur tous les délits qui constituent des circonstances aggravantes de l'infraction, et contre tous les auteurs et complices[1]. 3° Si les réquisitions du procureur de la République sont indispensables aux deux points extrêmes de la procédure, au début, pour mettre l'action en mouvement, et, à la fin, pour y statuer, entre ces deux points extrêmes, le juge d'instruction peut se mouvoir en toute liberté. La loi fait cependant exception pour la délivrance du mandat d'arrêt, qui doit être précédée des conclusions du procureur de la République (art. 94, § 2).

III. Le juge d'instruction n'est pas obligé de suivre les errements d'instruction demandés par le réquisitoire : il a la direction de la procédure et en est le juge[2]. Une solution contraire serait la négation même du principe de la séparation des pouvoirs d'instruction et de poursuite.

IV. Le juge d'instruction, saisi par les réquisitions du procureur de la République, peut-il refuser d'informer? Par une conséquence du principe de la séparation des pouvoirs d'instruction et de poursuite, le juge n'ayant aucun droit sur la poursuite, ne pouvait, avant la loi du 17 juillet 1856, opposer un tel refus, car c'eût été déclarer le réquisitoire et, par suite, l'action publique, dénuée de fondement, ce droit n'appartenant qu'à la chambre du conseil, c'est-à-dire à une juridiction. Mais la loi de 1856, qui a supprimé la chambre du conseil pour transférer ses pouvoirs au juge d'instruction, autorise ce magistrat, en lui donnant ainsi un droit de juridiction, à statuer lui-même, au seuil de l'information, sur les exceptions qu'il voit dans la

[1] *Contrà*, Douai, 6 juin 1874 (S. 75. 2. 2). Mais voir les observations de M. Cauwès sous cet arrêt, et Mangin, *Traité de l'instruction écrite*, t. 1er, p. 21 ; Faustin Hélie, *op. cit.*, t. VI, n° 1621 ; Guillot, *op. cit.*, p. 57 et suiv.

[2] L'art. 87, disant impérativement que le juge d'instruction se *transportera*, s'il en est requis, dans le domicile du prévenu, pour y faire la perquisition des papiers de celui-ci, certains auteurs en ont conclu, à tort, que le juge ne pouvait refuser le transport demandé par le ministère public. Comp. Douai, 25 mai 1898 (D. 98. 2. 96).

procédure après les avoir signalées toutefois au procureur de la République, lequel communique ses conclusions (art. 127 et 128). Si donc le fait ne paraît pas au juge constituer un crime ou un délit, si l'action publique est suspendue par une question préjudicielle, si elle est arrêtée par l'absence d'une plainte nécessaire, si elle est éteinte par la prescription, le juge n'est pas tenu d'ouvrir une information; mais il doit statuer, en motivant sur l'une de ces causes, une ordonnance de non-lieu.

V. Les conflits peuvent naître entre le procureur de la République et le juge de l'instruction, soit dans l'hypothèse où le juge d'instruction refuse d'informer, soit dans celle où il refuse de faire un acte d'instruction requis par le ministère public. Par quel procédé y mettre fin? Le Code ne s'expliquait pas sur ce point. On admettait généralement, au profit du procureur de la République, un droit d'appel des ordonnances du juge d'instruction. Ce droit a été reconnu et réglementé par la loi du 17 juillet 1856, qui supprime la chambre du conseil et qui transporte les pouvoirs de cette chambre au juge d'instruction. Aux termes de l'art. 135, le procureur de la République *pourra former opposition, dans tous les cas, aux ordonnances du juge d'instruction*. Cette voie de recours, dont je m'occupe plus loin, mal à propos qualifiée d'*opposition*, puisqu'elle est un véritable appel, est portée devant la chambre des mises en accusation.

395. Des actes d'instruction. Des personnes en présence. — Les deux opérations principales de l'instruction consistent : 1° à rechercher les infractions et leurs auteurs (*instruction*) ; 2° à s'assurer de la personne des inculpés (*arrestation et détention préventive*).

Trois personnes sont désormais en présence, dans cette procédure : 1° le juge d'instruction, dont la loi du 8 décembre 1897 a profondément modifié la situation, en lui imposant de nouvelles obligations et en restreignant ses pouvoirs, jusque-là absolus; 2° l'inculpé; 3° le défenseur, que la loi de 1897 a introduit dans l'instruction comme le contrôleur du juge.

L'assistance du conseil n'est pas *obligatoire* mais *facultative*. On n'impose pas à l'inculpé un défenseur : on lui reconnaît seulement le droit d'en avoir un[1]. Aux termes de l'art. 3, § 3, « si l'inculpation est maintenue, le magistrat donnera avis à l'inculpé de son droit de choisir un conseil », soit parmi les avocats inscrits au tableau ou admis au stage, soit parmi les avoués, même s'il y a un barreau, et cette

[1] Cass., 12 mai 1899 (S. 1900. 1. 477). Si l'inculpé a plusieurs défenseurs, un seul peut assister à l'instruction : Haute-Cour de justice, 12 oct. 1899 (S. 1900. 2. 289) et la note de M. Esmein.

obligation est prescrite au juge d'instruction alors même que le prévenu est en liberté et interrogé sur mandat de comparution[1]. L'inculpé, qui ne peut pas ou ne croit pas devoir choisir lui-même un conseil, peut demander qu'il lui en soit désigné un d'office. Cette « désignation sera faite par le bâtonnier de l'ordre des avocats, s'il existe un conseil de discipline, et, dans le cas contraire, par le président du tribunal » (art. 3, § 3). L'avocat, *choisi* ou *désigné*, peut-il refuser son ministère? Il est d'abord certain que, conformément aux règles de sa profession, l'avocat, choisi par l'inculpé, peut lui refuser son assistance. Mais l'*avocat d'office* a-t-il le même droit? D'après l'art. 41 de l'ordonnance du 20 novembre 1822, l'avocat nommé d'office en *matière criminelle* ne peut refuser son ministère qu'en faisant approuver des motifs d'excuse ou d'empêchement. Mais cette charge s'explique dans le système de la défense obligatoire qui est la règle du procès criminel devant la cour d'assises. L'avocat est alors l'un des rouages essentiels de la machine judiciaire : celle-ci ne peut régulièrement fonctionner sans son intervention. Mais, dans l'instruction, de même que l'inculpé peut renoncer à l'assistance du défenseur, de même l'avocat désigné aurait aussi le droit de refuser son assistance[2]. Mais, s'il accepte, il ne peut se faire remplacer sans l'agrément du président ou du bâtonnier, suivant qu'il a été commis par l'un ou par l'autre.

§ III. — DES ACTES RELATIFS A LA PERSONNE DE L'INCULPÉ[3].

396. Des mandats et de leurs diverses espèces. Règles de forme qui s'appliquent à tous les mandats. — 397. Des mandats de comparution et d'amener. — 398. Formalités d'exécution du mandat d'amener d'après la loi du 8 décembre 1897. Les deux hypothèses prévues. — 399. Des mandats de dépôt et d'arrêt. — 400. De l'organisation de la détention préventive. — 401. Des deux questions qui se rattachent à la détention préventive : son imputation sur la peine; indemnité aux détenus acquittés. — 402. Comment peut cesser la détention préventive. De la liberté provisoire. Histoire de l'institution. Son caractère actuel. Exception au droit de la juridiction compétente d'accorder ou de refuser la demande de liberté provisoire. — 403. Conditions de la liberté provisoive. — 404. Du cautionnement. — 405. Juridiction compétente pour accorder la liberté provisoire. Procédure. — 406. Comment la liberté provisoire peut cesser.

396. DES MANDATS ET DE LEURS DIVERSES ESPÈCES. — Pour assurer

[1] Cass., 11 mai 1900 (S. 1904. 1. 217).

[2] Sur tous ces points et en sens contraire : G. Le Poittevin, *op. cit.*, n°s 1 à 4.

[3] BIBLIOGRAPHIE : Dutruc, *Code de la détention préventive*, 1866 ; Flamand, *Étude sur la détention préventive et la mise en liberté provisoire*, 1876.

la marche de l'instruction, il faut, soit appeler ou contraindre l'inculpé à se présenter devant le juge à l'effet d'y être interrogé sur l'infraction dont il est prévenu, soit le mettre sous la main de la justice pour qu'il n'échappe pas à son action. Mais ce double résultat ne saurait être atteint sans l'emploi de mesures qui aboutissent à le priver temporairement de sa liberté. La loi a minutieusement gradué, dans leur forme et dans leur emploi, les *actes légaux*, au moyen desquels il est fait exception, pour les besoins de l'instruction préparatoire, aux droits de liberté individuelle (C. instr. cr., art. 91 à 125). Ces actes, appelés *décrets* sous l'ancienne législation, portent aujourd'hui le nom générique de *mandats*.

Dans le sens du Code d'instruction criminelle, le *mandat est un acte par lequel le fonctionnaire compétent ordonne, soit la comparution, soit l'arrestation d'un individu, contre lequel s'élèvent des soupçons de crime ou de délit.*

1° Le fonctionnaire, *compétent* pour décerner un mandat, est, en général, le juge d'instruction. Dans certains cas cependant, des mandats sont décernés, soit par le procureur de la République (art. 40 et 100), soit par un préfet (art. 10), soit même par un tribunal entier (art. 194 et 214).

2° Les divers mandats ne sont en usage qu'en cas de prévention de *crime* ou de *délit*. En matière de *contravention*, en effet, il n'y a lieu, ni de faire *comparaître* l'inculpé pour l'interroger, puisque toute l'instruction se fait à l'audience, ni de *l'arrêter* pour l'empêcher de se soustraire à la justice, puisqu'à raison du peu de gravité de la peine ce danger n'est pas à craindre.

3° Ces mandats sont de deux espèces. Les premiers, dont le but unique est de faire comparaître l'inculpé devant le juge d'instruction, et qui, en général, doivent précéder les autres, sont au nombre de deux : le *mandat de comparution*, simple assignation à comparaître, et le *mandat d'amener*, qui donne à l'agent chargé de l'exécuter le droit d'employer la force, s'il est nécessaire. Deux mandats, le *mandat de dépôt* et le *mandat d'arrêt*, font partie de la seconde catégorie : ils ont pour but de constituer le prévenu en état de détention préventive.

De ces quatre mandats, il en est trois, les *mandats de comparution, d'amener* et *d'arrêt*, que le Code de 1908 trouva organisés et réglementés par le Code de brumaire. Quant au *mandat de dépôt*, ce fut une loi du 7 pluviôse an IX qui l'introduisit pour des cas particuliers et pour des magistrats qu'elle instituait. Mais si la gradation entre les mandats de comparution, d'amener et d'arrêt est fort exactement tracée, il n'en est pas de même de la gradation entre les mandats de dépôt et d'arrêt. Aujourd'hui surtout, depuis la loi du 14 juillet 1865, qui a permis au juge d'instruction de donner mainlevée, à toute époque, des mandats d'arrêt ou de dépôt, il est difficile d'indiquer dans quels cas ils doivent être employés : ils ont le même but et le même mode d'exécution; la même autorité y est attachée; ils ne peuvent être levés qu'en suivant la même procédure. Cependant, les garanties qu'ils offrent sont différentes. Seul, le mandat d'arrêt doit porter l'indication du fait pour lequel il est décerné et la citation de la loi qui déclare ce fait un crime ou un délit. Le mandat d'arrêt est donc le plus solennel de tous les mandats.

Il y a un certain nombre de règles communes à tous les mandats : 1° D'abord, ils doivent être signés par le magistrat qui les a décernés et munis de son sceau (art. 95 et 96), formalité qui est le signe de l'authenticité de l'acte. 2° Ils sont datés. Sans doute, les textes ne formulent pas expressément cette exigence, mais ils la supposent, puisque la délivrance du mandat est parfois le point de départ de certains délais (art. 100 et 637). 3° Ils doivent désigner clairement la personne de l'inculpé (art. 95). Ce sont des actes contre individu. Sans doute, un mandat peut être décerné contre inconnu, mais à la condition de donner un signalement assez précis pour qu'il soit possible de reconnaître la personne dont le nom seul est ignoré. 4° Ils sont notifiés au prévenu par un huissier ou un agent de la force publique qui doit en laisser copie (art. 97). 5° Les mandats sont exécutoires dans toute l'étendue de la République, par les soins du procureur (art. 98, § 1). 6° L'inobservation des formalités prescrites est punie d'une amende de 50 francs contre le greffier, et, s'il y a lieu, d'injonctions au magistrat qui a délivré le mandat, même de prise à partie s'il y échet. Le mandat pourrait être, du reste, déclaré nul, (art. 609 et arg. de ce texte), par la chambre des mises en accusation, s'il manque d'une formalité substantielle.

La loi du 8 décembre 1897 ne modifie pas, en principe, l'organisation et les formalités des mandats : elle se borne à obliger le magistrat instructeur à régler le plus rapidement possible la situation de l'inculpé arrêté en vertu d'un mandat d'amener, et à permettre l'écrou, pendant vingt-quatre heures au plus, de l'inculpé, sous le coup de ce mandat, dans la maison de dépôt ou d'arrêt.

397. De l'emploi des mandats de comparution et d'amener. — L'*interrogatoire* de l'inculpé est, en général, le premier acte de l'instruction, et même le plus essentiel. La loi donne deux moyens au juge d'instruction pour faire comparaître l'inculpé devant lui afin de l'interroger : le *mandat de comparution* et le *mandat d'amener*.

a) Le *mandat de comparution* est l'ordre par lequel le juge enjoint à l'inculpé de comparaître devant lui pour y être interrogé. Il indique le lieu, le jour et l'heure de la comparution, mais non le fait pour lequel l'inculpé est appelé[1]. C'est le plus discret et le moins rigoureux de tous les mandats ; mais il a l'inconvénient de prévenir l'inculpé et de lui permettre de fuir. Aussi le Code n'autorisait-il son emploi qu'en matière de *délit* et lorsque l'inculpé était *domicilié*. Si l'une de ces deux conditions faisait défaut, le juge devait débuter par un mandat d'amener. Depuis la loi du 14 juillet 1865, l'emploi du mandat de comparution est facultatif en *toute matière* et pour *toute personne* (art. 91, § 1). La délivrance du mandat d'amener ne devient *obligatoire* que si l'inculpé ne se présente pas. De deux choses l'une en effet : ou l'inculpé comparaît, et alors le mandat a produit tout son effet ; le juge procède de suite à l'interrogatoire, sauf à prendre, après, toutes les mesures qu'il juge nécessaires ; ou l'inculpé fait défaut, et le juge décerne contre lui un mandat d'amener (art. 91). Mais la règle d'après laquelle le prévenu doit être interrogé dans les vingt-quatre heures n'est prescrite qu'en cas d'arrestation[2].

b) Le *mandat d'amener* est l'ordre par lequel le juge d'instruction enjoint à tous huissiers ou agents de la force publique d'amener par devant lui un individu pour y être entendu sur les inculpations dont il est l'objet. Il ne diffère du précédent que par son exécution : c'est une assignation à comparaître qui doit être obéie immédiatement et sous les yeux de l'agent qui la notifie.

Ainsi les mandats de comparution et d'amener ont un *but* commun, puisqu'ils sont destinés l'un et l'autre à mettre l'inculpé en présence du juge. Mais ils se distinguent l'un de l'autre par des *caractères* et des *effets* différents. Le mandat de comparution n'est, à vrai dire, qu'une sorte d'invitation adressée à l'inculpé de se rendre devant le juge, à jour et à heure fixes. Non seulement l'agent porteur de ce mandat est sans qualité pour requérir la force publique, mais encore il serait sans droit pour obliger l'inculpé à le suivre immédiatement. Le caractère du mandat d'amener est tout autre; il emporte *force coercitive*. Sans doute, l'officier, porteur de ce mandat, ne se présente pas, au domicile de l'inculpé, entouré de la force publique; mais il peut requérir son aide, si l'inculpé refuse de le suivre devant le juge d'instruction, ou si, après avoir déclaré qu'il est prêt à obéir, il tente de s'évader. De cette différence dans le caractère de ces deux mandats, résulte cette conséquence que le juge d'instruction doit appré-

[1] Aix, 27 déc. 1898 (S. 1901. 2. 129).
[2] Cass., 11 mai 1900 (S. 1904. 1. 217).

cier, en tenant compte des circonstances, s'il convient de procéder par mandat d'amener ou par mandat de comparution. Si le fait ne doit pas entraîner la peine d'emprisonnement, le mandat de comparution peut seul être employé (art. 131). Dans tous les autres cas, quelle que soit la peine, le juge a un pouvoir discrétionnaire; toutefois, dans le cas prévu par l'art. 113, § 2, il paraît conforme à l'esprit de la loi de ne débuter que par un mandat de comparution.

398. DES EFFETS DE CES DEUX MANDATS. — Lorsqu'un individu est arrêté en vertu d'un mandat d'amener, son premier droit est de *se défendre* et le premier devoir du magistrat est de l'*interroger*. Telle est l'idée fondamentale dont la loi de 1897 s'est inspirée.

Il faut distinguer, pour se rendre compte de sa réglementation, deux situations.

I. *L'inculpé a été arrêté, à moins de dix myriamètres du lieu où siège le magistrat signataire du mandat d'amener, dans le même arrondissement*[1]. — C'est le cas ordinaire. D'après l'art. 93, l'individu arrêté

[1] Loi du 8 déc. 1897. Art. 2. — L'art. 93, C. instr. cr. : — « Dans le cas du mandat de comparution, il interrogera de suite; dans le cas de mandat d'amener, dans les vingt-quatre heures au plus tard ». — Est complété ainsi qu'il suit : « ... de l'entrée de l'inculpé dans la maison de dépôt ou d'arrêt. A l'expiration de ce délai, l'inculpé sera conduit, d'office et sans aucun nouveau délai, par les soins du gardien-chef, devant le procureur de la République, qui requerra du juge d'instruction l'interrogatoire immédiat. En cas de refus, d'absence ou d'empêchement dûment constaté du juge d'instruction, l'inculpé sera interrogé sans retard, sur les réquisitions du ministère public, par le président du tribunal ou par le juge qu'il désignera; à défaut de quoi le procureur de la République ordonnera la mise en liberté immédiate de l'inculpé. — Tout inculpé arrêté en vertu d'un mandat d'amener qui, en violation du paragraphe précédent, aura été maintenu pendant plus de vingt-quatre heures dans la maison de dépôt ou d'arrêt sans avoir été interrogé par le juge d'instruction ou conduit, comme il vient d'être dit, devant le procureur de la République, sera considéré comme arbitrairement détenu. — Tous gardiens-chefs de maisons de dépôt ou d'arrêt, tous procureurs de la République qui ne se seront pas conformés aux dispositions du § 2 précédent, seront poursuivis comme coupables d'attentats à la liberté et punis, savoir : les procureurs de la République ou autres officiers du ministère public, des peines portées en l'art. 119, C. p., et les gardiens-chefs des peines portées en l'art. 120 du même Code. Le tout sans préjudice des sanctions édictées par l'art. 113 contre le greffier, le juge d'instruction et le procureur de la République ».

Art. 3. — Lors de cette première comparution, le magistrat constate l'identité de l'inculpé, lui fait connaître les faits qui lui sont imputés, et reçoit ses déclarations après l'avoir averti qu'il est libre de ne pas en faire.

Mention de cet avertissement est faite au procès-verbal.

Si l'inculpation est maintenue, le magistrat donnera avis à l'inculpé de son droit de choisir un conseil parmi les avocats inscrits au tableau ou admis au stage, ou parmi les avoués, et, à défaut de choix, il lui en fera désigner un d'office si l'inculpé

devait être interrogé dans les vingt-quatre heures. On le conduisait s'il était possible, devant le magistrat, signataire du mandat, qui statuait. En cas d'impossiblité, l'inculpé ne pouvant être écroué dans une maison d'arrêt ou de dépôt en vertu du seul mandat d'amener (C. instr. cr., art. 609), était déposé dans un local spécial; à Paris, au dépôt; en province, dans la chambre de sûreté située soit à la mairie, soit à la gendarmerie; parfois même dans la maison d'arrêt, le local spécial faisant défaut. D'après l'art. 2 de la loi de 1897, l'inculpé peut, en vertu du seul mandat d'amener, être écroué dans la *maison de dépôt* ou d'*arrêt*. La loi formule plus énergiquement, en un texte qui ne laisse place à aucune équivoque, l'obligation d'interroger dans les vingt-quatre heures au plus tard « de l'entrée de l'inculpé dans la maison de dépôt ou d'arrêt ». Il y aura lieu, pour constater le moment exact de l'écrou, de faire rédiger, par le gardien-chef, en présence de l'inculpé et des agents de la force publique, un procès-verbal destiné à fixer le point de départ de ce délai, puisque, à son expiration, l'inculpé doit être conduit d'office et sans aucun nouveau délai, par les soins du gardien-chef, devant le procureur de la République, qui requerra du juge d'instruction l'interrogatoire immédiat (art. 93, § 2). Mais ce magistrat peut être absent ou malade. Dans ce cas, « l'inculpé sera interrogé sans retard, sur les réquisitions du ministère public, par le président du tribunal ou par le juge qu'il désignera ».

La sanction de l'obligation d'interroger dans les vingt-quatre heures est triple : sanction *pénale*, sanction *disciplinaire*, sanction *civile*. *a*) L'inculpé est considéré comme victime du délit d'arrestation arbitraire, qui engage pénalement la responsabilité de deux personnes, le gardien-chef, le procureur de la République. Tout gardien-chef qui n'aura pas, dans les vingt-quatre heures de l'entrée dans la maison d'arrêt, conduit l'inculpé non interrogé par le juge d'instruction devant le procureur de la République, aura commis le délit de détention arbitraire prévu par l'art. 120, C. p. La responsabilité pénale du procureur de la République sera engagée dans deux cas : 1° lorsqu'après la demande formelle et expresse du gardien-chef, il n'aura pas immédiatement requis du juge l'interrogatoire de l'inculpé (art. 93, § 2); 2° lorsque, n'ayant pu réussir à faire interroger l'inculpé par le juge d'instruction, le président du tribunal ou le juge désigné, il n'aura pas fait immédiatement élargir l'inculpé. Dans ces deux hypo-

le demande. La désignation sera faite par le bâtonnier de l'ordre des avocats, s'il existe un conseil de discipline, et, dans le cas contraire, par le président du tribunal.

Mention de cette formalité sera faite au procès-verbal.

thèses, il sera, par application de l'art. 119, C. p., puni de la dégradation civique. *b*) En outre de la sanction pénale, le gardien-chef et le procureur de la République pourront encourir des sanctions disciplinaires, déplacements, révocations, etc. *c*) Enfin, ces faits, constituant des délits préjudiciables, l'inculpé aura l'action en dommages-intérêts qu'il exercera, à l'encontre du procureur de la République, par la voie de la prise à partie.

II. *L'inculpé a été arrêté à plus de dix myriamètres du lieu où siège le magistrat signataire du mandat d'amener et dans un autre arrondissement*[1]. — Logiquement, l'inculpé devrait être transféré, pour pouvoir être interrogé ou confronté par le juge d'instruction saisi. Néanmoins, le Code d'instruction criminelle donnait déjà au détenu le droit d'éviter le transfèrement, en demandant à être interrogé sur place (C. instr. cr., art. 100, 101, 102 et 103). Les art. 4, 5 et 6 de la loi de 1897 ont simplifié et remanié cette réglementation à trois points de vue : *a*) En ce qui concerne les conditions permettant à l'inculpé de rester détenu au lieu de l'arrestation. Ces conditions sont réduites à deux : 1° l'inculpé doit avoir été trouvé hors de l'arrondissement où a été délivré le mandat d'amener ; 2° il doit avoir été arrêté non pas à plus de cinq, mais à dix myriamètres. *b*) En ce qui concerne les droits et devoirs du procureur de la République du lieu de l'arrestation. Celui-ci doit : 1° constater l'identité de l'inculpé, établir son signalement ; 2° recevoir ses déclarations après l'avoir averti qu'il est libre de ne pas en faire, ce qui interdit tout interrogatoire. Et l'art. 5, § 2 ajoute ; « *Il doit être fait mention au procès-verbal de l'avis donné à l'inculpé qu'il est libre de ne pas faire de déclaration* ». 3° C'est à l'inculpé qu'il appartient de décider s'il y a lieu ou non à transfèrement, et non au procureur de la République. 4° Enfin, le

[1] Art. 4. — Si l'inculpé a été trouvé hors de l'arrondissement où a été délivré le mandat, et à une distance de plus de dix myriamètres du chef-lieu de cet arrondissement, il est conduit devant le procureur de la République de celui où il a été trouvé.

Art. 5. — Le procureur de la République l'interroge sur son identité, reçoit ses déclarations, après l'avoir averti qu'il est libre de ne pas en faire, l'interpelle afin de savoir s'il consent à être transféré ou s'il préfère prolonger les effets du mandat d'amener en attendant, au lieu où il se trouve, la décision du juge d'instruction saisi de l'affaire. Si l'inculpé déclare s'opposer au transfèrement, avis immédiat en est donné à l'officier qui a signé le mandat. Le procès-verbal de la comparution contenant un signalement complet est transmis sans délai à ce magistrat, avec toutes les indications propres à faciliter la reconnaissance de l'identité.

Il doit être fait mention au procès-verbal de l'avis donné à l'inculpé qu'il est libre de ne pas faire de déclaration.

Art. 6. — Le juge d'instruction saisi de l'affaire décide, aussitôt après la réception de cet envoi, s'il y a lieu d'ordonner le transfèrement.

procureur de la République devra transmettre, sans délai, au magistrat, saisi de l'affaire, le procès-verbal de la comparution contenant un signalement complet avec toutes les indications propres à faciliter la reconnaissance d'identité, et, s'il y a lieu, à l'officier de police judiciaire qui a signé le mandat, avis que l'inculpé s'est opposé au transfèrement. *c*) En ce qui concerne les droits du juge d'instruction saisi de l'affaire, celui-ci doit décider, aussitôt après la réception de l'envoi, s'il y a lieu d'ordonner le transfèrement (art. 6).

399. De la détention préventive. Les mandats de dépôt et d'arrêt. — L'inculpé a comparu devant le juge; il a subi tout au moins un interrogatoire d'identité. Même en matière criminelle, l'instruction peut aujourd'hui, se développer jusqu'à l'arrêt de mise en accusation et l'ordonnance de prise de corps qui le termine, sans qu'il y ait *détention préventive*. Quels sont les motifs qui porteront le juge à l'employer? La détention préventive est une *mesure de sûreté*, un *moyen d'instruction* et une *garantie d'exécution de la peine*[1]. A ces divers points de vue, elle constitue un mal nécessaire, auquel il convient d'apporter tous les tempéraments conciliables avec l'intérêt de la répression[2].

Si donc le juge d'instruction estime que des présomptions de délit ou de crime s'élèvent contre l'inculpé et qu'il y aurait danger à le laisser en liberté, la loi lui donne deux moyens pour le constituer en état de détention préventive; il peut décerner, soit un *mandat de dépôt*, soit un *mandat d'arrêt*. La dénomination de *mandat de dépot* indique

[1] C'est la formule de Faustin Hélie, *op. cit*,, t. IV, n° 1948. Voy. *Rev. pénit.*, 1901, p. 443 et 1494.

[2] Autrefois, la détention préventive était le préliminaire de toute procédure criminelle. « Qui ne commencera à la capture perdra son malfaiteur », disait-on. Le Code de 1808 n'admettait la liberté provisoire qu'à titre exceptionnel. Nous sommes aujourd'hui plus respectueux de la liberté de chacun, et un mouvement de réaction contre l'usage de la détention préventive se manifeste partout. Plusieurs législations étrangères ont su la restreindre dans d'étroites limites. La loi du 8 décembre 1897 ne modifie pas le Code sur ce point. Le difficile problème des garanties de la liberté individuelle dans l'instruction a été étudié, à la Société générale des prisons, à la suite d'un rapport de M. Larnaude (*Rev. pénit.*, 1901, p. 185 à 323, 429 à 479, 626 à 681, 1130 à 1175, 1176 à 1193). Un mémoire de M. Morizot-Thibault sur l'*Habeas corpus français*, lu à l'Académie des sciences morales et politiques, dans les séances des 16 et 23 mai 1903, lui est consacré. Voy. Georges Picot, *Les garanties de nos libertés*. — *La liberté individuelle* (*Rev. des Deux-Mondes*, 1903, 16e vol., p. 241 à 166) ; Albert Guyot, *Rev. pénit.*, 1903, p. 1070. Une série de propositions de lois ont été déposées à la Chambre et au Sénat par divers parlementaires (*Rev. pénit.*, 1901, p. 1493 à 1500 ; 1902, p. 97 ; 1904, p. 731, 1019 et 1241). Voy. la discussion de ces propositions au Sénat, séance du 9 février 1909, *Débats parl.*, p. 88 à 97.

une détention provisoire qui peut cesser avant la fin de l'instruction; la dénomination de *mandat d'arrêt*, une détention, au caractère définitif, qui ne doit cesser qu'avec l'instruction elle-même. C'était bien, en effet, avec cette opposition au mandat d'arrêt, que le mandat de dépôt, inconnu du Code de brumaire, avait été créé par la loi du 7 pluviose an IX. Mais le Code de 1808, qui empruntait le mandat d'arrêt au Code de l'an IV, le mandat de dépôt, à la loi de l'an IX, ne marquait pas, d'une manière formelle, cette opposition. Ces deux mandats devaient-ils s'appliquer à des situations différentes? La détention préventive qui en résultait avait-elle le même caractère? Ces questions étaient embarrassantes, dans le silence de la loi. On rectifia, par la loi du 4 avril 1855, l'art. 94, de manière à rétablir, dans les effets de ces deux mandats, les différences qu'indique leur dénomination. Le mandat de dépôt emportait voie de contrainte et détention préventive : mais cette détention était *provisoire* ; le juge d'instruction avait le pouvoir, dans le cours de l'instruction, quelle que fût la nature de l'inculpation, de donner mainlevée du mandat de dépôt, sur les conclusions du procureur de la République. Il n'en était pas de même du mandat d'arrêt, en ce sens que la détention, qui en résultait, avait un caractère définitif. Mais la loi du 14 juillet 1865 a étendu au mandat d'arrêt le caractère *révocatoire* du mandat de dépôt, de sorte qu'aujourd'hui, malgré des différences de forme ou de nom, ces deux mandats sont assimilés dans leurs effets. Et comme le mandat de dépôt est plus simple dans sa forme, que le salaire de l'huissier qui l'exécute est moins élevé, on délaisse le mandat d'arrêt pour n'employer que le mandat de dépôt. Ces deux mandats peuvent être, en effet, décernés indifféremment l'un pour l'autre. Il semble cependant résulter de l'art. 94 que le mandat de dépôt doit être délivré contre un individu *interrogé* et, par conséquent, présent, le mandat d'arrêt contre un individu *en fuite* et, par conséquent, non interrogé. Ainsi s'expliqueraient les formalités qui précèdent le mandat d'arrêt et que l'interrogatoire rend inutiles.

Il existe, en effet, entre les mandats d'arrêt et de dépôt, les différences suivantes : 1° le mandat d'arrêt exige trois formalités qui ne sont pas exigées pour le mandat de dépôt : il doit être précédé des *conclusions* du procureur de la République (art. 94); contenir l'*énonciation* du fait pour lequel il est décerné; enfin, la *citation* de la loi qui déclare que ce fait est un crime ou un délit (art. 96). Le mandat de dépôt n'est assujetti qu'aux formalités ordinaires des mandats : c'est un ordre pur et simple de recevoir et conserver l'inculpé dans la maison d'arrêt. 2° Par ses formes spéciales, le mandat d'arrêt appartient aux *décisions judiciaires*. La loi veut, en effet, que le ministère public donne ses conclusions avant qu'il soit décerné, et que le juge, qui rend l'ordonnance, la motive, en qualifiant le fait reproché au prévenu ; c'est un véritable *jugement préparatoire*. En conséquence, le mandat d'arrêt ne peut être décerné que par des magistrats qui ont le caractère de *juges* : le juge d'instruction, le conseiller rapporteur de la chambre des mises en accusation, en cas d'évocation, etc. Mais ce droit n'appartient, ni au procureur de la République, à qui la loi donne, au contraire, dans certains cas, la faculté de décerner un mandat de dépôt (C. instr. cr., art. 100 ; L. 20 mai 1863, art. 1er), ni aux préfets. Du reste, les mandats de dépôt et d'arrêt ne peuvent être décernés que contre des individus prévenus de faits qui entraînent au moins l'emprisonnement correctionnel, et qu'après qu'ils ont subi un interrogatoire, ou qu'ils ont été mis en demeure de le subir par la délivrance d'un mandat d'amener (art. 94, § 1); sous ce rapport, leur condition est la même. 3° L'exécution du mandat d'arrêt donne lieu à un *droit de capture* que n'autorise pas celle du mandat de dépôt. Elle est par conséquent plus coûteuse (D. 18 juin 1811, art. 71). 4° La date du mandat d'arrêt fixe le rang du privilège du Trésor pour le recouvrement des frais de poursuites (L. 5 sept. 1807, art. 4). Cet effet n'est pas attribué par la loi au mandat de dépôt, et rien n'autorise, surtout en matière de privilège, l'extension de cette disposition.

400. De l'organisation de la détention préventive. — Lorsque la détention préventive devient et reste nécessaire, deux choses sont surtout désirables : restreindre sa durée ; accommoder son régime à la situation légale du détenu[1].

a) Sauf le cas particulier de mise en liberté de droit après cinq jours (art. 113), en France la durée de la détention préventive est illimitée[2]. L'unique moyen de la restreindre est donc d'accélérer la procédure. A cet effet, le législateur a rendu, depuis la promulgation du Code, deux lois importantes : la loi du 17 juillet 1856, qui a supprimé la chambre du conseil, et la loi du 20 mai 1863, sur les flagrants

[1] Voy. H. Capitant, *Des moyens de remédier aux inconvénients de la détention préventive* (Grenoble, 1893).

[2] Il y a là évidemment quelque chose d'excessif. En Autriche, la détention préventive ne doit pas, en principe, être prolongée au delà de deux mois (C. proc. pén., § 190). En Belgique, la chambre du conseil est appelée, tous les mois, à examiner si l'intérêt public exige le maintien de la détention (L. 24 avr. 1874, *Ann. de législ. étr.*, 1876, p. 411). Le projet de réforme de notre Code d'instruction criminelle, contient des dispositions analogues. Voy. *Rev. pénit.*, 1901, p. 199, 642, 206, 233, 435.

délits. Le même esprit a encore inspiré la loi du 14 juillet 1865, dans ses dispositions sur la mise en liberté provisoire. Les formalités, apportées, à titre de garantie, à la marche de l'instruction préparatoire, par la loi du 8 décembre 1897 seront peut-être de nature à retarder la clôture de l'instruction. La faculté d'y renoncer, accordée à l'inculpé, lui permettra, dans tous les cas, d'abréger la procédure.

b) Théoriquement, les inculpés, détenus en vertu d'un mandat de dépôt ou d'arrêt, devraient être : 1° placés dans une maison d'arrêt ou de justice (C. instr. cr., art. 603); 2° soumis au régime de la séparation de jour et de nuit (L. 5 févr. 1875, art. 1er). D'une part, ces dispositions ne sont pas partout observées. D'autre part, le régime normal de la détention préventive peut être aggravé : 1° par la réglementation du droit de visite; 2° par une ordonnance du juge d'instruction portant interdiction de communiquer. Cette dernière mesure n'est autre chose que l'extension du secret des actes de l'instruction à la personne de l'inculpé. L'art. 613 reconnaît expressément sa légalité. Mais le Code n'avait soumis l'interdiction de communiquer à aucune règle de fond ou de forme. La loi de 1865 décida qu'elle ne s'étendrait pas au delà de dix jours, mais pourrait être indéfiniment renouvelée.

Ces rigueurs de la détention préventive ont été partiellement adoucies par l'article 8 de la loi du 8 décembre 1897[1].

1° *L'interdiction de communiquer* a été maintenue. Mais, pour atténuer ses inconvénients, on a modifié sa réglementation, sa durée et ses effets. Si l'inculpé est détenu dans une prison cellulaire, le juge ne peut plus prescrire à son égard l'interdiction de communiquer; il en est autrement si l'inculpé est détenu dans une prison non soumise à ce régime. Mais cette mesure n'est plus indéfiniment renouvelable : elle ne peut plus l'être qu'une seule fois. Le maximum du secret est donc de vingt jours. Ses effets sont moins absolus : le secret n'empêche pas l'inculpé de communiquer librement avec son conseil[2].

2° La loi du 8 décembre 1897 n'a pas modifié la réglementation du

[1] Art. 8. — Si l'inculpé reste détenu, il peut, aussitôt après la première comparution, communiquer librement avec son conseil.

Le paragraphe final ajouté par la loi du 14 juillet 1865 à l'art. 614, C. instr. cr., est abrogé, en ce qui concerne les maisons d'arrêt ou de dépôt soumises au régime cellulaire. Dans toutes les autres, le juge d'instruction aura le droit de prescrire l'interdiction de communiquer pour une période de dix jours ; il pourra la renouveler, mais pour une nouvelle période de dix jours seulement.

En aucun cas, l'interdiction de communiquer ne saurait s'appliquer au conseil de l'inculpé.

[2] La communication peut avoir lieu par lettres : Cass., 9 sept. 1897 (S. 98. 1. 480).

droit de visite. Les circulaires du 24 juillet 1866 (Intérieur) et du 26 août 1866 (Justice) restent en vigueur. Mais, d'une part, le juge d'instruction ne peut plus restreindre ou enlever au défenseur le droit de communiquer [1], et, d'autre part, il a été reconnu, dans la discussion, que si le juge abusait de son droit, le garde des sceaux devrait intervenir.

401. Double problème. Imputation de la détention préventive. Indemnité aux victimes. — La détention préventive soulève une double question : 1° Faut-il, en cas de condamnation, l'imputer sur la peine? 2° Faut-il, en cas de relaxe, accorder une indemnité à celui qui l'a subie? La politique fâcheuse du *tout ou rien* a lié les deux questions et a longtemps empêché la solution de la première qui s'imposait, parce que la solution de la seconde paraissait difficile à trouver.

Une loi du 15 novembre 1892, dont nous expliquons plus loin les dispositions, a modifié les art. 23 et 24, C. p., pour imputer la durée de la détention préventive sur toutes les peines privatives de liberté. Ainsi se trouve réalisée, en France, une réforme depuis longtemps organisée à l'étranger.

La question de savoir s'il y a lieu d'accorder une réparation pécuniaire aux individus, mis en état de détention préventive, qui sont acquités ou renvoyés des fins de la poursuite a été soumise au Parlement, à l'occasion de la loi du 8 juin 1897 sur la revision des erreurs judiciaires. Il y a, dans la position même de la question, deux situations à distinguer. La première est celle d'un individu injustement poursuivi et condamné par suite d'une erreur judiciaire. Cet individu a le droit de demander la revision de sa condamnation dans certains cas déterminés (C. instr. cr., art. 443 et suiv.). Chacun reconnaît que l'État a, sinon l'obligation, du moins le devoir moral, au nom de la solidarité sociale, d'intervenir et d'accorder, à cet innocent, une indemnité pécuniaire, qui ne sera que la faible compensation des souffrances qu'il a endurées. C'est le principe qui a été posé par la loi du 8 juin 1895 et qui peut se rattacher soit au *risque professionnel* soit à une *faute sociale*. Mais un individu, arrêté et ayant subi un certain temps de détention préventive, peut être relaxé à la suite d'une ordonnance et d'un arrêt de non-lieu, ou bien encore il peut être acquitté par la juridiction de jugement : c'est sur cette situation que se produisent les difficultés. La Chambre des députés avait voté, le 3 juin 1892, une pro-

[1] Voy. sur le droit du défenseur de communiquer avec l'inculpé au cours de l'instruction : Cass., 20 mars 1903 (S. 1904. 1. 477) et la note.

position de loi qui reconnaissait aux personnes, injustement poursuivies et détenues, la faculté de saisir, dans certains cas, la justice d'une action en indemnité. Au contraire, le Sénat avait repoussé toute cette partie du projet et strictement limité la possibilité de l'allocation d'une indemnité au cas où il y avait lieu à revision d'une condamnation. C'est cette dernière idée, qui a prévalu devant le Parlement. Elle s'explique si on ne dissocie pas la responsabilité de la faute. Or, comment affirmer que la société est en faute par cela seul qu'un individu, poursuivi et détenu, a été acquitté ? Le renvoi d'instance ne signifie pas toujours que le prévenu est innocent : le plus souvent, s'il n'a pas été reconnu coupable, il le doit à l'insuffisance des preuves. La réforme impliquerait la distinction entre deux catégories d'acquittés, ceux qui auraient le droit d'obtenir des dommages-intérêts, parce qu'ils seraient des acquittés innocents, ceux qui se les verraient refuser, parce qu'ils seraient des acquittés coupables [1].

En supposant le prévenu sous le coup d'un mandat d'arrêt ou de dépôt, la détention préventive qui en résulte, peut cesser de trois manières. 1° D'abord, lorsque l'instruction est clôturée par une ordonnance ou un arrêt de non-lieu, c'est-à-dire par une décision qui renvoie le prévenu de la poursuite, la détention préventive cesse avec les causes qui l'ont amenée. 2° Même dans le cours de l'instruction, le juge peut, sur les conclusions *conformes* du procureur de la République, et quelle que soit la nature de l'inculpation, donner *spontanément* mainlevée de tout mandat de dépôt ou d'arrêt, à la charge, par l'inculpé, de se représenter à tous les actes de la procédure et pour l'exécution du jugement aussitôt qu'il en sera requis (art. 94, § 3). 3° Enfin, la détention préventive peut être provisoirement suspendue, *sur la demande même de l'inculpé* formant une requête à fin d'élargissement.

402. Mise en liberté provisoire avec ou sans caution. — La détention préventive a un tempérament, depuis longtemps connu dans le droit romain comme dans notre ancienne jurisprudence, que le droit intermédiaire avait reproduit et que notre Code a maintenu et organisé dans le chapitre VII du livre 1er, intitulé *De la liberté provisoire et du cautionnement* [2]. Cette institution a traversé trois

[1] Voy. sur la réforme : Capitant, *op. cit.*, p. 41 et suiv. ; Azzymuski, Loi autrichienne du 16 mars 1892 concernant les indemnités à accorder aux personnes injustement condamnées (*Rev. pénit.*, 1894, p. 806) ; S. Mayer, *La question de la revision des procès criminels et correctionnels* (Paris, 1894). Voy. la loi allemande sur l'indemnité pour emprisonnement d'un innocent (*Rev. pénit.*, 1904, p. 1054).

[2] Bibliographie : Picot, *Recherches sur la mise en liberté sous caution* (*Revue critique*, 1862, t. XXXI, p. 163, 530 ; 1863, t. XXXII, p. 233 ; t. XXXIII, p. 333, 410).

phases dans le droit moderne. Sous le Code de l'an IV, la liberté provisoire était admise, moyennant caution, si la peine était simplement infamante ou correctionnelle. Son obtention constituait un *droit* pour l'inculpé, en ce sens que, s'il fournissait la caution, évaluée à la somme fixe de 3.000 livres, le juge ne pouvait refuser d'ordonner son élargissement. Le Code de 1808 prohiba, d'une manière absolue, la liberté provisoire en matière criminelle. Il l'admit sous caution pour les délits, mais en lui donnant le caractère d'une *faveur*, en ce sens que la chambre du conseil avait la faculté d'accueillir ou de rejeter la demande et de fixer le taux de l'engagement de la caution. La loi du 14 juillet 1865, plus libérale que ces deux législations, a profondément modifié l'institution [1].

L'idée fondamentale de cette loi, c'est que la liberté provisoire d'un inculpé, placé sous le coup d'un mandat d'arrêt ou de dépôt, est une *faveur*, qu'il appartient au juge d'instruction d'accorder. Toute instruction préparatoire peut, en effet, marcher sans qu'il y ait lieu à détention préventive, non seulement en matière correctionnelle, mais en matière criminelle, jusqu'à l'arrêt de mise en accusation. Ainsi le juge d'instruction est armé d'un pouvoir discrétionnaire pour constituer les inculpés en état de détention préventive, comme pour les mettre en liberté provisoire. Il dispose souverainement de leur liberté. Cette faculté d'élargissement, qui résulte de la loi de 1865, appartient au juge d'instruction en deux sens, qu'il faut bien noter.

D'abord *en toute matière*, il a le droit d'accorder comme de refuser la demande de liberté provisoire après avoir pris les conclusions *préalables* — la loi n'exige pas les conclusions *conformes* — du procureur de la République (art. 113, § 1). Ainsi, la liberté provisoire peut être accordée aujourd'hui, librement, sans aucune des restrictions qu'y apportaient les anciens art. 113, 115 et 126, à l'égard des individus poursuivis pour *crimes*, des *vagabonds ou repris de justice* et de ceux qui, après y avoir été admis une fois, auraient manqué à leurs engagements.

En second lieu, et d'après le Code de 1808, la liberté provisoire ne pouvait être accordée que sous la garantie d'un *cautionnement* préalable. Sans doute, aux termes d'un décret du 23 mars 1848, le juge d'instruction avait la faculté, en abaissant indéfiniment le taux de ce cautionnement, de rendre cette garantie complètement illusoire, mais le principe en subsistait toujours. Aujourd'hui, la liberté provisoire peut être accordée *sans caution*, et ce n'est que comme garantie secondaire que la loi autorise le juge, quand il le croit utile, à subor-

[1] Comp. sur les *desiderata* que la loi de 1865 a réalisés : Bonneville, *op. cit.*, p. 435 et suiv.

donner l'élargissement de l'inculpé à l'obligation de fournir un cautionnement. Il n'est donc plus exact de dire, comme on le disait sous l'empire du Code : *liberté provisoire sous caution ;* il faut dire : *liberté provisoire avec ou sans caution.*

Ainsi, la loi de 1865 supprime tous les obstacles élevés par la législation antérieure : quelle que soit la nature de l'inculpation, quelle que soit la situation de l'inculpé, qu'il puisse ou ne puisse pas fournir un cautionnement, elle ne met, entre la liberté et la prison, qu'une barrière : la *volonté* de la juridiction compétente. Cependant, cette faculté absolue d'accorder ou de refuser la demande de l'inculpé admettait deux catégories d'exceptions : dans la première, la liberté provisoire ne pouvait être refusée : dans la seconde, elle ne pouvait être accordée. De ces deux exceptions, la seconde, qui restreignait les pouvoirs de l'autorité judiciaire, a été supprimée par la loi du 8 décembre 1897.

Première hypothèse. — L'art. 113, §§ 2 et 3, édicte, en faveur des inculpés de *délits* passibles d'un emprisonnement inférieur à deux ans, la mise en liberté *de droit*, sans cautionnement préalable à fournir, cinq jours après l'interrogatoire. Le pouvoir du juge d'instruction, dans ce cas, est soumis à une double limitation ; d'une part, il n'aurait pas la faculté de refuser la liberté provisoire ; de l'autre, il n'aurait pas celle d'exiger un cautionnement. Mais le droit de l'inculpé à la liberté provisoire est subordonné à la réunion de trois conditions : *a*) Il ne s'exerce que *cinq jours* après l'interrogatoire, c'est-à-dire *six jours* au plus après l'arrestation. Si le juge reconnaissait, du reste, même avant l'expiration du délai fixé par la loi, l'inutilité de la détention préventive, il ne devrait pas attendre l'échéance de ce délai pour accorder la liberté provisoire. *b*) La seconde condition, c'est que le prévenu soit *domicilié*. La mise en liberté provisoire oblige, en effet, celui-ci à se présenter à tous les actes de la procédure. Or, cette obligation n'ayant pas pour garantie l'appréciation libre du juge, doit en avoir une autre dans un *domicile*, c'est-à-dire dans une résidence fixe, un lien de famille et de travail, qui rattache le prévenu à un lieu déterminé. *c*) Enfin, la loi exclut du bénéfice de la liberté provisoire de droit « les prévenus déjà condamnés pour crime, ou ceux déjà condamnés à un emprisonnement de plus d'une année », c'est-à-dire les individus en état de récidive légale dans les conditions du Code pénal, avant les modifications de la loi du 26 mars 1891.

La liberté est encore de droit en matière de presse, sauf pour les crimes (L. 29 juill. 1881, art. 49) et les délits d'offense envers les chefs d'État ou d'outrages envers les agents diplomatiques étrangers (art. 60, même loi, modifié par la loi du 16 mars 1893).

Deuxième hypothèse. — En matière criminelle, la mise en liberté provisoire peut être ordonnée par le juge d'instruction, tant qu'il est saisi, puis, par la chambre des mises en accusation, dès l'ordonnance de renvoi devant cette chambre jusqu'à l'arrêt de renvoi devant la cour d'assises. La cour d'assises terminant l'affaire, il semble qu'il n'y ait plus à se préoccuper de la mise en liberté provisoire. Mais, quelquefois, à raison de circonstances exceptionnelles, la cour ou le président doivent renvoyer l'affaire à la session suivante, c'est-à-dire à trois mois. Or, d'après une jurisprudence constante, il était absolument impossible au président ou à la cour, quelles que fussent leurs appréciations, d'ordonner la mise en liberté provisoire de l'accusé. Pour remédier à cette situation, un amendement, qui est devenu l'art. 11 de la loi du 8 décembre 1897, a été présenté au Sénat et adopté par les deux Chambres : « Lorsque la *cour d'assises*, saisie d'une affaire criminelle, en prononce le renvoi à une autre session, il lui appartient de statuer sur la mise en liberté de l'accusé ». Mais la cour d'assises n'a le droit de se prononcer sur la mise en liberté provisoire que du moment où elle est régulièrement saisie, et tant qu'elle reste saisie. On ne s'est pas préoccupé de la double situation suivante : de la période qui s'écoule depuis l'arrêt de mise en accusation jusqu'à la comparution devant la cour d'assises; du cas où l'affaire, avant l'ouverture de la session, est renvoyée par le président des assises. Dans ces deux cas, la mise en liberté provisoire paraît impossible[1].

403. Conditions de la mise en liberté provisoire. — La loi exige, dans l'art. 114, la réunion de trois conditions pour que la liberté provisoire puisse être accordée. 1° D'abord, que le juge ne statue que « sur la demande de l'inculpé »; 2° Ensuite, que la mise en liberté ne soit accordée que « sur les conclusions du procureur de la République ». La situation est donc toute différente de celle qui est prévue par l'art. 94. Lorsque le juge statue *sur la demande de l'inculpé*, s'il doit prendre les conclusions du procureur de la République, il n'est pas lié par ces conclusions et se prononce en toute liberté, car il fait *acte de juridiction*. Dans le cas de l'art. 94, le juge qui veut user de la faculté qui lui appartient de donner mainlevée d'un mandat d'arrestation, en dehors de toute provocation de l'inculpé, ne fait qu'un *acte d'instuction*, et la loi a pu subordonner cet acte à l'as-

[1] Sur ce cas et dans le sens d'un obstacle à la mise en liberté : C. d'assises des Hautes-Alpes, 13 déc. 1899 (S. 1900. 2. 85). Le pourvoi contre cet arrêt a été rejeté : Cass., 3 févr. 1900 (D. 1900. 1. 113; S. 1903. 1. 109). Voy. *Rev. pénit.*, 1901, p. 1171 et 1172 ; et *Lois nouvelles*, 1903. 1. 445; Cass., 2 mars 1907 (*Gaz. Pal.*, 1907. 1. 557).

sentiment nécessaire du procureur de la République[1]; 3° Enfin, pour obtenir la liberté provisoire, l'inculpé doit prendre l'engagement d'honneur de se représenter à tous les actes de la procédure[2].

404. Du cautionnement. — Sauf dans le cas où la mise en liberté provisoire est de droit, le juge peut imposer au prévenu l'obligation de fournir un *cautionnement*. L'inculpé n'acquiert ainsi qu'une liberté *conditionnelle:* l'objet de cette mesure consiste à remplacer la garantie de l'emprisonnement par celle du cautionnement, à substituer une sûreté à une autre, en un mot à changer le *gage de la justice*. Du caractère qu'affecte le cautionnement, il faut conclure : — qu'il ne peut être exigé que dans le cas où la détention préventive est jugée nécessaire ; — et qu'il doit alors remplacer, pour la justice, la garantie qui résulterait de cette détention préventive même. La première proposition ne nous arrêtera pas. Il est bien évident, en effet, que si l'inculpé, à raison de sa situation, de ses relations de famille, des liens qui le rattachent au pays, du peu de gravité de l'infraction, ne peut être soupçonné de vouloir fuir la justice, sa mise en liberté pure et simple doit être ordonnée. Aussi, quand la liberté provisoire est de droit, elle est de droit, sans cautionnement. La seconde proposition soulève plus de difficultés. Il paraît impossible, en effet, au premier abord, d'organiser le cautionnement de façon qu'il puisse garantir la représentation de l'inculpé comme le ferait la garde de sa personne. Tout ce qu'on peut faire, c'est de tenir compte, en le fixant, de la *gravité* du fait imputé au prévenu et des *moyens pécuniaires* de celui-ci, et de proportionner le chiffre du cautionnement à ces deux éléments. En conséquence, le cautionnement doit être variable : c'est sa *mobilité* qui fait son égalité et sa puissance : son *égalité*, parce qu'alors les pauvres comme les riches pourront invoquer le bénéfice de la liberté provisoire sous caution ; sa *puissance*, car, en proportionnant son chiffre aux ressources du prévenu, on peut arriver à faire du cautionnement une garantie presque certaine de sa représentation en justice.

Trois innovations, relatives l'une à la *fixation* du cautionnement, l'autre au *mode de cautionnement*, la dernière à son *affectation*, ont été réalisées par la loi du 14 juillet 1865.

Fixation du cautionnement. — L'ancien art. 119 fixait le *maximum* du cautionnement au double de l'amende encourue par le délit ou au triple du dommage éprouvé, son *minimum* à cinq cents francs. Ce

[1] Il suit de là que cette mainlevée ne saurait admettre de voie de recours : c'est une mesure qui est dans le domaine du pouvoir discrétionnaire du juge.

[2] La mainlevée de l'art. 94 a lieu, au contraire, d'office, non seulement sans demande de l'inculpé, mais en dehors de sa participation.

procédé de fixation présentait un double inconvénient : le minimum était trop élevé, le maximum trop bas. Un décret du 25 mars 1848, en abaissant indéfiniment le taux du cautionnement, fit disparaître tout *minimum*. La loi du 14 juillet 1865 a supprimé tout *maximum*. Le chiffre du cautionnement est aujourd'hui fixé par la juridiction compétente avec un pouvoir absolu d'appréciation.

Mode de cautionnement. — La loi de 1865 reconnaît, comme le faisait, du reste, le Code, deux modes de cautionnement : le cautionnement *réel*, en espèces, consistant dans la consignation d'une somme d'argent, soit par l'inculpé, soit par un tiers ; le cautionnement *personnel*, fourni par un tiers, qui prend l'engagement, au greffe, de faire représenter l'inculpé à toute réquisition, ou, à défaut, de verser la somme déterminée (art. 120). Mais tandis que, d'après l'ancien art. 117, cet engagement devait être accompagné d'une affectation hypothécaire, il est aujourd'hui dégagé de cette exigence : il peut ne plus consister que dans la garantie personnelle de celui qui le prend.

Affectation du cautionnement. — Le but du cautionnement est double : il sert, en effet, à garantir tout à la fois la représentation de l'inculpé et le paiement des frais et amendes. En partant de ce point de vue, le nouvel art. 114 a fort judicieusement divisé le cautionnement en deux parties, dont les sommes respectives doivent être fixées par l'ordonnance de mise en liberté provisoire. Une part garantit la représentation de l'inculpé à tous les actes de la procédure et pour l'exécution du jugement. Elle est acquise, au fisc, à titre de clause pénale, par cela seul que l'inculpé a manqué à l'engagement de se représenter. Mais, par une exception remarquable aux règles absolues de la clause pénale, la loi réserve aux cours et tribunaux la faculté d'en ordonner la restitution en cas de renvoi de poursuite, d'absolution ou d'acquittement. Une autre part du cautionnement garantit le paiement, dans l'ordre suivant : 1° des frais faits par la partie publique ; 2° de ceux avancés par la partie civile ; 3° des amendes. Elle doit toujours être restituée, en cas de renvoi de poursuite, d'absolution ou d'acquittement, et, même en cas de condamnation, le reliquat qui existe, les frais et amendes payés (art. 123).

405. Procédure et compétence en matière de liberté provisoire. — La mise en liberté provisoire, avec ou sans caution, a toujours pu être demandée et accordée *en tout état de cause*. Il importe, en effet, que, à toutes les phases de la procédure, la demande de l'inculpé trouve des juges pour l'apprécier. Mais, avant 1865, cette règle générale était interprétée de deux manières bien différentes. Quelques-uns pensaient que, seules, la *chambre du conseil*, remplacée par le *juge d'instruction*, et la *chambre d'acccusation* avaient le droit d'accorder la liberté provisoire. D'autres, plus exactement, affirmaient que la *juridiction compétente pour connaître du procès pénal*, quelle qu'elle fût, pouvait statuer sur ce point, à partir du moment où elle était saisie et jusqu'au moment où elle était dessaisie. C'est ce dernier système, déjà suivi en jurisprudence, qu'est venu consacrer le nouvel art. 116. Donc : 1° Au *juge d'instruction* seul il appartient, pendant l'information, de mettre l'inculpé en liberté provisoire, cette mesure pouvant être considérée comme un acte de l'instruction; 2° Mais, quand le juge s'est dessaisi par une ordonnance de renvoi, ce droit passe à la juridiction saisie du fond, c'est-à-dire à la *chambre des mises en accusation*, au *tribunal correctionnel*, à la *chambre correctionnelle de la cour* (art. 116, § 1). 3° Si l'affaire est pendante devant la Cour de cassation, par suite d'un pourvoi ou d'une demande en règlement de juges, comme cette Cour ne juge pas le fond de l'affaire[1], c'est à la juridiction dont la décision est attaquée par le pourvoi qu'il faut s'adresser (art. 116, § 2)[2]. 4° Si, au moment où le prévenu veut former sa demande, il n'y a point de juridiction saisie[3], les uns attribuent compétence à la juridiction qui a statué en dernier lieu (arg. de l'art. 216, § 2), les autres, mieux avisés, décident que la demande en liberté provisoire doit être adressée à la *chambre d'accusation*, qui est présentée par les dispositions organiques qui l'instituent, comme investie de la plénitude de juridiction pour toutes les mesures qui touchent à l'instruction des crimes ou des délits[4].

On a voulu, en 1865, *abréger les délais* et *simplifier les formes* pour que la décision à intervenir sur la demande en liberté provisoire ne fût pas retardée. Voici quelles sont les règles de la procédure : 1° La demande est formée par requête adressée à la juridiction compétente et déposée au greffe (art. 117); 2° Elle est notifiée à la partie civile, au domicile élu par elle dans l'acte de sa constitution (art. 118).

[1] Cass., 3 déc. 1903 (*J. des Parq.*, 1904. 2. 107).

[2] Il en est particulièrement ainsi quand l'accusé se pourvoit contre un arrêt de la chambre des mises en accusation, le renvoyant devant la cour d'assises. Dans ce cas, la mise en liberté provisoire peut être accordée, puisque l'arrêt de mise en accusation n'est pas encore définitif, mais seulement jusqu'à ce qu'il ait été statué sur le pourvoi, dont le rejet amène nécessairement l'exécution immédiate de l'ordonnance de prise de corps : Cass., 23 avr. 1868 (D. 68. 1. 409); 8 juin 1872 (D. 72. 1. 381); 13 juin 1872 (D. 72. 1. 157); Dijon, 12 août 1891 (D. 92. 2. 336).

[3] Cette hypothèse se présente, soit dans le cas de conflit négatif, soit après une condamnation correctionnelle contre un détenu qui demande la liberté provisoire pendant le délai d'appel.

[4] La jurisprudence est depuis longtemps fixée en ce sens : Cass., 28 mai 1886 (S. 86. 1. 266; D. 87. 1. 91).

3° Cette partie et le ministère public ont vingt-quatre heures pour prendre leurs conclusions, savoir, le ministère public, à compter de l'heure du dépôt au greffe, et la partie civile, à compter de l'heure de la notification (art. 118) ; 4° La décision qui intervient est susceptible des voies de recours appropriées à sa nature, *opposition*, s'il s'agit d'une ordonnance, *appel*, s'il s'agit d'un jugement, *pourvoi en cassation*, s'il s'agit d'un arrêt. Mais l'art. 119 contient deux dispositions relatives à l'étendue des délais pour former ces voies de recours. D'une part, il réduit, à un délai unique de *vingt-quatre heures*, les délais d'opposition et d'appel pour le procureur de la République, l'inculpé et la partie civile. D'autre part, il fixe, conformément au droit commun, un délai de *dix jours* pour l'opposition du procureur général aux ordonnances du juge d'instruction. On comprend l'antithèse de ces deux dispositions, si l'on tient compte de la règle d'après laquelle l'opposition du procureur général n'empêche pas, comme celle des parties en cause, l'*exécution provisoire* de l'ordonnance qui prononce la mise en liberté provisoire (art. 135, § 11)[1] ; 5° La forme dans laquelle ces voies de recours doivent se manifester est la même : c'est l'inscription sur un registre tenu au greffe à cet effet (art. 119, § 2).

406. De la cessation de la liberté provisoire. — La liberté provisoire, quand elle n'est pas *de droit*, peut être retirée : 1° lorsque des circonstances nouvelles et graves l'exigent (art. 115) ; 2° lorsque l'inculpé est constitué en défaut de se représenter (art. 125) ; 3° lorsque l'inculpé est renvoyé en état d'accusation devant la cour d'assises (art. 116) ; 4° lorsqu'intervient un arrêt ou jugement définitif sur la prévention.

§ IV. — DES ACTES QUI TENDENT A RASSEMBLER LES PREUVES.

407. Trois groupes d'opérations. — 408. Devoirs du juge d'instruction. — 409. Droits et devoirs du conseil. Assistance du conseil aux interrogatoires et confrontations. Le conseil doit être tenu au courant de la procédure. — 410. Sur les constatations judiciaires, l'audition des témoins, l'interrogatoire de l'inculpé, renvoi à la théorie des preuves.

407. Trois groupes d'opérations. — Instruire une affaire pénale,

[1] Deux questions sont laissées indécises : Quel sera le délai d'appel du procureur général contre un jugement correctionnel statuant sur la mise en liberté provisoire ? Quel sera le délai du pourvoi en cassation, pour toutes les parties, contre un arrêt sur le même objet ? L'exposé des motifs de la loi de 1865 (D. 65. 4. 148 et 156) indique expressément le délai de ving-quatre heures, qui est le délai normal en la matière. *Sic*, Dutruc, *Code de la détention préventive*, n° 79.

c'est rechercher tout ce qui tend, d'une part, à établir l'existence de l'infraction, et d'autre part, à découvrir quel en est l'auteur. Trois groupes d'opérations sont, en général, nécessaires : 1° les *constatations judiciares*; 2° l'*audition des témoins*; 3° l'*interrogatoire de l'inculpé*. L'ordre, que doit suivre le juge dans ces diverses opérations, n'est pas prescrit par la loi; il varie donc suivant la nature de l'affaire.

Depuis la réforme de 1897, deux questions préliminaires se posent; 1° Quelles sont les obligations imposées au juge d'instruction dans cette procédure? 2° Quels sont les droits et les obligations du conseil de l'inculpé?

408. Devoirs du juge d'instruction. — Les obligations imposées au juge d'instruction lors de la première comparution de l'inculpé, même si l'inculpé est en liberté, sont au nombre de trois. Il faut : 1° qu'il avise l'inculpé qu'il peut ne faire aucune déclaration; 2° qu'il s'abstienne de l'interroger ou de le confronter ; 3° qu'il l'avertisse du droit que la loi lui donne de se faire assister d'un conseil. L'uniformité de la procédure d'information, au point de vue des garanties à accorder à tout inculpé, donne, à l'art. 3, dont la rédaction vise spécialement l'individu arrêté en vertu d'un *mandat d'amener*, un caractère absolu et général. Ces obligations s'imposent donc au juge d'instruction dans tous les cas où celui-ci est mis, pour la première fois, en présence d'un inculpé [1], mais ne s'imposent qu'au juge d'instruction ou aux officiers de police judiciaire par lui délégués [2], dans la procédure ordinaire [3].

[1] Le texte de l'art. 3 est équivoque à cet égard : « Lors de cette première comparution », ce qui donnerait à cette disposition le caractère d'une annexe de la précédente qui vise spécialement le mandat d'amener. Voy. Ollier, *op. cit.*, p. 55. J'applique donc cette disposition au cas de délivrance d'un mandat de dépôt ou d'arrêt et même au cas de délivrance d'un mandat de comparution. *Sic*, Lyon, 26 janv. 1898 (S. 98. 2. 193).

[2] La loi du 8 décembre 1897 ne concerne, en effet, que les informations confiées au juge d'instruction jusqu'à l'ordonnance qui les clôture (Cass., 20 mars 1903, D. 1904. 1. 477 ; 11 mai 1900, S. 1905. 1. 217 et la note). Elle ne s'applique : 1° ni à la période préliminaire de la police judiciaire et des enquêtes officieuses (Cass., 27 avr. 1899, S. 1900. 1. 425; 11 août 1899, S. 1902. 1. 61 ; 3 févr. 1900, S. 1902. 1. 538); 2° ni à la procédure devant la chambre d'accusation (Cass., 7 juill. 1899, S. 1902. 1. 300; 20 mars 1903, S. 1905. 1. 249); 3° ni aux informations supplémentaires ordonnées, soit par les tribunaux correctionnels ou par les chambres correctionnelles de cour d'appel (C. instr. cr., art. 154 et 211), soit même par les chambres d'accusation (C. instr. cr., art. 288; Cass., 26 juin et 24 déc. 1898, S. 99. 1. 297; 29 janv. 1899, S. 1900. 1. 60). Voy. sur tous ces points : G. Le Poittevin, *op. cit.*, nos 45 à 51. Mais la loi du 8 décembre 1897 a été étendue à la procédure militaire par la loi du 15 juin 1899 et elle a été déclarée applicable à la procédure devant la Haute-Cour de justice : Haute-Cour, 18 sept. et 12 oct. 1899 (S. 1900. 2. 289) et la note de M. Esmein.

[3] L'arrêt de la Cour de cass., du 12 mars 1898 (S. 99. 1. 297) déclare, en effet,

I. L'obligation pour le juge d'instruction, d'*avertir l'inculpé qu'il est libre de ne pas répondre* aux questions qui lui sont posées et de ne faire aucune déclaration (art. 3, § 1) se retrouve dans les procédures anglaise et allemande : elle a pour but de protéger l'inculpé contre toutes surprises et d'empêcher qu'il ne compromette sa défense par des aveux irréfléchis ou des dénégations mensongères. La sanction de cette garantie, c'est la nullité de l'acte et de la procédure ultérieure (art. 12). Et pour que l'application en soit facile, le juge d'instruction doit mentionner l'avertissement au procès-verbal (art. 3, § 2, 5, § 2). Le défaut de mention formelle équivaut au défaut d'avertissement.

II. Lors de la première comparution, l'inculpé *ne doit être ni interrogé ni confronté* avec ses complices ou des témoins : ces actes ne seront possibles que postérieurement *en présence du conseil* (art. 3, § 1 ; 5, § 1, 9, § 2 ; 7). La sanction de cette obligation négative qui s'impose au juge d'instruction se trouve dans le § 2 de l'art. 9 qui renvoie à l'art. 12 : nullité de l'acte et de la procédure ultérieure. Mais bien que le juge d'instruction n'ait pas le droit d'interroger, si l'inculpé veut faire des déclarations, le juge doit les recevoir (art. 3, § 1 ; art. 5, § 7).

Les exceptions à cette règle sont au nombre de deux.

a) La première est formulée par l'art. 7. Il s'agit de *cas d'urgence* où tout retard pourrait compromettre la découverte de la vérité. Le juge d'instruction a le droit de procéder à un interrogatoire immédiat ou à des confrontations : 1° si l'urgence résulte de l'état d'un témoin en danger de mort (la victime d'un meurtre par exemple) ; 2° s'il existe des indices sur le point de disparaître ; 3° si le juge d'instruction s'est transporté sur les lieux en cas de flagrant délit, soit qu'il ait été requis d'informer et de se transporter (C. instr. cr., art. 47 et 62), soit qu'il ait usé des pouvoirs spéciaux qui lui appartiennent, aux termes de l'art. 32, concurremment avec le procureur de la République.

Ces trois cas sont limitatifs et le juge d'instruction doit rendre une ordonnance visant l'une de ces hypothèses, toutes les fois qu'il procède en exécution de l'art. 7. Alors peut se produire un conflit, sous l'une des deux formes suivantes : — Le juge d'instruction veut appliquer l'art. 7, alors que le ministère public ou l'inculpé prétendent que cet article n'est pas applicable : dans ce cas, il faut donner au ministère public le droit de faire opposition à l'ordonnance devant la chambre

la loi de 1897 inapplicable, non seulement à la procédure de la loi du 20 mai 1863 qui a lieu sans instruction préalable, mais à celle des art. 32 à 46 et 49, C. instr. cr., qui peut comporter une instruction préalable, faite soit par le juge d'instruction soit par le procureur de la République. Il se fonde sur l'art. 7. Mais voy. note de M. Roux sous cet arrêt. *Adde*, Cass., 28 juill. 1899 (S. 1902. 1. 55).

des mises en accusation (C. instr. cr., art. 135), et, si l'opposition n'est plus recevable ou n'a pas été formée, l'acte et la procédure ultérieure peuvent être déclarés nuls; — Le juge d'instruction refuse d'appliquer l'art. 7, alors que le ministère public ou l'inculpé prétendent que le texte est applicable; dans ce cas, il n'y aurait matière ni à opposition ni à nullité, puisque le juge ne fait que se maintenir, à l'avantage de l'inculpé, dans le droit commun de la procédure contradictoire.

b) La deuxième exception résulte implictement du § 2 de l'art. 9. L'inculpé peut être interrogé ou confronté dès la première comparution s'il renonce *expressément* à l'assistance d'un défenseur. Mais cette renonciation doit être constatée dans le procès-verbal, et elle n'a pas de caractère définitif, l'inculpé pouvant ultérieurement demander l'assistance d'un conseil.

III. Si l'inculpation est maintenue, le magistrat donnera avis à l'inculpé de *son droit de choisir un conseil* (art. 3, § 3). L'inculpé qui refuse, à ce moment-là, l'assistance d'un défenseur, ne sera pas forclos par la suite.

La loi oblige le juge d'instruction à mentionner, dans son procès-verbal: 1° qu'il a donné avis à l'inculpé de son droit de choisir un conseil; 2° et, s'il y a lieu, la désignation de l'avocat d'office. Mais l'inobservation de cette double formalité n'est pas expressément sanctionnée par l'art. 12. Il est cependant bien certain que si la formalité n'a pas été observée, il y a nullité : la loi, exigeant, à peine de nullité (art. 9, § 2, 12), la présence de l'avocat à chaque interrogatoire ou confrontation, doit exiger qu'on avertisse l'inculpé qu'il a le droit de prendre un défenseur et qu'on lui en désigne un, s'il le réclame. Mais l'absence de constatation de la formalité dans le procès-verbal ne paraît pas être un cas de nullité, s'il pouvait être établi, en dehors du procès-verbal, que le juge d'instruction a réellement averti l'inculpé.

409. Droits et devoirs du conseil. — L'intervention du conseil de l'inculpé dans l'information est la réforme caractéristique de la loi de 1897[1].

Deux systèmes étaient en présence. Le premier retardait l'intervention du conseil jusqu'au moment de la clôture de l'instruction, dans la crainte que cette intervention n'entravât les recherches. Le second faisait de cette intervention la condition même de la régularité de la procédure, dès son début. C'est ce dernier qui a prévalu.

Quels sont les droits du défenseur pendant l'instruction? Sur ce point encore, divers systèmes ont été proposés. Le premier était for-

[1] Sur cette réforme : Ollier, *op. cit.*, nos 15 à 17.

mulé par le projet primitif de réforme du Code d'instruction criminelle; il avait échoué, au Sénat, en 1882, mais avait triomphé, dès 1884, à la Chambre des députés : ce système consistait à faire participer le conseil à tous les actes de la procédure, sans exception ni réserve. Le second avait été proposé par la Cour de cassation[1] et repris, devant le Sénat, au cours de la discussion du projet Constans : le conseil n'aurait eu droit qu'à la communication de la procédure, communication, *obligatoire*, la veille ou deux ou trois jours avant l'interrogatoire définitif, *facultative*, laissée à la discrétion du juge, à tout autre moment de l'information.

Dans le système qui a été finalement adopté, le conseil n'assiste qu'à certains actes de la procédure, *interrogatoires* et *confrontations*, mais il a le droit d'être tenu au courant de la *marche de l'instruction*, par la communication du dossier et des ordonnances.

I. Au premier point de vue, on considère que l'assistance du conseil est une garantie pour l'inculpé, toutes les fois que ce dernier est appelé à discuter les charges relevées contre lui, ce qui se produit dans les *interrogatoires* et les *confrontations*. Il faut donc examiner deux choses : la question de convocation du conseil pour ces opérations, et le rôle qu'il est appelé à y jouer.

a) Le conseil est convoqué par lettre missive, au moins vingt-quatre heures à l'avance (art. 9, § 4)[2]. En principe, la lettre missive devra être portée à la poste et recommandée, et devra parvenir à l'avocat vingt-quatre heures à l'avance : le récépissé, délivré par l'employé, auquel la lettre aura été remise, sera annexé au procès-verbal constatant l'expédition. L'inculpé, au cas où l'interrogatoire et les confrontations seraient continués et renvoyés au lendemain, pourra dispenser de l'observation de ce délai ; il faudra alors faire mentionner, dans le procès-verbal, que la dérogation, à la règle édictée par l'art. 9, a eu lieu après avis donné au conseil et à l'inculpé et du consentement exprès de ce dernier.

b) Quant au rôle du conseil et à ses rapports avec le magistrat in-

[1] Dans ses *Observations* sur le projet de loi. Ces observations sont rapportées dans Ollier, *op. cit.*, *annexes*.

[2] Art. 9. — L'inculpé doit faire connaître le nom du conseil par lui choisi, en le déclarant, soit au greffier du juge d'instruction, soit au gardien chef de la maison d'arrêt.

L'inculpé détenu ou libre ne peut être interrogé ou confronté, à moins qu'il n'y renonce expressément, qu'en présence de son conseil ou lui dûment appelé.

Le conseil ne peut prendre la parole qu'après y avoir été autorisé par le magistrat. En cas de refus, mention de l'incident est faite au procès-verbal.

Le conseil sera convoqué par lettre missive au moins vingt-quatre heures à l'avance.

structeur, quatre situations sont possibles : 1° Le conseil ne se rend pas à une convocation régulièrement faite. — Le juge peut alors passer outre. L'art. 9, § 2, permet l'interrogatoire ou la confrontation, dès que le conseil a été « dûment appelé ». Mais l'absence du conseil ne libère pas le juge de l'obligation de le convoquer à nouveau pour les interrogatoires et les confrontations qui auront lieu par la suite. 2° Le conseil se rend à la convocation. — Dans ce cas, l'art. 9 qui précise son rôle, décide que « le conseil ne peut prendre la parole qu'après y avoir été autorisé par le magistrat. En cas de refus, mention de l'incident est faite au procès-verbal ». Le rôle du défenseur consiste : à surveiller le juge pour éviter les abus de pouvoir, les questions ambiguës, les promesses parfois captieuses, destinées à obtenir un aveu; à éclairer l'inculpé sur l'opportunité d'un acte d'instruction, par exemple d'un examen médical; à s'opposer aux mesures vexatoires illégales, par exemple à la mensuration anthropométrique. Dans ces divers buts, la loi n'a pas fait du conseil de l'inculpé un spectateur muet et impassible; elle lui permet de prendre la parole, mais après y avoir été autorisé par le magistrat. 3° Le juge refuse la parole à l'avocat. — C'est le droit du magistrat instructeur, à la seule condition de relater l'incident au procès-verbal. Le conseil qui s'est vu refuser la parole, n'a pas la faculté de faire opposition devant la chambre des mises en accusation ; il ne peut utiliser ce refus, d'ailleurs mentionné au procès-verbal, qu'à l'audience même. 4° La parole a été donnée à l'avocat. — Il est inutile de relater au procès-verbal les observations qui seront présentées par le conseil ; ce n'est que dans le cas où la parole lui aurait été retirée qu'il serait fait mention de cet incident au procès-verbal.

Par exception, le juge d'instruction peut interroger et confronter l'inculpé hors la présence du conseil : — dans l'hypothèse prévue par l'art. 7 (s'il y a urgence résultant de l'état d'un témoin en danger de mort, de l'existence d'indices sur le point de disparaître, enfin dans le cas de flagrant délit). Bien que cette disposition se réfère à la première comparution de l'inculpé, le juge d'instruction peut l'utiliser, quel que soit le degré d'avancement de l'instruction, puisque la nécessité d'empêcher la disparition des preuves existe à toute époque; — dans l'hypothèse prévue par l'art. 9 § 2 (si l'inculpé y renonce expressément). L'inculpé, en effet, reste maître de diriger sa défense comme il l'entend, et de même qu'il peut renoncer à l'assistance d'un conseil, de même il peut, après entente avec son conseil, décider s'il doit être interrogé ou confronté seul[1].

[1] Mais la renonciation à une formalité prévue par la loi de 1897, à l'occasion d'un

II. Le droit pour le conseil d'être tenu au courant de la procédure est le seul moyen pratique permettant à celui-ci de préparer utilement la défense de l'inculpé et de provoquer les mesures qui paraîtront nécessaires à la manifestation de la vérité. Dans ce but, deux formalités sont ordonnées.

a) C'est d'adord la mise du dossier à la disposition du conseil, « la veille des *interrogatoires* (ou des *confrontations*) que l'inculpé doit subir » (art. 10, § 1)[1]. La circulaire du 10 décembre pose la règle que la communication aura lieu dans le cabinet même d'instruction ou dans un annexe de ce cabinet; la communication ne sera faite au greffe que lorsqu'il sera matériellement impossible de procéder autrement; en ce cas, « les pièces devront être cotées et inventoriées ». La mise de la procédure à la disposition de l'avocat, la veille de chaque interrogatoire, est prescrite par l'art. 12 à peine de nullité. Il est donc nécessaire que le procès-verbal constate, tout à la fois, l'expédition de la lettre avertissant le défenseur et la mise de la procédure à sa disposition [2].

b) Puis le greffier doit donner immédiatement connaissance au conseil de toutes les ordonnances du juge d'instruction (art. 10, § 2) [3].

Deux questions sont restées particulièrement indécises à raison du laconisme de la loi. 1° Que doit-on entendre par « ordonnances »? S'il s'agissait de tous les actes d'information, la marche de l'instruction serait constamment et inutilement entravée. Les ordonnances, que le

acte déterminé, s'applique à cet acte seul, et ne peut, à peine de nullité, être étendue à d'autres actes. Jurisprudence constante : Paris, 6 janv. 1897; Caen, 22 déc. 1897. Voy. Cass., 12 mai 1899 (S. 1900. 1. 477).

[1] Art. 10. — « La procédure doit être mise à la disposition du conseil la veille de chacun des interrogatoires que l'inculpé doit subir.

« Il doit lui être immédiatement donné connaissance de toute ordonnance du juge par l'intermédiaire du greffier ».

Deux questions ont surgi. 1° La communication du dossier doit-elle avoir lieu la veille de la confrontation? L'art. 10, § 1 ne l'exige pas, puisqu'il ne parle que des interrogatoires. Mais il faut remarquer que les confrontations, comme les interrogatoires, ne pouvant avoir lieu, sauf renonciation, qu'en présence du défenseur, il faut bien que celui-ci puisse être éclairé par la communication du dossier. La jurisprudence a cru cependant devoir faire une distinction. Si le juge se borne à confronter l'inculpé sans l'interroger, la communication n'est pas prescrite; elle l'est, au contraire, si la confrontation implique un interrogatoire : Cass. 11 févr. 1899 (S. 1901. 1. 173) et la note de M. Roux. Comp. *Rev. pénit.*, 1899, p. 450 et s.; Le Poittevin, *op. cit.*, n°s 17 et 18. 2° Le juge d'instruction après avoir mis le dossier à la disposition du conseil, la veille de l'interrogatoire, peut-il continuer l'instruction jusqu'à cet interrogatoire? Comp. Cass., 23 juin 1906 (S. 1906. 1. 248); 3 avr. 1903 (D. 1906. 1. 1455); Demogue, *Rev. crit.*, 1906, p. 264.

[2] Sur la question : Cass., 12 juill. 1906 (S. 1907. 1. 61).

[3] Au conseil seulement : Cass., 3 avr. 1903 (S. 1905. 1. 340) et la note.

conseil peut avoir intérêt à connaître, sont les seules ordonnances ayant un *caractère juridictionnel* (ordonnances de compétence, de mise en liberté ou de refus de mise en liberté, d'interdiction de communiquer, de soit communiqué ou de clôture). Ce qui exclut d'abord les actes par lesquels le juge délègue ses pouvoirs à un officier de police judiciaire ou fait citer un témoin devant lui ; ce qui exclut ensuite (mais ce point est plus douteux) les ordonnances de perquisitions ou celles qui commettent un expert[1]. *b*) La loi ne règle pas le procédé au moyen duquel l'ordonnance sera portée à la connaissance du conseil. Il faut, par un argument d'analogie (comb. art. 10, § 2, avec l'art. 9, § 4), décider que, dès l'ordonnance rendue, le greffier informera l'avocat, par une lettre missive recommandée, non pas du texte, mais de l'objet de l'ordonnance.

Cette communication s'impose au juge d'instruction à peine de nullité (comb. art. 10, § 2, avec l'art. 92).

410. Constatation et réunion des preuves. — Les moyens d'investigation et de preuve employés dans le cours de l'instruction sont : 1° l'*inspection personnelle* du juge par le *transport sur les lieux*, les *visites domiciliaires* et la *saisie des pièces à conviction* ; 2° l'*audition* des témoins ; 3° les *expertises*; 4° *l'interrogatoire* des inculpés.

Nous avons déjà exposé, à propos de la théorie des preuves, la marche de ces opérations.

[1] Il y a une première question sur laquelle la doctrine et la jurisprudence sont d'accord : c'est celle d'après laquelle la communication n'est pas obligatoire pour toutes les ordonnances, mais seulement pour celles qui ont un caractère juridictionnel et non pas pour celles qui n'ont qu'un caractère de pure administration intérieure. On ne comprendrait pas, par exemple, que le législateur ait entendu imposer l'obligation d'avertir le conseil qu'une perquisition va avoir lieu. Toute la difficulté est de reconnaître à quelle catégorie appartient l'ordonnance. On n'a pu contester le caractère administratif : des commissions rogatoires à fin d'audition de témoin ; du remplacement du juge d'instruction empêché, par un collègue du même tribunal ; d'une ordonnance de constatation (Cass., 8 déc. 1899, *Journ. des Parq.*, 1900. 2. 42 ; Paris, 7 déc. 1898, S. 1901. 1. 305). A l'inverse, est certain le caractère juridictionnel des ordonnances de mise en prévention (Cass., 11 févr. 1898, S. 1900. 1. 425), de renvoi (Paris, 6 janv. 1898, *Journ. des Parq.*, 98. 2. 1), de soit communiqué (Cass., 5 janv. 1898, S. 1901. 1. 153). Mais il est des ordonnances au caractère indéterminé et qu'on peut ranger soit dans l'une soit dans l'autre des catégories, suivant les tendances de chacun. Il en est ainsi, par exemple, des ordonnances commettant un expert. Voy. sur cette hypothèse, et dans le sens du caractère non juridictionnel : Cass., 1er juill. 1899 (S. 1902. 1. 55) ; 5 janv. et 16 févr. 1901 (D. 1901. 1. 113 ; S. 1902. 1. 103) et les notes ; 29 nov. 1907 (*Gaz. Pal.*, 15 janv. 1908).

I. Le *transport sur les lieux*, auquel il est procédé par le juge d'instruction assisté du procureur de la République et du greffier, aboutit à un procès-verbal de constat (C. instr. cr., art. 62)[1].

Les *perquisitions domiciliaires* ont lieu au domicile du prévenu ou à celui des tiers, avec la seule restriction qu'elles doivent être opérées le jour et en la présence du prévenu ou, au moins, après sommation à lui faite de s'y rendre (C. instr. cr., art. 87, 88, 89 et 39).

La *saisie des pièces à conviction* peut être faite en n'importe quel lieu. Mais la loi a prescrit certaines mesures destinées à assurer l'identité et la conservation de ces pièces. Malgré le secret qui les protège, les lettres peuvent être saisies, même à la poste. Cependant, exception doit être faite pour la correspondance entre l'inculpé et son défenseur, à raison du double principe du secret professionnel imposé à ce dernier et de la libre défense qui domine la procédure [2].

II. L'*audition des témoins*, qui est l'opération capitale de l'instruction, celle qui lui a donné son nom (*information*) continue à demeurer secrète, après comme avant la loi du 8 décembre 1897. Mais si le juge veut confronter l'inculpé avec les témoins entendus, il doit, à moins de renonciation expresse de l'inculpé, le faire en présence du conseil ou lui dûment appelé (art. 9).

III. L'*expertise* a été étudiée déjà. Nous savons qu'elle n'est pas réglementée en matière criminelle et n'a, pas plus que les autres actes de l'instruction, de caractère contradictoire.

IV. L'*interrogatoire* a été réglementé au point de vue de la contradiction par la loi du 8 décembre 1897. Il ne l'a pas été à d'autres points de vue. L'interrogatoire est obligatoire, mais la jurisprudence paraît considérer comme suffisant l'interrogatoire de pure forme auquel le juge d'instruction soumet l'inculpé lorsqu'il est amené devant lui par les soins de la police [3].

[1] Voy. mon *Traité d'instr.*, t. 1, n°s 300 à 307.

[2] Voy. Cass., 12 mars 1886 (S. 87. 1. 99) et la note de M. Villey; Rouen, 9 nov. 1893 (S. 94. 2. 41) et note de M. Dalmbert; *Rev. pénit.*, 1905, p. 93. Même les lettres adressées par un prévenu à l'avocat de son coprévenu : Poitiers, 2 mai 1906 (D. 1906. 2. 306). — Sur la saisie de la correspondance : *Rev. pénit.*, 1904, p. 1206 ; D. 1904. 1. 569, note de M. Le Poittevin. — Sur les perquisitions et saisies : *Rev. pénit.*, 1905, p. 70.

[3] Voy. Cass., 11 juill. (S. 1903. 1. 546) et la note de M. Roux.

§ V. — DES NULLITÉS DE L'INSTRUCTION PRÉPARATOIRE[1].

411. Quelles dispositions sont sanctionnées par la nullité. — 412. Étendue de la nullité. — 413 Effets de la nullité.

411 Des dispositions sanctionnées par la nullité. — La nullité de l'*acte* fait en violation de la loi et de la *procédure ultérieure* peut être *expressément* prononcée par la loi. À ce point de vue, l'art. 12 de la loi du 8 décembre 1897 énumère les dispositions qui doivent être observées à peine de nullité[2]. Ce sont : 1° Les dispositions prescrites par l'art. 1er (défense au magistrat qui a instruit de concourir au jugement des affaires qu'il a instruites) ; 2° Les dispositions prescrites par l'art. 3, § 2 (obligation, lors de la première comparution, d'avertir l'inculpé qu'il peut ne faire aucune déclaration) ; 3° Les dispositions prescrites par l'art. 9, § 2 (obligation de n'interroger ou confronter l'inculpé qu'en présence du conseil) ; 4° Celles prescrites par l'art. 10 (mise à la disposition du dossier la veille de chaque interrogatoire ; obligation pour le greffier de communiquer immédiatement au conseil toutes les ordonnances rendues par le juge). Mais il faut appliquer, à la matière, la théorie des *nullités substantielles*, de celles qui, quoique non écrites, résultent nécessairement de ce qu'il y a d'essentiel dans l'acte prescrit[3]. C'est ainsi que devront être observées, à peine de nullité, bien que cette sanction ne soit pas prononcée par l'art. 12 : 5° Les dispositions prescrites par l'art. 3, § 3 (obligation pour le juge d'avertir l'inculpé qu'il a le droit de se faire assister d'un conseil et l'omission de provoquer la nomination d'office de ce conseil, si l'inculpé n'en a pas choisi un)[4], sauf les exceptions prévues par l'art. 7 et la renonciation expresse de celui-ci.

[1] Sur la question : G. Leloir, *L'instruction préalable. Nullité de la procédure* (*La France jud.*, 1898, p. 4, 18, 58) ; G. Le Poittevin, *Questions relatives à l'application de la loi du 8 déc. 1897*, Paris, 1899 ; J. Ollier, *Journ. des Parq.*, 1898, p. 184 ; *Rev. pénit.*, 1899, p. 365.

[2] Art. 12. — Seront observées, à peine de nullité de l'acte de la procédure ultérieure, les dispositions prescrites par les art. 1er, § 2 ; 9, § 2 et 10.

[3] Dans ce sens : Ollier, *op. cit.*, p. 86. — En sens contraire : Leloir, *op. et loc. cit.* Mais voir : G. Le Poittevin, *op. cit.*, n° 27, et la juriprudence conforme à notre opinion ; *Rev. pénit.*, 1902, p. 409 ; Cass., 12 mars et 15 juin 1898 (S. 1900. 1. 57).

[4] Caen, 28 déc. 1897 (D. 98. 2. 33) ; Lyon, 5 et 16 janv. 1898 ; Cass., 4 févr. 1898 (*France jud.*, 1898, 2, p. 34). On peut considérer la jurisprudence comme définitivement fixée à cet égard. Voy. *Rev. pénit.*, 1902, p. 409.

412. Étendue de la nullité. — En supposant qu'une des dispositions sanctionnées par la nullité ait été violée, quelle est l'étendue de cette nullité? L'art. 12 frappe de nullité: 1° l'acte irrégulier; 2° tous les actes d'instruction qui ont suivi cet acte[1]. On s'est demandé cependant si la nullité qui résulte du défaut de notification au conseil de l'inculpé d'une ordonnance de renvoi, réfléchissait sur cette ordonnance elle-même? La question nous paraît tranchée par l'art. 12 qui édicte la nullité de l'acte *et* de la procédure ultérieure[2]. En vain dirait-on que l'omission porte sur la notification de l'ordonnance et non sur l'ordonnance; car l'acte qui n'a pas été notifié est légalement considéré comme non avenu.

Les caractères de la nullité varient suivant qu'il s'agit de la nullité de l'art. 1er, relative à l'organisation de la juridiction, ou des autres nullités qui ne concernent que la procédure. La première touchant à la constitution de la juridiction est *d'ordre public;* elle peut être invoquée en tout état de cause et doit être suppléée d'office. Les autres, étant simplement édictées dans l'intérêt de l'inculpé, peuvent être couvertes par la renonciation expresse de l'inculpé à s'en prévaloir[3].

413. Effets de la nullité. — La nullité peut être découverte: 1° soit au cours de l'information; 2° soit après la clôture de l'instruction; 3° soit après le jugement rendu.

I. C'est au cours de l'instruction que la nullité est découverte; par exemple, le magistrat a omis d'avertir l'inculpé, à la première comparution, qu'il était libre de ne pas faire de déclaration et il a reçu ses aveux. L'acte nul et tous ceux qui ont suivi peuvent être refaits par le juge d'instruction, mais après avoir mis l'inculpé en demeure de déclarer s'il veut opposer la nullité[4]. Si le juge d'instruction n'arrête pas le cours de l'instruction, ne refait pas l'acte nul, ou si l'inculpé s'y oppose, le procureur de la République se pourvoira devant la chambre d'accusation. Mais l'inculpé ou son conseil, en cas de refus du juge d'instruction de refaire l'acte nul ou de se dessaisir, auraient-ils le droit de porter la question, par voie d'opposition, devant cette même chambre? Ce qui fait la difficulté, c'est l'art. 135, C. instr. cr., d'après lequel l'inculpé ne peut former opposition, que dans deux cas:

[1] Mais faut-il supprimer au dossier les actes nuls et la procédure qui les a suivis? Voy. Cass., 22 juin 1905 (S. 1908. 1. 205).

[2] Dans ce sens: Ollier, *op. cit.*, n° 86. La jurisprudence des cours d'appel est conforme. Mais en sens contraire: G. Le Poittevin, *op. cit.*, n° 29.

[3] Cass., 12 mars et 25 juin 1898 (S. 1900. 1. 57); 25 juill. et 11 août 1899 (S. 1902. 1. 60 et 61). Voy. *Rev. pénit.*, 1898, p. 365; 1902, p. 79.

[4] Cass., 8 déc. 1899 (S. 1901. 1. 503); 28 juill. 1899 (S. 1902. 1. 60).

lorsqu'il demande sa liberté provisoire ou décline la compétence du juge d'instruction. Il eut été désirable que la loi de 1897 eût modifié le Code d'instruction criminelle sur ce point, en étendant le droit d'opposition de l'inculpé à tous les cas où l'une des garanties qui lui sont données a été omise. Mais, en l'absence de toute disposition de ce genre, la jurisprudence a dû restreindre le droit d'opposition de l'inculpé aux deux seuls cas prévus par l'art. 135[1].

II. La nullité n'est découverte ou invoquée qu'après la clôture de l'instruction et au cours du procès devant la juridiction du jugement. Il s'agit de savoir quels sont les droits et les pouvoirs de cette juridiction. Il faut évidemment distinguer suivant que la juridiction saisie est la *cour d'assises* ou le *tribunal correctionnel*. 1° Dans le premier cas, la cour d'assises ne peut connaître de la question[2]. Il est, en effet, de principe, d'une part, que le défaut de pourvoi contre l'arrêt de renvoi couvre toutes les irrégularités de la procédure antérieure, et, d'autre part, qu'en ce qui concerne la cour d'assises, l'arrêt de renvoi est attributif et non pas seulement indicatif de compétence. 2° La juridiction de jugement est le *tribunal correctionnel*. Ce tribunal a-t-il qualité pour prononcer la nullité des actes du juge d'instruction ? Lorsque l'ordonnance de clôture est prononcée et le tribunal saisi, le prévenu peut certainement se faire un grief des irrégularités de procédure commises au cours de l'instruction préalable et demander, tout au moins, la *nullité de la citation*, qui relève de la juridiction du tribunal. Mais cette nullité crée une situation de fait dont il est difficile de trouver l'issue, puisque la nullité de la citation, basée sur l'ordonnance, entraîne la nullité de toute citation qui serait donnée en vertu du même acte. Le cours de la justice se trouve ainsi interrompu. Trois solutions ont été proposées pour sortir de cette impasse. — Faire abstraction, lorsqu'une nullité est prononcée, sinon constatée, de toute la procédure d'instruction, la tenir pour inexistante et autoriser le ministère public à procéder par voie de citation directe, ou même le tribunal à statuer sur la comparution volontaire du prévenu. Mais cet expédient est inapplicable, puisque la procédure n'est pas annulée. — User de la voie du règlement de juges et demander à la Cour de cassation de renvoyer l'affaire à la chambre des mises en accusation compétente, qui statuerait alors sur les irrégularités de la procédure. Mais une demande en règlement de juges serait irrecevable dans ce cas, puisque la condi-

[1] Voy. Cass., 17 nov. et 29 nov. 1900 (*B.*, 340 et 352); *Rev. pénit.*, 1905, p. 791.

[2] Cass., 7 janv. 1899 (*Journ. des Parq.*, 99. 2. 150); 12 janv. 1901 (*B.*, n° 14).

tion essentielle pour qu'elle se produise, c'est que le conflit ait pour objet une question de compétence. — Permettre enfin à toutes les parties de former opposition à l'ordonnance du juge d'instruction, en dehors des conditions de recevabilité et de délai de l'art. 135, C. instr. cr., aussitôt qu'un jugement correctionnel aurait fait apparaître l'existence d'une nullité. Mais ce serait modifier la loi, par voie d'interprétation judiciaire. — La solution qui nous paraît s'imposer est celle qui donne au tribunal correctionnel le droit de se faire juge de la procédure d'instruction et d'en prononcer la nullité. Sans doute, cette solution bouleverse toutes les idées reçues sur les attributions respectives et sur les droits des juridictions d'instruction et de jugement qui fonctionnent parallèlement et qui sont indépendantes les unes des autres. Mais la loi de 1897 crée implicitement un état de droit nouveau : elle donne au tribunal correctionnel le droit d'examiner si la procédure d'instruction, à la suite de laquelle il est saisi, est entachée de nullité, et, comme conséquence de ce pouvoir de juridiction, elle lui donne le droit de l'anéantir à partir du dernier acte nul, y compris l'ordonnance ou même l'arrêt de renvoi[1].

III. La nullité n'est découverte qu'après le jugement. S'il s'agit d'un arrêt de cour d'assises, il est évidemment trop tard pour baser un pourvoi en cassation sur un moyen de nullité découvert dans la procédure d'information, puisque la cour d'assises elle-même, s'en fût-elle aperçue, n'aurait pas eu le droit de se dessaisir. Mais s'il s'agit d'un jugement du tribunal correctionnel, ou d'un arrêt de la cour, deux questions se posent : 1° La nullité, qui n'a pas été proposée devant le tribunal correctionnel, peut-elle l'être devant la cour ? On ne saurait en douter. Mais la cour, en cas de nullité prononcée, évoquera l'affaire par application de l'art. 215, C. instr. cr., et la jugera après l'avoir instruite à l'audience ou par un conseiller délégué, et en écartant du débat la partie de la procédure entachée de nullité[2]. 2° Mais la nullité peut-elle être invoquée pour la première fois devant la Cour de cassation ? Il faut évidemment distinguer entre la nullité de l'art. 1er de la loi de 1897 qui touche à la constitution de la juridiction et les autres nullités qui concernent seulement la procédure. La première est d'ordre public. Elle est opposable en tout état de

[1] C'est dans ce sens que paraît se prononcer la jurisprudence : Cass., 11 févr. 1898, 12 mars et 25 juin 1898 (S. 1900. 1. 57 et 153); 29 juill. 1900 (S. 1904. 1. 299). Voy. G. Le Poittevin, *op. cit.*, nos 32 à 36. On peut argumenter de l'adage : le juge de l'action est juge de l'exception.

[2] Cass., 11 févr. 1898 (S. 1901. 1. 153); Paris, 27 déc. 1898 et 7 mars 1899 (S. 1901. 1. 70).

cause, en appel et en cassation, et doit même être suppléée d'office par les juges qui la reconnaissent. Les autres sont des nullités de procédure, et un inculpé n'est pas recevable à faire valoir, comme moyen de cassation, les nullités de la procédure non relevées devant le juge d'appel[1].

§ VI. — DÉROGATIONS APPORTÉES PAR LE FLAGRANT DÉLIT AUX RÈGLES DE L'INSTRUCTION ET DU JUGEMENT.

414. Modifications à la procédure dues à l'état de flagrance. — 415. Particularités de l'instruction préparatoire en cas de crime flagrant. Attributions exceptionnelles soit du procureur de la République, soit du juge d'instruction. — 416. De l'arrestation par mesure de police en cas de flagrant délit. — 417. Particularités de l'instruction préparatoire et du jugement au cas de délit flagrant. Conditions pour l'application de la loi du 20 mai 1863. Modifications à la procédure. Ce que doit faire le tribunal quand il s'aperçoit que la procédure des flagrants délits ne devait pas être suivie.

414. MODIFICATIONS DANS LA PROCÉDURE DUES A L'ÉTAT DE FLAGRANCE. — Une modalité de l'infraction, déjà étudiée, la *flagrance du délit*, apporte des dérogations aux règles ordinaires de l'instruction préparatoire en matière de *crime* et à celles de l'instruction préparatoire et du jugement en matière de *délit*. Anticipant, pour la clarté, sur une matière que nous traiterons plus loin, la procédure devant les tribunaux correctionnels, nous expliquerons ici, à côté des particularités relatives à l'instruction préparatoire, celles de la procédure des flagrants délits devant les tribunaux correctionnels.

415. PARTICULARITÉS DE L'INSTRUCTION PRÉPARATOIRE EN CAS DE FLAGRANT DÉLIT — Dans le cas de crime flagrant ou réputé flagrant (art. 41 et 46), le principe de la séparation des pouvoirs d'instruction et de poursuite reçoit une exception notable. En effet, l'intérêt public commande que l'on s'empresse de recueillir les preuves et les indices de l'infraction que le moindre retard pourrait compromettre, et que l'on s'assure promptement de la personne de l'inculpé. Aussi le procureur de la République et ses officiers auxiliaires exercent, par exception aux règles générales, les attributions du juge d'instruction, en procédant aux premiers actes d'information et à l'arrestation de l'inculpé. D'un autre côté, le juge d'instruction peut commencer l'information, sans en avoir été requis par le procureur de la République.

[1] Voy. cependant, Cass., 17 oct. 1901 (S. 1905. 1. 478).

D'après le Code, le procureur de la République, les auxiliaires de ce magistrat et le juge d'instruction n'avaient ces attributions exceptionnelles que si le fait paraissait être de nature à emporter une *peine criminelle* (C. instr. cr., art. 32 et 40 ; D. 1er mars 1854, art. 230). Mais la loi du 20 mai 1863, que j'étudierai plus loin, a étendu ces attributions au cas de *délit* flagrant [1].

La loi assimile au flagrant délit le cas où un chef de maison requiert le procureur de la République ou un de ses auxiliaires de constater un crime ou un délit, même non flagrant, commis dans l'intérieur de la maison (art. 46). Si le crime ou délit était flagrant, le procureur de la République et ses auxiliaires pourraient agir sur la demande de secours adressée de l'intérieur par toute autre personne que par le chef de cette maison ; ils agiraient alors, non plus en vertu de l'art. 46, mais des art. 32 et suivants.

1. *Attributions exceptionnelles du procureur de la République et de ses auxiliaires.* — Le procureur procède sommairement aux actes les plus urgents de l'information. Ces attributions exceptionnelles se rapportent à trois sortes d'actes.

a) *Constatations du corps du délit.* — Le procureur de la République, averti du flagrant délit, doit se transporter sur les lieux, sans aucun retard, pour y dresser les procès-verbaux nécessaires à l'effet de constater le corps du délit, son état, l'état des lieux, et pour recevoir les déclarations des personnes qui auront été présentes ou qui auraient des renseignements à fournir (art. 33). Il donne avis de son transport au juge d'instruction, sans être toutefois tenu de l'attendre (art. 32). Mais il ne peut faire citer de témoins devant lui, ce droit n'appartenant qu'au juge d'instruction. On sait combien il est important de saisir les premières impressions, avant qu'aucune influence ait pu les modifier. Aussi la loi donne au procureur de la République le droit de défendre, à qui que ce soit, de sortir de la maison ou de s'éloigner jusqu'après clôture de son procès-verbal. Tout contrevenant à cette défense est, s'il peut être saisi, déposé dans la maison d'arrêt.

La peine encourue pour la contravention, est prononcée par le juge d'instruction, sur les conclusions du procureur de la République, après que le contrevenant a été cité et entendu, ou, par défaut, s'il ne comparaît pas, sans autre formalité ni délai, et sans opposition ni appel. La peine ne peut excéder dix jours d'emprisonnement et cent

[1] La pratique est dans ce sens. Dans la doctrine, il y a des divergences. On fait remarquer que la loi de 1863 n'a innové que sous le rapport de l'arrestation ; elle n'a rien statué par rapport aux actes d'instruction qui peuvent être accomplis à l'occasion des flagrants délits correctionnels. Voy. sur ce point mon *Traité d'instr.*, t. II, no 712.

francs d'amende (art. 34). Procès-verbal doit être dressé de cette information sommaire.

b) Arrestation de l'inculpé. — Nous avons distingué l'arrestation provisoire et la détention préventive. L'arrestation provisoire est une mesure de prudence contre la fuite du présumé coupable, il ne s'agit pas encore de faire incarcérer le prévenu. La détention préventive est un acte réfléchi, qui met l'inculpé sous les verrous et le prive de sa liberté d'une manière absolue. En principe, le procureur de la République n'a que le droit d'*arrestation provisoire* et ne peut constituer l'inculpé en état de détention préventive. L'art. 40 décide que le procureur de la République, en cas de crime flagrant, fera *saisir* les prévenus présents contre lesquels il existerait des indices graves. Si le prévenu n'est pas présent, le procureur de la République rendra une ordonnance à l'effet de le faire comparaître. Cette ordonnance est un *mandat d'amener*. Le procureur de la République interrogera sur-le-champ le prévenu amené devant lui.

c) Visites domiciliaires; saisies. — Le procureur de la République peut procéder à des visites domiciliaires, mais seulement dans le *domicile du prévenu* (art. 36); opérer la saisie des pièces à conviction ou à décharge (art. 37, 38, 39); ordonner des expertises (art. 43).

Les auxiliaires du procureur de la République ont, en cas de flagrant délit, les mêmes attributions que ce magistrat, soit qu'ils agissent d'office, en son absence, soit qu'ils reçoivent de lui une délégation expresse (art. 49 à 54). Entre eux, existe la *concurrence*, c'est-à-dire que chacun peut, de son côté, instruire sur le même crime; mais le procureur de la République, à quelque moment qu'il se saisisse de l'affaire, a *prévention* sur eux : l'intervention de ce magistrat dessaisit ses auxiliaires qui n'instruisent plus que sur délégation expresse.

II. *Pouvoirs exceptionnels du juge d'instruction.* — Le juge d'instruction pourra *se saisir d'office*, « dans tous les cas réputés flagrant délit ». Il faut conclure des termes de l'art. 59, comme de son esprit : 1° que les pouvoirs du juge d'instruction ne sont pas limités aux actes que les articles précédents permettent au procureur de la République d'accomplir, le flagrant délit donnant simplement au juge l'occasion d'exercer, sans réquisition préalable, les pouvoirs d'instruction qui lui sont propres; 2° mais que, d'un autre côté, il peut procéder, pour les actes qui rentreraient dans les pouvoirs du procureur de la République, conformément aux règles que celui-ci observerait s'il commençait l'information (art. 59). C'est ainsi qu'en plus du droit de se saisir d'office, le flagrant délit ajoute aux pouvoirs du juge d'instruction, le droit d'entendre des témoins sans citation préalable, celui de faire arrêter l'inculpé présent sur un simple ordre verbal, celui de faire exécuter ses ordonnances.

Les prescriptions de la loi du 8 décembre 1897 sont, à raison des délais que leur observation exige, incompatibles avec la procédure rapide des flagrants délits et inconciliables avec le caractère d'urgence que présentent les actes auxquels le procureur de la République et ses auxiliaires sont autorisés à procéder dans les cas prévus par les art. 32 et 46, C. instr. cr. Au surplus, la volonté du législateur de laisser en dehors des règles tracées par la loi de 1897 la procédure suivie en matière de flagrants délits, ressort des dispositions mêmes de l'art. 7 de cette loi, suivant lesquelles le juge d'instruction peut, nonobstant les termes de l'art. 3, procéder à un interrogatoire immédiat et à des confrontations, lorsqu'il s'est transporté sur les lieux en cas de flagrant délit [1].

416. De l'arrestation par mesure de police en cas de flagrant délit. — Les arrestations qu'ordonne le procureur de la République ou le juge d'instruction en vertu de *mandats* sont des *actes d'instruction*. Mais il est des arrestations qui constituent des *mesures de police :* ce sont celles qui sont permises, en cas de flagrant délit, à tous les officiers et agents de la police judiciaire et même aux simples citoyens. Elles ont lieu sans ordre préalable et de l'initiative même de ceux qui les font [2]. Dans quels cas peut-on y recourir? Quelle en est la suite ? Telles sont les deux questions que nous allons examiner,

I. De deux choses l'une : ou bien l'identité de celui qui est surpris commettant une infraction, n'est pas connue, ou bien elle est connue. Dans le premier cas, le délinquant peut être arrêté par toute personne, quelle que soit l'infraction commise. Il existe, en effet, contre lui, une présomption de vagabondage. Mais à l'égard des délinquants domiciliés, le Code paraissait formuler deux règles différentes, l'une, générale, applicable à « tout dépositaire de la force publique, à toute personne » (art. 106), l'autre, spéciale aux « gardes champêtres et forestiers » (art. 16). L'arrestation était permise à tout le monde en cas de *crime flagrant* ; mais elle ne paraissait permise qu'aux gardes, pour les *délits flagrants punis de l'emprisonnement*. La loi du 20 mai 1863

[1] Cass., 12 mars et 24 déc. 1898 (S. 99. 1. 297). Voy. la note.

[2] La loi du 12 novembre 1892 sur l'imputation de la détention préventive a donné une nouvelle importance à cette distinction, au point de vue de la privation de liberté qui s'impute sur la peine. Voy. Cass., 16 mars 1893 (S. 93. 1. 216). Pendant combien de temps le flagrant délit autorise-t-il l'arrestation par mesure de police? Sur cette question : Laborde, *Rev. pénit.*, 1908, p. 930.

(art. 1er) a établi une règle uniforme, en généralisant la disposition de l'art. 16 du Code. Aujourd'hui, il est permis à tout agent de la police judiciaire, et même à toute personne, de saisir un délinquant surpris en flagrant délit, si le fait emporte peine afflictive ou infamante ou peine d'emprisonnement. Le flagrant délit dont il est question dans la loi de 1863, s'entend seulement de la situation prévue et définie par l'art. 41 et non de celle dont il est question dans l'art. 46[1].

II. L'individu, arrêté en flagrant délit par mesure de police, doit être conduit devant le procureur de la République, s'il s'agit d'un *délit*, et peut l'être aussi devant un officier auxiliaire plus rapproché, s'il s'agit d'un *crime*. Cette distinction découle de cette idée que l'arrestation par *mesure de police* a seulement pour but de mettre le délinquant à la disposition du magistrat compétent pour le faire arrêter par *mesure d'instruction*. Or la loi du 20 mai 1863, confiant au procureur de la République, et non à ses auxiliaires, l'instruction des délits flagrants, il faut bien que le délinquant, quel que soit le lieu de son arrestation, soit conduit devant ce magistrat. Au contraire, les auxiliaires du procureur de la République, ayant, en matière de crimes flagrants, la même compétence que leur chef, les individus arrêtés sous cette prévention peuvent être conduits devant l'officier auxiliaire le plus voisin du lieu de l'arrestation, par exemple devant le maire de la commune, le juge de paix, etc. Bien que juridique, cette distinction peut avoir des inconvénients à raison de l'éloignement du procureur de la République du lieu de l'arrestation. Aussi est-il de pratique constante que, dans les communes autres que le chef-lieu judiciaire de l'arrondissement, l'individu, arrêté en flagrant délit, est conduit devant le maire ou le commissaire de police, qui l'interroge et décide s'il convient de le mettre immédiatement en liberté, ou de le faire transférer au chef-lieu pour être procédé contre lui conformément à la loi de 1863.

417. PARTICULARITÉS DE L'INSTRUCTION PRÉPARATOIRE ET DU JUGEMENT EN CAS DE DÉLIT FLAGRANT. — La loi du 20 mai 1863[2], qui a pour rubrique : *Loi sur l'instruction des flagrants délits devant les tribunaux correctionnels*, a eu pour objet d'accélérer la poursuite et le jugement de ces délits et d'abréger ainsi la détention préventive. Elle

[1] Comp. : Exposé des motifs et rapport de la loi du 20 mai 1863 (D. 63. 4. 108 et suiv.).

[2] Sur cette loi : G. Rousset, *Application de la loi sur l'instruction des flagrants délits* (*Revue critique*, t. XXVII, p. 97); Jacques (*Revue critique*, t. XXVII, p. 49); Derosne, *Considérations sur la loi relative à l'instruction des flagrants délits devant les tribunaux correctionnels* (Paris, 1864).

tend à ce résultat : 1° en supprimant l'intervention du juge d'instruction dans la prévention des flagrants délits en matière correctionnelle pour concentrer toute la poursuite dans les mains du procureur de la République ; 2° en abrégeant les délais et en simplifiant les formes des citations devant les tribunaux correctionnels. La loi du 8 décembre 1897 ne modifie en rien la procédure spéciale organisée par la loi du 20 mai 1863 ; elle lui est étrangère.

Trois conditions sont nécessaires tout d'abord pour que cette procédure soit possible. 1° Elle a été organisée pour juger promptement les délinquants correctionnels arrêtés en flagrant délit et conduits devant le procureur de la République. *L'arrestation préalable en flagrant délit* est donc son préliminaire obligé[1]. 2° Mais elle ne peut être employée s'il s'agit d'un *délit de presse*, d'un *délit politique*[2], d'un délit dont la *procédure* est réglée par des *lois spéciales* (L. 20 mai 1863, art. 1 et 7). Il faut enfin que la poursuite ne soit pas susceptible d'entraîner la *relégation* (L. 27 mai 1885, art. 11).

Ces conditions étant réunies, la procédure spéciale des flagrants délits reste *facultative* pour le procureur de la République qui a toujours le droit de saisir le juge d'instruction ou de citer directement le prévenu devant le tribunal correctionnel, conformément au droit commun.

Les modifications à la procédure ordinaire concernent les règles de l'*instruction* et celles de la *saisine*. *a*) L'instruction préparatoire est, en cas de délit flagrant, confiée au procureur de la République et réduite à deux actes : 1° un *interrogatoire* obligatoire, auquel ce magistrat doit procéder le jour même où l'individu arrêté est conduit devant lui, interrogatoire qui n'est pas régi par la loi du 8 décembre 1897[3] ; 2° un *mandat de dépôt* facultatif, qui doit être décerné immédiatement après l'interrogatoire. La durée de ce mandat n'est pas indéfinie ; son effet ne se maintient qu'à la condition que le procureur fera comparaître l'inculpé devant le tribunal le jour même ou, au plus tard, à l'audience du lendemain. Passé ce délai, la détention serait illégale. *b*) La saisine du tribunal est produite, soit par le fait de la *traduction immédiate* de l'inculpé à la barre, soit par une *citation*. Pour le premier mode de procéder, la loi s'est inspirée de la législation anglaise des flagrants délits, avec une modification que rendait nécessaire, dans notre pays, l'institution du ministère public. En An-

[1] Lyon, 17 mars 1891 (D. A. supplément, v° *Procédure criminelle*, n° 982).

[2] Ainsi, le délit de cris séditieux, étant un délit politique, ne pourrait être soumis à la procédure spéciale des flagrants délits : Cass., 11 juill. 1876 (D. 77. 1. 47).

[3] Cass., 12 mars 1898 (S. 99. 1. 297) et la note ; Caen, 2 févr. 1898 (S. 99. 2. 174).

gleterre, l'agent qui a arrêté l'inculpé le traduit directement devant le juge de police qui se saisit d'office. En France, il le conduit d'abord au *petit parquet*[1]. Cette comparution devant le procureur de la République est une garantie contre la légèreté de l'arrestation. Dans la conduite immédiate à la barre, ce qui saisit le tribunal, c'est l'exposé verbal du fait, à l'audience, par le ministère public, en présence du prévenu. Ce mode de saisine n'est possible que pour l'audience tenue le jour même où l'inculpé a été interrogé par le procureur de la République; si sa comparution a lieu le lendemain, il faut une citation (art. 1, § 7; art. 2).

Par le fait de la comparution du prévenu devant le tribunal, le mandat de dépôt décerné par le procureur de la République acquiert la durée indéfinie qu'il a dans la procédure ordinaire : le tribunal est bien autorisé à en donner mainlevée. Mais, si, en renvoyant à une prochaine audience, il ne statuait pas sur le mandat de dépôt, ce mandat persisterait de droit. Le prévenu, en effet, n'est pas obligé d'accepter immédiatement le débat; il peut demander un délai de trois jours au moins pour préparer sa défense (art. 4). Ce délai *doit* lui être accordé.

Les témoins peuvent être verbalement requis de venir déposer à l'audience par tout officier de police judiciaire ou agent de la force publique.

Si l'affaire n'est pas en état de recevoir jugement, le tribunal en ordonne le renvoi, pour plus ample information, à l'une des plus prochaines audiences, et, s'il y a lieu, met l'inculpé provisoirement en liberté avec ou sans caution (art. 6).

Que doit faire le tribunal, s'il découvre que la procédure des flagrants délits ne devait pas être suivie? Une distinction s'impose entre l'hypothèse où le tribunal a été saisi par conduite immédiate à la barre, auquel cas il ne peut juger l'affaire et doit se dessaisir pour *impropriété de la saisine*, et celle où le tribunal a été saisi par la citation, auquel cas il doit seulement *renvoyer d'office* le débat à une prochaine audience séparée par trois jours francs du jour de la citation, c'est-à-dire qu'il doit substituer le délai ordinaire de comparution au délai abrégé de la loi de 1863. La jurisprudence paraît imposer, dans tous les cas et quel que soit le mode de saisine, ce dernier parti au tribunal. Quant au mandat de dépôt, il tiendra, dans les deux hypothèses, bien qu'il ait été vicié, dans son origine, par l'incompétence du magis-

[1] L'audience du procureur de la République ou de son substitut est appelée « audience du petit parquet ». Voy. sur le petit parquet de la Seine, *Rev. pénit.*, 1898, p. 1227.

trat qui l'a délivré ; en effet, le tribunal devient, dès qu'il est saisi, dans la procédure ordinaire comme dans la procédure spéciale, l'arbitre de la détention préventive.

§ VII. — DES DÉLÉGATIONS EN MATIÈRE D'INSTRUCTION.

418. Position de la question. — 419. Délégations données par le procureur de la Républi ue. — 420. Délégations données par le juge d'instruction. Forme des délégations.

418. Délégations nécessaires ou facultatives. — Les deux magistrats, qui agissent de concert dans l'œuvre de l'instruction, peuvent-ils déléguer leurs fonctions, par *commissions rogatoires*, à l'un quelconque des officiers de police judiciaire, leur collègue ou leur subordonné? Ces délégations sont *forcées*, par application des règles de la compétence territoriale, si l'acte de recherche ou d'instruction doit être accompli en dehors de l'arrondissement où le procureur de la République et le juge d'instruction exercent leurs fonctions. C'est alors par voie de réquisition de collègue à collègue que se produisent ces délégations (C. instr. cr., art. 84, 85, 90, 103). Elles sont *facultatives*, si l'acte doit se faire dans l'arrondissement même où l'information est ouverte, mais que le juge d'instruction ou le procureur de la République n'y procèdent pas eux-mêmes pour éviter des déplacements et des pertes de temps.

419. Délégations données par le procureur de la République. — Le droit de ce magistrat, de déléguer un de ses auxiliaires aux actes de recherche et d'instruction dont il est chargé, résulte des art. 49 et 52 du Code. Il est donc incontestable.

420. Délégations données par le juge d'instruction — Le juge doit-il procéder par lui-même à tous les actes de ses fonctions? C'est ce qui paraît bien résulter de l'esprit de la loi. Pour que ce magistrat puisse se prononcer en connaissance de cause, au cours de l'instruction, sur la détention préventive, à la fin, sur la suite que comporte la procédure, il faut bien qu'il soit à même d'apprécier *personnellement* les preuves produites. S'il déléguait tous les actes de l'instruction, comment pourrait-il remplir cette mission? Dans certains cas cependant, la loi permet au juge de déléguer ses pouvoirs : nous allons les déterminer et nous demander si on peut étendre ce droit de délégation à d'autres hypothèses.

I. La loi ordonne ou autorise expressément la délégation pour les *perquisitions*, l'*audition des témoins* et l'*interrogatoire* dans des cas qu'elle détermine et au profit d'officiers qu'elle indique (art. 84, 90, 100 et 103). Il s'agit tantôt d'accomplir ces actes dans un autre arrondissement que celui du juge d'instruction, et ici, la délégation devient nécessaire, car la compétence du juge d'instruction s'arrête aux limites de sa circonscription territoriale (art. 84); tantôt, d'entendre des témoins dont l'état physique s'oppose à un déplacement, et, dans ce cas, le juge *doit* se transporter chez eux, s'ils habitent dans le canton du chef-lieu judiciaire où se fait l'instruction; s'ils habitent dans un autre canton, il *peut*, ou se transporter lui-même, ou déléguer le juge de paix pour recevoir leur déposition. On remarquera que, dans ces divers cas, expressément prévus par les textes, les magistrats délégués sont toujours un *juge d'instruction* ou un *juge de paix*.

II. Mais peut-on admettre le droit de délégation dans d'autres hypothèses, pour d'autres actes et au profit d'autres personnes? Au point de vue théorique, il est difficile d'étendre, par la théorie du mandat, la compétence personnelle du juge d'instruction. Mais, au point de vue pratique, on entraverait d'une manière presque absolue la marche de l'instruction, surtout dans les grandes villes, si on n'admettait d'autres délégations que celles qui sont autorisées par des textes formels. Aussi la jurisprudence de la Cour de cassation a étendu les cas légaux de délégation, à d'autres hypothèses, à d'autres actes et à d'autres officiers en s'appuyant tant sur des considérations de nécessité pratique, que sur l'analogie de situation entre le procureur de la République pour les cas de flagrant délit et du juge d'instruction pour les cas ordinaires[1].

Extension du droit de délégation quant aux hypothèses. — D'abord, les délégations ont été admises pour faire procéder à des actes d'instruction, non seulement en dehors de l'arrondissement ou du canton du chef-lieu judiciaire, mais encore dans ce canton même.

Extension quant aux personnes. — Puis, on a autorisé le juge d'instruction à commettre, non seulement les juges de paix, mais tous les officiers de police auxiliaires du procureur de la République, les officiers de gendarmerie, les maires et les commissaires de police. On a même créé, dans les grandes villes, un commissaire de police spécial, le *commissaire aux délégations judiciaires*, qui a pour mission principale de substituer le juge d'instruction et le procureur de la République dans l'œuvre de l'instruction[2].

[1] Les arguments à l'appui de cette opinion ont été résumés dans un arrêt du 6 mars 1841. Comp. : Cass., 16 janv. 1864 (S. 64. 1. 433); 13 juin 1872 (D. 72. 1. 157; S. 72. 1. 445). Sur les abus : *Rev. pénit.*, 1905, p. 71 et 363.

[2] Comp. Lehmann, *Commissaire de police, délégation par le juge d'instruction* (*Revue pratique*, t. XII, p. 550).

Extension quant aux actes. — Les perquisitions, l'audition des témoins, l'interrogatoire de l'inculpé étant des actes qui *tendent à rassembler les preuves*, on a admis que le juge d'instruction pouvait déléguer *tous les actes de cette nature*, par exemple la constatation de l'état des lieux, du corps de délit, les confrontations, les saisies, etc. Mais les actes qui touchent à l'arrestation et à la détention préventive doivent rester, au contraire, l'œuvre personnelle du juge d'instruction (arg. de l'art. 283). Les mandats étant exécutoires dans toute l'étendue du territoire, une délégation serait, du reste, inutile.

La délégation se fait, quel que soit l'acte et quel que soit l'officier, par une ordonnance écrite, adressée en minute, qui porte le nom de *commission rogatoire*. Sa transmission a lieu, pour les officiers de police judiciaire français, par les soins du procureur de la République, qui a pour mission de faire exécuter les ordonnances du juge d'instruction, et, pour les officiers de police étrangers, par le garde des sceaux et la voie diplomatique.

§ VIII. — DE LA CLÔTURE DE L'INSTRUCTION.

421. Des juridictions d'instruction. De leur organisation. — 422. De la juridiction du juge d'instruction. Forme des ordonnances de clôture. Exécution. — 423. De la juridiction de la chambre d'accusation. Procédure.

421. DE L'ORGANISATION DES JURIDICTIONS D'INSTRUCTION. — Dès que l'instruction est achevée, le rôle de la justice commence. La justice répressive comprend deux ordres de juridictions. Les *juridictions d'instruction*, qui forment le premier, ont une double question à résoudre : 1° Elles contrôlent l'instruction, et se prononcent sur le point de savoir s'il existe, à la charge de l'inculpé, des *présomptions graves* qui permettent de le traduire devant la juridiction du jugement ; 2° Cette première question résolue contre l'inculpé, elles déterminent la juridiction de jugement *compétente* pour connaître de l'affaire et la saisissent. Leurs décisions n'aboutissent jamais à une *condamnation* : à la suite d'une instruction écrite et secrète, si l'inculpé peut être *absous*, il ne peut être *condamné* ; c'est pourquoi les décisions de ces juridictions intermédiaires, ou sont *absolutoires*, ou sont simplement *préparatoires*. Les *juridictions de jugement* se prononcent sur la recevabilité de l'action publique, sans être liées, du reste, par la décision des juridictions d'instruction, et, si l'action publique est recevable, sur la culpabilité du prévenu ou de l'accusé. Leurs décisions sont des *acquittements*, des *absolutions* ou des *condamnations*. Devant les juridictions de jugement, si les *preuves* seules de la culpabilité peuvent motiver une *condamnation*, devant les juridictions d'instruction, des *présomptions* sont suffisantes pour décider une mise en *prévention* ou en *accusation*. Il existe, en effet, entre la condamnation et la prévention, toute la différence qui sépare la certitude de la probabilité : les juridictions de jugement se demandent si le prévenu ou l'accusé est coupable; les juridictions d'instruction, s'il existe des *charges suffisantes* pour rendre vraisemblable l'inculpation. Les juridictions de jugement ne jouent donc pas le rôle de tribunaux d'appel vis-à-vis des juridictions d'instruction. Ces dernières ont été constituées pour arrêter, dès le début, les accusations téméraires ou irréfléchies : ne renvoyant l'inculpé devant les juges de la culpabilité qu'autant qu'il existe des *charges sérieuses*, elles évitent la comparution en justice, toujours pénible, même pour ceux qui sont acquittés, et sauvegardent les intérêts de la société, qui verrait diminuer l'autorité de la justice, si les poursuites commencées aboutissaient à des acquittements nombreux.

Introduit ainsi à titre de garantie de la liberté civile, l'examen des juridictions d'instruction n'est pas le préliminaire obligé de toute poursuite. Une décision de ces juridictions n'intervient, en effet, qu'après l'instruction préparatoire, et pour lui donner une solution; or, l'instruction préparatoire, qui est *indispensable* en matière criminelle, est *inutile* en matière de police et *facultative* en matière correctionnelle. Elle ne doit avoir lieu dans ce dernier cas, que lorsque l'importance ou les difficultés de l'affaire l'imposent, ou qu'il est nécessaire de mettre l'inculpé en état d'arrestation : les délits, comme les contraventions, pouvant être déférés directement, par le ministère public ou la partie civile, aux tribunaux compétents pour en connaître.

Comment organiser les juridictions chargées de contrôler l'instruction, de se prononcer sur la mise en prévention ou en accusation? Notre législation moderne a varié sur la solution de cette question. De 1791 à 1811, elle a confié cette mission à des *jurés*; depuis 1811, à des *juges*.

a) L'Assemblée constituante, qui avait répudié la procédure secrète dans l'instruction définitive, l'avait conservée dans l'instruction préalable. L'officier de police (juge de paix ou officier de gendarmerie) recevait les plaintes, entendait les témoins, décernait les mandats, puis transmettait l'instruction commencée au magistrat, directeur du jury, qui la complétait, statuait sur les incidents, dressait l'acte d'accusation et présidait lui-même un *jury* dit d'*accusation*, composé de huit membres. Ce jury décidait, à *huis clos*, sur les *pièces écrites* de l'instruction, et les *dépositions orales* des témoins, s'il y avait lieu ou non de poursuivre. L'institution du jury d'accusation, empruntée à l'Angleterre, comme celle du jury de jugement, par la loi du 16 septembre 1791, fonctionna, modifiée par le Code de brumaire, jusqu'à la promulgation du Code de 1808. Elle fut supprimée à cette époque comme donnant trop de garanties à la défense, pas assez à l'accusation[1].

b) Le Code de 1808 remplaça cette organisation par des juridictions, dont tous les éléments furent puisés dans les tribunaux d'arrondissement et dans les cours d'appel, et qui se composaient de la *chambre du conseil* et de la *chambre des mises en accusation*.

1° La *chambre du conseil* était la chambre même du tribunal dont faisait partie le juge chargé de l'instruction. Elle statuait sur toutes les affaires dont le juge d'instruction, aussitôt que la procédure était complète, lui faisait le rapport. Elle y statuait, pour apprécier si le fait incriminé constituait un crime, un délit ou une contravention; s'il existait, contre l'inculpé, des charges suffisantes pour que la procédure fût continuée; et, dans le cas où il y avait lieu de suivre, à quelle juridiction de jugement en appartenait la connaissance. Ainsi, dans ce système, la loi ne conférait pas à un seul juge le pouvoir de prononcer sur la mise en prévention et sur la compétence; le juge instruisait, mais n'appréciait pas; le tribunal appréciait les résultats de l'instruction mais n'instruisait pas.

C'était là une distinction de pouvoir artificielle. Presque toujours, l'influence du juge d'instruction était prépondérante et même exclusive : ses collègues ne se réunissaient que pour enregistrer ses conclusions[2]. La loi du 17 juillet 1856, en supprimant le rouage de la chambre du conseil, et en transportant ses pouvoirs au juge d'instruc-

[1] La mission du jury d'accusation a un double objet, pour ainsi dire contradictoire : provoquer la répression, dans l'intérêt de la société; dans l'intérêt de la défense, arrêter l'accusation. Or, des citoyens, investis temporairement des fonctions de jurés, sont assez favorables à la défense, d'abord parce qu'ils n'ont aucune prévention et, de plus, parce qu'ils sont portés à ne pas se contenter de *présomptions* de culpabilité, mais à exiger des *preuves certaines*, pour mettre en accusation. Par cela même, des jurés sont impuissants à sauvegarder les intérêts de la société dans l'accusation. L'Angleterre, à laquelle a été emprunté le jury d'accusation, paraît, du reste, de plus en plus, abandonner cette institution.

[2] *De la juridiction de la chambre du conseil en matière d'instruction criminelle* (*Revue critique*, 1876, p. 326); H. Hugues, *Les chambres du conseil et d'accusation* (*La France judiciaire*, 1886, p. 309 à 327). M. Guillot, *Des principes du nouveau Code d'instruction criminelle*, p. 228, fait ressortir les vices de l'organisation antérieure à 1856 : « La chambre du conseil avait enlevé aux juges le souci salutaire de leur responsabilité sans rien ajouter aux garanties des justiciables. Ses décisions n'étaient que des enregistrements. Dans la plupart des tribunaux, elle était tout à la fois chambre du conseil et chambre de jugement, elle se renvoyait à elle-même l'affaire qu'elle devait juger comme tribunal correctionnel ».

tion, a eu pour but de donner à l'organisation judiciaire plus de simplicité, à la procédure plus de célérité, et d'arriver ainsi à réduire la durée des détentions préventives. Peut-être eût-il été préférable, au lieu de supprimer cette juridiction, de la réorganiser? L'institution de la chambre du conseil serait une garantie pour l'inculpé, si cette chambre constituait une juridiction *indépendante* du juge d'instruction.

2° La *chambre d'accusation* est une section de la cour d'appel, composée de cinq membres : quatre conseillers et un président, faisant le service des autres chambres (C. instr. cr., art. 218, § 1 ; D. 12 juin 1880; L. 30 août 1883, art. 1 et 2). Elle se réunit au moins une fois par semaine (art. 218, § 2). Dans les affaires graves, le procureur général peut requérir l'adjonction à la chambre d'accusation de la chambre des appels correctionnels afin de donner plus d'autorité à la décision (D. 6 juill. 1810, art. 3).

422. De la juridiction du juge d'instruction. — Ce magistrat, s'il estime la procédure complète, doit, après avoir provoqué les conclusions du procureur de la République, en lui transmettant les pièces du dossier (ordonnance de *soit communiqué*), rendre une ordonnance de règlement qui *épuise* définitivement ses pouvoirs et le *dessaisit* de l'affaire (C. instr. cr., art. 127). Statuant sur les réquisitions du procureur de la République, qui doivent être données dans les trois jours au plus tard après l'ordonnance de soit communiqué, le juge d'instruction vérifie une dernière fois sa compétence et, s'il est compétent, rend, suivant les cas, soit une ordonnance de *non-lieu*, soit une ordonnance de *mise en prévention*. On appelle ordinairement cette dernière, « *ordonnance de renvoi* », sous-entendant « *devant telle juridiction* ».

I. L'ordonnance de *non-lieu* est celle par laquelle le juge déclare qu'il n'y a pas lieu de poursuivre. Elle prescrit l'élargissement de l'inculpé, s'il a été arrêté (art. 128). Elle est motivée soit *en fait* soit *en droit* : en fait, si elle porte qu'il n'y a pas charges suffisantes soit de l'existence du délit, soit de la culpabilité de l'agent ; en droit, si elle affirme que le fait, bien qu'établi, n'est pas punissable ou que l'action publique est éteinte. Cette distinction a de l'importance au point de vue de l'autorité de la chose jugée. L'ordonnance de non-lieu ne clôt, en effet, la procédure que *provisoirement* et en l'état des charges relevées; la reprise de l'instruction est donc possible si de nouvelles charges surviennent (par analogie des art. 246 et 247). Mais l'ordonnance de non-lieu, fondée sur des motifs de droit, indépendants des charges, est évidemment irrévocable, rien ne pouvant modifier son autorité.

II. Lorsque le juge d'instruction a reconnu que le fait est punissable, qu'il existe des charges sufisantes pour que l'inculpé soit mis en prévention, il lui reste à déterminer la marche que suivra l'affaire. Trois hypothèses peuvent se présenter, suivant que le fait paraît constituer une *contravention*, un *délit* ou un *crime*.

a) Dans le premier cas, le juge doit, aux termes de l'art. 129, renvoyer l'inculpé devant le tribunal de simple police, et ordonner sa mise en liberté, au cas où il serait en état d'arrestation. Son ordonnance désigne alors le tribunal de police compétent *ratione loci*, car le juge d'instruction a le droit de saisir *tous* les tribunaux de police de son ressort. L'inculpé sera ultérieurement appelé devant ce tribunal par citation du ministère public ou de la partie civile.

b) Si le fait est reconnu de nature à être puni de peines correctionnelles, le juge d'instruction renverra le *prévenu* devant le tribunal de police correctionnelle, et si le délit peut entraîner la peine de l'emprisonnement, l'inculpé demeurera provisoirement en état de détention préventive (art. 136). Si, au contraire, la peine encourue n'est que d'une amende, le prévenu sera mis en liberté, sous la condition de se représenter, à jour fixe, devant le tribunal compétent (C. instr. cr., art. 130 et 131). A défaut de renvoi à jour fixe, le prévenu n'est obligé de se présenter que sur citation régulière (art. 132).

c) Lorsque le juge d'instruction estime que le fait est de nature à être puni de peines afflictives ou infamantes et que la prévention est suffisamment établie, il doit ordonner le renvoi des pièces, non devant la cour d'assises qui est compétente pour juger les crimes, mais devant la chambre des mises en accusation (art. 133). Cette seconde juridiction d'instruction prononcera alors souverainement et rendra, soit un arrêt de non-lieu, soit un arrêt de renvoi devant la cour d'assises. Le législateur a considéré que, dans ce cas, les peines encourues par l'inculpé sont assez graves pour nécessiter un surcroît de précaution : il a, en conséquence, exigé un second examen des charges de l'instruction (C. instr. cr., art. 134 et 135). Le juge ne rend, par suite, qu'une ordonnancee de *transmission*.

Toutes les ordonnances de clôture de l'instruction sont soumises à des formes générales précisées par l'art. 134. Elles doivent être inscrites à la suite du réquisitoire du procureur de la République, contenir les nom, prénoms, âge, lieu de naissance, domicile et profession du prévenu, l'exposé sommaire et la qualification légale du fait qui lui est imputé et la déclaration qu'il existe ou qu'il n'existe pas de charges suffisantes.

Ces ordonnances sont portées à la connaissance de la juridiction qu'elles saisissent et des parties en cause par le procureur de la République qui a la mission légale de les faire exécuter (art. 128, 132, 133).

423. De la juridiction de la chambre d'accusation. — La chambre des mises en accusation exerce des pouvoirs très distincts, mais qui se rapportent tous à l'instruction [1], dont la solution définitive lui appartient.

1° Comme *juridiction d'instruction*, elle statue sur la procédure, en prononçant la mise en accusation ou l'élargissement des inculpés renvoyés devant elle sous prévention de *crime*. A ce titre, son intervention marque une phase régulière de la procédure criminelle préliminaire. Elle ne peut pas ne pas être saisie; elle est un organe nécessaire.

2° Comme *juridiction d'appel en matière d'instruction*, elle est chargée de statuer sur les *oppositions* portées devant elle, soit par le prévenu, soit par le procureur de la République, contre les ordonnances en premier ressort du juge d'instruction. Elle n'est, en pareil cas, saisie qu'*accidentellement*, à raison des incidents qui peuvent se produire au cours de l'instruction, ou des recours qui peuvent s'exercer après sa clôture.

3° Comme *juridiction souveraine*, elle peut, d'office, *évoquer* les affaires, que le ministère public néglige de poursuivre, ou dont la poursuite ou l'instruction sont déjà commencées (C. instr. cr., art. 235) [2].

4° Enfin, comme compagnie judiciaire, gardienne des intérêts des prévenus et de la justice, la cour exerce soit d'office, soit sur les réquisitions du procureur général, un droit de *surveillance* et un pouvoir de *discipline* sur les officiers de police judiciaire et sur la marche de la procédure d'instruction (C. instr. cr., art. 249, 250, 281).

Les actes de procédure devant la chambre des mises en accusation se divisent en trois groupes : 1° la mise en état de l'affaire ; 2° l'examen par la chambre d'accusation; 3° l'arrêt.

I. *Mise en état*. — Le procureur général, qui exerce le droit de poursuite devant la chambre des mises en accusation, est tenu de mettre l'affaire en état dans les cinq jours de la réception des pièces et de faire son rapport dans les cinq jours suivants (C. instr. cr., art. 297). Ces délais, qui ne sont pas prescrits à peine de nullité, peuvent être abrégés ou retardés, si la nature de l'affaire l'exige. Pendant ces délais, la partie civile et le prévenu ont la faculté de fournir des mémoires, sans que le rapport puisse être retardé et sans qu'ils aient le

[1] Sauf les pouvoirs de juridiction qu'elle exerce en matière de réhabilitation.

[2] Sur les pouvoirs d'évocation : Cass., 20 janv. 1898 (S. 99. 1. 61), et la note.

droit d'exiger communication de la procédure (C. instr. cr., art. 278, § 2)[1]. La loi ne prescrit même pas au procureur général de les aviser du jour où le dossier a été transmis ou déposé au greffe de la cour.

II. *Examen de l'affaire.* — Saisie par le rapport écrit et signé du procureur général, la chambre d'accusation statue *sur pièces*, sans entendre l'inculpé ou les témoins (art. 222 à 225). Si elle estime que la procédure est incomplète, elle ordonne un supplément d'instruction par *arrêt de plus ample informé*, en désignant, pour le faire, soit un de ses membres, dans l'hypothèse d'évocation (art. 235), soit le juge d'instruction du tribunal de première instance (art. 228). Le magistrat, ainsi délégué, transmet l'instruction, quand elle est complète, au procureur général, qui doit faire son rapport dans les cinq jours, conformément au droit commun, dans lequel on rentre.

III. *Arrêt.* — Si la procédure est complète, la cour rend une décision motivée qui peut être, soit un arrêt de non-lieu, soit un arrêt de renvoi devant le tribunal de police simple ou correctionnelle, soit un arrêt de mise en accusation. Ces arrêts sont signés par chacun des juges qui les ont rendus; il est fait mention, à peine de nullité, tant de la réquisition du ministère public, que du nom de chacun des juges (art. 234).

a) L'arrêt de non-lieu est motivé sur ce que le fait n'est pas ou n'est plus punissable, ou sur ce qu'il n'y a pas d'indices suffisants de culpabilité : il doit ordonner la mise en liberté du prévenu, « ce qui sera exécuté sur-le-champ », dit l'art. 229.

b) Si le fait ne constitue qu'un délit ou qu'une contravention, la chambre renvoie le prévenu devant le tribunal compétent, et ordonne sa mise en liberté, en cas de contravention ou de délit n'emportant pas la peine de l'emprisonnement (art. 230).

c) Si le fait constitue un crime, elle rend un arrêt de mise en accusation et renvoie le prévenu, qui prend désormais le titre d'*accusé*, devant la cour d'assises (art. 221, 231, 232). Cet arrêt contient : 1° les motifs de l'accusation; 2° le dispositif, qui doit énoncer et spécifier, à peine de nullité, les faits incriminés et leur qualification légale; 3° l'ordonnance de prise de corps; 4° l'ordre de conduire l'accusé dans la maison de justice établie près la cour d'assises devant laquelle il est renvoyé (art. 233).

La chambre des mises en accusation statue en dernier ressort : ses arrêts ne peuvent être attaqués que par un pourvoi en cassation, soit

[1] Mais la communication peut bien en être faite par le procureur général seul qui jouit, à cet égard, d'un pouvoir discrétionnaire. Cass., 5 juill. 1855 (D. 55. 1. 432); 21 nov. 1891 (D. 92. 1. 33). Voy. Cass., 11 août 1898 (S. 1900. 1. 160).

dans les cinq jours qui suivent l'interrogatoire de l'accusé devant la cour d'assises, s'il s'agit d'un arrêt de mise en accusation (C. instr. cr., art. 296 à 300), soit dans les trois jours de l'arrêt pour les autres cas (C. instr. cr., art. 373)[1].

[1] Cass., 4 mars, 22 juin 1899 (S. 1901. 1. 203) pour le pourvoi formé par la partie civile contre les arrêts de non-lieu. Voy. également Cass., 12 mai 1899 (S. 1900. 1. 544); 2 sept. 1898 (S. 1901. 1. 199).

LIVRE TROISIÈME

DU JUGEMENT

TITRE PREMIER

DES JURIDICTIONS DE JUGEMENT

§ Ier. — NOTIONS GÉNÉRALES SUR LA PROCÉDURE DU JUGEMENT.

424. Division tripartite des juridictions ordinaires. — 425. Saisine. — 426. Contradiction. — 427. Instruction. — 428. Jugement. — 429. Règles générales sur la validité des jugements. — 430. Police de l'audience.

424. De la procédure devant les juridictions ordinaires. — Les juridictions de jugement se divisent en deux grandes catégories : les unes sont des *juridictions ordinaires;* les autres, des *juridictions d'exception*. Les premières, dont il sera exclusivement question, comprennent : les tribunaux de police, les tribunaux correctionnels, les cours d'assises. La procédure à suivre devant ces juridictions se décompose en quatre périodes : l'affaire est, en effet, portée devant le tribunal (*saisine*) ; elle est liée entre les parties (*contradiction*) ; elle est instruite (*instruction*) ; elle est jugée (*jugement*).

425. Saisine de la juridiction. — La juridiction est *saisie*, lorsque le procès lui est déféré, de manière qu'elle se trouve dans le *droit* et dans l'*obligation* de prononcer sur l'affaire, soit par une décision rendue au fond, soit, le cas échéant, par une décision d'incompétence[1]. En principe, un tribunal ne se saisit pas lui-même : c'est un rouage inerte qui ne peut fonctionner que lorsqu'il est mis en mouvement par

[1] Le tribunal, valablement saisi, ne peut, sous aucun autre prétexte que celui de l'incompétence, refuser de statuer. Il ne peut donc renvoyer l'affaire devant le juge d'instruction, ni charger ce magistrat, à ce titre, de quelque mesure d'instruction.

l'exercice d'une action, de sorte qu'il faut toujours examiner : 1° comment un tribunal est saisi; 2° de quoi il est saisi.

I. Sous le rapport du mode de saisine, il existe des différences entre les tribunaux de police simple ou correctionnelle et les cours d'assises.

a) Ordinairement le tribunal de simple police est saisi par voie de *citation directe*, donnée à la requête, soit du ministère public, soit de la partie lésée, il le serait même par la *comparution volontaire des parties* sur simple avertissement (C. instr. cr., art. 145, 146, 147). Exceptionnellement, il peut être saisi à la suite du renvoi du juge d'instruction ou de la chambre d'accusation, dans le cas où le fait, s'étant présenté d'abord sous les apparences d'un crime ou d'un délit, a provoqué une information et une décision des juridictions d'instruction.

b) En matière de délits, l'instruction préparatoire est *facultative :* le tribunal correctionnel est donc saisi, soit par une *citation directe* à la requête du ministère public ou des parties civiles, soit en suite d'une *ordonnance* ou d'un *arrêt de renvoi* du juge d'instruction ou de la chambre d'accusation. Il peut aussi l'être sur-le-champ, même par citation verbale, dans le cas de la procédure sommaire des flagrants délits. Il peut l'être également par la comparution volontaire des parties[1].

c) La cour d'assises, au contraire, ne peut pas être saisie, en principe, par citation directe, ni de la partie lésée, ni du ministère public, elle ne peut l'être qu'en vertu d'un *arrêt de mise en accusation*. Une instruction préparatoire et une décision des juridictions d'instruction sont donc, en l'état ordinaire de la procédure, les préliminaires obligés de toute poursuite en cour d'assises.

Il résulte de ce mécanisme que le droit de la partie civile de saisir les tribunaux de répression par voie de citation directe est parallèle à celui du ministère public. Il s'exerce devant les tribunaux de police simple ou correctionnelle; il est refusé devant la cour d'assises. Ainsi que le ministère public, en matière criminelle, la victime ne peut que provoquer une information en se constituant partie civile devant le juge d'instruction. Les abus, auxquels ce droit de citation directe de la partie lésée est de nature à donner lieu, sont corrigés, en pratique, par la *responsabilité* qu'elle encourt, au double point de vue des *frais* et des *dommages-intérêts*, responsabilité, du reste, illusoire, si la partie civile est insolvable.

Toutes les fois que le ministère public et la partie lésée ont le choix

[1] Voy. Cass., 8 juill. 1905 et 7 sept. 1905 (D. 1907. 1. 23) et la note.

entre la poursuite par citation directe et la poursuite par instruction préparatoire, ils ne peuvent évidemment pas, une fois engagés dans l'une de ces voies, se désister pour suivre l'autre.

II. Les juridictions de jugement ne doivent statuer que sur le *fait* dont elles sont saisies et vis-à-vis des *prévenus* ou *accusés* qui leur sont déférés. La saisine a donc lieu *in rem* quant au fait, et *in personam* quant au prévenu. D'où il suit : 1° qu'un tribunal a bien le droit de donner au fait dont il est saisi une qualification différente de celle qui est précisée dans l'assignation, mais à la condition de baser la condamnation sur le *fait même*, relevé dans la prévention et non sur un *fait nouveau*, révélé par l'audience ; 2° qu'un tribunal n'a pas le droit de condamner, comme prévenu, la partie civile, sur les conclusions de l'inculpé. Il n'existe pas, *en matière pénale*, de *demandes reconventionnelles* devant les juridictions répressives[1].

426. Contradiction dans la procédure. — Le procès pénal est essentiellement *contradictoire*[2] : il suppose la présence des parties, aux débats et devant le juge, dans une situation et avec des armes égales. Comment cette contradiction est-elle organisée?

I. La loi exige d'abord la présence effective et continuelle aux débats d'un membre du ministère public. Aucune juridiction pénale n'est complète sans son ministère public; aucune procédure n'est valable sans son intervention.

II. Elle exige ensuite la présence de la partie poursuivie au procès pénal[3]. Deux principes, à ce point de vue, dominent la procédure. Le premier, c'est que le prévenu ou l'accusé est tenu d'obéir à la citation qui lui est donnée et de se présenter en justice. Le second, c'est qu'il ne peut être définitivement condamné sans avoir été entendu. Comment ces deux principes ont-ils été organisés devant chaque ordre de tribunaux? 1° Le prévenu, cité devant le *tribunal de simple police*, n'est jamais en état de détention préventive (C. instr. cr., art. 129, 230). Pour que le débat soit lié *contradictoirement*, il doit *comparaître*, soit en personne, soit par un fondé de procuration spéciale (art. 152), et se *défendre*. Mais le jugement prononcé par défaut,

[1] *Sic*, Cass., 5 juin 1835 (S. 35. 1. 860); Rennes, 5 mars 1879 (S. 81. 2. 228). Cependant, si, devant le tribunal correctionnel ou le tribunal de simple police, la partie civile, comparaissant, consentait à être jugée sur le fait qui lui est reconventionnellement reproché par le prévenu, le tribunal aurait le droit de statuer. Devant ces tribunaux, en effet, la saisine peut résulter de la *comparution volontaire* des parties.

[2] Voy. note sous Cass., 30 déc. 1904 (S. 1906. 1. 249).

[3] Voy. note de Demogue, dans S. 1906. 2. 74.

après citation, est régulièrement rendu et devient exécutoire, si le prévenu n'y forme pas opposition dans le délai de trois jours, à partir de la signification qui doit lui en être faite. 2° *En matière correctionnelle*, le prévenu est ou n'est pas en état de détention préventive. Dans le premier cas, il est déjà sous la main de justice : le défaut, faute de comparaître, est donc impossible de sa part. Mais il peut ne pas se défendre, déclarer faire défaut, et le débat n'est pas lié contradictoirement. Dans le second cas, le prévenu doit comparaître, soit en personne, soit par avoué, suivant que le délit est ou non de nature à entraîner la peine d'emprisonnement (art. 185); de plus, il doit se défendre. Sans doute, le jugement est régulièrement rendu contre le prévenu qui ne comparaît pas, ou qui, comparaissant, ne se défend pas; mais ce jugement peut être anéanti par une opposition formée dans les cinq jours de sa signification à personne (art. 187). 3° L'accusé, renvoyé devant la *cour d'assises*, à raison d'un crime, est sous le coup d'une ordonnance de prise de corps. Il n'a donc point la faculté de faire défaut. La loi, du reste, lui impose un défenseur. S'il se soustrait à l'autorité judiciaire, il est déclaré en *état de contumace* et jugé, sans assistance de jurés, par la cour d'assises seule. Mais la condamnation, ainsi prononcée, ne peut jamais être exécutée, au moins sur la personne du condamné.

III. Le droit de défense en matière répressive n'est formulé nulle part dans un texte général : mais la jurisprudence n'hésite pas à le considérer comme un droit essentiel, dont la violation, même dans les cas où la loi est muette, emporte nullité de la procédure. Ce droit a d'autant plus besoin d'être organisé que le résultat du débat est plus grave pour l'inculpé : l'assistance d'un défenseur est donc le corollaire naturel du principe de la contradiction. Néanmoins, c'est seulement en cour d'assises, quand la matière est criminelle[1], et devant les tribunaux correctionnels, quand la poursuite entraîne la relégation, que l'assistance d'un défenseur a été jugée indispensable et qu'on a organisé la défense d'office (C. instr. cr., art. 294 ; L. 27 mai 1885, art. 11). Dans les autres cas, l'assistance d'un défenseur est *toujours* facultative [2].

La défense n'est pas organisée comme une fonction publique. Elle est confiée aux avocats qui, en matière pénale comme en matière ci-

1 L'assistance d'un défenseur n'est pas obligatoire devant les cours d'assises en matière de délits de presse : Cass., 24 févr. 1899 (S. 1900. 1. 430).

2 Il s'agit, bien entendu, des tribunaux ordinaires, car un défenseur doit être nommé d'office : 1° devant les tribunaux militaires ou maritimes (C. just. milit. armée de terre, art. 109; C. just. milit. armée de mer, art. 139); 2° devant la Haute-Cour de justice (L. 10 avr. 1889, art. 9).

vile, sont les représentants des parties. L'école sociologique réclame une transformation du caractère de la défense. Elle fait remarquer qu'à la différence des avocats en matière civile, qui doivent, s'ils acceptent le mandat de leurs clients, soutenir toutes leurs prétentions, les défenseurs des prévenus et accusés ont une mission sociale, puisqu'ils collaborent à une œuvre d'intérêt général et d'ordre public[1]. En constituant en fonction publique la défense devant les tribunaux de répression, on éviterait que la défense fût aiguillée dans une fausse direction[2].

427. Caractères de l'instruction. — Devant les juridictions de jugement, l'*instruction* a deux caractères : elle est *publique* et elle est *orale*.

I. La *publicité* des débats est un principe général, dont nous retrouvons l'application devant toutes les juridictions de jugement, et qui a été consacré par toutes nos constitutions. On comprend que cette publicité puisse être double : à l'*audience;* et, en dehors de l'audience, par la *voie de la presse :*

a) A l'audience, la publicité, par l'admission du public pendant l'instruction, les débats et la prononciation du jugement, est prescrite, et doit être constatée, *à peine de nullité*, soit dans le jugement, soit dans le procès-verbal des débats en cour d'assises, pour toutes les juridictions, par les art. 153, 190 et 309, C. instr. cr., et par l'art. 7 de la loi du 20 avr. 1810[3]. A ce principe, il existe une exception, qui nous vient de notre ancienne jurisprudence, et qui, supprimée temporaire-

[1] C'était déjà l'idée de Condorcet. Voy. *Rev. pénit.*, 1903, p. 959 ; 1904, p. 723.

[2] Pour les mineurs traduits en justice, les comités de défense qui se sont fondés dans beaucoup de villes, ont fait adopter le principe d'un défenseur d'office, même pour les délits correctionnels. Ils sont également entrés dans la voie que recommande l'école positiviste, en donnant, comme instruction, aux défenseurs d'office, dans ce cas, au lieu de soutenir les désirs de leurs clients ou des parents, qui sont souvent contraires aux intérêts bien entendus de l'enfant, lorsque ceux-ci demandent une condamnation à une courte peine, de s'entendre avec le ministère public et le tribunal pour appliquer au prévenu la mesure qui pourra le mieux sauvegarder son avenir.

[3] La publicité ne serait pas effective, malgré la présence d'un public à l'audience, si ce public avait été sélectionné au moyen de la distribution de cartes d'entrée par le président, pourvu que ce fait soit constaté. Mais, si malgré la distribution de ces cartes, une place suffisante était réservée au public admis sans cartes, le principe de la publicité recevrait une satisfaction suffisante. Voy. Cass. 11 août 1887 (S. 89. 1. 137) et la note. A diverses reprises, la Chancellerie s'est émue des scandales résultant de ces distributions de cartes et a prohibé cette manière de faire par des circulaires successives du 7 juill. 1844, du 14 mai 1852, du 16 déc. 1859, du 21 oct. 1887, du 1er févr. 1891.

ment par la législation intermédiaire, a été rétablie par l'art. 87, C. proc. civ. et généralisée par les Chartes de 1814 et de 1830, et par la Constitution du 4 nov. 1848 : c'est la mesure du *huis clos*. L'art. 81 de la Constitution de 1848, texte considéré comme étant toujours en vigueur, porte : *Les débats sont publics, à moins que la publicité ne soit dangereuse pour l'ordre ou les mœurs et, dans ce cas, le tribunal le déclare par un jugement.* Ainsi, en principe, les débats sont publics, à peine de nullité; par exception, il peut en être autrement ordonné dans l'intérêt de l'ordre et des mœurs. Le *huis clos* est déclaré par un *jugement* ou un *arrêt* public et motivé[1], rendu, soit d'office, soit sur les réquisitions du ministère public, soit sur les conclusions mêmes de l'accusé ou du prévenu. Mais cette mesure doit être restreinte à la totalité ou à une partie des *débats :* le *huis clos* commence et finit avec eux. Tout ce qui, dans l'audience, est en dehors des débats, demeure sous la règle de la publicité : par exemple, l'acte d'accusation, les arrêts ou les jugements, statuant sur les incidents contentieux [2], doivent être lus ou prononcés publiquement, toutes portes ouvertes[3].

b) Une publicité, dans l'état de nos mœurs, plus étendue que celle de l'audience, est la publicité qui est donnée aux débats par la voie de la presse. Est-il permis de rendre compte, dans les journaux, des procès criminels? Cette publicité, n'étant que la suite et l'extension de la publicité de l'audience, est, en principe, parfaitement licite. Mais il existe à cette règle des restrictions *légales* et des restrictions *judiciaires*. L'art. 39 de la loi du 29 juillet 1881 interdit *de rendre compte des procès en diffamation où la preuve des faits diffamatoires n'est pas autorisée.* La plainte seule peut être publiée par le plaignant. On a laissé, en dehors de l'interdiction, les procès pour outrages ou injures, dont parlait la loi du 27 juillet 1849 (art. 11). Par contre, on s'est emparé d'une disposition du décret du 17 juillet 1852, qui permettait aux tribunaux d'interdire le compte rendu des affaires correctionnelles, civiles ou criminelles, mais en limitant cette interdiction aux seules affaires *civiles*. L'art. 39 n'autorise donc pas les tribunaux à inter-

[1] Sur cette règle : Cass., 29 déc. 1893 (D. 97. 1. 202). La juridiction a le droit d'ordonner le huis clos dans la mesure qu'elle juge utile : Cass., 2 juin 1881 (S. 82. 1. 335).

[2] Comp. : Cass., 2 sept. 1880 (S. 81. 1. 288); 13 août 1881 (S. 81. 1. 487); 20 mai 1882 (S. 83. 1. 95).

[3] Comp. : Ortolan, t. II, n° 2286; Faustin Hélie, t. VII, n°s 3403 et suiv.; Cass., 9 oct. 1879 (S. 80. 1. 233). Sur certains inconvénients de cette règle : Bonneville, *De l'amélioration de la loi criminelle*, t. Ier, p. 405. Voy. sur le huis clos en Angleterre : De Franqueville, *Le système judiciaire de la Grande-Bretagne*, t. II, p. 15.

dire le compte rendu des procès en matière criminelle ou correctionnelle, sauf peut-être le cas où le huis clos, ayant été requis et ordonné, l'interdiction de rendre compte de tout le procès résulte, de plein droit, de cette circonstance[1]. Mais la loi du 28 juillet 1894, ayant pour objet de réprimer les menées anarchistes, dispose, dans son art. 5 : « Dans les cas prévus par la présente loi, et dans tous ceux où le fait incriminé a un caractère anarchiste, les cours et tribunaux pourront interdire, en tout ou en partie, la reproduction des débats en tant que cette reproduction pourrait présenter un danger pour l'ordre public[2] ». Qu'elle soit légale ou qu'elle soit judiciaire, l'interdiction ne s'applique pas à ce qui est en dehors des débats, par exemple, au jugement ou à l'arrêt, qui peut toujours être publié (L. 29 juill. 1881, art. 39)[3].

II. L'*oralité* de l'instruction exprime cette idée que toute preuve doit être soumise à la connaissance du juge dans sa source originaire; elle a pour conséquence l'*immédiateté* de la preuve[4]. Même dans le cas où une information a eu lieu, la juridiction de jugement ne se prononce donc pas sur la lecture des procès-verbaux de cette information : elle doit *entendre* et *voir*, à l'audience, l'*accusé* ou le *prévenu*, les *experts* et les *témoins*. Du reste, une distinction est faite, sur les conséquences de cette règle, suivant qu'il s'agit de la juridiction criminelle ou de la juridiction correctionnelle[5]. En cour d'assises, le principe de l'oralité des débats est proclamé par l'art. 317. Il est prescrit à peine de nullité. Sans doute, en vertu de ses pouvoirs discrétionnaires, le président de la cour d'assises peut donner lecture aux jurés des procès-verbaux de l'information. Mais il ne doit user de cette faculté que pour *suppléer* à la déposition d'un témoin *absent*, ou

[1] L'art. 16, § 2 de la loi du 18 juillet 1828 interdisait le compte rendu des débats qui s'étaient déroulés à huis clos. La loi du 29 juillet 1881, qui a abrogé la loi du 18 juillet 1828 comme toutes les lois antérieures sur la presse, ne contient aucune disposition spéciale au huis clos. J'en conclus qu'en cas de publicité par la voie de la presse, de débats ayant eu lieu à huis clos, aucune poursuite ne serait possible, sauf peut-être pour outrage aux bonnes mœurs.

[2] Toute infraction à cette défense sera poursuivie conformément aux prescriptions des art. 42, 43, 44 et 49 de la loi du 30 juillet 1881, et sera punie d'un emprisonnement de six jours à un mois et d'une amende de 1.000 à 10.000 francs.

[3] L'audience terminée, le condamné est protégé contre les indiscrétions du public. Voy. Barbier, *op. cit.*, n° 777. Comp. Alger, 20 févr. 1897, avec Cass., 29 avr. 1897 (S. 98. 1. 473); Trib. fédér. suisse, 2 févr. 1895 (S. 97. 4. 9); Paris, 2 déc. 1897 (S. 98. 2. 268); Bordeaux, 24 janv. 1899 (S. 99. 2. 156).

[4] Sur le principe et ses conséquences, voy. le rapport de M. le conseiller Guyho, *Journal du droit criminel*, art. 9316.

[5] Sur cette distinction : Albert Desjardins, *Revue critique*, 1885, p. 103; Cass., 18 juill. 1884 (S. 85. 1. 784); 26 déc. 1884 (D. 86. 1. 349).

pour *contrôler* celle d'un témoin *présent*[1]. Devant le tribunal correctionnel, au contraire, la règle de l'oralité, quoique n'étant édictée par aucun texte général, s'impose comme un principe de direction des débats, mais sans être prescrite à peine de nullité[2].

428. Du jugement. — L'expression *jugement*, qui est souvent employée pour désigner toute décision rendue par un tribunal sur un point soumis à son appréciation, ne s'applique, dans son sens technique, qu'aux décisions des tribunaux, soit de police correctionnelle, soit de simple police, les décisions rendues par les cours étant qualifiées d'*arrêts*, aux termes du sénatus-consulte du 26 floréal an XII. En effet, elles sont définitives, au moins au point de vue du fait, et elles *arrêtent* l'action engagée. La réponse du jury aux questions qui lui sont posées s'appelle le *verdict* (*vere dictum*).

Les jugements, en matière pénale comme en matière civile, se classent en plusieurs catégories.

I. On oppose, tout d'abord, aux jugements *définitifs*, les jugements d'*avant faire droit*. Les premiers sont ceux qui terminent le procès, au moins devant la juridiction qui les a rendus. Les seconds, les jugements par lesquels la juridiction, avant de vider le fonds du procès, ordonne quelque mesure préalable. Les jugements d'*avant faire droit* se divisent eux-mêmes, en jugements *préparatoires*, *interlocutoires*, et *provisoires*. Le jugement provisoire est celui par lequel le tribunal pourvoit à certains intérêts qui resteraient en souffrance ou se trouveraient compromis pendant le cours de l'instruction de l'affaire : on peut citer, à titre d'exemple, la décision par laquelle le tribunal correctionnel accorde la liberté provisoire au détenu. Les jugements préparatoires et les jugements intertocutoires ont cela de commun qu'ils ont les uns et les autres pour objet d'ordonner une mesure d'instruction, telle qu'un apport de pièces, une expertise : ce qui les sépare et les distingue, c'est que les premiers *ne préjugent point* le fond, tandis que les seconds *le préjugent* (C. proc. civ., art. 452). Cette distinction des jugements préparatoires et interlocutoires, qui est capitale dans la procédure civile, est moins importante dans la procédure pénale, car il est généralement admis que le juge reste libre, tant qu'il n'a pas rendu une décision définitive, de revenir sur l'admission ou le refus d'une preuve[3]. La distinction entre les jugements d'avant faire

[1] *Sic*, Cass., 7 sept. 1882 (S. 82. 1. 438); 28 août 1884 (S. 85. 1. 326).

[2] Voy. mon *Traité d'instr. crim.*, t. II, nos 418 à 421.

[3] Sur la distinction : Cass., 29 janv. 1904 (S. 1907. 1. 58). Sur la question de savoir quand le jugement est interlocutoire en matière répressive, note de M, Roux sous Cass., 20 mars 1903 (S. 1904. 1. 45).

droit et les jugements définitifs est importante, surtout pour les règles de l'appel ou du pourvoi en cassation.

II. Sous le rapport des voies de recours dont la décision est susceptible, on distingue si elle peut ou non être attaquée par les voies ordinaires, c'est-à-dire par l'opposition et par l'appel. Le jugement est *contradictoire*, lorsqu'il ne peut plus être attaqué devant le tribunal qui l'a rendu ; il est *par défaut*, lorsqu'il est permis de le faire rétracter, la partie qui s'en plaint ne s'étant pas présentée ou ne s'étant pas défendue. En ce qui concerne l'appel, le jugement est en *premier* ou *dernier ressort*, suivant qu'il est ou non susceptible de cette voie de recours. Enfin le jugement, qui n'est plus susceptible d'être attaqué, est dit *irrévocable*. La force exécutoire en matière pénale ne peut être attachée qu'à un jugement ayant ce caractère.

429. Conditions générales de validité des jugements. — Les règles générales sur la *validité* du jugement sont relatives : à la composition de la juridiction, aux délibérations et au vote, aux motifs de la décision, à sa rédaction, à son prononcé.

I. Il est d'abord nécessaire, pour la validité de la décision, que la juridiction ait été *légalement composée*. *a*) Un nombre minimum de juges est exigé par la loi, à peine de nullité : trois, au tribunal correctionnel ; cinq, à la chambre correctionnelle de la cour d'appel. Si ce nombre était dépassé, pourvu que les conseillers et les juges aient siégé en nombre impair, le jugement ou l'arrêt ne serait pas nul, sauf en ce qui concerne la cour d'assises, où le nombre de trois magistrats et de douze jurés est fixé d'une manière invariable (L. 30 août 1883, art. 1 et 4 ; C. instr. cr., art. 252 et 284. *b*) Il est nécessaire, à peine de nullité, que chacun des juges ou des jurés ait assisté réellement à toutes les audiences de la cause (L. 20 avr. 1810, art. 7)[1]. *c*) La juridiction ne serait pas complète sans la présence du ministère public : mais les membres d'un même parquet peuvent se remplacer l'un l'autre. *d*) Le greffier entre également, comme partie nécessaire, dans l'organisation de chaque juridiction. *e*) Tous les juges doivent pouvoir siéger. Les incompatibilités sont d'ordre public mais de droit étroit.

II. La délibération des juges et leur vote ont lieu *secrètement*, — en chambre de conseil (et il en est toujours ainsi pour le jury) — ou bien à voix basse, si c'est à l'audience (C. instr. cr., art. 259 ; L. 8 août 1859, art. 3 ; D. 22 mars 1852, art. 8). Le serment des magistrats

[1] Application au cas où un juré a dormi : nullité de la déclaration et Cass., 27 août 1903 (S. 1906. 1. 384).

contient la promesse de garder le secret des délibérations; celui des jurés leur impose l'obligation de ne communiquer avec personne jusqu'après leur déclaration.

Le vote a lieu, pour les jurés, au scrutin secret, et, pour les tribunaux, dans la forme d'une délibération. S'il y a partage, l'avis le plus favorable à l'accusé ou au prévenu doit être préféré.

III. Les jugements et arrêts doivent être *motivés*. Cette obligation est une maxime fondamentale, consacrée, dans des termes généraux, par l'art. 7 de la loi du 20 avril 1810. Il ne faudrait donc pas s'arrêter aux expressions trop étroites de l'art. 163, C. instr. cr., qui paraissent n'exiger de motifs que pour les jugements de condamnation. On ne fait exception, dans notre jurisprudence pratique, que pour les jugements de pure instruction, qui ne font grief à aucune des parties et qui ne constituent que des mesures préparatoires, ordonnées par le juge pour accomplir sa mission. Mais le verdict du jury n'est pas motivé[1].

IV. Les jugements et arrêts sont rédigés dans les conditions prescrites par les art. 163 et 164, 195 et 196, 369 et 370, C. instr. cr. Tous les jugements et arrêts qui portent *condamnation* à une peine, doivent contenir le texte de la loi appliquée, afin que, par la lecture seule de la décision, on puisse savoir si la peine est bien celle portée par la loi (C. instr. cr., art. 163, 195, 369). En comparant ces dispositions, on remarque deux différences essentielles et cependant peu justifiées : 1° L'insertion du texte de la loi dans la décision est obligatoire pour toutes les juridictions pénales, mais la sanction du défaut d'insertion n'est pas la même pour toutes : dans les jugements de simple police, c'est la nullité; en police correctionnelle et en cour d'assises, une simple amende contre le greffier[2]; 2° Les art. 195 et 369 font expressément, au président de la juridiction, en matière correctionnelle et criminelle, l'obligation de lire, à l'audience, le texte de la loi appliquée, sans toutefois indiquer de sanction pour l'omission de cette formalité. L'art. 163 ne reproduit pas la même exigence pour le juge de simple police.

Les jugements et arrêts sont rédigés en *minute*. Lorsqu'il s'agit de les exécuter, il en est délivré une *expédition*, qui contient la formule exécutoire. Les jugements doivent être signés par tous les juges qui

[1] Sur cette question, cons. mon *Traité d'instr.*, t. I, n° 262.

[2] Voy. Cass., 1er juill. 1893 et 18 oct. 1894 (D. 96. 1. 52) et la note. L'art. 163 n'exige que le texte de la disposition pénale, non celui qui définit et détermine l'infraction. Voy. Cass., 30 déc. 1904 (S. 1904. 1. 249 et la note Roux); 4 janv. 1908 (S. 1908. 1. 207).

ont concouru à les rendre (C. instr. cr., art. 164, 196, 370). La loi n'exige pas expressément la signature du greffier, mais il est indispensable que sa présence soit constatée d'une manière quelconque, car il entre dans la composition de la juridiction.

V. Sauf devant la cour d'assises, où l'arrêt est rendu à l'audience même et de suite, les art. 153 et 190 décident que le jugement, en matière de police simple ou correctionnelle, sera rendu à l'audience même ou à l'audience qui suivra celle où l'instruction sera terminée[1].

430. Police de l'audience. — Les tribunaux sont armés des pouvoirs nécessaires pour faire respecter la dignité de leurs audiences, soit par le public, soit par les parties. Les règles de compétence, de procédure et de répression, établies à ce sujet, varient suivant le rang du tribunal, la gravité de l'infraction, sa nature (C. instr. cr., art. 181, 504, 508). Deux hypothèses sont possibles. *a*) Si quelqu'un des assistants donne des signes publics d'approbation ou d'improbation, ou excite du tumulte, le président, qui a la police de l'audience, le fait expulser[2]; s'il insiste ou rentre dans la salle, le président donne l'ordre de l'arrêter et de le conduire dans la maison d'arrêt, dont les gardiens, sur le vu de cet ordre, le reçoivent et le gardent pendant vingt-quatre heures (art. 504). Cette mesure est prise sans jugement; elle n'a aucun caractère pénal et ne figure pas sur le casier judiciaire. *b*) Si le fait de trouble est accompagné d'une *contravention* ou d'un *délit*, les peines sont prononcées, séance tenante[3], par la cour, le tribunal ou le juge de simple police, en présence de qui les faits ont été commis : les peines de simple police, sans appel; les peines correctionnelles, à charge d'appel, si elles ont été prononcées par un tribunal de première instance[4] ou par un tribunal de police (art. 505). Si le trouble d'audience est accompagné de *faits criminels*, il faut distinguer suivant qu'il se produit à l'audience d'un tribunal de simple police ou d'un tribunal correc-

[1] Cette latitude, qui a pour résultat de prolonger la détention préventive, est encore aggravée, si l'on décide, avec une doctrine et une jurisprudence constantes, que ces délais ne sont pas impartis à peine de nullité. La présence des parties poursuivies n'est même pas nécessaire au prononcé du jugement dont le jour n'a pas besoin d'être indiqué à peine de nullité. Comp. : Faustin Hélie, t. VI, nos 2950 et 2956.

[2] L'ordre d'expulsion est un acte de pouvoir discrétionnaire que le juge fait sous sa responsabilité : les conclusions du ministère public ne sont pas nécessaires et l'individu expulsé ne peut exercer aucun recours.

[3] Sur les difficultés : Faustin Hélie, t. VI, no 2829.

[4] L'appel d'un jugement ainsi rendu en matière correctionnelle par un tribunal civil est porté devant la chambre correctionnelle de la cour.

tionnel, ou bien, à celle de la cour d'appel ou de la Cour de cassation : dans le premier cas, le tribunal fait arrêter l'inculpé, dresse procès-verbal des faits, et renvoie l'inculpé, avec les pièces, devant les juges compétents; dans le second cas, la cour procède elle-même au jugement, sans désemparer (art. 506 à 508) [1].

[1] Comp. : Faustin Hélie, t. VIII, nos 3588 et suiv.

CHAPITRE PREMIER

DE LA COUR D'ASSISES [1].

§ II. — DE L'ORGANISATION DE LA COUR D'ASSISES.

431. Différence entre la cour d'assises et les autres tribunaux de répression. — 432. Des conséquences qui résultent du premier caractère de la cour d'assises : la non-permanence de cette juridiction. — 433. Second caractère : la cour d'assises n'est pas une juridiction simple. — 434. De la cour. — 435. Du jury. Personnes aptes à remplir les fonctions de juré. Liste du jury.

431. De l'organisation de la cour d'assises. — A la différence des tribunaux de police simple ou correctionnelle, la cour d'assises n'est pas une juridiction *permanente :* elle se constitue à certaines époques et tient des sessions pour statuer sur les affaires criminelles en état d'être jugées; elle se dissout, aussitôt que le rôle de ces affaires est terminé, et n'a d'existence légale qu'à partir de l'ouverture de la session et jusqu'à sa clôture. Ce n'est pas non plus une de ces juridictions *simples* dont tous les membres siègent, délibèrent et décident en commun sur l'ensemble du procès pénal : elle se compose, en effet, de deux éléments qui se juxtaposent sans se confondre : de *citoyens*, formant le *jury*, juges de la culpabilité de l'accusé; de *magistrats*, formant la *cour*, juges de l'application de la peine. Tous fonctionnent par commission : le jury, pour chaque affaire; la cour, pour toute la session [2]. La décision est déterminée par le jeu

[1] Bibliographie : Cubain, *Traité de la procédure devant les cours d'assises*, 1855; Delpech, *La procédure et le droit criminel en cour d'assises*, 1888; Fréminville, *De la procédure criminelle devant le jury*, 1855; Marcel de Sérigny, *Manuel des cours d'assises*, 3 vol., 1823-1824; Nouguier, *La cour d'assises*, 4 tomes en 5 vol., 1860-1870; V. Jeanvrot, *Memento d'audience du président d'assises*, 1885; Pain, *Code pratique de la cour d'assises*, 1890.

[2] Depuis quelques années, un mouvement, dont l'Allemagne a donné le signal, se produit pour l'établissement, en matière pénale, de tribunaux mixtes (*Schoffengerichte*), composés en partie de magistrats de profession, en partie de personnes étrangères à la magistrature, de citoyens, siégeant, délibérant et décidant en commun

complexe des organes dont la loi a organisé le concours et dont l'ensemble forme la juridiction : c'est une œuvre collective.

La cour d'assises n'étant ni une juridiction *permanente* ni une juridiction *simple*, il y a lieu d'examiner les conséquences qui résultent de ces deux caractères.

432. La cour d'assises n'est pas une juridiction permanente. — Dans quel *lieu* siège la cour d'assises? A quelles *époques* se réunit-elle ? Quelle est la *durée* de la session?

I. Il existe une cour d'assises dans *chaque département* (C. instr. cr., art. 651) [1]. Elle se réunit au siège de la cour d'appel pour le département où est située cette cour; pour les autres, ordinairement [2] au chef-lieu (L. 20 avr. 1810, art. 17, modifiant l'art. 258). Du reste, s'il y avait utilité, elle pourrait se tenir exceptionnellement en quel-

avec les magistrats, au lieu de statuer séparément, comme le jury actuel, sur certains points du procès pénal. Voy. Bufnoir, *Des tribunaux d'échevins en Allemagne* (*Bull. soc. législ. comp.*, 1873, p. 262). En réunissant juges et jurés en une seule juridiction, on concilie le principe de la participation de simples citoyens à la juridiction pénale, avec la nécessité de ne pas séparer, pour en donner la connaissance à des juges distincts, les éléments presque inséparables du procès pénal, le fait et le droit. Comp. Beudant, *op. cit.*, p. 284 : « Supprimer la distinction du fait et du droit, appeler juges et jurés à délibérer et à prononcer en commun..., serait une réforme bien moins radicale qu'on ne serait tenté de le croire au premier abord ». Les divers projets de loi sur l'établissement du jury en matière correctionnelle, réaliseraient, s'ils étaient adoptés par les Chambres, cette participation, dans le même jugement, de jurés et de magistrats. Mais quand on présente cette organisation comme un retour à la législation de l'Assemblée constituante de 1789, on commet une erreur historique. Cf. E. Sauvel, *De l'établissement projeté de tribunaux d'assises correctionnelles* (*Journ. de droit crim.*, art. 10910, 10911, 10922). La loi genevoise sur le jury, entrée en vigueur le 1er janvier 1890, admet que le jugement est une chose commune à laquelle collaborent la magistrature et le jury. Sur la question générale : discussion sur le jury à la Société générale des prisons (*Rev. pénit.*, 1899). Voy. W. Mittermaier, *Le jury et l'échevinage* (*Rev. pénit.*, 1900, p. 277, n. 284). Les cours criminelles créées en Algérie par la loi du 30 déc. 1902 constituent une application du système de l'assessorat. Les magistrats et les jurés délibèrent ensemble (art. 2, § 2 et art. 10). Une proposition de loi a été déposée à la Chambre des dép. le 12 nov. 1906 pour attribuer au jury en matière criminelle le pouvoir d'appliquer la peine (*J. off.*, Chambre, 12 nov. 1906, annexe, n° 415).

[1] On a proposé souvent de réduire le nombre des cours d'assises : une seule serait suffisante par ressort de cour d'appel. Voy. Frémont, *De la réduction du nombre des cours d'assises et de leur centralisation au chef-lieu de la cour d'appel* (*Rev. crit.*, t. XVIII, 1861, p. 41). Dans le même sens, article anonyme dans le journal *La Loi*, n° du 22 avril 1882.

[2] Par exception, dans les départements de la Marne, de la Meuse, du Nord, du Pas-de-Calais, de Saône-et-Loire, de la Loire, des Bouches-du-Rhône, les assises se tiennent non point au chef-lieu, mais à Reims, Saint-Mihiel, Douai, Saint-Omer, Chalon, Montbrison, Aix.

que lieu du même département, autre que le lieu habituel de sa session (C. instr. cr., art. 258), pourvu que ce lieu fût le siège d'un tribunal.

II. D'après la loi de 1791, des assises devaient être réunies tous les mois; mais l'expérience a démontré que les affaires criminelles étaient, dans la majeure partie des départements, trop peu nombreuses pour occuper une session mensuelle, et le Code de 1808 a décidé qu'il y aurait une session *tous les trois mois* seulement (art. 259).

L'art. 260, qui donnait au président de la cour d'assises le droit de fixer le jour où les assises doivent s'ouvrir, a été modifié par l'art. 20 de la loi du 20 avril 1810, qui transmet ce droit au *premier président de la cour d'appel*. L'art. 21 ajoute que, lorsque la cour d'assises doit se tenir dans un lieu autre que celui où elle siège habituellement, l'époque de l'ouverture est déterminée par l'arrêt de la cour, toutes chambres réunies, qui ordonne la translation (D. 6 juill. 1810, art. 90; C. instr. cr., art. 258).

III. Les assises se prolongent tout le temps nécessaire à l'expédition des affaires : c'est le nombre et l'importance des causes dont elles sont saisies qui déterminent leur durée. Il est, néanmoins, admis, dans la pratique de la chancellerie, pour ne pas imposer aux mêmes jurés une trop lourde tâche, que chaque session ne doit pas se prolonger au delà de quinze jours, et que, si le rôle n'est pas épuisé dans ce laps de temps, une seconde session doit s'ouvrir dans le même trimestre, pour l'expédition des affaires en cours.

On appelle, précisément, *assises extraordinaires*, celles qui sont convoquées dans le même trimestre, soit lorsque les assises ordinaires, trop chargées d'affaires, n'ont pas suffi à évacuer toutes les affaires, soit lorsque, après la clôture des assises ordinaires, quelque affaire, récemment mise en état, exige un prompt jugement (C. instr. cr., art. 259 et 391; L. 20 avr. 1810, art. 19; L. 29 juill. 1881, art. 59). Elles prennent le même personnel de magistrature que celui de l'assise ordinaire précédente. Le droit de les convoquer appartient au premier président de la cour d'appel.

433. La cour d'assises n'est pas une juridiction simple. — La cour d'assises n'est point une juridiction simple. Elle est composée : 1° d'un président; 2° de deux juges assesseurs; 3° de douze jurés; 4° d'un membre du ministère public; 5° d'un greffier. Il est facile de distinguer, dans cette composition, deux éléments : l'un qui est formé de magistrats, l'autre qui est formé de citoyens. Après avoir étudié séparément la composition de ces deux éléments, nous examinerons comment ils se combinent pour former la juridiction.

434. DE LA MAGISTRATURE. — Le principe de l'unité de la justice pénale et de la justice civile, qui domine notre organisation judiciaire, se manifeste dans la juridiction la plus élevée du droit criminel. C'est, en effet, la *cour d'appel* qui tient les assises dans tous les départements de son ressort et qui a, suivant l'expression du rapporteur de la loi du 20 avril 1810, la *présidence du jury*.

I. La présidence des assises, qui n'est plus, dans notre organisation judiciaire actuelle, une fonction permanente, est déléguée, pour toutes les sessions d'un trimestre, à un magistrat, spécialement désigné à cet effet, qui est toujours, quel que soit le lieu où s'ouvre la session, un *conseiller de la cour d'appel du ressort* (C. instr. cr., art. 252 et 253). Il y a exception à cette règle, quand l'un des assesseurs, dans l'un des départements où ne siège pas la cour d'appel, remplace le président empêché.

C'est au ministre de la justice qu'il appartient de désigner le conseiller qui est chargé de présider les assises. Il doit faire cette délégation pendant la durée d'une assise pour le trimestre suivant. S'il n'a pas usé de sa prérogative, c'est au premier président de la cour d'appel qu'il appartient de faire la désignation, dans la huitaine du jour de la clôture de l'assise (L. 20 avr. 1810, art. 16; D. 6 juill. 1810, art. 79[1]). Si donc, le droit du ministre de choisir le président des assises n'est pas limité, quant à son *étendue*, il l'est, quant au *délai* dans lequel il doit s'exercer. Il expire à la clôture de chaque assise, en ce qui concerne le président de l'assise suivante; et, dès que la session est close, sans que la nomination ait été faite, il appartient au premier président d'y procéder. Celui-ci, du reste, a toujours le droit, qui dérive de son titre, même dans le cas où le ministre de la justice a usé de sa prérogative, de venir présider lui-même, dans tous les départements de son ressort, soit une seule affaire, soit toutes les affaires de la session.

Si le président des assises se trouve, par suite de quelque empêchement, dans l'impossibilité de remplir ses fonctions, il faut pourvoir à son remplacement qui s'opère différemment, suivant l'époque où se manifeste l'empêchement. Si l'empêchement survient, avant l'ouverture de la session, il doit être procédé à la délégation d'un

[1] Une circulaire de la chancellerie du 14 déc. 1906 (*Bull. minist. Just.*, 1906, p. 189) confie désormais aux premiers présidents le droit de désigner les présidents d'assises. « Ce mode de procéder, explique cette circulaire, est plus conforme au texte de l'art. 16 de la loi du 20 avril 1810... La faculté donnée au garde des sceaux qui, d'après ce texte devait être une exception, s'étant transformée en règle générale, il convient de revenir à une application et à une compréhension plus exactes de la loi... ».

nouveau président, soit par arrêté du ministre de la justice, soit par ordonnance du premier président. Si l'empêchement ne survient qu'après, le remplacement s'opère de la manière prescrite par l'art. 263, c'est-à-dire que le président est remplacé par le plus ancien des juges de la cour nommés ou délégués pour l'assister; à défaut, par le président du tribunal[1]. C'est le système de substitution par ordre hiérarchique.

II. En Angleterre, les assises sont tenues par un magistrat *unique*, qui préside et dirige le jury. En France, le président a des *assesseurs* qui composent, avec lui, la juridiction, désignée par cette expression *la cour* quand on l'oppose au *jury*. Trois points distincts doivent être examinés au sujet de ces assesseurs : 1° leur nombre; 2° leur désignation; 3° le mode de leur remplacement dans le cas d'empêchement.

a) Le Code de 1808 fixait à *cinq* le nombre des magistrats siégeant en qualité de juges à la cour d'assises, savoir : un président et quatre assesseurs. Les attributions de la cour d'assises ayant subi, depuis la promulgation du Code, une réduction proportionnelle à l'extension des pouvoirs donnés au jury, ce nombre a été diminué par une loi du 4 mars 1831. Aujourd'hui, la cour d'assises se compose de *trois* juges dont un président (C. instr. cr., art. 252 et 253).

b) Le président est un membre de la cour d'appel, désigné par le garde des sceaux. Les deux autres assesseurs, désignés par le premier président, sont, dans tous les départements, soit des conseillers de la cour d'appel, soit des membres du tribunal (C. instr. cr., art. 252 et 253, modifiés par la loi du 25 fév. 1901, art. 38).

c) La loi a prévu les cas d'empêchement des assesseurs, comme elle a prévu ceux du président. Il faut, pour déterminer le mode de remplacement, distinguer entre les assises du chef-lieu de la cour d'appel et celles des autres départements. 1° Dans les assises du chef-lieu, le remplacement s'opère de deux manières : ou par une nouvelle délégation du premier président, si l'empêchement se produit avant l'ouverture de la session, ou par l'adjonction du conseiller le plus ancien, si elle ne se produit que depuis (C. instr. cr., art. 247; L. 28 avr. 1810, art. 16). 2° Dans les départements où ne siège pas la cour d'appel, le remplacement des assesseurs se fait, suivant les époques, soit par le premier président soit par le président des assises. Jusqu'au jour de l'ouverture de la session, il appartient au premier président de désigner les juges qui remplacent les assesseurs empêchés. Après, ce droit passe au président de la cour d'assises (C. instr. cr., art. 253).

[1] Voy. Cass., 26 sept. 1899 (D. 99. 1. 613); 12 mars 1869 (D. 69. 1. 257).

L'art. 257 interdit, à peine de nullité, au juge d'instruction, qui aurait déjà fonctionné en cette qualité dans l'affaire, ou aux conseillers, qui auraient déjà voté sur la mise en accusation, de siéger, dans cette même affaire, à la cour d'assises, soit comme président, soit comme assesseur. Il serait à craindre, s'il en était autrement, que les préventions ou les convictions formées dans le cours des opérations d'instruction ne suivissent, à l'audience, celui qui a fait ces opérations. L'incompatibilité établie par la loi est donc une garantie de l'impartialité du juge.

III. La cour d'assises, comme toutes les juridictions répressives, n'est constituée que par la présence du ministère public, dont les fonctions sont remplies, au chef-lieu de la cour d'appel, soit par le procureur général, soit par un des avocats généraux, soit par un des substituts du procureur général (C. instr. cr., art. 252), dans les autres départements, par le procureur de la République près le tribunal ou l'un des substituts. Toutefois, le procureur général a toujours le droit de remplir lui-même les fonctions du ministère public près les cours d'assises de ces départements ou de déléguer l'un de ses substituts pour remplir ces fonctions (C. instr. cr., art. 263, 265, 271, 284). Le procureur de la République ne siège, en effet, aux assises que comme *substitut du procureur général*, et sans pouvoir propre.

IV. Le principe suivant lequel à chaque juridiction est attaché un greffier pour constater les actes du juge et tenir le dépôt des minutes, s'applique naturellement à la cour d'assises. Les fonctions de greffier sont remplies, devant cette juridiction, dans le département où siège la cour d'appel, par le greffier de la cour d'appel ou par l'un de ses commis assermentés (C. instr. cr., art. 252), dans les autres départements, par le greffier du tribunal ou l'un de ses commis assermentés (art. 253).

435. Du jury[1]. — Les *jurés* sont des citoyens, constitués juges,

[1] Sur l'institution du jury : Faustin Hélie, t. VIII, nos 3124 et suiv.; 3134 et suiv.; Oudot, *Théorie du jury*, 1843; Aignan, *Histoire du jury*, 1882; Mittermaier, *Erfahrungen über die Wirksamkeit der Schwurgeichte in Europa und America* (Erlangen, 1864). Voy. compte rendu intéressant de ce dernier ouvrage dans *Revue critique*, 1865, p. 88. — Pour le droit étranger : Jury allemand (*Annuaire de législation étrangère*, 1875, p. 330; 1875, p. 79 et 206); Jury autrichien (Loi du 25 mai 1873, *Annuaire de législation étrangère*, 1874, p. 247 et suiv.; Vainberg, *Bulletin de la Société de législation comparée*, 1875, p. 61); Jury italien (Loi du 8 juin 1871, *Annuaire de législation étrangère*, p. 357; Dubois, *Revue critique*, 1871, p. 758); Jury anglais (*Annuaire de législation étrangère*, 1872, p. 4; 1873, p. 3; 1875, p. 3); Samuely, *Le jury anglais* (*Revue générale du droit*, 1882, p. 38 à 53); Jury américain (*Annuaire de législation étrangère*, 1873,

en leur conscience et sous la foi du serment (de là leur nom de *jurés*), de la culpabilité des accusés. La réunion des jurés compose le *jury*.

L'idée du jury est aussi ancienne que la justice, si on la considère dans son principe abstrait : le *jugement par de simples citoyens*, mais son organisation varie suivant les doctrines politiques de chaque siècle et de chaque pays. Le jury français paraît avoir une double origine : les lois et coutumes des époques barbare et féodale en contenaient le germe; les lois et coutumes anglaises en présentaient une formule complète et une longue expérience. C'est à l'Angleterre, en effet, que l'Assemblée constituante emprunta cette institution[1], qui, depuis 1791, est toujours restée debout malgré les attaques dont elle a été souvent l'objet. Par elle les citoyens participent *directement* à l'administration de la justice, sans apporter, dans l'accomplissement de cette mission, les habitudes d'esprit de juges professionnels et la dépendance, vis-à-vis du pouvoir, de fonctionnaires publics. Mais, avec elle, la répression devient inégale. Le tempérament du jury change, en effet, avec les circonscriptions judiciaires. Les citoyens d'un même pays, sous un régime de complète égalité, ne subissent donc pas les mêmes châtiments pour avoir violé les mêmes lois. Avec la juridiction du jury, la répression manque d'énergie et de mesure dans tous les procès où sont en jeu des préjugés ou des passions populaires. Ce sont là les écueils de toute justice sans *tradition*, sans *responsabilité*, et à laquelle ne s'imposent, comme contre-poids, ni l'obligation de *motiver* la décision, ni le *contrôle d'une juridiction supérieure*, chargée de la reviser. On a, dans ces dernières années, attaqué, au nom de la science pénale, le dogme de la justice populaire[2]. On a oublié les services qu'elle a rendus, soit au point de vue d'une instruction

p. 67, 116, 118). Le jury fait partie des institutions judiciaires de presque tous les pays de l'Europe. Voy. mon *Traité d'instr.*, t. I, p. 132.

[1] Comp. : Esmein, *op. cit.*, p. 417 et suiv.

[2] Comp. : Enrico Ferri, *Cenni critici sulla giuria in Italia* (Venise, 1880); *I nuovi orizzonti*, p. 127 à 137; Stephen, *History of the criminal Law of England* (V. analyse de cet ouvrage : *Bull. soc. législ. comp.*, 1884, p. 105). L'Espagne, après avoir établi le jury en 1872, l'a supprimé en 1875. Mais, depuis, la Chambre des députés l'a rétabli. D. Manuel Sivela (*Le jury criminel en Espagne*, Montpellier, 1885), affirme son peu de sympathie pour l'institution du jury qu'il appelle « la garde nationale de la magistrature ». V. *Bull. soc. législ. comp.*, 1875, p. 223. Cf. Arthur Desjardins, *Le jury et les avocats* (*Revue des Deux-Mondes*, t. LXXV, p. 510 à 642); Jean Cruppi, *La cour d'assises*, 1898; Tarde, *Philosophie pénale*, ch. VII, § 3, p. 435 et suiv.; Joly, *Le combat contre le crime*, p. 15, 50 et suiv. Il y a, à l'heure actuelle, et dans le monde entier, une question du jury. Voy. *Rev. pénit.*, 1899, p. 1174 et suiv.; 1900, p. 824 et 990; Corentin Guyho, *Les jurés « maîtres de la peine »* (broch. in-8°, 1908, Pedone).

plus scrupuleuse, soit au point de vue d'une meilleure individualisation du procès. Les prévisions sur l'avenir du jury doivent être prudentes. Je ne crois pas que cette institution soit appelée à disparaître; mais certainement elle se transformera, et l'étape la plus proche, paraît être celle d'une fusion des deux éléments, aujourd'hui séparés, et la substitution d'un système d'*échevinage* à un système de *jury* [1].

Depuis que le jury existe dans notre pays, son organisation et sa compétence ont été successivement modifiées par presque tous les régimes politiques. Les lois sur le jury se sont succédé, apportant chacune un système divers, chacune faisant dépendre l'aptitude aux fonctions de juré d'une condition nouvelle, chacune étendant ou restreignant, suivant les tendances du moment, la compétence du jury. Nous ne suivrons pas ce long travail de législation. La loi actuelle sur le jury, qui porte la date du 21 novembre 1872, se trouve placée, entre les dispositions du décret du 7 août 1848, remises momentanément en vigueur par un décret du 4 octobre 1870, et la loi du 3 juin 1853. Elle s'est proposé de constituer, mieux que ne l'avait fait le décret de 1848, un jury *intelligent*, et, mieux que ne l'avait fait la loi de 1853, un jury *indépendant* [2]. Deux principes dominent et résument ses dispositions : la mission de juré est considérée comme une *fonction* et non comme un *droit;* mais, à l'élément électif de 1848 et à l'élément administratif de 1853, est substitué, pour présider à la formation des listes du jury, l'*élément judiciaire*, combiné, dans une certaine proportion, avec l'*élément électif* [3]. Cette double

1 Cette solution a été préconisée par M. Cruppi, *Rev. pénit.*, 1895, p. 1174, 1205, et *La cour d'assises*, ch. XI, p. 308 et s. Voy. la proposition de loi dont j'ai parlé, p. 783, note 2 *in fine*.

2 Cette loi a été présentée par M. Dufaure, alors ministre de la justice. Une phrase de l'exposé des motifs en caractérise l'esprit : « Nous considérons qu'être juré n'est pas un droit, mais l'exercice d'une haute et difficile fonction, et que la condition *sine qua non* pour en être investi est d'être réellement capable de la bien remplir ». Comp. : Barbier, *Lois du jury, compétence et organisation*, 1872; Paringaut, *Des vicissitudes du jury et du nouveau projet de sa réformation* (*Rev. prat.*, 1872, p. 8).

3 L'intervention de la justice, représentée par le juge de paix, dans le canton, et le président du tribunal, dans l'arrondissement, pour la formation des listes du jury, fut, à l'Assemblée nationale, l'objet des plus vives critiques; on prétendit que le jury, dans ce système, ne serait plus qu'une annexe de la magistrature. On ne pouvait croire alors que l'élément politique absorberait et dominerait, au grand détriment de la sélection des jurés, l'élément judiciaire. Jamais le jury n'a été aussi mal composé que depuis quelques années. La faute n'en est pas à l'organisation, mais aux préoccupations politiques dont s'inspirent les commissions. L'inscription des ouvriers sur la liste annuelle des jurés, qui est prescrite par une circulaire de la Chancellerie du 29 janv. 1908 (*J. off.* du 30 janv.), et qui a amené les lois du 19

réforme porte sur la double question que soulève toute organisation du jury.

Le jury se recrute, en effet, par deux opérations : il faut d'abord déterminer quels sont les citoyens aptes, à en remplir les fonctions; il faut ensuite établir un mode de désignation de ceux qui, parmi ces citoyens, formeront, pour chaque affaire, le jury de jugement. D'où 1° une *question générale :* quelles sont les personnes qui peuvent être appelées aux fonctions de juré? 2° une *question spéciale à chaque affaire :* comment se forme le jury de jugement?

I. Quelles sont les personnes aptes, en général, à remplir les fonctions de juré? Il existe, sur la réponse à faire à cette question, deux systèmes, entre lesquels le législateur a successivement oscillé. Le ministère de juré peut être considéré, soit comme un *droit civique*, soit comme une *fonction judiciaire*. Ce qui caractérise la première conception, c est qu'elle confond le droit d'être juré avec celui d'être électeur et voit deux formes d'exercice du même droit, dans ces deux modes d'intervention de l'individu dans les rouages du gouvernement représentatif. Les lois du 2 mars 1827, du 29 avril 1831 et le décret du 7 août 1848 ont été rédigés dans cet esprit. Le second système ne considère pas l'admissibilité aux fonctions de juré comme constituant un droit pour les citoyens; il n'appelle à remplir ces fonctions que ceux qui ont été reconnus capables par des commissions diversement composées. C'est dans cet esprit qu'ont été rédigées, soit la loi du 4 juin 1853, soit celle du 21 novembre 1872. Dans ce système, le législateur se borne à déterminer les personnes qui *peuvent* et non celles qui *doivent* être portées sur les listes du jury.

Les conditions générales d'aptitude pour être juré sont au nombre de trois. Il faut : 1° avoir l'âge de trente ans accomplis[1]; 2° jouir des droits politiques, civils et de famille ; 3° n'être dans aucun des cas d'incapacité ou d'incompatibilité prévus par la loi (art. 1er).

Il existe, en effet, des circonstances accidentelles qui peuvent, soit supprimer ou suspendre le droit d'être juré, soit affranchir de son exercice. Ce sont : les *déchéances*, les *incapacités*, les *incompatibilités*, les *exclusions*, les *dispenses*.

mars et du 17 juillet 1908 allouant une indemnité aux membres du jury criminel, n'était peut-être pas un remède adéquat à la situation. Voy. *Rev. pénit.*, 1908 p. 315.

[1] Mais le défaut d'âge ne serait une cause de nullité qu'autant que le juré n'ayant point l'âge requis aurait pris part au jugement ou du moins aurait figuré sur une liste de session réduite à trente noms, ce qui est, comme nous le verrons, le *minimum* de noms que doit contenir cette liste (art. 19). Comp. : Faustin Hélie, t. VIII, n° 3168; Nouguier, t. II, nos 1336, 1239 et suiv.; Le Sellyer, *De la compétence...*, t. Ier, n° 220. Cass. 27 févr. 1897 (*Bull. cr.*, n° 68).

a) Sont *déchus* du droit d'être jurés, soit ceux qui ont encouru les condamnations pénales énumérées par la loi, soit ceux qui sont en état d'accusation ou de contumace (L. 21 nov. 1872, art. 2, §§ 1 à 11, art. 3).

b) Sont *incapables* d'être jurés : 1° les Français majeurs qui ont perdu, en tout ou en partie, l'*exercice* de leurs droits civils (interdiction judiciaire, conseil judiciaire, placement dans un établissement d'aliénés, art. 2, § 12); 2° la jurisprudence ajoute à ces *incapacités légales*, des causes d'*incapacités naturelles*, telles que la cécité, la surdité, l'ignorance de la langue française, etc.

c) Dans la crainte des abus d'influence, ou dans le but de ne pas désorganiser les services publics, la loi a considéré les fonctions de juré comme *incompatibles* avec le titre de député ou de sénateur, de ministre d'un culte reconnu [1], de militaire de l'armée de terre ou de mer en activité de service et pourvu d'emploi, et avec certaines fonctions publiques (art. 3). Ces incompatibilités sont *absolues*. D'autres sont *relatives*, c'est-à-dire restreintes à une affaire. On peut citer, à titre d'exemple, un certain rôle dans le procès (officier de police judiciaire, témoin, interprète, expert ou partie), un préjugé sur le procès, comme avoir été juré à la session précédente dans une affaire dont l'examen a été suspendu et renvoyé à la session actuelle (C. instr. cr., art. 392 et 406).

d) Sont *exclus* des listes du jury, les domestiques et serviteurs à gages et les électeurs qui ne savent pas lire et écrire en français (L. 21 nov. 1872, art. 4).

e) Sont *dispensés* d'être jurés, les septuagénaires, ceux qui ont besoin pour vivre de leur travail manuel et journalier [2], ceux qui ont été portés sur la liste de session à l'une des assises de l'année courante ou de l'année précédente (art. 5). En outre, la cour d'assises, dès que la session est ouverte, peut *excuser* certains jurés, c'est-à-dire, les dispenser de siéger pendant tout ou partie de la session (C. instr. cr., art. 397).

La sanction de ces règles est bien différente. Tout d'abord, quelle que soit l'irrégularité de la composition du jury, le verdict de non-culpabilité reste acquis à l'accusé. Mais l'annulation du verdict de culpabilité, auquel aurait concouru un juré qui manquerait de l'aptitude générale, ou qui serait dans un cas de déchéance, d'incapacité ou d'incompatibilité, devrait être prononcée par la Cour suprême

[1] Cette incompatibilité a disparu par suite de la séparation des Églises et de l'État.

[2] Voy. ce que nous avons dit, note 3, p. 790.

(L. 21 nov. 1872, art. 1er)[1]. Les causes d'exclusion sont simplement de nature à motiver une demande en radiation de la liste de session au moment de la formation du jury de jugement. Mais si l'accusé n'avait pas réclamé, le verdict n'en serait pas moins valable. Nulle part, en effet, la loi n'attache de nullité à la participation au verdict d'un juré de cette catégorie. Enfin, les causes de dispense n'ont d'autre effet que de donner le droit au juré de demander à être rayé de la liste de session lors de la formation du tableau. C'est une sorte d'*exeat* inscrit dans la loi.

II. Comment se forme, pour chaque affaire, le jury de jugement? Le jury, qui constitue le second élément de la cour d'assises, est une commission de *douze citoyens* (art. 394), choisis ou désignés parmi les personnes aptes à remplir les fonctions de juré. Le procédé, organisé pour arriver à déterminer ces douze hommes, est l'œuvre essentielle d'une loi sur le jury, car l'impartialité de la juridiction va en dépendre. En effet, choisi de telle manière et sans garantie, le jury sera la plus détestable de toutes les justices, la justice par *commission;* choisi de telle autre, il sera la plus impartiale de toutes, la justice rendue par des citoyens qui sont les pairs de l'accusé et qui n'apportent aucun parti pris dans l'examen des charges qui pèsent sur lui. Ainsi, pour l'accusé, comme pour la société, tout réside dans le discernement qui préside au choix du jury.

En 1808, on n'avait maintenu le jury de jugement qu'après de longues hésitations, et on lui donna une organisation telle, que mieux eût valu la justice par magistrats permanents et inamovibles. Le système actuel, bien supérieur, a été introduit par la loi du 2 mai 1827; il a été amélioré par le décret du 7 août 1848 et par la loi du 4 juin 1853, modifiée elle-même par la loi du 21 novembre 1872.

Trois opérations sont prescrites pour arriver à la constitution du jury qui siège aux assises : la formation de la *liste annuelle;* celle de la *liste trimestrielle* ou *de session;* la formation de la *liste de jugement.* Les procédés pour établir le jury de jugement se résument en une série d'éliminations successives, opérées par deux commissions dont l'une doit reviser le travail de l'autre.

a) Il est formé, *chaque année*, une liste de citoyens, parmi lesquels sont puisés les jurés qui feront le service de toutes les sessions d'assises qui s'ouvriront dans l'année. Cette liste comprend : pour le département de la Seine, 3.000 jurés, et, pour les autres départements, un juré par 500 habitants, sans toutefois que le nombre puisse être inférieur à 400 ni supérieur à 600. Elle ne peut comprendre que

[1] Cass., 11 mai 1877 (D. 78. 5. 173), 3 mars 1881 (D. 82. 1. 188).

des citoyens ayant leur domicile dans le département (art. 6 et 7).

La formation de cette liste annuelle est confiée à deux commissions[1], et est le résultat d'un travail successif de triage. La première, existant dans chaque *canton* (à Paris, dans chaque *quartier*), est composée des maires des communes, convoqués par le juge de paix, et siégeant sous sa présidence. Elle dresse, pour le canton, une liste *préparatoire*, contenant un nombre de noms double de celui fixé pour le contingent du canton et qui doit figurer sur la liste définitive (art. 8 et 9). La seconde, établie dans chaque *arrondissement*, et composée du président du tribunal civil, présidant avec voix prépondérante, des juges de paix et des conseillers généraux de chaque canton (art. 18), dresse la liste annuelle *définitive* (art. 13). Cette commission, qui se réunit au chef-lieu judiciaire de l'arrondissement, au plus tard dans le courant de septembre, sur la convocation faite par le président du tribunal civil, est investie d'une double faculté : d'abord, elle a le droit de porter, sur la liste définitive, et dans la proportion d'un quart, les noms, d'hommes capables, omis sur la liste cantonale; de plus, elle peut élever ou abaisser, pour chaque canton, le contingent proportionnel fixé par le préfet, sans toutefois que la réduction ou l'augmentation puisse excéder le quart du contingent du canton, ni modifier le contingent de l'arrondissement (art. 13). La commission, qui siège dans l'arrondissement où se tiennent les assises, est, de plus, chargée de dresser une liste spéciale des jurés suppléants, pris parmi les habitants du chef-lieu des assises, et composée de cinquante noms, sauf à Paris, où ce chiffre est porté à trois cents (art. 15).

La liste de l'arrondissement, définitivement arrêtée, est signée séance tenante. Elle est transmise, avant le 1er décembre, au greffe de la cour ou du tribunal chargé de la tenue des assises (art. 14). Le premier président de la cour d'appel ou le président du tribunal chef-lieu d'assises dresse, dans la première quinzaine de décembre, la *liste annuelle du département*, par ordre alphabétique, conformément aux listes d'arrondissement. Il dresse également la liste spéciale annuelle des jurés suppléants (art. 19).

b) La liste des jurés, pour chaque session, est formée, par la voie du tirage au sort, sur la liste annuelle. Dix jours au moins avant l'ouverture des assises, d'après la loi du 31 juillet 1875, modifiant, sur ce point, la loi de 1872, le premier président de la cour d'appel ou le président du tribunal chef-lieu d'assises, dans les villes où il n'y a

[1] Dans la composition de ces commissions, la loi de 1848 faisait prédominer l'élément *électif;* la loi de 1853, l'élément *administratif;* la loi de 1872, l'élément *judiciaire.*

pas de cour d'appel, tire au sort, en audience publique de la première chambre de la cour ou du tribunal, hors la présence des accusés, sur la liste annuelle, les noms des *trente-six jurés* qui forment la liste de session (art. 18). Il tire, en outre, les noms de *quatre jurés suppléants* sur la liste spéciale. Si les noms d'un ou de plusieurs jurés, ayant rempli lesdites fonctions pendant l'année courante ou pendant l'année précédente, viennent à sortir de l'urne, ils doivent être immédiatement remplacés, sur la liste de session, par les noms d'un ou de plusieurs autres jurés, tirés au sort.

Ces opérations diverses sont constatées par un procès-verbal, dont la minute, signée du président et du greffier, est expédiée, avec la liste du jury de session, et transmise immédiatement, par le procureur général ou par le procureur de la République, au préfet, pour être notifiée aux jurés de service. Semblable envoi est fait au président des assises. La liste entière des jurés appelés à siéger pendant une session n'est pas envoyée aux citoyens qui la composent, mais le préfet notifie à chacun d'eux l'*extrait* de la liste le concernant. Cette notification est faite par un huissier ou un gendarme, huit jours au moins avant celui où la liste doit servir. Ce jour est mentionné dans la notification, laquelle contient aussi une sommation de se trouver au jour indiqué sous les peines portées par la loi (art. 389).

Tout juré qui ne s'est pas rendu à son poste sur la citation qui lui a été notifiée, ou qui, s'y étant rendu, s'est retiré avant l'expiration de ses fonctions, sans une excuse jugée valable par la cour, est considéré comme défaillant. Il est condamné à une amende de cinq cents francs, pour la première fois, cas où la peine peut être réduite à deux cents francs, en vertu de l'art. 20 de la loi du 21 nov. 1872 ; de mille francs pour la seconde, et de quinze cents francs pour la troisième. Cette dernière fois, il est, de plus, déclaré incapable d'exercer à l'avenir les fonctions de juré (art. 396).

c) Il resterait à examiner comment se forme le jury de jugement. Nous le ferons en étudiant la constitution de la cour d'assises.

§ III. — COMPÉTENCE DE LA COUR D'ASSISES.

436. Division. — 437. Compétence de la cour d'assises comme juridiction. — 438. Compétence respective des divers éléments qui composent la cour d'assises. — 439. Attributions respectives du jury et de la cour. — 440. Attributions respectives du président et de la cour.

436. LA COMPÉTENCE DE LA COUR D'ASSISES DOIT ÊTRE CONSIDÉRÉE SOUS UN DOUBLE ASPECT. — La cour d'assises, étant une juridiction composée d'éléments complexes, il faut examiner : 1° sa compétence comme juridiction ; 2° les rapports et le rôle des divers éléments qui se combinent pour la former.

437. Compétence de la cour d'assises comme juridiction. — La compétence de la cour d'assises doit être considérée à divers points de vue.

Compétence normale. — A raison *de la nature de l'infraction*, la limitation de la compétence de la cour d'assises aux infractions les plus graves, aux *crimes*, est une règle qui n'a jamais varié, dans notre législation, depuis l'introduction du jury en France. On a réclamé souvent, il est vrai, l'extension du jury au jugement des affaires correctionnelles, les *délits* n'étant séparés des *crimes* que par une ligne de démarcation conventionnelle. Mais le législateur a toujours reculé devant cette solution, soit dans la crainte de voir la multiplicité des délits imposer aux citoyens une charge trop lourde, soit dans la crainte que la lésion de l'intérêt social apparaissant moins clairement dans les délits que dans les crimes, la répression de ces infractions par des jurés ne fût insuffisante. Pour atténuer ces inconvénients à l'extension de la compétence du jury, il suffirait : 1° de répartir entre un plus grand nombre de citoyens l'administration de la justice ; 2° de donner aux tribunaux de police la connaissance de tous les petits délits dont la répression n'intéresse pas gravement l'honneur et la liberté des personnes. Cette double réforme suppose réalisées, la suppression des tribunaux correctionnels et une modification profonde dans les règles de l'incrimination et de la pénalité, c'est-à-dire une refonte complète de notre droit criminel. Aussi a-t-elle peu de chance d'être acceptée [1]. Il est, du reste, une classe de délits qui semble rentrer normalement dans la compétence du jury, ce sont les *délits de presse*, qui ont un caractère politique [2]. Pour les qualifier et les punir, il s'agit, en effet, d'apprécier et de déterminer les limites qui séparent le droit de discuter librement les actes et les doctrines du pouvoir, et l'abus de ce droit. Le jury seul, avec ses sentiments et ses instincts qui sont ceux de la société dont il est l'expression, peut dire, avec compétence, où s'arrête la critique, où commence l'outrage ; il est, du reste, indépendant du pouvoir, presque toujours attaqué par le délit. Aussi, à toutes les époques de liberté, le législateur a donné ou rendu au jury

[1] Le jury est étendu aux matières correctionnelles dans les cantons de Genève, de Neuchâtel et de Vaud. Voy. Monicat, *Le jury correctionnel et l'échevinage* (Th. Grenoble, 1903).

[2] Cass., 12 mars 1885 (D. 85. 1. 330).

la connaissance de ces infractions. La loi du 29 juillet 1881, sur la liberté de la presse, constitue la cour d'assises *juridiction de droit commun* pour les *crimes* et *délits* qu'elle prévoit (art. 45). Les exceptions qu'elle apporte à cette compétence sont énumérées par les §§ 2 et 3 de l'art. 45. La principale concerne le délit de diffamation envers les particuliers qui est du ressort du tribunal correctionnel. D'un autre côté, l'art. 1er de la loi du 28 juillet 1894, ayant pour objet de réprimer les menées anarchistes, attribue aux tribunaux correctionnels la connaissance des délits de provocation soit au vol, soit aux crimes de meurtre, de pillage et d'incendie, et apologie de ces mêmes crimes, dans le cas où ces délits ont pour but un acte de propagande anarchiste. Il en est de même des provocations à l'un des crimes et délits contre la sûreté de l'État prévus par les art. 75 et suivants, jusques et y compris l'art. 85, C. p., ainsi que des délits de provocation à des militaires pour les détourner de leurs devoirs.

Les cours d'assises, formant la juridiction de droit commun en matière criminelle, sont compétentes à l'égard de *toutes personnes*, sauf les militaires et les mineurs de seize ans, dans les cas prévus par l'art. 68, C. p.

A raison du *lieu*, la compétence des cours d'assises est déterminée par celle du juge d'instruction et du procureur de la République (art. 23 et 63).

Plénitude de juridiction. — Bien qu'appelée à juger les crimes, la cour d'assises a la *plénitude de juridiction*. Peu importe la *nature du fait*, la *qualité de l'accusé*, le *lieu* où l'infraction a été commise; la cour d'assises doit juger du moment où elle est saisie par un arrêt de mise en accusation. Il n'y a pas, en cour d'assises, d'arrêts d'incompétence, sauf en cas de questions préjudicielles. Cette solution s'appuie sur deux ordres de considérations : 1° L'art. 271 fait un devoir au procureur général de poursuivre tous les accusés et tous les chefs d'accusation mentionnés dans l'arrêt de renvoi. Les art. 358, 365, 366, ordonnent à la cour d'assises de juger, bien que le fait ne soit pas un crime, et de se prononcer sur les dommages-intérêts réclamés par la partie civile, bien que le fait ne soit qu'un délit ou quasi-délit civil. Ces textes consacrent donc le principe de la plénitude de juridiction pour couvrir l'incompétence de la cour d'assises *ratione materiæ*. Par analogie, on décide qu'il doit en être de même en cas d'incompétence *ratione personæ* ou *ratione loci*. La loi, en effet, paraît avoir confié à la chambre d'accusation la mission de statuer sur la compétence de la cour d'assises; c'est donc seulement devant cette juridiction que se pose la question. Sans doute, l'incompétence de la cour d'assises devant laquelle l'affaire est renvoyée peut fournir un moyen de pourvoi en cassation contre l'arrêt de la chambre d'accusation (art. 299)[1]. Mais l'arrêt irrévocable de cette chambre est *attributif* de compétence, c'est-à-dire qu'une cour d'assises incompétente devient compétente quand l'arrêt qui l'a saisie, n'ayant pas été attaqué en temps utile, est passé en force de chose jugée. 2° C'est qu'en effet la cour d'assises, par son organisation même, est la juridiction qui offre le plus de garanties à la société comme à l'accusé[2]. L'erreur de la chambre d'accusation, qui a renvoyé devant une cour d'assises incompétente, est donc un accident heureux dont aucune des parties n'a intérêt à se plaindre.

438. COMPÉTENCE RESPECTIVE DES DIVERS ÉLÉMENTS QUI COMPOSENT LA COUR D'ASSISES. — Tous les éléments qui composent la cour d'assises, concourent à l'accomplissement de l'œuvre commune; mais de quelle manière ? et dans quelles limites ? Quels sont les pouvoirs respectifs du président seul ? du président, réuni à ses assesseurs ? des jurés ?

439. ATTRIBUTIONS RESPECTIVES DU JURY ET DE LA COUR. — Les attributions respectives du jury et de la cour doivent être examinées : 1° pendant les débats; 2° après leur clôture.

I. Pendant les débats, les jurés ont une attitude passive; leur rôle consiste à écouter, afin de puiser leur conviction dans les débats. Ils n'en ont pas d'autre, jusqu'au moment où ils entrent dans la chambre de leur délibération pour composer leur déclaration. Bien entendu, — et ceci résulte de l'art. 319, — ils peuvent demander la parole au président pour obtenir des témoins ou des accusés les renseignements ou les éclaircissements dont ils auraient besoin. Ils peuvent prendre des notes, aux termes de l'art. 328, sur les points qui leur paraissent importants. Mais ils doivent s'abstenir de toute *manifestation d'opinion* et de toute *communication extérieure*. Ces deux obligations résultent de la formule même du serment que leur fait prêter le président de la cour d'assises (art. 312). Une opinion, émise par un juré sur un point contesté du débat, exposerait son auteur à une condamnation aux frais que nécessiterait le renvoi de l'affaire à une autre session, s'il n'y avait pas de jurés

[1] Cass., 12 mars 1885 (D. 85. 1. 330).

[2] Faustin Hélie (t. VIII, nos 3070) : « Elle est la juridiction générale et ordinaire du pays, et si ses attributions sont limitées au jugement des crimes, ce n'est pas par défaut de pouvoir, mais pour ne pas embarrasser son prétoire des faits minimes, et parce que ces faits exigent une plus prompte expédition ». Comp. Cass., 10 janv. 1873 (S. 73. 1. 141) et le rapport du conseiller Réquier; 12 mars 1885 (S. 86. 1. 287).

suppléants, ainsi qu'à des dommages-intérêts envers l'accusé si ce renvoi était ordonné (art. 343, 353); elle pourrait aussi, si elle était constatée, amener la cassation de l'arrêt [1]. Quant à l'interdiction de toute communication, elle ne vicie la procédure et ne peut entraîner une nullité, que sous les conditions suivantes : 1° il faut que la communication porte sur les faits du procès, et soit de nature à exercer quelque influence sur l'esprit du juré; 2° qu'elle soit volontaire de la part du juré; 3° qu'elle soit régulièrement constatée par le procès-verbal des débats [2].

La cour d'assises exerce, pendant les débats, le pouvoir de *juridiction;* elle statue, par arrêt motivé, les parties et le ministère public entendus, sur tous les incidents qui ont un *caractère contentieux,* sur toutes les réquisitions du ministère public et les conclusions des parties. Son intervention se manifeste, avant l'arrêt définitif qui dessaisit la juridiction, spécialement dans les hypothèses suivantes : 1° lorsqu'elle prononce sur les excuses et les dispenses des jurés, sur l'appel des jurés complémentaires, sur l'adjonction, soit de jurés suppléants, soit d'un ou deux juges supplémentaires; 2° lorsqu'elle statue sur l'expulsion de l'accusé de l'audience, conformément à l'art. 10 de la loi du 9 septembre 1835, dans le cas où, par ses clameurs, il entrave la marche de la justice; 3° lorsqu'elle prononce le renvoi d'une affaire à une autre session; il est de principe, en effet, que la cour d'assises peut renvoyer l'affaire à la session suivante, lorsqu'un événement imprévu se produit qui est de nature à motiver ce renvoi (art. 406) [3]; cette faculté, qu'elle exerce souverainement, est distincte de celle que le président seul peut exercer avant la formation du jury de jugement; 4° lorsqu'elle statue sur les demandes de l'accusé et les réquisitions du ministère public, tendant à user d'une faculté, ou d'un droit accordé par la loi (art. 408); 5° lorsqu'elle rend arrêt sur les actes mêmes du président, par suite de l'opposition à l'une de ses ordonnances ou de la réclamation contre le refus fait par lui d'obtempérer à une réquisition.

[1] La jurisprudence présente de nombreuses décisions indiquant dans quels cas il y a ou il n'y a pas manifestation d'opinion. La Cour de cassation possède à cet égard un droit de contrôle incontestable.

[2] Comp. : Faustin Hélie, t. VII, n°s 3427 à 3433; Nouguier, t. IV, n°s 3107 et 3108; Cass., 21 juill. 1843 (*Bull.*, n° 318); 14 déc. 1876 (S. 77. 1. 95). La nécessité de cette constatation officielle assure, en fait, l'impunité aux communications verbales hors séances, la cour d'assises se refusant à donner acte d'un fait dont elle n'a pas été témoin et qu'elle n'a pu apprécier. Voy. sur le donné acte de la cour d'assises : Cass., 16 janv. 1903 (S. 1903. 1. 479).

[3] Sur les cas d'exercice de ce droit : Cass., 13 févr. 1868 (D. 69. 1. 259); 4 avr. 1874 (D. 74. 1. 400); 31 mars 1877 (S. 77. 1. 334); 31 déc. 1892 (*Bull. cr.*, n° 261).

II. Après les débats, quelle est la compétence respective du jury et de la cour dans l'examen des divers éléments du procès pénal? Une juridiction de répression a successivement trois questions à résoudre : L'action publique est-elle recevable? Si elle est recevable, le prévenu ou l'accusé est-il coupable? S'il est coupable, lui appliquera-t-on une peine, et quelle peine? Mais tandis que, en matière de police simple et correctionnelle, la mission de statuer sur la *recevabilité de l'action publique*, celle de statuer sur la *culpabilité* et celle de statuer sur l'*application de la peine* sont réunies; en matière criminelle, elles sont séparées : la seconde est confiée au jury; la première et la troisième, à la cour d'assises. Ainsi, le jury est chargé d'apprécier la *culpabilité* de l'accusé, non seulement en ce qui concerne le *fait principal*, mais encore en ce qui concerne les *circonstances accessoires* qui peuvent l'atténuer ou l'aggraver. Il est donc appelé à juger toutes les questions que soulève la vérification, soit des éléments constitutifs du fait principal, soit des circonstances aggravantes ou atténuantes, à moins qu'elles ne soient soustraites à sa compétence par une disposition expresse et formelle de la loi. A l'inverse, la cour d'assises est chargée de statuer sur tous les incidents contentieux que soulève la *recevabilité de l'action publique;* elle est encore chargée d'*appliquer la peine* en conséquence de la déclaration du jury.

Il est certain que les questions, qui rentrent dans le problème de la *culpabilité*, sont, en général, des questions de *fait* : les questions, que soulève l'*application de la peine* ou la *recevabilité de l'action publique*, des questions de *droit*, et il est vrai de dire, en se plaçant à ce point de vue, que la cour est surtout *juge du droit* et le jury *juge du fait*. Il a même été, dans les idées des législateurs de la Révolution qui ont introduit le jury en France, de séparer absolument les questions de fait des questions de droit, en réservant la solution des premières au jury, celle des secondes à la cour : le jury, devant statuer sur le fait, sans se préoccuper de la peine, et la cour, appliquant une peine toujours fixe, aux faits déclarés constants par le jury. Mais la vie judiciaire a condamné cette conception et démontré que la distinction absolue du fait et du droit était une chimère[1]; et il a fallu, peu à peu, rendre légale et possible l'influence réciproque du fait et du droit, en permettant, soit au jury de se préoccuper de la répression, soit à la cour d'examiner le fait pour y puiser les éléments d'une application éclairée et intelligente de la loi.

[1] Voy. sur l'impossibilité de séparer le fait du droit : Speyer, *op. cit.*, nos 170 à 176; Puglia, *Diritto guidiziario penale*, p. 350; *Manuale di procedura penale*, p. 446; Zerboglio, *La Corte d'assise* (1902), p. 96.

Intervention de la cour dans l'examen du fait. — La cour applique la peine, en conséquence du verdict du jury : tel est son principal rôle. Cette mission, elle pouvait et devait la remplir, dans le système des lois de 1791 et de l'an IV, sans qu'elle eût à se préoccuper de la *culpabilité*, c'est-à-dire sans qu'elle eût à entrer, à un point de vue quelconque, dans l'examen des faits du procès. Le législateur de cette époque, voulant interdire au juge du droit toute appréciation du fait, s'était ingénié à tout prévoir, à tout définir, à suivre les infractions dans toutes les circonstances qui les aggravent ou les atténuent, pour adapter, à chaque cas prévu, une *peine fixe* et *invariable*. L'application de la loi devenait ainsi une simple opération d'arithmétique judiciaire, qui correspondait à la conception toute juridique et toute *objective* du droit pénal. Mais bien différente est la conception moderne qui prétend juger le *criminel* plus que le *crime*. Aujourd'hui, la cour est investie du droit de *proportionner la peine à la culpabilité*, soit par l'établissement d'un *minimum* et d'un *maximum*, dans les limites desquels elle peut toujours évoluer, soit par l'institution des *circonstances atténuantes*, qui lui permet de descendre, d'un ou de deux degrés, dans l'échelle des peines. Ainsi, sortie du rôle secondaire que lui avait fait la législation de 1791, la cour n'est plus une simple machine d'application, et, pour éclairer son opinion dans les limites variables de la peine, il faut qu'elle examine la *culpabilité* et l'apprécie, en dehors des éléments généraux qui lui sont fournis par le verdict.

Intervention du jury dans l'application de la loi. — Dans toute disposition pénale, on trouve deux choses : le *précepte* et la *sanction*, c'est-à-dire la définition du délit et la peine à lui appliquer. Par suite, deux questions se posent dans tout procès pénal : l'accusé est-il coupable de tel délit? Et, s'il est coupable, quelle peine faut-il lui appliquer? Le jury intervient-il dans l'examen de ces deux questions ?

a) Est-ce au jury qu'il appartient de décider si le *fait*, dont l'accusé est prévenu, *rentre ou non dans la définition du délit*, telle qu'elle est formulée par la loi ? Il semble qu'il ne puisse y avoir de doute à cet égard. En effet, la criminalité d'un fait résulte de sa conformité avec la définition de la loi pénale : la déclaration de culpabilité est donc forcément inséparable de la constatation des éléments légaux de l'infraction, c'est-à-dire de la *qualification*[1]. Par application de ce concept rationnel, ce que les art. 241, 337, 338 et 342, C. instr. cr., paraissent déférer au jury, ce n'est pas seulement le fait, indépendam-

[1] Sur la qualification, mon *Traité d'instr.*, t. II, nº 937.

ment de sa *qualification légale*, c'est le *crime*, c'est-à-dire le fait qualifié par la loi. « La question résultant de l'acte d'accusation — porte l'art. 327 — sera posée en ces termes : L'accusé est-il coupable d'avoir commis tel *meurtre*, tel *vol* ou tel autre *crime ?* » Le jury, d'après cette formule, ne serait donc pas seulement appelé à déclarer si tel fait est constant, mais si tel fait constitue le crime qui fait l'objet de l'accusation. La jurisprudence cependant, après de longues hésitations, a fini par refuser au jury toute compétence sur ce point, en réservant à la cour, après le prononcé du verdict sur l'*existence des faits*, le droit d'en fixer la *qualification*[1]. Elle s'appuie sur les précédents historiques des lois de 1791 et de l'an IV et sur certains textes, mal interprétés peut-être, du Code de 1808, notamment sur l'art. 342 : « *Les faits* de l'accusation ». Mais elle est obligée, dans l'application, de tenir compte d'une distinction pleine de contradiction et d'incertitude.

Cette séparation du fait et du droit suppose une définition légale : ainsi le vol, le meurtre, le parricide, l'infanticide, l'empoisonnement, etc., sont des crimes définis (C. p., art. 296, 298, 299, 300, 301, 379). On ne demande pas alors au jury : « Un tel est-il coupable d'un vol », « d'un meurtre », etc.; mais : « Un tel a-t-il soustrait frauduleusement telle chose? « a-t-il commis un homicide volontaire sur un tel[2]? » C'est également interroger le jury sur une question de droit que de lui demander si un tel est coupable de *tentative* de meurtre, la question devant énoncer tous les éléments de faits, constitutifs de la tentative, exigés par l'art. 2, C. p. De sorte que, dans le cas où la qualification légale du fait peut être séparée de ses éléments constitutifs, c'est sur ces derniers seulement que le jury doit être interrogé, à peine de nullité. Mais ce procédé n'est pas toujours applicable. Il est des crimes qui ne sont pas définis, le viol, par exemple, l'attentat à la pudeur. On est obligé alors, par exception, de questionner le jury sur la qualification légale et de lui demander, par exemple : « Un tel est-il coupable d'un viol? d'un attentat à la pudeur? » Il est d'autres cas où la séparation du droit et du fait est impossible. Ainsi, dans le cas d'accusation de fausse monnaie, la question de savoir si la monnaie falsifiée

[1] Cass., 28 déc. 1820 : « Les jurés ne sont juges que des faits de l'accusation et des circonstances de moralité qui peuvent rendre coupable celui qu'ils en déclarent l'auteur; la détermination des faits qu'ils ont reconnus, lorsqu'elle doit être faite d'après les dispositions d'une loi qui en a réglé les éléments constitutifs, forme une question de droit qui sort de la compétence des jurés et rentre dans les attributions des cours d'assises ». Cass., 20 avr. 1827 : « S'il n'appartient qu'au jury de statuer sur l'existence matérielle des faits et sur leurs circonstances morales, il n'appartient légalement qu'à la cour d'assises de décider si les faits et circonstances déclarés par le jury constituent un crime et quelle en est la nature ».

[2] Voy. Cass., 8 juin 1894 (*B. cr.*, n° 149); 20 août 1896 (*B. cr.*, n° 270).

avait cours légal en France, doit être posée au jury. C'est également au jury que doit être posée la question de commerçant failli, dans une accusation de banqueroute, de filiation, dans une accusation de parricide.

La même distinction est faite par la jurisprudence à propos des circonstances aggravantes. En effet, quand la loi considère une *qualité légale* comme une circonstance aggravante, et qu'on peut trouver une *qualité de fait* correspondante, on questionne le jury sur la qualité de fait, et la cour décide ensuite si cette qualité de fait donnait à l'accusé la qualité légale. C'est ainsi, par exemple, que pour les crimes où la qualité de « fonctionnaire » ou d' « officier public » est une circonstance aggravante, on n'énonce pas cette qualité dans la question, on demande seulement au jury : « L'accusé était-il, au moment du « crime, maire, garde champêtre, notaire, etc. [1] ? »

b) Le jury peut-il se préoccuper, en prononçant son verdict, de la peine qui en sera la conséquence? Tout l'équilibre du système des lois de 1791 et de l'an IV reposait sur cette idée que la décision du fait devait être prise, *sans préoccupation de la peine*, par un pouvoir, le jury, que la perspective du châtiment ne pouvait influencer. Aussi le Code de brumaire ne faisait-il qu'enregistrer une règle conforme à l'esprit général de la législation du temps, quand, formulant les devoirs des jurés, il disait : les jurés *manquent à leur premier devoir, lorsque, pensant aux dispositions des lois pénales, ils considèrent les suites que pourra avoir, par rapport à l'accusé, la déclaration qu'ils ont à faire*. Dans ce système, il n'était évidemment pas permis au défenseur d'appeler l'attention des jurés sur la peine que leur premier devoir était d'oublier. En citant le texte de la loi pénale, qui défend et punit l'infraction, en le commentant, le défenseur manquait au respect dû à la loi, et devait être l'objet d'un avertissement de la part du président des assises. C'était une conception chimérique et insensée, car prescrire aux jurés de ne pas penser à la peine qui doit être la conséquence de leur verdict, c'est leur imposer un devoir que leur conscience ne leur permet pas d'accomplir. Le Code d'instruction criminelle a cependant reproduit, dans l'art. 342, les dispositions du Code de brumaire : faut-il donc admettre aujourd'hui les conséquences qui résultaient de ce système de législation? Nullement, car un fait nouveau s'est produit. Le jury a reçu, en 1832, le droit de contrôler les incriminations de la loi pénale, et de reviser la fixation taxative des peines, dans les limites des circonstances atténuantes. La réforme

[1] V. Cass., 31 mars 1882 (S. 84. 1. 137); 2 août 1878 (S. 79. 1. 44); 24 mai 1894 (D. 98. 1. 575). Comp. Faustin Hélie, t. VIII, nos 3616, 3699 et suiv.; Nouguier, *op. cit.*, t. IV, nos 2647 et suiv.

de 1832 a donc virtuellement abrogé l'art. 342, C. instr. cr., au moins dans la partie qui défend aux jurés de se préoccuper des suites de leur déclaration [1].

440. Attributions respectives du président et de la cour. — C'est au président de la cour d'assises qu'appartient, soit *avant*, soit *pendant les débats*, le rôle le plus actif. La loi, en effet, lui a confié quatre fonctions distinctes :

Un pouvoir d'*instruction* supplémentaire, antérieurement aux débats, pouvoir qui fait l'objet des art. 303 et 306;

Un pouvoir de *police* de l'audience, dont il est question dans l'art. 267, pouvoir en vertu duquel il peut prendre, comme tout président d'une juridiction, les mesures nécessaires pour le maintien de l'ordre : par exemple, ordonner l'arrestation d'un témoin dont la déposition lui paraît suspecte;

Un pouvoir de *direction* des débats, pouvoir en vertu duquel il détermine l'ordre dans lequel se dérouleront les divers actes de la procédure, rejette tout ce qui tendrait à prolonger les débats sans donner plus de certitude dans la preuve (art. 270);

Enfin, un pouvoir *discrétionnaire qui est spécial au président des assises*, et qui lui permet de s'affranchir des règles ordinaires de la procédure pour découvrir la vérité. La loi charge son honneur et sa conscience d'employer tous ses efforts pour en favoriser la manifestation (art. 268).

Quelle est l'étendue de ce pouvoir? — « Discrétionnaire » ne veut pas dire « arbitraire », mais remis à la « discrétion » du président, et il faut déterminer, en s'aidant des art. 268 et 269, ce que peut faire le président et ce qu'il ne peut pas faire en vertu de ce pouvoir. Le premier de ces textes indique les *actes* auxquels s'applique le pouvoir discrétionnaire; le second, le champ dans lequel il s'exerce, c'est-à-dire la *mesure* dans laquelle il est permis de déroger aux règles ordinaires de la procédure relativement à ces actes.

a) Le pouvoir discrétionnaire se rapporte à *tous les actes qui tendent au développement de la preuve*. L'art. 269 donne quelques

[1] M. Beudant a consacré, à l'examen de cette question, une monographie remarquable qui est la meilleure étude écrite, en France, sur le rôle respectif du jury et de la cour : *De l'indication de la loi pénale dans la discussion devant le jury* (1861). Une proposition de loi a été déposée à la Chambre par M. Brunet, le 13 nov. 1902, tendant à l'abrogation de l'art. 342 *in fine*. Voy. également la proposition de loi sur l'attribution au jury en matière criminelle du pouvoir d'appliquer la peine (Ch. des dép., 12 nov. 1906, annexe, n° 615). Comp. Corentin Guyho, *Le jury « maître de la peine »*, broch. in-8°, Pedone, 1908.

exemples de ses principales manifestations : 1° Ainsi, le président pourra faire entendre *toutes personnes*. Or, pour que l'audition d'un témoin soit régulière, il faut que ce témoin ait été cité, qu'il soit capable de déposer, qu'il n'ait pas assisté à la déposition des autres témoins (art. 75, 315, 316, 322, 323). Le pouvoir discrétionnaire permet de lever toutes les prohibitions résultant de ces entraves; 2° Le président pourra faire lire *toutes pièces écrites*, celles du dossier comme celles qui seraient produites pendant les débats; soumettre au jury, pendant les débats, des pièces qui ne doivent lui être communiquées qu'après leur clôture; donner lecture au jury des dépositions écrites des témoins qui ne peuvent être entendus pour n'importe quel motif; se faire apporter toutes nouvelles pièces qui lui paraîtraient, d'après les nouveaux développements donnés à l'audience, soit par les accusés, soit par les témoins, de nature à répandre un jour utile sur le fait contesté; 3° Il pourra admettre *de plano* la preuve testimoniale, dans des cas où les règles ordinaires n'en autoriseraient pas l'emploi.

Le pouvoir discrétionnaire donne donc au président la faculté de développer, soit la *preuve orale*, soit la *preuve écrite*, sans qu'il soit arrêté par les entraves ordinaires et sans qu'il ait à motiver autrement que : « *En vertu de mon pouvoir discrétionnaire* », l'usage qu'il fait de son droit. Mais, d'après l'art. 269, § 2, les témoignages et les écrits versés aux débats en vertu du pouvoir discrétionnaire ne sont considérés que comme des *renseignements*. Cette disposition constitue un anachronisme, car elle se réfère à la théorie des preuves légales, étrangère au droit moderne. Aujourd'hui, toutes les preuves devant le jury étant des preuves de *conviction*, la valeur que la loi y attache importe peu, et cette disqualification de la preuve qui est produite en vertu du pouvoir discrétionnaire n'est qu'une question d'étiquette.

b) Il est facile de comprendre la nécessité et le but du pouvoir discrétionnaire. A la différence des autres juridictions, la cour d'assises, qui doit juger sans désemparer chaque affaire, n'a pas la faculté de surseoir, pour ordonner, d'office ou sur la demande des parties, la comparution régulière de nouveaux témoins ou l'accomplissement de tous actes d'instruction supplémentaire. Deux limites déterminent, par conséquent, la mesure dans laquelle le président peut s'affranchir des règles ordinaires de la procédure et accomplir les actes qui rentrent dans l'exercice de son pouvoir discrétionnaire : 1° *Le président ne peut faire irrégulièrement un acte qu'il est possible, sans ajourner le débat, d'accomplir régulièrement*. Par exemple, il ne saurait, sans excès de pouvoir, autoriser la lecture de la déposition écrite avant la déposition orale, quand le témoin, régulièrement cité et présent, pourrait être entendu [1]; entendre un témoin sans prestation de serment, lorsque celui-ci est capable de le prêter; refuser d'entendre un témoin régulièrement cité; 2° *Le président, dans l'exercice de son pouvoir discrétionnaire, est tenu de respecter les droits de la défense*, qui sont les corollaires des deux principes primordiaux de la *contradiction* et de la *publicité*. Ainsi, il ne pourrait pas communiquer directement des pièces aux jurés, sans offrir de les communiquer à l'accusé et à son défenseur [2]; ordonner un transport sur les lieux, sans admettre la présence de l'accusé, du défenseur et du public; faire entendre sous serment un témoin appelé en vertu de son pouvoir discrétionnaire, etc.

Quels sont les caractères du pouvoir discrétionnaire? — Ce pouvoir ne s'exerce que pendant la durée des débats. Il a deux caractères, lesquels résultent du texte même qui l'attribue au président de la cour d'assises : il est *facultatif* et *incommunicable*. *a*) *Facultatif*, en ce sens que ni le ministère public ni l'accusé n'ont, à l'égard du pouvoir discrétionnaire, aucun droit d'*opposition* ou de *réquisition*. Toutefois, si les parties ne peuvent requérir l'exercice du pouvoir discrétionnaire, ou s'y opposer, il leur est permis de provoquer, sous forme de simples observations, les mesures qui leur semblent utiles pour la manifestation de la vérité [3]. *b*) *Incommunicable*, en ce sens qu'il s'exerce sans contrôle, ni partage [4]. La loi charge l'honneur et la conscience du président *seul* de l'emploi qu'il va faire de son pouvoir. La cour n'a donc le droit de s'immiscer, dans l'exercice de ce pouvoir, ni de son propre mouvement, ni sur la provocation des parties, ni même sur l'invitation du président et de son consentement. Dans le cas où des conclusions seraient prises par les parties à l'occasion d'un acte du pouvoir discrétionnaire, la cour d'assises devrait, sans doute, intervenir, mais elle interviendrait uniquement pour déclarer qu'à raison même de la mesure ordonnée ou refusée, elle n'a pas à s'immiscer dans l'exercice fait par le président de son pouvoir discrétionnaire; en d'autres termes, la cour se bornerait à donner acte de la demande en déclinant sa compétence pour y faire droit [5].

[1] Cass., 7 sept. 1882 (S. 82. 1. 438).

[2] Cass., 29 déc. 1899 (S. 1902. 1. 541) et la note 5.

[3] Sur la règle et ses conséquences : Faustin Hélie, t. VII, nos 3288 et 3297; Nouguier, t. III, nos 2334 et suiv.

[4] Ainsi, le président peut donner lecture de dépositions de témoins non comparants, bien qu'un arrêt de la cour d'assises ait décidé que l'audition de ces témoins n'était pas indispensable à la manifestation de la vérité : Cass., 19 oct. 1893 (D. 96. 1. 571).

[5] Comp. : Cass., 5 avr. 1861 (S. 61. 1. 743).

§ IV. — DE LA PROCÉDURE DE LA COUR D'ASSISES.

441. Saisine de la cour d'assises. — **442.** Sanction des formalités de la procédure. — **443.** Procédure antérieure à l'audience. Actes de procédure qui doivent être faits par le procureur général. Actes qui doivent être faits par le président des assises. Incidents qu'il peut trancher. — **444.** Procédure de l'audience. — **445.** Constitution de la cour d'assises. — **446.** Procédure des débats. Règles de l'instruction. Comparution de l'accusé. Serment des jurés. Appel des témoins. Incidents. Interrogatoire de l'accusé. Audition des témoins. Réquisitoires et plaidoiries. — **447.** Procédure après la clôture des débats. — **448.** Questions au jury. — **449.** Avertissements donnés par le président au jury. — **450.** Délibération et vote du jury. — **451.** Lecture du verdict.

441. Saisine de la cour d'assises. — C'est par l'*arrêt de mise en accusation* que la cour d'assises est saisie. Le procureur général rédige l'*acte d'accusation* en exécution de cet arrêt (art. 241 et 271). Une instruction préparatoire et une décision des juridictions d'instruction constituant le *préliminaire nécessaire* de toute mise en accusation, la cour d'assises, à la différence des autres juridictions, ne peut donc être saisie par voie de *citation directe*, donnée à la requête, soit du ministère public, soit de la partie civile. A ce principe, il existe une exception. En matière de *crimes* et de *délits* commis par la voie de la presse, le ministère public et la partie civile ont le droit, soit de saisir le juge d'instruction, soit de poursuivre, sans décision de renvoi, par citation directe (L. 29 juill. 1881, art. 47, 48, 50).

La cour d'assises étant uniquement saisie des chefs d'accusation contenus dans l'arrêt de renvoi, des obligations corrélatives s'imposent au procureur général et au président de la cour d'assises. Il est défendu, à peine de nullité et de prise à partie, au premier de ces magistrats, de porter aucune autre accusation : le procureur général ne peut donc ni élargir ni restreindre la poursuite. Le président des assises, de son côté, est obligé de soumettre au jury tous les chefs et rien que les chefs visés par l'arrêt de renvoi. Sans doute, il lui est permis de poser une *question résultant des débats* sur un chef d'accusation non compris dans l'arrêt, mais à la double condition : 1° qu'il ne s'agisse pas d'un fait absolument nouveau, mais d'une dégénérescence d'un fait relevé par l'arrêt de renvoi ; 2° que le fait, objet de la question, n'ait pas été écarté par la chambre d'accusation, par un motif de droit, tiré de ce qu'il n'a pas les caractères d'un fait punissable.

442. Sanction des formalités de la procédure. — Quelles

sont les formalités à remplir pour mettre l'affaire en état devant la cour d'assises? Quelles sont les règles de la procédure à l'audience, soit pendant les débats, soit après leur clôture? L'examen de ces questions doit être précédé d'une observation préliminaire.

La procédure, que nous allons décrire, est riche en formalités. Ces formalités sont-elles prescrites à peine de nullité? Quelle est, en d'autres termes, la sanction de la loi, quand un acte qu'elle ordonne a été omis ou mal fait? Les magistrats peuvent d'abord, s'ils ne sont pas encore dessaisis, le refaire et le régulariser, à la condition qu'ils soient encore dans les délais légaux. Ce n'est qu'autant qu'ils oublient d'user ou qu'ils ne peuvent pas user de cette faculté, que se pose la question qui nous occupe. Dans les premières années qui suivirent la promulgation du Code, on avait pensé qu'une nullité ne pouvait être prononcée qu'en vertu d'un texte sanctionnant expressément par cette peine les formalités prescrites. Mais la jurisprudence admet aujourd'hui, des cas d'annulation possibles, à côté des cas prévus par la loi. Elle sépare les formalités *substantielles* des formalités *secondaires*, et annule la procédure si une formalité, appartenant à la première catégorie, a été omise ou mal faite. Sont considérées comme formalités substantielles, les formalités introduites dans un intérêt d'ordre public et auxquelles les parties ne peuvent renoncer, parce qu'elles se rattachent aux principes fondamentaux de la procédure, l'oralité et la contradiction. Le germe de cette théorie se trouve dans l'art. 408, C. instr. cr.[1].

443. Procédure antérieure a l'audience. — Les actes de procédure, antérieurs à l'audience, ont un caractère commun : ils sont destinés à mettre l'affaire *en état* d'être jugée. Mais les uns tiennent à l'*exercice de l'action publique*, les autres, à l'*instruction de l'affaire*; les premiers sont exclusivement confiés au procureur général; les seconds, au président de la cour d'assises[2].

[1] Voy. Deyres, *Des nullités en cour d'assises*, 1881. Cette théorie simple et extensible aurait pu, avec les progrès de l'esprit public moderne, fournir à la jurisprudence le point de départ d'une évolution libérale qui n'est même pas esquissée dans ses derniers arrêts.

[2] La Cour de cassation, revenant sur sa jurisprudence antérieure, paraît reconnaître aujourd'hui que l'art. 303 réserve au président de la cour d'assises, le droit exclusif de procéder à des actes d'instruction complémentaire : Cass., 16 juill. 1892 (D. 93. 431); 31 janv. 1895 (D. 99.1.462-463); 5 sept. 1901 (D. 1903. 1. 60). Mais le procureur général peut charger la gendarmerie de procéder à des investigations relatives à l'affaire, lorsque ces investigations ne constituent pas des actes d'instruction, mais sont recueillies à titre des imples renseignements : Cass., 22 déc. 1887 (*Bull. cr.*, n° 441).

I. *Actes de procédure qui doivent être faits par le procureur général.* — L'art. 272 dispose que le procureur général « apportera tous ses soins à ce que les actes préliminaires soient faits et que tout soit en état, pour que les débats puissent commencer à l'époque de l'ouverture des assises ». Ces actes préliminaires sont au nombre de sept.

a) Le procureur général est d'abord tenu de rédiger un *acte d'accusation* (art. 241). Cet acte expose : 1° la nature du délit qui forme la base de l'accusation ; 2° le fait et toutes les circonstances qui peuvent aggraver ou diminuer la peine ; le prévenu doit y être dénommé et clairement désigné. L'acte d'accusation est terminé par le résumé suivant : *En conséquence, N... est accusé d'avoir commis tel meurtre, tel vol ou tel autre crime, avec telle ou telle circonstance.* Il faut donc distinguer, dans l'acte d'accusation, deux parties bien différentes : la partie *littéraire*, c'est-à-dire l'exposé des faits tels que l'accusation les présente, avec l'enchaînement des raisonnements qui tendent à démontrer la culpabilité de l'accusé; la partie *légale*, c'est-à-dire les conclusions de l'accusation. C'est l'arrêt de renvoi devant la cour d'assises qui doit servir de modèle à ces conclusions; elles ne peuvent contenir rien de plus, rien de moins, et, s'il y a divergence entre l'acte d'accusation et l'arrêt de renvoi, c'est d'après ce dernier que les questions doivent être posées au jury, puisque c'est l'arrêt de renvoi qui, saisissant la cour d'assises, fixe et limite son droit de juger.

L'acte d'accusation ne peut être rendu public qu'à l'audience. Jusque-là, il ne doit être connu que de l'accusé. Sans doute, la publicité prématurée de cet acte ne serait pas une cause de nullité de la procédure; mais elle pourrait former l'élément d'un délit spécial : l'art. 38 de la loi du 29 juillet 1881 prononce, en effet, pour le seul fait matériel de cette publication, une amende de 50 à 1.000 francs.

b) L'arrêt de renvoi et l'acte d'accusation doivent, par les soins du procureur général, être *notifiés* à l'accusé (art. 242). Cette formalité, qui, dans la procédure suivie devant la cour d'assises, remplace la *citation*, puisqu'elle est destinée, comme elle, à donner connaissance à l'accusé des résultats de l'information et de l'accusation contre laquelle il aura à se défendre, est une formalité *substantielle* : son omission emporte nullité de la procédure.

c) Dans les vingt-quatre heures, qui suivent cette signification, les pièces du procès doivent être envoyées, par les soins du procureur général, au greffe du tribunal où se tiendront les assises, si ce tribunal n'est pas au siège de la cour d'appel (art. 291-292).

d) Dans le même délai, l'accusé détenu doit être transféré, par ordre du procureur général, dans la maison de justice du lieu où siège la cour d'assises (art. 292). Cette mesure et la précédente ont un caractère administratif, et leur inobservation n'emporte pas nullité de la procédure.

e) Il doit être délivré gratuitement aux accusés, une copie, mais une seule pour eux tous, s'ils sont plusieurs dans la même affaire, des procès-verbaux constatant le délit et des déclarations écrites des témoins entendus dans l'instruction (art. 305). La loi n'indique pas au procureur général dans quel délai il notifiera ces pièces à l'accusé : mais il est évident que cette notification doit être faite assez à temps pour que l'accusé puisse préparer sa défense.

f) Les noms des témoins à charge ou à décharge, que le procureur général, la partie civile ou l'accusé se proposent de faire entendre, doivent être notifiés, à l'accusé, par le procureur général ou la partie civile, et au procureur général, par l'accusé, *vingt-quatre heures* au moins avant l'examen du témoin en cour d'assises (art. 315). Toute autre personne ne pourra être entendue qu'à titre de renseignements, sans prestation de serment, et en vertu du pouvoir discrétionnaire du président de la cour d'assises.

g) Enfin, la liste des jurés de session, des *titulaires*, doit être également notifiée à chacun des accusés, à la requête du procureur général, la veille du jour déterminé pour le tirage au sort des jurés dans l'affaire qui le concerne (art. 395). La loi ne dit pas *vingt-quatre heures*, mais la *veille*. Ce délai a paru suffisant pour permettre à l'accusé de combiner ses récusations, insuffisant pour lui permettre d'agir ou de faire agir sur les jurés. Aussi, l'art. 395 ajoute-t-il que la *notification sera nulle, ainsi que tout ce qui aura suivi, si elle est faite plus tôt ou plus tard.* Mais il faut reconnaître que la nullité, en cas de notification anticipée, ne peut plus être considérée comme sérieuse, depuis la loi du 2 mars 1827 : la liste du jury de session, étant tirée au sort, en *audience publique*, sur la liste annuelle, et publiée par les journaux, sera connue de l'accusé ou pourra être connue de lui, même avant la notification officielle. Il y aurait, au contraire, nullité, si la notification était faite tardivement. Comme cette notification est une formalité substantielle et d'ordre public, puisqu'elle a pour but de permettre à l'accusé de combiner ses récusations, l'omission du nom d'un des jurés, ou des erreurs de nature à produire une confusion de personnes, seraient des motifs suffisants de nullité de la procédure[1].

II. *Acte de procédure qui doivent être faits par le président de la cour d'assises.* — Il y a une autre formalité, préalable au débat : c'est

[1] Cass., 21 mai 1878 (S. 79. 1. 96); 12 août 1880 (S. 81. 1. 230); 27 mars 1884 (*Bull. cr.*, n° 110); 4 août 1892 (D. 94. 1. 56).

l'*interrogatoire de l'accusé* dans la maison de justice où il est détenu ; mais c'est une mesure d'*instruction* et non d'*exercice de l'action publique*. A ce titre, la loi confie au président de la cour d'assises la mission de l'accomplir. Mais celui-ci peut déléguer, à sa place, un juge du tribunal chef-lieu d'assises, qui ne doit pas être nécessairement un de ses assesseurs (C. instr. cr., art. 266, 293 ; D. 6 juill. 1810, art. 91).

Cette formalité se rapporte à trois points essentiels : 1° Elle met le président à même de se mieux éclairer sur l'affaire, soit pour la meilleure direction des débats, soit pour les suppléments d'instruction qui pourraient être nécessaires. Le droit du président ou du juge qui le remplace, d'ordonner un *supplément d'instruction*, est formellement reconnu par l'art. 303. Ce texte ne traite, il est vrai, que de l'audition de nouveaux témoins; mais la jurisprudence décide, avec raison, qu'il peut être procédé à tout autre acte d'instruction, par exemple, à une expertise, à une visite de lieu, etc. 2° Cette formalité permet au président de s'assurer que l'accusé est pourvu d'un défenseur, et, s'il n'en a pas choisi, de lui en désigner un d'office (art. 294 et 295). L'accusé déclarât-il n'en point vouloir ou se proposer d'en choisir un, le président ne peut se dispenser, à peine de nullité de tout ce qui suivra, de faire cette nomination. Mais si l'accusé choisit postérieurement un défenseur, la désignation faite par le président sera non avenue. L'art. 295 limite aux avocats et avoués du ressort de la cour d'appel le cadre dans lequel le défenseur peut être choisi ; une ordonnance du 27 août 1830 a admis à plaider, devant toutes les cours et tous les tribunaux de France, sans qu'il soit besoin d'aucune autorisation, tout avocat inscrit au tableau de n'importe quel ressort (art. 4) ; mais cette ordonnance, réservant formellement le cas prévu par l'art. 295, cette faculté ne s'étend pas à la plaidoirie en cour d'assises : pour le choix d'un avocat hors du ressort, il faut l'autorisation préalable du président, qui, du reste, n'est jamais refusée en pratique[1]. 3° Enfin, cette formalité a pour but d'avertir l'accusé qu'il a *cinq jours* pour se pourvoir en cassation contre l'arrêt de mise en accusation, dans les cas où la loi donne ouverture à ce recours (art. 296)[2].

[1] Comp. : Cass., 23 déc. 1875 (S. 76. 1. 143). Voy. du reste sur l'organisation de la défense : Cass., 10 déc. 1885 (*Bull. cr.*, n° 382); 15 déc. 1892 (D. 94. 1. 139); 10 mars 1793 (*Bull. cr.*, n° 68).

[2] Cette formalité est d'une extrême importance comme toutes celles qui touchent aux droits essentiels de la défense. L'ouverture des débats, avant l'expiration du délai du pourvoi contre l'arrêt de renvoi et sans le consentement exprès de l'accusé entraîne nullité : Cass., 11 juill. 1873 (S. 73. 1. 94) et la note. Mais l'accusé peut consentir à être jugé sans délai; et sa renonciation est irrévocable : Cass., 6 juin 1867 (S. 68. 1. 84); 27 juill. 1876 (S. 78. 1. 185); 27 août 1891 (*Bull. cr.*, n° 178).

On comprend, par cette énumération, que l'interrogatoire de l'accusé soit une formalité essentielle, dont l'accomplissement doit être constaté, à peine de nullité, par un procès-verbal signé du président, du greffier et de l'accusé[1]. La place, que doit occuper l'interrogatoire, dans la procédure intermédiaire, entre l'arrêt de mise en accusation et l'ouverture des débats, est déterminée par les art. 293 et 296. Il doit y être procédé, au plus tard, *vingt-quatre heures* après l'arrivée de l'accusé dans la maison d'arrêt, et, au plus tôt, *cinq jours* avant l'ouverture des débats. Il y aurait *irrégularité*, mais non *nullité*, à procéder à l'interrogatoire plus tôt ou plus tard, pourvu qu'il s'écoulât au moins *cinq jours pleins* entre l'interrogatoire et l'ouverture des débats.

L'interrogatoire était autrefois le point de départ d'une phase nouvelle de la procédure : à partir de cet acte, les communications de l'accusé et de son conseil étaient de droit. Aujourd'hui, depuis la loi du 8 décembre 1897, la cessation du secret de l'instruction pour l'inculpé remonte au début de la procédure.

Le président de la cour d'assises, qui est exclusivement chargé de l'instruction dans la procédure intermédiaire[2], statue, à ce titre, sur un certain nombre d'incidents.

a) *Remise de cause.* — Il peut être utile de renvoyer le débat à une audience autre que celle qui avait été primitivement fixée. Cette remise de cause peut être ordonnée d'office ou sur la demande des parties (art. 306). Pour la nouvelle audience, on pourra fixer un autre jour de la session, ou un jour d'une autre session ; le renvoi pourra même être indéfini s'il est motivé par la folie de l'accusé. Le droit d'ordonner cette mesure appartient au président jusqu'à la constitution de la cour d'assises par le tirage du jury de jugement. Après ce tirage, le renvoi à un autre jour de la même session n'est plus possible, puisque l'art. 406 exige qu'une affaire renvoyée soit jugée avec des jurés pris sur une nouvelle liste de session.

b) *Jonction et disjonction.* — Jusqu'à la constitution de la cour d'assises, c'est également au président qu'il appartient de prononcer la jonction ou la disjonction des affaires, mesure qui peut être ordonnée d'office ou sur la demande des parties (art. 306 et 307).

La jurisprudence décide que les ordonnances du président portant *remise* de cause, *jonction* ou *disjonction* des causes ne sont susceptibles d'aucune voie de recours. Il s'agit, en effet, de mesures d'in-

[1] Sur ce procès-verbal : Cass., 13 sept. 1900 (S. 1904. 1. 431).

[2] La loi du 8 décembre 1897 ne s'applique pas à cette information supplémentaire. Voy. Cour d'ass. de Vaucluse, 25 juill. 1898 (S. 98. 2. 317).

struction qui se justifient par l'état de la procédure au moment où elles sont prises : la demande, écartée ou accueillie par le président, peut être renouvelée devant la cour d'assises, et c'est contre l'arrêt rendu sur cette seconde demande qu'un pourvoi en cassation sera possible.

444. PROCÉDURE DE L'AUDIENCE. — Cette procédure se déroule en trois actes : 1° d'abord, la constitution de la cour d'assises qui doit juger l'affaire; 2° puis, l'instruction et les débats; 3° enfin, la procédure qui suit la clôture des débats.

445. CONSTITUTION DE LA COUR D'ASSISES QUI DOIT JUGER L'AFFAIRE. — La session est ouverte. On arrive à la première affaire inscrite au rôle. La cour procède à sa constitution définitive : 1° Pour cela, elle épure et complète son personnel de magistrats, en statuant sur les incompatibilités, les abstentions, les remplacements et, s'il y a lieu, l'adjonction d'assesseurs suppléants; 2° Puis, si l'accusé est présent, elle forme le jury de jugement. Si l'accusé est en fuite, elle procède au jugement, suivant les règles de la contumace, sans adjonction de jurés.

La formation du tableau nécessite trois opérations : 1° la *revision de la liste de session;* 2° *l'addition au tableau*, s'il y a lieu, de *jurés adjoints*; 3° le *tirage au sort du jury de jugement.*

I. Le greffier fait l'appel des quarante jurés portés sur la liste de session, titulaires et suppléants. Il est rare que tous les jurés convoqués se présentent, puissent ou veuillent siéger. La cour prononce l'amende contre les défaillants (C. instr. cr., art. 396; L. 21 nov. 1872, art. 20), et elle statue sur toutes les causes qui peuvent faire rayer le nom d'un juré de la liste de session. La loi a dû prévoir le cas où le nombre des défaillants, parmi les jurés, serait tel qu'il n'en resterait plus un assez grand nombre pour que le tirage au sort présentât des garanties suffisantes. Le nombre minimum reconnu indispensable, est de *trente*. S'il est nécessaire de remonter la liste à ce chiffre, on appelle : 1° les quatre jurés suppléants, portés sur la liste de session, dans l'ordre de leur inscription; 2° s'ils ne suffisent pas, le président tire au sort, sur la liste spéciale des jurés suppléants, et, subsidiairement, parmi les jurés de la ville où siège la cour d'assises, portés sur la liste annuelle, un certain nombre de jurés complémentaires (C. instr. cr., art. 393; L. 21 nov. 1872, art. 19). Toutes ces opérations *peuvent* se faire en dehors de l'audience publique, et même hors la présence de l'accusé et de son conseil.

II. Quand les débats d'une affaire paraissent devoir être longs, la cour peut ordonner l'adjonction au tableau d'un ou de deux jurés adjoints (art. 374). Ces jurés, destinés à remplacer ceux des titulaires qui, pour cause de fatigue, ne pourraient suivre l'affaire jusqu'au bout, prennent place au banc des jurés; mais si, au moment de la remise des questions au chef du jury, aucun des jurés titulaires ne s'est éloigné, ils n'assistent point à la délibération. L'arrêt qui ordonne cette adjonction de jurés adjoints peut être rendu hors la présence de l'accusé et sans publicité.

III. Le tirage au sort du jury a lieu contradictoirement entre l'accusé et le procureur général; le défenseur peut y assister; mais la publicité de l'audience n'est pas requise (art. 389). Avant de procéder au tirage, on fait d'abord un contre-appel des jurés portés sur la liste revisée; puis on introduit leurs noms dans l'urne; enfin on retire ces noms un à un. C'est au cours de cette dernière opération que s'exerce le droit de récusation.

La *récusation*, garantie de l'impartialité du juge, est de l'essence de toute juridiction. En théorie, on distingue la *récusation péremptoire* et la *récusation motivée*. La première constitue, au profit de celui qui l'exerce, un droit souverain et absolu; elle enlève, du reste, tout caractère fâcheux à l'exercice du droit et supprime la possibilité même d'une contestation. C'est elle qu'admet le Code pour les *jurés;* il réserve la récusation motivée pour les *juges*. En cour d'assises, le droit de récusation s'exerce jusqu'à ce que le nombre des jurés soit réduit aux douze ou quatorze jurés nécessaires pour le tableau (art. 400). Si les jurés sont en nombre impair, l'accusé peut faire une récusation de plus que le procureur général (art. 401). S'il y a plusieurs accusés, ils doivent se concerter pour leurs récusations. A défaut d'entente, le président détermine, par un tirage au sort, le rang dans lequel chaque accusé exercera les siennes. Puis le nombre de récusations qui revient à la défense est divisé proportionnellement entre les accusés. S'il n'est pas possible d'allouer à chacun un nombre égal de récusations, les premiers sont avantagés (art. 402 à 404). La récusation est faite dans l'intervalle du tirage de deux noms. L'accusé doit parler le premier.

Le jury est irrévocablement formé dès que *douze jurés*, non récusés, ont été tirés au sort (art. 399, § 5). Le premier de ces douze est le *chef du jury*. Une fois la liste de jugement formée, la cour d'assises est constituée et peut commencer l'examen de l'affaire (art. 405).

446. De l'instruction et des débats en cour d'assises. — L'instruction devant la cour d'assises présente trois caractères. *a*) Elle est *orale*, c'est-à-dire que les preuves sont soumises au jury dans leur source originale et immédiate, et non par l'intermédiaire des procès-verbaux de l'instruction préparatoire. Mais l'oralité des débats n'est pas absolue : elle n'exclut point la production des pièces écrites, à la condition cependant que l'exposé oral de ce qu'elles contiennent précède toujours leur lecture, lorsque c'est possible. C'est par application de cette idée que la lecture de la déposition écrite d'un témoin et du rapport écrit d'un expert, avant que le témoin ou l'expert, présents à l'audience, aient été entendus, serait une cause de nullité de la procédure. La loi interdit également de remettre aux jurés, au moment où ils vont délibérer, les dépositions écrites des témoins (art. 341). *b*) L'instruction est *continue.* L'art. 353, qui s'applique à l'ensemble de la procédure devant la cour d'assises, prescrit, en effet, que l'examen et les débats seront continués, *sans interruption*, jusqu'à la déclaration du jury inclusivement. La continuité sans interruption, conséquence nécessaire de l'organisation de la cour d'assises qui se constitue, à nouveau, pour le jugement de chaque affaire, signifie simplement qu'une fois l'affaire entamée, il ne doit plus être procédé à l'examen d'aucune autre affaire, ou à l'accomplissement d'autres actes; mais l'art. 353 reconnaît la possibilité de suspensions d'audience, et, comme la loi n'en limite pas la durée, on n'a jamais hésité à admettre que l'affaire pouvait être, sans que nullité s'ensuivît, renvoyée au lendemain, ou même au surlendemain. *c*) Les preuves, devant le jury, sont toutes de *conviction.* Quelle que soit la question qu'il est appelé à résoudre, il n'est arrêté ni par les règles relatives à la recevabilité des preuves, ni par celles qui déterminent leur force probante (art. 342).

L'accusé comparaît libre, seulement accompagné de gardes pour l'empêcher de s'évader (art. 310). La police de l'audience comporte, pour le *président*, le droit de forcer à comparaître un accusé récalcitrant ou d'ordonner qu'il soit procédé au débat hors sa présence. Les art. 8 et 9, § 1, de la loi du 9 septembre 1835 en règlent l'exercice. Elle comporte aussi le droit d'expulser de l'audience un accusé qui la trouble par ses clameurs. Ce droit appartient à la *cour* (art. 10). Dans l'un et l'autre cas, l'accusé non présent à l'audience est tenu au courant de ce qui a été fait et la procédure reste contradictoire (art. 9, § 2). Par conséquent, l'assistance du défenseur n'est pas supprimée.

Au début : 1° le président constate l'identité de l'accusé en l'interrogeant sur son état civil. 2° Il donne au conseil de l'accusé l'avertissement « qu'il ne peut rien dire contre sa conscience ou contre le respect dû aux lois, et qu'il doit s'exprimer avec décence et modération » (art. 313). 3° Il fait prêter, dans les termes de l'art. 312, dont il doit, à peine de nullité, respecter la solennité, le serment aux jurés, ce qui achève de les constituer dans leur pouvoir[1]. 4° L'avertissement donné par le président à l'accusé d'être attentif à ce qu'il va entendre est suivi de la lecture, par le greffier, de l'arrêt de renvoi et de l'acte d'accusation (art. 313)[2]. 5° L'art. 315, § 1, place, ici, un exposé du sujet d'accusation par le procureur général, exposé inutile, car il fait double emploi avec l'acte d'accusation, et dont on se dispense avec raison dans la pratique, le procureur général se bornant à se référer aux développements contenus dans l'acte d'accusation.

On procède ensuite à l'appel des témoins cités à la requête du procureur général, de la partie civile, de l'accusé. Cet appel est fait à haute voix par un des huissiers ou le greffier (art. 315, § 2). Deux incidents peuvent se produire : 1° Un témoin cité n'a pas été régulièrement notifié à l'adversaire : la cour statuera. Si elle repousse l'audition, le président pourra, dans tous les cas, le faire entendre, au cours des débats, en vertu de son pouvoir discrétionnaire. 2° Un témoin cité ne comparaît pas. La cour peut condamner ce témoin à l'amende (art. 80), décerner contre lui mandat d'amener, renvoyer même l'affaire à une autre session.

Le président ordonne ensuite aux témoins de se retirer dans la chambre qui leur est destinée. Ils n'en sortent que pour déposer.

[1] La formule du serment, composée du discours du président et de la réponse de chaque juré, constitue un *tout indivisible*, dont l'observation est formellement prescrite à peine de nullité. A la différence de la formule imposée aux témoins, elle a un caractère religieux et contient le nom de Dieu. Le refus du juré de prêter serment suivant cette formule équivaut au délit de refus de service prévu par l'art. 396, C. instr. cr. Comp. sur ces points : *Journal du droit criminel*, art. 10883. 10884, 10885; Cass., 10 mai 1882 (S. 84. 1. 41), avec la note où se trouvent indiqués les divers projets ou propositions de lois dont les chambres avaient été saisies, à la suite de divers incidents, et qui tendaient à modifier le caractère religieux du serment. Voy. également : Cass., 13 févr. 1886 (S. 86. 1. 652); 7 juill. 1892 (S. 92. 1. 428); Cour d'assises de la Marne, 17 juill. 1889 (S. 99. 2. 286). La jurisprudence a admis la possibilité d'une modification de la formule et même la dispense de tout serment au profit de certaines sectes religieuses. Voy. les arrêts cités sous Cass., 10 mai 1882. Le respect de la liberté de conscience devrait permettre de dispenser les athées de ce même serment. Voy. Projet tendant à modifier le mode de serment des jurés et présidents de jurés (Ch. des députés, 21 déc. 1906, annexe, n° 591) : art. unique : « Dans les art. 312 et 348 du C. d'instr. cr. les mots « devant Dieu et devant les hommes... » sont supprimés.

[2] On demande, depuis longtemps, la suppression de l'acte d'accusation et subsidiairement, celle de sa lecture. Voy. Gautier, *Le débat criminel et les essais actuels de réforme* (*Rev. pén. suisse*, 1899, p. 301 à 317); Speyer, *Les vices de notre procédure en cour d'assises*, p. 6 à 68; Cruppi, *La cour d'assises*, p. 71 à 74; Lailler et Vonoven, *Les erreurs judiciaires*, p. 176 à 180. Déjà, en 1861, M. Bonneville de Marsangy demandait la suppression de cet acte.

Le président prend des précautions, s'il en est besoin, pour empêcher les témoins de conférer entre eux du délit et de l'accusé, avant leur déposition. C'est là une disposition réglementaire, dont l'observation n'est pas sanctionnée par la nullité de la procédure.

Après quoi, a lieu, dans la pratique, l'*interrogatoire* de l'*accusé*. Aucune disposition de la loi ne le prescrit : dans le système de notre Code, en effet, l'accusé n'est soumis à aucun interrogatoire préalable et nécessaire; il assiste aux dépositions des témoins, il a le droit de débattre leur témoignage, de leur adresser des questions par l'organe du président; mais il n'est tenu de donner ses explications ou de faire connaître son système de défense qu'après que les dépositions sont terminées; en un mot, sa défense ne précède pas le débat, elle le suit. C'est en vertu de son pouvoir discrétionnaire que le président des assises procède à cet interrogatoire, qui, avec l'esprit qui anime quelques-uns de nos présidents d'assises, a plus d'inconvénients que d'avantages[1]. Du reste, l'accusé a le droit de refuser de répondre, sans que son refus puisse interrompre l'audience.

Après l'interrogatoire, vient l'*audition des témoins*, à laquelle il est procédé dans l'ordre et dans les formes indiquées par les art. 317 à 334.

Après l'audition des témoins, ont lieu le réquisitoire et les plaidoiries, dont l'ordre, purement réglementaire, est déterminé par l'art. 335. Cet article contient néanmoins une disposition substantielle : celle qui veut que l'accusé ou son conseil aient toujours la parole les derniers. Si donc, la défense ayant réclamé la parole, elle lui avait été refusée, la procédure serait frappée de nullité[2]. Le devoir du défenseur est de discuter les faits pour établir la non-culpabilité ou les atténuations de la culpabilité. L'accusé est toujours libre de plaider *coupable* ou *non coupable*. Aucune question préalable ne lui est posée à ce sujet. La liberté de la défense n'autorise pas l'abus (art. 311). Aussi le président peut interdire au défenseur toute attaque contre la constitution et les lois du pays; il peut l'arrêter s'il discute devant le jury des questions étrangères à celles que le jury doit résoudre. Mais il ne peut lui interdire de faire connaître au jury les conséquen-

[1] Légalement, l'interrogatoire a été justifié par un autre argument, le texte de l'art. 405, d'après lequel « l'*examen de l'accusé* commencera immédiatement après la formation du tableau ». Mais c'est détourner cette expression « examen » de son sens naturel, c'est de l'examen de l'affaire dont il est question et non de l'interrogatoire. Néanmoins la légalité de l'interrogatoire est incontestable et résulte en tout cas du pouvoir discrétionnaire : Haute-Cour de justice, 9 mars 1849 (S. 49. 2. 225); Gautier, *Rev. pénale suisse*, 1899, p. 317 et suiv. : Speyer, *Les vices de notre proc. en cour d'assises*, p. 67 à 81.

[2] Mais la loi n'oblige pas, à peine de nullité, le président à interpeller l'accusé ; Cass., 4 déc. 1902 (S. 1904. 1. 472).

ces pénales qu'aurait son verdict, et de chercher, dans la peine, un motif d'acquittement ou d'atténuation.

447. DE LA PROCÉDURE APRÈS LA CLÔTURE DES DÉBATS. — Lorsque les plaidoiries sont terminées, le président prononce la clôture des débats (art. 335). C'est là une disposition *particulière à la procédure devant la cour d'assises*, car, devant les tribunaux de police simple et correctionnelle, les débats ne sont clos que par le jugement. Toutefois, les débats peuvent être rouverts, jusqu'au jugement, par ordonnance du président, ou, en cas de contestation, par arrêt de la cour. Trois faits doivent être l'objet de notre examen : 1° la position des questions; 2° la remise des pièces au jury, avec les avertissements qui doivent accompagner cet acte; 3° le vote et la délibération du jury. Ces opérations sont en dehors des débats, si bien que, pour les affaires dans lesquelles le huis clos a été ordonné par la cour, les portes de l'audience sont ouvertes, au moment où commence cette période de la procédure. Ici, se plaçait, avant la loi du 19 juin 1881, qui l'a aboli[1], le *résumé*, que le président de la cour d'assises devait faire des débats, résumé *inutile*, s'il n'ajoutait rien à la défense ou à l'accusation, *dangereux*, s'il y ajoutait quelque chose. D'après le nouvel art. 336 : *Le président, après la clôture des débats, ne pourra, à peine de nullité, résumer les moyens de l'accusation et de la défense. Il rappellera aux jurés les fonctions qu'ils auront à remplir et il posera les questions, ainsi qu'il sera dit ci-après*[2]. La loi du 19 juin 1881 interdit donc, *quand les débats sont terminés*, tout ce qui peut, directement ou indirectement, sous forme d'explication ou d'appréciation, constituer un résumé, même partiel, des charges de l'accusation ou des moyens de la défense et avoir ainsi une influence sur la délibération du jury[3].

448. DE LA POSITION DES QUESTIONS AU JURY. — Dans le système français, on prépare la déclaration du jury, car on lui pose des questions auxquelles il n'aura à répondre que par *oui* ou par *non* pour former son verdict. Dans le système anglais, au contraire, c'est le jury qui compose lui-même sa déclaration, comme un juge, sa décision, avec faculté, pour le magistrat, président des assises, de le ren-

[1] Le résumé était contemporain de l'institution du jury. Sur la législation comparée : Amiaud, *Bull. soc. législ. comp.*, 1881, p. 427 à 432.

[2] V. Sirey, *Lois annotées*, 1881, p. 193.

[3] *Sic*, Cass., 4 mars 1882 (S. 82. 1. 238) ; 15 mai 1886 (D. 86. 1. 95) ; 19 juil. 1888 (D. 88. 1. 397); 18 janv. 1900 (D. 1900. 1. 119); 17 mars 1903 (S. 1903. 1. 448).

voyer dans la chambre de ses délibérations, jusqu'à ce qu'il en rapporte une décision régulière. Le système français est plus pratique; il est plus conforme aux aptitudes des jurés, qui ne sont pas, comme les magistrats, habitués à formuler leur verdict. Mais on comprend l'importance qui s'attache, dans ce système, à la position des questions; et, de même que la rédaction de la *formula judicii*, c'est-à-dire de l'instruction adressée par écrit au juge et fixant l'objet du litige, était, pour le magistrat romain, la partie la plus délicate de sa mission, de même la rédaction par écrit des questions à poser au jury est la plus difficile des fonctions du président des assises.

C'est à lui, en effet, qu'il appartient, à titre de *directeur* des débats, de formuler *par écrit* les questions, sauf à la cour à statuer, par arrêt, sur les incidents qui s'élèvent à propos de leur position (art. 336). Du reste, l'irrégularité des questions ne peut donner ouverture à cassation de la part de l'accusé qu'autant que celui-ci a intérêt à s'en prévaloir.

Quelles questions peuvent être posées au jury? dans quelle forme? dans quel ordre?

I. Quelles sont les questions qui *doivent* ou qui *peuvent* être posées au jury? L'acte qui sert de *type* et de *régulateur* à la position des questions est l'*arrêt de mise en accusation*, ou, si l'on veut, l'*acte d'accusation*, qui, lui-même, doit être modelé sur l'arrêt de renvoi (art. 271). En effet, c'est par cet acte que la cour d'assises est saisie de l'accusation, et il est de principe que l'acte qui saisit une juridiction fixe et limite sa compétence [1].

D'où trois conséquences : *a*) Tous les chefs contenus dans l'arrêt du renvoi, soit sur le fait principal, soit sur les circonstances qui l'aggravent ou l'atténuent, doivent faire l'objet d'une *déclaration* du jury. L'accusation, dont la cour d'assises est saisie, est, en effet, prononcée par cet arrêt et ne peut être purgée que par l'entière et complète appréciation de toutes les charges et de toutes les circonstances qu'il relève. Les questions posées au jury sont donc, avant tout, la *reproduction du dispositif de l'arrêt de renvoi*; ce qui ne veut pas dire qu'elles doivent en être la reproduction *littérale*; mais il faut qu'elles n'altèrent ni la qualification légale, ni la substance de l'accusation [2]. L'arrêt de renvoi dit *quelles* questions doivent être posées; il n'indique pas nécessairement, en effet, *comment* elles doivent l'être. *b*) A

[1] Comp. : Cass., 7 juill. 1899 (S. 1902. 1. 300).

[2] Comp., pour la latitude qui est donnée au président de la cour d'assises dans la position des questions résultant de l'acte d'accusation : Cass., 24 avr. 1873 (D. 73. 1. 319); 6 janv. 1870 (D. 70. 1. 381), espèce délicate; 6 janv. 1876 (S. 76. 1. 48); 22 janv. 1892 (D. 92. 1. 630).

l'inverse, l'accusé ne peut, en principe, être jugé sur des faits autres que ceux portés dans l'arrêt de renvoi. Si un fait nouveau surgit au débat, la cour d'assises, qui n'est pas plus compétente que toute autre juridiction pénale pour se saisir elle-même, ne peut en faire l'objet d'une accusation, même du consentement de l'accusé[1]. La loi des 16-29 septembre 1791 (tit. VII, art. 37) posait ce principe en ces termes : *Le jury ne pourra donner de déclaration sur un délit qui ne serait pas porté dans l'acte d'accusation, quelle que soit la déposition des témoins*. Cependant l'art. 21 du même titre ajoutait une restriction, qui a été en s'élargissant sous l'empire du Code de brumaire an IV et que le Code d'instruction criminelle de 1808 a implicitement maintenue, si bien qu'il se dégage, de la combinaison des art. 338, 339, 340, 361 et 379, une troisième règle, qu'il importe de rapprocher de la seconde, car elle en est, pour ainsi dire, l'explication. *c*) En outre des questions que formule l'accusation, il peut y avoir des *questions résultant du débat* (C. instr. cr., art. 338 et 339). Les faits nouveaux qui ne doivent pas être l'objet d'une question au jury, sont les faits *indépendants du fait de l'accusation*, n'exerçant sur lui aucune influence, soit pour l'aggraver, soit pour l'atténuer, soit pour le modifier ; mais les faits, qui résultent des débats, *peuvent*, au contraire, être l'objet d'une question spéciale, lorsqu'ils ne sont que la *modification*, l'*aggravation* ou l'*atténuation* de l'accusation elle-même[2]. Quelles sont donc les questions, de nature à être subsidiairement posées, alors que les faits auxquels elles se réfèrent ne sont pas compris dans l'acte d'accusation ?

1° Le président, bien qu'aucun texte ne lui donne expressément ce droit, peut examiner si les débats ont fait surgir quelques circonstances nouvelles qui *modifient* l'accusation et la présentent, soit avec une autre face, soit avec d'autres caractères; et il doit alors, s'il constate ces faits ou ces points de vue nouveaux, poser des *questions subsidiaires*. Cette situation existe, soit quand l'accusation nou-

[1] Sans doute les tribunaux correctionnels et de police, pas plus que les cours d'assises, ne peuvent se saisir de faits qui ne seraient pas compris dans la citation. Mais, devant ces juridictions, le prévenu peut consentir à être jugé sur des faits nouveaux. C'est en ce point que les règles de saisine de la cour d'assises diffèrent des règles de saisine devant les tribunaux correctionnels et de police. Cette particularité tient à ce que toute accusation criminelle doit être précédée d'un examen et d'une décision des juridictions d'instruction.

[2] Ces questions subsidiaires (*adjectiones formulæ*) sont nécessaires dans tout système où la séparation est établie entre les magistrats et les jurés. Dans la procédure romaine, il y avait lieu également à des *adjectiones*, mais elles étaient insérées, à l'avance, dans la *formulæ judicii*. Aujourd'hui, ces modifications peuvent être insérées à l'audience, parce que les magistrats et les jurés siègent ensemble.

velle est une simple *modalité* ou *modification* de l'accusation primitive, soit quand elle constitue seulement une *nouvelle qualification du même fait matériel*. Ainsi, dans une accusation de meurtre, on peut poser la question de savoir si l'accusé a volontairement porté des coups et fait des blessures et si ces coups et blessures, portés sans intention de donner la mort, l'ont cependant occasionnée; dans une accusation de viol ou de tentative de viol, une question d'attentat à la pudeur avec violence; dans une accusation d'incendie de la maison d'autrui, celle d'incendie de sa propre maison assurée; dans une accusation de vol domestique, celle d'abus de confiance; dans une accusation de meurtre consommé, une question de meurtre tenté; dans une accusation de fabrication de faux, une question d'usage de faux, etc. Dans toutes ces hypothèses, la question subsidiaire n'étant qu'une *modification* du fait même de l'accusation, la faculté de la poser ne soulève aucune difficulté. Dans d'autres, l'hésitation est, au contraire, permise : ainsi, dans une accusation d'attentat aux mœurs, peut-on poser une question subsidiaire d'outrage public à la pudeur? La difficulté vient de ce que l'outrage public à la pudeur est moins une *modification* de l'attentat aux mœurs, qu'une *circonstance* accessoire et contingente de ce crime. Néanmoins la jurisprudence n'exige pas que le fait posé en question subsidiaire soit une modification du fait principal, elle veut seulement que l'accusation nouvelle soit comprise, sous un point de vue quelconque, dans l'accusation primitive et qu'elle en constitue une simple dégénérescence [1].

2° Le président doit, aux termes de l'art. 338, soumettre aux jurés les *circonstances aggravantes*, non mentionnées dans l'arrêt de renvoi, qui résultent des débats. Il peut la faire, encore que ces circonstances constituent, par elles-mêmes, des crimes ou des délits, à la condition qu'elles soient, en même temps, des circonstances aggravantes du crime qui fait l'objet de l'accusation. Ainsi, dans une accusation de meurtre, il peut poser, comme résultant des débats, soit une question de vol, soit une question d'attentat à la pudeur, qui aurait précédé ou suivi l'homicide (C. p., art. 304). Mais, dans cette hypothèse, si le verdict était négatif sur le fait principal et affirmatif sur le fait relevé aux débats comme circonstance aggravante, la cour ne pourrait appliquer aucune peine, puisqu'elle n'est saisie du fait relevé

1 Comp. : Faustin Hélie, t. VIII, n°s 3650-3655 ; Nouguier, t. IV, n°s 2767 et suiv.; n°s 2777 et suiv. Ainsi, à propos d'une accusation d'infanticide, le président peut-il poser une question alternative d'avortement ou de suppression d'enfant, ou de suppression d'état ? La question est discutée. Voy. mon *Traité*, 2e édit., t. IV, n° 1610. Dans le sens de la négative : Cass., 8 janv. 1892 (D. 92. 2. 550; S. 92. 1. 168); 5 juin 1896 (*J. des Parq.*, 96. 2. 95).

aux débats que par rapport au fait principal, écarté par le verdict.

3° Le président, après avoir examiné s'il résulte des débats des circonstances aggravantes, doit vérifier également s'il a surgi, du même débat ou de la défense, des *faits justificatifs* ou *atténuants*. Pour les premiers, si le président a la faculté d'en faire l'objet d'une question spéciale, ce n'est pas, pour lui, une obligation; la question générale de culpabilité suffit, en effet, pour permettre au jury de tenir compte de toutes les *causes de justification*, telles que la légitime défense, l'ordre de la loi avec commandement de l'autorité légitime, et de toutes les *causes de non-culpabilité*, telles que la démence, la contrainte, la bonne foi. Il en est autrement des faits d'*excuse*. L'art. 339 rectifié par la loi du 28 avril 1832, déclare que : *Lorsque l'accusé aura proposé comme excuse un fait admis comme tel par la loi, le président devra, à peine de nullité, poser la question ainsi qu'il suit : Tel fait est-il constant?* D'où il suit que tout fait d'excuse *allégué par la défense*, doit, *à peine de nullité*, être soumis au jury, s'il est admis comme tel par la loi, sans que la cour ait le droit d'apprécier s'il résulte ou non des débats[1]. Mais lorsque les faits proposés par l'accusé ne rentrent pas dans les termes de la loi et n'ont pas les caractères d'une excuse légale, la cour d'assises doit déclarer qu'ils ne seront pas soumis au jury. Ainsi, par exemple, dans une accusation de meurtre, où l'accusé propose, comme excuse, l'état d'ivresse dans lequel il se trouvait au moment du crime.

Les questions, résultant des débats, sont posées, soit d'office par le président, soit sur la demande du ministère public ou de l'accusé. Lorsqu'une question de cette nature est posée, il est nécessaire de constater, dans la feuille remise aux jurés, qu'elle résulte des débats et l'accusé doit en être averti avant leur clôture, pour qu'il puisse présenter ses observations.

II. Comment les questions sont-elles posées au jury? Le grand vice à éviter dans la rédaction des questions est celui de la *complexité* : il s'agit, en effet, pour le jury, de formuler sa déclaration par une *affirmation* ou une *négation*, un *oui* ou un *non* pur et simple; il faut donc que chaque question qui lui est faite n'en comprenne qu'une et non pas deux ou plusieurs. Or, la culpabilité se compose de divers éléments, matériels ou moraux; de plus, des circonstances accessoires, souvent fort nombreuses, peuvent l'aggraver ou l'atténuer : le jury sera-t-il interrogé par une question *unique*, comprenant tous ces éléments, tous ces faits? Sera-t-il interrogé, au contraire,

[1] Voy. pour cette distinction entre l'accusé et le ministère public : Cass., 9 déc. 1898 (S. 1900. 1. 248); 23 janv. 1898 (S. 99. 1. 205).

distinctement, sur chacun d'eux ? La solution de ce problème a donné lieu à trois systèmes successifs.

a) D'après la législation de 1791, les questions devaient être posées au jury de manière que chaque réponse n'impliquât qu'une appréciation *unique* et que la déclaration fût *circonstanciée*. Pour arriver à ce résultat, deux ordres de questions étaient nécessairement posées, les unes sur la *matérialité* du fait, les autres sur sa *moralité*. Sur la matérialité, on demandait : *Tel fait est-il constant ? L'accusé en est-il l'auteur ?* Sur la moralité : *L'accusé l'a-t-il commis volontairement ? A-t-il agi avec intention ?* etc. Le Code de brumaire, lié à cet égard par l'art. 250 de la Constitution de l'an III, adopta le même système et en précisa les règles. Sous son empire, pour éviter toute complexité, les faits étaient savamment analysés et décomposés dans leurs éléments les plus simples. L'épreuve de l'expérience parut être défavorable à ce système : elle mit en lumière ses deux vices : 1° les jurés faisaient abus de réponses négatives aux questions intentionnelles, pour écarter, en vue de la pénalité, des poursuites parfaitement établies. 2° De plus, les jurés se perdaient dans un dédale de questions, d'où des réponses incohérentes ou contradictoires.

b) Pour éviter ces inconvénients, on crut devoir réunir, dans une question *unique et complexe*, non seulement le fait matériel et la culpabilité de l'agent, mais encore le fait, avec toutes les circonstances comprises dans l'accusation. C'est le système des *questions complexes*, mode de procéder, qui, admis d'abord exceptionnellement par la loi du 12 ventôse an VIII, relative aux émigrés, fut rendu commun à tous les procès criminels par les art. 337 et suiv. du Code de 1808 [1]. Si le système des questions simples avait abusé de la méthode analytique, celui des questions complexes abusa de la méthode synthétique. Le premier rendait difficile, par ses complications mêmes, l'œuvre de la justice ; le second, en la simplifiant trop, mettait le jury dans l'impossibilité de déclarer sa pensée et la cour de la connaître avec exactitude. Il pouvait arriver que le jury, convaincu sur un point, ne le fût pas sur un autre. Or, il était enfermé dans une alternative : s'il répondait oui, il allait au delà de sa conviction, en affirmant des circonstances dont il doutait ; s'il répondait non, il restait en deçà. Sa réponse, quelle qu'elle fût, devait avoir pour résultat, ou une impunité fâcheuse, ou une sévérité excessive. La pratique corrigea la loi, ou plutôt elle ne l'appliqua pas. On profita de ce que le procédé de

[1] Art. 337. La question résultant de l'acte d'accusation sera posée en ces termes : « L'accusé est-il coupable d'avoir commis tel *meurtre*, tel *vol* ou tel autre *crime*, *avec toutes les circonstances comprises dans l'acte d'accusation ?* »

l'art. 337 n'était pas prescrit à peine de nullité, pour permettre aux présidents d'assises de diviser les questions, et ceux-ci usèrent constamment de cette faculté. La loi du 9 septembre 1835 établit, quant au chiffre de la majorité, une distinction entre le fait principal et les circonstances aggravantes : il devint, dès lors, *légalement* impossible de confondre, dans une même question, le fait principal et les circonstances aggravantes. Ainsi, se trouva fondé, par voie de conséquence, un système qui fut consacré directement par la loi du 13 mai 1836.

c) Cette loi, qui prescrit le mode du vote du jury au scrutin secret, oblige à faire des scrutins différents, notamment *sur le fait principal et sur chacune des circonstances aggravantes*. L'art. 337 se trouve ainsi implicitement abrogé, car la division de scrutins implique la division des questions. Mais le mode de division, qui est la conséquence de cette loi, s'écarte, à la fois, du système de prohibition absolue des questions complexes, que les lois antérieures au Code avaient établi, et du système de complexité introduit par le Code. La complexité, proscrite par la loi, est celle qui renferme, ou l'énonciation de *plusieurs faits punissables*, ou *d'un fait punissable* et, *en même temps, d'un fait* qui *atténue, modifie* ou *aggrave* la criminalité, c'est encore celle qui s'applique cumulativement à *plusieurs individus*. Mais tous les *éléments constitutifs* de l'infraction, l'*élément matériel* aussi bien que l'*élément moral*, sont réunis dans une question unique et générale, la *culpabilité* ne résultant que de l'affirmation de tous ces éléments réunis. Il n'y a donc complexité, interdite par la loi, qu'autant que la même question contient deux faits pouvant donner lieu à deux réponses distinctes et qui, diversement appréciés, sont de nature à conduire à des conséquences différentes. Dans cette hypothèse, il y a nullité. Mais, à l'inverse, la division, soit du fait principal, soit d'une même circonstance aggravante, en plusieurs questions, est facultative, à la condition que l'accusation, telle qu'elle résulte de l'arrêt de renvoi ou des débats, n'en éprouve aucune modification.

Il y a donc une *complexité permise* et une *complexité interdite*.

La *complexité permise* est celle qui comprend, *dans une question unique*, tous les éléments, matériels et moraux, qui forment la *culpabilité*. Ainsi le jury est interrogé, en matière de coups et blessures, sur la volonté de les porter et, suivant les cas, sur leurs conséquences, mutilations, infirmités ou mort, etc. [1].

[1] La question complexe de culpabilité contient tous les éléments de cette culpabilité : intention (Cass., 23 sept. 1880, S. 82. 1390), faits justificatifs, tels que la légitime défense (Cass., 14 janv. 1841, *J. du Pal.*, 42. 1. 261), démence (Cass. 16 sept. 1875, S. 75. 1. 540). Mais la division des divers éléments est permise, dans le but de préciser l'accusation.

Mais, en dehors de la complexité, autorisée pour les éléments constitutifs, *toute autre complexité* est *prohibée* et entraîne la nullité des réponses du jury.

1° Ainsi, la question est complexe, quand elle réunit *deux chefs d'accusation* distincts et indépendants l'un de l'autre. La division des chefs principaux est, du reste, nécessaire, non seulement à l'égard des *auteurs*, mais même à l'égard des *complices* compris dans la même accusation. Ce qui exclut à la fois les questions *cumulatives* et les questions *alternatives*.

Les questions *cumulatives*. — On donne ce nom aux questions qui comprennent deux faits distincts ou deux circonstances distinctes d'un même fait, réunies en une seule question par la conjonction *et*. Or, dès qu'une question comprend deux termes, le jury ne peut nier l'un sans nier l'autre, affirmer l'un sans affirmer l'autre : dès lors, se trouvant dans l'impossibilité de faire connaître exactement son opinion, il arrive presque nécessairement à une abstention, c'est-à-dire à une déclaration négative. Il est facile de comprendre, par des exemples, les inconvénients que présentent les questions cumulatives. Supposons qu'un individu soit accusé de faux et d'abus de confiance au préjudice de la même personne : le président, estimant que le faux n'a été qu'un moyen de commettre l'abus de confiance, pose une question unique, comprenant ces deux faits ; cette question est cumulative et, par conséquent, entachée du vice de complexité; car si le jury estime que le faux est prouvé et que l'abus de confiance ne l'est pas, sa réponse, quelle qu'elle soit, affirmative, ou négative, ne peut présenter à la justice la garantie d'un bon jugement [1]. Serait encore viciée, par application du même principe, la question unique, qui énoncerait plusieurs attentats à la pudeur, commis par le même individu sur plusieurs jeunes filles.

Les questions *alternatives* [2]. On donne ce nom à celles qui comprennent deux questions distinctes, réunies par la conjonction *ou* : par exemple, celle de savoir si l'accusé est auteur ou complice. L'inconvénient de ces questions, c'est que la majorité peut se former de deux minorités répondant affirmativement sur des parties différentes de la question alternative, de telle sorte que la déclaration du jury, qui se prononce sur une question alternative, laisse nécessairement subsister une incertitude. Le juré, qui répond *oui*, a-t-il affirmé les deux membres de l'alternative? n'en a-t-il affirmé qu'un seul? et lequel? il

[1] V. sur cette hypothèse : Cass., 2 janv. 1874 (D. 76. 5. 142). ; Comp. : Cass., 31 mai 1867 (D. 69. 6. 104); 20 févr. 1873 (D. 73. 1. 167); 24 juin 1880 (S. 81. 1. 331).

[2] Sur cette forme de question : Cass., 12 janv. 1902 (S. 1904. 1. 369) et la note.

est impossible de le savoir. Cependant, la jurisprudence tolère cette forme alternative de questions sous certaines conditions.

Les questions alternatives sont valables à la condition que les deux termes de l'alternative ne soient pas contradictoires et qu'ils fassent encourir une même peine. Tel est le cas où, en matière de faux, on pose la question ainsi : L'accusé a-t-il *contrefait* ou *fait contrefaire? apposé* ou *fait apposer* telle signature? *fabriqué* ou *fait fabriquer* telle pièce? Ainsi encore, en matière de banqueroute, la question alternative de savoir si l'accusé a détourné *ou* dissimulé son actif, a été considérée comme régulière, le détournement *ou* la dissimulation constituant le même crime et justifiant l'application de la même peine [1].

2° La question est encore complexe, quand elle s'applique à *plusieurs accusés* à la fois. On doit donc, à peine de nullité, poser une question séparée, relativement à chacun des accusés, en ce qui concerne soit le fait principal, soit chacune des circonstances aggravantes de ce fait [2]. Toutefois, il est dangereux de poser, sur les circonstances aggravantes, autant de questions qu'il y a d'accusés, lorsque ces circonstances sont des *faits matériels*, qui ne peuvent pas exister à l'égard de l'un des auteurs du crime, sans exister à l'égard des autres [3]. Ainsi, par exemple, si plusieurs individus sont accusés d'un vol, commis la nuit sur un chemin public, après avoir posé, à l'égard de chacun des coaccusés, une question distincte de culpabilité sur le fait principal, il suffit d'ajouter, sous une forme abstraite : *Ce fait a-t-il été commis la nuit? A-t-il été commis sur un chemin public?*

3° La question est entachée de complexité, toutes les fois qu'elle réunit, avec le fait principal, *une* ou *plusieurs circonstances aggravantes*. C'est à ce point de vue, qu'on aperçoit l'importance de distinguer les *éléments constitutifs* d'une infraction, qui peuvent figurer dans la question principale de culpabilité, et les *circonstances aggravantes*, qui doivent, au contraire, en être séparées. Ainsi, par appli-

[1] Cass., 17 nov. 1878 (S. 80. 1. 239). C'est ainsi encore que la jurisprudence admet que l'on peut poser la question de savoir si l'accusé est auteur *ou* complice, lorsque le fait de complicité est puni de la même peine que le fait de coopération directe. Comp. : Faustin Hélie, t. VIII, n° 3713 à 3716; Nouguier, t. IV, n° 2939. Voy. 20 juill. 1882 (*B. cr.*, n° 180); 29 juill. 1886 (*B. cr.*, n° 173); 25 janv. 1894 (S. 94. 1. 297).

[2] Comp. pour les applications : Cass., 23 mai 1873 (*B. cr.*, n° 141); 24 févr. 1876 (S. 77. 1. 93). Pour la position des questions à l'égard des complices: Cass., 5 janv. 1900 (S. 1900. 1. 377) et la note de M. Garçon.

[3] Comp. pour les applications : Cass., 4 avr. 1863 (S. 63. 1. 407); 29 janv. 1874 (*B. cr.*, n° 31); 24 févr. 1876 déjà cité à la note précédente; 9 juin 1877 (S. 78. 1. 239); 23 août 1876 (*B. cr.*, n° 20).

cation de cette règle, la question unique de culpabilité suffit pour mettre le jury en demeure d'examiner tous les faits justificatifs et toutes les causes denon-culpabilité, et il ne doit être posé aucune question relativement à ces faits ou à ces causes. Mais si rien n'*oblige* la cour à poser une question distincte sur la démence, la contrainte, la légitime défense, etc., alléguées par l'accusé, rien ne lui *défend* non plus de le faire, *la division des éléments constitutifs étant facultative*[1]. C'est une déviation des formes ordinaires et un retour au système du Code de brumaire. Il peut en résulter l'avantage d'une plus grande netteté dans le verdict du jury.

4° La question est entachée de complexité, quand elle réunit *deux circonstances aggravantes*. Ainsi, non seulement ces circonstances doivent être séparées du fait principal, mais il faut encore que chacune d'elles, puisqu'elle constitue un fait distinct, soit l'objet d'une question séparée. Serait nulle, par application de cette règle, la question, qui, dans une accusation de *meurtre*, réunirait la circonstance aggravante de *préméditation* et celle de *vol concomitant;* ou qui réunirait celle de *préméditation* avec celle de *guet-apens*.

5° Enfin, la question serait complexe, si elle réunissait un *fait d'excuse*, ou une question de *discernement*, soit avec le *fait principal*, soit avec une *circonstance aggravante*.

III. Dans quel ordre sont posées les questions? Le président pose les questions dans l'ordre déterminé par la loi (art. 337, 338, 339, 340) qui, du reste, n'a rien de *substantiel*. Il sépare les chefs d'accusation, et pose, pour chaque chef, d'abord une question sur le *fait principal*, ensuite sur les *circonstances aggravantes*, puis sur les *faits d'excuse*, enfin sur les *faits subsidiaires*.

Supposons, par exemple, que Pierre, mineur de dix-huit ans, soit renvoyé devant la cour d'assises, sous l'accusation d'assassinat, et

[1] Par exemple, la Cour de cassation considère, contrairement à mon opinion, la qualité d'ascendant de l'accusé, chez la victime d'un meurtre, comme *constitutive* du crime de parricide; mais elle a, néanmoins, décidé, par plusieurs arrêts de rejet, que la question sur la qualité d'ascendant avait pu être posée à part, sans nullité, par le président de la cour d'assises : Cass., 6 janv. 1870 (D. 78. 1. 381) et la note. De même, il a été jugé que, en matière d'*infanticide*, la circonstance d'enfant nouveau-né, qui, aux termes de la jurisprudence, et contrairement à notre opinion, est constitutive du crime, peut être comprise dans une question distincte de la question relative au fait principal : Cass., 4 mars 1875 (D. 76. 1. 208). Du reste, la loi du 22 nov. 1901, modifiant les art. 300 et 302, C. pén., a donné lieu à des difficultés nouvelles sur le caractère du crime d'infanticide. Voy. Garçon, *Code pénal annoté*, art. 300, n°s 10 et suiv.; Henri Rousseau et Paul Goupil, *L'infanticide est-il encore un crime spécial?* (*J. des Parq.*, 1908, 1, p. 28 et suiv.); E. Mesnard, supplément à la *Théorie du Code pénal*, t. VII, n° 350 *bis*.

qu'il y ait lieu de poser, comme résultant des débats, la question de savoir s'il a simplement commis un homicide par imprudence : les questions seront posées dans l'ordre suivant :

1° La première portera sur le *fait principal*, et comprendra tous les éléments constitutifs de ce fait[1]. Ici le fait principal, dont Pierre est accusé, est un *meurtre*, un crime défini par l'art. 295, C. p., et se compose de deux éléments : 1° l'homicide ; 2° la volonté ou plutôt l'intention de tuer. Le jury sera donc interrogé ainsi : *Pierre est-il coupable d'avoir, en janvier 1909, commis volontairement un homicide sur la personne de Jacques?*

2° Les questions suivantes porteront sur *chacune des circonstances aggravantes* du crime ; ici, ces circonstances sont au nombre de deux, la préméditation et le guet-apens. D'où, deux questions distinctes : *Cet homicide a-t-il été commis avec préméditation ? A-t-il été commis de guet-apens?*

3° Les questions suivantes porteront sur les *excuses*, avec la double nécessité, et de poser autant de questions séparées, qu'il y a d'excuses distinctes, et d'énoncer clairement, dans la question, les éléments constitutifs de l'excuse, d'après la disposition de la loi qui l'établit.

4° Viendra ensuite la question de *discernement* pour les mineurs de dix-huit ans. Ici, elle sera formulée de la manière suivante : *Cet homicide a-t-il été commis avec discernement?* Si l'âge était discuté, il y aurait lieu de poser au jury la question d'âge, et, subsidiairement, celle de discernement.

5° Enfin, on posera, comme question résultant des débats, la *question subsidiaire* d'homicide par imprudence, pour le cas où la qualification donnée au fait, dans la question principale, serait écartée par le jury : *Ledit Pierre est-il coupable d'avoir, à la même époque, par imprudence ou négligence, involontairement causé la mort de Jacques*[2] ?

Si l'accusation comprenait plusieurs chefs principaux, chacun d'eux pourrait donner lieu à la même série de questions. De même, pour chaque accusé.

[1] Sur les questions spéciales à chaque infraction, comp. : Blanche, sous chaque, article du Code pénal ; Nouguier, t. IV, *in fine*; Rolland de Villargues, *formulaire* à la suite de ses Codes annotés, et mon *Traité du droit pénal*, sous chacune des incriminations.

[2] La disposition de l'art. 357, C. instr. cr., n'est, du reste, qu'indicative du mode suivant lequel les questions doivent être posées au jury ; mais si la formule : « L'accusé est-il *coupable*...? » n'a rien de sacramentel, du moins est-il nécessaire que les expressions contenues dans la question posée soient, au point de vue de l'intention criminelle, absolument équivalentes à celle de culpabilité. Comp. : Cass., 29 mai 1879 (S. 80. 1. 189) ; 13 janv. 1881 (S. 83. 1. 137) ; 27 juin 1895 (*B. cr.*, n° 186).

Les questions doivent être posées *par écrit* (art. 341 et 345), sauf la question relative aux circonstances atténuantes. Mais il n'est pas prescrit, à peine de nullité, qu'elles soient signées du président et du greffier. L'accomplissement de cette formalité a, du reste, toujours lieu comme étant conforme à l'esprit de la loi. Elles sont lues publiquement au jury et en présence de l'accusé, ou, si elles sont trop nombreuses pour que lecture en soit faite, il faut, au moins, qu'il en soit donné connaissance à l'accusé, « puisque, sans cette lecture ou cette connaissance, l'accusé ne pourrait exercer le droit que la loi lui confère de présenter des observations » sur leur rédaction [1].

449. Avertissements donnés par le président aux jurés. — Les questions posées, le président, avant que les jurés se retirent pour délibérer, leur donne plusieurs avertissements sur le mode de leur délibération. Ces avertissements ont pour objet : 1° le vote du jury au scrutin secret; 2° la majorité à laquelle doit se former sa décision; 3° l'examen des circonstances atténuantes qui peuvent exister en faveur de l'accusé; 4° les formes de la délibération du jury (art. 341). Nous devons insister seulement ici, sur le troisième avertissement, celui relatif aux circonstances atténuantes.

Les circonstances atténuantes, à la différence des excuses, qui résultent de faits déterminés et qualifiés par la loi, échappent, par leur nature même, à toute question *précise* : on ne peut donc interroger le jury que sur leur *existence*. Mais, ce qu'il importe de remarquer c'est que, dans notre législation, l'existence même de ces circonstances n'est pas l'objet d'une question *générale*, posée par *écrit*. Le président est seulement tenu, *à peine de nullité*, d'avertir le jury, aux termes de l'art. 341, que s'il pense, *à la majorité*, *qu'il existe*, *en faveur d'un ou plusieurs des accusés reconnus coupables*, *des circonstances atténuantes*, *il doit en faire la déclaration en ces termes* : *A la majorité*, *il y a des circonstances atténuantes en faveur de l'accusé.* De sorte que les jurés se posent à eux-mêmes la question dans la chambre de leurs délibérations : et s'ils estiment que l'accusé n'y a pas droit, ils traduisent leur refus par le silence. Le verdict est alors *muet* sur les circonstances atténuantes. Pourquoi? Le législateur de 1832, qui organisait le système des circonstances atténuantes en toute matière criminelle et enlevait à la cour, pour le donner au jury, l'examen de leur existence, avait voulu que la déclaration du jury, relative à ces circonstances, fût absolument *spontanée*, qu'elle

[1] Cass., 5 févr. 1857 (S. 57. 1. 399). Sur la question, Faustin Hélie, t. VIII, n° 3722.

n'eût pas le caractère d'une réponse de style à une question faite d'avance. Mais cette première considération, pour expliquer le système, n'a plus grande portée, depuis que l'art. 1er de la loi du 13 mai 1836 a imposé au chef du jury l'obligation, en cas de déclaration de culpabilité, de poser lui-même la question des circonstances atténuantes au jury dans la chambre des délibérations. On s'explique cependant encore que cette question ne soit pas *écrite*; car, avec ce régime, en cas de rejet par la majorité des circonstances atténuantes, le jury n'a rien à dire, tandis qu'une déclaration négative, qui eût été nécessaire si la question avait été posée par écrit, aurait pu porter le coup de grâce à l'accusé et influencer défavorablement l'application de la peine[1].

D'après l'art. 341, modifié par la loi du 9 juin 1853, le président doit remettre au jury, en la personne de son chef, les procès-verbaux qui constatent le délit et les pièces du procès, autres que les déclarations écrites des témoins. L'inobservation de cette formalité et le défaut de remise des pièces n'entraîneraient, au surplus, aucune nullité, si l'accusé n'avait pas réclamé cette remise : en principe, en effet, le débat est *oral*, les jurés forment leur conviction sur les témoignages produits à l'audience et non sur les pièces écrites du procès.

450. DÉLIBÉRATION ET VOTE DU JURY. — Les jurés se retirent dans la chambre de leurs délibérations, et ils ne doivent en sortir qu'après avoir formé leur déclaration. L'entrée n'en peut être permise, pendant cette délibération, pour quelque cause que ce soit, que par le *président* et par écrit. Ce magistrat est tenu de donner au chef de service l'ordre spécial et par écrit de faire garder les issues de la chambre des jurés[2]. La cour peut punir le juré contrevenant d'une amende de cinq cents francs au plus. Tout autre, qui a enfreint l'ordre ou ne l'a pas fait exécuter, peut être puni d'un emprisonnement de vingt-quatre heures (art. 343). Du pouvoir conféré au président d'autoriser, sous sa responsabilité personnelle, les communications des jurés avec le dehors, la jurisprudence avait conclu au droit du président, lorsqu'il y était invité par le chef des jurés, au nom de ses collègues, de pénétrer, hors la présence de l'accusé, de son conseil et du ministère public, dans la chambre des délibérations, afin de fournir au jury, les explications qui lui seraient

[1] Bien entendu, la déclaration du jury sur l'existence des circonstances atténuantes doit, quand il y a plusieurs accusés, être spéciale, distincte et personnelle pour chacun d'eux. Cass., 12 août 1880 (S. 81. 1. 237).

[2] Jugé que c'est là une disposition réglementaire dont l'inobservation n'emporte pas nullité : Cass., 26 déc. 1874 (D. 75. 1. 287).

demandées. Les inconvénients de cette jurisprudence avaient été souvent signalés. Il suffit de remarquer qu'elle donnait une sérieuse entorse au principe du débat contradictoire en matière criminelle. Une loi du 10 décembre 1908 a modifié l'art. 343, qui est désormais ainsi conçu : « Les jurés ne pourront sortir de leur chambre qu'après avoir formé leur déclaration. — Nul n'y pourra entrer pendant la délibération, pour quelque cause que ce soit, sans une autorisation écrite du président. *Celui-ci ne devra y pénétrer que s'il est appelé par le chef du jury et accompagné du défenseur de l'accusé, du ministère public et du greffier*. Mention de l'incident sera faite au procès-verbal ». Cette disposition, empruntée au Code autrichien (§ 327), constitue un incontestable progrès. Mais il eut été préférable, d'aller jusqu'au bout, et de donner, à l'incident d'un jury qui a des scrupules ou désire des renseignements, la seule conclusion logique, c'est-à-dire la réouverture des débats, avec la double garantie de la publicité et de la contradiction. Le législateur est resté à moitié route. D'une part, ni l'accusé ni le défenseur de la partie civile ne sont appelés dans la chambre du jury : c'est donc une demi-contradiction et un demi-contrôle. D'autre part, comment seront réglés les incidents qui se produiront ? La cour, sur conclusions de la défense, sera-t-elle appelée à se prononcer? Comment pourrait-elle le faire, si elle n'y a pas assisté?

Avant de commencer la délibération, le chef du jury donne lecture de l'instruction qui forme le texte de l'art. 342, instruction imprimée sur un carton déposé sur la table du jury, et, en outre, affichée en gros caractères dans le lieu le plus apparent de la chambre des délibérations. Elle contient deux paragraphes, l'un relatif aux *preuves*, l'autre, à la *mission du jury*.

C'est le *chef du jury* qui dirige la délibération et le vote : la discussion, avant le vote, est de droit (D. 6 mars 1848, art. 5). Le jury est lié par les questions qui lui sont posées : il doit y répondre par *oui* ou par *non*, et il commettrait un *excès de pouvoir* s'il *modifiait* les termes de l'accusation ou s'il *motivait* son verdict. Le vote a lieu au scrutin secret (L. 13 mai 1836; C. instr. cr., art. 345), par bulletins écrits et par scrutins distincts et successifs, sur le fait principal d'abord, et, s'il y a lieu, sur chacune des circonstances aggravantes, sur chacun des faits d'excuse légale, sur la question de discernement, et, enfin sur la question des circonstances atténuantes, que le chef du jury est tenu de poser, en cas de déclaration affirmative sur la culpabilité (L. 13 mai 1836, art. 1er). Quant aux questions subsidiaires, posées comme résultant des débats, elles ne doivent être examinées que lorsque les questions principales, dont elles sont destinées à prendre la place, ont été résolues négativement.

Quel est le nombre de voix nécessaire pour former la décision du jury? On conçoit qu'une législation puisse exiger, pour la déclaration de culpabilité, soit l'*unanimité des voix*, soit une *majorité considérable*, soit enfin la *majorité simple*[1]. Nous avons suivi successivement ces trois systèmes, pour nous arrêter à la loi si logique et si raisonnable de la simple majorité. L'art. 347, modifié par la loi du 9 juin 1853, décide en effet que : *La décision du jury, tant contre l'accusé que sur les circonstances atténuantes, se forme à la majorité.* Il importe de voir le jeu de cette règle, à propos de chacune des questions qui sont posées au jury.

a) Sur le *fait principal :* « X... est-il coupable d'avoir, à telle date, volontairement donné la mort à N...? » Le dépouillement du scrutin donne, je le suppose, six bulletins *Oui*, six bulletins *Non :* la majorité n'étant pas acquise *contre* l'accusé, le chef du jury écrit, en marge de la question *: Non.* Pour la déclaration de culpabilité, il faudra donc *sept voix*, ou *plus*, et le chef du jury écrira alors : *Oui, à la majorité.*

b) Sur les *circonstances aggravantes :* « Cet homicide a-t-il été commis avec préméditation? » on suivra la même règle : la déclaration affirmative, étant défavorable à l'accusé, ne pourra être prise qu'à la majorité.

c) Il en est de même de la question de *discernement*, en ce qui concerne le mineur de dix-huit ans.

d) Quant aux questions d'excuse, par exemple : « X... a-t-il été provoqué par des violences graves contre sa personne? » Si sept voix ou plus repoussent le fait que l'accusé allègue à sa décharge, le chef du jury écrit : *Non, à la majorité.* S'il y a six voix ou davantage pour l'affirmative, il met simplement : *Oui.* Ici, en effet, la *négative*, étant contraire à l'accusé, ne peut être déclarée qu'à la majorité de sept voix, tandis que l'*affirmative*, lui étant favorable, peut être déclarée par l'égalité de suffrages, ou six voix seulement.

e) Pour les *circonstances atténuantes*, s'il y a sept *Oui*, nombre suffisant, comme la question, sur ce point, n'est pas écrite, il faut énoncer la substance même de la déclaration; le chef du jury écrit : *A la majorité, il y a des circonstances atténuantes en faveur de l'accusé.* On se demande parfois comment les circonstances atténuantes étant favorables à l'accusé, l'égalité de voix ne suffit pas pour les admettre, comme elle suffit pour l'admission des faits d'excuse. Il

[1] A quelle majorité une décision judiciaire doit-elle être rendue pour avoir le moins de chances possible d'erreurs judiciaires? Voy. sur la question l'exposé de la théorie mathématique de Laplace dans l'introduction de sa *Théorie analytique du calcul des probabilités* (Œuvres complètes, t. VII, p. CIV à CIX). Le passage est cité *Rev. pénit.*, 1908, p. 1168, note 3.

est facile de comprendre que le législateur, craignant qu'il n'y eût abus dans les déclarations de circonstances atténuantes, si le simple partage équivalait à une déclaration favorable, ait exigé la majorité, afin que la décision affirmative fût le résultat d'une volonté certaine du jury, et non d'un doute de sa part. D'autant plus que l'atténuation étant une modification essentielle de la criminalité qui a été reconnue par le jury, il faut une majorité pour en déclarer l'existence[1].

En résumé, il y a des déclarations dans lesquelles la *majorité* est nécessaire : ce sont celles relatives à l'*affirmation* de la culpabilité et des circonstances aggravantes, à la *négation* des faits d'excuse, à l'*affirmation* de l'existence des circonstances atténuantes. Le chef du jury doit indiquer alors, *à peine de nullité*, que la déclaration a été prise à la majorité ; *Oui, à la majorité; Non, à la majorité*. Du reste, dans aucun cas, le nombre de voix ne doit être exprimé, la décision fût-elle prise à l'unanimité (art. 347). Il ne faut pas, en effet, qu'on soit tenté de faire de distinctions entre les verdicts et de classer les acquittements ou les condamnations. Ce serait ébranler le respect dû à la décision[2].

451. Lecture du verdict. — La déclaration, rédigée et signée par le chef du jury, les jurés entrent dans l'auditoire. La cour remonte sur son siège. Le président demande au chef du jury quel est le résultat de la délibération. Ce juré se lève, et la main placée sur son cœur, il dit : — « Sur mon honneur et ma conscience, devant Dieu et devant les hommes, la déclaration du jury est... » ; — puis, il donne lecture des réponses du jury aux questions posées (art. 348). L'accusé n'est pas présent à cette première lecture du verdict, mais son conseil a le droit d'y assister. La feuille du verdict, signée par le chef du jury, est remise au président qui la signe et la fait signer par le greffier (art. 349). L'accusé est alors ramené à l'audience, et il lui est donné par le greffier lecture du verdict (art. 357)[3].

[1] Lors de la discussion de la loi de 1832 à la Chambre des députés, il fut présenté un amendement qui avait pour objet de faire déclarer les circonstances atténuantes, par le jury, au partage de voix. Comp. Chauveau, *Code pénal progressif*, p. 22.

[2] Il faut remarquer deux choses : 1° Les bulletins qui n'expriment aucun vote, et ceux que six jurés au moins déclarent illisibles sont comptés comme favorables à l'accusé. 2° Les ratures, les renvois, les surcharges, les interlignes, s'il y en a, doivent être approuvés. Ceux qui ne sont pas approuvés sont réputés non avenus, de sorte que, si la rature, le renvoi, la surcharge porte sur un point substantiel de la réponse, tel que le mot *oui* ou les mots *à la majorité*, la déclaration est nulle (L. 13 mai 1836, art. 4).

[3] Cette formalité est prescrite a peine de nullité : Cass., 30 juill. 1903 (S. 1906, 1. 244).

§ V. — DU VERDICT ET DE SES RÉSULTATS.

452. Première hypothèse. Le verdict n'est pas régulier. — Le jury a rendu son verdict; la cour a deux points à examiner, avant de le prendre pour base de sa décision : s'il est *régulier* en la forme; et, seulement en cas de verdict affirmatif, si le jury *ne s'est pas trompé au fond*. Dans ces deux cas, elle exerce des pouvoirs exceptionnels, car ils ne consistent plus à appliquer le verdict, mais, au contraire, à le rejeter du procès.

I. La jurisprudence admet d'abord, conformément au Code de brumaire an IV, qui contenait une disposition spéciale et formelle sur ce point (art. 414), que lorsque la déclaration du jury est *irrégulière*, *incomplète*, *contradictoire*, *obscure*, ou entachée d'*excès de pouvoir*[1], la *cour* et non le *président* seul[2], peut, par arrêt, l'*annuler* et renvoyer le jury dans la chambre de ses délibérations, pour en rapporter une nouvelle déclaration. On ne peut, en effet, appliquer le verdict et fonder le jugement sur une déclaration vicieuse. Mais, dans l'exercice de ce droit, la cour se trouve placée entre un double écueil : ou bien prendre, pour base de sa décision, une déclaration irrégulière,

[1] Une déclaration est *irrégulière*, quand elle n'est pas revêtue de toutes les formes exigées par la loi; par exemple, lorsque, en cas de déclaration de culpabilité, il n'y est pas fait mention qu'elle a été rendue à la majorité (Cass., 6 déc. 1867, D. 68. 1. 360). Elle est *incomplète*, si elle ne répond pas à toutes les questions posées, par exemple, si, après avoir écarté le fait principal, le jury a omis de s'expliquer sur une question subsidiaire (Cass., 28 juill. 1864, D. 68. 5. 114). Elle est *obscure*, si la réponse du jury laisse subsister un doute sérieux sur son intention : par exemple, si elle est faite à une question posée sous forme alternative. Elle est *contradictoire*, lorsque les décisions qu'elle contient sont inconciliables et destructives les unes des autres. Telles sont les déclarations, desquelles il résulte qu'un meurtre a été commis de guet-apens, mais sans préméditation (Cass., 20 juill. 1877, S. 78. 1. 283; Blanche, t. IV, n° 485). Enfin, la déclaration du jury est entachée d'*excès de pouvoir*, quand elle énonce un fait ou une circonstance sur lesquels les jurés n'ont pas été interrogés : par exemple, le jury, dans une accusation de meurtre, après avoir répondu négativement à la question de culpabilité, ajoute, sans qu'une question subsidiaire lui ait été posée sur ce fait, que l'accusé est coupable d'un homicide par imprudence. Le jury est, en effet, lié par les questions qui lui sont posées : il doit y répondre par *oui* ou par *non*, sans avoir le droit de modifier l'accusation. A ce point de vue cependant, certains auteurs et certains arrêts reconnaissent au jury le droit d'expliquer son verdict. Cf. Nouguier, t. IV, n° 3350.

[2] *Sic*, Cass., 3 juin 1880 (S. 81. 1. 238); 27 mai 1886 (S. 86. 1. 426).

qui expose son arrêt à la censure de la Cour de cassation; ou bien annuler une déclaration qui, si elle est régulière, constitue un droit acquis pour l'accusé et le ministère public[1]. Jusqu'à quel moment cette mesure peut-elle être prise? et quels en sont les effets? Sur la première question, je crois que ce pouvoir doit être reconnu à la cour tant qu'elle n'a pas rendu arrêt sur la déclaration du jury. Sur la seconde, une distinction me paraît nécessaire : ou bien les irrégularités du verdict portent sur sa *forme extrinsèque*, ou bien elles touchent au *fond de la déclaration*. Dans le premier cas, les jurés doivent, en conservant le résultat de la première déclaration, se borner à faire disparaître l'imperfection matérielle dont elle est entachée. Dans le second cas, ils doivent ouvrir une nouvelle délibération pour laquelle ils reprennent la plénitude de leur liberté.

II. Quand la déclaration est régulière ou régularisée, un autre pouvoir extraordinaire est donné à la cour, mais seulement en cas de verdict affirmant la culpabilité. Si la *majorité* de la cour, — avant la loi du 9 juin 1853, il fallait l'*unanimité*, — est convaincue que le jury, tout en observant les formes légales, s'est trompé au fond, par exemple, a déclaré coupable un individu qui était en état de démence au temps de l'infraction, elle peut surseoir au jugement et renvoyer l'affaire à une autre session, pour y être soumise à un nouveau jury, dont ne doit faire partie aucun des jurés qui ont pris part à la déclaration annulée. Nul n'a le droit de provoquer cette mesure. La cour ne peut l'ordonner que d'office, et une seule fois (art. 352).

453. SECONDE HYPOTHÈSE. LE VERDICT EST RÉGULIER. — Le verdict jugé régulier, ou rectifié sur les indications de la cour, est l'objet d'une seconde lecture par le greffier en audience publique et en présence de l'accusé (art. 357). Alors commence la mission principale de la cour qui consiste à appliquer la déclaration du jury : elle se prononce, dans tous les cas, sur l'action publique; sur les dommages-intérêts réclamés par l'accusé ou contre lui; enfin, sur les frais de justice. C'est à ces trois points de vue que nous allons étudier sa décision.

I. La déclaration du jury peut aboutir, en ce qui concerne l'*action publique*, à un *acquittement*, une *absolution* ou une *condamnation*. Cette

[1] Dans ce cas, en effet, la cour qui annulerait le verdict commettrait un excès de pouvoir, lorsque, sous prétexte d'irrégularité, un nouveau délibéré, susceptible de modifier la décision irrévocable, est provoqué par le renvoi du jury dans la chambre de ses délibérations. Le premier verdict est acquis, et c'est sur cette base que l'arrêt doit intervenir. C'est donc sans nouveaux débats que doit statuer la cour de renvoi après cassation. Voir sur la question : Laborde, n° 1074.

solution tripartite du procès pénal, qui résulte du mécanisme même de la séparation des pouvoirs entre le jury et la cour, est étrangère aux solutions du procès pénal devant les tribunaux de police simple et correctionnelle, qui prononcent seulement un *relaxe* ou une *condamnation*.

a) L'accusé, *déclaré non coupable* par le jury, est acquitté par une *ordonnance du président* de la cour d'assises et mis immédiatement en liberté, s'il n'est retenu pour une autre cause (art. 260). Cette ordonnance, qui constitue l'*entérinement* du verdict, acquiert *immédiatement* force de chose jugée, et la partie acquittée ne peut plus être reprise ni accusée à raison du même fait, pourvu que l'acquittement ait été *légalement* prononcé, c'est-à-dire rendu en vertu d'un verdict pur et simple de non-culpabilité.

b) Si le verdict est affirmatif, le procureur général requiert l'application de la loi (art. 362) ; l'accusé et son conseil, sur une interpellation du président[1], présentent leurs observations (art. 363). Ils peuvent plaider, non que le fait n'existe pas, mais seulement qu'il n'est pas prévu par la loi, ou qu'il ne mérite pas la peine requise, ou encore que l'action publique est éteinte : en un mot, ils ont la parole sur l'*application de la loi*. Puis la cour délibère, et alors elle rend un *arrêt*, qui peut être, soit un arrêt d'*absolution*, soit un arrêt de *condamnation*.

Lorsqu'il n'y a pas lieu d'appliquer une peine à l'accusé *déclare coupable*, soit parce que le jury a admis, à son profit, l'existence d'une excuse absolutoire, soit parce que le fait n'est pas prévu par la loi, soit parce qu'il ne donne pas ouverture à l'action publique, ou que celle-ci est éteinte, la *cour* prononce l'*absolution* de l'accusé [2].

L'absolution diffère de l'acquittement à quatre points de vue principaux : 1° L'acquittement, ne nécessitant que l'enregistrement et la mise à exécution du verdict, est prononcé par *ordonnance* du président; l'absolution, exigeant une interprétation et une application contentieuses du verdict, l'est par *arrêt* de la cour. D'où il résulte qu'il y aurait *excès de pouvoir*, aussi bien de la part de la cour à prononcer un *acquittement*, que, de la part du président, à prononcer une *absolution* [3]. 2° Tandis que l'ordonnance d'acquittement, quand elle est

[1] Prescrite à peine de nullité : Cass., 18 août 1881 (S. 83. 1. 240).

[2] L'art. 264, qui est ainsi conçu : « La cour prononcera l'absolution de l'accusé si le fait, dont il s'est déclaré coupable, n'est pas défendu par une loi pénale », ne prévoit qu'une des causes possibles d'absolution. Mais la jurisprudence a, avec raison, étendu ce texte à toutes les hypothèses où, après le verdict du jury, la cour est saisie par le ministère public d'une question d'application de la loi à ce verdict.

[3] Du reste, la jurisprudence exige un arrêt d'absolution, même en cas de déclaration négative de culpabilité, si le verdict peut donner lieu à une interprétation quelconque : Faustin Hélie, t. VII, n° 3798.

rendue régulièrement, en vertu d'un verdict de non-culpabilité, ne peut être l'objet d'un *pourvoi utile* en cassation, l'arrêt d'absolution peut être attaqué par le ministère public au préjudice de l'accusé, qui ne doit pas être mis en liberté tant que le délai du pourvoi est ouvert (art. 409 et 410). En cas de violation de la loi par la cour, l'arrêt seul est annulé, mais la déclaration du jury est maintenue (art. 418). 3° L'accusé acquitté peut demander des dommages-intérêts contre ses dénonciateurs (art. 358); il n'en est pas de même de l'accusé absous. 4° La jurisprudence met encore, entre l'acquittement et l'absolution, une différence essentielle en ce qui concerne les frais de justice : elle permet de condamner aux frais du procès criminel l'accusé absous, tandis qu'une pareille condamnation ne peut jamais être prononcée contre l'accusé acquitté.

c) Enfin, si l'accusé, *déclaré coupable* par le jury, est *condamné*, le recours en cassation contre l'arrêt de condamnation est ouvert au condamné, au ministère public et à la partie civile, mais seulement en ce qui concerne les intérêts civils de celle-ci. Aussi, le président des assises, après avoir prononcé l'arrêt de condamnation, avertit l'accusé de la faculté qui lui est donnée de se pourvoir en cassation, et du délai de *trois jours* francs dans lequel l'exercice en est circonscrit par la loi (art. 371).

II. Après avoir statué sur l'action publique, la cour d'assises statue sur les dommages-intérêts : 1° de la partie civile contre l'accusé; 2° de l'accusé contre la partie civile; 3° de l'accusé contre ses dénonciateurs. Elle prononce d'*office* les *restitutions*, dans tous les cas, soit d'acquittement, soit d'absolution, soit de condamnation [1]. Lorsque ces restitutions portent sur des objets saisis comme pièces à conviction, l'exécution de la partie de l'arrêt qui les ordonne est suspendue jusqu'à ce que l'arrêt soit passé en force de chose jugée. Les *dommages-intérêts* ne peuvent être accordés par la cour d'assises, comme par toute autre juridiction, que s'ils sont *demandés* et dans la mesure même des *conclusions* des parties.

a) Dans l'hypothèse où la victime du fait poursuivi s'est constituée partie civile, la compétence de la cour d'assises pour statuer sur les dommages-intérêts réclamés à l'accusé est des plus étendues : la cour peut en accorder, même en cas d'*acquittement* et d'*absolution*, toutes

[1] La jurisprudence, en l'absence de textes, ne reconnaît pas le même pouvoir aux tribunaux de police simple ou correctionnelle : ainsi, il a été jugé que le tribunal correctionnel, qui acquitte un prévenu de vol, est incompétent pour statuer sur une demande en revendication des objets détournés, alors même qu'ils seraient déposés au greffe : Cass. 25 févr. 1869 (S. 70. 1. 43).

les fois du moins que ces solutions du procès pénal laissent subsister un délit civil à la charge de l'accusé. Une seule obligation lui est imposée : celle de ne contredire ni *en fait* ni *en droit* le verdict du jury. Une condamnation à des dommages-intérêts serait, par exemple, impossible, en fait, après un verdict négatif sur une tentative de meurtre et sur une question subsidiaire de blessures par imprudence[1]. Elle serait impossible, en droit, après un verdict qui déclarerait l'accusé de meurtre en état de légitime défense[2].

b) L'accusé *acquitté* et même l'accusé *absous*, quand cette dernière décision est motivée par la prescription, ont le droit de demander reconventionnellement des dommages-intérêts contre la partie civile en cas de *faute* de sa part (art. 358 et 366).

c) L'accusé acquitté peut former également une demande en dommages-intérêts contre ses dénonciateurs s'il y a calomnie. A cet effet, il a le droit d'exiger que le procureur général les lui fasse connaître (art. 358).

A quel moment doivent être formées ces demandes ? Celle de la partie civile contre l'accusé est nécessairement formée avant la clôture des débats (art. 67), à peine d'irrecevabilité. Celle de l'accusé contre la partie civile et ses dénonciateurs doit être formée avant le jugement (art. 359), c'est-à-dire après la lecture, en sa présence, du verdict du jury et avant l'ordonnance ou l'arrêt qui va dessaisir la cour d'assises. Quand l'accusé n'a connu ses dénonciateurs qu'après le jugement, il peut encore former sa demande devant la cour d'assises si la session n'est pas close[3]. Dans toute autre hypothèse, il s'adressera aux tribunaux civils.

III. La cour d'assises doit enfin statuer sur les *frais de justice criminelle*, en appliquant les règles que j'indique plus loin.

454. Procès-verbal des débats. — Telle est, dans ses traits généraux, la marche de la procédure devant la cour d'assises. La loi exige que sa régularité en soit constatée par le procès-verbal sommaire du greffier (art. 372), signé par lui et le président, procès-verbal qui ne peut être rédigé ni imprimé à l'avance. Dressé à *l'effet de constater*, suivant les termes de l'art. 372, *que les formalités prescrites ont été observées*, le procès-verbal doit faire mention de toutes les *formalités*

[1] Cass., 7 mai 1864 (D. 64. 1. 313).

[2] Cass., 27 févr. 1887 (*Pand. franç.*, 87. 1. 117).

[3] Le jugement des dénonciateurs par la cour d'assises soulève des difficultés de procédure que le Code n'a pas prévues. Comment juger le dénonciateur s'il n'est pas présent ? si, présent, il n'accepte pas le débat et demande un délai pour préparer sa défense ? V. Nouguier, t. IV, n° 3827 ; *Rev. pénit.*, 1905, p. 209.

qui ont été accomplies, sans distinction de celles qui sont essentielles ou de celles qui sont accessoires. Mais le procès-verbal et les débats ne sont annulés que si le greffier a omis de constater les formalités prescrites à peine de nullité ou considérées comme substantielles. Dans ce cas, une jurisprudence qui s'est affirmée par de nombreux arrêts, décide que toute formalité dont le procès-verbal ne constate pas l'accomplissement, doit être réputée non accomplie, sans qu'on puisse suppléer au procès-verbal par aucune autre preuve. La loi interdit, à peine de nullité, de faire mention au procès-verbal, et des réponses des accusés, et du contenu des dépositions des témoins, sans préjudice toutefois de l'exécution de l'art. 318, concernant les changements, variations et contradictions dans les dépositions des témoins. Le procès-verbal est soumis au contrôle du ministère public et du défenseur, bien que la loi ne le dise pas; c'est une conséquence des principes de la publicité et de la contradiction qui dominent toute la procédure de l'audience [1]. Il fait foi jusqu'à une inscription de faux [2].

[1] Sur le moyen de réparer les nullités : Cass., 21 janv. 1900 (S. 1904. 1. 370) et note.

[2] Cass., 16 mars 1874 (S. 74. 1. 228).

CHAPITRE II

DES TRIBUNAUX CORRECTIONNELS.

§ VI. — ORGANISATION DES TRIBUNAUX CORRECTIONNELS.

455. En matière correctionnelle, il y a deux degrés de juridiction. Organisation du premier degré. Organisation du second.

455. Des deux degrés de juridictions correctionnelles. — En matière correctionnelle, l'affaire peut suivre deux degrés : il y a donc des tribunaux correctionnels de première instance et des tribunaux d'appel. Mais ce qui caractérise l'organisation de ces juridictions, c'est l'unité et la concordance, *au point de vue du personnel*, des tribunaux chargés de la justice civile et des tribunaux chargés de la justice pénale.

I. Par application de cette idée, ce sont les *tribunaux d'arrondissement* qui, au civil comme au correctionnel, sont tribunaux de première instance (art. 179). Lorsque ces tribunaux ne sont composés que de trois ou quatre juges, et, par conséquent, n'ont qu'une chambre, les mêmes juges siègent, à certains jours, tantôt comme juges correctionnels, tantôt comme juges civils. Dans les tribunaux dont le personnel est plus nombreux, et qui se divisent en deux ou plusieurs chambres, une de ces chambres, ou plus, s'il le faut, connaît des affaires correctionnelles (D. 18 août 1810, art. 3). Un roulement doit avoir lieu, chaque année, entre les juges, de manière qu'ils passent successivement dans les diverses chambres (D. 30 mars 1808, art. 50; D. 21 oct. 1870). Une disposition semblable à celle de l'art. 257, qui interdit au juge d'instruction de siéger à la cour d'assises dans les affaires qu'il a instruites, a été édictée par l'art. 1er de la loi du 8 décembre 1897, en ces termes : *Le juge d'instruction ne peut concourir au jugement des affaires qu'il a instruites*. Il était aussi peu rationnel de faire participer le juge d'instruction à la décision définitive, que d'appeler au jugement sur l'appel un magistrat qui aurait statué en première instance. La sanction de cette interdiction est la nullité du jugement, comme dans l'hypothèse prévue par l'art. 257. Cette nullité est d'ordre public.

Le tribunal ne peut délibérer valablement, au correctionnel comme au civil, qu'au nombre *minimum* de trois juges (C. instr. cr., art. 180; L. 30 août 1883, art. 4). En cas d'empêchement d'un juge, il est remplacé, ou par un juge suppléant, ou, à défaut, par un avocat ou un avoué, suivant l'ordre du tableau (D. 30 mars 1808, art. 49). Lorsque les membres d'un tribunal, siégeant dans une affaire, sont en nombre pair, le dernier des juges, dans l'ordre du tableau, doit, à peine de nullité, s'abstenir (L. 30 août 1883, art. 4).

Le tribunal n'est constitué que par la présence d'un membre du ministère public et par celle du greffier.

II. D'après le Code d'instruction criminelle (art. 200), l'appel des jugements des tribunaux correctionnels était porté au tribunal du chef-lieu du département, et, quant à ce dernier, au tribunal du chef-lieu du département voisin ou à la cour. Aujourd'hui, d'après une loi du 13 juin 1856, motivée principalement par les changements survenus, depuis 1810, dans les moyens de transport, *tous* les appels se portent, du tribunal de police correctionnelle, à la *cour d'appel*, dont une section, s'il y a plusieurs chambres, statue sous le nom de *chambre des appels de police correctionnelle* (C. instr. cr., art. 201; L. 20 avr. 1810, art. 40)[1]. Le nombre de conseillers, pour les arrêts à rendre au correctionnel, doit être de cinq au moins. A ce point de vue, aucune différence n'existe, depuis la loi du 30 août 1883, entre le jugement des affaires civiles et celui des affaires correctionnelles (art. 1er). Lorsque les membres de la cour siégeant dans une affaire seront en nombre pair, le dernier des conseillers dans l'ordre du tableau devra s'abstenir.

La juridiction du second degré se complète par un membre du parquet de la cour et par le greffier.

§ VII. — DE LA COMPÉTENCE DES TRIBUNAUX CORRECTIONNELS.

456. Examen des trois espèces de compétence.

456. Des trois espèces de compétence. — Les tribunaux correc-

[1] Sur les 27 cours d'appel de France et d'Algérie, 7 n'ont qu'une chambre qui fonctionne, à certains jours déterminés, comme chambre correctionnelle, 11 en ont 2, 6 en ont 3, les cours de Lyon et d'Alger en ont 4 et celle de Paris en a 10. Voy. le tableau A annexé à l'art. 39 de la loi budgétaire du 25 févr. 1901.

tionnels connaissent de toutes les infractions, qu'elles soient qualifiées *délits* ou *contraventions* que la loi punit de *peines correctionnelles*, c'est-à-dire d'un emprisonnement de plus de cinq jours et d'une amende de plus de quinze francs (art. 179).

La compétence des tribunaux correctionnels doit être considérée sous ses trois rapports nécessaires.

I. *Ratione materiæ*, les tribunaux correctionnels connaissent : en première instance, de tous les *délits*, c'est-à-dire de tous les faits punis de peines correctionnelles; en appel, des *contraventions de police*.

Une première exception, relative aux contraventions forestières poursuivies à la requête de l'administration, a été supprimée par la loi du 31 décembre 1906. Les délits forestiers, dont la peine excède cinq jours d'emprisonnement et quinze francs d'amende, sont portés devant les tribunaux correctionnels; les contraventions, dont la peine est inférieure, devant les tribunaux de police. Les matières forestières sont ainsi rentrées dans le droit commun de la compétence[1].

Mais, d'un côté, la juridiction correctionnelle connaît de certains *crimes* commis par les mineurs de seize ans (C. p., art. 68). D'un autre côté, il est des infractions qui sont qualifiées *délits* par la loi, mais qui sont néanmoins distraites de la compétence générale des tribunaux correctionnels. Cette exception a pour motif le caractère spécial de ces infractions. Ainsi, les délits de presse, étant des délits d'opinion, sont attribués à la cour d'assises (L. 29 juill. 1881). Les contraventions en matière de grande voirie sont attribuées au conseil de préfecture. Les tribunaux civils connaissent : 1° des délits et contraventions relatifs à la tenue des registres de l'état civil, faits prévus par les art. 50, 53, 156, 192 et 193, C. civ.; 2° des contraventions aux lois sur le timbre et l'enregistrement (L. 13 brum. an VII, art. 32 ; L. 22 frim. an VII, art. 65).

II. *Ratione personæ*, la compétence des tribunaux correctionnels admet plusieurs exceptions motivées par la qualité des personnes prévenues de délits. Sans revenir sur celle qui concerne les militaires, j'insiste sur la nature et l'étendue de l'exception des art. 479 et suiv., C. instr. cr.

Certains magistrats et fonctionnaires sont traduits directement, à

[1] Art. 179 (modifié par la loi du 31 déc. 1906). — Les tribunaux de première instance en matière civile connaîtront, en outre, sous le titre de tribunaux correctionnels, de tous les délits forestiers poursuivis à la requête de l'Administration, sauf réserve des infractions déférées aux juges de paix en vertu de l'art. 171, C. for. et de tous les délits dont la peine excède cinq jours d'emprisonnement et quinze francs d'amende.

la requête du procureur général seul [1], et sans instruction préparatoire [2], à raison des *délits* qu'ils commettent, devant la première chambre de la cour d'appel : mais les uns ne sont traduits devant cette juridiction privilégiée qu'à raison des délits commis *dans l'exercice de leurs fonctions* seulement, les autres y sont amenés à raison des délits commis, non seulement *dans l'exercice de leurs fonctions*, mais encore *hors de ces fonctions*.

Les fonctionnaires qui doivent être compris dans la première catégorie, sont : 1° les membres des tribunaux de commerce; 2° les officiers de police judiciaire désignés dans l'art. 9, C. instr. cr. ; 3° les officiers chargés du ministère public près les tribunaux de police (art. 483). Les faits reprochés à ces fonctionnaires sont réputés commis dans l'exercice de leur fonction lorsqu'ils constituent un emploi illégal ou frauduleux du pouvoir qu'elle confère [3].

Sont justiciables, au contraire, de la juridiction de la cour d'appel, à raison des délits qu'ils ont commis, *soit pendant l'exercice, soit même en dehors de leurs fonctions :* 1° les juges de paix, et leurs suppléants [4]; 2° les membres des tribunaux correctionnels ou de première instance, y compris les juges suppléants; 3° les officiers chargés du ministère public près ces tribunaux; 4° les fonctionnaires énumérés par l'art. 10 de la loi du 20 avril 1810, c'est-à-dire les grands-officiers de la Légion d'honneur [5], les généraux commandant une division ou un département, les membres de la Cour de cassation, de la Cour des comptes et des cours d'appel. Dans ces divers cas, ce n'est plus seulement la *fonction* que la loi protège, c'est la *personne* même du fonctionnaire (art. 479).

La juridiction exceptionnelle de la cour d'appel ne s'applique qu'aux *délits* (art. 479 et 483). Pour les *contraventions*, on reste dans le droit commun, et les fonctionnaires, designés dans les art. 479 et 483, sont justiciables des seuls tribunaux de police.

III. *Ratione loci*, la compétence de la juridiction correctionnelle est déterminée par celle du procureur de la République et du juge d'instruction : sont compétents, par conséquent, le tribunal du lieu où le délit a été commis, celui de la résidence du prévenu et celui du lieu où le prévenu aura été trouvé.

[1] *Sic*, Cass., 12 mai 1881 (S. 83. 1. 185).

[2] *Sic*, Cass., 15 juin 1893 (S. 94. 1. 49); 12 juill. 1895 (D. 1900. 1. 509).

[3] Comp. : Faustin Hélie, t. VI, n° 2802; Nancy, 27 janv. 1875 (S. 75. 2. 47); Grenoble, 9 mars 1872 (S. 72. 1. 44); Bordeaux, 13 juin 1878 (S. 80. 2. 7).

[4] Sur les suppléants des juges de paix : Cass., 9 mai 1895 (D. 1900. 1. 213); Dijon, 2 janv. 1902 (D. 1902. 2. 360).

[5] Mais pas à titre étranger ; Cass., 2 août 1895 (*Lois. nouv.*, 1895. 2. 173).

§ VIII. — DE LA PROCÉDURE DEVANT LE TRIBUNAL CORRECTIONNEL.

457. Division. — 458. Comment le tribunal est saisi. Formes de la citation. Délais. Limites de la saisine. — 459. De l'instruction. Comparution du prévenu. Droit de défense. Marche de l'instruction. Administration des preuves.

457. DIVISION. — Sans revenir sur la procédure spéciale en cas de délit flagrant et restreignant nos explications à la procédure ordinaire, nous avons à l'examiner au double point de vue : 1° du mode et de l'étendue des saisines; 2° de l'instruction à suivre devant le tribunal correctionnel.

458. DE LA SAISINE DU TRIBUNAL CORRECTIONNEL. — L'art. 182, qui répond à cette question, indique deux règles générales : c'est que le tribunal est saisi, soit par le *renvoi* que lui font les juridictions chargées de l'instruction, soit par la *citation directe* des parties. Il faut ajouter qu'il est un troisième mode de procéder dont l'art. 182 ne parle pas, c'est la *comparution volontaire* des parties.

I. Le renvoi devant le tribunal correctionnel par le juge d'instruction ou la chambre des mises en accusation est prévu par les art. 130 et 230. Dans ce cas, le prévenu doit être assigné à la requête du procureur de la République pour l'une des plus prochaines audiences, au délai ordinaire de trois jours (art. 132, § 2). Si le procureur refusait de poursuivre, la partie civile n'aurait d'autre moyen de vaincre sa résistance que la procédure de prise à partie.

II. La voie de la citation directe peut être employée, aux termes de l'art. 182, soit par la *partie civile*, soit par le *ministère public*, soit par les *administrations publiques* dans les procès qui intéressent l'État.

1° La citation directe de la partie lésée n'est qu'une forme, ou plutôt une sanction de son droit de plainte et de constitution de partie civile. Elle doit contenir élection de domicile dans la ville où siège le tribunal. Le défaut de cette élection n'entraîne au surplus aucune déchéance contre la partie civile : il en résulte seulement que celle-ci ne peut opposer le défaut de signification des actes qui doivent lui être notifiés (art. 184). Le ministère d'un avoué n'est nullement nécessaire, mais il est, bien entendu, *facultatif* devant le tribunal correctionnel. La partie civile qui procède par cette voie n'est pas tenue de consigner préalablement les frais de la poursuite, mais elle est responsable des frais envers l'État, quelle que soit l'issue du procès, sauf son recours contre le condamné.

2° Dans les mains du ministère public, le droit de citation directe est un moyen d'accélérer l'expédition des affaires. Le procureur de la République use de la voie de la citation directe, préférablement à celle de l'instruction préparatoire, quand l'affaire est simple et qu'il n'y a aucune incertitude, « soit sur l'existence ou le caractère du délit, soit sur la désignation des prévenus et des témoins[1] », et qu'enfin il n'y a pas lieu à détention préventive.

3° En matière fiscale, la citation directe est la *forme unique* de la poursuite. En effet, toute l'instruction se ramène à la rédaction des rapports et procès-verbaux qui constatent les contraventions : il ne reste donc plus, après la constatation faite, pour l'administration qui a ce droit, qu'à citer directement les contrevenants devant le tribunal correctionnel. L'art. 182 ne mentionne, comme ayant le droit de citation directe, que l'administration forestière, mais le même droit appartient aux administrations des contributions indirectes et des douanes.

III. Le Code ne parle pas de la comparution volontaire des parties comme mode de saisine du tribunal correctionnel, mais cette forme de procéder est admise par la jurisprudence, comme permettant au tribunal de statuer promptement sur l'action publique sans léser aucun intérêt. Cette comparution a lieu en cas d'accord entre les parties ou sur simple avertissement du ministère public[2]. Si le prévenu, bien qu'averti, n'a pas comparu, il ne peut être pris jugement par défaut contre lui. Cette faculté de saisir le tribunal par voie de comparution volontaire peut être employée pour étendre la compétence du tribunal, soit à des *faits* non relevés dans la citation ou dans l'ordonnance de renvoi à propos desquels le prévenu libre consent à être jugé, soit à des *personnes* qui ne figurent au procès qu'à un autre titre que celui de prévenus (témoins, partie civile, par exemple).

IV. Du moment où l'affaire a été suivie par voie de citation directe le tribunal est saisi et doit épuiser sa juridiction : le ministère public ne pourrait donc transférer la connaissance de l'affaire au juge d'instruction, pas plus que le tribunal ne pourrait la renvoyer devant ce magistrat. A l'inverse, la voie de la citation directe n'est permise au parquet que lorsqu'il n'a pas suivi la voie de l'information.

V. Les formes de la citation en police correctionnelle sont assez simples, puisque cet acte a seulement pour but de faire comparaître

[1] Circ. minist. just., 23 sept. 1812 (D. A., *Instruction criminelle*, n° 916).

[2] Cette jurisprudence est très ancienne : Cass., 28 avr. 1822; Cass., 16 juin 1881 (D. 82. 1. 279); Montpellier, 11 mars 1892 (D. 92. 2. 6); Pau, 5 janv. 1901 (S. 1901. 2. 49); Cass., 14 févr. 1903 (S. 1903. 1. 208 ; D. 1905. 1. 200) et les notes dans ces deux recueils. Mais la comparution volontaire doit être libre et spontanée.

le prévenu à l'audience et de le mettre à même de répondre sur le fait qui lui est imputé. Les formes des exploits en matière civile ne lui sont pas, de plein droit, applicables[1]. La citation énonce les diverses circonstances du fait incriminé, sa date, le lieu de sa perpétration. Mais il n'est pas nécessaire de le *qualifier* ni de *citer l'article de loi applicable*, sauf en matière de délits de presse (L. 29 juill. 1881, art. 60, § 3).

VI. Les délais de comparution sont fixés par l'art. 184, ainsi conçu : *Il y aura au moins un délai de trois jours, outre un jour par trois myriamètrés, entre la citation et le jugement, à peine de nullité de la condamnation qui serait prononcée par défaut contre la personne citée. Néanmoins cette nullité ne pourra être proposée qu'à la première audience et avant toute exception ou défense.* Plusieurs différences séparent cette disposition de celle de l'art. 146. Devant le tribunal de police, le délai de comparution n'est que de *vingt-quatre heures;* en matière correctionnelle, il est de *trois jours*. En matière de police, le délai de vingt-quatre heures peut être *abrégé*, en vertu de l'autorisation du juge de paix. L'art. 184, n'ayant pas reproduit cette abréviation facultative, il faut en conclure qu'en matière correctionnelle, le prévenu ne peut, en aucun cas, être privé du délai que la loi a jugé nécessaire pour lui permettre de préparer sa défense. Enfin, tandis qu'en matière de police, l'art. 146 prononce la nullité, tant de la citation donnée au mépris du délai légal, que du jugement qui serait rendu par défaut; en matière correctionnelle, l'art. 184 ne prononce pas l'annulation de la citation, mais seulement du jugement. Cette citation reste donc debout et constitue un *acte de poursuite* qui a pour conséquence d'interrompre la prescription. Le délai est de *trois jours francs*. La loi porte, en effet : « Il y aura *au moins* un délai de trois jours ». Ainsi, par application de l'art. 1033, C. proc. civ., le jour de la signification et celui de l'échéance ne seront pas comptés dans le délai fixé pour la citation. Pour les diffamations et injures contre un candidat à un mandat électif pendant la période électorale, le délai de citation est réduit à vingt-quatre heures (L. 29 juill. 1881, art. 60).

VII. De quoi le tribunal correctionnel est-il saisi ? En d'autres termes, vis-à-vis de quelles *personnes* et sur quels *faits* peut-il statuer ? *a*) Le tribunal correctionnel, comme toute autre juridiction, ne peut statuer qu'à l'égard des personnes qui sont parties au procès et qui

[1] Voy. sur les règles de forme de cette citation, l'application des règles de la procédure civile et de la loi du 15 février 1899 sur le secret des actes d'huissiers : Cass., 6 mars 1879 (D. 80. 1. 434); 15 juin 1894 (D. 94. 1. 569); 9 mars 1899 (S. 1900. 1. 463); 12 janv. 1901 (S. 1901. 1. 543); Trib. corr. de Versailles, 5 janv. 1905 (S. 1906. 2. 179 et la note).

ont été traduites devant lui, soit en vertu d'une ordonnance, d'un jugement ou d'un arrêt de renvoi, soit en vertu d'une citation régulière, car il ne peut se saisir lui-même. *b*) En règle générale, l'étendue de la prévention, quant aux faits sur lesquels le tribunal peut et doit statuer, est déterminée, en cas de citation directe, par les termes de la citation, en cas de renvoi, par les termes de l'ordonnance de renvoi.

Mais, à ces règles, il existe un double tempérament. Le consentement d'une personne à être jugée a pour effet, s'il est constaté par le jugement, d'étendre la compétence des tribunaux correctionnels, soit à des faits non compris dans la citation ou l'ordonnance, soit à des personnes non prévenues. C'est ainsi qu'un individu, qui s'est présenté au procès comme témoin ou comme partie civile, peut avoir s'il y consent, le rôle de prévenu. D'autre part, il ne faut pas confondre une qualification nouvelle avec une prévention nouvelle, et il est bien certain qu'il appartient au tribunal correctionnel de modifier la qualification du fait dont il est saisi par une ordonnance ou par un arrêt de renvoi[1].

Dans les limites tracées par l'acte qui le saisit, le tribunal a le devoir d'instruire et de juger l'affaire, pour la terminer, s'il est compétent, par un jugement de condamnation ou de relaxe, et il ne peut, ni se dessaisir sous prétexte de connexité entre le fait dont il est saisi et d'autres faits qui ne sont point de sa compétence, ni ordonner une instruction préparatoire qui n'aurait pas été faite, ni commettre, pour faire certains actes d'instruction, le juge d'instruction qui n'aurait pas assisté aux débats comme juge.

459. De l'instruction devant le tribunal correctionnel. — I. Les règles de l'instruction à l'audience ne sont pas les mêmes qu'en cour d'assises. Sans doute, la *publicité*[2] et la *contradiction*[3] sont des caractères communs à la procédure suivie devant toutes les juridictions. Mais, d'une part, la règle de la *continuité des débats* est supprimée, et, d'autre part, les principes soit de l'*oralité des débats* soit des *preuves de conviction* sont moins absolus qu'en cour d'assises.

a) Ainsi d'abord, la preuve littérale est admise, concurremment avec la preuve testimoniale, pour établir l'existence du délit et la culpabilité du délinquant. En première instance, il est donné lecture des procès-verbaux et des rapports qui ont trait au délit. Mais le

[1] Cass., 4 févr. 1905 (S. 1905. 1. 477). Voy. mon *Traité d'instr.*, t. II, n° 537.
[2] Sur la publicité : Cass., 17 déc. 1891 (*B. cr.*, n° 248).
[3] Sur la contradiction : Cass., 22 févr. 1861 (D. 61. 1. 139) ; 1er août 1862 (D. 66. 5. 259); 12 déc. 1874 (D. 76. 1. 94).

jugement ne peut être rendu sur les pièces de l'instruction, alors même que l'affaire aurait donné lieu à une information. On entend, en effet, à l'audience, les témoins appelés par les parties. Le greffier tient *note sommaire* de leurs dépositions et c'est, en général, sur ces notes et sur les pièces écrites de l'instruction officielle (*information*) ou officieuse (*notes de police*), que la cour d'appel juge l'affaire (art. 189, 190, 209). On voit combien le principe de l'oralité des débats se trouve restreint.

b) Celui des preuves de conviction reçoit exception pour les délits qui sont établis par des procès-verbaux qui font foi jusqu'à inscription de faux ou jusqu'à preuve contraire. Mais cette exception est la seule. Il ne faut pas confondre, en effet, les conditions de *recevabilité d'une preuve* avec sa *force probante*. Il arrive parfois que la loi rejette certains modes de preuve : par exemple, contre le complice de l'adultère, elle exige la preuve du flagrant délit ou celle qui résulte d'écrits émanés du prévenu (C. p., art. 338); qu'elle subordonne l'admission de certaines preuves à des conditions : par exemple, quand le délit soulève une question de droit civil, pour la preuve testimoniale. Mais une fois l'obstacle levé et la condition remplie, le juge est libre de peser la preuve produite et de se déclarer non convaincu.

c) Le caractère permanent de la juridiction correctionnelle exclut le principe de la continuité des débats. Le président du tribunal correctionnel, n'a pas, comme le président d'assises, de *pouvoir discrétionnaire* pour arriver à la découverte de la vérité, puisque le débat étant susceptible d'ajournement, il est possible de faire régulièrement les actes d'instruction dont l'utilité se révèle au cours de l'audience.

II. Le prévenu est-il tenu de comparaître *en personne?* Aux termes de l'art. 185, il y a lieu de distinguer si le délit emporte ou n'emporte pas la peine d'emprisonnement. Dans le premier cas, le prévenu est tenu de comparaître en personne, au moins en ce qui concerne l'examen du fond de l'affaire[1], même lorsqu'il est cité à la requête d'une partie civile. Bien entendu, ainsi que le déclare l'art. 186, il conserve le droit de faire défaut et le tribunal ne peut exercer, contre lui, d'autre moyen de coercition que celui qui consiste à le juger en son absence. Dans le second cas, le prévenu peut se faire représenter par

[1] Le prévenu pourrait en effet, se faire représenter pour l'examen des questions préalables, indépendantes du fond de l'affaire : Cass., 11 févr. 1876 (D. 76. 1. 403); 2 juill. 1886 (D. 86. 1. 274); 10 mars 1900 (S. 1902. 1. 424); Faustin Hélie, t. IV, nº 2856. Voy. du reste : Cass., 22 avr. 1898 (S. 99. 1. 522) et les notes. Le prévenu ayant été représenté par un avoué, si aucune opposition ne se produit, est valablement représenté et le jugement est contradictoire. Jurisprudence constante : Cass., 14 déc. 1901 (D. 1903. 1. 621).

un avoué[1]; mais le tribunal a la faculté d'ordonner sa comparution en personne. En effet, l'interrogatoire du prévenu étant à la fois un moyen d'instruction et un moyen de défense, il appartient toujours au tribunal de faire comparaître l'inculpé, s'il juge son interrogatoire utile pour arriver à la découverte de la vérité[2]. C'est, du reste, uniquement pour le prévenu qu'est établie l'obligation de comparaître en personne, la *partie civile* et les *personnes civilement responsables* peuvent toujours se faire représenter.

III. Aucun texte général[3] ne suppose et ne prescrit la présence d'un défenseur en matière correctionnelle. Ce n'est qu'en matière criminelle, que l'accusé, aux termes des art. 294 et 295, doit être *nécessairement* assisté d'un conseil et qu'à défaut d'un choix de sa part, il lui en est désigné un d'*office*. Devant les tribunaux correctionnels, l'assistance d'un défenseur n'est qu'une faculté laissée au prévenu[4]. Le droit pour la défense de prendre communication des pièces de la procédure est applicable aussi bien en matière correctionnelle qu'en matière criminelle.

IV. La marche de la procédure est tracée par l'art. 190, mais non pas d'une manière tellement impérative qu'elle ne puisse être et ne soit, en effet, modifiée sur certains points. C'est, du reste, au président de la juridiction, chargé de diriger les débats, qu'il appartient d'en déterminer l'ordre.

[1] Ou par tout autre mandataire : par exemple, un avocat, Cass., 2 juill. 1886 (D. 86. 1. 476). Il y a seulement cette différence que l'avoué n'a pas besoin de procuration, tandis que tout autre mandataire doit justifier de son mandat (arg. de l'art. 204).

[2] Dans le cas où le délit n'étant pas de nature à entraîner une peine d'emprisonnement, le tribunal a ordonné la comparution personnelle du prévenu, celui-ci ne comparaissant pas personnellement, mais se faisant représenter, le jugement serait-il contradictoire ou par défaut ? Nous estimons que la comparution, n'étant qu'une mesure d'instruction, n'est pas nécessaire pour lier contradictoirement l'instance. La question est discutée. Mais en sens contraire : Ortolan, t. II, n° 2339 ; Faustin Hélie, t. IV, n°s 2858 et 2859. Ces auteurs visent l'art. 186 qui, d'une manière générale, dit que le prévenu qui ne comparaît pas est jugé par défaut.

[3] Nous savons qu'une exception est faite par l'art. 11 de la loi du 27 mai 1885, dans le cas où la poursuite est de nature à entraîner la relégation. Cette disposition nous paraît être générale, et s'appliquer au cas où la relégation est prononcée par l'art. 2 de la loi du 28 juill. 1894. Il a été même jugé que la désignation d'un défenseur d'office est nécessaire dans le cas où la relégation devrait être remplacée, à raison de l'âge du prévenu, soit par la mise en correction, soit par l'interdiction perpétuelle de séjour (Cass., 25 mars 1885, D. 85. 1. 414).

[4] Mais la loi du 22 janvier 1851, sur l'*assistance judiciaire*, prescrit au président du tribunal correctionnel de désigner un défenseur d'office aux prévenus poursuivis à la requête du ministère public ou détenus préventivement, *lorsqu'ils en font la demande et que leur indigence est constatée* (art. 29).

En pratique, après l'appel de l'affaire, des parties, des témoins et des experts s'il y en a, il est donné lecture des procès-verbaux ou rapports, et l'on y ajoute, au besoin, celle soit de la citation, soit de l'ordonnance du juge d'instruction, ou de l'arrêt de la chambre d'accusation, ou de l'arrêt de la Cour de cassation qui a saisi le tribunal.

Dans l'usage, l'exposé préliminaire, que doivent faire le ministère public et la partie civile des motifs et du but de la poursuite, aux termes de l'art. 190, n'a lieu que dans les affaires importantes et compliquées.

V. Après l'appel des témoins, on passe à l'administration des preuves, ce qui est la partie la plus importante de la procédure.

a) L'*interrogatoire* du prévenu, que l'art. 190 place après les témoignages, a lieu ordinairement avant; il n'est pas prescrit à peine de nullité[1].

b) Nulle part, la notification de la liste des témoins, que chaque partie se propose de faire entendre, n'est imposée : c'est donc une formalité inutile. 1° Ce qui est nécessaire, c'est de les appeler par voie de citation. L'art. 153 permet, il est vrai, de les faire entendre sans l'accomplissement de cette formalité devant le tribunal de police; mais l'art. 189, qui étend à l'instruction correctionnelle plusieurs des règles de la procédure de police, ne renvoie point à l'art. 153. 2° Tout témoin doit prêter serment, sauf s'il est mineur de quinze ans ou s'il est privé du droit de témoigner en justice autrement que pour y fournir de simples renseignements (C. instr. cr., art. 79; C. p., art. 34 et 42). 3° La formule du serment est la même que dans l'information : « dire toute la vérité et rien que la vérité » (art. 155 et 189). Elle est sacramentelle, en ce sens qu'on ne peut rien en retrancher; mais on pourrait y substituer, sans encourir la nullité, la formule plus solennelle du serment des témoins en cour d'assises, puisque la première s'y trouve insérée.

VI. L'examen des preuves terminé, on passe aux conclusions et plaidoiries. Dans la pratique, on donne la parole : 1° à la partie civile, pour le développement de ses moyens et conclusions ; 2° au ministère public, pour ses réquisitions ; 3° à la défense, pour ses plaidoiries. La nécessité de donner au prévenu la parole le dernier n'existe qu'au grand criminel[2]. Cet ordre n'est pas, en tout point, celui indiqué par l'art. 190, mais rien n'empêche qu'il soit suivi, puisque l'ordre énoncé par cet article n'est pas prescrit à peine de nullité.

[1] En sens contraire cependant : Faustin Hélie, t. VI, n° 2006; *Pratique criminelle*, t. 1er, n° 469.

[2] Cass., 5 déc. 1902 (S. 1906. 1. 367 et la note).

VII. L'art. 189 veut que le greffier tienne note des déclarations des témoins et des réponses du prévenu et que ces notes soient visées par le président, dans les trois jours du jugement, afin de donner au greffier le temps de recopier ses notes et aux parties celui de les contrôler. Ce contrôle d'ailleurs peut s'exercer même à l'audience [1].

VIII. Le débat devant le tribunal correctionnel, comme devant le tribunal de police, n'est clos que par la prononciation du jugement [2].

§ IX. — DES JUGEMENTS RENDUS PAR LES TRIBUNAUX CORRECTIONNELS.

460. Division des jugements. Leur objet. Voies de recours.

460. DES JUGEMENTS CORRECTIONNELS. LEUR CLASSEMENT. — Les jugements, par lesquels le tribunal statue sur l'affaire dont il est saisi, doivent être considérés au point de vue de leur *objet* et au point de vue des *voies de recours* dont ils sont susceptibles.

I. Si on considère leur *objet*, le tribunal correctionnel peut rendre, en dehors, soit des jugements d'instruction, préparatoires ou provisoires, soit des jugements statuant sur des incidents, tels qu'un sursis, une remise de cause, des jugements d'*incompétence*, de *relaxe*, ou de *condamnation*.

a) Le tribunal vérifie, d'office, sa compétence *ratione loci* et *ratione personæ*. S'il reconnaît son incompétence à ces deux points de vue, il la déclare purement et simplement et ne peut décerner, contre le prévenu, aucun mandat, puisque sa juridiction lui est complètement étrangère. Le tribunal correctionnel doit encore examiner la nature de l'infraction à l'effet de savoir s'il est compétent, *ratione materiæ*, pour statuer. Si le fait paraît être un *crime*, le tribunal, dont la limite de pouvoir est dépassée, se déclare incompétent. Il renvoie devant le juge d'instruction compétent, s'il a été saisi par voie de citation directe. S'il l'a été par ordonnance du juge d'instruction ou par arrêt de la chambre d'accusation, il se borne à déclarer son incompétence, car il violerait, en renvoyant devant la juridiction d'instruction, l'autorité qui s'attache à l'ordonnance ou à l'arrêt [3]. Il peut,

[1] Sur les notes d'audience : Circ. min. just., 7 mars 1905 (*Rev. pénit.*, 1905, p. 449).

[2] Voy. pour le tribunal de police : Cass., 19 avr. 1894 (D. 96. 1. 51); 19 janv. 1868 (D. 68. 1. 355); 31 juill. 1891 (*B. cr.*, n° 165). Pour le tribunal correctionnel : Cass., 14 nov. 1896 (*Gaz. Pal.*, n° 10 et 11 janv. 1897).

[3] Il y a lieu alors à règlement de juges.

dans ces deux cas, mettre le prévenu sous mandat de dépôt ou mandat d'arrêt (art. 193). Mais si le fait est reconnu n'être qu'une *contravention*, le tribunal doit-il se dessaisir d'office? Nullement, car l'incompétence du tribunal correctionnel, dans ce cas, n'a aucun caractère absolu, puisque ce tribunal peut être saisi, comme juge d'appel, de la connaissance des contraventions; on conçoit donc que, pour ces infractions d'une gravité minime, les parties soient autorisées par la loi même à renoncer au premier degré de juridiction. Aussi l'art. 192 dispose que *si le fait n'est qu'une contravention de police, et si la partie publique ou la partie civile n'a pas demandé le renvoi, le tribunal appliquera la peine, et statuera, s'il y a lieu, sur les dommages-intérêts*. Cette disposition permet donc au ministère public et à la partie civile, auteurs de la citation, de demander le renvoi devant le tribunal de police, pour profiter des deux degrés de juridiction : il en est de même devant la cour d'appel, aux termes de l'art. 213. Mais la loi ne parle pas du prévenu : ce silence doit-il être interprété contre lui? et la faculté de demander le renvoi doit-elle lui être refusée? Évidemment non. Le droit de soulever l'exception d'incompétence appartient à tous les intéressés. Si la loi s'est expliquée formellement sur le droit de la partie publique et de la partie civile, c'est que la citation, étant leur propre fait, on aurait pu croire que celui qui a cité devant le tribunal correctionnel ne pouvait décliner la compétence de ce tribunal. Mais on ne saurait être tenté d'opposer la même exception au prévenu. Aussi la jurisprudence interprète restrictivement l'art. 192 et fait une distinction que nous croyons équitable et fondée. Toutes les fois que le caractère de *contravention* résulte des termes mêmes de la citation, le prévenu peut opposer l'exception d'incompétence *in limine litis*, et le tribunal doit se dessaisir [1]. Si on ne reconnaissait pas ce droit au prévenu, il appartiendrait, en effet, au ministère public et à la partie civile, de le priver, malgré lui, du premier degré de juridiction. Mais lorsque c'est seulement par les débats que le fait perd le caractère de *délit* pour prendre celui de *contravention*, on applique l'art. 192 qui ne paraît viser que cette hypothèse.

b) Le tribunal correctionnel, soit quand la poursuite est irrecevable, soit quand le fait n'est pas une infraction, soit quand le prévenu n'en est pas reconnu coupable, prononce son renvoi des fins de la prévention. L'art. 191, qui statue sur ce point, ne fait que reproduire

[1] Cette jurisprudence est ancienne : Cass., 8 mars 1839 (S. 39. 1. 431); 4 mai 1843 (S. 44. 1. 172); Paris, 5 avr. 1898 (S. 98. 2. 157); Villey, p. 348; Rodière, *op. cit.*, p. 354; Le Sellyer, *De la compétence*, t. Ier, no 42. Voy. sur la question une note sous Pau, 6 mai 1893 (D. 95. 2. 169); Trib. de Toulouse, 29 juin 1893 (S. 94. 2. 219); Montpellier, 22 nov. 1902 (D. 1904. 2. 49) et note.

les dispositions que l'art. 159 a déjà édictées en matière de police.

c) Enfin, si le fait constitue un délit, le tribunal applique la peine et statue sur les dommages-intérêts réclamés par la partie civile (art. 194 et 195). Il n'est nullement lié par la qualification donnée dans la citation ou dans l'ordonnance ou l'arrêt; saisi d'un *fait*, il peut et doit l'envisager dans ses rapports avec toutes les lois pénales et donner la qualification qui appartient à ce fait.

II. Au point de vue des voies de recours dont ils sont susceptibles, les jugements, rendus par le tribunal correctionnel, se divisent : 1° en jugements *contradictoires* et *par défaut;* 2° en jugements *en premier* et *dernier ressort*.

CHAPITRE III

DES TRIBUNAUX DE POLICE.

§ X. — ORGANISATION DES TRIBUNAUX DE POLICE.

461. Histoire. Système du Code. Modifications. Juges de paix. Juges de police.

461. Les tribunaux de police. Leur histoire. Leur organisation. — L'importance de ces juridictions se mesure, non sur la *gravité,* mais sur le *nombre* même des infractions qu'elles ont à juger. Ces infractions, très variées dans leur nature, se rattachent presque toutes aux nécessités de la vie en commun, à cet ensemble d'intérêts sociaux qu'on appelle la *police*.

Ce fut la loi des 17-22 juillet 1791 qui établit des tribunaux, dits de police municipale, composés de trois officiers municipaux de la commune, nommés par le conseil municipal. La compétence de ces tribunaux ne fut pas réglée par un principe général; elle résultait de textes isolés, et avait une assez grande étendue d'application. Cette juridiction n'ayant pas fonctionné avec régularité, la Constitution du 5 fructidor an III et le Code de brumaire (art. 151) transportèrent la connaissance, en *dernier ressort,* de toutes les infractions, dont la peine n'excédait pas trois journées de travail ou trois journées d'emprisonnement, au juge de paix, assisté de deux assesseurs, élus pour trois ans, lesquels furent postérieurement supprimés par la loi du 29 ventôse an IX.

Le Code de 1808 fit une sorte de transaction entre les deux systèmes que la législation intermédiaire venait d'essayer. Au lieu d'opter entre le tribunal de police municipale, créé par l'Assemblée constituante, et le tribunal de police du juge de paix, créé par la Convention, il les maintint l'un et l'autre, avec une compétence parallèle. Dans son système, il existait, en effet, deux tribunaux de police : celui du *juge de paix,* dans le *canton,* et celui du maire, dans chaque *commune non chef-lieu de canton.*

a) La juridiction ainsi attribuée au maire, venait rompre, dans notre organisation judiciaire, l'unité qui existe entre la justice civile et la justice pénale. Elle avait, de plus, le grave inconvénient d'investir le maire de deux pouvoirs peu compatibles, en le constituant à la fois appréciateur et juge de la désobéissance à ses ordres : d'un côté, en effet, le maire a le droit de faire des arrêtés de police, et, de l'autre, on l'investissait du droit de juger les contraventions aux arrêtés qu'il avait édictés. En pratique, du reste, la concurrence, que le Code d'instruction criminelle avait voulu établir entre la juridiction des juges de paix et celle des maires, n'existait guère, car les maires s'abstenaient, en fait, d'exercer leur pouvoir. Aussi la loi du 27 janvier 1873, qui a supprimé la juridiction du maire, en attribuant exclusivement au juge de paix la connaissance des contraventions de police, a surtout donné satisfaction à des critiques théoriques [1].

b) Aujourd'hui, la même juridiction qui, sous le nom de *justice de paix*, occupe le dernier rang dans l'organisation de la justice civile, sous le nom de *tribunal de simple police*, occupe aussi le dernier rang dans l'organisation de la justice pénale.

Un juge, siégeant au chef-lieu de chaque canton, qualifié, au civil, de *juge de paix*, au pénal, de *juge de simple police*, prononce seul, sans assesseurs, sur l'action publique et l'action civile qui naissent des contraventions de police (C. instr. cr., art. 138, 141, 142, 143). Il peut être remplacé par des suppléants (L. 27 vent. an IX, art. 3). Le tribunal de paix et le tribunal de police, bien que tenus par le même magistrat, n'ont rien de commun. Dès lors, celui-ci ne saurait, *ipso facto* et séance tenante, se transformer de magistrat de police en magistrat de paix, et réciproquement. Quand une ville contient plusieurs cantons, il n'y a qu'un seul tribunal de police, mais les juges de chaque canton y siègent par voie de roulement (D. 10 août 1810, art. 37 à 43). Les fonctions du ministère public sont remplies par le commissaire de police, et, en cas d'empêchement, ou s'il n'y a point de commissaire de police, par le maire ou son adjoint (C. instr. cr., art. 134). Le greffier de la justice de paix fait le service du tribunal de police (C. instr. cr., art. 141).

[1] Cette loi a eu un double but : 1° celui de rétablir l'unité de juridiction dans chaque canton, en enlevant au maire la connaissance de certaines contraventions; 2° celui d'assurer un meilleur recrutement du ministère public, cet élément essentiel de toute juridiction répressive, en laissant aux procureurs généraux une plus grande liberté dans le choix des personnes désignées pour en exercer les fonctions.

§ XI. — COMPÉTENCE DES TRIBUNAUX DE POLICE.

462. Compétence sous les trois rapports.

462. LA COMPÉTENCE DES TRIBUNAUX DE POLICE SOUS SES TROIS RAPPORTS. — La compétence du tribunal de police est déterminée par les trois règles suivantes :

I. *Ratione materiæ*, il connaît de l'action publique et de l'action civile, quel que soit le chiffre des dommages-intérêts réclamés, naissant de toutes les *contraventions de police*, c'est-à-dire de toutes les infractions dont la peine n'excède pas une amende de quinze francs, ou un emprisonnement de cinq jours (art. 137)[1], sauf pour les contraventions relatives à la grande voirie, aux servitudes militaires, qui appartiennent à la juridiction des conseils de préfecture (L. 9 flor. an X, art. 1er; L. 15 juill. 1845, art. 11; L. 30 mai 1851, art. 47).

II. *Ratione personæ*, la compétence du tribunal de simple police s'étend à toute personne, à l'exception des militaires [2]. Le tribunal exerce, même à ce point de vue, une compétence plus étendue que celle qu'exercent les tribunaux correctionnels; car les privilèges de juridiction, attachés à la qualité de certaines personnes, n'existent pas en matière de contraventions, déférées aux tribunaux de police.

III. *Ratione loci*, toutes les contraventions, commises dans l'étendue du canton, quel que soit le lieu du domicile ou de la résidence des contrevenants, sont portées devant le tribunal de police du lieu où elles ont été commises (C. instr. cr., art. 133). La règle générale posée par les art. 63 et 69, qui déclarent également compétents le juge du lieu du délit, celui de la résidence du prévenu et celui du lieu où le prévenu peut être saisi, n'est pas applicable aux tribunaux de police : il n'y a pas de concurrence, en cette matière, entre les juges. On a pensé, sans doute, que les contraventions, qui sont, pour la

[1] Il arrive quelquefois que le fait qualifié *contravention* est puni d'une amende indéterminée. Si l'amende est complètement indéterminée, elle ne devra pas excéder l'amende de simple police et le tribunal de simple police sera compétent. Mais si l'amende doit être calculée sur une base variable, par exemple, le dommage causé par l'infraction (L. 28 sept. 1791, tit. II, art. 10, 13, 16, 26, 28, 33), le tribunal de police cesse d'être compétent : il ne peut, en effet, déterminer lui-même la valeur du dédommagement ni en ordonner l'estimation préalable pour régler sa compétence. Les parties qui n'ont pas qualité pour fixer, à leur gré, la quotité de la peine, et, par là, l'ordre des juridictions, n'ont pas la faculté, pour échapper à l'incompétence, d'évaluer elles-mêmes le dommage.

[2] La connaissance et la répression de ces contraventions sont réservées aux autorités militaires (C. just. mil. de 1857, art. 271).

plupart, des infractions à des arrêtés locaux, seraient mieux jugées là où elles ont été commises; et que les indemnités, allouées aux témoins, si le domicile du prévenu pouvait déterminer la compétence, entraîneraient des frais hors de proportion avec la modicité des peines encourues. La compétence exclusive, attribuée au juge du lieu de la contravention, n'a, du reste, aucun inconvénient pour le prévenu qui a son domicile ailleurs, puisque celui-ci n'est pas tenu de comparaître en personne devant le tribunal de police et peut *toujours* se faire représenter par un fondé de procuration spéciale.

§ XII. — DE LA PROCÉDURE DEVANT LE TRIBUNAL DE POLICE.

463. Division. — Il y a lieu de déterminer : 1° comment l'affaire est portée devant le tribunal ; 2° comment elle y est instruite.

464. Saisine du tribunal. — Le tribunal de police est saisi de plusieurs manières.

a) D'abord par voie de *citation*, donnée à la requête, soit du ministère public près le tribunal de police, soit de la partie civile, soit des agents forestiers en matière forestière, et énonçant les faits qualifiés (art. 145 modifié par la loi du 31 déc. 1906). Cette citation est notifiée par un huissier : il en est laissé copie aux parties citées, c'est-à-dire au prévenu et à la personne civilement responsable. Le délai de comparution ne peut être moindre de vingt-quatre heures, à peine de nullité tant de la citation que du jugement qui serait rendu par défaut. Le délai est suffisant. On peut donc assigner la *veille* pour le *lendemain*, pourvu que l'heure de l'audience soit plus avancée, dans la journée, que l'heure de la citation. Ce délai est augmenté d'un jour par trois myriamètres, sans qu'il soit tenu compte des fractions de myriamètre. Il peut aussi être abrégé : d'après l'art. 146, le juge de paix a la faculté, dans les cas urgents, d'accorder aux parties le droit de faire citer à *bref délai*, c'est-à-dire d'heure à heure. Tous les vices de forme dont sont entachées les citations doivent être invoqués *in limine litis* et avant toute défense au fond, sauf l'exception d'incompétence.

b) Les parties peuvent également *comparaître volontairement*, sur *simple avertissement* (art. 147). Cet avertissement, qui remplace la citation, n'est autre chose qu'une citation dénuée de toute forme d'exploit ou de notification. Il est donné, soit par lettre, soit par un simple avis, soit même verbalement, et transmis par le garde champêtre de la commune ou par l'appariteur de police. Cette forme économique de citation est d'ailleurs purement *facultative :* le ministère public et la partie civile peuvent toujours, s'ils craignent que le prévenu ne comparaisse pas sur simple avertissement, prendre immédiatement la voie de la citation. Une citation régulière est, en effet, nécessaire pour qu'un jugement par défaut puisse être obtenu, soit contre le prévenu ou les personnes civilement responsables, soit à leur profit.

c) Exceptionnellement enfin, le tribunal de police peut être saisi ensuite du *renvoi* que prononcent, tantôt le juge d'instruction ou la chambre des mises en accusation (art. 129, 230), tantôt le tribunal correctionnel (art. 192), tantôt la chambre criminelle de la Cour de cassation (art. 427).

Au point de vue des limites de la saisine quant aux *personnes* et quant aux *faits*, les règles sont les mêmes qu'en matière correctionnelle.

465. De l'instruction. — En matière de simple police, toute l'instruction a lieu à l'audience. Le prévenu n'est point tenu de comparaître en personne; il peut se faire représenter par un fondé de procuration spéciale (art. 152) [1]. C'est la conséquence du principe d'après lequel il n'y a, en cette matière, ni détention préventive, ni instruction préalable. Si la partie comparaît en personne, elle peut se défendre elle-même, ou se faire assister d'un défenseur.

Deux questions se posent, pour le tribunal de police, comme pour toute autre juridiction.

I. Quels sont les modes de preuve qu'il peut admettre? L'art. 154 porte que : *Les contraventions seront prouvées, soit par procès-verbaux ou rapports, soit par témoins à défaut de rapports et procès-verbaux, ou à leur appui.* Il résulte de ce texte : 1° que la loi, en indiquant les *procès-verbaux* ou *rapports* et les *témoignages* qui sont les preuves les plus communes des contraventions, n'a entendu exclure aucun autre moyen de preuve; d'où il suit que le juge de police peut chercher sa conviction dans les *aveux* du prévenu, dans des *expertises*, dans des *visites de lieux* [2]; 2° que la loi a donné au juge, qui s'appuie sur l'une des preuves énumérées par le texte, le droit de l'apprécier

[1] Sur ce point : Cass., 23 févr. 1877 (S. 77. 1. 286); 29 nov. 1878 (S. 79. 1. 440). Le juge de police aurait-il le droit, que l'art. 185 accorde expressément au tribunal correctionnel, d'ordonner la *comparution personnelle du prévenu*? Je le crois, car la comparution personnelle est un mode d'instruction, que toute juridiction doit avoir le droit d'ordonner. Mais le défaut de comparution n'empêcherait pas le débat d'être contradictoirement lié, si le prévenu était, du reste, représenté par un fondé de procuration spéciale.

[2] Sur le principe : Cass., 4 déc. 1875 (D. 77. 1. 287; S. 77. 1. 95).

et de se prononcer, d'après cette appréciation, dans la plénitude de sa liberté. Ces deux conséquences reçoivent cependant une limitation formelle, dans les cas nombreux où les contraventions sont constatées par des procès-verbaux auxquels la loi donne une force légale (art. 154, § 2).

II. Quelles sont les règles de l'administration des preuves devant le tribunal de police? D'après l'art. 153, le premier acte de l'instruction consiste dans la lecture des procès-verbaux, s'il y en a, ou de la citation; le second, dans l'audition des témoins[1]. On entend, d'abord, les témoins qui sont produits par le ministère public ou la partie civile, puis ceux qui ont été *cités* ou *amenés* par le prévenu. Les ascendants et descendants du prévenu, ses frères et sœurs ou alliés au même degré, son conjoint, ne peuvent être entendus comme témoins, si les parties s'opposent à l'audition (art. 156). La partie civile ne peut témoigner, pas plus que l'officier du ministère public ou le greffier[2] : c'est un principe général, en effet, que nul ne peut être à la fois juge ou partie, ou officier remplissant une fonction dans le débat, et témoin dans la même affaire[3].

Les témoins, avant de déposer, prêtent serment. L'art. 155 porte : *Les témoins feront à l'audience, sous peine de nullité, le serment de dire toute la vérité, rien que la vérité; et le greffier en tiendra note, ainsi que de leurs nom, prénoms, âge, profession et demeure, et de leurs principales déclarations*. De ce texte, la jurisprudence a conclu : 1° que tous les témoins, sans distinction, les témoins régulièrement cités, comme ceux qui n'ont été qu'avertis ou directement amenés par les parties à l'audience, doivent prêter serment[4]; 2° que la formule de ce serment : *Dire toute la vérité, rien que la vérité,* est sacramentelle, en ce sens qu'on ne peut rien en retrancher; 3° que cette formalité doit être constatée, soit dans le jugement lui-même, soit, à défaut de jugement, dans les notes d'audience, dont la tenue est prescrite au greffier.

[1] L'ordre prescrit par l'art. 153 n'est pas prescrit à peine de nullité : Cass., 13 juin 1902 (S. 1906. 1. 365 et la note).

[2] Cass., 12 déc. 1878 (*B. cr.*, n° 307).

[3] La qualité de *plaignant* n'est pas, à elle seule, un motif légal de reproche (C. instr. cr., art. 323). Comp. Cass., 1er juill. 1876 (*B. cr.*, n° 155). Il en est de même de la qualité de *domestique :* Cass., 23 févr. 1877 (S. 77. 1. 286).

[4] Le juge de police, de même que le président du tribunal correctionnel, à la différence du président des assises, ne peut entendre de témoins sans serment, et à titre de renseignement : il n'a pas, en effet, le *pouvoir discrétionnaire*, qui appartient au président de la cour d'assises : Cass., 11 janv. et 11 févr. 1870 (*B. cr.*, nos 9 et 39); 17 juill. et 28 août 1874 (*B. cr.*, nos 308 et 248); 28 juill. 1875 (*B. cr.*, n° 180); 11 juill. 1896, 30 juill. 1897, 1er avr. 1897 (D. 97. 1. 623 et 624).

Après les témoignages, la partie civile prend ses conclusions; le prévenu présente sa défense; le ministère public résume l'affaire et donne ses réquisitions [1]. Le prévenu doit toujours avoir la parole le dernier, s'il la demande : le respect du droit de défense l'exige ainsi.

L'instruction terminée, le juge prononce sur la prévention dont il est saisi, soit immédiatement, soit à une audience ultérieure. Mais, tant qu'il n'a pas prononcé, le débat ne peut être considéré comme clos et le juge ne saurait légalement refuser de statuer sur les conclusions nouvelles et les réquisitions des parties [2].

§ XIII. — DES JUGEMENTS RENDUS PAR LE TRIBUNAL DE POLICE.

466. Division. Objet de ces jugements. Voies de recours.

466. Classement des jugements rendus par le tribunal de police. — Les jugements, par lesquels le tribunal de police statue sur l'affaire dont il est saisi, doivent être considérés, soit au point de vue de leur *objet*, soit au point de vue des *voies de recours* dont ils sont susceptibles.

I. Si l'on considère leur objet, le juge de police peut rendre, en dehors des jugements d'instruction, *préparatoires* ou *interlocutoires*, des jugements d'*incompétence*, de *relaxe*, ou de *condamnation*, qui terminent l'affaire engagée devant lui.

a) L'art. 160 ne paraît donner au juge de police le droit de se déclarer incompétent que si le fait, dont il est saisi, est *un délit qui emporte une peine correctionnelle ou plus grave;* mais cette disposition n'est qu'indicative : le tribunal doit, en effet, se dessaisir, même d'office, toutes les fois qu'il se reconnaît incompétent *ratione materiæ, personæ*, *loci*, et renvoyer les parties à se pourvoir devant qui de droit [3].

b) Si le fait ne présente ni délit ni contravention, ou si l'action publique n'est pas ou n'est plus recevable, le tribunal doit *annuler* la citation et tout ce qui a suivi, renvoyer le prévenu de la poursuite et statuer, par le même jugement, sur les dommages-intérêts (art. 159). De quels dommages-intérêts s'agit-il? Deux hypothèses se présentent à l'esprit : les dommages-intérêts peuvent être réclamés, soit par le

[1] Est nul le jugement de simple police rendu et prononcé hors la présence du ministère public : Cass., 27 juill. 1878 (S. 79. 1. 288).

[2] Cass., 2 juin 1865 (S. 66. 1. 38).

[3] Dans ce cas, le juge de police perd, bien entendu, le droit d'accorder des dommages-intérêts à la partie civile : Cass., 27 déc. 1889 (S. 91. 1. 42).

prévenu, à raison du préjudice que lui a causé une poursuite mal fondée, soit par la *partie civile*, à raison du préjudice que lui a causé le fait incriminé. Le tribunal de police, comme toute autre juridiction répressive, est certainement compétent pour accorder au prévenu, renvoyé d'instance, des dommages-intérêts. A la vérité, l'action que celui-ci exerce contre le plaignant est purement civile. Mais il eût été trop onéreux de contraindre un citoyen, déjà injustement poursuivi, à recommencer une instance devant les tribunaux civils; et comme le tribunal, saisi de la prévention, a, sous les yeux, les éléments nécessaires pour apprécier s'il y a eu imprudence ou méchanceté dans la poursuite, une attribution spéciale lui a été conférée pour statuer sur les dommages-intérêts réclamés par le prévenu. Au contraire, le tribunal ne pourrait pas prononcer de dommages-intérêts au profit de la partie civile, car, en relaxant le prévenu, il a reconnu, par cela même, que le fait n'était pas une contravention et qu'il en a été incompétemment saisi. Dans ce cas, la partie civile doit être condamnée aux frais (C. instr. cr., art. 162; D. 18 juin 1811, art. 157), liquidés par le jugement. Mais le ministère public, qui agit au nom de la société, ne doit, dans aucun cas, y être condamné.

c) Si le prévenu est convaincu de contravention de police, le tribunal prononce la peine, c'est-à-dire les diverses condamnations pénales que le juge, dans les limites de la loi, croit devoir appliquer. Puis, par le même jugement, il statue sur l'action civile, si elle a été exercée, c'est-à-dire sur les demandes en restitution et en dommages-intérêts (art. 161)[1]. Le jugement de condamnation doit, dans tous les cas, statuer sur les dépens. Aux termes des art. 156 et 157 du décret du 18 juin 1811, auxquels la jurisprudence a reconnu force de loi, la condamnation aux frais est prononcée *solidairement* contre les auteurs et complices et contre les personnes responsables du même fait; et les parties civiles, *lors même qu'elles n'ont pas succombé*, sont tenues des frais d'instruction, expédition et signification des juge-

[1] Les restitutions prennent souvent, en matière de police, un caractère particulier : toutes les fois que la contravention consiste dans l'exécution de travaux faits en infraction aux règles de la voirie, ou dans l'inexécution de travaux dont la charge peut être légalement imposée à certaines personnes, le dommage réside dans ces travaux mêmes, et la réparation consiste dans la destruction des uns et l'exécution des autres. Aussi la jurisprudence décide que le jugement, qui prononce une amende, à raison de la contravention, ne peut se dispenser d'en faire cesser l'effet, en ordonnant, suivant les expressions de l'édit de 1607, la destruction de la *besogne mal plantée*. Comp. : Cass., 6 janv. 1872 (D. 72. 1. 468). Le juge n'a point besoin, pour prononcer les restitutions ainsi comprises, qu'il y ait une partie lésée et qu'elle y ait conclu.

ments vis-à-vis de l'État, sauf leur recours, bien souvent illusoire, contre les parties condamnées.

II. Au point de vue des voies de recours dont la décision est susceptible, on distingue, si elle peut ou non être attaquée par les voies ordinaires, c'est-à-dire par l'opposition ou l'appel. Le jugement de simple police est *contradictoire*, lorsqu'il ne peut plus être critiqué devant le tribunal qui l'a rendu; il est *par défaut*, lorsqu'il est permis de le faire rétracter par le juge même qui l'a prononcé. En ce qui concerne l'appel, le jugement de simple police est en *premier* ou en *dernier ressort*, suivant qu'il est ou non passible de cette voie de recours.

CHAPITRE IV

DES FRAIS DE JUSTICE.

---

§ XIV. — NOTIONS GÉNÉRALES.

467. Position et histoire de la question. — Tout procès pénal, comme tout procès civil, donne lieu à des dépenses de diverses sortes, que l'on qualifie de « frais » ou « dépens ». Ces frais comprennent, non les *frais généraux de justice criminelle*, mais les *frais particuliers du procès pénal*, c'est-à-dire les *frais de poursuite* et les *frais de défense*. Il s'agit toujours de savoir : 1° qui en fera l'avance; 2° qui les supportera définitivement.

En matière civile, aux termes de l'art. 130, C. proc. civ., toute partie *qui succombe* est condamnée aux dépens, c'est-à-dire supporte d'abord les frais qui lui sont personnels (les frais de défense), et, de plus, rembourse les frais avancés par l'adversaire et que la loi passe en taxe (frais de poursuite). Rien n'est plus rationnel, car, dans un procès civil, les parties sont sur la même ligne : elles agissent dans leur propre intérêt; et l'issue de l'instance vient démontrer quelle est celle qui a eu tort, quelle est celle qui a eu raison dans le procès. Mais, en matière criminelle, la question ne se présente pas avec la même simplicité. D'une part, le demandeur dans l'instance est le ministère public qui agit, non dans un intérêt privé, mais dans un intérêt public : doit-il être condamné aux dépens s'il succombe? C'est là une première question, d'autant plus délicate à résoudre en législation, que l'action du ministère public est toujours désintéressée et que la signification d'un renvoi d'instance, au profit du prévenu, est souvent peu précise. D'autre part, l'auteur de l'infraction est, au procès pénal, un défendeur *forcé* : et, s'il ne peut échapper à l'action, il ne peut non plus éviter les frais, souvent considérables, que son adversaire juge nécessaires ou simplement utiles à la démonstration de sa culpabilité : doit-il, s'il succombe, voir la condamnation aux dépens s'ajouter, comme une aggravation, aux peines qui le frappent déjà ? Enfin l'intervention de la partie civile qui donne au prévenu deux adversaires, en mettant en mouvement, tout à la fois, l'action civile et l'action publique, complique encore cette question de frais, puisqu'il faut déterminer qui les avancera et qui pourra les recouvrer des trois parties en cause dans l'instance.

Dans notre ancienne législation, les frais de *poursuite* étaient supportés, sans recours, par le roi, dans ses domaines, et les seigneurs, dans leurs justices : les amendes et les confiscations, dont le produit leur était attribué, avaient précisément pour but de les en indemniser. Les frais de *défense* restaient, au contraire, à la charge de l'accusé, qui devait en faire l'avance, toutes les fois, du moins, qu'il n'était pas insolvable. Cependant, s'il y avait une partie civile en cause, elle avançait les frais nécessaires à l'instruction du procès et à l'exécution des jugements, et n'avait de recours, en aucun cas, que contre le condamné. Le principe de cette législation fut maintenu par l'art. 1er du décret des 20-27 septembre 1790, et confirmé par la loi du 20 nivôse an V et l'arrêté du 6 messidor an VI ; mais il fut modifié par la loi du 18 germinal an VII. Cette loi, motivée sur ce qu'il était « instant de décharger le Trésor des frais de poursuite ou de procédure que la justice et la raison doivent mettre à la charge des condamnés », prescrivit, dans son art. 1er, que « tout jugement d'un tribunal criminel, correctionnel ou de police *portant condamnation à une peine quelconque* », prononcerait, en même temps, au profit du fisc, le remboursement des frais auxquels la poursuite et la punition des crimes et délits auraient donné lieu. Ce principe nouveau, alors vivement contesté, fut complété par l'art. 4 de la loi du 5 pluviôse an XIII, portant qu'en toute affaire criminelle, l'État ferait l'avance des frais, « du remboursement desquels ceux qui se seront portés parties civiles seront personnellement tenus, sauf, dans tous les cas, les recours des parties civiles contre les *prévenus* et *accusés* qui auraient été condamnés ». Ainsi, dans cette législation, le Trésor public, *qui faisait l'avance des frais, ne les gardait à sa charge, que lorsque le prévenu n'était pas condamné, ou qu'il n'y avait pas de partie civile dans l'instance :* la responsabilité des parties condamnées, et la responsabilité, sauf leur recours, des parties civiles, telle était la double source qui alimentait les dépenses de la justice criminelle. On retrouve ces dispositions dans les art. 162, 176, 194, 211 et 368, C. instr. cr., et dans l'art. 157 du décret du 18 juin 1811, *portant règlement sur les frais de justice*. Mais tandis que le Code ne mettait les frais, à la charge des prévenus ou des parties civiles, que s'ils succombaient dans l'instance, le décret de 1811 modifia ces textes, en disposant, dans son art. 157, que les parties civiles, *soit qu'elles succombent ou non*, seraient personnellement tenues des frais; et la Cour de cassation déclara que cette disposition d'un décret, quoique dérogeant à la loi, avait un caractère obligatoire pour les tribunaux. La loi du 28 avril 1832, en ajoutant un second alinéa à l'art. 368, a eu précisément pour but d'abroger, *au moins dans les affaires soumises au jury*, cette addition du décret de 1811.

Si donc l'on embrasse aujourd'hui, dans son ensemble, le système de notre loi concernant les frais de justice, tel qu'il résulte de ces textes, il se résume dans les propositions suivantes : 1° Les frais de *poursuite* sont avancés par l'État, si la poursuite a lieu sur la demande du ministère public; par la partie civile, si elle a lieu à la requête de cette partie; 2° Mais ces frais sont, de leur nature, *recouvrables* contre la partie qui succombe : le *condamné*, les *parties civiles*, ou les *personnes civilement responsables*; 3° En matière correctionnelle même, et de simple police, la *partie civile* doit toujours être condamnée aux dépens envers le Trésor, sauf son recours contre le prévenu qui succombe; 4° Les frais de *défense* sont avancés par le condamné, et ils ne peuvent être recouvrés que contre la partie civile, si elle succombe, mais non contre l'État. Le ministère public, qui le représente, ne doit jamais être condamné aux dépens.

468. Examen critique de ce système. — Les principes mêmes de ce système paraissent rationnels. S'il est vrai que la justice criminelle, comme la justice civile, soit une dette de la Société envers ses membres, c'est en ce sens seulement que le pouvoir social doit donner à chacun d'eux des juges et se charger de les payer. Aussi, serait-il injuste de faire retomber sur le condamné les frais *généraux* de la justice criminelle, qui concernent l'entretien des juridictions et l'exécution des peines. Dans ce sens, il est vrai de dire que « la justice est gratuite » en France. Mais les frais *particuliers* du procès pénal, c'est-à-dire les dépenses indispensables à la vérification du fait et de la culpabilité de l'auteur, tels que les frais d'expertise, d'audition de témoins, etc., étant la conséquence nécessaire et directe de l'infraction, constituent un dommage spécial et distinct dont le coupable doit la réparation et dont il serait injuste de faire retomber les charges sur tous les membres du corps social. D'un autre côté, si la justice demande que l'accusé soit indemnisé des frais de défense, lorsqu'il résulte, avec évidence, des débats, qu'il n'a pas commis le fait qui lui est imputé, il faut remarquer : 1° que le ministère public, à moins d'une faute personnelle, qui motiverait alors une prise à partie, n'a dû agir que s'il existait, contre le prévenu, des indices graves nécessitant une poursuite ; 2° que le renvoi d'instance n'implique pas toujours *l'innocence* de *l'accusé*, mais sa *non-culpabilité*, au point de vue pénal, du fait qui lui est imputé. Permettre à l'accusé acquitté de recouvrer ses frais de défense contre l'État, ce serait donc entraver l'action du ministère public, au grand préjudice de l'intérêt social, en même temps qu'accorder des dommages-intérêts à un individu qui a motivé le plus souvent par une faute personnelle la poursuite dont il a été l'objet. Enfin, il est conforme à la justice que la partie lésée, qui ne s'est pas bornée à porter plainte, en laissant le ministère public juge de l'opportunité et de la direction des poursuites, mais qui est intervenue au procès, en l'intentant, par voie de citation directe, ou en joignant son action à l'action publique déjà intentée, soit condamné, ***mais seulement si elle succombe***, au remboursement des frais auxquels son intervention a donné lieu.

Ces idées générales indiquées, nous allons examiner les applications du système de la loi, en supposant : 1° l'hypothèse où le prévenu est seul en cause ; 2° celle où il y a une partie civile.

§ XV. — DES FRAIS QUAND LE PRÉVENU EST SEUL EN CAUSE.

469. Division. Des frais quand il y a condamnation du prévenu. Acquittement. Absolution. — 470. Des frais en cas d'opposition ou d'appel.

469. CONDAMNATION. ACQUITTEMENT. ABSOLUTION. — La poursuite, dont les frais sont toujours avancés par l'État, peut aboutir à une *condamnation*, à un *acquittement*, à une *absolution*.

I. En cas de condamnation, il faut poser deux règles.

a) L'accusé ou le prévenu, *condamné* à une peine *quelconque*, doit aussi être condamné *aux frais envers l'État* (C. instr. cr., art. 162, 194, 368). La jurisprudence applique cette règle avec la plus grande extension. Encore que la condamnation ne soit pas en rapport avec la poursuite, par exemple au cas où, sur une poursuite pour délit, il y aurait condamnation pour simple contravention de police ; encore que, de plusieurs prévenus ou accusés d'une même infraction ou d'infractions connexes, les uns aient été condamnés, les autres acquittés, elle décide que la condamnation à *tous les frais* doit être la conséquence de la condamnation pénale [1].

[1] Pourvu, bien entendu, qu'il s'agisse d'une même accusation, ou au moins d'accusations connexes, de telle sorte que les frais de justice, avancés pour l'un des accusés, soient exposés pour les autres. La difficulté doit se résoudre par une dis-

b) En matière pénale, comme en matière civile, l'obligation de payer les frais de justice ne découle pas, comme une conséquence *accessoire*, de la *condamnation principale* : elle doit être *expressément* prononcée par le même jugement ou arrêt qui porte condamnation et ne peut l'être que par ce jugement ou cet arrêt[1]. Si le tribunal de répression avait omis de prononcer la condamnation aux dépens, et si son jugement ou son arrêt était devenu irrévocable, le bénéfice de cet oubli profiterait au condamné, et il ne pourrait y avoir lieu qu'à une cassation dans l'intérêt de la loi.

II. L'accusé *acquitté* ne doit pas être condamné aux frais avancés par la partie publique, mais il supporte toujours ses frais personnels de défense et ne peut les recouvrer contre le ministère public[2].

Les condamnés par défaut ou par contumace, qui, sur leur opposition ou sur examen contradictoire purgeant la contumace, sont acquittés, *peuvent*, s'il s'agit de défaillants, ou *doivent*, s'il s'agit de contumax, être condamnés aux frais de la poursuite par défaut ou par contumace, car ces frais ayant été exposés par leur faute, il est juste de les mettre à leur charge (C. instr. cr., art. 187, 478).

III. En cas d'*absolution*, l'accusé échappe à la peine, bien que déclaré coupable par la juridiction : doit-il être condamné aux frais de justice? Les art. 162, 194 et 368, en déclarant que la partie *qui succombera* devra être condamnée aux dépens, laissent la question incertaine. Dans un certain sens, en effet, l'accusé qui est absous succombe, puisqu'il est déclaré coupable; mais, dans un autre sens, il sort indemne de la poursuite, puisqu'il n'est frappé d'aucune peine. Aussi ne faut-il pas s'étonner des tâtonnements de la jurisprudence et de la doctrine sur cette question. Tantôt, on a soutenu que le prévenu ou l'accusé, qui n'est condamné à aucune peine, ne pouvait être condamné aux dépens; tantôt, que, par cela seul que l'accusé était déclaré coupable, il devait en être tenu. Mais ces deux systèmes opposés sont trop absolus l'un et l'autre. Le second méconnaît le caractère *acces-*

tinction entre les faits absolument distincts et indépendants les uns des autres et les faits connexes ou indivisibles. Comp. Cass., 15 et 18 janv. 1875 (D. 75. 1. 284, S. 77. 1. 239); 4 août 1881 (D. 82. 1. 238); 1er août 1882 (S. 84. 1. 355).

[1] Si donc l'accusé ou le prévenu meurt avant que le jugement ou l'arrêt de condamnation soit devenu irrévocable, la condamnation aux frais ne peut être prononcée contre sa succession.

[2] Cass., 10 déc. 1879 (D. 79. 1. 113); 20 nov. 1880 (S. 81. 1. 355); 13 mars 1896 (D. 97. 1. 207); 23 juill. 1897 (D. 99. 1. 57). On pourrait citer des pages entières d'arrêts faisant l'application de cette règle. Il est même surprenant que la Cour suprême ait dû rappeler si souvent, aux tribunaux, que le ministère public, devant aucune juridiction, ne pouvait être passible des frais occasionnés par les poursuites qu'il exerce.

soire de la condamnation aux dépens, et le premier ne tient aucun compte de la *faute* personnelle de l'inculpé qui a motivé la poursuite; chacun d'eux considère une seule des faces du procès pénal, qui doit être examiné dans son ensemble, pour résoudre la question de savoir quelle est, de l'accusé ou du ministère public, la partie qui *succombe* dans l'instance. Une distinction s'impose : elle est basée sur la théorie de la *faute*.

a) Résulte-t-il de l'issue du procès pénal que la poursuite a été faite à tort? Les frais de justice criminelle ayant été exposés par la *faute* des parties poursuivantes et non par celle de l'accusé, celui-ci ne saurait être condamné aux dépens d'une instance qui n'aurait pas dû être commencée contre lui. C'est ainsi que la condamnation aux frais, qui frapperait un accusé, absous, soit parce que l'*action publique était éteinte* par la prescription[1], l'amnistie, la chose jugée, soit parce que les *faits poursuivis ne constituaient ni crime, ni délit, ni contravention*[2], nous paraîtrait illégale.

b) Résulte-t-il, au contraire, du procès que l'instance pénale, bien que n'aboutissant pas à une condamnation, devait *légalement* avoir lieu? l'accusé supportera les frais de justice, puisqu'ils ont été exposés par sa faute (*dedit locum inquirendi*). Ainsi, serait légitime la condamnation aux frais qui frapperait un accusé échappant à la peine par application du *principe du non-cumul*, ou par l'effet d'une de ces *excuses absolutoires* qui exemptent de la peine principale. Ainsi encore, l'accusé, *acquitté pour avoir agi sans discernement*, devrait être condamné aux frais : en effet, d'une part, la question de discernement ne pouvant être examinée que par les juridictions de jugement, le procès pénal était nécessaire pour la faire résoudre; d'autre part, le mineur ayant été déclaré coupable, cela suffit pour le rendre responsable des frais que le procès pénal a occasionnés[3].

470. DES FRAIS EN CAS D'OPPOSITION OU D'APPEL. — La question des frais de justice se complique en cas d'opposition ou d'appel. Qui supportera les frais auxquels auront donné lieu ces voies de recours? Le Code ne contient sur cette question que des solutions de détail (C. instr. cr., art. 176, 211, 187, 478, 436). Mais deux de ces dispositions, relatives, l'une au *défaut*, l'autre à la *contumace*, font nette-

[1] Dans le cas d'absolution, par suite d'une prescription acquise, la Cour de cassation a varié dans sa jurisprudence, considérant tantôt la condamnation aux dépens comme facultative, tantôt comme obligatoire : c'est sa dernière jurisprudence : Cass., 9 févr. 1854 (S. 54. 1. 277); 28 avr. 1894 (S. 94. 1. 256).

[2] Blanche, t. 1er, nos 338 et 339.

[3] Cass., 28 avr. 1894 (S. 94. 1. 256).

ment l'application de la théorie de la *faute*. D'après l'art. 187 : « les frais de l'expédition, de la signification du jugement par défaut et de l'opposition *pourront* être laissés à la charge du prévenu ». D'après l'art. 478 : « le contumax, qui, après s'être représenté, obtiendrait son renvoi de l'accusation, *sera toujours* condamné aux frais de sa contumace ». Ces dispositions partent du même principe, à savoir que les frais de la voie de recours, nécessités par la non-comparution, imputable à l'individu poursuivi, doivent être laissés à sa charge. En s'inspirant de cette idée, il faut décider, en cas d'appel : 1° que le ministère public, qui, sur son appel, n'obtient pas une aggravation de peine, est en faute, et que, par conséquent, les frais qu'il a faits doivent rester à sa charge, le prévenu ne pouvant être condamné qu'aux dépens de première instance; 2° que le prévenu qui fait réduire en appel la peine qui a été prononcée doit être déchargé des frais de son appel, parce qu'il a eu raison d'appeler. Mais la jurisprudence décide, au contraire, que les frais d'appel restent toujours à la charge du prévenu qui n'est pas relaxé, sans qu'on ait à rechercher de qui émane l'appel et si la condamnation prononcée en première instance a été adoucie ou aggravée. Elle apporte à cette solution un seul tempérament : lorsque le jugement est *confirmé* sur l'appel relevé par le ministère public, le prévenu *qui n'a pas appelé* ne peut être condamné aux frais résultant de cette voie de recours[1].

§ XVI. — DES FRAIS QUAND IL Y A PARTIE CIVILE EN CAUSE.

471. Double question. — Dans ce cas, une double recherche doit être faite.

I. La partie civile est-elle obligée, avant d'agir, de *consigner*, au préalable, les frais de justice? La question qui se pose sous l'art. 160 du décret du 18 juin 1811, doit être résolue par des distinctions : 1° La personne lésée porte-t-elle plainte, en se constituant partie civile devant le juge d'instruction ? Il est alors certain qu'elle doit consigner, préalablement, les frais de la procédure, par application de l'art. 160, qui a eu pour but de protéger le fisc et les citoyens contre les plaintes légères ou irréfléchies[2]. 2° Mais le motif même de ce texte

[1] Cass. (ch. réun.), 22 nov. 1828 ; Cass. (ch. crim.), 28 avr. 1854 (S. 54. 1. 275).

[2] Sur ce point, aucun doute ne peut être soulevé. C'est au juge d'instruction entre les mains de qui la plainte est déposée, qu'il appartient de fixer la somme à consigner.

indique assez qu'il n'est pas applicable au cas où la personne lésée *intervient* et se porte partie civile au cours d'une poursuite intentée d'office par le ministère public[1]. 3° La partie lésée use du droit de *citation directe :* dans ce cas, est-elle soumise à l'obligation préalable de la consignation ? Je ne le crois pas non plus ; car, en prenant l'initiative de la poursuite, elle fait elle-même l'avance de ses frais personnels ; et il ne serait pas juste de lui imposer une nouvelle obligation qui n'aurait d'autre résultat que d'entraver l'exercice d'un droit[2].

II. Dans quels cas la partie civile doit-elle être condamnée aux frais avancés par l'État? L'État *recouvre* les frais de poursuite, savoir : 1° « *En matière correctionnelle ou de police, non soumise au jury*, contre le condamné et la partie civile, sans distinguer si celle-ci a triomphé ou succombé ». L'État a pour débiteur, à tout événement, la partie civile, et de plus, s'il y a condamnation, le condamné ; 2° « *En matière criminelle, ou soumise au jury*, contre le condamné ou contre la partie civile qui a succombé ».

Cette distinction contradictoire est le résultat de deux changements de législation depuis 1808. Le Code d'instruction criminelle posait la règle rationnelle : « La partie qui *succombe* est condamnée aux dépens » (art. 162, 194, 368). Le décret du 18 juin 1811 déclara, au contraire, les parties civiles responsables, dans tous les cas, des dépens *envers l'État* (art. 157). C'était faire retomber l'insolvabilité du condamné sur la partie civile. Cette charge, lourde surtout dans la procédure d'assises où les frais sont élevés, entravait les constitutions de partie civile devant cette juridiction. Aussi la réforme de 1832 revint, dans l'art. 368, à la règle rationnelle qui impose à la partie civile le paiement des frais de justice, seulement quand elle succombe : « Dans les *affaires soumises au jury*, la partie civile qui n'aura pas succombé, ne sera jamais tenue des frais ». Mais cette règle rationnelle ne s'applique qu'*en toute matière criminelle, ou soumise au jury*. D'un côté, la nature de l'infraction est indifférente : dès que l'affaire est *soumise au jury*, le § 1er de l'art. 368, qui énonce la même règle que le

[1] La question est cependant douteuse. Voy. dans ce sens : Cass., 8 juill. 1881 (S. 82. 1. 95) ; 22 janv. 1887 (*Gaz. Pal.*, 15 juin 1888) ; Faustin Hélie, t. IV, n° 1736 ; Mangin, *Traité de l'instruction écrite*, t. 1er, n° 63 ; Berriat-Saint-Prix, *op. cit.*, t. II, n° 607.

[2] Sur ce point, on peut constater une variation dans la jurisprudence de la Cour de cassation. Elle a jugé d'abord que la partie civile, usant du droit de citation directe, devait préalablement consigner les frais : Cass., 14 juill. 1831 (S. 31. 1. 431). Dans le dernier état de sa jurisprudence, elle admet l'opinion contraire : Cass., 4 mai 1833 (Ch. réun.) (S. 33. 1. 433). Voy. également, Cass., 1er juin 1893 (*Gaz. des Trib.*, n° du 2 juin). Cfr. Laborde, *Rev. crit.*, 1894, p. 21, et note dans D. 1903. 2. 49, sous Grenoble, 2 févr. 1901.

§ 2 de l'art. 368, C. instr. cr,, doit être appliqué. D'un autre côté, il est indifférent que la cour juge avec ou sans le concours du jury : si elle juge seule, et c'est ce qui arrive pour le cas de contumace ou pour les crimes d'audience, le § 2 de l'art. 368, qui énonce la même règle que le § 1er, reçoit application. La formule qui résume cette disposition, dont la rédaction laisse à désirer, c'est que : « En toute matière criminelle ou soumise au jury, l'accusé ou la partie civile qui succombera sera condamné aux dépens[1] ». C'est donc seulement dans ce cas qu'il importe d'examiner si la partie civile a ou non *succombé*.

Pour résoudre cette question, il faut distinguer quatre hypothèses : la solution dans les deux premières, ne fait pas difficulté; elle est délicate, dans les deux dernières.

1° L'accusé est condamné, et la partie civile obtient des dommages-intérêts : il est certain que celle-ci ne peut être tenue des frais, ni envers l'accusé, ni envers le Trésor ; car, si l'accusé succombe, elle triomphe dans le procès. La condamnation à tous les dépens, aussi bien ceux de la partie publique que ceux de la partie civile, sera donc prononcée contre l'accusé.

2° L'accusé est acquitté ou absous, et la partie civile n'obtient pas de dommages-intérêts : il est vrai de dire, dans ce cas, qu'elle succombe : elle doit donc être condamnée aux frais, soit envers l'accusé, soit envers le Trésor.

3° L'accusé est acquitté ou absous, mais la partie civile obtient des dommages-intérêts contre lui : il est certain, d'abord, qu'elle ne succombe pas dans le procès sur l'action civile et que, quant à ce procès, elle doit obtenir la condamnation de l'accusé envers elle. Mais, quant au procès pénal, l'issue de la poursuite démontre qu'il a été fait à tort : doit-elle être condamnée aux frais envers le fisc ? Nous répondrons qu'il est impossible de considérer comme succombant la partie qui a obtenu ce qu'elle demandait. Sans doute, il résulte de l'issue de l'instance, que la partie civile a porté son action devant une juridiction de répression qui, suivant les règles ordinaires de la compétence, ne devait pas en connaître ; mais ce n'est pas elle qui a mis en mou-

[1] La question d'interprétation est, du reste, douteuse. Voy. Laborde, *Rev. crit.*, 1897, p. 71 et suiv. Une loi de circonstance, provoquée par certains obstacles apportés à la poursuite d'une diffamation (publication de la liste des sénateurs prétendus corrompus dans l'affaire du Panama), a complété l'art. 58 de la loi du 29 juillet 1881 sur la presse par l'application de l'art. 368, C. instr. cr., « en matière de diffamation et d'injures portées devant la cour d'assises et dans le cas où la poursuite a eu lieu à la requête du ministère public ». Cette loi n'a pas résolu la difficulté en dehors de l'hypothèse qu'elle prévoit.

vement le procès pénal, puisque la partie civile ne peut pas saisir directement la cour d'assises ; elle s'est bornée à associer une action bien fondée à une poursuite faite à tort par le ministère public [1].

4° L'accusé est condamné, mais la partie civile n'obtient pas de dommages-intérêts : elle succombe dans le procès civil, et, par conséquent, elle ne peut obtenir de condamnation contre l'accusé ; mais elle ne succombe pas, dans le procès pénal, auquel elle s'est associée, et, par conséquent, elle ne peut être condamnée aux frais envers le Trésor [2].

[1] La jurisprudence, au contraire, considère que la partie civile *succombe* et la condamne aux frais envers l'État, sauf à lui accorder, *à titre de dommages-intérêts*, un recours pour ces frais contre l'individu acquitté : Cass., 1er déc. 1855 (S. 56. 1. 467) ; 3 déc. 1861 (S. 61. 1. 333) ; 13 févr. 1862 (*B. cr.*, n° 44) ; Cour d'assises de la Seine (affaire Clovis Hugues) ; 10 janv. 1885 (*Gazette des Tribunaux* du même jour) ; Cass., 5 mai 1892 (S. 92. 1. 288) et la note. Mais en sens contraire : Dalmas, *Frais de justice*, n° 363 ; Laborde, 2e édit., n° 352.

[2] *Sic*, Cass., 13 mai 1893 (*B. cr.*, n° 130).

TITRE II

DES VOIES DE RECOURS CONTRE LES DÉCISIONS PÉNALES.

§ 1er. — DIVISION.

472. Voies de recours. — Le procès pénal est terminé lorsque la décision de la juridiction chargée de statuer sur l'action publique n'est pas attaquable ou ne peut plus être attaquée par les voies légales. Une décision unique, l'ordonnance d'acquittement d'un accusé en cour d'assises, n'est pas susceptible d'un recours *utile* (C. instr. cr., art. 350 et 360) : elle est donc irrévocable par cela seul qu'elle a été prononcée. Mais, en règle générale, les décisions des juridictions pénales, de même que les décisions des juridictions civiles, admettent des voies de recours, qui se divisent, dans la procédure civile comme dans la procédure pénale, en voies *ordinaires* et voies *extraordinaires*. Les premières ont pour but direct de faire juger de nouveau l'affaire : elles peuvent être suivies, sans que celui qui les invoque ait d'autre motif à faire valoir à l'appui de sa demande que le *mal jugé*. Les secondes ont pour but immédiat de faire juger, non pas l'affaire, mais la décision attaquée; elles supposent donc, dans cette décision, un *vice spécial*, tel que la violation des formes prescrites par la loi à peine de nullité, et elles ne sont ouvertes que pour des causes limitativement prévues et énumérées d'avance par la loi. Cette distinction des voies de recours n'est pas purement théorique. Il est de principe, en effet, que les voies extraordinaires ne peuvent être employées qu'à défaut des voies ordinaires, ou lorsque celles-ci sont épuisées. Mais les unes et les autres ont, en matière pénale, un effet commun : elles *suspendent* l'exécution de la décision contre laquelle elles sont ou peuvent être formées[1].

[1] Même en matière de police : Cass., 10 déc. 1903 (*Pand. franç.*, 1904. 1. 101).

Les voies de recours en matière pénale sont instituées dans un intérêt général et sont d'ordre public. En conséquence : 1° l'exécution d'une décision pénale est subordonnée à l'expiration du délai donné aux parties pour former une voie de recours[1]; 2° il n'y a pas d'exécution provisoire en matière pénale et aucune provision ne peut être accordée à la partie civile, sauf dans le cas prévu par l'art. 188[2]; 3° l'exécution volontaire d'un jugement ne saurait comporter, contre l'inculpé, déchéance de son droit de recours[3].

[1] Voy. cependant : Cass., 22 mai 1903 (D. 1906. 1. 453 et la note).

[2] Cass., 10 févr. 1906 (*Pand. franç.*, 1906. 1. 146).

[3] Cass., 11 févr. 1870 (S. 71. 1. 168); 10 déc. 1903 (S. 1904. 1. 252); Limoges, 24 nov. 1898 (S. 1901. 2. 141); Lyon, 2 mai 1898 (S. 1901. 1. 281). Voy. note sous Cass., 23 févr. 1906 (S. 1906. 1. 248).

CHAPITRE PREMIER

DES VOIES DE RECOURS ORDINAIRES.

---

§ II. — NOTIONS GÉNÉRALES.

473. Opposition et appel. — Les voies ordinaires de recours sont l'opposition et l'appel.

I. L'*opposition* est un moyen de faire *rétracter* le jugement par le tribunal qui l'a rendu. Cette voie de recours est fondée sur cette idée que celui qui a été condamné, sans s'être défendu, ne peut l'être irrévocablement et doit avoir un moyen facile de faire tomber la condamnation. L'opposition a lieu seulement, quant aux décisions par défaut des juridictions correctionnelles et des juridictions de simple police. Le condamné par contumace, en cour d'assises, n'a pas besoin de cette voie de recours, puisque la condamnation n'est que provisoire, pendant les délais de prescription de la peine, et qu'elle est anéantie, de *plein droit*, par son arrestation ou sa représentation.

II. L'*appel* est le recours d'une partie au juge supérieur, contre les griefs qu'elle prétend lui avoir été faits par le juge inférieur. L'institution de l'appel, sur l'utilité de laquelle on peut élever des doutes sérieux, surtout dans un pays où l'unité de jurisprudence est sauvegardée par l'établissement d'une Cour de cassation, suppose, du moins une juridiction supérieure, offrant plus de garanties que celle qui a jugé en premier ressort. Chaque juridiction, devant laquelle l'affaire est portée, forme un degré. Dans notre ancien droit, le nombre des degrés de juridiction était multiple; souvent, plusieurs appels successifs pouvaient avoir lieu; le nombre en a été réduit, en matière pénale comme en matière civile, à un seul appel, ou *deux degrés de juridiction*. L'appel des tribunaux de simple police, lorsqu'il est possible, est porté devant les tribunaux correctionnels; celui des tribunaux correctionnels, toujours possible, devant les cours d'appel. Les cours d'assises jugent en dernier ressort. L'appel des ordonnances du juge d'instruction, mal à propos qualifié par la loi « *opposition* », est de la compétence de la chambre des mises en accusation.

§ III. — DE L'OPPOSITION A UNE DÉCISION DE DÉFAUT[1].

474. Ce qu'est l'opposition. Division. — 475. Personnes qui peuvent former opposition. — 476. Contre quels jugements l'opposition est recevable. — 477. Dans quel délai. — 478. Forme de l'opposition. — 479. Effets.

474. Ce qu'est l'opposition. — L'opposition est une voie de *rétractation*, applicable, dans certaines conditions, aux décisions des juridictions de jugement et à celles de la Cour de cassation (art. 418). Nous allons examiner : 1° Quelles personnes peuvent former opposition? 2° De quels jugements? 3° Dans quel délai? 4° Dans quelle forme? 5° Quels sont les effets de ce recours?

475. Des parties qui peuvent former opposition. — Ce droit n'appartient certainement pas au *ministère public*, tout jugement est *contradictoire* en ce qui le concerne puisque le ministère public est toujours représenté devant le tribunal[2]. Des autres parties en instance, on peut former deux groupes : 1° Le *prévenu* et les *personnes civilement responsables* ont certainement le droit de faire opposition à un jugement rendu par défaut (C. instr. cr., art. 149, 186, 208); 2° Mais en est-il de même de la *partie civile?* Si la partie civile cite directement un prévenu devant un tribunal correctionnel ou un tribunal de police et qu'elle fasse défaut le jour de l'audience, sera-t-elle recevable à former opposition contre le jugement qui relaxe le prévenu? Le principe qui domine la matière est que toute partie, dans un procès, a le droit de n'être pas jugée sans avoir été entendue. Cependant, pour refuser cette voie de recours à la partie civile, on a invoqué les textes et les principes. Il est certain, en effet, que les art. 149 et 186 ne parlent de l'opposition qu'en ce qui concerne le prévenu ; et que l'action civile ne peut être portée devant les tribunaux répressifs, qu'accessoirement à l'action publique ; or, comme il a été statué sur l'action publique *contradictoirement*, cette action est éteinte par suite du renvoi d'instance du prévenu ; accorder à la partie civile le droit de former opposition, ce serait donc lui permettre de saisir le tribunal de répression d'une action devenue purement civile. Mais si les textes

[1] Bibliographie : Rougier, *Etude théorique et pratique sur les jugements correctionnels par défaut*, 1893. Cette thèse d'un de mes élèves, devenu mon collègue à l'École d'Alger, contient une monographie remarquable du sujet.

[2] Cass. 7 nov. 1895 (*B. cr.*, n° 271). Les administrations publiques étant assimilées aux parties civiles, il peut être donné défaut contre elles : Cass., 11 mai 1894 (D. 94. 1. 493).

ne s'expliquent pas sur le droit de la partie civile de former opposition, ils ne lui interdisent pas de le faire. Or, le silence de la loi ne doit pas être interprété contre elle, mais en sa faveur. La partie civile ne s'est pas présentée : il ne serait pas équitable de considérer le jugement comme contradictoire à son égard. Sans doute, le tribunal, en faisant droit sur l'opposition de la partie civile, ne pourra réformer le jugement que relativement aux intérêts civils, et non en ce qui concerne l'action publique, sur laquelle il a été statué contradictoirement. Mais il en est de même lorsqu'un tribunal d'appel est saisi par le seul appel de la partie civile (C. instr. cr., art. 202) [1].

476. Des décisions contre lesquelles l'opposition est recevable. — Cette voie de recours n'est ouverte que contre les *jugements par défaut*. Quand le jugement a-t-il ce caractère? Les deux textes, qui s'occupent de la question, sont ainsi conçus : l'art. 149 : « *Si la personne citée ne comparaît pas au jour et à l'heure fixés par la citation, elle sera jugée par défaut* », et l'art. 186 : « *Si le prévenu ne comparaît pas, il sera jugé par défaut* ». Il est donc tout d'abord nécessaire, pour qu'il puisse être pris un jugement de défaut, que le prévenu et la personne civilement responsable aient été régulièrement *cités*; s'ils n'avaient reçu qu'un *avertissement* et qu'ils ne comparussent pas, il faudrait leur donner citation pour une prochaine audience et ce n'est qu'après cette citation que le jugement pourrait être rendu [2]. Il serait certainement *par défaut*, si le prévenu ou la personne civilement responsable ne *comparaissait pas*, soit en personne, soit par un mandataire. Mais ce n'est pas la simple comparution qui rend le jugement *contradictoire*, c'est la contradiction de la défense avec la prévention : aussi, est-il admis, par une jurisprudence constante, que l'opposition est recevable lorsque le jugement a été rendu contre une personne *comparaissant*, mais *ne se défendant pas* [3]. L'unité de la justice pénale et de la justice civile, l'analogie sur bien des points de la procédure civile et de la procédure pénale, la formule

[1] L'opposition de la partie civile à un jugement de défaut-congé qui a prononcé le relaxe du prévenu, est recevable quant aux intérêts civils. Cass., 28 avr. 1906 (D. 1906. 1. 456). Comp. Cass., 14 janv. 1892 (D. 93. 1. 393 et la note).

[2] A défaut de citation, le tribunal ne pourrait juger, même pour acquitter le prévenu. Cass., 5 mai 1900 (D. 1900. 1. 344); 30 déc. 1904 (S. 1906. 1. 250 et la note).

[3] Comp. sur les divers cas où le jugement peut être par défaut : Cass., 23 févr. 1867 (S. 67. 1. 362); 17 janv. 1868 (S. 68. 1. 422). Ainsi, le prévenu, quoique présent à l'audience, peut déclarer faire défaut : Cass., 13 août 1859 (S. 59. 1. 561). Mais il en est autrement en cas de refus de se laisser conduire à l'audience, car ce refus rend applicable les art. 8 et 9 de la loi du 9 sept. 1835 : Lyon, 7 janv. 1895 (S. 96. 2. 96).

simplement énonciative des art. 149 et 186, autorisent donc à admettre les deux sortes de défauts prévus par le Code de procédure civile : le *défaut faute de comparaître* et le *défaut faute de se défendre*. Il y a défaut, faute de comparaître, lorsque le prévenu ne se présente point à l'audience ou aux audiences consacrées à l'affaire [1], et ne charge personne, dans le cas où il peut régulièrement le faire, de le représenter [2]. Il y a défaut, faute de se défendre, lorsque le prévenu comparaît bien devant le tribunal, mais refuse ou s'abstient de se défendre au fond [3]. Dans les deux cas, le *caractère* du jugement est le même, et il n'y a, en matière répressive, aucune utilité à distinguer deux défauts, l'un faute de comparaître, l'autre faute de se défendre.

477. Du délai dans lequel l'opposition peut être formée. — Il faut distinguer, suivant que le jugement émane, soit de la juridiction de police, soit de la juridiction correctionnelle.

a) Le jugement par défaut, rendu par un tribunal de police, doit être *signifié* par huissier à la partie défaillante : cette signification, destinée à provoquer le droit d'opposition, détermine le délai dans lequel ce droit peut être exercé. Ce délai est de *trois jours*, outre un jour par trois myriamètres de distance (art. 151).

b) En matière correctionnelle, le délai donné à la partie défaillante pour former opposition est, en principe, de *cinq jours*, outre un jour par cinq myriamètres, à partir de la *signification* du jugement. En toute hypothèse, tant que la signification du jugement n'a pas eu lieu, le délai de l'opposition ne court pas (art. 187). Ce délai est-il suffisant? Évidemment non ; car, dans un court espace de temps, un jugement de condamnation peut devenir irrévocable. Dans la procédure civile, la loi prend des précautions minutieuses et multipliées pour s'assurer que la partie condamnée a eu connaissance du jugement par défaut ; de plus, alors même que toutes les précautions auraient été prises, elle admet, en cas de *défaut faute de comparaître*, l'opposition jusqu'à l'exécution et déclare le jugement périmé si cette exécution n'a pas eu lieu dans les six mois (C. proc. civ., art. 156 et 168). En matière correctionnelle, au contraire, la procédure, d'après le Code de 1808, n'offre que deux garanties : la *notification de la citation* et *celle du*

[1] Comp. : Lyon, 10 août 1881 (S. 82. 2. 125).

[2] Il est admis, avec raison, que, quelle que soit la gravité du délit, le prévenu peut toujours se faire représenter pour le jugement des questions préjudicielles : Faustin Hélie, t. VI, n° 2856; Cass., 11 févr. 1876 (*Bulletin*, n° 46).

[3] Je dis, *au fond*, car le prévenu peut, après avoir posé des conclusions préjudicielles, par exemple, après avoir soulevé une exception d'incompétence, faire défaut si le tribunal rejette ces conclusions, et le jugement rendu sera *contradictoire* sur la compétence, *par défaut* sur le fond. Comp. : Caen, 19 févr. 1874 (S. 75. 2. 15).

jugement par défaut. Or, toute notification qui n'est pas faite à *personne*, n'établit qu'une présomption de connaissance : il est possible que l'acte pour lequel elle intervient soit connu de la partie, comme il est possible qu'il ne le soit pas. Aussi la jurisprudence avait admis, même avant la loi du 27 juin 1866, un tempérament : elle permettait, au condamné par défaut, en prouvant l'impossibilité où il avait été de connaître sa condamnation, de frapper d'opposition le jugement, même signifié à domicile depuis plus de cinq jours. Ce tempérament a servi de point de départ à la disposition ajoutée à l'art. 187 par la loi du 27 juin 1866. Aux termes de ce texte, si la signification d'un jugement par défaut « *n'a pas été faite à personne, ou s'il ne résulte pas d'actes d'exécution du jugement que le prévenu en a eu connaissance, l'opposition sera recevable jusqu'à l'expiration des délais de la prescription de la peine* ». Le texte ne distingue pas entre le défaut faute de comparaître et le défaut faute de se défendre : tant que le tribunal estime, en fait, que le prévenu n'a pas eu connaissance personnelle de la notification, il peut déclarer l'opposition recevable [1]. A ne consulter que les termes de la loi, il faudrait restreindre le délai exceptionnel d'opposition au *défaut du prévenu* et aux *condamnations pénales*. Cependant, il est difficile de ne pas voir, dans l'art. 187, une règle commune à tous les jugements de condamnation rendus par défaut et signifiés simplement à domicile. La Cour de cassation décide que, à l'égard de la partie lésée, pour la condamnation aux dommages-intérêts, le délai d'opposition est, dans tous les cas, de cinq jours seulement [2]. La signification des jugements par défaut, rendus par les tribunaux de répression, tant sur l'action publique que sur l'action civile, peut être faite pendant tout le délai de la prescription de l'action que ce jugement a interrompue, c'est-à-dire pendant trois ans. La péremption de six mois établie par l'art. 156, C. proc. civ., n'existe pas dans la procédure pénale [3]. Mais tant que le jugement n'a pas été signifié, eût-il été, en partie, exécuté, le droit d'opposition est ouvert.

[1] M. Picot, dans un article de la *Revue critique* (1874, p. 839), pense que les jugements par défaut, même avec le correctif de la loi de 1866, sont toujours dangereux. Il propose de remplacer le système français par le système autrichien, qui ne permet pas de rendre de jugements par défaut, sauf à décerner contre l'inculpé un mandat d'arrêt, qui emporterait séquestre de ces biens. — On consultera, sur les modifications apportées à l'art. 187 par la loi du 27 juin 1866 : Bertrand, *Revue critique*, 1866, p. 394. Voy. pour les actes d'exécution entraînant la connaissance légale de la condamnation : Trib. de Dijon, 12 févr. 1897 (S. 98. 2. 53) et la note de M. Roux.

[2] Cass., 18 janv. 1901 (D. 1901. 1. 51).

[3] Cass., 9 janv. 1880 (D. 80. 1. 235); Lyon, 10 août 1881 (S. 82. 2. 125).

478. De la forme dans laquelle l'opposition doit être formée. — Les formes de l'opposition ne sont pas les mêmes pour les jugements par défaut de simple police et pour les jugements par défaut de police correctionnelle.

I. *En matière de police*, la forme de l'opposition varie, suivant que le jugement est signifié ou suivant qu'il n'est pas signifié (art. 151). *a*) Dans le premier cas, l'opposition peut être faite, soit par une déclaration en ce sens, apposée au bas de l'exploit de signification, et que l'huissier n'a pas le droit de refuser, soit par acte extrajudiciaire dans lequel le condamné déclare former opposition au jugement, acte qu'il signifie aux parties en cause dans l'instance, c'est-à-dire au ministère public et à la partie civile, s'il y en a une. *b*) Dans le second cas, l'opposition peut être faite par le condamné en se présentant directement à la barre du tribunal. Une opposition par lettre, et même verbale, serait valable. Le jugement par défaut n'a d'existence, en effet, que par sa signification.

II. L'art. 187 n'a pas déterminé les formes de l'opposition à un *jugement de défaut du tribunal correctionnel.* La jurisprudence en conclut que l'opposition n'est assujettie à aucune forme spéciale et résulte d'une *manifestation de volonté* qui peut avoir lieu, soit par une déclaration au greffe, soit par une notification au procureur de la République, soit par simple déclaration apposée au pied de l'acte de signification [1]. Il est plus régulier, à mon avis, de procéder par exploit d'huissier notifié, dans le délai légal, tant au ministère public qu'à la partie civile.

479. Des effets de l'opposition. — L'opposition produit un double effet.

I. *Un effet suspensif.* — Mais il est de règle en matière pénale comme en matière civile du reste, que l'exécution d'un jugement ou d'un arrêt par défaut n'est pas arrêtée seulement par l'acte même d'opposition; elle est suspendue, pendant les *délais* donnés pour former ce recours. Toutefois, cette règle n'est applicable, en matière correctionnelle, qu'au délai ordinaire de *cinq jours.* La prolongation indéfinie du délai d'opposition, quand la signification du jugement

[1] Cass., 13 mai 1897 (*B. cr.*, n° 163). C'est en vertu de cette règle que les individus arrêtés en vertu d'extrait de jugements par défaut sont conduits devant le procureur de la République qui reçoit, le cas échéant, l'opposition de l'inculpé et en dresse procès-verbal. Dans ce cas, le procureur de la République doit-il mettre l'opposant en liberté? Oui, s'il n'y a pas d'autre titre d'arrestation que le jugement. Mais, s'il y a un mandat de dépôt ou d'arrêt du juge d'instruction, le prévenu reste détenu jusqu'à ce qu'il ait été statué sur l'opposition.

de défaut n'a pas été faite à personne, n'arrête pas l'exécution du jugement, sauf au condamné à paralyser cette exécution par un acte formel d'opposition (art. 187). Nous voyons, dans ce cas, un jugement ou un arrêt qui est *exécutoire*, bien qu'il ne soit pas *irrévocable*.

II. *Un effet extinctif*. — La première conséquence d'une opposition régulière est d'*anéantir* immédiatement le jugement par défaut[1]. L'art. 187 porte, en effet : « La condamnation par défaut sera *comme non avenue*, si le prévenu forme opposition à l'exécution du jugement ». La deuxième conséquence est d'emporter, *de droit*, citation à la première audience du tribunal ou de la cour qui a rendu le jugement[2], c'est-à-dire à la première des audiences données par le tribunal ou la cour, après l'expiration du délai de vingt-quatre heures ou du délai de trois jours, qui doit toujours s'écouler entre la date de la citation et celle de la comparution (art. 188).

De deux choses l'une : ou l'opposant comparaît, ou il ne comparaît pas sur son opposition. Dans le premier cas, la cause et les parties sont remises dans le même état qu'avant le jugement, puisque ce jugement est anéanti : toutes les exceptions et défenses, que le procès comporte, peuvent être proposées, et le tribunal rend un nouveau jugement contradictoire, dans lequel il adopte, à son gré, ou modifie le dispositif du jugement de défaut. Il peut décharger le prévenu des condamnations prononcées, les diminuer, les maintenir, ou même les aggraver[3]. Dans le second cas, l'opposition doit être déclarée non recevable par un jugement de *débouté d'opposition* (art. 151 et 187). Le tribunal ne peut rentrer dans l'examen du fond[4] : il statue, mais par jugement de défaut[5], sur l'opposition, pour la déclarer non avenue.

[1] Donc le prévenu arrêté doit être mis en liberté, s'il n'y a pas un autre titre d'arrestation.

[2] Il est inutile, pour la partie civile ou pour le ministère public, de donner citation au prévenu qui a formé opposition. Mais, en pratique, le ministère public cite le prévenu pour l'audience à laquelle doit être jugée l'opposition.

[3] Le tribunal peut-il aggraver la peine, sur l'opposition du condamné qui comparaît pour soutenir son recours ? Non, dit la jurisprudence belge : Cass. belge, 30 janv. 1882 (S. 82. 4. 23). L'opinion contraire semble prévaloir en France : Cass., 2 mars 1881 (S. 82. 1. 43). Cette différence entre l'opposition et l'appel résulte de ce que l'appel n'anéantit pas, de plein droit, la décision contre laquelle il est exercé, que l'opposition, au contraire, anéantit le jugement par défaut et remet la cause et les parties dans le même état qu'auparavant. L'art. 187 dit, en effet : « La condamnation *sera comme non avenue* ». Il suit de là que si la partie civile a déjà fait appel quand le prévenu fait opposition, l'appel devient irrecevable.

[4] Comp. Cass., 5 mai 1898 (S. 99. 1. 532) et la note; 4 mai 1905 (S. 1908. 1. 202).

[5] Le jugement de débouté d'opposition est certainement un jugement par défaut, bien qu'il ne soit pas susceptible d'opposition : il est rendu contre une partie qui ne

La partie ne pourrait former une nouvelle opposition contre le jugement qui l'a déboutée de la première, faute de comparaître. S'il en était autrement, il lui serait loisible, en ne se présentant jamais et en renouvelant indéfiniment ses oppositions, de paralyser le cours de la justice. En matière pénale comme en matière civile, il est vrai de dire : *Opposition sur opposition ne vaut* (C. instr. cr., art. 150 et 188)[1].

L'art. 187, § 2, *permet* aux juges, en matière correctionnelle, de mettre, à la charge de l'opposant, *les frais de l'expédition, de la signification du jugement par défaut et de l'opposition*. Ces frais ont été exposés par sa négligence; il est juste qu'il les supporte. Mais il faut conclure du motif de la loi que la condamnation aux frais ne pourrait être prononcée, si la citation, à la suite de laquelle a été rendu le jugement par défaut, était irrégulière.

§ IV. — DE LA CONTUMACE[2].

480. Caractère de la procédure de contumace. — 481. Comment l'accusé est constitué en état de contumace. — 482. Comment se juge l'accusé contumax. — 483. Effets de la contumace. — 484. Comparaison entre le défaut et la contumace.

480. DES CARACTÈRES DE LA PROCÉDURE DE CONTUMACE. — L'accusé, qui ne s'est pas présenté devant la cour d'assises, ou qui, après s'être présenté ou avoir été saisi, s'est évadé avant le verdict, est en état de *contumace* (art. 465)[3]. La procédure à suivre contre lui a ses racines dans les coutumes germaniques et féodales[4]. 1° Elle débute par une *mise hors la loi*, qui frappe l'accusé régulièrement appelé à comparaître en justice et qui ne se présente pas; 2° Elle aboutit à un

se présente pas. Il faut en conclure que le délai de l'appel en matière correctionnelle ne court, vis-à-vis du prévenu, que du jour où ce jugement lui a été signifié et non du jour où il a été prononcé : Cass., 14 juin 1879 (S. 80. 1. 385; D. 80. 1. 238); Dijon, 13 déc. 1881 (S. 82); Cass., 4 janv. 1906 (*Gaz. du Pal.*, n° du 2 févr. 1906).

[1] Voy. Cass., 25 mars 1898 (S. 1901. 1. 62) et la note.

[2] BIBLIOGRAPHIE : Pison, *Etude sur la contumace* (*Revue de législation ancienne et moderne*, 1876, p. 161).

[3] Alors même que l'évasion aurait eu lieu au cours des débats, et même après leur clôture, la procédure ne pourrait être contradictoire, et l'affaire devrait être renvoyée pour qu'il soit procédé par voie de contumace. Comp. : Cass., 19 janv. 1877 (S. 79. 1. 189). Dans cette affaire, les accusés s'étaient évadés *pendant la délibération du jury* : ils furent jugés *contradictoirement* par la cour d'assises des Bouches-du-Rhône, dont l'arrêt, en date du 18 mai 1876, fut cassé dans l'intérêt de la loi.

[4] Comp. : Esmein, *op. cit.*, p. 61.

jugement, qui n'est pas nécessairement une condamnation ; 3° Cette *condamnation* ne peut jamais être exécutée sur la personne du condamné : elle tombe, de plein droit, si, dans les délais de la prescription de la peine, le condamné est arrêté ou se représente.

C'est en nous plaçant à ces trois points de vue, que nous allons étudier la procédure de *contumace*. Nous la comparerons ensuite à la procédure de *défaut*.

481. Comment l'accusé est constitué en état de contumace. — L'accusé doit être mis en demeure de comparaître devant la cour d'assises suivant certaines *formes* et dans certains *délais* : si ces formes ne sont pas accomplies, si ces délais ne sont pas observés, les conséquences de l'état de contumace ne se produisent pas et il ne doit pas être procédé au jugement.

L'arrêt de renvoi devant la cour d'assises et l'acte d'accusation sont tout d'abord signifiés au domicile de l'accusé (C. instr. cr., art. 465)[1].

Un premier délai de dix jours lui est accordé pour se présenter. A l'expiration de ce délai, le président des assises ou le magistrat qui le remplace rend une *ordonnance de contumace*. Cet acte contient l'ordre formel à l'accusé de comparaître, et il lui est donné un nouveau délai de dix jours pour le faire. L'ordonnance porte qu'à partir de l'expiration de ce délai, il sera déclaré rebelle à la loi et que les conséquences de cet état, qui consistent en certaines incapacités et déchéances, commenceront à le frapper (art. 465).

Il importe que l'ordonnance de contumace, qui est une deuxième et solennelle assignation donnée à l'accusé, soit portée à sa connaissance. La loi prescrit, en conséquence, trois formalités, qui sont substantielles et doivent être observées à peine de nullité (C. instr. cr., art. 466 et 470)[2]. 1° L'ordonnance est d'abord notifiée au domicile de l'accusé, conformément aux règles ordinaires de la procédure (C. proc. civ., art. 69). 2° Des affiches contenant copie de l'ordonnance, sont apposées à la porte de ce même domicile, s'il est connu, à celle du maire de la commune, à la porte de l'audience de la cour d'assises. 3° L'ordonnance est publiée à son de trompe ou de caisse, dans la commune du domicile de l'accusé, et, s'il n'est pas connu, du chef-lieu

[1] Sur ce point et ce qui constitue le domicile : Cass. req., 21 janv. 1902 (D. 1906. 1. 439) et dissertation de M. Sarrut (D. 1903. 2. 345. 361).

[2] La jurisprudence, après avoir, dans divers arrêts, décidé que la publication valait notification de l'ordonnance, est revenue à une interprétation plus exacte des art. 466 et 470 : elle juge que la notification au contumax est une formalité distincte de la publication de l'ordonnance, et qui doit, comme cette dernière, être observée à peine de nullité : Cass., 29 juin 1833 (S. 33. 1. 789) ; 17 janv. 1862 (S. 62. 1. 211).

des assises. Ces affiches et publications doivent avoir lieu le dimanche qui suit le jour où l'ordonnance a été rendue (art. 466).

L'accusé, qui ne se présente pas dans ce délai, est en état de *contumace*, c'est-à-dire de rébellion à la loi, ce qui entraîne certaines mesures de coercition et ce qui modifie la procédure. Cet état a, en effet, pour conséquences : 1° la suspension de l'exercice des droits de citoyen ; 2° l'interdiction de toute action en justice, soit comme demandeur, ce qui est certain, soit même comme défendeur, ce qui est contesté[1] ; 3° enfin le séquestre des biens, qui est confié à l'administration des domaines (art. 465)[2]. Cette sorte de *mise hors le droit*, particulière à la procédure de contumace, a pour but de contraindre indirectement l'accusé à obéir à la justice.

482. Comment se juge l'accusé contumax. — Le jugement a lieu, au plus tôt, après un délai de dix jours qui court des publications qui ont été faites de l'ordonnance de contumace (art. 467). Il n'est, du reste, procédé à l'examen de l'affaire, à l'expiration de ce délai, qu'autant que la session est ouverte et que l'affaire vient à son tour de rôle. Deux situations sont possibles : 1° si le contumax a des coaccusés présents, il se produit une disjonction de plein droit en ce qui les concerne; 2° le contumax est seul privé des garanties ordinaires.

La procédure par contumace a trois caractères qui la distinguent de la procédure contradictoire : 1° Le jugement a lieu, sans l'intervention ni l'assistance des jurés, par la *cour d'assises seule*, mais en audience publique[3] ; 2° Il est rendu, sur la lecture des pièces écrites de l'instruction, *sans déposition orale des témoins*; 3° Et sans qu'aucun conseil puisse se présenter pour *défendre* l'accusé contumax, pas même pour soulever en son nom quelque moyen préjudiciel, tel que la prescription ou l'amnistie. Toutefois, l'art. 468 admet les parents ou amis du contumax à justifier de l'impossibilité où se trouve ce dernier de se rendre à l'appel de la justice. Si la cour trouve l'excuse

[1] Après l'arrêt de condamnation, l'interdiction est certainement absolue : car c'est l'administration des domaines qui est chargée d'exercer les actions actives et passives du contumax (Arg. de l'art. 471). Mais, avant cet arrêt, la question peut être controversée.

[2] Aux termes de l'art. 475 : *Durant le séquestre, il peut être accordé des secours à la femme, aux enfants, au père ou à la mère de l'accusé s'ils sont dans le besoin.* Bien entendu, ce séquestre ne doit pas préjudicier au conjoint du contumax, au mari, par exemple, qui a la jouissance des biens dotaux ou des propres de la femme. Comp. Rodière, *op. cit.*, p. 320.

[3] Le Code de brumaire exigeait l'intervention du jury. Pour la justification de l'innovation du Code de 1808, cfr. les travaux préparatoires : Locré, t. XXVII, p. 172.

légitime, elle ordonne qu'il sera sursis au jugement pendant tel délai qu'elle fixera (art. 469). La loi dit également qu'il pourra être *sursis* au séquestre : l'expression est inexacte, car le séquestre existe si l'ordonnance a reçu son exécution : ce n'est donc qu'une mainlevée provisoire de cette mesure que peut accorder la cour d'assises. Si la cour rejette l'excuse, ou si aucune excuse n'est présentée, l'art. 470 trace la marche de la procédure à suivre. On donne lecture de l'arrêt de renvoi devant la cour d'assises, de l'acte de notification de l'ordonnance ayant pour objet la représentation du contumax et enfin des procès-verbaux qui doivent en constater la publication et l'affiche ; et la cour, sur les conclusions du procureur général, rend un arrêt, par lequel elle statue sur l'action publique et sur l'action civile, si cette dernière a été exercée (art. 470).

Sa mission est double : 1° Elle doit s'assurer que l'instruction de la contumace a été régulière, et, dans le cas de la négative, en prononcer la nullité, à partir du plus ancien acte nul ; 2° Elle doit examiner la culpabilité et prononcer, soit l'*acquittement*, soit l'*absolution*, soit la *condamnation* de l'accusé. Le défaut de comparution du contumax n'est pas, en effet, un motif suffisant pour le condamner sans examen. Le décret du 4 thermidor an II, ordonnant qu'en vertu d'une *présomption légale*, l'accusé contumax fût toujours considéré comme coupable, est une de ces dispositions qu'expliquent, sans les justifier, les circonstances politiques au milieu desquelles elles ont été prises. Aujourd'hui, la cour d'assises peut acquitter l'accusé, reconnaître en sa faveur des faits justificatifs ou des excuses, et même des circonstances atténuantes. Elle peut également refuser aux faits la qualification légale que l'arrêt de renvoi leur a donnée : par exemple, reconnaître que l'infraction ne constitue qu'un délit ou une contravention de police, cas dans lesquels elle reste, néanmoins, compétente pour juger[1].

L'arrêt d'*acquittement* et l'arrêt d'*absolution* produisent les mêmes effets que l'ordonnance d'acquittement et l'arrêt d'absolution qui interviennent à la suite d'une procédure contradictoire. L'exécution de l'arrêt de condamnation a lieu par effigie (art. 472). Ce qu'il importe d'examiner, ce sont les effets de l'arrêt de *condamnation* et les causes qui peuvent, soit l'anéantir, soit le rendre irrévocable.

483. Effets de la contumace. — L'organisation de la contumace, telle qu'elle est, en général, comprise, se présente, dans notre droit,

[1] Comp. : Locré, t. XXVII, p. 158. Du reste, le droit d'acquittement reconnu à la cour d'assises à l'égard du contumax paraît être resté à l'état de précepte théorique. J'ai vainement cherché, dans les statistiques, trace d'acquittements prononcés.

avec des caractères contradictoires. Pendant les délais de la prescription de la peine, la condamnation ne pourrait être exécutée parce qu'elle ne serait pas irrévocable; et, lorsque la condamnation serait devenue irrévocable par l'expiration du délai de prescription, la peine ne pourrait plus être subie parce qu'elle serait prescrite. Ce concept rend difficilement explicables les dispositions légales qui frappent, le condamné par contumace à une peine afflictive, de la dégradation civique, et, si la peine afflictive est perpétuelle, de la double incapacité de disposer et de recevoir à titre gratuit, avant l'expiration même des délais de la prescription[1]. Il est, en effet, contradictoire qu'une condamnation, qui n'est pas exécutoire, s'exécute cependant, par provision, dans certaines de ses parties. Il me paraît plus exact de considérer la condamnation par contumace comme rendue, non sous la *condition suspensive* de la non-comparution du condamné pendant les délais de la prescription, mais sous la *condition résolutoire* de sa comparution dans les mêmes délais. En un mot, ce n'est pas l'expiration des délais de prescription qui fait produire à l'arrêt de contumace les effets dont il est susceptible; c'est, au contraire, la comparution du condamné qui anéantit rétroactivement les effets produits par cet arrêt. Ce point de vue semble bien être celui de la loi; car l'art. 476 porte que : *Si l'accusé se constitue prisonnier, ou s'il est arrêté avant que la peine soit éteinte par prescription, le jugement rendu par contumace et les procédures faites contre lui depuis l'ordonnance de prise de corps ou de se représenter, seront anéantis de plein droit*[2]...

C'est en me plaçant à ce point de vue, que je résous les difficultés soulevées : 1° soit quant aux effets de l'arrêt de condamnation par contumace; 2° soit quant aux causes qui font cesser ces effets.

[1] Comp. : Ortolan, t. II, n° 2339.

[2] Comp., pour le développement de cette théorie, mon article : *Questions pratiques sur la contumace* (*Revue critique*, 1878, p. 369). Rien d'étrange, du reste, qu'un jugement produise des effets qui, par l'événement d'une condition, seront rétroactivement anéantis. Une situation analogue se présente depuis la loi du 27 juin 1866 (C. instr. cr., art. 187 *in fine*), en ce qui concerne le jugement par défaut, rendu en matière correctionnelle, après l'expiration du délai ordinaire d'opposition. Le jugement est exécutoire, quoiqu'il puisse être frappé d'opposition, s'il n'a pas été signifié « à personne, ou s'il ne résulte pas d'actes d'exécution du jugement que le prévenu en a eu connaissance ». Voy. Laborde, *op. cit.*, n° 440. Dans le sens de l'autorité des condamnations par contumace : Paris, 22 déc. 1873 (S. 74. 2. 40); Nîmes, 31 déc. 1878 (S. 79. 2. 135); Orléans, 22 janv. 1880 (S. 82. 2. 57); Orléans, 29 nov. 1894 et Bordeaux, 11 mars 1896 sous Cass., 24 juin 1896 (S. 99. 1. 129) et la note de M. Lacoste. Mais en sens contraire, refusant toute autorité aux condamnations par contumace jusqu'à leur prescription : Cass., 24 juin 1896 et 5 janv. 1898 cassant les arrêts d'Orléans et Bordeaux (S. 99. 1. 129).

I. Les effets de l'arrêt de contumace doivent être étudiés : 1° en ce qui concerne les *condamnations pénales* ou *civiles* qu'il prononce; 2° en ce qui concerne les *biens du contumax*, placés sous séquestre pendant l'instruction.

a) Même avant l'expiration des délais de prescription de la peine, l'arrêt rendu par contumace a l'autorité de la chose jugée. Sans doute, il ne peut être exécuté sur la *personne* du condamné, car, dès que l'accusé se représente ou est saisi, l'arrêt est anéanti de plein droit; mais les condamnations à des *dommages-intérêts* peuvent être recouvrées par la partie civile et les *peines pécuniaires* exécutées à la requête du ministère public. L'arrêt a également des effets importants en ce qui concerne les *déchéances*, telles que la dégradation civique et la double incapacité de disposer et de recevoir à titre gratuit. Je crois enfin que le conjoint du condamné par contumace à une peine infamante n'a pas besoin d'attendre l'expiration du délai de la prescription pour former une demande en *séparation de corps* ou en *divorce* basée sur cet arrêt[1]. Toutes ces solutions, dont la plupart sont contestées, se déduisent du caractère que je donne à l'arrêt de contumace.

b) En ce qui concerne les *biens du contumax*, l'arrêt, si la condamnation prononce une peine afflictive, n'a d'autre effet que de *confirmer le séquestre* qui a été prescrit par l'ordonnance de contumace [2]. Mais

[1] *La condamnation de l'un des époux à une peine afflictive et infamante* nous dit l'art. 232, C. civ., *sera pour l'autre époux une cause de divorce*, et par conséquent de séparation de corps (art. 306). Que cette disposition soit générale et s'applique aux condamnations par contumace comme aux condamnations contradictoires, personne n'en a jamais douté, le texte ne distinguant pas. Mais la loi ne nous dit pas quel sera le moment à partir duquel l'un des époux pourra demander la séparation de corps ou le divorce en se fondant sur une condamnation à une peine afflictive prononcée par contumace contre son conjoint. Un point certain, c'est qu'après l'expiration du délai donné au condamné pour purger la contumace, son conjoint a le droit de provoquer la séparation de corps ou le divorce. Mais est-il obligé d'attendre ce délai pour introduire sa demande? Une opinion, qui est dominante en jurisprudence, retarde, en effet, jusqu'à cette époque, l'exercice de l'action en séparation de corps. Comp. : Cass., 17 juin 1813; Paris, 6 août 1840 (D. v° *Séparation de corps*, n° 82); Paris, 16 févr. 1887 (S. 87. 2. 88). Dans le même sens: Valette, *Cours de Code civil*, t. Ier, p. 367; Aubry et Rau, t. V, § 491, note 27; Demolombe, t. IV, n° 397; Allemand, *Du mariage*, t. II, n° 1374. Mais un arrêt de la Cour de Dijon a jugé le contraire, le 5 mai 1872 (D. 72. 1. 17). Voy. du reste la note précédente.

[2] Comp. : Pascaud, *Séquestre des biens du contumax* (*Revue critique*, 1879, p. 9); Bertauld, *Revue pratique*, t. VI, p. 99. Toute condamnation par contumace confirme-t-elle le séquestre? Nous ne le pensons pas. La loi a en vue le cas ordinaire d'une condamnation à une peine afflictive. Le séquestre remplaçant l'interdiction à laquelle le contumax n'est pas soumis ne s'explique pas si la condamnation par contumace portait simplement peine infamante ou correctionnelle.

cette solution a été contestée à deux points de vue. L'art. 471 déclare, en effet, que *si le contumax est condamné*, ses biens seront, à partir de l'exécution de l'arrêt, *considérés et régis comme biens d'absents*. A prendre ces expressions à la lettre, il semblerait qu'on dût envoyer immédiatement les héritiers présomptifs du contumax en possession provisoire de ses biens. Effectivement, certains auteurs ont soutenu que la condamnation prononcée avait pour effet de substituer le *régime de l'absence* au *régime du séquestre*. Mais cette opinion, repoussée, du reste, par la jurisprudence [1], exagère la portée de l'art. 471. En disant, dans cette disposition, que les biens du contumax seraient considérés et régis comme biens d'absents, la loi n'a eu d'autre but que de déterminer l'*étendue des pouvoirs de gestion* de l'administration des domaines; et la preuve s'en trouve dans ces mots du texte : *Le compte du séquestre sera rendu à qui il appartiendra*. Cette manière de comprendre l'art. 471 permet de résoudre une autre difficulté qui a été soulevée sur la portée de ce texte. Aux termes de la législation antérieure au Code de 1808, le séquestre, qui suivait la condamnation par contumace, et même la précédait, entraînait l'attribution à l'État des fruits et revenus des biens séquestrés : il n'existe plus, dans le Code d'instruction criminelle, de trace, du moins de trace expresse, de cette sorte de confiscation. Mais quelques auteurs ont pensé que l'art. 471 attribuait à l'administration des domaines le gain d'une portion au moins des fruits et revenus des biens du contumax, conformément à l'art. 127, C. civ., et dans la proportion déterminée par cet article. Cette opinion est depuis longtemps abandonnée. L'art. 471, qui lui sert d'appui, a simplement entendu, comme le démontrent les travaux préparatoires [2], limiter le droit de gestion de l'administration des domaines et lui imposer l'obligation de capitaliser les revenus pour en rendre compte.

II. Si le contumax *meurt* [3] ou s'il laisse la *prescription* s'accomplir sans se représenter, la condamnation devient *irrévocable*. Mais si, avant la prescription de la peine, le contumax se constitue prisonnier, ou s'il est arrêté, le jugement et les procédures faites contre lui depuis l'ordonnance de prise de corps ou de se représenter sont anéantis de plein droit et il est procédé, dans la forme ordinaire, à de nouveaux débats. Les effets de la représentation volontaire ou forcée du contumax doivent donc être examinés, au double point de vue de la *con-*

1 Agen, 20 nov. 1855 (S. 56. 2. 26).

2 Locré, t. XXVII, p. 173. Comp. : Rodière, *op. cit.*, p. 324.

3 L'art. 31, C. civ., faisait cependant une distinction, suivant que le décès se produisait dans la période de cinq ans qui suivait la condamnation, ou après. Mais ce texte a été abrogé par la loi du 31 mai 1854.

damnation prononcée par contumace, qui est anéantie, et de la *poursuite* qui va recommencer.

a) L'arrêt de condamnation est d'abord ***rétroactivement anéanti*** et, avec lui, tous les effets de droit qu'il a produits[1]. Cependant, si le condamné ne se représente que cinq ans après l'exécution par effigie, la double incapacité de disposer et de recevoir à titre gratuit, quand elle est encourue, a, pour le passé, des effets définitifs, que l'anéantissement de l'arrêt de condamnation ne pourrait effacer.

L'art. 476 ne dit pas seulement que le jugement sera anéanti par la comparution du contumax, mais que les procédures faites contre lui, *depuis l'ordonnance de prise de corps ou de se représenter*, le seront également. L'annulation remonte-t-elle jusqu'à l'ordonnance de prise de corps, qui termine l'arrêt de la chambre des mises en accusation, ou simplement jusqu'à l'ordonnance de se représenter, qui constitue l'accusé en état de contumace? La loi nous indique, ce qui est contradictoire, à la fois l'une et l'autre date, comme point de départ de l'annulation. Mais il résulte évidemment de son esprit[2], qu'il faut restreindre l'annulation à la procédure faite depuis l'ordonnance de contumace : par conséquent, les actes antérieurs, notamment la notification de l'arrêt de renvoi et de l'acte d'accusation, demeurent valables[3]. On ne concevrait pas, en effet, que la représentation du condamné pût rétroagir sur des actes faits avant qu'il ne fût légalement contumax.

b) Lorsque l'accusé reparaît, de gré ou de force, avant l'accomplissement de la prescription, l'arrêt par contumace étant anéanti, il doit être procédé à de nouveaux débats, *dans la forme ordinaire*, c'est-à-dire avec le concours du jury, et d'après les règles de la procédure en cour d'assises, quelle que soit la condamnation prononcée[4]. Mais si,

[1] Le condamné, qui purge sa contumace, peut-il répéter ce qui a été payé à la partie civile? Sur cette question délicate, comp. mon article déjà cité : *Questions pratiques sur la contumace*. On y trouvera le texte d'un jugement intéressant du tribunal civil de Chaumont du 13 février 1878, qui se prononce sur un des côtés de la question. Comp. Rodière, *op. cit.*, p. 327.

[2] On remarquera, en effet, qu'avant la suppression de la chambre du conseil, l'ordonnance de prise de corps était contenue dans l'acte par lequel, en cas de présomption de crime, cette chambre ordonnait de transmettre les pièces de la procédure à la chambre d'accusation. Si donc on avait pris à la lettre l'art. 476, on aurait annulé non seulement tous les actes postérieurs à l'arrêt de la chambre des mises en accusation, mais cet arrêt lui-même : or, c'était là évidemment ce que la loi ne pouvait admettre.

[3] Dans ce sens, Nouguier, t. II, nos 766, 767. C'est le système de la jurisprudence : Cass., 18 avr. 1850 (S. 50. 1. 766); 7 déc. 1900 (*B. cr.*, no 361).

[4] Les expressions de l'art. 476 ont donné lieu à une difficulté très pratique et dont la solution a beaucoup embarrassé la jurisprudence. Il arrive souvent que le con-

pour quelque cause que ce soit, des témoins ne peuvent être produits aux débats, leurs dépositions écrites et les réponses écrites des autres accusés du même délit seront lues à l'audience : il en sera de même de toutes les autres pièces qui seront jugées par le président être de nature à répandre la lumière sur le délit et les coupables (art. 477)[1].

484. Comparaison entre le défaut et la contumace. — L'organisation de la procédure par contumace et celle de la procédure par défaut sont dominées l'une et l'autre par le double principe : 1° que le prévenu ou l'accusé doit être tenu de comparaître lorsqu'il est régulièrement cité en justice ; 2° mais qu'il ne peut être définitivement condamné sans avoir été entendu. Seulement, dans la procédure par contumace, ce double principe n'est pas sanctionné de la même manière que dans la procédure par défaut.

I. Ainsi d'abord, si l'*accusé*, régulièrement mis en demeure de se représenter, n'obéit pas à la loi, il est frappé, avant tout jugement, de la suspension de l'exercice de ses droits de citoyen, de l'interdiction d'ester en justice, et ses biens sont mis sous séquestre. Rien d'analogue n'est organisé contre le *prévenu* qui ne comparaît pas devant les tribunaux de police simple ou correctionnelle ; la seule sanc-

tumax, arrêté après un long temps depuis sa condamnation, conteste son identité avec l'accusé qui a été déjà frappé par la justice. On a hésité sur le point de savoir si les art. 518 et 519, textes exceptionnels, relatifs à la *reconnaissance de l'identité des individus condamnés, évadés et repris*, et d'après lesquels la reconnaissance est faite par la *cour seule*, *sans assistance de jurés*, étaient applicables à la reconnaissance du contumax dont l'identité est contestée. La jurisprudence a résolu la question affirmativement, mais en déclarant tous moyens de défense réservés, et notamment, en donnant à l'accusé le droit de soutenir, lors même que les faits seraient constants, qu'il n'en est pas l'auteur. La Cour suprême, en limitant, d'une part, le droit de la cour d'assises à la vérification de l'identité de l'individu mis en jugement avec l'accusé condamné par contumace, et en réservant, d'un autre côté, le droit du jury de déclarer que l'accusé n'est pas l'auteur des faits incriminés, nous paraît avoir fait une exacte conciliation entre les art. 518 et 519 et l'art. 476. Comp. Cass. (ch. réunies), 5 août 1834 (S. 35. 1. 49); 4 nov. 1865 (S. 66. 1. 308). Comp. : Faustin Hélie, t. VIII, n° 3878 ; Rodière, *op. cit.*, p. 325 ; *Revue de législation*, t. Ier, p. 315.

[1] Il y a lieu, en effet, de noter deux choses : 1° Au cas de représentation du contumax, la lecture à l'audience des dépositions des témoins entendus à l'instruction, cités devant la cour d'assises, notifiés à l'accusé et non comparants, est une formalité substantielle, dont l'omission entraîne nullité : Cass., 4 janv. 1895 et 6 août 1896 (D. 98. 1. 153) ; 2° Mais cette obligation doit s'entendre, non de tous les témoins entendus dans l'instruction écrite, et non appelés aux débats, mais uniquement de ceux qui, ayant déposé dans l'instruction écrite et ayant été ensuite cités devant la cour d'assises, se sont trouvés empêchés de fournir leur témoignage : Cass., 3 juill. 1890 (D. 91. 1. 94).

tion de son défaut consiste dans le droit, pour la juridiction de répression, de le juger malgré son absence.

II. Mais la condamnation prononcée par la cour d'assises pouvant avoir des conséquences plus graves que celle qui est prononcée par les tribunaux de police simple ou correctionnelle, l'arrêt de contumace devient plus difficilement définitif que le jugement ou l'arrêt par défaut : 1° Ainsi, il faut un *acte formel d'opposition* pour anéantir les jugements ou arrêts par défaut, tandis que l'arrêt de contumace tombe, *de plein droit*, par la seule comparution volontaire ou forcée de contumax ; 2° Le délai ordinaire pour l'opposition est très court : trois jours, en matière de police simple; cinq jours, en matière de police correctionnelle ; tandis que, quant aux arrêts par contumace, le délai pour faire tomber la condamnation n'est autre que le délai même de la prescription de la peine. 3° Enfin le condamné par défaut est maître, en laissant passer le délai de l'opposition, ou même, pendant ce délai, en ne formant pas d'opposition, d'*acquiescer* tacitement à la condamnation ; tandis que le contumax, par cela seul qu'il se représente ou qu'il est arrêté dans les délais de la prescription, fait tomber, qu'il le veuille ou non, la condamnation qui le frappe.

III. Il suit de là que jamais une condamnation par contumace ne peut être exécutée *sur la personne* du condamné et que, quant aux peines corporelles qu'elle prononce, elle a simplement un caractère comminatoire, tandis que la condamnation par défaut, dès qu'elle est devenue irrévocable par l'expiration du délai *ordinaire* de l'opposition, peut s'exécuter sur la *personne*, comme sur les *biens* du condamné.

IV. Le défaillant, qui est acquitté sur opposition, n'est que *facultativement* condamné aux frais de la première instance (art. 187); tandis que l'art. 478 met *toujours* à la charge du contumax les frais occasionnés par son défaut. Les mesures de publicité, qui ont précédé l'arrêt que le contumax fait rétracter, expliquent cette différence. Dans le cas de défaut, en effet, les frais de la voie de recours, nécessités par la non-comparution du prévenu, ne lui sont pas toujours imputables à faute, puisqu'il a pu ne pas connaître la citation.

§ V. — DE L'OPPOSITION AUX ORDONNANCES DU JUGE D'INSTRUCTION.

485. L'opposition aux ordonnances du juge d'instruction est un véritable appel. — 486. Dans quels cas et au profit de quelles personnes cette voie de recours est ouverte.

485. L'OPPOSITION AUX ORDONNANCES DU JUGE D'INSTRUCTION EST

UN VÉRITABLE APPEL. — Le juge d'instruction ne forme qu'une *juridiction d'instruction du premier degré*. Il ne statue donc, sauf dans quelques cas exceptionnels (C. instr. cr., art. 34, 80 et 86), qu'en premier ressort. Ses ordonnances, soit *de plein droit* (en matière criminelle), soit sur l'*opposition des parties,* sont déférées à la chambre des mises en accusation, à laquelle toutes les questions qui se rattachent à l'instruction viennent aboutir. L'expression *opposition* (art. 135), dont se sert la loi pour qualifier cette voie de recours contre les ordonnances du juge d'instruction, est doublement inexacte. Dans son sens précis, l'opposition s'entend d'une voie de recours, au moyen de laquelle un individu, *condamné par défaut*, s'adresse au même juge qui a rendu la sentence et lui en demande la *rétractation*. Or, d'une part, les ordonnances du juge d'instruction ne peuvent jamais être rendues par défaut, puisque l'instruction est suivie tant en l'absence qu'en la présence de l'inculpé; et, d'autre part, le recours formé contre ces ordonnances est porté devant une juridiction supérieure à celle dont on critique l'œuvre, et à laquelle on demande une réformation par voie d'*appel*.

486. DANS QUELS CAS ET AU PROFIT DE QUELLES PERSONNES CETTE VOIE DE RECOURS EST OUVERTE. — Cette question, à raison de l'insuffisance des textes, présentait des difficultés, jusqu'à la loi du 17 juillet 1856, qui a modifié l'art. 135. Ce texte ne met pas sur la même ligne, au point de vue du droit d'opposition, le *prévenu,* le *ministère public* et la *partie civile.*

I. Le droit d'opposition appartient, personnellement et distinctement[1], au *procureur de la République* et au *procureur général*. Il leur appartient, *dans tous les cas :* par conséquent, à quelque phase de la procédure et sur quelque question que l'ordonnance ait été rendue. L'opposition est, en effet, pour le procureur de la République, un moyen de faire vider, par la chambre d'accusation, les conflits qui peuvent s'élever entre lui et le juge; elle est, pour le procureur général, la sanction directe de son droit de surveillance sur la marche de l'instruction. Le premier de ces magistrats doit exercer ce recours « dans les vingt-quatre heures à compter de l'ordonnance » (art. 135, § 4); il a donc toute la journée du lendemain. Aucune forme ne lui est imposée : mais, par analogie avec ce qui est prescrit pour l'appel, on décide qu'une déclaration faite au greffe est suffisante[2]. Le second

[1] Le droit du procureur général qui est personnel à ce magistrat, ne peut être compromis ni entravé par les actes du procureur de la République : Cass., 25 mai 1895 (D. 99. 5. 408).

[2] En cas d'opposition du procureur de la République à une ordonnance de non-

de ces magistrats a « les dix jours qui suivent l'ordonnance » pour exercer son recours. Il doit *notifier* son opposition au prévenu[1].

L'opposition a un double effet : — Un effet *suspensif* qui, suivant la règle des voies de recours en matière pénale, est produit par le délai même de vingt-quatre heures accordé aux parties en cause. En conséquence, l'inculpé, au profit de qui est intervenue une ordonnance de non-lieu, gardera prison jusqu'au lendemain (art. 135). Passé ce délai, il sera élargi, si aucune opposition ne survient. — Un effet *dévolutif*, qui est restreint aux chefs de l'ordonnance contre lesquels l'opposition est dirigée, mais qui est complet quant à ces chefs. La chambre d'accusation pourra donc, sur une opposition *a minima* du ministère public, rendre un arrêt plus favorable à l'inculpé que l'ordonnance attaquée.

II. La partie civile peut former opposition à toute ordonnance qui fait *grief à ses intérêts civils*, c'est-à-dire qu'elle a des droits aussi étendus que ceux du ministère public[2]. La loi plaçant le ministère public et la partie civile sur la même ligne, formulant de la même manière leur droit d'opposition, il faut en conclure que les effets en sont identiques. D'où il suit que la partie civile, qui forme opposition, agit à la fois dans l'intérêt de l'action civile et de l'action publique qui est conservée[3]; c'est ainsi qu'elle pourra faire rapporter une ordonnance de non-lieu à laquelle le ministère public aurait acquiescé par son silence. Le délai imparti à la partie civile pour faire opposition est de vingt-quatre heures à compter de la signification qui lui est faite de l'ordonnance à son domicile réel ou élu dans l'arrondissement (art. 68 et 135, § 4). Les formes de son opposition n'étant pas déterminées par la loi, on en conclut que la partie civile a le choix

lieu, notre législation, même depuis la loi du 8 déc. 1897, n'exige pas la communication de cette opposition au prévenu et l'expose, dans cette ignorance, à ne pas envoyer le mémoire autorisé par l'art. 217, C. instr. cr. Sur cette lacune : Cass., 9 juill. 1904 (D. 1905. 1. 341 et note de M. Georges Leloir; S. 1907. 1. 60); *Rev. pénit.*, 1904, p. 1157; 1905, p. 383; 1906, p. 83.

[1] Sur l'opposition du procureur général : Cass., 11 févr. 1881 (S. 81. 1. 189); 19 mai 1881 (S. 84. 1. 48).

[2] On peut citer, parmi les ordonnances faisant grief à la partie civile : 1° l'ordonnance accordant la liberté provisoire (art. 119); 2° les ordonnances de mise en prévention qui doivent être suivies de l'élargissement du prévenu (art. 129, 131); mais voy. Paris, 26 nov. 1901 (D. 1902. 2. 269, et la note de M. Leloir); 3° l'ordonnance de non-lieu (art. 128); 4° l'ordonnance de dessaisissement pour incompétence; 5° l'ordonnance de renvoi devant un tribunal incompétent; 6° l'ordonnance qui déclare n'y avoir lieu d'informer.

[3] Cass., 29 mars 1878 (S. 79. 1. 93). Voy. égal. Cass., cr. non recev. (motifs), 3 nov. 1887 (D. 88. 1. 236); 28 avr. 1892 (D. 92. 1. 631); 29 avr. 1893 (D. 95. 1. 326).

entre la voie d'une déclaration au greffe, ou la voie d'une signification faite aux deux parties, le procureur de la République et l'inculpé [1].

La partie civile qui succombe dans son opposition est condamnée à des dommages-intérêts envers le prévenu (art. 136). Cette indemnité, qui est indépendante de celle que l'inculpé pourra obtenir à raison de la témérité de la plainte, est allouée d'office par la chambre d'accusation comme conséquence du rejet de la voie de recours [2].

III. Le prévenu ne peut former opposition que dans deux cas : 1° quand la mise en liberté provisoire lui est refusée (art. 114); 2° quand il a excipé de l'incompétence et que le juge s'est déclaré compétent (art. 539). Ces restrictions au droit d'opposition du prévenu, telles qu'elles résultent, d'une manière évidente, de l'art. 135, étaient déjà consacrées par la jurisprudence, avant 1865. C'est que le prévenu n'a vraiment *intérêt* à former opposition que dans les deux cas indiqués. En effet, lorsque l'affaire est renvoyée, par le juge d'instruction, au tribunal correctionnel ou au tribunal de police, l'opposition serait inutile, car l'ordonnance de renvoi laisse intacts les droits du prévenu, qui peut les faire valoir devant le tribunal de renvoi. Que si le juge d'instruction, étant d'avis que le fait emporte une peine criminelle, a ordonné le renvoi de la procédure au procureur général, l'affaire doit être soumise, de plein droit et sans qu'il soit besoin d'une opposition, à la chambre des mises en accusation. Mais on s'est demandé si la loi du 8 décembre 1897 n'avait pas *implicitement* ouvert au prévenu la faculté de faire opposition, contre toute ordonnance méconnaissant les garanties qui lui sont données, pour demander la nullité de l'acte entaché d'un vice absolu et de la procédure ultérieure? Cette extension du droit d'opposition est repoussée par la jurisprudence qui s'attache strictement au texte de l'art. 135.

Le délai de l'opposition est toujours de vingt-quatre heures. Il court, à compter de la communication ou de la signification de l'ordonnance, suivant que l'inculpé est détenu ou en liberté (art. 135, § 4). La forme de l'opposition, par analogie avec celle de l'appel, est une déclaration au greffe.

IV. La loi n'a pas complètement réglé le point de savoir si l'opposition de l'une des parties en cause doit être portée à la connaissance des autres et par quels moyens. L'art. 135 prescrit bien au procureur général de notifier son opposition, mais sans dire à qui, et il ne parle pas de la notification de l'opposition formée par les autres parties. Si le procureur de la République peut avoir connaissance de toute oppo-

[1] Voy. Cass., 9 juill. 1904, précité.

[2] Mais voir : Bourges, 9 juin 1878 (S. 70. 2 188).

sition, puisque le greffe lui est ouvert, il n'en est pas de même du prévenu et de la partie civile. Il semble, par conséquent, que le prévenu ait le droit d'être informé de l'opposition du ministère public et de la partie civile : et que, de son côté, la partie civile ait le droit d'être informée de l'opposition du ministère public et du prévenu. Mais, en dehors du procureur général, auquel la *notification* est imposée, les autres parties ne sont strictement tenues qu'à *déclarer* l'opposition au greffe. Cette déclaration n'a besoin d'aucune publicité.

§ VI. — DE L'APPEL DES JUGEMENTS CORRECTIONNELS ET DE POLICE.

487. Division. — 488. Dans quels cas et au profit de qui l'appel est ouvert. Tribunal de police. Tribunal correctionnel. — 489. Du délai de l'appel. Observations sur ce délai. Exceptions. — 490. Des formes de l'appel. — 491. Effets de l'appel. Effet suspensif. Effet dévolutif. — 491 *bis*. Instruction de l'appel.

487. LES ARRÊTS DE LA COUR D'ASSISES SONT EN DERNIER RESSORT. DIVISION. — Les décisions de la cour d'assises sont sans appel; c'est là un caractère qui leur a toujours appartenu. Il serait, en effet, difficile de donner à une juridiction le droit de réformer les verdicts de la justice populaire. Ce n'est donc pas pour les procès les plus graves que l'appel est organisé en matière répressive. L'appel n'est ouvert, en effet, que contre certaines décisions des *tribunaux de police* et toutes celles des *tribunaux correctionnels*, rendues en matière correctionnelle.

J'examinerai, successivement et parallèlement, pour ces deux ordres de tribunaux : 1° dans quels cas l'appel est ouvert et au profit de quelles personnes; 2° dans quel délai; 3° en quelle forme; 4° quels effets il produit; 5° comment il s'instruit.

488. DANS QUELS CAS ET AU PROFIT DE QUI L'APPEL EST OUVERT. — Il faut distinguer, suivant qu'il s'agit de jugements rendus, soit par le *tribunal de police*, soit par le *tribunal correctionnel*.

I. La législation intermédiaire déclarait, en dernier ressort, *tous* les jugements des tribunaux de police. Le Code de 1808, qui admet la faculté d'appel, contrairement à ces précédents, en restreint cependant l'application. Aux termes de l'art. 172, en effet : *Les jugements rendus en matière de police pourront être attaqués par la voie de l'appel, lorsqu'ils prononceront un emprisonnement, ou lorsque les amendes, restitutions et autres réparations civiles excéderont la somme de cinq francs, outre les dépens*. Les termes *limitatifs* de ce texte indiquent :

1° à quelles *personnes* appartient le droit d'appel; 2° contre quels *jugements* il peut s'exercer.

a) La faculté d'appeler des jugements de police n'appartient qu'aux personnes contre lesquelles ces jugements ont prononcé, soit un emprisonnement, soit des amendes, des restitutions ou autres réparations civiles excédant la somme de cinq francs; elle peut donc être exercée, sans difficulté, par les *prévenus* et par les *personnes civilement responsables*, qui ont encouru l'une des condamnations prévues par la loi. Le droit d'appel des *parties civiles*, bien qu'il ait été contesté, ne nous semble pas moins certain [1]. En effet, la loi, pour ouvrir la voie de l'appel, exige trois conditions, qui sont nécessaires, mais suffisantes: 1° une condamnation personnelle à la partie qui appelle; 2° une condamnation qui, si elle est pécuniaire, ait pour objet, soit une amende, soit une restitution, soit une réparation civile; 3° une condamnation qui excède cinq francs. Or, la partie civile, qui est condamnée *reconventionnellement* à des dommages-intérêts envers le prévenu, se trouve certainement dans ces conditions. Pourquoi lui refuserait-on le droit d'appeler? Mais l'art. 172, qui contient une innovation, puisque la législation antérieure déclarait *en dernier ressort* tous les jugements de police, doit être restreint dans ses termes : la garantie du double degré de juridiction n'a été donnée qu'aux *parties* qui attaquent une *condamnation* : *le ministère public*, ne pouvant pas être *condamné*, n'a, dans tous les cas, d'autre recours à exercer contre le jugement de police que celui de la cassation [2]; le droit d'appel lui est refusé, que le prévenu soit acquitté, ou qu'il soit condamné à une peine jugée insuffisante.

b) Pour déterminer la compétence en premier ressort du tribunal de simple police, ce n'est pas le montant de la *demande* qu'il faut considérer, comme en matière civile, mais le montant de la *condamnation* [3]. En ce qui concerne l'*emprisonnement*, dans tous les cas, s'agît-

[1] *Sic*, Cass., 29 déc. 1904 (*B. cr.*, n° 556).

[2] Sur les difficultés : A. Desjardins, *Revue critique*, 1883, p. 99. Sur le principe : notes 1, 2 et 3 sous Cass., 30 juin et 29 juill. 1893 (D. 84. 1. 194); Cass., 6 juill. 1895 (D. 95. 1. 517).

[3] Deux questions ont été soulevées à ce propos. *a*) Lorsque, par un seul et même jugement, il a été prononcé, sur plusieurs contraventions, des amendes inférieures à cinq francs, mais dont le total dépasse cette somme, y a-t-il possibilité d'appel? Je crois qu'il faut se baser sur la totalité des amendes prononcées pour fixer le ressort (art. 172) et que, par conséquent, le jugement est, dans ce cas, susceptible d'appel. Comp. : Le Sellyer, *op. cit.*, t. Ier, n° 20. *Sic*, Cass., 28 juill. 1894 (D. 95. 1. 150); 12 janv. 1904 (*Pand. franç.*, 1906. 1. 121). Jurisprudence aujourd'hui constante. *b*) Un jugement, prononçant une condamnation à cinq francs d'amende, sera-t-il susceptible d'appel, à raison de décimes que l'administration est autorisée à prélever, aux termes des lois de finances? Cette question, qui était déli-

il même d'une condamnation à un jour, et c'est la moindre, le jugement est en premier ressort. S'il s'agit de *condamnation pécuniaire*, il y aura faculté d'appel, dès que les condamnations prononcées, amendes, réparations civiles, s'élèveront, additionnées ensemble, à plus de cinq francs, outre les dépens, ou lorsqu'il s'agira d'une condamnation à une valeur indéterminée, confiscation, restitution, travaux à faire[1]. *Tous autres jugements*, même les jugements sur la compétence, sont en dernier ressort. Mais sur l'appel du jugement définitif, les jugements interlocutoires ou d'incompétence pourront être remis en question, car l'effet dévolutif de l'appel formé contre le jugement définitif est complet [2].

c) La loi du 31 décembre 1906, qui a rendu aux tribunaux de police la compétence pour juger les contraventions forestières, dispose, dans l'art. 172, par un paragraphe ajouté à ce texte, que : « Dans les affaires forestières poursuivies à la requête des agents de l'administration, l'appel sera *toujours possible de la part de toutes les parties quelles que soient la nature et l'importance des condamnations* ».

II. En matière correctionnelle, l'art. 199, C. instr. cr., qui est la reproduction de l'art. 192 du Code de brumaire, pose ce principe général : *Les jugements rendus en matière correctionnelle pourront être attaqués par la voie de l'appel*. Ainsi, la loi n'exige pas, pour ouvrir ce recours, comme elle le fait en matière de police, la condition d'une *condamnation* à telle ou telle peine : on a pensé, avec raison, que *toutes les poursuites* avaient, en matière correctionnelle, une importance assez grande pour assurer *à toutes les parties* la garantie d'un double degré de juridiction.

cate, paraît résolue dans le sens de l'affirmative par l'art. 32 de la loi budgétaire du 30 mars 1902, modifiant l'art. 5 de la loi du 13 avr. 1900. La condamnation à l'amende entraîne désormais, de plein droit, l'obligation de payer les décimes et demi-décimes : cependant, en matière de douanes, contributions indirectes et octrois, les tribunaux devront, comme sous la loi de 1900, prononcer expressément la condamnation aux décimes et demi-décimes. La loi nouvelle, confirmant la jurisprudence de la Cour de cassation, décide que le recouvrement des décimes et demi-décimes se fera, en vertu des mêmes titres, dans les mêmes formes et conditions que le principal de l'amende. Il est donc certain qu'au point de vue de la contrainte par corps, il faut tenir compte des décimes. Je ne vois pas pourquoi il en serait autrement au point de vue du taux du ressort. Cependant, la Cour de cassation, antérieurement à la loi de 1902, s'est prononcée en sens contraire et n'a pas admis l'influence des décimes au point de vue du taux du ressort : Cass., 13 avr. 1894 (S. 94. 1. 251 ; D. 95. 1. 733). Voy. conclusions du proc. gén. Manau dans *Pand. franç.*, 1894. 1. 157. Dans le même sens : Trib. corr. de Lyon, 6 juill. 1908 (*Le Droit*, 14 janv. 1908).

[1] Cass., 12 janv. 1904 (*Pand. franç.*, 1906. 1. 121).

[2] Cass., 16 avr. 1880 (S. 81. 1. 137) et la note.

a) Le droit d'appel est donc général : mais s'étend-il, sans restriction, à tous les *jugements*, aux jugements *d'avant faire droit*, comme aux jugements *définitifs*?

Le jugement est-il *définitif*, c'est-à-dire termine-t-il l'instance devant le tribunal? il est toujours sujet à appel, s'il est rendu « *en matière correctionnelle* ». Ces mots du texte font allusion à la règle écrite dans l'art. 192, d'après laquelle le tribunal correctionnel statue en *dernier ressort*, lorsque le fait, qui lui a été déféré comme *délit*, ne constitue qu'une *contravention de police*. Mais, pour que la règle s'applique et que le jugement, rendu par le tribunal correctionnel, soit en dernier ressort, il faut : 1° que le fait ait réellement le *caractère d'une contravention*, et qu'aucune des parties n'ait demandé le renvoi devant le tribunal de police. En effet, aux termes de l'art. 192, les tribunaux correctionnels ne peuvent juger, en premier et dernier ressort, que lorsque le renvoi de l'affaire n'ayant été demandé ni par le ministère public ni par la partie civile, le fait est réduit à n'être plus qu'une contravention de police : dans tous les autres cas, leurs jugements sont, de droit, sujets à appel, et l'art. 452, C. proc. civ., qui, par identité de motifs, est applicable à la procédure répressive, soumet à l'appel des jugements qui, bien que qualifiés en dernier ressort, ont été rendus dans des cas où, d'après la loi, les juges ne pouvaient prononcer qu'en première instance[1]; 2° il faut que la contravention soit de la compétence du tribunal de police et non de celle du tribunal correctionnel. Cette seconde condition n'a plus d'application pratique depuis que la loi du 31 déc. 1906 a enlevé aux tribunaux correctionnels la connaissance des contraventions forestières.

J'ai supposé *définitif* le jugement rendu en matière correctionnelle; mais que décider à l'égard des jugements d'*avant faire droit*? On sait combien d'incidents peuvent se présenter dans une instance : autoriser autant d'appels qu'il peut y avoir de décisions rendues à propos de ces divers incidents, ce serait compliquer l'instruction et arrêter, à chaque pas, la marche de la procédure. En conséquence, le Code de procédure civile a, dans l'art. 451, introduit une distinction,

[1] Si la cour, saisie de l'appel formé contre un jugement du tribunal correctionnel, qui n'a vu dans le fait qu'une contravention, reconnaît que le fait a été bien qualifié par les premiers juges, elle doit décider que, le jugement ayant été rendu en dernier ressort, l'appel n'est pas recevable : Cass., 19 déc. 1865 (S. 66. 1. 310); 29 oct. 1885 (S. 86. 1. 234); Paris, 15 févr. 1896 (S. 96. 1. 104 et la note). Il a été décidé que, dans ce cas, le jugement est en dernier ressort, non seulement sur la contravention, mais encore sur la demande reconventionnelle du prévenu en dommages-intérêts : Cass., 14 mars 1874 (*B. cr.*, n° 85). Pour le cas de connexité d'un délit et d'une contravention : Dijon, 16 oct. 1890 (D. 91. 2. 149); Poitiers, 5 déc. 1890 (D. 91. 2. 253).

entre les jugements *préparatoires* proprement dits, et les jugements d'instruction qui préjugent le fond, auxquels a été réservée la qualification d'*interlocutoires*. Il a décidé que l'appel des premiers ne pourrait être interjeté qu'après le jugement définitif et conjointement avec l'appel de ce jugement, et autorisé, au contraire, l'appel immédiat pour les seconds. Dans le silence du Code d'instruction criminelle, la jurisprudence a toujours décidé que ces dispositions « qui établissent le droit commun, doivent recevoir leur application de la part des tribunaux correctionnels »[1]. Ainsi, tandis que les jugements simplement préparatoires, rendus par les tribunaux correctionnels, ne peuvent être attaqués qu'avec le jugement sur le fond, les jugements interlocutoires, faisant *grief immédiat aux parties*, en préjugeant le fond de l'affaire, peuvent être attaqués, sans attendre le jugement définitif, dans les dix jours de leur prononciation.

b) Quant aux *personnes* qui peuvent appeler, l'art. 202 ouvre cette voie de recours, non seulement aux *parties* engagées dans l'instance correctionnelle, mais encore au *procureur général* qui exerce l'action publique devant la cour d'appel.

1° Le droit d'appel appartient, dans tous les cas, au *prévenu*. L'intérêt est la seule mesure de son action; ainsi, quoique renvoyé des fins de la plainte, le prévenu pourrait former appel du jugement qui, en l'acquittant, ne lui aurait pas alloué des dommages-intérêts qu'il demandait contre la partie civile. Il aurait même le droit d'appel, s'il avait acquiescé au jugement, toute voie de recours étant d'ordre public en matière criminelle.

2° La *partie civilement responsable* peut appeler, comme le prévenu. L'intérêt du prévenu et de la partie responsable, quoique le même au fond, s'exerçant sur un objet différent, le premier sur la peine, le second sur les dommages-intérêts, il s'ensuit que l'appel de l'un est indépendant de l'appel de l'autre. Les personnes civilement responsables peuvent donc appeler quand le prévenu acquiesce, et acquiescer quand il appelle[2].

[1] Cass., 11 août 1826 (*B. cr.*, n° 157). Voy. encore : Cass., 10 mai 1879 (S. 79. 1. 181); 27 mai 1880 (S. 81. 1. 280); 14 mai 1892 (*B. cr.*, n° 146); 20 févr. 1893 (*B. cr.*, n° 37).

[2] La théorie de la *représentation imparfaite* appliquée par la jurisprudence civile aux actes de procédure et aux jugements auxquels n'a participé qu'un seul des codébiteurs solidaires, doit-elle être étendue à la procédure répressive? Faut-il notamment l'étendre : 1° à l'appel du prévenu, par rapport aux personnes civilement responsables de l'infraction et réciproquement; 2° à l'appel d'un coprévenu condamné à l'amende par rapport à ses coprévenus également condamnés à des amendes? Voy. Lyon, 14 août 1884 (D. 86. 2. 78); Ballot, *Revue du droit français*, 1848, p. 461.

3° L'appel de la *partie civile*, quoique celle-ci n'exerce qu'une action civile, est soumis aux seules formes et aux seules conditions du Code d'instruction criminelle; peu importe donc le chiffre des dommages-intérêts demandés : le droit d'appel de la partie civile n'est pas subordonné, comme devant les tribunaux civils, à la quotité de la demande[1]. Ce recours peut s'exercer, soit contre le prévenu, soit contre la personne civilement responsable, soit contre tous les deux à la fois, mais il ne renouvelle pas l'impulsion que la citation de la partie civile avait donnée à l'action publique et ne concerne que l'action en dommages-intérêts. C'est là un point essentiel à noter.

4° Les *administrations publiques*, qui participent, dans la mesure déterminée plus haut, à l'exercice de l'action publique, ont un droit d'appel analogue à celui du ministère public, avec cette différence que leur droit de transaction les rend irrecevables à interjeter appel d'un jugement auquel elles auraient acquiescé, et qu'elles ne peuvent appeler qu'en ce qui concerne les peines pécuniaires[2].

5° Le droit d'appel, ouvert au *ministèr ublic* en matière correctionnelle, est *général* et s'applique à tous les jugements qui statuent sur l'action publique; il est, du reste, *personnel* à chacun des magistrats désignés par l'art. 202. Le *procureur de la République* peut donc saisir la cour d'appel, sans attendre les instructions de son chef hiérarchique, car, en appelant, il ne fait qu'exercer un droit qui lui est personnellement délégué[3]. Le *procureur général*, de son côté, peut user de son droit d'appel, alors même que le procureur de la République aurait consenti à l'exécution du jugement[4].

489. Du délai de l'appel. — Le délai général d'appel est le même pour les jugements de police et les jugements correctionnels : il est de *dix jours* (art. 174 et 203). En *matière correctionnelle*, ce délai court, pour les jugements contradictoires, à compter de leur *prononciation*, et sans augmentation, à raison des distances, et, pour les jugements par défaut, à compter de leur *signification* à personne ou à domicile, outre un jour par trois myriamètres[5]. En *matière de*

[1] *Sic*, Alger, 13 avr. 1888 (S. 89. 2. 138).

[2] Cass., 3 mars 1894 (S. 94. 1. 199).

[3] Il peut appeler, même si le jugement qu'il attaque a été rendu conformément à ses conclusions : Cass., 20 oct. 1899 (S. 1901. 1. 432).

[4] *Sic*, Faustin Hélie, t. VI, n° 3000; *Pratique criminelle*, t. Ier, p. 243. En sens contraire cependant, mais par erreur : Ortolan et Ledeau, *op. cit.*, t. Ier, p. 26. Si les deux membres du ministère public ont exercé conjointement leur droit d'appel, la cour est tenue de statuer sur les deux appels.

[5] Point constant : Cass., 14 nov. 1861 (*Bull. crim.*, n° 232); 20 mars 1884 (S. 86. 1. 391).

police, il n'était fait autrefois aucune distinction entre les jugements contradictoires et les jugements par défaut : pour les uns comme pour les autres, le délai d'appel ne commençait à courir que du jour de leur *signification*[1]. On avait pensé, sans doute, que le prévenu ayant toujours la faculté de se faire représenter devant le tribunal de police, il était possible qu'il n'eût pas personnellement connaissance d'un jugement, *même contradictoire*, prononcé contre lui. Mais une loi du 6 avr. 1897 a modifié l'art. 174, C. instr. cr., en assimilant, quant *au point de départ du délai d'appel*, la procédure correctionnelle et la procédure de police. Aujourd'hui, en cas de jugement de police contradictoire, l'appel doit être interjeté « par déclaration au greffe du tribunal qui a rendu le jugement dans les dix jours, au plus tard, après celui où il a été prononcé »[2].

Sur ce délai, il faut faire les observations suivantes : 1° Le délai d'appel n'est pas suspendu pendant les trois jours, ou les cinq jours, à partir de la signification d'un jugement de police simple ou correctionnelle, que la loi laisse au défaillant pour former opposition : celui-ci a, pendant ce délai, le *choix* entre les deux voies de recours; il peut négliger celle de l'*opposition* pour prendre immédiatement celle de l'*appel*. Il n'y a donc pas lieu de transporter, en matière répressive, la règle établie par l'art. 443, C. proc. civ., aux termes duquel le délai, pour interjeter appel des jugements par défaut, court seulement du jour où l'opposition n'est plus recevable. Ainsi, tandis que, dans la procédure civile, les délais d'appel et d'opposition sont *successifs*, ils sont *parallèles* dans la procédure pénale. 2° Le délai de dix jours n'est pas un *délai franc*. C'est ce qni résulte des termes mêmes des art. 174 et 203. L'appel ne peut donc être interjeté le onzième jour de la prononciation ou de la signification du jugement, alors même que le dixième se trouverait être un jour férié[3]. Mais le jour du prononcé

[1] Bien que l'art. 174 ne parle pas d'une augmentation, à raison des distances, la jurisprudence ajoute au délai de dix jours, en matière de police, un jour par trois myriamètres de distance (arg. de l'art. 203). *Sic*, Cass., 20 mars 1884 (S. 86. 1. 391).

[2] Article unique. — L'art. 174, C. instr. cr., est modifié ainsi qu'il suit :

« L'appel des jugements de simple police sera porté au tribunal correctionnel : cet appel sera interjeté par déclaration au greffe du tribunal qui a rendu le jugement dans les dix jours, au plus tard, après celui où il a été prononcé; et, si le jugement est par défaut, dans les dix jours, au plus tard, de la signification de la sentence à personne ou à domicile. Il sera suivi et jugé dans la même forme que les appels des sentences des justices de paix ». On sait que la loi du 31 décembre 1906 a ajouté un second paragraphe à l'art. 174.

[3] *Sic*, Cass., 12 mai 1855 (D. 55. 1. 443): Nîmes, 29 juill. 1875 (S. 75. 2. 271): Cass., 27 nov. 1891 (D. 92. 1. 366). Tous les jours sont utiles en matière criminelle.

du jugement ou de la signification n'est pas compris dans le délai. 3° Il y a *déchéance* absolue de l'appel, suivant les termes de l'art. 203, si la déclaration d'appeler n'a pas été faite dans les délais fixés par la loi. On a essayé de relever les parties de cette déchéance, lorsque leur appel est formé *incidemment* à un appel interjeté par une autre partie. Par exemple le prévenu, condamné à une peine légère et à des dommages-intérêts insignifiants, n'a pas formé appel d'un jugement correctionnel, et la partie civile, à la dernière heure du délai de dix jours, a interjeté appel pour faire augmenter le chiffre des dommages-intérêts qui lui ont été alloués : le prévenu pourra-t-il quoiqu'il ne se trouve plus lui-même dans le délai de l'art. 203, former un appel incident, en réponse et comme défense à l'appel principal? L'art. 443, C. proc. civ., se fondant sur ce que la renonciation à l'appel est un acquiescement tacite qui suppose la réciprocité, décide que l'appel, interjeté par une partie, ouvre à l'*intimé* le droit d'interjeter appel *en tout état de cause*. Mais cette règle n'est pas reproduite par le Code d'instruction criminelle et il faut, dès lors, décider que l'appel, en matière répressive, qu'il soit interjeté principalement ou incidemment, n'est valable qu'autant qu'il a été formé dans le délai de dix jours[1].

La règle, qui fixe à dix jours le délai d'appel, admet une exception en matière correctionnelle. Elle concerne, aux termes de l'art. 205, C. instr. cr., le procureur général, qui peut former appel pendant *deux mois*, à compter du jour de la prononciation du jugement[2], ou, si le jugement lui a été notifié par l'une des parties, pendant *un mois* à compter du jour de cette notification.

490. Des formes de l'appel. — C'est par *une déclaration au greffe* de la juridiction dont la décision est attaquée, que se fait tout appel en matière répressive.

I. Mais les formes de l'appel avaient donné lieu à quelques difficultés en matière de police. L'art. 174, en disposant que l'appel « sera *suivi* et *jugé* dans la même forme que les appels des sentences des justices de paix », ne disait pas dans *quelle forme* il serait *interjeté*. Dans le silence de la loi sur ce point, l'appelant avait le choix entre deux modes de procéder : il pouvait, ou bien se conformer au

La loi du 15 avril 1895, modifiant l'art. 1033, C. proc. civ., n'est pas applicable dans la procédure pénale. Voy. les nombreux arrêts cités dans D. 99. 1. 579, notes 11, 12 et 13.

[1] *Sic*, Cass., 12 mai 1855, déjà cité; Agen, 13 févr. 1879 (S. 81. 2. 111); Faustin Hélie, t. VI, n° 3009.

[2] Il n'y a pas à distinguer si le jugement est contradictoire ou par défaut. *Sic*, Amiens, 8 mars 1884 (S. 86. 2. 79).

droit commun de la procédure criminelle et se contenter d'une simple déclaration au greffe du tribunal de police, ou bien signifier aux parties intéressées (ministère public, parties civiles) qu'il était appelant du jugement intervenu contre lui[1], avec citation devant le tribunal d'appel. La loi du 6 avril 1897 a supprimé toute difficulté et toute distinction, en décidant que l'appel serait interjeté par déclaration au greffe du tribunal qui a rendu le jugement (art. 174 nouveau). Cette déclaration est nécessaire mais suffisante : *nécessaire*, en ce qu'elle ne pourrait être remplacée par aucune autre formalité; *suffisante*, en ce sens qu'elle rend inutile toute notification faite au ministère public, soit du tribunal de simple police, soit du tribunal correctionnel.

II. En matière correctionnelle, les formes de l'appel sont réglées par les art. 203 et 204. Le premier de ces textes décide que l'appel est formé par une *déclaration* faite, dans le délai de dix jours, au *greffe du tribunal qui a rendu le jugement*. Le second ajoute qu'une *requête contenant les moyens d'appel*, pourra être remise, dans le même délai, au même greffe. La première formalité seule est *substantielle*[2] : elle ne pourrait être remplacée par aucune autre, même par une notification aux parties contre lesquelles on veut former appel. Elle est faite, soit par l'appelant, soit par un mandataire muni de sa procuration spéciale, soit par un avoué[3]. La seconde formalité est *facultative*. Sous le Code de brumaire, le dépôt de la requête, contenant les moyens d'appel, devait avoir lieu, « à peine de déchéance de l'appel ». Mais l'art. 204 n'a pas reproduit cette sanction, et la formalité est tombée en désuétude.

III. Ces formes générales de l'appel admettent des exceptions : la première concerne l'appel formé par le procureur général; la seconde concerne les cas où il est impossible de faire appel par déclaration au greffe.

a) L'art. 205 dispose que *le procureur général près la cour d'appel devra notifier son recours, soit au prévenu, soit à la personne civilement responsable du délit*. La *notification* à la personne du prévenu remplace, pour le procureur général, qui n'exerce pas ses fonctions auprès du tribunal correctionnel, la *déclaration* au greffe de ce tribunal. Aucune forme particulière n'est prescrite pour cette notification.

[1] Comp. : Cass., 22 nov. 1867 (S. 68. 1. 240); Faustin Hélie, t. VI, n° 2741.

[2] Voy. Bourges, 14 nov. 1889 (S. 90. 2. 83); Cass., 9 nov. 1888 (S. 89. 1. 141); 20 mars 1890 (D. 90. 1. 283); Angers, 12 févr. 1892 (D. 93. 2. 348).

[3] Un avocat, qui n'a pas de pouvoir spécial et écrit, est sans qualité pour interjeter appel : Colmar, 2 févr. 1864 (S. 65. 2. 128); Nîmes, 7 juin 1866 (S. 67. 2. 150). Mais la loi n'a pas déterminé la forme de la procuration, qui peut être sous seing privé.

De là, on a conclu « que l'appel du procureur général est régulier..., par cela seul qu'il est établi que l'intimé en a été instruit, par le fait du ministère public, dans le délai que détermine l'art. 205, et qu'ainsi il a été mis à même de produire et faire valoir ses moyens de défense [1] ». Aussi est-il admis, — et c'est un point hors de discussion — que le procureur général a le droit d'appeler *verbalement, à l'audience même, le prévenu étant présent* [2], *et les délais n'étant pas expirés*, du jugement déjà frappé d'appel, soit par le prévenu, soit par la partie civile [3]. En d'autres termes, une notification *verbale* peut remplacer une signification par exploit d'huissier [4].

b) La jurisprudence admet que, dans tous les cas où il peut être établi que les parties ont été dans l'impossibilité de faire un appel régulier, une déclaration de volonté, exprimée dans le délai, peut être équipollente à une déclaration au greffe [5].

491. Des effets de l'appel. — L'appel produit deux effets : l'un qui est de son essence même, c'est d'être *dévolutif*, c'est-à-dire de porter la connaissance de l'affaire au tribunal supérieur ; l'autre, qui est, en quelque sorte, une sanction du premier effet, c'est d'être *suspensif*, c'est-à-dire d'arrêter l'exécution de la sentence contre laquelle l'appel a été ou peut être formé.

Effet suspensif. — Ce n'est pas seulement *l'appel interjeté*, comme en matière civile, c'est le *délai même d'appel* qui est suspensif en matière pénale (C. instr. cr., art. 203 et 173) : qu'il y ait ou non appel formé, le jugement ne peut être exécuté pendant le délai : il suffit, en un mot, que l'appel soit possible, pour que tout acte d'exécution soit interdit [6]. La suspension doit

[1] Cass., 15 mai 1813 (*Journal du Palais*, X, n° 450); 20 avr. 1882 (S. 84. 1. 450); 8 juin et 16 juin 1899 (D. 1901. 1. 533).

[2] Voy. Limoges, 5 avr. 1889 (S. 90. 2. 91 ; D. 91. 2. 301).

[3] Comp. Cass., 15 mai 1869 (S. 71. 1. 111); 24 avr. 1872 (S. 72. 1. 278).

[4] Mais il est admis généralement que la simple réquisition du ministère public, en appel, tendant à l'application d'une peine, ne peut équivaloir à un appel régulièrement interjeté. En un mot, il est nécessaire que le ministère public déclare *formellement*, en présence du prévenu, qu'il interjette appel : Cass., 27 nov. 1858 (S. 59. 1. 275); 26 juill. 1878 (*Bulletin*, n° 167); 2 août 1878 (S. 80. 1. 41).

[5] Voy. pour l'appel : — par lettre missive : Agen, 5 nov. 1885 (S. 86. 2. 16) ; — par dépêche télégraphique : Cass., 9 nov. 1888 (S. 89. 1. 317) et la note ; 23 mars 1901 (S. 1903. 1. 295) ; — Voy. pour l'expiration du délai par la fermeture du greffe le dernier jour du délai : Chambéry, 25 avr. 1901 (S. 1902. 2. 157) et la note.

[6] La raison de cette différence entre la procédure pénale et la procédure civile est facile à comprendre. En matière civile, l'exécution ne peut causer qu'un préjudice pécuniaire, toujours réparable. En matière pénale, l'exécution causerait souvent un préjudice irréparable. Tel est l'unique motif de cette différence, indiqué par presque tous les criminalistes. Évidemment, il est insuffisant ; car il n'explique pas pourquoi

s'étendre au délai d'un ou deux mois accordé au procureur général[1].

Cette première règle est commune aux matières correctionnelles et de police[2]. Il en est de même d'une seconde. On sait que l'*exécution provisoire*, nonobstant appel, des décisions rendues en premier ressort, est une institution importante de la procédure civile. Quelquefois, cette exécution est de droit, c'est-à-dire établie par la loi, sans qu'il soit besoin de la prononcer; le plus souvent, elle est ordonnée par le juge, tantôt en vertu d'une disposition impérative de la loi, tantôt d'une manière purement facultative (C. proc. civ., art. 139, 135, 136, 137). En matière pénale, l'exécution provisoire du jugement, nonobstant l'éventualité ou l'exercice des voies de recours, est tout à fait exceptionnelle. Elle a lieu, de plein droit, pour les jugements de relaxe (art. 206), pour les jugements de condamnation à l'emprisonnement que le prévenu n'attaque pas (C. p., art. 24), pour le jugement rendu dans l'hypothèse de l'art. 188, § 1. Il s'agit d'un condamné par défaut en police correctionnelle qui, sur opposition, n'a point comparu à l'audience. On sait que le jugement de débouté d'opposition, qui intervient alors, n'est plus attaquable que par voie d'appel. La loi a pensé, dès lors, que les retards apportés par cette opposition, ayant eu surtout pour but de gagner du temps, le tribunal devait être autorisé, pour déjouer le calcul du prévenu, à accorder à la partie civile, à titre de provision, des dommages-intérêts, qui seront immédiatement exigibles, nonobstant appel.

la loi défend le recouvrement des amendes pendant les délais de l'appel, et pourquoi, en outre, la partie civile ne peut, pas plus que la partie publique, exécuter le jugement. Je pense que le sursis d'appel repose sur un motif d'ordre public. Ou la partie, contre laquelle le jugement serait exécuté, même en ce qui concerne les peines pécuniaires, pourrait penser que cette exécution clôt contre elle les délais d'appel; ou bien, au moment de cette exécution, elle serait tentée, pour la retarder, de faire appel, dans tous les cas, sans réfléchir que ce recours peut être inconsidéré, et engager, plus encore, non seulement ses biens, mais sa personne. La loi a prévu ces deux dangers : aussi arrête-t-elle tout acte d'exécution pendant les délais de l'appel. Voy. pour l'effet suspensif d'un jugement rendu sur un incident : Cass., 25 avril 1907 (S. 1908. 1. 63) et la note.

[1] En conséquence : 1° la condamnation, jusqu'à l'expiration de ce délai, ne peut compter pour la récidive : Cass., 25 févr. 1897 (S. 99. 1. 201); Caen, 18 juin 1902 (*J. des Parq.*, 1902. 2. 126); 2° la condamnation ne peut être exécutée avant cette époque. Cependant, les parquets, se mettant en contradiction avec la jurisprudence, font exécuter dès qu'il s'est écoulé dix jours. Or, malgré l'exécution, le procureur général pourrait faire appel.

[2] L'art. 203 s'exprime ainsi en ce qui concerne le délai d'appel en matière correctionnelle : *Pendant ce délai et pendant l'instance d'appel, il sera sursis à l'exécution du jugement.* L'art. 173 dit simplement qu'en matière de simple police l'*appel sera suspensif.* Mais c'est une règle générale de la procédure pénale que tout recours possible suspend, de droit, l'exécution du jugement.

En matière correctionnelle, l'étendue du sursis d'appel est différente, suivant que le jugement prononce la *condamnation* ou le *relaxe* du prévenu.

a) Dans le premier cas, le sursis s'applique tant à la partie civile qu'à la partie publique : mais le délai n'est pas le même dans les deux cas. Dans le cas de *condamnations civiles*, le sursis d'exécution ne saurait se prolonger, s'il n'y a pas appel, au delà des dix jours énoncés dans l'art. 203. Ce délai expiré, il est certain, en effet, que le jugement a acquis, en ce qui touche ces dispositions, force de chose jugée. Il n'en est point ainsi en ce qui concerne l'exécution des *condamnations pénales* : le délai de dix jours, pendant lequel l'art. 203 ordonne le sursis, doit se prolonger pendant tout le temps donné au procureur général pour frapper d'appel la décision.

b) Dans le second cas, la question de sursis ne se pose pas lorsque le prévenu acquitté a comparu libre à l'audience [1]. Mais lorsqu'il est en état de détention préalable, est-il nécessaire qu'on attende, pour le mettre en liberté après acquittement, l'expiration de tous les délais d'appel? D'après le Code de 1808, la mise en liberté du prévenu acquitté était suspendue pendant le délai de *dix jours* donné au procureur de la République pour interjeter appel, mais non pendant le délai de *deux mois* accordé au procureur général. Cette disposition, fort dure, fut adoucie par la loi de revision de 1832, qui substitua le délai de *trois jours* au délai de dix jours, comme l'effet le plus prolongé du sursis dans ce cas. La loi du 20 mai 1863, *sur l'instruction des flagrants délits*, ordonna (art. 5), que, dans l'hypothèse prévue par la loi, le prévenu acquitté serait immédiatement et nonobstant appel, mis en liberté. Cette disposition a été généralisée par la loi du 14 juillet 1865, *sur la mise en liberté provisoire* (C. instr. cr., art. 206 nouveau). Ainsi, ni le délai d'appel, ni l'appel lui-même n'ont aujourd'hui pour effet de suspendre l'élargissement du prévenu. Celui-ci est présumé innocent, puisqu'il est acquitté, et il serait excessif qu'il pût appartenir au ministère public de prolonger sa détention. Le doute, en effet, profite à l'accusé.

Effet dévolutif. — L'appel est dévolutif, en ce sens qu'il remet en question, devant la juridiction supérieure, tous les points de fait et de droit qui ont été jugés en première instance. Mais la juridiction supérieure n'étant saisie que par l'appel, sa compétence est circonscrite par les conditions mêmes de cet acte. D'où ce principe, consacré

[1] Le tribunal n'a pas la faculté, si le prévenu n'est pas en état de détention préventive, de décerner un mandat de dépôt, de sorte que le délai de sursis peut être mis à profit par l'inculpé pour échapper aux recherches du parquet. Comp. J. Brégeault, *La Loi*, n° du 29 juillet 1881.

par un avis du Conseil d'État du 12 novembre 1806, que le tribunal correctionnel ou la cour, ne peut, pas plus qu'aucune autre juridiction, statuer *ultra petita* : l'acte, qui saisit la juridiction d'appel, et les conclusions prises devant elle limitent sa compétence. La formule de l'effet dévolutif est donc que l'appel ne soumet au juge qui en est saisi que les faits appréciés en première instance et dans les limites fixées par l'appel.

L'application de cette règle doit être examinée, soit au point de vue de l'*étendue* et de l'*intensité* de l'appel, soit au point de vue de la *mission* du juge d'appel.

I. En *matière de police*, l'art. 172 n'ouvrant la faculté d'appeler qu'au *condamné* (sauf pour les contraventions forestières poursuivies à la requête de l'Administration), il est certain que l'appel interjeté par le prévenu n'autorise pas le *ministère public* ou la *partie civile* à former un appel incident. Le tribunal correctionnel peut donc, sur appel, maintenir la condamnation, la diminuer ou la supprimer; mais il ne peut pas *l'aggraver*.

Il n'en est pas de même en *matière correctionnelle*. Ici, *toutes les parties* sont mises sur la même ligne, en ce sens que toutes peuvent former appel dans leur *intérêt*. Pour savoir quelle est la compétence de la chambre correctionnelle de la cour, il faut donc examiner par qui, du prévenu, de la partie civile, du ministère public, cette chambre a été saisie.

a) Si la cour est exclusivement saisie par l'appel du *prévenu*, elle ne peut modifier le jugement que dans l'*intérêt* de celui-ci, jamais à son *préjudice*. La raison en est que les pouvoirs de la cour trouvent leur limite dans l'appel qui la saisit, et que l'appel du prévenu est nécessairement restreint, le prévenu ne pouvant avoir pour but, en le formant, que d'obtenir l'exemption ou la diminution des condamnations prononcées contre lui. D'où résultent les conséquences suivantes : 1° La cour ne peut aggraver le sort du prévenu en se déclarant incompétente, par ce motif que le fait constituerait un crime [1], ou en refusant l'imputation de la détention préventive [2]; 2° Elle ne peut, sur l'appel du prévenu, augmenter l'amende, même en diminuant la peine d'emprisonnement [3]; 3° Elle ne peut pas non plus, sur l'appel

[1] Cass., 26 déc. 1896 (S. 97. 1. 383). Mais il en serait autrement si le prévenu, soit parce qu'il croit trouver plus de garanties devant une autre juridiction, soit par tout autre motif, avait formellement conclu à l'incompétence, devant les premiers juges.

[2] Cass., 13 janv. 1893 (S. 93. 1. 444); 4 août 1893 (S. 93. 1. 254).

[3] Cass., 18 juin 1858 (D. 59. 1. 60); 15 mars 1878 (S. 79. 1. 3). Par contre, elle pourrait, en supprimant tout à fait la peine d'emprisonnement, élever le taux de

du prévenu, augmenter le chiffre des dommages-intérêts accordés à la partie civile [1]; 4° Mais elle doit vérifier la qualification donnée aux faits par les premiers juges, et en substituer une nouvelle pourvu qu'il n'en résulte aucune aggravation de peine [2].

b) Si l'appel a été formé par la *partie civile* seule, il est restreint, ainsi que l'exprime l'art. 202, *aux intérêts civils* de celle-ci. Il n'en saurait donc résulter, ni condamnation pénale contre le prévenu, s'il a été renvoyé de la poursuite en première instance, ni aggravation de peine, s'il a été condamné : la cour ne peut que confirmer le jugement dont est appel en ce qui touche les intérêts civils, ou l'infirmer dans un sens favorable à la partie civile [3].

c) Mais, en supposant l'appel formé par le *ministère public* seul, la cour a le pouvoir, malgré l'abstention du prévenu, de le renvoyer de la poursuite ou d'atténuer la peine portée contre lui par le jugement attaqué [4]. En effet, la société, au nom de laquelle l'appel est interjeté dans ce cas, ne peut avoir qu'un but : faire rendre au prévenu bonne justice. L'appel du ministère public sauvegarde ainsi tous les intérêts engagés dans la poursuite, à l'exception toutefois de ceux de la partie civile [5], et opère une *dévolution complète* de l'affaire pénale.

d) En examinant les effets de chaque appel isolément, j'ai, par cela même, déterminé les effets des appels interjetés simultanément par plusieurs parties [6].

l'amende, car la gravité respective des peines se mesure non sur leur durée ou leur quotité, mais par le rang qu'elles occupent dans l'échelle pénale : Cass., 26 févr. 1869 (S. 69. 1. 481). Voy. également : Paris, 9 févr. 1893 (D. 93. 2. 248); Cass., 3 févr. 1893 (*B. cr.*, n° 31).

[1] Mais elle peut, sans contreveuir aux règles de l'effet restreint de l'appel du prévenu, maintenir le chiffre des dommages-intérêts prononcés en première instance, alors même qu'elle ne retient que l'un des délits visés par le jugement dont est appel : Cass., 20 juill. 1878 (S. 80. 1. 89) et la note de M. Villey.

[2] Voy. Cass., 5 févr. 1898 (S. 99. 1. 302); 15 juill. 1899 (S. 1901. 1. 383); 11 août 1899 (S. 1902. 1. 61).

[3] Voy. Cass. 18 déc. 1874 (S. 75. 1, 136); Lyon, 21 déc. 1883 (S. 85. 2. 41); Cass., 21 févr. 1889 (S. 89. 1. 391); 3 juill. 1890 (D. 91. 1. 48); 26 févr. 1892 (S. 92. 1. 287).

[4] Le principe, exprimé au texte, est incontesté. Comp. : Faustin-Hélie, t. VI, n° 3043, et les décisions de jurisprudence qu'il cite. Cependant, certains auteurs (par exemple, Le Sellier, *Action publique et privée*, t. 1er, n° 129) ont prétendu que lorsque le ministère public avait formé appel *a minima*, comme il n'avait saisi la cour que dans le but d'obtenir une aggravation de peine, celle-ci ne pouvait pas acquitter le prévenu. Mais cette opinion, qui ne se soutient pas, en présence du motif rationnel qui donne à l'appel du ministère public un effet absolu, paraît définitivement condamnée par la jurisprudence : Cass., 10 mai 1843 (S. 43. 1. 668); 27 déc. 1879 (S. 81. 1. 467); 20 oct. 1899 (S. 1901. 1. 432).

[5] Comp. Paris, 31 mai 1892 (D. 93. 2. 490).

[6] Il resterait à examiner (ce qui dépasse le programme d'un ouvrage élémentaire),

II. Pour résoudre la question de savoir comment la juridiction supérieure doit statuer sur la cause que lui défère l'appel, il faut distinguer trois hypothèses.

a) Les premiers juges ont statué, *sur le fond de l'affaire*, dans les limites de leur *compétence*, par un jugement et après une procédure *valables en la forme* : dans ce cas, le tribunal d'appel ne doit plus s'occuper que du *bien ou du mal jugé*, pour prononcer la confirmation ou la réformation du jugement attaqué. C'est l'hypothèse la plus ordinaire, en même temps que la plus simple.

b) Les premiers juges ont statué *sur le fond de l'affaire*, mais par un jugement qui est *irrégulier* : le tribunal d'appel est-il saisi, tout à la fois de la question de *forme* et de la question de *fond*? L'irrégularité peut naître, soit de l'incompétence des premiers juges, soit de l'omission ou de la violation des formes prescrites par la loi : or, les pouvoirs du tribunal d'appel ne sont pas les mêmes dans les deux cas. — Le *tribunal correctionnel*, qui annule, pour *incompétence*, un jugement du *tribunal de simple police*, ne peut pas connaître du fond; il n'a pas, en effet, de compétence plus étendue que celle du tribunal de police dont la sentence lui est déférée; et sa juridiction est renfermée dans ces mêmes limites (art. 174) [1]. La règle est, en principe, applicable à la *cour*, saisie d'un appel formé contre un jugement du *tribunal correctionnel*. Si ce tribunal est reconnu incompétent, *rationæ loci* ou *ratione personæ*, la cour infirme le jugement et renvoie les parties à se pourvoir devant qui de droit [2]. S'il est reconnu incompétent parce que le fait constitue un *crime*, la cour décerne, s'il y a lieu, un mandat de dépôt ou d'arrêt, et renvoie le prévenu devant le fonctionnaire compétent, autre, toutefois, que celui qui aura rendu le jugement ou fait l'instruction (art. 214). Mais, si le fait ne constitue qu'une *contravention*, et que la partie publique et la partie civile n'aient pas demandé le renvoi (le prévenu n'a pas le même droit) le cour applique la peine et statue sur le fond, ainsi que pouvait le faire le tribunal correctionnel (art. 203 et 192). — Si l'irrégularité de la décision des premiers juges consiste dans l'*omission ou la violation des formes prescrites à peine de nullité*, le tribunal d'appel doit-il, en annulant ce qui a été fait ainsi, renvoyer à statuer sur le fond devant un tribunal du même degré que celui qui a rendu le premier jugement, ou bien peut-il statuer lui-même sur le fond? Par un motif

pour le cas de pluralité de prévenus, si l'appel de l'un profite aux autres (Voy. *Répert. de droit franç.*, v° *Appel* (*matière répressive*), n° 924 à 927).

[1] *Sic*, Cass., 21 août 1863 (S. 64. 1. 101); 2 août 1883 (S. 86. 1. 85). Comp. Gardeil, *Rev. crit.*, 1890, p. 98.

[2] Bastia, 10 févr. 1892 (D. 92. 2. 397).

de simplification, le Code d'instruction criminelle décide, en matière correctionnelle au moins, dans l'art. 215, que « si le jugement est annulé pour violation ou omission non réparée de formes prescrites par la loi à peine de nullité, la *cour statuera sur le fond* [1] ». Ainsi pour prendre un exemple : en supposant qu'un jugement du tribunal correctionnel frappé d'appel soit annulé, parce que les témoins entendus en première instance n'ont pas prêté serment, la cour, en annulant le jugement, ne peut pas renvoyer l'affaire devant le tribunal correctionnel : elle *doit*, au contraire, statuer elle-même sur le procès.

c) Les premiers juges n'ont statué que sur un *incident*, *sans se prononcer sur le fond de l'affaire :* par exemple, ils ont déclaré surseoir jusqu'après l'examen d'une question préjudicielle; ils se sont déclarés incompétents; ou bien ils ont décidé que l'action était irrecevable : un appel a été formé contre cet interlocutoire : que peut ou que doit faire le tribunal d'appel, s'il annule, pour mal-jugé, la décision sur l'incident? Bien que cette hypothèse ne rentre pas absolument dans les prévisions de l'art. 215, la jurisprudence décide, en combinant cet article avec l'art. 1er de la loi du 29 avr. 1806, encore en vigueur, que la cour d'appel [2], au lieu de renvoyer au juge du premier ressort la connaissance du fond, qui n'a pas encore été jugé, doit *évoquer*, c'est-à-dire appeler à elle l'affaire, en privant les parties du premier degré de juridiction. L'évocation, par cela seul qu'elle supprime une garantie judiciaire, a des périls sérieux pour la justice; et il semble que la jurisprudence ait exagéré, dans un intérêt de simplification, pour éviter les renvois et diminuer les délais et les frais des instances correctionnelles, la portée de l'art. 215.

L'*évocation*, dans la procédure pénale, diffère, sur trois points, de l'évocation, dans la procédure civile (C. proc. civ., art. 475) : 1° Elle n'est point facultative, mais est *impérativement prescrite* à la cour [3]; 2° Il n'est pas nécessaire que l'affaire soit en état de recevoir

[1] Je dis la « cour d'appel » car le tribunal correctionnel ne peut jamais être saisi d'un appel formé contre un jugement de simple police se prononçant seulement sur un incident. La première condition, en effet, pour que l'appel soit recevable en matière de police, c'est que le jugement porte *condamnation*.

[2] *Sic*, Cass., 7 juin 1878 (S. 80. 1. 285). *Quid*, lorsque la cour est saisie par l'appel de la partie civile ? La Cour de cassation décide que la cour peut évoquer tant sur l'action publique que sur l'action civile et prononcer une peine contre le prévenu, malgré l'art. 202, n° 2 : 30 janv. 1885 (S. 86. 1. 88); 21 mai 1896 (S. 97. 1. 157). L'évocation aurait pour conséquence légale, d'après cette jurisprudence, de mettre en présence les droits de toutes les parties, même de la partie publique, comme si l'affaire se présentait devant le tribunal.

[3] Voy. Limoges, 28 janv. 1904 (D. 1904. 2. 388) et note.

une décision définitive ; 3° Par conséquent, il n'est pas prescrit que l'annulation du jugement et la décision sur le fond soient prononcées par un seul et même arrêt[1].

491 *bis*. DE L'INSTRUCTION DE L'APPEL. — En ce qui concerne l'instruction sur l'appel, il faut distinguer les matières de police des matières correctionnelles.

I. Les appels contre les jugements de simple police seront suivis devant le tribunal correctionnel et jugés, dit l'art. 174, « dans la même forme que les appels des sentences des justices de paix », c'est-à-dire sommairement, avec les différences qui existent entre la procédure civile et la procédure pénale (C. instr. cr., art. 175 et 176).

II. En matière correctionnelle, il faut examiner successivement : 1° quelles sont les formalités à remplir pour mettre l'affaire en état devant la cour; 2° quelles sont les règles de la procédure à l'audience.

a) Aussitôt que la déclaration d'appel est faite au greffe, quel que soit l'appelant, c'est au procureur de la République qu'il appartient de mettre le dossier en état, et de l'envoyer au greffe de la cour. C'est à la requête du ministère public, près la cour, que sont citées, à trois jours, outre le délai des distances, toutes les parties, soit appelantes, soit intimées (art. 207). Aux termes de l'art. 209, l'appel « sera jugé à l'audience, *dans le mois* » de la déclaration au greffe : mais ce délai est purement *réglementaire* et n'est pas prescrit à peine de nullité.

b) L'instruction se fait à l'audience et publiquement, à peine de nullité (C. instr. cr., art. 209 et 211; L. 20 avr. 1810, art. 7). Les formalités de cette instruction se groupent autour de quatre points : 1° La première consiste dans le *rapport* que fait, à l'audience, sur le fond de l'affaire, un des conseillers commis à cet effet par le président, ou le président lui-même (C. instr. cr., art. 209). Ce rapport qui n'est point exigé pour le jugement des appels de simple police, est une forme particulière et substantielle de l'instruction des appels correctionnels dont l'accomplissement doit être constaté à peine de nullité[2]; 2° La seconde est l'*interrogatoire du prévenu*, qui n'est pas obligatoire, mais facultatif[3]; 3° La troisième est la *déposition des témoins*, dans les

[1] Comp. : Cass., 7 juin 1878, déjà cité : 30 janv. 1885 (S. 86. 1. 88); 25 déc. 1884 (S. 86. 1. 444); 11 févr. 1899 (S. 1900. 1. 424).

[2] Jurisprudence constante : Cass., 16 juin 1898 (S. 99. 1. 423). Le conseiller rapporteur doit prendre part à l'arrêt : Cass., 29 sept. 1898 (S. 1900. 1. 204); 17 nov. 1905 (D. 1907. 1. 47). Ce rapport est prescrit, même lorsque la cour statue sur un incident : Cass., 3 févr. 1905 (*Pand.*, 1905. 1. 231).

[3] Devant le tribunal de police correctionnelle, cet interrogatoire est prescrit par

mêmes formes qu'en première *instance*[1]. Mais il résulte des textes combinés des art. 210 et 190 que l'audition des témoins en *personne* est purement facultative et que le juge d'appel est souverain pour refuser d'entendre des témoins dont l'audition est réclamée, soit qu'ils aient été entendus en première instance, soit qu'ils ne l'aient pas encore été. La jurisprudence a, par de nombreux arrêts, consacré cette solution, que rend nécessaire la distance, souvent considérable, qui existe entre le siège de la cour d'appel et le lieu de résidence des témoins[2]. En appel, le jugement a donc lieu, en quelque sorte, *sur pièces*, c'est-à-dire sur les *notes sommaires*, tenues par le greffier, de la déclaration des témoins devant les premiers juges; 4° L'audition du ministère public et des parties a lieu dans l'ordre indiqué par l'art. 190, auquel renvoie l'art. 210. Ordinairement, l'appelant parle le premier, et le procureur général conclut.

Les règles, relatives à la rédaction et aux formes des jugements des tribunaux correctionnels, s'appliquent aux arrêts de la cour d'appel[3].

l'art. 190; mais on admet généralement qu'étant une mesure d'instruction, la loi ne l'impose pas à peine de nullité : cela ressort du texte de l'art. 190, qui se compose de deux paragraphes : dans le premier, la loi prescrit une formalité, celle de la publicité, à peine de nullité; dans le second, la loi parle de différentes mesures d'instruction parmi lesquelles figure l'interrogatoire du prévenu, sans indiquer aucune sanction, en cas d'inobservation. De cette opposition nous devons conclure que ces formalités ne sont pas irritantes. A plus forte raison, cette conclusion est-elle fondée en appel : l'art. 210 renvoie aux prescriptions de l'art. 190, pour l'ordre et la forme suivant lesquels le ministère public, la partie civile et le prévenu doivent être entendus, mais sans parler de l'interrogatoire. Aussi, l'interrogatoire du prévenu, quoique usité, n'est que facultatif, en appel. En sens contraire, cependant : Cass., 21 janv. 1879 (S. 80. 1. 43); 5 mai 1892 (D. 93. 1. 270).

[1] *Sic*, Cass., 3 févr. 1883 (S. 86. 1. 142).

[2] En ce sens : Cass., 27 avr. 1866 (S. 67. 1. 138) et la note; 7 févr. 1879 (S. 79. 1. 142); 29 mars 1878 (S. 79. 1. 188); 13 févr. 1885 (D. 86. 1. 180); 20 oct. 1892 (*B. cr.*, n° 257). Sur les inconvénients de ce système d'instruction : Pascaud, *L'appel des jugements correctionnels et la loi du 13 juin 1856* (*Revue critique*, 1876, p. 407). Du reste, il a été jugé que, au cas où le jugement correctionnel frappé d'appel, ayant été rendu par défaut, il n'y a pas eu d'instruction en première instance, les juges d'appel ne peuvent se dispenser d'admettre le plaignant à prouver par témoins les faits constitutifs du délit imputé au prévenu : Cass., 24 juill. 1863 (S. 63. 1. 542). Voy. mon *Traité d'instr. cr.*, t. II, p. 35.

[3] De même que la sentence des premiers juges, les arrêts de la cour doivent être motivés; mais il est admis, par la jurisprudence, que l'arrêt est suffisamment motivé lorsqu'il déclare adopter les motifs qui ont déterminé les premiers juges. Cass., 25 mai 1898 (S. 98. 1. 409); 5 mars 1898 (S. 99. 1. 300). Cette adoption pure et simple des motifs est très fréquente en pratique. M. Faustin Hélie juge très sévèrement ce procédé commode (t. VI, n° 3064). Voy. pour les inconvénients : H. de Varenne, *Un an de justice* (1901-1902), p. 297 à 299.

Ces arrêts, ainsi que les jugements des tribunaux correctionnels, peuvent être rendus par défaut. La voie de l'opposition est ouverte pour les faire rétracter; et l'art. 208, C. instr. cr., renvoie simplement, en ce qui concerne la forme, les délais et les effets de cette opposition, aux règles précédemment expliquées.

CHAPITRE II

DES VOIES DE RECOURS EXTRAORDINAIRES.

§ VII. — NOTIONS GÉNÉRALES.

492. Comparaison entre les procédures, pénale et civile. Tierce-opposition. Requête civile. Recours en cassation. Application de ces voies de recours à la procédure criminelle. Prise à partie. Récusation. — 493. Pourvois en cassation et en revision. Organisation de la Cour de cassation.

492. COMPARAISON, AU POINT DE VUE DES VOIES DE RECOURS EXTRAORDINAIRES, ENTRE LA PROCÉDURE CIVILE ET LA PROCÉDURE PÉNALE. — Il existe, dans la procédure civile, deux sortes de voies de recours extraordinaires : celles qui s'attaquent au *jugement* et celles qui s'attaquent au *juge*. Les voies de recours, qui ont le premier caractère, sont : la *tierce-opposition*, la *requête civile*, le *pourvoi en cassation*. Les voies de recours de la seconde espèce, sont : la *récusation* et la *prise à partie*. En quoi consistent-elles? Sont-elles admises dans la procédure répressive?

I. La *tierce-opposition* est l'action intentée par celui qui n'a pas été partie au jugement, afin d'en faire tomber les effets en tant qu'ils lui sont préjudiciables. La procédure criminelle ne connaît pas cette voie de recours. Elle donne, sans doute, à celui qui est lésé par le délit ou qui est civilement responsable du délit, le droit d'*intervenir* dans l'instance liée devant le tribunal de répression. Mais il ne faut pas conclure de là que le tiers intéressé, qui aurait pu intervenir et qui ne l'a pas fait, soit recevable ensuite à former tierce-opposition contre le jugement. Ce tiers ne puise son droit d'intervention que dans l'existence d'une poursuite à laquelle il a intérêt et à laquelle il apporte, en se présentant, de nouveaux éléments de preuve; mais ce droit cesse dès que le jugement est rendu, car le tiers ne pourrait exercer alors qu'une *action civile*, que les tribunaux de répression seraient sans qualité pour juger, dès qu'elle est séparée de l'action publique [1].

II. La voie de la *requête civile* et celle du *recours en cassation* ne concernent plus les tiers, mais sont ouvertes, comme la voie de l'opposition et celle de l'appel, à ceux qui ont été parties dans l'instance. La requête civile tend à faire rétracter un jugement en dernier ressort par les juges mêmes qui l'ont rendu. Une voie de recours, qui offre une grande analogie avec la requête civile, existe dans la procédure répressive, c'est le *pourvoi en revision*. Mais ce recours diffère de la requête civile, particulièrement à deux points de vue : il est porté, non devant les juges qui ont rendu la sentence attaquée, mais devant la Cour de cassation; de plus, il n'est pas ouvert contre toutes les sentences, mais seulement contre celles qui *condamnent* un accusé ou un prévenu. Quant au recours en cassation, il existe, dans la procédure répressive comme dans la procédure civile, et s'exerce dans des conditions analogues.

III. On peut employer également, dans l'une et dans l'autre, la *récusation* et la *prise à partie* : mais ce ne sont pas là des voies de recours proprement dites, car elles s'attaquent au *juge* et non au *jugement* [2] : l'une est une mesure préventive, l'autre, une mesure répressive, employées, dans des cas rares, soit contre un ou plusieurs magistrats individuellement, soit contre un tribunal entier.

a) La *prise à partie* [3] consiste dans une procédure qui tend à obtenir la réparation du dommage qu'un magistrat [4] a occasionné, par sa faute, dans l'exercice de ses fonctions. La prise à partie, qui a le caractère d'une action principale en dommages-intérêts, soumise à des conditions particulières, est organisée et réglementée par le Code de procédure civile (art. 505 à 516); mais il est certain qu'elle est ouverte en justice pénale comme en justice civile. En effet, le Code d'instruction criminelle la donne, dans diverses dispositions, contre les juges d'instruction, contre les juges en général, et même contre les officiers de police judiciaire et agents de toute sorte qui participent à l'œuvre de la justice pénale (art. 77, 78, 112, 164, 271, 358, 370).

b) La récusation est l'acte par lequel une partie refuse d'accepter

[1] Comp. : Cass., 19 févr. 1835 (*B. cr.*, n° 60); Faustin Hélie, t. V, n°s 2647 et suiv.; Tissier, *De la tierce-opposition*, p. 111, n° 63.

[2] En ce qui concerne l'effet de la prise à partie sur les décisions judiciaires : A. Desjardins, *Revue critique*, 1877, p. 615.

[3] Comp. : Lespinasse, *De la prise à partie* (*Revue critique*, 1880, p. 588).

[4] Les règles de la prise à partie ne s'appliquent pas seulement aux juges proprement dits; elles s'étendent à tous ceux qui, par les fonctions dont ils sont investis, appartiennent à l'ordre judiciaire. Comp. : Cass., 4 mai 1880 (S. 81. 1. 79).

le juge pour des causes qui font suspecter son impartialité. Elle peut s'adresser : soit à un ou plusieurs juges individuellement, c'est la *récusation* proprement dite; soit à une juridiction entière, c'est la *demande en renvoi d'un tribunal à un autre*[1].

1° La récusation de juge est une des garanties les plus importantes de l'administration de la justice. Le *neminem voluerunt majores nostri esse judicem nisi qui inter adversarios convenisset* est un concept de tous les temps et de tous les pays qui implique une sorte d'obligation pour le juge d'être agréé des parties en litige. La *récusation péremptoire* n'est admise que pour les jurés. Mais, par rapport aux juges, la loi organise une *récusation conditionnelle* qui suppose un *jugement*. Les règles suivantes gouvernent cet incident : 1° La récusation ne peut avoir lieu quand le juge a déjà prononcé sa sentence; 2° Elle peut émaner du juge même, sous forme d'abstention; 3° Pour savoir qui peut être récusé, quels sont les motifs de récusation, comment la récusation est poursuivie et jugée, il faut recourir aux art. 378 et suiv., C. proc. civ.[2]; 4° Le juge ne saurait être récusé lorsqu'il constitue à lui seul une juridiction : c'est ainsi qu'à l'égard du juge de police et du juge d'instruction, il ne peut y avoir lieu qu'à demande en renvoi, non à récusation.

2° La demande en renvoi d'un tribunal à un autre est une sorte de récusation collective, dont le résultat, quand la requête est accueillie par la Cour de cassation, qui est seule compétente pour en connaître, est d'opérer une certaine interversion dans la compétence *ratione loci*. La procédure en est réglée par le Code d'instruction criminelle, dans les art. 542 à 552. Les demandes en renvoi sont fondées sur l'une ou l'autre de ces deux causes : la *sûreté publique* ou la *suspicion légitime*. Le motif tiré de la sûreté publique ne peut être apprécié que par le gouvernement : aussi, les demandes en renvoi fondées sur la sûreté publique sont formées par le procureur général près la Cour de cassation, et celui-ci, en fait, n'agit que sur l'ordre formel du garde des sceaux (art. 542). Au contraire, les demandes fondées sur la suspicion légitime, peuvent être intentées par les parties engagées dans l'instance, c'est-à-dire par le ministère public, le prévenu ou l'accusé, et les parties civiles (C. instr. cr., art. 542 à 544).

[1] Comp. : Bouniceau-Gesmon, *Du renvoi pour cause de suspicion légitime et de la récusation* (*Revue critique*, 1876, p. 497).

[2] Il est généralement admis que les règles du Code de procédure sur la récusation et sur l'abstention des juges sont applicables en matière criminelle ou correctionnelle : Cass., 1er mai et 25 juill. 1879 (S. 80. 1. 236); Nîmes, 8 janv. 1880 (S. 80. 2. 77); Cass., 18 janv. 1884 (D. 85. 1. 88); 24 juin 1884 (D. 86. 1. 48).

493. Pourvois en cassation et en revision. L'organisation de la Cour de cassation qui en est chargée. — Le *pourvoi en revision* et le *pourvoi en cassation* sont donc les deux seules voies de recours extraordinaires admises en matière répressive; l'une et l'autre sont portées devant la Cour de cassation, qui a son origine dans le Conseil du Roi et le Conseil des parties, et dont la loi organique date du 27 novembre 1790.

L'Assemblée constituante, voulant réaliser l'unité du pays, et, pour arriver à ce but, l'unité de législation, chercha à établir l'unité de jurisprudence qui la complète et qui l'assure. A cet effet, elle institua un tribunal supérieur, chargé, soit de ramener à l'exécution de la loi les divers organismes judiciaires qui tendraient à s'en écarter, soit de veiller à la conservation des lois et à leur application uniforme sur tout le territoire français. Après avoir décrété, le 24 mai 1790, que les *jugements en dernier ressort* pourraient être attaqués par la voie de la cassation, elle organisa, sous le nom de *Tribunal de cassation*, une juridiction, qui devait être *unique*, pour lui permettre d'adopter et d'imposer une seule jurisprudence, et *sédentaire*, pour que le cours de la justice n'y fût jamais interrompu (D. 12-21 août 1790). En déclarant qu'en aucun cas et sous aucun prétexte, ce tribunal ne pourrait connaître du fond des affaires, elle posa la loi fondamentale de sa compétence (L. 27 nov.-1er déc. 1790, t. Ier, art. 3).

Lors de sa création, le Tribunal de cassation fut divisé en deux sections : l'une statuait, sous le nom de *bureau des requêtes*, sur l'admission des pouvoirs en matière civile et criminelle; l'autre, en toute matière aussi, sur les moyens produits à l'appui des requêtes admises, Mais, bientôt, la pratique même des affaires créa d'autres divisions; d'abord, la section de cassation se sépara en deux parties, dont l'une ne s'occupa plus que des affaires civiles, l'autre, que des affaires criminelles; puis, la section des requêtes cessa de prononcer sur l'admissibilité des pourvois en matière criminelle. Le décret du 29 septembre 1793, éclairé par cette pratique, vint décider que la *division en trois sections, adoptée par le Tribunal de cassation, serait maintenue provisoirement*. La loi du 2 brumaire an IV admit cette division comme définitive, et ajouta : « La troisième section prononcera exclusivement sur les demandes en cassation en matière criminelle, correctionnelle et de police, *sans qu'il soit besoin d'un jugement préalable d'admission* ». Cette dernière disposition a été reproduite par l'art. 426 du Code de 1808. Ainsi la marche d'un pourvoi n'est pas la même en matière criminelle et en matière civile. Les pourvois contre les jugements rendus en dernier ressort par les cours d'assises ou par toute autre juridiction pénale sont portés *directement* devant la section criminelle. La procédure n'est plus aussi simple, quand il s'agit du pourvoi formé contre une décision rendue par une juridiction civile : l'affaire doit suivre alors une double filière. Il faut d'abord que le pourvoi soit admis par une première section, nommée *chambre des requêtes;* ce n'est qu'autant qu'il est sorti victorieux de cette première épreuve, *non contradictoire*, qu'il est porté devant une section nommée *chambre civile*, où il est statué sur l'affaire, définitivement et contradictoirement.

Le roulement des magistrats entre les diverses chambres, bien que prescrit par la loi du 27 ventôse an VIII (art. 66), n'est plus en usage à la Cour de cassation : il serait, en effet, contradictoire de poursuivre la fixité de la jurisprudence et de confier le soin de l'établir à un personnel mobile et incessamment renouvelé.

La chambre criminelle, comme les autres chambres, se compose de *seize* membres, le président compris; il faut *onze* membres au moins pour rendre un arrêt soit en matière criminelle soit en matière civile. En cas de partage, on adjoint, aux conseillers qui ont connu de l'affaire, cinq membres pris dans la même section, ou, subsidiairement, dans les autres, suivant l'ordre du tableau (L. 27 vent. an VIII, art. 60; O. 15 janv. 1826, art. 3).

Près la Cour de cassation, un procureur général et six avocats généraux, sous sa direction, remplissent les fonctions de ministère public (L. 27 vent. an VIII, art. 67; O. 15 janv. 1826, art. 43 à 50; O. 18-24 juill. 1846, art. 1er). Mais, à la différence du chef du parquet près les juridictions pénales, le procureur général près la Cour de cassation n'a pas, sauf dans des cas exceptionnels, l'exercice de l'action pour la répression des crimes, des délits et des contraventions. Il prend simplement, comme *partie jointe*, soit par lui-même, soit par ses avocats généraux, des conclusions dans toutes les affaires criminelles, correctionnelles et de police qui sont portées devant la Cour par le *pourvoi des parties intéressées*.

Un secrétaire général est chargé du service administratif et de la correspondance. Enfin, à la Cour de cassation sont attachés un greffier, des commis-greffiers et des avocats, véritables officiers ministériels pourvus de charges, dont le nombre est fixé à soixante, et qui exercent les fonctions d'avoués et d'avocats, à la fois devant la Cour de cassation, le Conseil d'État, le Tribunal des conflits et le Conseil des prises.

§ VIII. — DU POURVOI EN CASSATION.

494. Son objet. — 495. Conditions générales du pourvoi en cassation. — 496. Procédure du pourvoi en cassation. — 497. Effets du pourvoi. — 498. Arrêts que peut rendre la Cour de cassation. — 499. Des suites de la cassation. — 500. Pourvoi dans l'intérêt de la loi. — 501. Pourvoi du ministre de la justice. — 502. Des diverses décisions susceptibles d'un pourvoi et des effets de ce pourvoi. Décisions des juridictions d'instruction. Décisions des juridictions de jugement.

494. Objet du pourvoi en cassation. — Le pourvoi en cassation a pour objet de faire décider que le jugement ou l'arrêt attaqué a violé la loi. La Cour n'a pas à se préoccuper des *faits* du procès, mais seulement de l'application du *droit* à ces faits. C'est le *jugement du jugement.* On distingue, du reste, trois sortes de pourvois en cassation : ceux qui sont formés par les parties engagées dans le procès et dans leur *intérêt;* ceux qui sont formés dans l'*intérêt de la loi* violée; enfin, ceux qui sont formés par le procureur général près la Cour de cassation, d'ordre du garde des sceaux, et qui tendent à l'*annulation* de tous les actes judiciaires faits en contravention à la loi. Les deux premières espèces de pourvois ne peuvent être formées que contre les jugements ou arrêts en dernier ressort; la dernière, contre tous actes judiciaires.

495. Des conditions du pourvoi en cassation. — Le pourvoi en cassation est une *voie de recours extraordinaire :* il faut en conclure que certaines *décisions* seulement peuvent être attaquées par certaines *personnes* et pour certains *motifs* (C. instr. cr., art. 407 et 416).

I. Une décision judiciaire n'est susceptible d'un pourvoi en matière criminelle qu'aux conditions suivantes : 1° Il faut qu'elle ait le caractère d'un *jugement,* c'est-à-dire qu'elle soit intervenue sur un intérêt litigieux et pour trancher une contestation. Les actes judiciaires, qui n'ont pas ce caractère, ne peuvent être frappés d'un pourvoi que par le procureur général près la Cour de cassation, d'ordre du garde des sceaux (C. instr. cr., art. 441); 2° Il faut que le jugement attaqué ait été rendu en matière *criminelle, correctionnelle* ou *de police* (art. 407), car, s'il en était autrement, le pourvoi formé contre la décision, à supposer qu'il fût possible, devrait être porté devant la *chambre des requêtes,* et non, *de plano,* devant la chambre criminelle[1] ; 3° Il faut que

[1] L'art. 44 de la loi du 17 avr. 1906 a substitué la Cour de cassation aux conseils et tribunaux de revision pour prononcer sur les recours formés en temps de paix

la décision attaquée soit *en dernier ressort* (art. 407). En effet, le recours en cassation n'étant qu'un moyen d'obtenir l'annulation des jugements qui violent la loi, ce recours n'est recevable que contre les décisions qui ne peuvent être attaquées devant aucune des juridictions et par aucun des moyens ordinaires[1]; 4° Il faut que le jugement ou l'arrêt soit *définitif* ou du moins *interlocutoire* (art. 416). On oppose le jugement *définitif* au jugement d'*avant faire droit*. Il y a des jugements d'avant faire droit qui sont en dernier ressort; comme les jugements définitifs, ils peuvent contenir une fausse application de la loi. Pour savoir s'ils sont susceptibles ou non de pourvoi, il faut distinguer les jugements simplement *préparatoires*, qui sont rendus pour l'instruction et tendent à mettre le procès en état de recevoir une solution définitive, et les jugements *interlocutoires*, par lesquels le tribunal ordonne une preuve, une vérification ou une instruction qui préjuge le fond. En ce qui concerne les premiers, le recours en cassation n'est ouvert qu'après le jugement définitif et à la condition qu'on attaquera, en même temps, ce jugement : un pourvoi direct serait dilatoire, puisque le jugement simplement préparatoire ne fait pas grief aux parties, Pour les seconds, le pourvoi est immédiatement ouvert, s'ils sont, du reste, en dernier ressort. C'est la même règle que pour l'appel[2].

II. *a*) La première condition, pour qu'une *personne* puisse se pourvoir en cassation, c'est qu'elle ait été *partie*, ou tout au moins représentée, dans l'instance à la suite de laquelle a été rendue la décision en dernier ressort qui fait l'objet du pourvoi. On doit considérer comme partie, non seulement le prévenu ou l'accusé, le ministère public, près la juridiction dont la décision est attaquée[3], la victime de l'infraction ou la personne qui en est civilement responsable, mais toute personne contre laquelle une *décision* est intervenue à l'occasion de l'instance principale. *b*) La seconde condition pour se pourvoir c'est

contre les jugements des conseils de guerre et tribunaux maritimes siégeant à l'intérieur du territoire, en Algérie et en Tunisie. Voy. décret du 6 juin 1906 (*Journ. des Parq.*, 1906, 3, p. 114, n° 1589).

[1] D'où trois conséquences : 1° si la décision est en premier ressort, le pourvoi en cassation, n'est pas recevable pendant les délais d'appel (art. 407) ; 2° il ne l'est pas non plus, après l'expiration des délais d'appel, la décision, quoique inattaquable, désormais, n'étant pas en dernier ressort (Cass., 23 sept. 1868, D. 71. 1. 356); 13 nov. 1884 (S. 85. 1. 144); 3° mais il ne peut être formé après l'expiration du délai d'opposition, contre une décision par défaut, d'ailleurs en dernier ressort (Cass., 26 févr. 1882, S. 83. 1. 95). Comp. Cass., 14 juin 1884 (S. 84. 1. 399).

[2] *Sic*, Cass., 7 juill. 1882 (S. 84. 1. 174); Cass., 12 nov. 1880 (S. 81. 2. 231).

[3] Mais le procureur de la République n'a pas qualité pour se pourvoir en cassation contre un jugement de police : Cass., 16 oct. 1902 (D. 1904. 1. 31).

que le demandeur ait un *intérêt* quelconque à la cassation de la décision qu'il attaque. L'intérêt est, en effet, le fondement et la mesure de toute action. Les textes donnent quelques exemples de fin de non recevoir tirées du défaut d'intérêt. Ainsi, d'après l'art. 411, lorsqu'il y a eu erreur dans la citation du texte de la loi, mais que la peine prononcée est semblable à celle portée par l'article de loi qui s'applique au crime, nul ne peut demander l'annulation de l'arrêt pour l'erreur qui a été commise[1]. Ainsi encore, dans un pourvoi formé contre un jugement de relaxe, le ministère public, ni la partie civile ne peuvent invoquer la violation des formes prescrites pour assurer la défense du prévenu (art. 413, § 2). C'est aussi par défaut d'intérêt qu'on écarte : les pourvois fondés sur des irrégularités de procédure qui n'ont pu causer de préjudice ou qui ont été réparées; les pourvois formés contre les *motifs* d'un jugement; ceux qui, étant formés après le jugement définitif, se fondent sur les irrégularités de la procédure préparatoire. Il est de règle, en effet, que les nullités de l'instruction écrite ne peuvent vicier la condamnation basée sur le débat oral, si ce n'est dans le cas où elles auraient servi au jugement, par exemple, la nullité d'un procès-verbal sur lequel se fonde le jugement[2]. Ainsi encore, le procureur général n'aurait pas qualité pour se pourvoir contre un arrêt rendu après amnistie et relatif aux intérêts civils[3]. La troisième condition, c'est que le demandeur n'ait pas négligé de faire valoir ses droits devant la juridiction qui a rendu la décision attaquée. Les textes donnent quelques exemples de pourvois que la négligence du demandeur rend irrecevables. Tel serait le pourvoi formé contre un jugement en premier ressort, même après l'expiration du délai d'appel (art. 407). Le demandeur, en effet, doit s'imputer de n'avoir pas usé de la voie de recours ordinaire. Tel serait le pourvoi qui se baserait sur des nullités commises en première instance dont on ne s'est pas prévalu en appel (L. 29 avr. 1806, art. 2). C'est encore en raison de la négligence du demandeur, que le défaut de pourvoi contre l'arrêt de mise en accusation couvre toutes les nullités de la procédure antérieure (C. instr. cr., art. 299 et 408).

III. La Cour de cassation n'est pas un troisième degré de juridiction, un tribunal supérieur, investi du droit d'examiner les procès déjà jugés. La nature de son institution limite sa compétence à un double

[1] La Cour de cassation considère que l'art. 411 constitue non une disposition particulière mais l'application d'un principe général : le défaut d'intérêt devant faire rejeter un pourvoi : Cass., 11 mars 1904 (D. 1908. 1. 17 et note 2).

[2] Cass., 15 mai 1896 (*B. cr.*, n°s 109).

[3] Cass., 2 juill. 1904 (D. 1905. 1. 536); 20 déc. 1906 (S. 1907. 1. 157). Voy. également Demogue, *Rev. crit.*, 1908, p. 327.

point de vue : 1° Elle ne connaît pas des *faits de la cause;* elle les tient pour constants, tels que les juges du fond les ont rapportés; 2° Elle ne connaît pas du *fond des affaires*, et quand elle a cassé la décision qui lui est déférée, elle *renvoie le procès* et *les parties*, pour y être jugés, devant une juridiction ordinaire.

Tous les cas d'ouverture à cassation peuvent être ramenés à un type unique : *la violation de la loi.* Mais cette violation revêt bien des formes. Les art. 299, 408, 410 et 415 en indiquent neuf, qui, bien que les plus fréquentes, ne sont certainement pas les seules. Si l'on veut, en effet, résumer, en une formule assez large pour les comprendre tous, les *divers moyens* invoqués à l'appui d'un pourvoi, on dira que la Cour de cassation doit examiner la décision qui lui est déférée à trois points de vue : le juge était-il régulièrement constitué et compétent? a-t-il bien procédé? a-t-il bien appliqué ou bien interprété la loi? *an judex, an rite, an recte judicaverit?*

a) *Le juge était-il régulièrement constitué et compétent? A-t-il commis un excès de pouvoir?* La composition illégale et irrégulière du tribunal ou du jury est une première cause de cassation. En outre, la Cour a pour mission de maintenir les règles qui fixent les attributions des corps judiciaires. L'incompétence et l'excès de pouvoir supposent que le juge a dépassé les limites de ses attributions. Mais, dans le cas d'incompétence, il a connu d'une affaire que la loi réserve à un autre juge; dans le cas d'excès de pouvoir, il s'est arrogé des droits qui n'appartiennent à aucune juridiction, par exemple celui de censurer le ministère public, de lui enjoindre de poursuivre tel individu, etc.

b) *Les formes de procédure ont-elles été observées?* L'art. 408 ne paraît ouvrir la voie de la cassation que si la formalité qui a été violée ou qui a été omise est prescrite par la loi à peine de nullité; mais j'ai déjà dit que la jurisprudence avait divisé les formes de procédure : 1° en formes *substantielles*, qui comprennent les règles relatives à la compétence de la juridiction (L. 20 avr. 1810, art. 7), nécessaires à l'instruction, au droit d'accusation et de défense; 2° et en formes qui, bien qu'utiles, ne sont que *secondaires*, et dont l'inobservation ne compromet aucun intérêt essentiel. Elle a attaché, *dans tous les cas,* comme sanction, à l'omission des premières, l'annulation des procédures; elle s'est bornée à déclarer, dans ses arrêts, l'utilité des secondes, n'attachant de nullité à leur omission ou à leur violation que si cette nullité était expressément prononcée par la loi. Cette distinction est rationnelle; mais son application a rencontré de grandes difficultés; comment déterminer, en effet, la limite précise entre les formes principales et les formes secondaires? Deux tendances contraires se sont trouvées en opposition : d'un côté, on a été tenté, en se préoccupant des intérêts de la justice et des droits de la défense, de multiplier les causes de nullité ; d'un autre côté, on a pu craindre de ralentir la marche de la répression, en la menaçant de trop de causes de déchéance. C'est ce dernier danger qui paraît avoir surtout préoccupé la jurisprudence. Rentrent particulièrement dans la violation des règles de forme sanctionnées par la nullité : le défaut de publicité de l'audience, le défaut ou, ce qui revient au même, l'insuffisance de motifs dans la décision, le défaut d'audition du ministère public, etc.

c) *La loi a-t-elle été violée, faussement appliquée ou interprétée?* Pour vérifier si cette ouverture à cassation, qui comprend toutes les autres, existe réellement, deux situations sont possibles. 1° En cas de *condamnation*, la Cour, sans apprécier l'affaire au fond, vérifie, en droit, la déclaration de culpabilité faite par la juridiction, et la rapproche des termes de la loi pénale. Si la peine a été exactement appliquée aux faits reconnus constants, elle rejette le pourvoi ; mais si, au contraire, ce n'est pas la peine édictée pour l'infraction qui a été appliquée au coupable de cette infraction, alors, en vertu de l'art. 410, elle prononce l'annulation de la partie de la sentence relative à la peine. Toutefois, lorsque la peine prononcée est la même, non seulement par sa nature, mais par sa quotité, que celle portée par le texte de la loi applicable, nul ne peut demander l'annulation de l'arrêt, sous prétexte qu'il y aurait erreur dans la citation du texte de la loi (411 et 414). C'est la théorie de la *peine justifiée*[1]. A plus forte raison, le condamné est sans intérêt à se plaindre de la fausse application de la loi pénale, quand l'erreur du juge a eu pour effet de le frapper d'une peine plus douce que celle édictée par la loi. 2° En cas d'*acquittement* ou d'*absolution*, la Cour vérifie, si les faits, déclarés

[1] L'art. 411 vise certainement la fausse application de la loi pénale. Mais les chambres réunies de la Cour de cassation ont étendu cette disposition à l'*erreur dans la qualification* du délit : 30 mars 1847 (S. 47. 1. 318). Puis, la chambre criminelle, à l'hypothèse où le jugement attaqué, ayant été cassé partiellement pour l'un des *deux délits relevés à la charge du condamné*, la peine prononcée aurait pu être prononcée à raison de l'autre délit : 14 févr. 1885 (S. 95. 1. 381). Ces extensions successives sont sujettes à critique. N'est-il pas vraisemblable, en effet, que le juge s'est laissé influencer pour prononcer telle peine par le nombre des délits reprochés au prévenu? Voy. : Labbé, en note dans S. 77. 1. 184 ; Coulon, *Rev. crit.*, 1877, p. 225 et suiv. ; Laborde, *Rev. crit.*, 1896, p. 74. Sur les applications : D. 97. 1. 393. *Adde*, Cass., 10 avr. 1897 (D. 98. 1. 94) ; 15 nov. 1898 (S. 1900. 1. 381) ; 24 mars 1898 (D. 99. 1. 32) ; 6 mai 1899 (S. 1901. 1. 542). D'un autre côté, il y a des qualifications qui sont plus ou moins déshonorantes, et le condamné peut avoir intérêt à ne pas rester sous le coup d'une flétrissure qu'il n'a pas méritée. Sur la peine justifiée : G. Le Poittevin, en note sous Cass., 11 mars 1904 (D. 1908. 1. 17) et Roux en note sous le même arrêt (S. 1906. 1. 201).

constants, peuvent justifier en droit cette solution du procès pénal.

496. DE LA PROCÉDURE DU POURVOI EN CASSATION. — La procédure du pourvoi en cassation comprend l'examen de cette double question : 1° comment le pourvoi est introduit; 2° comment il est jugé.

I. Le *délai ordinaire* pour se pourvoir est de *trois jours francs*, à partir de la prononciation du jugement en dernier ressort ou de l'arrêt; telle est la règle de l'art. 373, placé, il est vrai, au titre des affaires soumises au jury, mais qui, en l'absence d'aucun texte qui fixe d'autre délai, est considéré, avec raison, par la doctrine et la jurisprudence, comme général et s'appliquant au pourvoi formé contre tous *jugements* ou *arrêts* et par *toutes personnes*[1]. La loi, qui fait courir le délai du pourvoi à partir de la *prononciation* de la décision attaquée, suppose naturellement cette prononciation faite en présence de la partie : « trois jours francs après celui où son arrêt *lui aura été prononcé* », porte l'art. 373, à propos du condamné. Aussi, dans le cas contraire, le délai ne court que du jour où cette partie est réputée légalement avoir connu la sentence[2], par exemple, en cas de défaut, par la signification de l'arrêt. Et il est admis, dans l'intérêt de la défense, que le pourvoi est recevable, même après l'expiration du délai; lorsqu'il est prouvé que c'est par un fait indépendant de la volonté du demandeur que le recours a été tardivement formé[3].

Les formalités introductives du pourvoi se rapportent : 1° à la *déclaration du pourvoi*; 2° à la *consignation de l'amende*; 3° à la *mise en état*.

a) C'est au greffe du tribunal ou de la cour qui a rendu le jugement ou l'arrêt attaqué, que la déclaration du pourvoi doit être faite, sauf les cas de force majeure, que la Cour suprême se réserve d'apprécier. Ce mode de recours, qui est essentiel, ne saurait être suppléé par des formalités que l'on supposerait devoir être équivalentes (art. 417)[4].

[1] Cass., 1er avr. 1865 (D. 67. 1. 56); 21 févr. 1884 (S. 87. 1. 80); sur l'application de l'art. 373 en matière correctionnelle : Cass., 18 nov. 1854 (S. 55. 1. 69); 5 mai 1900 (S. 1903. 1. 64); 23 févr. 1906 (S. 1906. 1. 248).

[2] Ortolan, t. II, n° 2372; Faustin Hélie, t. VIII, n° 3909. Comp. : Cass., 31 janv. 1873 (D. 73. 1. 44); 1er juin 1876 (*B. cr.*, n° 130); 15 mars 1907 (S. 1908. 1. 206).

[3] Ainsi, est recevable, bien que formé après le délai légal, le recours qui n'a pas été formulé en temps utile, par suite du refus fait par le commis-greffier de recevoir la déclaration, sous prétexte qu'il n'était là que pour donner des signatures en l'absence du greffier : Cass., 8 juill. 1864 (D. 67. 5. 55). Comp. également : Cass., 3 juill. 1880 (S. 82. 1. 288); 29 déc. 1906 (S. 1907. 1. 63).

[4] Comp. : Cass., 25 janv. 1877 (S. 77. 1. 437); 3 mars 1877 (*B. cr.*, n° 76); 1er nov. 1877 (S. 79. 1. 45); 19 déc. 1885 (S. 86. 1. 236); 26 oct. 1894 (S. 96. 1. 121); 20 janv. 1893 (D. 95. 1. 213); 5 déc. 1896 (S. 97. 1. 423) et les renvois.

Le pourvoi, formé par le ministère public ou la partie civile, doit, outre la déclaration au greffe, être *notifié*, dans le délai de trois jours à la partie contre laquelle il est dirigé, soit par le greffier, si cette partie est détenue, soit par un huissier, si elle est en liberté (art. 418). Mais ni la formalité ni le délai ne sont prescrits à peine de déchéance[1]. L'absence de notification pourrait seulement entraîner le défaut du prévenu devant la Cour de cassation, et, par suite, la faculté, pour lui, de faire opposition à l'arrêt de défaut.

Le demandeur *peut* joindre à son pourvoi une requête contenant ses moyens (art. 422), et, si c'est la partie civile, elle *doit* y joindre une expédition authentique de l'arrêt (art. 419). Les pièces arrivent directement aujourd'hui au greffe de la Cour de cassation (art. 423 et 424)[2].

b) Il ne suffit pas, pour qu'un pourvoi en cassation soit recevable, que la déclaration du recours ait été faite au greffe, dans les délais prescrits; il faut encore que la partie, qui veut se pourvoir, consigne *préalablement* une amende, qui sera perdue pour elle, si elle succombe dans son recours. Cette pénalité de procédure, dont l'origine se trouve dans les ordonnances d'août 1539 (art. 136), d'avril 1667 (tit. XXXV, art. 16), fut supprimée *en matière pénale*, par la loi des 2-3 juin 1791. Mais bientôt, la multiplicité des pourvois obligea le législateur à remettre en vigueur les anciens règlements (L. 14 brum. an V).

Le montant de l'amende qui doit être consignée est de cent cin-

[1] Cass., 29 mars 1884 (D. 84. 1. 428); 21 juin 1895 (D. 96. 1. 438).

[2] Une loi du 19 avr. 1900 a modifié, en effet, les art. 423, 424, 439 et 532, C. instr. cr. Ces articles réglaient le contrôle que le ministre de la justice était appelé à exercer sur la marche des procédures dans lesquelles il avait été formé un pourvoi contre un jugement ou un arrêt rendu en matière pénale. Ce contrôle était matériellement impossible par suite du nombre considérable de pourvois et à raison de la brièveté du délai (24 heures), à l'expiration duquel le dossier devait être transmis à la Cour de cassation. Aussi le ministre de la justice avait-il pensé qu'il convenait de laisser aux parquets le soin de transmettre directement les dossiers à la Cour de cassation et ainsi proposait-il de mettre fin à des formalités reconnues depuis longtemps inutiles. Le Gouvernement a donc présenté à la Chambre des députés, dans la séance du 17 mars 1899, un projet de loi tendant à modifier les art. 423, 424, 439 et 532, C. instr. cr. La loi est ainsi conçue : Art. unique. Les art. 423, 424, 438 et 532, C. instr. cr., sont modifiés ainsi qu'il suit :

Art. 423. — Après les dix jours qui suivent la déclaration, ce magistrat *transmettra au procureur général près la Cour de cassation* les pièces.....

Art. 424. — Le paragraphe premier est abrogé.

Art. 439. — Sont supprimés les mots : *au ministère de la justice et envoyé par celui-ci.....*

Art. 532. — Sont supprimés les mots : *et par l'intermédiaire du ministre de la justice....*

quante francs (à ajouter les décimes), si le jugement ou l'arrêt est contradictoire, ou de moitié de cette somme, lorsqu'il s'agit d'un arrêt par contumace ou d'une décision par défaut. Sont *affranchis de l'amende :* 1° les condamnés en matière criminelle[1]; 2° les agents publics, pour les affaires qui concernent directement l'administration et les domaines de l'État (art. 420). Sont seulement *dispensés de la consigner :* 1° les condamnés à l'emprisonnement; 2° les indigents; 3° toute partie privée, sans restriction, pour les infractions punies par la loi sur la presse (art. 420, L. 28 juin 1876; L. 29 juill. 1881, art. 61).

c) Une dernière condition est imposée au demandeur en cassation condamné à l'emprisonnement, et qui n'a pu obtenir sa *liberté provisoire,* avec ou sans caution : c'est la *mise en état,* c'est-à-dire le fait de se constituer prisonnier. Comme la consignation d'une amende, la mise en état a son origine dans l'ancien droit; on la trouve imposée par l'ordonnance de Moulins de février 1566 (art. 70) et par le règlement du 18 juin 1738; la législation intermédiaire l'avait supprimée; mais le Code de 1808 l'a rétablie comme une garantie de l'exécution de la peine, en cas de rejet du pourvoi, et surtout comme un acte de soumission envers la justice : elle n'en est pas moins en contradiction avec l'effet suspensif du pourvoi. La loi du 28 juin 1877 n'impose du reste, cette mise en état qu'aux condamnés dont la peine excède six mois (art. 421).

La mise en état consiste, pour le demandeur, à se constituer prisonnier dans la maison de justice du lieu où la décision attaquée a été rendue (art. 421, § 2)[2]. Néanmoins, ajoutait le § 3 de l'ancien art. 421, « lorsque le recours en cassation sera motivé sur l'incompétence, il suffira au demandeur, pour que son recours soit reçu, de justifier qu'il s'est actuellement constitué dans la maison de justice du lieu où siège la Cour de cassation ». Cette disposition, favorable aux condamnés, puisqu'elle leur permet de ne se constituer qu'un peu avant l'examen de leur pourvoi, a été étendue, par la loi du 28 juin 1877, du cas de pourvoi pour incompétence, à tous les cas possibles de pourvoi.

II. La chambre criminelle, à la différence de la chambre civile, est directement saisie de l'examen du pourvoi, *sans arrêt préalable d'admission* (art. 426). Le droit d'intervention, qui existait devant l'ancien Conseil du roi, origine de notre Cour de cassation, a été re-

[1] Pour le mineur de seize ans : Cass., 19 juin 1879 (S. 80. 1. 188) et la note.

[2] La liberté provisoire, obtenue au cours d'une instance, ne dispense pas de la mise en état, si elle n'a été renouvelée par la juridiction qui a rendu la décision attaquée : Cass., 31 oct. 1890 (S. 91. 1. 92); 23 nov. 1894 (S. 95. 1. 299).

connu par la jurisprudence. Mais l'intervenant doit remplir deux conditions : il faut qu'il ait été *partie* au procès, et qu'il ait un *intérêt* appréciable à intervenir. L'art. 425, qui est une disposition purement réglementaire, fixe, pour le jugement du pourvoi, un délai d'un mois. L'instruction devant la Cour de cassation a fait l'objet d'une ordonnance du 12 janvier 1826. Ses formes sont très simples, car la Cour n'ayant point à s'occuper de la preuve des faits qu'elle doit tenir pour constants, et son intervention se bornant à vérifier si la loi a été exactement appliquée à ces faits, si les règles de la compétence ont été observées, et si les formes prescrites ont été accomplies, il lui suffit de la lecture des pièces, du rapport de l'un de ses membres, qui explique les questions posées devant elle, et d'une discussion orale sur ces questions par l'avocat du demandeur, celui du défendeur, s'il est intervenu, et, dans tous les cas, des conclusions du ministère public. Les parties peuvent, si elles en obtiennent la permission de la Cour, présenter elles-mêmes leurs observations, à l'exception de la partie civile, qui doit, dans tous les cas, se faire représenter par un avocat à la Cour de cassation (art. 424)[1].

497. Des effets du pourvoi en cassation. — Le pourvoi a deux effets : il est *suspensif* et *dévolutif*, il arrête l'exécution de la décision attaquée et saisit la Cour de cassation de l'examen de cette décision.

I. Ainsi, d'abord, à la différence de ce qui a lieu en matière civile, le pourvoi, quoique n'étant qu'une voie de recours extraordinaire, et même le délai donné pour se pourvoir, sont suspensifs (art. 373). Le jugement ou l'arrêt, tant que le délai du pourvoi n'est pas expiré, et, après, tant que le pourvoi suit son cours, n'est susceptible d'aucune exécution[2]. Il en est autrement, par exception : 1° des pourvois dans l'intérêt de la loi contre les ordonnances d'acquittement en cour d'assises (art. 409) ; 2° de ceux formés contre les arrêts de mise en accusation après le délai légal ou après le tirage au sort du jury (art. 301).

II. Au point de vue de l'effet dévolutif, il faut distinguer trois sortes de pourvoi : 1° ceux formés dans l'intérêt des parties ; 2° ceux formés dans l'intérêt général ; 3° ceux formés dans l'intérêt de la loi.

a) Les premiers émanant des parties privées, l'effet dévolutif du pourvoi est doublement limité : *dans son étendue*, aux seuls chefs de

[1] La loi du 4 juillet 1908, modifiant l'art. 61 de la loi du 29 juillet 1881 sur la presse, édicte, au profit de la partie civile, le droit de se passer d'un avocat à la Cour de cassation.

[2] Pour des applications de l'effet suspensif du pourvoi : Cass. 13 déc. 1862 (D. 72. 1. 478); 13 févr. 1864 (D. 67. 5. 130); 8 nov. 1889 (S. 91. 1. 90).

l'arrêt ou du jugement dont la cassation est demandée; *dans son intensité*, par l'intérêt du demandeur [1]. C'est la même règle que pour l'appel. Mais sur les chefs de l'arrêt ou du jugement dont la cassation est demandée et dans l'intérêt de celui qui forme le pourvoi, l'effet dévolutif est complet, en ce sens que la Cour de cassation *peut et doit suppléer d'office les moyens d'annulation* qui n'ont pas été relevés par les parties.

b) Les seconds comprennent les pourvois formés par le ministère public et le ministre de la justice. — Le ministère public ne saurait limiter, par son recours, le droit d'appréciation de la Cour; comme son pourvoi est formé dans un intérêt général et d'ordre public, il peut profiter comme il peut nuire au condamné non demandeur en cassation [2]. — Quant au pourvoi du ministre de la justice, il s'exerce autant dans l'intérêt de la loi et pour donner un avertissement aux autorités judiciaires, que pour effacer, au point de vue social, l'effet des actes annulés. S'il ne peut préjudicier au condamné, il peut lui profiter, en cas d'annulation de la condamnation. Mais il respecte les droits acquis aux parties privées.

c) Le pourvoi dans l'intérêt de la loi peut être formé par le ministère public près la cour d'assises, après une ordonnance d'acquittement, et, en toute hypothèse, par le procureur général près la Cour de cassation. Il se résume en une cassation platonique, dont la seule conséquence est la transcription de l'arrêt sur les registres de la juridiction dont la décision a été cassée.

498. DES DIVERS ARRÊTS QUE PEUT RENDRE LA COUR DE CASSATION. — La Cour de cassation peut rendre, soit un arrêt de *déchéance*, quand le pourvoi n'est pas recevable, soit un arrêt de *rejet*, quand il n'y a pas lieu de statuer [3] ou que le pourvoi est mal fondé, soit un arrêt de *cassation*, quand il est accueilli. Tous ces arrêts, qu'ils annulent la décision attaquée ou qu'ils rejettent le pourvoi, doivent être motivés.

Les arrêts soit de déchéance soit de rejet ont un double effet : 1° la sentence, contre laquelle le pourvoi a été formé, acquiert irrévocablement l'autorité de la chose jugée, il ne reste qu'à la faire exécuter

[1] Sur les applications de cette règle : Faustin Hélie, t. VIII, n° 4010; Cass., 21 janv. 1869 (D. 69. 5. 48); 7 nov. 1902 (D. 1904. 1. 103) et la note.

[2] Cass., 7 juin 1883 (D. 86. 1. 44).

[3] Par exemple, par suite du désistement du demandeur (condamné, partie civile, le ministère public ne pouvant se désister), du décès du condamné (Cass., 4 janv. 1901, S. 1901. 1. 208; 5, 10, 25, 26 janv., 14 févr. 1900, S. 1902. 1. 62. 63), de l'amnistie (Cass., 27 mai 1881, S. 83. 1. 41, et la note de M. Villey).

(art. 438 et 439) ; 2° le rejet ou la déchéance du pourvoi entraîne, de plus, certaines condamnations contre la partie qui l'a formé (art. 436)[1].

L'arrêt de cassation, au contraire, loin de terminer la procédure, ordonne le plus souvent qu'elle sera recommencée à partir du plus ancien acte nul. Les conséquences secondaires de cet arrêt consistent : 1° dans la restitution de l'amende, au cas où il y a eu consignation (art. 437); 2° dans l'impression de l'arrêt au *Bulletin des arrêts de la Cour* (L. 17 nov. 1790, art. 25; L. 27 ventôse an VIII, art. 85); 3° dans sa transcription sur les registres de la juridiction dont la décision a été cassée.

En principe, les arrêts de la Cour de cassation ne sont susceptibles d'aucun recours (art. 438); toutefois, si l'acte de pourvoi n'a pas été notifié, conformément à l'art. 418, on admet la partie, qui n'a pas été légalement appelée, à former opposition.

499. DES SUITES DE LA CASSATION. — Tandis que les arrêts de déchéance ou de rejet terminent la procédure, l'arrêt de cassation, au contraire, ordonne qu'elle sera recommencée à partir des actes annulés et sur les faits ou les points qu'il précise. Il faut donc examiner successivement : 1° quelle est l'étendue de la cassation ; 2° quelles en sont les suites.

I. Quant à l'étendue de la cassation, il convient de distinguer entre les *matières criminelles*, d'une part, et les *matières correctionnelles et de police*, d'autre part.

En matière criminelle, il est de principe que la cassation est *partielle*, qu'elle se restreint au chef vicié par la nullité et qu'elle ne doit s'étendre plus loin qu'au cas d'indivisibilité, de connexité ou de relation nécessaire entre les divers chefs d'une même accusation. En matière correctionnelle et de police, au contraire, la cassation est, en général, *intégrale*, et ce n'est que, par exception, qu'elle se restreint à une partie du jugement ou de l'arrêt. Cette différence, qui résulte des termes opposés dont se sert la loi dans les art. 427 et 434, C. instr. cr., s'explique facilement. Dans une décision criminelle, il est possi-

[1] Pendant longtemps, les arrêts de rejet, rendus par la Cour, sur le pourvoi des condamnés en matière correctionnelle, ne contenaient, dans leur dispositif, ni condamnation des demandeurs aux frais, ni fixation de la durée de la contrainte par corps. Mais, en fait, les frais, étaient toujours recouvrés contre la partie qui succombait. Aucune contestation ne paraît même s'être élevée contre cette pratique. Un arrêt de la chambre criminelle, rendu le 7 mai 1880, en prononçant formellement la condamnation aux frais, avec fixation de la durée de la contrainte par corps, n'a fait que sanctionner l'état antérieur, en se conformant à la loi : S. 81. 1. 45.

ble de séparer d'abord la déclaration de culpabilité et l'application qui en est faite, puisque ces deux opérations sont confiées à des autorités différentes, l'une au jury, l'autre à la cour; il est également facile de séparer les différents chefs d'accusation, puisque chacun d'eux est l'objet d'une question spéciale. Mais il n'est pas aussi facile de faire ces distinctions en matière de police simple et correctionnelle : ici, le jugement ou l'arrêt est une œuvre unique, un tout complet résultant d'une seule opération. Le plus souvent, on ne peut scinder les parties d'un même tout, et distinguer ce qui est protégé par l'autorité de la chose jugée, de ce qui est, au contraire, soumis à l'appréciation de la Cour de cassation. Aussi, en matière correctionnelle ou de police, la cassation est *intégrale*, à moins qu'il ne s'agisse de contraventions ou de délits tout à fait distincts et sans aucune connexité entre eux, ou de dispositions accessoires, comme celles qui sont relatives à la solidarité, ou à la contrainte par corps, ou aux frais de justice[1].

II. L'étendue de la cassation étant différente suivant les cas, les suites de la cassation sont également différentes. Il peut arriver, en effet, tout d'abord, que la cassation soit prononcée *sans renvoi*, par exemple, si elle est prononcée par le motif qu'il y avait prescription, amnistie, chose jugée, éteignant le droit d'action publique, ou que le fait, objet des poursuites, n'était, sous aucun rapport, punissable, ou que la partie, contre laquelle une peine a été prononcée, n'était pas poursuivie[2], ou que l'action, subordonnée à une plainte préalable, a été introduite d'office. La cassation est également prononcée sans renvoi, si la Cour procède par *voie de retranchement;* par exemple, lorsque la nullité ne viciant qu'une disposition indépendante des autres, comme l'application d'une peine complémentaire, illégalement prononcée, il n'y a lieu qu'à détacher cette disposition et à la mettre à néant. Dans tous ces cas, le renvoi devant une juridiction ordinaire n'ayant aucun objet, l'arrêt de cassation termine l'instance, non que la Cour fasse elle-même l'office de juge du fond, mais parce qu'il ne reste rien à juger au fond.

Mais ce sont là des hypothèses exceptionnelles. D'ordinaire, la Cour de cassation, d'après la loi de son institution, ne pouvant, *sous aucun prétexte et en aucun cas*, *connaître du fond des affaires*, après avoir prescrit l'étendue et les limites de l'annulation dans son arrêt, ordonne le renvoi du *procès* et des *parties* aux juges qui doivent en connaître.

[1] Comp. : Cass., 23 janv. 1874 (D. 75. 1. 48); 7 mars 1868 (D. 68. 1. 56); 11 juill. 1867 (S. 68. 1. 48); 25 mars 1880 (S. 81. 1. 231); Faustin Hélie, t. VIII, n° 4015.

[2] V. exemple curieux de cassation sans renvoi : Cass., 22 juill. 1880 (S. 82. 1. 89).

Elle désigne, par une délibération spéciale, en chambre du conseil (art. 430), la juridiction que le renvoi saisit. Deux règles générales, posées, par les art. 426 à 431, prescrivent : 1° que le renvoi soit fait à d'*autres juges*, que ceux qui ont rendu le jugement ou l'arrêt annulé ; 2° que les juges, saisis par le renvoi, soient de *même qualité*, c'est-à-dire du même degré que ceux qui sont dessaisis par l'annulation, si ce n'est, toutefois, au cas d'incompétence ou lorsqu'il s'agit d'un simple renvoi à fins civiles.

La compétence de la juridiction que désigne la Cour de cassation est déterminée par l'arrêt de renvoi ; c'est, en effet, par cet arrêt qu'elle est saisie, et il est de principe que l'acte qui saisit un juge limite en même temps sa compétence. Les art. 431, 432, 433 et 434 font l'application de cette règle à divers cas.

Quand, après une première cassation, le second jugement ou le second arrêt, rendu dans la *même affaire*, entre les *mêmes parties*, procédant en la *même qualité*, est l'objet d'un recours en cassation fondé sur les *mêmes moyens* que le premier, ce fait même révèle un *conflit de jurisprudence* entre la *Cour de cassation* et le *tribunal de renvoi*. Pour le trancher, quatre systèmes ont été successivement essayés. Ce fut d'abord celui de l'interprétation législative ; puis, celui de l'interprétation réglementaire par le Conseil d'État ; puis, celui de l'interprétation judiciaire par le tribunal ou la cour de renvoi (C. instr. cr., art. 440 ; L. 16 sept. 1807 ; L. 30 juill. 1828). La loi du 1er avr. 1837 (art. 1 et 2) consacre le système de l'interprétation judiciaire par la Cour de cassation, qui statue, sur le second pourvoi, *toutes chambres réunies*. Si le deuxième arrêt ou jugement est cassé par les mêmes motifs que le premier, la décision de la Cour de cassation a, dans l'affaire où elle intervient, l'autorité de la chose jugée : le tribunal ou la cour de renvoi doit se conformer à la décision de la Cour de cassation, sur le *point de droit* jugé par elle.

500. Du pourvoi dans l'intérêt de la loi. — Le pourvoi en cassation *dans l'intérêt de la loi* a pour unique objet de maintenir l'unité de la jurisprudence et l'exacte interprétation de la loi ; ce pourvoi laisse au jugement ou à l'arrêt attaqué toute l'autorité de la chose jugée, il se borne à rectifier *théoriquement* les erreurs qu'il renferme. La seule sanction de la cassation, dans ce cas, consiste dans la transcription de l'arrêt ou du jugement sur les registres de la juridiction dont la décision a été cassée. Mais les parties ne pourraient se prévaloir de l'annulation, et le ministère public ne pourrait non plus s'appuyer sur l'arrêt de cassation pour remettre en question le point définitivement jugé. La cassation ne rétablit donc pas le *statu quo ante judicium*.

Les pourvois en cassation dans l'intérêt de la loi sont de deux sortes :

1° Ceux que peut former, au greffe de la cour d'assises, le ministère public, *partie au procès*, dans les vingt-quatre heures (art. 374) contre une ordonnance d'acquittement;

2° Ceux que le procureur général près la Cour de cassation a le droit de former de son chef, dans les termes de l'art. 442 [1]. Ces pourvois ne s'appliquent qu'aux décisions qui auraient pu être attaquées *utilement* par les parties, c'est-à-dire à celles qui ont le caractère d'*arrêts* ou de *jugements en dernier ressort*, et seulement après que les délais du pourvoi utile sont expirés. Ce pourvoi n'est soumis à aucun délai, n'a lieu que dans l'intérêt de la loi et ne porte aucune atteinte réelle et pratique à la décision attaquée.

501. Du pourvoi d'ordre du garde des sceaux. — Le ministre de la justice, par l'intermédiaire du procureur général près la Cour de cassation, peut demander l'annulation de *tous* les actes judiciaires contraires à la loi. L'art. 441 dispose en effet : *Lorsque sur l'exhibition d'un ordre formel à lui donné par le ministre de la justice, le procureur général près la Cour de cassation dénoncera à la section criminelle des actes judiciaires, arrêts ou jugements contraires à la loi, ces actes, arrêts ou jugements pourront être annulés, et les officiers de police judiciaire ou les juges poursuivis, s'il y a lieu.*

La loi a voulu donner au garde des sceaux, chef suprême de la justice en France, le moyen de veiller, dans l'*intérêt public*, à ce que toutes les autorités qui concourent à l'administration de la justice, fonctionnent dans les limites de leur compétence respective, à ce que, dans tous les actes de ces autorités, la loi soit observée et les formes respectées. Le caractère pour ainsi dire *gouvernemental* de ce recours nous est révélé par son origne même : il a été institué, en effet, par la constitution du 3 septembre 1791 (tit. III, art. 27) et conservé par la constitution du 5 fructidor an III, et par la loi du 27 ventôse an VIII sur l'organisation judiciaire [2].

Le droit de former ce pourvoi appartient exclusivement au ministre de la justice. Le procureur général près la Cour de cassation n'est, dans cette hypothèse, que son intermédiaire obligé [3]; il agit, suivant

[1] En principe, sauf le cas prévu par l'art. 374, le droit de se pourvoir dans l'intérêt de la loi n'appartient qu'au procureur général près la Cour de cassation : Cass., 14 févr. 1880 (S. 81. 1. 241).

[2] Sur ce recours : Faustin Hélie, t. III, nos 1028 à 1037 ; t. VIII, nos 3908 et suiv.; Ortolan, t. II, n° 2378 ; Trébutien, t. II, p. 549.

[3] Cass., 21 févr. 1890 (S. 90. 1. 192).

les expressions passées en usage, d'*ordre du garde des sceaux*. De là deux conséquences : 1° le procureur général doit exhiber l'ordre formel qu'il a reçu du ministre ; 2° l'effet dévolutif de ce pourvoi se restreint aux points indiqués dans la lettre du garde des sceaux. Le procureur général ne pourrait d'office ajouter à ces moyens aucun *moyen nouveau*. Il ne lui appartient que de les développer et de les appuyer dans ses conclusions, s'il juge à propos de le faire.

Le caractère même du recours nous indique son étendue et ses effets.

Son étendue. — Il n'est limité, ni au point de vue des *actes* auxquels il s'applique, ni au point de vue des *conditions* dans lesquelles il s'exerce.

a) Ce recours est d'abord *général*, en ce sens qu'il s'étend à tous les *actes judiciaires* et s'applique à toutes les *juridictions*. 1° Ainsi, il n'est pas nécessaire qu'il s'agisse d'*actes* ayant le caractère de *jugements*, ni que les *jugements* soient *en dernier ressort*; une délibération illégale, une décision prise par voie générale et réglementaire, les motifs d'un jugement ou d'un arrêt, les questions posées au jury, en un mot, tous les actes judiciaires quelconques peuvent être l'objet d'une demande en annulation[1]. 2° De plus, le droit du ministre de la justice n'est pas limité aux actes des *juridictions ordinaires*; c'est une attribution générale, d'ordre public, qui n'admet aucune exception. L'art. 82, C. just. milit. de 1857 et l'art. 112, C. just. marit. de 1858 déclarent l'art. 441 applicable aux tribunaux militaires et maritimes. Même le droit de dénoncer un jugement dans l'intérêt de la loi accordé à un autre ministre, ne ferait pas obstacle à l'exercice de l'attribution générale que l'art. 441 confère au garde des sceaux.

b) Ce recours s'exerce sans *conditions* : peu importe que la décision attaquée puisse être ou non l'objet d'un recours utile des parties; peu importe que celles-ci soient ou non dans les délais de l'appel ou du pourvoi[2].

Ses effets. — La question principale, que soulève l'art. 441, con-

[1] Comp. : Cass., 13 juin 1879 (S. 79. 1. 385); 5 déc. 1879 (S. 80. 1. 93); 5 août 1886 (S. 86. 1. 491). Mais le pourvoi serait-il recevable contre des décisions, qui ont été annulées soit en appel, soit sur opposition? La Cour de cassation l'a admis le 7 déc. 1880 (S. 81. 1. 281), « lorsque l'annulation a laissé subsister les motifs ou une doctrine erronée ». Il reste alors « un acte judiciaire qui appelle la surveillance du garde des sceaux ». Il me paraît difficile de croire qu'un arrêt qui annule une décision, n'infirme pas, en même temps, les motifs et la doctrine de l'arrêt.

[2] V. une application délicate de cette règle dans un arrêt de la Cour de cassation du 17 janv. 1878 (S. 81. 1. 486).

siste à savoir quel est l'effet de l'annulation provoquée d'après les ordres du garde des sceaux. Elle a été et elle est encore controversée. Ce ne sont pas seulement les auteurs qui diffèrent sur ce point; l'opposition existe même entre les arrêts de la Cour suprême, dont la jurisprudence a passé par des phases successives[1]. Entre le système de la cassation dans le seul intérêt de la loi, et celui de la cassation réagissant sur les intérêts des plaideurs, la Cour suprême paraît s'être arrêtée, après bien des fluctuations, à un système mixte, dont voici la formule : les jugements peuvent et doivent être annulés avec effet, mais sans préjudice des droits acquis aux parties par la chose jugée. Les difficultés se ramènent donc, dans ce système, à ces seuls points : déterminer dans quel cas, et en quoi, et par rapport à qui, il y a ou il n'y a pas *droits acquis*. Le but du recours en annulation et les termes dont se sert l'art. 441, indiquent, ce semble, que l'annulation doit toujours profiter à l'accusé condamné, sans jamais pouvoir lui nuire, et qu'elle ne peut jamais être invoquée pour ou contre la partie civile. En effet, l'art. 441, à la différence de l'art. 442, ne reproduit pas, dans son texte, cette réserve que l'annulation n'aura lieu que dans l'intérêt de la loi, sans pouvoir exercer d'influence sur l'intérêt des parties. Le but même poursuivi par le législateur, en ouvrant ce recours extraordinaire, démontre que le pourvoi est formé dans l'*intérêt public*, qui est plus large que l'*intérêt de la loi*. Or, l'intérêt public exige, en cas de pourvoi dirigé contre un jugement ou contre un arrêt de *condamnation*, que l'annulation ait lieu d'une manière absolue et que le condamné ne subisse pas une peine que la Cour suprême juge avoir été illégalement prononcée. Mais, à l'inverse, la règle *non bis in idem* ne permet d'annuler soit l'acquittement, soit

[1] Les évolutions de la jurisprudence ont été analysées par Faustin Hélie, *op. cit.*, t. III, n° 1028, p. 638. Quatre phases peuvent être distinguées : *a*) Jusqu'à l'arrêt *Fabry* du 15 juillet 1819, la Cour de cassation n'appliquait l'art. 441, qu'au cas d'incompétence ou de fausse application de la loi, et l'annulation profitait aux parties sans pouvoir leur nuire; *b*) A partir de l'arrêt de 1819, jusqu'à l'arrêt *Mazas* du 2 avril 1831, l'annulation put être prononcée pour toute erreur de droit, et la cassation eut un effet absolu au détriment comme au bénéfice des parties; *c*) De l'arrêt de 1831 jusqu'à l'arrêt *Cordier* du 25 mai 1835, la Cour de cassation décida, au contraire, que l'annulation n'avait lieu que dans l'intérêt de la loi, et qu'elle demeurait étrangère au condamné; *d*) Depuis cette époque, la Cour a toujours jugé que l'annulation pouvait profiter aux parties sans pouvoir leur préjudicier. C'est au procureur général Dupin, que revient l'honneur d'avoir fixé le sens et la portée de l'art. 441. Comp. son *Réquisitoire* précédant l'arrêt du 22 août 1839 (S. 39. 1. 326). V. Cass., 20 juin 1851 (S. 51. 1. 542); 27 nov. 1867 (D. 70. 1. 317); 28 août 1873 (D. 75. 1. 399); 4 janv. 1895 (D. 95. 1. 304). Mais Cass., 15 juill. 1882 (S. 84. 1. 245) et la note de M. Villey. Voy. Garçon, *Effets de la révision des procès criminels* (extrait du *Journ. des Parq.*, 1903, p. 6, note 2).

l'absolution passée en force de chose jugée, que dans l'intérêt de la loi.

502. Des diverses décisions susceptibles d'un pourvoi en cassation et de ses effets. — Après avoir indiqué les conditions générales du pourvoi en cassation, je dois en faire l'application aux diverses décisions des juridictions pénales. Cette étude me permettra de déterminer à quel moment une décision judiciaire devient *irrévocable* et épuise définitivement les droits d'action publique et civile.

Le procès pénal peut passer par deux ordres de juridictions : les juridictions d'instruction et les juridictions de jugement. Les premières sont représentées par le juge d'instruction et la chambre des mises en accusation. Les secondes, par les tribunaux de police simple et correctionnelle, et les cours d'assises.

I. *Quelles sont les décisions des juridictions d'instruction qui peuvent être l'objet d'un pourvoi en cassation?* — Le juge d'instruction est définitivement dessaisi, soit par une ordonnance de non-lieu, soit par une ordonnance de renvoi au tribunal correctionnel ou au tribunal de police, soit par une ordonnance de transmission, en cas de présomption de crime, au procureur général. La chambre des mises en accusation, saisie par le procureur général ou les parties, statue, soit par un arrêt préparatoire de plus ample informé, soit par un arrêt de non-lieu, soit par un arrêt de renvoi au tribunal de simple police ou de police correctionnelle, soit par un arrêt de mise en accusation devant la cour d'assises.

a) Les ordonnances de règlement du juge d'instruction, peuvent être attaquées par la voie de l'*opposition*, qui a tous les caractères de l'appel, et qui est portée devant la chambre d'accusation. Il en résulte que ces décisions, étant rendues en *premier ressort*, ne sont pas susceptibles, de la part du ministère public ou de la partie civile, d'un recours en cassation. Elles ne peuvent, non plus, être frappées d'un pourvoi par l'inculpé, la voie de la cassation lui étant fermée, comme celle de l'opposition, et par le même motif : *le défaut d'intérêt*[1].

Par exception, cependant, certaines ordonnances, déjà indiquées, étant en dernier ressort et faisant grief aux parties, peuvent être l'objet d'un recours utile en cassation.

b) Les arrêts de la chambre d'accusation, étant en dernier ressort, sont attaquables par la voie de la cassation. Il s'agit seulement des arrêts rendus sur le fond : les chambres des mises en accusation peuvent, en effet, prononcer des arrêts *préparatoires*, pour ordonner

[1] *Sic*, Cass., 12 févr. 1891 (D. 91. 1. 286).

soit l'apport de certaines pièces, soit un supplément d'instruction; mais ces arrêts n'étant pas définitifs, ne peuvent être attaqués isolément.

Les chambres d'accusation rendent, sur le fond, des décisions de deux espèces : 1° des arrêts de *renvoi*, soit devant un tribunal de police simple ou correctionnelle, soit devant une cour d'assises; 2° des arrêts de *non-lieu*. Les règles du pourvoi diffèrent suivant la nature des arrêts, et selon qu'il s'agit du pourvoi formé contre l'*arrêt de renvoi devant la cour d'assises*, ou du pourvoi formé contre les *autres arrêts*.

1° Le Code commence par établir, dans les art. 296, 298, 299 et 408, le droit de recours en cassation contre les arrêts de renvoi en cour d'assises, tant au profit de l'accusé qu'au profit du procureur général. A défaut de pourvoi dans le délai spécial indiqué par ces articles, l'arrêt, qui était en dernier ressort, ayant acquis l'autorité de la chose jugée, est irrévocable et couvre toutes les irrégularités de la procédure antérieure : l'art. 408, n'ouvre, en effet, le pourvoi que contre cet *arrêt* et non contre les *actes de cette procédure*, qui ne peuvent être attaqués isolément, mais seulement s'il y a lieu, en attaquant l'arrêt lui-même.

L'art. 299, modifié par la loi du 11 juillet 1853, limite à quatre, les *causes* pour lesquelles le pourvoi contre l'arrêt de renvoi en cour d'assises peut être formé. Ces moyens de nullité sont : 1° l'incompétence; 2° si le fait n'est pas qualifié crime par la loi; 3° si le ministère public n'a pas été entendu; 4° si l'arrêt n'a pas été rendu par le nombre de juges fixé par la loi. Est-ce à dire que le pourvoi ne soit admissible que dans ces quatre cas? S'il en était ainsi, et si le texte était *limitatif*, il faudrait décider que malgré la violation des règles les plus essentielles à la validité des jugements, l'absence de motifs, par exemple, le rejet des exceptions préjudicielles ou des fins de non recevoir, l'arrêt serait inattaquable. Mais une solution qui conduit à de telles conséquences et inadmissible : aussi la jurisprudence admet que les restrictions de l'art. 299 ne dérogent que, *quant au délai*, aux dispositions générales de la loi; ce qui n'empêche pas que, pour les autres vices emportant nullité, les arrêts de mise en accusation ne puissent être attaqués, par l'une ou l'autre des parties, en la *forme* et dans les *délais ordinaires*.

Il existe donc, pour le pourvoi contre les arrêts de renvoi en cour d'assises en matière criminelle[1], deux délais distincts, suivant la *cause* du pourvoi.

[1] Pour crime, mais non pour délit de presse : Cass. 21 févr. 1884 (S. 84. 1. 86).

1° Fondé sur l'un des quatre moyens énumérés par l'art. 299, il doit être déclaré dans les *cinq jours* qui suivront l'avertissement que le président des assises donne à l'accusé aux termes de l'art. 296. Ainsi, l'avertissement ayant été donné le 1er du mois, le pourvoi doit, au plus tard, être formé le 6. Le délai qui, pour le procureur général, est le même que pour l'accusé, court de l'interrogatoire de l'accusé par le président (art. 296). 2° Pour le recours fondé sur un moyen qui n'est pas compris dans l'énumération de l'art. 299, les parties ont *trois jours francs*, conformément à la règle générale de l'art. 373 [1], à partir du jour où l'arrêt est porté à la connaissance de l'intéressé [2]. Quant aux effets de ce pourvoi, une modification importante a été apportée au Code de 1808 par la loi du 10 juin 1853. La jurisprudence, interprétant l'ancien art. 301, admettait que le pourvoi contre l'arrêt de renvoi, bien qu'il fût évidemment tardif, n'en avait pas moins pour effet de *suspendre* les débats sur le fond, conformément à la doctrine accréditée qu'il appartient à la Cour de cassation seule de juger de la recevabilité ou de la non-recevabilité des recours formés devant elle. Il arrivait, avec cette interprétation, que l'accusé était toujours le maître, même après le tirage au sort du jury, et lorsque la composition de ce jury ne lui convenait pas, de faire renvoyer l'affaire à une autre session, par un pourvoi tardif et formé sans cause sérieuse. C'est pour faire cesser cet abus que la loi du 10 juin 1853 est intervenue. Aujourd'hui, d'après la nouvelle rédaction de l'art. 301, le recours contre l'arrêt de renvoi ne produit d'*effet suspensif* que dans le cas où il est formé dans le délai légal et avant le tirage au sort du jury. Dans tout autre cas, il est procédé nonobstant le pourvoi, à l'ouverture des débats et au jugement, et le pourvoi n'est soumis à la Cour de cassation qu'après l'arrêt définitif de la cour d'assises.

2° La chambre des mises en accusation formant le second degré des juridictions d'instruction, il en résulte que les arrêts qu'elle rend doivent pouvoir être attaqués par la voie de la cassation s'ils sont définitifs. On a cependant contesté que l'on pût se pourvoir contre tous les arrêts de la chambre d'accusation, en se fondant sur l'art. 299, aux termes duquel *la demande en nullité ne peut être formée que contre l'arrêt de renvoi et dans les quatre cas* qu'il indique. Ces expressions étant limitatives, on en a conclu : 1° que, hors les quatre cas prévus, le recours contre les arrêts de renvoi était irrecevable, quels que fussent les vices et irrégularités dont ils pouvaient être

1 Comp. Cass., 4 févr. 1854 (D. 67. 1. 409); 4 févr. 1865, *eod. loc.*
2 Cass., 10 déc. 1847 (D. 48. 1. 20). Comp. note 5 dans D. 96. 1. 167.

entachés; 2° qu'il était défendu de se pourvoir contre les arrêts de la chambre des mises en accusation autres que les arrêts de renvoi devant la cour d'assises. Mais le vice de cette argumentation consiste à faire de l'art. 299 une règle générale, tandis qu'il constitue une disposition applicable seulement au pourvoi tout spécial et plus favorisé dont il est question : et il est admis aujourd'hui que *tous les arrêts définitifs* de la chambre d'accusation, ceux rendus sur opposition aux ordonnances du juge d'instruction, les arrêts de non-lieu, les arrêts de renvoi devant le tribunal de police simple ou correctionnelle, les arrêts accordant ou refusant une réhabilitation, peuvent être attaqués, en la *forme* et dans le *délai* ordinaire de trois jours, par l'une ou l'autre des parties [1], pour les *causes* générales de cassation énumérées plus haut, toutes les fois qu'ils contiennent une disposition *définitive*, faisant grief à l'action publique et susceptible d'acquérir autorité de chose jugée [2].

II. *Quelles sont les décisions des juridictions de jugement qui peuvent être l'objet d'un pourvoi en cassation?* — Il faut séparer les décisions qui sont rendues en matière de police simple et correctionnelle de celles qui sont rendues en matière criminelle.

a) En matière correctionnelle et de police, les jugements et arrêts en dernier ressort peuvent, lorsqu'ils sont définitifs, être attaqués par la voie du recours en cassation. Il en est ainsi des jugements rendus par le tribunal de police, sans appel, de ceux rendus, sur appel, par les tribunaux correctionnels, et des arrêts rendus, sur appel des jugements de police correctionnelle, par la cour (art. 177, 216) [3]. Le jugement ou l'arrêt, qui statue à la fois sur l'action publique et sur l'action civile résultant du même fait, se compose de deux décisions distinctes et séparées, dont l'une peut acquérir force de chose jugée, indépendamment de l'autre. Le pourvoi en cassation est donc ouvert à chacune des parties engagées dans l'instance, mais sans que le pourvoi formé par l'une d'elles puisse profiter ou nuire aux autres.

b) En matière criminelle, il faut distinguer, pour savoir dans quels

[1] Sur le pourvoi de la partie lésée contre un arrêt de non-lieu : Cass., 16 nov. 1895, Laborde, *Rev. crit.*, 1896, p. 90; Cass., 2 janv. 1895 (S. 96. 1. 102); 1er mai 1896 (S. 96. 1. 300): 12 mai 1899 (S. 1900. 1. 544); 2 sept. 1898 (S. 1901. 1. 199); 4 mars, 22 juin 1899 (S. 1901. 1. 203); 9 mai 1901 (S. 1904. 1. 207). La dernière jurisprudence ne permet pas à la partie lésée, à défaut d'un pourvoi du ministère public, de se pourvoir en cassation contre un arrêt de non-lieu. Cass., 4 juill. 1906 (*Pand.*, 1906. 1. 306).

[2] Comp. : Faustin Hélie, t. V, nos 2290 à 2296. V. Cass., 31 déc. 1858 (S. 59. 1. 299); 17 févr. 1891 (S. 93. 1. 332).

[3] Sur le fond ou la compétence : Cass., 13 janv. 1893 (D. 95. 1. 216).

cas le pourvoi en cassation est ouvert et quels en sont les effets, les *décisions contradictoires* et les *décisions par contumace*.

1° La déclaration du jury peut aboutir, soit à un *acquittement*, soit à une *condamnation*, soit à une *absolution*.

L'accusé, déclaré non coupable par le jury, est acquitté par une *ordonnance du président* et mis en liberté, s'il n'est retenu pour une autre cause (art. 360). Cette ordonnance acquiert *immédiatement* force de chose jugée, et la partie acquittée ne peut plus être reprise ni accusée à raison du même fait, pourvu que l'acquittement ait été légalement prononcé. L'acquittement a ce caractère, toutes les fois qu'il est la *conséquence d'une déclaration de non-culpabilité émanée du jury*. Il résulte, en effet, de l'art. 409, C. instr. cr., et de l'art. 1er de la loi du 21 novembre 1872 que l'ordonnance d'acquittement ne peut être l'objet d'un pourvoi *utile*, alors même que, dans la procédure qui a précédé le verdict, on aurait violé les formes substantielles ou prescrites à peine de nullité, ou que le jury aurait été irrégulièrement composé[1]. L'ordonnance d'acquittement n'est donc entachée d'illégalité que si le président des assises acquitte *sans verdict*, ou s'il fait une *fausse application du verdict*. Dans ce cas, elle est annulée au *préjudice de l'accusé*. Si l'acquittement a été prononcé sans déclaration préalable du jury, l'accusé est renvoyé devant une autre cour d'assises, où il est procédé à de nouveaux débats sur le fond. Si le président a acquitté l'accusé déclaré coupable par le jury, ou s'il a fait une fausse application d'un verdict de non-culpabilité[2], l'annulation ne frappe que l'ordonnance d'acquittement; l'affaire est renvoyée devant une autre cour d'assises qui prononce sur la déclaration déjà faite par le jury, sans débat au fond.

L'accusé, déclaré coupable par le jury, est absous ou condamné, suivant les cas, par arrêt de la cour.

Lorsqu'il n'y a pas lieu d'appliquer une peine à l'accusé déclaré cependant coupable, la cour prononce l'*absolution* de l'accusé. L'ar-

[1] L'art. 360 et l'art. 409 sont contradictoires, mais l'art. 409, fruit d'une délibération postérieure, corrige ce qu'a d'inexact l'art. 360. Comp. : Le Sellyer, *Actions publique et privée*, t. II, n° 662; Griolet, *De l'autorité de la chose jugée*, p. 219.

[2] Ainsi, supposons que, dans une accusation de meurtre, l'accusé, ayant été déclaré non coupable par le jury, le président, au lieu de se borner à l'acquitter purement et simplement, déclare que l'accusé est acquitté de l'accusation d'*avoir donné la mort à un tel*. Cette ordonnance serait irrégulière, parce qu'elle ferait une fausse application du verdict. Le jury a déclaré, en effet, non que l'accusé n'a pas commis l'homicide, mais qu'il n'est pas coupable du *meurtre*, ce qui est bien différent. En effet, nonobstant l'acquittement, l'accusé pourra être repris à raison du même fait, qualifié homicide par imprudence. Comp., à titre d'exemple : Cass., 27 nov. 1884 (S. 86. 1. 390).

rêt d'absolution est susceptible, de la part du ministère public, d'un pourvoi en cassation au préjudice de l'accusé. Si le pourvoi est accueilli, la cassation ne porte que sur l'arrêt d'absolution. La cour d'assises, à laquelle l'affaire est renvoyée, prononce un nouvel arrêt sur la déclaration déjà faite par le jury, déclaration qui est maintenue, ainsi que la procédure antérieure, fût-elle entachée de nullité (art. 373, 410, 434).

Dans aucun cas, la partie civile ne peut poursuivre l'annulation d'une ordonnance d'acquittement ou d'un arrêt d'absolution. Mais, par exception, si l'arrêt a prononcé contre elle des condamnations civiles, supérieures aux demandes de la partie acquittée ou absoute, cette disposition de l'arrêt peut être annulé sur le pourvoi de la partie civile (art. 412).

Lorsque l'accusé, déclaré coupable par le jury, a été condamné, le recours en cassation contre l'arrêt de condamnation est ouvert à *toutes* les parties engagées dans l'instance, c'est-à-dire au condamné, au ministère public et à la partie civile, mais seulement en ce qui concerne les intérêts civils de celle-ci (art. 373, 410, 434). Sans parler des cas où les effets de la cassation sont restreints par les *termes* mêmes du pourvoi et par la *qualité* du demandeur, on doit remarquer qu'ils le sont encore par les *moyens* sur lesquels s'appuie la cassation. Pour déterminer la portée de la cassation, quand elle est prononcée, il faut, en effet, distinguer deux hypothèses. — L'arrêt peut être attaqué par le condamné ou par le ministère public pour fausse application de la loi pénale. De deux choses l'une, dans ce cas : lorsque le fait n'est passible d'aucune peine, la cour casse l'arrêt, sans prononcer de renvoi ; au contraire, si la cour d'assises a appliqué une peine autre que celle qui est portée par la loi, l'arrêt est cassé et le procès et les parties sont renvoyés à une autre cour d'assises qui a pour mission unique d'appliquer la peine sur la déclaration déjà faite par le jury (art. 434). — Le recours en cassation peut être exercé par le condamné et le ministère public pour violation des formes substantielles ou prescrites à peine de nullité. La Cour suprême, s'il y a lieu à cassation, annule l'arrêt de condamnation et ce qui l'a précédé, à partir du dernier acte dans lequel se rencontre la nullité. Dans ce cas, l'affaire est renvoyée devant une autre cour d'assises, pour de nouveaux débats qui portent, soit sur le fond de l'affaire, si la nullité vicie la déclaration du jury ou la procédure antérieure, soit sur l'application de la peine seulement, si elle vicie la procédure postérieure à cette déclaration, qui est maintenue, ou l'arrêt même de condamnation (art. 434 combiné avec 408). La cassation ne peut être prononcée, en cas de pourvoi du condamné, que dans son intérêt : mais toutes les fois que l'effet de la cassation est de nécessiter de nouveaux débats sur le fond, le résultat définitif du pourvoi peut tourner au préjudice du condamné, alors même que le ministère public ne s'est pas pourvu. En effet, l'arrêt et les débats étant annulés, l'affaire doit être examinée de nouveau par les juges de la culpabilité avec une complète liberté d'appréciation.

Lorsque l'accusé, à qui différents chefs d'accusation sont reprochés, un *meurtre* et un *vol*, par exemple, est *acquitté* sur un chef, *condamné* sur l'autre, un pourvoi utile peut être formé, en ce qui concerne la condamnation, sans qu'il y ait de recours utile possible contre l'acquittement (art. 409). Mais, lorsque les questions posées au jury, relatives au même chef d'accusation, ont été résolues, les unes en faveur de l'accusé, les autres contre lui, il y a, en principe, indivisibilité dans le pourvoi comme dans la cassation.

2° On sait que l'accusé contumax est jugé par la cour d'assises, sans le concours du jury. L'arrêt d'*acquittement*, prononcé par contumace, est définitif et ne peut être annulé que dans l'intérêt de la loi (art. 409, et argument tiré de l'art. 476). L'arrêt qui *absout* le contumax, peut être attaqué par le ministère public et annulé par la Cour de cassation, avec le même effet que l'arrêt d'absolution rendu sur la déclaration du jury. En cas de *condamnation* du contumax, le recours en cassation est ouvert au ministère public et à la partie civile, en ce qui regarde les intérêts de celle-ci, mais jamais au condamné (art. 473). C'est qu'en effet la représentation du condamné, nécessaire pour l'admissibilité du pourvoi, fait tomber de plein droit la condamnation (art. 476).

§ IX. — DU POURVOI EN REVISION ET DE LA RÉPARATION DES ERREURS JUDICIAIRES[1].

503. Des recours devant la cour de cassation pour erreur de droit et erreur de fait. — La chambre criminelle de la Cour

[1] Bibliographie : Bernard, *De la réparation des erreurs judiciaires*, *Rev. crit.*, 1870; S. Mayer, *La question de la revision des procès criminels et correction-*

de cassation, dans un intérêt d'ordre public, a reçu la mission de statuer sur les recours en annulation exercés par le procureur général, d'ordre du garde des sceaux. C'est là une voie de recours exceptionnelle, destinée à réparer les *erreurs de droit* qui entachent les arrêts ou jugements et à remplacer le recours des parties, lorsque celles-ci ont omis ou négligé de se pourvoir. Or, tout en se conformant aux prescriptions de la loi, le juge peut tomber dans une *erreur de fait*, soit en acquittant un coupable, soit en condamnant un innocent. S'il s'est trompé en faveur de l'accusé, la *chose jugée* fait acquérir à ce dernier un droit inviolable [1]. Mais s'il s'est trompé à son préjudice, la maxime : *Res judicata pro veritate habetur*, fait-elle irrévocablement obstacle à la manifestation de la vérité? En principe, le jugement passé en force de chose jugée doit recevoir ou continuer de recevoir son exécution, nonobstant la découverte des preuves les plus évidentes de l'innocence du condamné, sauf l'exercice du droit de grâce par le chef de l'État. Il n'appartient pas, en effet, aux agents du pouvoir exécutif, d'entraver l'exécution d'une décision, passée en force de chose jugée, sous le prétexte qu'elle est le résultat d'une erreur du juge. Toutefois, par dérogation au principe de l'irrévocabilité de la chose jugée, la loi admet, dans des cas exceptionnels, un recours en *revision* de l'arrêt de condamnation, c'est-à-dire un nouvel examen *du fond* de l'affaire. Mais la revision ne saurait dégénérer en voie d'appel. Il faut que les jugements définitifs ne puissent être suspendus dans leurs effets et contestés dans leurs dispositions. Rien n'est donc plus difficile que de tracer les limites de la revision, et les deux questions principales qui se posent dans toute législation : les *cas de revision; l'indemnité à accorder aux victimes d'erreurs judiciaires*, sont très diversement appréciées et très diversement résolues.

Mais, pour que la *chose jugée* puisse ainsi être remise en question, il faut que l'arrêt, dont l'autorité y met obstacle, soit auparavant

nels, 1894 ; Nicolas, *Des réparations aux victimes des erreurs judiciaires*, 1888; Berlet, *Commentaire de la loi du 8 juin 1895* (*Journ. des Parq.*, 1896). Cfr. Discussion Société générale des prisons, *Rev. pénit.*, 1895, p. 957, 1239 ; 1896, p. 3; Garçon, *Des effets de la revision des procès criminels* (extrait du *Journal des Parquets*, 1903, p. 32 et suiv.).

[1] Certaines législations permettent de reconnaître l'erreur judiciaire non seulement au préjudice de l'accusé injustement condamné, mais aussi contre l'accusé injustement acquitté. La revision *pour* et *contre* l'inculpé peut être ordonnée d'après les Codes de proc. pén. de l'Allemagne (§ 402), de l'Autriche (§ 355), de la Norvège (§ 415) et d'un certain nombre de cantons de la Suisse. Cf. Tarde, *Philosophie pénale*, p. 80; mon *Traité d'instr.*, t. I, n° 234; Alimena, *La revisione dei giudicati penali* (Naples, 1897). L'école positiviste réclame la revision contre l'acquitté et dans l'intérêt de la société.

anéanti. La revision, de même que la *requête civile*, avec laquelle elle présente une grande analogie, comprend donc deux opérations distinctes : le *rescindant* et le *rescisoire*. La première, qui est toujours confiée à la Cour de cassation, consiste à vérifier l'existence de la cause de revision et à annuler, s'il y a lieu, l'arrêt de condamnation. L'autre, qui devrait toujours rentrer dans les attributions des tribunaux ordinaires de répression, puisqu'elle soulève une question de culpabilité, mais qui est tantôt confiée à la Cour de cassation et tantôt au tribunal de renvoi, a pour objet d'examiner et de juger de nouveau le procès. Il y a donc, presque toujours, deux arrêts successifs, statuant le premier sur la *recevabilité en la forme*, et le second sur l'*admissibilité de la revision* (art. 445). Cependant, si l'affaire est dès l'abord en état, il n'est rendu qu'un seul arrêt [1].

Dans notre ancien droit, rien ne venait limiter les demandes en revision. On admettait, comme pouvant donner ouverture à ce recours, *toutes les erreurs* qui viciaient une sentence criminelle [2]. On affranchissait l'octroi des lettres de revision de toutes conditions de formes ou de délais. L'Assemblée constituante supprima le recours en revision, comme elle avait supprimé le recours en grâce [3]. Ce contraste entre notre ancien droit et le droit nouveau s'explique. On remarque, en effet, que l'autorité de la chose jugée est d'autant plus inébranlable dans un pays que l'organisation des juridictions et de la procédure pénale y donne plus de garanties contre les erreurs judiciaires. Dans notre ancien droit, où les accusés étaient jugés sur une instruction écrite, sur des preuves légales et par des juges permanents, les décisions judiciaires n'avaient pas le même caractère de certitude qui leur appartient aujourd'hui : aussi, le législateur, avec la conscience des vices de son système, avait dû affranchir, de toute limite et de toute condition, une revision, que rendait, du reste, toujours possible une procédure écrite, conservée et classée au greffe de chaque juridiction. Dans le droit nouveau, avec le débat public, oral, contradictoire, avec l'institution du jury qui donnait à l'accusé des juges toujours impartiaux, le législateur avait, au contraire, rejeté un recours qui semblait une atteinte au principe de l'immutabilité des décisions du jury et qu'il était, du reste, difficile d'employer à la suite de la procédure orale [4]. Mais les faits vinrent bientôt donner un démenti à cet

[1] Voy. par exemple : Cass., 8 août 1901 (*B. cr.*, n° 235).

[2] Tit. XVI et XXVII de l'Ord. crim. de 1670. Voy. Jousse, *Traité de la just. crim.*, t. II, p. 780.

[3] Sur l'histoire de la revision : Albert Desjardins, *La revision des procès criminels* (*Rev. des Deux-Mondes*, 1899, t. III, p. 753).

[4] Les législateurs de l'Angleterre et des États-Unis n'admettent pas la revision

optimisme officiel, et, par le décret du 13 mai 1793, la Convention fut obligée d'admettre la revision, au moins dans le cas de contrariété de jugements. Le Code du 3 brumaire an IV gardait un silence complet sur la question. Mais on reconnaissait généralement que le décret de 1793 restait en vigueur. Le Code de 1808, essayant, sur ce point comme sur tant d'autres, une équitable transaction entre deux systèmes opposés, et s'inspirant du décret du 13 mai 1793, organisa ce recours, mais avec une extrême réserve. Les art. 443 à 447, qui contiennent son système, ont été modifiés par la loi du 29 juin 1867 et surtout par celle du 8 juin 1895.

504. Des cas de revision. — Dans l'établissement des règles de la revision, le législateur faisant la part de ces deux vérités sociales : le respect de la chose jugée ; la réparation des erreurs judiciaires, ne doit ouvrir cette voie de recours que pour le cas où un événement, inconnu des premiers juges, vient démontrer qu'une condamnation consacre une erreur manifeste ou du moins très probable.

La loi de 1867 a maintenu les trois cas de revision prévus et définis par le Code, et n'en a point établi d'autres : ses modifications ont consisté à étendre les limites de leur application, en admettant la revision, d'une part, au profit des *condamnés correctionnels*, et, d'autre part, au profit des *condamnés décédés*. La loi du 8 juin 1895 a ajouté, aux trois cas de revision admis par le Code d'instruction criminelle, un cas plus général, dont les trois premiers ne semblent plus être aujourd'hui que des applications spécifiées.

I. Aux termes du nouvel art. 443, les cas de revision sont au nombre de quatre : dans le premier, l'erreur porte sur l'*existence* du crime ; dans le second, sur l'*individualité* du condamné ; dans le troisième, sur les *preuves* produites contre lui ; dans le quatrième, *aucune spécialisation* n'est faite par la loi : c'est un cas général, celui du *fait nouveau*.

a) Après une condamnation pour homicide consommé, des pièces sont représentées, propres à faire naître de suffisants indices sur l'existence de la prétendue victime de l'homicide. Dans ce cas, la chambre criminelle de la Cour de cassation procède directement à des mesures d'instruction, ou charge, par commissions rogatoires, d'autres autorités d'y procéder (art. 445), et, si l'existence de la prétendue

d'une sentence prononcée en vertu d'un verdict du jury ; elles admettent seulement le droit du président d'annuler immédiatement le verdict de culpabilité, lorsqu'il est convaincu de l'innocence de l'accusé, et de renvoyer l'affaire à une autre session. C'est une disposition analogue à celle de notre art. 352.

victime est établie, postérieurement à l'arrêt de condamnation, elle casse cet arrêt, et sa décision emporte revision.

b) Un individu a été condamné pour avoir commis un crime ou un délit. Un autre individu a été condamné, par un autre arrêt, pour le même fait; et il ressort, de chaque arrêt, que le crime ou le délit a été commis par une seule et même personne, ou par un nombre d'individus inférieur à celui des condamnés [1]. Les décisions sont inconciliables et la contradiction qu'elles présentent est la preuve de l'innocence de l'un ou de l'autre des condamnés : mais duquel? La revision, dans ce cas d'ouverture, exige toujours un examen du *fond* de l'affaire. Le droit d'y procéder appartient, tantôt à la Cour de cassation elle-même, tantôt à la juridiction pénale ordinaire qu'elle désigne.

c) Un des témoins entendus a été, postérieurement à la condamnation, poursuivi et condamné pour faux témoignage contre l'accusé ou le prévenu : si l'erreur de la condamnation ne résulte pas nécessairement, dans ce cas, d'un faux témoignage, depuis reconnu et puni, du moins, cette circonstance est assez grave pour faire craindre que l'accusé n'ait été victime d'une calomnie. Il était nécessaire, avant 1895, pour que, en ce cas, la demande en revision fût recevable : 1° que le faux témoignage eût été découvert, *après la condamnation ;* 2° que le témoin eût été *condamné* par un arrêt passé en force de chose jugée pour faux témoignage contre l'accusé. Si donc le témoin suspect était décédé, au cours de la poursuite en faux témoignage, s'il avait prescrit contre l'action, la revision était impossible [2]. Mais la loi du 8 juin 1895 a permis de demander la revision dans toutes ces hypothèses qui rentrent dans le cas absolument général du fait nouveau.

d) Tous les événements qui peuvent révéler une erreur judiciaire rentrent, en effet, dans le quatrième cas. Sa formule est de nature à les comprendre tous : « Lorsque, après une condamnation, *un fait viendra à se produire ou à se révéler, ou lorsque des pièces inconnues lors des débats seront représentées, de nature à établir l'innocence d'un condamné* ». Deux seules conditions de fond sont exigées : 1° Il faut que les faits ou les documents dont on excipe

[1] Comp., pour des exemples : Cass., 23 avr. et 11 juin 1869 (S. 70. 1. 139 et 140); 10 avr. 1878 (S. 78. 1. 435); 6 mai 1881 (S. 82. 90); 13 août 1885 (D. 86. 1. 388); Ch. réunies, 15 janv. 1902 (*Journ. des Parq.*, 1902. 1. 45 à 61); 7 mars 1903 (D. 1906. 1. 485). Il faut, pour donner ouverture à ce cas de revision, deux condamnations. Si donc, par suite du décès, de la prescription, de l'état mental, la seconde condamnation ne pouvait intervenir, la revision était impossible avant 1895.

[2] *Quid* si la condamnation est basée sur une pièce reconnue fausse ? On repoussait généralement la revision, en se fondant sur le caractère exceptionnel de ce recours. La loi de 1895 a supprimé cette difficulté.

pour obtenir la revision aient été *inconnus* des premiers juges; 2° Il faut qu'ils soient de nature à établir l'*innocence du condamné*[1]. Je reprends ces deux conditions.

Le caractère du fait, invoqué comme cause de revision, n'est pas tant d'être *nouveau* que d'avoir été *ignoré des premiers juges*. Ainsi, un fait, *même antérieur à la condamnation*, pourvu qu'il ait été *révélé*, c'est-à-dire qu'il n'ait pas été soumis aux premiers juges, peut, aussi bien qu'un *fait postérieur*, motiver la revision de cette condamnation[2].

La revision ne peut être définitivement prononcée qu'une fois l'innocence du condamné établie. Mais la demande est-elle recevable, alors même que le fait nouveau n'est pas, par lui-même, ou rapproché des preuves déjà connues, démonstratif de l'innocence, alors qu'il laisse simplement planer un doute sur la culpabilité du condamné? Entre les deux systèmes, celui du fait nouveau démontrant l'innocence, et celui du fait nouveau rendant seulement la culpabilité douteuse, la loi de 1895 paraît avoir nettement choisi. Le texte et les travaux préparatoires semblent ne laisser aucun doute sur la volonté bien arrêtée du législateur de barrer la route à toute demande en revision qui ne s'appuierait pas sur un fait démonstratif de l'innocence du condamné. Mais ce système est impraticable sous un régime qui ne limite plus le recours à un certain nombre d'hypothèses choisies et spécifiées par la loi. Aussi la Cour de cassation, dès les premières affaires dont elle a été saisie, a adopté l'interprétation la plus large, et elle a accordé la revision sur des faits dont la portée était simplement de jeter un doute sur la culpabilité du condamné[3].

II. La loi de 1867 avait étendu la revision des matières criminelles aux matières correctionnelles, mais seulement pour les condamnations à l'emprisonnement et pour celles qui « prononcent ou emportent » l'interdiction totale ou partielle de l'exercice des droits civiques, civils

[1] Sur ces deux conditions, on consultera les arrêts de la Cour de cass., rapportés, soit au Sir. 1899. 1. 425, avec la note de M. Roux, soit au Dal. 1900. 1. 137, avec ma note.

[2] C'est ainsi que la démence du condamné, au temps de l'action, si elle est reconnue depuis la condamnation, peut constituer un *fait nouveau*. Voy. sur cette question, la discussion rapportée au *Bull. de la soc. d'études législatives*, 1905, p. 277. Un fait interprété par une découverte scientifique nouvelle peut être un fait nouveau. Voy. affaire Danval, *Rev. pénit.*, 1905, p. 105.

[3] Voy. ma note dans le recueil précité. *Adde*, *Rev. pénit.*, 1895, p. 957, 959, 966, 975 et 976. « Encore une fois, disait M. Ballot-Beaupré, dans son rapport sur la 1re revision Dreyfus (Cass., 3 juin 1899, S. 1900. 1. 297), l'art. 443 ne subordonne nullement son application à la démonstration immédiate, définitive de l'innocence : il se contente d'un fait de nature à l'établir... ».

et de famille (art. 443, 444, § 2). Plus généreuse, la loi du 8 juin 1895 la permet, en matière criminelle et correctionnelle, « quelles que soient la *juridiction qui ait statué et la peine qui ait été prononcée*[1] ». La revision est déjà admise, depuis 1867, après le décès des condamnés, au profit de leur mémoire, alors qu'une procédure contradictoire, un débat complet et décisif ne sont plus possibles (art. 444)[2].

505. Procédure du recours en revision. — La revision, considérée comme un acte de haute administration, n'était ouverte, d'après le Code de 1808, qu'autant qu'elle était provoquée par le ministre de la justice. La loi du 29 juin 1867 et celle du 8 juin 1897 ont modifié ce point de vue.

I. Le droit de demander la revision appartient concurremment au ministre de la justice et au condamné, et, après la mort ou l'absence déclarée de ce dernier, à son conjoint, à ses enfants, à ses parents, à ses légataires universels ou à titre universel, à ceux enfin qui en ont reçu de lui la mission expresse, sans qu'il y ait aucun ordre à observer entre les divers ayants droit (art. 444, § 1).

La demande passe toujours par l'intermédiaire du garde des sceaux : c'est lui, en effet, qui donnera, « soit d'office, soit sur la réclamation des parties », au procureur général près la Cour de cassation, « l'ordre exprès » d'en saisir la chambre criminelle [3]. Mais tandis que le

[1] Voir pour la revision des condamnations de simple police : Cass., 5 mai 1899 (S. 1901. 1. 297) et la note de M. Roux.

[2] Avant la loi de 1867, Paillet avait pu dire que « la loi tirait une fin de non recevoir de la guillotine ». La disposition nouvelle avait permis à la fille de Lesurques de porter, en 1868, devant la chambre criminelle de la Cour de cassation, une demande en revision de l'arrêt du tribunal criminel de Paris du 13 thermidor an IV, qui avait condamné son père à la peine de mort comme coupable d'avoir assassiné, de concert avec Couriol et Bernard, le courrier et le postillon de la malle de Paris à Lyon. Elle soutenait que cet arrêt était inconciliable avec les arrêts du 17 germinal an V, du 10 vendémiaire an XI, du 1er nivôse an IX, et du 28 pluviôse an XII, qui avaient condamné, pour le même fait, Dutrochat, Vidal, Dubosc et Beroldy, attendu que, du rapprochement de ces décisions, il résultait que le crime avait été commis par cinq individus, et que, cependant, il était constant que, indépendamment de Bernard, condamné pour complicité, six personnes avaient été successivement poursuivies et condamnées, comme auteurs de ce crime. Ce pourvoi a été rejeté, le droit exceptionnel de revision n'étant ouvert qu'autant que la Cour de cassation reconnaît préalablement et déclare que la condamnation qui lui est déférée se trouve en contradiction, non pas avec des dépositions de témoins et d'autres documents du procès, mais essentiellement avec une autre condamnation portant sur le même fait et qui soit inconciliable avec elle. Or, dans l'espèce qui était soumise à la Cour de cassation, cette contradiction ne paraissait pas exister : Cass., 17 déc. 1868 (D. 69. 1. 41; S. 68. 1. 457). V. Gaston Delayen, *L'affaire du Courrier de Lyon* (Paris, 1905).

[3] Le ministre de la justice étant l'intermédiaire nécessaire pour la transmission

garde des sceaux n'est qu'un simple agent de transmission lorsque la demande est fondée sur l'un des trois premiers cas de revision, il recouvre, au contraire, dans le quatrième, le caractère de juge en premier ressort, qu'il avait toujours sous l'empire du Code de 1808. Il apprécie souverainement s'il doit ou non transmettre la demande. Du reste, sa décision est précédée de l'*avis* d'une commission composée des directeurs du ministère de la justice et de trois magistrats de la Cour de cassation, annuellement désignés par elle, et pris en dehors de la chambre criminelle (art. 444, §§ 1 et 2).

II. La demande des parties privées n'était soumise à aucun *délai fatal,* avant la loi de 1895, dans le premier cas de revision : en effet, la vie de la victime qu'on croyait homicidée est un fait matériel, toujours facile à vérifier, et, à quelque date qu'on l'établisse, il suffit pour faire tomber la condamnation dont l'erreur est ainsi démontrée. Mais, dans les deux autres cas, elle devait être formée dans les *deux ans* à partir de la deuxième des condamnations inconciliables ou de la condamnation du faux témoin. Aujourd'hui, d'après l'art. 444, § 3, modifié par la loi de 1895, il faut que, dans le délai d'*un an*, à dater du jour où les parties ont connu le fait donnant ouverture à revision, la demande ait été « inscrite au ministère de la justice, ou introduite par le ministre ». Ce délai est bien court pour le quatrième cas de revision ; il ne se comprend pas pour le premier. Aussi peut-on contester qu'il s'y applique[1].

III. La demande en revision est-elle suspensive? L'art. 444, §§ 4 et 5, distingue le cas où la condamnation n'a pas été exécutée et celui où l'exécution a commencé. Dans le premier cas, l'exécution est, de plein droit, suspendue à partir de la *transmission de la demande* par le ministre de la justice à la Cour de cassation. Dans le second cas, un élargissement provisoire peut être ordonné, d'abord par le ministre de la justice, jusqu'à ce que la Cour de cassation ait prononcé sur la recevabilité de la demande, et puis, *s'il y a lieu,* par l'arrêt de cette cour statuant sur la recevabilité. Cette distinction s'explique. Lorsqu'un condamné n'est pas détenu, et que la condamnation est attaquée

de la requête à la Cour de cassation, n'est pas recevable le pourvoi en revision adressé directement par le condamné à la Cour de cassation : Cass., 23 févr. 1901 (S. 1902. 1. 477).

[1] Dans le texte préparé par le Conseil d'Etat et dans celui présenté par la commission du Sénat, le délai d'un an ne s'appliquait qu'aux demandes formées par *les parties* sur les *deuxième* et *troisième* cas de revision. Cette double restriction disparut, on ne sait pourquoi. Y a-t-il un oubli? une erreur de copiste? On peut, à cet égard, soutenir que le délai d'un an ne s'applique qu'aux deuxième et troisième cas de revision. Sur ce point, discussion à la Société générale des prisons (*Rev. pénit.*, 1895, p. 970 et suiv.).

pour cause d'erreur judiciaire, il importe de ne pas faire exécuter la peine. Mais lorsque le condamné a commencé à la subir, il serait à craindre qu'il cherchât, dans une demande en revision, un moyen commode de se faire mettre en liberté, si l'exécution de la peine devait être suspendue de plein droit et par le seul effet du pourvoi.

IV. Pour juger la revision, il y a lieu d'examiner deux choses : 1° si la demande est *recevable;* 2° si elle est *fondée*. L'art. 445, dont le texte actuel, remis en vigueur par la loi du 5 mars 1909[1], date de la loi du 8 juin 1895, donne cette double mission à la *chambre criminelle* de la Cour de cassation. C'est cette chambre qui statue sur la recevabilité de la revision, et, si l'affaire n'est pas en état de recevoir une solution immédiate, procède à toutes mesures d'instruction. C'est elle enfin qui donne à la revision la suite qu'elle comporte.

506. Comment et par qui la revision est faite. — Ceci dit, une question capitale se pose. Par qui et comment est faite la revision? Est-ce par la chambre criminelle de la Cour de cassation? Est-ce par le juge du fond? On se trouve en face de deux partis. Ou bien, par cela seul que l'existence des causes de revision est constatée, annuler les jugements ou arrêts et remettre les choses en l'état, c'est-à-dire au point où elles étaient avant la condamnation. Ou bien tenir en suspens l'existence de ces jugements ou arrêts, et, la demande étant jugée recevable, procéder à la revision de l'affaire, puis, suivant le résultat, annuler la condamnation et prononcer la revision. Le Code de 1808 avait consacré le premier système pour deux des cas de revision, condamnations inconciliables, condamnation pour faux témoignage; le second,

[1] La loi du 5 mars 1909, abroge la loi du 1er mars 1909, dite loi de dessaisissement (de la chambre criminelle). Cette dernière loi se rattachait à l'affaire Dreyfus dont elle fut l'un des incidents (Voy. note dans D. 1908. 1. 553-571). On sait que, sur la demande de Mme Alfred Dreyfus, le ministre de la justice, Sarrien, donna l'ordre au procureur général près la Cour de cassation d'introduire une demande en revision du jugement rendu par le premier conseil de guerre du gouvernement militaire de Paris le 25 décembre 1894, qui avait condamné Dreyfus à la déportation dans une enceinte fortifiée. La chambre criminelle de la Cour de cassation déclara, le 29 octobre 1898, la demande recevable en la forme : mais comme les pièces produites ne la mettaient pas en mesure de statuer au fond, elle crut devoir procéder elle-même, dans les termes de l'art. 445, à une enquête supplémentaire. Une partie de la presse exerça sur la conduite de l'enquête une surveillance active et ombrageuse. Des incidents pouvaient mettre en suspicion l'impartialité de la chambre criminelle, et, à la suite d'une enquête ordonnée par le Gouvernement, un projet de loi fut soumis au Parlement qui devint la loi du 1er mars 1899, dite loi de dessaisissement. La loi abrogative du 9 mars 1909 remet « en vigueur les dispositions des deux premiers paragraphes de l'art. 445, C. instr. cr., modifié par la loi du 8 juin 1895 ».

pour le cas d'homicide, à tort supposé. La Cour de cassation faisait alors office de juge du fond, par cette raison que, l'existence de la cause de revision admise, il ne restait aucune question de culpabilité à juger. La loi du 27 juin 1867 permit à la chambre criminelle de statuer au fond sans renvoi : 1° lorsque, après une condamnation pour homicide faussement supposé, l'annulation de l'arrêt, à l'égard du condamné vivant, ne laisserait rien subsister qui pût être qualifié crime ou délit : c'était déjà le droit antérieur ; 2° lorsqu'il ne pourrait plus être procédé de nouveau à des débats oraux entre toutes les parties : c'était là une innovation profonde, puisque la Cour de cassation se trouvait transformée en juridiction de jugement. On en donnait ce motif que le jury et les juges correctionnels, habitués à se prononcer à la suite d'un débat oral et contradictoire, seraient désorientés d'avoir à juger sur pièces. L'insignifiance de ce motif n'a pas empêché le législateur de 1895 d'étendre encore les pouvoirs donnés à la Cour de cassation par la loi de 1867 [1].

Désormais, il faut distinguer deux situations :

1° Le premier cas est celui où *deux* ou *plusieurs parties* sont en cause dans la procédure de revision (art. 445, § 4) : la Cour de cassation statue elle-même sur les faits et prononce la revision, s'il y a lieu, quand elle reconnaît qu'il ne peut être procédé « de nouveau à des débats oraux contre toutes les parties ». L'art. 445 indique un certain nombre d'hypothèses où cette impossibilité se produit. La loi de 1895 ajoute, aux cas, déjà cités *à titre d'exemples*, « de décès, de contumace ou de défaut d'un ou plusieurs condamnés », au cas « de prescription de l'action ou de celle de la peine », les cas d'*irresponsabilité pénale* ou d'*excusabilité*. Cette modification, dont l'utilité n'apparaît pas tout d'abord, a donné lieu à une difficulté grave sur le sens du mot « parties » intéressées à la revision. Avant la loi de 1895, on admettait que le mot « parties », dans l'ancien art. 446, était synonyme de « condamnés », parce que les cas de revision mentionnés par le texte impliquaient une contradiction de condamnations. Mais le cercle de la revision s'est élargi, et la demande peut, aujourd'hui, intéresser des tiers qui ne sont plus *condamnés* et ne peuvent plus l'être. La Cour de cassation ne doit-elle pas, dans le cas où il est impossible de procéder contre tous les *intéressés* à un débat oral et contradictoire, retenir l'affaire et la juger? La juriprudence ne s'est pas prononcée d'une manière expresse sur la question [2]. Implicitement, certains ar-

[1] Mais ces pouvoirs portent-ils sur le fait nouveau ou sur le fond? Voy. note Roux, sous Cass., 1er juin 1906 (S. 1907. 1. 49).

[2] C'est ce que constate M. le procureur général Baudouin dans son requisitoire précédant l'arrêt de la seconde revision de l'affaire Dreyfus (*J. des Parq.*, 1906. 1.

rêts paraissent avoir maintenu au mot « parties » la signification antérieure et traditionnelle de *condamnés*[1]. Or, l'art. 445 cite, parmi les hypothèses dans lesquelles le renvoi n'a pas lieu, celles d'irresponsabilité pénale et d'excusabilité. Il vise évidemment des cas dans lesquels une condamnation n'a pas dû intervenir : l'acquittement est, en effet, la solution la plus probable de ces situations (démence, contrainte, jeune âge). Comment admettre, dès lors, qu'on ait entendu restreindre la règle de la cassation sans renvoi au cas bien improbable où il y aurait une condamnation et où la Cour de cassation se trouverait en face de deux condamnés, dont l'un, tout au moins, ne pourrait plus être poursuivi.

2° Le second des cas de cassation sans renvoi est prévu par l'art. 445, § 5 : c'est celui où la revision ne mettant en instance qu'une seule personne, l'annulation du jugement ou de l'arrêt ne laisse rien subsister qui puisse être qualifié crime ou délit[2]. La cause qui fait disparaître la criminalité du fait importe-t-elle? Deux opinions ont été soutenues. Il est tout d'abord certain que l'annulation doit avoir lieu sans renvoi quand il est établi que le fait, formant la base de la poursuite, n'existe pas en réalité ou, qu'existant, il ne constitue ni crime ni délit. Mais faut-il que la criminalité du fait disparaisse *in rem*, ou suffit-il que l'innocence du demandeur en revision soit établie? La Cour de cassation a précisé sa jurisprudence à propos de la seconde revision Dreyfus. Si l'annulation ne laisse subsister, à la charge du condamné, rien qui puisse être qualifié crime ou délit, si son innocence est entièrement démontrée, il y a lieu à cassation sans renvoi[3]. En d'autres termes, le texte doit se lire : « Si l'annulation de l'arrêt ne laisse rien subsister qui puisse être qualifié crime ou délit *à l'égard d'un condamné vivant* », et non : « Si l'annulation de l'arrêt *à l'égard d'un condamné vivant* ne laisse rien subsister qui puisse être qualifié crime ou délit ».

127 et 156). La Cour de cassation, en suivant son procureur général, dans cette interprétation que j'avais déjà proposée, aurait pu considérer que, bien qu'il n'y eût qu'une partie Dreyfus, il y avait, en réalité, deux parties intéressées, Dreyfus et Esterhazy. Mais, ce n'est pas sur le § 5 de l'art. 445 que la Cour de cassation s'est appuyée pour prononcer la cassation sans renvoi, mais sur le § 6 du même article : « Si l'annulation de l'arrêt à l'égard d'un condamné vivant ne laisse rien subsister qui puisse être qualifié crime ou délit, aucun renvoi ne sera prononcé ». Voy. la note 3.

[1] Un tiers ne peut pas intervenir dans la procédure en revision : Cass. (Ch. réun.), 17 janv. 1900 (S. 1902. 1. 473).

[2] Voy. par exemple : Cass. (Ch. réun.), 19 juin 1899 (S. 1902. 1. 110); 15 mars 1900 (S. 1902. 1. 476).

[3] Cass., Ch. réun., 1er juin 1906 (2e aff. Dreyfus) (S. 1907. 1. 49 et la note de M. Roux; D. 1908. 1. 553-571 et une note non signée).

Les frais de l'instance en revision sont avancés par le demandeur jusqu'à l'arrêt de recevabilité ; pour les frais postérieurs à cet arrêt, l'avance est faite par le Trésor. Ils sont définitivement supportés par le demandeur en revision s'il échoue. Lorsqu'il réussit, au contraire, et que la revision est prononcée, ces frais sont mis à la charge de l'État ou du vrai coupable quand il intervient une condamnation contre ce dernier (art. 446, §§ 6 et 7).

507. Des divers arrêts qui peuvent être rendus sur une demande en revision. — Les arrêts qui sont rendus sur un pourvoi en revision n'ont pas tous le même caractère et la même autorité. Bien qu'aucun texte ne s'explique sur ce point, il faut en distinguer de trois sortes. *a*) Ceux par lesquels la Cour de cassation rejette une demande en revision comme irrecevable *en la forme*, relèvent simplement une irrégularité qui peut être réparée ; ils ne s'opposent donc pas à ce qu'un nouveau pourvoi en revision soit présenté, si l'on est encore dans le délai. *b*) Mais les arrêts qui déclarent la demande *irrecevable au fond* ont force de chose jugée, relativement aux *moyens* qui avaient été proposés. Une nouvelle demande n'est possible que si l'on invoque un cas de revision différent de celui qui avait fait l'objet du précédent pourvoi. *c*) Les arrêts statuant sur le *rescisoire* ont force de chose jugée, s'ils acquittent la victime de l'erreur judiciaire. S'ils prononcent une condamnation, ils peuvent, suivant les circonstances, être ou n'être pas revisables. Mais l'existence d'une condamnation nouvelle après revision n'est pas un obstacle à une seconde revision, si le condamné invoque un fait nouveau.

508. Des effets de la revision. — Pour étudier les effets de la revision, il faut examiner les deux hypothèses qui peuvent se présenter : ou l'innocence est reconnue ; ou le condamné est une seconde fois déclaré coupable.

509. L'innocence est reconnue. — L'innocence peut être reconnue, soit par la Cour de cassation se prononçant sur le fond sans renvoi, soit par la juridiction de renvoi. Les effets de la revision sont les mêmes dans les deux cas. Ils se résument en deux propositions.

I. Dans la mesure où ce résultat est possible, la revision rétablit rétroactivement le condamné dans l'état où il était avant la condamnation. A cet égard, la revision diffère de la réhabilitation qui ne rétroagit pas dans le passé, puisque la condamnation avait été justement prononcée, de sorte que la réhabilitation ne porte aucune atteinte à l'action civile et aux droits irrévocablement acquis aux tiers (art. 634). L'amnistie, enlevant au fait son caractère criminel, rétroagit bien par suite d'une fiction légale et ses effets sont analogues, à ce point de vue, à ceux de la revision. Mais ce n'est pas par suite d'une fiction légale, c'est *réellement* que la revision efface la condamnation, puisqu'il n'y a jamais eu de fait délictueux imputable au condamné. Aussi, est-il rigoureusement exact de dire que l'anéantissement du passé est la première réparation, la plus adéquate au préjudice causé, et que le condamné y a droit. Du reste, ce rétablissement du *statu quo ante* se heurte à deux obstacles : *le fait matériel accompli*, par exemple, l'emprisonnement subi; les *droits des tiers*, par exemple, ceux qui sont résultés, pour les tiers, des contrats passés avec le tuteur, en cas d'interdiction légale.

II. La revision, quand elle est obtenue, fait tomber l'arrêt ou le jugement de condamnation : tel est son effet immédiat et direct : il correspond à l'objet même du pourvoi. Mais la juridiction qui statue sur ce point ne pouvait, avant la loi de 1895, accorder des *indemnités pécuniaires* à la victime de l'erreur judiciaire[1]. Elle puisait seulement, dans l'art. 1036, C. proc. civ., le droit d'ordonner, à titre de mesure d'ordre, l'affichage de sa décision dans tous les lieux où elle estimait qu'il était utile de la faire publier[2].

La question de la réparation due aux victimes des erreurs judiciaires, ainsi qu'il a été déjà dit, a deux branches : elle se pose, non seulement pour les erreurs qui ont abouti à une condamnation injuste, après la revision du procès pénal, mais encore toutes les fois qu'une poursuite a abouti à une ordonnance de non-lieu ou à un acquittement. Le problème était envisagé avec cette ampleur dans la proposition de loi votée, en 1892, par la Chambre des députés. Mais le projet de loi, préparé, par le Conseil d'État, sur l'ordre du Gouvernement, restreignait la réparation aux victimes d'erreurs judiciaires, reconnues à la suite d'une procédure de revision. Sous cet aspect, la question est simple, et on peut seulement s'étonner que la législation française ait si longtemps méconnu le principe de l'indemnité. La loi du 8 juin 1895 accorde une réparation morale et pécuniaire à celui dont la condamnation a fait l'objet d'une revision[3].

[1] Dans la discussion de la loi de 1867 devant le Corps législatif, il avait été entendu que la restitution des frais de justice criminelle, auxquels l'accusé, reconnu innocent sur la procédure de revision, aurait été condamné, serait de droit; mais les amendements, tendant à faire insérer dans la loi le principe d'une indemnité au profit de l'innocent injustement condamné, avaient été repoussés. Comp. : Ortolan, t. II, n° 2386 ; Faustin Hélie, t. VIII, n° 4054; Bernard, *De la réparation des erreurs judiciaires* (*Revue critique*, 1870, p. 261 et 481).

[2] *Sic*, Cass., 21 nov. 1868 (D. 69. 1. 386); 14 mai 1874 (D. 75. 1. 486).

[3] La Cour de cassation a fait, le 16 décembre 1897, une éclatante application de

Avec l'extension des cas de revision, c'est là l'innovation capitale de cette loi.

510. De la réparation de l'erreur judiciaire. — La réparation est double : morale et pécuniaire.

I. La *réparation morale* consiste dans une publicité *légale* et *judiciaire* donnée au jugement ou arrêt d'où résulte l'innocence du condamné, et cela aux frais de l'État, sans recours possible contre personne (C. instr. cr., art. 446, §§ 9 et 10). On considère, en effet, que l'erreur judiciaire implique toujours une certaine faute sociale.

La loi prescrit elle-même : 1° l'affichage de l'arrêt ou du jugement dans la ville où la condamnation a été prononcée, dans celle où siège la juridiction de revision, dans la commune du lieu où le crime ou le délit a été commis, dans celle du domicile du demandeur en revision et du dernier domicile de la victime de l'erreur judiciaire, si elle est décédée ; 2° l'insertion de ce jugement ou arrêt au *Journal officiel*.

De plus, les tribunaux doivent accorder au demandeur, *s'il le requiert*, l'insertion dudit jugement ou arrêt dans cinq journaux, à son choix.

II. La *réparation pécuniaire* consiste dans des dommages-intérêts (C. instr. cr., art. 446, §§ 1, 2, 3, 4 et 5).

a) Deux questions capitales se posent en législation, à propos de cette réparation : elles ont été l'une et l'autre vivement discutées dans l'élaboration de la loi de 1895[1].

La victime de l'erreur judiciaire a-t-elle, contre l'État, une véritable créance, dont la contre-partie serait l'*obligation juridique*, *exigible* de la collectivité, de réparer le préjudice causé par le mauvais fonctionnement de la justice? Est-ce seulement, au contraire, une sorte de *devoir d'assistance*, une *obligation morale* que l'État accomplit, lorsqu'il indemnise la victime? Ces deux points de vue opposés conduisent à des conséquences différentes. Dans une législation qui fait de la réparation un devoir juridique : 1° une indemnité est due par cela seul qu'il y a préjudice et quelle que soit la fortune de la victime; 2° elle est proportionnée à un double élément : le dommage

cette disposition dans l'affaire Pierre-Vaux, où les enfants de la victime obtenaient une somme de 100.000 francs. Dans une autre affaire, un sieur Petit, à tort condamné pour diffamation, par la Cour de Bordeaux, obtenait, le 5 mai 1899, de la chambre criminelle, sans qu'elle eût à constater un préjudice matériel, une indemnité de 15.000 francs. La femme Druaux a obtenu 40.000 francs par arrêt de la cour d'assises de la Somme. Voy. Lailler et Vonoven, *Les erreurs judiciaires et leurs causes* (Paris, Pedone); *Rev. pénit.*, 1902, p. 1185.

[1] On lira, sur cette double question, les discussions qui ont eu lieu à la Société générale des prisons, *op. et loc. cit.*

causé et la responsabilité de l'État; elle peut donc être diminuée et même supprimée s'il y a faute de la victime et suivant le degré de cette faute; 3° elle est liquidée par les tribunaux, comme toute autre dette. — Dans une législation qui ne voit, dans la réparation à accorder à la victime d'erreurs judiciaires, qu'un devoir d'assistance : 1° l'Etat, étant libre de l'accorder ou de la refuser, peut la refuser à certaines catégories de condamnés; 2° il a la faculté de ne pas la proportionner au préjudice réellement causé; 3° enfin l'allocation de l'indemnité ne regarde pas les tribunaux, mais l'administration.

Le projet du Gouvernement s'inspirait du second système; mais la proposition de loi votée par la Chambre des députés consacrait le premier. Dans la discussion, c'est à l'idée d'une *dette de l'État envers la victime d'une erreur judiciaire* que l'on s'est définitivement arrêté, mais en y apportant un double tempérament : 1° « La réparation, a dit le rapporteur de la commission du Sénat, M. Bérenger, est un droit, mais un droit dont l'exercice comporte une appréciation ». On a donc inséré, dans l'art. 446, pour déterminer le pouvoir des tribunaux, le mot « *pourra* ». Ce n'est pas que l'on considère l'indemnité comme l'exécution d'un devoir d'assistance, elle est bien la reconnaissance d'un droit, mais d'un droit dont la condition d'exercice dépend d'une appréciation judiciaire. 2° De plus, on a établi, entre les divers ayants droit à l'indemnité, une distinction au point de vue de l'étendue de la réparation : les uns pouvant exiger la réparation de toute espèce de préjudice, préjudice moral et préjudice matériel, les autres ne pouvant demander de dommages-intérêts que pour ce dernier.

Étant admis que l'indemnité accordée aux victimes des erreurs judiciaires représente une *dette de l'Etat,* il s'agit d'en déterminer la *cause* juridique. Les uns l'ont placée dans le *risque professionnel*, les autres, dans une *faute sociale.*

La première explication présente l'erreur judiciaire comme une sorte de *risque professionnel* inhérent au fonctionnement de la justice[1], ainsi que l'accident du travail est un *risque professionnel* inhérent au fonctionnement de l'industrie. L'État qui administre la justice assure à ceux qui en sont les victimes une indemnité proportionnée au préjudice souffert. Peu importe, par conséquent, la faute de la victime : le dol seul pourrait la rendre indigne de l'indemnité.

La seconde explication base le droit à l'indemnité sur une *faute sociale* engageant la responsabilité de l'État; ce qui a pour conséquence de permettre à l'État, soit de décliner sa responsabilité en

[1] Voy. Larnaude, *Rev. pénit.*, 1896, p. 9 et suiv.

invoquant le *cas fortuit*, la *force majeure*, le *dol* du condamné, soit de la diminuer au cas où la *faute* du condamné aurait contribué à amener l'erreur judiciaire.

Ces deux théories ont laissé l'une et l'autre des traces dans la conception définitive de la loi. Il semble bien que l'art. 446 « doit être compris et expliqué comme l'art. 1382, C. civ. ». Mais la *faute sociale est présumée* dès que la revision est prononcée. Il en résulte que la victime de l'erreur judiciaire n'a pas à établir le principe de son action : elle n'a qu'à prouver le *préjudice*. L'État pourrait décliner sa responsabilité en cas de *dol du condamné*, comme il pourrait la diminuer en cas de *faute commune*. Mais il ne serait pas admis à écarter la réclamation de la victime par le *cas fortuit* ou la *force majeure*, c'est-à-dire par un malheureux concours de circonstances ou par un faux témoignage qui auraient assuré l'erreur judiciaire.

b) Le droit à l'indemnité appartient d'abord au condamné, victime de l'erreur judiciaire. Après sa mort, il passe, concurremment, à son conjoint, à ses ascendants et descendants. Pour eux, comme pour lui, la réparation comprend le préjudice moral aussi bien que le préjudice matériel. A défaut, ce sont les parents de la victime d'un degré plus éloigné qui l'exercent, mais ceux-ci n'ont droit qu'à la réparation du préjudice matériel.

c) Par qui les dommages-intérêts sont-ils accordés? Par qui sont-ils payés? Il importe de distinguer ces deux questions.

1° Les dommages-intérêts doivent être demandés; mais les conclusions à cette fin sont recevables en tout état de la procédure de revision (C. instr. cr., art. 446, § 4). Ils sont accordés par « l'arrêt ou le jugement de revision d'où résultera l'innocence d'un condamné », c'est-à-dire par le juge du *rescisoire*, ou par la Cour de cassation lorsqu'elle procède elle-même au jugement du fond (C. instr. cr., art. 446, § 1)[1].

2° Les dommages-intérêts constituent une « charge de l'État », c'est-à-dire que le Trésor est condamné à en faire l'avance et à les payer comme frais de justice criminelle. Mais l'État a son recours

[1] La question s'est posée dans l'affaire Voisin. La raison de douter venait de ce que, dans l'espèce, le tribunal compétent pour prononcer la revision était le conseil de guerre, c'est-à-dire une juridiction incompétente pour se prononcer sur les intérêts civils. Mais cette objection n'est nullement déterminante, puisque l'art. 446 a donné, dans tous les cas, compétence au tribunal qui prononce la revision, le seul, qui puisse, d'une part, statuer sur une demande qui est l'accessoire du procès pour lequel il est désigné, et, d'autre part, apprécier l'existence et le montant du préjudice. Dans ce sens : Garçon, *op. cit.*, p. 26. La demande, formée après la revision, serait irrecevable : Cass., 2 oct. 1904, *Rev. pénit.*, 1905, p. 1031.

contre la *partie civile*, le *dénonciateur* ou le *faux témoin* par la faute duquel la condamnation aura été prononcée (C. instr. cr., art. 446, § 5). Cette énumération est certainement limitative, car elle a remplacé une formule générale proposée par la commission du Sénat : « sauf son recours contre *ceux par la faute desquels* la poursuite avait été ordonnée ou la condamnation prononcée », en vue précisément de restreindre le recours de l'État aux personnes expressément énumérées.

Le jugement ou l'arrêt qui alloue les dommages-intérêts statue sur ce recours si la personne qu'il doit atteindre est en cause. Dans le cas contraire, il se borne à condamner l'État en lui réservant son recours contre qui de droit.

511. Le condamné n'est pas reconnu innocent. — Le condamné ne parvient pas à faire reconnaître son innocence, soit que la Cour de cassation ait repoussé la revision, soit que le condamné ait été de nouveau déclaré coupable par le tribunal de renvoi.

Si la Cour de cassation rejette la revision, la condamnation continue à produire tous les effets dont elle est susceptible. Une seule question peut surgir au cas où la peine a été suspendue, celle de savoir si le temps de la suspension compte dans l'exécution de la peine. Si le condamné est en liberté, pas de doute ; le temps qu'il passe hors de la prison ne saurait évidemment lui être compté. Mais s'il est maintenu ou remis en prison préventive, l'imputation paraît devoir se faire de plein droit sur l'exécution de la peine (C. p., art. 24).

Dans le cas où la Cour, ayant admis le pourvoi en revision et cassé la condamnation, a renvoyé la connaissance du fond à une autre juridiction qui a proclamé à nouveau la culpabilité du condamné, quels sont les pouvoirs de cette juridiction? Doit-elle prononcer une nouvelle peine? et, dans le cas de l'affirmative, cette nouvelle peine doit-elle être exécutée [1] ?

Deux opinions ont été soutenues. La première, rigoureuse, d'après laquelle une nouvelle condamnation devrait être prononcée et une nouvelle peine subie, puisque la première condamnation ayant été annulée, c'est comme si le premier jugement n'avait jamais existé. La seconde, plus équitable, d'après laquelle aucune condamnation nouvelle ne devrait être prononcée, la première étant simplement remise en vigueur.

[1] La question s'est également posée dans l'affaire Voisin. Voy. Manau, *Gaz. des Trib.*, 27, 28, 29 oct. 1902; Garçon, *op. cit.*, p. 28. La grâce n'est évidemment pas un obstacle à la revision : Cass., 26 avr. 1902 (S. 1904. 1. 377) et note ; Cass. (ch. réun.), 12 juill. 1906 (2e revision Dreyfus) (S. 1907. 1. 49).

Mais, le renvoi n'est ordonné qu'après cassation du jugement ou de l'arrêt de condamnation. Or, l'effet de la cassation est de replacer l'accusé dans l'état même où il se trouvait avant la décision qui l'avait frappé, si bien qu'il comparaît comme s'il n'avait pas été jugé et condamné devant la juridiction de renvoi. Celle-ci est par là même investie du pouvoir de condamner ou d'acquitter, sans avoir à se préoccuper de ce qu'avait décidé l'arrêt ou le jugement cassé qui a disparu par suite de la revision, non plus que de l'exécution qui en a été la suite ou de la grâce qui a pu être accordée. Cette solution s'impose, malgré son extrême rigueur. Elle ne viole pas la règle *non bis in idem*, car celle-ci suppose deux condamnations coexistant. Elle n'est que l'application, en matière de revision, des principes du *risque* auquel s'expose tout demandeur en cassation [1].

[1] Voy. sur la question : note 4, sous Cass., 26 avr. 1902 (S. 1904. 1. 377) ; Garçon, *op. cit.*, p. 26 à 28; *Rev. pénit.*, 1902, p. 1186 ; Conclusions du proc. gén. Beaudouin dans la deuxième revision Dreyfus (*J. des Parq.*, 1906. 1, p. 141). Tout en admettant cette solution, M. Garçon, *loc. cit.*, a prétendu que la situation est analogue à celle de l'art. 365, § 2, qui prévoit le concours d'infractions et qui le résout par le principe du non-cumul des peines. Une nouvelle condamnation pourrait donc être prononcée, mais l'exécution s'en confondrait avec la première. L'analogie n'est qu'apparente puisqu'il n'y a qu'un crime et une condamnation, la première disparaissant. L'application de la solution admise au cas où le condamné aurait été gracié et se pourvoirait en revision conduit : 1° à déclarer recevable la demande en revision (*Sic*, Cass., 26 avr. 1902, S. 1904. 1. 377 et la note) ; 2° à ne pas considérer la grâce comme un cas de cassation sans renvoi ; 3° et à ne pas y voir un obstacle à l'application d'une peine, au cas où le bénéficiaire de la revision viendrait à être déclaré coupable par la juridiction de renvoi. Voy. conclusions du proc. gén. Beaudouin dans *J. des Parq.*, 1906. 1. 139. Mais en sens contraire : Garçon, *loc. cit.*, p. 26 à 38; Roux, note sous Cass., Ch. réun. (2e rev. Dreyfus) (S. 1907. 1. 49).

TITRE III

DE LA SENTENCE ET DE SON EXÉCUTION.

CHAPITRE PREMIER

DE L'AUTORITÉ DE LA CHOSE JUGÉE EN MATIÈRE PÉNALE.

§ Ier. — DIVISION.

512. Double effet de la sentence pénale. Premier effet.

512. Double effet de la sentence pénale. Effet négatif. — La sentence irrévocable, qui termine le procès pénal, produit un double effet : un effet *négatif*, elle éteint, ou plutôt, elle épuise, par la chose jugée, le droit d'action; un effet *positif*, elle fait naître le droit d'*exécution*. Je m'explique d'abord sur le premier effet.

Tout procès doit avoir une fin, et lorsqu'une décision judiciaire est devenue irrévocable, soit parce que les parties ont épuisé les voies de recours qui leur sont ouvertes, soit parce qu'elles ont laissé passer les délais qui leur sont donnés pour le faire, cette décision est considérée comme l'expression de la vérité : elle met obstacle à ce que le même procès puisse être renouvelé à l'avenir, puisqu'il a été déjà jugé et qu'il est présumé avoir été bien jugé.

Pour déterminer les limites de la présomption : *res judicata pro veritate habetur*, nous examinerons : 1° l'influence de la chose jugée au criminel sur l'action publique ; 2° celle de la chose jugée au civil sur l'action publique; 3° celle de la chose jugée au criminel sur les intérêts civils.

§ II. — DE L'AUTORITÉ DE LA CHOSE JUGÉE AU CRIMINEL SUR L'ACTION PUBLIQUE.

513. QUESTIONS QUI SE POSENT. — Quelles sont les décisions qui produisent la chose jugée? Quels sont les effets de la chose jugée? A quelles conditions l'exception de chose jugée est-elle opposable ?

514. DES DÉCISIONS QUI PRODUISENT LA CHOSE JUGÉE. — Pour qu'une décision sur l'action publique ait force de chose jugée, il faut qu'elle *termine*, au moins provisoirement[1], *le procès*, c'est-à-dire qu'elle ne puisse *pas* et ne puisse *plus* être attaquée par les voies légales. Mais il n'est pas nécessaire qu'elle soit rendue conformément à la loi. En effet, un jugement peut être *irrégulier*, et cependant acquérir force de chose jugée : il suffit, pour cela, que la loi ne donne aucun moyen de le faire réformer[2], ou que les voies de recours, qu'elle ouvre aux parties, leur soient fermées parce qu'elles n'ont pas été suivies et ne peuvent plus l'être. Ainsi, il importe peu qu'une décision émane d'une juridiction illégalement composée ou incompétente, qu'elle contienne une fausse application de la loi pénale, qu'elle ait été rendue à la suite d'une procédure dans laquelle des formalités substantielles ou prescrites à peine de nullité ont été omises : si cette décision n'est pas attaquable ou ne peut plus être attaquée, elle a force de chose jugée, et l'action publique, qu'elle *épuise*, ne peut plus être exercée[3].

515. DES EFFETS DE LA CHOSE JUGÉE. — Le procès pénal pouvant suivre deux ordres de juridictions, il faut se placer, pour étudier les

[1] Cette condition me paraît suffisante. J'en conclus, contrairement à la jurisprudence de la Cour de cassation, que les condamnations par contumace, bien que n'étant pas exécutoires au moins sur la personne du condamné, ont force de chose jugée avant la prescription. Mais Cass. civ., 24 juin 1896 et 5 janv. 1898, cassant des arrêts d'Orléans et Bordeaux (S. 99. 1. 129). Voy. sur les radiations du rôle : Cass., 12 mars 1903 (S. 1906. 1. 383).

[2] Il en est ainsi de l'ordonnance d'acquittement (C. instr. cr., art. 360 et 409).

[3] C. instr. cr., art. 409 ; L. 21 nov. 1872 sur le jury, art. 1er. Comp. : Bordeaux, 25 janv. 1858 (S. 59. 2. 145); Rouen, 18 avr. 1878 (S. 80. 1. 148).

effets de la chose jugée, au double point de vue des décisions soit des *juridictions d'instruction* soit des *juridictions de jugement.*

516. De l'autorité des décisions des juridictions d'instruction. — Les décisions de *règlement* des juridictions d'instruction se divisent : en ordonnances ou arrêts de *non-lieu*, ordonnances ou arrêts de *renvoi.*

I. Si l'inculpé est renvoyé de toute poursuite par une ordonnance ou un arrêt de *non-lieu*, il ne peut plus être repris ni poursuivi à raison du même fait, quand même ce fait serait qualifié autrement, à moins qu'il ne survienne de nouvelles charges [1].

a) Ainsi, je dis d'abord que, tant qu'il ne survient pas de nouvelles charges, le *fait matériel*, reproché à l'inculpé, ne peut être l'objet d'une *incrimination* quelconque. En effet, les juridictions d'instruction, saisies d'une affaire, doivent la considérer sous toutes ses faces, l'examiner sous tous les rapports qu'elle peut avoir avec la loi pénale. Elles ne rendent donc une décision de non-lieu, qu'autant que les faits, tels qu'ils résultent de l'information, ne constituent ni crime, ni délit, ni contravention imputable au prévenu ; de sorte que, les choses demeurant en l'état, les *faits matériels*, qui ont donné lieu à une décision de cette nature, ne sauraient être poursuivis sous une autre *qualification*, soit par le parquet soit par la partie civile, sans qu'il y ait échec à la chose jugée [2].

b) Mais de *nouvelles charges* surviennent : par exemple, des témoins, qui n'avaient pas été entendus dans l'instruction, sont prêts à affirmer la culpabilité de l'inculpé : alors, on peut et on doit autoriser la reprise de la poursuite, car les charges nouvelles constituent, en s'ajoutant aux anciennes, un *nouvel état* de l'instruction, auquel ne s'applique plus la décision qui a été rendue.

Ainsi, les ordonnances ou arrêts de non-lieu n'ont qu'une *autorité provisoire*, et ne protègent l'inculpé que *conditionnellement*, tant qu'il ne survient pas de nouvelles charges. Ce principe n'est formulé par la loi que pour une hypothèse. D'après l'art. 246, C. instr. cr., le prévenu, *à l'égard duquel la cour d'appel* (la chambre des mises en accusation) *aura décidé qu'il n'y a pas lieu au renvoi à la cour d'assises, ne pourra plus y être traduit à raison du même fait, à moins qu'il ne survienne de nouvelles charges.* Mais cette disposition s'étend à tous les cas auxquels s'applique le principe général qui lui sert de

[1] Sur les effets de l'ordonnance ou de l'arrêt de non-lieu à ce point de vue : Cass., 26 juill. 1904 (D. 1904. 1. 472; S. 1904. 1. 486).

[2] Doctrine et jurisprudence unanimes. Voy. Griolet, *De la chose jugée*, p. 261 ; Cass., 16 août 1877 (S. 76. 1. 330 ; D. 79. 1. 238).

base. Aussi est-il reconnu, sans difficulté, que le *prévenu*, à l'égard duquel, soit la chambre d'accusation, soit le juge d'instruction, ont décidé qu'il n'y avait pas lieu de suivre, ne peut être mis en jugement devant aucune juridiction à raison du même fait, tant que les charges restent dans le même état. Le nombre de ces reprises de l'instruction sur charges nouvelles n'est pas limité expressément par la loi ; il est indéfini, si l'on admet, avec la jurisprudence, que la prescription criminelle est susceptible d'une série indéfinie d'interruptions successives.

Le but de la procédure de reprise étant de faire rapporter la décision de non-lieu, trois conditions sont nécessaires pour sa recevabilité[1] : 1° Il faut que l'ordonnance ou l'arrêt repose sur une appréciation des charges relevées dans la procédure ainsi clôturée. Cette condition est certainement remplie, lorsque la décision de non-lieu est motivée, *en fait*, sur l'insuffisance des charges. Mais alors même qu'elle serait motivée *en droit*, une reprise de l'instruction est possible, si le motif de droit repose sur des *faits* que viennent modifier de nouvelles charges. Telle serait, par exemple, une ordonnance de non-lieu, basée sur la prescription triennale, quand le fait relevé dans l'instruction paraissait n'être qu'un délit. Si, plus tard, on découvre une circonstance aggravante, transformant le délit en crime, le motif de droit, qui justifiait le non-lieu, disparaît avec la survenance de nouvelles charges. 2° Il faut ensuite qu'il y ait survenance de nouvelles charges, résultant de constatations matérielles, de témoignages, d'aveux. L'art. 247, qui paraît viser les deux premières circonstances, est simplement énonciatif. Mais il ne faut pas confondre les charges nouvelles avec celles qui n'ont pas été soumises à la juridiction d'instruction. La loi veut qu'il y ait *découverte*, et, par conséquent, que *ces charges n'aient pu lui être soumises*. 3° Il faut, enfin, que ces charges paraissent de nature à motiver une mise en prévention ou en accusation, soit par elles-mêmes, soit en fortifiant les charges anciennes que la décision de non-lieu avait écartées comme insuffisantes[2].

La reprise de l'instruction sur charges nouvelles appartient à la juridiction qui avait clôturé la procédure par une décision de non-lieu. En conséquence, c'est au procureur de la République près cette juridiction à la requérir (art. 248). Mais l'inculpé, au bénéfice duquel

[1] Cass., 1er févr. 1877 (S. 77. 1. 487); 13 mai 1899 (S. 1900. 1. 540). *Adde*, Commission d'instruction de la Haute-Cour de justice, 30 oct. 1899 (S. 1900. 2. 289) et la note de M. Esmein.

[2] Sur ces conditions au point de vue de la procédure de reprise : Cass., 17 oct. 1889 (D. 89. 5. 278) ; 9 janv. 1897 (*B. cr.*, n° 8); 11 déc. 1901 (S. 1904. 1. 374).

est intervenu une ordonnance ou un arrêt de non-lieu fondé sur l'insuffisance des charges, a-t-il le droit, en présentant de nouvelles preuves directes, de faire reprendre l'instruction et d'obtenir une ordonnance ou arrêt, décidant qu'il n'y a lieu de suivre pour inexistence du délit? Je ne vois pas par quel procédé l'inculpé obligerait le magistrat instructeur à reprendre l'affaire. En effet, d'une part, l'exercice de l'action publique n'appartient qu'au ministère public; d'autre part, l'instruction ne peut être rouverte que s'il survient de nouvelles *charges*, par conséquent, *contre* l'inculpé.

II. Les ordonnances ou arrêts de renvoi *saisissent* les juridictions criminelles, correctionnelles ou de police, mais n'ont aucune influence sur le jugement de l'action publique. En un mot, les juridictions de jugement doivent former leur conviction, indépendamment de l'opinion qu'ont pu avoir les juges qui leur ont renvoyé l'affaire. Ce principe, qui n'est formulé nulle part d'une manière expresse, résulte de l'ensemble des dispositions de la loi. Il s'explique par une double considération : 1° Les juridictions d'instruction sont appelées à examiner s'il y a lieu ou non de mettre en prévention ou en accusation un inculpé; l'autorité, qui s'attache à la décision, par laquelle elles renvoient le prévenu ou l'accusé devant le tribunal de police simple ou correctionnelle ou devant la cour d'assises, est donc circonscrite par son *objet* même : elle a pour unique effet de saisir les tribunaux de répression. Sur ce point, il y a, sans doute, autorité de chose jugée, et le ministère public ne peut, ni s'abstenir de saisir ces tribunaux, ni en saisir d'autres. Mais il n'appartient pas aux juridictions d'instruction de juger la cause, puisqu'elles ne sont pas instituées dans ce but. 2° De plus, les décisions des juridictions d'instruction sont rendues sur des *charges*, des *présomptions*, après une instruction écrite, secrète, à laquelle la juridiction de jugement va substituer un débat oral, public et contradictoire. Ce serait rendre illusoires toutes les garanties de la procédure, que de donner à ces décisions une autorité quelconque sur les décisions à rendre par les juridictions de jugement.

Le principe même de l'indépendance des tribunaux de répression, par rapport à l'ordonnance ou à l'arrêt de renvoi qui les saisit, n'est pas contesté. Mais il reste à l'appliquer.

L'ordonnance ou l'arrêt de renvoi pose et résout affirmativement quatre questions : L'action publique est-elle recevable? Le fait est-il une infraction, et quelle infraction? Est-il pénalement imputable à l'inculpé? Tel tribunal est-il compétent? Sur aucun de ces points, la décision de la juridiction d'instruction n'entrave le droit de la juridiction de jugement, d'examiner et de résoudre, dans un sens opposé, les questions de *recevabilité* de l'action publique, de *qualification* du fait, de *culpabilité* et de *compétence*[1].

1° Ainsi le juge d'instruction a renvoyé, devant le tribunal correctionnel, un individu, comme prévenu de vol, en écartant l'exception de *prescription* qui avait été invoquée dans l'instruction : le tribunal correctionnel a le devoir d'examiner, même d'office, l'exception rejetée et de l'admettre, si elle est fondée[2].

2° Ainsi encore, les juges ne sont pas liés par la *qualification* qu'a donnée au fait incriminé l'ordonnance ou l'arrêt de renvoi, et ils peuvent juger et condamner le prévenu pour *une autre infraction*, pourvu que la qualification nouvelle soit faite dans l'intérieur des faits poursuivis et qu'elle n'ajoute rien à ces faits[3]. Supposons même que l'inculpé ait contesté la qualification du fait incriminé, en prenant, devant la chambre d'accusation, des conclusions tendant à faire juger que, tel qu'il est incriminé par l'accusation, il ne constitue, ni *crime*, ni *délit :* si la chambre repousse cette exception, l'accusé qui ne s'est pas pourvu, ou qui s'est pourvu, mais dont le pourvoi a été repoussé, sera encore admis à venir soulever la même question devant la cour d'assises[4]. Vis-à-vis de la juridiction de renvoi, la qualification n'est et ne peut être que *provisoire*. L'exception, soulevée par l'accusé dans l'instruction, a eu seulement pour but d'éviter une mise en accusation.

3° Ainsi encore, le tribunal correctionnel ou de police, auquel le prévenu a été renvoyé, peut et doit l'acquitter, si, par les débats, les juges ont acquis la conviction qu'il n'est pas coupable. L'arrêt de renvoi ne lie pas non plus le jury en ce qui concerne la culpabilité :

[1] *Sic*, Cass., 22 janv. 1881 (S. 82. 1. 142) ; Alger, 12 mai 1881 (S. 82. 2. 64). *Adde*, Faustin Hélie, t. V, n° 2315 ; t. VI, n° 2854.

[2] En sens contraire : Trébutien, t. II, p. 304. Mais le système de cet auteur aboutirait, s'il devait être admis, à donner aux décisions des juridictions d'instruction, qui ne sont rendues qu'à titre provisoire, le pouvoir d'investir les cours et tribunaux du droit de connaître d'un fait qui ne donne pas ou qui ne donne plus ouverture à l'action publique. Il n'appartient qu'aux juridictions de jugement de solutionner, d'une manière définitive, la question de savoir si l'action publique est ou n'est pas recevable.

[3] Cass., 31 janv. 1889 (S. 89. 1. 357); 15 déc. 1894 (S. 95. 1. 15); 10 juin 1899 (S. 1901. 1. 157); Cass., 29 mars 1900 (S. 1902. 1. 297 et la note). Cette disqualification est-elle possible en matière de presse? Voy., Cass., 29 mai 1886 (S. 87. 1. 337); 13 juin 1891 (S. 91. 1. 425) et le rapport de M. le conseiller Sallantin ; 31 oct. 1891 (S. 94. 1. 399). Comp. sur tous ces points mon *Traité d'instr. cr.*, t. II, nos 538 et suiv.

[4] En sens constraire : Dramard, *De l'autorité des arrêts de mise en accusation en ce qui concerne la qualification. Conséquence du défaut de pourvoi* (*Revue générale du droit*, 1882, t. VI, p. 43 à 59).

celui-ci peut déclarer l'accusé non coupable du fait qui lui est imputé par l'arrêt de mise en accusation.

4° En ce qui concerne la compétence de la juridiction de renvoi, il faut faire une distinction essentielle, entre la cour d'assises d'une part, et les tribunaux de police simple et correctionnelle d'autre part. Si l'arrêt de renvoi, qui la saisit, ne lie pas la cour d'assises au point de vue de la *qualification* des faits, cet arrêt la lie, du moins, au point de vue de la *compétence*, en ce sens que la cour d'assises, saisie par la chambre d'accusation, ne peut se refuser à connaître de l'affaire, encore que le fait dégénérerait en délit ou en contravention, encore qu'elle ne serait ni la cour d'assises du lieu du délit, ni celle du domicile de l'inculpé, ni celle du lieu de l'arrestation. Au contraire, les tribunaux de police correctionnelle ou de police simple, saisis par une ordonnance de renvoi, ne sont pas liés par cet acte, qui est *indicatif* et non *attributif* de compétence vis-à-vis d'eux. La compétence est d'ordre public, et tout juge a le droit et le devoir de vérifier la sienne pour ne pas dépasser la mesure de son pouvoir. Alors même que l'ordonnance ou l'arrêt de renvoi aurait *expressément* écarté une circonstance qui donnait au fait, soit le caractère d'un crime, soit celui d'un délit, le tribunal de police correctionnelle ou de police simple, devrait se déclarer incompétent, si le fait, tel qu'il résulte des débats, prenait le caractère, soit de crime, soit de délit. C'est sur l'instruction orale et contradictoire, en effet, et non sur l'instruction écrite et ses résultats, que les juridictions répressives forment leur conviction, tant au point de vue de la compétence, qu'au point de vue de la culpabilité (C. instr. cr., art. 160, 182, 192, 193)[1]. Mais dans le cas où le tribunal se déclarerait incompétent, il y aurait lieu à règlement de juges.

517. De l'autorité des décisions des juridictions de jugement. — La loi attache à la chose jugée par les juridictions de jugement une *présomption de vérité*, qui ne permet plus de remettre en question ce qui a été irrévocablement décidé. Mais cette présomption, absolue en matière civile, devrait avoir des limites en matière pénale. On comprend, en effet, que la chose jugée fournisse à l'inculpé une exception péremptoire contre toute nouvelle poursuite : si donc l'inculpé a été acquitté, on comprend qu'il ne puisse plus être repris ni accusé en raison du même fait, quand même des preuves, nouvellement découvertes, constateraient sa culpabilité ; s'il a encouru

[1] *Sic*, Cass., 22 janv. 1881 (S. 82. 1. 142). V. cependant Le Sellyer, *op. cit.*, t. Ier, n° 57.

une condamnation, qu'il ne puisse être poursuivi par le ministère public, soit à l'effet d'obtenir une double peine contre lui, soit dans le but de faire aggraver la peine prononcée : en effet, la règle *non bis in idem* est l'expression juridique du proverbe : on ne tire pas plusieurs moutures d'un même sac. L'action publique doit être épuisée toutes les fois qu'elle a abouti à une sentence irrévocable[1]. Mais s'il est rationnel que la chose jugée en matière répressive protège les citoyens qui ont subi l'épreuve d'un jugement, il n'est pas juste qu'elle leur nuise. Une peine ne saurait être légitime que si elle est infligée à un coupable; et l'innocent, injustement condamné, prêt à démontrer qu'il est victime d'une erreur, devrait être indéfiniment admis à réclamer l'infirmation de l'arrêt ou du jugement qui l'a frappé. C'est par l'extension de la procédure de revision qu'on a donné satisfaction à cette idée dans ce qu'elle a d'acceptable, c'est-à-dire dans la recevabilité du recours s'il survient un *fait nouveau.*

Nulle part, du reste, le principe de l'irrévocabililé de la chose jugée n'est formulé par le Code d'une manière générale : les seuls textes, qui en contiennent l'application, c'est-à-dire les art. 246 et 360, le présentent comme une garantie, comme un moyen de défense, faisant obstacle à toute poursuite ultérieure dirigée contre l'individu qui aurait été renvoyé d'accusation, soit par la chambre des mises en accusation, soit par la cour d'assises. Mais il n'est pas douteux que le principe de l'irrévocabilité de la chose jugée soit admis dans notre législation, non seulement dans l'*intérêt* des prévenus et accusés, mais encore à leur *préjudice.* Le législateur n'a pas cru utile de formuler, d'une manière expresse, une règle généralement reconnue; mais l'institution même de la *procédure de revision*, limitée aux quatre cas précisés plus haut, ne peut laisser aucun doute sur son existence.

Trois moyens sont cependant donnés au condamné pour réparer les conséquences des erreurs judiciaires commises à son préjudice.

1° D'abord, les jugements et arrêts sont susceptibles d'*annulation*, au profit de ceux qui ont été condamnés, d'une manière illégale, par suite d'une *erreur de droit*, sur le pourvoi du procureur général à la Cour de cassation, mais seulement d'après l'ordre donné par le garde des sceaux (C. instr. cr., art. 441).

2° Ces jugements ou arrêts sont encore susceptibles de *revision*, dans certaines circonstances et dans certaines conditions, au profit de ceux qui ont été condamnés par suite d'une *erreur de fait.*

[1] L'école positiviste italienne se montre peu favorable à l'irrévocabilité des acquittements. Ce serait encore un de ces préjugés, protecteurs des criminels. Voy. Ferri, *Soc. crim.*, n° 73, p. 741.

3° Enfin, si ces deux moyens de recours ne suffisent pas, ou ne sont pas ouverts, il ne reste au condamné qu'à se pourvoir en *grâce* auprès du chef de l'État : mais l'exercice du droit de grâce laisse subsister la condamnation et les conséquences qui en résultent.

518. De l'exception de chose jugée. — De la chose définitivement jugée, résulte une *exception d'ordre public*, qui doit empêcher, si elle est prouvée, la mise en prévention ou en accusation, et arrêter la poursuite, à quelque degré qu'elle soit parvenue[1].

Mais, pour que la décision, invoquée comme créant un obstacle insurmontable à toute poursuite, produise cet effet, le concours de plusieurs conditions est indispensable. L'exception de la chose jugée en matière répressive suppose, en effet, ainsi qu'en matière civile, l'identité d'*objet*, de *cause* et de *personne*, entre l'action qui a abouti à une décision définitive et celle qu'on veut recommencer.

I. L'*objet* d'une action, c'est la chose demandée : l'art. 3, C. instr. cr., en définissant l'action publique *celle qui a lieu pour l'application de la peine*, indique que la *punition* du coupable est l'objet de cette action. La vérification du point de savoir s'il y a identité d'objet entre deux actions ne présente aucune difficulté pratique en matière pénale, car, on ne conçoit guère qu'il puisse venir à l'esprit du ministère public de renouveler une poursuite, soit pour faire punir deux fois le coupable à raison du même fait, soit pour lui faire appliquer une peine plus forte que celle qui a été prononcée contre lui[2].

II. La *cause* de la demande dans l'action publique se trouve dans le *fait délictueux* qui est imputé à la personne poursuivie. L'autorité de la chose jugée, et, par conséquent, l'épuisement du droit d'action publique ne se produit donc que lorsqu'il y a identité entre le fait délictueux déjà jugé et le fait délictueux poursuivi. Mais, la vérification de cette condition peut donner lieu à des difficultés, soit dans l'hypothèse de plusieurs faits délictueux successivement poursuivis, soit dans celle d'un fait unique, de nature à être envisagé sous différentes faces, qui est l'objet de poursuites successives[3].

[1] Cette exception doit être suppléée d'office; elle peut être proposé en tout état de cause, même pour la première fois devant la Cour de cassation : Cass., 5 avr. 1880 (S. 81. 1. 31); Faustin Hélie, t. II, n° 986. Elle constitue une question préalable qui doit être jugée avant de continuer la poursuite.

[2] Les poursuites et les décisions disciplinaires ne font pas obstacle aux poursuites et aux décisions pénales à raison du même fait : l'objet des deux poursuites et des deux décisions n'étant pas le même. Comp. : Ortolan, t. II, n. 1781; Le Sellyer, *op. cit.*, t. II, n. 671; Thiry, *Cours de droit criminel* (2e éd., p. 382); Cass., 21 déc. 1869 (D. 70. 1. 305); Conseil de rev. gard. nat., 7 janv. 1871 (D. 71. 3. 35).

[3] Il est évident, en effet, qu'un tribunal, un juge d'instruction ne peuvent donner

Première hypothèse. — Pour que l'inculpé puisse opposer l'exception de chose jugée, il faut que le fait, à raison duquel il est poursuivi, soit celui-là même qui a motivé la poursuite antérieure. L'action publique peut donc être intentée contre la même personne, pour d'autres faits que ceux qui ont motivé une première poursuite, bien qu'ils soient unis avec ces faits par un lien commun, pourvu qu'ils constituent des infractions *distinctes* : mais elle ne peut pas être intentée, au contraire, si ces faits forment, avec le fait jugé, une infraction *unique*. Ce qui est difficile et dépasserait les limites d'un ouvrage élémentaire, c'est le critère de la distinction à propos de délits *collectifs*, de délits *continus* [1], de délits *connexes* [2].

Seconde hypothèse. — Un même fait peut contenir *plusieurs infractions* [3]; ou bien un même fait peut, suivant qu'on l'envisage sous telle ou telle face, constituer *telle* ou *telle infraction* [4]. Il s'agit alors de savoir si la décision, qui statue sur ce fait, couvre le *fait même*, en le purgeant de toutes les incriminations dont il est susceptible, ou bien si elle n'a force de chose jugée que relativement à la *qualification* qui lui a été donnée dans le jugement. En d'autres termes, faut-il, pour que l'exception de chose jugée soit opposable, qu'il y ait identité de *fait* ou identité d'*incrimination* entre les deux poursuites?

J'ai déjà démontré que le prévenu, au bénéfice de qui une ordonnance ou un arrêt de non-lieu est intervenu, ne peut plus être repris ni remis en jugement à raison du même *fait*, envisagé sous une autre qualification, tant qu'il ne survient pas de nouvelles charges. Par conséquent, la question s'élève seulement en ce qui concerne les décisions des juridictions de jugement. Pour l'examiner, comme pour la résoudre, il faut tenir compte d'une distinction essentielle, entre les jugements ou arrêts rendus par les tribunaux de police simple et

deux qualifications différentes au même fait. Voy. curieuse espèce : Pau, 1er déc. 1898 (S. 99. 1. 207).

[1] Voy. sur les infractions permanentes et les infractions successives à ce point de vue, *Rev. pénit.*, 1903, p. 102 et note intéressante.

[2] Sur ces difficultés : Trébutien, t. II, p. 649; Haus, t. II, nos 1299 à 1304; Ortolan, t. II, nos 1783 à 1787; Bonnier, *Traité des preuves*, t. II, n° 887; E. Larcher, *Du concours idéal d'infractions* (*Rev. crit.*, 1898, p. 96), et mon *Traité d'instr. cr.*, t. II, nos 542, 576 à 578.

[3] Par exemple, lorsqu'un incendie a causé la mort d'une personne qui, à la connaissance de l'auteur, se trouvait dans les lieux incendiés, le même fait produit deux crimes différents, l'incendie et l'assassinat. C'est un cas de concours d'infractions.

[4] Par exemple, un fait d'homicide peut être, soit un meurtre, soit un homicide par imprudence, soit le crime de coups et blessures ayant occasionné la mort sans intention de la donner. Il n'y a ici qu'une question de qualification, mais le fait est unique.

correctionnelle, les arrêts rendus par la cour d'assises et les ordonnances d'acquittement.

a) L'autorité des jugements ou arrêts rendus en matière de police simple ou correctionnelle s'applique au *fait même,* et non pas simplement à la *qualification* qui est donnée à ce fait dans la poursuite et le jugement. En effet, un tribunal correctionnel ou de police, saisi de la connaissance d'un fait délictueux, soit par citation directe, soit par ordonnance ou arrêt de renvoi, doit l'examiner sous toutes ses faces, l'apprécier sous tous les rapports qu'il peut avoir avec la loi pénale et lui appliquer la peine qui y est attachée, sauf à se déclarer incompétent si cette peine excède les limites de son pouvoir : la décision, quelle qu'elle soit, ne laisse donc aucune place pour une poursuite nouvelle. Par exemple, un individu a été traduit devant un tribunal correctionnel sous la prévention d'*homicide par imprudence :* s'il est *condamné*, le fait de l'*homicide* ne peut plus être l'objet d'une poursuite, quand même une circonstance, ignorée lors du jugement, imprimerait à ce fait le caractère d'un *meurtre* ou d'un *assassinat*; s'il est *renvoyé de la poursuite*, le fait de l'homicide est également purgé, vis-à-vis de lui, de toutes les incriminations auxquelles il pouvait donner lieu : car, le tribunal, saisi de la prévention, était dans le droit et dans l'obligation d'examiner toutes les circonstances du fait, toutes les qualifications dont il était susceptible, soit pour retenir l'affaire et se prononcer au fond, soit au moins pour se déclarer incompétent et renvoyer le procès à qui de droit. Si certains aspects, certains éléments du fait poursuivis ont été laissés de côté par le tribunal, il en doit être comme à l'égard des éléments de preuve qui ne surgiraient qu'après coup. Le ministère public avait le devoir de *tout poursuivre,* le tribunal, celui de *tout juger :* la sentence, devenue inattaquable, épuise *définitivement* le droit d'action publique.

b) En cour d'assises, le procès peut aboutir à une condamnation, une absolution ou un acquittement. Il est certain que l'autorité des *arrêts de condamnation* ou d'*absolution*, rendus par la cour d'assises, est absolue, et que l'accusé, condamné ou absous, ne peut plus être poursuivi ni jugé à raison du même fait, qualifié autrement. Lorsque le jury a déclaré l'accusé coupable, il est, en effet, du devoir de la cour d'assises, qui statue sur l'application de la peine, d'examiner si le fait est prévu par une loi et par quelle loi. Que si, dans l'opinion de la cour, le fait n'est incriminé par aucune loi pénale, elle prononce l'absolution de l'accusé; sinon, elle le condamne à une peine, soit criminelle, soit correctionnelle, soit de police. Il est donc évident, puisque l'appréciation du fait, dans ses rapports avec l'ensemble de la loi pénale, a pu et dû être l'objet de l'examen de la cour, que le *même fait*, à raison duquel l'accusé a été condamné ou absous, ne peut plus être repris sous une qualification différente. Mais la même règle, aux termes d'une jurisprudence constante, et que nous croyons fondée, n'est pas applicable en cas d'*acquittement*[1]. La déclaration de non-culpabilité faite par le jury purge l'*accusation*, elle ne purge pas le *fait lui-même*. Il n'y a donc autorité de chose jugée que relativement au fait, *tel qu'il a été qualifié* (au fait juridique), et non relativement au fait, *tel qu'il s'est passé* (au fait matériel).

Cette solution doit être motivée, car si la pratique est unanime pour l'admettre, la doctine est, au contraire, divisée[2].

c) On sait que le jury est obligé de répondre, par un *oui* ou par un *non*, aux *questions* qui lui sont posées; il commettrait un *excès de pouvoir* s'il émettait spontanément une déclaration, ou s'il modifiait

[1] Ceci est-il vrai, s'il s'agit non d'un crime mais d'un délit, par exemple d'un délit de presse, pour lequel la cour d'assises est exceptionnellement compétente? Une nouvelle poursuite est-elle possible en l'envisageant comme un crime? Voy. Commission d'instruction de la Haute-Cour, 30 oct. 1899 (S. 1900. 2. 289) qui a décidé qu'une nouvelle poursuite ne serait pas possible dans ces conditions.

[2] La jurisprudence de la Cour de cassation s'est affirmée, dans ce sens, par une série d'arrêts, dont le plus ancien remonte à 1812, et dont le plus notable est un arrêt du 25 novembre 1841, rendu contrairement aux conclusions du procureur général Dupin. Voy. dans les *Réquisitoires, plaidoyers et discours de rentrée* de M. Dupin, t. V, p. 39, le réquisitoire précédant cet arrêt. Comp. pour les arrêts plus récents : Cass., 14 août 1875 et 10 janv. 1876 (Ch. réun.) (S. 77. 1. 41). — Dans le sens de cette jurisprudence : Mangin, t. II, p. 360 et suiv.; Trébutien, t. II, p. 664 et suiv. — En sens contraire : Ortolan, t. II, n°s 1788 et suiv., n°s 2335 et suiv.; Faustin Hélie, t. II, n°s 1012 et suiv.; Griolet, *De l'autorité de la chose jugée*, p. 366 et suiv.; Villey, p. 440 et suiv,; Gardeil, *Rev. crit.*, 1893, p. 79. — Le législateur belge a interprété l'art. 360 de notre Code d'instruction criminelle dans le sens que nous lui donnons et que lui donnait, du reste, la jurisprudence belge. Aux termes d'une loi du 21 avril 1850 : « Toute personne acquittée légalement ne pourra plus être reprise ni accusée à raison du même fait *tel qu'il a été qualifié* ». Le législateur français a été plusieurs fois saisi de la question. V. la proposition de loi de M. Parent, ayant pour objet de modifier l'art. 360, C. instr. cr. (*Journal officiel* du 17 févr. 1879). Cette proposition avait été déjà présentée en 1873 par le même député (*Journal officiel* du 30 mai 1873). Sur cette proposition : Gonse, *Modification des art. 337 et 360*, C. intr. cr. (*Revue critique*, 1875, p. 18). La doctrine française qui n'a pas désarmé dans ces attaques contre la jurisprudence s'appuie sur les quatre motifs que voici : 1° Cette solution serait contraire à l'art. 360, C. instr. cr.; 2° Elle romprait, sans motifs, avec les précédents historiques; 3° Elle serait déplorable dans ses conséquences, car elle affaiblirait l'autorité sociale de la chose jugée (Voy. les très énergiques protestations de la Cour d'Angers dans l'arrêt du 23 avril 1856, cassé par les chambres réunies de la Cour de cass., par arrêt du 3 nov. 1855, D. 55. 1. 441); 4° Elle serait contradictoirs avec les solutions données en cas de condamnation ou d'absolution.

ou expliquait la déclaration qu'il émet. Dans ce système, ce qui est *décidé* par le jury, c'est simplement ce qui est *demandé*, de sorte que, pour déterminer l'autorité qui s'attache à son verdict, il faut examiner tout d'abord quelles questions lui sont posées. C'est uniquement dans le cercle de ces questions que se renferme sa compétence, et, par conséquent, l'autorité de sa déclaration. Or, d'après le Code de 1791 et celui de brumaire an IV, ce n'était pas seulement telle *incrimination* qui était soumise au jury, mais le *fait* même, dont la matérialité et la moralité devaient être l'objet de questions distinctes et successives. De plus, le président du tribunal criminel *était obligé*, aux termes des art. 373, 374 et 380 du Code de brumaire, de poser au jury, à peine de nullité, les questions qui pouvaient ressortir des circonstances du fait de l'accusation. On comprend, dans ce système de législation, que l'individu, ainsi acquitté, ne pouvait « plus être repris ni accusé à raison du *même fait* ». C'était, en effet, ce que décidait l'art. 426 du Code de brumaire, et, dans ce texte, les mots : le *même fait*, signifiaient, non la même *qualification* ou *accusation*, mais le même *fait matériel*, quelles que fussent les incriminations diverses qui pouvaient en dériver. L'art. 360 du Code de 1808 a reproduit et répété les expressions de l'art. 426 du Code de brumaire : mais ces expressions ne peuvent avoir, dans le Code de 1808, le sens qu'elles avaient dans le Code de l'an IV. En effet, le système de position des questions au jury a été modifié à un double point de vue : 1° en ce que les divers éléments de la culpabilité ne font pas l'objet de questions distinctes, mais sont réunies en une seule question, de sorte qu'on ne demande pas aux jurés si *tel fait* est constant, mais si l'accusé est *coupable* d'avoir commis *tel crime* (C. instr. cr., art. 337); 2° en ce que le président de la cour d'assises n'est pas tenu de soumettre aux jurés toutes les incriminations dont le fait est susceptible. Sans doute, sous le régime de notre législation, les jurés ne se bornent pas à prononcer sur le fait, tel que l'acte d'accusation l'a qualifié ; ils *peuvent* être interrogés *subsidiairement* sur toutes les qualifications dont ce fait est susceptible d'*après les débats*, de sorte que deux espèces de questions leur sont faites : les unes, dont la position est prescrite par la loi à peine de nullité, sont les questions résultant de l'acte d'accusation ; les autres, dont la position purement *facultative*, est laissée à l'appréciation du président, sont les questions résultant des débats, telles que, dans une accusation de *meurtre*, la question d'*homicide par imprudence*, ou celle de *coups et blessures volontaires, ayant occasionné la mort*, *sans intention de la donner*. Mais, lorsque le président de la cour d'assises a omis ou refusé de poser, comme résultant des débats, une question subsidiaire, et que l'accusé a été acquitté de l'accusation dirigée contre lui, l'acquittement purge, non le fait tel qu'il s'est passé, mais le fait tel qu'il a été qualifié, de sorte que l'individu, légalement acquitté, peut être repris à raison du même fait, qualifié d'une autre manière [1]. Il est, du reste, nécessaire, pour que l'art. 360 ne fasse pas obstacle aux nouvelles poursuites, non seulement qu'il y ait lieu à une qualification nouvelle, mais encore que les éléments de cette qualification diffèrent des circonstances constitutives de la première.

III. En matière pénale comme en matière civile, la chose jugée n'a d'effet qu'à l'égard de la personne à laquelle elle s'applique : *Res inter alios judicata aliis neque nocere neque prodesse potest*. En droit, le ministère public peut donc intenter des poursuites successives, à raison du même fait, quel qu'ait été le résultat de la première poursuite. Il résulte de là que : 1° malgré l'acquittement d'un individu, pour inexistence, absence d'incrimination du fait, prescription du délit, un autre individu peut être poursuivi, jugé et condamné par une seconde décision, affirmant l'existence du délit, sa punibilité, ou repoussant la prescription ; 2° malgré la condamnation d'un individu pour un crime qui n'a été commis que par un seul agent, une seconde condamnation peut être prononcée contre un autre individu, sauf, à raison de la contradiction des deux condamnations, l'exercice de la revision qui est précisément ouverte dans ce cas (C. instr. cr., art. 443, n° 2).

Des difficultés se présentent cependant, lorsque des individus, poursuivis pour le même fait, sont *coauteurs* ou *complices* et unis entre eux par un lien d'indivisibilité tenant à leur coopération, à un fait unique.

a) Supposons, — ce qui est l'hypothèse ordinaire dans le cas d'*unité de délit* et de *pluralité d'agents*, — que les divers prévenus ou accusés aient été traduits ensemble devant la juridiction pénale : il est certain que si l'un d'eux est renvoyé de toute poursuite par le motif que le fait n'est pas prouvé, ou qu'il ne tombe pas ou ne tombe plus sous le coup de la loi pénale, les autres ne peuvent être condam-

[1] Au moins devant le *tribunal correctionnel* ou le *tribunal de simple police*. Sans doute, rien n'empêcherait théoriquement, en admettant ce système, de reprendre le même fait, qualifié d'une autre manière et comme crime, devant un autre jury : mais, où prendrait-on, pour ce nouveau procès en cour d'assises, l'acte d'accusation? Voy. note de M. Esmein dans S. 1900. 2. 290 et 291. Le premier a dû être purgé en entier devant la cour d'assises qu'il avait saisie ; et la chambre des mises en accusation n'en pourra pas rendre un second, puisqu'elle se trouve définitivement dessaisie, et que le *même fait*, qui a été l'objet de son arrêt, ne peut être repris que s'il survient de *nouvelles charges*. Comp., sur ce point : Ortolan, t. II, n° 2337. C'est ce qui explique qu'en pratique aucune poursuite ayant abouti à un acquittement n'ait été reprise, devant une cour d'assises, sous une autre qualification.

nés à raison du même fait et dans la même instance. Faut-il rattacher cette solution au principe de la *chose jugée*, comme on le fait parfois? Nullement, car la chose jugée suppose une première sentence qu'on oppose dans un second procès; et, dans ce cas, il n'y a qu'une seule et même poursuite, une seule et même sentence. Le principe en jeu c'est cette loi de logique élémentaire d'après laquelle toutes les dispositions d'un même jugement doivent pouvoir se concilier et se coordonner, de sorte qu'une contradiction entre elles doit amener la réformation ou la cassation de la décision elle-même, pour contradiction de motifs, ce qui équivaut à absence de motifs.

b) Supposons plusieurs instances séparées : appliquerons-nous les mêmes solutions qu'au cas d'une seule et même instance? Ainsi, l'auteur d'une escroquerie a été poursuivi devant un tribunal correctionnel et renvoyé d'instance par ce motif que le délit était prescrit : plus tard, et alors que ce jugement est devenu irrévocable, un complice du même fait est traduit en justice : pourra-t-il invoquer le jugement rendu vis-à-vis de l'auteur, comme une fin de non recevoir légale contre lui? Évidemment, il y aurait *contradiction* à déclarer le délit prescrit vis-à-vis de l'auteur, sans le déclarer prescrit vis-à-vis du complice : si donc l'auteur et le complice avaient été impliqués dans la même poursuite, les dispositions de la *même sentence*, qui renverraient l'auteur et condamneraient le complice, seraient inconciliables, et devraient amener, suivant les cas, une réformation ou une cassation du jugement ou de l'arrêt. Et, ceci, en vertu de cette idée que le jugement est une œuvre coordonnée et complexe, dans laquelle, il est inadmissible que le tribunal se contredise lui-même, en y insérant valablement des dispositions inconciliables les unes avec les autres. Mais la situation que nous supposons est, en droit, bien différente. Il y a eu deux poursuites successives; et nous ne voyons pas, en vertu de quel principe, la sentence, rendue dans la première, aurait force de chose jugée dans la seconde? En effet, la chose jugée n'existe que s'il y a identité entre les *parties* engagées dans les deux instances. Or, le demandeur est bien le même, puisque le ministère public représente toujours une seule et même personne en instance : la société. Mais les prévenus sont différents. Or, chacun sait qu'il est permis aux juges de rendre deux sentences successives, en des sens diamétralement opposés, pourvu que les parties ne soient pas les mêmes. Admettons, en effet, que les deux décisions soient contradictoires et inconciliables. De ce que les faits ont été appréciés en sens contraire par les deux tribunaux, s'ensuit-il qu'en dehors des cas de revision prévus par la loi, il puisse y avoir ouverture à cassation contre le second arrêt qui a condamné le complice, alors qu'un premier arrêt avait déclaré le délit prescrit vis-à-vis de l'auteur? La contradiction est certes l'indice d'un mal jugé; mais, le recours en cassation n'est pas ouvert pour un cas semblable. J'estime donc que la solidarité entre les complices et les auteurs, dans leurs moyens d'accusation, comme dans leurs moyens de défense, n'existe légalement que par rapport à la même sentence [1].

§ III. — DE L'INFLUENCE DE LA CHOSE JUGÉE AU CIVIL SUR LE JUGEMENT DE L'ACTION PUBLIQUE.

519. Principe. — 520. Exception.

519. Influence de la chose jugée au civil sur les poursuites criminelles. — Si les deux actions, l'action publique et l'action civile, peuvent être poursuivies en même temps et devant les mêmes juges, elles peuvent aussi l'être *séparément*, l'action publique devant les tribunaux de répression, l'action civile devant les tribunaux civils. Dans ce cas, lorsque le jugement de l'action civile a précédé la poursuite répressive, ce jugement n'a aucune autorité à l'égard de l'action publique, car il n'y a, entre les deux procès, ni identité d'objet, ni identité de cause, ni identité de parties. Les deux actions n'ont pas le même *objet* : l'action publique tend, en effet, à la punition du coupable; l'action civile, à la réparation du dommage. Quoique nées du même fait, elles n'ont pas la même *cause juridique* : l'une naît du fait, considéré comme *délit pénal*; l'autre, du fait, considéré comme *délit civil*. Saisi de l'action publique, le tribunal se demande si la loi pénale a été violée; saisi de l'action civile, si le fait a causé un dommage. Or, un fait peut porter *préjudice* à autrui, sans être *délictueux*, comme il peut constituer un *délit* sans être *dommageable*. De plus, en principe, l'agent ne saurait être coupable au point de vue pénal, que s'il a commis le fait avec *intention*, tandis que la recherche de l'intention importe peu, au point de vue de la responsabilité civile, celle-ci ayant sa cause dans une simple *faute* aussi bien que dans un *dol*. Enfin, les *personnes* qui agissent sont différentes. Dans l'action publique, le ministère public est demandeur; c'est la partie privée, dans l'action civile. Il est vrai que l'auteur de l'infraction est égale-

[1] *Sic*, Ortolan, *op. cit.*, t. II, n° 1808. Mais en sens contraire, Faustin Hélie, *op. cit.*, t. II, n° 1001; Haus, *op. cit.*, t. II, n°s 1314 et suiv.; Mangin, *op. cit.*, n° 400; note de Villey sous Paris, 18 juill. 1887 (S. 88. 2. 137); Commission d'instruction de la Haute-Cour de justice du 30 oct. 1899 (S. 1900. 2. 289) et note de M. Esmein. Comp. Garçon, *Code pénal annoté*, art. 59 et 60, n°s 114 à 181.

ment défendeur dans les deux instances, mais il figure, dans l'une, comme un défendeur ordinaire, dans l'autre, comme un prévenu. Le tribunal de répression peut donc se prononcer sur l'existence du fait et sur la culpabilité de l'agent, avec la même liberté d'appréciation que si le tribunal civil n'avait pas statué (C. instr. cr., art. 445).

520. Exception pour les questions préjudicielles. — Toutefois, cette règle, dont le principe n'est pas contesté, admet une exception, lorsque la question décidée par le juge civil est préjudicielle à l'exercice ou au jugement de l'action publique[1].

§ IV. — De l'influence de la chose jugée au criminel sur les intérêts civils[2].

521. La chose jugée au criminel s'impose au juge civil. — 522. Des conditions et des limites de l'influence de la chose jugée au criminel sur les intérêts civils. — 523. De l'influence du jugement criminel sur les diverses actions civiles qui naissent de l'infraction. — 524. Résumé.

521. De l'influence de la chose jugée au criminel sur le civil. — Lorsque l'action civile est exercée *séparément* de l'action publique, la question de savoir quelle influence le jugement de l'action publique exerce sur l'action privée, non encore jugée, a donné lieu à un débat célèbre entre Merlin et Toullier. Pour l'examiner et la résoudre, ces deux jurisconsultes, se plaçant l'un et l'autre *exclusivement* sur le terrain de l'art. 1351, C. civ., ont recherché s'il y avait, entre les deux actions, la triple identité d'*objet*, de *cause*, de *personne*. Mais le droit commun, dont on trouve le principe dans l'art. 1351, C. civ., est sans application pour résoudre la question. Il faut admettre avec Merlin, mais par des motifs différents de ceux invoqués par lui, que le jugement criminel a, sur l'action civile, née du même fait et non encore jugée, une influence nécessaire, relativement aux points qui sont communs aux deux actions.

Une double considération impose cette solution. *a*) Le ministère public, en poursuivant la répression d'une infraction, représente la société, et, par conséquent, chacun de ses membres; ce qu'il a fait juger, au point de vue de l'existence de l'infraction et de la culpabilité du prévenu ou de l'accusé, est donc jugé à l'égard de tous. D'autant plus, que

[1] Voy. pour application : Cass. crim., 10 mai 1907 (S. 1908. 1. 57 et la note).

[2] Bibliographie : Bidard, *Étude sur l'autorité, au civil, de la chose jugée au criminel*, 1865.

l'autorité publique, partie dans tout procès criminel, a des moyens plus puissants que n'en peuvent avoir les particuliers, agissant devant les tribunaux civils, pour faire la preuve de l'existence de l'infraction et de la culpabilité de l'auteur. Ce serait renverser l'ordre des juridictions et méconnaître l'institution et l'organisation des tribunaux de répression, établis pour constater l'existence des délits et en punir les auteurs, que de ne pas donner, à la chose jugée au criminel, une influence nécessaire et forcée sur les intérêts civils, quand le juge pénal les a absorbés et décidés (*assorbite e decise*, comme on dit en Italie). *b*) D'ailleurs, l'autorité, que la société réclame pour les arrêts de la justice pénale, et qui, seule, lui permet d'atteindre le but à la fois préventif et répressif qu'elle recherche, serait ébranlée, s'il était permis à un particulier de combattre et à un tribunal civil de contredire les décisions d'un tribunal de répression, dans un nouveau procès, qui, bien que tendant à un autre *but*, a pour objet le même *fait* : il serait déplorable, par exemple, qu'on pût faire déclarer, au civil, l'innocence d'un homme qui a péri sur l'échafaud, ou l'inexistence d'un faux, dont l'auteur a été condamné aux travaux forcés.

Ces considérations sont même tellement graves que le législateur aurait pu subordonner l'exercice de l'action civile devant les tribunaux civils à un jugement préalable des tribunaux de répression sur l'action publique. S'il ne l'a pas fait, c'est qu'il aurait fallu, dans un système où l'action publique eût été *préjudicielle* à l'*exercice* même de l'action civile, donner à la partie lésée le droit de mettre en mouvement l'action publique devant toutes les juridictions pénales, même devant la cour d'assises, et qu'une telle faculté eût présenté des inconvénients.

Mais pour assurer l'influence de la chose jugée au criminel sur l'action civile, l'art. 3, C. instr. cr., décide que l'exercice de l'action civile, intentée séparément devant les tribunaux civils, sera suspendu, tant qu'il n'aura pas été prononcé définitivement sur l'action publique intentée avant ou pendant la poursuite de l'action civile. Cette disposition, qui rend l'*action publique intentée*, *préjudicielle au jugement de l'action civile déjà intentée*, est la démonstration même de la règle dont elle s'inspire et dont elle dérive ; car, si la loi a voulu que l'instance criminelle tînt en suspens l'instance civile, c'est parce que le jugement sur l'action publique *doit* avoir une influence nécessaire, au point de vue du jugement à rendre sur l'action civile. Ce principe paraît, du reste, consacré par la loi, non en termes formels, mais *virtuellement*, dans un certain nombre de dispositions, qui n'en sont que des applications spéciales (C. civ., art. 198, 232, 261 et 727 ; C. instr. cr., art. 463 ; C. comm., art. 598).

522. DES CONDITIONS ET DES LIMITES DE CETTE INFLUENCE. — Les considérations d'*ordre public*, qui attribuent à la chose jugée au criminel une autorité absolue sur les intérêts civils, ne s'appliquent, dans toute leur force, que lorsque les deux conditions suivantes se rencontrent : il faut que la sentence émane d'une juridiction de jugement, et qu'elle statue sur le fond de l'action publique, c'est-à-dire sur l'existence ou l'inexistence de l'infraction et la culpabilité ou la non-culpabilité du prévenu ou de l'accusé.

a) Les ordonnances ou arrêts des *juridictions d'instruction* ne peuvent avoir d'influence sur le jugement de l'action civile[1]. D'une part, ces décisions sont rendues après une instruction écrite, secrète, qui est suffisante, sans doute, pour autoriser la juridiction à prendre une décision *provisoire*, mais qui n'offre pas assez de garanties pour justifier une décision *définitive*. D'un autre côté, l'autorité de ces ordonnances ou arrêts est circonscrite par leur *objet* même, qui est de décider s'il y a lieu de mettre en prévention ou en accusation l'inculpé. Sur ce point, il y a chose jugée, en ce sens que le ministère public ne peut se dispenser de saisir la juridiction de renvoi : mais, sur tous les autres, il n'y a qu'une décision provisoire, susceptible d'être contredite par le résultat de débats publics et contradictoires. Ainsi, l'ordonnance du juge d'instruction et l'arrêt de la chambre d'accusation, portant qu'il n'y a pas lieu de suivre, n'ont aucun effet sur le jugement de l'action civile, quels que soient, du reste, les motifs sur lesquels ils seraient fondés[2]. Seulement, dans le cas où l'exercice de l'action devant les tribunaux civils aurait été suspendu, l'ordonnance ou l'arrêt de non-lieu mettrait un terme au sursis.

b) Je dis, de plus, que l'autorité attachée à la chose jugée au criminel suppose un jugement des tribunaux de répression statuant irrévocablement sur le *fond* même de l'affaire, que la décision soit contradictoire, par défaut ou par contumace[3]. Mais le jugement, par lequel le tribunal se prononce, soit sur la recevabilité de l'action

[1] *Sic*, Cass., 31 mars 1885 (S. 85. 1. 296); 28 nov. 1888 (S. 89. 1. 80).

[2] Cependant, certains auteurs distinguent entre le non-lieu, fondé sur l'insuffisance des charges, et le non-lieu, fondé sur ce que l'action publique est prescrite ou que le fait n'est pas prévu par la loi : dans ce dernier cas, ils attribuent à la décision une autorité absolue. Comp. dans ce sens : Le Sellyer, *op. cit.*, t. II, n° 140. Cette opinion est suffisamment réfutée par les motifs donnés au texte. Comp. sur la question : Cass., 17 juin 1867 (D. 68. 1. 17); Bruxelles, 31 mars 1874 (D. 75. 2. 72); Besançon, 22 févr. 1875 (D. 76. 2. 116); Cass., 12 déc. 1877 (S. 80. 1. 149); 2 mai 1899 (S. 1900. 1. 24); Cass. civ., 26 juill. 1904 (S. 1904. 1. 486; D. 1904. 1. 472).

[3] Il faut, en effet, que les jugements criminels soient irrévocables pour avoir l'autorité dont nous parlons : Cass. civ., 14 déc. 1903 (S. 1905. 1. 215).

publique, soit sur un incident de procédure, soit sur l'existence d'une condition considérée isolément du délit, est nécessairement circonscrit par son but restreint : il est rendu pour assurer la marche des débats, sans que le tribunal ait eu l'intention de trancher la question civile qui peut naître ultérieurement du fait distinct ou accessoire qu'il a examiné. Ainsi, de ce que la cour d'assises a décidé que l'action du ministère public était ou n'était pas recevable, par suite de l'existence ou de l'inexistence de la qualité de Français chez l'auteur d'un crime commis à l'étranger, il n'en résulte nullement qu'au point de vue civil cette qualité existe ou n'existe pas[1].

Les *conditions*, que nous mettons à l'autorité du jugement criminel à l'égard des intérêts privés, déterminent les *limites* dans lesquelles cette autorité se renferme : elle ne s'applique qu'aux questions qui ont été *réellement* et *nécessairement* décidées par une juridiction répressive quelconque et qui se rattachent : 1° à l'existence du fait qui forme la base commune de l'action publique et de l'action civile ; 2° à la qualification légale de ce fait ; 3° à la culpabilité ou à la non-culpabilité de l'accusé ou du prévenu. Sur ces points, la juridiction civile ne doit pas se mettre en contradiction avec ce qui a été jugé par le tribunal de répression. Mais, en dehors de ces points limités, sa liberté d'appréciation demeure complète.

Je vais appliquer ces formules, nécessairement un peu vagues.

523. De l'influence du jugement criminel sur les diverses actions civiles qui naissent de l'infraction. — L'influence du jugement criminel doit être examinée successivement, soit au point de vue de l'*action en réparation du dommage*, soit au point de vue des *autres actions civiles* qui naissent de l'infraction.

I. L'infraction, qui a donné naissance à l'action en réparation, peut être soumise, soit à la cour d'assises, soit au tribunal de police simple ou correctionnelle. Ces deux hypothèses ne doivent pas être confondues.

a) La poursuite a eu lieu devant la cour d'assises : le condamné, qui a été *déclaré coupable*, ne sera plus recevable à soutenir, devant aucune juridiction, soit que le fait n'existe pas, soit qu'il ne lui est pas imputable. L'*existence* de l'infraction, sa *qualification*, la *culpabilité* de l'accusé, ce sont là trois points définitivement jugés : il ne

[1] Mais nous avons déjà dit que, d'après la jurisprudence de la chambre civile de la Cour de cassation, l'arrêt de contumace, ne pouvait avoir, au civil, force de chose jugée, tant que les délais de la prescription de la peine, ne sont pas expirés. Cass., 24 juin 1896 et 5 janv. 1898 (S. 99. 1. 129). J'ai toujours pensé que les arrêts de contumace avaient une autorité *provisoire* ou *conditionnelle*.

reste plus à la juridiction civile qu'à examiner si l'infraction a réellement causé un préjudice au demandeur et quelle est l'étendue de ce préjudice; sa compétence, même à ces deux points de vue, peut être limitée par la déclaration du jury, qui *évalue*, soit la chose qui a été l'objet de l'infraction, soit le préjudice qui est résulté de cette infraction.

L'accusé, *déclaré non coupable* par le jury, peut cependant être condamné à des dommages-intérêts, par le juge civil, à raison du fait pour lequel il a été acquitté. Cette proposition ne saurait être contestée, car elle résulte tout à la fois des textes et des principes : 1° *Des textes* : l'art. 358, C. instr. cr., autorise la cour d'assises à statuer sur les dommages-intérêts réclamés par la partie civile, même en cas d'acquittement de l'accusé : à plus forte raison, les tribunaux civils doivent-ils être investis des mêmes pouvoirs. 2° *Des principes :* en effet, le verdict du jury ne décide nullement que le fait n'existe pas ou que l'accusé n'en est pas l'auteur : il répond, par *oui* ou par *non*, à une question complexe, qui comprend à la fois l'existence du fait matériel, la perpétration de ce fait par l'accusé et la culpabilité de ce dernier. Il peut résulter simplement des termes de la déclaration du jury, en admettant même que l'accusé ait commis le fait, qu'il n'en est pas *coupable*, c'est-à-dire qu'il n'a pas agi dans une intention criminelle. Or, chacun de nous est responsable du dommage qu'il cause, non seulement par son *dol*, mais encore par sa *faute*. Le demandeur en dommages-intérêts pourra donc soutenir, devant le tribunal civil ou devant la cour d'assises, tout à la fois que le fait existe et que l'accusé en est l'auteur. Si cette double preuve est fournie, le tribunal civil ou la cour d'assises fera droit à sa demande. Tout ce que l'on peut et tout ce que l'on doit exiger, c'est que le jugement de l'action privée puisse se concilier avec la déclaration du jury sur l'action publique, et qu'il ne contredise point ce que le jury a souverainement décidé. Or, au point de vue de la chose jugée, il n'y a d'acquis que ce qui est affirmé; et ce qui est affirmé, par le verdict du jury, c'est simplement que l'accusé n'est pas coupable, au point de vue pénal, du fait qui lui a été reproché[1].

[1] Trois règles fondamentales précisent et limitent les pouvoirs de la cour d'assises dans ce cas : 1° Elle ne peut chercher la base des dommages-intérêts qu'elle accorde que dans les faits qui ont été l'objet de l'accusation; 2° Elle ne peut remettre en question aucun des faits affirmés ou déniés par la déclaration même du jury; 3° Elle doit constater que les faits matériels qu'elle relève sont imputables à faute de l'accusé. Il résulte de ces règles que lorsque la déclaration du jury a laissé subsister des faits matériels et que l'action civile trouve sa base dans ces faits, la cour d'assises peut prononcer une condamnation à des dommages-intérêts, sans contredire cette déclara-

b) Les jugements des tribunaux de police simple ou correctionnelle sont *motivés en fait* ou *en droit*, aussi bien sur la déclaration de culpabilité, que sur l'application de la peine. Les décisions motivées, ne laissant planer aucune incertitude sur les points qui ont été décidés, il sera toujours possible au tribunal civil d'apprécier ce qui a été jugé par le tribunal de répression, dans les rapports que peut avoir ce jugement avec la demande qui lui est soumise. Si donc le défendeur a été reconnu coupable par le tribunal de répression, sa culpabilité ne peut être contestée devant le tribunal civil, quel que soit le motif sur lequel est fondée la décision. Lorsque le tribunal de répression a renvoyé le prévenu de la poursuite par l'un des motifs suivants : — le fait n'existe pas; — le prévenu n'en est pas l'auteur; — le juge civil doit tenir ces propositions pour constantes, et rejeter la demande en dommages-intérêts qui ne peut avoir désormais aucun fondement[1]. Mais, a-t-on dit, les *motifs* d'un jugement ne font pas partie de ce jugement; ils en font si peu partie, que la juridiction d'appel peut ne pas adopter les motifs des premiers juges, tout en acceptant leur jugement. Or l'autorité de la chose jugée se restreignant au *dispositif* d'une décision, le juge civil doit être libre d'apprécier la demande en dommages-intérêts, sans avoir à tenir compte des considérations sur lesquelles les premiers juges ont fondé le renvoi d'instance du prévenu[2]. Cette objection n'a pas de portée. En effet, les juges de simple police ou de police correctionnelle sont appelés à statuer tout à la fois sur le fait et sur l'application de la peine : les déclarations qui décident les questions de fait, desquelles dépendent l'acquittement ou la condamnation, ne peuvent être considérées comme de *simples motifs*

tion. La Cour de cassation applique cette doctrine dans un grand nombre d'hypothèses, par exemple, en matière d'homicide volontaire, d'homicide commis dans un duel, de recel d'objets volés, de faux, etc. On consultera sur la question : Ortolan, *Acquittement pénal, condamnation civile* (*Revue pratique*, t. XVII, p. 385); Eyssautier (*Revue pratique*, t. XVIII, p. 5); Beudant, *Influence du criminel sur le civil* (*Revue critique*, 1864, t. XXIV, p. 492). Ces divers articles ont été publiés à propos de la célèbre affaire Armand. V. Cass., 7 mai 1864 (S. 64. 1. 508) et la note de M. Labbé. Comp. : Lefranc de Panthou (*Revue pratique*, 1873, t. XXXV, p. 370); Cass., 24 mars 1891 (D. 93. 1. 585).

1 Ce n'est qu'exceptionnellement que l'acquittement fait obstacle à une action en dommages-intérêts. Voy. note de M. Planiol sous Cass. req., 18 mars 1907 (D. 1907. 1. 201).

2 Comp., pour le développement de cette objection : Villey, p. 450, qui prétend que, dans aucun cas, le jugement qui prononce le renvoi du prévenu ne peut exercer d'influence au civil. En sens contraire : Bertauld, *Questions préjudicielles*, n° 94; Hoffman, *op. cit.*, t. Ier, n° 162. Voy. Cass., 10 janv. 1877 (D. 77. 1. 197); 9 janv. 1877 (D. 79. 1, 475); 25 oct. 1892 (D. 92. 1. 513); Cass. civ., 28 janv. 1905 (D. 1905. 1. 406). Comp. note dans D. 99. 1. 665.

du jugement, pas plus qu'on ne pourrait considérer les *déclarations du jury* comme de simples *motifs* des ordonnances d'acquittement ou des arrêts de condamnation ou d'absolution. En réalité, les déclarations d'un jugement correctionnel ou de police sur la culpabilité du prévenu font partie intégrante du dispositif de ce jugement, comme le verdict du jury fait partie intégrante de l'ordonnance d'acquittement du président ou de l'arrêt de condamnation ou d'absolution de la cour d'assises.

Si le tribunal de répression a simplement déclaré que le prévenu a agi *sans intention*, et que celui-ci ne soit renvoyé de la poursuite que pour ce motif, le tribunal civil pourra certainement le condamner à des dommages-intérêts, comme il pourrait le condamner, si le prévenu était renvoyé de toute poursuite pour *insuffisance de preuve*, ou parce que le fait *n'est pas prévu par la loi pénale*. Ainsi, un jugement du tribunal correctionnel, relaxant le prévenu d'une poursuite dirigée contre lui pour *escroquerie* ou *abus de confiance*, par ce motif que les faits imputés ne réunissent par les caractères de ce délit, n'empêche pas que ces mêmes faits puissent être articulés et établis, devant la juridiction civile, à l'appui, soit d'une demande en dommages-intérêts, soit d'une demande en nullité de convention pour dol.

II. Je viens d'examiner, dans ses rapports avec l'action en dommages-intérêts, l'autorité du jugement rendu au criminel; mais cette autorité s'étend, non seulement à l'action en réparation, mais aux autres actions civiles qui peuvent naître de l'infraction, par exemple, à l'action en séparation de corps ou en désaveu, fondée sur l'adultère, à l'action en nullité du mariage, fondée sur la bigamie, à l'action en nullité de convention, fondée sur une escroquerie, etc. Si la constatation des faits, qui donnent ouverture à une action de cette espèce, résulte certainement et nécessairement d'un jugement criminel, la partie, qui fonde son action sur ces faits, est dispensée de les prouver, et le juge civil est obligé de les tenir pour constants.

Nous trouvons, dans la loi, des applications de cette régle. J'en cite deux : *a*) L'art. 463, C. instr. cr., porte que, « *lorsque des actes authentiques auront été déclarés faux en tout ou en partie, la cour ou le tribunal qui aura connu du faux, ordonnera qu'ils soient rétablis, rayés ou réformés, et du tout il sera dressé procès-verbal* ». Je crois pouvoir conclure de cette disposition, que la condamnation pour faux en écriture établit l'existence du faux, non seulement contre le condamné, mais encore contre les tiers. Ainsi, lorsque l'accusé a été condamné pour avoir fabriqué un faux testament, la pièce doit désormais être tenue pour fausse vis-à-vis de tous; elle ne peut plus être invoquée par les légataires, bien qu'ils n'aient pas été appelés au débat [1]. A l'inverse, l'acquittement de l'accusé, poursuivi pour fabrication d'un faux testament, impliquant seulement la négation de l'intention criminelle de l'accusé, sans rien décider, quant à la vérité du testament, n'empêche pas que toute personne intéressée puisse soutenir, devant les tribunaux civils, la fausseté de cette pièce. *b*) L'arrêt qui condamne un accusé pour avoir altéré ou détruit la preuve d'un mariage légalement célébré, en constate l'existence, au regard de toutes les parties intéressées, qu'elles aient ou qu'elles n'aient pas figuré dans l'instance criminelle, car, aux termes de l'art. 198, C. civ., l'inscription de cet arrêt sur les registres de l'état civil assure au mariage, à compter du jour de sa célébration, tous les effets civils, tant à l'égard des époux, qu'à l'égard des enfants, issus du mariage. Or, si les parties, qui ont figuré dans l'instance, étaient les seules à pouvoir invoquer cet arrêt, il eût été inutile d'ordonner qu'il fût inscrit sur les registres de l'état civil, car les parties peuvent toujours, indépendamment de toute inscription, en obtenir une expédition.

524. Conclusion. — En résumé, pour résoudre la difficile question de savoir quelle est l'autorité de la chose jugée au criminel, sur les intérêts civils, je crois qu'il faut écarter tout à la fois les systèmes qui exagèrent et ceux qui restreignent cette autorité.

I. Ce serait l'exagérer que d'étendre cette autorité au delà de ce qui a été *nécessairement* et *certainement* décidé par le juge criminel, c'est-à-dire l'existence du fait matériel, sa qualification, la culpabilité du condamné. Il ne faudrait pas l'appliquer, en effet, à toutes les questions, considérées isolément du délit, qui ont été tranchées, d'une manière expresse ou implicite, dans le but de statuer sur le fond même du procès. C'est par application de cette distinction que la solution des questions soulevées accessoirement ou incidemment devant les tribunaux de répression n'a pas, au civil, l'autorité de la chose jugée : par exemple, le jugement ou l'arrêt qui condamne pour parricide ou pour banqueroute n'établit pas, avec l'autorité de la chose jugée, la filiation du parricide ou la faillite du banqueroutier [2].

II. Ce serait restreindre cette autorité que de donner effet au jugement criminel par rapport seulement aux *personnes* qui y ont été parties. La chose jugée au criminel a une autorité absolue, *erga omnes* : elle lie les juges civils qui ne peuvent contredire directement

[1] La jurisprudence est en sens contraire : Cass., 28 déc. 1849 (D. 50. 1. 54; S. 50. 1. 404); 24 janv. 1850 (D. 50. 1. 55).

[2] Voy. Cass. req., 26 oct. 1891 (D. 92. 1. 561) et le rapport de M. le conseiller Lardenois.

ce qui a été nécessairement et certainement décidé. Les personnes civilement responsables, les parties civiles, qui n'ont pas été assignées, ou qui ne sont pas intervenues devant le tribunal de répression, sont liées par la décision dans la mesure de ce qui a été jugé[1].

[1] A ce point de vue cependant et quant au caractère absolu de la chose jugée au criminel, bien des réserves peuvent être faites. L'action née du délit au profit de la personne lésée, dite *action civile*, est liée à l'action publique au point de vue de la chose jugée, comme au point de vue de la prescription. Par suite, la chose jugée au criminel est opposable à la partie civile comme elle lui profite en ce qui concerne la réparation du préjudice. Mais en est-il de même, soit en ce qui concerne les autres intérêts civils qui dépendent du délit, soit en ce qui concerne les personnes autres que la partie civile et notamment les personnes civilement responsables ? Voy. notamment sur les difficultés : Trib. de la Seine, 5 mars 1890 (D. 91. 3. 7); Trib. de la Seine, 14 janv. 1891 (D. 93. 2. 57) et conclusions de M. le substitut Bomboy. On lira avec intérêt sur cette question le travail de M. Louis de Combe, *Les tiers et l'autorité de la chose jugée par les tribunaux de répression* (Lyon, 1898).

CHAPITRE II

DE L'ÉXÉCUTION DE LA SENTENCE.

---

§ V. — DE L'EXÉCUTION DES SENTENCES PORTANT RENVOI D'INSTANCE.

525. Sentence de relaxe. — Une sentence, qui prononce un renvoi d'instance, n'a besoin d'être exécutée que si le prévenu ou l'accusé est en état de détention préventive : c'est au ministère public à faire mettre celui-ci en liberté, à moins qu'il ne soit *légalement* détenu pour une autre cause (C. instr. cr., art. 197 et 358). Mais, pour savoir à quel moment la mise en liberté peut être ordonnée, il faut distinguer : 1° quand il s'agit d'une ordonnance de non-lieu, le prévenu doit garder prison jusqu'à ce qu'il ait été statué sur l'opposition et, dans tous les cas, jusqu'à l'expiration du délai ordinaire d'opposition (C. instr. cr., art. 135, § 8); 2° quand il s'agit d'un arrêt de non-lieu, le prévenu doit être mis en liberté sur-le-champ, nonobstant tout pourvoi en cassation (C. instr. cr., art. 229); 3° quand il s'agit d'une ordonnance d'acquittement en cour d'assises, comme cette ordonnance n'est susceptible d'aucun pourvoi utile, la mise en liberté a lieu immédiatement sur l'ordre du président (C. instr. cr., art. 358); 4° quand il s'agit d'un arrêt d'absolution de la cour d'assises, il est sursis à la mise en liberté pendant le délai du pourvoi, ou la procédure du pourvoi s'il en a été formé (C. instr. cr., art. 373); 5° quand il s'agit d'un jugement de relaxe du tribunal correctionnel, la mise en liberté doit être ordonnée de suite, bien que le jugement puisse être utilement frappé d'appel (C. inst. cr., art. 206); 6° quand il s'agit d'une condamnation avec sursis, le condamné peut être maintenu en détention jusqu'à sa comparution devant la cour d'appel[1].

[1] Voy. *suprà*, p. 502 et note 2. *Adde*, Cass. crim., 27 nov. 1908 (*Gaz. des Trib.*, 18 déc. 1908).

§ VI. — DE L'EXÉCUTION DES SENTENCES PORTANT CONDAMNATION.

526. Deux catégories de sentences à ce point de vue. — 527. Règles générales de l'exécution des peines. — 528. Règles spéciales sur l'exécution de la peine de mort. — 529. Règles spéciales sur l'exécution des peines privatives de liberté. — 530. Division. — 531. Point de départ de l'exécution et de la durée des peines privatives de liberté. Distinction. — 532. Le condamné est en liberté. — 533. Le condamné est en prison. Distinction. De l'imputation de la détention préventive. Loi du 15 nov. 1892. — 534. Période de la détention préventive avant la condamnation. — 535. Période de la détention préventive suivant la condamnation. — 536. Calcul du délai des peines privatives de liberté. — 537. Règles spéciales sur l'exécution des condamnations pécuniaires. — 538. Hypothèque et privilège. — 539. Solidarité. — 540. Contrainte par corps. — 541. Du point de départ et de la durée des peines privatives de droits. Peines correctionnelles. Peines criminelles.

526. Des condamnations qui produisent leur effet sans aucun acte d'exécution. — Parmi les condamnations, il en est de deux catégories : celles qui doivent être *matériellement exécutées*, pour produire leurs effets propres : telles sont les condamnations à des peines *corporelles*, à des peines *privatives de liberté*, à des peines *pécuniaires*, à des *restitutions* et *dommages-intérêts*; et celles qui produisent leurs effets de *plein droit*, dès que la sentence a acquis l'autorité de la chose jugée : telles sont les *incapacités* et *déchéances de droits*. Je traiterai successivement des unes et des autres, après avoir posé les règles générales qui gouvernent cette matière.

527. Des règles générales sur l'exécution des peines. — Les règles suivantes dominent l'exécution des peines.

I. Nulle peine ne peut être infligée, ni subie en France, qu'en vertu d'un arrêt ou d'un jugement irrévocable, émanant d'un tribunal français et ayant acquis autorité de chose jugée par l'expiration des délais accordés pour se pourvoir, ou par l'épuisement de toutes les voies de recours. C'est là un principe fondamental qui doit être appliqué toutes les fois du moins que la loi n'y fait pas exception (C. p., art. 23 et 28; C. instr., art. 173, 203, 373).

II. Le droit de faire exécuter la condamnation pénale ne rentre pas dans la mission de la juridiction qui a rendu la décision, mais dans celle du ministère public. C'est à lui seul qu'il appartient de prescrire le *mode*, le *moment* et les *mesures* d'exécution des peines, à la charge de se conformer aux dispositions de la loi et du jugement de condamnation (C. instr. cr., art. 165, 197, 276).

III. Mais le ministère public, qui fait exécuter ainsi les décisions rendues à sa requête, comme un plaideur le jugement qui lui attribue le gain du procès, n'est, pas plus qu'un plaideur ordinaire, investi du pouvoir de résoudre *lui-même*, les incidents qui sont soulevés par le condamné à propos de cette exécution. Si celui-ci prétend que la décision prise à son égard par le ministère public n'est pas conforme aux prescriptions de la loi, ou aux dispositions du jugement de condamnation, la question prend un caractère *contentieux*. Mais à quel tribunal faudra-t-il s'adresser pour la résoudre ? Par analogie de ce qui a lieu en matière civile (C. proc. civ., art. 472 et 554), la jurisprudence décide qu'il faut porter le débat devant la juridiction qui a prononcé la condamnation, sauf, s'il y a urgence, à faire ordonner par le tribunal correctionnel du lieu de l'exécution des mesures provisoires. Certains auteurs ont proposé, dans tous les cas, le tribunal correctionnel, d'autres, le tribunal civil.

IV. L'exécution d'une peine a lieu, soit *réellement*, soit *par effigie*. Dans notre ancien droit, où l'action de la justice demeurait secrète tant que durait la procédure, une grande publicité entourait, au contraire, l'exécution. Ainsi, les condamnés, qui parvenaient à se soustraire, par la fuite, à la peine de mort, étaient exécutés figurativement (*per effigiem*), au moyen d'une représentation du supplice prononcé par la sentence qu'ils avaient encourue. Les autres condamnations s'exécutaient et étaient rendues publiques au moyen d'un écriteau, portant un extrait du jugement, que l'exécuteur des arrêts criminels suspendait à un poteau sur la place publique. Ce dernier mode d'exécution fut consacré, pour toutes les condamnations par coutumace qui prononçaient des peines criminelles, par la législation intermédiaire et par le Code d'instruction criminelle. Mais, en 1849, une certaine émotion populaire s'étant manifestée, à Paris, lors de l'exécution par effigie d'arrêts de condamnation rendus en matière politique, une loi du 2 janvier 1850 modifia l'art. 472, C. instr. cr. Aux termes de ce texte, l'exécution a lieu aujourd'hui par de simples *modes de publicité*, à savoir : l'insertion d'un extrait de l'arrêt dans un des journaux du département du dernier domicile du condamné, et par trois affiches qui doivent être apposées : 1° à la porte du dernier domicile du condamné; 2° à celle de la maison commune du chef-lieu d'arrondissement; 3° à celle du prétoire de la cour d'assises. Les effets, qui étaient antérieurement attachés à l'exécution par effigie, sont désormais produits par l'accomplissement de ces formalités et à la date du dernier des trois procès-verbaux constatant l'affichage.

528. Des règles spéciales sur l'exécution de la peine de mort. — L'art. 375, C. instr. cr., porte que l'exécution des arrêts de mort aura lieu dans les vingt-quatre heures qui suivront le moment où ils seront devenus définitifs. Mais ce texte n'est pas appliqué. Les instructions de la chancellerie font un devoir aux procureurs généraux, d'adresser, sur chaque condamnation capitale, un mémoire, qui est soumis, par le garde des sceaux, avec son rapport, au chef de l'État. L'exécution n'a lieu qu'après une décision du président de la République l'autorisant [1]. Aux termes de l'art. 12, C. p., le mode d'exécution ordinaire est la décapitation [2]. Si la condamnation émane d'un conseil de guerre, le condamné est fusillé.

La mort n'est jamais aggravée par des tortures. Mais, pour un crime, le *parricide*, la loi ajoute au dernier supplice un certain appareil : le coupable, condamné à mort, est conduit, sur le lieu de l'exécution, en chemise, nu-pieds, et la tête couverte d'un voile noir [3]. Il est exposé sur l'échafaud, pendant qu'un huissier fait au peuple lecture de l'arrêt de condamnation, et il est immédiatement exécuté à mort (C. p., art. 13). Sous l'empire du Code pénal de 1810, le parricide devait même avoir le poing coupé, avant d'être mis à mort; la loi du 28 avril 1832 a supprimé cette mutilation inutile et barbare.

Aux termes de l'art. 26, C. p., l'exécution *se fera sur l'une des places publiques du lieu qui sera indiqué par l'arrêt de condamnation.* Trois règles résultent de cette disposition : 1° L'arrêt de condamnation désigne la commune où doit avoir lieu l'exécution; tantôt, c'est la commune où le crime a été commis; le plus souvent, la commune où l'arrêt est prononcé [4]. La chancellerie prescrit même aux magistrats du ministère public de demander formellement, lorsqu'ils requièrent l'application de la peine de mort, que le châtiment soit subi sur une des places publiques de la ville où la condamnation est prononcée. Ce serait, du reste, dans cette commune, que devrait se faire l'exécution, si l'arrêt de la cour d'assises était muet sur la question. Cette omission, qui ne serait pas un motif de cassation de l'arrêt, puisque la dé-

[1] C'est, en réalité, la disposition de l'édit de 1788, que la pratique a reprise de nos jours. Comp. : Esmein, *op. cit.*, p. 403.

[2] L'instrument de supplice est la guillotine, du nom du docteur Guillotin, son inventeur (D. 20-25 mars 1792). Les trois procédés les plus employés d'exécution à mort sont, par ordre d'importance : la pendaison, la strangulation, la décapitation.

[3] On a souvent demandé la suppression de cet appareil spécial (Comp. : Chauveau et Hélie, t. Ier, n° 67; Bertauld, p. 237), réforme réalisée par le Code pénal belge de 1867. Le projet de loi sur l'exécution de la peine de mort, dont je parle plus loin, en propose la suppression.

[4] Chauveau et Hélie (t. Ier, p. 257), pensent que la cour d'assises ne peut désigner que l'une des communes de l'arrondissement où le crime a été commis, ou le lieu du jugement. En sens contraire : Cass., 23 déc. 1826 (S. 26. 1. 489). Cette dernière solution me paraît plus exacte.

signation de la commune où l'exécution doit être faite, n'est pas prescrite à peine de nullité par l'art. 26, C. p., ne pourrait être suppléée, ni par un arrêt postérieur de la cour d'assises, qui est complètement dessaisie [1], ni par le procureur général, qui n'a d'autre mission que celle de faire exécuter la condamnation. 2° La cour d'assises a seulement le droit de désigner la commune où aura lieu l'exécution ; mais le choix de la place publique, où doit être dressé l'échafaud, étant une mesure de police, appartient à l'autorité municipale [2]. 3° L'exécution se fait nécessairement sur une *place publique*. Du reste, il existe, depuis quelque temps, un mouvement très accentué contre la publicité des exécutions capitales. Ce mouvement a eu un double résultat. En fait, dans la pratique, on applique la loi, dans sa lettre, plutôt que dans son esprit, en rendant la publicité aussi peu effective que possible [3]. En droit, plusieurs pays, notamment l'Angleterre, l'Allemagne, la Suède, une partie des États-Unis d'Amérique ont substitué, à l'exécution sur une place publique, l'exécution dans l'enceinte de la prison [4].

Il est défendu d'exécuter les condamnations à mort les jours de fêtes nationales ou religieuses et les dimanches (C. p., art. 25). Si une femme condamnée à mort se déclare, et s'il est vérifié qu'elle est enceinte, elle ne subira la peine qu'après sa délivrance (C. p., art. 27). La loi du 23 germinal an III, dont la disposition n'a pas été reproduite par le Code pénal, ordonnait même qu'une femme enceinte ne fût pas mise en jugement.

Le corps du supplicié, autrefois jeté à la voirie, est aujourd'hui

[1] Comp. : Cass., 3 août 1843 (S. 43. 1. 743).

[2] Cass., 30 août 1883 (*B. cr.*, n° 229); 25 août 1887 (*B. cr.*, n° 321); 16 avr. 1891 (*B. cr.*, n° 88).

[3] Comp. : Ortolan, t. II, n° 3295.

[4] C'est la disposition principale d'un projet de loi, proposé sous le ministère Dufaure et déposé sur le bureau de la Chambre le 20 mars 1879 (*Exposé des motifs* et *texte* : *Journal officiel* du 3 avr. 1879). La publicité des exécutions à mort ayant été ordonnée tout à la fois à titre d'exemple et à titre de garantie, ne se privet-on pas, en la supprimant, de ce double avantage? V. la réponse à cette objection dans l'exposé des motifs du projet de loi. M. Bardoux a saisi le Sénat, dans sa séance du 10 juin 1884, d'une proposition de loi analogue, sur laquelle la Cour de cassation, les cours d'appel et les procureurs généraux ont été appelés à donner leur avis. Cfr. *Journal de droit criminel*, art. 9001, 9053, 10419. V. mon *Traité*, t. II, n° 29. Ce projet a été repris et voté par le Sénat, en 1894, mais il a été repoussé par la Chambre dans la séance du 15 juin 1894. De nouveau repris le 5 juillet 1898 par M. Strauss et voté le 5 décembre, il a été transmis à la Chambre des députés et a été l'objet d'un rapport de M. Castillard (*Rev. pénit.*, 1898, p. 1323 ; 1899, p. 887 ; 1900, p. 723). La suppression de la publicité des exécutions capitales, sera la conséquence de la difficulté de trouver à Paris un lieu d'exécution.

rendu à la famille, si elle le réclame, à la charge, par elle, de le faire inhumer sans aucun appareil (C. p., art. 14). La loi ne prétend pas éloigner le ministre du culte, interdire les cérémonies religieuses qui accompagnent d'ordinaire les inhumations, mais elle ne veut pas de la pompe d'un convoi qui pourrait être une protestation scandaleuse contre la sentence et son exécution.

529. Règles spéciales sur l'exécution des peines privatives ou restrictives de liberté. — Les peines privatives de liberté s'exécutent à la requête du ministère public, mais le fait de l'exécution appartient à l'autorité administrative. Aussi, toute incarcération, comme toute mise en liberté d'un prisonnier, se constate sur un registre à ce destiné (C. instr. cr., art. 608 à 609). Cet acte constitue la prise en charge du détenu par l'administration ou la décharge qui lui en est donnée.

530. Les deux questions a résoudre. — La loi doit déterminer, mais en ce qui concerne les peines *temporaires* seulement, soit le *point de départ de l'exécution et de la durée* des peines privatives de liberté, soit le *mode de calcul du délai* après lequel ces peines cessent d'être subies.

531. Point de départ de l'exécution et de la durée des peines privatives de liberté. — Cette matière est réglée par les art. 23 et 24, C. pén., modifiés par une loi du 15 novembre 1892, sur l'imputation de la détention préventive[1].

Pour fixer le point de départ des peines privatives de liberté, il faut distinguer suivant que le condamné est en liberté ou en prison au moment de la condamnation.

532. Première hypothèse : le prévenu est en liberté. — C'est le nouvel art. 23 qui règle la question. Le texte ancien datait de la revision de 1832, et posait ce principe général : « La durée des peines temporaires comptera du jour où la condamnation sera devenue irrévocable ». Cette

[1] Cette loi est due à l'initiative parlementaire. Elle comprend trois articles. Le premier abroge les art. 23 et 24, C. p., et les remplace par les dispositions nouvelles rapportées dans le texte. L'art. 2 décide que la loi n'a pas d'effet rétroactif, et l'art. 3 l'applique à l'Algérie et aux colonies. Pour la bibliographie : H. Capitant, *Des moyens de remédier aux inconvénients de la détention préventive*, Grenoble, 1893; G. Vidal, *Etude sur l'imputation de la détention préventive et la loi du 15 nov. 1892*, Paris, 1893; E. Mesnard, *De l'imputation de la détention préventive*, Paris, 1893; A. Lasserre et G. Villanova, *De l'imputation de la détention préventive*, Paris, 1893.

règle, logique, établissait, d'une façon invariable, le point de départ de la peine. Aussi ne méritait-elle pas les reproches qu'on lui a adressés[1]. Il est vrai que l'art. 23 supposait que le condamné était sous la main de justice et ne prévoyait pas deux autres situations possibles : celle où le condamné n'était pas détenu, et celle où il subissait déjà une autre peine au moment de sa condamnation. Mais, dans ces deux cas, la solution ne pouvait être douteuse. Si l'individu était encore en liberté, la peine ne commençait à courir qu'au moment où elle s'exécutait; s'il purgeait une condamnation antérieure, la nouvelle condamnation ne pouvait évidemment s'exécuter qu'autant que la première était terminée. Le texte actuel est ainsi conçu : « La durée de « toute peine privative de liberté compte du jour où le condamné est « détenu, en vertu de la condamnation irrévocable, qui prononce la « peine ». Il s'applique à toutes les peines privatives de liberté et ne distingue plus entre les peines perpétuelles et les peines temporaires. C'est une modification inutile; c'est même une modification malheureuse, car, pour les peines perpétuelles, le point de départ est toujours fixé au moment où la condamnation est devenue irrévocable, quand même l'individu se serait évadé immédiatement après la condamnation, quand même aussi il purgerait une condamnation antérieure. La question présente un certain intérêt pour déterminer le point de départ de l'interdiction légale (C. p., art. 29; L. 31 mai 1854, art. 3)[2].

533. Seconde hypothèse : le prévenu est en prison. — Une nouvelle distinction s'impose : ou bien il subit une peine précédente, ou bien il est en état de détention préventive.

I. Si le condamné subit une peine précédente, il faut attendre la fin de cette peine pour exécuter la nouvelle condamnation, et la nouvelle peine ne commencera encore que du jour où l'incarcération aura lieu en vertu de cette condamnation devenue irrévocable (C. p., art. 23).

II. S'il est en état de détention préventive, la durée intégrale de cette détention, qui a précédé l'irrévocabilité de la condamnation, s'impute, *de plein droit*, sur la durée de la peine criminelle ou correctionnelle à subir, qu'elle diminue d'autant. C'est sur ce point que porte l'inno-

[1] M. Morellet, dans son rapport au Sénat, a prétendu que l'art. 23 « était manifestement inexact ».

[2] Le condamné aux travaux forcés est en état d'interdiction légale pendant la durée de sa peine (C. p., art. 29). Si on consultait le nouvel art. 23, l'interdiction légale ne le frapperait qu'à partir du jour où il serait détenu en vertu de cette condamnation, puisque c'est de ce jour seulement que commence la durée de la peine. Cette solution ne serait pas exacte puisque l'individu qui s'est évadé ou qui subit une autre peine est en état d'interdiction légale.

vation capitale de la loi de 1892 et du nouvel art. 24 qui la contient.

Le Code pénal de 1810 ne tenait aucun compte de l'emprisonnement préventif, et l'ancien art. 23, qui fixait le point de départ des travaux forcés à temps et de la réclusion, déclarait que la durée de ces peines comptait à partir du jour de l'exposition du condamné. Quant à l'emprisonnement correctionnel, le Code de 1810 ne renfermait aucune disposition spéciale; mais il était de jurisprudence que la peine ne pouvait commencer à courir qu'autant que la condamnation était devenue définitive. La loi du 28 avril 1832 fixa d'abord, d'une façon expresse, le point de départ des peines temporaires, en décidant que leur durée compterait du jour où la condamnation serait devenue irrévocable. C'était exclure toute imputation de la détention préventive sur la durée de la peine. Toutefois, la loi faisait, au système de l'imputation, une concession, quant à *l'emprisonnement correctionnel*. L'art. 24, modifié en 1832, supposait que le condamné à l'emprisonnement se trouvait en état de détention préventive au moment de sa condamnation, et distinguait, suivant qu'il avait accepté la sentence prononcée contre lui, auquel cas la détention qui avait suivi le jugement était imputée sur la peine, ou suivant qu'il l'avait, au contraire, contestée et attaquée, soit par la voie de l'appel, soit devant la Cour de cassation. C'était alors le résultat de son recours qui montrait s'il avait eu tort ou raison de prolonger la durée du procès. Ces distinctions, consacrées par le texte de l'art. 24, donnaient lieu à d'assez nombreuses difficultés d'interprétation, que nous allons retrouver.

Ainsi, la réforme de 1832 n'avait tenu compte que dans une bien faible mesure de la détention préventive. L'imputation n'avait lieu qu'autant qu'il s'agissait d'une *condamnation à l'emprisonnement*. Et cette imputation ne pouvait s'appliquer qu'à la période de détention préventive *postérieure à la condamnation*.

L'idée sur laquelle repose l'imputation, c'est que, *en cas de condamnation*, la détention préventive est une *exécution anticipée de la peine*.

Cependant, on a longtemps hésité à admettre cette conception, en invoquant deux considérations : la crainte de donner à une mesure d'instruction et de sûreté le caractère d'une peine; l'obligation, comme contre-partie, d'accorder au prévenu acquitté une action en dommages-intérêts[1]. Mais ce sont là des scrupules, et l'on comprend

[1] Dès 1832, ces objections avaient été faites. La réforme, écartée alors, fut, de nouveau, demandée en 1865, lors de la discussion de la loi sur la liberté provisoire. « Malgré l'équité de la proposition, disait le rapporteur, M. Mathieu, la commission n'a pas cru pouvoir s'y associer ». Et il répétait les objections déjà faites.

difficilement qu'ils aient suffi pour arrêter, pendant si longtemps, une réforme que les Codes étrangers avaient presque tous réalisée.

On trouve, du reste, dans les législations qui admettent l'imputation, des conceptions différentes sur le *régime* et sur l'*étendue d'application* de cette institution[1].

1° Au point de vue du régime, deux systèmes principaux se partagent le droit positif : celui de l'*imputation légale*, celui de l'*imputation judiciaire*. On peut d'abord faire de l'imputation une règle absolue et décider que le temps de détention préventive devra, dans tous les cas, être précompté sur la durée de la peine, sans que le juge ait à intervenir. C'est le premier système. Au contraire, on peut rendre l'imputation facultative et donner au tribunal le droit d'en tenir compte par une disposition expresse de son jugement. C'est le second système.

2° Au point de vue de l'application, les conceptions les plus variées se rencontrent. Ainsi, tantôt on décidera que l'imputation se fera sur toutes les peines; tantôt, sur les seules peines privatives de liberté; tantôt, on ne tiendra compte de cette détention qu'autant que le prévenu aura été condamné à l'emprisonnement. Il y a donc des systèmes extensifs et des systèmes restrictifs.

Dans le système de la loi de 1892, toutes les fois qu'il y aura détention préventive, la durée de cette détention se déduira intégralement de la durée de toute peine privative de liberté, prononcée par la condamnation, sauf disposition contraire, spéciale et motivée, du jugement. — Ainsi, quant au *régime*, l'imputation est *légale*, mais il est permis au juge de l'écarter, pourvu qu'il motive spécialement sa décision. — Quant à l'*application*, la détention préventive s'impute sur *toutes les peines privatives de liberté*, quelles qu'elles soient, mais sur ces peines privatives de liberté seulement. La loi du 2 avril 1901, modifiant l'art. 200, C. just. mil., a appliqué le principe de l'impu-

[1] Les législations les plus libérales sont le Code pénal italien et le Code pénal belge. L'art. 40, C. pén. ital., décide que l'incarcération subie avant que la sentence soit devenue irrévocable, se déduit de la peine temporaire restrictive de la liberté individuelle. En ce qui concerne le confinement, un jour d'incarcération comptera pour trois jours de cette peine. Enfin, en ce qui concerne l'amende, la déduction du temps de détention préalable s'opère suivant une proportion établie dans l'art. 19 (un jour de détention par dix francs d'amende). D'après le Code pénal belge (art. 30), l'imputation est également obligatoire, mais elle ne se produit que sur les peines privatives de liberté et non sur les condamnations à l'amende (Comp. Haus, *op. cit.*, t. II, p. 20). Dans d'autres législations, l'imputation sur les seules peines privatives de liberté est simplement facultative. — Voy. C. pén. allemand, § 65; C. pén. hongrois, § 94; C. pén. des Pays-Bas, § 27. — Sur ces divers systèmes : Rapport de M. Graux à la Chambre, 29 oct. 1892, *Journ. off.*, Annexes, n° 2378. Voy. proposition de loi Clémenceau, *Rev. pénit.*, 1905, p. 363.

tation aux peines des travaux forcés, déportation, détention, réclusion, bannissement, travaux publics, et d'emprisonnement prononcées par les tribunaux militaires. Les conditions de cette imputation sont les mêmes que celles édictées par la loi du 15 nov. 1892. Une loi du 9 avril 1895, modifiant l'art. 258, C. just. marit., avait déjà édicté des règles identiques pour les mêmes peines prononcées par des tribunaux maritimes quelconques.

La solution consacrée par la loi de 1892 ne se rattache ainsi à aucun des différents modes d'imputation admis par les législations étrangères. C'est une solution intermédiaire.

Le nouvel art. 24 contient du reste un deuxième paragraphe, qui a été ajouté après coup[1], et qui prévoit spécialement les deux hypothèses sur lesquelles statuait l'ancien texte. Il s'agit de la période de l'emprisonnement préalable qui commence au moment où la condamnation a été prononcée et dure jusqu'à ce qu'elle soit devenue définitive. Pour cette partie de l'incarcération, l'imputation devra obligatoirement s'opérer, *sans que le juge puisse l'écarter*, dans deux cas : 1° si le condamné n'a point exercé de recours contre le jugement ou l'arrêt; 2° si, ayant exercé un recours, sa peine a été réduite sur son appel ou à la suite de son pourvoi.

Mais, dans les autres cas, c'est-à-dire quand le condamné a succombé, l'imputation a-t-elle lieu de plein droit, avec faculté pour le juge de l'écarter? Telle est la première difficulté à laquelle a donné lieu l'interprétation de la loi, et dont l'origine est moins dans le texte du nouvel art. 24 que dans les travaux préparatoires.

Ceux qui se sont laissés guider par le rapport de M. Graux à la Chambre des députés[2], ont soutenu que la réforme de l'art. 24 se réduisait à l'imputation de la première période de la détention préventive et que, par conséquent, pour la deuxième période, cette imputation était légalement refusée, comme auparavant, au condamné qui échouait dans sa voie de recours[3]. Ceux qui ont pris pour guide le rapport de M. Morellet au Sénat[4], ont pensé que la cour d'appel était investie, même à l'égard de la seconde période de la détention préventive, du même pouvoir d'appréciation que pour la première, sauf les deux cas où l'imputation ne peut être enlevée[5]. De ces deux opi-

[1] Par le Sénat, sur un amendement de M. Casabianca, motivé sur ce que, en étendant dans la plus large mesure le principe de l'imputation, le législateur de 1892 ne pouvait songer à revenir en arrière de la loi de 1832.

[2] Chambre, *Doc. parl.*, p. 2237, col. 3.

[3] *Sic*, Mesnard, nos 18, 19 et 45; Lasserre et Villanova, p. 48.

[4] Rapport supplémentaire, Sénat, *Débats parlementaires*, p. 129, col. 1 et 2.

[5] *Sic*, Vidal, p. 68; Capitant, nos 22 *bis*, 23.

nions, la seconde est conforme au texte qui pose le principe de l'imputation légale et intégrale, sous réserve du droit du juge, et qui n'écarte cette réserve que dans les deux cas exceptés. C'est celle qui devait prévaloir et qui a prévalu en jurisprudence [1].

Il faut donc distinguer, pour appliquer le principe de l'imputation, les deux périodes de la détention préventive : celle qui précède la condamnation, celle qui la suit.

534. Imputation, sur la peine, de la détention préventive qui précède la condamnation. — Dans la première période, trois règles doivent être posées.

I. L'imputation se fait sur « toute peine privative de liberté ». La loi française repousse donc, soit le système extensif qui applique l'imputation, non seulement sur la durée des peines privatives de liberté, mais sur la durée des peines restrictives et sur la condamnation à l'amende [2], soit le système restrictif qui restreint l'imputation à l'emprisonnement correctionnel.

II. La loi adopte un système moyen entre le régime de l'imputation obligatoire et celui de l'imputation facultative. En principe, en effet, l'imputation est légale et intégrale : *légale*, c'est-à-dire accordée directement par la loi ; *intégrale*, c'est-à-dire accordée pour le tout. Il est cependant permis aux tribunaux de modifier ce double caractère de l'imputation, c'est-à-dire de l'écarter pour le tout, ou de l'écarter pour partie.

Mais, s'ils ne l'ont pas fait, l'imputation légale et intégrale devient la conséquence de leur jugement. De plus, les tribunaux ne peuvent retirer le bénéfice de l'imputation que par décision spéciale et motivée. Pour bien marquer sa pensée à cet égard, la loi, dit aux magistrats, non point : « *Vous pourrez imputer* », mais bien : « *Vous pourrez ne point imputer* ». Elle pose, comme règle, l'imputation intégrale de la détention préventive sur toute peine emportant privation de liberté, et, si elle laisse la faculté aux tribunaux d'écarter cette règle, c'est du moins en les obligeant, quand ils croiront devoir y déroger, à faire, de cette dérogation totale ou partielle, l'objet d'une disposition spéciale et motivée du jugement ou de l'arrêt [3]. Dans le cas où l'arrêt

[1] C'est le système adopté par la Cour de cassation : Cass., 18 mai 1893 (S. 93. 1. 393) ; 24 juin 1893 (S. 93. 1. 444).

[2] L'imputation ne se produit pas sur l'amende comme en Hongrie, en Russie, en Hollande, en Italie ; il n'y a, en effet, ni parité ni même analogie de nature entre les peines privatives de liberté et les peines pécuniaires.

[3] Rapport de M. Morellet au Sénat.

refuserait au condamné, sans motifs [1], l'imputation de la détention préventive, il y aurait lieu à cassation. Mais quelle en serait l'étendue? Trois solutions sont possibles et ont pu être soutenues : 1° casser uniquement l'arrêt du chef de l'imputation, mais par voie de retranchement, de sorte que l'arrêt étant annulé, le condamné jouirait de l'imputation légale et intégrale ; 2° casser encore uniquement l'arrêt du chef de l'imputation, mais avec renvoi pour être statué à nouveau sur cette question ; 3° étendre la cassation à la peine. La Cour suprême a pris ce dernier parti, « afin, dit-elle, que la cour de renvoi puisse statuer, en tout état de cause, à la fois sur la durée de la peine et sur l'imputation de la détention préventive [2] ». Il est de principe, en effet, que la cassation s'étend du chef de l'arrêt qui a fait l'objet du pourvoi aux dispositions qui sont, avec lui, indivisibles ou connexes. Or, le taux de la peine se ressent de la décision du juge sur l'imputation.

III. Quel est le temps de privation de liberté qu'il faut comprendre dans la détention préventive imputable sur la peine et pour quelle durée?

a) La privation de liberté, qui se rattache à la poursuite d'un délit ou à l'exécution d'une peine, peut résulter, soit d'une arrestation sans titre spécial (arrestation en flagrant délit, par exemple), soit d'une arrestation en vertu d'un titre spécial qui l'autorise, tel qu'un mandat d'arrêt ou de dépôt, une ordonnance de prise de corps. La Cour de cassation a pensé que l'expression « détention préventive » avait, dans la loi de 1892, un sens restreint et technique. En d'autres termes, elle ne croit devoir imputer sur la peine que le temps passé dans la maison d'arrêt ou de justice en exécution d'un mandat d'arrêt ou de dépôt, ou d'une ordonnance de prise de corps [3].

[1] La déclaration que l'imputation n'aurait pas lieu « à raison des circonstances de la cause » ne saurait être considérée comme un motif au sens de la loi : Cass., 6 juill. 1894 (S. 94. 1. 480) ; 6 août 1896 (S. 97. 1. 302). Serait également insuffisant le motif tiré de ce que le condamné appelant n'a pas justifié le mérite de son appel rejeté par la cour : Cass., 15 févr. 1902 (S. 1904. 1. 537) et la note en sens contraire de M. Roux. Voy. également : Cass., 30 mars 1905 (*B. cr.*, n° 154).

[2] Cass., 11 mars 1893 (S. 93. 1. 440). M. Vidal, *op. cit.*, p. 48, assimile la délibération du juge sur l'imputation de la détention préventive à sa délibération sur l'interdiction de séjour au cas de peine criminelle temporaire. Mais si, dans cette dernière hypothèse, la cassation ne s'étend pas à la peine prononcée, c'est que le maintien ou le rejet de l'interdiction de séjour est subordonné à des considérations indépendantes de la peine prononcée.

[3] Douai, 8 févr., Cass., 16 mars 1893 (S. 93. 2. 41 ; D. 93. 1. 216). La solution de la jurisprudence peut être contestée. Il semble, en effet, résulter des travaux préparatoires que l'on a entendu comprendre, dans la détention préventive imputable, toute privation de la liberté en dehors de la peine. Voy. Laborde, *Lois nouvelles*, 1893. 2. 66.

b) Mais c'est l'arrestation régulière et effective du condamné en vertu du titre légal qui sert de point de départ à l'imputation, et non le temps qui suit l'écrou dans la prison désignée au mandat d'arrêt ou de dépôt. En conséquence, en cas d'extradition, l'arrestation par l'autorité étrangère, sur mandat de l'autorité française, et la détention à l'étranger, jusqu'au jour où l'extradition est accordée, doivent s'imputer sur la peine prononcée par la condamnation[1].

c) L'art. 4 de la loi du 5 juin 1875 accorde une réduction du quart aux condamnés à plus de trois mois d'emprisonnement, qui exécutent leur peine dans une prison cellulaire. Et comme le régime de la séparation individuelle est appliqué de droit aux individus en état de détention préventive, on peut se demander si, au point de vue du calcul de l'imputation, il faut assimiler la détention préventive à l'emprisonnement. Ainsi, lorsqu'un condamné à quatre mois d'emprisonnement a subi trois mois de détention préventive en cellule, doit-il être immédiatement élargi? La détention préventive étant considérée comme une exécution anticipée de la peine, il y a équivalence entre les deux genres d'incarcération[2]. La réduction du quart doit donc profiter au détenu qui est condamné.

d) Au cas où l'inculpé est poursuivi pour délits différents, mais n'est condamné que pour un seul et bénéficie pour les autres d'un non-lieu ou d'un acquittement, on a soutenu que la détention préventive, pour être imputée, devait se rapporter au délit même qui a entraîné la condamnation, ou, tout au moins, qu'il devait y avoir communauté d'instruction et de mandat pour ces divers délits. Mais la jurisprudence n'est pas entrée dans cette voie : elle décide que la détention préventive doit être imputée sur toute condamnation intervenant au cours de cette détention, puisque la mesure est rétroactivement considérée comme une exécution anticipée de la peine[3].

535. Imputation sur la peine de la détention préventive qui suit la condamnation. — Après la condamnation à une peine privative de liberté, s'ouvre une nouvelle période de détention préventive,

[1] La question a été résolue en ce sens par le rapporteur à la Chambre des députés, M. Graux : « La détention subie en pays étranger, par suite d'une arrestation opérée en vertu d'un traité d'extradition, devra également être imputée sur la durée de la peine ». *Sic*, Vidal, *op. cit.*, p. 79 et 80.

[2] *Sic*, Paris, 1er juill. 1893 (S. 92. 2. 190). Voy. dans ce sens : Demogue, *Rev. crit.*, 1908, p. 337.

[3] Cass., 13 janv., 4 août 1893 (S. 93. 1. 444). Voy. Besançon, 4 mai 1907 (S. 1908. 2. 12). Comp. Mesnard, *Théorie du Code pénal* de Chauveau, *Supplément*, t. VII, n° 7, p. 7.

qui dure jusqu'au jour où cette condamnation est devenue définitive. Deux hypothèses sont alors possibles : ou bien les premiers juges n'ont rien dit sur l'imputation ; ou bien ils ont déclaré, par une disposition spéciale et motivée, que l'imputation ne s'opérait pas en faveur du condamné.

I. Dans le premier cas, il faut déterminer les pouvoirs de la cour sur l'imputation. Il est évident que, saisie par le seul appel du prévenu, la cour ne peut lui retirer le bénéfice de l'imputation qui est, dans ce cas, légale et intégrale, puisque ce serait autoriser les juges d'appel à réformer le jugement, contrairement à l'intérêt de l'appelant (Avis du Conseil d'État du 12 nov. 1806; C. instr. cr., art. 202). On n'a pu contester cette solution que pour la période de détention préventive subie depuis le jugement. Il semble, en effet, que cette deuxième partie de la détention préventive n'existant pas, au moment où le tribunal a statué, a dû échapper à l'appréciation des premiers juges, et que la cour puise le pouvoir de rejeter l'imputation dans le droit que l'art. 24 donne au juge, et non dans l'effet dévolutif de l'appel. La Cour suprême a cependant écarté cette distinction[1]; elle a pensé que si le tribunal n'a pas retiré au prévenu le bénéfice de l'imputation, l'imputation légale et intégrale devient la conséquence de son jugement. Sans doute, la cour d'appel a le même pouvoir d'appréciation que le tribunal correctionnel, relativement à l'imputation de la détention préventive, mais il s'agit précisément de savoir quand elle peut en user ; or, elle violerait le principe de compétence que nous avons rappelé, si, statuant uniquement sur l'appel du prévenu, elle aggravait la situation de celle-ci.

II. Dans le cas où les juges ont déclaré, par disposition spéciale et motivée, que l'imputation ne s'opérerait pas en faveur du condamné, il faut distinguer suivant le parti que celui-ci prendra. S'il accepte la condamnation sans l'attaquer, la durée de sa peine commence à courir à partir du moment où elle a été prononcée. Il n'y a pas à s'occuper de l'appel ou du pourvoi qui ont pu être formés par le ministère public, ni de leur résultat : cela ne peut modifier la situation du condamné et empêcher la déduction. Si c'est le condamné lui-même qui a attaqué la condamnation et s'il a réussi à faire diminuer la durée de la peine, l'imputation s'opère encore nécessairement. Dans tous ces cas, l'imputation est légale et obligatoire, le juge n'a pu l'écarter que pour la période de détention qui a précédé le jugement. Point de doute à cet égard (art. 24).

[1] Cass., 15 avr. 1897 (S. 99. 1. 57); 23 juill. 1897 (S. 99. 1. 153). Comp. Laborde, *Rev. crit.*, 1897, p. 86.

Mais si le condamné, qui a fait appel ou formé un pourvoi, a échoué, nous entrons dans le droit commun. Deux propositions résument la situation. En principe, pour déterminer le point de départ de la peine, il faudra se reporter à l'art. 23, et décider que ce sera le moment où le condamné la subira en vertu de la condamnation devenue irrévocable[1]. Mais, pour que l'imputation ne se produise pas, il sera nécessaire que l'arrêt de la cour, sur appel ou sur pourvoi, le dise expressément, car, si la décision était muette sur ce point, on reviendrait au droit commun de l'art. 24, c'est-à-dire à l'imputation légale et intégrale.

Mais il peut se présenter des hypothèses plus compliquées. Le condamné a fait appel ou a formé un pourvoi, et ensuite il s'est désisté. A partir de quel moment la durée de la peine commencera-t-elle à courir? C'est une des questions que soulevait l'ancien art. 24 et que la loi de 1892 laisse subsister. La Cour suprême distinguait entre le désistement d'un appel et le désistement d'un pourvoi. Dans le premier cas, elle ne comptait la peine qu'à partir du désistement, tandis que, dans le second, elle considérait le pourvoi comme non avenu. Faut-il maintenir cette distinction? Il est plus conforme, ce semble, au principe de la loi nouvelle de décider qu'en pareil cas, il faut compter la peine à partir du jour de la condamnation, comme s'il n'y avait eu ni appel, ni pourvoi. En effet, l'imputation de la détention préventive constitue le droit commun[2].

536. Calcul de la durée des peines privatives de liberté. — La durée des peines temporaires doit, en général, être calculée de *quantième* à *quantième*, en employant le calendrier grégorien, admis par la législation française pour la mesure du temps légal[3]. Cependant

[1] Cass., 20 juin 1895 (D. 95. 1. 325); 15 avr. 1897 (D. 97. 1. 251). La Cour en conclut que l'imputation n'a pas lieu immédiatement après le prononcé du jugement. S'il en était autrement, trois conséquences en résulteraient : 1° Le condamné pourrait demander son élargissement immédiat quand la détention absorberait la peine prononcée; 2° On ne pourrait le retenir en prison que juste le temps nécessaire pour achever la détention préventive, s'il lui manquait quelques jours; 3° L'exercice des voies de recours, soit par lui-même, soit par le ministère public, n'empêcherait par cet élargissement, sauf à reprendre l'exécution de la peine après la fin du procès pénal. Voy., pour la critique de la jurisprudence : Laborde, *Rev. crit.*, 1896, p. 65.

[2] La loi de 1892 a eu pour effet d'augmenter, dans une proportion notable, le nombre des appels et des pourvois en cassation de la part des seuls condamnés dans le but de subir par anticipation la peine dans des conditions plus douces. En sorte que la population du quartier des prévenus a augmenté, celle du quartier des condamnés a diminué.

[3] Sénatus-consulte du 22 fructidor an XIII; C. de comm., art. 132. L'inégalité en-

l'art. 40, C. p., fait exception à la règle, en édictant que la condamnation à un seul mois de prison aura toujours une durée égale de trente jours[1]. La condamnation à plusieurs jours doit se calculer par durée de vingt-quatre heures, d'heure à heure.

537. Règles spéciales sur l'exécution des condamnations pécuniaires. — L'effet juridique des condamnations pécuniaires à l'amende, aux restitutions, aux dommages-intérêts et aux frais, qui est de créer une obligation ou de transférer une propriété, se produit du jour où la décision qui les prononce est devenue *irrévocable* : de ce jour-là, le droit qui en résulte est acquis et ne peut être recouvré contre toutes personnes : mais d'après quelles règles? Les condamnations pécuniaires sont exécutées à la requête de la partie qui les a obtenues. Le recouvrement des amendes et des frais, prononcés au profit de l'État, est poursuivi, à la requête du ministère public, par les percepteurs des contributions directes, substitués aux receveurs de l'enregistrement d'après la loi budgétaire du 29 décembre 1873 (art. 26). Le recouvrement des condamnations, prononcées au profit des parties civiles, est poursuivi à la requête de ces parties. S'il s'élève des difficultés contentieuses sur l'exécution, la solution doit toujours en appartenir aux *tribunaux civils;* d'une part, en effet, les juridictions répressives ne peuvent être compétentes pour statuer sur l'action civile et ses conséquences que dans le cas où elles sont, en même temps, saisies de l'action publique (C. instr. cr., art. 3); et, d'autre part, elles ne peuvent pas non plus statuer sur les difficultés d'exécution des condamnations à l'amende, puisque ces condamnations perdent leur caractère pénal, dès qu'elles sont prononcées[2].

tre condamnés, lorsqu'il s'agit d'années, ne peut jamais être supérieure à un jour pour les années bissextiles.

[1] Dans ce sens : Aix, 13 oct. 1862 (S. 63. 3. 160) et la note; Cass., 14 janv. 1881 (S. 81. 1. 191); 16 juin 1881 (S. 82. 1. 88). La question est cependant très controversée. Beaucoup d'auteurs, tout en admettant le principe que la durée des peines temporaires se calcule de quantième à quantième, en prenant les mois tels qu'ils sont dans le calendrier, prétendent que le législateur a fait exception à la règle, en ce qui concerne l'*emprisonnement correctionnel*; et que, au cas de condamnation, même à plusieurs mois d'emprisonnement, les *mois* doivent être comptés par intervalle de *trente jours*. Comp. : Cabat, *op. cit.*, n° 26, p. 35; Trébutien, 2e éd., t. Ier, nos 353; Lainé, *op. cit.*, n° 377. Ce qui me décide à adopter le système contraire, suivi par la Cour de cassation, c'est que l'art. 30 étant, de l'avis de tous, exceptionnel, doit être interprété dans le sens où il s'écarte le moins d'une règle générale. Un autre mode de computation aurait, du reste, pour résultat d'établir une différence préjudiciable entre l'individu condamné à douze mois de prison et celui qui est condamné à un an.

[2] *Sic*, Cass. 19 juin 1889 (D. 90. 1. 48); 25 mars 1892 (D. 92. 1. 493).

Les dettes, qui résultent de ces condamnations, ont pour gage les biens du condamné; et, à défaut de paiement volontaire, l'exécution en est procurée par les moyens que le droit commun fournit à tout créancier. Mais, en outre, elles sont munies de sûretés spéciales qui en garantissent le recouvrement. Ce sont : 1° une hypothèque, et, pour les frais dus à l'État, un privilège; 2° la contrainte par corps; 3° la solidarité.

538. Hypothèques et privilèges. — L'État, pour l'amende, la partie civile, pour ses restitutions, dommages-intérêts et frais, ne subissent pas, sur le prix des biens du débiteur, le concours des créanciers chirographaires, car, aux termes de l'art. 2128, C. civ., ils auront, comme tous les titulaires de créances constatées par jugement, une hypothèque générale, qui viendra, à son rang d'inscription, dans l'ordre ouvert sur le prix des immeubles présents et à venir du débiteur. Mais il arrivera fréquemment que les biens du condamné seront insuffisants pour couvrir les condamnations à l'amende, aux restitutions, aux dommages-intérêts et aux frais : les parties civiles et l'État viendront-ils alors en concours et subiront-ils, conformément aux principes de la *contribution*, une réduction proportionnelle au chiffre de leur créance? Nullement : l'art. 54 nous dit, en matière de crimes et de délits, qu'en cas de concurrence de l'amende avec les restitutions et les dommages-intérêts, *ces dernières condamnations obtiendront la préférence*, et l'art. 468 le répète en matière de contraventions. Quant aux frais de justice, la loi du 5 septembre 1807, accordant au Trésor public un privilège sur les meubles et immeubles des condamnés pour le remboursement des frais qui sont adjugés au fisc, ces frais seront payés par *privilège*, même avant le paiement des indemnités prononcées au profit de la partie civile. Mais, quand le Trésor public sera remboursé de ses avances, la partie civile aura également le droit de prélever ses frais de poursuites, avant qu'il puisse être question du paiement des amendes : nous avons vu, en effet, que la condamnation aux frais de justice était un des éléments de l'indemnité due à la partie lésée. C'est donc le cas d'appliquer, à la créance qui en résulte, le principe des art. 54 et 468, C. p. En résumé, les créances nées d'une infraction, sont classées, entre elles, dans l'ordre suivant : 1° les frais dus à l'État; 2° les restitutions, dommages-intérêts et frais dus à la partie civile; 3° l'amende due à l'État.

539. Solidarité. — Aux termes de l'art. 55, C. p. : *Tous les individus condamnés pour un même crime ou pour un même délit, seront tenus solidairement des amendes, des restitutions, des dommages-inté-*

rêts et des frais. Ce texte indique à la fois les *personnes* qui sont tenues solidairement et les *condamnations* pour lesquelles elles le sont. C'est à ce double point de vue qu'il faut l'étudier, mais après avoir déterminé d'abord la *raison d'être* et le *caractère* de cette solidarité.

I. Une obligation est dite solidaire entre les divers débiteurs qui en sont tenus, lorsque, d'après le titre qui la constitue, chacun d'eux est à considérer, dans ses rapports seulement avec le créancier commun, comme débiteur de l'intégralité de la prestation. Est-il rationnel de donner, de plein droit, cette étendue à l'obligation des divers condamnés pour un même crime ou un même délit? Chacun de ceux qui ont participé au fait délictueux est, individuellement et en l'isolant des autres, l'auteur du dommage que ce fait a causé; on comprend que la partie qui a souffert du préjudice causé par *tous* et par *chacun* puisse demander à *tous* et à *chacun* la réparation intégrale de ce préjudice. La dette ne peut être divisée dès que le fait qui l'engendre est imputable à tous les codélinquants. La solidarité est donc fondée en raison, pour les condamnations aux *restitutions*, aux *dommages-intérêts* et aux *frais*. Mais se justifie-t-elle aussi bien pour les condamnations à l'amende[1]? Évidemment non. L'amende est une peine et, comme toute peine, elle doit rester *personnelle*. Pourquoi donc, en cas d'insolvabilité de l'un des coupables, faire retomber sur les autres l'amende à laquelle il a été condamné? Il ne viendrait jamais à l'esprit de personne, quand deux individus ont été condamnés pour le même délit à six mois de prison, de prolonger la détention de l'un du temps pendant lequel l'autre s'est soustrait à l'exécution de la peine : il ne saurait en être autrement de l'amende. Chacun des condamnés ne devrait régulièrement supporter que celle qu'il a personnellement encourue et qui a été prononcée contre lui[2].

[1] Sur la question : Paringault, *De la solidarité des amendes dans la législation criminelle* (*Revue historique*, 1857, t. III, p. 561); Lainé, n° 478; Ortolan, t. II, n° 1584.

[2] Peut-être faut-il voir l'origine de cette solidarité en ce que, dans l'ancien droit, l'amende était moins une *peine*, qu'une *indemnité* pour frais de justice. — L'art. 50, C. p. belge n'établit la solidarité que par rapport aux restitutions, aux dommages-intérêts et aux frais. Comp., pour la critique de l'art. 55 : Molinier, *Revue critique*, 1853, p. 157. — La solidarité établie pour les amendes par l'art. 55, C. p., n'existe-t-elle qu'autant que les amendes sont égales et que leur somme totale ne dépasse pas le *maximum* autorisé pour le délit, à raison duquel elles ont été prononcées? L'art. 55 est formel. La solidarité existera, même quand la somme totale des amendes dépassera le *maximum*, même encore si, parmi les délinquants, se trouve un récidiviste condamné au *maximum* en cette qualité. Mais s'il y eu condamnation à des amendes, pour le même délit, par des jugements séparés, les individus, condamnés séparément pour le même fait, ne seront pas solidaires.

Que résulte-t-il de ces observations? L'art. 55 n'existerait pas, nous déclarerions cependant chacun des auteurs d'un même crime ou d'un même délit, tenu, *pour le tout*, de réparer le préjudice qu'il a causé par sa faute, mais non de payer, *pour le tout*, les amendes qui ont été prononcées, à raison de l'infraction, contre chacun des codélinquants. Est-ce à dire que l'art. 55 soit, tout à la fois, une disposition *injuste*, en ce qui concerne la solidarité des amendes, et une disposition *inutile*, en ce qui concerne la solidarité des réparations civiles? Nullement : car, l'art. 55, a pour objet de consacrer, au profit des créanciers, un recours vraiment solidaire contre les divers condamnés.

Il peut y avoir, en effet, obligation *in solidum*, sans solidarité. Mais la solidarité qui ne se présume pas et qui résulte de la convention ou de la loi est toujours de même nature[1]. Par suite, en déclarant solidaires, au point de vue des amendes, restitutions, dommages-intérêts et frais, les individus condamnés pour un même crime ou un même délit, l'art. 54 a créé un cas de solidarité dont les effets sont déterminés par les art. 1200 à 1216, C. civ. Or il peut arriver que deux ou plusieurs personnes soient tenues pour le tout, *in solidum*, vis-à-vis d'un même créancier, sans être unies cependant par un lien de solidarité. Les personnes civilement responsables, d'après l'art. 1384, C. civ., des fautes d'autrui, doivent réparer tout le dommage causé, et elles sont tenues pour le tout, concurremment avec l'auteur du délit. De même, les coauteurs d'un délit ou d'un quasi-délit civil sont obligés *in solidum* sans être solidaires, car chacun a causé le dommage par la faute qu'il a commise et en doit la réparation intégrale. Il n'en serait autrement que si la part pour laquelle le dommage est imputable à chacun pouvait être déterminée.

II. L'art. 55 nous dit que *tous les individus condamnés pour un même crime ou un même délit, seront tenus solidairement*. Pour que la solidarité existe, il faut donc la réunion de trois conditions : un *crime* ou un *délit*; la coopération de *tous* les débiteurs prétendus solidaires à cette infraction; une *condamnation prononcée*.

a) L'art. 55 est spécial aux amendes, restitutions, dommages-intérêts et frais, prononcés pour *crime* ou *délit*. Il faut en conclure : 1° que la solidarité proprement dite ne peut s'appliquer aux amendes, restitutions et dommages-intérêts, prononcés en matière de *contravention*[2]; 2° qu'elle ne peut s'appliquer non plus aux réparations ci-

[1] La distinction de la solidarité parfaite et de la solidarité imparfaite, qui a été, à une certaine époque, en faveur, est aujourd'hui abandonnée. Voy. Planiol, *Traité élém. de dr. civil*, t. II, nos 777 à 779; Cass. civ., 3 juill. 1900 (D. 1902. 1. 417). Il n'y a pas deux espèces d'obligations solidaires; il n'y en a qu'une.

[2] Cass., 13 nov. 1906 (S. 1907. 1. 478).

civiles dues par les coauteurs d'un *délit* ou *quasi-délit civil*, ou même d'un *délit pénal amnistié*. L'art. 1202, C. civ., dispose, en effet, que la solidarité ne se présume pas, qu'elle ne peut résulter que d'une convention expresse ou de la loi. Mais de ce que la solidarité n'existe pas, en vertu de la loi, entre les auteurs d'une contravention pénale et d'un délit ou quasi-délit civil, il ne s'ensuit pas que les juges ne puissent déclarer chacun d'eux tenu *in solidum* de réparer tout le préjudice qu'il a causé par sa faute[1]; alors, du moins, qu'il y a impossibilité de déterminer la part de responsabilité qui lui incombe dans le fait dommageable; comme si, par exemple, plusieurs individus ont incendié, par imprudence, une récolte. Est-ce là une obligation solidaire? Non, car la solidarité ne peut résulter que de la convention ou de la loi (C. civ., art. 1202); c'est une simple obligation *in solidum*, dont l'unique effet est d'autoriser le créancier à demander le tout (*solidum*) à chaque débiteur[2].

b) Ainsi la solidarité proprement dite n'atteint que les individus condamnés pour le *même* crime ou le *même* délit. Que doit-on entendre par là? Certainement, la solidarité s'applique aux coauteurs et complices d'une infraction, qualifiée crime ou délit. Mais on doit même admettre que les condamnés ont été jugés pour le même fait, lorsqu'ils l'ont été pour crimes ou délits connexes, en vertu des art. 226 et 227, C. instr. cr. L'idée d'une faute commune, qui explique et justifie, dans une certaine mesure, l'art. 55, en commande l'application à ces crimes et délits, qui dépendent les uns des autres et ne forment, à vrai dire, que les parties d'un même tout[3].

c) La troisième condition, requise pour l'application de l'art. 55, est l'existence d'une *condamnation* pour crime et délit, condition nécessaire, car il faut bien que la participation de chacun des débiteurs prétendus solidaires au crime ou au délit soit judiciairement établie;

[1] Il ne saurait être question ici des amendes prononcées pour contraventions : établir une obligation *in solidum*, entre les divers contrevenants, pour l'amende à laquelle chacun d'eux a été condamné, serait contraire à la fois à la raison et à la loi. *Sic*, Cass., 24 mars 1855 (S. 55. 1. 608); 5 mars 1898 (S. 99. 1. 300). Mais pour les dommages-intérêts : Cass., 26 juin 1894 (S. 96. 1. 167).

[2] La jurisprudence paraît admettre une véritable solidarité entre les auteurs d'un délit ou quasi-délit civil : c'est, du moins, ce que l'on peut conclure des motifs mêmes de divers arrêts. Cass., 25 juill. 1870 (S. 72. 1. 122); 9 déc. 1872 (S. 73. 1. 11); 23 mars 1875 (S. 75. 1. 155); 12 janv. 1881 (S. 82. 1. 23); Paris, 18 mai 1900 (D. 1902. 2. 453); Cass. req., 17 mars 1902 (D. 1902. 1. 541). Comp. Lafay, *Responsabilité des auteurs de délits ou quasi-délits civils* (Th. doct. Lyon, 1902).

[3] Blanche, t. Ier, no 419 et les nombreux arrêts qu'il analyse : Cass., 1er juill. 1880 (S. 81. 1. 237); 18 mars 1889 (S. 90. 1. 373). Mais l'unité de poursuite ne suffit pas lorsque les délits sont distincts : Cass., 29 févr. 1896 (S. 97. 1. 62).

mais condition suffisante, puisque la loi n'exige pas autre chose. On doit donc appliquer l'art. 55 : 1° lors même que la condamnation aux dommages-intérêts pour crime ou délit serait prononcée par les tribunaux civils et non par les tribunaux de répression; car ce n'est point du caractère de la juridiction qui prononce la condamnation que dérive la solidarité, mais du caractère du fait pour lequel elle est prononcée[1]; 2° lors même que les accusés ou les prévenus seraient condamnés pour le même crime ou le même délit à des peines de nature différente, les uns à l'amende, les autres à l'emprisonnement, car la solidarité ne dépend pas de la culpabilité, essentiellement individuelle, des auteurs de l'infraction, mais de leur participation commune à sa perpétration[2].

III. Les condamnations pécuniaires, dont les individus condamnés pour un même crime ou un même délit sont tenus solidairement, sont les condamnations aux amendes, aux restitutions et dommages intérêts et aux frais : *a*) L'*amende* est bien individuelle par suite même de son caractère pénal, et les tribunaux répressifs doivent prononcer autant d'amendes qu'il y a d'individus déclarés coupables du fait incriminé. Il ne faudrait pas croire que cette règle soit en contradiction avec celle de l'art. 55. En effet, chaque condamné sera *personnellement* tenu de l'amende qui lui est directement appliquée, et *solidairement* responsable des autres amendes. *b*) Les tribunaux répressifs peuvent également déterminer la part afférente à chacun des condamnés dans les *restitutions* et *dommages-intérêts* prononcés en matière de crimes ou de délits; l'art. 55 n'y met pas obstacle, car il ne règle que les rapports des condamnés avec le créancier commun, et non leurs rapports réciproques, qui restent sous l'empire des principes généraux de la responsabilité. *c*) L'art. 156 du décret du 18 juin 1811, contenant règlement des frais pour l'administration de la justice en matière criminelle, de police correctionnelle et de simple police, décide que « la condamnation aux frais sera prononcée, dans toutes les procédures, *solidairement* entre tous les auteurs et complices du même fait ». Ce décret qui, aux termes d'une jurisprudence constante, est obligatoire pour les tribunaux, comme les autres décrets impériaux, étend la solidarité légale, que prononce l'art. 55, C. p., même aux frais avancés pour la poursuite des *contraventions*[3].

[1] Cass., 15 juin 1844 (S. 45. 1. 37).

[2] Trib. de la Seine, 13 janv. 1897 (affaire Baïhaut, Blondin, de Lesseps), *Gaz. des Trib.*, 14 janv. 1897.

[3] Comp. Cass., 12 mai 1849 (S. 49. 1. 608).

540. Contrainte par corps[1]. — Les personnes condamnées à des amendes, des restitutions, des dommages-intérêts et des frais pour un *crime*, un *délit* ou une *contravention*, sont soumises à la contrainte par corps (C. p., art. 52). Cette voie rigoureuse d'exécution, qui a été supprimée par la loi du 22 juillet 1867, *en matière commerciale, civile et contre les étrangers*, n'est plus aujourd'hui maintenue que pour *garantir le recouvrement des condamnations pécuniaires prononcées, à raison d'une infraction, contre les auteurs ou les complices*. Dans cette application restreinte, la contrainte par corps a un double caractère : d'un côté, elle est un moyen indirect d'exécution, une épreuve de solvabilité, employée contre les condamnés qui refusent de payer, en dissimulant leurs ressources; de l'autre, elle est une rigueur pénale nécessaire. Sans la contrainte par corps, les insolvables jouiraient de l'impunité pour toutes les infractions punies simplement d'une amende. La contrainte par corps se justifie par l'origine de la créance, quand elle est accordée pour les réparations civiles. On s'explique enfin qu'elle s'étende aux dépens qui constituent l'accessoire de la créance de l'État ou de la partie civile.

Du double caractère de la contrainte par corps, découlent les conséquences suivantes : *a*) La contrainte par corps doit être prononcée et peut être exécutée dans les cas où elle est autorisée par la loi, *même contre les condamnés insolvables* : c'est ce qui résulte de l'art. 10 de la loi de 1867, qui ordonne la mise en liberté des condamnés qui justifient de leur insolvabilité, suivant l'art. 429, C. instr. cr., mais seulement après qu'ils ont subi « la contrainte pendant la moitié de la durée fixée par le jugement ». Dans cette application, la contrainte par corps n'est pas seulement une épreuve de solvabilité, mais aussi un moyen de frapper les individus qui causent un dommage à autrui, sachant qu'ils ne peuvent pas le réparer. *b*) La contrainte par corps est un mode d'*exécution* des condamnations pécuniaires, mais non un mode de *libération* : et la dette, même l'amende, subsiste, malgré que la contrainte par corps ait été exercée. Cette conception démontre que la contrainte par corps est destinée, autant à garantir le paiement des condamnations prononcées à raison d'une infraction, qu'à substituer une peine corporelle à la peine pécuniaire qui n'est pas exécutée[2]. *c*) Cependant, elle équivaut au paiement pour la réhabi-

[1] Bibliographie : Darbois, *Traité théorique et pratique de la contrainte par corps en matière criminelle, correctionnelle et de police*. Paris, 1880. — Voy. rapport de Henri Rousseau, sur *l'exécution de la contrainte par corps* et discussion de ce rapport à la Société des prisons (*Rev. pénit.*, 1909, p. 321 à 359).

[2] Le Code pénal belge, à l'exemple d'autres législations, organise un emprisonne-

litation judiciaire (art. 623, § 2) et la réhabilitation de droit (L. 5 août 1899 et 11 juill. 1900, art. 8 et 10). Mais la contrainte par corps ne peut être reprise, à raison de la même dette, contre le prévenu qui est revenu à meilleure fortune (art. 12), règle qui s'explique par le caractère pénal de cette voie d'exécution.

Ayant ainsi déterminé le double caractère[1] de la contrainte par corps, il faut voir à quelles *conditions* et *contre qui* elle s'exerce.

I. La contrainte par corps n'est maintenue qu' « en matière criminelle, correctionnelle et de simple police » : il faut donc, de toute nécessité, pour son application, que l'existence d'une *infraction*, à la charge du débiteur, soit *reconnue* par un tribunal de *répression*, c'est-à-dire qu'il y ait un *coupable*. Cette condition est à la fois nécessaire et suffisante; c'est ce qui résulte de l'art. 5 de la loi de 1867. Ainsi : 1° l'accusé ou le prévenu, renvoyé des poursuites par une juridiction *répressive*, n'est pas contraignable par corps, alors même qu'il aurait été condamné aux dépens de l'instance envers l'État, ou à des dommages-intérêts envers la partie civile[2]; 2° l'individu condamné à des dommages-intérêts par une juridiction *civile*, même à raison d'un fait dommageable qui est une infraction à la loi pénale,

ment *subsidiaire* à l'amende, qu'il ne faut pas confondre avec la contrainte par corps. Si l'amende n'est pas payée, dans le délai légal, elle peut être remplacée, sur la réquisition du ministère public, par un emprisonnement dont la loi fixe la durée *maxima* (art. 40 et 41). Cet emprisonnement subsidiaire a, sans doute, pour but d'assurer le paiement de l'amende, mais il n'est pas simplement un mode d'exécution de cette dette comme la contrainte par corps. « L'emprisonnement subsidiaire, dit Haus (t. II, n° 777), assure le paiement de l'amende, comme la clause pénale garantit l'exécution de l'obligation principale ». Si donc le ministère public a jugé à propos de le requérir, et qu'il ait été subi, le condamné est libéré de l'amende. Comp. : les art. 28 et 29, C. p. allemand et les art. 7 et 267, C. instr. cr. autrichien de 1873, qui organisent un système analogue.

[1] Quel est le caractère prédominant de la contrainte par corps? Certains arrêts la considèrent comme un moyen de forcer le débiteur au paiement, et en tirent cette conséquence que le failli, ne pouvant payer, ne peut être soumis à la contrainte par corps. Comp. : Domenget, *Revue pratique*, 1871, t. XXXII, p. 475; Paris, 27 juin 1881. D'autres la considèrent comme une mesure pénale et en tirent cette conséquence qu'il n'est plus possible de recourir à ce mode d'exécution dès qu'une loi d'amnistie est intervenue : Alger, 27 févr. 1882 (S. 83. 2. 17). Je crois qu'en attachant aux condamnations prononcées pour crimes ou pour délits la contrainte par corps, le législateur a eu moins en vue l'intérêt privé que l'intérêt public (Exposé des motifs de la loi de 1867, S. *Lois annotées*, 1867, p. 166), et que la contrainte par corps a un caractère pénal prédominant. Cependant, je ne l'assimilerai pas à un emprisonnement au point de vue de la réduction du quart par son exécution en cellule. Voy. Douai, 23 sept. 1907 et Demogue, *Rev. crit.*, 1908, p. 330.

[2] Aux *dépens*, par exemple, s'il est absous; à des *dommages-intérêts*, par exemple, en cour d'assises. Comp. Cass., 8 nov. 1879 (D. 79. 1. 387); Blanche, t. Ier, nos 359-361.

par exemple, à raison de l'abus d'un dépôt ou d'un mandat, n'est pas contraignable par corps, à moins que l'existence de l'infraction n'ait été reconnue au préalable par la juridiction criminelle (art. 5)[1].

Les condamnations, qui peuvent être exécutées par la voie de la contrainte par corps, sont *toutes les condamnations pécuniaires*. Le législateur de 1867, par un sentiment de générosité, avait supprimé cette forme d'exécution, en tant qu'elle garantissait le paiement des frais de justice. On reconnut bientôt quels inconvénients avait, pour les intérêts du fisc, une pareille réforme, et la loi du 19 décembre 1871, remit en vigueur, sur ce point, les dispositions de la loi du 13 décembre 1848 (art. 1 et 2).

Les décisions, qui constatent une infraction, et prononcent, en conséquence, une condamnation pécuniaire, doivent s'occuper de la contrainte par corps, non pour l'*autoriser*, car elle résulte de la loi et les juges n'auraient pas le pouvoir d'en exempter le condamné, mais pour en *déterminer la durée*, qui est fixée par les tribunaux, dans les limites autorisées par la loi. Ces limites, tracées par l'art. 9 de la loi de 1867, sont basées sur le chiffre des condamnations dont on fait masse : le *minimum* le plus bas est de *deux jours*; le *maximum* le plus élevé de *deux ans*[2]. L'intervention de la justice en matière de contrainte par corps n'a pas d'autre objet. Il en résulte : 1° que la contrainte par corps, étant de droit, doit être prononcée d'office, en cas de condamnation à des dommages-intérêts, sans que la partie civile ait besoin d'y conclure formellement[3]; 2° qu'elle peut être prononcée par les juges d'appel, pour le recouvrement de l'amende, quoiqu'elle ait été omise par les premiers juges et qu'aucun appel n'ait été formé par le ministère public[4]; 3° que, si l'arrêt ou le jugement de condamnation ne règle pas la durée de la contrainte par corps, les

[1] Comp. : Cass., 9 juin 1869 (S. 69. 1. 349).

[2] Comp. sur la durée de la contrainte par corps : Naquet, *Revue critique*, 1872, p. 737. D'après la Cour de cassation, le montant de l'amende, dont le chiffre sert de base à la durée de la contrainte, doit être augmenté des décimes : Cass., 16 janv. 1872 (S. 72. 1. 13). Conclusions du proc. gén. Manau, précédant l'arrêt de la Cour de cass. du 13 avril 1894 (*Pand. franç.*, 94. 1. 157). Cette jurisprudence a été confirmée par l'art. 33 de la loi budgétaire du 30 mars 1902 qui a modifié l'art. 5 de la loi du 30 avr. 1900. Le recouvrement des décimes et demi-décimes se fait en vertu des mêmes titres, dans les mêmes formes et conditions (par conséquent même par voie de contrainte par corps) que le principal de l'amende. La Cour de cassation avait reconnu à cette disposition une portée générale s'étendant à toutes les amendes pénales (Cass., 3 août 1901, S. 1904. 1. 478). Mais la loi budgétaire du 30 mars 1902 a modifié la loi de 1900 et a restreint l'application de la règle aux amendes en matière de douanes, de contributions indirectes et d'octrois.

[3] Cass., 14 juill. 1853; Blanche, t. 1er, n° 365.

[4] Cass., 14 uill. 1827 (S. 27. 1. 530); Riom, 13 nov. 1867 (S. 68. 2. 110).

parties ont le droit de revenir, devant les mêmes juges, dont la juridiction n'est pas épuisée, puisqu'il n'a pas été statué sur ce point, pour faire compléter leur décision [1].

II. La contrainte par corps, à raison de son caractère pénal, ne peut être exercée que contre les individus condamnés comme *auteurs* ou *complices* de l'infraction. C'est ce qui résulte implicitement de l'art. 3 de la loi de 1867. *a*) Les personnes civilement responsables doivent donc y échapper [2], puisqu'elles sont obligées, en vertu de la loi, à réparer le dommage causé par un fait auquel elles n'ont pris aucune part; or, si les auteurs d'un délit civil, commis avec intention de nuire, ne peuvent être, dans aucun cas, soumis à la contrainte par corps, comment les personnes civilement responsables d'un délit pénal y seraient-elles soumises? *b*) Les héritiers du contraignable par corps ne sont pas non plus sujets à cette voie d'exécution pour le recouvrement des amendes, restitutions, dommages-intérêts et frais, dont était tenu leur auteur. La contrainte par corps, étant prononcée à raison du caractère délictueux du fait qui a motivé la condamnation, constitue un moyen d'exécution et de répression exclusivement personnel.

Mais la contrainte par corps doit être prononcée contre tous les condamnés qui n'en ont pas été expressément exemptés par la loi. L'application de cette règle a été contestée dans un cas spécial, celui où un individu, condamné à mort ou à une peine perpétuelle, vient à obtenir sa grâce ou une commutation, ou bien se trouve libéré par la prescription. Un double motif, d'après la jurisprudence, s'oppose à ce que la cour d'assises prononce la contrainte par corps [3] : d'une part, une condamnation à une peine perpétuelle, tant qu'elle est subie, est inconciliable avec l'exécution de la contrainte par corps; d'autre part, il n'appartient pas à la juridiction de prévoir le cas où la peine n'est pas subie. J'incline à croire que rien ne s'oppose dans la loi à ce que la contrainte par corps soit prononcée, même dans ce cas.

Les exemptions de la contrainte par corps, consacrées formellement par les textes, se rattachent à deux ordres d'idées : l'âge du débiteur, ses relations de famille avec le créancier. *a*) Ainsi, d'après l'art. 13, les tribunaux ne peuvent prononcer la contrainte par corps contre des individus âgés de moins de seize ans accomplis à l'époque des faits

[1] Cass., 31 janv. 1873 (S. 73. 1. 187). Mais, dans ce cas, c'est le minimum qui doit être appliqué.

[2] Comp. : Cass., 25 mars 1881 (S. 82. 1. 143); 25 avr. 1884 (S. 87. 1. 340).

[3] Comp. les nombreux arrêts cités par Blanche, t. Ier, nos 386 et 387. La Cour de cassation a persisté dans cette jurisprudence depuis la loi de 1867. On lira, avec intérêt, les développements consacrés à cette question par Lainé, no 464.

qui ont motivé la poursuite. La loi exempte de la contrainte le mineur de seize ans, non parce que ce moyen d'exécution serait trop rigoureux à l'égard d'un jeune homme, mais parce que l'état de minorité de l'auteur atténue la gravité du fait dommageable. Ce qui prouve que tel est le motif de la loi, c'est que l'exemption profite au condamné, quel que soit son âge au jour de la condamnation ou de l'exécution[1]. *b*) La loi du 17 avril 1832 avait réduit de moitié la durée de la contrainte par corps pour les personnes âgées de plus de soixante-dix ans. La loi de 1867, dans son art. 14, a avancé l'âge et l'a fixé à soixante ans. *c*) Il y aurait une rigueur exagérée, et qui choquerait la bienséance, à voir un parent d'un degré rapproché exercer la contrainte par corps contre son parent : aussi la loi de 1867 nous indique que la contrainte par corps ne peut être *prononcée* ou *exercée* contre le débiteur, au profit : 1° de son conjoint; 2° de ses ascendants, descendants, frères ou sœurs; 3° de son oncle ou de sa tante, de son grand-oncle ou de sa grand'tante, de son neveu ou de sa nièce, de son petit-neveu ou de sa petite-nièce, ni de ses alliés au même degré.

La contrainte par corps consiste dans une simple incarcération, sans obligation au travail, dans un quartier distinct de la maison d'arrêt. Le créancier qui la requiert est obligé de pourvoir aux dépenses de nourriture et d'entretien de son débiteur en consignant par avance une certaine somme fixée par la loi. A défaut, le débiteur est rendu à la liberté (L. 22 juill. 1867, art. 6). Les formalités à remplir pour obtenir l'incarcération sont réglées par les art. 3 à 8 de la loi et l'art. 175 du tarif criminel (Décr. du 18 juin 1811). Si le débiteur est déjà en prison, la contrainte par corps est requise par voie de *recommandation* ou opposition à la mise en liberté (C. proc. civ., art. 792 et 793)[2].

541. Du point de départ et de la durée des incapacités et déchéances. — Les déchéances ou les incapacités de droits, à la différence des peines privatives de liberté, produisent leurs effets *ipso jure*, sans aucun acte extérieur d'exécution : la seule question qu'il y ait à examiner à leur égard est donc de savoir, non comment elles

[1] Mais la loi du 12 avril 1906, en portant à dix-huit ans l'âge de la majorité pénale, n'a pas modifié ces dispositions, et les mineurs de seize ans bénéficient seuls d'une exonération absolue en ce qui concerne la contrainte par corps. Comp. Tribunal Valenciennes, 31 oct. 1906 (*Gaz. Pal.*, 1906. 2. 383).

[2] Question intéressante à propos de l'exercice de la contrainte par corps, vis-à-vis d'un libéré conditionnel. Celui-ci est-il toujours *sub pœna*? Voy. Cass., 6 déc. 1897 (*Lois nouv.*, 1898, 4. 11; S. 98. 1. 449).

l'exécutent, mais quel est leur point de départ et quelle est leur durée. Pour la résoudre, il faut distinguer les déchéances *correctionnelles* des déchéances *criminelles*.

I. L'art. 41, C. p. n'indique pas à partir de quel jour l'interdiction *correctionnelle* des droits civiques, civils et de famille est encourue. Néanmoins, comme cette déchéance doit toujours être prononcée par le jugement ou l'arrêt, et qu'elle résulte ainsi de la condamnation même, il faut en conclure qu'elle partira du jour où cette condamnation sera devenue définitive. Cette solution ne fait aucun doute dans le cas où la peine que l'interdiction accompagne est seulement l'amende (art. 113, 185). Mais si l'interdiction est jointe à l'emprisonnement, il nous semble que, dans le silence de la loi, cette incapacité a lieu de plein droit, pendant que le condamné subit la peine principale, mais que le temps de sa durée, fixé par le jugement ou l'arrêt, ne commence à prendre cours qu'au jour de la libération de la peine principale. Ainsi, l'individu, condamné à cinq ans d'emprisonnement, avec interdiction des droits mentionnés dans l'art. 42 pendant cinq ans, commence à être incapable au jour où sa condamnation devient irrévocable; mais le délai de cinq ans, par lequel il recouvre l'exercice de ses droits, commence seulement à courir du jour de la libération [1].

II. Si la loi ne s'est pas expliquée sur le point de départ de l'interdiction correctionnelle, elle indique, au contraire, celui des déchéances et des incapacités *en matière criminelle*. Pour comprendre son système sur ce point, il faut distinguer, suivant que la condamnation, d'où peuvent résulter ces déchéances, est contradictoire ou par contumace.

Condamnations contradictoires. — La *dégradation civique*, étant attachée par la loi à la condamnation elle-même, doit produire ses effets du jour où cette condamnation est devenue irrévocable. Tel est le principe rationnel, dont l'art. 28, C. p. fait l'application. La *double incapacité de disposer et de recevoir à titre gratuit*, qui s'ajoute, pour les condamnés à des peines perpétuelles, à la dégradation civique, a le même point de départ que cette déchéance (L. 31 mai 1854, art. 3),

[1] Plusieurs textes disent que le condamné « sera interdit des droits mentionnés en l'art. 42...., à compter du jour où il aura subi sa peine » (art. 86, 197, 388, 400, 401, 404, 405, 406, 410). Dans les cas prévus par ces différents articles, on a soutenu que le condamné n'était pas en état d'interdiction légale pendant la durée de sa peine. *Sic*, Blanche, t. Ier, no 181; D. A., *Supplément*, vo *Peine*, no 715. Mais cette opinion qui s'attache à la lettre de la loi, aboutit, par exemple, à permettre au condamné de déposer sous serment pendant qu'il subit sa peine, alors qu'il ne le pourrait pas après.

point de départ différent de celui de la mort civile, dont elle est cependant un débris, car, aux termes de l'art. 26, C. civ., les condamnations contradictoires n'emportaient la mort civile que du jour de leur *exécution*, soit *réelle*, si le condamné était sous la main de justice, soit par *effigie*, s'il s'était évadé depuis l'arrêt.

Aux termes de l'art. 29, C. p., l'*interdiction légale* est renfermée, quant à sa durée, dans les limites mêmes de la *durée de la peine principale*, à laquelle elle est attachée. Or, la durée des peines *temporaires* compte, en principe, du jour où la condamnation est devenue irrévocable (C. p., art. 23). C'est donc de ce jour-là que commence l'exécution de la peine principale, et, par conséquent, l'interdiction légale qui l'accompagne. De ce jour-là également, quoique la loi du 31 mai 1854 ne s'en explique pas, l'exécution des peines *perpétuelles* est réputée commencer, au point de vue de l'interdiction légale[1].

Mais l'individu qui s'est évadé après la condamnation définitive reste-t-il sous le coup de cette incapacité? L'en dispenser, ce serait le faire bénéficier de sa rébellion : aussi ne faut-il pas hésiter à le soumettre à l'interdiction légale. Objectera-t-on que l'interdiction légale ne frappe le condamné que « pendant la durée de la peine », et que la peine n'est plus subie quand le condamné s'est évadé. Sans doute, elle n'est plus subie, mais elle *dure* encore, et peut être exécutée, et cela suffit pour que l'interdiction légale soit encourue. Aussi, l'art. 30, C. p., dit-il que les biens du condamné ne lui seront remis « qu'après qu'il aura *subi* sa peine ».

Condamnations par contumace. — La *dégradation civique* est certainement la conséquence des condamnations par contumace, comme des condamnations contradictoires aux peines criminelles. Aux termes de l'art. 28, C. p., elle date, « en cas de condamnation par contumace, *du jour de l'exécution par effigie* ».

La double *incapacité de disposer et de recevoir à titre gratuit* est également attachée par la loi du 31 mai 1854 aux condamnations par contumace à des peines perpétuelles. L'art. 2 contient, à cet égard, une disposition très précise, qui est empruntée aux dispositions du Code civil (C. civ., art. 27) : *Le présent article n'est aplicable au condamné par contumace que cinq ans après l'exécution par effigie.*

Supposons donc qu'une condamnation par contumace à une peine perpétuelle ait été prononcée et exécutée par effigie : l'incapacité, pour le condamné, de disposer et de recevoir à titre gratuit ne sera pas immédiatement encourue : si donc le condamné vient à mourir

[1] Il faut remarquer, du reste, que l'art. 23 nouveau fixe le point de départ des peines perpétuelles comme celui des peines temporaires.

dans le délai de cinq ans qui suivra cette exécution, il mourra, ayant conservé la pleine jouissance du droit de disposer et de recevoir à titre gratuit. Mais les cinq ans, à dater de l'exécution par effigie, sont expirés : l'incapacité est certainement encourue pour l'avenir; l'est-elle pour le passé? Nullement : ainsi des donations, que le condamné aurait pu faire ou recevoir avant cette époque, s'exécuteraient pleinement; mais il n'en serait pas de même des dispositions testamentaires qu'il aurait prises; car l'incapacité spéciale, dès qu'elle est encourue, anéantit rétroactivement le testament du condamné fait en temps de capacité. Enfin, en supposant qu'un legs lui ait été laissé pendant cet intervalle, pour savoir s'il profitera au condamné, il faudra se demander si le testateur est décédé avant l'expiration du délai de cinq ans qui suit l'exécution par effigie, auquel cas la disposition testamentaire est valable, ou s'il est décédé après l'expiration de ce délai, auquel cas elle est nulle. Toutes ces déductions résultent de l'application littérale du texte : elles ne sont donc ni contestées ni contestables.

Mais quelle sera, sur la capacité du condamné, l'influence des événements postérieurs, qui peuvent anéantir ou confirmer l'arrêt de condamnation? Si la peine vient à être *prescrite* par l'expiration d'un délai de vingt ans, à compter de la date de la condamnation, l'incapacité de l'art. 3 est définitivement encourue. Aucun événement postérieur ne peut modifier la situation du condamné, puisque l'arrêt de contumace, d'où résulte la déchéance, est désormais irrévocable. Mais il peut arriver, soit que le condamné *purge sa contumace*, soit qu'il *décède*, dans le délai de la prescription de la peine : qu'arrivera-t-il dans ces deux hypothèses?

Si le condamné par contumace se représente ou est arrêté après les cinq ans révolus à compter de l'exécution par effigie, mais avant que la prescription de la peine soit accomplie, l'arrêt par contumace tombe et l'accusé est jugé contradictoirement : mais, sous le régime de la mort civile, cette déchéance cessait seulement pour l'avenir en cas d'acquittement ou de condamnation contradictoire à une peine temporaire : elle était maintenue pour le passé (C. civ., art. 30 ; C. instr. cr., art. 476, § 2). En est-il de même de l'incapacité de la loi de 1854? Ce qui fait la dificulté, c'est que la double incapacité de disposer et de recevoir à titre gratuit est un débris de la mort civile; mais le droit commun, auquel il n'est pas spécialement dérogé, efface rétroactivement les effets de l'arrêt de contumace, pourvu que le condamné se représente ou soit arrêté avant la vingtième année qui suit sa condamnation.

S'il meurt après les cinq ans, et alors que l'incapacité est encourue, il meurt incapable.

Les condamnations par contumace à une peine criminelle afflictive entraînent-elles, comme les condamnations contradictoires, l'interdiction légale du condamné? Cette question, examinée spécialement pour le cas d'une condamnation à une peine perpétuelle, a donné lieu, dans la discussion de la loi du 31 mai 1854, à deux affirmations contradictoires : la négative a été soutenue, dans l'*exposé des motifs*, par M. Rouher, et l'affirmative, dans le *rapport* de la commission du Corps législatif, par M. Riché. Les mêmes controverses se retrouvent dans la doctrine. La solution qui me paraît préférable, c'est que l'*interdiction légale ne peut être la conséquence des condamnations par contumace*. Sans doute, l'art. 29, C. p., prononce l'interdiction légale contre *quiconque* aura été condamné à une peine afflictive temporaire, et l'art. 3 de la loi de 1854 nous parle, en termes généraux, comme entraînant l'interdiction légale, des *condamnations* à des peines afflictives perpétuelles, sans distinguer entre les condamnations contradictoires et les condamnations par contumace; mais l'art. 29, C. p., auquel renvoie l'art. 3, veut que l'interdiction légale n'existe que *pendant la durée de la peine*, et, dès lors, ces dispositions ne peuvent s'appliquer aux condamnations par contumace, puisque celles-ci n'emportent jamais l'exécution de la peine matérielle [1]. Ce n'est pas tout : l'art. 29, C. p., charge expressément *un tuteur et un subrogé tuteur* de gérer et d'administrer les biens du condamné. Or, les biens du condamné par contumace sont mis sous *séquestre* : l'administration des domaines est chargée de les gérer et de les administrer : ce séquestre rend donc inutile, pour le but que se propose le législateur, l'interdiction légale. Sans doute, le *séquestre*, sans l'interdiction légale, enlève au condamné le droit d'administrer ses biens, en lui laissant le droit d'en disposer : mais pourquoi retirerait-on cette capacité au condamné qui n'est pas sous la main de justice? L'interdiction légale n'est pas classée parmi les déchéances : elle est une mesure de précaution, dans l'intérêt du régime pénitentiaire et, jusqu'à un certain point aussi, dans l'intérêt du condamné lui-même. Or, le but que le législateur a pu se proposer en la créant, en fait un accessoire des

[1] L'art. 221, C. civ., dispose que « lorsque le mari est frappé d'une condamnation emportant peine afflictive ou infamante, encore qu'elle n'ait été prononcée que par contumace, la femme, même majeure, ne peut, *pendant la durée de la peine*, ester en jugement, ni contracter, qu'après s'être fait autoriser par le juge, qui peut, en ce cas, donner l'autorisation, sans que le mari ait été entendu ou appelé ». Dans ce texte, le législateur emploie, il est vrai, l'expression : *pendant la durée de la peine*, dans un cas où il s'agit d'une condamnation par contumace. Mais on est obligé de reconnaître que ces mots, dans ce sens, sont inexacts et incorrects.

peines qui se subissent et non des peines qui ne peuvent être exécutées [1].

[1] Nous avons soutenu, il est vrai, que l'*évadé* restait sous le coup de l'interdiction légale : lui, non plus, ne subit pas sa peine, et il est dans la même condition, à ce point de vue, que le contumax. Dès lors, il ne doit pas exister de différence entre eux : ou bien tous les deux sont frappés d'interdiction légale, ou tous les deux échappent à cette incapacité. Nous ne croyons pas l'objection irréfutable : d'une part les biens de l'évadé ne sont pas mis sous séquestre, comme les biens du contumax, et il y a place à l'organisation d'une tutelle ; de l'autre, l'interdiction légale de l'évadé a eu un point de départ, le jour où l'arrêt est devenu irrévocable, car de ce jour-là a commencé la *durée* de la peine principale (C. p., art. 23 et 29), tandis qu'au cas de contumace, la peine ne peut commencer, puisque l'arrêt ne devient irrévocable que par la prescription de la peine. — Dans le sens de notre opinion : Tribunal de la Seine, 21 juin 1879 (*Gaz. des Trib.*, n° du 1er nov. 1879) ; Tribunal de Béziers, 26 juin 1886 (S. 88. 2. 16); Blanche, t. Ier, n° 145; Humbert, *Des conséquences des condamnations pénales*, nos 347 et 445.

TABLE ALPHABÉTIQUE

DES

MATIÈRES

Les chiffres renvoient aux pages du volume.

B

D

E

F

Q

FIN DE LA TABLE ALPHABÉTIQUE DES MATIÈRES.

BAR-LE-DUC. — IMPRIMERIE CONTANT-LAGUERRE.

www.ingramcontent.com/pod-product-compliance
Lightning Source LLC
LaVergne TN
LVHW020951300926
849160LV00007B/116